Es gibt Wichtigeres im Leben,
als beständig dessen Geschwindigkeit zu erhöhen.
(Mahatma Gandhi)

PHILIPPINEN
REISE-HANDBUCH

Jens Peters

JENS PETERS
PUBLIKATIONEN

INFORMATIONEN
AUS ERSTER HAND

15. Aktualisierte Auflage 1998

ISBN 3-923821-24-7

1. Auflage 1979
2. Auflage 1979
3. Auflage 1979
4. Auflage 1980
5. Auflage 1981
6. Auflage 1982
7. Auflage 1982
8. Auflage 1983
9. Auflage 1984
10. Auflage 1985
11. Auflage 1986
12. Auflage 1990
13. Auflage 1993
14. Auflage 1995
15. Auflage 1998

Erschienen im Verlag
Jens Peters Publikationen

Layout, Karten, Fotos *Jens Peters*
Illustrationen *Boy Diego Jr.*
Umschlaggestaltung *Hans Ott*

Druck *Fuldaer Verlagsanstalt*
Printed in Germany

Alle Angaben ohne Gewähr
Unverbindliche Preisempfehlung
46,- DM

Das *Philippinen Reise-Handbuch* ist erhältlich

1. durch den Buchhandel
2. gegen Voreinsendung von 46,- DM auf das Konto Jens Peters, Kto.-Nr. 4282 35-108 Postbank NL Berlin
3. gegen Scheck/Geld (46,- DM) an die Vertriebsadresse

Vertrieb
Jens Peters Publikationen
Osterholzer Dorfstr. 45
D-28307 Bremen

Neue Informationen: Aktuelle Angaben stehen im Anhang unter **»Update 1999«** (ab Seite 778)!

JPP- Online (voraussichtlich ab September 1999) als Ergänzung zum Buch: **www.jenspeters.com**

Zu diesem Reise-Handbuch

Im Vergleich zu anderen Ländern Südost-Asiens sind die Philippinen in den Katalogen großer Reiseveranstalter nur sehr dürftig vertreten - wenn überhaupt. Ein wirtschaftlicher Nachteil, sicherlich, aber gleichzeitig auch ein Vorteil für dieses von natürlichen und politischen Turbulenzen arg gebeutelte Land, das noch weit davon entfernt ist, einen organisierten Massentourismus mit all seinen Konsequenzen bewältigen zu können.

Auf eigene Faust im philippinischen Archipel unterwegs zu sein, erfordert bisweilen sicherlich etwas Flexibilität, ist aber äußerst angenehm. Denn wo in aller Welt gibt es ein Volk, das so gastfreundlich ist wie das der Filipinos? Wohl nirgendwo wird es einem durch die entgegengebrachte unbeschwerte Aufgeschlossenheit so leicht gemacht, Kontakte zu knüpfen und Aktivitäten durchzuführen. In Sachen »Schnelligkeit«, »Genauigkeit« und »Pünktlichkeit« sollte der Reisende allerdings keine großen Ansprüche stellen und sich am besten die Gelassenheit der Filipinos zu eigen machen.

Das vorliegende Buch soll bei der Planung und Durchführung einer Philippinenreise behilflich sein. Es enthält wichtige Informationen über das Land und seine Menschen, Hinweise zur Reisevorbereitung, spezielle Reisetips für die Philippinen sowie ausgearbeitete Reiserouten mit Beschreibung der Inseln, Städte, Sehenswürdigkeiten, Hotels, Restaurants usw. Manila und die Hauptinsel Luzon werden im Reiseteil zuerst behandelt. Danach die Inseln um Luzon, die Visayas, Mindanao und die Sulu-Inseln und abschließend Palawan.

Hinweis: Die Abwertung der Landeswährung Peso Mitte 1997 von über 20 Prozent machte einen Philippinenaufenthalt zunächst entsprechend billiger. Es ist jedoch damit zu rechnen, daß die Preise nach und nach den neuen Wechselkursen angepaßt werden. Ich bitte daher zu berücksichtigen, daß gerade unter diesem Gesichtspunkt die in diesem Buch angegebenen Preise voraussichtlich schon bald überholt sein dürften. Bei der Reiseplanung das Budget also nicht zu knapp bemessen!

Die meisten Angaben dieses Buches wurden von mir selbst erkundet und im Laufe des Jahres 1997 auf den neuesten Stand gebracht. Eine absolute Richtigkeitsgarantie kann ich jedoch nicht übernehmen.

Für diese Auflage habe ich von Freunden, Bekannten und Lesern zahlreiche Tips und nützliche Anregungen erhalten. Dafür möchte ich mich bei allen ganz herzlich bedanken. Auch weiterhin wird die Zusendung verwertbarer Informationen mit einem Freiexemplar der nächsten Auflage belohnt.

Gute Reise und viel Spaß!

Danke. Salamat.

Ich möchte mich recht herzlich bei allen Briefeschreibern für die Ergänzungen und Anregungen bedanken, die für diese Auflage verwertet werden konnten.
Ganz besonders hilfreich waren die Informationen von

Ich bitte den Leser, mir Berichtigungen, Ergänzungen und neue Tips zu schicken. Für alle verwertbaren Informationen gibt es ein Belegexemplar der nächsten Auflage.

Postanschrift: Jens Peters
Gotenstrasse 65
D-10829 Berlin

Peter Ackermann, Rudolf Altringer, Erik Angel, Daniel Arioli, Felix Auinger, Fabian Balles, Vivian u. Gerhard Bartl, Sonja Bender, Frank Bendle, Heike Bentin, Stephan Berg, Wolf-Dieter Beschorner, Walter Biebelmann, Bärberl Bindewald, Klaus Bösel, Mario Bracke, Ulrike Bruckmann, Frank Buchholz, Rosmarie Cairo-Tilger, Claudio DeMicheli, Erik Elske, René Erni, Gerhard Falk, Horst Fausz, Erich Fehringer, Susanne Frey, Georg Frie, Berthold Gams, Thomas Gasser-Geiser, Edwin V. Gatia, Claudia Geißler, Karl Geyer, Wolfgang Gsell, Dr. Winfried Hamisch, Jochen Hanika, Klaus Werner Hartung, Michaela u. Ronald Haselhorst, Bernhard Häß, Peter Heimstädt, Britta Hermann, Johann Herrmann, Philipp Hesse, Konrad Hiller, Gabriele Hoch, Rosaria u. Ruedi Hofer, Andres Hoffmann, Wolfgang Irrek, Christiane Jakubutz, Hartmut Jentzsch, Iris Jesan, Annette John, Gerhard H. Kahl, Moritz Kast, Thomas Killinger, Doreen Kleiner, Klaus Klinger, Uwe Knoll, Dieter Koch, Bernhard König, Raimund Köppen, Gerhard Kohler, Helmut Kothbauer, Gottfried Krogler, Andrea Kroh, Johannes Kulzer, Marcel u. Sabrina Kuhlmey, Michaela Lamprecht, Walter H. Leemann, Ingo Leinroth, Marlyn u. Rainer Leyendecker, Ulli Link, Harald Löffler, Thomas Lücken, Alex Mahlo, Bernd Maier, Stefan Mayer, Michael-Oliver Meier, Eike Miehe, Erwin Minor, Manfred Möckel, Michael Münscher, Thomas Neuner, Günter Niemeyer, Günter Nops, Marck Ochmann, Ramona Otto, Joachim Paesler, Christian Paluch, Uwe Pecha, Holger Peterka, Constans von Prondzynski, Dieter Raspe, Gerhard Reif, Wolfgang Richter, Klaus Riester, Ingo Rimmler, Hubert u. Teresita Röderer, Felix Rothärmel, Jürgen Sand, Dirk u. Esperanza Sander, Raymund Scheffler, Petra Schmalz, Lothar Schneider, Claudio Schoch, Wolfgang Schröer, Erwin Seebacher, Michael Siegel, Urs Sigrist, Jürgen Sponsel, Rene Staub, Martin Stummer, Dietrich Thomas, Heinz u. Rose Trachsler-Acosta, Gero Voß, Johannes Wamser, Michael Wegenroth, Gudrun Weltin, Beatrix Wiegelmann, Dr. Siegfried Wismeth, Wolfgang Wunschel, Fidel Wyss, Albrecht Zahn, Michael Zajusch, Teresa Zuberbühler, Alex Zürn.

Inhalt

Exkurse und Kommentare

Abkürzungen in Karten und Text

Bldg. = Building (Gebäude)
Rd. = Road (Straße)
St. = Street (Straße)
Ave. = Avenue
P = = Peso
EZ = Einzelzimmer
DZ = Doppelzimmer
Dorm = Dormitory (Mehrbettzimmer)
fan = Ventilator
ac = Air conditioned (Klimaanlage)

Kartenverzeichnis

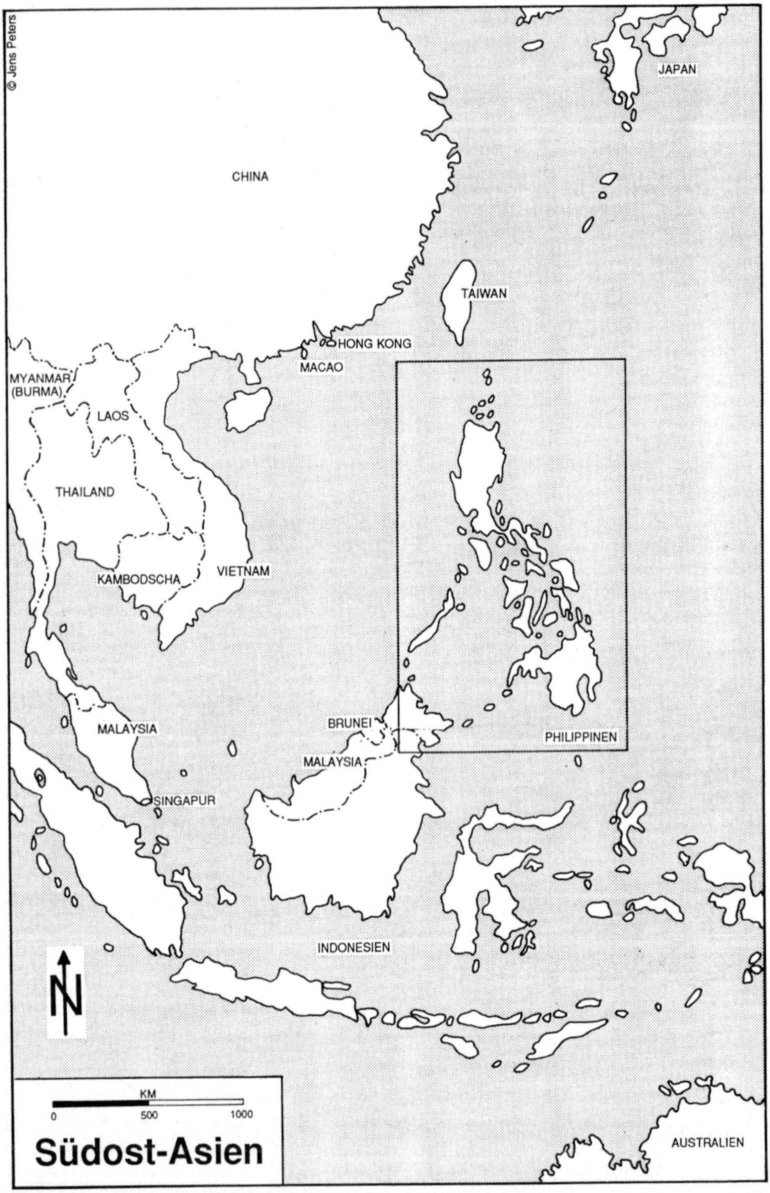
© Jens Peters
JAPAN
CHINA
TAIWAN
HONG KONG
MACAO
MYANMAR
(BURMA)
LAOS
THAILAND
KAMBODSCHA
VIETNAM
MALAYSIA
BRUNEI
MALAYSIA
PHILIPPINEN
SINGAPUR
INDONESIEN
N
KM
0
500
1000
Südost-Asien
AUSTRALIEN

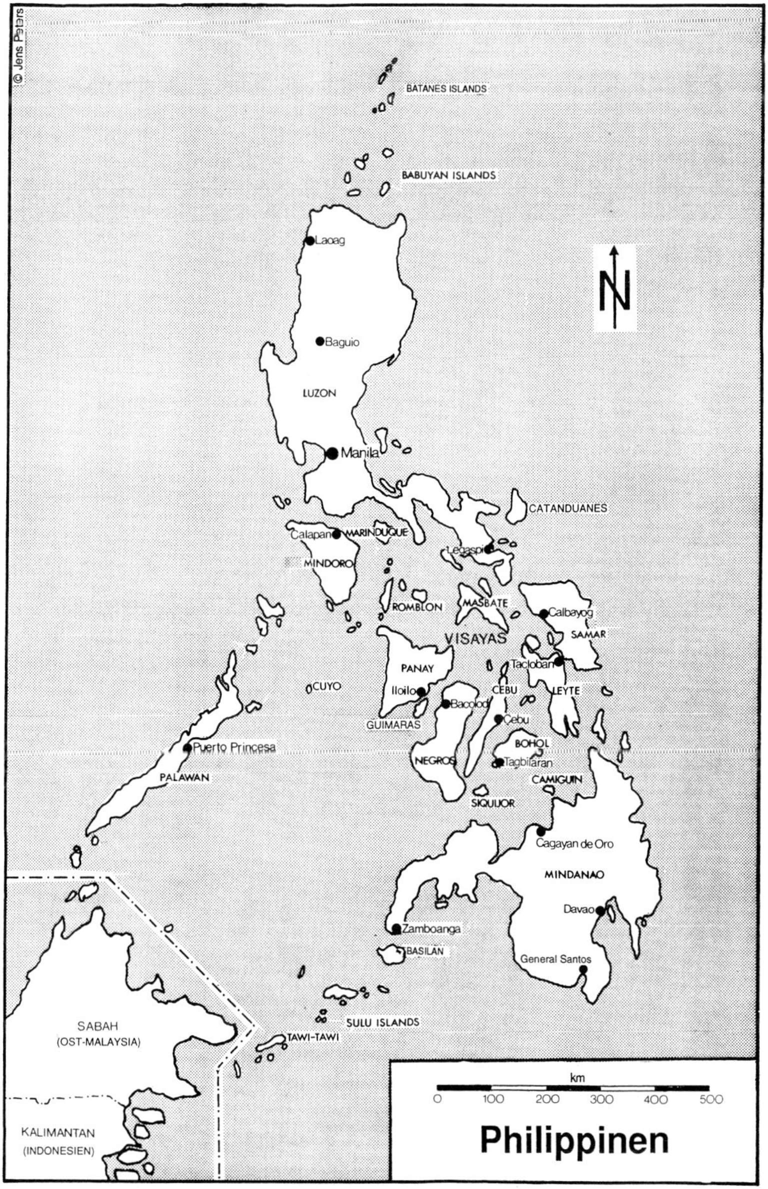

© Jens Peters
BATANES ISLANDS
BABUYAN ISLANDS
Laoag
Baguio
LUZON
Manila
CATANDUANES
Calapan
MARINDUQUE
MINDORO
Legaspi
ROMBLON
MASBATE
Calbayog
SAMAR
VISAYAS
PANAY
Tacloban
CUYO
Iloilo
CEBU
LEYTE
Bacolod
GUIMARAS
Cebu
Puerto Princesa
BOHOL
NEGROS
Tagbilaran
PALAWAN
CAMIGUIN
SIQUIJOR
Cagayan de Oro
MINDANAO
Davao
Zamboanga
BASILAN
General Santos
SULU ISLANDS
SABAH
(OST-MALAYSIA)
TAWI-TAWI
km
0 100 200 300 400 500
KALIMANTAN
(INDONESIEN)
Philippinen

Land und Leute

Landesdaten

Lage: Fünf bis 21 Grad nördlich des Äquators. 160 km südlich von Taiwan; 25 km nördlich von Sabah (Borneo); 960 km östlich von Vietnam.

Fläche: 299.404 qkm Landfläche (Vergleich: Deutschland = 356.945 qkm). Entfernung Nord-Süd: 1.850 km; Ost-West: 1.100 km.

Inseln: Insgesamt 7.107, davon etwa 2.000 bewohnt. Nur etwas mehr als 500 Inseln sind größer als 1 qkm. Über 2.500 Inseln sind namentlich nicht erfaßt. Die größten Inseln sind Luzon (104.683 qkm), Mindanao (94.596 qkm), Palawan (14.896 qkm), Panay (12.327 qkm), Mindoro (10.245 qkm), Samar (9.949 qkm), Negros (9.225 qkm), Leyte (6.268 qkm), Cebu (5.088 qkm), Bohol (4.117 qkm) und Masbate (4.047 qkm).
Die philippinischen Inseln werden in vier Gruppen unterteilt. Zur ersten Gruppe gehören neben der größten Insel Luzon auch Batanes, Catanduanes, Mindoro, Marinduque und Masbate. Die zweitgrößte Insel Mindanao und der Sulu-Archipel im Süden des Landes bilden die zweite Gruppe. Dazwischen befinden sich die Visayas mit den Hauptinseln Panay, Negros, Cebu, Bohol, Leyte, Samar und Romblon. Übrig bleibt als vierte Gruppe die Provinz Palawan mit ihren über 1.700 Inseln.

Bevölkerung: 72 Millionen (Stand: 1997). Steigende Tendenz - jährlich nimmt die Zahl der Einwohner um 2,6 Prozent zu. Viele Kinder bedeuten für einen großen Teil der Bevölkerung eine gesicherte Altersversorgung. Hinzu kommt, daß Filipinos sehr kinderlieb sind. Daher *family planting* statt *family planning*, obwohl man seitens der Regierung sehr darum bemüht ist, die Bevölkerung mit den Möglichkeiten der Geburtenregelung vertraut zu machen. Durchschnittlich kommen auf eine Familie sechs Kinder.
Fast 40 Prozent der Bevölkerung lebt in Städten, etwas mehr als 60 Prozent auf dem Land. Mehr als die Hälfte aller Filipinos, nämlich 53 Prozent, ist jünger als 20 Jahre. Der Anteil der Menschen im Alter von 65 Jahren und darüber beträgt sieben Prozent. Das Verhältnis Männlein-Weiblein ist nahezu ausgeglichen: statistisch kommen im Landesdurchschnitt auf 100 weibliche 99,7 männliche Filipinos.

Städte: Trotz fehlender (aber erhoffter) Arbeitsplätze ist die Zuwanderung aus den Provinzen in die Städte groß. Die größten Städte sind Metro Manila, Davao, Cebu, Iloilo, Zamboanga, Bacolod, Angeles, Butuan und Cagayan de Oro. Manila selbst hatte 1980 etwa 1,6 Millionen Einwohner. Doch bereits in den siebziger Jahren wurde nach Einbeziehung 17 benachbarter Städte und Gemeindebezirke (unter anderem Quezon City, Caloocan City, Pasay City usw.) aus Manila Metropolitan Manila (kurz: Metro Manila) mit zur Zeit mehr als zehn Millionen Einwohnern. Regierungssitz ist Manila. Die Nationalversammlung (Batasang Pambansa) tagt in Quezon City.

Berge: Die höchsten Berge sind Mount Apo, 2.953 m, bei Davao auf Mindanao, und Mount Pulog, 2.930 m, nordöstlich von Baguio, Nord-Luzon.
Eine offizielle Liste führt 37 Vulkane auf: 18 aktive und 19 »ruhende«. Der Mount Mayon im Südosten von Luzon gilt wegen seiner nahezu perfekten Kegelform als schönster Vulkan der Welt; der Mount Pinatubo nordwestlich von Manila als einer der gefährlichsten.

Flüsse: Die längsten Flüsse sind der Cagayan River, der Rio Grande de Pampanga und der Agno River auf Luzon sowie der Rio Grande und der Agusan River auf Mindanao.

Geschichte

Der Anfang der philippinischen Geschichtsschreibung ist in die Zeit von 150.000 bis 30.000 v. Chr. einzuordnen, denn aus dieser Epoche stammen die Steinwerkzeuge, die man zusammen mit Fossilien längst ausgestorbener Säugetiere in Solano, Provinz Cagayan, fand. Vermutlich wurden sie von Jägern benutzt, die über eine damalige Landbrücke vom asiatischen Festland einwanderten.
Die ältesten menschlichen Knochen, die man bei Ausgrabungen fand, werden auf 50.000 v. Chr. datiert.
Als eigentliche Ureinwohner der Philippinen werden jedoch von vielen Historikern die Negritos oder Aeta betrachtet, die vor etwa 25.000 Jahren vom asiatischen Kontinent aus gen Süden zogen, später allerdings von den in mehreren Einwanderungswellen eintreffenden Indonesiern zurückgedrängt wurden.

Immigrationen

Etwa 5.000 v. Chr. versank die letzte Landbrücke im Meer. Fünf Einwanderungsströme aus Indochina fanden in der Zeit von 1.500 bis 500 v. Chr. statt. Die letzte dieser mit Einbäumen eintreffenden Gruppen brachte die ersten Kupfer- und Bronzewerkzeuge. Sie begann mit dem Bau der gigantischen Reisterrassen bei Banaue, Nord-Luzon. Mit der Einwanderung malaiischer Völker von 500 v. Chr. bis 1500 n. Chr. waren auch kulturelle Veränderungen verbunden, unter anderem Häuserbau (auf Pfählen), Ackerbau (mitgebrachte Pflanzen und Bäume) und Viehzucht (Nutzung des Wasserbüffels).

Magellan erreichte 1521 die Philippinen

Indische Einflüsse gingen von den buddhistisch-hinduistischen Imperien Sri-Vijaya (800-1377), Sumatra, und Majapahit (1293-1478), Java, aus. In dieser Zeit begann auch der Handel mit indochinesischen Staaten. Insbesondere die Kaufleute der Sung Dynastie (960-1280) besuchten mit ihren Handelsschiffen die Hauptinsel Luzon und die Inseln der Visayas. Mit Vorliebe tauschten sie chinesische Produkte wie Porzellan gegen Rohwolle und Gold.
1380 erreichte der arabische Gelehrte Makdum die Sulu-Inseln im Süden der Philippinen und begann mit der Verbreitung des Islam. Am erfolgreichsten war seine Mission in Bwansa, der alten Sulu-Hauptstadt, und auf Tapul Island. Eine machtvolle islamische Ausbreitung wurde jedoch erst ab 1475 durch Sharif Mohammed Kabungsuwan, einen Moslemführer aus Johore, erzielt. Er heiratete die einflußreiche Eingeborenen-Prinzessin Putri Tunoma, bekehrte viele Stämme und wurde der erste Sultan von Mindanao.

Die spanische Herrschaft

Die Moslems hatten ihren Machtbereich bereits auf einen Teil von Luzon

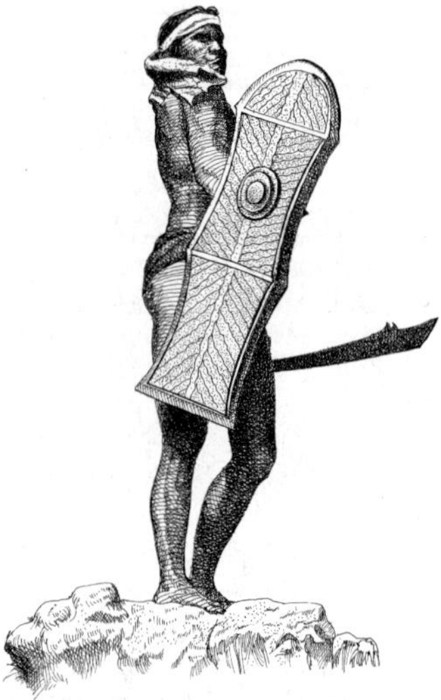

Häuptling Lapu-Lapu bezwang Magellan

ausgeweitet, als Ferdinand Magellan, ein portugiesischer Seefahrer im Dienste Spaniens, am 16. März 1521 auf Homonhon, einer unbewohnten Insel nahe Leyte, landete. Auf der Insel Cebu errichtete er am 17. April 1521 ein Kreuz und machte spanische Besitzansprüche für das ganze Land geltend. Lapu-Lapu, ein stolzer philippinischer Häuptling der Nachbarinsel Mactan, lehnte sich gegen die spanische Autorität auf. Es kam zu einer Schlacht, in der Magellan den Tod fand.
Unter der Führung von Ruy Lopez de Villalobos erreichte 1543 eine weitere spanische Expedition das Inselreich. Nach König Philipp II von Spanien gab er dem Land den Namen »Filipinas«. Doch erst 1565 begann die beständige spanische Kolonialherrschaft. Im November dieses Jahres landete Miguel Lopez de Legaspi mit seiner Flotte auf Bohol. In Tagbilaran schloß er Blutsfreundschaft mit dem Inselführer Rajah Sikatuna, nahm kurze Zeit später Cebu ein und errichtete dort die erste spanische Festung auf den Philippinen. 1571 eroberte Legaspi Manila. Ein Jahr später stand fast das ganze Land unter spanischer Herrschaft, ausgenommen die streng islamischen Sulu-Inseln und Mindanao. Kirchen wurden gebaut; die verstärkte Verbreitung des Katholizismus begann.

Streben nach Unabhängigkeit

Bis 1821 verwalteten spanische Behörden die Philippinen von Mexiko aus. Versuche der Niederländer, Portugiesen und Chinesen, auf den Philippinen Fuß zu fassen, konnten bis zu diesem Zeitpunkt erfolgreich von den Spaniern abgewehrt werden. Zwar hatten die Briten während des Siebenjährigen Krieges 1762 Manila kurzzeitig erobert, mußten aber aufgrund des Friedensvertrages von Paris 1763 die Philippinen den Spaniern überlassen.
Nach der Öffnung des Suezkanals 1869 verließen viele junge Filipinos ihr Land, um in Spanien und anderen europäischen Ländern zu studieren. Neue Ideen und Freiheitsdenken wurden von ihnen an die Landsleute weitervermittelt.
1872 kam es in Cavite zum Aufstand von etwa 200 philippinischen Soldaten gegen ihre spanischen Vorgesetzten. Er wurde zwar niedergeschlagen, setzte aber erste Zeichen für das ernsthafte Streben nach Freiheit und Unabhängigkeit. Geistige Urheber der Unabhängigkeitsbewegung waren die philippinischen Denker und Patrioten Marcelo H. del Pilar, Graciano Lopez Jaena, Juan Luna und Dr. Jose Rizal. Vornehmlich die kritischen Schriften und Gedichte Rizals verstärkten den Wunsch vieler Filipinos nach Freiheit und Unabhängigkeit. Als Jose Rizal 1892 die Liga Filipina ins Leben gerufen hatte, wurde er als revolutionärer Agitator nach Dapitan, Mindanao, ver-

Dr. Jose Rizal

Der philippinische Nationalheld

Jose Rizal wurde am 19. Juni 1861 in Calamba, Laguna, geboren. Bevor er 1872 nach Manila zog, um sich in Malerei und Bildhauerei ausbilden zu lassen, wurde er von seiner Mutter und privaten Lehrern schulisch unterrichtet. An der Santo Tomas Universität begann er das Studium der Medizin, der Philosophie und der Literaturwissenschaft, das er 1882 in Madrid fortsetzte und dort auch erfolgreich abschloß. Um sich weiterzubilden, verbrachte er die nächsten Jahre unter anderem in Paris, Heidelberg, London und Berlin, wo er häufig mit europäischen Gelehrten und politisch gleichgesinnten philippinischen Künstlern und Patrioten zusammentraf, die seinen Traum von Unabhängigkeit und nationaler Würde teilten. 1887 wurde sein berühmtes Buch *Noli Me Tangere* (Rühre mich nicht an) in Berlin veröffentlicht. Dieses als Schlüsselroman geschriebene sozialpolitische Werk setzt sich mit der philippinischen Realität und der Unterdrückungspolitik der spanischen Kolonialmacht auseinander. Obwohl die Verbreitung von der spanischen Zensur verboten wurde, erreichten seine aufrüttelnden Zeilen das gewünschte Ziel. Auch sein zweiter Roman, *El Filibustrismo*, sowie zahlreiche anklagende und zum Kampf gegen die Spanier aufrufende Essays zirkulierten heimlich auf den Philippinen und fanden ein gewaltiges Echo. 1892 riskierte Rizal die Heimreise und gründete zusammen mit Freunden am 3. Juli die Reformbewegung Liga Filipina. Nur vier Tage später wurde er verhaftet und für vier Jahre nach Dapitan auf Mindanao verbannt. Er nutzte die Zeit für künstlerische und wissenschaftliche Tätigkeiten, entwickelte verschiedene technische Geräte und Anlagen, lernte mehrere philippinische Sprachen und arbeitete als Lehrer und Arzt. Als 1896 die Philippinische Revolution ausbrach, wurde Rizal von einem Militärgericht in Manila wegen Anstiftung zur Rebellion zum Tode verurteilt und am 30. Dezember vor den Mauern von Intramuros, im heutigen Rizal Park, durch Erschießen hingerichtet.

In der Nacht vor der Exekution schrieb Jose Rizal in seiner Zelle im Fort Santiago in Manila für sein Land und für das philippinische Volk ein Abschiedsgedicht:

Mein Letztes Lebewohl

Mi Ultimo Adios

Lebewohl, geliebtes Vaterland,
du Kind der Sonne,
Perle des östlichen Meeres,
verlorenes Paradies.
Mit Freuden schenke ich dir
mein trauriges, betrübtes Leben.
Und wenn es auch strahlender,
frischer und blühender wäre,
um dir zu dienen,
hätte ich es gegeben.

Sollte irgendwann
auf meinem Grab
in dichtem Gras
eine schlichte Blume blühen,
führe sie an deine Lippen
und küsse meine Seele.
Und ich werde unter kalter Erde
auf meiner Stirn
den Hauch deiner Zärtlichkeit,
den Hauch deiner Wärme spüren.

Dr. Jose Rizal

bannt. Andres Bonifacio gründete daraufhin den Geheimbund Katipunan. Im August 1896 brach der bewaffnete Unabhängigkeitskampf aus. Zuerst in Manila, später im ganzen Land. Am 30. Dezember 1896 wurde Rizal auf Drängen spanischer Autoritäten nach einer absurden Gerichtsverhandlung hingerichtet. Die letzten Wochen vor seinem Tod verbrachte er in einer Zelle des Fort Santiago in Manila. Emilio Aguinaldo löste Andres Bonifacio im März 1897 als Führer der Revolution ab.

Die amerikanische Herrschaft

1898 brach der spanisch-amerikanische Krieg aus. Unter Admiral Dewey wurde die spanische Flotte in der Bucht von Manila entscheidend geschlagen; die Filipinos kämpften an der Seite der Amerikaner.
Am 12. Juni 1898 erklärte Emilio Aguinaldo die Unabhängigkeit der Philippinen. Es folgte jedoch die Abhängigkeit von den Amerikanern. Sie waren jetzt die neuen Herrscher, die für 20 Millionen Dollar das spanische Erbe übernahmen (Pariser Friedensvertrag, 10. Dezember 1898). Aguinaldo wurde als Präsident der Revolutionsregierung von ihnen nicht anerkannt. Wieder waren die Filipinos gezwungen, gegen eine Fremdherrschaft zu kämpfen - allerdings ohne Erfolg: Sie arrangierten sich schließlich mit den Amerikanern.
Nachdem Präsident Roosevelt die neu ausgearbeitete philippinische Verfassung anerkannte, wurde Manuel L. Quezon 1935 als President of the Philippine Commonwealth vereidigt.
Der Zweite Weltkrieg brach aus. Nach dem Angriff auf Pearl Harbor landeten japanische Truppen auf Luzon und eroberten am 2. Januar 1942 Manila. Die philippinisch-amerikanischen Truppen erlitten in Schlachten um Corregidor Island und auf der Halbinsel Bataan verlustreiche Niederlagen. Bis 1944 regierten die brutalen japanischen Militärs. Dann erfüllte General Douglas MacArthur sein Versprechen (»I shall return«), die Philippinen von den Japanern zu befreien. Amerikanische Kriegsschiffe landeten auf Leyte, und unter seiner Führung wurden die Inseln zurückerobert.
Am 4. Juli 1946 erhielten die Philippinen ihre volle Unabhängigkeit, und Manuel Roxas wurde der erste Präsident der Republik. Seine Nachfolger waren Elpidio Quirino, Ramon Magsaysay, Carlos Garcia und Diosdado Macapagal.

Die Ära Marcos

1965 wurde Ferdinand E. Marcos zum Präsidenten der Philippinen gewählt. Er gewann auch die nächste Wahl im Jahr 1969. Nach insgesamt sieben Jahren Marcos-Regierung befand sich das Land in einem desolaten Zustand. Korruption und Schwerverbrechen gehörten zur Tagesordnung. Man sprach vom »Wilden Osten«. 1972 verhängte Marcos das Kriegsrecht (*martial law*). Er bekam die schwere innenpolitische

Krise in den Griff und begann schrittweise seine Vorstellungen von der New Society (Neue Gesellschaft) durchzusetzen. Sehr bald konnten erste Erfolge verbucht werden, so z.B. ein rapides Sinken der Kriminalität und die Verbesserung des Gesundheitswesens. Die durch das Landreformgesetz vom Oktober 1972 angekündigte Abschaffung der Landpacht wurde jedoch nur in Ansätzen verwirklicht.
Außenpolitisch gelang der Anschluß an international wichtige Organisationen wie ESCAP (Economic and Social Commission for Asia and the Pacific), ASPAC (Asian and Pacific Council), ASEAN (Association of Southeast Asian Nations) und den Colombo-Plan. Seit 1973 sind die Philippinen provisorisches Mitglied des Allgemeinen Zoll- und Handelsabkommens (GATT).
Politische Ruhe, Steuervergünstigungen und niedriges Lohnniveau ließen ab Mitte der siebziger Jahre wieder ausländisches Kapital ins Land fließen. Aber nicht alle Filipinos waren mit dieser politischen Ruhe einverstanden. So versuchten kommunistische Guerillas der NPA (New People's Army) und Mitglieder der MNLF (Moro National Liberation Front), durch gewaltsame Aktionen an den Machtverhältnissen zu rütteln. Die Oppositionsparteien Democratic Socialist Party und Philippine Democratic Party hatten ebenso wenig Einfluß auf das innenpolitische Geschehen wie die zu jener Zeit verbotene Communist Party of the Philippines. Auch nach Abschaffung des Kriegsrechts am 17. Januar 1981 konnte Marcos diktatorisch mit sogenannten Presidential Decrees weiterregieren. Die Durchführung der Präsidentenwahl am 17. Juni 1981 - Marcos wurde für weitere sechs Jahre als Staatsoberhaupt bestätigt - war umstritten, und Wahlbetrugsvorwürfe wurden laut. Am 14. Mai 1984 fanden Parlamentswahlen statt, bei der die oppositionelle UNIDO (United Nationalist Democratic Organisation, ein Zusammenschluß von zwölf Parteien) 63 von 200 Gesamtmandaten erhielt. Die Unabhängigen kamen auf acht Sitze. Und auf die regierende Marcos-Partei KBL (Kilusang Bagong Lipunan = New Society Movement) entfielen 125 Sitze, einschließlich der 17 Mandate, die von Marcos direkt bestimmt werden konnten.

Sechs Jahre Cory Aquino

Mitentscheidend am überraschenden Erfolg der Oppositon war nicht nur die Unzufriedenheit großer Teile der Bevölkerung mit der wirtschaftlichen Situation des Landes, sondern auch die Reaktion vieler Wähler auf die Ermordung des liberalen Oppositionspolitikers Benigno Aquino am Tag seiner geheimen Rückkehr aus dem Exil am 21. August 1983. Der gewaltsame Tod des sehr beliebten früheren Senators weckte und schärfte das politische Bewußtsein aller Bevölkerungsschichten und mobilisierte Hunderttausende zu Protestkundgebungen. Die vorgezogene Präsidentenwahl vom 7. Februar 1986 vereinte die bis dahin gespaltene demokratische Opposition, die nun geschlossen mit Aquino's Witwe Corazon (»Cory«) Aquino von der Philippine Democratic Party (PDP-Laban) als Spitzenkandidatin und UNIDO-Führer Salvador Laurel als Kandidaten für den Vize-Präsidenten gegen das Gespann Marcos-Tolentino antrat. Marcos konnte die Wahl für sich entscheiden, mußte sich aber selbst von Freunden aus dem In- und Ausland massiven Wahlbetrug vorwerfen lassen.
Corazon Aquino rief das philippinische Volk zum zivilen Ungehorsam und zum nationalen Protest im gewaltfreien Gandhi-Stil auf: Marcos nahestehende Banken, Zeitungen und Konsumgüterfirmen wurden sehr erfolgreich boykottiert. »People Power« begann zu wirken, und Marcos' letzte

Stunden als Staatsoberhaupt waren schließlich gezählt, als Verteidigungsminister Enrile und Vize-Stabschef Ramos ihm die Gefolgschaft versagten und mit rebellierenden Militäreinheiten ins Aquino-Lager überwechselten. Zehntausende unbewaffneter Zivilisten verhinderten durch Straßenblockaden das Eingreifen loyaler Soldaten und somit ein Blutvergießen größeren Ausmaßes. Fast gleichzeitig ließen sich Corazon Aquino und Ferdinand Marcos am 25. Februar 1986 vereidigen, und für wenige Stunden hatten die Philippinen zwei Präsidenten. Aber noch am selben Tag wurde Marcos von den Amerikanern ins Exil nach Hawaii ausgeflogen. Corazon Aquino setzte die Verfassung außer Kraft und hob das Parlament auf.

Auf den Philippinen fand keine Revolution statt, sondern ein Machtwechsel, von dem die Elite des Landes und die bisherigen Macht- und Herrschaftsstrukturen kaum berührt wurden. Durch die Vertreibung des Diktators wurde Corazon Aquino zur Volksheldin und zum internationalen Idol. Sie begründete die philippinische Demokratie neu und stellte die politischen Institutionen der Demokratie, das Parlament und den Obersten Gerichtshof, wieder her. Doch obwohl sie am Anfang ihrer Präsidentschaft über große politische Macht verfügte, konnte sie weder das Militär noch die feudalen Familien - einschließlich ihrer eigenen - unter Kontrolle bringen. Die Hoffnung der Filipinos auf Wohlstand und Demokratie wurden nur teilweise erfüllt. Vom kurzzeitigen Wachstum der Wirtschaft in den Jahren 1987 und 1988 konnte die große Mehrheit der Bevölkerung, die in armseligen Verhältnissen an der Existenzgrenze lebt, nicht profitieren. Im Gegenteil: ihre wirtschaftliche Misere verschlimmerte sich von Jahr zu Jahr. Und die vieldiskutierte und von den vielen grundbesitzlosen Filipinos lang erwartete Landreform kam über Anfänge nicht hinaus. Während ihrer Amtszeit als Präsidentin und Oberbefehlshaberin des Militärs überlebte Corazon Aquino sieben Putschversuche. Allerdings hätte sie ohne die Unterstützung ihres Verteidigungsministers General Fidel Ramos und dessen Einfluß auf das Militär wohl kaum bis zum letzten Tag der sechsjährigen Legislaturperiode als Staatsoberhaupt bestehen können. Zum Dank für seine Loyalität schlug sie Ramos den philippinischen Wählern als ihren Kandidaten und Nachfolger für das Präsidentenamt vor.

Fidel Ramos

Auf die Unterstützung der einflußreichen katholischen Kirche konnte der Protestant Fidel Ramos nicht zählen, als er in den Wahlkampf zog, aus dem er dann Mitte 1992 als knapper Sieger hervorging. Die vom philippinischen Klerus begünstigten Kandidaten, die Richterin Miriam Defensor Santiago und der Regierungssprecher Ramon Mitra blieben letztendlich ebenso auf der Strecke wie die Kandidaten aus dem Umfeld des im Exil verstorbenen, früheren Präsidenten Marcos, der Magnat Eduardo Cojuanco und die exzentrische Imelda Marcos.

Am 1. Juli 1992 übernahm Präsident Ramos die Amtsgeschäfte und präsentierte schon kurze Zeit später sein Kabinett, das sich aus kompetenten Fachleuten zusammensetzt. Die durch das verkündete Regierungsprogramm gesteckten Ziele sind hoch. Vorrangig zu bewältigende Aufgaben waren die Schaffung von Arbeitsplätzen, die Ankurbelung der Wirtschaft, der Abbau der erdrückend hohen Auslandsverschuldung von 32 Milliarden US-Dollar und die Wiederherstellung eines politischen Klimas, das korrupten Beamten keine Chance läßt, sich auf Kosten des Staates zu bereichern.

Darüber hinaus mußte schnellstens wieder eine weitgehend störungsfreie Stromversorgung hergestellt werden. Seit Anfang der neunziger Jahre legten nämlich tagtäglich mehrstündige sogenannte *brownouts* weite Teile des Landes regelrecht lahm. Schuld an dieser für die Wirtschaft unerträglichen Situation waren die Ausfälle schlecht bzw. überhaupt nicht gewarteter Kraftwerke älteren Datums sowie verspätete Genehmigungen von neuen Kraftwerkprojekten. Das folgenschwere Versäumnis der Aquino-Regierung, eine weitsichtige Energiepolitik zu betreiben, stellte einen gravierenden Minusposten in einer insgesamt eher ernüchternden Bilanz dar, die der jetzige Präsident von seiner Vorgängerin zu übernehmen hatte.

Im Bereich Wirtschaft wurden viele Gesetzesänderungen eingeleitet, die das Ausland ermutigen sollen, auf den Philippinen zu investieren. Personelle Entscheidungen wurden bei der National Power Corporation (NPC) getroffen und Ramos mit energiepolitischen Sondervollmachten ausgestattet. Politisch überraschte der Präsident mit der Aufhebung des 1957 ausgesprochenen Verbots der Communist Party of the Philippines, wovon er sich ein baldiges Ende des Guerillakrieges verspricht.

Auch mit der moslemischen Befreiungsbewegung Moro National Liberation Front (MNLF) konnte Ramos nach zähen Verhandlungen 1996 einen Friedenvertrag schließen. Den Aufständigen wird darin in den meisten Provinzen auf der Insel Mindanao eine weitgehende Autonomie einräumt. Der ein Vierteljahrhundert währende Untergrundkampf im Süden der Philippinen ist damit formell beendet. Ob tatsächlich Ruhe einkehren wird, ist ungewiß. Denn sowohl radikale Christen als auch moslemische Splittergruppen, allen voran die extremistische MILF (Moro Islamic Liberation Front), sind gegen dieses Abkommen und kündigten postwendend an, mit Gewalt dagegen vorzugehen.

Ramos hat angekündigt, bis zum Ende seiner Amtsperiode weitere politische Reformen durchzuführen, darunter die Verbesserung der Steuergesetze und die Zerschlagung von Bank-, Telekommunikations-, Transport- und anderen Kartellen. Jedoch bezweifeln viele Landeskenner, daß er für derartig einschneidende Vorhaben noch genügend Zeit und Einfluß hat, denn seine sechsjährige Amtszeit läuft am 30. Juni 1998 aus. Nur eine Änderung der Verfassung oder bestehender Gesetze würde ihm eine erneute Kandidatur ermöglichen. Sollten seine Gefolgsleute es mit den Stimmen der Bevölkerung schaffen, eine entsprechende Petition bei der Wahlkommission einzureichen, dürfte sich Ramos, wenn man ihn ließe, einer zweiten Amtszeit gewiß nicht verschließen.

Staat und Verwaltung

Die philippinische Verfassung sieht als Staatsform eine präsidiale Demokratie vor. Die Legislative liegt beim Kongreß, der sich aus Senat (24 Senatoren) und Repräsentantenhaus (250 Mitglieder) zusammensetzt. Der Präsident wird für sechs Jahre direkt vom Volk gewählt. Eine Wiederwahl läßt die Verfassung nicht zu.

Die Verwaltung der Republik Philippinen (Republica ng Pilipinas) ist unterteilt in zwölf Regionen (zuzüglich Metro Manila als National Capital Region), die sich aus insgesamt 76 Provinzen zusammensetzen. Jede Provinz besteht aus einer Provinzhauptstadt (Provincial Capital), und mehreren Gemeindebezirken (Municipalities), die sich wiederum aus kleineren und größeren Dorfgemeinschaften (Barangays) zusammensetzen. Ein Barangay, mit dem gewählten Barangay-Captain als

Provinzen

1 Batanes
2 Ilocos Norte
3 Cagayan
4 Kalinga Apayao
5 Abra
6 Ilocos Sur
7 Mountain
8 Isabela
9 Ifugao
10 La Union
11 Benguet
12 Nueva Vizcaya
13 Quirino
14 Pangasinan
15 Zambales
16 Tarlac
17 Nueva Ecija
18 Aurora
19 Pampanga
20 Bulacan
21 Bataan
22 Rizal
23 Cavite
24 Laguna
25 Quezon
26 Batangas
27 Camarines Norte
28 Camarines Sur
29 Catanduanes
30 Marinduque
31 Mindoro Oriental
32 Mindoro Occidental
33 Albay
34 Sorsogon
35 Romblon
36 Masbate
37 Northern Samar
38 Western Samar
39 Eastern Samar
40 Biliran
41 Aklan
42 Capiz
43 Antique
44 Iloilo
45 Guimaras
46 Leyte
47 Southern Leyte
48 Cebu
49 Negros Occidental
50 Negros Oriental
51 Bohol
52 Palawan
53 Surigao del Norte
54 Siquijor
55 Camiguin
56 Surigao del Sur
57 Agusan del Norte
58 Misamis Oriental
59 Misamis Occidental
60 Zamboanga del Norte
61 Zamboanga del Sur
62 Lanao del Norte
63 Lanao del Sur
64 Bukidnon
65 Agusan del Sur
66 Davao del Norte
67 Davao Oriental
68 Davao del Sur
69 Maguindanao
70 North Cotabato
71 South Cotabato
72 Sultan Kudarat
73 Sarangani
74 Basilan
75 Sulu
76 Tawi-Tawi

Regionen

I Ilocos
II Cagayan Valley
III Central Luzon
IV Southern Luzon
V Bicol
VI Western Visayas
VII Central Visayas
VIII Eastern Visayas
IX Western Mindanao
X Northern Mindanao
XI Southern Mindanao
XII Central Mindanao

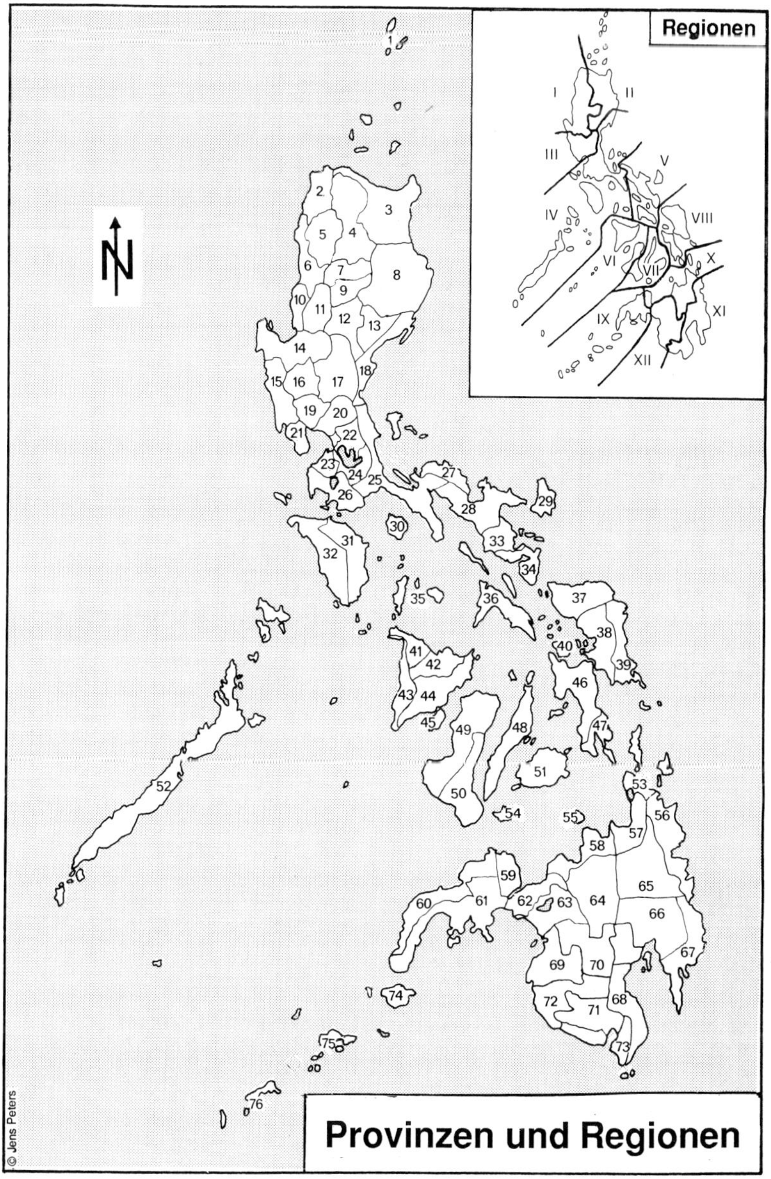
Regionen
I
II
III
IV
V
VI
VII
VIII
IX
X
XI
XII
1 2 3 4 5 6 7 8 9 10 11 12 13 14 15 16 17 18 19 20 21 22 23 24 25 26 27 28 29 30 31 32 33 34 35 36 37 38 39 40 41 42 43 44 45 46 47 48 49 50 51 52 53 54 55 56 57 58 59 60 61 62 63 64 65 66 67 68 69 70 71 72 73 74 75 76
N
© Jens Peters
Provinzen und Regionen

Vorsteher, ist die kleinste sozio-politische Verwaltungseinheit der Philippinen. Insgesamt gibt es über 41.000 davon im ganzen Land. Der Begriff Barangay stammt aus der Besiedlungszeit des Archipels von 500 v. Chr. bis 1500 n. Chr. Damals war ein Barangay (Balanghai) ein großes, seetüchtiges Auslegerboot, das bis zu 90 Personen befördern konnte und mit denen Malaien ins Land kamen, um sich auf den Inseln niederzulassen. Die Besatzungen dieser Fahrzeuge setzten sich vermutlich aus sozialen Verbänden wie Dorfgemeinschaften oder Großfamilien zusammen.

Nationalflagge und Nationalhymne

Links ein weißes Dreieck. Oben ein links spitz zulaufender blauer Streifen. Unten ein links spitz zulaufender roter Streifen. Das weiße Dreieck enthält drei fünfzackige Sterne und eine Sonne mit acht Strahlen. Die Sonne symbolisiert die Freiheit. Ihre acht Strahlen repräsentieren die ersten acht Provinzen, die gegen die spanische Kolonialherrschaft revoltierten.

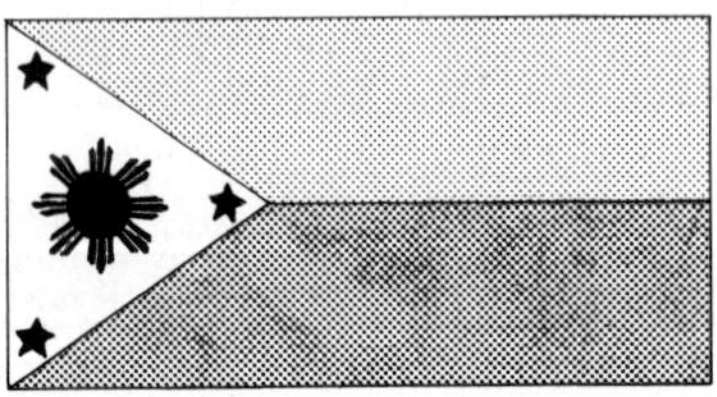

Die Sterne verdeutlichen die geographische Dreiteilung der Philippinen: Luzon, Visayas und Mindanao. Für Gleichheit und Einheit des Volkes steht der blaue Streifen. Der rote Streifen symbolisiert die Bereitschaft der Filipinos, für ihr Land bis aufs Blut zu kämpfen. In Kriegszeiten wird der rote Streifen nach oben gekehrt.

Am 12. Juni 1898 erklärte General Emilio Aguinaldo vom Balkon seines Hauses in Kawit, Cavite, die Unabhängigkeit der Philippinen. An diesem Tag wurden zum ersten Mal die philippinische Nationalflagge gehißt und die philippinische Nationalhymne gespielt. Komponiert wurde der Marsch von Julian Felipe, den Text zu *Marcha Nacional Filipina* schrieb Jose Palma.

Wirtschaft

Alle wesentlichen Wirtschaftsdaten der letzten Jahre signalisieren, daß sich die Philippinen stetig vom »kranken Mann Asiens« zu einem zuverlässigen Partner in der asiatisch-pazifischen Region entwickelt. Die Stabilitätspolitik der Ramos-Regierung sorgte für eindrucksvolle Zuwächse bei den in- und ausländischen Investitionen, die zu einem beachtlichen Wirtschaftswachstum führten. Im ersten Halbjahr 1997 lag die Inflationsrate bei nur 4,6 Prozent; 1996 waren es noch 8,4 Prozent.

Als Mitte 1997 Thailand in eine schwere Wirtschafts- und Währungskrise geriet und diese unter anderem auch auf die Philippinen überzugreifen drohte, zahlte sich die jüngste ausgewogene und fundierte Politik des Inselstaates aus. Zwar verlor der Peso rund 20 Prozent an Wert, aber das Land geriet nicht in schwerwiegende Schwierigkeiten, denn die Regierung mußte dank hoher Devisenreserven weder zu harten Sparmaßnahmen greifen noch zusätzliche teure Kredite aufnehmen.

Fischerei und Landwirtschaft

Etwa zwei Drittel des philippinischen Volkes leben von den Erträgen der Fischerei und der Landwirtschaft. Durch Hochsee-, Küsten- und Binnenfischerei wird ein bedeutender Beitrag zur Volksernährung geleistet.

Reis ist das wichtigste landwirtschaftliche Produkt. Nach Entwicklung neu er Reissorten im Internationalen Reisforschungsinstitut von Los Banos sowie Verbesserung der Anbaumethoden und Vergrößerung der Anbauflächen konnte 1968 erstmals ein geringer Überschuß erzielt werden. In manchen Jahren muß jedoch Reis importiert werden, um den Gesamtbedarf der Bevölkerung zu decken.
Haupterzeugnisse für den Export sind Kokosnüsse (Kopra), Abaka (Manilahanf), Tabak, Bananen, Ananas und neuerdings auch Schnittblumen, einschließlich Orchideen.

Ungefähr 4,2 Millionen Filipinos verdienen weltweit als Gastarbeiter begehrte Devisen, die meisten davon als Seeleute, Hausmädchen, Bauarbeiter, Krankenschwestern und Entertainer. Offiziell überweisen sie jährlich rund sieben Milliarden US-Dollar auf heimatliche Konten. Hinzu kommt noch eine stattliche Summe persönlich überbrachter Ersparnisse. Was die Overseas Filipino Workers (OFW) im Jahr insgesamt nach Hause schicken, entspricht etwa der Hälfte des philippinischen Umsatzes im Außenhandel. Der »Export« von Arbeitskräften stellt also einen bedeutenden Wirtschaftsfaktor dar, ohne den der Lebensstandard im Land sicherlich spürbar niedriger wäre.

Viehzucht
Die Viehzucht ist noch relativ schwach entwickelt. Geflügel, Schweine und Ziegen werden als Fleischtiere gehalten, während Wasserbüffel hauptsächlich als Arbeitstiere dienen.

Bodenschätze
Die für den Export wichtigsten Bodenschätze sind Kupfer, Gold, Chromit und Nickel. Von lokaler Bedeutung sind Eisenerz, Kohle, Gips, Schwefel, Quecksilber, Asbest, Marmor und Salz. Versuchsbohrungen nach Erdöl waren erfolgreich. Eine positive Weiterentwicklung auf diesem für die Energieversorgung so wichtigen Sektor könnte die Einfuhrabhängigkeit erheblich einschränken. Für Rohölimporte müssen jährlich etwa zwei Milliarden US-Dollar ausgegeben werden. Eine deutliche Entlastung dürfte hier die Weiterentwicklung der Wasserkraft und vor allem der geothermischen Energie bringen. In der Nutzung geothermischer Energiequellen zur Stromerzeugung stehen die Philippinen hinter den USA an zweiter Stelle in der Welt.

Verarbeitende Industrie
Die verarbeitende Industrie befindet sich vornehmlich in und um Manila. Sie trägt zu etwa 25 Prozent zur Entstehung des Volkseinkommens bei. Führende Industriezweige sind die Genuß- und Nahrungsmittelindustrie, die Textilindustrie und die Lederwarenindustrie. Neue, wachsende Industrien sind Stahlherstellung und Schiffbau. Steigende Tendenzen melden auch die nutzholzverarbeitenden Betriebe.

Tourismus
Eine weitere wichtige Einnahmequelle ist der Tourismus, der als Devisenbringer eine Spitzenposition einnimmt. In den 70er Jahren wurden kontinuierliche Steigerungsraten verzeichnet. Kamen 1970 lediglich 14.400 Touristen ins Land, waren es 1975 bereits über 500.000. Davon 40 Prozent Japaner und 24 Prozent Amerikaner. 1980 wurde erstmals die Millionengrenze überschritten. In den politisch unruhigen Jahren von 1983 bis 1986 waren die Touristenzahlen stark rückläufig. Ab

Reis ist die Grundnahrung der Filipinos

1987 ging es dann jedoch wieder aufwärts. 1993 wurden rund 1,3 Millionen touristisch Einreisende gezählt; 1996 waren es erstmalig zwei Millionen.

Einkommen

Die untere Grenze des Einkommens ist vom Staat festgelegt. Danach beträgt 1997 der Mindestlohn eines Arbeitnehmers pro Tag in Provinzstädten 160 P und in Manila 180 P. Das sind umgerechnet etwa 10,- bzw. 11,- DM. Sehr häufig existieren diese Tarifsätze aber nur auf dem Papier, und effektiv ausbezahlt wird beträchtlich weniger. Darüber hinaus besteht zwischen Stadt und Land ein deutliches Einkommensgefälle.

Für den Großraum Manila wurden folgende durchschnittliche Monatseinkommen ermittelt: Arbeiter 180,- DM; Büroangestellte 210,- DM; Ingenieur 300,- DM; Kellnerin 85,- DM (ohne Trinkgeld); Lehrerin 200,- DM; Polizist 220,- DM. Die monatlichen Lebenshaltungskosten einer fünfköpfigen Familie belaufen sich auf mindestens 7.000 P (etwa 400,- DM).

Preise

Die Preise liegen in den Städten ebenfalls erheblich höher als auf dem Land. Dort braucht man für ein philippinisches Essen nicht mehr als umgerechnet 4,- DM auszugeben. Eine Flasche Rum (0.7 l) kostet lächerliche 2,- DM, Bier (0,33 l) ist für 0,55 DM zu haben, und für Soft-Drinks wie Cola usw. werden etwa 0,40 DM verlangt. Daß in exklusiven Restaurants und Bars alles um einiges teurer ist, dürfte klar sein. So muß man für eine Cola am Swimmingpool des Holiday Inn Manila Pavilion etwa 2,50 DM bezahlen, während in den Nightclubs von Makati das Bier rund 5,- DM kostet.

Siehe auch Kapitel »Reisevorbereitung«: *Preisbeispiele*.

Ökologie und Umwelt

Nach uns die Sintflut? Nicht auf Palawan! In Zukunft bleiben auf der drittgrößten philippinischen Insel die Bäume stehen, illegales Fischen wird unbarmherzig geahndet und der Handel mit seltenen Tieren rigoros unterbunden. Nirgendwo sonst im Land setzen sich die Menschen derart für ihre Umwelt ein. Der vorbildliche Schutz der Wälder, Küstengewässer und Korallenriffe ließ Naturfreunde aufhorchen und bewirkte einen erträglichen Ökotourismus. Das könnte auf anderen Inseln genauso sein - schön wär's.

Wie in vielen anderen Ländern Südost-Asiens hat auch die philippinische Umwelt unter den Folgen der unbedachten Ausbeutung der Ressourcen nach dem Zweiten Weltkrieg zu leiden. Insbesondere Bergwerksgesellschaften und Sägewerke hinterließen ihre Spuren. Zu den einschneidenden Auswirkungen der ungenierten Plünderung der Natur gehören Erosion, Verkarstung und klimatische Veränderungen. Einige Inseln, allen voran Cebu, wurden fast vollständig abgeholzt. Andere, wie Palawan, sind noch mit einem blauen Auge davongekommen, nachdem sich endlich ein paar weitsichtige Politiker dazu aufrafften, sich für die Umwelt stark zu machen.

Anfang 1989 wurde landesweit jede weitere Abholzung gesetzlich verboten. Ob dieser *logging ban* der profitorientierten Holzindustrie tatsächlich überall Einhalt gebieten kann, muß mangels Kontrollmöglichkeiten jedoch in Frage gestellt werden. Auch dem partiellen Kahlschlag durch *kaingineros* - so nennt man die Brandroder, die nach der *kaingin*-Methode Farmland gewinnen - wird durch diese staatliche Verordnung wahrscheinlich kein völliges Ende bereitet. Fest steht jedoch, daß bei ausbleibenden Holzbestellungen aus Industrieländern weniger Bäume gefällt und somit Wälder gerettet würden!

Möglicherweise war es die Katastrophe in Ormoc auf der Insel Leyte im November 1991, die die Filipinos aus ihrer landläufigen Gleichgültigkeit gegenüber der Umwelt wachrüttelte. Als Folge eines gewaltigen Taifuns donnerten damals ungeheure Wassermassen von den Bergen hinunter und verwüsteten die Stadt. Über 5.000 Menschen starben, 50.000 verloren ihr Zuhause. Nachdem illegale Holzfäller jahrelang unbehelligt Kahlschlag betreiben konnten und dadurch die Berghänge verkarsteten, hatten die tödlichen Fluten freien Lauf.

Das Department of Environment and Natural Resources (DENR) ist sehr darum bemüht, die Bedeutung der Ökologie vor wirtschaftliche Interessen zu stellen. Ein Unterfangen, das auch in entwickelten Ländern nur schwer durchzusetzen ist, falls überhaupt. Vielleicht sind noch ein paar weitere Naturkatastrophen mit daraus resultierenden schmerzhaften finanziellen Einbußen nötig, um auch die letzten Ignoranten zum Umdenken zu bewegen. Wenn z.B. auf Boracay nicht unverzüglich ein Weg gefunden wird, die Abwässer zu entsorgen, werden unansehnliche Algen und durch Bakterien hervorgerufene Krankheiten die touristische Zukunft dieser beliebten Ferieninsel stark gefährden.

Ein weiteres ernsthaftes Problem für die philippinischen Gewässer ist die illegale Fischerei mit Cyanid und Dynamit. Das hochgiftige Cyanid wird eingesetzt, um Fische zu betäuben und einzusammeln. Restaurants in Hong Kong und Japan bezahlen für lebende Fische Höchstpreise. Auch tropische Aquarienfische werden mit der chemischen Keule gefangen. Dabei werden den ergiebigen, artenreichen Korallenriffen, die systematisch mit hohen Cyaniddosen bespritzt werden, schwe-

re Schäden zugefügt, von denen sie sich kaum erholen. Dynamitfischer zerstören ebenfalls ganze Unterwasserlandschaften, nur um ohne große Mühe schnell einen guten Fang zu machen. Aber es werden immer mehr Stimmen laut, die diese folgenschwere Fangmethoden verurteilen.
Die Sorge um eine intakte, saubere Umwelt teilt auch die derzeitige First Lady Amelita Ramos. Sie hat zur Rettung des Pasig River die Kampagne »Piso Para sa Pasig« ins Leben gerufen: Für die Reinigung des verdreckten Flusses wurden in Kaufhäusern alte Ölfässer zum Sammeln von Geldspenden aufgestellt. Um ihren Lesern mögliche Auswirkungen umgekippter Seen und Flüsse drastisch vor Augen zu führen, erschienen in der Zeitung *Today* ganzseitige Anzeigen mit Abbildungen toter Fische. Und auch das Innenministerium hat sich einen wirksamen Beitrag zur Weckung des Umweltbewußtseins einfallen lassen. Jedes Jahr veröffentlicht es eine Liste der »cleanest and greenest towns, cities and provinces«. Und siehe da, für die Menschen ist es plötzlich wichtig, daß ihre Stadt oder Provinz möglichst weit oben genannt wird und nicht zum »dreckigen Dutzend« am unteren Ende dieser Liste gehört.

Pflanzen und Tiere

Über viele Jahre war der philippinische Archipel vom Rest der Welt relativ isoliert, und die Pflanzen- und Tierwelt konnte sich in ihrer Umgebung ungestört entwickeln und besondere Spezies hervorbringen.

Flora

Die Flora weist etwa 10.000 Arten von Bäumen, Sträuchern und Farnen auf, ein überwiegender Teil davon ist endemisch. Dominierend sind Kiefern (in den Bergen Nord-Luzons) sowie Pal-

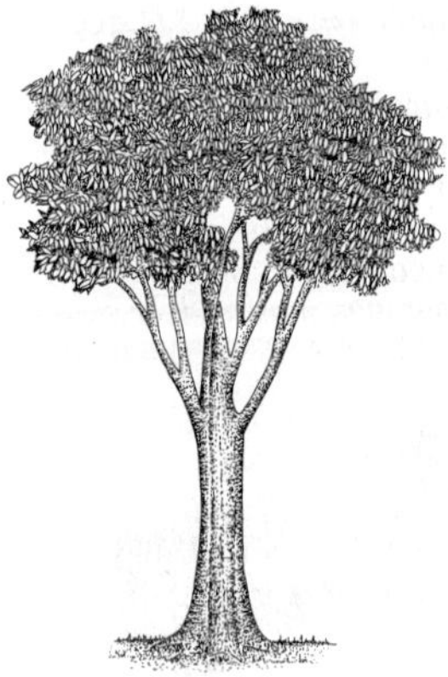

Narra, der philippinische Nationalbaum

men und Bambus (an den Küsten und im flachen Binnenland).
Trotz hemmungsloser Holzfällerei und Brandrodung in den achtziger Jahren sind die philippinischen Inseln noch bis zu zehn Prozent mit tropischem Regenwald überzogen.
Bemerkenswert ist das tropische Blumenspektrum. Über 900 Arten von Orchideen sind bekannt. Von bestechender Schönheit sind z.B. die Cattleya- und Vanda-Orchideen. Die süß duftende Sampaguita wurde zur Nationalblume erkoren. Aus ihr werden auch die Blütenketten hergestellt, die von Filipinos gerne als Halsschmuck getragen und wichtigen Gästen zur Begrüßung umgehängt werden.
Breit ist auch die Palette der wirtschaftlich bedeutenden Nutzpflanzen von der Kokospalme über Reis bis hin zum Zuckerrohr. Nicht zu vergessen die Vielfalt der tropischen Früchte.

Fauna

Nach neuesten Zählungen existieren im Bereich Fauna über 200 Spezies Säugetiere, rund 580 Spezies Vögel, 200 Spezies Reptilien und 100 Spezies Amphibien. Darunter ein paar sonder-

barc und ungewöhnliche Arten, die endemisch für die Philippinen sind und dort zum Teil sogar auf nur einer oder zwei Inseln leben.
Mächtiges Raubwild kommt nicht vor. Dafür sind die Philippinen ganz groß in kleinen Tieren. So gibt es im Süden Palawans das *mouse deer*, ein Zwergreh der kleinsten Rotwildart der Welt.

Mouse Deer *(Tragulus nigricans)*

Im Lake Buhi, Süd-Luzon, tummelt sich *sinarapan*, der kleinste Speisefisch der Welt. Er wird nicht einmal einen Zentimeter lang. Der *tamaraw*, ein wilder Zwergbüffel mit relativ kurzen Hörnern, lebt in den Bergen Mindoros.

Tamaraw *(Anoa mindorensis)*

Ebenfalls auf den Philippinen heimisch sind *tarsius*, der kleinste existierende Affe, und *tabius*, der zweitkleinste. Sie müssen sich jedoch vor dem Philippine Eagle in acht nehmen, einem der größten und seltensten Adler der Welt, der angeblich mit Vorliebe kleine Affen vernaschen soll. Er ist der philippinische Nationalvogel, von dem in freier Wildnis nur noch etwa 100 Exemplare leben.
Papageien gibt es hauptsächlich auf Palawan. Farbenprächtige Schmetterlinge findet man unter anderem auf Cebu, Mindanao und Palawan.

Philippinischer Kakadu
(Kakatoe haematuropygia)

Zu den unangenehmen Insekten gehören Cockroaches (Schaben) und Moskitos. Über letztere macht sich genüßlich der kleine Gecko her. Diese flinke graue Echse ist daher als Hausgenossin sehr beliebt.

Schuppentier *(Paramanis culionensis)*

Philippinisches Krokodil
(Crocodylus mindorensis)

Die größte auf den Philippinen anzutreffende Echse der Lizard-Familie ist der Monitor-Waran (bis zu zwei Meter lang). Krokodile sind selten. Es gibt sie jedoch noch auf Mindanao und Palawan. Zahlreicher vorhanden sind dagegen Schlangen, darunter der meterlange Python, der seine Beute durch Erwürgen tötet, und die giftige Wasserschlange.
Zu den größten Tieren philippinischer Gewässer gehören Seekühe, Walhaie, Delphine und Wale. Die Artenvielfalt der Fische, Korallen, Muscheln und Schnecken ist unbeschreiblich. Der schwerfällige Wasserbüffel, *carabao*, soll jedoch noch abschließend genannt werden. Er ist das wichtigste Nutztier der Filipinos und verdient nicht umsonst die Bezeichnung »The Farmer's Friend«.

Tierliebe

Der Durchschnittsfilipino hat ein ziemlich distanziertes Verhältnis zu Tieren, womit er im krassen Gegensatz zu den Tierfreunden westlicher Länder steht, die ihren Liebling bestens verwöhnen. Ihm fehlt für diesen Luxus das nötige Kleingeld. Wenn ein Filipino freiwillig Tiere versorgt, dann nur solche, die für ihn von Nutzen sind: Schweine, Hühner, Fische und - in manchen Regionen - Hunde, die allesamt in den Kochtopf wandern; oder die phlegmatischen Wasserbüffel, die er arbeiten läßt und ausnahmsweise sogar freundlich behandelt.

Nationalparks

Eine Aufgabe des 1973 eingerichteten Bureau of Forest Development (BFD) ist es, sich als zentrale Umweltbehörde um die Pflege und Erhaltung bestimmter bewaldeter Gebiete zu kümmern. Daraus resultiert die Einrichtung von über 30 geschützten Gebieten, darunter Regenwälder, Korallenriffe und Wildreservate. Diese Gebiete werden wie folgt klassifiziert:
NP = National Park; ein relativ großes Areal mit weitgehend intakter Natur.
NRA = National Recreation Area; ein öffentliches Erholungsgebiet.
NWS = National Wildlife Sanctury; ein Schutzgebiet für Wildtiere, das der Öffentlichkeit nur in Ausnahmefällen zugänglich ist.
SNR = Strict Nature Reserve; ein zu Forschungszwecken von Fauna und Flora eingerichtetes Naturreservat, das Besuchern nur in Ausnahmefällen zugänglich ist.

Philippinische Orchideen

Amasiella philippinensis

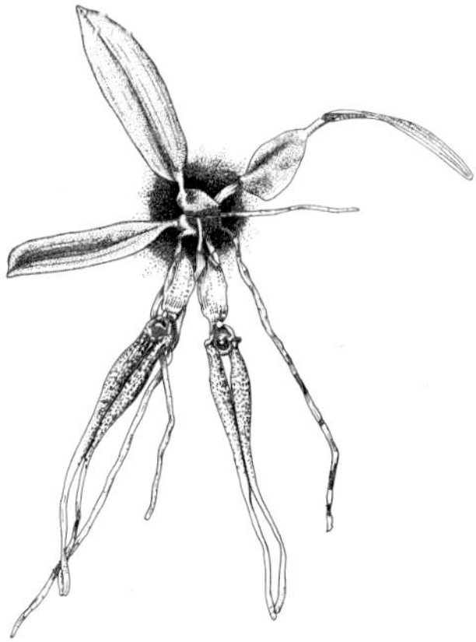

Cirrrhopetalum biflorum

Dipodium paludosum

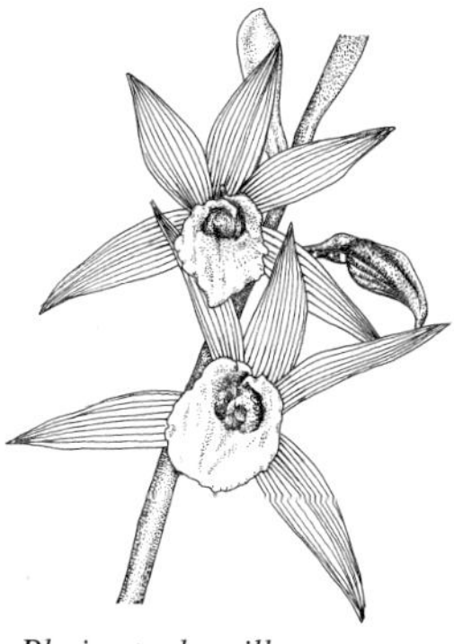

Phajus tankervilleae

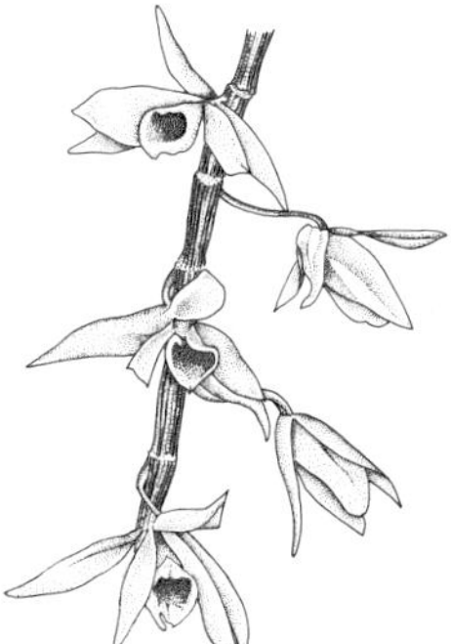

Dedrobium anosmum

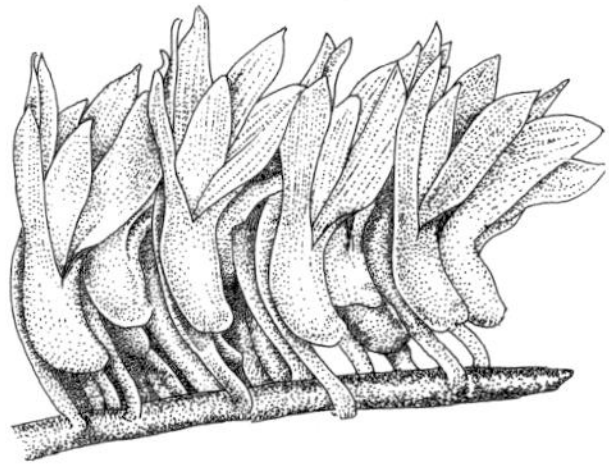

Dendrobium secundem

Philippinische Palmen

Schraubenpalme *(Pandanus tectorius)*

Sagopame *(Metroxylon sagu)*

Pitogopalme *(Cycas rumpii)*

Kokospalme
(Cocos nucifera)

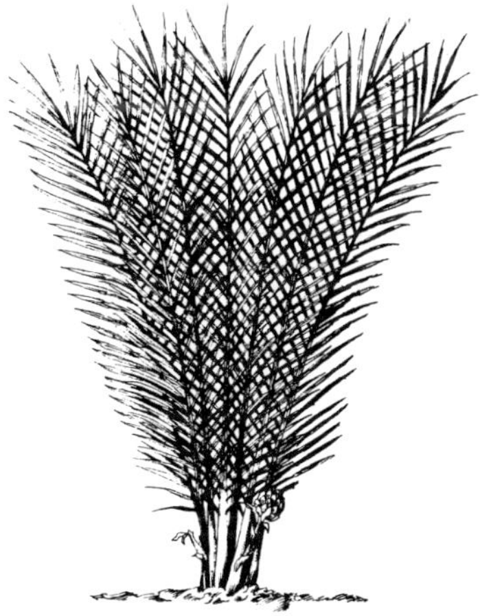

Nipapalme *(Nypa fruticans)*

Buripalme
(Corypha elata)

Königspalme *(Roystonia regia)*

Philippinische Schmetterlinge

Papilio trojana

Papilio doson gyndes

Pantoporia maenas semperi

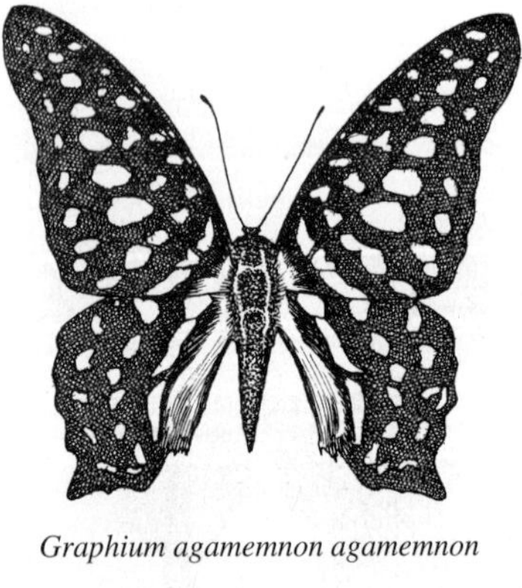

Graphium agamemnon agamemnon

Salatura genutia

Demoleus demoleus

Troides magellanus

Papilio idaeoides

Graphium anthipathes itamputi

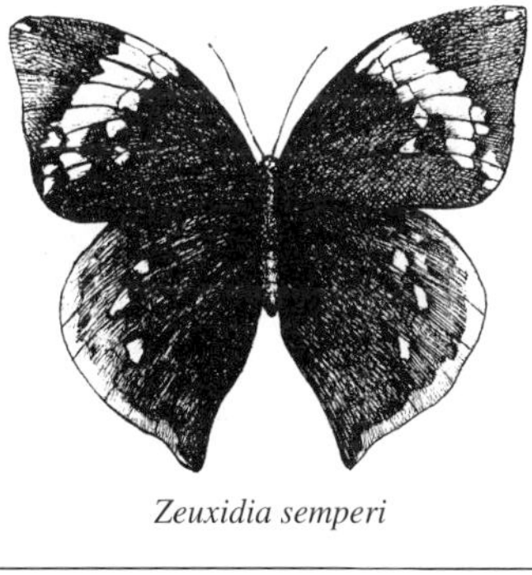

Zeuxidia semperi

Philippinische Fische

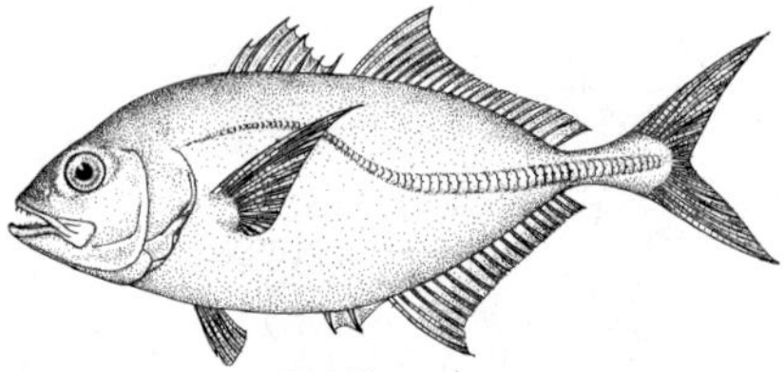

Cavalla
Jackfisch

Maya-Maya
Schnapper

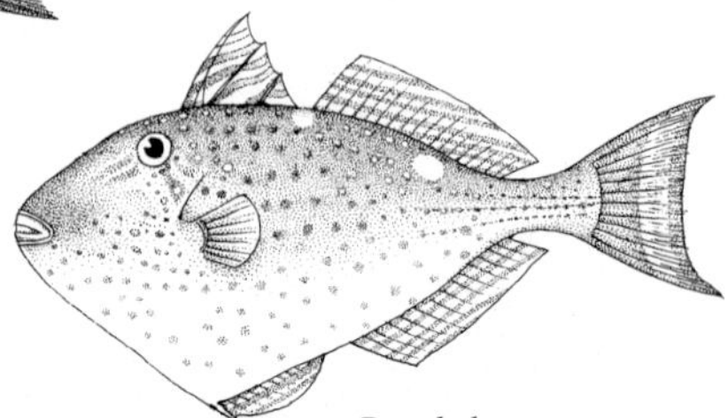

Papakol
Drückerfisch

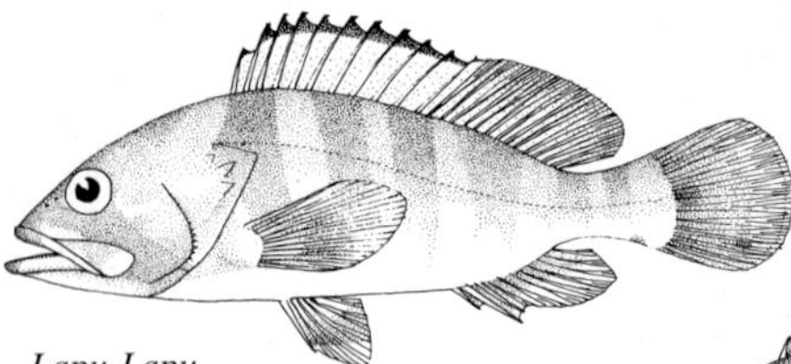

Lapu-Lapu
Barsch

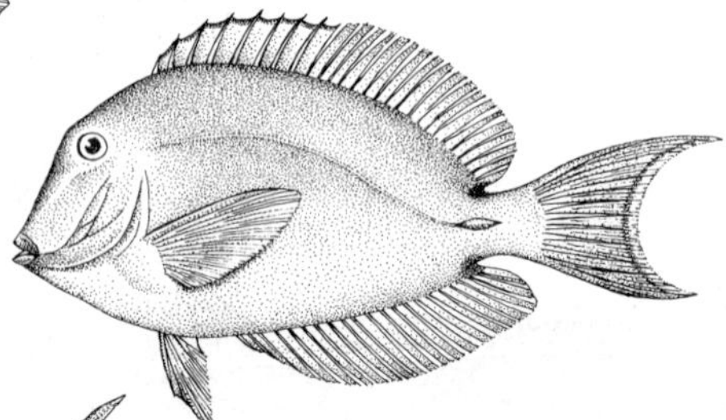

Labahita
Düsterer Doktorfisch

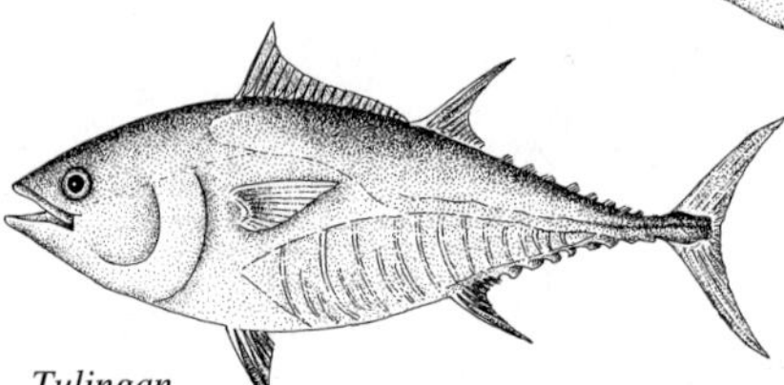

Tulingan
Thunfisch

Pating
Hammerhai

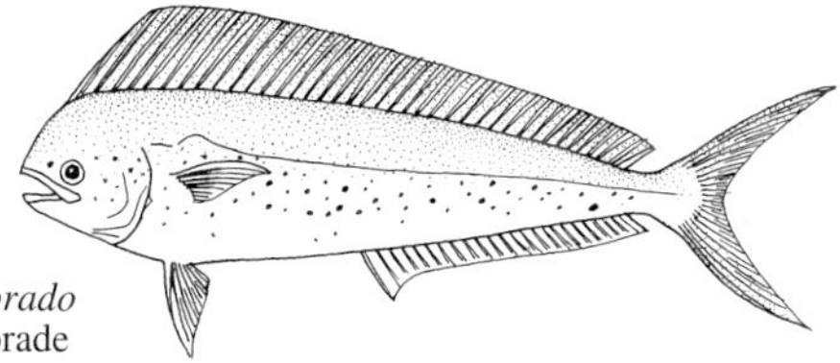

Dorado
Dorade

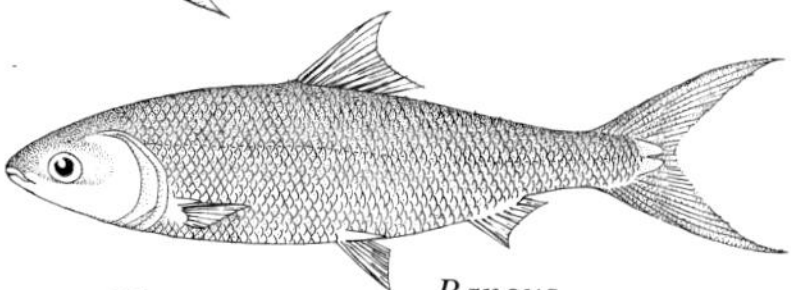

Bangus
Milchfisch

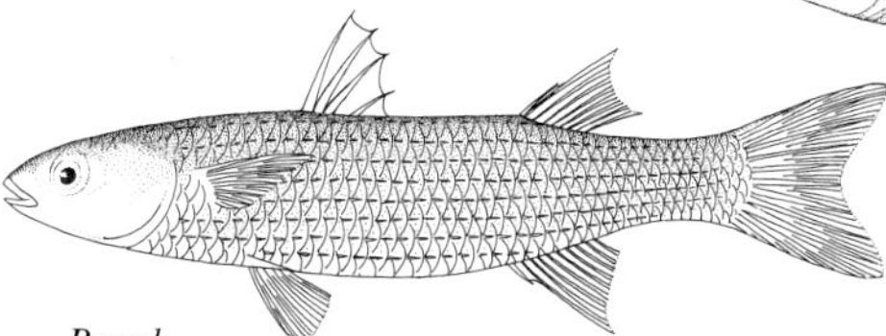

Banak
Meeräsche

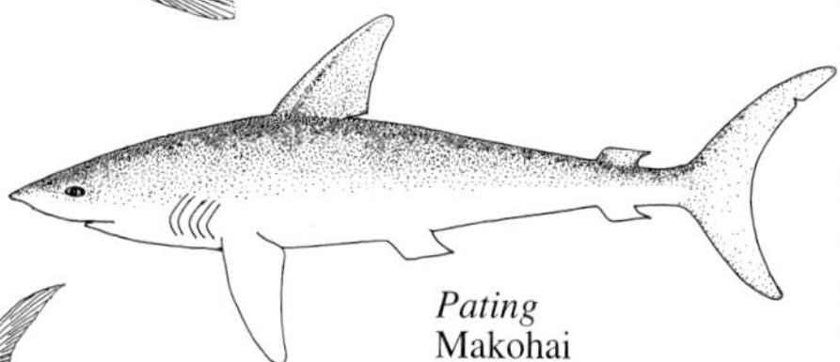

Pating
Makohai

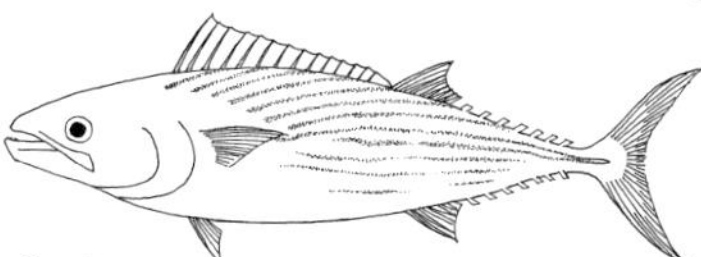

Bonito
Bonito

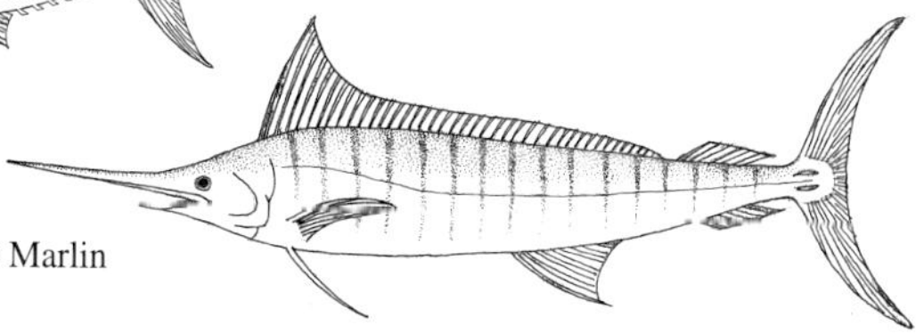

Malasugi
Gestreifter Marlin

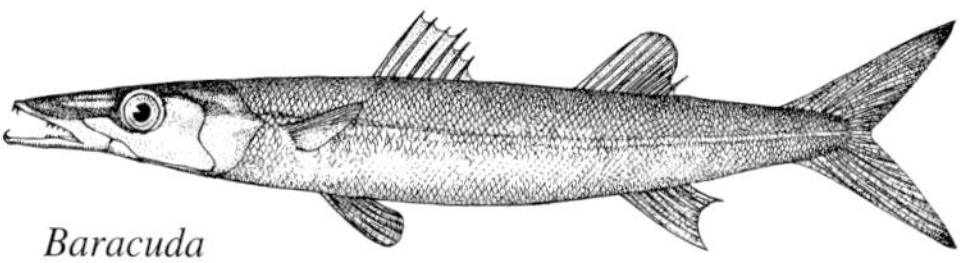

Baracuda
Barakuda

Malasugi
Schwertfisch

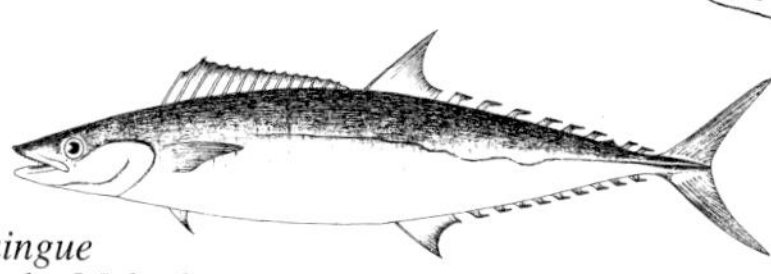

Tanguingue
Spanische Makrele

Philippinische Meeresschnecken

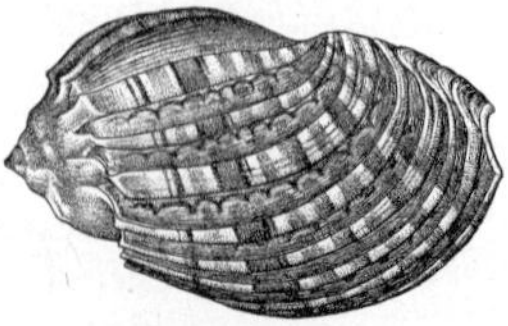

Harfenschnecke
(Harpa major)

Wendeltreppenschnecke
(Epitonium scalare)

Olivenschnecke
(Oliva reticulatus)

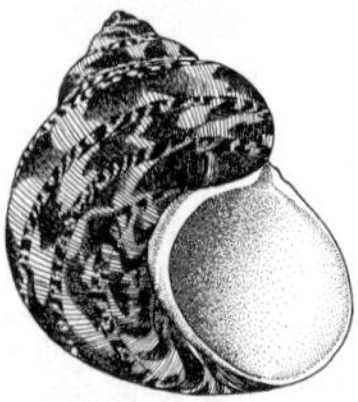

Turbanschnecke
(Turbo petholatus)

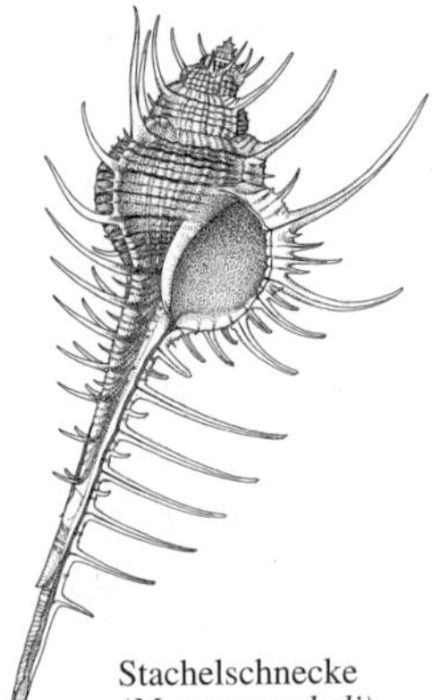

Stachelschnecke
(Murex troscheli)

Sonnenuhrschnecke
(Architectonica perspectiva)

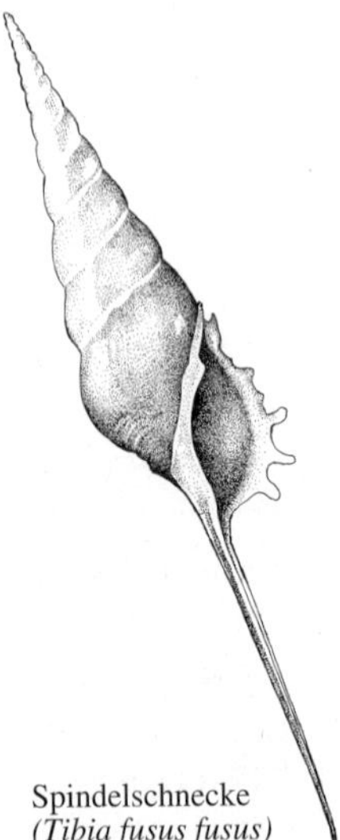

Spindelschnecke
(Tibia fusus fusus)

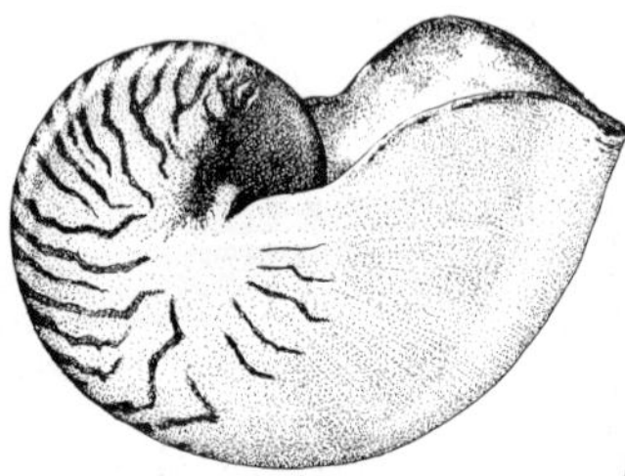

Perlbootschnecke
(Nautilus pompilius)

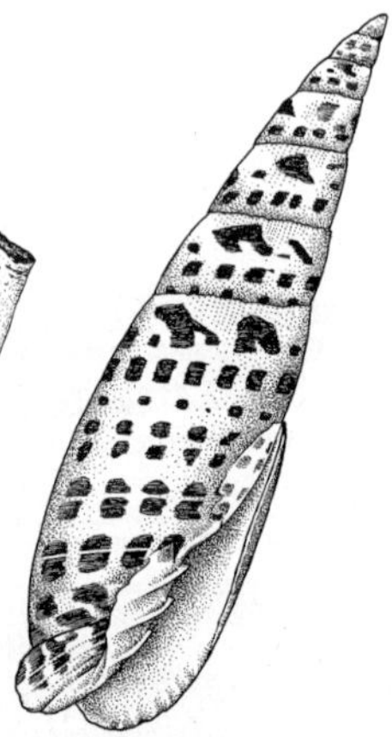

Bischofsmütze
(Mitra mitra)

Skorpionschnecke
(Lambis scorpius scorpius)

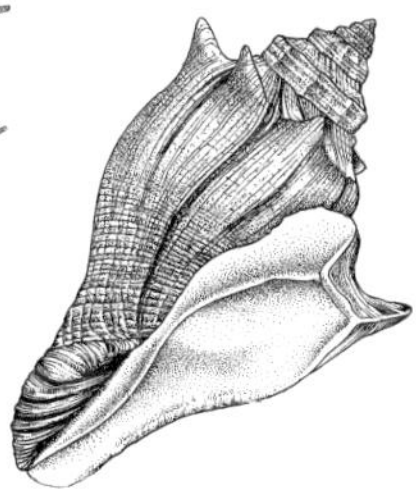

Wellhornschnecke
(Melongena pugilina)

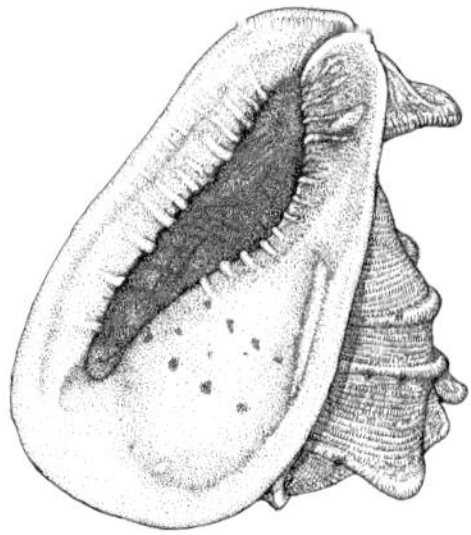

Helmschnecke
(Cassis Cornuta)

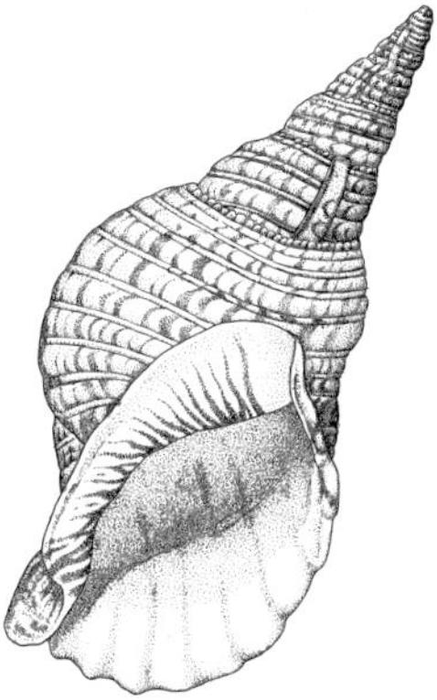

Trompetenschnecke
(Charania tritonis)

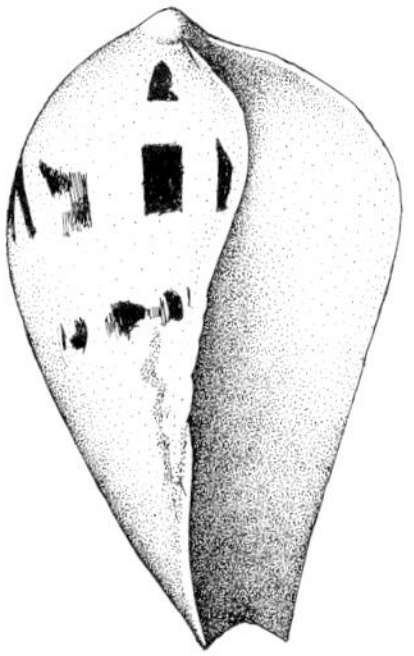

Melonenschnecke
(Melo melo)

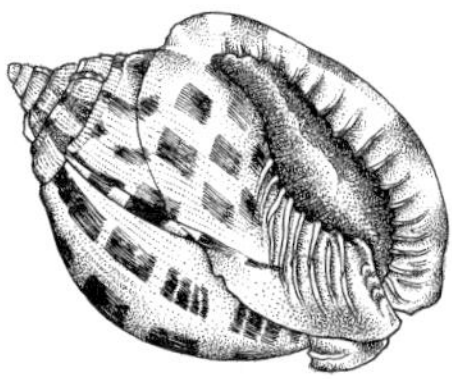

Haubenschnecke
(Phalium areola)

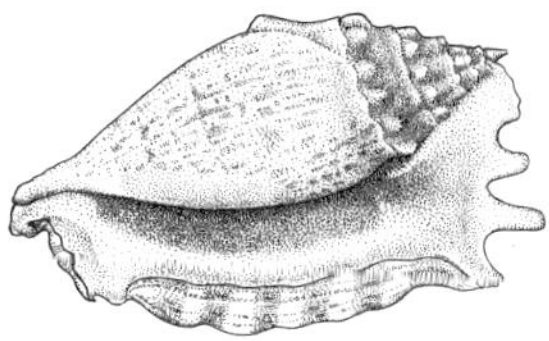

Strombusschnecke
(Strombus sinuatus)

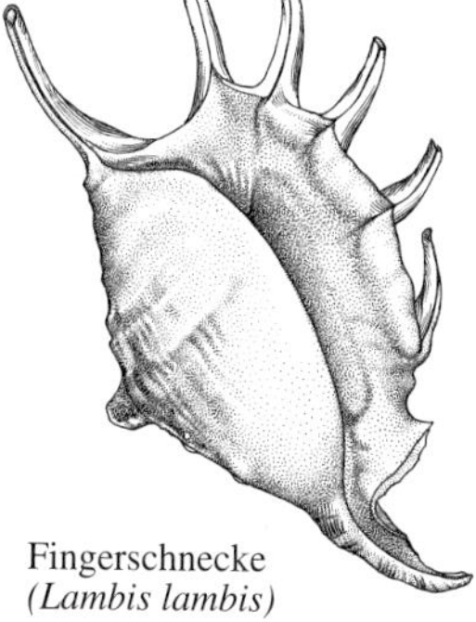

Fingerschnecke
(Lambis lambis)

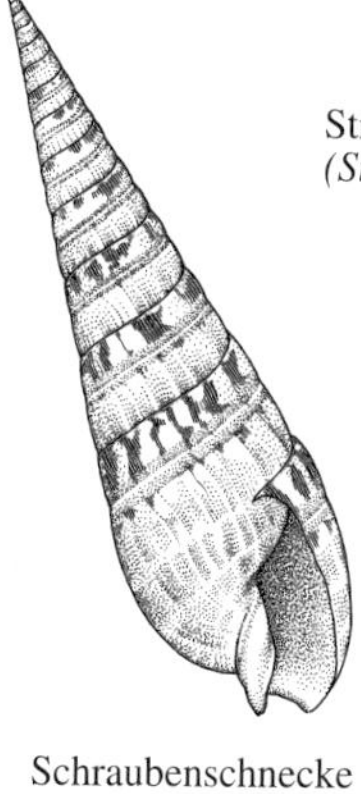

Schraubenschnecke
(Terebra maculata)

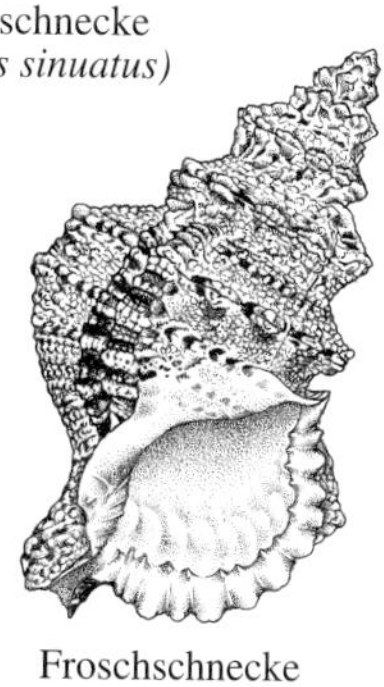

Froschschnecke
(Bursa bubo)

Philippinische Krebse

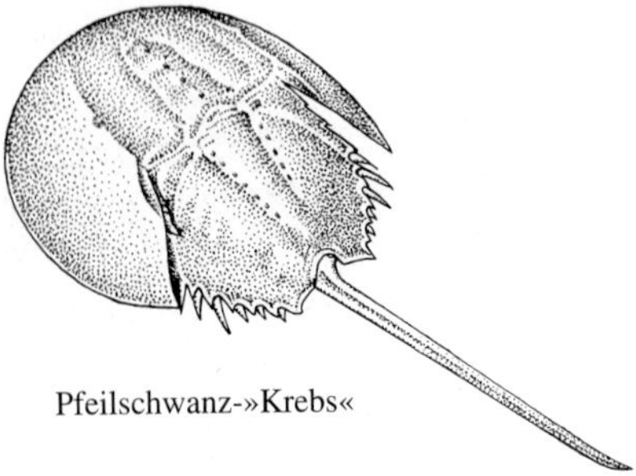

Pfeilschwanz-»Krebs«

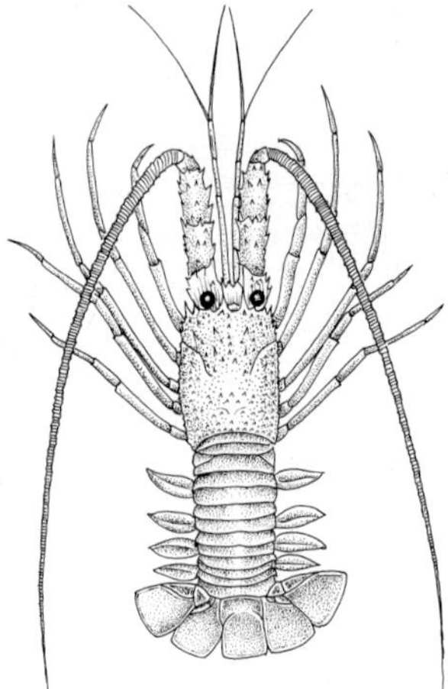

Languste

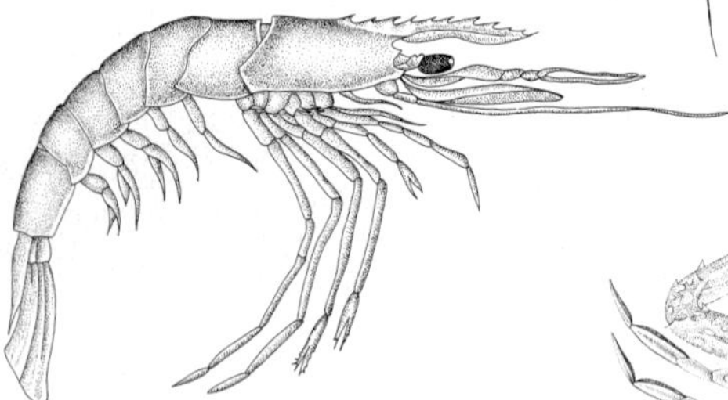

Garnele

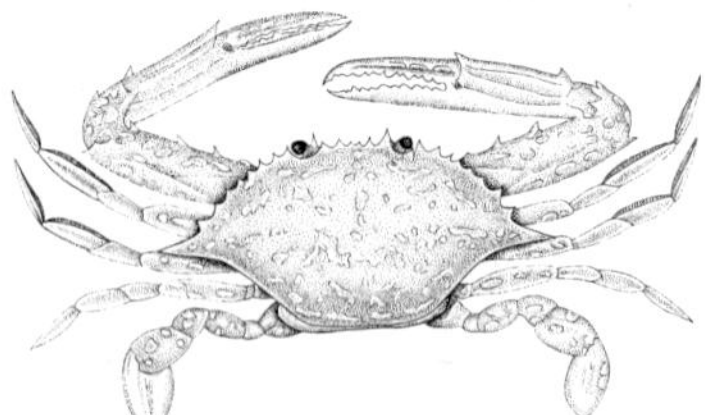

Schwimmkrabbe

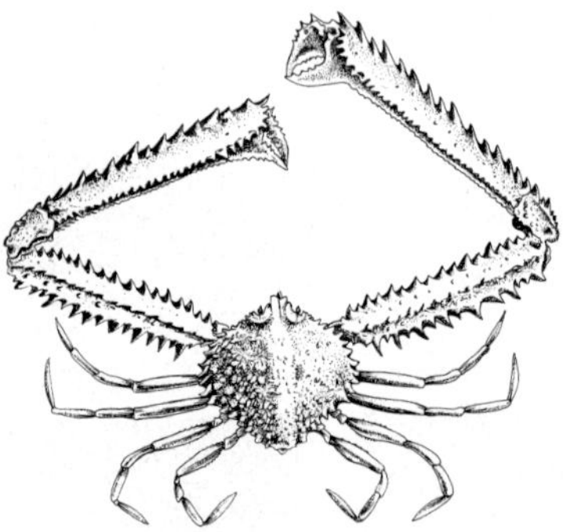

Spinnenkrabbe

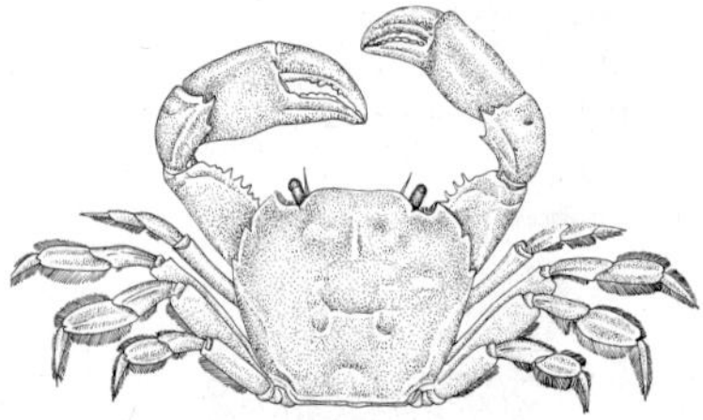

Nipakrabbe

Philippinische Korallen

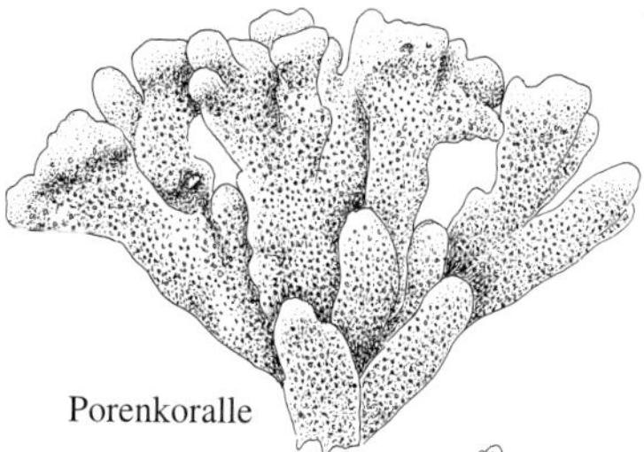

Porenkoralle

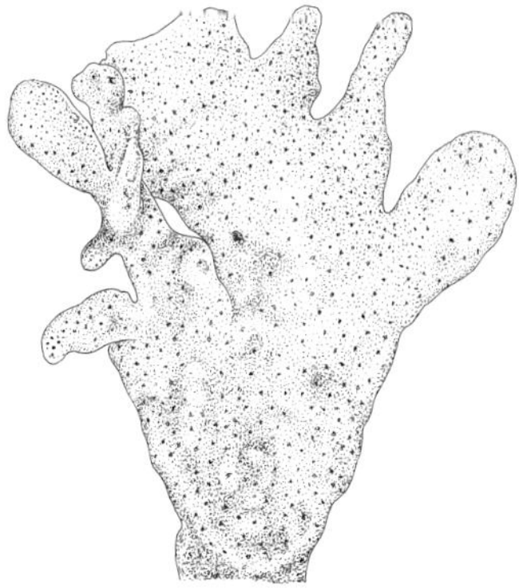

Blaue Koralle

Geweihkoralle

Hornkoralle (Gorgonie)

Pilzkoralle

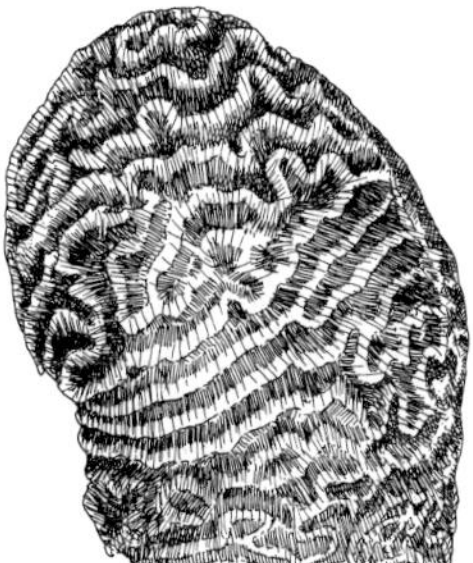

Hirnkoralle

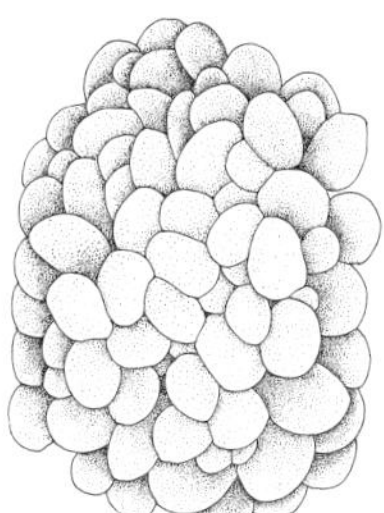

Blasenkoralle

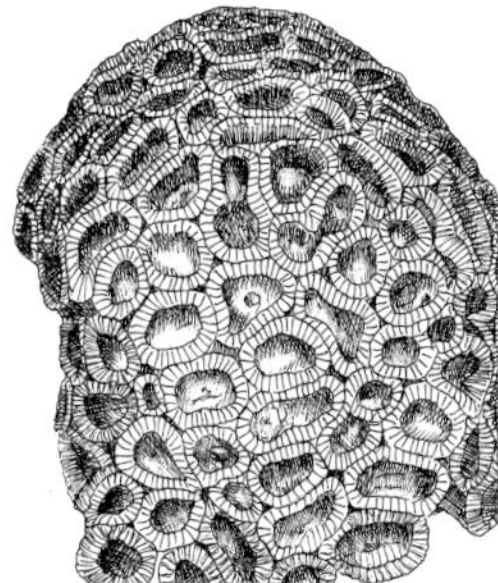

Faviakoralle

Philippinische Seesterne

Haarstern

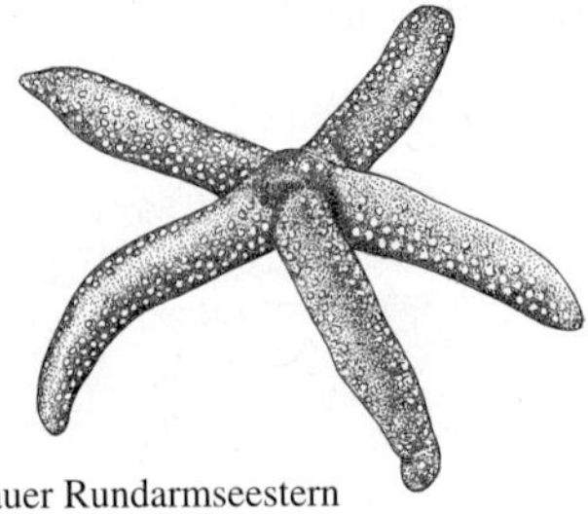

Blauer Rundarmseestern

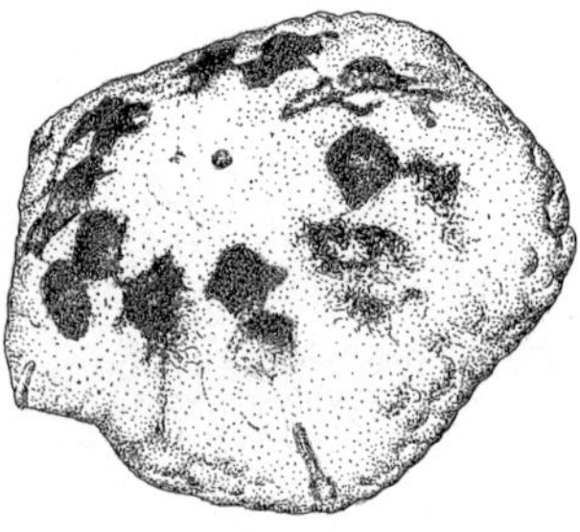

Kissenseestern

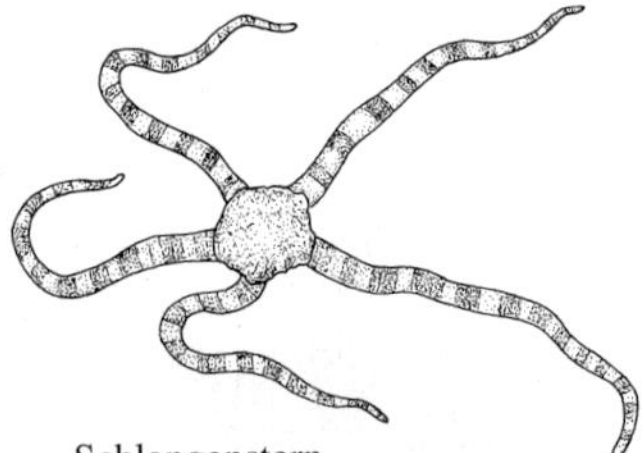

Schlangenstern

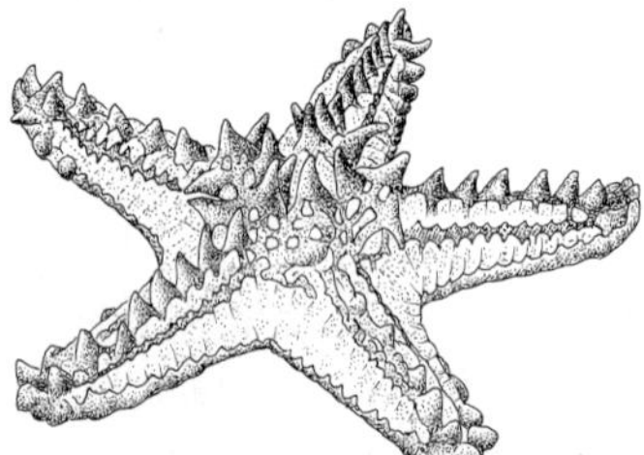

Waffenseestern

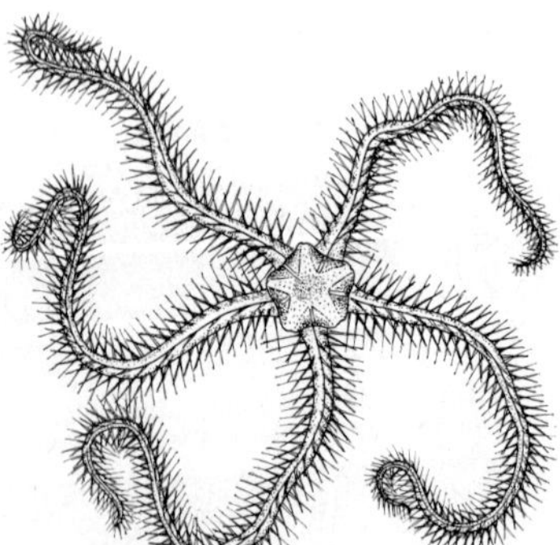

Dorniger Schlangenstern

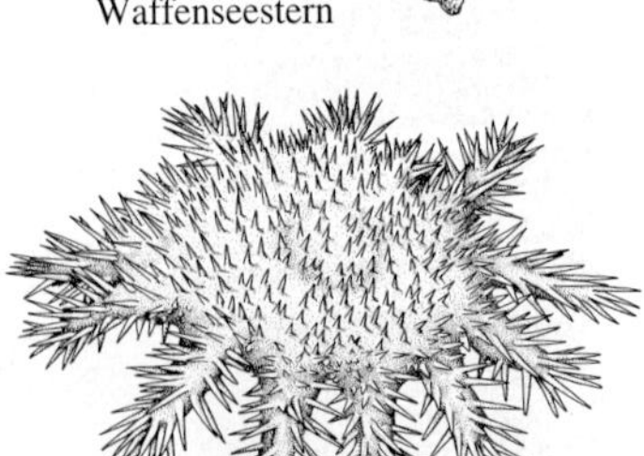

Dornenkronenseestern

Philippinische Vögel

Philippine Eagle
(Pithecophaga jefferyi)

Philippine Trogon
(Harpactes ardens)

Palawan Hornbill
(Anthracoceros marchei)

Seloputo Owl
(Strix seloputo wiepkeni)

Philippine Kingfisher
(Halcyon chloris qullaris)

1 Balbalasang Balbalan NP	18 Calauit SNR
2 Fuyot NRA	19 Cuyo »English Game« SNR
3 Mt. Pulog NP	20 Cleopatra Needle NWS
4 Agoo-Damortis NRA	21 St. Paul Subterranean NP
5 Hundred Islands NRA	22 Mt. Bantalingahan NWS
6 Aurora Memorial NRA	23 Ursula Island SNR
7 Mt. Arayat NRA	24 Morenton Peak SNR
8 Minasawa Island SNR	25 Turtle Island NP
9 Mt. Banahaw-Cristobal NRA	26 Sohoton Natural Bridge NRA
10 Quezon NRA	27 Lake Danao NRA
11 Bicol NRA	28 Mahagnao Volcano NRA
12 Mt. Isarog NP	29 Mt. Kanlaon NP
13 Mayon Volcano NP	30 Twin Lakes NP
14 Bulusan Volcano NP	31 Mt. Malindang NP
15 Calavite NWS	32 Liguasan Marsh NWS
16 Mt. Ilig-Mt. Baco NWS	33 Mt. Apo NP
17 Apo Reef NP	34 Philippine Eagle NWS

Der Zustand der Nationalparks ist sehr unterschiedlich. Der Mt. Apo National Park auf Mindanao und der St. Paul Subterranean National Park auf Palawan gehören zu denen, wo die Natur noch weitgehend intakt ist. Im Bicol National Park dagegen haben illegale Holzfäller ein kahlgeschlagenes Areal hinterlassen.

Naturgewalten

Erdbeben und Vulkane

Die nur etwa 70 Kilometer dicke Erdkruste (Lithosphäre) besteht aus mehreren kleinen und sechs großen Platten, die sich mit Geschwindigkeiten von wenigen Zentimetern pro Jahr bewegen. Je nach Reibungsstärke dieser Platten entstehen Erdbeben. Zu den großen Platten, auch Kontinentalplatten genannt, gehören auch die Eurasische Platte und die Pazifische Platte. Zwischen beiden liegt die Philippinische Platte. Der Hauptteil der Philippinen (Luzon, die östlichen Visayas und Ost-Mindanao) wurde im Zuge einer Kollision der *Philippine Sea Plate* mit der Eurasischen Platte vor mehr als 35 Millionen Jahren gebildet. Starke Erdbeben sind im philippinischen Bereich ziemlich selten. Mit einem leichten Zittern der Erde muß jedoch von Zeit zu Zeit gerechnet werden.

Eines der schwersten Erdbeben der Philippinen erschütterte mit einer Stärke von 7,7 auf der Richterskala am 16. Juli 1990 weite Bereiche im Norden des Landes und zerstörte zahlreiche Straßen, Plätze und weit mehr als 20.000 Gebäude. Über 1.600 Menschen wurden getötet, über 100.000 wurden obdachlos. Am stärksten betroffen waren die Städte Baguio, Cabanatuan und Dagupan, alle in Nord-Luzon.

Die Bruchstellen der Erdkruste sind durch tiefe Gräben, hohe Gebirge und Vulkane markiert. Die wohl zahlenmäßig stärkste Vulkankette der Welt führt von Alaska und den Aleuten über die russische Halbinsel Kamtschatka, den Kurilen und Japan nach den Philippinen, wo von 37 Vulkanen noch mindestens 18 aktiv sind. Daß aber auch »ruhende« Vulkane plötzlich gefährlich aktiv werden können, zeigten

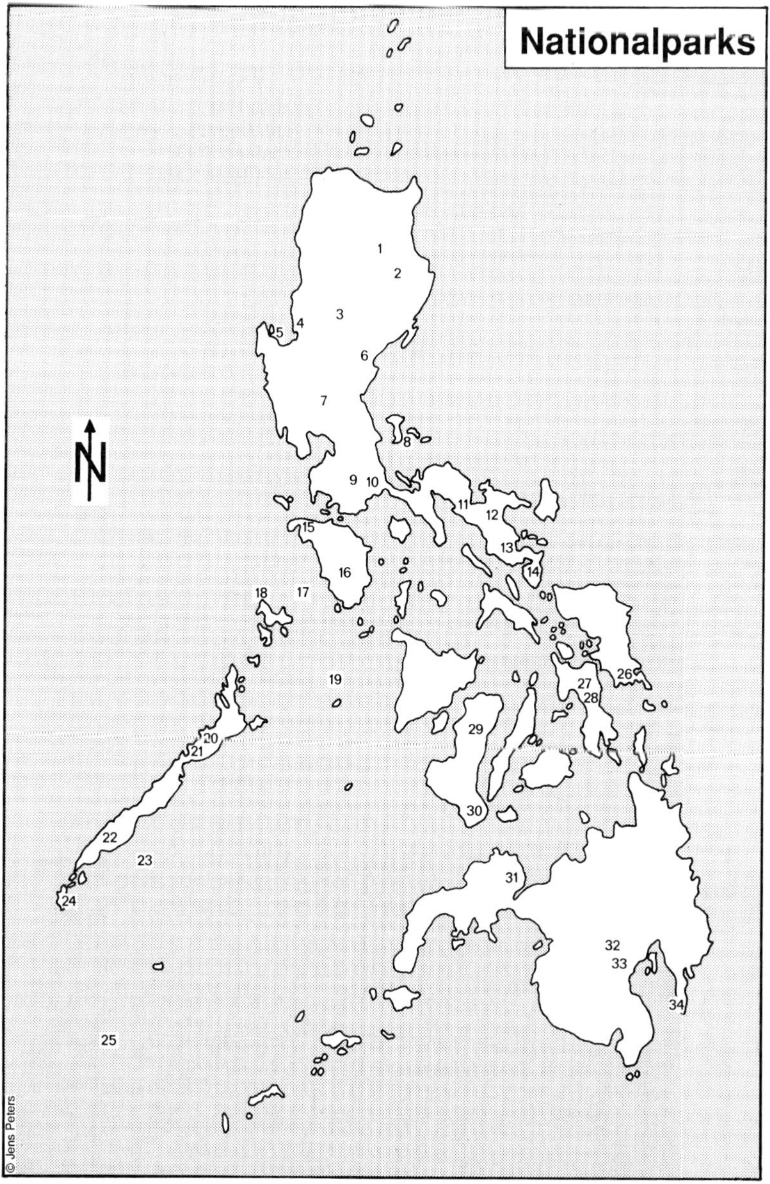
Nationalparks
N
1
2
3
4
5
6
7
8
9
10
11
12
13
14
15
16
17
18
19
20
21
22
23
24
25
26
27
28
29
30
31
32
33
34
© Jens Peters

die gewaltigen Eruptionen des Mount Pinatubo im Juni 1991, der nach über 600 Jahren erneut ausbrach und dabei Unmengen Asche, Schlamm und Gestein bis zu 40 Kilometer in die Stratosphäre schleuderte, die dann zum größten Teil auf die Provinzen Pampanga, Tarlac und Zambales niederschlugen und dort große Gebiete verwüsteten. Annähernd 900 Menschen kamen als Folge des Vulkanausbruchs ums Leben, Tausende verloren ihr Hab und Gut. Und es wird weitere Opfer geben, denn das sich um den Pinatubo an den Hängen der Zambales Mountains angesammelte Eruptivmaterial wird noch in vielen künftigen Regenzeiten als Schlammlawinen *(lahar)* in die Ebenen hinunterbefördert werden und etliche Dörfer und ganze Landstriche unter sich begraben.

Taifune und Feuer

Luzon und die nördlichen Inseln der Visayas liegen im Bereich eines Taifun-Gürtels. Manche der vom Pazifik zum chinesischen Festland wandernden Wirbelwinde ziehen auch die Philippinen in Mitleidenschaft. In der Zeit von Juni bis Januar sind heftige Unwetter nicht ausgeschlossen. Die meisten Taifune erreichen die Philippinen von August bis November. Querläufer hat es jedoch auch schon im März gegeben.

Feuer ist eine häufige Begleiterscheinung der wirbelnden Winde. Fast immer wird durch einen Taifun die Stromversorgung unterbrochen. Als Lichtquellen werden dann in Hütten und Hotels Kerzen angezündet. Ein wehender Vorhang kann jetzt sehr schnell Feuer fangen. Und der Wind als überdimensionaler Blasebalg gibt jedem Bauwerk garantiert den Rest! Weitere Ursachen für Brände sind Überlastung der elektrischen Leitungen, Kochen auf offenem Feuer, explodierende Gasflaschen und Brandstiftung.

Klima

Tropisch. Man unterscheidet die Regenzeit (Juni bis November), die kühle Trockenzeit (Dezember bis Februar) und die heiße Trockenzeit (März bis Mai). Das Wetter hält sich jedoch nicht immer an diesen Zyklus. Wie wohl überall auf der Welt ist es auch auf den Philippinen nicht hundertprozentig vorhersehbar.

Mit heftigen Regengüssen ist durchaus täglich im Juli, August und September zu rechnen. Taifune können das Land von Juni bis November heimsuchen. Palawan, die südwestlichen Visayas und fast ganz Mindanao liegen außerhalb des Taifungürtels, können jedoch hin und wieder von Querläufern getroffen werden. Die kühle Trockenzeit weist in Manila eine mittlere Temperatur von 25 Grad Celsius aus. Von De-

Grob unterscheidet man auf den Philippinen fünf Klimazonen:

1 Typisches südostasiatisches Monsunklima. Lange Trockenzeit von November/Dezember bis Mai. Intensive Regenzeit von Juni bis November/Dezember.

2 Kurze Trockenzeit von März bis Mai. Die Regenzeit von Juni bis Februar ist zwar lang, aber nicht sehr intensiv.

3 Keine ausgeprägte Trockenzeit. In diesen Bereichen ist es immer etwas regnerisch, am stärksten in den Monaten November, Dezember und Januar.

4 Keine ausgeprägte Trockenzeit. Stärkste Niederschläge in den Monaten April bis September.

5 Keine ausgeprägte Trocken- und Regenzeit.

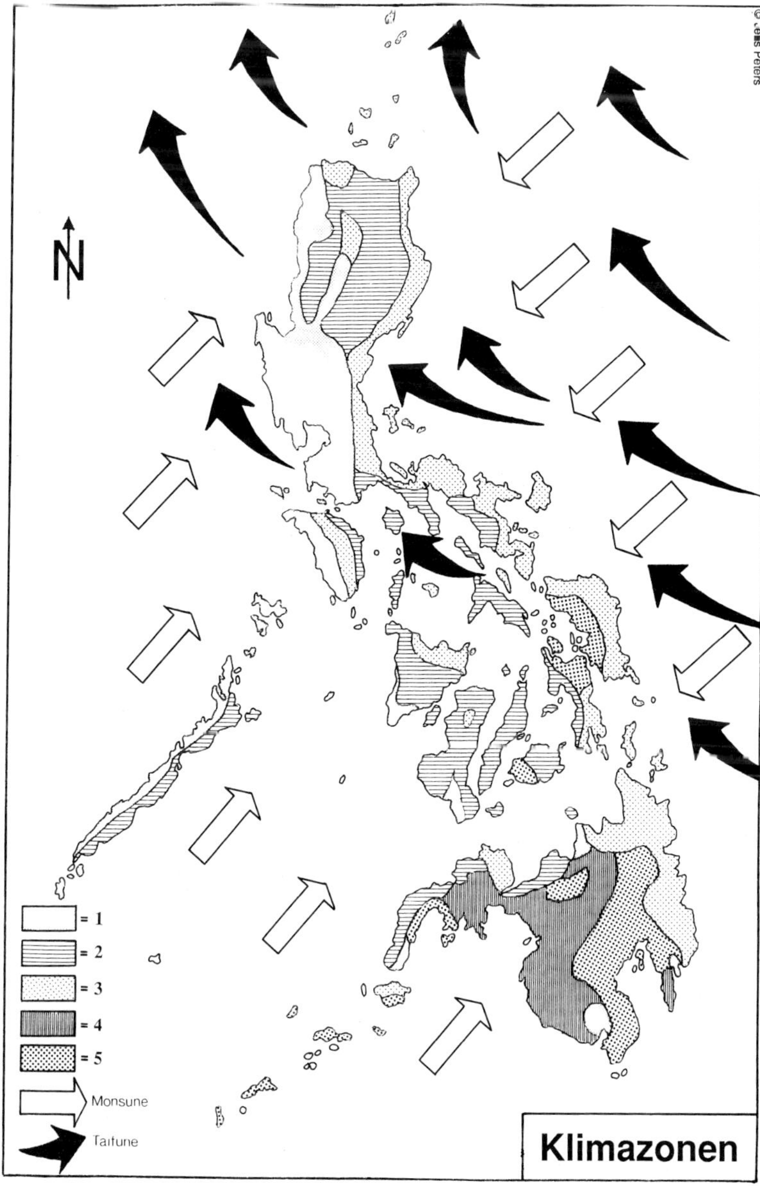
© Jens Peters
N
= 1
= 2
= 3
= 4
= 5
Monsune
Taifune
Klimazonen

zember bis Februar ist es häufig bedeckt, und mit Regen muß ab und zu gerechnet werden. Im Mai beträgt die Maximaltemperatur in Manila 35 bis 39 Grad Celsius; gegen morgens kühlt es dann bis auf etwa 25 Grad Celsius ab. Nicht so warm ist es in den Bergen Nord-Luzons. Als ideal wird das Klima von Baguio empfunden. Wohlhabende Filipinos haben hier ihren Sommersitz.

Die Pazifikküstenstreifen von Luzon, Samar, Leyte und Mindanao liegen im Einflußbereich des Nordost-Passats. Er sorgt für mildes, ozeanisches Klima.

Der Nordost-Monsun *(amihan)* weht etwa von Dezember/Januar bis Mai und bringt den Gebieten entlang der Pazifikküste Regen, dem Rest des Landes jedoch weitgehend trockenes, angenehmes Wetter. In Nord-Luzon stellen die Zentral-Kordilleren eine Wetterscheide dar. So kann es sein, daß es während der ersten Wochen des Nordost-Monsuns im Dezember/Januar an der Ostseite dieser Gebirgskette regnet, z.B. in Banaue (Reisterrassen), während es ein wenig westlich davon trokken ist, z.B. in Bontoc und Sagada.

Der Südwest-Monsun *(hagabat)* weht etwa von Juni bis November/Dezember und bringt Regen. Die Taifune entstehen im pazifischen Bereich etwa bei den Marshall- und Karolinen-Inseln. Sie ziehen in der Zeit von Juni bis November in Nordwest-Richtung zum chinesischen Festland, wobei manche über Bereiche der Philippinen hinwegfegen (hauptsächlich im August und September; Taifune im November sind selten, dafür aber fast immer mit verheerenden Folgen). Mit Vor- und Nachläufern dauert das Durchziehen eines Taifuns nur ein paar Tage.

Kulturelle Minderheiten

Etwa sechs Millionen Filipinos werden zu den sogenannten Cultural Minority Groups oder Tribal Filipinos gerechnet, einer Minderheit, die immerhin rund zwölf Prozent der Gesamtbevölkerung ausmacht. Darin einbezogen sind allerdings auch die ungefähr vier Millionen Moslems des Landes.

Insgesamt gibt es 60 ethnische Gruppen, die sich schwerpunktmäßig auf Nord-Luzon (Apayao, Bontoc, Ibaloy, Ifugao, Ilokano, Kalinga, Kankanai, Tingguian), Zentral-Luzon (Negritos), Mindoro (Mangyan) und West-Mindanao/Sulu-Inseln (Moslems) verteilen.

Die Naturvölker der Zentral-Kordilleren Nord-Luzons werden oft zusammenfassend als *Igorot* bezeichnet, was soviel wie »Menschen der Berge« bedeuted.

Viele dieser Gruppen werden von ONCC (Office for Northern Cultural Communities) oder OSCC (Office for Southern Cultural Communities) betreut. Diese 1987 von der damaligen Präsidentin Aquino ins Leben gerufenen Agenturen sollen sich sowohl um den Schutz der Lebensformen der kulturellen Minderheiten kümmern als auch ihnen auf Wunsch mit materieller und technischer Hilfe die Integration in die moderne philippinische Zivilisation erleichtern.

Es würde den Rahmen dieses Buches sprengen, alle ethnischen Gruppen der Philippinen zu beschreiben. Ich beschränke mich daher auf eine Auswahl, die einen wichtigen Teil der Bevölkerungsstruktur darstellt und die auch für den Fremden ohne größere Schwierigkeiten zugänglich ist.

Bevor jemand in Stammesgebiete der Naturvölker eindringt, sollte er bitte ernsthaft seine Absicht überprüfen. Wer lediglich schnell einmal »Wilde besichtigen« und Fotos für seinen Diavortrag schießen will, ist völlig fehl am Platz. Er ist auch nicht willkommen und wird dieses zu Recht sehr bald zu spüren bekommen.

Die meisten Angehörigen der kulturellen Minderheiten sind Fremden gegenüber recht aufgeschlossen. Wenn dem Gast etwas zu essen angeboten wird, was durchaus üblich ist, sollte dieser nach Möglichkeit die Einladung nicht ausschlagen oder aber sehr plausible, z.B. religiöse Gründe für die Ablehnung anbringen. Ansonsten könnte sich der Gastgeber beleidigt fühlen. Er sollte aber auch nicht zuviel essen, denn häufig folgt der ersten Einladung eine zweite, dann eine dritte usw., und nur mit einer überlegten Einteilung können alle Familien zufriedengestellt werden. Und wenn dann zum harmonischen Tagesausklang Lieder vorgetragen werden, sollte auch der Gast ein paar Takte parat haben. Wer sich damit herausreden will, nicht singen zu können, macht sich unglaubwürdig. Ein Liederbuch kann da übrigens recht hilfreich sein.

Apayao

Apayao bevorzugen es, an Flüssen zu leben. Insbesondere an den Ufern des Apayao und des Matalag im Hochland der Provinzen Ilocos und Abra im Nordwesten von Luzon. Sie bezeichnen sich selbst als *isneg* und gehörten in früheren Jahren zu den gefürchtetsten Kopfjägern der Kordilleren. Ihre Führer werden *mengal* genannt. Führungspositionen sind nicht vererbbar, sondern werden nach Fähigkeit und Charisma der jeweiligen Bewerber vergeben.
Apayao glauben an Geister, die in Gestalt von Menschen, Tieren, Riesen und Monstern in Erscheinung treten können. Davor beschützt sie jedoch *anglabbang*, der gute und höchstgestellte Gott der Kopfjäger.

Badjao

Der Sulu-Archipel im Süden der Philippinen gehört neben den Küsten und Gewässern Nordost-Borneos und Ost-Indonesiens zum Lebensraum der Badjao (Bajau, Badjaw). Sie sind Seezigeuner, von denen immer noch etliche im Familienverband in kleinen Booten leben. Die meisten von ihnen haben jedoch das Nomadendasein aufgegeben und sich in Pfahlhäusern auf Korallenriffen mitten im Meer oder auf Sandbänken in Ufernähe niedergelassen.
Wieviele Badjao es insgesamt gibt, ist nicht genau bekannt. Ihre Anzahl wird auf etwa 30.000 geschätzt, wovon sich rund zwei Drittel im Hoheitsgebiet der Philippinen aufhalten sollen. Erkundigt man sich nach ihrer Herkunft, dann stößt man immer wieder auf Legenden, die als Ursprungsort Johore auf der Malaya-Halbinsel angeben.
Ein Badjao-Boot, *lipa* (lepa), ist aus Holz gebaut, zwischen sieben und zwölf Meter lang und im Mittelteil mit einer entfernbaren Überdachung ausgestattet. Der langgezogene Bug ist mit individuellen Schnitzereien versehen und dient als Standfläche beim Staken und Speeren. Im Heck werden die erbeuteten Fische und Kraken zum Trocknen aufgehängt. Dort steht auch ein kleiner Tonofen, auf dem gekocht und gebraten wird. Neben Meeresgetier ist Kassawa, ein nahrhafter Brei, zubereitet aus der stärkehaltigen Maniokknolle, wichtigster Bestandteil ihrer Grundnahrung.
Für den späteren Verzehr in China-Restaurants sammeln die Badjao Seegurken, die sie vor dem Verkauf säubern, kochen und trocknen. Zu einer weiteren Einnahmequelle hat sich der Seetang entwickelt. Die seßhaft gewordenen Badjao haben um ihre Pfahldörfer herum unter Wasser regelrechte Felder angelegt, auf denen der Tang an langen Bändern heranwächst. Nach der Ernte wird er auf den Plattformen der Dörfer zum Trocknen ausgebreitet und später an die Aufkäufer der chemischen und pharmazeutischen Industrie verkauft.
Badjao, die das Zigeunerleben weitgehend aufgegeben haben, versuchen

1 Ita (Negritos)	17 Tagbanua
2 Ilokano	18 Batak
3 Apayao Tingguian	19 Pala'wan
4 Kalinga	20 Tau't Batu
5 Bontoc	21 Jama Mapun (Moslems)
6 Ifugao	22 Manobo
7 Ayta (Negritos)	23 Bagobo
8 Dumagat (Negritos)	24 Mandaya Mansaka
9 Agta (Negritos)	25 T'boli
10 Iraya (Mangyan)	26 Tasaday
11 Alangan (Mangyan)	27 Maranao (Moslems)
12 Tadyawan (Mangyan)	28 Subanon
13 Buhid (Mangyan)	29 Samal (Moslems)
14 Hanunoo (Mangyan)	30 Yakan (Moslems)
15 Ati (Negritos)	31 Badjao
16 Ata (Negritos)	32 Tausug (Moslems)

sich ihren Nachbarn - auf den Sulu-Inseln sind das die Samal und die Tausug - anzupassen. Leben sie auf dem Meer in einer animistischen Geisterwelt mit *tuhan* als allmächtigem Gott, so ist in Landnähe in vielen Belangen Allah für sie groß. Aber trotz Mekka fürchten sie die *saitan*, die Geister der Winde, der Fische, der Bäume, der Berge usw., weil diese Krankheiten schicken, wenn sie verärgert sind. Nur der *jin*, eine Art Zauberer oder Medizinmann, kann Kontakt zu ihnen aufnehmen und versuchen, sie zu besänftigen oder zu vertreiben und so eventuell die Kranken zu heilen.
Eine Hochzeit dauert bei den Badjao zwei Tage und findet nur bei Vollmond statt. Das ganze Dorf nimmt daran teil. Nach den Klängen von *agung* (Gong), *kulintangan* (Xylophon) und *tambol* (Trommel) tanzen Männer und Frauen den *igal*, einen traditionellen Tanz. Polygamie ist erlaubt, wird jedoch kaum noch praktiziert. Selten werden mehr als fünf Kinder gezeugt. Ihre Toten begraben die Badjao auf ganz bestimmten Inseln, die als Friedhof dienen und nur bei einer Beerdigung aufgesucht werden. Da der Kontakt zu den Geistern der Toten gepflegt wird, werden die Menschen der Meere an Land bestattet. Vorher wird der Leichnam gewaschen und in ein weißes Tuch gehüllt. Für die Reise ins Jenseits werden neben persönlichen Habseligkeiten auch Lebensmittel mit ins Grab gelegt.

Batak

Batak sind halbnomadische Jäger und Sammler. Sie leben in zahlreichen kleinen Gruppen in den Berg- und Küstenregionen im Nordosten von Palawan. In der Regenzeit schließen sich einzelne Gruppen vorübergehend zu größeren Gemeinschaften zusammen. Die Führer der verschiedenen Gruppen werden *kapitan* genannt und bestimmen für diese Zeit einen Oberführer, der ebenfalls *kapitan* genannt wird. Er trifft alle wichtigen Entscheidungen wie Platzwahl für die Ansiedlung, Verteilung der Arbeit, Organisation der Sammelaktivitäten usw. Während dieser seßhaften Zeit legen die Batak auch

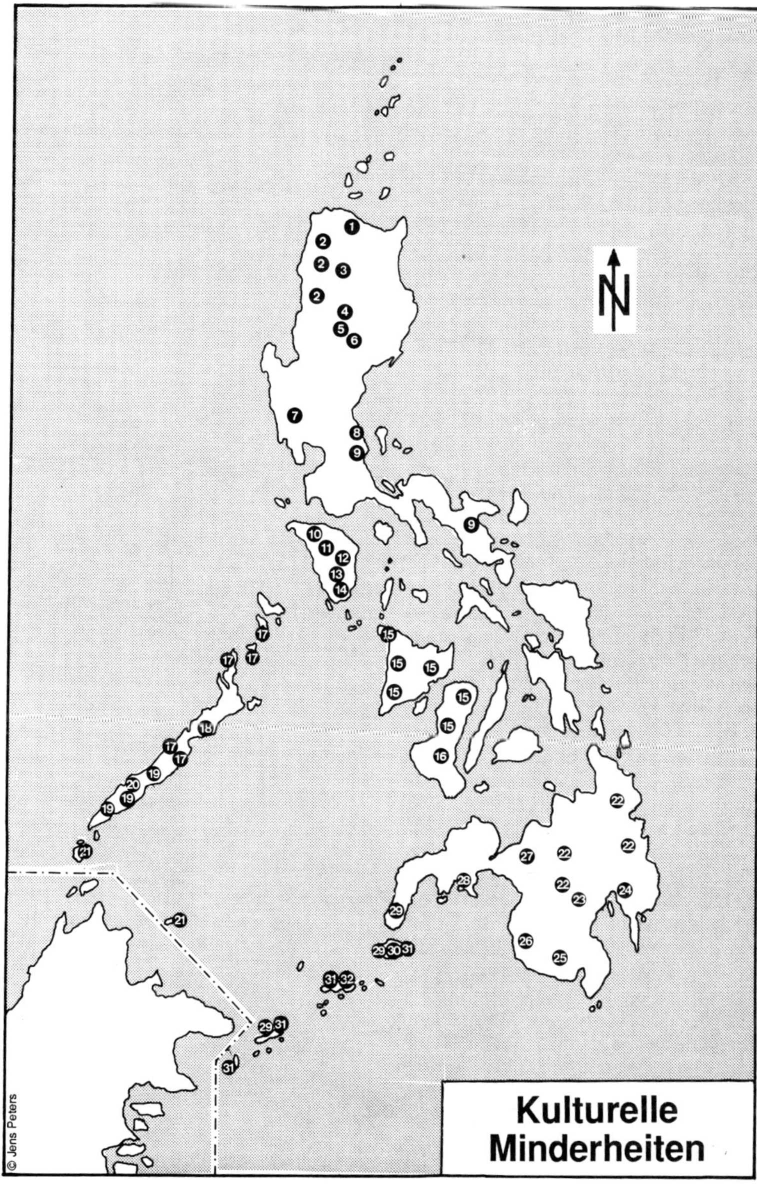

N
Kulturelle Minderheiten
© Jens Peters
1
2
3
4
5
6
7
8
9
10
11
12
13
14
15
16
17
18
19
20
21
22
23
24
25
26
27
28
29
30
31
32

Felder an. Zivilisationsdruck und Krankheiten haben dieses scheue Naturvolk bereits bedrohlich dezimiert. Es bleibt deshalb nur zu hoffen, daß die internationalen Bemühungen erfolgreich sein werden, es vor dem totalen Untergang zu retten.

Bontoc

Die Bontoc leben in organisierten Dorfgemeinschaften. Ihre Häuser sind bodennah gebaut. In ihnen wohnen Eltern und Kleinkinder. Fast jedes Dorf, *iti*, hat zwei wichtige Einrichtungen: *ato* und *olog*. Im Ato tagen die Dorfältesten, werden soziale und politische Entscheidungen getroffen sowie religiöse Zeremonien vorbereitet. Es dient außerdem als Gästehaus und als Schlafraum für Junggesellen. Frauen ist der Zutritt strikt untersagt. Etwa zehn Mädchen im heiratsfähigen Alter leben im Olog, einem flachen Haus mit äußerst kleinem Eingang. Für Ehemänner ist diese Einrichtung tabu. Lediglich Junggesellen ist es erlaubt, einen Olog zu betreten und die Nacht mit der Auserwählten darin zu verbringen. Bis es soweit kommt, müssen beide Partner allerdings bestimmte rituelle Spielregeln erfüllen. Das Versprechen des Mannes, seine Partnerin im Falle einer Schwangerschaft zu heiraten, ist dabei von fundamentaler Wichtigkeit. Denn sollte er dieses Versprechen nicht halten, würde er sich sozial isolieren und dürfte einen Olog nur noch von außen betrachten. Die Einladung und Erlaubnis zum nächtlichen Beisammensein muß vom Mädchen ausgehen. Als Zeichen der Einwilligung stiehlt sie eine Kleinigkeit seiner Habseligkeiten. Jeder Bontoc versteht diesen Wink. Und wenn im Dorf tagsüber viele Tabaksbeutel oder Pfeifen entwendet worden sind, wird es in der Nacht sicher eng im Olog.

Die Bontoc waren gefürchtete Kopfjäger. Doch auch heute wird diese Art

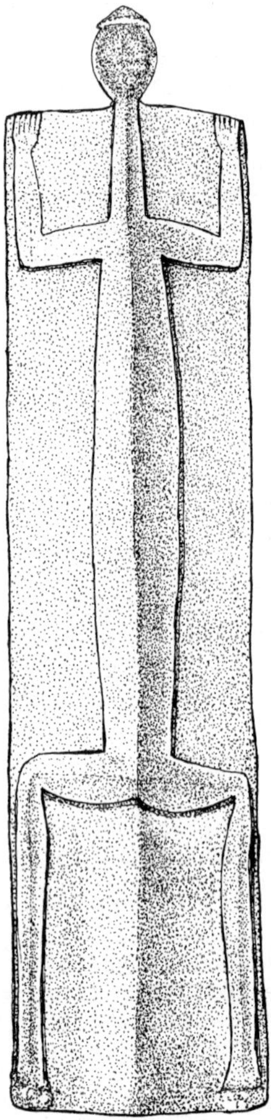

Bontoc-Schild
Aus Holz geschnitzte oder aus gegerbtem Wasserbüffelleder hergestellte Schilde dienten Kämpfern philippinischer Völker bei kriegerischen Auseinandersetzungen zum Schutz, bereits lange Zeit bevor die gut gerüsteten Spanier den Archipel erreichten

der Rache in Einzelfällen noch praktiziert. Ganz im Sinne von »Auge um Auge - Zahn um Zahn« herrscht in den Bergen die Kopf-um-Kopf-Justiz. Zur Ausrüstung eines Kriegers gehören *tufay* (Speer), *kalasag* (Schild), *kaman* (Kopfaxt) und *sangi*. Der Sangi dient als Behälter für den feindlichen Kopf. Kehrt ein auserwählter Krieger erfolgreich von seiner Expedition zurück, wird im Dorf zwei Tage ausgiebig gefeiert. Als Auszeichnung für seine heroische Tat tätowiert man dem Tapferen die Brust. Dieser begehrte Hautschmuck wird *chak-lag* genannt. Er symbolisiert unter anderem Stärke und Tapferkeit. Die Tätowierung auf den Armen der männlichen und weiblichen Bontoc heißt *pango*, und *fatek* ist die Bezeichnung für eine Tätowierung schlechthin. Bontoc glauben an ein besseres Leben nach dem Tod. Aus diesem Grund sind auch ihre Beerdigungen alles andere als tieftraurig. Wichtigstes Requisit der mehrere Tage dauernden Zeremonie ist ein Totenstuhl, der *sungachil*. Schon kurze Zeit nach dem Ableben wird der tote Körper in aufrechter Position in den Totenstuhl gesetzt, festgebunden und für alle Passierenden sichtbar vorm Haus plaziert. Alte Frauen singen *anako*, das Totenlied. Ein Schwein wird geopfert und verspeist. Nach Einbruch der Dunkelheit beginnen die Dorfbewohner in einer Art Sprechgesang, *achog*, die Lebensgeschichte des Toten zu reflektieren. Dieses Ritual kann recht lustig ablaufen. Es ist dabei jedoch auch schon zu heftigen Streitereien gekommen, da man sich über die tatsächliche Bedeutung der vollbrachten Taten des Verstorbenen nicht einigen konnte. Morgendämmerung oder Erschöpfung der Beteiligten beenden diesen Teil der Beerdigungszeremonie.

Nur die Familienhäupter werden in Kiefernsärgen bestattet. Entsprechend dem Familienstatus wird auch das Totengewand ausgewählt. Der Körper eines enthaupteten Kriegers wird ohne Zeremonie in der Nähe des zum feindlichen Dorf führenden Weges beigesetzt. Sozusagen als ständige Erinnerung daran, daß sein Tod gerächt werden muß.

Ifugao

Neben den Tasaday hat wohl kein anderes Volk der Philippinen die Aufmerksamkeit mehr auf sich gelenkt als die Ifugao. Sie sind die Erbauer der gigantischen Reisterrassen von Banaue (Banawe) und Umgebung. In den letzten 2.000 Jahren haben sie mit bloßen Händen und primitiven Arbeitsgeräten ein technisches und architektonisches Meisterwerk geschaffen. Stufe für Stufe wurde eine imposante Terrassenlandschaft konstruiert. Von der Talsohle bis in Höhen von 1.500 Metern und mehr sind an steilen Berghängen nutzbare Reisfelder mit einem perfekt funktionierenden Bewässerungssystem entstanden. Die Begrenzungswälle sollen aneinandergereiht eine Länge von etwa 20.000 Kilometer haben. Vom Ausmaß übertreffen die Reisterrassen der Ifugao die der Bontoc und Kalinga bei weitem. Berechtigterweise werden sie oft auch als »Achtes Weltwunder« bezeichnet.

Das Leben der Ifugao ist voller Zeremonien und Feierlichkeiten. Und fast immer ist Reiswein dabei, sowohl bei einer Beerdigung als auch beim Zerlegen eines erjagten Wildschweins. Die Herstellung haben sie vermutlich von chinesischen Händlern erlernt. Dabei wird der bei Vollmond geerntete Reis bevorzugt. Um den Gärungsprozeß zu beschleunigen, wird der Reis in frischem, sauberen Wasser etwas gekocht. Nach Zusatz einer minimalen Menge Zucker füllt man den verheißungsvollen Eintopf in einen Tonkrug, verschließt ihn und läßt ihn vier Wochen reifen. Nach dieser Zeit können

sich die Ifugao an wohlschmeckendem *tapuy* erfreuen. Es ist aber auch möglich, daß durch Fehler in der Herstellung ein ungenießbarer Sauertrunk dabei herauskommt.
Ifugao bauen ihre Häuser auf Pfählen. Der fensterlose Raum unter dem pyramidenförmigen Dach wird neben Wohn- und Schlafraum auch als Küche und Lagerraum genutzt. Um die Götter freundlich zu stimmen, werden außen am Haus ausgeblichene Schädel geopferter Schweine angebracht. Anlaß für die Opferung eines Schweines kann unter anderem die Heimkehr eines erfolgreichen Kopfjägers sein. Auch für die Ifugao ist die Kopfjägerei eine Möglichkeit der Vollstreckung von Stammesurteilen. Als z.B. im Oktober 1977 ein Ifugao-Junge von einem Bus überfahren und tödlich verletzt wurde, beschloß die Dorfgemeinschaft, daß entweder der Busfahrer oder ein Angehöriger aus dessen Familie sterben muß. Zehn Jahre später verursachte ein Busfahrer in der Nähe von Banaue einen schweren Verkehrsunfall mit tödlichen Folgen unter anderem für mehrere Ifugao. Als die Bus-Company nicht für die Toten und Verletzten aufkommen wollte, wurden in den betroffenen Dörfern die Äxte geschärft. Aus Angst vor einem Schlag ins Genick fuhr daraufhin kein Busfahrer mehr ins Ifugao-Gebiet, und die Company mußte bis zur Regulierung des Schadens das letzte Stück der Route Manila-Banaue den örtlichen Jeepneys überlassen.
Der Kriegstanz, *bangibang*, ist Bestandteil ihrer traditionellen Justiz. Mit Speer, Schild und Axt ausgerüstet, tanzen die Krieger auf den Wällen der Reisfelder. Ihre Köpfe sind mit dem *katlagang*, einem Blätterschmuck, verziert. Wer den Racheakt auszuführen hat, wird von einem Huhn bestimmt. Die Krieger bilden einen Kreis, töten ein Huhn und lassen es in diesem Kreis verenden. Auserwählt ist derjenige, in dessen Nähe es nach letzten Hüpfern und Zuckungen liegenbleibt.

Ilokano

Ilokano sind malaiischer Abstammung. Etwa 200 bis 300 v. Chr. sind sie über Borneo, Palawan und Mindoro nach Luzon gelangt, wo sie sich niederließen. Der bedeutendste Teil der Gruppe besiedelte die Küstenstreifen und die angrenzenden Bergregionen im nördlichen und nordwestlichen Luzon. Schwache, bereits ansässige Völker wie die Isnega und Tingguian konnten sich den Jahre andauernden Einwanderungswellen nicht widersetzen und verzogen sich ins Hinterland.
Bevor die Ilokano mit dem christlichen Glauben konfrontiert wurden, bekannten sie sich zu einem vielschichtigen und komplizierten Geister- und Göttersystem. Erhalten haben sich lediglich Bruchstücke eines Aberglaubens, äußerlich erkennbar durch *babatos*. Das sind Amuletts und Glücksbringer, die, wenn überhaupt, nur noch von den Bewohnern entlegener Ilokano-Dörfer getragen werden.

Kalinga

Die Kalinga leben nördlich von den Bontoc. Auch sie zählen zu den Kopfjägern. Kriege und Kopfjägerei wurden jedoch durch den von ihnen ausgearbeiteten Friedenspakt, *budong*, fast vollständig eingeschränkt. Diese Vereinbarung besagt unter anderem, daß ein in seiner Ehre verletzter Kalinga den Respekt seines Volkes nicht verliert, wenn er den Konflikt anstatt durch Enthauptung des Gegners etwa durch die Annahme eines Wasserbüffels bereinigt. Ein bedeutsamer Effekt dieser Regelung ist die Entstehung langfristiger verwandtschaftlicher und sozialer Beziehungen.
Wie die Bontoc haben auch die Kalinga ein Männer- und Dorfältestenhaus. Sie nennen es *dapay*. Ein typisches

Körbe

Körbe verschiedener Formen, Größen, Muster und Farben werden gewöhnlich von ethnischen Minderheiten hergestellt und benutzt. Die am häufigsten verwendeten Materialien, aus denen Handkörbe, Tragekörbe, Behälter, Tabletts und Fischreusen geflochten werden, sind Bambus, Rattan und Pandanus. Ältere Körbe aus den Zentral-Kordilleren weisen oft eine dunkle Patina auf, die sich durch häufigen Gebrauch und den Rauch der Kochstellen in fensterlosen Häusern gebildet hat. Dieses charakteristische Merkmal antiker Körbe wird auch gerne im Schnellverfahren erzeugt, um von ahnungslosen Käufern einen höheren Preis zu erzielen. Handgefertigte, möglichst alte Gebrauchsgegenstände der Bergvölker zählen nicht nur zu den begehrten Souvenirs einheimischer und ausländischer Touristen, sondern sind auch beliebte Dekorationsstücke in großen Hotels und folkloristisch eingerichteten Restaurants.

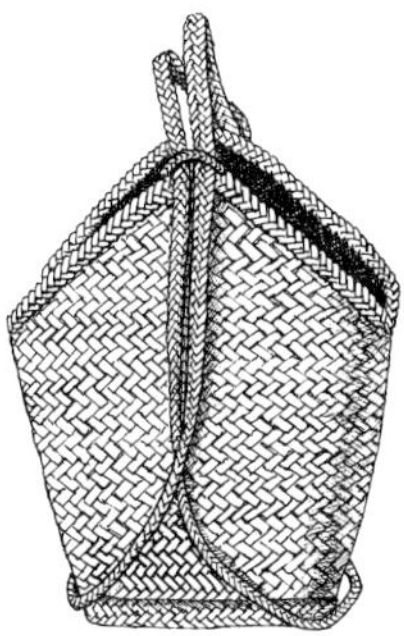

Tragekorb

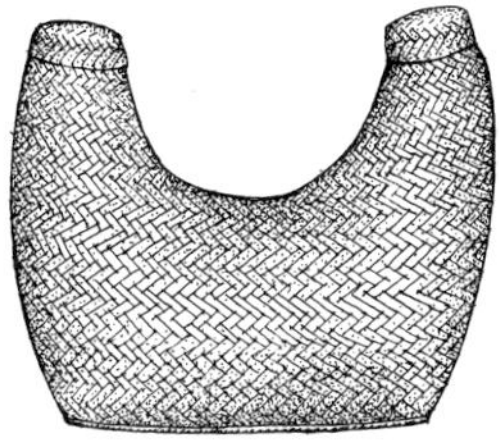

Handkorb

Getreidebehälter

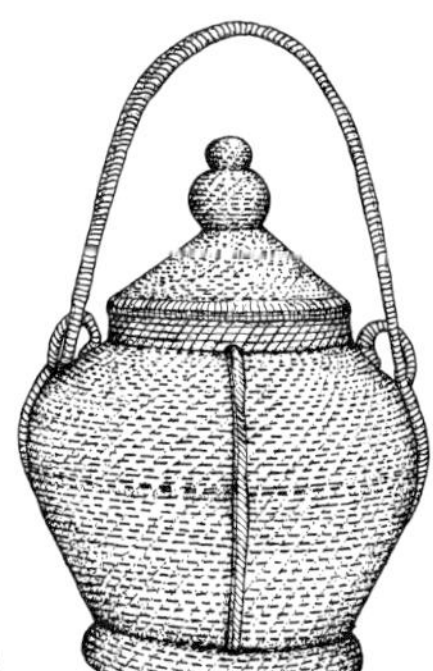

Getreidebehälter

Tornister

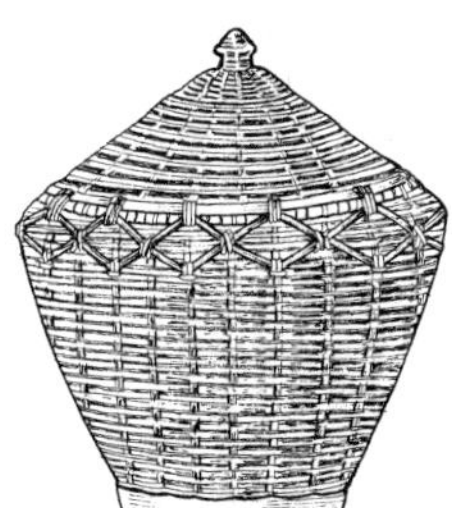

Schneckenkorb

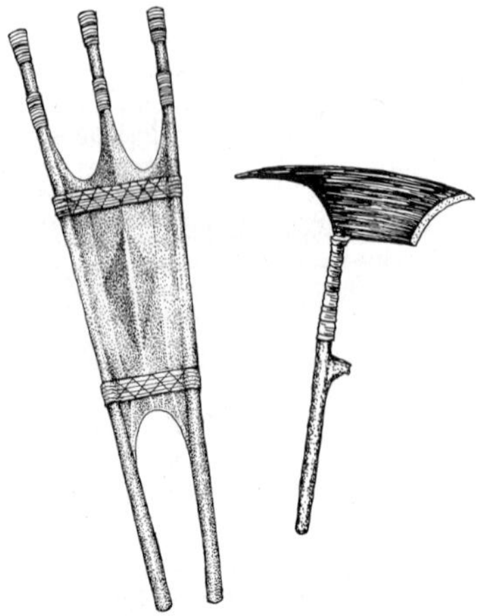

Kopfaxt und Schild der Kalinga

Haus für heiratsfähige Frauen und Mädchen gibt es jedoch nicht. Es kann irgendein Haus sein, das sich äußerlich von den anderen nicht unterscheidet. Die Bezeichnung für dieses Haus in einem Kalingadorf ist *ebgan*. Darin findet die abendliche Liebeswerbung statt, wobei der Angebeteten Geschichten erzählt, etwas auf der Nasenflöte vorgespielt oder Lieder vorgesungen werden. Erfolgreiche Werber verbringen die Nacht mit der Liebsten im Ebgan. Die daraus entstehende Zweierbeziehung gibt beiden Partnern Gelegenheit, über eine gemeinsame Zukunft nachzudenken. Entscheiden sie sich für die Trennung, ist auch eine eventuelle Schwangerschaft kein Hindernis. Weder für die Eltern noch für das Kind, das später von der Gemeinschaft für legitim erklärt wird, entstehen Nachteile.
Eine Hochzeit wird langfristig durch unterschiedliche rituelle Akte vorbereitet. Erdbeben, Erdrutsche und andere schlechte Omen können die notwendigen Zeremonien jedoch um Monate hinauszögern. Sind letztendlich alle traditionellen Förmlichkeiten vollbracht, wird den Verlobten, *caisings*, ein Haus gebaut. Heiraten können sie allerdings nur im März, September oder Oktober. Denn nur in dieser Zeit, *dadawak* genannt, sind nach Kalingasitte Eheschließungen möglich.

Mandaya und Mansaka

Die Mandaya leben im nordöstlichen und südöstlichen Teil von Davao del Norte, Mindanao. Mandaya bedeutet »Bewohner des Hochlandes«. Die Mansaka werden ethnologisch den Mandaya zugeordnet. Sie sind die »Bewohner der Berge«, die ursprünglich Lichtungen fernab in den Bergen besiedelten. Heute leben viele Mansaka in östlichen Küstenregionen der Davao-Bucht.
Bei beiden Gruppen ist der Animismus stark ausgeprägt. Die zahlreichen aus Holz geschnitzten Götzenbilder in ihren Häusern und auf den Feldern veranschaulichen das. Bemerkenswert ist auch ihr umfangreicher Silberschmuck. Wohl kaum ein anderes Volk des Inselreiches verwendet mehr Silber für die Produktion von Ornamenten als die Mandaya. Auffallend sind neben Ohrverzierungen und Fingerringen die großen, runden Kettenanhänger. Hergestellt wurde dieser von Männern und Frauen getragene Brustschmuck häufig aus Münzen.

Mangyan

Mehr als 50.000 Mangyan leben auf Mindoro. Die meisten davon in den schwer zugänglichen Dschungeln des gebirgigen Binnenlandes. Unterteilt werden sie in Iraya, Alangan, Tagyawan, Batangan, Buhid, Ratagnon und Hanunoo. Die von alters her überlieferte Kultur und Lebensweise haben sie trotz bisweilen unvermeidlicher Zivilisationseinflüsse weitgehend beibehalten.

Häuser der Bergvölker der Zentral-Kordilleren

Apayao

Bontoc

Bontoc

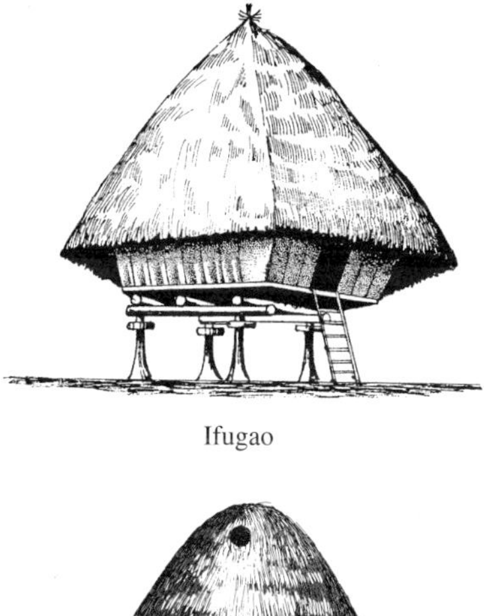

Ifugao

Ibaloy

Kalinga

Kalinga

In einem Dorf der Mangyan

Früher lebten viele Mangyan als Fischer an der Küste, bevor sie sich in die Berge zurückzogen und anfingen, Ackerbau zu betreiben. Sie sind nicht freiwillig gegangen, sondern wurden von Einwanderern zurückgedrängt. In ihrer Vorstellung gehört »Land« allen. Wenn jemand mit einem Titel (Landtitel; Eintrag ins Grundbuch) kommt, ziehen sich die friedliebenden Mangyan zurück. Entfernungen werden von ihnen in *yells* (Schreie) gemessen, das ist die Distanz, in der man einen Schrei hören kann.
Die im Süden Mindoros ansässigen Hanunoo werden häufig als die wahren Mangyan bezeichnet. Hanunoo heißt »echt«, »wahr«. Sie haben eine eigene silbenmäßige Schreibweise und ein eigenes »Postsystem«. Wollen sie Nachrichten über große Entfernungen übermitteln, ritzen sie den Text in ein Stück Bambus und stecken es in einen bestimmten Bambuspfahl. Diese »Briefkästen« sind an markanten und den Mangyan bekannten Stellen im gesamten Stammesgebiet verteilt. Kommt ein Mangyan vorbei, liest er alle Briefe und nimmt die mit, deren Empfänger auf seinem Weg liegen, überbringt sie persönlich oder steckt sie wenigstens in einen günstiger gelegenen Briefkasten.
Auch ihre *ambahan* ritzen die Hanunoo in Bambus ein. Ambahan sind Gedichte mit sozialem Charakter, die unter anderem zur Erziehung der Kinder benutzt oder aber auch einer Person überreicht oder vorgelesen werden, falls direkte Worte unangenehm oder peinlich sein könnten. Ein typisches Merkmal dieser Gedichte ist, daß eine Zeile aus sieben Silben besteht.

Maranao

Die Provinz Lanao del Sur im Norden von Mindanao ist die Heimat der Maranao (Maranaw). Sie sind die »Men-

Messinghändler in Marawi

schen vom See«, vom Lake Lanao. Von allen philippinischen Moslem-Gruppen bekannten sich die Maranao als letzte zum Islam. Erfolgreich wehrten sie alle Kolonisationsversuche der Spanier und Amerikaner ab, wobei ihre natürliche Umgebung einen nicht unerheblichen Schutz vor unerwünschten Fremdeinflüssen bot. Kultur und Religion konnten sich nahezu unverfälscht entfalten. Auch heute sind die Maranao darum bemüht, ihre kulturelle Identität zu wahren und weiterzuentwickeln. Marawi, am Nordzipfel des Lake Lanao gelegen, gilt als geistiges Zentrum der Moslems. Neben mehreren islamisch orientierten Schulen befindet sich dort auch die Mindanao State University (MSU), eine südliche Ausgabe der University of the Philippines.

Maranao sind geschickte Handwerker und fähige Kaufleute. Web-, Holz- und Metallarbeiten sind neben Ackerbau bedeutende Bestandteile ihrer Wirtschaft. In der Produktion von Messingarbeiten und gewebten Matten nehmen sie im Land eine führende Position ein. Die Spanier bezeichneten die Moslems abwertend als Moro. Heute verwenden die meisten Moslems diesen Begriff mit Stolz darauf, nicht wie andere Bevölkerungsgruppen unterjocht worden zu sein. Es gibt aber auch Moslems, wenn auch wenige, die »Moro« als diskriminierend empfinden. Gerade als Ausländer sollte man daher mit diesem Begriff vorsichtig umgehen.

Negritos

Auf den Philippinen sollen 15.000 bis 50.000 reine Negritos leben - die Angaben schwanken. Wesentlich höhere Zahlen dürften Schätzungen aller auf den Inseln anzutreffenden Menschen mit Negritoblut sein, also auch von Mischlingen. Die verschiedenen Gruppen nennen sich unter anderem Agta,

Maranao Art

Die am Lake Lanao auf Mindanao lebenden Maranao sind bekannt für ihre künstlerischen Fähigkeiten. Die Bezeichnung für Maranao Art ist *okir*. Man unterscheidet jedoch *okir-a-bai*, den geometrischen Dekor in den von Frauen hergestellten Webarbeiten, und *okir-a-datu*, die vornehmlich aus pflanzlichen Elementen wie Blättern, Farnen, Ranken, Blüten und Knospen bestehenden Motive in den von Männern hergestellten Holzschnitzereien und Messingarbeiten.

Kulintang
Musikinstrument aus Messinggongs und Holzständer

Panolog
Das Ende eines verlängerten Fußbodenbalkens von einem Maranao-Haus

Armreif aus Messing

Dekorationsmotiv

Sarimanok
Der »künstliche Hahn« ist für die Maranao die symbolische Darstellung eines Vogels

Baong
Gefäß aus Messing

Langguay
Gefäß aus Messing

Betelnußdose aus Messing

Alta, Ita, Ati, Atta und Aeta, was prinzipiell immer nur »Menschen« oder »Personen« bedeutet. Sie leben verstreut auf vielen Inseln, sind hauptsächlich jedoch in Ost-Luzon anzutreffen. Schon rein äußerlich unterscheiden sich die Negritos erheblich von allen anderen Filipinos. Sie haben eine sehr viel dunklere Hautfarbe und werden kaum größer als 1,50 Meter. Ihr Haar ist kurz und wolligkraus, oft mit einem Bambuskamm verziert. Die spärliche Bekleidung stellen sie bisweilen noch aus Baumrinde her.
Negritos sind Nomaden. Nur wenige von ihnen werden seßhaft. Anstatt in festen Häusern leben sie in Hütten aus Zweigen, Laub und Gras. Bisweilen legen sie kleine Felder an, um Süßkartoffeln, Reis und Gemüse anzupflanzen. Ansonsten ernähren sie sich vom Früchtesammeln und von der Jagd. Pfeil und Bogen sind ihre Waffen. Die Pfeile sind meist mit Giftspitzen bestückt. Negritos haben weder Gesetze noch fühlen sie sich irgendeiner Obrigkeit verpflichtet. Müssen jedoch Entscheidungen getroffen werden, wird der Beschluß des Familienoberhauptes akzeptiert und befolgt.
Die seefahrende Variante der Negritos sind die Dumagat. Man trifft sie bisweilen an abgeschiedenen Strandstreifen entlang der Pazifikküste Nord-Luzons, wo sie sich vorübergehend in schnellgebauten Hütten niederlassen.

Pala'wan

Die Pala'wan leben in den höheren Regionen im Süden von Palawan. Ihre Dörfer bestehen aus drei bis zwölf Häusern. Sie werden von mehreren *panlima* geleitet, die als Richter und Vermittler fungieren und den Frieden aufrechterhalten sollen. Die Religion der Pala'wan ist verwoben mit hinduistischen und islamischen Elementen. Sie glauben an *ampo* als ihren höchsten Gott, der die Regelung der irdischen Angelegenheiten seinen untergeordneten Göttern, *diwata*, anvertraut hat. Zur Ausübung ihrer Religion gehören auch soziale Aktivitäten wie gemeinsam tanzen, singen und Reiswein trinken.
Eine Heirat kommt erst nach langen Verhandlungen durch die beteiligten Familien zustande und wird häufig bereits verabredet, wenn Braut und Bräutigam noch Kinder sind.

Tasaday

Die Tasaday leben in den Bergen tief im tropischen Regenwald der Provinz South Cotabato, Mindanao. Entdeckt wurden sie bereits Anfang der sechziger Jahre von einem Jäger namens Dafal, doch die erste offizielle Kontaktaufnahme fand erst im Juni 1971 statt. Erstaunt waren die Anthropologen über den ausgezeichneten Gesundheitszustand der unbekleideten Wald- und Höhlenmenschen, die sich bis zum Zeitpunkt ihrer Entdeckung lediglich von gesammelten Früchten und von gefangenen Fischen, Fröschen, Kaulquappen, Krebsen usw. ernährten. Jagd und Ackerbau sowie Feuer waren ihnen fremd. Als Werkzeuge dienten primitive Geräte aus Stein.
Durch die Isolation sind vermutlich mehr als 50.000 Jahre Menschheitsentwicklung spurlos an ihnen vorübergegangen. Nach eigenen Aussagen hatten die 25 Stammesangehörigen bis zur Begegnung mit Dafal weder Kontakt zu anderen Menschen gehabt noch etwas von der Existenz weiterer Personengruppen außerhalb des Waldes gewußt.
Das war der knapp zusammengefaßte Wissensstand über die Tasaday bis zum Frühjahr 1986. Dann veröffentlichten der Schweizer Dr. Oswald Iten und die *Stern*-Reporter Walter Unger und Jay Ullal überraschende neue Berichte. Danach sollte die sensationelle Entdeckung der Tasaday nichts weiter

Kämme

Verzierte Kämme aus Holz, Horn, Bambus und Knochen sind ein beliebter Haarschmuck bei Frauen verschiedener ethnischer Minderheiten

T'boli

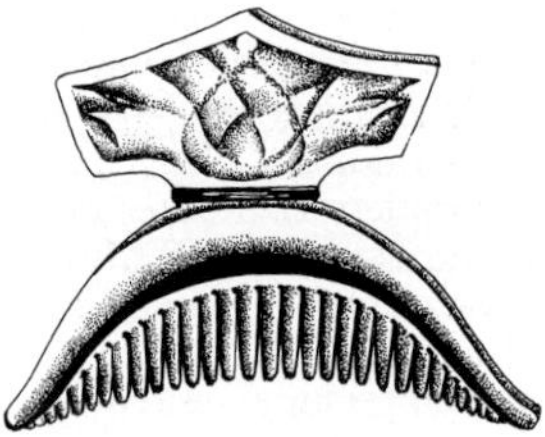

Pala'wan

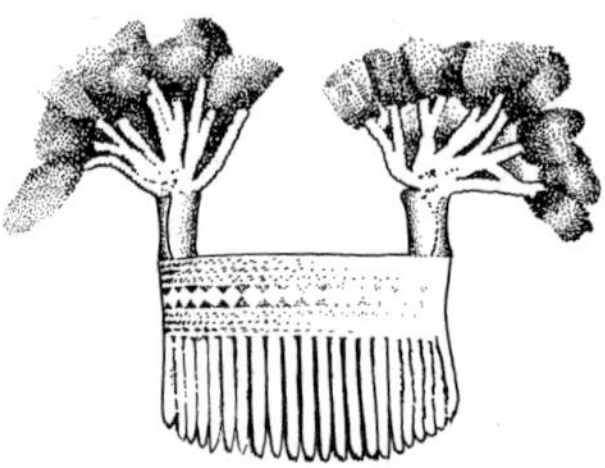

Negritos (Ayta)

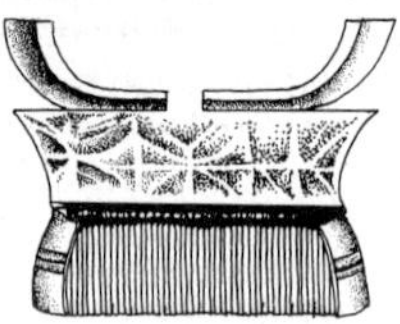

Negritos (Aeta)

Pala'wan

Negritos (Aeta)

Manobo

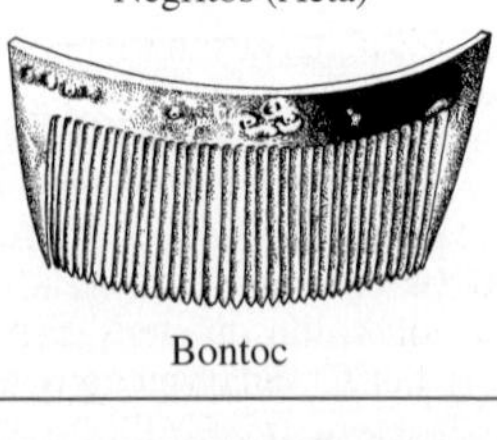

Bontoc

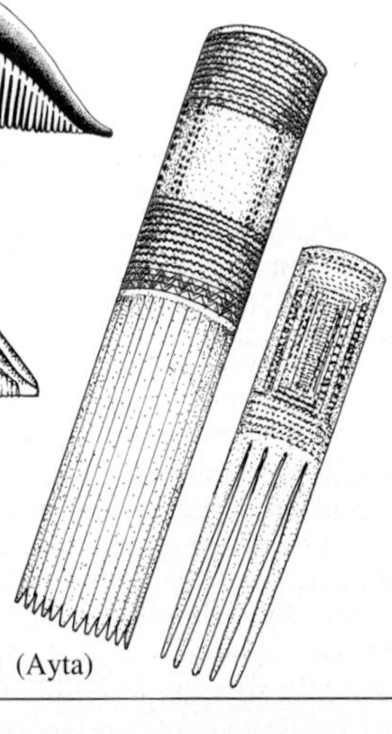

Negritos (Ayta)

als ein geschickt inszenierter Publicity-Schwindel des damaligen Panamin-Chefs und Ministers Manuel Elizalde gewesen sein (Panamin = Presidential Assistent on National Minorities; existiert heute nicht mehr).
Nun war guter Rat teuer. Wissenschaftler und Journalisten aus aller Welt, die von der Echtheit der Tasaday überzeugt waren und sind, bemühten sich um Gegenbeweise und Aufklärung. Das Department of Anthropology lud zu einem Symposium ein, doch erst ein Testimonium durch den philippinischen Kongreß, zu dem Tasaday zwecks Befragung nach Manila geflogen wurden, beendete vorläufig die hitzige Debatte. Die jüngste Bestätigung der Authentizität der Tasaday erfolgte schließlich auf dem International Congress of Anthropology & Ethnological Sciences im Frühjahr 1992 in Washington, D.C.

Tausug
Die Mehrheit der Tausug lebt auf der Insel Jolo im Sulu-Archipel. Sie bezeichnen sich selbst als »Menschen in der Strömung« und waren die ersten Filipinos, die den Islam als Religion aber auch als Lebensform akzeptierten. Trotzdem werden traditionelle Bräuche gepflegt. So gehört eine Tausug-Hochzeit, *pagtiaun*, zu den farbenprächtigsten und kostspieligsten Festen der Sulu-Inseln. Die Zeremonien und Feiern dauern eine Woche. Ein wichtiger Bestandteil dabei ist *pangalay*, der Hochzeitstanz nach den Klängen von Gongs und Trommeln.
Tausug sind freiheitsliebend und stolz auf ihre Tapferkeit. Sie sind bekannt als kundige Seefahrer, tüchtige Händler und ausgezeichnete Geschäftsleute. Wohlstand und Selbstbewußtsein machten sie zum dominierenden Bevölkerungsteil zwischen Zamboanga und Sitangkai. Ihr kultureller Reichtum spiegelt sich wider in ihren Gewändern, der Architektur der Häuser und dem Stil ihrer Messingarbeiten, Schmuckstücke und Waffen.

Tau't Batu
Die Tau't Batu werden auch als »Menschen der Felsen« bezeichnet. Sie leben in Höhlen im Singnapan-Becken nordwestlich vom Mount Mantalingajan, dem höchsten Berg Palawans. Ihre Höhlen verlassen sie meistens nur, um zu jagen, Früchte zu sammeln oder Maniok und Reis auf den bescheidenen Feldern zu ernten. Weitere Nahrung wie Fledermäuse und Vögel finden sie in ihren Höhlen. Ihr Glaube verlangt es, daß nach dem Erlegen eines Tieres die Natur dafür entschädigt werden muß. Getötete Tiere werden daher durch Nachbildungen aus Holz oder Stein ersetzt.
Eine besondere soziale Einrichtung ist *bulun-bulun*, das Zusammenleben mehrerer Familien zum Zwecke der Nahrungsteilung.
Die Tau't Batu wurden erst 1978 offiziell entdeckt. Um Lebensraum und Gewohnheiten dieses friedlichen kleinen Stammes zu schützen, wurde das Singnapan-Becken *off limits* erklärt, also zum Sperrgebiet. Und das sollte unbedingt respektiert werden.

T'boli
Die schätzungsweise 60.000 T'boli leben in einem etwa 2.000 Quadratkilometer großen Gebiet in der südwestlichen Ecke Mindanaos, das auch als Tiruray Highlands bekannt ist. Ihr kulturelles Zentrum befindet sich inmitten des Dreiecks, das die Orte Surallah, Polomolok und Kiamba bilden: am und um den Lake Sebu. T'boli leben nur selten in Dorfgemeinschaften. Ihre Häuser stehen einzeln, aufgrund enger familiärer Bindungen bisweilen aber auch in Dreier- oder Vierergruppen auf den Kämmen des hügeligen Hochlandes. Manchmal sind es noch traditionelle Langhäuser: Ein *gunu bong* steht

T'boli-Langhaus *(gunu bong)*

auf knapp zwei Meter hohen Pfosten, ist etwa 15 Meter lang und zehn Meter breit.
Monogamie ist üblich. Polygamie ist jedoch erlaubt und wird aus Prestigegründen von wohlhabenden T'boli auch praktiziert. Auffallend ist die Schmuckfreudigkeit der Frauen zu festlichen Anlässen. Verzierte Kämme, Ohrringe und -gehänge, Halsbänder und

Hohler Fußreif mit beweglichen Kugeln *(singkil sigulong)*

Ketten, Arm- und Fußreifen, Finger- und Zehringe sowie ein schwerer Glockengürtel gehören zu ihrer Ausstattung. Selten sieht man eine Frau ohne Kopfbedeckung. Sie trägt entweder einen *kayab* (original ein Turban

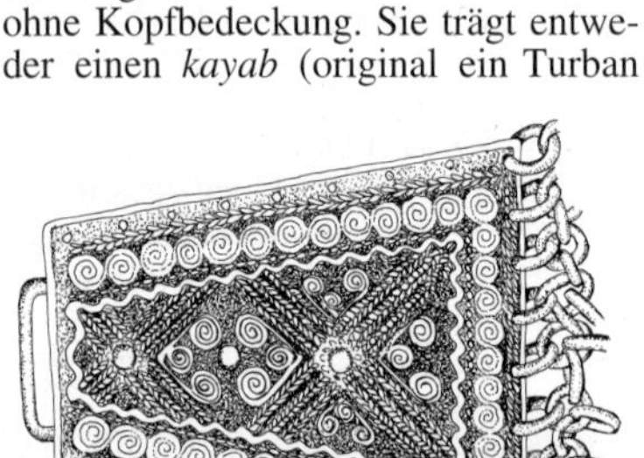

Filigran verzierte Verschlußhälfte eines Glockengürtels *(hilot)*

aus Abaka; heute nur noch ein simples Handtuch) oder einen farbenfreudigen *s'laong kinibang* (ein großer runder Hut mit einem Durchmesser von etwa 50 Zentimetern). Die traditionelle Kleidung der Männer und Frauen besteht aus *t'nalak*, einem aus Abaka gewebten Material mit dunkelbrauner Grundfarbe und roten und beigen Mustern. Die Fertigstellung dauert mehrere Monate. Einige Zeit mehr erfordert das Weben einer *kumo*, der typischen, meterlangen T'boli-Decke, die bei Hochzeitszeremonien eine wichtige Rolle spielt. Allerdings ziehen viele T'boli es heute vor, in Jeans und T-Shirts herumzulaufen, anstatt kostbare Kleidung aus mühsam gewebtem Stoff zu tragen.

Yakan

Bis auf wenige Mitglieder, die sich 1974 als Flüchtlinge in der Nähe von Zamboanga auf Mindanao angesiedelt haben, leben die Yakan ausschließlich auf der Insel Basilan im Süden der Philippinen. Sie sind friedliebende Moslems und betreiben Ackerbau und Viehzucht. Das wichtigste Gebäude eines Dorfes ist *langgal*, das Gebetshaus, das von einem *imam* geleitet wird und in dem auch alle größeren jährlichen Zeremonien stattfinden. Unverzichtbare Bestandteile ihrer Feste sind Musik und Spiele, wobei insbesondere die packenden Wasserbüffelkämpfe mit Spannung verfolgt werden.
Yakan sind als vorzügliche Weber bekannt. Zu den ungewöhnlichsten traditionellen Kleidungsstücken gehört der mehrere Meter lange *kandit*, ein roter Gürtel, der um die Hüfte gewickelt wird und die hautenge Hose, *sawal*, hält. Als Kopfschmuck tragen Männer einen bunten Turban, *pis*, und/oder einen helmförmigen Hut, *saruk* genannt. Alte Frauen tragen als Schmuck gelegentlich noch *suploh*; das sind überlange künstliche Fingernägel.

Schwerter

Ein- und zweischneidige Schwerter in verschiedenen Ausführungen stellen einen beachtenswerten Teil der traditionellen Kunst und des Handwerks der Moslem im Süden der Philippinen dar. Insbesondere in Mindanao und im Sulu-Archipel werden die Technik des Schmiedens von Klingen und das Gestalten von Griffen beherrscht. Die beiden populärsten Hieb- und Stichwaffen sind der Kris und der Kampilan. Im Gegensatz zu früheren Jahren werden sie heute jedoch kaum noch im Kampf verwendet, sondern sind für Träger und Besitzer lediglich von sozialer und symbolischer Bedeutung.

1 Barong; Nahkampfwaffe mit blattförmiger, einschneidiger Klinge
2 Kampilan; der Griff soll das geöffnete Maul eines Krokodils darstellen
3 Kris mit geflammter Klinge
4 T'boli-Bolo; der Griff ist mit kleinen Messingglöckchen verziert
5 Dolchkris; eine von Frauen bevorzugte Waffe
6 Talibong; Haumesser mit einschneidiger, gekrümmter Klinge

Religion

Die Philippinen sind das einzige christianisierte Land Asiens, und rund 90 Prozent der Bevölkerung gehören einer christlichen Glaubensgemeinschaft an. Mehr als 80 Prozent aller Filipinos sind römisch-katholisch. Etwa vier Prozent kann die 1902 von Gregorio Aglipay gegründete nationalistisch-katholische Philippine Independent Church auf sich vereinen. Die Iglesia ni Kristo ist die größte protestantische Glaubensgemeinschaft. Zu ihr bekennen sich knapp vier Prozent der Bevölkerung. Acht Prozent Moslems bilden vornehmlich im Süden der Philippinen den islamischen Block. Baptisten, Methodisten, Mormonen, Zeugen Jehovas sowie Angehörige weiterer Glaubensgemeinschaften und Sekten machen etwa zwei Prozent aus. Bis auf einen minimalen Prozentsatz buddhistischer Gläubiger ist der verbleibende Rest dem Animismus zuzurechnen.

Kunst und Kultur

Traditionelle Kultur

Durch den wechselhaften, meist fremdbestimmten Verlauf der Geschichte entwickelte sich eine kulturelle Mischform, an der ausländische Einflüsse, verschmolzen mit eigenen Elementen, maßgeblich beteiligt sind. Relativ unverfälschte Kultur findet man heute nur noch bei Volksgruppen wie z.B. den Moslems, die vom spanischen und amerikanischen Einfluß weitgehend verschont geblieben sind.
Heute dient auch der noch so kleinste Dorfplatz gleichzeitig jeden Nachmittag als Basketballplatz. Seit der amerikanischen Kolonialepoche erfreut sich dieser Sport der Hünen landesweit großer Beliebtheit, trotz der eher nachteiligen Körpergröße der Filipinos.
Ihrer Wettleidenschaft frönen Filipinos hauptsächlich beim Hahnenkampf. Aber auch beim Jai-Alai, dem schnellen Ballspiel aus dem Baskenland, hat schon mancher Peso den Besitzer gewechselt. Vom Sparen hält der Filipino sowieso nicht viel. Wichtiger ist ihm, erst einmal den heutigen Tag zu leben; irgendwie geht's dann schon weiter.
Bemerkenswert ist die Fähigkeit der Filipinos, zu improvisieren und zu kopieren. Man denke nur an die von den Amerikanern zurückgelassenen Armee-Jeeps, die durch liebevolle Kleinarbeit zu farbenprächtigen und chromblitzenden Sammeltaxis umfunktioniert wurden, bevor die Serienproduktion dieser bunten Vehikel begann. Was wäre ein philippinisches Stadtbild ohne diese originellen Jeepneys?
Die Ideen der von Marcos propagierten »New Society« regten in den siebziger Jahren das Nationalbewußtsein der Filipinos ebenso an, wie der Erfolg von »People Power« in den Achtzigern. Vermutlich als eine Reaktion auf die vorhandenen Einflüsse fremder Mächte besann man sich auf das kulturelle Erbe und begann die Pflege traditioneller Künste. Diese Entwicklung kommt auch in der Benutzung der Nationalsprache zum Ausdruck, insbesondere in Theater und Literatur.

Musik

Bis vor wenigen Jahren wurde traditionelle philippinische Musik fast ausschließlich mit ethnischen Minderheiten in Verbindung gebracht. Die »zivilisierten« Filipinos hatten sich der Pop-Music amerikanischer und britischer Prägung verschrieben und imitierten sie nahezu bis zur Perfektion. Ein Grund, warum philippinische Bands mittlerweile von Tokio bis Jakarta die gefragtesten im asiatischen Showbusiness sind. Doch mehr und mehr Musiker lassen neuerdings alte Melodien wieder aufleben und setzen traditionelle Instrumente wie Bambusflöten, Gongs und Holztrommeln ein. Auf

Money, Money, Money

Daß Geld erst dann de facto von Nutzen ist, wenn man es ausgibt, haben die Filipinos schnell erkannt. Vom Sparen halten sie nicht viel. Sparen heißt Vorsorge treffen, was wiederum bedeutet, sich vorher zu sorgen. Aber kaum ein Filipino wird sich aus freien Stücken Sorgen um etwas machen, das nicht tatsächlich auch aktuell ansteht. Warum sich den Kopf über ungelegte Eier zerbrechen?

»Study Now, Pay Later«, so steht es denn auch ermutigend auf dem 500-Peso-Schein und unterstreicht unverblümt die allgemeine philippinische Einstellung zum schnöden Mammon. Mit anderen Worten: Lebe auf Pump, wenn's Geld nicht reicht. Klar, daß Pfandhäuser im ganzen Land ununterbrochen Konjunktur haben. Klar auch, daß Hausfrauen ihren täglichen Einkauf vorzugsweise in den Läden tätigen, die ihnen bereitwillig einen Kredit *(utang)* einräumen. Bei Freunden und Verwandten neigen Filipinos überdies gerne dazu, »auf dem Wasser anschreiben zu lassen« *(ilista mo sa tubig)* - Liquidität bekommt so eine völlig neue Bedeutung...

Gelegentlich wird auch ein stattlicher Kredit aufgenommen, um eine offenbar aussichtsreiche Geschäftsidee zu verwirklichen. Mit großem Enthusiasmus werden Pläne geschmiedet, vielleicht sogar vielversprechende erste Schritte unternommen. Doch dann flacht die anfängliche Begeisterung urplötzlich ab und das Projekt ist gescheitert. Dieses Phänomen nennt man *ningas cogon*, ein Vorgang, durch den die philippinische Strohfeuermentalität zum Ausdruck kommt. Ningas cogon ist auch der Grund dafür, daß ein finanzielles Engagement, das etwas Ausdauer erfordert und bei dem nicht gleich die Kassen klingeln, auf den Philippinen nur selten von Erfolg gekrönt ist.

Tagalog vorgetragene philippinische Volkslieder sind wieder gefragt, ebenso *kundiman* (romantisch-sentimentale Liebeslieder). Gesangsgruppen wie die Mabuhay Singers wurden durch sie berühmt. Auch Freddie Aguilar, populärster sozialkritischer Interpret der Philippinen, singt fast ausnahmslos auf Tagalog. Sein Lied *Bayan Ko* (Mein Land) avancierte sogar zur Hymne der Marcos-Gegner während der Erhebung 1986.

Tänze

Filipinos sind begnadete Tänzer. Ihre Begeisterung für Musik und vitale Bewegung kommt stets zum Ausdruck, egal ob bei Disco-dancing oder Cha-Cha-Cha auf einer Fiesta, farbenprächtigen Volkstänzen oder klassischem und modernem Ballett. Bestandteile philippinischer Tänze sind vor allem malaiischen, spanischen und moslemischen Ursprungs. Zu den schönsten Malay-Tänzen gehören *tinikling* (Bambus- oder Reihertanz) und *pandanggo sa ilaw* (Lichtertanz); der bekannteste Filipino-Moslem-Tanz ist der *singkil* (Hochzeitstanz). Gern aufgeführt werden auch die philippinischen Variationen der spanischen Tänze *habanera*, *joto* und *paypay* (Fächertanz).

Die guten alten Volkstänze, allen voran der oben genannte Nationaltanz *tinikling*, sind sogar zu einer neuen Touristenattraktion geworden. Bekannte

Ensembles wie Barangay, Bayanihan, Filipinescas oder Karilagan haben inzwischen den Sprung in die Unterhaltungssendungen des Fernsehens geschafft.

Filme

Philippinischen Filme werden in großer Zahl und stets im Schnellverfahren produziert. Wüste Schlägereien und sentimentale Liebeleien in stets neuer Verpackung sorgen für ein breites Angebot in den Kinos. Werke wie *Mabangong Bangungot* von Kidlat Tahimik sind selten. In Deutschland lief dieser gesellschaftskritische Film übrigens unter dem Titel *Der parfümierte Alptraum*.
Im Januar 1981 fand im Philippine International Convention Center das erste Film Festival in Manila statt. Nach dem erfolgreichen Probelauf und den ersten beiden offiziellen Festivals 1982 und 1983 im speziell dafür erbauten Film Theater hofften die Veranstalter, daß das Manila International Film Festival (MIFF) wie Cannes, Berlin und Venedig anerkannt und beschickt werden würde. Aber weitere MIFFs fanden aus wirtschaftlichen und wohl auch politischen Gründen nicht statt.

Malerei

Die bekanntesten philippinischen Maler des 19. Jahrhunderts waren Felix Hidalgo und Juan Luna. Beide wurden mehrfach ausgezeichnet. Das berühmte Gemälde *Spoliarium* von Juan Luna erhielt 1884 auf der National Exposition of Fine Arts in Madrid sogar eine Goldmedaille. Mitte des 20. Jahrhunderts machten insbesondere Fernando Amorsolo, Vicente Dizon und Vicente Manansala mit ihren Werken international auf sich aufmerksam. Alle drei waren Absolventen der University of the Philippines School of Fine Arts.
Die kleinen Ladengalerien im Tourist Belt von Ermita spiegeln das unterschiedliche Niveau der philippinischen Malerei wider. Vom Impressionismus bis zum Realismus sind so ziemlich alle Ausdrucksformen vertreten.

Sport und Spiele

Filipinos sind begeisterte Sportler und Spieler. Basketball ist ihr Lieblingssport. Seit 1975 gibt es eine Profi-Liga. Schach und Boxen rangieren in der Beliebtheitsskala ebenfalls ganz oben. Daß daher ausgerechnet für die Austragung der Box-Weltmeisterschaft 1975 (Mohammed Ali - Joe Frazier: »the thriller in Manila«), der Basketball-Weltmeisterschaft 1978 und der Schach-Weltmeisterschaft 1978 (Kortschnoj-Karpow) reichlich Geld lockergemacht worden ist, kann also nicht nur mit dem werbewirksamen Nutzen für das Land begründet werden. Tennis, Golf, Pferderennen, Radrennen und Motorradrennen erwecken zwar Interesse, haben jedoch keinen Volkssportcharakter. An Schulen ist als Mannschaftssport neben Basketball noch Volleyball recht populär.
Von ansteckendem Enthusiasmus ist die Wettleidenschaft der Filipinos, und beim Hahnenkampf und Jai-alai wurde schon so mancher Peso riskiert.

Sipa

Sipa, das frühere Nationalspiel, bei dem ein geflochtener Rattanball mit dem Fuß, Knie, Ellbogen oder Kopf über ein Netz geschlagen wird (ähnlich wie beim Volleyball), kann man leider nur noch selten bestaunen. Es wird noch in einigen Gegenden Mindanaos gespielt, bisweilen auch im Rizal Park in Manila.

Jai-alai

Jai-alai (sprich: Hei-alei) ist ein wahnsinnig schnelles Ballspiel, das seinen Ursprung im Baskenland hat. Die Spieler sind mit einer schaufelartigen Armverlängerung, Cesta, ausgerüstet.

Eins muss hier nun noch erwähnt werden als eine Sache, die der Tagale mit Leidenschaft erstrebt. Das ist der Besitz eines Kampfhahnes. Keine Mutter pflegt ihr Kindchen sorgfältiger und liebevoller als der Tagale seinen Streithahn. Der wird gewaschen und geputzt, fürsorglich im Arm getragen und gehütet. Man sagt, dass bei einem Brande der erste Griff des Tagalen der nach seinem Hahn ist. Dann erst wird Bedacht genommen auf die Rettung der eigenen Kinder. Um das Tier am Fortfliegen zu hindern, wird es mit einem Faden an einen kleinen Stock gebunden, der hier und dort in die Erde gestoßen wird. Beim Hahnenkampf erfasst den sonst so gleichmütigen Philippiner förmliche Begeisterung. Die Korona steht oder hockt um die gereizten und sich wütig balgenden Tiere, von denen jedem am linken Bein eine rasiermesserscharfe, sensenartig gestaltete, etwa 5 cm lange, also gefährlich große Klinge angebunden ist. Ein Hahn sucht den anderen zu überflattern und seinem Gegner dabei mit dem scharfen Messer eins zu versetzen. Meist werden beide Kämpfer stark zerfleischt. Es kommt oft vor, daß einem Streiter der Kropf oder Leib durch die Klinge seines Gegners aufgerissen wird. Das Blut sickert vielfach aus den Federn, und erst wenn eines der Tiere sich allzu arg zugerichtet fühlt, nimmt es, eilig lange Beine machend, Reissaus, verfolgt von dem meist auch stark zerfetzten Sieger und unter dem Beifallsjubel der Menge. Natürlich ist für und wider den einen oder anderen Hahn gewettet, und zwar nicht auf Bohnen sondern auf harte, mexikanische Silberdollar, von denen gelegentlich bei solchem Sonntagsvergnügen thatsächlich hunderte umgesetzt werden.

Aus *Zwischen Filipinos und Amerikanern auf Luzon* von F. Rinne, 1901.

Auf dem Spielfeld befinden sich jeweils zwei Spieler, die abwechselnd einen kleinen harten Gummiball, Pelota, aus der Cesta heraus gegen eine hohe Wand schleudern und mit der Cesta wieder auffangen müssen. Sollte der Gegner den zurückprallenden Ball verfehlen, scheidet er aus. Der Sieger erhält einen Punkt und darf weiterspielen. Wetten werden auf die Erstplazierten eines Durchganges abgeschlossen. Gespielt wird normalerweise an Sonn- und Feiertagen, allerdings sind die Jaialai-Stadien (Manila und Cebu City) meistens wegen Spielmanipulationen geschlossen.

Hahnenkampf

Hahnenkämpfe, auch Sabong oder Cockfight genannt, finden an Sonn- und Feiertagen in meist hölzernen Arenen, den Cockpits, statt. Schon früh um 8.00 Uhr ist Hochbetrieb.

Vor jedem Kampf kommen mehrere sogenannte Kristos in den Ring, animieren die Zuschauer zum Geldeinsatz und nehmen per Zeichensprache Wetten an. Erstaunlicherweise wird nichts notiert! Falls ich mich richtig erinnere, bedeuten z.B. vier Finger nach oben 40 Peso. Dreht man die Hand einmal hin und her, verdoppelt man auf 80 Peso. Finger waagerecht werden als Hunderter verstanden. Und Finger nach unten bedeuten Tausender.

Während der Wettannahme werden die oft sehr teuren Hähne gereizt und auf den Kampf eingestimmt. Wie Boxer kämpfen auch sie in verschiedenen Gewichtsklassen. Jeder Hahn ist mit einem äußerst scharfen Messer bewaffnet, das hinten am Fußgelenk befestigt ist. Plazierte Treffer mit dieser tödlichen Klinge beenden einen Kampf meistens schon nach wenigen Sekunden. Ein kampfunfähig verletzter oder getöteter Hahn muß vom Sieger zweimal gepickt werden. Erst dann ist der Kampf beendet. Verweigert der überlegene Hahn dieses abschließende Ritual, kann der Kampf als unentschieden gewertet werden. Verletzte Hähne werden gleich nach dem Fight hinter dem Cockpit von Spezialisten wieder zusammengeflickt; tote wandern in den Kochtopf.

Feiertage

Neben zahlreichen nationalen Feiertagen finden das ganze Jahr über jede Menge Town-Fiestas statt. Zu Ehren des jeweiligen Schutzpatrons wird zwei oder drei Tage lang ein kostspieliges Fest gefeiert. Erstaunlich, wie so manche Familie die finanzielle Belastung verkraftet, denn der Aufwand steht in keinem Verhältnis zum philippinischen Alltag. Speisen und Getränke werden mit verschwenderischer Großzügigkeit angeboten. Eine oder mehrere Kapellen werden engagiert. Schausteller und Entertainer sorgen für Volksfeststimmung. Und selten fehlt der Schönheitswettbewerb, bei dem die Schönste durch Geldspenden ermittelt wird! Freunde und Verwandte kommen, und sie werden ebenso freigebig bewirtet wie die vielen Fremden aus umliegenden und entfernten Ortschaften. Wenn man bedenkt, daß nach Beendigung des Festes etlichen Besuchern sogar das Geld für die Heimreise in die Hand gedrückt wird, dann kann es wohl kaum eine Steigerung der Gastfreundschaft geben.

Hinweis: Behörden und Banken sind an gesetzlichen Feiertagen geschlossen, Geschäfte dagegen nicht. Nur am Karfreitag geht im ganzen Land nichts mehr. Dann ruht sogar der öffentliche Nah- und Fernverkehr und selbst Inlandsflüge werden an diesem Tag eingestellt.

1. Januar
Neujahr (Gesetzlicher Feiertag)
Wie in westlichen Ländern wird das Neue Jahr farbenfroh und lautstark begrüßt. Familien kommen zusammen und feiern das traditionelle *media noche*, das Mitternachtsfest. In den Straßen wird kräftig Krach gemacht. Mit harmlosen Tröten, aber auch mit zum Teil gefährlichem Material. Die Knallerei geht schon Tage vor dem Jahreswechsel los, wobei nicht selten die Fetzen - sprich: Daumen und Finger - fliegen. Ungewollte oder verfrühte Explosionen von illegal hergestellten und unter das Volk gebrachten Krachern und Feuerwerkskörpern verursachen jedes Jahr ein kleines Chaos in Krankenhäusern. Manche der Betroffenen erleben das nächste Jahr erst gar nicht.

1. Sonntag im Januar
Heilige Drei Könige
Offizielles Ende der Weihnachtszeit. An diesem Tag erhalten die Kinder ihre letzten Weihnachtsgeschenke. In Santa Cruz und Gasan, Marinduque, werden die nachgebildeten Könige auf Pferden durch die Stadt geführt. Zuschauer werfen den mitlaufenden Kindern Münzen und Süßigkeiten zu.

9. Januar
Black Nazarene-Prozession
Die wohl größte Prozession der Philippinen beginnt am frühen Nachmittag in Quiapo. Ausgangspunkt ist die Quiapo Church. Tausende Katholiken bevölkern diesen Stadtteil von Manila, wenn der »Schwarze Nazarener«, eine lebensgroße Christusstatue aus schwarzem Holz, mit endlos langen Seilen durch die Straßen gezogen wird.

Miss Philippines

In keinem anderen Land gibt es so viele Schönheitswettbewerbe wie auf den Philippinen, wo der Kult um die Frauen tief verwurzelt ist. Miss-Wahlen sind hier ein gesellschaftliches Ereignis, Schönheitsköniginnen angesehene, verehrte und gefeierte Berühmtheiten. Unbestritten gehören die Filipinas zu den schönsten Frauen der Welt, dazu sind sie noch intelligent, mutig, selbstbewußt und emanzipiert. Im Kampf um die Gleichberechtigung haben sie sich nicht den Männern angepaßt, sondern feinsinnig ihre Weiblichkeit erhalten, was allerdings keine soziale Unterlegenheit bedeutet. So hat die Filipina nicht nur in Familie und Haushalt die Fäden in der Hand, sondern führt auch in öffentlichen Ämtern geschickt Regie und übt insbesondere im Berufs- und Geschäftsleben einen entscheidenden Einfluß aus.

Um sich eine Karriere mit möglichst schnellem und steilem Verlauf aufzubauen, nutzen ehrgeizige, schöne junge Frauen aller gesellschaftlichen Schichten ihr Aussehen und ihren Verstand und präsentieren sich in zahlreichen Schönheitswettbewerben der Öffentlichkeit und den Preisrichtern. Bei größeren nationalen Ausscheidungen ist stets Prominenz aus Politik, Wirtschaft und Kultur anwesend und stellt häufig auch die Jury. Wer als Kandidatin beim Kampf um die Krone und beim Wetteifer um die Ehre, die Schönste des Landes zu sein, erfolgreich teilnehmen will, muß außer gutem Aussehen allerdings auch eine Mindestgröße und den Abschluß einer höheren Schule vorweisen können. Frauen, die mit Schönheit Karriere machen - nichts Ungewöhnliches auf den Philippinen.

3. Wochenende im Januar
Ati-Atihan
Was für Rio und New Orleans das Mardi Gras, ist für Kalibo auf der Insel Panay das Ati-Atihan, das bedeutendste und spektakulärste Festival der Philippinen. Drei Tage im Januar bebt die Stadt. Dann wird getanzt, getrunken und getrommelt. Prächtig kostümiert, phantasievoll verkleidet und witzig maskiert feiern Tausende von Menschen fast rund um die Uhr, bis am letzten Abend eine lange Prozession mit taumelnden Teilnehmern das rauschende Fest beendet.
Der Ursprung des Festes liegt lange zurück: Mitte des 13. Jahrhunderts mußten zehn Datus mit ihren Familien aus Borneo fliehen. Sie segelten nach Nordosten und landeten auf der philippinischen Insel Panay, wo ihnen die dort ansässigen Ati - kleine, schwarze Negritos - ein Stück Land zum Ansiedeln überließen. Ein Fest wurde gefeiert, und die Neuankömmlinge färbten sich die Gesichter schwarz, um »so zu sein« wie die ansässigen Ati.
Viele Jahre später nutzten die Spanier, die inzwischen große Teile des Landes christianisiert hatten, dieses Ritual, um feindliche Moslems zu täuschen und ihren Angriff auf Kalibo erfolgreich abzuwehren: Sie forderten die Bevölkerung auf, sich die Haut zu schwärzen, kriegerisch zu verkleiden, wild aufzuführen und »so zu sein« - Ati-Atihan - wie die Ati. Der Sieg über die Moslems wurde als ein Verdienst von Santo Niño, dem Jesuskind, hingestellt. So bekam das Fest seine religiöse Bedeutung.

3. Wochenende im Januar
Sinulog - Santo Niño de Cebu
Höhepunkt und Abschluß des einwöchigen Festivals »Pasundayag sa Sinulog« ist der dritte Sonntag (eventuell auch Samstag) im Januar: Parade und Tänze ab frühmorgens in den Straßen von Cebu City. Die kostümierten Gruppen sammeln sich bis etwa um 9.30 Uhr in Downtown an der Kreuzung von Osmeña Boulevard und Colon Street, bevor sie durch die Straßen marschieren oder sich mit eigenartigen Sinulog-Tanzschritten fortbewegen und »Pit Señor« rufen. Sinulog ist der traditionelle Tanz der alten Betfrauen, die man vereinzelt auch an ganz normalen Wochentagen vor Magellan's Cross und der Basilica del Santo Niño beobachten kann. Pit Señor bedeutet »Viva el Señor«, womit Santo Niño, das Jesuskind, gemeint ist.
Sinulog wird an diesem Wochenende auch in Kabankalan auf der Insel Negros gefeiert. Zusätzlich zum eigentlichen Sinulog (So) finden dort auch ein Supercross (Fr und Sa) sowie Pferdekämpfe (Sa) statt.

4. Wochenende im Januar
Ati-Atihan in Ibajay
Ein Wochenende nach dem Festival in Kalibo findet in Ibajay (sprich: Ibahei), etwa 30 Kilometer nordwestlich, ein weiteres statt. Nach Aussagen der Einwohner von Ibajay ist ihr Ati-Atihan das ursprünglichste und einzig originale. Vielleicht stimmt's. Richtig ist zumindest, daß es bisher weder kommerziell unterstützt noch touristisch vermarktet wurde, und daß die Leute es in ihren einfachen, aber originellen Verkleidungen ebenso begeistert feiern wie die in Kalibo.

4. Wochenende im Januar
Dinagyang
Ati-Atihan-Verschnitt in Iloilo City, der größten Stadt auf der Insel Panay. Ziemlich organisiert. Mit prächtigen Paraden, aber relativ passiven Zuschauern.

Im Januar
Ap-pey
Dreitägiges Dank- und Bittfest der Bontoc für eine reichhaltige Ernte. In der

Mountain Province werden jetzt zahlreiche Hühner und Schweine geschlachtet und geopfert.

Im Januar/Februar
Chinesisches Neujahrsfest
Abhängig vom Mondkalender findet zwischen dem 21. Januar und 19. Februar das Chinesische Neujahrsfest statt, das besonders in Manilas Chinatown ausgiebig gefeiert wird. Am Nachmittag werden dort in den Straßen traditionelle Drachentänze vorgeführt.

2. Februar
Feast of Our Lady of Candles
Ein Stadtfest mit Prozessionen und Kerzen-Paraden zu Ehren der »Nuestra Señora de Candelaria«, der Schutzheiligen von Jaro, einem Stadtteil von Iloilo City. Es ist die größte religiöse Veranstaltung der westlichen Visayas.

11. Februar
Feast of Our Lady of Lourdes
Feierlichkeiten zur Erinnerung an die Erscheinung der »Lady of Lourdes« in Lourdes, Frankreich. Sie finden mit Prozessionen am Abend in der Kanlaon Street in Quezon City statt. Dieses Fest wird auch in San Juan del Monte, Bulacan Province, gefeiert.

14. Februar
Valentinstag
Der Tag der Verliebten. Ein wichtiges Datum für die romantischen Filipinos. Da werden kleine Geschenke und Valentinskarten überbracht oder geschickt, da gehen Pärchen herausgeputzt in ein nettes Restaurant, zum Tanzen in die Discothek, ins Kino oder ins Motel, und da ist man tieftraurig, wenn man diesen Tag ohne Valentina bzw. Valentino verbringen muß.

22.-26. Februar
People Power Days (Fiesta sa Edsa)
Gedenktage an das mit friedlicher Unterstützung des Volkes herbeigeführte Ende der Ära Marcos. Die Epifanio de los Santos Avenue (Edsa) in Quezon City war hauptsächlicher Schauplatz der sogenannten People Power Revolution, und auf dieser breiten Straße wird jetzt jährlich die Wiedererrichtung der Demokratie gefeiert.

26. Februar
Dia de Zamboanga
Eine Fiesta von und für Moslems und Christen mit kulturellen Darbietungen, in denen die alten spanischen und moslemischen Traditonen dieser Stadt zum Ausdruck kommen.

Im Februar
Saranggolaham
In vielen Orten beginnt jetzt die Zeit des Drachensteigens. Kinder, Jugendliche und Erwachsene beteiligen sich mit Drachen unterschiedlichster Formen, Farben und Größen an den Wettbewerben.

Im Februar/März/April
Hariraya Hadji
Es ist die Zeit der Pilgerfahrten nach Mekka. Den zehnten Tag des zwölften Monats ihres Kalenders verbringen die Moslems überwiegend in Moscheen.

Im März/April
Moriones Festival
In der Karwoche finden auf den Philippinen viele Passionsspiele statt. Das populärste und farbenprächtigste ist das Moriones Festival auf Marinduque. Nicht Jesus, sondern der Römer Longinus ist der Mittelpunkt der einwöchigen Spiele: Longinus ist auf einem Auge blind. Als er mit seinem Speer dem gekreuzigten Jesus die rechte Seite aufschlitzt, tropft Blut auf sein blindes Auge. Plötzlich kann er wieder beidäugig sehen und erlebt Christi Himmelfahrt. Longinus verkündet das Ereignis und muß flüchten. Die römischen Krie-

ger wollen dieses »Gerücht« stoppen und fangen ihn am Ostersonntag wieder ein. Seine Hinrichtung durch Enthauptung ist der Höhepunkt der Passionsspiele.

Im März/April
Gründonnerstag
(Gesetzlicher Feiertag)
Neben dem darauffolgenden Karfreitag ist der Gründonnerstag der am intensivsten begangene Tag der Karwoche. In sich gekehrt gehen die Menschen zur Kirche, der meiste Verkehr ruht und eine spürbare Ruhe breitet sich aus.

Im März/April
Karfreitag (Gesetzlicher Feiertag)
Zu richtigen Touristenattraktionen sind die vielen Kreuzigungen und Geißelungen geworden, die am Karfreitag im ganzen Land stattfinden. Bekannteste Orte dafür sind San Fernando (Pampanga Province), Antipolo (Rizal Province), Marinduque, Manila und Jordan (Guimaras).
Am Karfreitag ruht der öffentliche Nah- und Fernverkehr fast vollständig, darunter die Metrorail-Fahrten in Manila und Inlandsflüge. Obendrein sind alle Kinos geschlossen.

Im März/April
Ostersonntag (Gesetzlicher Feiertag)
Bei Tagesanbruch werden im ganzen Land durch Läuten der Kirchenglokken der Auferstehung Christi gedacht. Noch in der Morgendämmerung beginnen die getrennt verlaufenden Mutter- und-Sohn-Prozessionen, die zum Abschluß unter einem großen Bogen aus Bambus und Blumen zusammentreffen.

Im März/April
Maulod-En-Nabi
Mohammeds Geburtstag. Moslemischer Feiertag mit zeremoniellen Koranlesungen in allen Moscheen.

9. April
Bataan Day (Gesetzlicher Feiertag)
Gedenktag an die verlorene Schlacht um Bataan gegen die Japaner im Jahr 1942 und an den Bataan Death March nach Capas in der Provinz Tarlac. Feierlichkeiten am Mount Samat-Schrein, Bataan.

27. April
Bahug-Bahugan sa Mactan
Magellans Landung wird am Strand von Mactan, Mactan Island, Cebu, nachgespielt. Die »Schlacht um Mactan« mit Kämpfen im Wasser usw. ist gezeitenabhängig und könnte daher schon früh beginnen, z.B. um 8.00 Uhr morgens. Und knapp zwei Stunden später ist dann alles vorbei.

Im April, Mai oder Juni
Turumba Festival
Turumba bedeutet fallen, hüpfen, springen, taumeln und ausgelassen tanzen. Das ist auch die besondere Verhaltensweise der Prozessionsteilnehmer in Pakil, Laguna Province.

1. Mai
Tag der Arbeit (Gesetzlicher Feiertag)
Landesweiter Feiertag ohne nennenswerte Aktivitäten.

1.-30. Mai
Flores de Mayo - Santacruzan
Im ganzen Land finden nachmittags und abends Prozessionen zu Ehren der Jungfrau Maria statt. Junge Mädchen in weißen Kleidern schmücken die Maria-Statuen mit Blumen. Attraktiver Mittelpunkt der Prozessionen im Blumenmonat Mai sind die schönsten Filipinas des jeweiligen Ortes.

3. Mai
Carabao Carroza
Wasserbüffel-Rennen in Pavia, wenige Kilometer nördlich von Iloilo City auf der Insel Panay. Die schnellsten Cara-

Kreuzigung in San Fernando (Pampanga)

baos der 18 umliegenden Barrios messen sich in der Endausscheidung. Auf festlich dekorierten Schlitten ziehen sie vorher die Schönheitsköniginnen zum Rennplatz. Diese Veranstaltung beginnt um etwa 8.00 Uhr. Am nächsten Tag ist Town-Fiesta.

6. Mai
Araw ng Kagitingan
Ein Tag zu Ehren aller mutigen Filipinos, die in ihrem Leben Courage gezeigt haben, sei es privat oder im Dienste des Vaterlandes. Kriegsveteranen und Nostalgiker besuchen die Stützpunktinsel Corregidor in der Manila Bay in Erinnerung an die Schlacht gegen die Japaner im Jahre 1942 (The Fall of Corregidor).

14. u. 15. Mai
Carabao Festival
Zweitägige Feierlichkeiten zu Ehren von San Isidro, dem Schutzheiligen der Farmer. Herausgeputzte Wasserbüffel werden am Nachmittag des 14. Mai nach langer Prozession von Farmern zum Kirchenvorplatz geführt, wo sie niederknien und gesegnet werden. Am nächsten Tag werden rasante Carabao-Rennen ausgetragen.
Festivals finden statt in Pulilan (Bulacan Province), San Isidro (Nueva Ecija Province) und Angono (Rizal Province).

15. Mai
Pahiyas
San Isidro, der Schutzheilige der Farmer, wird auch in Lucban und Sariaya geehrt, zwei Orte in der Quezon Province. Zum Tag des Erntefestes werden die Hausfassaden liebevoll mit landwirtschaftlichen Produkten geschmückt. Besonders dekorativ sind in Lucban die großen bunten Blätter und Blumen, die wie farbiges Glas aussehen und in der Sonne glitzern. Sie werden jedoch

nach überliefertem Rezept und traditioneller Methode aus *kiping*, einem Teig aus Reis, angefertigt und nach Beendigung des Festes gegessen oder den Besuchern geschenkt. Die Prozession findet am Nachmittag statt.

17.-19. Mai
Fertility Rites
Dieses dreitägige Festival in Obando, Bulacan Province, ist den drei Schutzheiligen der Stadt gewidmet. Berühmt wurde das Obando-Festival durch seine nach einem überlieferten Fruchtbarkeitsritus getanzten Prozessionen. Am 17. Mai tanzen Junggesellen durch die Straßen, in der Hoffnung, bald eine Ehefrau zu finden. Unverheiratete Frauen versuchen am nächsten Tag ihr Glück. Der letzte Tag gehört den kinderlosen Paaren, die durch Teilnahme an der Prozession ihre Nachwuchswünsche bekunden.

12. Juni
Philippine Independence Day
(Gesetzlicher Feiertag)
Unabhängigkeitstag. Landesweiter Feiertag. Eine größere Militärparade wird in Manila im Rizal Park abgehalten.

24. Juni
Feast of San Juan Bautista
Johannestag. Was Johannes der Täufer (St. John the Baptist) tat, wird an diesem Tag unter anderem in San Juan, einem Stadtteil in Manila, »nachvollzogen«: Freunde, Verwandte und neugierige Zuschauer werden »getauft«, Wasser in vorbeifahrende offene Wagen geschüttet usw.
Plastiktüte für die Kamera nicht vergessen!

24. Juni
Parada ng Lechon
In Balayan, Batangas Province, wird der Johannestag mit einer Spanferkel-Parade begangen.

28.-30. Juni
Apung Iro (Apalit River Parade)
Mit einem Bootskorso huldigen die Einwohner von Apalit, Pampanga Province, dem Heiligen St. Peter.

1. Sonntag im Juli
Pagoda sa Wawa
Flußprozession mit dem »Holy Cross of Wawa« im Pagodenboot. Sie findet in Bocaue, Bulacan Province, statt, knapp 30 Kilometer nördlich von Manila.

29. Juli
Pateros River Fiesta
Pateros, ein südöstlicher Vorort von Manila, ist das Zentrum der Entenzucht. Von dort aus wird Manila mit Baluts versorgt. Die Fiesta soll an die Tötung eines mächtigen Krokodils erinnern, das vor langer Zeit die Existenz der Balut-Lieferanten bedrohte.

Im August
Kadayawan sa Dabaw
Während zwei Wochen im August werden in Davao auf Mindanao das Orchid Festival, das Food and Fruit Festival und das Tribal Festival gefeiert.

3. Wochenende im September
Peñafrancia Festival
Das aufwendige Flußfest in Naga, Süd-Luzon, ist mittlerweile zu einer Touristenattraktion geworden. Höhepunkt ist die spektakuläre Bootsparade auf dem Naga River zu Ehren der »Blessed Virgin of Peñafrancia«.

7.-12. Oktober
Zamboanga Hermosa
Ein Festival mit kulturellen Darbietungen, religiösen Zeremonien, Ausstellungen, Regatten und der Wahl der Miss Zamboanga. Gewidmet ist es »Nuestra Señora del Pilar«, der Schutzheiligen der Stadt.

2. Wochenende im Oktober
La Naval de Manila
Prozessionen durch Hauptstraßen zur Domingo Church in Quezon City. Man gedenkt der siegreichen Seeschlacht gegen holländische Plünderer im Jahre 1646. Dieses Fest wird auch in Angeles, Pampanga Province, gefeiert.

19. Oktober
MassKara Festival
Am nächstliegenden Wochenende zum 19. Oktober findet in Bacolod das größte Festival der Insel Negros statt. Hauptattraktionen sind Straßentänze und Paraden kostümierter Gruppen, die durch ihre lächelnden Masken auffallen.

1. November
Undas (Gesetzlicher Feiertag)
Allerheiligen. Familientreffen auf dem Friedhof. Angehörige kommen bereits am Vorabend und bleiben mitunter die ganze Nacht. Unzählige Lichter, Kerzen und Blumen auf den Gräbern verstärken dieses äußerst eindrucksvolle Erlebnis. Vor den Friedhöfen Verkaufsbuden und Jahrmarktstimmung.

23. November
Feast of San Clemente
Bootsparade in Angono, Rizal Province. Es ist das Dankfest der Fischerleute zu Ehren ihres Schutzpatrons San Clemente.

30. November
Bonifacio Day (Gesetzlicher Feiertag)
Nationaler Feiertag in Gedenken an philippinische Helden, insbesondere zu Ehren von Andres Bonifacio, der als Führer der revolutionären Bewegung Katipunan gegen die Spanier kämpfte.

Ende November/Anfang Dezember
Grand Cañao
Ein Fest der Bergvölker in Baguio, Nord-Luzon. Tänze werden vorgeführt, Rituale demonstriert, z.B. die Ehrung siegreicher Krieger und die Opferschlachtung von Wasserbüffeln, Schweinen und Hühnern. Darüber hinaus finden landwirtschaftliche Ausstellungen und handwerkliche Demonstrationen statt.

8. Dezember
Feast of Our Lady of the Immaculate Conception
Eindrucksvolle nächtliche Bootsprozession auf den Malabon River und der Manila Bay beim Fischerort Malabon im Nordwesten von Metro Manila. Nachmittags Prozession durch Straßen von Malabon (ab Immaculate Conception Church).

16.-25. Dezember
Simbang Gabi
Weihnachtslieder kann man auf den Philippinen schon ab etwa Anfang November hören. Offiziell beginnt die Weihnachtszeit jedoch erst am 16. Dezember. Nach alter Tradition gehen religiöse Filipinos noch vor dem Morgengrauen zur Nachtmesse (= *simbang gabi*).

24. Dezember
Giant Lantern Festival
Die spektakulärste Laternenparade der Philippinen findet rund 50 Kilometer nördlich von Manila in San Fernando, Pampanga Province, statt. Manche der bunten Papierlaternen sind so groß, daß sie mit Traktoren befördert werden müssen.
Möglicherweise findet das Fest bereits ein paar Tage früher statt. Den genauen Zeitpunkt erfährt man etwa Mitte Dezember beim Tourist Office in San Fernando, Tel. (045) 9612665.

25. Dezember
Weihnachten (Gesetzlicher Feiertag)
Familientag. Wie wohl in fast allen christlichen Ländern wird dieser Tag

besonders von den Kindern mit großer Spannung erwartet. Aber auch Erwachsene scheinen recht ungeduldig auf ein Weihnachtsgeschenk zu warten und fragen wiederholt schon Wochen vorher: Where is my »Christmas«?

28. Dezember
Holy Innocents Day
So wie man bei uns jemanden »in den April schickt«, versuchen pfiffige Filipinos an diesem auch als *Niños Inocentes* bekannten Tag vergeßliche »Schlafmützen« hereinzulegen.

30. Dezember
Rizal Day (Gesetzlicher Feiertag)
Landesweit wird der philippinische Nationalheld Dr. Jose Rizal geehrt, der an diesem Tag im Jahre 1896 von den Spaniern hingerichtet wurde. Seine Denkmäler werden mit Blumen geschmückt und die Nationalflaggen auf halbmast gesetzt.

Nationalkleidung

Das tropische Klima macht es möglich: Es gibt weder Krawatten- noch Anzugzwang. Selbst bei hochoffiziellen politischen Empfängen nicht. Der *barong tagalog* ist die vernünftige Alternative. Er ist ein luftdurchlässiges, langärmliges Hemd, das über der Hose getragen wird. Darunter trägt man ein kurzärmliges Unterhemd. Bei Hochzeiten ist für die Männer der zwei Familien ein *wedding barong tagalog* absolute Pflicht. Ein Barong aus Piña, einer Faser aus Ananasblättern, ist von guter Qualität. Stickereien und Material bestimmen den Preis.
Im Gegensatz zum Barong Tagalog oder zu der kurzärmligen Ausführung, dem *polo barong*, wird ein *terno*, das typische philippinische Kleid mit seinen steifen Schmetterlingsärmeln, eventuell nur noch zu formellen Anlässen aus dem Schrank geholt. Die Damenmode hat sich weitgehend dem westlichen Trend angepaßt.

Gesundheitswesen

Durch die vom Department of Health (DOH) seit 1975 intensiv durchgeführten Programme zur Bekämpfung von Krankheiten und Seuchen wurden im öffentlichen Gesundheitsdienst weitere Fortschritte gemacht. Vorbeugemaßnahmen, Produktion von haltbaren Lebensmitteln und Ernährungsschulungen sind Schwerpunkte dieser Kampagne. Örtliche Gesundheitsstellen, mobile Krankenversorgungsstationen sowie teilweise kostenlose Behandlung und Abgabe dringend notwendiger Medikamente unterstützen diese Maßnahmen.
Neben der allgemeinen Sterblichkeitsrate konnte auch die Mütter- und Säuglingssterblichkeitsrate erheblich gesenkt werden. Zu den folgenschwersten Krankheiten gehören immer noch Lungenentzündung, Tuberkulose, Herzerkrankungen, Darmerkrankungen und Bronchitis. Von insgesamt 845 Krankenhäusern werden 570 privat geleitet. 252 Krankenhäuser gibt es allein in Metro Manila, 34 davon sind staatlich. Die wohl besten und bekanntesten sind das Makati Medical Center und das Philippine Heart Center for Asia. Beide sind personell überdurchschnittlich gut besetzt und mit moderner Technologie ausgestattet.
Die Versorgung der Landbevölkerung kann da nicht mithalten. Es gibt einfach zu wenig Krankenhäuser, Ärzte und Schwestern. Eine noch intensivere Zusammenarbeit des zur Dorfsanierung eingesetzten Community Development Planning Council mit dem staatlichen Gesundheitsdienst kann daher nur begrüßt werden.

Hinweis: Staatliche Krankenhäuser und provinzielle Privatpraxen sind oft nur unzulänglich ausgerüstet. Im Ernstfall sollte man versuchen, die nächste Stadt zu erreichen und sich dort in ein Privatkrankenhaus begeben. Eine zahnärztliche Behandlung ist zumindest in den Städten ausreichend gut. Auf dem Land dagegen werden Zahnprobleme häufig voreilig durch Zahnziehen gelöst.

Schulsystem

Das Bildungssystem orientiert sich weitgehend am nordamerikanischen Modell. Es gibt Elementary Schools *(primary education)*, High Schools *(secondary education)* und Colleges/Universities *(higher education)*. Die Grundschulausbildung an Elementary Schools dauert sechs Jahre und ist gebührenfrei. Für die ersten vier Jahre besteht eine allgemeine Schulpflicht. Die High School (vergleichbar etwa mit der Realschule in Deutschland) kann in vier Jahren absolviert werden. Das College entspricht der Oberstufe deutscher Gymnasien. Allerdings werden auch die Fakultäten an der University of the Philippines (UP) und an anderen Unis Colleges genannt. Der College-Abschluß (Bachelor's degree) wird im Alter von 20 bis 21 Jahren erreicht und entspricht je nach Qualität des Colleges/der Universität mehr oder weniger dem deutschen Abitur.

Neben den staatlichen Ausbildungsstätten gibt es zahlreiche Privatschulen, die überwiegend unter kirchlicher Leitung stehen.

Mit einer Analphabetenquote von etwa zwölf Prozent der über Fünfzehnjährigen ist das Bildungsniveau im Vergleich zu anderen Entwicklungsländern sehr hoch, auch wenn ein deutliches Stadt-Land-Gefälle besteht.

Medien

Printmedien

Nach dem Machtwechsel im Februar 1986 fand auch eine Veränderung in der Medienlandschaft statt. Gehörten früher vier regierungsfreundliche Blätter zu den auflagenstärksten überregionalen Tageszeitungen, kämpfen heute annähernd 20 Publikationen im freien Wettbewerb um Marktanteile, darunter *Manila Bulletin, Inquirer, Malaya, Newsday, Today, The Manila Chronicle, Manila Standard, Daily Globe, The Philippine Star, The Journal* und *Evening Star*. Sie erscheinen in englischer Sprache und haben zusammen eine Auflagenhöhe von etwa 500.000. Im Gegensatz zur recht einseitigen Berichterstattung zu Marcos' Zeiten präsentieren die Verlage heute eine faire, kritische und objektive Meinungsvielfalt. *Tempo* und *People's Journal* sind reißerische Boulevardblätter, die gemischt in Englisch und Tagalog erscheinen. Die Filipino-Zeitungen *Balita*, *Taliba* und *Ang Pilipino Ngayon* spielen vom Umfang und von der Auflage her nur eine untergeordnete Rolle. Den Sonntagsausgaben verschiedener Zeitungen ist ein Magazin beigelegt. Wegen der Transportkosten sind die in Manila gedruckten Zeitungen außerhalb der Hauptstadt etwas teurer.

Erhältlich sind auch ein paar wöchentlich erscheinende Magazine, von denen *Free Press* mit seinen frechen und verhältnismäßig kritischen Artikeln hervorzuheben ist.

Auffallend und ein Kapitel für sich sind die vielen *Komiks*. Was hier wöchentlich serienweise publiziert und verschlungen wird, ist schon sehr erstaunlich.

Radio und TV

Rundfunk und Fernsehen arbeiten fast ausnahmslos auf kommerzieller Basis, das heißt, die Sendungen werden immer wieder durch Werbeeinblendungen unterbrochen. Beliebte Fernsehsendungen sind Game Shows und Soap Operas. Insbesondere die synchronisierte mexikanische Serie *Maria la del*

Barrio erreicht höchste Einschaltquoten. Radio Veritas ist ein nichtkommerzieller Sender, ebenso FEBC auf 98,7 MHz, der einzige UKW-Sender in Manila mit klassischer Musik.
Zu den Serviceleistungen vieler Hotels gehört inzwischen Kabelfernsehen mit internationalen Programmen (Deutsche Welle auf Kanal 40).

Filipinos und Ausländer - typisch philippinisch

Man könnte es den Filipinos nicht verübeln, wenn sie sich Ausländern gegenüber skeptisch und distanziert verhielten. Wie die Geschichte zeigt, haben sich fremde Herrscher in ihrem Land nämlich nicht gerade immer mit Ruhm bekleckert. Trotzdem ist fast jeder Ausländer erst einmal ohne Vorbehalt herzlich willkommen. Der gesellige und kontaktfreudige Filipino ist diesbezüglich sehr tolerant. Seine natürliche Offenheit überrascht so manchen Neuankömmling, und für verschlossene Bürger aus kommunikationsfeindlichen Industriestaaten gibt es da einiges zu lernen. Auf Mußestunden, die man allein in einem Restaurant oder in einer Kneipe verbringen möchte, muß hin und wieder verzichtet werden können. Denn gesprächsbereite Fragesteller sind fast immer anwesend, besonders wenn Alkohol im Spiel ist.
Sehr schwer ist es für die meisten Ausländer, die Psyche des Filipinos zu verstehen, wenn diesem z.B. ein »Gesichtsverlust« droht. Eine peinliche Situation, aus der er sich unbedingt irgendwie herausmanövrieren muß, ohne sich eine Blöße zu geben. So kann es passieren, daß er einem Informationssuchenden seelenruhig eine völlig falsche Auskunft gibt, anstatt zuzugeben, daß er die Antwort nicht weiß. Oder er lächelt einfach freundlich und tut so, als ob er die Frage nicht verstanden hätte.
Auch wenn einem gewisse philippinische Mentalitätseigenschaften unangenehm oder unbequem sind, sollte man nicht ausfallend werden. Mit bestimmter Höflichkeit oder einem treffenden Scherz läßt sich da viel mehr erreichen. Wer als Ausländer übertriebene Zurückhaltung übt, arrogant ist oder eine eventuell vorhandene kulturelle oder finanzielle Überlegenheit bewußt ausspielt, wird nie ein Freund der Filipinos werden. Er muß damit rechnen, links liegengelassen oder fürchterlich ausgenommen zu werden.
Wie überall auf der Welt gibt es auch unter den Filipinos die bekannten schwarzen Schafe. Wichtiges dazu steht im Kapitel »Reisetips«: *Sicherheit.*
Filipinos sind stark auslandsorientiert. Dem eigenen Land und der eigenen Leistung wird oft nicht viel zugetraut. Importierte Erzeugnisse sind daher fast immer begehrter als die besten *locally made products.* Von den in den Philippinen hergestellten Waren werden dann auch die mit »Export Quality« bevorzugt: eigentlich für das Ausland bestimmte Exportgüter, die irgendwie auf den inländischen Markt gelangten. Erzählt man nun einem Filipino, daß wir Ausländer normalerweise die qualitativ besseren der von uns hergestellten Produkte für uns selbst behalten und Minderwertiges nach Möglichkeit teuer, schnell und weit über die Grenzen zu bringen versuchen, versetzt ihn das doch ein wenig in Erstaunen - Diskussionsstoff!
Trotzdem sollte der Nationalstolz der Filipinos nicht unterschätzt werden. Natürlich wissen sie, daß in ihrem Land einiges im Argen liegt. Aber daß sich ausländische Besucher ständig darüber auslassen und kritisch einzumischen versuchen, paßt ihnen überhaupt nicht. Das gilt vor allem für die Politik.
Eine Gemeinsamkeit von Filipinos und Ausländern liegt in der Entdeckung der Philippinen als Reiseland. Die meisten

Filipinos wissen sehr wenig über ihr Land. Das hat vornehmlich finanzielle und geografische Gründe, oft besteht aber auch kein Interesse an dem, was auf der nächsten Insel los ist. Ist Geld genug vorhanden, fliegt man lieber zum Shopping und Sightseeing nach Hong Kong, Europa, oder wenn irgendwie möglich in die Vereinigten Staaten. Der Slogan »See the Philippines first« konnte bis vor kurzer Zeit daher auch keinen reisewilligen Filipino locken. Doch das Verhalten ändert sich spürbar. Seit nämlich die Fremden zahlreich in sein Land kommen, dort reisen und sich anscheinend sehr wohlfühlen, ist auch die Neugier des Filipinos für das ach so lange ignorierte Heimatland geweckt: Wenn sich so viele Ausländer auf den Inseln vergnügen, dann muß ja etwas Gutes dran sein!

Speisen und Getränke

Das philippinische Essen wird von manchen westlichen Reisenden als zu einseitig beurteilt. Milchprodukte werden vermißt und immer wieder gibt es Reis und Fisch bzw. Fisch und Reis. Wer jedoch ein wenig flexibel ist, wird sich selbst zu helfen wissen. Milchprodukte wie Trinkmilch, Yoghurt, Käse und Speiseeis gibt es in den meisten Supermärkten. Und wenn man sich in Restaurants nicht zu schüchtern verhält, sondern einmal in die Töpfe schaut, können Mahlzeiten doch relativ vielseitig gestaltet werden. In einem Turo-Turo-Restaurant kann man nur so satt werden, denn Speisekarten gibt es dort nicht (*turo* bedeutet »zeigen«). Sicherlich sind auf dem Land die Auswahlmöglichkeiten geringer als in der Stadt. Aber zur Not kann man ja auf China-Restaurants ausweichen bzw. in größeren Städten das Angebot westlicher Restaurants wahrnehmen.

Die philippinische Küche mit ihren chinesischen, malaiischen und spanischen Einflüssen ist eine exotische Mischung aus Orient und Okzident. Die verschiedenen Gerichte einer Mahlzeit werden alle gleichzeitig serviert. Dem Filipino macht es nichts aus, wenn das Essen nicht mehr warm ist. Im Gegenteil: er bevorzugt es sogar, manche Speisen kalt zu verzehren, z.B. kalte Spiegeleier zum Frühstück. Gegessen wird nach Möglichkeit fünfmal am Tag. Frühstück, Mittag- und Abendessen sind die Hauptmahlzeiten. Vormittags und nachmittags gibt es mehr oder weniger umfangreiche Zwischenmahlzeiten, *merienda* genannt. Die kleinen Häppchen, die zu alkoholischen Getränken auf den Tisch kommen, heißen *pulutan*.

Fortschrittliche Filipinos essen übrigens mit Löffel und Gabel . Messer werden nicht gereicht. Die ursprüngliche Form, nämlich mit den Fingern zu essen *(kamayan)*, scheint jedoch wieder in Mode zu kommen. So wird z.B. in Kamayan Restaurants ohne Besteck aufgetischt. Diese beliebten Restaurants gibt es mittlerweile im ganzen Land. Im Kamayan Restaurant in Makati hat nationale und lokale Prominenz durch Fingerabdruck an der Wand dokumentiert, daß auch sie »von der Hand in den Mund« leben kann.

Die nachfolgend beschriebenen philippinischen Speisen und Getränke mögen die tägliche Qual der Wahl ein wenig erleichtern.

Es lohnt sich, unterwegs auch immer nach den Spezialitäten der jeweiligen Provinz zu fragen, die bisweilen überraschend gut schmecken.

Aus der philippinischen Speisekarte

Reis ist das Grundnahrungsmittel und wird zusammen mit den meisten Speisen serviert. Ein bestimmter Zusatz in der Bezeichnung des Gerichts weist auf eine besondere Art der Zubereitung hin:

Ginataan: In Kokosnußmilch gekochte Speisen.
Inihaw: Gegrillte Speisen (Geflügel, Fleisch oder Fisch).

Adobo: Ein nationales Standardgericht aus gebratenem Hühnerfleisch *(chicken adobo)*, Schweinefleisch *(pork adobo)* oder Tintenfisch *(pusit adobo)* und Gemüse, zubereitet mit Knoblauch, Kokosessig, Pfefferkörnern, Salz und viel Sojasauce.
Adobong Pusit: Mit Kokosessig und Knoblauch zubereiteter Tintenfisch. Als besondere Würze wird zusätzlich die Tinte verwendet.
Ampalaya con Carne: Rindfleisch mit bitterer Balsambirne *(ampalaya)*. Zubereitet mit Zwiebeln, Knoblauch, Sojasauce und etwas Sesam-Öl.
Arroz Caldo: Dicker Reiseintopf mit Huhn. Zubereitet mit Zwiebeln, Knoblauch und Ingwer. Wird mit schwarzem Pfeffer nachgewürzt.
Asado: Würziges Räucherfleisch, serviert mit *atsara* (süß-säuerliche Papayastreifen).
Aso: Hundefleisch. Edle Straßenköter in pikanter Chappisauce. Aso gibt es speziell in Nord- und Zentral-Luzon. Es wurde jedoch nach massiven Protesten hundeliebender Länder von der Regierung verboten. Die Ifugao haben daraufhin eine Ausnahmegenehmigung mit der Begründung beantragt, daß Aso ein fester Bestandteil ihrer Kultur und Tradition sei.
Atsara: Sehr gesunde, vitaminreiche Beilage. Das philippinische »Sauerkraut«, hergestellt aus unreifen Papayas.
Bagoong: Äußerst streng riechende, fermentierte, salzige Fisch- oder Shrimpsauce oder -pasta. Die Zubereitung erfolgt oft nach überlieferten Hausrezepten. Bagoong ist eine beliebte Beigabe z.B zu grünen Mangos.
Balut: Eine beliebte philippinische Zwischenmahlzeit, die sehr fit machen

Ampalaya *(Momordica charantia)*

soll. Bevor ein Filipino seinem Sweetheart die Briefmarkensammlung zeigt, spült er am liebsten mit einer Flasche Bier zwei Baluts 'runter. Ein Balut ist ein hartgekochtes, angebrütetes Entenei. Mit Embryo! Schnabel und Federn sind deutlich zu erkennen. Einige Baluts enthalten noch eine Flüssigkeit. Daher nicht gleich das Ei kaputtschlagen, sondern zuerst ein kleines Saugloch freilegen...
Erhältlich sind diese kleinen Starkmacher bei Straßenverkäufern und auf Märkten.
Bangus: Ein heringsgroßer Fisch (*milkfish*), der etwa zu einem Drittel ausgehöhlt, leicht angebraten und dann mit einer Füllung aus zerkleinerten Karotten, Kartoffeln, Rosinen, Tomaten und Zwiebeln gefüllt und gebacken wird.
Batchoy: Rind, Schwein und Leber in Nudelsuppe. Batchoy ist eine Spezialität der westlichen Visayas (Bacolod, Iloilo City).
Bulalo: Kräftige Gemüsesuppe mit Rindsknie und Knochenmark.

Calamares Fritos: Tintenfisch, in Butter gebraten.
Caldereta: Schmorgericht mit Ziegen- oder Rindfleisch, Erbsen und Paprika.
Crispy Pata: Schweinshaxe. Wird zuerst gekocht und dann mit Knoblauch, Salz, Pfeffer, Essig usw. gewürzt und in Öl knusprig gebraten. Es gibt unterschiedliche Arten der Zubereitung und Würzung. Oft wird Crispy Pata kleingeschnitten serviert. Dann gibt's meistens mehr Schwarte als Fleisch - so mögen es die Filipinos am liebsten!
Dinuguan: Zerkleinerte Innereien (vom Schwein oder Huhn) geschmort in frischem Blut. Gewürzt wird meist mit ganzen grünen Pfefferkörnern. Wegen seiner dunklen Farbe wird dieses Gericht auch Chocolate Meat genannt.
Gambas al Ajillo: Gebratene Garnelen (*prawns*) ohne Schale. Zubereitet mit Olivenöl, Pfeffer, Salz, etwas Paprika und viel Knoblauch. Wird mit Weißbrot serviert.
Halo-Halo: Dessert aus gestoßenem Eis, gemixt mit bunten Süßigkeiten und Früchten (*halo-halo* = alles durcheinander). Wird vor dem Verzehr mit Kondensmilch übergossen und vermischt. Schmeckt erheblich besser mit einem Schuß Rum.
Kare-Kare: Schmorgericht mit Ochsenschwanz, Rinderbein, Gemüse, Zwiebeln und Knoblauch. Die Fleischbrühe wird angereichert mit einem Pulver aus Erdnüssen und geröstetem Reis, beides fein gemahlen.
Kilawin: Kleingeschnittenes, rohes Fleisch, nur kurz angebraten und dann in Essig und anderen Gewürzen (Ingwer, Zwiebeln, Salz) mariniert.
Kinilaw: Kleingeschnittener, roher Fisch oder Tintenfisch, zusammen mit anderen Gewürzen (Ingwer, Zwiebel, Chili) in Essig und/oder Limonensaft mariniert.
Lapu-Lapu Inihaw: Gegrillter Seebarsch. Gewürzt mit Salz, Pfeffer, Knoblauch und Sojasauce. Der Lapu-Lapu ist der populärste Speisefisch des Landes, der jedoch immer teurer wird. Er wurde nach dem philippinischen Häuptling benannt, der in einer Schlacht den Eroberer Ferdinand Magellan tötete.

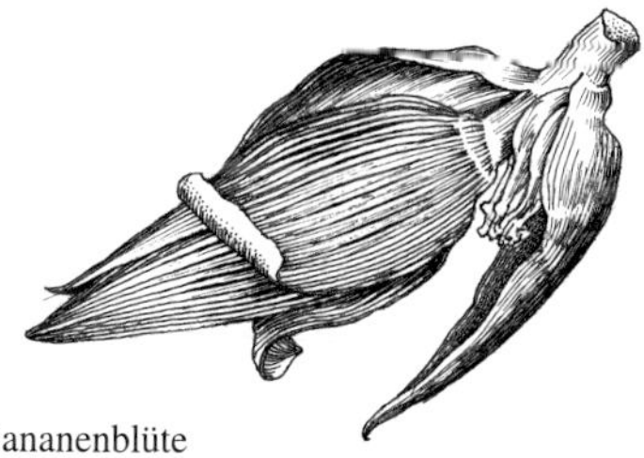

Bananenblüte
Das »Herz der Banane« *(puso ng saging)* wird gern zu Gemüse verarbeitet

Lechon: Spanferkel. Wird mit einer dicken Lebersauce serviert. Filipinos lieben insbesondere die knusprige Schwarte. Lechon (*litson*) ist fester Bestandteil von Fiestas und größeren Festen.
Lechon Kawali: Schweinebein, knusprig gebraten. Zutaten: Grüne Papaya, frischer Ingwer, Essig und Zucker.
Lumpia: Frühlingsrolle, gefüllt mit Gemüse oder Fleisch. Wird entweder mit Sojasauce, Essigsauce oder einer süßlichen Sauce serviert. *Lumpia shanghai* ist eine kleine, mit Fleisch gefüllte, frittierte Frühlingsrolle, während die größere *lumpia sariwa* mit Gemüse gefüllt ist und ungekocht aufgetischt wird.
Mami: Nudelsuppe mit Hühnerfleisch (*chicken mami*), Rindfleisch (*beef mami*), Schweinefleisch (*pork mami*) oder Krabben (*shrimp mami*).
Menudo: Eintopf, bestehend aus Leberstückchen oder gewürfeltem Schweinefleisch, kleingeschnittenen Kartoffeln, Tomaten, Paprika und Zwiebeln.
Misua Soup: Suppe mit Reisnudeln (Nudeln aus Reismehl), Rindfleisch, Knoblauch und Zwiebeln.
Nilaga: Suppe mit Kartoffeln, Kohl und Fleisch, z.B. mit Rindfleisch *(nilaga baka).*

Pancit Canton: Nudelgericht. Getrocknete, weiße, chinesische Nudeln werden gebraten und mit Schweinefleisch bzw. Hühnerfleisch, Krabben und Gemüse gemixt.
Pancit Guisado: Nudelgericht wie Pancit Canton. Es werden jedoch dünnere Nudeln verwendet und bisweilen weniger Gewürze zugetan.
Pork Apritada: Kleingeschnittenes, gebratenes Schweinefleisch. In die Sauce kommen Tomatenscheiben, Zwiebeln, Kartoffelstücke, Pepperoni und Knoblauch.
Shrimp Rebosado: Krabben (*shrimps*), in Butter gebraten und danach in einer Mehlschwitze gegart.
Sinigang: Säuerliche Gemüsesuppe mit Fisch (*sinigang na isda*) oder Schweinefleisch (*sinigang na baboy*). Kann mit Reis serviert werden. Wer zum Spaß *sinigang na ipis* bestellt, muß auf eine sich vor Magenkrämpfen windende Kellnerin gefaßt sein, wird aber zu guter Letzt die Lacher auf seiner Seite haben (*ipis* = Kakerlaken).
Siopao: Schnellimbiß. Weißer, dampferhitzter Teigball mit Füllung (Hühnerfleisch, Schweinefleisch usw.).
Sisig: Deftiger Stew aus Schweinebacken, die zuerst gekocht und anschließend knusprig gegrillt werden. Danach werden sie kleingehackt und zusammen mit Zwiebeln und Leberstücken in Öl gebraten und mit Chili, Salz und Pfeffer gewürzt. Eine Spezialität der Provinz Pampanga, die auf gußeiserner Platte heiß serviert wird.
Tahong: Große, grüne Muscheln, in Sauce gekocht oder gebacken.
Talaba: Rohe Austern, eingelegt in Knoblauch und Essig.
Tapa: Gebratenes Trockenfleisch (Rind). Wird mit rohen Zwiebelringen serviert. Tapa gibt es auch aus Vakuumtüten, ist dann aber zäh wie Plastik.
Tinola: Eintopf mit Fisch oder Hühnerfleisch, Gemüse, Ingwer, Knoblauch und Zwiebeln.

Früchte

In einem tropischen Land wie den Philippinen erwartet man eigentlich an jeder Straßenecke einen bunten Fruchtstand. Fehlanzeige! Selbstverständlich gibt es Früchte wie Ananas, Papayas, Mangos usw., aber wie gesagt, leider nicht an jeder Straßenecke.

Ananas (*piña*; ausgesprochen: pinja): Kann man das ganze Jahr über kaufen. Am saftigsten und richtig süß sind sie allerdings in der Hauptsaison von März bis Mai.

Ananas *(piña)*

Avocado (*abukado*): Beliebte birnenförmige Tropenfrucht, deren grüne

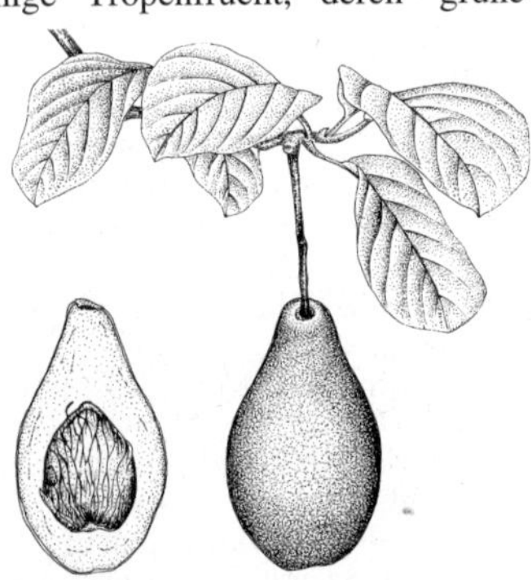

Avocado *(abukado)*

Schale sich bei Reife kastanienbraun bis dunkelviolett färbt. Das stark ölhaltige, nußartig schmeckende, weiche Fruchtfleisch umschließt einen großen, glatten Steinkern. Saison für Avocados ist von Mai bis Juli.

Banane (*saging*): Über 20 Sorten soll es auf den Philippinen geben. Bananen sind das ganze Jahr über erhältlich. Nicht nur als frischgepflückte Früchte, sondern auch gekocht, gegrillt, gebraten und gebacken.

Banane *(saging)*

Breiapfel (*chico*): Diese etwa eiförmige Frucht mit der braunen Schale enthält ein weiches, süßes, bräunliches Fruchtfleisch, das aussieht wie nasser Sand. Die Schale wird normalerweise entfernt, kann aber mitgegessen werden. Saison: November bis Februar.

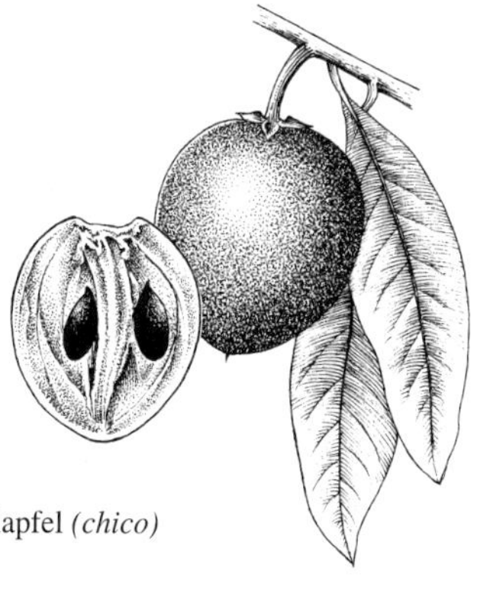

Breiapfel *(chico)*

Durian (*durian*): So heißt die dicke, stachelige Frucht, an der sich die Geister scheiden: entweder man ist in sie vernarrt oder läßt sie links liegen. Dazwischen gibt es nichts. Nach Aufschneiden der harten Schale kommen vier Segmente mit mehreren großen Kernen mit Fruchtfleisch drumherum zum Vorschein. Je nach Reifegrad verbreitet dieses cremige, gelbweiße Fruchtfleisch einen sehr aromatischen Duft bzw. einen fürchterlichen Gestank (wenn überreif). Saison für die Frucht, die »höllisch stinkt und himmlisch schmeckt«, ist von August bis Oktober.

Durian *(durian)*

Granatapfel (*granada*): Diese Frucht ist hat etwa die Größe einer Apfelsine und besitzt eine orangerote, lederartige

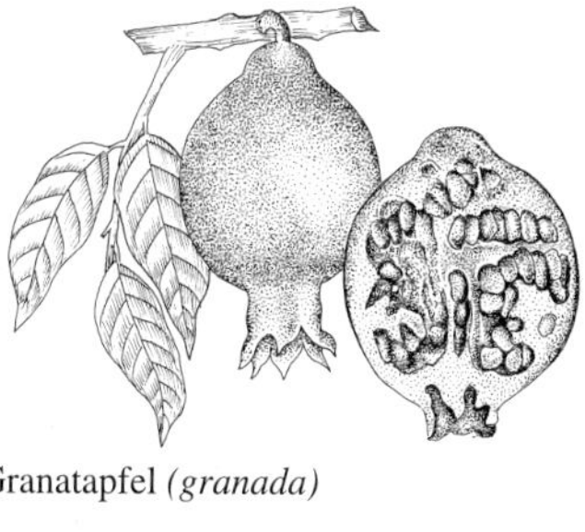

Granatapfel *(granada)*

Schale. Im Innern befinden sich zahlreiche purpurne, fleischige Kerne, die man zum Verzehr am besten auslöffelt.

Guava (*bayabas*): Eine etwa ei- bis apfelgroße, runde, grünliche bis gelbliche Frucht mit hellem, sehr knackigen, leicht säuerlichen Fruchtfleisch und zahlreichen kleinen, harten Kernen. Reich an Vitamin C. Saison: Juli bis Januar.

Guava *(bayabas)*

Jackfrucht (*langka*): Ein Koloß unter den Früchten. Bis zu 20 Kilogramm schwer und groß wie ein aufgeblasener Luftballon kann diese grüngelbe Frucht mit der rauhen Schale werden. Das blaßgelbe Fruchtfleisch wird in Portionen zerlegt und je nach Reifegrad als Nachtisch (süß) oder als Salat oder Gemüse gegessen; die Kerne werden vor dem Verzehr gekocht. Jackfrüchte haben von Februar bis Juli Saison.

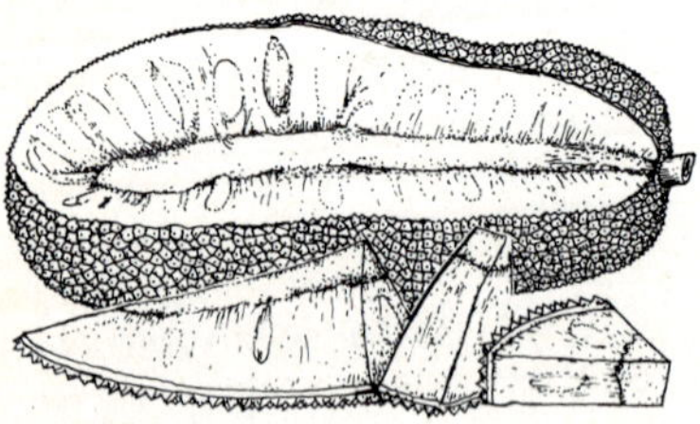

Jackfrucht *(langka)*

Kalamansi (*kalamansi*): Diese saftige, grüne Buschlimone ist etwa so groß wie eine Flipperkugel. Sie paßt prima zum schwarzen Tee und ist unentbehrlich in der Küche und zur Zubereitung des Happy-Hour-Drinks zum Sonnenuntergang oder wann immer.

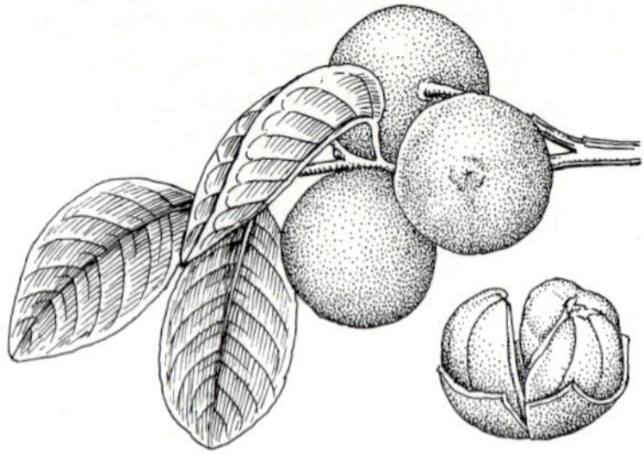

Kalamansi *(kalamansi)*

Karambole (*balimbing*): Eine eiförmige, jedoch fünfeckige Frucht, die im Querschnitt sternförmig ist. Sie ist gelb und hat eine glänzende, poliert erscheinende Haut. Das knackige, saftige Fruchtfleisch ist leicht säuerlich. Saison ist von März bis Juni.

Karambole *(balimbing)*

Kokosnuß (*niyog*): Eine vielseitige Frucht. Während das harte Fleisch der reifen, braunen Nüsse in der Sonne getrocknet und als Kopra weiterverarbeitet wird, werden die mit erfrischendem Wasser und weichem Fleisch gefüllten Nüsse der jungen, grünen Früchte *(bukó)* zum Verzehr angeboten. Kleiner Tip zur Geschmacksverfeinerung: Einen Teil des Wassers abgießen, die Nuß mit kleinen Papaya-, Ananas- und eventuell Mangostücken sowie mit einer halben Flasche Rum auffüllen und etwa zwölf Stunden im Kühlschrank ziehen lassen!

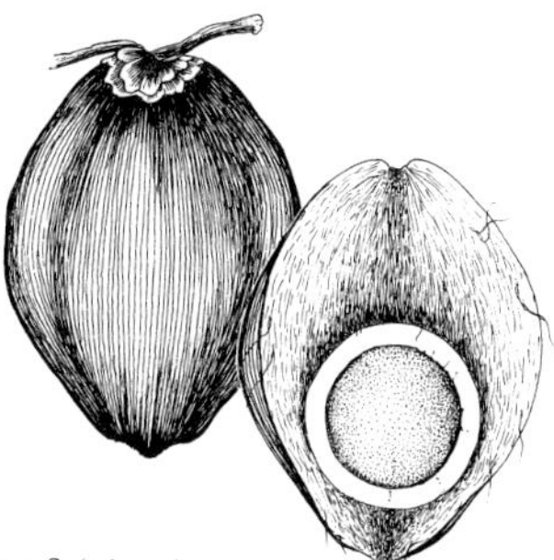

Kokosnuß *(niyog)*

Langsat (*lanzones*): Sieht aus wie eine kleine Kartoffel. Unter der leicht abziehbaren gelbbraunen Schale verbirgt sich köstliches, glasiges Fruchtfleisch. Aber aufgepaßt: vereinzelte Fluchtfleischsegmente enthalten kleine, sehr bittere, ungenießbare Kerne. Saison: August bis November, in den Visayas April/Mai.

Langsat *(lanzones)*

Mango (*mangga*): Diese oval geformte Frucht wird bis zu 20 Zentimeter lang und hat einen großen, flachen Kern. Mit grüner Schale ist sie unreif, hart und sehr säuerlich, wird aber so gerne zusammen mit Salz oder einer herben, salzigen Shrimppaste (*bagoong*) gegessen. Das Fruchtfleisch einer hellgelben, reifen Mango ist gelb und saftig und schmeckt entfernt nach Pfirsich. Durch zwei Längsschnitte an den flachen Seiten des Kerns entlang wird die Mango gedrittelt. Die beiden Seitenteile löffelt man aus, das Mittelstück mit Kern wird mit einem spitzen Messer aufgespießt und abgenagt. Die Schale ist ungenießbar. Saison ist von März bis Juni.

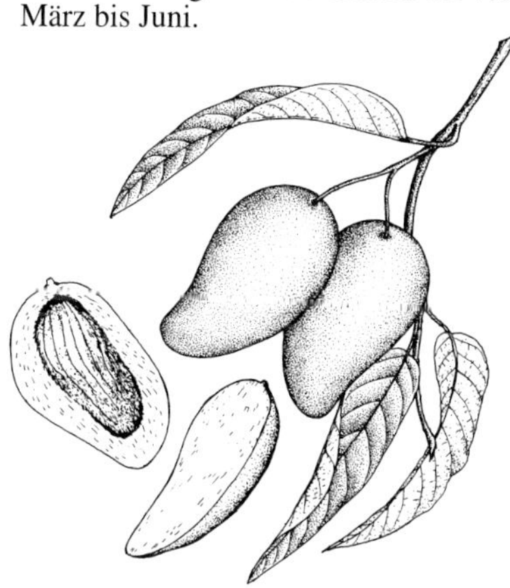

Mango *(mangga)*

Mangostane (*mangostan*): Diese dunkelviolette Frucht ist etwa so groß wie eine Mandarine. Um an das süßsaure, weiße Fruchtfleisch heranzukommen, bricht man die harte Schale am besten auf. Saison: Mai bis Oktober.

Mangostane *(mangostan)*

Papaya (*papaya*): Eine Melonenfrucht, die im reifen Zustand unter der grünen bis orangefarbenen, glänzenden Schale ein köstliches, orangegelbes bis rotes Fruchtfleisch verbirgt. Am besten der Länge nach aufschneiden, die schwarzen Kerne entfernen, etwas Kalamansisaft darüberträufeln und genüßlich auslöffeln. Papayas haben das ganze Jahr über Saison.

Papaya *(papaya)*

Rahmapfel (*atis*): Diese auch Zuckerapfel und Zimtapfel genannte Frucht mit ihrer schuppigen, graugrünen Schale sieht aus wie eine Handgranate. Um an das weiche, weiße Fruchtfleisch heranzukommen, bricht man den Rahmapfel am besten in zwei Hälften und entfernt die Kerne mit einem Löffel. Die Schale ist ungenießbar. Saison: August bis Oktober.

Rahmapfel *(atis)*

Rambutan (*rambutan*): Witzig aussehende, etwa eigroße Frucht mit einer rötlichen, behaarten Haut. Unter der hübschen Verpackung befindet sich glasigweißes, köstliches, süßes Fruchtfleisch. Rambutan werden in Büscheln verkauft. Geerntet wird von August bis Oktober.

Rambutan *(rambutan)*

Riesenorange (*suha*): Diese auch Pomelo genannte Frucht sieht aus wie eine große grüne bis grüngelbliche Grapefruit und schmeckt auch fast so, nur etwas süßer. Das meist etwas trockene Fruchtfleisch steckt unter einer fingerdicken Schale, die man entfernt. Pomelos sind das ganze Jahr über erhältlich.

Riesenorange *(suha)*

Rosenapfel (*makopa*): Eine appetitlich aussehende, kleine birnenförmige Frucht, die samt Haut gegessen werden kann. Je nach Reifegrad schmeckt sie süß (grün, weiß, hellrosa) bis sauer (dunkelrosa, rötlich). Beste Zeit ist von März bis Juli.

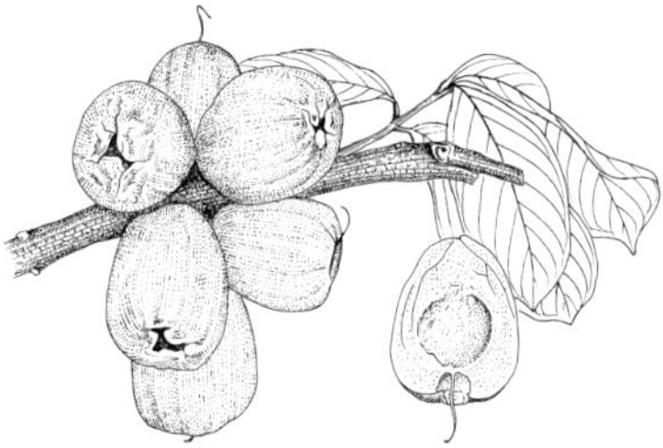

Rosenapfel *(makopa)*

Stachelannone (*guayabano*): Das faserige Fleisch dieser auch als Sauersack bekannten dornigen und bis zu zwei Kilogramm schweren Baumfrucht ist von säuerlichem, herb aromatischem Geschmack und eignet sich bestens zur Herstellung wohlschmekkender Säfte und Mixgetränke. Saison: August bis November.

Stachelannone *(guayabano)*

Sternapfel (*kaimito*): Im Querschnitt sind sternenförmig angeordnete Fruchtsegmente zu erkennen, daher der Name dieser weichen und sehr saftigen Frucht, die man am besten auslöffelt.

Sternapfel *(kaimito)*

Erhältlich sind grüne und violette Sternäpfel. Beide Sorten sind reif und eßbar, die violette ist jedoch süßer. Saison: Januar bis März.

Wassermelone *(pakwan)*

Wassermelone (*pakwan*): Fußballgroße, dunkelgrüne Melonenfrucht mit saftigem, roten Fruchtfleisch. Übergossen mit einem Gläschen Cointreau ergibt eine gutgekühlte Scheibe eine exzellente und erfrischende Nachspeise. Wassermelonen sind das ganze Jahr über erhältlich, hauptsächlich jedoch in der Zeit von April bis November.

Getränke

Alkoholfreie Getränke

Die meisten Getränke sind bedenkenlos genießbar, da sie in Flaschen abgefüllt oder im Tetra-Pak angeboten werden, einschließlich Milch und Kakao.

Kaffee und Tee: Im Gegensatz zu anderen asiatischen Ländern wird auf den Philippinen kaum Tee getrunken. Die einzig bekannte Variante der Zubereitung scheint die per Lipton-Teebeutel zu sein. In echten China-Restaurants wird allerdings zum Essen traditionell aufgegossener Tee serviert.
Anstatt Tee kommt auf den Philippinen normalerweise Pulverkaffee auf den Tisch - was wäre die Welt ohne Nescafé? Guten Bohnenkaffee namhafter importierter Sorten erhält man in First-Class Hotels.
Ebenfalls nicht zu verachten ist der einheimische Batangas-Kaffee, auch Barako genannt, ein Bohnenkaffee aus philippinischem Anbau, der leider von den Multis verdrängt wurde.

Kalamansi Juice: Die als Kalamansi bekannten kleinen Limonen liefern ausgedrückt einen sauren Extrakt, der mit kalten oder heißem Wasser verdünnt und durch Zugabe von Zucker ein gesundes, erfrischendes Getränk ergibt.

Kokoswasser: Um das köstliche, erfrischende Wasser *(buko juice)* einer jungen Nuß genießen zu können, wird sie von den Verkäufern trinkgerecht geöffnet. Eine Nuß enthält bis zu einem Liter Wasser, das sehr rein ist und obendrein überaus bekömmlich.

Wasser: Normalerweise ist auf den Philippinen Wasser aus der Leitung sauber und trinkbar, zumindest in Städten, wo es ausreichend gechlort wurde. Auf dem Land dagegen kann ein wenig Vorsicht nicht schaden, denn dort könnte es aus Brunnen oder fragwürdigen Quellen kommen.
In immer mehr Geschäften und Restaurants ist relativ teures Mineralwasser (»Mineral Water«; verschiedene Marken) erhältlich: in unterschiedlich großen Plastikflaschen abgefülltes, einwandfreies Trinkwasser. Bisweilen kennt man es auch als »Soda« oder »Soda Water«.

Softdrinks: Internationale bekannte industrielle Getränke wie »Coke«, »Sprite«, »7-Up« und ein paar philippinische Erzeugnisse wie »Royal« und

»Tru Orange« gibt es an jeder Straßenecke.

Alkoholische Getränke

Basi: Ein alkoholisches Getränk aus fermentiertem Zuckerrohrsaft ist *basi*, dessen süße Variante eisgekühlt getrunken geschmacklich an Sherry oder Portwein erinnert.

Bier gibt es mehrere Sorten. Bis auf die Marke »Red Horse« sind alle leicht und lassen sich bis auf wenige Ausnahmen sehr gut trinken. »San Miguel« ist das bekannteste und mit über 90 Prozent Marktanteil auch das erfolgreichste Bier. »Beer na Beer« heißt das Konkurrenzprodukt der Asia Brewery. Es ist billiger als San Miguel und vergrößert beständig seinen Marktanteil. Erst seit ein paar Jahren im Geschäft ist die Carlsberg-Brauerei aus Dänemark, deren auf den Philippinen gebrauten und verkauften Abfüllungen aber ganz sicher nicht »probably the best beer in the world« sind - Geschmackssache. Neu auf den Inseln ist »Budweiser« aus USA, das auf den Philippinen in Lizenz von der Asia Brewery hergestellt wird.

Harte Drinks wie Rum, Whisky, Gin und Brandy aus einheimischer Produktion sind sehr preiswert. Von besonders guter Qualität sind die mehrere Jahre alten Rumsorten »Tanduay«, »Anejo« und »Tondeña«.

Palmenwein: Ein sogenannter Palmenwein (*tuba*) wird aus dem Blütennektar der Kokospalme gewonnen, der in der Baumkrone abgezapft wird. Tuba wird frisch oder erst nach einem unterschiedlich langen Gärungsprozeß getrunken. Destilliert heißt er *lambanog*.

Reiswein: *Tapuy* (*tapey*) ist ein Reiswein, dessen vier Wochen dauernder Gärungsprozeß mit Spannung abgewartet wird. Denn erst nach dieser Zeit weiß man, ob der gewünschte Geschmack erzielt worden oder ob der Wein ungenießbar sauer geworden ist.

Wein: Spirituosen werden auf den Philippinen häufig als *wine* bezeichnet. Wer also eine Flasche Rot- oder Weißwein möchte, sollte gegebenfalls besser nach *grapes wine* fragen.

Sprache

Einwanderungswellen fremder Völker in den vergangenen Jahrhunderten (Indonesier, Chinesen usw.), aber auch die Landesstruktur (Inseln) sorgten für eine Vielzahl von Sprachen. Heute werden etwa 80 verschiedene Sprachen gezählt. Während der spanischen Kolonialzeit war Spanisch die Sprache der Gebildeten. Der Einfluß auf die einheimischen Sprachen blieb nicht aus und hat sich, wenn auch minimal, bis heute erhalten (z.B. im Zahlensystem und im Chavacano, der Sprache Zamboangas). Als schulisches Pflichtfach an höheren Schulen wurde Spanisch 1968 abgeschafft, wird aber gegenwärtig noch von einem geringen Prozentsatz der Bevölkerung als erste Sprache benutzt.

Und da in einem besetzten Land oft die Sprache der Kolonialherren dominiert, war mit Beginn der amerikanischen Ära Englisch dran. Auch nach der erklärten Unabhängigkeit von den USA im Jahre 1946 blieb Englisch auf den Philippinen die Sprache des Handels und der Politik. Zeitungen, Fernsehen, Rundfunk, Ansprachen, ja sogar staatliche Rechnungsformulare verdeutlichen das.

Das Konzept für eine Nationalsprache wurde bereits nach Beendigung des spanisch-amerikanischen Krieges (1898) geschaffen. Doch erst 1936, ein Jahr nach Gründung des Commonwealth of the Philippines, konnte das Institute of

National Language eingerichtet werden. *Tagalog* wurde 1937 von Präsident Manuel Quezon zur Nationalsprache erklärt und ein entsprechender Passus 1946 in die Verfassung der Philippinen aufgenommen. Gegen Tagalog als gemeinsame Klammer der vielsprachigen Nation wehrten sich unter anderem die Sprecher des Cebuano, des Hiligaynon und des Ilocano, die sich auch nicht mit einer Umbenennung in *Pilipino* zufriedengaben.
Zu dem heute noch gültigen Kompromiß kam man Anfang der siebziger Jahre: Die in der Verfassung von 1973 deklarierte Nationalsprache *Filipino* basiert auf Tagalog, enthält aber linguistische Elemente anderer philippinischer Sprachen. Seit 1978 wird sie auch unter dieser Bezeichnung an Schulen und Universitäten gelehrt.

Gesten und Zeichen

Neben der gesprochenen und geschriebenen Sprache benutzen die Filipinos zur Verständigung noch verschiedene Gesten und Zeichen:

- Die Handbewegung, die bei uns »hau ab« beinhalten könnte, bedeutet auf den Philippinen »komm her«.
- Anstatt mit nacktem Finger auf etwas zu zeigen, bevorzugen Filipinos dazu diskret die gespitzten Lippen.
- Das kurze Hochziehen der Augenbrauen ist meistens positiv gemeint. Es kann als diskreter Wink, Begrüßung, Zustimmung und und und verstanden werden.
- Gezischt wird, wenn man die Aufmerksamkeit auf sich lenken will. So ruft man auch die Kellnerin.
- Beim Zählen wird der Daumen nicht mitgerechnet. Zwei Bier also per Zeichensprache immer mit Ringfinger und kleinem Finger bestellen. Wer allerdings ein Bier mit dem Mittelfinger bestellt, bekommt sehr wahrscheinlich Ärger!
- Wer seine Rechnung bezahlen will, hält nach der Kellnerin Ausschau und »zeichnet« mit Zeigefinger und Daumen ein Rechteck in die Luft. Sollte sie allerdings gerade woanders hinschauen, dann hilft wiederum nur ein kurzen Zischen oder ein zwei- bis dreimaliges Händeklatschen. Rechnung heißt auf den Philippinen »Chit«.
- Hat ein Filipino eine Frage nicht verstanden, zeigt er das an, indem er den Mund weit aufmacht.

Verständigung

Das auf den Philippinen gesprochene Englisch weicht manchmal stark vom Standard-Englisch ab. Unter anderem wird dort eine negativ gestellte Frage richtig mit »Yes« beantwortet und nicht, wie sonst üblich, mit »No«. Zum Beispiel beantwortet man die Frage: »You don't smoke?« mit »Yes« um damit zu sagen: »Ja, das stimmt, ich rauche nicht!«. Es ist nicht schwer sich vorzustellen, daß hier so manches Mißverständnis lauert. Wie wär's zum Beispiel mit der Frage eines philippinischen Gastgebers: »You don't like Filipino food?«.
Weiter unten habe ich einen kleinen Sprachführer Deutsch-Tagalog und Deutsch-Cebuano zusammengestellt. Er ist zur Verständigung nicht unbedingt notwendig, da man mit einigermaßen fließendem Englisch ganz gut zurechtkommt. Man wird jeden Gast aber bestimmt erfreut und erstaunt ansehen, wenn er ein paar Brocken davon beherrscht.

Etwas zur Aussprache

- Die Konsonanten *p* und *f* werden häufig ausgetauscht, d.h., daß ein geschriebenes *p* dann wie ein *f* ausgesprochen wird. Dieser Austausch wird von Filipinos bisweilen auch im Englischen nachvollzogen (April = Afril), was die Verständigung aber keineswegs beeinträchtigt.

- Ein geschriebenes *w* wird wie ein kurzes *u* ausgesprochen, ähnlich dem englischen *w* (Banawe = Banaue, ikaw = ikau).
- Nachbarvokale werden getrennt ausgesprochen (paalam = pa-alam).
- Aussprache von Verbindungen: *ng* (= nang), *mga* (= manga).
- Die Silbe *po* unterstreicht die Höflichkeit der Anrede gegenüber älteren und zu respektierenden Personen (Salamat po, Ginang Santos).

In den nachfolgenden Wörtern sind die zu betonenden Silben durch einen Akzent gekennzeichnet. Alternativformen sind in Klammern angegeben.

Filipino

Begrüßung, Höflichkeiten

Willkommen, Prost	*mabúhay*
Guten Morgen	*magandáng umága*
Guten Tag	*magandáng tangháli*
Guten Nachmittag	*magandáng hápon*
Guten Abend/Gute Nacht	*magandáng gabí*
Auf Wiedersehen	*paálam (adyós, bay)*
Wie geht's (dir)?	*kumustá (ka)*
Wie geht's euch (Ihnen)?	*kumustá (po) kayó*
Gut	*mabúti*
Danke gut, und dir?	*mabúti salámat, at ikáw?*
Auch gut	*mabúti rin*
Woher kommst du?	*saán ka gáling*
Wo willst du hin?	*saán ka pupuntá*
Ich komme von Bato	*gáling akó sa Bato*
Ich bin auf dem Weg nach Talisay	*pupuntá akó sa Talisay*
Danke (vielen Dank)	*salámat (maráming salamat)*
Bitte	*pakí*
Bitte, gern geschehen	*waláng anumán*
Ja/nein	*oó/hindí*
Ja/nein (höflich)	*opó/hindí po*
und	*at*
Okay, los	*síge*
Nur, bloß	*lang (lamang)*
Augenblick, Moment	*sandalí (sandalí lang)*
Wie gehabt, wieder	*namán (na namán)*
Selbstverständlich, natürlich	*siyémpre*
Kein Problem	*waláng probléma*
Alles in Ordnung	*ayós ang lahát*

Gespräch, Neckerei

Wie heißt du?	*anóng pangálan mo*
Wie alt bist du?	*iláng taón ka na*
Woher kommst du?	*tagásaáng bayán ka*
Ich mag dich	*gustó kitá*
Ich liebe dich	*mahál kitá (ini-íbig kitá)*
Ich weiß nicht	*áywan ko (hindí ko alam)*
Ich mag (das)	*gustó ko (itó)*
Ich mag nicht	*áyaw ko*
Ich mache es	*akó na lang*
Mache du es	*ikáw na lang*
Macht nichts	*hindí bále*
Komm hierher	*halíka díto*
Laß uns gehen	*táyo na (síge na)*
Es ist zu spät	*hulí na*
Ich habe keine Zeit	*walá akóng panáhon*
Bist du sicher	*siguradó ka ba*
Noch nicht	*walá pa*
Vielleicht	*sigúro*
Schade	*sáyang*
Wirklich	*talagá*
Schmeichler, das ist nicht wahr	*boléro*
Dummkopf (du)	*gágo (ka)*
Verrückt	*lóko-lóko*
Unanständig, Frechheit	*bastós*
Prahler, Angeber	*mayábang*
Das geht dich nichts an	*walá kang pakíalam*
Verschwinde! Weg da!	*alís diyán!*
Nach und nach	*mamayá*

Personen

Mann	*laláki (laláke)*
Frau	*babáe*
Herr	*Ginoó*
Herr Santos	*Ginoóng Santos*
Frau	*Gínang*
Frau Santos	*Gínang Santos*
Fräulein	*Binibiní*
Fräulein Wilma	*Binibíning Wilma*
Unverheiratet (männl.)	*binàta*
Unverheiratet (weibl.)	*dalága*
Kind (allgemein)	*báta*
Kind (eigenes)	*anák*
Junge	*bátang laláki*
Mädchen	*bátang babáe*
Oma/Opa	*lóla/lólo*

Freund	*kaibígan*
Ich	*akó*
Du	*ka (ikáw)*
Er, sie (Singular)	*siyá*
Sie (Plural)	*silá*
Wir (ich und du)	*táyo*
Wir (ich und andere)	*kamí*
Ihr	*kayó*
Alt	*matandá*
Jung	*báta*
Groß	*mataás*
Klein	*pandák*
Glücklich	*maligáya*
Traurig	*malungkót*
Dumm	*tangá*
Klug	*matalíno*
Gutaussehend	*pógi*
- männl./weibl.	*guwápo/guwápa*
Häßlich	*pángit*
Betrunken	*lasíng*
Nüchtern	*hindí lasíng*

Fragen

Haben Sie? Gibt es?	*mayroón ...?*
Wann	*kailán*
Wann ist es fertig?	*kailán matatápos?*
Warum	*bákit*
Warum nicht?	*bákit hindí?*
Was	*anó*
Was ist dies/das?	*ano itó?*
Wer (Singular)	*síno*
Wer (Plural)	*sinu-sinó*
Wer ist da?	*síno iyán?*
Wie	*paanó*
Wie bitte?	*ano pó?*
Wieviel	*gaáno (magkáno)*
Wie weit ist es?	*gaáno malayo?*
Wieviel kostet ein Kaffee?	*magkáno isáng kapé?*
Wo	*saán*
Wo ist die Post?	*saán ang koréyo (saán ang post office)?*

Hotel

Bad	*bányo*
Bett	*káma*
Bettdecke	*kubrekáma*
Kissen	*únan*
Moskitonetz	*kulambó*
Schlüssel	*súsi*
Toilette	*kubíta*
Zimmer	*kuwárto*
Zimmer mit Bad	*kuwárto na may bányo*
Haben Sie eine Klimaanlage?	*mayroón bang air-conditión?*
Es gibt kein Wasser	*waláng túbig*
Wie teuer ist ein Zimmer?	*magkáno ang isáng kuwárto*
Ich nehme das Zimmer	*síge, kukúnin ko ang kuwártong itó*

Essen und Trinken

Ich bin durstig	*naúuhaw akó*
Ich bin hungrig	*gutóm akó*
Ich bin satt	*busóg pa akó*
Ich habe keinen Appetit	*walá akóng gana*
Das war ein gutes Mahl	*ang saráp ng pagkaín*
Lecker, das ist lecker	*masaráp (saráp)*
Vielfraß	*matakáw*
Essen, Mahlzeit, Mahl	*pagkaín*
Frühstück	*almusál*
Mittagessen	*panánghalían*
Abendessen	*hapúnan*
Gabel	*tinidór*
Löffel	*kutsára*
Messer	*kutsílyo*
Teelöffel	*kutsaríta*
Glas	*báso*
Tasse	*tása*
Teller	*pláto*
Serviette	*serbilyéta*
Die Rechnung bitte	*ákina ang kuwénta (recibo) ko*

Gebraten	*príto*
Gegrillt	*iníhaw*
Gekocht	*nilága*
Mariniert	*kilawín (kiniláw)*
Heiß, warm	*mainít*
Kalt	*malamíg*
Salzig, gesalzen	*inasnán*
Sauer	*maásim*
Scharf	*maángháng*
Süß	*matamís*
Verdorben	*sirá*

Ananas	*pinyá*
Apfel	*mansána*
Aubergine	*talóng*
Banane	*ságing*
Bier	*serbésa*
Bohnen	*sítao*
Brot	*tinápay*
Ei	*ítlog*
- Spiegelei	*prítong ítlog*
- Weichgekochtes Ei	*malasádong ítlog*

Eis, Eiswürfel	*yélo*
Eiscreme, Speiseeis	*sorbétes (surbétes)*
Erdnuß	*maní*
Essig	*súka*
Fisch	*isdá*
- Barsch	*lápu-lápu*
- Spanische Makrele	*tanguíngue*
- Thunfisch	*tulíngan*
- Tintenfisch	*pusít*
- Schnäpper	*máya-máya*
Fleisch	*karné (carné)*
- Rindfleisch	*karnéng báka*
- Schweinefleisch	*karnéng báboy*
Garnele	*gámbas*
Gemüse	*gúlay*
Guave	*bayábas*
Hähnchen	*manók*
Ingwer	*lúya*
Jackfrucht	*langká*
Kaffee/starker Kaffee	*kapé/kapéng matápang*
Kartoffel	*patátas*
- Süßkartoffel	*kamóte*
Knoblauch	*báwang*
Kokosnuß jung/reif	*bukó/niyog*
Krabbe	*hípon*
Krebs	*alimángo*
Mango	*manggá*
Milch	*gátas*
Muschel	*táhong*
Orange	*kahél*
Papaya	*papáya*
Pfeffer (Körner)	*pamintá*
- Gemahlener Pfeffer	*pamintáng duróg*
Reis (gekocht)	*kánin*
Reis (ungekocht)	*bigas*
Salat	*insaláda*
Salz	*asín*
Sojasauce	*toyó*
Suppe	*sabáw (sópas)*
Tee	*tsa*
Tomate	*kamátis*
Wasser	*túbig*
Wassermelone	*pakwán*
Weintraube	*ubás*
Zucker	*asúkal*
Zwiebel	*sibúyas*

Reisen

Rechts	*kánan*
Links	*kaliwá*
Geradeaus	*dirétso*
Zuräck	*pauróng (pabalík)*
Hier	*díto*
Dort	*diyán (doón)*
Nah	*malápit*
Fern	*maláyo*
Abblegen	*lumikó*
Anhalten!	*pára!*
Auto, Wagen	*kótse*
Bus	*bus*
Boot	*bangká*
Flugzeug	*eropláno*
Schiff	*barkó*
Wie spät ist es?	*anong óras na?*
Wo ist die Bushaltestelle?	*saán ang hintáyan ng bus?*
Wo kriege ich den Jeepney?	*saán ang sasakay ng Jeepney?*
Wohin fährt dieser Bus?	*saán papuntá ang bus na itó?*
Welcher Bus fährt nach Manila?	*alíng bus ang papuntáng Maynila?*
Womit fahre ich?	*anó ang akíng sasakyán?*
Wo muß ich aussteigen?	*saán akó dapát babá?*
Was kostet die Fahrt?	*magkáno ang pamasáhe?*

Bach	*sápa*
Berg	*bundók*
Bucht	*loók*
Dorf	*báryo*
Fluß	*ílog*
Flußmündung	*wáwa*
Hügel	*buról*
Insel	*puló*
Küste	*tabíng-dágat*
Ozean/Meer	*dágat*
See	*láwa*
Stadt	*bayán*
Strand	*baybáy*
Straße	*daán (kálye)*
Wald	*kagubátan*
Wasserfall	*talón*

Wetter

Blitz	*kídlat (lintík)*
Donner	*kulóg*
Nebel, Wolke	*úlap*
Regen	*ulán*
Sonne	*áraw*
Taifun	*bagyó*
Wind, Luft	*hángin*
Bewölkt	*úlap (maúlap)*
Klar	*malinawág*
Regnerisch	*maulán*
Kalt, es ist kalt	*malamíg*
Warm, es ist warm	*mainít*
Windig	*mahángin*

Handeln und Einkaufen

Alles	*lahát*
Alt	*lúma*
Billig	*múra*
Etwas, wenig	*kauntí*
Eingang/Ausgang	*pasúkan/labásan*
Geld	*péra*
Geschlossen/offen	*sarádo/bukás*
Gibt es, es gibt	*mayroón*
Gibt es nicht	*walá*
Groß	*malakí*
Kaputt	*sirá*
Klein	*maliít*
Mehr	*kauntí pa*
Neu	*bágo*
Teuer	*mahál*
Viel	*marámi*
Weniger	*tamá na*
Was kostet dieses? (anfassen)	*magkáno itó?*
Was kostet dieses? (zeigen)	*magkáno iyán?*
Was kostet ein Kilo?	*magkáno isáng kílo?*
Zu teuer	*masyádong mahál*
Dieses ist billig	*múra na itó*
Bitte einpacken	*pakí balot*
Ich möchte jetzt bezahlen	*magbabáyad na akó (magkáno ang babáyaran ko)*

Zahlen

0, nichts, kein	*walá*
1	*isá*
2	*dalawá*
3	*tatló*
4	*apát*
5	*limá*
6	*ánim*
7	*pitó*
8	*waló*
9	*siyám*
10	*sampú*
11	*labing-isá*
12	*labíndalawá*
13	*labíntatló*
20	*dalawampú*
21	*dalawampú't isá*
22	*dalawampú't dalawá*
30	*tatlumpú*
31	*tatlumpú't isá*
40	*apatnapú*
41	*apatnapú't isa*
50	*limampú*
60	*animpú*
70	*pitumpú*
80	*walampú*
90	*siyamnapú*
100	*isáng daán*
101	*isáng daán at isá*
200	*dalawáng daán*
201	*dalawáng daán at isá*
500	*limáng daán*
1.000	*isáng libo*
5.000	*limáng libo*
10.000	*isáng laksá (sampúng libo)*
100.000	*isáng yutá (isáng daáng libo)*
1.000.000	*isáng kamílyon*
1 Pfund	*isáng líbra*
2 Peso	*dalawáng píso*
3 Meter	*tatlóng métro*
5 Liter	*limáng lítro*
10 Kubikmeter	*sampúng métro kubíko*
1/2	*kalahatí*
1/3	*isáng-katló*
1/4	*isáng-kapat*
Einmal	*minsan*
Zweimal	*makalawá*
Dreimal	*makatatló*
Oft	*madalás*
Selten	*bihirá*

Tag und Woche

Montag	*Lúnes*
Dienstag	*Martés*
Mittwoch	*Miyérkoles*
Donnerstag	*Huwébes*
Freitag	*Biyérnes*
Sonnabend	*Sábado*
Sonntag	*Linggó*
Vorgestern	*noóng kamakalawá*
Gestern	*kahápon*
Heute	*ngayón*
Morgen	*búkas*
Übermorgen	*sa makalawá*
Letzte Nacht	*kahapong gabí*
Ein Tag	*isáng áraw*
Eine Nacht	*isáng gabí*
Tag und Nacht	*áraw-gabí*
Jede Nacht	*gabí-gabí*
Jeden Tag	*áraw-áraw*
Jeden Dienstag	*túwing Martés*
Jeden Nachmittag	*túwing hápon*
Am Montag, diesen Montag	*ngayóng Lúnes*

Woche	*linggó*
Letzte Woche	*noóng nakaraáng linggó*
Diese Woche	*ngayóng linggóng itó*
Nächste Woche	*sa linggóng daratíng*

Monat und Jahr

Januar	*Enéro*
Februar	*Pebréro*
März	*Márso*
April	*Abril*
Mai	*Máyo*
Juni	*Húnyo*
Juli	*Húlyo*
August	*Agósto*
September	*Setyémbre*
Oktober	*Oktúbre*
November	*Nobyémbre*
Dezember	*Disyémbre*
Monat	*buwán*
Ein Monat	*isáng buwán*
Dieser Monat	*ngayóng buwáng itó*
Jahr	*táon*
Ein Jahr	*isáng táon*
Jedes Jahr	*táon-táon*
Letztes Jahr	*nakaraáng táon (nagdáan na táon)*
Nächstes Jahr	*sa sunód sa táon*

Tiere

Affe	*unggóy*
Ameise	*langgám*
Ente	*páto*
Fliege	*lángaw*
Floh	*pulgás*
Frosch	*palaká*
Gecko	*tukó*
Hase	*kuného*
Hund	*áso*
Huhn, Hahn	*manók*
Katze	*pusá*
Kuh	*báka*
Laus	*kúto*
Maus, Ratte	*dagá*
Moskito, Mücke	*lamók*
Pferd	*kabáyo*
Schaf	*túpa*
Schlange	*áhas*
Schmetterling	*parú-paró*
Schwein	*báboy*
Spinne	*gagambá*
Wasserbüffel	*kálabaw*
Wurm	*uód*
Ziege	*kambíng*

Farben

Blau	*usúl*
Braun	*kulay-kapé*
Braun (Haut)	*kayumanggí*
Gelb	*diláw*
Grau	*abuhín (gris)*
Grün	*bérde*
Orange	*kulay-dalandán*
Rot	*pulá*
Schwarz	*itím*
Weiß	*putí*

Cebuano

Cebuano ist nach Filipino die am weitesten verbreitete Sprache auf den Philippinen. Sie wird hauptsächlich in den Visayas gesprochen, aber auch in Teilen von Mindanao. Nachfolgend eine kleine Auswahl von Wörtern, Satzteilen und Sätzen.

Begrüßung, Höflichkeiten

Willkommen, Prost	*mabúhay*
Guten Morgen	*maáyong búntag*
Guten Tag	*maáyong udló*
Guten Nachmittag	*maáyong hápon*
Guten Abend/Gute Nacht	*maáyong gabií*
Auf Wiedersehen	*babáy (síge)*
Wie geht's (dir)?	*kumustá (na)*
Wie geht's euch (Ihnen)?	*kumustá (na) kamó?*
Gut	*maáyo*
Danke gut, und dir?	*maáyo man salámat, ug ikáw?*
Auch gut	*maáyo sab (maáyo man)*
Woher kommst du?	*diín ka gíkan (asá ka gíkan)?*
Wo willst du hin?	*asá ka muadtó (asá ka páingon)?*
Ich komme von Bato	*gíkan ko sa Bato (tayá Bato ko)*
Ich bin auf dem Weg nach Talisay	*muadtó ko sa Talisay (páigon ko sa Talisay)*
Danke (vielen Dank)	*salámat (dagháng salámat)*
Bitte	*palihóg*
Bitte, gern geschehen	*waláy sapayán*
Ja/nein	*oó/díli*
Ja/nein (höflich)	*opó/dilagí*
und	*ug*

Okay, los	*síge (síge taná)*
Nur, bloß	*lang*
Augenblick, Moment	*kadalí lang (kádyot lang, ayáw úna)*
Wie gehabt, wieder, ähnlich	*napúd (na namán)*
Selbstverständlich, natürlich	*siyémpre*
Kein Problem	*walá probléma*
Alles in Ordnung	*maáyo ang tanán*

Gespräch, Neckerei

Wie heißt du?	*unsá may agálan mo?*
Wie alt bist du?	*píla na may ímong idad?*
Woher kommst du?	*tága diíng lúgar ka?*
Ich mag dich	*gústo ko nimó (nagustuhán ko ikáw)*
Ich liebe dich	*gihigúgma ko ikáw*
Ich weiß nicht	*ámbot lang (walá ko kahibaló)*
Ich mag (das)	*gustó ko (niána)*
Ich mag nicht	*díli gósto ko*
Ich mache es	*akó na lang*
Mache du es	*ikáw na lang*
Macht nichts	*síge na lang*
Komm hierher	*dalí díri*
Laß uns gehen	*dalí na (síge na)*
Es ist zu spät	*awáhi na*
Ich habe keine Zeit	*wa koy panáhon*
Bist du sicher	*siguradó ka ba*
Noch nicht	*walá pa*
Vielleicht	*tingáli*
Schade	*anugon*
Wirklich	*tínuod*
Schmeichler, das ist nicht wahr	*boléro*
Dummkopf (du)	*búgok (ka), (bangak)*
Verrückt	*lúku-lúko*
Unanständig, Frechheit	*bastós*
Prahler, Angeber	*hambugéro*
Das geht dich nichts an	*walá kay labot*
Verschwinde! Weg da!	*paháwa dihá*
Nach und nach	*pagkátaud-taud*

Personen

Mann	*laláki*
Frau	*babáye*
Herr	*Ginoó*
Herr Santos	*Ginoóng Santos*
Frau	*Gínang*
Frau Santos	*Gínang Santos*
Fräulein	*Dalága*
Fräulein Wilma	*Dalagáng Wilma*
Unverheiratet (männl.)	*ulitawó (soltéro)*
Unverheiratet (weibl.)	*dalága (dalagíta)*
Kind (allgemein)	*báta*
Kind (eigenes)	*anák*
Junge	*binatílyo (báyong-báyong)*
Mädchen	*balagíta*
Oma/Opa	*lolá/loló*
Freund	*amígo (amíga)*
Ich	*akó*
Du	*ikáw*
Er, sie (Singular)	*siyá*
Sie (Plural)	*silá*
Wir (ich und du)	*kitá*
Wir (ich und andere)	*kamí*
Ihr	*kamó*
Alt	*tigúlang*
Jung	*batán-on*
Groß	*taás*
Klein	*mabú*
Glücklich	*malipáyon*
Traurig	*magu-ol*
Dumm	*stúpido*
Klug	*hawód*
Gutaussehend	*pógi*
- männl./weibl.	*gwápo/gwápa*
Häßlich	*ngíl-ad*
Betrunken	*hubóg*
Nüchtern	*walá mahubóg (díli hubóg)*

Fragen

Haben Sie ...? Gibt es ...?	*adúnay ...?*
Wann	*kánus-a*
Wann ist es fertig?	*kánus-a matápos?*
Warum	*nganóng (ngáno)*
Warum nicht?	*nganóng díli?*
Was	*unsa*
Was ist dies/das?	*unsa ni?*
Wer (Singular)	*kinsá*
Wer (Plural)	*kinsá-kinsá*
Wer ist da?	*kinsá ná?*
Wie	*unsaón*
Wie bitte?	*unsa tó?*
Wieviel	*tagpila (pila)*
Wie weit ist es?	*unsa kaláyo (layo)?*
Wieviel kostet ein Kaffee?	*pila ang usáng kapé?*
Wo	*asá*
Wo ist die Post?	*asá man ang post office?*

Hotel

Bad	*bányo*
Bett	*katré*
Bettdecke	*hábol*
Kissen	*únlan*
Moskitonetz	*muskitéro*
Schlüssel	*yáwi*
Toilette	*kasílyas*
Zimmer	*kuwárto*
Zimmer mit Bad	*kuwárto nga anaáy bányo*
Haben Sie eine Klimaanlage?	*nabáy air-condítion?*
Es gibt kein Wasser	*walá túbig*
Wie teuer ist ein Zimmer?	*pilá ang usá ka kuwárto?*
Ich nehme das Zimmer	*sigé, kuhaon ko ang kining kuwárto*

Essen und Trinken

Ich bin durstig	*guiháw ko (guiháw na akó)*
Ich bin hungrig	*gigútom na akó (gigútom ko)*
Ich bin satt	*busóg na akó (busóg ko)*
Ich habe keinen Appetit	*walá koy gana*
Das war ein gutes Mahl	*kalami sa pagkaón*
Lecker, das ist lecker	*lamí*
Essen, Mahlzeit, Mahl	*pagkaón*
Vielfraß	*kusóg mokáon*
Frühstück	*pamaháw*
Mittagessen	*paniúdto*
Abendessen	*panihápon*
Gabel	*tinidór*
Löffel	*kutsára*
Messer	*kutsílyo*
Teelöffel	*kutsaríta*
Glas	*báso*
Tasse	*tása*
Teller	*pláto*
Serviette	*serbilyóta*
Die Rechnung bitte	*ang báyronon palíhog*
Gebraten	*gisádo (pinirito)*
Gegrillt	*tinápan (sinúgba)*
Gekocht	*nulúto*
Mariniert	*kilawín (kiniláw)*
Heiß, warm	*inít*
Kalt	*bugnáw*
Salzig, gesalzen	*parát*
Sauer	*aslum*
Scharf	*hang*
Süß	*tamís*
Verdorben	*pános*
Ananas	*pinyá*
Apfel	*mansánas*
Aubergine	*talóng*
Banane	*ságing*
Bier	*serbésa*
Bohnen	*sítao*
Brot	*tinapáy (pan)*
Ei	*itlóg*
- Spiegelei	*prítong ítlog*
- Weichgekochtes Ei	*malasádong ítlog*
Eis, Eiswürfel	*ápa*
Eiscreme, Speiseeis	*sorbétes*
Erdnuß	*maní*
Essig	*súka*
Fisch	*isdá*
- Barsch	*lápu-lápu*
- Schnäpper	*máya-máya*
- Spanische Makrele	*tanguígue*
- Thunfisch	*tulíngan*
- Tintenfisch	*nókos*
Fleisch	*karné (carné)*
- Rindfleisch	*karnéng báka*
- Schweinefleisch	*karnéng báboy*
Gemüse	*utan*
Garnele	*lokón*
Guave	*bayábas*
Hähnchen	*manók*
Ingwer	*lúya*
Jackfrucht	*nangká*
Kaffee/starker Kaffee	*kapé/maisóg na kapé*
Kartoffel	*patátas*
- Süßkartoffel	*kamóte*
Knoblauch	*áhos*
Kokosnuß jung/reif	*butóng/lubi*
Krabbe	*uláng (pasáyan)*
Krebs	*alimángo*
Mango	*manggá*
Milch	*gátas*
Muschel	*táhong*
Orange	*kahíl*
Papaya	*kapáyas*
Pfeffer (Körner)	*pamintá (síli)*
- Gemahlener Pfeffer	*pamintáng ginalíng*
Reis (gekocht)	*kanún*
Reis (ungekocht)	*bugas*
Salat	*salad*
Salz	*ásin*
Sojasauce	*tóyo*
Suppe	*sabáw*
Tomate	*kamátis*
Tee	*tsaa*
Wasser	*túbig*

Wassermelone	*milón*
Weintraube	*ubás*
Zucker	*asúkar*
Zwiebel	*sibúyas*

Reisen

Rechts	*tuó*
Links	*walá*
Geradeaus	*dirétso*
Zurück	*luyó (mobalík)*
Hier	*dínhi*
Dort	*dínha (dídto)*
Nah	*dúol*
Fern	*layó*
Abbiegen	*molikó (nilikó, likó)*
Anhalten!	*pára*
Auto, Wagen	*kótse (sakyanán)*
Bus	*track (bus)*
Boot	*sakayán*
Flugzeug	*eropláne*
Schiff	*bárko*
Wie spät ist es?	*usáng orása na?*
Wo ist die Haltestelle?	*asa man ang hulatán ug bus?*
Wo kriege ich den Jeepney?	*asa ko musakay ug Jeepney?*
Wohin fährt dieser Bus?	*asa man moadto kíning bus?*
Welcher Bus fährt nach Manila?	*únsang bus ang maodtong Mayníla?*
Womit fahre ich?	*únsay akóng sakyán?*
Wo muß ich aussteigen?	*asa ko manaóg?*
Was kostet die Fahrt?	*tagpíla ang pléte?*

Bach	*sápa*
Berg	*búkid*
Bucht	*loók*
Dorf	*báryo*
Fluß	*subá*
Flußmündung	*bába sa subá*
Hügel	*búngtod*
Insel	*puló*
Küste	*hunásan*
Ozean/Meer	*dágat*
See	*línaw*
Stadt	*lungsód*
Strand	*baybáyon*
Straße	*dálan*
Wald	*lasáng*
Wasserfall	*busáy*

Wetter

Blitz	*kílat (lintí)*
Donner	*dúgdog (dalúgdog)*
Nebel, Wolke	*pangánod*
Regen	*ulán*
Sonne	*ádlaw*
Taifun	*bagyó*
Wind, Luft	*hángin*
Bewölkt	*pangánod (dághang)*
Klar	*háyag (kláro)*
Regnerisch	*ting-ulán*
Kalt, es ist kalt	*túgnaw*
Warm, es ist warm	*inít*
Windig	*mahángin*

Handeln und Einkaufen

Alles	*tanán*
Alt	*dáan*
Billig	*baráto*
Etwas, wenig	*gamáy (diyútay)*
Eingang/Ausgang	*agiánan sa sulód/ gawsánan*
Gibt es, es gibt	*adúnay*
Gibt es nicht	*walá*
Geld	*kuwárta*
Geschlossen/offen	*serádo/abrí*
Groß	*dako*
Kaputt	*gubá*
Klein	*gamáy*
Mehr	*gamáy pa*
Neu	*bágo*
Teuer	*mahál*
Viel	*dághan*
Weniger	*hustó na (diyutay)*
Was kostet dieses? (anfassen)	*tagpíla na?*
Was kostet dieses? (zeigen)	*tagpíla kaná?*
Was kostet ein Kilo?	*tagpíla ang usa ka kilo?*
Zu teuer	*kamahál (mahál kaáyo)*
Dieses ist billig	*baráto na kiní*
Bitte einpacken	*pustá palihog*
Ich möchte zahlen	*mobáyad na akó*

Zahlen

0, nichts, kein	*walá*
1	*usá*
2	*duhá*
3	*tuló*
4	*upát*
5	*limá*
6	*únom*
7	*pitó*
8	*waló*

9	*siyám*
10	*napuló*
11	*únsi*
12	*dóse*
13	*trése*
20	*báynte*
21	*báynte úno*
22	*báynte dos*
30	*tranta*
31	*tranta úno*
40	*kuwarénta*
41	*kuwarénta'y úno*
50	*singkuwénta*
60	*sayesénta (sisénta)*
70	*siténta (seténta)*
80	*otsénta*
90	*nobénta*
100	*usá kagatós*
101	*usá kagatós ug usá*
200	*duhá kagatós*
201	*duhá kagatós ug usá*
500	*limá kagatós*
1.000	*usá kalíbo*
5.000	*limá kalíbo*
10.000	*napuló kalíbo*
100.000	*usá kagatós kalíbo*
1.000.000	*usá kamílyon*

1 Pfund	*usáng librá*
2 Peso	*duhá ka píso*
3 Meter	*tuló ka métro*
5 Liter	*limá ka lítro*
10 Kubikmeter	*napuló ka métro kubíko*
1/2	*tungá*
1/3	*tuló ka tungá*
1/4	*upát ka tungá*

Einmal	*usaháy*
Zweimal	*kaduhá (ikaduhá)*
Dreimal	*katuló*
Oft	*pirme (síge síge)*
Selten	*tág-sa (tagsa-ón)*

Tag und Woche

Montag	*Lúnes*
Dienstag	*Martés*
Mittwoch	*Miyérkoles (Miércules)*
Donnerstag	*Huwébes (Juéves)*
Freitag	*Biyérnes (Viérnes)*
Sonnabend	*Sábado (Sábao)*
Sonntag	*Dominggó*
Vorgestern	*sa úsang ádlaw*
Gestern	*gahápon*
Heute	*karón*
Morgen	*ugma*
Übermorgen	*sunód ugma*
Letzte Nacht	*kagabií*
Ein Tag	*usá kaádlaw (úsang ádlaw)*
Eine Nacht	*usá kagabií (úsang gabií)*
Tag und Nacht	*ádlaw-gabií*
Jede Nacht	*káda gabií*
Jeden Tag	*káda ádlaw (ádlaw-ádlaw)*
Jeden Dienstag	*káda Martés*
Jeden Nachmittag	*káda hápon*
Am Montag, diesen Montag	*sa Lúnes*
Woche	*semána (dominggó)*
Letzte Woche	*niáging semána*
Diese Woche	*károng semanáha (károng dominggó)*
Nächste Woche	*sa sunód semána (dominggó umáabot)*

Monat und Jahr

Januar	*Enéro*
Februar	*Pebréro*
März	*Márso*
April	*Abril*
Mai	*Máyo*
Juni	*Húnyo*
Juli	*Húlyo*
August	*Agósto*
September	*Setyémbre*
Oktober	*Oktúbre*
November	*Nobyémbre*
Dezember	*Disyémbre*

Monat	*bulán*
Ein Monat	*usá kabúlan*
Dieser Monat	*károng bulána*
Jahr	*tuíg*
Ein Jahr	*usá kátuig*
Jedes Jahr	*tuíg-tuíg (káda tuíg)*
Letztes Jahr	*niáging tuíg*
Nächstes Jahr	*sa sunód tuíg*

Tiere

Affe	*unggo*
Ameise	*hulmigás*
Ente	*ítik*
Fliege	*lángaw*
Floh	*pulgás (tungáw)*
Frosch	*bakí (palaká)*

Gecko	*tikí*
Hase	*kuného*
Hund	*iró*
Hahn	*manók*
Katze	*iríng*
Kuh	*báka*
Laus	*kúto*
Maus, Ratte	*ilagá*
Moskito, Mücke	*lamók*
Pferd	*kabáyo*
Schaf	*karnéro*
Schlange	*bitin*
Schmetterling	*kabakába*
Schwein	*báboy (bíki)*
Spinne	*kaká*
Wasserbüffel	*kábaw*
Wurm	*uód (ulód)*
Ziege	*kánding*

Farben

Blau	*asúl*
Braun	*brawn (kapé)*
Braun (Haut)	*itúm*
Gelb	*yélo (dalág)*
Grau	*abuhón*
Grün	*bérde*
Orange	*orins*
Rot	*pulá*
Schwarz	*itím*
Weiß	*putí*

Reisevorbereitung

Anreise und Weiterreise

Bis auf wenige Ausnahmen ist eine An- und Weiterreise nur mit dem Flugzeug möglich. Da die Flugpreise in letzter Zeit spürbar in Bewegung geraten sind, lohnt es sich, die Angebote der Fluggesellschaften und Reisebüros zu vergleichen; siehe auch Anzeigen der Billigflugbüros hinten in diesem Buch. Wer einen Zwischenstopp in Bangkok oder Hong Kong einplant, könnte sich dort bei schwachem Dollarkurs günstig Anschlußtickets besorgen. Ein Studentenausweis kann zusätzlich Preisvorteile bringen. Die Zeit der absolut billigen Tickets in Asien ist allerdings vorbei. Wesentlich mehr bezahlt man in europäischen Reisebüros jedenfalls auch nicht.
Manche Fluggesellschaften befördern Passagiere im innerasiatischen Flugverkehr nur nach den Philippinen, wenn ein Rück- bzw. Weiterreiseticket vorgezeigt werden kann. Ich habe einmal den Egyptair-Angestellten in Bangkok einreden können, daß ich die Philippinen mit einem Segelboot verlassen werde. Die schriftliche Zusage, bei Einreiseverweigerung in Manila für die Rückflugkosten selbst aufzukommen, beendete schließlich die leidige Diskussion.
Verschiedene Fluggesellschaften, die Manila anfliegen, bieten in Verbindung mit dem Ticketkauf ein Stopover-Programm an. Siehe auch Kapitel »Reisetips«: *Übernachten - Preise*.

Einreise

Es ist in jüngster Zeit des öfteren vorgekommen, daß Immigrationsbeamte in Manila die Einreise ohne Vorlage des Ausreisetickets verweigert haben, insbesondere, wenn kein Visum im Paß eingetragen war. Da kann man dann nur hoffen, daß ein freundlicher Mensch in der Nähe ist, der schnell das verlangte Ticket besorgt. Büros der Fluggesellschaften befinden sich oben im Flughafengebäude (siehe auch Kapitel »Manila«: *Anreise/Weiterreise*).

Ausreise

Man sollte unbedingt spätestens drei Tage vor Abflug bei der Fluggesellschaft seine Buchung bestätigen lassen. Sonst könnte es zu Verzögerungen kommen. Besser ist noch eine zusätzliche Bestätigung gleich nach Ankunft. Dann kann man ziemlich sicher sein, daß die Buchung im Computer gespeichert ist. Außerdem sollte man möglichst nicht erst in letzter Minute einchecken. Denn oft sind die Maschinen überbucht, und man kann dann bei spätem Eintreffen trotz des bestätigten Rückfluges nicht mitfliegen!
Bei Übergepäck ist es sinnvoll, die Abfertigung für ein großzügiges Trinkgeld durch einen Gepäckträger erledigen zu lassen.

Ein- und Ausreise: Cebu und Mindanao

Flug: Folgende Airlines bedienen nonstop Cebu City: Cathay Pacific von und nach Hong Kong; Malaysia Airlines von und nach Kuala Lumpur; Singapore Airlines (Silkair) von und nach Singapur.
Zwischen Davao, Mindanao, und Manado, Nord-Sulawesi, Indonesien, besteht zweimal wöchentlich eine Flugverbindung mit der indonesischen Fluggesellschaft Bouraq (one-way US$ 150). Silkair fliegt von Singapur nach Davao und zurück, Malaysia Airlines von Kuala Lumpur (über Kota Kinabalu).

Schiff: Die MV *Tilongkabila*, ein gut ausgestattetes Passagierschiff der indonesischen Reederei Pelni Lines, fährt zweimal monatlich von Davao zahlreiche indonesische Häfen an, darunter Bitung, dem Hafen von Manado, Nord-Sulawesi (Fahrzeit: 36 Std. Fahrpreis: ab US$ 65), Ujung Pandang, Süd-Sulawesi, und Benoa/Denpasar, Bali. Nähere Informationen dazu und Tickets in Davao bei Morning Star Mindanao Travel & Tours, Unit 3 ATU Plaza 1, Duterte Street, Tel. (082) 2211346, Fax: 2218384.

Einmal wöchentlich verkehrt die MV *Surya* der indonesichen Reederei PT Pelajaran Fajar Lines zwischen General Santos, Mindanao, und Bitung (Hafen von Manado), Nord-Sulawesi (Fahrzeit: 36 Std. Fahrpreis: US$ 45).

Einmal wöchentlich verkehrt die MV *Sampaguita Ferry 2* der philippinischen Reederei Sampaguita Shipping Corporation zwischen Zamboanga, Mindanao, und Sandakan, Sabah, Malaysia. Abfahrt in Zamboanga: Mo 15.00 Uhr, Abfahrt in Sandakan: Mi 16.00 Uhr. Fahrzeit: 18 Std. Fahrpreis: ab US$ 50. Dieses Schiff ist neuer als die unten genannte *Lady Mary Joy*. Nähere Informationen dazu und Tickets in Zamboanga bei Sampaguita Shipping Corporation, Zaragoza Street, Tel. (062) 9911164, 9931591.

Einmal wöchentlich verkehrt die MV *Lady Mary Joy* der philippinischen Reederei Aleson Shipping Lines zwischen Zamboanga, Mindanao, und Sandakan, Sabah, Malaysia. Abfahrt in Zamboanga: Di 15.00 Uhr, Abfahrt in Sandakan: Do 15.00 Uhr. Fahrzeit: 17 Std. Fahrpreis: ab US$ 50. Nähere Informationen dazu und Tickets in Zamboanga bei Aleson Shipping Lines, Veterans Avenue, Tel. (062) 9912687, Fax: 9912099.

Flughafengebühr

Die Airport-Tax beträgt bei internationalen Flügen in Manila zur Zeit noch 500 P (sie kann auch in US-Dollar bezahlt werden), in Cebu City 400 P und in Davao 220 P.

Flugpreise ab Deutschland

Der Flugpreis für ein Ticket von Deutschland nach den Philippinen und zurück liegt in der Regel bei 1.400,- bis 1.600,- DM. Etwa vom 10. bis 27. Dezember erhöht sich der Preis um rund 400,- DM. Zwischenzeitlich gibt es immer wieder Sonderangebote um 1.000,- DM. Die günstigsten Linienflüge ab Deutschland werden in der Zeitschrift *Reise & Preise* (Rubrik Flugbörse/Asien/Economy) veröffentlicht, die vierteljährlich erscheint.

Beim Kauf des Tickets sollte man nicht nur die Gültigkeitsdauer, die Fluggesellschaft und den Abflugsort berücksichtigen, sondern auch die Anzahl der Stopover (ein Direktflug ist kein Nonstop-Flug!) und die eventuell notwendigen Umsteigezeiten auf anderen Flughäfen (bei Flugzeugwechsel ist es kein Direktflug mehr).

Nonstop-Flüge Frankfurt-Manila werden von Lufthansa und Philippine Airlines angeboten und dauern etwa 13 bis 14 Stunden.

Ein Direktflug Frankfurt-Manila dauert etwa 16 Stunden, inklusive einem Stopover, z.B. in Bangkok. Bei Flügen, die ein Umsteigen auf eine andere Maschine erfordern und dadurch möglicherweise obendrein noch eine Übernachtung notwendig machen, kann sich die gesamte Reisezeit leicht bis zu 30 Stunden oder mehr verlängern - nicht unbedingt ein Vergnügen. Das wirft dann ein neues Licht auf manch günstiges Angebot!

Flugpreise ab Manila

Die nachfolgend aufgeführten Preisbeispiele stehen für One-Way-Flüge. Langstrecken (Australien, Europa, USA) sind hin und zurück etwa doppelt so teuer; innerhalb Südost-Asiens kosten Round-Trips meistens nur 75 Prozent mehr.

Die Preise wurden bei Interisland Travel & Tours und Mr. Ticket abgefragt.

Beide Reisebüros sind recht günstig, auf manchen Strecken zeigen sich jedoch deutliche Preisunterschiede - ein Vergleich lohnt sich.
Amsterdam US$ 530 (PIA, Cathay Pacific); Bangkok US$ 180 (Emirates Airlines, Lufthansa); Darwin US$ 360 (Royal Air Brunei); Frankfurt US$ 530 (Singapore Airlines); Guam US$ 460 (Continental Air Micronesia); Hongkong US$ 120 (Alitalia); Honolulu US$ 380 (Korean Air); Jakarta US$ 220 (Philippine Airlines); London US$ 550 (Philippine Airlines); Los Angeles/San Francisco US$ 380 (Korean Air); New York US$ 500 (Korean Air); Paris US$ 550 (Emirates Airlines, Malaysia Airlines); Perth US$ 360 (Royal Air Brunei); Rom US$ 530 (Emirates Airlines); Singapur US$ 220 (Philippine Airlines, Singapore Airlines); Stockholm US$ 660 (Finnair, Sabena); Sydney US$ 330 (Qantas, Philippine Airlines); Taipei US$ 125 (Philippine Airlines); Tokio US$ 240 (Malaysia Airlines, PIA); Toronto US$ 600 (Korean Air); Vancouver US$ 450 (Canadian Airlines); Wien US$ 550 (Malaysia Airlines); Zürich US$ 530 (Emirates Airlines).

Billigflugbüros in Manila

Interisland Travel & Tours, Suite No 6, Midtown Arcade, Adriatico St, Ermita, Tel. 5221405, Fax: 5224795.
Mr. Ticket, Park Hotel (Lobby), 1030 Belen Street, Paco, Tel. 5212371 bis 75, Fax: 5212393.
Kirschner Manila, Aurora Plaza, Suite 444, 537 Padre Faura, Ermita, Tel. 5232439, Fax: 5216768. Die Zentrale befindet sich in Köln.

Reisezeit und Reiseziele

Wetter

Im großen und ganzen ist die beste Reisezeit von Mitte Dezember bis Mitte Mai. Im Dezember und Januar sind landesweit gelegentliche Regenschauer jedoch nicht auszuschließen. Spätestens in der zweiten Februarhälfte beginnt normalerweise die regenarme Zeit in den östlichen Provinzen entlang der Pazifikküste, wo es von November bis Januar gehörig schütten kann.
März, April und Mai sind die warmen, sonnenreichen Sommermonate. So richtig schön heißt wird's im Mai; jede kleine Brise ist dann willkommen. Im Juni setzt normalerweise in weiten Teilen des Landes die Regenzeit ein. Der Beginn hat sich allerdings auch schon bis Mitte Juli verzögert. Es sind aber nicht die häufig nur recht kurzen täglichen Niederschläge, die das Reisen in der Regenzeit beeinträchtigen können, sondern die unberechenbaren Taifune. Siehe auch Kapitel »Land und Leute«: *Klima*.

Tip: Aktuelle Wetterdaten und Aussichten über Manila erhält man telefonisch vom *Handelsblatt*-Wetterservice (1,20 DM je Minute): Tel. 0190 270 365, die vom Ansager abgefragte Nummer für Manila lautet 497.
DeTeMedien bietet ebenfalls rund um die Uhr telefonische Wettervorhersagen an (1,15 DM je Minute), und zwar für Manila: Tel. 0190 1165 - 70; Banaue: - 71; Cebu City: - 72; Davao - 73; Boracay: - 74.

Zeit

Wer die Philippinen einigermaßen intensiv bereisen will, braucht viel Zeit. Besonders beim »Inselhüpfen« vergehen Tage und Wochen doch sehr schnell. Man sollte sich also nicht zuviel in zu kurzer Zeit vornehmen. Ein zwei- oder dreiwöchiger Aufenthalt sollte schon durchgeplant sein, will man sich möglichst ausgewogene Eindrücke vom Land verschaffen. Wem nicht mehr Zeit zur Verfügung steht, ist mit einer kleinen Rundreise ausschließlich auf Nord-Luzon sicherlich gut beraten.

Während der Weihnachts- und Osterzeit sollte man möglichst nicht reisen, sondern sich eine angenehme Basis suchen. Das halbe Land ist dann nämlich unterwegs und in den Verkehrsmitteln ist kaum noch ein Platz frei.
Januar und Mai sind die Monate mit den farbenprächtigsten Festivals. Im März und April zeigen sich die Reisterrassen in Nord-Luzon von ihrer schönsten Seite. Es sind die angenehmen Sommermonate, in denen auch das Island Hopping am meisten Spaß macht.

Routen

Die detaillierte Planung größerer Rundreisen möchte ich jedem selbst überlassen. Es gibt einfach zu viele Möglichkeiten, die Inselwelt auf eigene Faust zu entdecken. Daher hier nur ein paar Anregungen. Nähere Informationen über Sehenswürdigkeiten, Übernachtungsmöglichkeiten und Verkehrsverbindungen stehen in den jeweiligen Inselkapiteln.
Folgende Auswahl soll lediglich grobe Vorschläge zum Island Hopping liefern. Siehe auch Routenvorschläge am Anfang des Kapitels »Visayas«.

- Von Manila über Batangas nach Mindoro (Puerto Galera). Von Batangas weiter nach Tablas/Romblon. Über Boracay nach Panay. Ab Kalibo oder Iloilo City zurück nach Manila.

- Oder von Panay weiter gen Süden über Negros nach Cebu. Abstecher nach Bohol. Dann von Cebu City direkt zurück nach Manila.

- Oder von Panay (Iloilo City) oder Cebu City nach Palawan, dort von Puerto Princesa in den Norden der Insel bis nach El Nido und von zurück nach Manila oder weiter von Taytay nach Busuanga und von dort zurück nach Manila.

- Oder von Cebu direkt oder über Bohol nach Leyte. Weiter nach Samar und durch Süd-Luzon zurück nach Manila.

- Oder von Cebu nach Mindanao (Zamboanga, Davao). Von Nord-Mindanao (Surigao; Siargao Island) dann weiter nach Leyte und Samar. Durch Süd-Luzon zurück nach Manila.

- Eine sehr beliebte Rundreise durch Nord-Luzon verläuft von Manila über Angeles (Pinatubo-Wanderung) nach Baguio (Sommerhauptstadt). Dort beginnt die eindrucksvolle Terrassen-Tour: über die abenteuerliche Halsema Road hinauf in die Berge nach Sagada und Bontoc. Dann weiter nach Banaue, Bangaan und Batad (Reisterrassen). Von Banaue zurück nach Manila.

Highlights

An landschaftlichen und kulturellen Höhepunkten haben die philippinischen Inseln einiges zu bieten.

- Eine der großartigsten Landschaften des Archipels sind die Zentral-Kordilleren im Norden des Landes. Die Fahrt durch die Berge von Baguio über Sagada und Bontoc nach Banaue hat's zwar in sich, bleibt aber unvergessen. Krönung der Tour: die grandiosen Reisterrassen von Banaue und Umgebung.
- Nicht von Menschenhand geschaffen, sondern durch die Gewalt der Natur entstand die eindrucksvolle Landschaft um den Mount Pinatubo. Führungen werden hauptsächlich in Angeles angeboten.
- Als einer der schönsten Vulkane der Welt gilt der aktive, kegelförmige Mayon bei Legaspi in Süd-Luzon. Auf- und Abstieg sind in drei Tagen machbar.
- Trotz deutlicher Veränderung in Richtung *upmarket*-Tourismus hat die kleine Insel Boracay noch das gewisse

Etwas. Noch. In ein paar Jahren wird sie eine von vielen sein.

- Vielleicht nicht unbedingt jedermanns Highlight, aber eigenartig sind sie schon, die Chocolate Hills auf der Insel Bohol. Ein Abstecher dorthin bietet sich beim Island Hopping durch die Visayas an.
- Der Lake Sebu in den südlichen Tiruray Highlands, an dem die T'boli leben, ist der vielleicht schönste Binnensee der Philippinen. Leider ist dieses Gebiet, ebenso wie andere Bereiche von Mindanao, konfliktträchtig und nicht immer sicher.
- Auf Palawan sind der Saint Paul Subterranean National Park mit dem Underground River ebenso wie El Nido und der Bacuit Archipel zwei ausgesprochen attraktive, lohnende Stationen, insbesondere für Naturliebhaber.
- Philippinen ohne Fiestas - undenkbar. Das farbenprächtige Ati-Atihan Festival in Kalibo auf der Insel Panay ist das spektakulärste des Landes. Aber auch weniger laute, weniger »wilde« Stadt- und Dorffeste haben ihren ganz besonderen Reiz.

Visum

Das bei Einreise in Manila, Cebu, Davao oder Zamboanga erteilte Visum ist kostenlos und berechtigt zu einem Aufenthalt von 21 Tagen. Jedoch muß die Gültigkeit des Reisepasses die gewünschte Aufenthaltsdauer um mindestens sechs Monate überschreiten.

Visum-Erteilung

Wer über 21 Tage auf den Philippinen bleiben will, sollte sich vor Abreise bei einer Botschaft oder einem Konsulat der Philippinen ein Visum besorgen, für das eine Visagebühr von rund 60,- DM erhoben wird. Die Einreise muß innerhalb von drei Monaten nach Ausstellung erfolgen, sonst verfällt das Visum.

Wer den Antrag nicht persönlich stellen kann, sollte die Antragsformulare am besten rechtzeitig schriftlich anfordern und einen frankierten, an sich selbst adressierten Umschlag beilegen. Also nicht gleich den Reisepaß hinschicken. Die schriftliche Bearbeitung des Antrags kann bis zu zwei Wochen dauern.

Ausgestellt wird ein 59-Tage-Visum oder ein 90-Tage-Visum. Das letztere wird jedoch fast immer bei Einreise in Manila abgeändert, d.h., es wird eine Aufenthaltsgenehmigung von lediglich 59 Tage in den Reisepaß eingetragen. Wer mit einem 90-Tage-Visum einreist und länger als 59 Tage im Land bleibt, muß Gebühren entrichten; siehe »Visum-Verlängerung«: *59 Tage bis sechs Monate*.

Visum-Verlängerung

Zuständig für die Verlängerung des Visums ist die Commission on Immigration and Deportation (CID), Magellanes Drive, Intramuros, Manila, und die entsprechende Behörde in Cebu City. Auch in anderen Städten (Angeles, Iloilo City, Puerto Princesa, San Fernando La Union, Tacloban usw.) sind Verlängerungen möglich, allerdings werden Reisepaß und Antragsformular gegebenenfalls zur Bearbeitung nach Manila geschickt. Die Kosten für die Verlängerung richten sich nach der beantragten Zeit; siehe unten.

Nachdem Verlängerungsantrag und Reisepaß vom Antragsteller verschiedenen Immigrationsbeamten nach vorgegebenem Ablauf präsentiert wurden, bleiben diese Unterlagen drei Tage zur Bearbeitung im Immigration Office (*regular service*). Etwa einen Tag dauert der Bearbeitungsvorgang nach Zahlung einer Expressgebühr von 250 P (*express service*). Alle Quittungen aufbewahren, da sie möglicherweise bei der Ausreise am Airport kontrolliert werden. Wer mit Badelatschen und kurzer

Hose gekleidet sein Visum verlängern lassen möchte, muß damit rechnen, nicht abgefertigt zu werden. Verschiedene Reisebüros und von Ausländern geführte Restaurants bieten zum akzeptablen Preis von 150 bis 200 P an, die Abwicklung der Verlängerung zu übernehmen.

Hinweis: Wer sein Visum überzieht (Overstay), muß innerhalb von einer Woche das Land verlassen (entsprechender Eintrag erfolgt im Reisepaß)! Die Verlängerung des Visums sollte daher unbedingt rechtzeitig beantragt werden, und zwar mindestens sieben Tage vor Ablauf der Frist.

21 bis 59 Tage
Wer ohne Visum eingereist ist, jedoch bis zu 59 Tage im Land bleiben möchte, muß für die Verlängerung von 38 Tagen 500 P (Visa Waiver) plus 10 P (Legal Research Fee) bezahlen.

59 Tage bis sechs Monate
Wer über 59 Tage aber nicht länger als sechs Monate im Land bleiben will, muß folgende Gebühren entrichten:
450 P (Application and Visa Fee); entfällt bei bereits gezahlten Visagebühren. 200 P (Alien Head Tax), falls älter als 16 Jahre.
400 P (ACR - Alien Certificate of Registration); diese Gebühr kostet bei wiederholtem Antrag im selben Kalenderjahr nur 250 P.
200 P (Extension Fee) für jeden angefangenen beantragten Monat.
500 P (ECC - Emigration Clearance Certificate); kann bei Ausreise am Airport bezahlt werden. Eine Bezahlung beim Immigration Office ist ebenfalls möglich, sollte jedoch frühestens 30 Tage vor Ausreise erfolgen, da sie sonst ihre Gültigkeit verliert.
10 P (Legal Research Fee); zusätzlich zu jeder zu bezahlenden Gebühr, ausgenommen Alien Head Tax.

Sechs Monate und länger
Wer über sechs Monate im Land bleiben will, muß zusätzlich zu den oben genannten Verlängerungsgebühren noch 700 P für das Certificate of Temporary Residence bezahlen. Bei Ausreise nach einem Aufenthalt von einem Jahr und länger kommt noch eine Ausreisesteuer (Travel Tax) in Höhe von 1.620 P hinzu.
Das Immigration Office kann vor Verlängerung des Visums über sechs Monate hinaus den Antragsteller zu einem Aids-Test auffordern und die Verlängerung von dem Ergebnis abhängig machen.

Balikbayan
Balikbayan (im Ausland lebende Filipinas/Filipinos, ehemalige Filipinas/Filipinos und deren ausländische Angehörige) können sich bis zu einem Jahr ohne Visum auf den Philippinen aufhalten. Bei der Einreise müssen allerdings folgende Originaldokumente vorgelegt werden:
Ehemaliger Filipino: alter philippinischer Reisepaß oder Einbürgerungspapiere.
Begleitender Ehepartner: internationale Heiratsurkunde (Auszug aus dem Eheregister).
Begleitendes Kind: internationale Geburtsurkunde (Auszug aus dem Geburtsregister).

Travel Tax Exemption
Nach mehrmaliger Änderung der Bestimmungen zur Befreiung von der Ausreisesteuer (Travel Tax Exemption) für Balikbayan soll nun folgende Regelung Gültigkeit haben:
Zunächst die Antragsformulare von der Philippinischen Botschaft oder vom Konsulat anfordern (mit 1,10 DM frankierten Rückumschlag beifügen). Dann vom Einwohnermeldeamt oder dem zuständigen Finanzamt eine Bescheinigung darüber ausstellen lassen, daß im

Vorjahr kein Einkommen versteuert wurde. Diese Bescheinigung nebst dem Reisepaß und einer Fotokopie vom Reisepaß der Philippinischen Botschaft bzw. dem Konsulat einreichen. Die schickt dem Antragsteller den Reisepaß mit eingestempelter Travel Tax Exemption zurück. Den Reisepaß später auf den Philippinen beim Department of Tourism (DOT), Room 117, Tel. 5247734, 5253029, Ministry of Tourism Building, Agrifina Circle, Rizal Park, Manila, vorgelegen. Das DOT stellt daraufhin eine neue Bescheinigung aus (Gebühr: 20 P), die bei Ausreise am Airport abzugeben ist.

Botschaften und Konsulate

Deutschland

Philippinische Botschaft
Argelander Str. 1, 53115 Bonn
Tel. 0228/267990, Fax: 221968
Geöffnet: Mo-Fr 9.00-13.00 Uhr

Philippinisches Konsulat
10717 Berlin, Hohenzollerndamm 196
Tel. 030/8619218, Fax: 8732551
Geöffnet: Mo-Fr 9.00-13.00 Uhr
20149 Hamburg, Jungfrauenthal 12
Tel. 040/442952, Fax: 4103571
Geöffnet: Mo-Fr 9.00-12.30 Uhr
40217 Düsseldorf, Elisabethstr. 52 a
Tel. 0211/994950, Fax: 383201
Geöffnet: Mo-Do 9.00-12.00 Uhr
60594 Frankfurt/M, Dreieichstr. 59
Tel. 069/627538, Fax: 6031795
Geöffnet: Mo-Fr 9.00-12.00 Uhr
69115 Heidelberg, Carl-Bosch-Str. 4
Tel. 06221/500221, Fax: 500224
Geöffnet: Mo-Fr 9.00-12.00 Uhr
04299 Leipzig, Naundorferstr. 46
Tel. 0341/8682715, Fax: 8616584
Geöffnet: Mo-Do 8.00-16.00 Uhr
81925 München, Pienzenauerstr. 88
Tel. 089/982269, Fax: 981748
Geöffnet: Mo-Fr 8.30-12.00 Uhr
14469 Potsdam, Große Weinmeisterstr. 11, Tel. 0331/2805728
Geöffnet: Mo-Fr 9.00-13.00 Uhr
70173 Stuttgart, Königstr. 41
Tel. 0711/2262669
Geöffnet: Mo-Fr 9.00-12.00 Uhr

Österreich

Philippinische Botschaft
1190 Wien, Billrothstr. 2
Tel. 0222/53324010,
Fax: 533240124
Geöffnet: Mo-Fr 9.00-16.00 Uhr

Philippinisches Konsulat
5017 Salzburg, Glanhofen 6
Tel. 0662/823848, Fax: 82384824
Geöffnet: Mo-Do 8.00-16.30 Uhr

Schweiz

Philippinische Botschaft
3005 Bern, Hallwylstr. 34
Tel. 031/3982266, Fax: 3824047
Geöffnet: Mo-Fr 10.00-12.00
u. 14.00-16.00 Uhr

Philippinen

Australische Botschaft
Salustiana Doña Ty Tower, 104 Paseo de Roxas, Makati, Tel. 8177911.
Belgische Botschaft
Don Jacinto Building, Dela Rosa Street, Makati, Tel. 8926571.
Britische Botschaft
L.V. Locsin Building, 6752 Ayala Avenue, Makati, Tel. 8167116.
Dänische Botschaft
Salustiana Doña Ty Tower, 104 Paseo de Roxas, Makati, Tel. 8940086.

Deutsche Botschaft
Solid Bank Building (6. Stock), 777 Paseo de Roxas, Makati, Tel. 8924906 bis 10, Fax: 8104703. Geöffnet: Mo-Fr 8.00-11.00 Uhr.
Französische Botschaft
Pacific Star Building, Gil Puyat Avenue, Makati, Tel. 8111001.
Indische Botschaft
2190 Paraiso Steet, Dasmariñas Village, Makati, Tel. 8925061.
Indonesische Botschaft
Indonesia Building, 185 Salcedo Street, Makati, Tel. 8925061.
Italienische Botschaft
Zeta Building, 191 Salcedo Street, Makati, Tel. 8924531.
Japanische Botschaft
Gil Puyat Avenue, Makati, Tel. 8959050.
Kanadische Botschaft
Allied Bank Building, Ayala Avenue, Makati, Tel. 8108861.
Koreanische Botschaft
Alpap Building, Alfaro Street, Makati, Tel. 8175705.
Neuseeländische Botschaft
Gammon Center Building, Alfaro Street, Makati, Tel. 8180916.
Niederländische Botschaft
King's Court Building, Pasong Tamo, Makati, Tel. 8125981.
Norwegische Botschaft, 69 Paseo de Roxas, Urdaneta Village, Makati, Tel. 8939866.
Österreichische Botschaft
Prince Building (4. Stock), 117 Rada Street, Makati, Tel. 8179191. Geöffnet: Mo-Fr 9.00-12.00 Uhr.
Schweizer Botschaft
Solid Bank Building (18. Stock), 777 Paseo de Roxas, Makati, Tel. 8190202 bis 05. Geöffnet: Mo-Fr 9.00-12.00 Uhr.
Schwedische Botschaft
PCI Bank Tower II, Makati Avenue/ Ecke Dela Costa Street, Makati, Tel. 8191951.
Taiwan-Vertretung
Taipei Economic & Cultural Office (TECO), Pacific Star Building, Makati Avenue/Ecke Gil Puyat Avenue, Makati, Tel. 8921381.
Thailändische Botschaft
Marie Cristine Building, 107 Rada Street, Makati, Tel. 8154219.
USA Botschaft
1201 Roxas Boulevard, Ermita, Tel. 8322003.
Vietnamesiche Botschaft
554 Vito Cruz Street, Malate, Tel. 5240364.

Zollbestimmungen

Einfuhr

Zollfrei einführen darf man 200 Zigaretten oder 50 Zigarren oder 250 Gramm Pfeifentabak sowie zwei Flaschen Alkohol (je 1 l). Persönliche Dinge wie Schmuck und Parfüm bleiben ebenso unbeanstandet wie Kamera und persönlicher Filmvorrat. Bei umfangreichen Ausrüstungen, besonders bei elektronischen und optischen Geräten, liegt es im Ermessen des Zollbeamten, sie als Handelsware oder als persönliche bzw. berufliche Gebrauchsgüter einzustufen. Aber da kann man ja ein Wörtchen mitreden!
Drogen, Waffen und obszöne oder pornographische Literatur/Videos dürfen auf keinen Fall eingeführt werden (Achtung: bereits der *Playboy* zählt auf den Philippinen zu pornographischen Magazinen).

Ausfuhr

Strengstens untersagt ist die Ausfuhr von Drogen. Ebenfalls verboten ist die Ausfuhr von Korallen, bestimmten Orchideen, Muscheln und Tierteilen, z.B. Schildkrötenpanzer oder Pythonhaut.

Devisen

Bei Einreise dürfen bis zu 5.000 philippinische Peso in Banknoten oder anderer Form eingeführt werden. Die Ausfuhr ist auf 1.000 Peso begrenzt.
Bargeld im Wert von über US$ 3.000

muß offiziell bei Einreise deklariert werden. Wichtig für denjenigen, der später einen größeren Betrag ausführen will, denn er muß unter Umständen nachweisen, daß er das Geld persönlich ins Land gebracht hat.
Die Ausfuhr von Devisen in Form von Bargeld oder Reiseschecks ist nur bis zum Gegenwert des eingeführten Betrages erlaubt.
Überzähliges Geld kann bei Ausreise in Manila am Airport in andere Währungen umgetauscht werden.

Geld

Währung
Die offizielle Bezeichnung für die philippinische Währungseinheit ist Piso. So steht's auch auf Münzen und Banknoten. Aber wenn's um Geld geht, spricht jeder nur von Peso.
100 Centavo (c) ergeben einen Peso (P). In Umlauf sind Banknoten für 1.000 P, 500 P, 100 P, 50 P, 20 P, 10 P und 5 P. Ferner Münzen für 5 P, 1 P, 25 c, 10 c, 5 c und 1 c; bis Ende 1997 auch noch für 2 P und 50 c. Ab 1998 haben nur noch Münzen mit der Beschriftung »Bangko Sentral ng Pilipinas« Gültigkeit.

Bank
Der Wechselkurs ist am besten in Manila. In der Provinz kann er bis zu 20 Prozent schlechter sein. In ganz entlegenen Gegenden wird man nur für Peso oder - eventuell - bare Dollar etwas kaufen können. Anderen Währungen mangelt es dort an Bonität.
Manchmal werden Devisen bei der Bank besser getauscht als beim Money Changer, manchmal ist es umgekehrt. Ein schneller Vergleich der Raten könnte sich also bezahlt machen.
Manche Provinzbanken tauschen Travellers Cheques nur bis zu einer Gesamtsumme von 100 US-Dollar. Daher sollten Schecks über größere Beträge erst nach Zustimmung des Bankmanagers unterschrieben werden.
Mehr als 1.000 P auszuführen, ist nicht erlaubt. Zurücktauschen kann man unverbrauchte Peso am Bankschalter der Abflughalle im Ninoy Aquino International Airport nur, wenn ein offizieller weißer (oder gelber) Umtauschbeleg vorgelegt werden kann, der von einer Bank oder von einem lizensierten Geldwechsler ausgestellt wurde. Allerdings sind die Bankschalter am Airport nachts geschlossen.

Wechselkurse
Oktober 1997; 1 US$ = 1,75 DM:

1 US$	=	34 P
1 DM	=	19 P
1 Sfr	=	23 P

Money Changer
Einen relativ guten Kurs erhält man in allen SM-Kaufhäusern (SM = Shoemart Department Store) und bei lizensierten Geldwechslern (Money Changer). In Manila z.B. in der Mabini Street (zwischen Padre Faura und Santa Monica Street). Einige wechseln auch Travellers Cheques, meistens jedoch zu einem ungünstigeren Kurs als die Bank. Neben dem Reisepaß, von dem beim ersten Wechseln eine Fotokopie gemacht wird, will man den Original-Kaufbeleg mit den darauf ausgewiesenen Schecknummern sehen.
Die meisten Geldwechsler haben täglich bis 22.00 Uhr geöffnet. Allerdings sind die Wechselkurse nach 21.00 Uhr nicht mehr die besten, das gilt auch für Wochenenden und Feiertage.

Aufgepaßt: In jüngster Zeit sind vermehrt Betrügereien durch Geldwechsler bekannt geworden. Dabei wurde beim Wechseln zwar die korrekte Sum-

me vorgezählt, aber beim Überreichen der Scheine geschickt der untere Teil des Stapels wieder weggezogen.
Es würde nicht überraschen, wenn die Regierung schon bald verschiedenen Geldwechsern die Lizenz entzöge.

Schwarzmarkt

Auf dem Schwarzmarkt werden im Vergleich zu den offiziellen Wechslern pro Dollar für 100-Dollar-Scheine immer einige Centavo mehr geboten (jedoch fast nie bezahlt!). Je kleiner die Nominierung, desto niedriger ist auch der Kurs. Angesprochen wird man z.B. in Ermita und Malate auf dem Bürgersteig, wo einem der auf einem kleinen Stück Pappe geschriebene, verlockend hohe Wechselkurs gezeigt wird.
Aber aufgepaßt, es ist schon so mancher gutgläubige Tourist 'reingelegt worden!! Wer sich auf der Straße von aufdringlichen Schwarzhändlern zum Tausch animieren läßt, wird mit Sicherheit keinen Vorteil erzielen!!!
Das Geldwechseln geht folgendermaßen vor sich: Zuerst wird zu einem wirklich guten Kurs korrekt getauscht. Der Kunde hat seine Peso, der Händler seine Dollar. Doch dann bedauert der Händler plötzlich, daß er versehentlich 50 P zuwenig gegeben hat. Er nimmt die Peso zurück, zählt sie noch einmal nach und legt demonstrativ den vermeintlich fehlenden 50er oben drauf, während er unten unbemerkt mehrere Scheine wegzieht! Irgend jemand ruft dann noch »Polizei!«, und der Handel ist wieder einmal perfekt.
Ein weiterer beliebter Trick ist, die vereinbarte Summe nicht vollständig auszubezahlen und dadurch den Touristen dazu veranlassen, den Tausch rückgängig zu machen. Der Händler erhält dann seine Peso und der Tourist falsche (!) Dollar. Ich wage zu behaupten, daß die meisten Schwarzhändler in erster Linie auf Betrug aus sind. Das gilt auch für die hübschen Filipinas, die mit ihrem jugendlichen Charme nur als Lockvögel agieren und den eigentlichen Tausch aus »Geldmangel« dann dem ausgebufften »Bruder« überlassen.

Bargeld

Im Gegensatz zu vielen anderen Ländern liegt auf den Philippinen der Kurs für Bargeld etwas höher als der für Reiseschecks. Allerdings ist der Unterschied nicht sehr groß, so daß es sich kaum lohnt, das Bargeld-Risiko einzugehen. Am besten bewertet werden US-Dollar in großen Nominierungen, also 100er und 50er Scheine. Beim Kauf von Devisen sollte darauf geachtet werden, daß man nur »reine« Scheine erhält. Bekritzelte, eingerissene und schmutzige Banknoten werden von den Geldwechslern nicht akzeptiert.

Reiseschecks

Wer auf Nummer Sicher gehen will und bereit ist, dafür einen bis zu fünf Prozent schlechteren Wechselkurs zu akzeptieren, sollte anstatt Bargeld Reiseschecks mitnehmen. Auf US-Dollar ausgestellte Travellers Cheques der Geldinstitute American Express (am einfachsten zu tauschen), Bank of America und Thomas Cook werden von fast allen philippinischen Banken eingelöst, ganz bestimmt von der Philippine National Bank (PNB).
DM-Reiseschecks werden ebenfalls von den Filialen der Philippine National Bank eingelöst, zumindest in Manila. In der Provinz bevorzugt man Dollar-Travellers Cheques.
Die meisten Banken wechseln erst ab 10.30 Uhr, nachdem die neuen Tageskurse eingetroffen sind. Vor dem Wechseln sollte man sich nach den Gebühren pro Scheck erkundigen, da gibt es von Bank zu Bank große Unterschiede. Reiseschecks zu wechseln kann bei philippinischen Banken wegen endloser Formalitäten bis zu einer

Stunde dauern, also etwas Zeit mitbringen.
Den Original-Kaufbeleg mitnehmen, da jede Banken und die meisten Money Changer ohne diesen Nachweis keine Schecks tauschen. Manche Zweigstellen verlangen eine Kopie von Reisepaß und Kaufbeleg, verfügen aber über keinen Kopierer. Um unnötig lange Wartezeiten zu vermeiden, empfiehlt es sich, vorab ein paar Kopien mitzuführen.
Auch große Department Stores wie z.B. SM (Shoemart) wechseln nicht nur Bargeld, sondern auch Reiseschecks (DM und US$).

Eurocheques

Es wird immer schwieriger, auf den Philippinen Eurocheques loszuwerden. Selbst in Manila findet sich kaum eine Bank, die dieses Zahlungsmittel annimmt. Die Deutsche Bank, Tel. 8946900, Fax: 8946901, 26/F Tower One, Ayala Triangle, Paseo de Roxas/ Ecke Ayala Avenue, Makati, akzeptiert nur die der Deutschen Bank. Allerdings sollte man darauf gefaßt sein, daß innerhalb von vier Wochen nur maximal drei Schecks eingelöst werden.
Bisweilen sind auch ansässige Ausländer bereit, ihre Peso gegen Eurocheques zu wechseln. Aktuelle Tauschmöglichkeiten erfährt man in entsprechenden Restaurants und Geschäften. Da jedoch sowohl Scheck als auch Scheckkarte wichtige Angaben zur eigenen Bankverbindung enthalten, sollte man sich sehr gut überlegen, ob man diese Angaben einer fremden Person zugänglich machen möchte. Es wurden nämlich bereits des öfteren Konten von Dritten abgeräumt.

Kreditkarten

International bekannte Kreditkarten wie American Express, Diners Club, MasterCard und Visa werden auch auf den Philippinen von den meisten besseren Beach Resorts, Hotels, Restaurants und Geschäften akzeptiert. Allerdings werden fast immer Gebühren (Service Charge) von meist drei bis zehn Prozent vom Rechnungsbetrag aufgeschlagen! Wenn man es schafft, daß diese Gebühren im Kreditkartenbeleg gesondert ausgewiesen werden, hat man später die Möglichkeit, den Betrag über die Kreditkartengesellschaft zurückzubekommen.
Manche Hotels verlangen von Gästen, die mit Kreditkarte möchten, einen Blankobelastungszettel, also einen unterschriebenen Kreditkartenbelastungszettel, bei dem der Betrag später eingetragen wird. Wer den geringsten Zweifel an der Ehrlichkeit des Hotelpersonals hat, sollte dieser Forderung auf keinen Fall nachkommen, sondern besser einen überschaubaren Betrag im voraus bezahlen.
Außerhalb Manilas und den touristischen Zentren sind Kreditkarten kein alltägliches Zahlungsmittel.

Geld abheben (cash advance)

- mit der American Express Card (Dollar/Dollar-Travellers Cheques oder Peso) nur bei American Express, in Manila z.B. im ACE Building, Rada Street, Legaspi Village, Makati. Innerhalb von 21 Tagen werden bis zu US$ 1.000,- ausbezahlt, allerdings nur nach Vorlage eines persönlichen Schecks der Hausbank. Ohne Scheck wird auf die Karte monatlich nur bis US$ 500,- ausbezahlt (auf die Platin-Karte US$ 1.000,-);
- mit der MasterCard bei der PCI Bank. Zahlreiche Filialen landesweit, allerdings ist cash advance nicht bei allen möglich.
- mit der Visa Card und MasterCard bei jeder Equitable Bank (Peso), zahlreiche Filialen in Manila, z.B. United Nations Avenue/Ecke Bocobo Street (schräg gegenüber dem Hotel Holiday

Inn Manila Pavilion), Ermita, ebenso in einigen Provinzstädten;

- mit der Visa Card und MasterCard bei der Bank of America (Dollar oder Dollar-Travellers Cheques), Paseo de Roxas, Makati;
- mit der Visa Card bei der Citibank in Manila und Cebu (Mindestsumme: US$ 300,-);
- mit der Visa Card bei der Hongkong & Shanghai Banking Corporation, Ayala Avenue, Makati, Manila.
- Mit der Citibank EC-Karte bei Filialen der Citibank in Manila und Cebu City.

ATM-Karten

Das Zeitalter der Geldautomaten hat auch auf den Philippinen begonnen. Für denjenigen, der sich längere Zeit auf den Philippinen aufhalten möchte, empfiehlt sich die Eröffnung eines Kontos und die Beantragung einer ATM-Karte (ATM = Automatic Teller Maschine). Der Inhaber einer ATM-Karte kann aus Geldautomaten unabhängig von den Öffnungszeiten der Bank Geld von seinem Konto abheben.

Die größten Buchungssysteme sind »BancNet« (Allied Bank, Metrobank, PCI Bank...) und »MegaLink« (Asian Bank, Bank of Commerce, Equitable Bank, Far East Bank, Philippine National Bank...). Landesweit sind bereits mehrere hundert Filialen mit Geldautomaten ausgestattet, allerdings sind sie in der Provinz noch dünn gesäht und oftmals nicht in Betrieb.

Geld abheben (mit Geheimnummer)

Mir folgenden international Kreditkarten kann man Geld aus Automaten ziehen (Abbuchung erfolgt vom heimatlichen Konto):

- mit der MasterCard bis zu 20.000 P (5 x 4.000 P) täglich bei der PCI Bank (150 ATM landesweit);
- mit der Visa Card bis zu 4.000 P täglich bei der Hongkong & Shanghai Banking Corporation, Ayala Avenue, Makati, Manila und landesweit bei der sehr vielen Filialen der Philippine National Bank (dort bisweilen bis zu 16.000 P möglich: 4 x 4.000 P; Gebühr pro Abhebung 10,- DM). Bei der PNB am besten nur während der normalen Bankzeiten Geld ziehen, da ATMs offensichtlich nur dann mit der Zentrale in Manila verbunden sind.

Bankkonto

Wer ein Konto bei einer philippinischen Bank eröffnet (Mindesteinlage: 1.000,- P), sollte wissen, daß es nur bis zu 100.000 P versichert ist. Beträge darüber hinaus müssen bei einem Konkurs der Bank nicht ersetzt werden. Auch zwei oder mehr Konten bei derselben Bank sind insgesamt nur bis 100.000 P versichert, wenn der Kontoinhaber ein und dieselbe Person ist.

Hinweis: Die PCI Bank berechnet pro Monat stolze 100 P Gebühren, wenn weniger als 10.000 P auf dem Konto sind! Andere Banken, darunter die Metrobank und die Philippine National Bank, sind diesbezüglich viel kundenfreundlicher (50 P Gebühr bei weniger als 2.000 P).

Überweisungen

Nachschicken von Geld kostet oft viel Zeit. Selbst Überweisungen per Telex dauern manchmal zehn Tage und länger. Vermutlich arbeitet die Bank erst einmal mit dem Geld...

Sehr günstig ist es, wenn man im Heimatland ein gedecktes Konto bei der Deutschen Bank hat. Dann läßt man den gewünschten Betrag per Fax oder Telex von der philippinischen Filiale der Deutschen Bank, 26/F Tower One, Ayala Triangle, Paseo de Roxas/Ecke Ayala Avenue, Makati, anfordern. Kosten: etwa US$ 15,-; Dauer: 2 Tage. Ausbezahlt wird in Peso oder in Dollar-Travellers Cheques.

Preisbeispiele

Um sich bereits vor der Reise in etwa eine Vorstellung von dem machen zu können, was das Leben in den Philippinen so kostet, habe ich einen kleinen »Warenkorb« zusammengestellt.

Arztkonsultation 150 bis 400 P
(etwa 8,- bis 21,- DM)
Bier (kleine Flasche) 9 P
(etwa 0,50 DM)
Cola (kleine Flasche Coke/Pepsi)
7 P (etwa 0,40 DM)
Film (Ektachrome 100,
36 Aufnahmen) 170 P
(etwa 9,- DM)
Hemd/Bluse waschen und bügeln
15 P (etwa 0,80 DM)
Milch (1 Liter) 30 P
(etwa 1,60 DM)
Reis (1 kg) 20 P
(etwa 1,- DM)
Shampoo (100 ml) 25 P
(etwa 1,30 DM)
Seife (90 Gramm-Stück) 10 P
(etwa 0.50 DM)
Tageszeitung 3 bis 5 P
(etwa 0,15 bis 0,25 DM)
Telefonieren (Ortsgespräch) 3 P
(etwa 0,15 DM)
Zahnpasta (25 ml) 10 P
(etwa 0,50 DM)
Zigaretten (Marlboro, philippinische) 10 P (etwa 0,50 DM)
100 km mit dem Ordinary-Bus 40 P
(etwa 2,10 DM)
100 km mit dem Aircon-Bus 50 P
(etwa 2,60 DM)
1 Stunde Inlandsflug 1.400 P
(etwa 74,- DM)
1 Liter Superbenzin 10 P
(etwa 0,50 DM)

Hinweis: Nach der Abwertung des Peso sind geringfügige Preisänderungen möglich (siehe auch Vorwort auf Seite 5).

Dokumente

Benötigt wird ein gültiger Reisepaß. Das Internationale Impfzeugnis ist nicht notwendig, jedoch kann die Mitnahme nicht schaden.
Einige Bus- und Schiffsgesellschaften gewähren ebenso wie Philippine Airlines Studentenrabatt. Ein Studentenausweis könnte daher ganz nützlich sein.
Wer ein Auto mieten will, benötigt einen Internationalen Führerschein. Der normale Führerschein des Heimatlandes wird gegebenenfalls auch anerkannt.

Vorschlag zur Sicherheit: Von den Dokumenten ebenso wie vom Flugticket und vom Kaufbeleg der Reiseschecks zwei Kopiensätze anfertigen und einen davon abrufbereit bei einer festen Adresse hinterlegen. Den anderen entweder mit dem Reisepartner austauschen oder getrennt von den Originaldokumenten versteckt im Gepäck aufbewahren. Identitätsnachweis und Ersatzbeschaffung bei Verlust der Originale werden durch diese Vorsichtsmaßnahme erleichtert.
Wer persönlich wichtige Anschriften und Telefonnummern in einem Adreßbuch mit sich führt, sollte auch davon eine Kopie anfertigen und getrennt vom Original aufbewahren.
Umhängetasche, Brustbeutel, Gürteltasche, Geldgürtel und Geheimtaschen sind Aufbewahrungsmöglichkeiten für Geld, Tickets und Dokumente.

Gepäck

Zuviel Gepäck belastet nur, daher sowenig wie möglich mitnehmen. Zusätzliche Kleidung - falls erforderlich - kann man unterwegs einkaufen.
T-Shirts und Schuhe sind preiswert. Allerdings sind Schuhe ab Größe 10 nur selten im Angebot und dann mei-

stens europäisch teuer. Jeans kann man fur etwa 30,- DM anfertigen lassen. In fast jedem Hotel gibt es Handtücher. Zwei Extrahandtücher reichen also völlig aus. Moskitonetze sind in vielen Hotels und Herbergen vorhanden und werden bei Bedarf ausgehändigt.

Egal ob man mit Rucksack, Reisetasche oder Koffer reist: eine geräumige Umhängetasche oder einen kleinen Extrarucksack mitzunehmen, ist immer empfehlenswert. Darin läßt sich das Nötigste für Kurztrips verstauen. Das Hauptgepäck kann in den meisten Hotels auch für längere Zeit deponiert werden, eventuell gegen eine geringe Gebühr.

Nachfolgende Auflistung beschränkt sich auf Gegenstände, die nach meiner Erfahrung unbedingt ins Gepäck gehören. Selbstverständliche Sachen wie Socken, Seife, Sonnencreme usw. sind nicht aufgeführt.

Ersatz-/Sonnenbrille: Nützlich auch als Zugluftschutz bei Fahrten mit fensterlosen Bussen.

Kissen: Ein leichtes, aufblasbares Kissen zum Anlehnen bei langen Busfahrten und Schiffsreisen.

Klopapier: Gibt es nur in ganz wenigen »Comfort Rooms«.

Moskitonetz: Für entlegene Landstriche empfiehlt sich ein eigenes Moskitonetz. Die in den einfachen Unterkünften ausgehändigt werden, sind nämlich ziemlich klein und außerdem nicht immer ganz dicht. Sie lassen sich aber in den meisten Fällen mit breitem Tesafilm fixen. Einen ausreichenden Schutz bieten häufig auch Moskito-Coils (rauchende Spiralen), die in Stores auf den Inseln erhältlich sind.

Moskitonetze gibt es in Deutschland in großer Auswahl bei: Brettschneider Fernreisebedarf GmbH, Feldkircher Straße 2, 85551 Heimstetten, Tel. (089) 99020330, Fax: 99020331 (Katalog anfordern).

Nähzeug: Einen Knopf anzunähen, geht schnell. Nadel und Faden aufzutreiben, dauert meist viel länger.

Oropax: Wirksamer Ohrenschutz vor lauten Hähnen, Autohupen, Radios und Schnarchern. Gut sind auch Lärmstopp-Stöpsel von Hansaplast.

Plastikschnur: Als Wäscheleine oder zum Festmachen des Moskitonetzes.

Plastiktüten: Verschiedene Größen. Für schmutzige Wäsche und - wichtig - als Nässeschutz bei spritzigen Bootsfahrten für Kamera, Geld und Dokumente. Fürs Gepäck hat sich ein großer Plasikmüllsack bestens bewährt.

Regenschutz: Plastikmantel oder Poncho dient neben Regenschutz und Kälteschutz auch als Nässeschutz bei Fahrten mit Auslegerbooten.

Reiseapotheke: Siehe Kapitel »Reisevorbereitung«: *Gesundheit.*

Reisewecker: Manche Busse und Schiffe fahren schon recht früh ab.

Schlafsack: Wer z.B. den Mayon Vulkan oder den Mount Apo besteigen will, muß etwa auf halber Strecke campieren (kühl). In einigen Hotels und Herbergen ist ein dünner Schlafsack als Unterlage angenehmer als die vorhandene bzw. nicht vorhandene Matratze. Auch auf gummierten Bezügen mancher Schiffsbetten trägt er erheblich dazu bei, sich ein wenig wohler zu fühlen. Ein großes Tuch oder ein Bettbezug tun es aber auch.

Schloß: Mit einem Vorhängeschloß oder Steckschloß kann in einigen Hotels und Herbergen das Zimmer zusätzlich abgesichert werden.

Schnorchel/Taucherbrille: Auch unter Wasser sind die Philippinen sehenswert.

Taschenlampe: Besonders in ländlichen Gegenden ist eine Stromversorgung ist nicht selbstverständlich. Und wenn sie vorhanden ist, sollte man auf zahlreiche Stromausfälle vorbereitet sein. Mit einer Dynamo-Taschenlampe ist man nicht auf Batterien angewiesen.

Taschenmesser: Mehrteilig, z.B. ein echtes, rotes Schweizer Taschenmesser.
Taschenrechner: Ein kleiner, flacher Kalkulator zur schnellen Kontrolle unübersichtlicher Rechnungen und zum Ausrechnen von Wechselkursen.

Filme

Die Auswahl bei Dia-Filmen *(slides film)* ist auf den Philippinen nicht sehr groß. Außerdem sind sie praktisch nur in größeren Städten erhältlich. Insbesondere in der Provinz kann es zu Engpässen kommen, bisweilen ist auch das Verfallsdatum überschritten. Ein Kodak Ektachrome 100 kostet etwa 170 P (9,- DM), ein 200er 215 P (11,- DM), ein 400er 250 P (13,- DM). Siehe auch Kapitel »Manila«: *Märkte und Läden.*
Keine Probleme gibt es mit normalen Farb-Negativfilmen, die auch von Filipinos bevorzugt werden. Entwicklungen sind schnell und preiswert. Hochglanz-Papierabzüge (9 x 13) können bereits nach einer Stunde abgeholt werden und kosten dann etwa 3,50 P pro Bild; etwas billiger wird's bei längeren Wartezeiten.
Offiziell ist zwar nur die Einfuhr von fünf Filmen erlaubt, aber bei Touristen drückt der Zoll gern ein Auge zu.

Geschenke

Durch kleine Aufmerksamkeiten kann man auch auf den Philippinen den Menschen große Freude bereiten. Nicht nur Kindern. Filipinos sind sehr neugierig und interessiert daran zu erfahren, wo der Gast herkommt und wie es dort aussieht. Zum Zeigen oder Verschenken bieten sich Ansichtskarten oder Fotos vom Heimatland an, möglichst in allen vier Jahreszeiten. Auch Bilder von der Familie und der Wohnung sowie von Pflanzen und Tieren werden gerne angesehen und bieten reichlich Gesprächsstoff. Wer Fotos von sich selbst herumreicht, wird sie nur schwer zurückfordern können. Ebenso schnell finden mit bekannten Firmenzeichen versehene Mitbringsel dankbare Abnehmer.
Und geizt nicht mit Freundlichkeiten. Es kostet ja nichts, ein wenig nett und herzlich zu sein. Wie heißt es doch so schön: »A smile gives more light than electricity«.

Gesundheit

Eine Krankheit ist auch unterwegs nicht auszuschließen. Aber wenn man einigermaßen darauf vorbereitet ist, wird schon nichts passieren. Zumindest wird es im Ernstfall nur halb so schlimm. Eine vernünftig ausgestattete Reiseapotheke und ein paar Erste-Hilfe-Kenntnisse machen kleine und mittlere Wehwehchen schnell vergessen.
Leicht verständliche Selbsthilfe-Anleitungen beschreibt Dr. med. Wolf Lieb in *Medizinisches Handbuch für Fernreisen.* Auch *Das Tropenbuch* von Roland Hanewald beschreibt unter anderem sehr ausführlich Erhaltung und Pflege der Gesundheit in den Tropen, tropische Krankheiten und Erste Hilfe unter primitiven Bedingungen. Im Ernstfall sollten jedoch nicht die Kosten für eine gute Behandlung gescheut werden.
Das Arzthonorar für eine Konsultation liegt bei 150 bis 400 P. Anschriften von empfehlenswerten, meist mehrsprachigen Ärzten erfährt man bei seiner Botschaft.
Als Verständigungshilfe ist der beim ADAC, bei Krankenkassen und in Apotheken erhältliche Patienten-Paß zu empfehlen. Nützlich kann auch ein Blutgruppennachweis sein. Brillenträger sollten sich beim Optiker einen Brillenpaß besorgen.
Wer auf seinen Exkursionen auf Trinkwasser aus Flüssen, Seen und Tümpeln

angewiesen ist, sollte es mindestens 15 Minuten abkochen oder durch ein chemisches Desinfektionsmittel genießbar machen. Keimfreies Wasser erhält man durch Zusatz von Micropur-Tabletten oder -Pulver der Firma Deutsche Katadyn GmbH, München. Einwirkzeit: 1-6 Std.

Auf den Philippinen können eventuell notwendige Medikamente im Drugstore, in der Botica oder in der Pharmacy gekauft werden. Sie sind viel billiger als etwa in Deutschland, z.B. Pille, Antibiotika oder Vitamintabletten. Viele Präparate sind nur gegen Rezeptvorlage erhältlich, was aber anscheinend nicht jeder Drugstore für sich als verbindlich ansieht.
Resochin wird auch unter dem Namen Aralen verkauft; Daraprim unter Maloprim. Gängige Erkältungsmittel sind Nafarin A und Neozep.
Ein guter Mückenschutz ist Off (wirksamer als Autan). Wer aus Thailand kommt, sollte sich dort das oben aufgeführte Mückenschutzmittel Jaico besorgen - Ursprungsland ist Belgien -, das nach meiner Erfahrung wesentlich angenehmer auf der Haut, ergiebiger und wirksamer ist als alle anderen bekannte Produkte (umgerechnet etwa 10,- DM in Thailand).

Kleiner Tip: Wenn man nicht an das Hauptgepäck herankommen kann, z.B. bei Flügen, empfiehlt sich für das Handgepäck eine zusätzliche kleine Reiseapotheke mit Medikamenten wie Schmerztabletten (Zahnschmerzen!), Durchfalltabletten, Augentropfen, Antibiotika und eventuell Alka Seltzer.

Wichtig für Frauen: Pille und Tampons gibt es zumindest in größeren Städten und in Touristen-Zentren. Trotzdem einen kleinen Vorrat mitnehmen. Im Vergleich zu Monatsbinden (*sanitary napkins*) sind o.b.-Tampons

Vorschlag für eine Reiseapotheke

Dreieckstuch, Fieberthermometer, Latexbinden, Mullbinden, Mulltupfer, Pflaster, Pinzette, Schere, Sicherheitsnadeln;
Abführmittel (z.B. Laxoberal);
Antibiotika-Puder, -Salbe (z.B. Vioform, Nebacitin);
Augentropfen (z.B. Yxin, Leycomycin);
Breitband-Antibiotikum (z.B. Ciprobay, Vibramycin);
Desinfektionsmittel (z.B. Betaisodona, Merfen);
Durchfalltabletten (z.B. Kohletabletten, Imodium, Lomotil);
Grippetabletten, Erkältung (z.B. Doregrippin, Gripposted);
Mittel gegen Halsschmerzen (z.B. Mallebrin, Dorithricin);
Mittel gegen Hautpilz (z.B. Canesten);
Mittel gegen Zahnschmerzen (z.B. Dolomo, Pfeiltabletten);
Mittel gegen Juckreiz, Krätze, Filzläuse (z.B. Fenistil, Jacutin Emulsion, Systral);
Mückenschutzmittel (z.B. Autan, Jaico, Off, Zedan);
Nasentropfen, -spray (z.B. Olynth, Nasivin);
Schlaftabletten (z.B. Betadorm);
Schmerztabletten (z.B. Aspirin, Gelonida);
Verhütungsmittel (z.B. Kondome, Pille);
Vitamintabletten (Multivitamin-Präparate);
Zugsalbe (z.B. Ichtholan).

Zur individuellen Ergänzung und Auswahl der Medikamente sollte der Hausarzt konsultiert werden.

und Tampax auf den Philippinen erst wenig bekannt, so daß bisweilen selbst das Personal von manchen kleineren Drugstores eine erklärende Beschreibung benötigt, bevor es suchend in die Regale verschwindet. In den großen Mercury Drugstores sind Tampax dagegen bekannt und auch erhältlich.

Impfungen

Impfungen können fast ausnahmslos vom Hausarzt durchgeführt werden. Den besten Service erhält man in einem Tropeninstitut, wo das Wissen der dort tätigen Tropenmediziner über die Notwendigkeit einer Impfung und den derzeit besten Impfstoff auf dem neuesten Stand ist.

Vorsorgetips: Das Centrum für Reisemedizin, Oberrather Straße 10, 40472 Düsseldorf, Tel. 0211/904290, Fax: 0211/9042999, verschickt für 18,- DM einen ausführlichen *Gesundheitsbrief*, der nach individuellen Angaben erstellte aktuelle Impfempfehlungen und Vorsorgetips enthält (Land und Reisezeit angeben). Mitglieder der Barmer Ersatzkasse können diesen Brief kostenlos über jede BEK-Zweigstelle beziehen.

Impfzeugnis: Impfungen werden in das Internationale Impfzeugnis eingetragen; Blankoausweise gibt es bei Gesundheitsbehörden und in Reisebüros. Es ist ein Grenzdokument und sollte ebenso sorgfältig aufbewahrt werden wie ein Reisepaß. Auch wenn in letzter Zeit bei Einreise kein Impfzeugnis vorgezeigt werden mußte, kann es nicht schaden, dieses Dokument mitzuführen. Bestimmungen können nämlich ohne große Ankündigung geändert werden.

Impfplan: Einen persönlichen Impfplan läßt man sich am besten vom Impfarzt erstellen. Je nach Umfang der Vorsorge sollte spätestens sechs Wochen vor Abreise mit den Impfungen begonnen werden.

Emfehlungen für die Philippinen
Gegenwärtig ist für die Einreise in die Philippinen keine Impfung vorgeschrieben.
Tropeninstitute empfehlen eine Malariaprophylaxe (Einstufung der Philippinen 1997: mittleres Malariarisiko). Ich halte darüber hinaus eine Vorsorge gegen Polio, Tetanus und Hepatitis A für sinnvoll, für einige Reisende auch gegen Hepatitis B.

Hepatitis A: Injektion. Zwei Impfungen mit dem Wirkstoff Havrix. Schutz nach der zweiten Impfung: etwa zehn Jahre. Kosten: 160,- DM.

Hepatitis B: Injektion. Drei Impfungen. Zwei Impfungen in vierwöchigem Abstand. Dritte Impfung sechs Monate später. Eine Auffrischung etwa alle drei bis fünf Jahre. Hepatitis B ist insbesondere in tropischen Ländern weiter verbreitet als allgemein bekannt ist: Gegenwärtig sterben weltweit an einem Tag mehr Menschen an Hepatitis B als in einem Jahr an Aids. Der Impfstoff ist relativ teuer - je Impfung etwa 150,- DM - und muß zumindest in Deutschland vom Reisenden selbst bezahlt werden. Für Personen, die sich häufig und längere Zeit in den Tropen aufhalten, dürfte diese Ausgabe jedoch eine vernünftige Investition sein.

Malaria: Tabletten. Zur Zeit wird die Einnahme von wöchentlich zwei Tabletten Resochin jeweils am gleichen Tag empfohlen. Spätestens eine Woche vor Abreise mit der Einnahme beginnen und etwa sechs Wochen nach Rückkehr aufhören. Darüber hinaus kann man zur Prophylaxe täglich noch zwei Tabletten Paludrine einnehmen.
Wer von einer regelmäßigen Einnahme

von Tabletten absehen möchte, sollte zumindest ein Notfallmedikament (Halfan) mitnehmen.

Polio: Schluckimpfung. Zwei Impfungen in sechswöchigem Abstand. Wiederholungsimpfung ein Jahr später. Auffrischungsimpfungen dann etwa alle fünf Jahre. Kinderlähmung ist keine ausgesprochene Kinderkrankheit!

Tetanus: Injektion. Zehn Jahre Schutz. Zwei Impfungen in vierwöchigem Abstand. Dritte Impfung ein Jahr später.

Versicherungen

Reiseversicherungen können in jedem Reisebüro abgeschlossen werden. Der Beitragssatz richtet sich nach Geltungsbereich, Dauer der Versicherung und Höhe der Versicherungssumme. Die Philippinen fallen in den Geltungsbereich »Ganze Welt«.

Reisegepäckversicherung

Der Abschluß einer Reisegepäckversicherung ist häufig nur in Kombination mit einer Reisekrankenversicherung möglich.
Die untere Grenze der Versicherungssumme liegt bei den meisten Gesellschaften bei 3.000,- DM. Die Barmenia verlangt je DM 1.000,- je Tag DM 0,90, also DM 2,70 bei kleinstmöglichem Vertrag. Die Fotoausrüstung ist allerdings nur zu 50 Prozent der Versicherungssumme abgedeckt.
Eine Liste, in der alle Gegenstände des Reisegepäcks aufgeführt sind, erleichtert im Schadensfall die Rückerstattung des Betrages von der Versicherungsgesellschaft. Wertangaben, Objektiv-Nummer, Kameragehäuse-Nummer usw. nicht vergessen.

Reisekrankenversicherung

Die Preise und Leistungen der Versicherungsgesellschaften sind sehr unterschiedlich - ein Vergleich lohnt sich. Eine gute Krankenversicherung deckt die Kosten für ambulante Behandlung, Medikamente, Krankenhausaufenthalt und eventuell notwendigen Krankentransport zum Heimatort.
Im Ausland gehen alle Kosten für Arzt, Medikamente und Krankenhaus zuerst einmal zu Lasten des Patienten. Eine Rechnung mit detaillierter Aufstellung aller Leistungen und Daten erleichtert später die Rückerstattung des Betrages von der Versicherungsgesellschaft.
Manche Versicherungsgesellschaften versichern tageweise zu einem Beitragssatz ab 0,60 DM je Reisetag, z.B. Nova, Barmenia und Vereinigte. Die DKV verlangt dagegen Monatsbeiträge. Versicherungsdauer: mindestens drei Monate, höchstens 60 Monate. Ein hundertprozentiger Versicherungsschutz kostet monatlich im ersten Versicherungsjahr 31,30 DM (Männer) bzw. 44,90 DM (Frauen).
Der ADAC versichert Mitglieder für 23,- DM und Nichtmitglieder für 26,- DM pro Jahr. Allerdings gilt der Versicherungsschutz nur für die ersten 45 Tage einer jeden Auslandsreise während der einjährigen Laufzeit des Vertrages.
Die R+V Allgemeine Versicherung, Taunusstraße 1, 65193 Wiesbaden, Tel. 0611/5330, versichert für 12,- DM bis zu 45 Tage pro Kalenderjahr, jeder weitere Tag kostet 2,- DM.
Attraktive Versicherungen bieten auch die DBV (Commerzbank) und die Europäische Reiseversicherung (Rat & Tat-Paket) an.
Langzeitreisende und Verheiratete mit philippinischem Ehepartner könnten eventuell auch das Angebot von Hanse-Merkur Versicherungen, Neue Rabenstraße 3-12, 20354 Hamburg, prüfen.
Kreditkarteninhaber sollten sich bei ihrer Bank nach den im Jahresbeitrag für die Karte enthaltenen, zahlreichen Ver-

sicherungsleistungen erkundigen, die häufig auch den Schutz für eine Begleitperson einschließen.

Post

Briefe von und nach den Philippinen dauern vier bis 14 Tage. Das gilt für Deutschland. Bei anderen europäischen Ländern wird es jedoch ähnlich sein.
In der Weihnachtszeit (15. Dezember bis 15. Januar) verzögert sich die Briefzustellung um bis zu einem Monat.

Post nach den Philippinen

Auch ohne persönliche Kontaktadresse können Reisende auf den Philippinen Post empfangen. Botschaften, Postämter und American Express nehmen sie entgegen und bewahren sie zur Abholung auf.

Musterbrief an die Deutsche Botschaft

NAME, Vorname
c/o Embassy of the Federal Republic
of Germany
Solid Bank Building
777 Paseo de Roxas
Makati
1200 Metro Manila
Philippinen
(wird abgeholt)

Wird kein Nachsendeantrag gestellt, schickt die Botschaft nichtabgeholte Post nach zwei Monaten an den Absender zurück.

Musterbrief an ein Postamt - postlagernd

NAME, Vorname
Poste Restante
General Post Office
Stadt
Philippinen

Postlagernde Sendungen können am Poste Restante-Schalter abgeholt werden. In Manila befindet er sich hinten links im General Post Office. Geöffnet: Mo-Fr 8.00-12.00 u. 13.00-17.00 Uhr, Sa und an Feiertagen 8.00-12.00 Uhr. Einsortieren und Heraussuchen wird vereinfacht, wenn der Familienname unterstrichen ist.
Bei Nichtabholung wird die Post nach etwa drei Monaten zurückgeschickt. Nachsenden erfolgt kostenlos.

Musterbrief an American Express

NAME, Vorname
c/o American Express Company
Client's Mail
ACE Building
Rada Street
Makati
1200 Metro Manila
Philippines

Der Client's Mail Service steht nur Kunden von American Express zur Verfügung. Telefonische Auskünfte unter 8144777 (vermitteln lassen).
Für das Nachsenden ist eine Gebühr von 1 US-Dollar zu bezahlen.

Geld schicken

Wer Geld im Brief nach den Philippinen schicken will, sollte dieses nur per Einschreiben mit Rückschein tun. Ansonsten kommt es garantiert nicht an. Sicherheitshalber die Wertsache noch mit Klammern durch den Umschlag hindurch befestigen und darüber hinaus vorher mit einem Bogen Kohlepapier unkenntlich machen, denn es gibt Postmenschen mit Durchblick und Röntgenaugen!!! Es ist allerdings auch schon vorgekommen, daß Einschreiben mit Rückschein geöffnet wurden (...da muß ja etwas Wertvolles drin sein..!). Das beiliegende Geld wurde dann bis auf eine Restsumme entnommen oder z.B. der 50 Dollar-Schein gegen einen 5 Dollar-Schein getauscht, bevor die scheinbar ordnungsgemäße Zustellung erfolgte. Problemlos dagegen sollen Postanweisungen sein, die etwa zehn Tage dauern.

Post von den Philippinen

Briefe

Wenn man in Manila die Post direkt zum Air Mail Distribution Center nahe Domestic Airport bringt, klappt die Beförderung am schnellsten. Ebenso vom Postamt im Ninoy Aquino International Airport, das auch an Sonn- und Feiertagen geöffnet ist.
Im Gegensatz zum General Post Office in Manila ist das Rizal Park Post Office in der Nähe vom Manila Hotel wenig frequentiert und Wartezeiten sind dort selten oder minimal.
Bisher sind alle meine Briefe angekommen. Filme und andere wichtige Sachen habe ich - falls überhaupt - per Einschreiben *(registered mail)* verschickt. Eingeschriebene Eilbriefe werden mit etwas Glück innerhalb von fünf Tagen zugestellt.
Deutsche Aerogramm-Vordrucke mit philippinischen Briefmarken beklebt sind nicht erlaubt.
Besonders zur Weihnachtszeit sollte man die Briefmarken sofort abstempeln lassen. Dann können sie nicht abgelöst und noch einmal verkauft werden.

Porto: Per zehn Gramm kosten Luftpostbriefe nach: Südost-Asien 6 P, Australien und Mittlerer Osten 7 P, Europa und Nordamerika 8 P, Afrika und Südamerika 9 P. Aerogramme und Postkarten kosten 5 P, egal in welches Land. (Portoerhöhung steht bevor!).

Für Briefmarkensammler: Im General Post Office in Manila werden hinten links in einem Extraraum (»Philatelic Division«) Sondermarken verkauft.

Pakete

Abhängig vom Bestimmungsland dürfen Pakete nicht schwerer als 10 bzw. 20 Kilogramm sein. Außerdem sollten sie neutral verpackt (braunes Papier) und mit Band verschnürt sein. Pakete nach Europa dauern per Schiff *(surface mail, seamail)* zwei bis vier Monate.
Das Paketgewicht darf 10 kg bzw. 20 kg nicht überschreiten. Gewichtsgrenzen nach Deutschland: Luftpost 10 kg; Seepost 10 kg; zur Schweiz: Luftpost 20 kg; Seepost 10 kg.
Berechnet wird nach Kilotarifen. Es gibt einen Grundtarif für das erste Kilogramm, danach wird jedes angefangene Kilogramm berechnet.

Öffnungszeiten

Die Öffnungszeiten der philippinischen Postämter sind nicht einheitlich. Am zuverlässigsten sind jedoch folgende: Mo-Fr 8.00-12.00 u. 13.00-17.00 Uhr.
Bis auf wenige Ausnahmen sind die Postämter auf den Philippinen auch an Sonn- und Feiertagen geschlossen. Zum Jahreswechsel sind das z.B. mindestens drei Tage (30. Dezember: Rizal Day, 31. Dezember: Silvester, 1. Januar: Neujahr).

Fracht

Kommen Größe und/oder Gewicht für Paketpost nicht mehr in Frage, muß man auf Luft- oder Seefracht ausweichen.
Hilfreich und zuverlässig ist die Speditionsfirma Royal Cargo Corporation, 5/F Delgado Building, 637 Bonifacio Drive, 1002 Port Area, Manila, Tel. 5277891 bis 98, Fax: 5300748. Sie firmiert auch unter Royal Moving & Storage und hat Niederlassungen unter an-

derem in Angeles, Baguio, Cebu City und Legaspi. Weitere Speditionen stehen im Branchenbuch unter »Movers«. Bei Luftfracht gibt es auch Sammelfrachtraten. Zwar dauert die Beförderung der Sammelfracht ein paar Tage länger als normal, dafür bezahlt man aber auch erheblich weniger.

Telegramm

Der internationale Service ist prompt und zuverlässig. Innerhalb der Philippinen sind verspätete Zustellungen dagegen keine Seltenheit. Es gibt mehrere Communication Companies, die preislich etwa alle gleich liegen. Ein normales Telegramm dauert im internationalen Verkehr zwölf Stunden bis zwei Tage. Preis pro Wort: 13,00 P/Europa, 14,00 P/Australien. Innerhalb der Philippinen kostet das Wort 1,30 P/1 Tag, z.B. Manila-Cebu.
Zum Vergleich: Telex im internationalen Verkehr nach Europa kostet bei Globe Mackay oder Eastern Telecoms etwa 85 P/Min. (= knapp vier Zeilen).

Fax und Telefon

Auslandsgespräche

Ferngespräche von den Philippinen ins Ausland *(overseas call)* können von fast allen Hotels aus geführt werden. Möglich sind entweder direkt geführte oder vom Operator vermittlete Gespräche. Die berechnete Mindestdauer eines Gespräches beträgt meistens drei Minuten, je nach Land müssen jedoch nur die angefangenen Minuten bezahlt werden.
Es besteht ein Unterschied zwischen »Station to Station Call« (man gibt dem Operator nur die Telefonnummer an, verlangt also keine bestimmte Person) und dem etwa 25 Prozent teureren »Person to Person Call« (man verlangt eine bestimmte Person; wichtig z.B. bei Firmengesprächen).
Ein Drei-Minuten-Gespräch nach Deutschland, Österreich oder der Schweiz kostet etwa 270 P *(station to station)* bzw. 320 P *(person to person)*. Ein paar Peso billiger wird es, wenn man direkt vom Fernsprechamt PLDT (Philippine Long Distance Telephone Company) aus anruft. Sonntags sind die Gebühren 25 Prozent niedriger als an Wochentagen.
Die 7-Eleven Shops in Manila verkaufen für 500 P Telefonkarten. Damit kann man günstig kurze Ferngespräche führen (zeitgenau; kein Minimum von drei Minuten!), allerdings nur mit den Telefonen bei 7-Eleven.
Die Zeitverschiebung sollte berücksichtigt werden. Auf den Philippinen ist man sechs Stunden (Sommerzeit in Europa) bzw. sieben Stunden (MEZ) weiter. Außerhalb der europäischen Geschäftszeiten ist die Wartezeit minimal.

R-Gespräch: Ein *collect call* von den Philippinen nach Deutschland funktioniert folgendermaßen: Tel. Nr. 10549 wählen oder damit verbinden lassen. Es meldet sich die Vermittlung in Frankfurt, der man die gewünschte Rufnummer angibt. Die Vermittlung fragt unter dieser Rufnummer nach, ob das R-Gespräch angenommen wird und stellt gegebenenfalls durch. Solch ein Gespräch kostet dem angerufenen Teilnehmer 3,22 DM pro Minute; es werden mindestens drei Minuten berechnet.

Inlandsgespräche

Im Gegensatz zu Auslandsgesprächen sind innerphilippinische Orts- und Ferngespräche oft noch problematisch. Es dauert manchmal lange, bis man durchkommt. Überdies ist die Verständigung bei Ferngesprächen des öfteren schlecht. Auslandsgespräche sind dagegen eine wahre Wonne.
Nicht überall auf den Philippinen gibt

es Telefone (nur vier von 100 Filipinos besitzen ein Telefon). Im Notfall kann man sich an die nächste Polizeistation wenden, in der oftmals das einzige Telefon weit und breit steht.
Telefonnummern ändern sich auf den Philippinen sehr häufig. Den aktuellen Stand erfährt man wahrscheinlich aus dem neuesten Telefonbuch (*directory*). Auskunft: 114.

Handy (mobile phone)

Zwischen der philippinischen Telefongesellschaften Globe Telecom und Islacom und den deutschen Netzbetreibern D1 und D2 bestehen Roamingabkommen. Allerdings arbeitet das digitale Mobilfunknetz noch nicht flächendeckend, sondern vorerst nur in Manila und verschiedenen anderen großen Städten und Ballungszentren.

Faxen

Viele Hotels, Agenturen und Ämter sind mit Faxgeräten ausgestattet. Ein Fax von einem Hotel nach Übersee zu senden, kann jedoch relativ teuer sein: bis zu 350 P für eine Seite nach Europa! Private Gesellschaften wie Eastern Telecoms und PLDT berechnen dafür nur 95 P für die erste Minute (etwa eine Seite) und 85 P für jede weitere Minute.
Faxen innerhalb der Philippinen ist preiswert, z.B. von Manila nach Cebu City 25 P für die erste Minute und 20 P für jede weitere Minute.

Vorwahlnummern

Auf den Philippinen: Die Fax- und Telefonvorwahlnummern stehen im jeweiligen Ortskapitel unter »Adressen/ Verschiedenes«: *Vorwahl.* Hier noch einmal die wichtigsten:
Angeles (045); Bacolod (034); Boracay(036); Cebu City (032); Davao (082); Iloilo City (033); Manila (02); Puerto Princesa (048); San Fernando/ La Union (072).

Von Deutschland/Österreich/Schweiz nach den Philippinen: Vorwahlnummer Philippinen 0063 und Ortsvorwahlnummer ohne die erste 0 (z.B. 0063 45 für Angeles, 0063 2 für Manila), dann Telefon- oder Faxnummer.

Von den Philippinen nach Deutschland: 0049 plus die Ortvorwahlnummer ohne die 0, dann Telefon- oder Faxnummer.
Vorwahl Österreich: 0043; Vorwahl Schweiz: 0041.

Online

Internet und E-mail

Interessierte können eine Vielzahl von Informationen über die Philippinen auch im Internet abrufen; das Land ist diesbezüglich auf dem neuestem Stand der Technik. Fast jede große Stadt ist mit einer Homepage präsent, Tageszeitungen wie z.B. *Manila Bulletin* und *Inquirer* bieten Online-Infos, und viele touristische Unternehmen wie Hotels, Reisebüros oder Tauchschulen sind im Internet vertreten oder zumindest über E-mail zu erreichen.
Anstatt zeitaufwendig unter Tausenden von Homepages zu suchen, kann man sich auch schnell und bequem über die Mabuhay-Homepage informieren. Angeboten werden Hintergrundberichte, Onlinebuchungen (Hotels, Flüge), Unterhaltung usw. (http://www.brandstetter.de/mabuhay).
Wer auch unterwegs im Internet surfen oder per E-mail korrespondieren möchte, hat in sogenannten Internet Cafés und Cyber Cafés die Möglichkeit dazu. Bereits in zahlreichen philippinischen Städten bieten diese trendigen Einrichtungen Online-Anschluß, darunter in Manila, Angeles, Baguio, Cebu City, Davao und Iloilo City. Weitere werden sich mit Sicherheit bald in allen größeren Städten des Landes etablieren.

Weitere Informationen

In Deutschland, Österreich und der Schweiz sind in jüngster Zeit zahlreiche Freundschaftsclubs und Vereinigungen ins Leben gerufen worden, die möglicherweise auch Nichtmitgliedern Auskünfte über die Philippinen erteilen.

Fremdenverkehrsämter

Weitere Informationen vor der Reise erteilen die Auslandsbüros des Department of Tourism (DOT).

In Deutschland:
Philippinisches Fremdenverkehrsamt, Kaiserhofstraße 7, 60313 Frankfurt/M, Tel. (069) 20893 bis 95, Fax: 285127.

Die Anschriften der Fremdenverkehrsbüros in den Philippinen stehen im Kapitel »Reisetips«: *Informationen unterwegs*.

Bücher, Zeitschriften und Videos

Eine Literaturauswahl befindet sich im Anhang. Sollten Buchhandlungen und Bibliotheken nicht ausreichend sortiert sein, gibt der *Geo-Katalog* des ILH (Geo-Center), Stuttgart, Auskunft über weitere Bücher. Zumindest größere Buchhandlungen sollten ihn haben.

Alle zwei Monate erscheint *Balita* - »Eine Zeitschrift für alle Freunde der Philippinen«. (Jahresabo Deutschland 49,50 DM, Europa 54,- DM). Dieses Informations- und Unterhaltungsorgan wird herausgegeben von Lucila Till, Aegidienstraße 17, 34346 Hann. Münden.

Videos über die Philippinen sind erhältlich bei:

anderes reisen GmbH, Münsterplatz 6-7, 88250 Weingarten, Tel. (0751) 560320, Fax: 553522.

TOURlife, Postfach 150105, 48149 Münster, Tel. (0251) 846570, Fax: 846571.

Reisetips

Übernachten

Preise

Die Preise für gute billige Zimmer fangen bei rund 200 P an (etwa 10,- DM). In den Bergen Nord-Luzons gibt es zwar auch Unterkünfte für nur 50 P (etwa 2,50 DM), jedoch sind sie ohne jeglichen Komfort wie beispielsweise Elektrizität und fließend Wasser. Die beste Auswahl an preiswerten, gut ausgestatteten Mittelklassehotels mit Klimaanlage, TV, Heißwasser und Swimmingpool um 500 P (etwa 25,- DM) findet man in Angeles nahe dem Mount Pinatubo.

Auf der populären Insel Boracay sind in der Hauptsaison von Dezember bis Mai nur eine Handvoll Cottages für weniger als 500 P zu haben, in der Nebensaison werden jedoch verlockende Rabatte angeboten.

Auf den Philippinen wird nur selten zwischen Einzel- und Doppelzimmer unterschieden. Die Zimmer sind meist entweder mit einem Doppelbett oder zwei Einzelbetten ausgestattet; der Preis gilt fürs Zimmer, egal ob eine oder zwei Personen darin übernachten. Wer längere Zeit an einem Ort bleiben will und ein paar Peso sparen möchte, sollte sich nach Wochen- und Monatsmieten erkundigen.

Hotels der oberen Kategorie schlagen auf den Zimmerpreis fast immer noch zusammen knapp 25 Prozent für Service und Steuern drauf.

Fast alle Fluggesellschaften, die Manila anfliegen, bieten in Verbindung mit dem Ticketkauf Stopover-Programme an. Der Flugpassagier kann dadurch in den Genuß von relativ preiswerten Übernachtungen in First-Class-Hotels kommen; obendrein wird er noch mit einer Limousine vom Airport abgeholt. Verschiedene deutsche Reiseveranstalter (z.B. Aeroworld, Transasia, Transorient, Tischler-Reisen) bieten Einzelreisenden Zimmer in besseren Hotels zu äußerst günstigen Preisen an.

Auch bei Buchung von Hotels über Reiseveranstalter via Internet sind lohnende Rabatte auf die normalen Zimmerpreise zu erzielen, teilweise bis zu 40 Prozent.

Cottages

Die üblichen Unterkünfte an Stränden sind Cottages, kleine Ferienhäuschen aus Bambus oder Stein. Der Übernachtungspreis richtet sich nach Größe und Ausstattung und gilt fast immer für zwei Personen. Ein preiswertes Cottage ist nichts weiter als eine einfache Hütte, anspruchslos eingerichtet mit einem simplen Bett, einem Moskitonetz und einer Petroleumlampe. Teurere Cottages haben bessere Möbeln, Ventilator, Bad und Veranda. Am meisten kosten solide Cottages aus Stein, komfortabel ausgestattet mit zwei Betten, Klimaanlage und Bad.

Hotel

Sollte das ausgewählte Hotel ausgebucht sein, kann man, je nach Tageszeit, in der Lobby warten, bis ein Zimmer frei wird. Nach 12.00 Uhr dürften jedoch nur noch wenige Gäste ausziehen. Bei höflicher Anfrage wird das Personal an der Rezeption sicher gerne dazu bereit sein, andere Hotels telefonisch nach freien Zimmern abzufragen. Die billigeren Zimmer befinden sich meistens im inneren Gebäudeteil und haben dann möglicherweise keine Fenster.

Da es auf den Philippinen des öfteren brennt, sollte man sich sicherheitshalber den Notausgang einprägen. Nachdem ich hilflose Feuerwehraktionen bei Großbränden miterlebt habe, mehrere Male wegen Stromausfall im stickigen Fahrstuhl zwischen den Etagen hängengeblieben bin und wegen eines Erd-

bebens in Baguio das Hotel mitten in der Nacht fluchtartig verlassen mußte, bevorzuge ich die Zimmer der unteren Stockwerke. Das mag vielleicht etwas übervorsichtig sein, aber ein geschütteltes Kind scheut nun mal...
Auf den Philippinen ist es ein normaler Vorgang, sich das Hotelzimmer zeigen zu lassen, bevor die Anmeldung ausgefüllt wird. Auch Dusche und Toilettenspülung sollten geprüft werden, schließlich bezahlt man ja dafür.
Die Beleuchtung von Hotelzimmern ist oft gedämpft. Wer abends anstatt auszugehen lieber lesen oder schreiben möchte, sollte sich vorher eine mindestens 60 Watt-Glühbirne besorgen.
Wertgegenstände können im Hotelsafe deponiert werden, was ratsam ist. Sollte allerdings eine simple Schublade als Schließfach herhalten müssen, würde ich meine Sachen auch nicht dem Hotel anvertrauen. Ebenso leichtsinnig dürfte es sein, größere Mengen Bargeld bedenkenlos in die Obhut eines vielleicht unterbezahlten Rezeptionsangestellten zu geben. In jedem Fall sollte man sich eine Quittung mit exakter Aufstellung aller zur Verwahrung überreichten Gegenstände ausstellen lassen. Wichtig ist auch zu wissen, ob die Sachen jederzeit auslösbar sind. Nicht immer verfügt die Nachtschicht über einen Safeschlüssel. Beim Auslösen grundsätzlich Geld und Schecks nachzählen.

Appartement

Für einen längeren Aufenthalt empfiehlt es sich, ein möbliertes Appartement zu nehmen. Das verringert die Tagessätze doch erheblich. Siehe auch Kapitel »Manila«: *Appartements*.

Privat

Bei Übernachtungsschwierigkeiten in kleineren Orten wendet man sich am besten an den Bürgermeister (Mayor oder Barangay Captain). Der wird dann schon eine Bleibe besorgen. Vielleicht stellt er den Quartiersuchenden sogar das Government Resthouse zur Verfügung, wenn es dort eins gibt!
In der Provinz kommt es häufig vor, daß man in ein Privathaus eingeladen wird. Es ist philippinische Sitte, dem Gast beste Kost und Logis zu bieten. Diese Verpflichtung kann für eine Familie finanziell jedoch sehr belastend sein. Daher sollte diese Gastfreundschaft auf keinen Fall ausgenutzt werden, sondern man revanchiert sich diplomatisch mit einem angemessenen Geldbetrag, z.B. für die Ausbildung der Kinder (niemals für Übernachtung und Verpflegung!).

Begriffe der Hotelsprache

Zimmer

Single Room: Einzelzimmer; normalerweise mit schmalem Bett, manchmal auch mit einem breiteren Bett (Queen Size Bed; Französisches Bett).
Double Room: Doppelzimmer; normalerweise mit zwei getrennt stehenden Betten (Twin Bed), manchmal auch mit einem sehr breiten Bett (King Size Bed; etwa zwei Meter lang und breit). Ein einfaches Zusatzbett (Extra Bed) wird gegen einen kleinen Aufpreis auf Wunsch ins Zimmer gestellt.
Aircon Room: Zimmer mit Klimaanlage (zentralgesteuert oder als Gerät im Zimmer).
Fan Room: Zimmer mit Ventilator (an der Decke oder als Standgerät).
Check-Out Time: Um diese Zeit muß das Zimmer geräumt sein (fast immer 12.00 Uhr des nächsten Tages nach Einchecken), ansonsten wird ein weiterer Tag berechnet.

Preise

Room Rate oder ***Tariff:*** Zimmerpreis.
Daily Rate: Zimmerpreis pro Tag.
Weekly Rate; Monthly Rate: Zimmer-

preis bei einem Aufenthalt von einer Woche bzw. einem Monat (manche Hotels gewähren bei Vorauszahlung einen Preisnachlaß auf den Tagespreis).
Service Charge: Bedienungsgeld (Hotels der gehobenen Preisklasse addieren zum Zimmerpreis noch zehn Prozent).
Government Tax: Von Hotels der gehobenen Preisklasse werden 13,7 Prozent Steuern auf den Zimmerpreis in Rechnung gestellt (nicht auf Service Charge).
Net: Zimmerpreis = Endpreis; Service Charge und Government Tax werden nicht berechnet bzw. sind bereits im Preis enthalten.
Plus-Plus: Der genannte Zimmerpreis plus Service Charge plus Government Tax.
Discount: Preisnachlaß (insbesondere große Hotels lassen bei schwacher Belegung und in der Nebensaison mit sich reden).
Tip: Trinkgeld (Zimmermädchen und Roomboy freuen sich darüber).

Trinkgeld

Wie auch in anderen Ländern steht es auf den Philippinen dem Gast frei, Trinkgeld zu geben. Wer ein paar Tage in einem Hotel verbringt, wird jedoch absolut nicht falsch damit liegen, dem zuständigen Roomboy oder Zimmermädchen rechtzeitig 20 P in die Hand zu drücken.
Kellnerinnen erwarten im allgemeinen immer ein Trinkgeld - es ist ein Teil ihres Lohns -, auch wenn auf der Rechnung bereits ein Bedienungsgeld ausgewiesen ist. Es kommt in einen gemeinsamen Topf und wird später mit dem Koch und der Kassiererin geteilt. Wer gut bedient wurde, sollte sich mit rund fünf Prozent vom Rechnungsbetrag dafür erkenntlich zeigen.
Mancher Taxifahrer erzwingt förmlich

Prayer For Tourists

Heavenly Father, look down on us your humble obedient tourist servants, who are doomed to travel this earth, taking photographs, mailing postcards, buying souvenirs and walking around in drip-dry underwear.

Give us this day divine guidance in the selection of our hotels, that we may find our reservations honored, our rooms made up and hot water running from the faucets.

We pray that the telephones work, and the operators speak our tongue.

Lead us, dear Lord to good inexpensive restaurants where the food is superb, the waiters friendly and the wine included in the price.

Give us the wisdom to tip correctly in currencies we do not understand. Forgive us for undertipping out of ignorance and overtipping out of fear. Make the natives love us for what we are, and not for what we can contribute to their wordly goods.

Grant us the strength to visit the museums, the cathedrals, the palaces and the castles listed as a »must« in the guidebooks.

And if by chance we skip a historic monument to take a nap after lunch, have mercy on us for our flesh is weak.

(Gesehen im Shamrock Café, Sagada)

Reisetips

ein Trinkgeld, indem er vorgibt, nicht wechseln zu können. Nun, wenn der Taxameter korrekt gelaufen ist, sollte der Fahrgast den zu zahlenden Betrag freiwillig mehr oder weniger großzügig aufrunden, z.B. von 44 P auf 50 P.

Elektrizität

Netzspannung: 220 Volt, 60 Hertz; manchmal, wie in Angeles, auch zusätzlich 110 Volt. Die Steckdosen entsprechen nicht unserer Norm. Man benötigt einen Zwischenstecker (US-Normstecker). Stromausfälle kommen immer wieder vor; eine griffbereite Taschenlampe dürfte sich dann als sehr nützlich erweisen.

Wäschereien

Auf den Philippinen gibt es nur sehr wenige öffentliche Wäschereien, die mit modernen Geräten ausgestattet sind. Laundries mit Selbstbedienung an Münzautomaten sind völlig unbekannt. Wer seine Sachen nicht selber waschen möchte, übergibt sie dem Hotel oder Guesthouse (Laundry Service) und erhält sie zwei bis drei Tage später sauber zurück, allerdings nicht immer gebügelt. Hemd/Bluse waschen und bügeln kostet etwa 15 P.

Toiletten

Die Bezeichnung für Toilette ist Comfort Room oder - kurz - CR (sprich: Sie-Ar). Sind die Türen in Filipino beschriftet, steht für Herren »Lalake« und für Damen »Babae«. Öffentliche Toiletten gibt es nicht; daß Männer einfach draußen urinieren, ist nicht ungewöhnlich. Die Toilettensitze in Restaurants und Kneipen sind häufig stark verschmutzt, und Papier gibt es nur selten. Ich empfehle, das große Geschäft immer im eigenen Hotel zu erledigen. Ansonsten findet man in der Lobby eines besseren Hotels (z.B. Holiday Inn Manila Pavilion) und in modernen Restaurantketten wie Shakey's oder McDonald's immer eine saubere Toilette, falls gerade geputzt wurde. Üblich sind Sitzklos à la American Standard, allerdings in der etwas kleineren philippinischen Ausführung, nämlich Philippine Standard.

Essen und Trinken

Faustregel: Wo Einheimische essen, ist es gut und preiswert. Aber auch westliche Gerichte sind gar nicht einmal so teuer. In einigen Restaurants erhält man ein komplettes Menü schon für 75 P.
An Eßständen in größeren Städten wird abends viel gegrillt. Es gibt Leber, Schweinefleisch, Hähnchenkeulen, Meeresgetier und andere Leckereien in Form von Barbecue-Sticks. In den heißen Monaten April und Mai sollte man an den vor dem Grillen selbst ausgesuchten Spießen mittels Nase den Frischetest vornehmen.
Reis ist das Grundnahrungsmittel der Filipinos. Auch zum Frühstück wird normalerweise ein Teller Reis mit ein oder zwei Beilagen serviert (Filipino Breakfast). Wer Brot bestellt, dem werden meistens ein paar Scheiben geschmacksneutrale ungeröstete Toast gereicht. Wer dieses Allerweltsbrot wie gewohnt getoastet essen möchte, sollte ausdrücklich »toasted bread« bestellen.
Das Wasser ist auf den Philippinen durchweg sauber und trinkbar. Zumindest in den Städten. Auf dem Lande sollte man es mit Vorsicht genießen. Abraten möchte ich vom offenen Speiseeis der fliegenden Händler. Gesünder dagegen ist das verpackte Magnolia-Eis, sofern außer der Verpackung auch der Inhalt von Magnolia stammt. Auch die in den Magnolia Dairy Bars und Supermärkten verkauften Eisbecher unterliegen strengen Qualitätskontrollen.

Ich wollte einmal mit einem Pfarrer eine kleine Reise nach Tisch antreten, um 11 ¼ Uhr waren alle Vorbereitungen fertig. Ich äusserte, dass es schade sei, die ¾ Stunde bis zur Mahlzeit zu warten. Gleich darauf schlug es 12; alle Arbeit im Dorfe hörte auf; wir sowohl als unsere Träger setzten uns zu Tisch; es war Mittag. Dem Glockenschläger war die Botschaft zugegangen: "Der Señor Padre liesse ihm sagen, er schliefe gewiss wieder, es müsse längst 12 Uhr sein, denn der Señor Padre habe Hunger."

Aus *Reisen in den Philippinen* von Fedor Jagor, 1873

Uhrzeit

Auf den Philippinen ist es sieben bzw. sechs Stunden (= Sommerzeit in Europa) später als z.B. in Deutschland. Die Zeitangaben sind mit dem Zusatz a.m. oder p.m. versehen:
a.m. (ante meridiem) ist die Zeit von Mitternacht bis 12.00 Uhr mittags; p.m. (post meridiem) ist die Zeit von 12.00 Uhr mittags bis Mitternacht. 11 p.m. entspricht also 23.00 Uhr.
Einen eigenständigen Charakter hat die sogenannte »Filipino Time«. Sie beinhaltet Unpünktlichkeit und Geduld. Filipino-Time-Verabredungen werden grundsätzlich locker gehandhabt. Entweder man wartet oder läßt warten. Nur nicht aufregen, morgen ist ja auch noch ein Tag. Das gilt auch, wenn man den 7.00 Uhr-Bus verpaßt hat, weil er bereits um 6.30 Uhr abgefahren ist. Zuverlässig und pünktlich sind auf den Philippinen eigentlich nur Sonnenaufgang und Sonnenuntergang. Bei Einladungen verhalte man sich dann auch ganz gemäß der Landessitte und erscheine etwa eine Stunde später als zum vom gastgebenden Filipino genannten Termin. Das wird als höflich empfunden und erspart dem Besucher das peinliche Gefühl des Zufrühkommens.

Geschäftszeiten

Zwischen 8.00 und 10.00 Uhr öffnen Geschäfte und Dienstleistungsbetriebe ihre Türen. Büros, Banken und Behörden haben Fünftagewoche. Manche Büros sind jedoch auch samstags vormittags geöffnet. Banken sind ab 9.00 Uhr offen und schließen gewöhnlich um 15.00 oder 15.30 Uhr. Büros und Behörden haben bis 17.00 Uhr geöffnet. Bei Botschaften und Konsulaten ist Publikumsverkehr meistens nur von 9.00 bis 13.00 Uhr möglich. Große Geschäfte wie Kaufhäuser und Supermärkte machen bis auf wenige Ausnahmen um 20.00 Uhr Feierabend. In kleineren Läden kann man häufig noch bis 22.00 Uhr einkaufen.

Sicherheit

Wer in Bars und Restaurants seine Peso-Packen auf den Tisch knallt oder auch anderswo mit Scheinen nur so um sich wirft, darf sich nicht wundern, wenn er an der nächsten Ecke zur Kasse gebeten wird. Auf solche Gelegenheiten warten die kleinen und großen Gangster in Manila natürlich genauso wie die in München oder in Manhattan. Leichtsinn wird auch auf den Philippinen bestraft, daher auf Wertsachen achtgeben oder sie nach Möglichkeit erst gar nicht zeigen. Der reiche Fremde ist man sowieso, auch der, der nach unseren herkömmlichen Vorstellungen nicht gerade wohlhabend ist und lange für die Reise sparen mußte. Protziges

Auftreten kann da nur einer Herausforderung gleichkommen. Das gilt besonders in der Vorweihnachtszeit. Denn alle Jahre wieder mobilisiert das Fest der Liebe scharenweise Bettler und Diebe, sich bei Landsleuten und Touristen die für den Geschenkekauf erforderlichen Geldmittel zu besorgen.

Hier ein paar Tips, die unnötige Verluste vermeiden helfen können:

- Geld gehört in die vordere Hosentasche. Dort kann es nicht so leicht herausrutschen oder von Taschendieben herausgezogen werden.
- Umhängetasche oder Fototasche nie irgendwo »kontaktlos« hinstellen. Im Restaurant z.B. am besten mit einem Bein durch die Schlaufe steigen.
- Zu später Stunde die dunklen Gassen meiden. Besonders, wenn Bier und Rum wieder einmal gut geschmeckt haben.
- Eine Taxifahrt erst bezahlen, wenn das gesamte Gepäck ausgeladen ist.
- Wertsachen nach Ermessen im Hotelsafe deponieren (siehe Kapitel »Reisetips«: *Übernachten*). Oder eine Safe-Deposit-Box bei einer großen Bank mieten. Das kostet etwa 200 P für ein Jahr. Zu empfehlen, wenn Tickets, Dokumente, Reiseschecks, Schmuck usw. für längere Zeit deponiert werden sollen. Auch an Feiertagen sind Banken geschlossen! Wichtig bei Abreise! Leider ist es sehr schwierig geworden, an ein freies Schließfach heranzukommen. Entweder sind so ziemlich alle vergeben, oder die Banken wollen einfach kein kurzfristiges Geschäft machen.
- Nicht jedem Fragenden grundlos den Namen seines Hotels und schon gar nicht die Zimmernummer geben. Notfalls spontan und glaubhaft eine falsche Anschrift nennen.
- Im Hotelzimmer noch einmal gründlich umschauen, bevor man auszieht. Zwar können vergessene Sachen einem nicht mehr geklaut werden, aber weg sind sie meistens auch.

Vorsicht, Falle!

In den letzten Jahren mußten parallel zur steigenden Anzahl der Touristen in den Touristenzentren leider auch Steigerungsraten in der Kriminalität verzeichnet werden. Verschiedene Spitzbuben und -mädchen haben sich darauf spezialisiert, den Reisenden in die Kasse zu greifen. Dies gilt unter anderem für Manila, Cebu, Olongapo und ganz besonders für Angeles und Baguio.
Filipinos sind durchweg freundlich und nett. Einige sind aber etwas zu freundlich, bieten irgendwelche dubiosen Dienste an und wollen doch immer nur das eine: unser Geld! Die nachfolgenden Beispiele sind nicht unbedingt an der Tagesordnung, aber sie sind vorgekommen. Ich will durch den Hinweis darauf nicht verunsichern und schon gar nicht ein »Feindbild« schaffen. Vielmehr ist es jedoch meine Absicht, die Machenschaften einiger weniger Filipinos publik zu machen - selbstverständlich ohne die breite Masse gleichzeitig diskriminieren zu wollen! Allerdings: wer mich beklaut, der kann mein Freund nicht sein!
Laßt Euch von diesen schwarzen Schafen nicht die Reise verderben und schärft die Sinne, dann wird schon nichts passieren. Wer vorbereitet ist, wird sehr schnell zwischen Gut und Böse unterscheiden können. Oft sind es nämlich übertriebene Gutgläubigkeit und blinder Leichtsinn, die solche Fälle provozieren.

- Dort wo Touristen sind, gibt es auch Trickdiebe (Taschendieb-Transvestiten in Ermita, Amateur- und Profizieher in den Bussen nach Batangas/Puerto Galera, Schlitzer in vollen Jeepneys...).
- Sollte Euch jemand aufgeregt darauf hinweisen, daß Ihr gerade Euer

Geld verloren habt, bleibt ruhig und greift nicht gleich dorthin, wo die Scheine normalerweise sitzen. Auf diesen »Verrat« wartet der lauernde Taschendieb nur!

- Fliegende Zeitungshändler haben normalerweise einen dicken Stapel Zeitungen unterm Arm. Taschendiebe dagegen bieten zum Schein meistens nur eine einzige Zeitung zum Kauf an, wobei dem angepeilten Opfer das Blatt mit der einen Hand ungewöhnlich nah an das Gesicht gehalten wird, während ihm die andere im Sichtschutz unter der Zeitung blitzschnell in die Taschen greift. Bisweilen praktizieren diese meist jugendlichen Diebe den Zeitungstrick auch in Restaurants, um Brauchbares, von Zigaretten und Feuerzeug bis hin zur leichtfertig auf dem Tisch liegenden Geldbörse, abzuräumen.
- Solltet Ihr einmal überfallen werden, z.B. vom Motorrad aus oder in einer dunklen Gasse, dann wehrt Euch nicht. Filipinos schießen schnell. Besonders auf Helden.
- Wenn Euch in Manila, insbesondere im Nayong Pilipino (»Philippinisches Dorf« beim Flughafen) und im Stadtteil Ermita (Mabini Street, Rizal Park usw.), ein Unbekannter anspricht (»... hello my friend, do you remember me from the Airport... Immigration... San Fernando... I was your bus driver...«), Euch die Stadt zeigen oder zum Essen einladen will, reagiert nicht darauf und laßt ihn mit seinen bösen Absichten allein.

Auch die Behauptung, daß die Schwester in der nächsten Woche z.B. nach Deutschland, Australien oder den Vereinigten Staaten fliegen wird, um dort - welch ein Zufall - ausgerechnet in derselben Stadt als Krankenpflegerin zu arbeiten, aus der der Gesprächspartner kommt, und sie vor Abreise doch zu ihrer Beruhigung etwas mehr über dieses Land und diesen Ort wissen möchte, ist lediglich ein Vorwand, das potentielle Opfer in ein Haus zu lokken, um es dort dann ungestört und gründlich auszuräubern - ein bevorzugt praktizierter Trick in Baguio.

Eine beliebte Kontaktaufnahme ist auch die Aufforderung zum gegenseitigen Fotografieren oder Sprüche wie »...wir sind auch fremd hier, kennen aber Leute, die uns gemeinsam die Stadt zeigen könnten...«.

- Wenn Ihr »zufällig« z.B. im Rizal Park von einer fröhlichen Clique zu einer (gestellten!) Geburtstagsfeier eingeladen werdet, geht wohlwissend weiter. Die Feier wird schon nach kurzer Zeit vom Park in irgendein Haus verlegt, wo man dem teuren Gast meistens eine Massage verpaßt oder eine »übliche rituelle Waschung« verabreicht und ihn dabei in aller Ruhe ausnimmt (Schlafpulver, sogenannte k.o.-Tropfen, doppelte Türen im Kleiderschrank...).

Nochmals: Grundsätzlich Vorsicht vor überschellen Einladungen, auch wenn man gelegentlich dadurch Filipinos Unrecht tut. Keine Getränke und kein Essen von Fremden annehmen, auch nicht auf Busfahrten (auch Bonbons können präpariert sein!).

- Eine unauffällige, stark frequentierte und daher bei Betrügern beliebte Kontaktstelle war (und ist?) auch das Büro von Philippine Airlines am Roxas Boulevard in Ermita, wo z.B. eine hochschwangere Frau in Zusammenarbeit mit einem jungen Mädchen Touristen zuerst in ein zwangloses Gespräch verwickelt und später zu einer Stadtrundfahrt oder einem Besuch zu sich nach Hause einlädt. Auch diese Freundlichkeiten enden meistens mit einem Blackout und leeren Taschen des Gastes.
- Berichte über Betäubungsfälle in Baguio und Banaue liegen mir ebenfalls vor: Der Tourist wird von einem bzw. zwei netten jungen Filipino(s) angesprochen (25 bis 30 Jahre, sehr gepflegter Eindruck, gutes Englisch) und

zu einem Kaffee eingeladen, der etwas seltsam schmeckt (was bei *native coffee* in dieser Gegend allerdings nicht ungewöhnlich ist). Wie vom Blitz getroffen liegt der Tourist dann fünf bis zehn Minuten später flach und wacht erst nach rund zwölf Stunden aller Wertgegenstände entledigt irgendwo in einem Park oder auf einem Feld wieder auf (siehe auch weiter oben: Krankenschwester-Trick).

● Pferdedroschken (Calesa) im Bereich Ermita, z.B. entlang des Roxas Boulevard, sind fast immer auf Touristenfang aus. Beliebt ist der Trick, den Fremden in das Fahrzeug zu bitten, um von ihm mit dessen Kamera ein Bild zu schießen. Bei dieser Gelegenheit steigen dann zwei Filipinos zu und fordern den eingeweihten Kutscher zu einer »City Tour« auf, die bereits nach 200 bis 300 Metern endet und für die vom Touristen dann äußerst hartnäckig rund 250 P verlangt werden.

● Und dann gibt es noch die falschen Polizisten, die zu zweit oder zu dritt in einer neueren Limousine durch Manilas Touristenviertel fahren, vom Wagen aus Touristen ansprechen, dabei eine angebliche Polizeiplakette vorzeigen und die angesprochene Person auffordern, für ein paar Minuten einzusteigen. Mit der Begründung, daß wieder einmal Falschgeld in Umlauf ist, möchten diese gepflegt und sehr verbindlich auftretenden Herren das Geld des Touristen auf Echtheit prüfen. Dabei bedienen sie sich kräftig und geschickt, bestätigen bei Rückgabe der Restsumme großzügig die Unbedenklichkeit der Scheine und machen obendrein den Touristen beim Aussteigen überaus freundlich auf die immer dreister werdenden, angeblich an jeder Straßenecke lauernden Taschendiebe aufmerksam.

Erkennungshinweis: Philippinische Polizisten weisen sich nur sehr, sehr selten mit einer Plakette aus; ihre Legitimation ist normalerweise die gebügelte Uniform oder der locker im Gürtel stekkende Revolver. Zivilfahnder tragen eher T-Shirt, Jeans und Turnschuhe, als daß sie auffällig überdurchschnittlich gut gekleidet auftreten. Die Nummernschilder von Polizeifahrzeugen sind wie bei allen staatlichen Fahrzeugen weiß mit roten Buchstaben und Nummern, wobei der erste Buchstabe ein »S« sein sollte. Die Nummernschilder von lizensierten Taxis sind gelb mit schwarzer Schrift, die von privaten Fahrzeugen entweder weiß mit grüner Schrift oder grün mit weißer Schrift.

● Zu den falschen Polizisten gesellen sich mit ähnlicher Masche falsche Immigrationsbeamte (mit beeindruckender Plakette!), die bevorzugt im Gebiet Intramuros/Rizal Park und Nayong Pilipino von Touristen den Reisepaß zur Einsicht fordern und ihn erst nach Zahlung einer stattlichen Summe wieder herausrücken. Echte Immigrationsbeamte kontrollieren tatsächlich sporadisch die Reisepässe von Ausländern, wenn auch äußerst selten. Aber sie geben sich auch mit einer Kopie zufrieden. Das Original muß man also nicht Tag und Nacht dabeihaben.

● Laßt Euch niemals mit Filipinos auf ein Kartenspiel ein!! Auch wenn der »Cousin« Eures Gastgebers angeblich im Casino arbeitet und alle möglichen Tricks verrät, um endlich gemeinsam den »reichen Chinesen« auszunehmen, der dann auch nicht lange auf sich warten läßt. Auch wenn nach Aussage der Mitspieler absolut kein Risiko eingegangen wird und die Gewinnchancen noch so gut zu stehen scheinen! Es wird am Ende immer nur einen Verlierer geben! Ich habe Zocker getroffen, die wollten nach drei Pleiten immer noch nicht einsehen, daß das Syndikat gegen sie arbeitet.

● Ein gesundes Mißtrauen sollte man auch gegenüber einigen schrägen Vögeln aus dem Ausland haben. Die können oder wollen nicht in ihr Land zurück, sprühen vor »vielversprechenden« Ideen, haben die »besten« Beziehungen und sind immer auf der Suche nach einem großzügigen Geldgeber. Kleinere Beträge werden natürlich auch genommen.

- Wenn ein Ausländer versuchen sollte, unter irgendeinem Vorwand Namen und Ort Eurer Hausbank sowie die Kontonummer in Erfahrung zu bringen, wird's verdächtig. Wenn danach (oder auch schon vorher) darum gebeten wird, etwas zusammen mit Euren Wertsachen im Hotel deponieren zu können, droht Gefahr. Denn jetzt kann er an das »gemeinsame« Depot heran, Eure Personalien und eventuell auch die Bankverbindungen herausfinden und mit den Angaben und Daten direkt oder über ein kurzfristig auf Euren Namen eingerichtetes Konto per Fax oder Telex Geld anfordern. Alles vorgekommen. Und das Spielchen läßt sich sicher variieren!

Drogen

Laut einem Bericht der in den USA ansässigen Drug Enforcement Agency (DEA) sind die Philippinen nach Mexiko weltweit der zweitgrößte Produzent von Marihuana. Außerdem benutzen internationale Drogensyndikate das Land zum Transfer illegaler Drogen wie z.B. Shabu (methamphetamine hydrochloride), eine billige Crack-Version, die vermutlich in China hergestellt wird.

Seit Beginn der achtziger Jahre wurden die philippinischen Drogengesetze stufenweise erheblich verschärft. Ganz im Gegensatz zu früheren Jahren, in denen Drogenvergehen vorzugsweise mit Geldstrafen und - bei ausländischen Straftätern - Deportationen geahndet wurden, greifen die Behörden nun härter durch. Die sich ausweitende Verbreitung von Drogen aller Art und der daraus resultierende politische Druck zwingen die Strafverfolger dazu, das Gesetz jetzt in seiner ganzen Härte anzuwenden.

Grundsätzlich sind nichtautorisierten Personen Herstellung, Besitz, Verteilung sowie Ein- und Ausfuhr von Drogen verboten, wobei die Menge völlig unerheblich ist. Die angesprochenen »Dangerous Drugs« werden unterteilt in »Prohibited Drugs« (Opium, Heroin, Morphium, Kokain, LSD, Marihuana...) und »Regulated Drugs« (Psychopharmaka, Schlafmittel, starke Schmerzmittel...). Verstöße werden mit sehr harten Strafen belegt. Die fangen bei sechs bis zwölf Jahren Gefängnis plus Geldbuße in Höhe von 6.000 bis 12.000 P, z.B. für Besitz oder Konsum von Marihuana, an und gipfeln in lebenslänglich bzw. Todesstrafe plus Geldbuße in Höhe von 14.000 bis 30.000 P für Herstellung, Verteilung, Ein- und Ausfuhr von allen »Prohibited Drugs«.

Laut Gesetzestext sind solche Bestrafungen auch bei Mißbrauch von »Regulated Drugs« möglich, wobei Besitz und Konsum ausgenommen sind, wenn die Notwendigkeit, z.B. durch ein ärztliches Rezept, nachgewiesen werden kann.

Kann durch eine rechtzeitige finanzielle Regelung eine Strafverfolgung nicht unterbunden werden, steht es dem Angeklagten frei, sich einen teuren Privatanwalt oder einen vom Staat bezahlten Verteidiger vom Legal Assistance Office zu nehmen, den er jedoch unbedingt motivieren sollte!

Besonders aktiv sind die Drogenfahnder in den Zentral-Kordilleren Nord-Luzons, wo des öfteren Busse und Privatwagen aus Sagada und anderen Orten der Mountain Province von Militär und NARCOM (Narcotic Commission) gestoppt werden, um das Gepäck der Fahrgäste vor allem nach Marihuana zu durchsuchen, das heimlich in den Bergen angebaut wird.

Frauen unterwegs

Im Vergleich zu manchen anderen asiatischen Ländern, z.B. Indien oder Indonesien, dürften Frauen die Philippinen als ein sehr sicheres und angenehmes Reiseland empfinden. Filipinos treten zwar gern als unwiderstehliche Machos auf, können aber auch überraschend aufmerksame Kavaliere sein. Insbesondere gegenüber ausländischen Frauen versuchen sie sich von ihrer allerbesten Seite zu zeigen. Sie reden sie respektvoll mit »Ma'am« an, schmeicheln ihnen mit freundlichen Komplimenten (»...du bist schön...«) und üben sich in artiger Konversation.
Aber auch eine Filipina etwa als Nachbarin während einer Busfahrt wird sich die Gelegenheit nicht entgehen lassen, einer alleinreisenden Ausländerin neugierig ein paar Fragen zu stellen, z.B. nach dem Herkunftsland, Anlaß und Ziel der Reise und natürlich nach dem Ehemann und der Anzahl der Kinder. Wen dann nach ein paar Kilometern Fahrt die Filipina aussteigt und eine andere ihren Platz einnimmt, werden alle Fragen garantiert noch einmal gestellt.
Merke: Höfliche Antworten auf zumeist stereotype Fragen parat zu haben, dürfte sich bereits nach wenigen Reisetagen als sehr nützlich erweisen.
Aufdringliche, alkoholisierte Filipinos sollte man dagegen am besten einfach ignorieren. Falsche Freundlichkeit könnte leicht als Ermutigung zu weiterer Annäherung verstanden werden. Wenn in einem Restaurant eine Gruppe Filipinos ein Trinkgelage veranstaltet, ist es nicht gerade ratsam, ausgerechnet am Tisch nebenan Platz zu nehmen. Die klügere Entscheidung dürfte es sein, einfach das Restaurant zu wechseln.
Sexuelle Belästigungen ausländischer Frauen durch Filipinos hat es gegeben, allerdings sehr, sehr selten. Ohne Alkohol, provozierendem Verhalten, erschreckender Naivität oder purem Leichtsinn wäre es vermutlich zu keinem einzigen Vorfall gekommen.
Wer sich tagsüber topless am Strand präsentiert und abends aufreizend durch die Disco schwebt, sollte wissen, daß hunderte hungriger Augen jede einzelne Bewegung verfolgen. Wer sich - wie im Januar 1994 von zwei amerikanischen Studentinnen fertiggebracht - von unbekannten Filipinos zu einer Fahrt mit einem privaten Auto überreden läßt anstatt den öffentlichen Bus zu nehmen, nach Ankunft in dasselbe Hotel eincheckt und abends obendrein noch gemeinsam mit ihnen einen draufmacht, muß damit rechnen, in der Nacht nicht in Ruhe gelassen zu werden.

Hinweis: Hotelzimmer mit dünnen Wänden könnten mit Gucklöchern versehen sein, daher kurz die strategisch günstigen Stellen inspizieren.

Zur Erinnerung: Keine Zigaretten, Süßigkeiten, Speisen und Getränke von überaus freundlichen Fremden annehmen, da diese »Aufmerksamkeiten« mit einem Schlafmittel oder sogenannten k.o.-Tropfen präpariert sein könnten.

Reisen mit Kindern

Ein philippinisches Kind ist niemals allein, daher wird erst recht kein »exotisches« ausländisches Kind tagsüber auch nur eine Minute ohne Spielgefährte verbringen. Filipinos sind vernarrt in Kinder. Wer mit Kind reist, wird oft angesprochen werden und wird viel zu erzählen haben.

Behindert reisen

Geht man einzig und allein von den bautechnischen Voraussetzungen aus, sind die Philippinen wahrlich kein besonders geeignetes Reiseland für Behinderte. Nur sehr wenige Unterkünfte sind rollstuhlgerecht mit Rampe und Fahrstuhl ausgestattet, und an geräumige Toiletten mit breiter Tür hat kaum ein Architekt gedacht. Der menschliche Aspekt dagegen dürfte diese Mängel weitgehend aufwiegen. Beim Anblick eines Behinderten erstarren Filipinos nicht in Betroffenheit oder wenden sich hilflos ab. Sie verhalten sich völlig natürlich, scherzen wie gewohnt und biedern sich nicht peinlich an. Aber wenn's sein muß, wird selbstverständlich zugepackt oder Platz gemacht.

Nachtleben

Das Nachtleben ist nicht erst durch den Tourismus entstanden. Nightclubs und Bars gibt es auch in der Provinz, wo Fremde nie oder nur sehr selten aufkreuzen. Es stimmt allerdings, daß zumindest in den großen Städten der Tourismus dazu beigetragen hat, daß das Nachtleben expandierte. Weit verbreitet sind auch Karaoke-Bars, in denen Filipinos nach Herzenslust ihr Gesangstalent unter Beweis stellen.
Fast alle großen Nightclubs verlangen Cover Charge und/oder Table Charge. Damit leistet der Gast einen finanziellen Beitrag z.B. für die Musik oder die Show. Sicher berechtigt, wenn ein gutes Programm geboten wird. Aber auch nur dann. Es ist ratsam, vorher zu fragen, wieviel letztendlich extra zu bezahlen ist. Das gilt auch, wenn in einem teuren Club vom Kellner eine Hostess zwecks Unterhaltung an den Tisch gesetzt wird. Es ist nicht ungewöhnlich, wenn er für die Gesprächsbereitschaft der »Studentin« bis zu 200 P pro Stunde berechnet.
Die in den Bars arbeitenden Hospitality Girls lassen sich gerne einen sogenannten Ladies Drink spendieren. Ein solches Getränk ist etwa zweimal so teuer wie ein Bier. Bar und Girl verdienen beide daran. Will ein Girl bereits vor Geschäftsschluß mit einem Kunden die Bar verlassen, verlangt der Kassierer vom Kunden ein Auslösegeld, Barfine, in Höhe von etwa 300 bis 500 P.

Thema Aids: Gibt es Aids auf den Philippinen? Ja, Tendenz steigend! Nach Angaben des philippinischen Department of Health (DOH) waren bis Mitte 1997 landesweit annähernd 900 Aids-Fälle bekannt. Die Zahl HIV-infizierter Filipinos belief sich zu diesem Zeitpunkt nach Schätzungen des National Aids Prevention Program auf insgesamt 40.000.
Die Aufklärung über diese tödliche Krankheit steckt auf den Philippinen erst in den Anfängen; die Entscheidung über die Benutzung von Kondomen wird weitgehend den Männern überlassen.

Kinos

Ein preiswertes Vergnügen: Für ein paar Peso (ab 25 P aufwärts) kann man sich häufig sogar eine Doppelveranstaltung ansehen. Es gibt zwar verbindliche Anfangszeiten, aber im allgemeinen keine festgelegten Einlaßzeiten. Ein ständiges Kommen und Gehen der Zuschauer gehört ebenso zum »Rahmenprogramm« wie das intensive Miterleben der Handlung. Sensationsfilme über Naturkatastrophen, Mörderhaie und Blutsauger bieten den richtigen Stoff für lustige Stunden. In einigen Erstaufführungstheatern in Manila werden Besucher jedoch nur zur angegebenen Einlaßzeit hereingelassen und müssen nach Filmende das Kino wieder verlassen (35 bis 45 P für eine Vorstellung).
Wenn die Nationalhymne gespielt wird, sollte man sich der Gepflogenheit des Landes anpassen und ebenso wie die Filipinos aufstehen. Die Mitnahme von Kameras in Kinos ist nicht gestattet.

Einkaufen und Handeln

Wenn Filipinos auf Märkten und in Einzelhandelsgeschäften einkaufen gehen, versuchen sie einen Preisnachlaß von zehn Prozent zu erhalten, was ihnen auch fast immer gelingt. Bei ausländischen Kunden wird der Preis von vornherein um etwa 20 Prozent überhöht angesetzt, in vornehmlich touristisch orientierten Geschäften auch schon um bis zu 50 Prozent. Department Stores und Supermärkte dagegen haben feste Preise und handeln ist nicht üblich.

Aktivitäten

»Wenige Länder der Welt sind so unbekannt und werden so selten besucht wie die Philippinen. Und doch ist keines angenehmer zu bereisen, als jenes verschwenderisch ausgestattete Inselreich; kaum irgendwo findet der Naturforscher eine größere Fülle ungehobener Schätze«.

Das war vor etwa 100 Jahren. Und der das feststellte und niederschrieb war Fedor Jagor, ein deutscher Ethnograph. Und heute? Jagor würde sich wundern. Denn grundsätzlich hat sich an seiner Aussage kaum etwas geändert. Zwar sind die Philippinen so unbekannt nicht mehr, doch noch immer überrascht dieses Land Abenteurer und Entdecker mit bemerkenswerten Erlebnismöglichkeiten: Da gibt es verborgene Goldvorkommen, unerforschte Höhlen, intakte Tauchgründe, versunkene Galeonen aus spanischer Zeit, dichte Dschungel mit seltenen Pflanzen und Tieren, ursprünglich lebende Naturvölker, aktive Vulkane vom kleinsten bis zum feinsten und traumhafte Inseln ohne Menschen darauf.

Goldsuchen

Was haben sie nicht alles übersehen, die goldgierigen Spanier. Über 300 Jahre hatten sie auf den Inseln das Sagen. Doch verglichen mit der Ausbeutung Süd- und Mittelamerikas waren ihre asiatischen Erträge eher bescheiden. Heute stehen die Philippinen mit einem Ausstoß von jährlich etwa 30 Tonnen reinen Goldes auf Platz sechs der Weltrangliste. Und dabei wurden noch nicht einmal zehn Prozent der Landoberfläche mit detaillierten Methoden mineralogisch exploriert. Es ist also noch viel drin.

Jedem Besucher der Philippinen ist es gestattet, nach Gold zu suchen. Nur mitnehmen und behalten darf er seinen Fund nicht. Das verbietet das Gesetz. Denn alle Bodenschätze gehören dem Staat. In der Praxis nimmt man es mit den Bestimmungen allerdings nicht so genau. Da werden schon einmal beide Augen zugedrückt, wenn ein Tourist ein paar Nuggets als Souvenir nach Hause bringen möchte. Am besten arrangiert man sich mit kleinen Claim-Eignern und schließt sich einheimischen Goldwäschern an. Wer ganz legal einem heißen Tip nachgehen will, muß einen philippinischen Partner an seinem Unternehmen beteiligen, der dann auf seinen Namen beim Bureau of Mines and Geo-Sciences die Schürfrechte beantragt.

Höhlenforschen

Gemessen an der Anzahl vorhandener Höhlen sind nur erst eine Handvoll umfassend erkundet, denn nur wenige Filipinos begeben sich freiwillig ins ungewisse Erdinnere. Furcht und Aberglaube sind die Gründe dafür. Häufig ist man aber auch ganz einfach desinteressiert. Eine gute Voraussetzung also für Leute, die Neuland entdecken möchten.

In alten Zeiten dienten zahlreiche Höhlen auf den Philippinen als Grabstätten. Gebeine- und Schädelfunde sind deshalb nicht ungewöhnlich. Auf Artefakte wie Gefäße, Werkzeuge, Waffen oder Schmuck stößt man jedoch kaum noch. Sie wurden bei Explorationen eingesammelt und abtransportiert. Nur wer unbekannte Höhlen einmal gründlich ausleuchtet, könnte erfolgreich sein. Vielleicht kommt dabei ja auch ein Teil der immensen japanischen Kriegsbeute zum Vorschein, die nach Recherchen des amerikanischen Kolumnisten Jack Anderson auf 172 Verstecke auf den Philippinen verteilt und annähernd 100 Milliarden US-Dollar wert sein soll.

Klettern

Hochalpine Gipfel gibt es auf den Philippinen nicht. Dafür aber Feuerberge, die es in sich haben. Eine offizielle Liste führt 37 Vulkane auf: 18 aktive und 19 »ruhende«. Unberechenbar sind sie alle. Zu den gefährlichsten gehören der Mayon, der Pinatubo und der Taal. Sie sind in der Eruptionscharakteristik explosiv und somit destruktiv.
Verschiedene Hotels in Angeles bieten Touren zum Mount Pinatubo (1.450 m) an. Weitere attraktive Kletterziele sind die Vulkane Makiling (1.144 m) und Banahaw (2.177 m) auf Luzon, Hibok-Hibok (1.322 m) auf Camiguin, Kanlaon (2.465 m) auf Negros und Apo (2.954 m, damit der höchste Berg der Philippinen) auf Mindanao.
Alle gefährlichen Vulkane werden überwacht vom Philippine Institute of Volcanology & Seismology (PHIVOLCS), Hizon Building, 29 Quezon Avenue, Quezon City. Dort erfährt man auch, ob mit einem Ausbruch in absehbarer Zeit zu rechnen ist.
Spezielle Fragen zu Klettervorhaben werden von der Philippine National Mountaineering Association in der Abteilung Tours & Promotion von Philippine Airlines, 1500 Roxas Boulevard, Ermita, Manila, zuverlässig beantwortet.
Verläßliche Auskünfte erhält man auch von der Mountaineering Federation of the Philippines, 12 Francisco Street, Krus na Ligas, Diliman, Quezon City, Manila.
Sehr engagiert und hilfsbereit ist auch die relativ junge Organisation Lakay Kalikasan Mountaineers, Suite 401, Fil-Garcia Towers Inc., 140 Kalayaan Avenue/Ecke Mayaman Street, Diliman, Quezon City, Manila, Tel. 9246421, 9246411, Fax: 9246419. Sie hat sich auf Kletterziele in der näheren Umgebung von Manila spezialisiert; ihr Lieblingsberg ist zweifelsohne der Banahaw. Aber auch entferntere Ziele wie der Mount Kanlaon auf Negros und der Mount Pulog in Nord-Luzon stehen auf ihrer Liste. Zum Programm gehören in erster Linie umweltfreundliche Outdoor-Touren.

Mountainbiking

Offensichtlich finden immer mehr Filipinos einen großen Gefallen daran, mit einem Mountainbike durchs Gelände zu fahren, was die erstaunlich schnell steigenden Mitgliederzahlen der rasch gegründeten Organisationen belegen. Diese regionalen Verbände verstecken sich bisweilen hinter kampflustig klingenden Abkürzungen wie COMBAT (Cagayan de Oro Mountain Bikers & Trekkers), M-BOMB (Mountain Bike Organisation of Metro Bacolod) und RAMBO (Road & Mouintain Bikers Organisation of Cebu). Andere nennen sich kurz IMBA (Iloilo Mountain Bike Association), DATBA (Davao All Terrain Bikers Association) und PACA (Philippine Amateur Cycling Association). Alle sind leidenschaftlich bei der Sache und freuen sich über Kontakte zu ausländischen Bikern. Besonders gern gesehen sind Gleichgesinnte, wenn ein Wettkampf ansteht, z.B. beim Guimaras International Mountain Bike Festival, das seit 1995 jährlich im Februar stattfindet und selbstverständlich offen ist für eine international Beteiligung.

Robinsonade

7.107 Inseln gibt es auf den Philippinen, und mehr als zwei Drittel davon sind unbewohnt. Musik in den Ohren eines modernen Robinsons, möchte man meinen. Leider sind aber die meisten dieser gottverlassenen Eilande kahle Felsen oder simple Sandbänke, die wenig einladend aus dem Wasser ragen.

Wer suchet, der findet jedoch mit Sicherheit ein idyllisches Plätzchen mit weißem Sand und Palmen darauf. Nördlich von Bohol vielleicht. Oder in der Gutob Bay zwischen Culion und Busuanga. Dort habe ich an einem einzigen Tag zwölf einsame Inseln erkunden können.

Zum richtigen Konzept einer Robinsonade gehört die Aktivität. Ohne die wird es schnell langweilig im Paradies. Wer wenig Verpflegung mitnimmt, wird sich schon bald darum kümmern müssen und schafft sich so ganz automatisch ein tagesfüllendes Programm. Vieles von dem, was die See hergibt, ist verwertbar: Fische, Kraken, Seeigel, Muscheln, Schnecken, Algen und Tange. Giftige Arten sollten bekannt sein; von unbekannten im Zweifelsfall die Finger lassen.

Wenn dann nach ein paar Tagen insularer Isolation die Routine das Erlebnismoment verdrängt, kommt mancher Robinson schnell zu dem Schluß, daß allein sein zu zweit viel angenehmer wäre. Denn was nützt einem der schönste Platz der Welt, wenn man ihn mit niemandem teilen kann.

Eine einsame Insel ist vielleicht der ideale Ort, um eine sich anbahnende Ehe auf ihre Belastbarkeit zu prüfen, sagt *Das Tropenbuch* dazu. Es informiert zivilisationsferne Selbstversorger auch über eßbare und giftige Pflanzen, Fang- und Zubereitungsmethoden von Meerestieren sowie Erste-Hilfe-Möglichkeiten unter primitiven Bedingungen.

Segeln

Alle zwei Jahre ist Manila das Ziel des China Sea Race, einer klassischen 650-Seemeilen-Regatta mit Start in Hong Kong. Dieses Ereignis führt nicht nur daran teilnehmende Segler in die exotische Inselwelt, sondern mobilisiert auch zahlreiche Beobachter aus der internationalen Yachtszene zu einem Törn nach Fernost.

Der von Dezember bis Mai stetig wehende Nordost-Monsun garantiert erstklassige Segelbedingungen, und mehrere ausgezeichnete Naturhäfen laden zum Verweilen ein. Nicht selten entschließt sich eine Crew sogar zum Überwintern in herrlichen Buchten wie die von Puerto Galera (Mindoro) oder Balanacan (Marinduque). Beliebte Anlaufstellen bei Fahrtenseglern sind auch die vielen kleinen Ankerplätze in den Visayas. Dort bieten sich dann auch Segelenthusiasten Möglichkeiten an, einen Törn mitzumachen. Anfragen kann man auch im Manila Yacht Club am Roxas Boulevard. Der MYC ist ausländischen Yachten ebenfalls dabei behilflich, einen Geleitschutz der Küstenwache zu organisieren, wenn sie auf Kurs durch piratengefährdete Gewässer gehen wollen.

Surfen

Zu den neuen Sportarten auf den Philippinen zählt das Surfen. Zwar begaben sich bereits in den achtziger Jahren in Angeles und Olongapo stationierte GIs auf die Suche nach den großen Wellen, der richtige Durchbruch aber fand erst Anfang der neunziger Jahre statt. Auslöser waren verlockende Fotoreportagen in internationalen Surfmagazinen. Inzwischen wurden die Surfers Association of the Philippines (SAP) gegründet und mehrere Surfwettbewerbe veranstaltet.

Zu den bekanntesten philippinischen Surfplätzen zählen San Juan an der Nordwestküste von Luzon, Baler und

Dact (Bagasbas Beach) an der pazifischen Ostküste Luzons, Puraran auf Catanduanes und, an erster Stelle, Siargao Island im Nordosten von Mindanao. Hinzukommen könnten Orte an der Südostküste von Samar.
Am Südchinesischen Meer ist die Surfsaison von November bis März. Am Pazifik herrschen beste Bedingungen dagegen von Mai bis November, wenn der Wind beständig von Südwest bläst. Dann kommen unablässig erstklassige Wellen herein, und wenn die Natur gnädig ist, schenkt sie dem Surfer eine Tube.

Tauchen

Der Tauchsport zählt zu den populärsten touristischen Aktivitäten auf den Philippinen. Nicht ohne Grund, denn dieses Land besitzt eine große Auswahl an hervorragenden Tauchgründen, obgleich viele Unterwasserwelten gerade in jüngster Zeit beträchtliche ökologische Schäden erlitten haben. Um in den Genuß erstklassigen Tauchens zu kommen, sollte man sich bewährten *dive operators* anvertrauen, denn die kennen die verbliebenen guten Tauchgründe. Zahlreiche Tauchunternehmen haben sich in den letzten Jahren ins Unterwassergeschaft gedrängt und Programme aller Art stehen ständig im Angebot der wichtigsten Veranstalter. Während der Hauptsaison von Mitte März bis Mitte Mai errichten sie auf verschiedenen Inseln mobile Tauchbasen. Komplett ausgerüstete Dive Boats stehen durchweg das ganze Jahr über zur Verfügung. Alle erforderlichen Geräte kann man auch in Manilas Tauchshops kaufen oder ausleihen. Ein Lungenautomat sollte jedoch besser mitgebracht werden. Philippine Airlines gewährt Passagieren gegen Vorlage des Tauchscheins eine Gepäckfreigrenze von 30 Kilogramm. Mitgeführte Luftflaschen müssen leer sein. Siehe auch Kapitel »Manila«: *Märkte und Läden - Tauchausrüstungen.*
Die schönsten Tauchgründe der Philippinen liegen logischerweise weit weg von besiedelten Küsten, deren einst lebendige Unterwasserszene durch Abwässer und Dynamitfischerei weitgehend zerstört wurde. In der Mindoro Strait, östlich der kleinen Insel Apo, befindet sich das Apo Reef. Dieses bei Niedrigwasser teilweise trockenfallende Riffgebiet gehört zu den spektakulärsten philippinischen Tauchgründen.
Das wahrscheinlich schönste Tauchrevier des Archipels liegt mitten in der Sulu-See: das kaum erforschte Tubbataha Reef. Aufgrund der großen Distanz vom Ausgangsort - rund 100 Seemeilen ab Puerto Princesa auf Palawan - und den damit verbundenen hohen Kosten bieten aber nur wenige Unternehmen Tauchexpeditionen in dieses Gebiet an.
Auch die Quinawanan-Gruppe ist etwas schwierig zu erreichen. Sie bildet den nördlichen Teil der Cuyo-Inseln und soll zum Schutzgebiet für Schildkröten erklärt werden. Die Inselwelt der Calamian Group (...Busuanga, Culion, Coron), der Bacuit-Archipel (...El Nido) und die Honda Bay (...Puerto Princesa) sind relativ einfach zu erreichen und zählen zu den beliebtesten Tauchgebieten Palawans. Sumilon Island ist der Südostküste von Cebu vorgelagert und ganzjährig ein sehr beliebtes Tauchgebiet.
Was in Tauchrevieren anderer Länder durchaus üblich ist, hat man auf den Philippinen nicht nötig. Nämlich das absichtliche Versenken von Schiffen, um erlebnishungrigen Tauchern verlockende Ziele zu bieten. Jahrhundertelanger maritimer Handel, Taifune, Riffe und Kriege haben dafür gesorgt, daß die Gründe des Archipels mit Wracks geradezu gepflastert sind. Idealbedingungen für Explorationen bietet

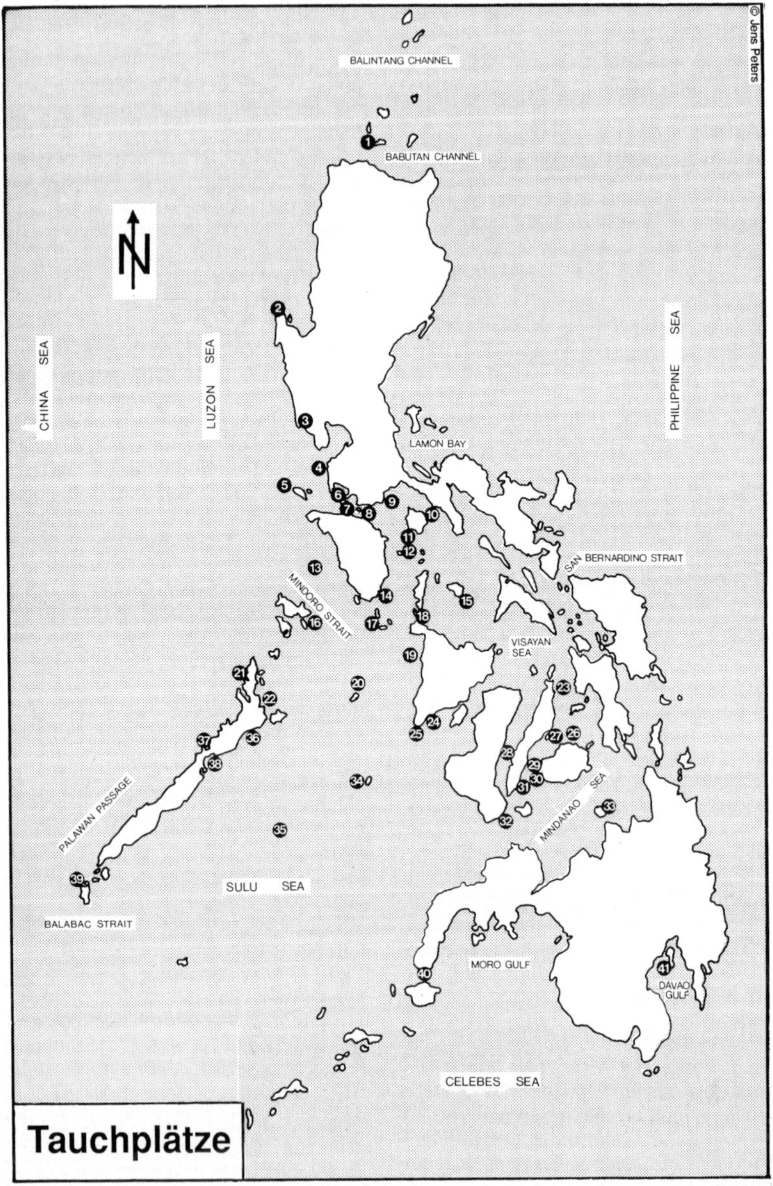
BALINTANG CHANNEL
BABUTAN CHANNEL
N
CHINA SEA
LUZON SEA
PHILIPPINE SEA
LAMON BAY
SAN BERNARDINO STRAIT
MINDORO STRAIT
VISAYAN SEA
PALAWAN PASSAGE
MINDANAO SEA
SULU SEA
BALABAC STRAIT
MORO GULF
DAVAO GULF
CELEBES SEA
1
2
3
4
5
6
7
8
9
10
11
12
13
14
15
16
17
18
19
20
21
22
23
24
25
26
27
28
29
30
31
32
33
34
35
36
37
38
39
40
41
© Jens Peters
Tauchplätze

	Tauchplätze	Tauchsaison	Ausgangsorte
1	Fuga Island	April - Mai	Fuga Island
2	Santiago Island	November - Juni	Bolinao
3	Subic Bay	November . Juni	Olongapo
4	Nasugbu	November - Juni	Nasugbu Town
5	Lubang Islands	März - Juni	Catalagan (Batangas Province)
6	Balayan Bay	Ganzes Jahr	Anilao
7	Puerto Galera	Ganzes Jahr	Batangas City
8	Verde Island	Ganzes Jahr	Batangas City
9	Sigayan Bay	Ganzes Jahr	San Juan
10	Mopog Island	April - Oktober	Lucena City, Gasan
11	Tres Reyes Islands	April - Oktober	Gasan
12	Dos Hermanas Islands	April - Oktober	Gasan
13	Apo Reef	März - Juni	San Jose (Mindoro)
14	Buyallao	April - Oktober	Mansalay
15	Cresta de Gallo	März - Juni	Romblon, Sibuyan
16	Calamian Islands	Ganzes Jahr	Coron
17	Semirara Island	März - Juni	San Jose (Mindoro)
18	Boracay Island	Ganzes Jahr	Kalibo
19	Batbatan Island	April - Juni	San Jose (Panay)
20	Cuyo Islands	März - Juni u. Okt.	Cuyo Town
21	Bacuit Bay	November - Juni	Liminangcong, El Nido
22	Taytay Bay	April - Oktober	Taytay
23	Capitancillo Island	April - Oktober	Sogod
24	Cresta de Gallo	Ganzes Jahr	San Joaquin
25	Nagas Island	Ganzes Jahr	San Joaquin
26	Danajon Island	Ganzes Jahr	Mactan
27	Mactan	Ganzes Jahr	Cebu City, Mactan
28	Pescador Island	Ganzes Jahr	Moalboal
29	Cabilao Island	Ganzes Jahr	Tagbilaran, Panglao Island
30	Panglao Island	Ganzes Jahr	Tagbilaran, Panglao Island
31	Sumilon Island	Ganzes Jahr	Dumaguete
32	Apo Island	Ganzes Jahr	Dumaguete
33	Mambajao	Ganzes Jahr	Balingoan, Camigiun
34	Cagayan Islands	März - Juni	Cagayancillo
35	Tubbataha Reef	März - Juni	Puerto Princesa
36	Green Island Bay	April - Oktober	Roxas
37	Ulugan Bay	November - Juni	Bahile
38	Honda Bay	April - Oktober	Puerto Princesa
39	Balabac Island	Ganzes Jahr	Balabac
40	Santa Cruz Island	Ganzes Jahr	Zamboanga
41	Talikud Island	Ganzes Jahr	Davao

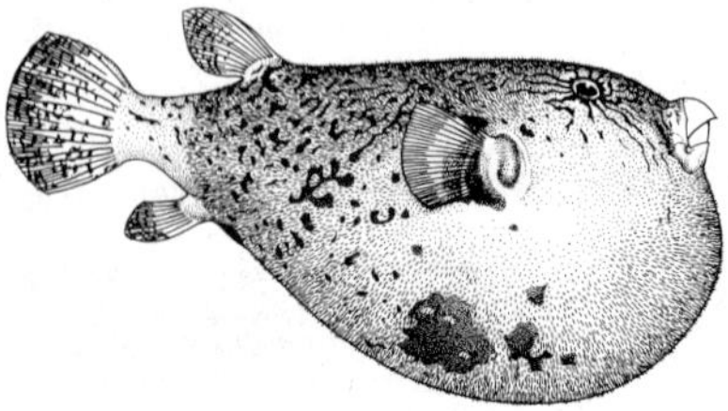

Kugelfisch

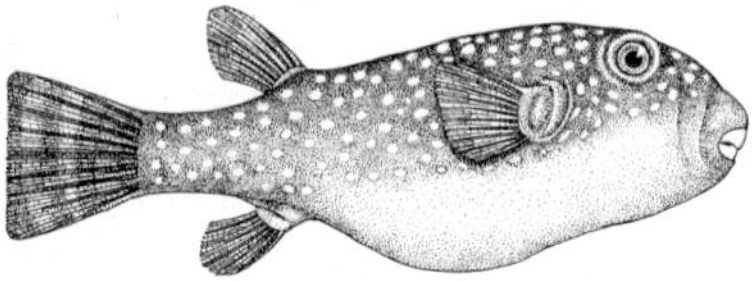

Ballonfisch

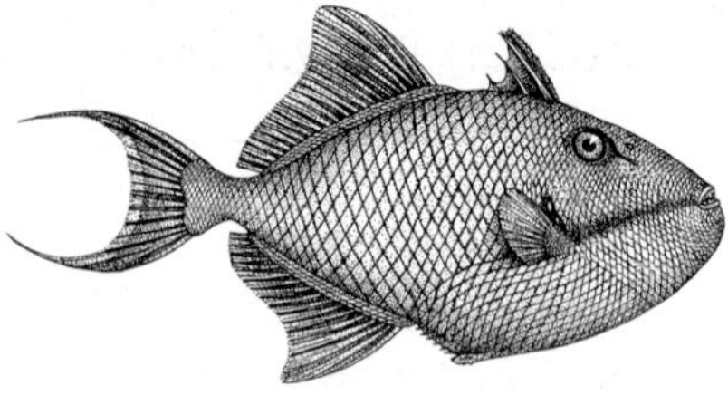

Drückerfisch

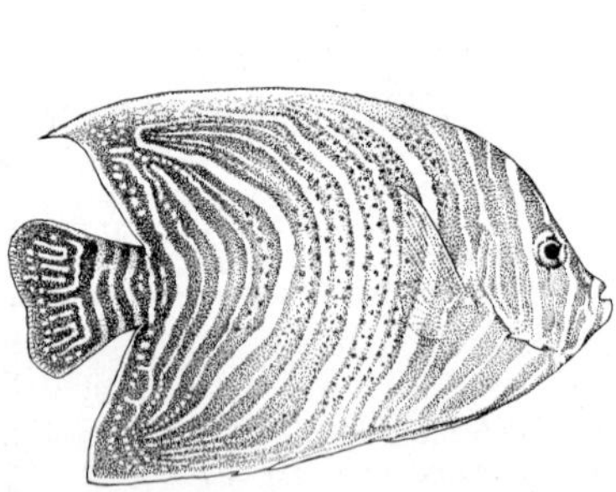

Kaiserfisch

der Sund zwischen den Inseln Busuanga und Culion, in dem 1944 ein Verband von zwölf japanischen Kriegs- und Handelsschiffen versenkt wurde. Sieben davon in einer kleinen geschützten Bucht, wo die Wracks in kristallklarem Wasser in 30 bis 40 Metern Tiefe liegen. Ein neues, hochkarätiges Revier für Wracktaucher ist die Subic Bay, die viele Jahre militärisches Sperrgebiet war. Bereits kurze Zeit nach Abzug der US-Navy waren die ersten Taucher zur Stelle, um die zum Teil über 50 Jahre alten Wracks zu explorieren - mindestens 20 Handels- und Kriegsschiffe sollen in der Subic Bay liegen (siehe auch Karte *Subic Bay* auf Seite 276).
Genau 250 Jahre verkehrten spanische Galeonen zwischen Manila und Acapulco in Mexiko, beladen mit Silbermünzen, Gold, Seide, Porzellan, Perlen, Edelsteinen und anderen wertvollen Objekten. Von den über 40 Fahrzeugen, die während dieser Handelsära verlorengingen, versanken allein mehr als 20 in küstennahen philippinischen Gewässern. Die meisten davon vor Catanduanes, Samar und Süd-Luzon. Märchenhafte Schätze dürften über die Meeresgründe verteilt liegen, denn bis zum heutigen Tag konnten weder die Überreste noch die Ladungen von 13 Totalverlusten geortet werden.
Kein Gesetz der Philippinen verbietet es, nach Galeonenwracks zu suchen. Im Falle eines Fundes muß jedoch das Nationalmuseum davon in Kenntnis gesetzt werden. Kommt es zu einer Bergung, steht dem Entdecker ein Anteil zu.
Wer eine bereits bekannte Wrackstätte explorieren oder fotografieren möchte, sollte sein Vorhaben vom Nationalmuseum schriftlich genehmigen lassen. Denn nur allzu leicht könnte ein fremder Taucher von den örtlichen Behörden der illegalen Schatzsucherei verdächtigt werden.

Reisetips

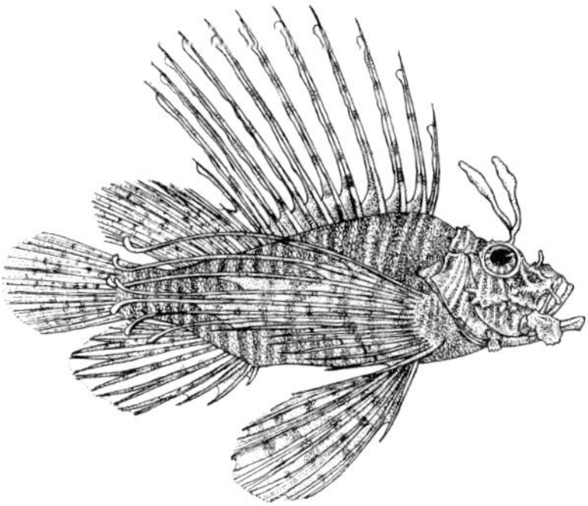

Rotfeuerfisch *(Pteroi volitans)*
Dieser elegante Schwimmer ist mit äußerst giftigen Stacheln bewehrt

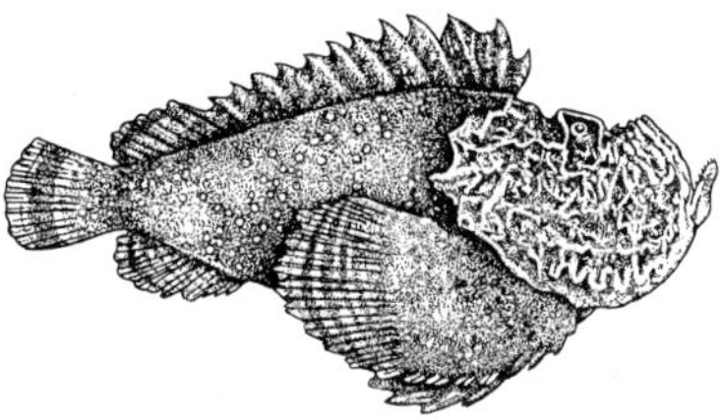

Steinfisch *(Synanceja verrucosa)*
Die Rückenstacheln dieses hervorragend getarnten Fisches enthalten ein tödliches Gift

Wer mehr über Tauchmöglichkeiten auf den Philippinen wissen will, wende sich an die Philippine Commission on Sports/Scuba Diving, Department of Tourism Building, T.M. Kalaw Street, Rizal Park, Manila.
Sehr informativ ist das Buch *The Dive Sites of the Philippines* von Jack Jackson (New Holland Publishers Ltd., London 1995), das in deutscher Übersetzung in der Reihe »Tauchen & Reisen« beim Verlag Delius, Klasing & Co. erschienen ist. Gute Hinweise findet man auch im *Asian Diver Scuba Guide Philippines* von Gretchen Hutchinson u. Edgar Venture (Sports Asia Media Pte. Ltd., Singapur 1993). Ebenfalls empfehlenswert ist das *Philippinen Abenteuer-Handbuch* von Roland Hanewald (Jens Peters Publikationen, Berlin 1996), das ausführliche Kapitel zu Tauchen, Galeonenwracktauchen und Wracktauchen enthält.

Trekking

Irgendwo geht's auf den Philippinen immer weiter. Nicht auf Autobahnen oder Asphaltstraßen, sondern auf Pfaden und Wegen. Denn davon ist der Archipel nahezu in seiner Gesamtheit durchzogen. Wenn ein Wanderer wollte, könnte er auf seinem langen Marsch vom hohen Norden bis in den tiefen Süden den Kontakt mit Pflastersteinen und Abgasen auf ein Minimum beschränken. Auf einigen Inseln würde er sowieso nur höchst selten ein motorisiertes Fahrzeug zu Gesicht bekommen. Batan Island ist so ein Beispiel. Da kann man in aller Ruhe auf einer herrlichen, nur halbwegs befestigten Küstenstraße fast die ganze Insel umrunden. Oder Lubang, wo hochrädrige Pferdedroschken ein paar Jeeps zum Trotz immer noch dominierendes Verkehrsmittel sind. Auch Busuanga gehört dazu. Dort führt nur zweimal am Tag ein klappriger Bus auf der Schotterstraße von Coron nach Salvacion. Das Innere und der Nordteil dieser Insel sind so gut wie autofrei. Auf Luzon bietet die Pazifikküste der Bikolprovinzen und der Provinz Quezon ausgezeichnete Trekkingmöglichkeiten. Wer die urwüchsige Landschaft Palawans auf Schusters Rappen kennenlernen möchte, dem stehen abseits des staubigen Palawan Highway zahlreiche erstklassige Wanderwege zur Verfügung.
Reizvoll dürfte auch das Nachvollziehen von Treks europäischer Forschungsreisender sein, die bereits im vorigen Jahrhundert eine Vorliebe für das philippinische Abenteuer hatten und in Büchern über ihre Erlebnisse berichteten. Jagors *Reisen in den Philippinen*

Senkrecht strahlt die Sonne auf das dichte Blätterdach des Waldes, und die feuchte dumpfe Schwüle wird so gross, dass wir uns im Schatten eines Riesenbaumes verbergen. Wir haben hier einen lauschigen Platz erwählt, und wie man nun in sich geht und denkt, wo man einen guten schenkt, da plätschert nebenan ein lustiges Bächlein und ladet uns nicht vergebens zum Trinken ein. Hier im unbewohnten Walde braucht man das reine Tropenwasser nicht zu scheuen. Im übrigen verdirbt es natürlich weder den Geschmack noch den Charakter, wenn man der Gottesgabe einen tüchtigen Zusatz von Cognac beigesellt. Im allgemeinen geht es auf unseren Wanderungen bei der Mittagsrast sehr einfach her. Etwas Brot und Fleisch, ein paar Bananen, damit ist die Speisefolge meist erschöpft. Die Tafelfreuden winken erst am Abend. Eine Cigarre und ein Cigarettchen dürfen aber nicht fehlen, und der Duft mancher guten Alhambracigarre hat sich zur Mittagszeit an unseren Lagerplätzen mit der Urwaldluft erquicklich gemischt.

Aus *Zwischen Filipinos und Amerikanern auf Luzon* von F. Rinne, 1901

und de la Gironières *Adventures of a Frenchman in the Philippines* sind zwei davon.
Brauchbare topographische Karten im Maßstab 1:250.000 sind erhältlich bei: Namria (früher: Philippine Coast and Geodetic Survey) in der Barraca Street, San Nicolas, Manila, und im Fort Bonifacio in Makati (siehe auch Kapitel »Manila«: *Märkte und Läden*).

Windsurfen

Etwa Mitte der achtziger Jahre konnte man die ersten bunten Segel am White Beach von Boracay hin und her flitzen sehen, und es war nicht schwierig vorherzusagen, daß auch dort dieser damals neuartige Wassersport schnell Freunde finden würde. Heute sind Windsurfer nicht mehr wegzudenken von Boracay. Wenn von November bis März der Nordost-Monsun *(amihan)* weht, ist die Insel unbestritten der bedeutendste Windsurfing-Spot der Philippinen. Das Highlight jeder Saison die Austragung des Boracay International Funboard Cup im Januar jeden Jahres: Asiens wichtigster Windsurf-Wettbewerb, zu dem sich eine internationale Konkurrenz einfindet.

Das bevorzugte Ziel von Manilas Boardsailing-Elite ist der etwa 80 Kilometer südöstlich der Haupstadt an den Ausläufern der Sierra Madre gelegene Lake Caliraya.

Bücher und Karten

Manila hat einige gute Buchläden. Wer ausführliche Literatur zu speziellen Themen sucht, sollte dort schon nach kurzer Sichtung fündig werden. Allerdings mangelt es an Reiseliteratur, insbesondere an Reiseführern über andere Länder. Da sollte man sich besser in Bangkok, Hong Kong oder Singapur eindecken.
Gesamtphilippinische Straßenkarten werden von den Treibstoff-Firmen Petron und Mobil herausgegeben. Den *Philippine Motorist's Road Guide* von Petron gibt es in Buchläden. Gut sind die Karten *Philippines* (1:1.500.000) und *Manila* (1:17.500) aus der Reihe Nelles Maps vom Nelles Verlag, München.
The Bookmark hat drei illustrierte Stadtkarten herausgegeben, und zwar *Metro Manila Landmarks*, *Baguio Landmarks* und *Cebu Landmarks*, in denen die

wichtigsten Straßen und markantesten Gebäude der jeweiligen Stadt aus der Vogelperspektive dargestellt sind. Die lustige *Survival Map of Manila* ist zwar nicht mehr auf dem neuesten Stand, steckt aber voller informativer Details bezüglich Unterhaltung, Restaurants und Shopping.
Beim Därr Expeditionsservice GmbH, Theresienstraße 66, 80333 München, sind 1982 gedruckte russische Generalstabskarten (1:200.000 und 1:500.000) erhältlich. Es handelt sich um militärtopographische Landkarten mit kyrillischer Beschriftung. Im Maßstab 1:200.000 werden die Philippinen auf insgesamt 125 einzelnen Karten mit hoher Informationsdichte dargestellt - fleißiger KGB!
Detailkarten und Seekarten gibt es bei Namria (siehe Kapitel »Manila«: *Märkte und Läden*).

Informationen unterwegs

Zusätzliche Reisetips und aktuelle Neuigkeiten über Preise, Abfahrtszeiten usw. erfährt man am zuverlässigsten wahrscheinlich von anderen Reisenden. Für regionale Informationen sind die Angestellten des jeweiligen Department of Tourism (DOT) zuständig, wobei von den lieben Leuten jedoch nicht allzuviel erwartet werden sollte. Sie sind zwar immer sehr freundlich und auskunftswillig, aber keinesfalls allwissend.
In mehreren Städten, in denen das DOT nicht mit einem eigenen Office vertreten ist, hat die jeweilige Stadtverwaltung ein für ihren Bereich zuständiges Tourist Office eingerichtet. Es ist in den meisten Fällen im Rathaus (City Hall, Municipal Hall) untergebracht.
In Manila hat das DOT unter Tel. 5241728 und 5241660 einen Informationsservice rund um die Uhr eingerichtet.

Manila: Department of Tourism (DOT), T.M. Kalaw Street, Rizal Park, Ermita, Tel. (02) 5238411.

Neben dem DOT Head Office in Manila gibt es sogenannte DOT Region Offices in:

Bacolod, City Plaza, Tel. (034) 29021.
Baguio, Department of Tourism Complex, Governor Pack Road, Tel. (074) 4427014, 4426708.
Cagayan de Oro, Pelaez Sports Complex, Tel. (08822) 723696, 726394.
Cebu City, GMC Plaza Building, Plaza Independencia, Tel. (032) 2542811, 2546077.
Cotabato, Elizabeth Tan Building, Tel. (064) 211110, 217868.
Davao, Magsaysay Park Complex, Tel. (082) 2116798, 2216955.
Iloilo City, Bonifacio Drive, Tel. (033) 3375411, 3378874.
Legaspi, Meliton Dy Building, Rizal Street, Tel. (05221) 243215.
San Fernando (La Union), Mabanag Justice Hall, General Luna Street, Town Plaza, Tel. (072) 412411, 412098.
San Fernando (Pampanga), Paskuhan Village, Tel. (045) 9612621, 9612665.
Tacloban, Children's Park, Senator Enage Street, Tel. (053) 3212048, 3214333.
Tuguegarao, Tuguegarao Supermarket. Tel. (078) 8441621.
Zamboanga, Lantaka Hotel, Valderroza Street, Tel. (062) 9910218.

Presse

Internationale Ereignisse werden in philippinischen Massenmedien nur dürftig kommentiert. Wer mehr wissen will, kann sich durch Berichte in *Time, Newsweek, Asiaweek, Far Eastern Economic Review, Asian Wallstreet Journal* und *International Herald Tribune* informieren. Verkaufsstände mit internationaler Presse findet man in größeren Hotels.

Reisetips

Deutschsprachige Zeitungen und Magazine von der *Bild am Sonntag* über *Kicker* bis hin zum *Spiegel* werden gleich nach Erscheinen eingeflogen und über Verkaufsstellen in Airports, Hotels und Restaurants vertrieben.
Die beiden englischsprachigen Zeitungen *What's On & Expat* und *The Foreign Post* erscheinen wöchentlich und liegen in zahlreichen Hotels zur kostenlosen Mitnahme aus. Zielgruppe beider Publikationen sind die auf den Philippinen lebenden Ausländer und Touristen, sowie Filipinos, die mit ihnen zu tun haben.

Kurzwelle

Alle nachfolgend genannten Zeiten sind UTC (Universal Time Coordinated = Koordinierte Weltzeit; früher GMT = Greenwich Mean Time). Also acht Stunden dazuzählen.
Frequenzen und Sendezeiten sind veränderlich; sie werden gelegentlich sogar kurzfristig geändert. Aktuelle Informationen erhält man bei der jeweiligen Sendeanstalt.

Deutsche Welle (Tel. 0221/3890) sendet täglich auf folgenden Frequenzen in deutscher Sprache:
00.00-02.00 Uhr auf 9680 kHz;
00.00-03.00 Uhr auf 9795 kHz;
06.00-14.00 Uhr auf 17845 kHz;
12.00-20.00 Uhr auf 9655 kHz;
14.00-18.00 Uhr auf 11795, 12055 und 15275 kHz.
22.00-24.00 Uhr auf 7315 kHz.

Radio Österreich International (Tel. 0222/878783636) sendet täglich auf folgenden Frequenzen in deutscher Sprache:
09.00-09.30 Uhr auf 15455 kHz:
10.00-12.00 Uhr auf 15455 kHz:
15.00-17.30 Uhr auf 13710 kHz.

Schweizer Radio International (Tel. 031/3509222) sendet täglich auf folgenden Frequenzen in deutscher Sprache:
14.30-15.00 Uhr auf 7230, 13635 und 15.120 kHz;
15.30-16.00 Uhr auf 12075, 13635 und 15530 kHz.

Verkehrsmittel

Calesa

Diese zweirädrigen Pferdedroschken gibt es unter anderem noch in Manilas Chinatown, in Vigan, wo sie sehr gut zum Stadtbild passen, und in Cebu City, wo sie *tartanilla* genannt werden. In Manila kostet eine kurze Strecke für Filipinos etwa 10 P. Bei Touristen wird gerne mehr verlangt, bisweilen sogar erheblich mehr. Vor Fahrtantritt sollte unbedingt geklärt werden, ob sich der vereinbarte Preis auf die Calesa oder auf den einzelnen Fahrgast bezieht.

Trishaw

Fahrrad mit Beiwagen für Fahrgäste, auch Pedicab genannt. Nicht mehr häufig anzutreffen, auch nicht in der Provinz. Trishaws müssen den schnelleren Tricycles die Straßen überlassen. Eine kurze Strecke kostet etwa 3 P pro Person.

Fahrrad

Die Philippinen mit dem Fahrrad zu bereisen ist noch etwas Ungewöhnliches. Ein deutsches Pärchen, das in knapp vier Wochen von Davao im Süden Mindanaos über die Inseln nach Manila fuhr, lenkte damit viel Aufmerksamkeit auf sich.

Tricycle

Motorrad/Moped mit Beiwagen für Fahrgäste. Es passen weitaus mehr hinein als man denkt. Der Fahrpreis muß meistens ausgehandelt werden. Eine kurze Strecke kostet etwa 3 P pro Person.

Calesas erfreuen sich immer noch großer Beliebtheit

Motorrad

Mieten: In nur ein wenigen touristischen Orten ist es möglich, Motorräder auszuleihen. Zudem sind die Preise relativ hoch. Eine 125er Honda kostet 350 bis 650 P pro Tag. Es besteht Helmpflicht.

Kaufen: Mögliche Verkaufsanzeigen stehen in der Tageszeitung *Manila Bulletin* unter »Classified Ads - For Sale«. Insbesondere in der Samstags- und Sonntagsausgabe werden Motorräder zum Kauf angeboten. Besser und teurer als eine landesübliche 125er Maschine ist eine 350er. Vorteil: Überholvorgänge sind schneller und somit sicherer. Nachteil: Ersatzteile sind außerhalb Manilas nur selten erhältlich. Eine neue Honda 125 ccm kostet etwa 65.000 P.
Sinnvoll für unterwegs kann ein Owner's Manual (Bedienungsanleitung) sein. Ein Werkzeugset (Schraubenzieher, Kerzenschlüssel) ist für beide Typen notwendig. Für die 350er unbedingt aus Manila mitnehmen: Schlauch, Flickzeug, Kerzen und Kette.
Zum Verschiffen (...Island Hopping) ist eine Shipment Clearance erforderlich. Die gibt es bei der Highway Patrol immer auf der Insel, die man verlassen will. Vorweisen: Kaufvertrag (Fotokopie) oder Registration Certificate.

Der Kauf eines Motorrads sollte nicht ohne folgende Papiere (Originale!) erfolgen:
1. Kaufvertrag (beim Notar aufsetzen lassen).
2. Registration Certificate (Kfz-Schein, rosa Papier, von der Land Transportation Office (LTO) umschreiben lassen. Nummernschild »Ready for Registration« reicht).

3. Official Receipt (fürs Finanzamt; gibt es ebenfalls LTO).

Verkaufen: Wer später kurz vor der Ausreise sein Motorrad wieder verkaufen will, wird sehr wahrscheinlich in Peso ausbezahlt werden. Diese kann man nur illegal mit Verlust auf dem Schwarzmarkt gegen Devisen tauschen. Empfehlenswert ist es daher, vor dem Kauf Dollar in Peso zu tauschen. Und zwar ganz offiziell z.B. bei der Central Bank, die über den Vorgang einen Beleg ausstellt. Mit diesem Beleg kann man dann nach Verkauf der Maschine die Peso unproblematisch zurücktauschen.

Leihwagen

Vertreten sind neben verschiedenen lokalen Unternehmen die international bekannten, seriösen Companies Avis, Budget und Hertz mit guten und gewarteten Fahrzeugen. Avis hat Büros in Metro Manila, Angeles, Baguio, Bacolod, Cagayan de Oro, Cebu City und Olongapo.
Ausleihen kann man tage- und wochenweise. Die preiswerten Autos sind häufig vergriffen, daher eventuell rechtzeitig das gewünschte Modell reservieren lassen. Ein Toyota Corolla XL mit Klimaanlage und Radio kostet US$ 65 pro Tag bzw. US$ 390 pro Woche; gefahrene Kilometer werden nicht berechnet. Je nach Wechselkurs ist es günstiger, den Wagen vom Heimatland aus zu mieten. Benzin kostet etwa 10 P (0,50 DM) pro Liter.
Der Fahrzeugmieter muß mindestens 21 Jahre alt sein und nicht älter als 65. Der Internationale Führerschein wird inzwischen auch auf den Philippinen anerkannt.
Ein wichtiger Hinweis aus dem Kleingedruckten des Mietvertrages besagt, daß mit dem Leihwagen nur auf befestigten Straßen gefahren werden darf, wodurch die Nutzungsmöglichkeit doch erheblich eingeschränkt wird (sofern man sich an diese Anweisung hält). Die Straße von Baguio durch die Berge über Bontoc nach Banaue (Reisterrassen) zählt zu den unbefestigten Straßen.

Straßenverkehr: Auf den Philippinen herrscht Rechtsverkehr. Verkehrsregeln werden nur selten beachtet, daher unbedingt defensiv fahren. Auf keinen Fall sollte man sich von den leichtsinnigen Überholmanövern einheimischer Autofahrer anstecken lassen.

Vorsicht, Krokodile! Besonders wenn der Zahltag noch in weiter Ferne ist, stoppt die Polizei gerne Fahrzeuge, um Blinker und Lichter zu kontrollieren oder um auf einen Verkehrsverstoß hinzuweisen. Und sie wird bestimmt ein Vergehen finden, das ein Bußgeld kostet. Für Polizisten in hellbrauner Uniform sollten 100 P genügen, während ihre ranghöheren Kollegen in blauem Zwirn mit 200 P zufrieden sein dürften. Wer auf eine Quittung besteht, muß zunächst einmal den Führerschein abgeben. Der wird dann später oder erst am nächsten Tag auf dem Polizeirevier wieder ausgehändigt, nachdem dort die Strafe bezahlt wurde - gegen Quittung. Filipinos nennen die Polizisten übrigens auch Krokodile *(buwaya)*, und das sicher nicht wegen ihrer lustigen Augen.

Hinweis: Wer mit einem Auto in Manila fahren möchte, muß beachten, daß von Montag bis Freitag für bestimmte Fahrzeuge Fahrverbot herrscht. Und zwar montags für die Endziffern (Nummernschild) 1 und 2, dienstags für 3 und 4, mittwochs für 5 und 6, donnerstags für 7 und 8 und freitags für 9 und 0.

Trampen

Bei den niedrigen Transportkosten lohnt es sich kaum, per Anhalter zu fahren.

Nicht einmal ein Filipino käme auf die Idee, den Daumen herauszustrecken, selbst dann nicht, wenn ihm das Fahrgeld fehlte. Außerdem erwartet der Fahrer in den meisten Fällen ein paar Peso - »wegen der hohen Benzinkosten«,

Jeepney

Diese Sammeltaxis sind die populärsten Fortbewegungsmittel im Kurzstreckenbereich. Ursprünglich waren es umgebaute Willys-Jeeps, die von der US-Army nach dem Zweiten Weltkrieg auf den Philippinen zurückgelassen wurden. Von diesen alten Modellen existieren heute jedoch nur noch wenige. Die neueren Jeepneys, die auch vom Typ Ford Fiera sein können, sind folkloristisch bunt bemalt, und die Kühlerhaube ist mit zahlreichen Spiegeln und Pferden dekoriert. Sie gehören zum typisch philippinischen Straßenbild. Ihre Fahrtroute ist am Fahrzeug angegeben. Eine Fahrt kostet 2 P für die ersten vier Kilometer, für jeden weiteren Kilometer 25 Centavo. Wer aussteigen will, muß an die Decke klopfen oder zischen.

Bevor man als Fremder in der Provinz mit einem Jeepney eine unbekannte, längere Strecke fährt, sollte der Fahrpreis klar sein. Fragt daher vor Fahrtantritt die Mitreisenden oder in einem nahen Geschäft und checkt den Preis mit dem Fahrer ab. Das erspart mögliche böse Überraschungen nach Ankunft. Jeepneys fahren normalerweise nur, wenn sie voll oder übervoll mit Passagieren sind. Mit längeren Wartezeiten muß also gerechnet werden, auch wenn man in Eile ist. Wer allerdings dazu bereit ist, den Differenzbetrag für die nicht vorhandenen Passagiere zu bezahlen, kann den Fahrer zur sofortigen Abfahrt bewegen.

Steigt man auf einen wartenden, leeren Jeepney auf und der Fahrer fährt sofort ab, wird er meistens versuchen, einen teuren *special ride* zu verkaufen. Wer damit nicht einverstanden ist, sollte ihm umgehend klarmachen, daß nur *regular* in Frage kommt. Eventuell unverzüglich anhalten lassen, insbesondere dann, wenn keine weiteren Fahrgäste aufgenommen werden.

Einen Jeepney zu mieten kostet je nach Gegend bis zu 1.200 P pro Tag, bei schlechten Straßenverhältnissen etwas mehr. Sprit muß extra bezahlt werden.

Hinweis zur Sicherheit

Steigen unmittelbar nach Euch mehrere junge Männer in den Jeepney ein und versuchen sie gar, sich unbedingt neben Euch zu setzen und/oder Euch unter einem Vorwand zum Sitzplatzwechsel zu bewegen, könnten es Taschendiebe sein oder dreiste Gangster, die einen *hold up*, einen kleinen Überfall, inszenieren wollen. Steigt dann am besten sofort aus.

Taxi

Taxis sind mit einer Klimaanlage ausgestattet. Sie fahren mit Taxameter, den man unbedingt einschalten lassen sollte. Pauschalzahlungen lohnen sich nur für den Taxifahrer! Es kann nicht schaden, wenn man dem Taxifahrer sofort zu verstehen gibt, daß man sich mehr auskennt, als er denkt. Dann fährt er auch keine Umwege.

Die Einschaltgebühr beträgt 20 P inklusive für die ersten 500 Meter, danach 1 P für jede weiteren 250 Meter. Die Taxameter einiger älterer Taxis sind noch nicht umgestellt und zeigen die alte Einschaltgebühr an, zu der aber dann die Differenz hinzugerechnet wird.

Man sollte möglichst Kleingeld parat haben, denn ab 50 P wird es immer kritisch mit dem Wechselgeld. Sollte ein Taxameter offensichtlich manipuliert sein und zu schnell laufen, bleibt nur eine vernünftige Entscheidung: anhalten lassen und ein anderes Taxi neh-

men. Taxis, die vor großen Hotels, Busterminals, Schiffsanlegern und Flughäfen warten, fahren fast immer mit zu schnellem Taxameter oder wollen eine Pauschalzahlung herausschlagen. Ein paar Schritte zur nächsten Straße zu laufen, kann sich daher bezahlt machen. Neuere Taxis sind mit Digitalanzeiger ausgestattet, die offensichtlich (noch) nicht zu manipulieren sind.
Taxifahren in Manila: siehe Kapitel »Manila«: *Transport in Manila.*

PU-Cab

Das sind kleine, ältere Taxis ohne Taxameter. Der Mindestpreis für eine kurze Stadtfahrt (3 km) beträgt etwa 10 P. Für weitere Strecken zahlt man entsprechend mehr (2,50 P/km). Der Fahrpreis sollte vor Fahrtantritt ausgehandelt werden. PU-Cabs gibt es unter anderem in Cagayan de Oro, Bacolod, Davao und Zamboanga; nicht in Manila.

Bus

Es gibt große Busse mit Klimaanlage (Aircon-Bus mit oder ohne Video) und ohne Klimaanlage (Ordinary-Bus oder Regular-Bus) sowie Minibusse. Da ich ziemlich lange Beine habe, hat mir der enge Bankabstand in Minibussen immer zu schaffen gemacht - am bequemsten ist der Platz neben dem Fahrer.
Nachtfahrten können recht kühl sein, daher empfiehlt es sich, einen Pullover oder eine Jacke griffbereit zu haben.
In großen Überlandbussen bevorzuge ich die letzten Sitzreihen. Es schaukelt dort zwar etwas mehr als in der Busmitte, dafür sitzt man aber in der Nähe des Gepäcks. Bei zahlreichen Bussen kann man es, sofern es nicht ins Gepäcknetz paßt, auf einer Ablage hinten im Bus verstauen. Außerdem ist man hier ziemlich sicher vor eventuell kotzenden Hinterleuten. Rasante Wettrennen gegen Busse der Konkurrenz-Company schlagen manchen Filipinos nämlich ganz schön auf den Magen!
Da wir gerade bei der Verpflegung sind: Fliegende Händler kommen in die Busse und versorgen die Fahrgäste mit Bananen, Kuchen, Eiern, Eiscreme, Getränken usw. Außerdem werden Lunch-Breaks und weitere Essensstopps für die vermeintlich am Hungertuch nagenden Fahrgäste eingelegt. Mitgenommener Reiseproviant dürfte sich daher bis auf ein eventuelles kleines Fläschchen Rum zur Bekämpfung möglicher Unpäßlichkeiten unterwegs als überflüssige Schlepperei erweisen.
Wenn Busse voll sind, starten sie auch schon vor der angegebenen Abfahrtszeit. Also rechtzeitig da sein, wenn nur ein Bus am Tag fährt! In ländlichen Gegenden fahren die Busse, auch wenn sie schon voll besetzt sind, noch bis zu einer Stunde ihre Runden durch den Ort, um Fracht zu laden und diverse Einkäufe zu tätigen, bevor es auf die Reise geht. Wer etwas in Eile ist, dürfte bei Kurzstrecken bis etwa 20 Kilometer mit einem Jeepney schneller vorankommen.
Der Fahrpreis wird nach Kilometern berechnet. Allerdings bezahlt man für Fahrten auf Schotterstraßen mehr als auf Asphaltstraßen. Abkassiert wird auf Langstrecken immer recht spät. Zuerst erkundigt sich der Schaffner nach den Reisezielen der Passagiere. Danach locht er die Tickets und verteilt sie. Bevor er überhaupt dazu kommt, alle Peso einzusammeln, wird er etliche Male von Fahrscheinprüfern kontrolliert. Wer einen Internationalen Studentenausweis dabei hat, sollte ihn gleich bei Angabe des Fahrtziels vorzeigen. Student-Discount gibt es allerdings nur im Ordinary-Bus. Sind Schulferien, wird kein Rabatt gewährt. Auch an Sonn- und Feiertagen nicht.
100 Kilometer kosten mit einem Ordinary-Bus rund 40 P (etwa 2,- DM), mit einem Aircon Bus 50 P (etwa 2,50 DM.

Preisbeispiele (Ordinary-Bus/Aircon-Bus), von Manila nach: Alaminos (237 km) 110 P/140 P; Baguio (250 km) 115 P/155 P; Batangas (110 km) 50 P/80 P; Olongapo (126 km) 60 P/80 P; Legaspi (544 km) 240 P/295 P.

Zug

Nach Stillegung der Eisenbahnlinien auf Panay und Nord-Luzon gibt es nur noch eine Verbindung mit der Philippine National Railways (PNR) von Manila nach Süd-Luzon. Ausgehend von der Tayuman Railway Station führt die Southern Line von Manila über Calamba, San Pablo, Lucena, Gumaca, Hondagua und Tagkayan nach Ragay. Von dort führt sie weiter nach Naga, wird auf dem Abschnitt hinter Ragay zur Zeit (1997) repariert. Taifune zerstören fast jedes Jahr marode Eisenbahnbrücken, so daß eine zuverlässige Einhaltung des Fahrplans von vornherein nicht gewährleistet ist. Die Züge sind ebenfalls nicht im besten Zustand und außerdem ziemlich langsam. Siehe auch Kapitel »Süd-Luzon«: *Transport in Süd-Luzon.*

Schiff

Irgendwo gibt es immer ein Schiff, das zur nächsten Insel fährt. Es reicht, eine Stunde vor Abfahrt an Bord zu sein. Wer größere Entfernungen mit Frachtern zurücklegen will, muß längere und unplanmäßige Liegezeiten in Häfen einkalkulieren.

Auf Schiffe, Abfahrtszeiten, Fahrzeiten usw. wird in den Inselkapiteln unter »Weiterreise« näher eingegangen. Die dort angegebenen Abfahrtszeiten werden jedoch nicht immer eingehalten. Daher kann eine Fahrt zum Hafen durchaus auch dann noch sinnvoll sein, wenn man glaubt, das Schiff bereits verpaßt zu haben.

Hinweis: Auf den Philippinen wird offensichtlich nur selten ein Schiff länger als sechs Monate auf der selben Route eingesetzt. Zudem werden von den Reedereien nach Lust und Laune die Fahrpläne geändert. Daher bitte die angegebenen Abfahrtstage und -zeiten nur als grobe Planungshilfe benutzen - sie können leider nicht hundertprozentig stimmen. In größeren Städten ist ein kurzfristiger Anruf bei der Reederei sinnvoll, oder man erkundigt sich persönlich im Ticketoffice nach der aktuellen Abfahrt. Hilfreich sind auch die Werbeanzeigen verschiedener Reedereien in Tageszeitungen.

Auslegerboote

Kurzstrecken werden meistens von Auslegerbooten, *pumpboats* oder *bangkas* (»verenglischt«: *banca*), bedient. Der Motor befindet sich hinten - eine ziemlich laute Angelegenheit. Ein Pumpboat mit einer 16-PS-Maschine verbraucht bei zügiger Fahrt in einer Stunde fünf Liter (3,785 Liter sind übrigens eine Gallone). Charterkosten sind somit kalkulierbar!

Schnellboote

Eine bedeutende Verbesserung des Schiffsverkehrs auf Kurzstrecken ist der Einsatz von bequemen, klimatisierten Schnellbooten. Sie heißen *Bullet Xpress*, *Delta Ferry*, *Oceanjet*, *Star Ruby*, *Supercat* und *Water Jet* und verkehren hauptsächlich im Bereich der Visayas, unter anderem auf den Routen Cebu-Cagayan de Oro, Cebu-Dumaguete, Cebu-Maasin, Cebu-Ormoc, Cebu-Tagbilaran, Cebu-Surigao und Dumaguete-Siquijor. Cebu-Tagbilaran dauert z.B. nur 1:30 Std. und kostet erträgliche 150 P. Ihre Beliebtheit sowohl bei Touristen als auch bei Filipinos läßt den Schluß zu, daß in naher Zukunft zahlreiche weitere Routen befahren werden.

Tip: Da die Klimaanlagen dieser Schnellboote sehr kühl eingestellt sind, sollte man, besonders wenn man vom Schleppen des Gepäcks zum Pier verschwitzt ist, eine Jacke oder eine dünne Decke (oder Handtuch) griffbereit haben.

Passagierschiffe
Große Passagierschiffe der Interisland Operators sind von höchst unterschiedlicher Qualität. Die Flaggschiffe mehrerer Gesellschaften sind auf der Prestigeroute Manila-Cebu-Zamboanga-Davao eingesetzt. Sie sind pünktlich und schnell. Der Service ist relativ gut. Einige Schiffe haben sogar eine Discothek an Bord.
Tickets sollten nach Möglichkeit ein paar Tage vor Reiseantritt gekauft werden. Besonders um Weihnachten sind die Schiffe schnell ausgebucht. Mahlzeiten (Fisch und Reis, Kaffee und Wasser) sind meistens im Fahrpreis enthalten (nicht bei WG & A, da gute Restaurants an Bord).
Dritte Klasse (*deck class* oder *sun deck*) zu reisen ist angenehm. Die numerierten Liegen sind überdacht, also vor Sonne und Regen geschützt. In den Kabinen und Gemeinschaftssälen unter Deck ist es oft recht eng und stickig. Außerdem kann einem die zentralgesteuerte Klimaanlage ziemlich ungesund die Kälte um die Ohren blasen.
Gravierende Veränderung und Verbesserung bei großen Passagierschiffen: Die Reedereien William Lines, Gothong Lines und Aboitiz Lines haben sich zusammengeschlossen. Die neue Company heißt jetzt WG & A und verfügt über die beste Flotte des Landes. Ihre Schiffe wurden überholt und in *Superferry 1*, *Superferry 2* usw. umgetauft. Sie fahren erstaunlich pünktlich und der Service ist einwandfrei.Für den Bereich der Visayas haben die drei Reedereien eine zweite Company gegründet: Cebu Ferries.
Zu den bedeutenden Shipping Companies des Landes zählen überdies George & Peter Lines, Negros Navigation, Sulpicio Lines und Trans-Asia Shipping Lines. Zusätzliche Reedereien stehen im Branchen-Fernsprechbuch (Yellow Pages) unter »Shipping«.

Preisbeispiele (Dritte Klasse), von Manila nach: Bacolod/Negros 480 P; Cagayan de Oro/Mindanao 700 P, Cebu City/Cebu 520 P, Coron/Palawan 300 P, Davao/Mindanao 990 P, Kalibo/Panay 400 P, Puerto Princesa/Palawan 455 P, Zamboanga/Mindanao 645 P.

Flugzeug
Nachdem Philippine Airlines über viele Jahre fast monopolartig das Verkehrsgeschehen in der Luft beherrschte, drängen nun kleinere Gesellschaften wie Air Philippines, Asian Spirit, Cebu Pacific und Grand Air in den Markt. Bescheiden zwar, aber immerhin bieten sich dadurch nach bestimmten Zielen Alternativen an. Der verschärfte Wettbewerb führte auf manchen Routen zu erheblichen Preisnachlässen. Rechtzeitige Buchungen (14 Tage im voraus) werden vereinzelt mit einem Rabatt von bis zu 45 Prozent belohnt.
Nach katastrophalen Schiffsunglücken in den achtziger Jahren hat die Bedeutung des innerphilippinischen Flugverkehrs enorm zugenommen, was der Reisende durch eine hohe Auslastung der Maschinen zu spüren bekommt - rechtzeitiges Reservieren ist wichtig geworden.

Flughafengebühr
Die Airport Tax für Inlandsflüge wird meist beim Ticketkauf berechnet. Sie beträgt 8 P (z.B. Kalibo), 10 P (Dumaguete), 12 P (Davao), 40 P (Cebu City) oder 50 P (Manila).
Bei internationalen Flügen bezahlt man zur Zeit 220 P (Davao), 400 P (Cebu City) oder 500 P (Manila).

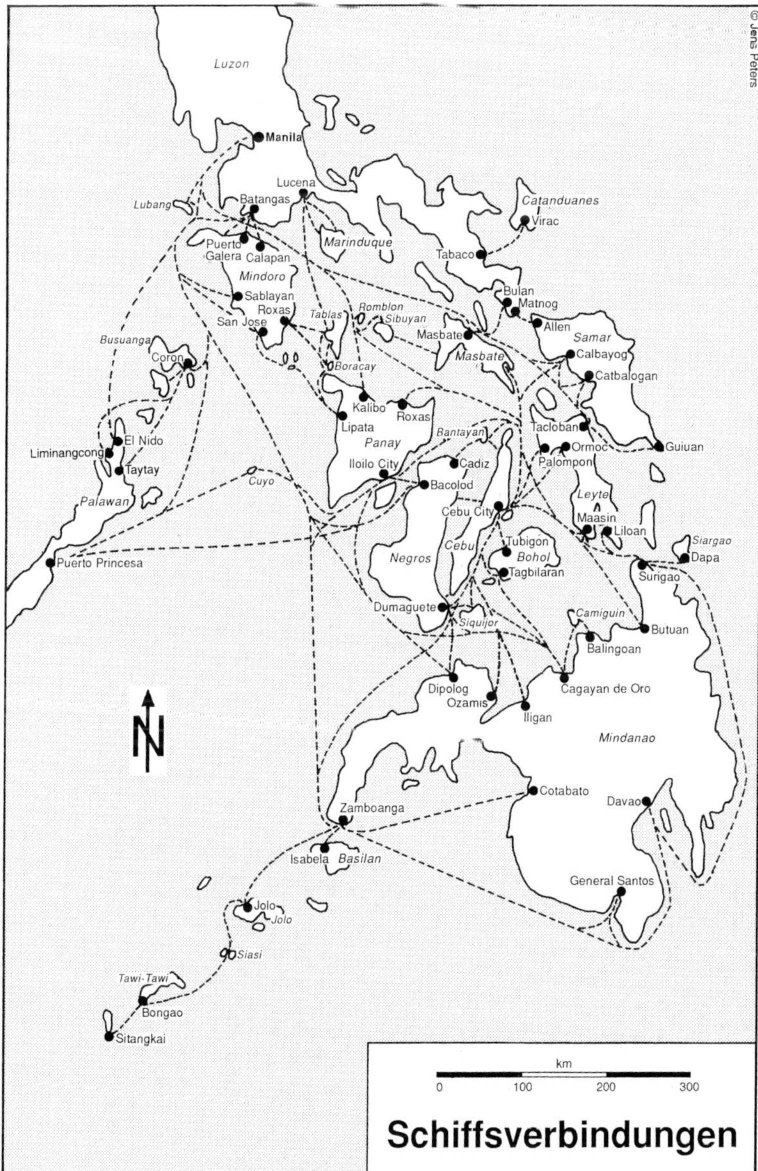
© Jens Peters
Luzon
Manila
Lucena
Batangas
Lubang
Catanduanes
Virac
Puerto Galera
Calapan
Marinduque
Tabaco
Mindoro
Sablayan
Roxas
San Jose
Tablas
Romblon
Sibuyan
Bulan
Matnog
Allen
Masbate
Samar
Calbayog
Catbalogan
Busuanga
Coron
Boracay
Kalibo
Roxas
Lipata
Panay
Bantayan
Tacloban
Guiuan
El Nido
Liminangcong
Taytay
Iloilo City
Cadiz
Ormoc
Palompon
Cuyo
Bacolod
Leyte
Palawan
Cebu City
Maasin
Liloan
Cebu
Tubigon
Bohol
Siargao
Dapa
Puerto Princesa
Negros
Tagbilaran
Surigao
Dumaguete
Siquijor
Camiguin
Butuan
Balingoan
Dipolog
Ozamis
Cagayan de Oro
Iligan
Mindanao
Cotabato
Davao
Zamboanga
Isabela
Basilan
General Santos
Jolo
Jolo
Siasi
Tawi-Tawi
Bongao
Sitangkai
km
0
100
200
300
Schiffsverbindungen

Flüge

1 **Air Ads**
2 **Air Philippines**
3 **Asian Spirit**
4 **Cebu Pacific**
5 **Grand Air**
6 **Mindanao Express**
7 **Pacific Airways**
8 **Seair**
9 **Soriano Aviation**

Stand: 1997

Ein paar Flugpreise (in Peso)

Manila	- Catarman	1.300
	- Caticlan	1.540
	- Cebu	1.000
	- Cotabato	2.100
	- Cuyo	2.600
	- Baguio	765
	- Busuanga	1.600
	- Cagayan de Oro	1.700
	- Davao	1.600
	- El Nido	3.050
	- Iloilo	1.100
	- Kalibo	980
	- Legaspi	930
	- Olongapo (Subic)	480
	- Puerto Princesa	1.200
	- San Jose	830
	- Tablas	810
	- Zamboanga	2.200
General Santos	- Cagayan de Oro	1.600
	- Davao	800
	- Zamboanga	1.500

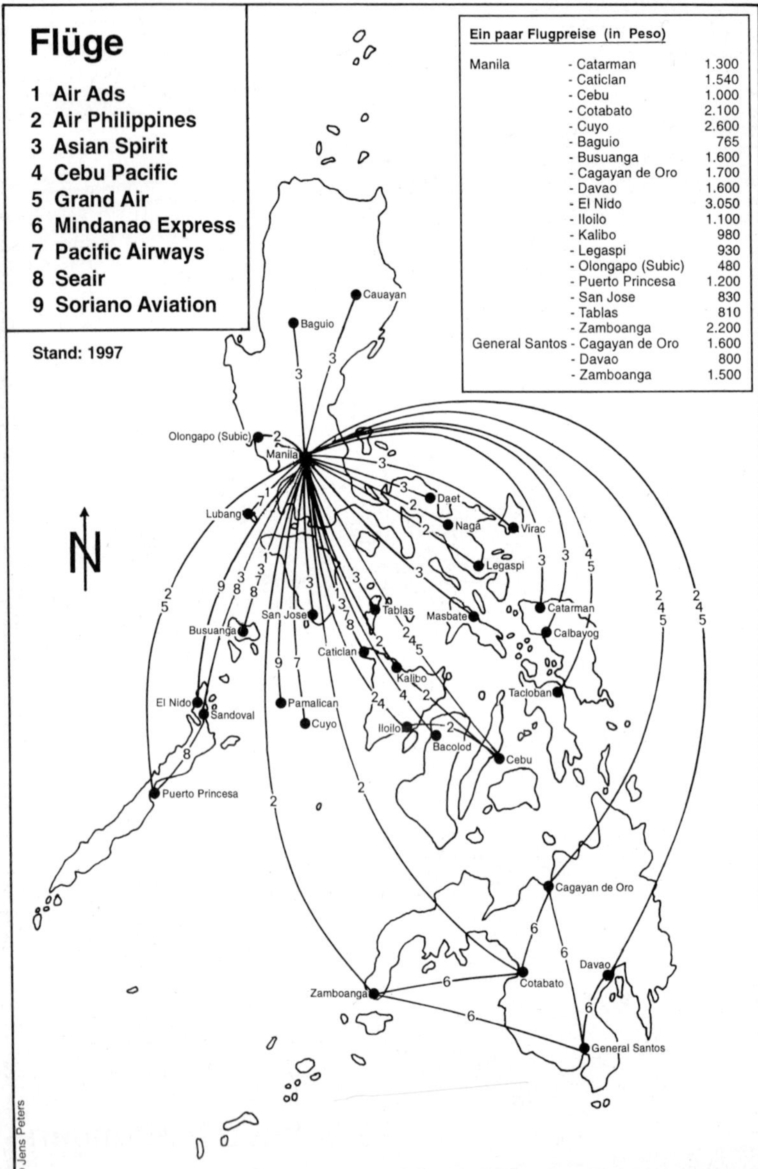

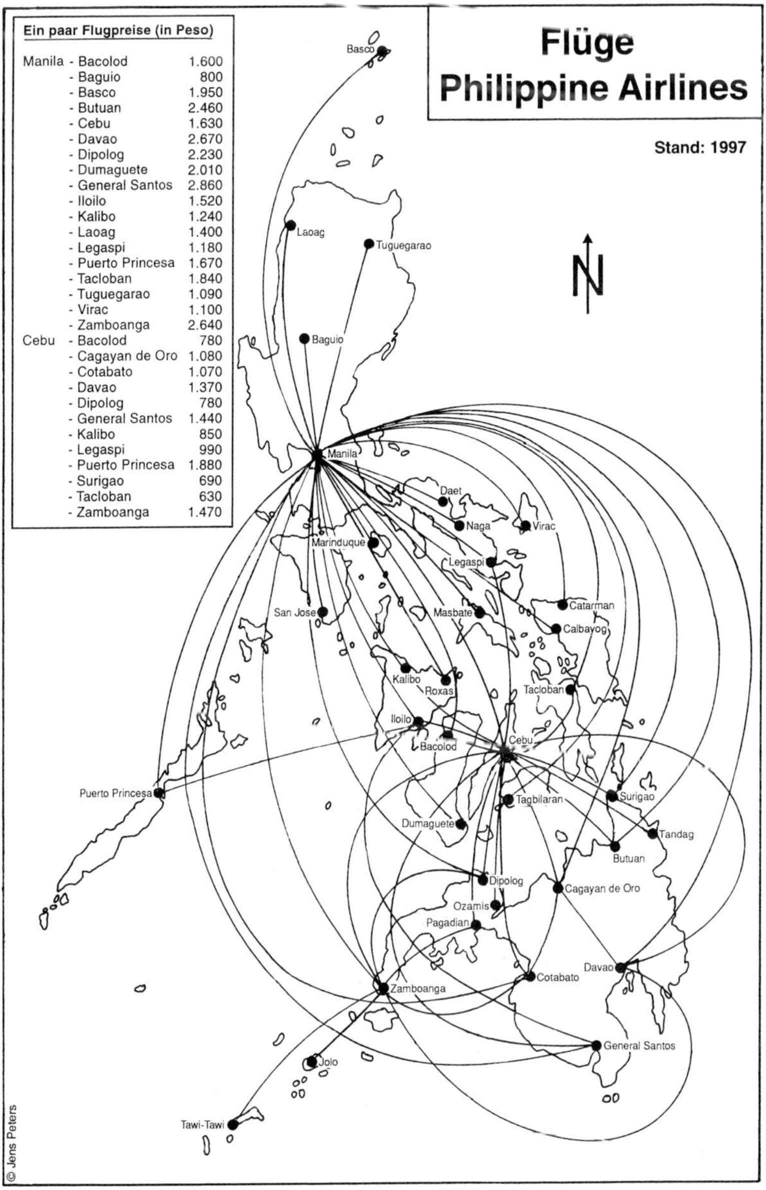

Ein paar Flugpreise (in Peso)

Manila	- Bacolod	1.600
	- Baguio	800
	- Basco	1.950
	- Butuan	2.460
	- Cebu	1.630
	- Davao	2.670
	- Dipolog	2.230
	- Dumaguete	2.010
	- General Santos	2.860
	- Iloilo	1.520
	- Kalibo	1.240
	- Laoag	1.400
	- Legaspi	1.180
	- Puerto Princesa	1.670
	- Tacloban	1.840
	- Tuguegarao	1.090
	- Virac	1.100
	- Zamboanga	2.640
Cebu	- Bacolod	780
	- Cagayan de Oro	1.080
	- Cotabato	1.070
	- Davao	1.370
	- Dipolog	780
	- General Santos	1.440
	- Kalibo	850
	- Legaspi	990
	- Puerto Princesa	1.880
	- Surigao	690
	- Tacloban	630
	- Zamboanga	1.470

Philippine Airlines
Philippine Airlines (PAL) fliegt fast alle größeren Städte an. Über Weihnachten, zwischen dem 15. Dezember und 4. Januar, und in der Karwoche (Holy Week) sind so ziemlich alle Flüge ausgebucht.

Flugplan: Der Inlandsflugplan ändert sich zwei- bis viermal jährlich. Eine aktuelle »Domestic Flight Schedule« hängt im PAL-Office am Roxas Boulevard am Schwarzen Brett. Auch in der Tageszeitung *Manila Bulletin* wird er monatlich einmal veröffentlicht.

Hinweis: Gerade in der Regenzeit kann es passieren, daß Inlandsflüge wegen schlechtem Wetter ausfallen. Wer seinen internationalen Anschlußflug in Manila, Cebu City oder Davao nicht verpassen darf, sollte dies berücksichtigen. Eine schriftliche Bestätigung der Fluggesellschaft über den Ausfall des Fluges kann nützlich sein, da sie einem fast immer die Umbuchungskosten bei der internationalen Fluggesellschaft erspart.

Flugzeuge: Philippine Airlines fliegt mit Jets (Airbus A-300, Boeing 737) und Turbo-Props (Fokker 50). In den Maschinen darf nicht geraucht werden. Flüge mit dem Airbus sind teurer als mit der Boeing.

Abfertigung: PAL-Kunden werden in den Stadtbüros nummernweise abgefertigt. Auch wer nur eine Auskunft haben will, muß sich eine Nummer nehmen und warten. In solch einem Fall also besser anrufen. Dann werden Fragen sofort beantwortet. PAL hat in Manila unter Tel. Nr. 8166691 rund um die Uhr einen Info-Service eingerichtet.

Rabatte: Studenten bis 25 Jahre gewährt PAL auf lückenlosen Rundflügen, z.B. Manila-Cebu-Manila oder Manila-Zamboanga-Davao-Cebu-Manila, einen Nachlaß von 15 Prozent. Es könnte sein, daß man zusätzlich zum Internationalen Studentenausweis auch den Reisepaß sehen will, und von beiden eine Kopie abgegeben werden muß (vom Paß die Doppelseite mit dem Foto).
Senioren über 60 Jahre erhalten einen Nachlaß von 15 Prozent (Golden Age Discount). Dazu muß ein Antragsformular ausgefüllt werden, das zusammen mit zwei Reisepaß-Fotokopien und zwei Paßbildern am Discount-Schalter eingereicht wird. Der Kunde erhält dann eine Ausweiskarte, die beim Ticketkauf vorzuweisen ist.

Airpass: Passagiere von Philippine Airlines können zusätzlich zum internationalen PAL-Ticket, z.B. Langstrekkenflug aus Europa, einen preiswerten Airpass (»Visit-The-Philippines-Fare«) für vier, sechs oder acht verschiedene philippinische Flugziele erwerben. Damit lassen sich Rundflüge sehr günstig gestalten. Der Airpass ist solange gültig wie das internationale Ticket.
Das Airpass-Angebot läuft jährlich im März aus, wird dann aber gewöhnlich um ein weiteres Jahr verlängert.
Preise: Vier Coupons US$ 155, sechs Coupons US$ 182, acht Coupons US$ 198.

Umbuchungen: Stornierungen und Umbuchungen werden kostenlos nur bis um 12.00 Uhr des Tages vor dem Flug durchgeführt. Danach wird eine Gebühr in Höhe von 50 P erhoben.

Gepäck: Offiziell werden bei PAL-Inlandsflügen pro Passagier nur 18 Kilogramm Gepäck kostenlos befördert. Bei Touristen nimmt man es mit dieser Begrenzung jedoch nicht immer so genau. Übergepäck kostet etwa 15 P pro Kilogramm (abhängig von der Strecke).

Preisbeispiele (one-way) von Manila nach: Baguio 800 P (42,- DM); Cebu City 1.630 P (86,- DM); Kalibo 1.240 P (65,- DM); Puerto Princesa 1.670 P (88,- DM); Davao 2.670 P (140,- DM).

Hinweis: Die Preise der seit 1996 operierenden, unten aufgeführten Fluggesellschaften Air Philippines, Cebu Pacific und Grand Air liegen auf manchen Strecken bis zu 25 Prozent unter denen von Philippine Airlines.
Rechtzeitiges Buchen (z.B. 14 Tage im voraus) bringt zusätzlichen Preisvorteil.

Air Ads
Diese gutgeführte kleine Fluggesellschaft fliegt mit Islander von Manila nach Busuanga (1.600 P), Caticlan (1.800 P) und Lubang (700 P). Nur zehn Kilogramm Freigepäck; Übergepäck kostet 25 P pro Kilogramm.

Air Philippines
Air Philippines verfügt über zwei Flugzeugtypen: YS-11 für Flüge von Manila nach Kalibo (980 P), Legaspi (930 P), Naga (790 P) und Subic (480 P) sowie Cebu City nach Kalibo (800 P); Boeing 737 für Flüge von Manila nach Cagayan de Oro (1.700 P), Cebu City (1.000 P), Cotabato (2.100 P), Davao (2.000 P), Iloilo City (1.200 P), Puerto Princesa (1.400 P) und Zamboanga (2.200 P).
Geplant ist die Vebindung Manila-Tacloban.

Asian Spirit
Asian Spirit fliegt mit 50-sitzigen Dash 7 von Manila nach Baguio (765 P), Calbayog (1.340 P), Catarman (1.300 P), Caticlan (1.540 P), Cauayan (990 P), Busuanga (1.500 P), Daet (770 P), Masbate (1.080 P), San Jose/Mindoro (830 P), Sandoval (2.500 P), Tablas (810 P) und Virac (1.050 P).
Geplant sind Flüge von Manila nach, Marinduque und Naga.

Cebu Pacific
Die finanziell offensichtlich gutsituierte Fluggesellschaft Cebu Pacific fliegt mit DC 9 und Boeing 737 von Manila nach Bacolod (1.300 P), Cagayan de Oro (1.900 P), Cebu City (1.100 P), Davao (1.600 P), Iloilo City (1.180 P) und Tacloban (1.400 P).

Grand Air
Neben PAL ist Grand Air die zweite internationale philippinische Fluggesellschaft mit Flügen von Manila nach Hong Kong und Taipei. Inlandsflüge mit Grand Air: Mit Airbus A-300 von Manila nach Cebu City (1.300 P) und Davao (2.100 P); mit Boeing 737 von Manila nach Cagayan de Oro (1.800 P), Iloilo City (1.100 P), Puerto Princesa (1.200 P) und Tacloban (1.400 P).
Geplant sind Flüge von Manila nach Kalibo und Zamboanga.

Mindanao Express
Diese neue kleine Fluggesellschaft fliegt mit 19-sitzigen Witchcraft 1900 ein paar Destinationen in Mindanao an: Von Cagayan de Oro nach Cotabato (1.340 P) und General Santos (1.600 P), von Davao nach General Santos (800 P), von Zamboanga nach Cotabato (1.200 P) und General Santos (1.500 P). Inwieweit diese Verbindungen von Dauer sind, bleibt abzuwarten.

Pacific Airways
Flüge mit Pacific Airways sind nicht sehr zuverlässig und sollten nicht zu eng in die Reiseplanung einbezogen werden. Geflogen wird hauptsächlich mit Cessnas: von Manila nach Busuanga (1.650 P), Caticlan (1.850 P), Cuyo (2.600 P) und Lubang (650 P).
Geplant ist die Verbindung Manila-Sablayan/Mindoro (1.100 P).

Seair
Eine kleine Fluggesellschaft mit Sitz in Angeles (Clark International Airport),

von wo aus zur Zeit allerdings nur Charterflüge nach Manila angeboten werden. Reguläre Flüge gibt es vorerst nur ab Manila, und zwar nach Busuanga (1.620 P), Caticlan (1.700 P) und Sandoval/Taytay (2.700 P).

Soriano Aviation
Diese kleine Gesellschaft fliegt nach Palawan, und zwar mit Dornier 228 von Manila nach El Nido (3.050 P) und mit King Air von Manila nach Pamalican Island (3.050 P).

Manila

Nach Zusammenschluß von 17 Städten und Gemeindebezirken wurde 1975 aus der Großstadt Manila die Metropole Manila, kurz Metro Manila genannt, mit zur Zeit insgesamt mehr als zehn Millionen Einwohnern, viel zu vielen Autos, einem alltäglichen Verkehrschaos und einer alamierenden Luftverschmutzung. San Nicolas, Binondo, Santa Cruz, Quiapo und San Miguel bilden den Kern der Stadt. Dort gibt es große Märkte (Divisoria Market, Quinta Market usw.), bedeutende Kirchen (Quiapo Church, Santa Cruz Church usw.), belebte Einkaufsstraßen (»Avenida« Rizal Avenue, Escolta Street usw.), Chinatown (Binondo, Ongpin Street usw.), den Amtssitz des Präsidenten (Malacañang Palace, San Miguel) und viele, viele Menschen. Tondo ist das Armenhaus der Stadt. Vermutlich bevölkern mehr als 1,5 Millionen Menschen die Slums von Metro Manila. Allein in Tondos Slumbezirk leben auf 1,5 qkm etwa 180.000 Menschen in 17.000 Hütten.

In Caloocan City werden Leichtmetalle fabriziert und Nahrungsmittel weiterverarbeitet. Am Ende der Rizal Avenue Extension befindet sich ein Andres Bonifacio-Denkmal. Diese Statue, bekannt als »Monumento«, ist für viele Jeepneys und Busse Wendepunkt bzw. Haltestelle.

In Quezon City tagt die Nationalversammlung. Markante Komplexe sind dort das Philippine Heart Center for Asia, das klimatisierte Araneta Coliseum mit 25.000 Sitzplätzen und die University of the Philippines (UP) mit einem 400-Hektar-Campus.

Während in früheren Zeiten Intramuros die Hochburg fremder Eindringlinge war, zieht es die friedlichen Eroberer heute hauptsächlich nach Ermita und Malate. Die Prestige- und Präsentierbedeutung des sogenannten Tourist Belt mit seiner Prachtstraße, dem Roxas Boulevard, den vielen Hotels, Geschäften und internationalen Restaurants ist unverkennbar. Allerdings hat er sich auch zu einem wichtigen Devisenbringer gemausert.

Das ganz große Geld steckt jedoch in Makati. Internationale Banken, Versicherungsgesellschaften und Konzerne haben dort ebenso ihre Zentralen und Büros wie die meisten Fluggesellschaften und diplomatischen Vertretungen vieler Länder. Die zum Teil gepfefferten Preise der modernen Einkaufszentren passen zum Niveau der vernünftigerweise ausgelagerten Hochhauslandschaft. Am Rande von Makati liegen dann auch die geschlossenen vornehmen Wohnbezirke von Dasmariñas, Forbes Park und Urdaneta (sogenannte »Villages«) mit vielen Villenstraßen und jeweils einer eigenen, privaten Wächtertruppe.

Der Name Manila hat seinen Ursprung in den beiden Wörtern *may* und *nilad*. *May* bedeutet »dort gibt es« und *nilad* ist eine Mangrovenpflanze, die an der Mündung des Pasig River wuchs und deren Rindensubstanz den damaligen Manileños als natürliche Seife beim Wäschewaschen diente.

König Philipp II. von Spanien gab der Hauptstadt seiner fernen Kolonie drei Jahre nach der Eroberung den Namen *Insigne Y Siempre Leal Ciudad*, was »vornehme und immer treue Stadt« bedeutet. Diese charmante Bezeichnung konnte sich gegen *Maynilad* allerdings nicht durchsetzen.

Wie Maynilad in der Mitte des vorigen Jahrhunderts aussah und wie man dort zu jener Zeit lebte, beschreibt Fedor Jagor in dem 1873 erstmals erschienenen Klassiker *Reisen in den Philippinen* (siehe auch Anzeige hinten im Buch).

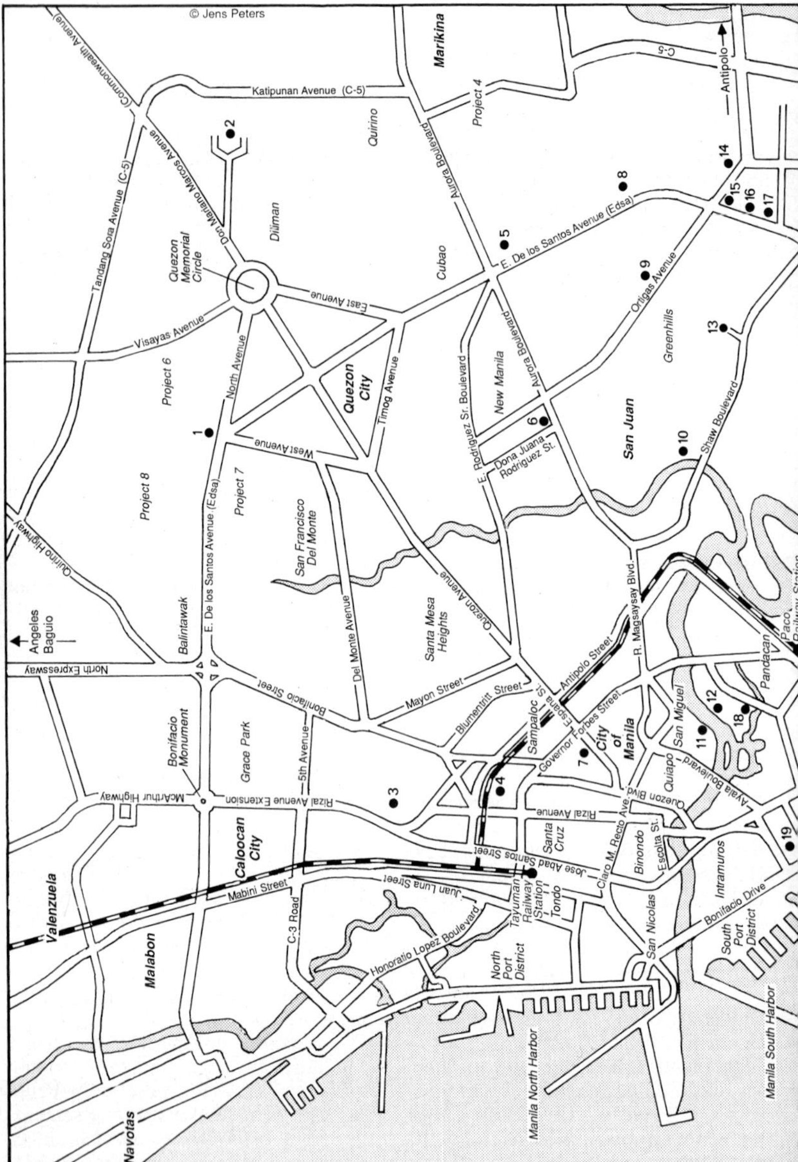

© Jens Peters
Marikina
Katipunan Avenue (C-5)
Commonwealth Avenue
Tandang Sora Avenue (C-5)
Don Mariano Marcos Avenue
Quirino
Project 4
C-5
Antipolo
Diliman
Aurora Boulevard
Quezon Memorial Circle
Cubao
E. De los Santos Avenue (Edsa)
Visayas Avenue
East Avenue
Ortigas Avenue
Greenhills
Project 6
North Avenue
Quezon City
Timog Avenue
E. Rodriguez St. Boulevard
New Manila
San Juan
Shaw Boulevard
Dona Juana Rodriguez St.
West Avenue
Project 8
Project 7
San Francisco Del Monte
Quirino Highway
Angeles Baguio
Balintawak
Quezon Avenue
Santa Mesa Heights
Del Monte Avenue
R. Magsaysay Blvd.
Antipolo Street
Paco
Railway Station
Pandacan
North Expressway
Bonifacio Street
Mayon Street
Blumentritt Street
Espana St.
Sampaloc
Governor Forbes Street
City of Manila
San Miguel
Bonifacio Monument
Grace Park
5th Avenue
Quiapo
Quezon Blvd.
Ayala Boulevard
McArthur Highway
Rizal Avenue Extension
Rizal Avenue
Claro M. Recto Ave.
Caloocan City
Santa Cruz
Binondo
Escolta St.
Jose Abad Santos Street
Intramuros
Valenzuela
Mabini Street
Juan Luna Street
Tayuman Railway Station
Tondo
San Nicolas
Bonifacio Drive
C-3 Road
Honoratio Lopez Boulevard
North Port District
South Port District
Malabon
Manila North Harbor
Manila South Harbor
Navotas
1
2
3
4
5
6
7
8
9
10
11
12
13
14
15
16
17
18
19

Manila

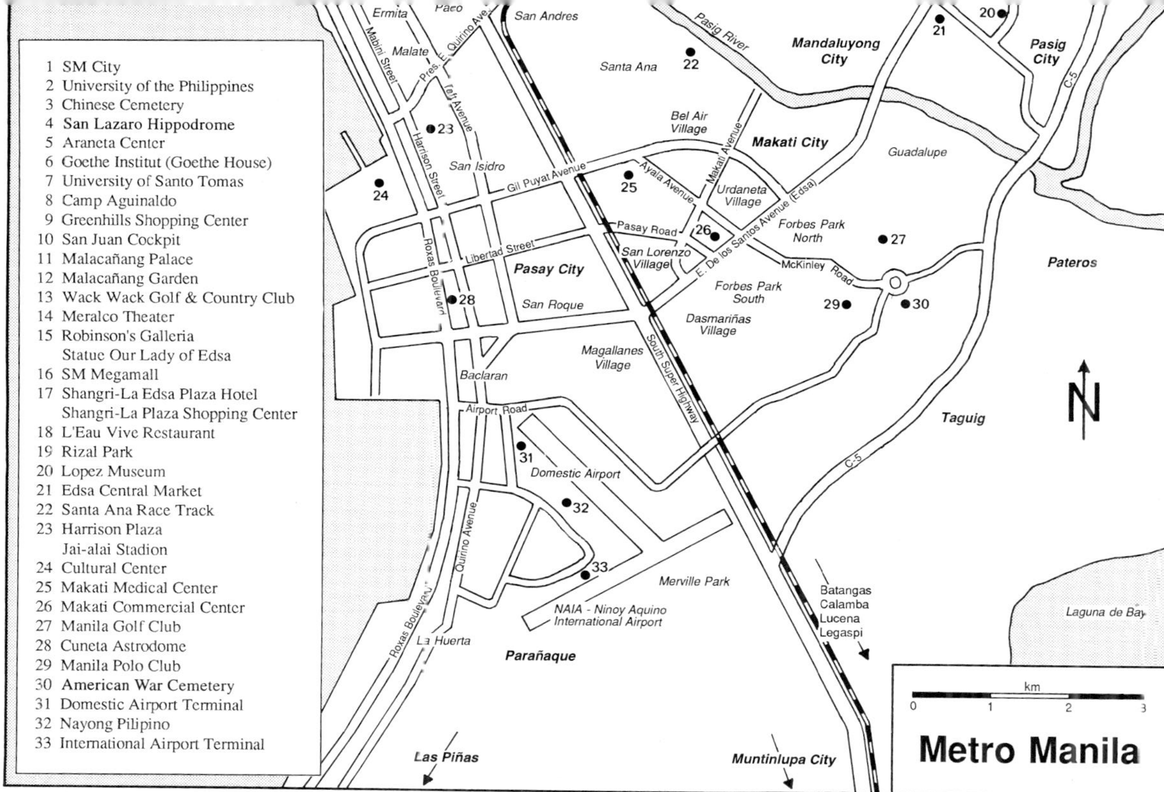
Metro Manila
km
0
1
2
3
1 SM City
2 University of the Philippines
3 Chinese Cemetery
4 San Lazaro Hippodrome
5 Araneta Center
6 Goethe Institut (Goethe House)
7 University of Santo Tomas
8 Camp Aguinaldo
9 Greenhills Shopping Center
10 San Juan Cockpit
11 Malacañang Palace
12 Malacañang Garden
13 Wack Wack Golf & Country Club
14 Meralco Theater
15 Robinson's Galleria
Statue Our Lady of Edsa
16 SM Megamall
17 Shangri-La Edsa Plaza Hotel
Shangri-La Plaza Shopping Center
18 L'Eau Vive Restaurant
19 Rizal Park
20 Lopez Museum
21 Edsa Central Market
22 Santa Ana Race Track
23 Harrison Plaza
Jai-alai Stadion
24 Cultural Center
25 Makati Medical Center
26 Makati Commercial Center
27 Manila Golf Club
28 Cuneta Astrodome
29 Manila Polo Club
30 American War Cemetery
31 Domestic Airport Terminal
32 Nayong Pilipino
33 International Airport Terminal
Ermita
Paco
Malate
San Andres
Pasig River
Mandaluyong City
Pasig City
C-5
Santa Ana
Mabini Street
Pres. E. Quirino Ave.
Taft Avenue
Harrison Street
San Isidro
Gil Puyat Avenue
Bel Air Village
Makati City
Makati Avenue
Guadalupe
Ayala Avenue
Urdaneta Village
E. De los Santos Avenue (Edsa)
Pasay Road
Forbes Park North
San Lorenzo Village
Libertad Street
Pasay City
Roxas Boulevard
McKinley Road
Forbes Park South
Pateros
San Roque
Dasmariñas Village
Magallanes Village
South Super Highway
Baclaran
Airport Road
Taguig
Domestic Airport
Quirino Avenue
Merville Park
NAIA - Ninoy Aquino International Airport
La Huerta
Parañaque
Batangas
Calamba
Lucena
Legaspi
Laguna de Bay
Las Piñas
Muntinlupa City
N

Manila

Die *Metro Manila*-Karte zeigt, wo die zentralen Stadtteile liegen. Sie eignet sich als Planungshilfe für Sightseeingtrips und als Orientierungshilfe bei der Benutzung öffentlicher Nahverkehrsmittel.
Siehe auch Karte *Manila Busterminals - Metrorail* auf Seite 226.

Rizal-Monument

Rizal Park

Ein Oase mitten in der hektischen Stadt. Volkstümlich wird der Rizal Park auch Luneta Park genannt. Blumen, Springbrunnen, großzügige Grünanlagen und natürlich viel Musik locken täglich Tausende von Filipinos spätnachmittags und abends zum unbeschwerten Bummel. Morgens um 5.00 Uhr kann man bereits die ersten aktiven Chinesen beim *t'ai chi* beobachten. Sonntag ist Familientag. Dann gibt es auch um 17.00 Uhr das kostenlose »Concert at the Park«. Eine Riesenstimmung herrscht am 1. Januar, wenn freudig das Neue Jahr begrüßt wird.
Oft bestaunt werden die Wachablösungen am Rizal-Denkmal. Unweit dieser Stelle wurde der Nationalheld Dr. Jose Rizal am 30. Dezember 1896 von den Spaniern hingerichtet. Die dramatische Szene, in der das Erschießungskommando die Gewehre auf Rizal richtet, ist mit Statuen dargestellt und bildet jeden Abend den Mittelpunkt einer Lightshow von der Exekution (18.30 Uhr in Tagalog, 19.30 Uhr in Englisch, ausgenommen an Regentagen, bei Stromausfall und ohne ersichtlichen Grund bisweilen auch an ganz normalen Abenden; Eintritt: 30 P). Tagsüber kann man die Statuen ebenfalls besichtigen; Eintritt: 5 P. Auf Messingplatten ist in verschiedenen Sprachen Rizal's Abschiedsgedicht *Mi Ultimo Adios* (Mein Letztes Lebewohl) zu lesen.
Etwas versteckt zwischen Monument und Fischteich (Richtung Kalaw Street) steht Rizal's Fountain, das Original eines Brunnens aus Wilhelmsfeld bei Heidelberg, aus dem Rizal während seiner Heidelberger Studentenzeit getrunken hat. An der Wasserseite befindet sich der Children's Playground; ein guter Platz, um die farbenprächtigen Manila Bay-Sonnenuntergänge zu genießen. Auf der entgegengesetzten Seite des Parks, neben dem großen Gebäude des Department of Tourism, der Rollschuhbahn mit der großen Erdkugel und dem topographischen Modell der Philippinen, gibt es einen Kinderspielplatz mit herrlichen großen Steinfiguren zum Klettern.
Jeweils links und rechts von Konzert-Auditorium und Planetarium schließen der Chinese Garden und der Japanese Garden an, in denen sich Verliebte gerne treffen.

Intramuros

Intramuros, die »Stadt in Mauern«, ist das Manila der Vergangenheit. Dort errichtete Legaspi 1571 nach dem Sieg über die Moslems eine Festung. Nach Attacken durch die chinesische Flotte und einem Großbrand wurden Filipinos zum Bau der Schutzmauer gezwungen. Ein breiter Wassergraben rundherum machte das Bollwerk komplett. Innerhalb der Mauern entstanden unter anderem zahlreiche feudale Herrschaftshäuser, zwölf Kirchen und mehrere Hospitäler. Leben durften in der Anlage allerdings nur Spanier und Mestizen. Filipinos wurden dort angesiedelt, wo sich heute der Rizal Park befindet. Ebenfalls in Reichweite der Kanonen quartierte man die Chinesen, und zwar etwa dort, wo heute die City Hall steht. Weder Holländer noch Portugiesen konnten die Festung stürmen. Auch die Angriffe der Sulu-Piraten blieben erfolglos.

Fast völlig zerstört wurde Intramuros durch Bombenangriffe während des Zweiten Weltkrieges. Relativ unversehrt geblieben ist die San Agustin Church. Die Manila Cathedral wurde gleich nach dem Krieg wieder aufgebaut. Mit der Restauration weiterer historischer Gebäude wurde zwischenzeitlich begonnen. Puerta Isabel II und Puerta Real, zwei der ursprünglich sieben Tore der Stadt, sind bereits erneuert. Ebenso einige schön anzusehende Häuser wie Casa Manila im San Luis Complex und El Amanecer, beide in der General Luna Street.

Fort Santiago

Die wichtigste Verteidigungsanlage der Festungsstadt Intramuros war das Fort Santiago. Aus strategisch günstiger Lage an der Mündung des Pasig River konnte das Geschehen in der Bucht von Manila kontrolliert werden. Gefürchtet und berüchtigt waren die unter dem Meeresspiegel liegenden Kerkerzellen, in denen es bei Hochwasser für die Gefangenen oftmals keine Rettung mehr gab. Unzählige Filipinos mußten dort während der japanischen Besatzungszeit im Zweiten Weltkrieg ihr Leben lassen. Auch Dr. Jose Rizal verbrachte seine letzten Tage in einer Zelle des Forts, bevor ihn die Spanier 1896 hinrichteten.

Heute steht das Fort Santiago unter Denkmalschutz. Innerhalb der Anlage gibt es ein Freilufttheater, ein Rizal Museum (Rizal Shrine; nur bis 17.00 Uhr geöffnet) und eine kleine Ausstellung alter Autos, die von bedeutenden philippinischen Persönlichkeiten gefahren wurden.

Anfang 1988 wurde das Fort Santiago mit Erlaubnis der Regierung von amerikanischen Goldsuchern umgekrempelt, die durch Ausgrabungen den angeblich auf den Philippinen versteckten, sagenhaften Kriegsschatz des japanischen Generals Yamashita freilegen wollten - allerdings vergebens.

Geöffnet: tägl. 8.00-22.00 Uhr. Eintritt einschließlich Rizal Museum: 15 P, Kinder 5 P.

San Agustin Church

In den Jahren 1574 und 1583 vernichteten Brände die ersten Konstruktionen der San Agustin-Kirche. 1599 wurde dann der Grundstein zu dem massiven Gotteshaus gelegt, das sowohl die schweren Erdbeben von 1645, 1754, 1852, 1863, 1880, 1968 und 1970 als auch die Bombardierungen in der Schlacht um Manila im Februar 1945 ohne Schaden überstand.

1879/80 wurden die Wände und Dekken von zwei italienischen Künstlern meisterlich bemalt. Aus Paris stammen die schweren Kristall-Kronleuchter. Die Chorstühle wurden von den handwerklich begabten Augustinermönchen selbst geschnitzt. In einer kleinen Kapelle links vom Hauptaltar befinden sich die sterblichen Überreste Legaspis.

Dem Kirchenkomplex angegliedert sind ein Museum und ein beschaulicher Innenhof.

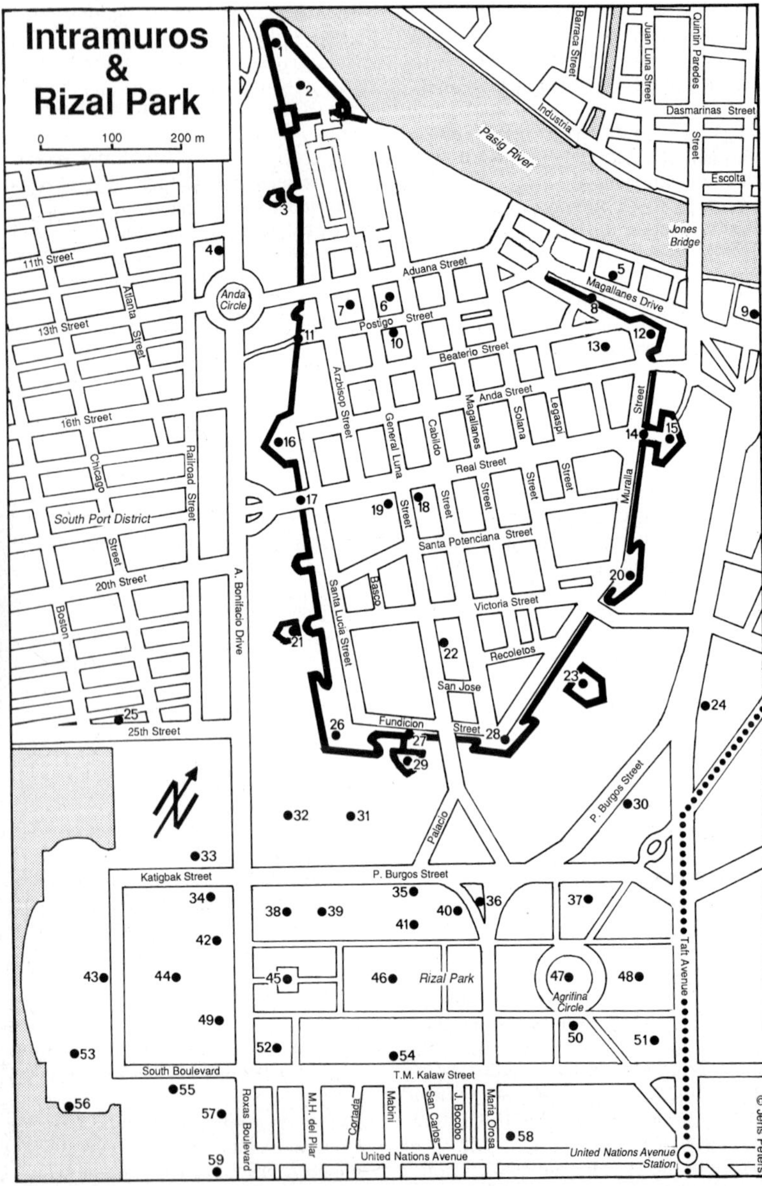
Intramuros & Rizal Park
0 100 200 m
Pasig River
Jones Bridge
Barraca Street
Juan Luna Street
Quintin Paredes Street
Dasmarinas Street
Escolta
Industria
Aduana Street
Magallanes Drive
Postigo Street
Beaterio Street
Anda Street
Real Street
Santa Potenciana Street
Victoria Street
Recoletos
San Jose
Fundicion Street
Arzbisop Street
General Luna Street
Cabildo Street
Magallanes Street
Solana Street
Legaspi Street
Muralla Street
Santa Lucia Street
Basco
Anda Circle
11th Street
13th Street
16th Street
20th Street
25th Street
Atlanta Street
Chicago Street
Boston
Railroad Street
South Port District
A. Bonifacio Drive
Palacio
P. Burgos Street
Katigbak Street
Rizal Park
Agrifina Circle
South Boulevard
T.M. Kalaw Street
Roxas Boulevard
M.H. del Pilar
Cortada
Mabini
San Carlos
J. Bocobo
Maria Orosa
United Nations Avenue
United Nations Avenue Station
Taft Avenue
© Jens Peters

Manila

Übernachten
33 Manila Hotel
58 Holiday Inn Manila Pavilion

Essen und Trinken
18 Barbara's Coffee Shop
22 Ilustrado Restaurant
56 Harbor View Restaurant

Verschiedenes
1 Rizal Shrine
2 Fort Santiago
3 Revellin de San Francisco
4 Seamen's Club
5 Immigration Office
6 Plaza Roma
7 Palacio del Gobernador
8 Puerta Isabel II
9 General Post Office
10 Manila Cathedral
11 Puerta del Postigo
12 Bastion de San Gabriel
13 Letran College
14 Puerta del Parian
15 Revellin del Parian
16 Bastion de Santa Lucia
17 Puerta de Santa Lucia
18 San Luis Complex
Casa Manila Museum
19 San Agustin Church
20 Bastion de Dilao
21 Fortin San Pedro
22 El Amanecer
23 Revellin de Recoletos
24 Manila City Hall
25 Bureau of Quarantine
26 Bastion de San Diego
27 Puerta Real
28 Bastion de San Andres
29 Aquarium
30 National Museum
31 Golfplatz
32 Legaspi & Urdaneta Monument
34 Rizal Park Post Office
35 Planetarium
36 Künstlicher Wasserfall
37 Department of Finance
38 Rizal's Hinrichtungsstätte
39 Chinese Garden
40 Japanese Garden
41 Freiluftbühne
Concert at the Park
42 Carabao-Statue
43 Quirino Grandstand
44 Parade Ground
45 Rizal Monument
46 Central Lagoon
47 Agrifina Circle
Weltkugel
Rollschuhbahn
48 Philippinen-Relief
49 Tamaraw-Statue
50 Department of Tourism (DOT)
Tourist Office, Tourist Police
51 Children's Playground
52 Rizal's Fountain
53 Children's Playground
54 Nationalbibliothek
55 Army & Navy Club
56 Hafenrundfahrten
57 Museo Pambata
59 USA-Botschaft

Manila Cathedral
Diese Kathedrale mit der mächtigen Kuppel ist eine der bedeutendsten Kirchen in den Philippinen. Sie befindet sich am Plaza de Roma im Stadtteil Intramuros. Mit Hilfe des Vatikans wurde das im Zweiten Weltkrieg zerstörte Gebäude von 1954 bis 1958 wieder aufgebaut. Einige alte Mauern wurden restauriert und in den Neubau integriert.

Die große Orgel mit ihren 4.500 Pfeifen stammt aus Holland. Sie soll die größte in Asien sein.
Wohl jeden Sonntagvormittag geben sich in dieser großen Kathedrale Brautpaare das Jawort. Die Türen sind offen für jedermann, eine gute Gelegenheit also, einer philippinischen kirchlichen Trauung beizuwohnen, vielleicht sogar einer mit prominenter Beteiligung.

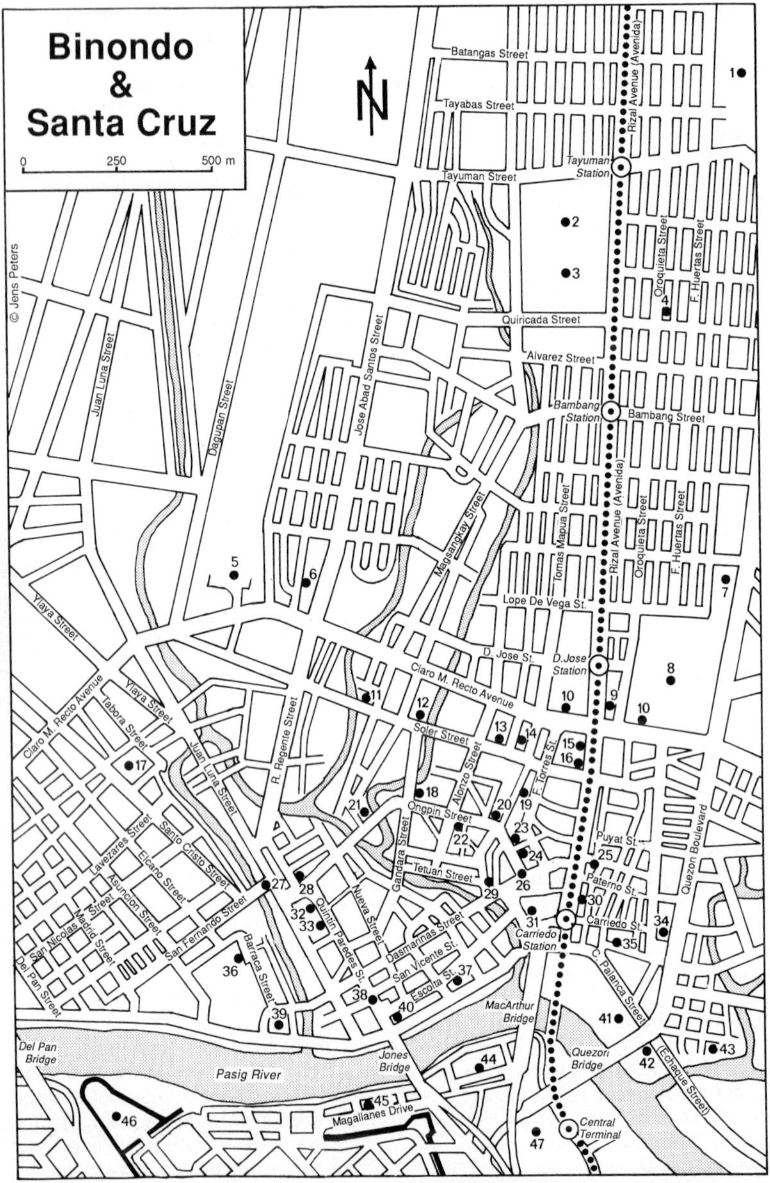
Binondo
&
Santa Cruz
0
250
500 m
© Jens Peters
Batangas Street
Tayabas Street
Tayuman Street
Tayuman Station
Rizal Avenue (Avenida)
Oroquieta Street
F. Huertas Street
Quiricada Street
Alvarez Street
Bambang Station
Bambang Street
Jose Abad Santos Street
Juan Luna Street
Dagupan Street
Magsangkay Street
Tomas Mapua Street
Lope De Vega St.
D. Jose St.
D.Jose Station
Claro M. Recto Avenue
Ylaya Street
Tabora Street
R. Regente Street
Soler Street
Alonzo Street
F. Torres St.
Ongpin Street
Gandara Street
Tetuan Street
Puyat St.
Paterno St.
Carriedo St.
Carriedo Station
Quezon Boulevard
C. Palanca Street
Lavezares Street
Santo Cristo Street
Elcano Street
Asuncion Street
Madrid Street
San Nicolas Street
San Fernando Street
Del Pan Street
Barraca Street
Quintin Paredes St.
Nueva Street
Dasmarinas Street
San Vicente St.
Escolta St.
MacArthur Bridge
Del Pan Bridge
Pasig River
Jones Bridge
Quezon Bridge
(Echaque Street)
Magallanes Drive
Central Terminal
1
2
3
4
5
6
7
8
9
10
10
11
12
13
14
15
16
17
18
19
20
21
22
23
24
25
26
27
28
29
30
31
32
33
34
35
36
37
38
39
40
41
42
43
44
45
46
47

Anreise/Weiterreise
9 Philippine Rabbit Busterminal
37 Philippine Airlines

Übernachten
4 Keyser Hotel Manila
12 Peace Lodge Hotel
14 Merchant's Hotel
18 Lai-Lai Chinatown Hotel
21 First Hotel
29 Premier Hotel

Essen und Trinken
5 Bodhi Vegetarian Restaurant
11 Quan Yin Chay Restaurant
13 Vegetarian Food Garden
18 New World Seafood Restaurant
19 Home Garden Vegetarian Restaurant
20 Maxim's Tea House
22 Lotus Fine Beef Center Restaurant
24 Plaza Café
32 Pink Patio Restaurant

Verschiedenes
1 San Lazaro Hippodrome
2 Jose Reyes Memorial Hospital
3 San Lazaro Hospital
5 Tutuban Mall
6 Seng Guan Buddhist Temple
7 Central Market
8 Old Bilibid Prison
10 Kinos
15 Alemar's Bookstore
16 National Bookstore
17 Divisoria Market
18 Equitable Bank
23 Fire Department
25 Stempelmacher
26 Third Welcome Gate
27 Second Welcome Gate
28 Binondo Church
Plaza Calderon de la Barca
30 Fairmart Department Store
Joy Mart Department Store
31 Santa Cruz Church
Plaza Santa Cruz
33 Young's Sporting Goods
34 Quiapo Church
35 Hidalgo Street Foto-Shops
36 Namria
38 First Welcome Gate
39 Manila Stock Exchange
40 PLDT Philippine Long Distance Telephone
41 Quinta Market
42 Ilalim Tulay Market
43 Globo de Oro Mosque
44 General Post Office
45 Immigration Office
46 Fort Santiago
47 Metropolitan Theater

Quiapo Church

Bekannt geworden ist diese Kirche durch ein großes Kruzifix aus schwarzem Holz. Der »Black Nazarene« wurde in Mexiko geschnitzt und im 17. Jahrhundert von den Spaniern nach den Philippinen gebracht. Jeden Tag, besonders aber freitags, kommen Tausende von gläubigen Katholiken zur Quiapo-Kirche, um dem schwarzen Nazarener ihre Huldigung zu erweisen. Höhepunkt aller Anbetungen sind die Prozessionen am 9. Januar und in der Karwoche (Mo, Fr).

Chinesischer Friedhof

Es ist vielleicht etwas pietätlos, einen Friedhof als Sehenswürdigkeit aufzuführen, aber diese einzigartige Totenstadt darf einfach nicht verschwiegen werden. Dort findet man die wohl protzigsten Grabmäler der Welt. Es sind richtige Häuser mit Briefkästen und Toiletten und sogar Schiffe! Manche sind obendrein noch mit einer Klimaanlage ausgestattet! Vielleicht ist es ja nur noch eine Frage der Zeit, bis sich die ersten pfiffigen Slumbewohner aus Manilas überquellenden Elendsvierteln

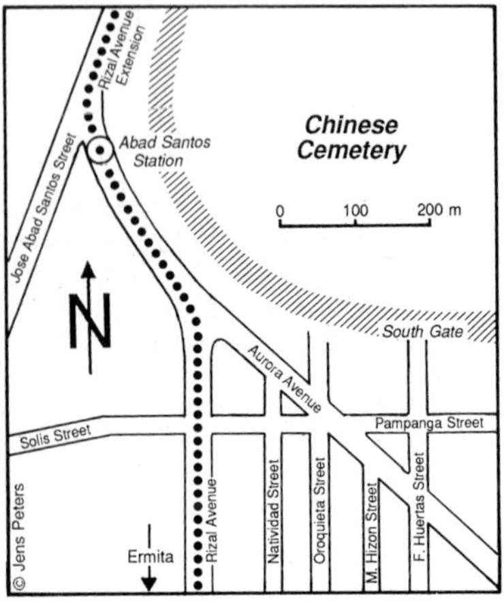

zum Chinesischen Friedhof aufmachen, um anstatt in einer kümmerlichen Behausung fortan in einem soliden Grab zu wohnen - verwundern würde es nicht.

So richtig lebendig wird's auf dem Chinese Cemetery am 1. November (Allerheiligen), wenn sich die Nachkommen chinesischer Abstammung ebenso wie die katholischen Filipinos zum gemeinsamen Ahnenbesuch versammeln. Aber auch an jedem gewöhnlichen Sonntag sind vormittags faszinierende Besuchsaktivitäten zu beobachten. Auf dem Friedhof wohnende Grabpfleger bieten sich Touristen bisweilen als Guide an. Für eine einstündige Tour verlangen sie stolze 200 P. Immerhin führen sie den Besucher zu den eindrucksvollsten Gebäuden und Grabstätten, die auf Nachfrage eventuell sogar geöffnet werden, wobei sie die erstaunlichsten Geschichten zu erzählen wissen. An ruhigen Tagen ist solch eine Begleitung beim Rundgang durch das von Straßen durchzogene Areal, das etwa so groß ist wie der Rizal Park, auch aus Sicherheitsgründen zu empfehlen.

Der Chinese Cemetery liegt im nördlichen Abschnitt des Stadtteils Santa Cruz, und zwar dort, wo die Rizal Avenue in die Rizal Avenue Extension übergeht. Er hat zwei Eingänge, das North Gate und das South Gate. Das North Gate ist fast immer verschlossen, so daß man zum etwas verwinkelt liegenden South Gate muß, das von der Aurora Avenue aus durch Pampanga Street und F. Huertas Street zu erreichen ist.

Von Ermita aus ist der Friedhof außer mit einem Taxi am besten mit der Metrorail zu erreichen, und zwar bis zur Abad Santos Station. Von dort aus sind es noch etwa 600 Meter bis zum South Gate. Wer von Ermita aus einen Jeepney nehmen möchte, fährt ab Mabini Street oder Taft Avenue in Richtung Caloocan City; Zielangabe des Jeepneys ist »Monumento«. Aussteigen in der Rizal Avenue/Ecke Aurora Avenue.

Wer mit einem Auto durch die Gräberstadt fahren will, muß für das Fahrzeug eine Gebühr von 50 P bezahlen.

Chinatown

Chinatown ist kein fest umgrenzter Stadtteil, sondern eine kulturelle und geschäftliche Enklave, die sich über Teile von Santa Cruz und Binondo erstreckt. In etwa ist es das Gebiet, das sich zwischen den drei chinesisch-philippinischen Freundschaftstoren, den Welcome Gates, erstreckt. Überquert man von Ermita kommend den Pasig River über die Jones Bridge (zwischen Immigration Office und General Post Office), trifft man auf das First Welcome Gate, das auch »Arch of Goodwill« genannt wird. Dort beginnt der südliche Teil von Chinatown. Von der Quintin Paredes Street, die von dem First Welcome Gate überspannt wird, gehen mehrere kleine Straßen ab, die scheinbar alle irgendwie zu der bogenförmig von Ost nach West verlaufenden Ongpin Street führen, die von den beiden anderen Welcome Gates begrenzt wird. Die Ongpin Street ist die Hauptgeschäftsstraße von Chinatown. Aber auch in den Nebenstraßen lassen sich exotische Geschäfte entdecken, wie nach Kräutern duftende Drugstores, gutsortierte chinesische Groceries, kleine Teehäuser und großräumige Restaurants. Im Gegensatz zu den Chinatowns anderer asiatischer Großstädte geht es in der von Manila auch sonntags sehr geschäftig zu.

Malacañang Palace

Der Malacañang Palace ist die einzige bemerkenswerte Attraktion im Stadtteil San Miguel. Er befindet sich in der Jose P. Laurel Street, am Ufer des Pasig River. Malacañang ist eine Ableitung der alten Filipino-Beschreibung *may lakan diyan*, was soviel heißt wie »Hier wohnt ein Edelmann«. Gemeint war damit der spanische Aristokrat Luis Rocha, der auch den Palast erbauen ließ. 1802 verkaufte er ihn an einen hohen spanischen Offizier. Ab 1863 wurde das Haus des Edelmannes von den Spaniern zum Domizil für ihre Regierungschefs umfunktioniert. Auch die Amerikaner benutzten später den Palast als Residenz für ihre Gouverneure. Als erster philippinischer Staatsmann zog Manuel Quezon ein. Bis zu seiner Flucht ins Exil war Ferdinand Marcos für rund 20 Jahre der Hausherr. Seine Nachfolgerin Corazon Aquino machte der Öffentlichkeit einen Teil des Palastes als Museum zugänglich.

Cultural Center

Nach erfolgreicher Landgewinnung entstand auf dem jungfräulichen Areal das Cultural Center of the Philippines (CCP). Eingeweiht wurde das 40-Millionen-Peso-Objekt im September 1969. Leandro Locsin, ein führender philippinischer Architekt, hat es entworfen. Das CCP ist Schaubühne, Museum und Kunstgalerie zugleich. Es soll als Symbol der nationalen Kulturentwicklung verstanden werden.

Geöffnet: tägl. 9.00-17.00 Uhr.

In unmittelbarer Nähe des CCP befinden sich das Folk Arts Theater, das Philippine International Convention Center (PICC), das Film Theater, der Coconut Palace und das Westin Philippine Plaza Hotel. Das Folk Arts Theater wurde in einer Rekordzeit von nur 70 Tagen gebaut. Wer Interesse daran hat, die Konferenzräume des PICC zu besichtigen, kann sich einer Führung anschließen. Sehenswert ist ganz bestimmt die moderne und extravagante Innenarchitektur des prunkvollen Philippine Plaza Hotels (einfach mal hineingehen). Dieses Hotel ist außerdem mit einem der attraktivsten Swimmingpools Südost-Asiens ausgestattet.

Nayong Pilipino

Nayong Pilipino heißt »Philippinisches Dorf« und ist eine Miniaturausgabe der Philippinen. Auf einem 45 Hektar großen Gelände wurden in folgenden sechs Abteilungen typische Häuser und markante Landschaften nachgebaut: Mountain Provinces, Northern Provinces, Bikol Provinces, Zentral- und Süd-Luzon, Visayas und die Moslem-Region. Leider dienen jetzt fast alle Häuser als Souvenir-Shops und sind nicht mehr wie früher, wie man vielleicht erwarten könnte, traditionell eingerichtet.

Jeepneys transportieren die Besucher kostenlos durch die Anlage, zu deren Attraktionen unter anderem auch das Museum of Philippine Dolls, das Nayong Pilipino Aquarium, das Aviary of Philippine Birds und der Garden of Philippine Plants gehören. Sehr zu empfehlen ist ein Besuch des Philippine Museum of Ethnology (siehe auch weiter unten in diesem Kapitel: *Museen*). Sonntags werden von 15.00 bis 16.00 Uhr in der Mindanao-Sektion

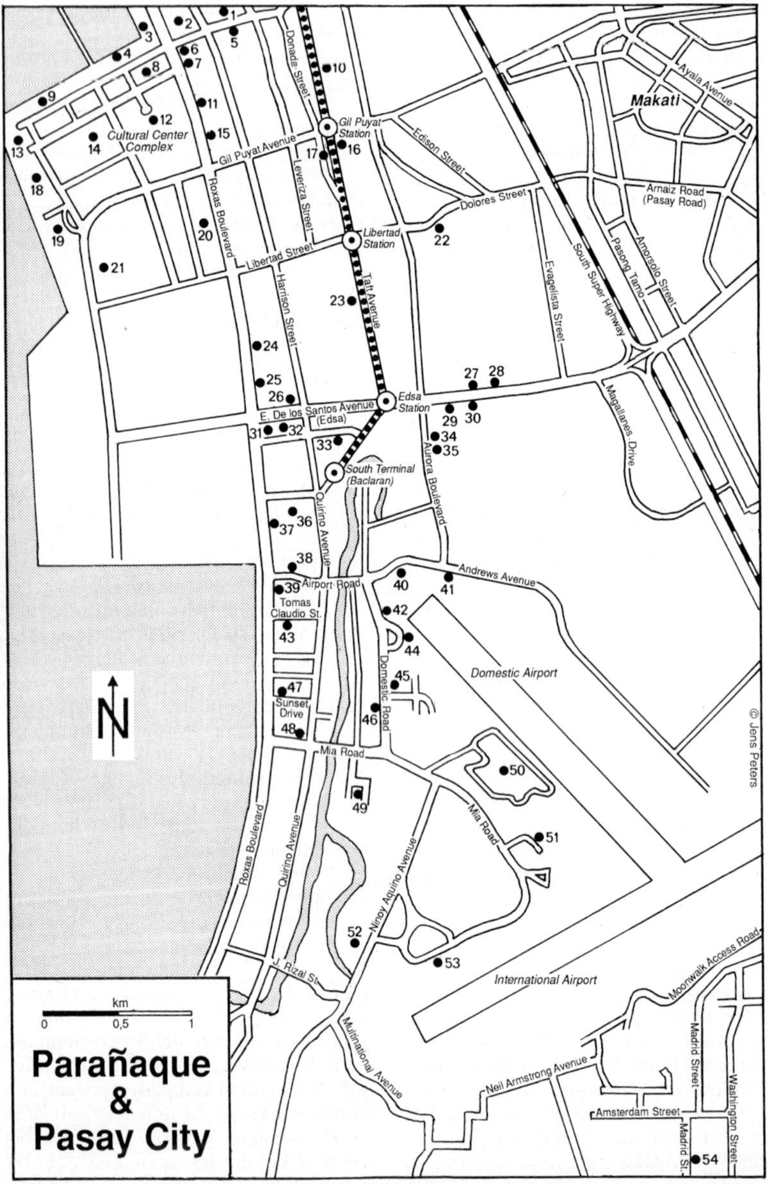
Parañaque
&
Pasay City
km
0
0,5
1
Makati
Ayala Avenue
Cultural Center
Complex
Gil Puyat Avenue
Gil Puyat
Station
Donada Street
Edison Street
Dolores Street
Arnaiz Road
(Pasay Road)
Leveriza Street
Roxas Boulevard
Libertad
Station
Libertad Street
Harrison Street
Taft Avenue
Evagelista Street
South Super Highway
Pasong Tamo
Amorsolo Street
E. De los Santos Avenue
(Edsa)
Edsa
Station
Magallanes Drive
South Terminal
(Baclaran)
Aurora Boulevard
Quirino Avenue
Airport Road
Andrews Avenue
Tomas
Claudio St.
Domestic Road
Domestic Airport
Sunset
Drive
Mia Road
Ninoy Aquino Avenue
Roxas Boulevard
Quirino Avenue
J. Rizal St.
International Airport
Moonwalk Access Road
Multinational Avenue
Neil Armstrong Avenue
Madrid Street
Washington Street
Amsterdam Street
Madrid St.
© Jens Peters

Anreise/Weiterreise; Transport
4 Corregidor Ferry Terminal
6 Malaysia Airlines
10 Kapalaran Bus Busterminal
16 JAM Transit Busterminal
27 Victory Liner Busterminal
28 BLTB Busterminal
29 Philtranco Busterminal
30 Inland Trailways Busterminal
33 Cedec Transport Busterminal
34 Five Star Busterminal
35 JB Bicol Express Line Busterminal
39 Hertz
40 Air Ads
41 Soriano Aviation
42 Seair
44 Domestic Airport
45 Air Link
Pacific Airways
48 Bouraq Airlines
53 Ninoy Aquino International Airport (NAIA)

Übernachten
1 Century Park Hotel
7 Traders Hotel
18 The Westin Philippine Plaza Hotel
25 Hyatt Regency
31 The Heritage Hotel
32 Copacabana Apartment Hotel
38 Hotel Carlston
43 Manila International Youth Hostel
47 The Townhouse
49 Euro Apartment
51 Mercure Philippine Village Hotel
54 La Petite Auberge

Essen und Trinken; Unterhaltung
11 Josephine Restaurant
15 East-Asia Disco
Vixons Bar
26 Edsa International Entertainment Complex
37 Seaside Market

Verschiedenes
1 Harrison Plaza
2 Central Bank
Metropolitan Museum of Manila
3 Manila Yacht Club
5 Vietnamesische Botschaft
6 Legaspi Towers
8 Cultural Center
9 Folk Arts Theater
12 Philcite Trade Center
13 Coconut Palace
14 International Convention Center
17 Cartimar Market
19 Manila Film Center
20 Philtrade Exhibits
21 GSIS Building
Museo ng Sining
22 Libertad Cockpit
23 Pasay Market
24 Cuneta Astrodome
36 Baclaran Church
37 Seaside Market
46 Post Office
50 Nayong Pilipino
52 Duty Free Shop

Volkstänze verschiedener Provinzen vorgeführt.
Zusätzliche Attraktion: Da das Gelände vom Nayong Pilipino direkt an eine Rollbahn vom Flughafen angrenzt, kann man aus unmittelbarer Nähe Starts großer Maschinen beobachten.
Geöffnet: Mo-Fr 7.00-18.00 Uhr, Sa u. So 7.00-19.00 Uhr. Eintritt: 30 P, Kinder 15 P.
Ein wenig geeigneter Besuchstag ist der Montag, wenn in den Häusern saubergemacht wird und das Museum geschlossen ist.
Ab Taft Avenue fahren Busse zum Ninoy Aquino International Airport (NAIA)

und zum in dessen unmittelbarer Nähe liegenden Nayong Pilipino. Jeepneys verkehren zwischen Nayong Pilipino und Baclaran, von wo aus wiederum Jeepneys und Metrorail nach Ermita fahren.

Forbes Park

Ich könnte mir vorstellen, daß so mancher Wohlhabende aus dem Westen nach einem Besuch des Wohnbezirks Forbes Park bitterlich weinend in sein Häuschen heimkehren wird. Solch eine Anhäufung prunkvoller Villen sowohl im Forbes Park als auch im angrenzenden Dasmariñas Village ist wirklich eine Seltenheit. Es ist sogar eine eigene, private Wachtruppe im Einsatz, die dieses Luxus-Getto bewacht und beschützt.

Forbes Park liegt im südöstlichen Teil von Makati. Ab Taft Avenue fahren Busse zum Ayala Center (Makati Commercial Center); Zielangabe: »Ayala«. Von dort empfiehlt sich die Weiterfahrt zum knapp einen Kilometer entfernten Forbes Park mit einem Taxi, da Fußgänger Schwierigkeiten beim Einlaß haben dürften. Allerdings wird auch des öfteren Taxis die Durchfahrt verweigert, deren Fahrgäste keine konkrete, überprüfbare Zielangabe machen konnten. In Forbes Park darf fotografiert werden, allerdings keine Botschaften.

American War Cemetery

Gleich östlich von Forbes Park liegt der gepflegte American War Cemetery, auf dem über 17.000 im Zweiten Weltkrieg gefallene philippinische und US-Soldaten unter weißen Kreuzen begraben sind. In der auf einer Anhöhe erbauten kreisförmigen Gedenkstätte sind auf zahlreichen großen, informativen Mosaikbildern die Pazifik-Schlachten dargestellt. Von der Anhöhe hat man auch eine gute Aussicht auf Teile von Manila.

Von dort, wo in Makati die Ayala Avenue auf die Edsa stößt, sind es noch etwa zwei Kilometer bis zum American War Cemetery. Die Verlängerung der Ayala Avenue heißt McKinley Road. Sie führt durch Forbes Park und vorbei an San Antonio Church, Manila Golf Club und Manila Polo Club direkt zum Soldatenfriedhof.

Geistheiler

Die unorthodoxen, sehr umstrittenen Heilmethoden der philippinischen »Faith Healers« sind durch die Massenmedien weltweit bekannt geworden. Unter diesen sogenannten Geist- oder Wunderheilern gibt es aber auch äußerst geschäftstüchtige, dilettantisch hantierende, leicht zu durchschauende Scharlatane. Andere wiederum praktizieren mit einer unglaublichen Schnelligkeit und Geschicklichkeit, die selbst Skeptiker in Erstaunen versetzt.

Viele gutgläubige Patienten fahren nach Baguio; einige in die Provinz Pangasinan. Doch auch in Metro Manila gibt es Geistheiler. Zusehen kann man nach Anfrage/Anmeldung und natürlich nach Zustimmung des Patienten.

Zwecks weiterer Kontakte wende man sich in Manila am einfachsten an die Philippine Spiritual Help Foundation Inc., Tel. 5216690. Gründer dieser Organisation ist der bekannte und geschäftstüchtige Geistheiler Alex Orbito, dem auch das Reisebüro Orbit Tours gehört.

Literaturhinweise zu diesem Thema im Anhang.

Museen

Ayala Museum, Makati Avenue, Makati. Höhepunkte der philippinischen Geschichte sind in 63 Schaukästen, sogenannten Dioramas, chronologisch und sehr anschaulich dargestellt. Zum Museum gehört auch eine ethnographische Abteilung, in der Werkzeuge, Waffen und Schiffsmodelle gezeigt

werden. Hinter dem Museum befindet sich das Aviary, Vogelgehege und tropische Gartenanlage zugleich, das mit einem riesigen Netz überspannt ist.
Geöffnet: Di-So 9.00-17.00 Uhr. Eintritt: 40 P; Studenten 10 P.
Casa Manila, General Luna Street, Intramuros. Im Zuge der Restaurierung von Intramuros ist diese originalgetreue Nachbildung einer typischen spanischen Residenz mit ihren beschaulichen Innenhöfen ein erstes Ergebnis. Sie ist mit antiken Möbeln eingerichtet. Unten in dem Gebäude werden ein Modell vom Fort Santiago und dem Bollwerk Intramuros sowie eine Fotoausstellung gezeigt. Dem Museum angeschlossen ist Barbaras Coffee Shop, ein kleines, idyllisches Café mit spanischem Ambiente (So geschlossen).
Geöffnet: Di-So 9.00-12.00 Uhr u. 13.00-18.00 Uhr. Eintritt: 15 P; Studenten 5 P.
Coconut Palace, Cultural Center Complex, Roxas Boulevard, Malate. Ehemaliges, speziell zum Papstbesuch im Jahre 1981 errichtetes Gästehaus der Marcos-Regierung, bei dessen Bau und Einrichtung ausgiebig und handwerklich gekonnt tropische Hölzer verarbeitet wurden. Der Papst weigerte sich aber, dieses Gebäude zu benutzen.
Geöffnet: Di-So 9.00-16.00 Uhr. Eintritt: 100 P; inklusive einer knapp einstündigen Führung. Mitte 1997 war der Coconut Palace allerdings (vorübergehend?) geschlossen.
Cultural Center Museum, Roxas Boulevard, Malate. Orientalische und moslemische Kunstwerke sind permanent ausgestellt (4th Floor). Die Kunstausstellungen in der Hauptgalerie wechseln von Zeit zu Zeit.
Geöffnet: Di-So 9.00-18.00 Uhr. Eintritt: 20 P; Student 10 P.
Lopez Memorial Museum, Chronicle Building, Meralco Avenue/Ecke Tektite Road, Pasig. Ein privates Museum mit einer wertvollen Filipiniana Bibliothek, bestehend aus über 13.000 Titeln. Bemerkenswert ist der Anteil historischer Reiseliteratur, darunter ein Exemplar von nur drei existierenden *De Moluccis Insulis* von Maximilianus Transylvanus. Dieses 1524 erschienene Werk ist der erste gedruckte Bericht von Magellans Reise nach den Philippinen. Ferner werden bedeutende, zum Teil preisgekrönte Ölgemälde und Werke der beiden wohl bekanntesten philippinischen Klassiker Felix Resurreccion Hidalgo und Juan Luna gezeigt.
Geöffnet: Mo-Fr 8.30-12.00 Uhr u. 13.00-16.30 Uhr. Eintritt: 20 P.
Metropolitan Museum of Manila, Central Bank Compound, Roxas Boulevard, Malate (gegenüber Cultural Center). Wechselnde Ausstellungen verschiedener Kunstrichtungen. Dokumentationen. Einige »Alte Meister«. Dazu ein kleiner Andenkenladen und das nette Met Café.
Geöffnet: Di-Sa 9.00-18.00 Uhr. Eintritt: 20 P; Studenten 10 P.
Museo ng Malacañang, J.P. Laurel Street, San Miguel. Die Zeugnisse des exzessiven Lebensstils der Familie des früheren Präsidenten Marcos (Imelda's Schuhe usw.), die Cory Aquino einst anklagend zur Schau stellte, wurden weggeräumt. Jetzt erwartet den Besucher lediglich eine mehr oder weniger langweilige Ausstellung von Bildern ehemaliger Präsidenten - ziemlich enttäuschend.
Geöffnet: Mo, Di u. Mi 9.00-12.00 Uhr sowie Mo u. Di 13.00-15.00 Uhr, mit Führung: Eintritt: 200 P.
Do u. Fr 9.00-12.00 Uhr sowie Mi u. Do 13.00-15.00 Uhr »public viewing«: Eintritt: 20 P.
Eintrittskarten gibt es am Palasteingang (Gate 3), wo auch eine Sicherheitskontrolle durchgeführt wird. Bei besonderen staatlichen Anlässen sind der Palast und das Museum der Öffentlichkeit nicht zugänglich. Auskünfte dazu unter Tel. 5212307.

Museo ng Sining, GSIS Building, Cultural Center Complex, Malate. Dieses sehenswerte Museum of Art and Archives ist das größte zeitgenössische Kunstmuseum des Landes, unter anderem mit großen Wandteppichen und, in gesonderten Räumen, Gemälden der bekannten philippinischen Maler Fernando Amorsolo und Hernando Ocampo.
Geöffnet: Di-Sa 8.45-11.00 Uhr u. 13.00-16.00 Uhr. Eintritt: frei.
Museo Pambata, Roxas Boulevard, Ermita. Ein Museum zum Anfassen, speziell für Kinder konzipiert. Ohne Verbote können sie auf Entdeckungstour gehen und sich von freundlichen Betreuern alles erklären lassen. Präsentiert werden unter anderem die Nachbildung eines Regenwaldes sowie eine Straßenbahn und ein Feuerwehrwagen aus dem alten Manila. Ein Museum mit Charme - empfehlenswert.
Geöffnet: Di-Sa 9.00-17.00 Uhr, So 13.00-18.00 Uhr. Eintritt: 50 P; Kinder 30 P.
Museum of Arts and Siences, University of Santo Tomas (UST), España Street, Sampaloc. Umfangreiche Sammlung historischer Dokumente. Beachtenswert ist auch die Bibliothek mit über 180.000 Druckwerken. Santo Tomas ist die älteste Universität der Philippinen.
Geöffnet: Di-Sa 9.00-11.30 Uhr u. 14.00-16.30 Uhr. Eintritt: frei.
National Museum, Burgos Street, Rizal Park. Viele prähistorische Funde. Darunter auch ein Stück Schädeldecke vom »Tabon Man«, gefunden in der Tabon-Höhle auf Palawan. Weiterhin sind Porzellan, Schmuck, Trachten, Waffen und vieles, vieles mehr zu sehen.
Geöffnet: Di-Sa 9.00-12.00 Uhr u. 13.00 -17.00 Uhr. Eintritt: frei.
Philippine Museum of Ethnology, Nayong Pilipino Complex, Pasay City. In diesem ausgezeichneten Museum kann man sich umfassend über die Lebensweisen der sogenannten Cultural Minority Groups informieren. Ausgestellt sind Waffen, Werkzeuge, Musikinstrumente und Geräte des täglichen Bedarfs verschiedener philippinischer Naturvölker. Texttafeln und Fotos veranschaulichen und erklären die Unterschiede der einzelnen kulturellen Gruppen.
Geöffnet: Di-So 9.00-18.00 Uhr. Eintritt: 20 P; Studenten 10 P.
Puerta Isabel II, Magallanes Drive, Intramuros. Ausgestellt sind liturgische Gegenstände, Carrozas (Prozessionswagen) und ein paar alte Glocken.
Geöffnet: Di-So 9.00-12.00 Uhr u. 13.00-18.00 Uhr. Eintritt: frei.
Ripley's Believe it Or Not Museum, Shangri-La Plaza Shopping Center (5th level), Edsa, Mandaluyong. Ein überaus interessantes Monstrositäten-Kabinett. Zu sehen gibt es allerlei Kuriositäten, unter anderem einen Schrumpfkopf, den größten, dicksten und kleinsten Menschen der Welt und einen Mann mit doppeltem Augenpaar. Aber auch ein Stück Berliner Mauer ist ausgestellt und eine vom Erdbeben geschüttelte Brücke, über die der Besucher zum Ausgang gelangt.
Geöffnet: tägl. 10.00-19.00 Uhr. Eintritt: 100 P.
Rizal Shrine, Fort Santiago, Intramuros. Gedenkstätte zu Ehren des Nationalhelden Dr. Jose Rizal. Zu besichtigen ist seine Todeszelle; darüber hinaus sind diverse persönliche Sachen Rizal's ausgestellt.
Geöffnet: Di-So 9.00-12.00 Uhr u. 13.00 -17.00 Uhr, geschlossen an Feiertagen. Eintritt: frei.
San Agustin Museum, San Agustin Church, General Luna Street, Intramuros. Seit 1973 befindet sich in den Hallen des Augustiner-Klosters ein Museum mit Fresken, Ölgemälden, antiken Chorstühlen, wertvollen Talaren und weiteren liturgischen Requisiten.

Geöffnet: tägl. 9.00-12.00 Uhr u. 13.00-17.00 Uhr. Eintritt: 30 P.

Märkte und Läden

Märkte

Baclaran Flea Market, Roxas Boulevard, Baclaran (Ecke Baclaran Church). Einer der größten Märkte Manilas befindet sich am Metrorail South Terminal, der LRT-Endstation in Baclaran. Angeboten werden täglich Nahrungsmittel, Blumen und alle möglichen Haushaltsgeräte, hauptsächlich jedoch sehr preiswerte Bekleidung. Mittwochs herrscht Hochbetrieb, wenn die vielen Kirchgänger der nahen Baclaran Church nach der Messe noch versuchen, ein Schnäppchen zu machen - Taschendiebe auch.

Cartimar Market, Gil Puyat Avenue/ Ecke Taft Avenue, Pasay City. Vergleichbar mit dem unten aufgeführten Divisoria Market, nur ein paar Nummern kleiner und etwas übersichtlicher. Wer sich ein Haustier zulegen möchte, sollte insbesondere auf diesem Markt fündig werden.

Central Market, Quezon Boulevard, Santa Cruz. Große Markthallen mit viel Bekleidung wie T-Shirts, BH's; außerdem Taschen, Schuhe usw.

Divisoria Market, Santo Cristo Street (und Seitenstraßen), San Nicolas. Bunter und lebhafter Markt, auf dem so ziemlich alles sehr preiswert erhältlich ist, was auf den Philippinen hergestellt wird (Ausnahme: Kunsthandwerk). Große Sektion mit Gemüse und Früchten. Achtung: Taschendiebe!

Quinta Market, Carlos Palanca Street, Quiapo. Auch Santa Cruz Market oder Quiapo Market genannt. Er befindet sich an der Quezon Bridge, nahe der Quiapo-Kirche. Angeboten werden Textilien, Haushaltsgeräte und vieles mehr. Unter der Brücke werden Handicrafts verkauft (Ilalim ng Tulay Market).

San Andres Market, San Andres Street, Malate. Breites Angebot an tropischen Früchten von erstklassiger Qualität. Dieser vielleicht beste, aber auch wohl teuerste Obstmarkt Manilas ist auch abends geöffnet.

Einkaufszentren

Araneta Center, Edsa/Ecke Aurora Boulevard, Cubao. Großes, preiswertes Einkaufszentrum rund um das Araneta Coliseum. Mit etwa 2.000 Specialty Stores, darunter zahlreiche Schuhgeschäfte (Marikina Shoe Expo), zwölf Department Stores (SM Shoemart, Rustan's Superstore usw.), 200 Restaurants (McDonald's, Shakey's usw.) 21 Kinos (Ali Mall Theaters, New Frontier Cinema usw.), 38 Banken und dem Farmers Market mit seiner breiten Palette stets frischer landwirtschaftlicher und mariner Produkte.

Ayala Center (alter Name: Makati Commercial Center), Makati. Modernes Einkaufsviertel zwischen Ayala Avenue, Makati Avenue, Pasay Road und Edsa. Mit großem Angebot, auch an Importwaren. Gute Buchläden. Zwischen den zahlreichen Geschäften gibt es Restaurants und Ruhezonen. Die besten Kaufhäuser von Makati dürften SM Shoemart, The Landmark und Rustan's sein, die alle im Ayala Center zu finden sind.

Weitere gute Shopping Center in Makati sind ***Greenbelt***, zwischen Makati Avenue und Paseo de Roxas, ***Landmark***, Makati Avenue, ***Atrium of Makati*** (Atrium Shopping Mall), Makati Avenue, und ***Makati Cinema Square***, zwischen Pasong Tamo und Amorsolo Street.

Greenhills Shopping Center, Ortigas Avenue, San Juan. Etliche Restaurants von Aristocrat bis Shakey's Pizza, ein Supermarkt, mehrere Kinos und Banken sowie gepflegte Arkaden mit kleinen, eleganten Geschäften, untergebracht in einem gefälligen Komplex,

den man in Manila vielleicht nicht vermutet hätte. Siehe auch »Souvenirs/Verschiedenes« weiter unten.
Harrison Plaza, Harrison Street, Malate. Zahlreiche verschiedene Geschäfte unter einem Dach, ebenso Kinos und Restaurants. Größer als Robinson's in Ermita. Vollklimatisiert. Im Rustan's gibt es eine Abteilung mit guten Backwaren.
Philtrade Exhibits, Roxas Boulevard, Pasay City. Dort wird gezeigt, was auf den Philippinen für den Export hergestellt wird. Einkaufen ist möglich, handeln auch. Die vollständige Bezeichnung für diesen Complex lautet Philippine Center for International Trade and Exhibition.
Robinson's, Adriatico Street, Ermita. Vollklimatisierter Shopping-Complex mit zahlreichen verschiedenen Geschäften, mehreren Restaurants und Kinos.
Robinson's Galleria, Ortigas Avenue/ Ecke Edsa, Mandaluyong. Vollklimatisierte Einkaufsstraßen auf mehreren Etagen, dazu eine ganze Reihe unterschiedlicher Restaurants.
SM City, Edsa/Ecke North Avenue, Quezon City. Ein riesiges, modernes Einkaufszentrum, mit zahlreichen Geschäften und Restaurants, das sehr beliebt ist zum »Sehen und Gesehen werden«. Neben den Department Stores SM und Rustan's locken wohl hauptsächlich die guten und teuren Boutiquen Käufer mit Geld und Geschmack. Im SM können Travellers Cheques getauscht werden (Reisepaß erforderlich). Gleich nebenan befindet sich ***SM City Annex***.
Weitere Einkaufszentren des SM-Konzerns sind ***SM Centerpoint***, Aurora Boulevard, Santa Mesa, und die große, vielfältige ***SM Megamall***, Edsa, Mandaluyong, in der sich sogar eine Eisbahn befindet (75 P/2 Std.; Schlittschuhe können für 20 P ausgeliehen werden).

Bücher und Karten
Bookmark, Greenbelt Drive/Ecke Makati Avenue, Makati. Diese Buchhandlung führt relativ wenig Belletristik, dafür mehr wissenschaftliche Literatur und Bücher über die Philippinen. Magazine und Schreibwaren werden ebenfalls verkauft.
Namria, Barraca Street, San Nicolas. Umfangreiche Kartenauswahl unterschiedlicher Maßstäbe über die Philippinen, auch Flug- und Seekarten. Es ist das ehemalige Bureau of Coast and Geodetic Survey, das in National Mapping & Recourse Information Authority - kurz: Namria - umbenannt wurde. Namria gibt es auch im Fort Bonifacio in Makati. Geöffnet: Mo-Fr 8.00-12.00 Uhr u. 13.00-17.00 Uhr.
National Book Store, 701 Rizal Avenue, Santa Cruz. Die größte und wohl am besten sortierte Buchhandlung der Philippinen mit Filialen in mehreren Bezirken von Metro Manila, z.B. im Araneta Center, Cubao, im Harrison Plaza, Malate, und in der Arnaiz Road (Pasay Road), Makati.
Solidaridad Book Shop, Padre Faura (zwischen Mabini Street und J. Bocobo Street), Ermita. Diese kleine, gutsortierte Buchhandlung hat sich auf wissenschaftliche Literatur mit Schwerpunkt Asien und Philippinen spezialisiert. Ökonomiebücher, Jahrbücher usw. sind ebenfalls erhältlich.
Tradewinds Bookshop, El Amanecer Building, General Luna Street, Intramuros. Ein auf philippinische Literatur, Geschichte, Kunst und Kultur spezialisierter Buchladen, dazu neue und alte Karten, allerdings mit nur einem kleinen Sortiment.

Lebensmittel
7-Eleven, Padre Faura/Ecke Adriatico Street. Eine von zahlreichen Filialen dieser kleinen Supermärkte für den schnellen Einkauf zwischendurch, die es überall in Manila gibt (allein drei-

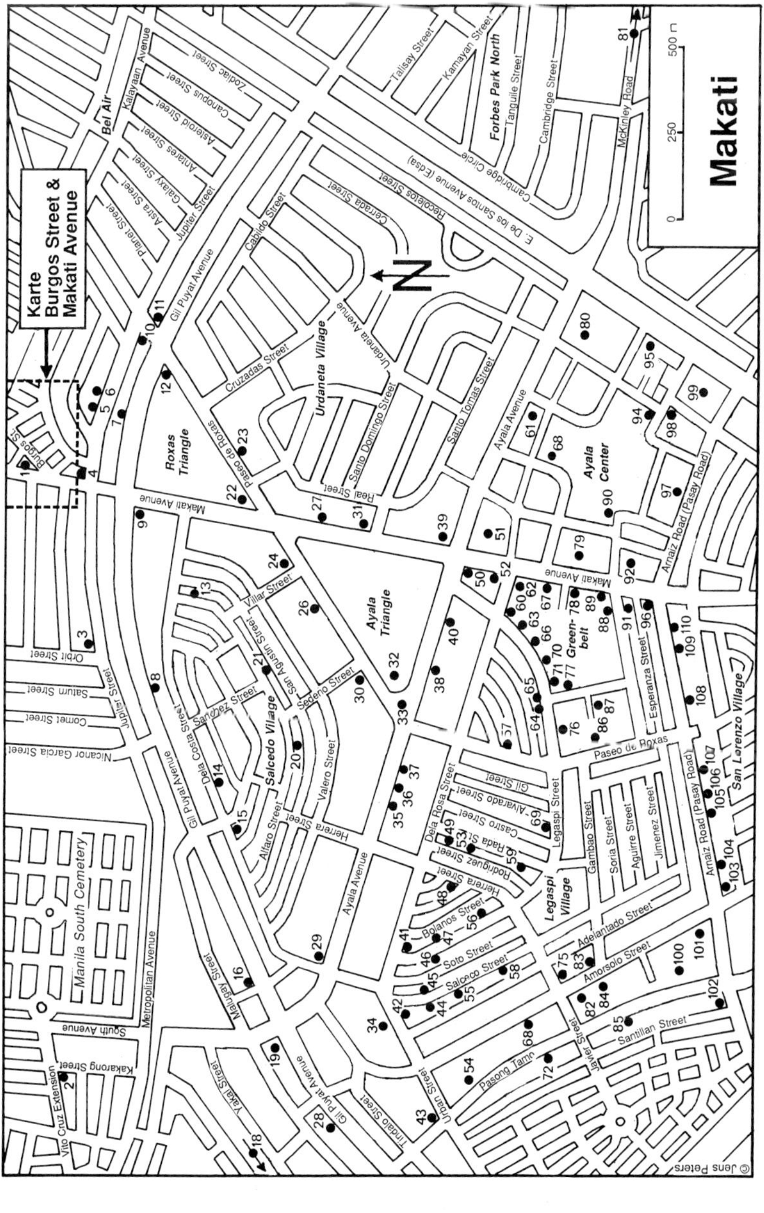
Makati
0 250 500 m
Karte
Burgos Street &
Makati Avenue
Bel Air
Forbes Park North
Urdaneta Village
Roxas Triangle
Ayala Triangle
Ayala Center
Green-belt
Salcedo Village
Legaspi Village
San Lorenzo Village
Manila South Cemetery
Gil Puyat Avenue
Makati Avenue
Ayala Avenue
Paseo de Roxas
E. De los Santos Avenue (Edsa)
McKinley Road
Arnaiz Road (Pasay Road)
Metropolitan Avenue
South Avenue
Kalayaan Avenue
Jupiter Street
Burgos St.
Orbit Street
Saturn Street
Comet Street
Nicanor Garcia Street
Planet Street
Astra Street
Galaxy Street
Antares Street
Asteroid Street
Canopus Street
Zodiac Street
Talisay Street
Kamayan Street
Tanguile Street
Cambridge Street
Cambridge Circle
Recoletos Street
Cerrada Street
Cabildo Street
Cruzadas Street
Urdaneta Avenue
Santo Domingo Street
Santo Tomas Street
Real Street
Villar Street
San Agustin Street
Sedeno Street
Sanchez Street
Dela Costa Street
Valero Street
Herrera Street
Alfaro Street
Esperanza Street
Gil Street
Alvarado Street
Castro Street
Dela Rosa Street
Rada St.
Rodriguez Street
Legaspi Street
Gambao Street
Soria Street
Aguirre Street
Jimenez Street
Adelantado Street
Amorsolo Street
Bolanos Street
Soto Street
Salcedo Street
Santillan Street
Pasong Tamo
Javier Street
Urban Street
Tindalo Street
Yakal Street
Malugay Street
Kakarong Street
Vito Cruz Extension
© Jens Peters

Anreise/Weiterreise; Transport

8 Emirates Airlines
Thai Airways International
9 Garuda Indonesian Airlines
United Airlines
11 Royal Brunei Airlines
13 KLM Royal Dutch Airlines
Northwest Airlines
14 Singapore Airlines
15 Air France
16 Swiss Air
20 Air India, Cathay Pacific
Korean Air
27 Air Mauritius
36 Finnair
37 Gulf Air
38 Continental Air Micronesia
41 British Airways
Qantas
45 Royal Jordanian Airlines
46 Egypt Airlines
47 Air Nuigini
48 Air Canada
51 Blue Horizons Travel & Tours
56 SAS
64 Philippine Airlines
65 Asian Spirit Airlines
69 Lufthansa
83 Grand Air
84 Alitalia
92 Ayala Center Terminal
99 Japan Airlines

Übernachten

1 Traveler's Inn
22 Mandarin Oriental Hotel
39 The Peninsula Manila
51 The Shangri-La Hotel Manila
65 Charter House Apartelle
75 Amorsolo Mansion
80 Hotel Inter-Continental
85 Makati International Inn
96 New World Hotel
99 Dusit Hotel Nikko
104 El Cielito Tourist Inn
105 Pensionne Virginia
109 Vacation Hotel

Essen und Trinken; Unterhaltung

3 Treffpunkt Jedermann Restaurant
4 Baan Thai Restaurant
5 Paper Moon Restaurant
6 San Francisco Steak House
31 Bistro RJ
Old Swiss Inn Restaurant
43 Maxim's Tea House
60 Mario's
Itallianis Restaurant
62 Schwarzwälder Restaurant
63 Nandau Restaurant
Truffles Restaurant
66 New Orleans Restaurant
68 Hard Rock Café
Studebaker's
70 La Tasca Restaurant
San Mig Pub
71 Boccalino Pizza Restaurant
77 Flavours & Spices Restaurant
78 Tia Maria's Restaurant
82 Thai Room Restaurant
86 Via Mare Restaurant
87 Aling Asiang Restaurant
Aristocrat Restaurant
Prince of Wales Pub & Restaurant
88 Josephine Restaurant
89 Shakey's Greenbelt
90 Kimpura Restaurant
91 Pizza Hut
97 Kowloon House
98 Jollibee
Pizza Hut
Wendy's
99 Paulaner Bräuhaus
102 Kamayan Restaurant
103 Racks Bistro
104 Probinsiya Restaurant
105 Goldilocks Bake Shop
Kashmir Restaurant
106 The Gold Ranch Restaurant
107 Equinox Disco
Gecko's Bar
108 Angelino's Pizza
110 Foo Yiu Chinese Restaurant
Pep's Mexican Restaurant

Banken
10 Equitable Bank
12 Philippine National Bank (PNB)
24 Citibank
26 Bank of America
28 Thomas Cook Travel
32 Deutsche Bank
35 Hongkong & Shanghai Bank.
49 American Express
58 Equitable Bank

Botschaften und Konsulate
7 Japanische Botschaft
9 Französische Botschaft
Taiwan-Vertretung (Teco)
21 Koreanische Botschaft
23 Norwegische Botschaft
29 Israelische Botschaft
30 Deutsche Botschaft
Schweizer Botschaft
40 Kanadische Botschaft
42 Belgische Botschaft
44 Indonesische Botschaft
50 Britische Botschaft
52 Schwedische Botschaft
53 Thailändische Botschaft
54 Niederländische Botschaft
55 Italienische Botschaft
57 Australische Botschaft
Dänische Botschaft
59 Österreichische Botschaft

Einkaufen
2 Scuba World
16 Zuellig Wine & Spirits
18 Säntis Delicatessen
27 Atrium of Makati (Atrium Shopping Mall)
61 Rustan's Department Store
72 Aquaventure Philippines
79 The Landmark Department Store
90 Makati Supermarket
91 Bookmark
94 National Book Store
95 SM Shoemart Department Store
110 National Book Store

Gebäude, Kinos, Plätze usw.
8 Country Space I Building
9 Pacific Star Building
11 Saville Building
13 Athenaeum Building
15 Century Tower Building
21 Alpap Building
20 Gammon Center
LPL Plaza
26 Lepanto Building
27 Atrium of Makati
28 Skyland Plaza Building
30 Solid Bank Building
31 Olympia Towers
32 Tower I
35 Royal Match Building
36 Pacific Bank Building
33 Ninoy Aquino Monument
37 Manila Bank Building
38 SGV Building
40 Allied Bank Center
42 Don Jacinto Building
45 Golden Rock Building
46 Windsor Tower Building
47 Fortune Building
48 Cityland Condominium II
49 ACE Building
50 Locsin Building
52 PCI Tower
54 King's Court Building
55 Zeta Building
56 F & L Lopez Building
67 Ayala Museum
76 Greenbelt Mall
77 New Garden Square
81 American War Cemetery
82 Creekside Building
84 Gallery Building
86 Greenbelt Square
92 Park Square II
100 Makati Cinema Square
101 Sunvar Plaza

Krankenhaus, Post usw.
19 Makati Central Post Office
34 Makati Medical Center
35 Praxis Dr. med. Varwig

mal in Ermita) und die Tag und Nacht geöffnet sind.
La Tienda Supermarket, Burgos Street, Makati. Spanische Spezialitäten wie Oliven, Sardinen, Brandy und Wein.
Parisian Bakery, Robinson's (Ermita und Galleria). Französisches Brot und täglich um etwa 13.00 Uhr leckere, frischgebackene Multirolls (die meist schon nach kurzer Zeit ausverkauft sind).
Säntis Delicatessen, 7431 Yakal Street, Makati. Die ganze Palette europäischer Köstlichkeiten: Käse, Aufschnitt, Schinken, Räucherwaren, Oliven und vieles mehr.
Treffpunkt Jedermann, 140 Jupiter Street, Bel Air II, Makati. österreichische Spezialitäten von Back- und Fleischwaren bis zu Rot- und Weißweinen.
Zuellig Wine & Spirits, Gil Puyat Street, Makati. Deutsche, französische und spanische Weine, Champagner, Cognac, Sherry, Whisky usw.; nur beste Marken.

Reisebedarf
Laundromat, R. Salas Street, Ermita. Dieser Waschsalon zwischen Mabini Street und Adriatico Street arbeitet schnell und relativ preiswert; Minimum 70 P (bis drei Kilogramm), danach 15 P pro Kilogramm. Vor 11.00 Uhr abgegebene Wäsche kann noch am selben Tag um etwa 20.00 Uhr gewaschen und gebügelt abgeholt werden.
Laundryette Britania, Santa Monica Street, Ermita. Gut ausgestatteter Waschsalon. Pro Kilogramm 25 P.
Geöffnet: tägl. 7.30-22.00 Uhr.
Mayer Photo, Carlos Palanca Street, Quiapo. Nach meinen Erfahrungen gibt es dort die preiswertesten Filme Manilas. In der Hidalgo Street, gleich um die Ecke, befinden sich weitere günstige Fotogeschäfte wie Avenue und Mega Colours.

Tauchausrüstungen
Aquaventure Philippines, 2150 Pasong Tamo, Makati, Tel. 8441996, Fax: 8901967.
Scuba World, 1181 Vito Cruz Extension/Ecke Kakarong Street, Makati, Tel. 8953551, Fax: 8908982.

Souvenirs/Verschiedenes
Brochiere, Virra Mall, Greenhills Shopping Center, Ortigas Avenue, San Juan, Tel. 7213683, Fax: 7213014. Einer von über 20 Shops für Computertechnik in der Virra Mall. Gutes Angebot an Hard- und Software.
Silahis, General Luna Street, Intramuros. Breite Auswahl an kunsthandwerklichen Gegenständen aus dem ganzen Land. Dieses Geschäft befindet sich im Erdgeschoß des restaurierten El Amenecer Building; darüber die Chang Rong Antique Gallery und die Galeria de las Islas.
Stempelmacher, Ronquillo Street/Ecke Rizal Avenue, Santa Cruz. Chirurgischgeschickte Stempelmacher schneiden preiswert jeden gewünschten Stempel, z.B. eine Unterschrift für 30 P in 15 Minuten.
T'boli Arts & Crafts, Mabini Street, Ermita. Kunsthandwerk der T'boli, einer auf Mindanao lebenden ethnischen Minderheit. Dieses kleine Geschäft befindet sich zwischen Santa Monica Street und Padre Faura; eine Treppe 'rauf.

Übernachten

Einfache Hotels und Pensionen

Binondo und Santa Cruz
First Hotel, Ongpin Street, Binondo, Tel. 2431855, Fax: 2440362. EZ/ac/Bad 460 P, DZ/ac/Bad 510 und 580 P. TV kostet 60 P extra. Relativ sauber. Coffee Shop.

Ermita, Malate und Paco

Joward's Pension House, 1726 Adriatico Street, Malate, Tel. 5214845. EZ/fan 160 P, DZ/fan 250 P, EZ/DZ/ac/Bad 450 P. Ziemlich kleine Zimmer. Restaurant.

Santos Pension House, 1540 Mabini Street, Ermita, Tel. 5234896. EZ/DZ/fan 295 P, EZ/DZ/fan/Bad 370 P, EZ/DZ/ac/Bad 500 P. Zimmer von unterschiedlicher Qualität, manche sind etwas abgewohnt. Restaurant.

Shoshana Tourist Inn, 1767-E Adriatico Street, Malate, Tel. 5246512. Dorm/fan 100 P, EZ/fan 200 P, DZ/fan 250 P. Enge, anspruchslose Zimmer. Liegt in einem Gang bei der Malate Pensionne.

Juen's Place, 1775-D Adriatico Street, Malate. EZ/DZ/fan 110/180 P. Einfache, unscheinbare, kleine Unterkunft in einem Gang nahe der Malate Pensionne, etwa 80 Meter abseits der Adriatico Street. Freundliche, familiäre Atmosphäre. Kochgelegenheit.

Malate Pensionne, 1771 Adriatico Street, Malate, Tel. 5238304, Fax: 5222389. Dorm/fan 150 P, Dorm/ac 200 P, EZ/DZ/fan 350/395 P, EZ/DZ/fan/Bad 600 P, EZ/DZ/ac/Bad 800 und 850 P, Suite 990 P. Tadellose, gepflegte Zimmer. Die Suite mit Küche und TV. In dieser Preiskategorie die beliebteste Unterkunft (Reservierung ratsam). Restaurant. Schließfächer können gemietet werden; Gepäckaufbewahrung kostenlos bis zu einer Woche. Airport-Service.

Mabini Pension, 1337 Mabini Street, Ermita, Tel. 5245404, Fax: 5234213. EZ/DZ/fan 350/400 P, EZ/fan/Bad 400 P, DZ/fan/Bad 550 P, EZ/DZ/ac/Bad 650 und 800 P. Ordentliche, unterschiedlich ausgestattete Zimmer. Von Schweizern bevorzugter Treffpunkt. Flugtickets. Visaverlängerungen. Gepäckaufbewahrung. Informationen.

Birdwatchers Apartelle, 508 A. Flores Street, Tel. 5258312, Fax: 585471. EZ/DZ/ac/Bad 900 P. Recht ordentliche Zimmer mit Kochgelegenheit. Über der gleichnamigen Kneipe ein paar Meter abseits der Mabini Street.

Tadel Apartelle, 453 Arquiza Street, Ermita, Tel. 5219766. EZ/DZ/fan 350 P, EZ/DZ/ac/Bad 550 bis 750 P (mit TV). Relativ gut, jedoch ziemlich kleine Fan-Zimmer.

Midtown Inn, 551 Padre Faura, Ermita, Tel. 5251403. EZ/DZ/fan/Bad 425/500 P, EZ/DZ/ac/Bad 650/750 P (mit TV). Akzeptable Zimmer, vielleicht jedoch etwas zu teuer.

Yasmin Apartelle, Arquiza Street, Ermita, Tel. 5245134; Fax: 5217225. EZ/DZ/ac 500 P, EZ/DZ/ac/Bad 600 und 700 P (mit TV). Ruhiges Haus mit annehmbaren Zimmern.

Pension Natividad, 1690 M.H. del Pilar Street, Malate, Tel. 5210524, Fax: 5223759. Dorm/fan 150 P, EZ/DZ/fan 430 und 480 P, EZ/DZ/fan/Bad 600 P, EZ/DZ/ac/Bad 800 und 990 P. Ordentliche, gepflegte Zimmer. Angenehme Atmosphäre in einem gut geführten Haus. Beliebte Pension mit freundlichem Personal. Coffee Shop. Kleiner Garten. Gepäckaufbewahrung.

Si-Kat Inn, R. Salas Street, Tel. & Fax: 5215955. EZ/DZ/ac/Bad 500 P. Kleine, aber einwandfreie Zimmer. Pub-Restaurant. Österreichisches Management.

Parañaque und Pasay City

Manila International Youth Hostel, 4227 Tomas Claudio Street, Parañaque, Tel. 8320680, Fax: 8187948. Dorm 115 P, YH-Mitglieder 100 P. Gepflegtes Haus mit Garten. Kochgelegenheit. Sitz von YSTAPHIL (Youth and Student Travel Association of the Philippines).

Zur Orientierung: das YH befindet sich neben dem Excelsior Building, das am Roxas Boulevard/Ecke Tomas Claudio Street steht.

The Townhouse, Villa Carolina Townhouse, 201 Roxas Boulevard Unit 31,

Manila

© Jens Peters
Rizal Park
T.M. Kalaw Street
Cortada St.
M.H. del Pilar Street
United Nations Avenue
Alhambra Street
A. Flores Street
Grey St.
Maria Orosa Street
United Nations Avenue Station
General Luna Street
San Marcelino Street
Romualdez Street
Karte
Adriatico Street
& Mabini Street
Arquiza Street
Jorge C. Bocobo Street
Mabini Street
Roxas Boulevard
Padre Faura
Paco Park
Taft Avenue
Santa Monica Street
Galicano Apacible Street
Leon Guinto Street
Felipe Agoncillo Street
Josefa L. Escoda Street
R. Salas Street
Adriatico Street
Pedro Gil
Pedro Gil Station
Singalong Street
J. Quintos St.
Gen. Miguel Malvar Street
Alonza St.
Julio M. Nakpil Street
Luis M. Guerrero Street
Antonio De Vasques Street
Pilar Hidalgo Lim Street
Remedios Circle
Remedios Street
San Andres Street
Quirino Avenue
Quirino Avenue Station
Aldecoa St.
0 100 200 300 400 m
Ermita, Malate
& Paco

Anreise/Weiterreise; Transport
10 Avis
17 Hertz
32 Sabena Belgian Airlines
46 Mr. Ticket
54 Philippine Airlines
57 Gold Line Tours
63 Cathay Pacific
75 Adventure International Tours
78 WG & A

Übernachten
6 Mabini Mansion
7 San Carlos Mansion
10 Holiday Inn Manila Pavilion
12 Bayview Park Hotel
14 Swagman Hotel
15 Hotel Soriente
22 Birdwatcher's Inn
24 PM Apartelle
26 City Garden Hotel
27 Richmond Pension
30 Hotel La Corona
31 Tadel Pension House
Yasmin Pension
32 Ralph Anthony Suites
33 Aurelio Hotel
35 Sandico Apartel
36 Iseya Hotel
37 Royal Palm Hotel
38 Midtown Inn
42 Mabini Pension
43 Manila Tourist Inn
44 Midland Plaza
45 Cherry Lodge Apartelle
46 The Garden Plaza Hotel
Park Hotel
47 Roma Hotel
48 Boulevard Mansion
49 Centrepoint Hotel
50 Casa Blanca I
Si-Kat Inn
55 Santos Pension House
56 Ermita Tourist Inn
58 Manila Midtown Hotel
59 Palm Plaza Hotel
60 Las Palmas Hotel
Sensation Apartelle
61 Rothman Inn Hotel
62 Tropicana Apartment Hotel
64 Sheraton Hotel
65 Manila Diamond Hotel
66 Pension Natividad
67 The Pan Pacific Hotel
68 Dakota Mansion
69 Pearl Garden Apartel
70 Victoria Mansion
72 New Solanie Hotel
73 Malate Pensionne
Shoshana Pension House
Juen's Place
80 Hotel Sofitel Grand Boulevard Manila
81 Euro-Nippon Mansion
82 Marabella Apartments
83 Ambassador Hotel
84 Hotel Royal Co-Co
85 Admiral Hotel
87 Aloha Hotel
88 True Home
89 Victoria Court Motel

Essen und Trinken; Unterhaltung
4 Hong Kong Tea House
5 Maxim's Tea House
8 KFC
9 McDonald's
13 Yakiniku Sakura Restaurant
17 Max's
22 Birdwatchers Bar
23 Barrio Fiesta
25 Myrna's
28 Emerald Garden Restaurant
29 Hang's 'N'
34 The Pool Bar
36 Iseya Restaurant
Rooftop Restaurant
39 Meriendahan Sa Faura
40 Mrs. Wong Tea House
41 Guernica's, Juri's Grand Café
46 Old Swiss Inn Restaurant
53 Geosphere Café
71 Sala-Thai
74 Shakey's Malate
77 Aristocrat
86 My Father's Moustache

↗

Verschiedenes	21 Ermita Church
1 Tourist Office	34 The Pool
2 Staatsbibliothek	51 Robinson's
3 Museo Pambata	52 Philippine General Hospital
11 Manila Doctors Hospital	75 American Express
15 International Supermarket	76 Malate Church
16 Equitable Bank	79 San Andres Market
18 Western Police Station	90 Manila Zoo
19 Manila Medical Center	91 Harrison Plaza
20 USA Botschaft	92 Jai-alai de Manila

Parañaque, Tel. 8331939, Fax: 8040161. Dorm/fan 80 P, EZ/DZ/fan 200 und 250 P, EZ/DZ/fan/Bad 300 und 350 P, DZ/ac/Bad 500 und 600 P. Wochenraten möglich. Angenehme, familiäre Atmosphäre. Gutes, preiswertes Restaurant. Das Townhouse befindet sich in einer kleinen Seitenstraße (Sunset Drive), fast Ecke Roxas Boulevard. Zum Domestic Airport und International Airport sind es jeweils nur fünf Minuten mit dem Taxi.

Mittelklassehotels - untere Kategorie

Binondo und Santa Cruz
Merchants Hotel, 711 San Bernardo Street/Ecke Soler Street, Santa Cruz, Tel. 7338111, Fax: 7332717. EZ/ac/Bad 550 P, DZ/ac/Bad 660 P. Relativ gute Zimmer. Restaurant. Disco.
Peace Lodge Hotel, 1283 Soler Street, Binondo, Tel. 215521, Fax: 215520. EZ/ac/Bad 500 P, DZ/ac/Bad 530 und 650 P (mit TV). Ordentliche, preislich akzeptable Zimmer. Restaurant.

Ermita, Malate und Paco
Sandico Apartel, 1225 M.H. del Pilar Street, Ermita, Tel. 5238180. EZ/ac/Bad 495 P, DZ/ac/Bad 530 P. Relativ gute Zimmer mit TV, allerdings fast alle ohne Fenster.
Ermita Tourist Inn, 1549 Mabini Street/Ecke Soldado Street, Ermita, Tel. 5218770, Fax: 5218773. EZ/DZ/ac/Bad 540 und 600 P. Passable Zimmer, die zur Mabini Street sind allerdings ziemlich laut. Restaurant.
Manila Tourist Inn, 487 Santa Monica Street, Ermita, Tel. 5236634. EZ/DZ/ac/Bad 650 P. Relativ saubere Zimmer.
Iseya Hotel, 1241 M.H. del Pilar Street/Ecke Padre Faura, Ermita, Tel. 5238166, Fax: 5262778. EZ/DZ/ac/Bad 825 P. Ordentliche Zimmer mit Kühlschrank und TV, die zur M.H. del Pilar Street sind allerdings ziemlich laut.

Makati
Pensionne Virginia, 816 Pasay Road, Makati, Tel. 8445228, Fax: 8932243. EZ/ac/Bad 1.050 P, DZ/ac/Bad 1.375 und 1.540 P. Gepflegte, ruhige Zimmer, die teuren mit Kühlschrank und TV. Angenehme Atmosphäre.

Parañaque und Pasay City
Hotel Carlston, Airport Road/Ecke Roxas Boulevard, Parañaque, Tel. 8321167. EZ/DZ/fan/Bad 800 P, EZ/DZ/ac/Bad 1.350 P. Mit TV. Manche Zimmer sind etwas abgewohnt. Günstige Lage zum Domestic Airport. Restaurant. Disco.

Mittelklassehotels - mittlere Kategorie

Binondo und Santa Cruz
Premier Hotel, T. Mapua Street/Ecke Tetuan Street, Santa Cruz, Tel. 7338301.

EZ/ac/Bad 770 P, DZ/ac/Bad 890 P. Mit TV. Recht passable Zimmer. Restaurant.

Ermita, Malate und Paco

True Home, 2139 Adriatico Street, Malate, Tel. & Fax: 5260351. EZ/DZ/fan/Bad 580 P, EZ/DZ/ac/Bad 1.000 bis 1.300 P. Mit TV. Sehr geschmackvoll eingerichtete Zimmer. Restaurant. Swimmingpool. Ein schönes Haus mit Garten, das man in diesem etwas ärmlich erscheinenden Abschnitt der Adriatico Street kaum vermutet.

Roma Hotel, 1407 Santa Monica Street/Ecke M.H. del Pilar Street, Tel. 5219431, Fax: 5215843. EZ/DZ/fan/Bad 600 P, EZ/DZ/ac/Bad 825 bis 1.045 P. Komfortabel eingerichtete Zimmer.

Hotel Soriente, 545 A. Flores Street/Ecke J. Bocobo Street, Ermita, Tel. 5257304, Fax: 5257304. EZ/DZ/ac/Bad 900 P. Ordentliche Zimmer. Direkt über dem International Supermarket.

Kanumayan Tourist Inn, 2317 Leon Guinto Street, Malate, Tel. 5211161, Fax: 5217323. EZ/DZ/ac/Bad 1.000 bis 1.500 P. Recht komfortable Zimmer. Restaurant. Schöner Swimmingpool.

Royal Palm Hotel, 1227 Mabini Street, Ermita, Tel. 5221515, Fax: 5220768. EZ/DZ/ac/Bad 1.250 bis 2.000 P. Tadellose, unterschiedlich große Zimmer; die neuen zur Mabini Street sind ziemlich laut. Mit Kühlschrank und TV. Restaurant.

Cherry Lodge Apartelle, 550 J. Bocobo Street, Ermita, Tel. 5247631, Fax: 5224172. EZ/DZ/ac/Bad 840 bis 1.400 P (rundes Bett). Mit TV; die teuren Zimmer auch mit Kühlschrank. Ruhige Lage. Auch Stundenhotel (6 Std. 360 P); Wochenraten. Coffee Shop.

Rothman Inn Hotel, 1633-35 Adriatico Street, Malate, Tel. 5219251 bis 60, Fax: 5222606. EZ/DZ/ac/Bad 1.000 und 1.200 P. Passable Zimmer mit TV, die teuren auch mit Kühlschrank. Restaurant.

Swagman Hotel, 411 A. Flores Street, Ermita, Tel. 599881 bis 85, Fax: 5219731. EZ/DZ/ac/Bad ab 1.300 P. Mit Kühlschrank und TV. Recht gutes, wenn auch relativ teures Hotel. Beliebt bei Australiern. Restaurant (24 Std.). Airport-Service.

The Garden Plaza, 1030 Belen Street, Paco, Tel. 5224835, Fax: 5224840. EZ/DZ/ac/Bad 1.550 bis 1.900 P, Suite 2.900 bis 5.500 P. Einwandfreie, geräumige Zimmer mit TV; die teuren auch mit Kühlschrank und Kochgelegenheit. Restaurant. Swimmingpool. Liegt am Paco Park.

New Solanie Hotel, 1811 Leon Guinto Street, Malate, Tel. 5248641, Fax: 5248647. EZ/DZ/ac/Bad 1.300 bis 1.600 P. Gute, ruhige Zimmer mit TV, die teuren Zimmer auch mit Kühlschrank und Kochgelegenheit. Freundliche Atmosphäre. Coffee Shop.

Las Palmas Hotel, 1616 Mabini Street, Malate, Tel. 5245602, Fax: 5221699. EZ/DZ/ac/Bad ab 1.600 P. Älteres, aber erst kürzlich renoviertes Hotel mit komfortablen Zimmern mit Kühlschrank und TV. Restaurant. Swimmingpool.

City Garden Hotel, 1158 Mabini Street, Tel. 5361451, Fax: 5244844. EZ/DZ/ac/Bad 1.350 bis 2.000 P. Ordentliche Zimmer in einem tadellos geführten Hotel; häufig ausgebucht. Restaurant.

Centrepoint Hotel, 1430 Mabini Street, Ermita, Tel. 5212751 bis 61, Fax: 5215331. EZ/DZ/ac/Bad 1.760 und 2.100 P. Akzeptable Zimmer mit TV, die teuren auch mit Kühlschrank. Restaurant. Internationale Presse.

Makati

El Cielito Tourist Inn, 804 Pasay Road, Makati, Tel. 8158951 bis 54, Fax: 8179610. EZ/ac/Bad 980 P, DZ/ac/Bad 1.480 P, Suite ab 1.900 P. Relativ gute Unterkunft. Coffee Shop. Restaurant.

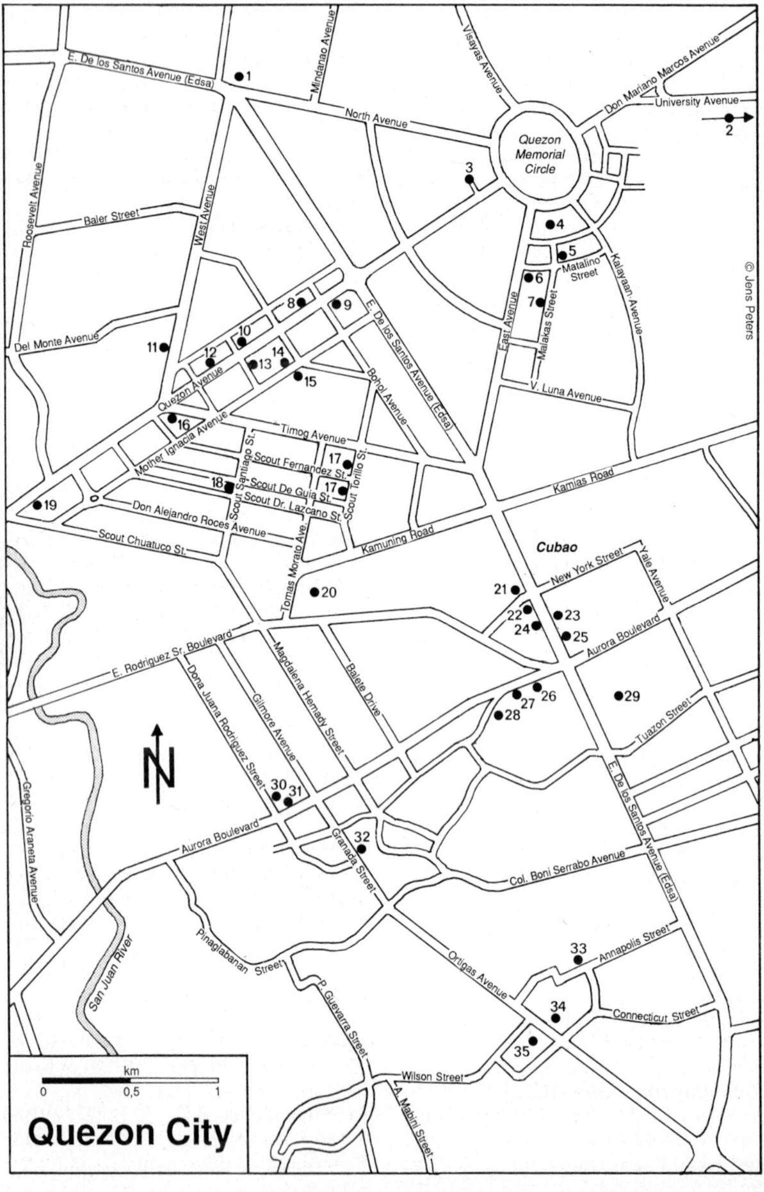
E. De los Santos Avenue (Edsa)
Mindanao Avenue
Visayas Avenue
Don Mariano Marcos Avenue
University Avenue
North Avenue
Quezon Memorial Circle
Roosevelt Avenue
Baler Street
West Avenue
Matalino Street
Kalayaan Avenue
East Avenue
Malakas Street
Del Monte Avenue
V. Luna Avenue
Quezon Avenue
Bohol Avenue
Timog Avenue
Mother Ignacia Avenue
Scout Fernandez St.
Scout Santiago St.
Scout Torillo St.
Scout De Guia St.
Scout Dr. Lazcano St.
Don Alejandro Roces Avenue
Kamias Road
Kamuning Road
Scout Chuatuco St.
Tomas Morato Ave.
Cubao
New York Street
Yale Avenue
E. Rodriguez Sr. Boulevard
Aurora Boulevard
Dona Juana Rodriguez Street
Gilmore Avenue
Magdalena Hemady Street
Balete Drive
Tuazon Street
Gregorio Araneta Avenue
Granada Street
Col. Boni Serrabo Avenue
Pinaglabanan Street
Ortigas Avenue
Annapolis Street
Connecticut Street
P. Guevarra Street
San Juan River
Wilson Street
A. Mabini Street
km
0
0,5
1
Quezon City
© Jens Peters
1 2 3 4 5 6 7 8 9 10 11 12 13 14 15 16 17 17 18 19 20 21 22 23 24 25 26 27 28 29 30 31 32 33 34 35

Anreise/Weiterreise
21 Dapupan Bus Busterminal
22 Times Transit Busterminal
23 Baliwag Transit Busterminal
24 Victory Liner Busterminal
25 Superlines Busterminal
26 Dangwa Tranco Busterminal
27 Partas Busterminal

Übernachten
5 Sulo Hotel
7 Metropolitan Apartment Hotel
14 Danarra Hotel & Resort
15 Camelot Hotel
18 Villa Estela Hometel & Clubhouse
30 Broadway Court

Essen und Trinken; Unterhaltung
8 Barrio Fiesta
9 Aristocrat Restaurant
10 Bistro RJ
11 Alavar's House of Seafood
12 Café de Chine
17 Restaurants
19 Pegasus Nightclub
32 Josephine Restaurant
33 Restaurants

Verschiedenes
1 SM City
2 University of the Philippines (UP)
3 National Parks & Wildlife Center
4 Quezon City Hall
6 Philippine Heart Center for Asia
13 National Book Store
16 Bookmark
20 Kamuning Market
28 Buddhistischer Tempel
29 Araneta Center
31 Goethe Institut (Goethe House)
34 Greenhills Shopping Center
35 Cardinal Santos Hospital

Makati International Inn, 2178 Pasong Tamo, Makati, Tel. 8925989 bis 96, Fax: 8195722. EZ/ac/Bad 1.190 P, DZ/ac/Bad 1.390 P. Nett eingerichtet. Mit TV; verschiedene Zimmer auch mit Kühlschrank und Küche. Coffee Shop. Restaurant. Unmittelbar nebenan der saubere Massagesalon Health Spa (Shiatsu).

Vacation Hotel, 914 Pasay Road, Makati, Tel. 8437936, Fax: 8187756. EZ/ac/Bad 1.500 P, DZ/ac/Bad ab 1.860 P; inklusive Frühstück. Ruhig und gut, mit TV. Die Standard-Zimmer sind jedoch etwas klein. Restaurant.

Parañaque und Pasay City

La Petite Auberge, 77 Madrid Street, Merville Park, Parañaque, Tel. & Fax: 8286311. EZ/DZ/ac/Bad 1.200 P, inklusive Frühstück. Bungalow mit fünf netten Gästezimmern. Sehr private Atmosphäre. Gutes Restaurant. Swimmingpool. Kostenloser Airport-Service bei internationalen Flügen. Liegt etwas versteckt in der Merville Subdivision südlich vom Airport und ist des öfteren ausgebucht, daher unbedingt vorher anrufen und eventuell abholen lassen.

Euro Apartment, Lockheed Street, Concorde Subdivision, Parañaque, Tel. & Fax: 5510723. EZ/DZ/ac/Bad 1.150 P und 1.450 P (für bis zu vier Personen); inklusive Frühstück. Tadellos geführtes Haus. Belgische Besitzerin. Gepäckaufbewahrung. Günstige Lage zum Airport; am besten anrufen und kostenlos abholen lassen.

Quezon City

Villa Estela Hometel, 33 Scout Santiago Street/Ecke Dr. Lazcano Street, Tel. 9229136. EZ/DZ/ac/Bad 920 P. Recht ordentliche Zimmer mit Kühlschrank und TV. Restaurant. Swimmingpool.

Camelot Hotel, 35 Mother Ignacia Street, Diliman, Tel. 9228921, Fax: 9241404. EZ/DZ/ac/Bad 1.000 bis

1.600 P. Mit Kühlschrank und TV. Passable, ruhige Zimmer. Restaurant. In Anlehnung an eine Ritterburg konzipiertes Hotel. Liegt gegenüber vom Danarra Hotel & Resort.
Metropolitan Apartment Hotel, 131 Malakas Street, Diliman, Tel. 9214241, 9214498, Fax: 9214642. EZ/ac/Bad 1.265 P, DZ/ac/Bad 1.320 P, Zwei-Zimmer-Apt. 2.640 P. Mit TV. Gute, geräumige Zimmer. Coffee Shop. Ruhige Lage nahe Philippine Heart Center for Asia.

Mittelklassehotels - obere Kategorie

Binondo und Santa Cruz
Lai-Lai Chinatown Hotel, Gandara Street/Ecke Ongpin Street, Santa Cruz, Tel. 7338001, Fax: 7339552. EZ/ac/Bad 940 P, DZ/ac/Bad 1.050 P, Suite 1.880 P. Tadellose Zimmer mit TV. Das beste Hotel in Chinatown. Restaurant. Coffee Shop.

Ermita, Malate und Paco
Palm Plaza Hotel, Pedro Gil/Ecke Adriatico Street, Malate, Tel. 5213502 bis 10, Fax: 508384. EZ/DZ/ac/Bad ab 2.100/2.400 P. Mit Kühlschrank und TV. Komfortable Zimmer. Wochen- und Monatsraten möglich. Restaurant. Swimmingpool.
Aloha Hotel, 2150 Roxas Boulevard, Malate, Tel. 5268088, Fax: 5215328. EZ/DZ/ac/Bad 1.400 P, Suite 2.500 P (mit Terrasse zur Manila Bay). Behagliche, komfortable Zimmer. Restaurant.
Park Hotel, 1032-34 Belen Street, Paco, Tel. 5212371 bis 75, Fax: 5212393. EZ/ac/Bad 1.200 P, DZ/ac/Bad 2.100 P, Suite 3.415 P. Einwandfreie Zimmer mit Kühlschrank und TV. Suites mit Jacuzzi. Restaurant. Swimmingpool. Airport-Service.
Ambassador Hotel, 2021 Mabini Street, Malate, Tel. 5246011 bis 19, Fax: 5215557. EZ/ac/Bad 1.850 P, DZ/ac/Bad 2.150 P, Suite 3.900 P. Großes Hotel mit recht ordentlichen Zimmern. Restaurant. Disco. Swimmingpool.
Hotel La Corona, 1166 M.H. del Pilar Street, Ermita, Tel. 5242631, Fax: 5213909. EZ/ac/Bad ab 2.600 P, DZ/ac/Bad ab 2.800 P, Suite ab 4.300 P; inklusive Frühstück. Mit Kühlschrank und TV. Die Suites sind mit Whirlpool oder Jacuzzi ausgestattet. Die Zimmer zur M.H. del Pilar Street sind recht laut. Gut geführtes, gepflegtes Hotel. Restaurant.
Admiral Hotel, 2138 Roxas Boulevard, Malate, Tel. 5267061, Fax: 5222018. EZ/ac/Bad ab 2.600 P, DZ/ac/Bad ab 2.700 P, Suite 5.800 P. Komfortable Zimmer mit Kühlschrank und TV. Restaurant. Swimmingpool. Ein traditionsreiches Hotel mit viel Atmosphäre.

Makati
Robelle House, 4402 Valdez Street, Makati, Tel. 8998209, Fax: 8998064. EZ/ac/Bad 1.100 P, DZ/ac/Bad 1.225 P, Suite 1.500 P. Ruhige, recht komfortable Zimmer. Guter Gegenwert. Sehr aufmerksames Personal. Angenehme philippinische Atmosphäre. Restaurant. Swimmingpool. Preiswert für Makati. Liegt gegenüber der International School.
Oka Hotel, 8459 Kalayaan Avenue, Makati, Tel. 8902014, Fax: 8902077. EZ/DZ/ac/Bad 1.200 bis 2.100 P, inklusive Frühstück. Mit Kühlschrank und TV. Freundliche Zimmer. Günstige Lage zur Burgos Street.
Inn Suites, 5012 Burgos Street, Makati, Tel. 8972053, Fax: 8971965. EZ/DZ/ac/Bad 1.300 und 1.500 P, mit TV, Apt. 1.700. Angenehmes Hotel mit komfortablen, geschmackvoll eingerichteten Zimmern. Im Treppenhaus Poster von verstorbenen Stars wie Marilyn Monroe, James Dean und Elvis Presley.

Century Citadel Inn Makati, 5007 Burgos Street, Makati, Tel. 8972370, Fax: 8972666. EZ/DZ/ac/Bad ab 1.700 P. Freundliche Zimmer mit TV, Kühlschrank und kleiner Küche. Swimmingpool.
Sunette Tower Hotel, Durban Street, Makati, Tel. 8966407, Fax: 8972096. EZ/DZ/ac/Bad 1.700 bis 2.900 P. Sehr komfortabel eingerichtete Zimmer mit TV, Kühlschrank und kleiner Küche. Liegt nur wenige Schritte von der Makati Avenue entfernt.

Quezon City
Danarra Hotel & Resort, 121 Mother Ignacia Street, Diliman, Tel. 9275161, Fax: 9242503. EZ/DZ/ac/Bad 1.900 bis 3.000 P. Mit Kühlschrank und TV. Gepflegte Hotelanlage mit ordentlichen Zimmern, jedoch wohl etwas zu teuer. Restaurant. Swimmingpool. Der Eingang zum Hotel befindet sich in der Panay Avenue.
Sulo Hotel, Matalino Road, Diliman, Tel. 9245051, Fax: 9222030. EZ/ac/Bad ab 2.100 P, DZ/ac/Bad ab 2.460, Suite ab 4.000. Ansprechendes Hotel mit komfortablen Zimmern. Restaurant. Swimmingpool.

First-Class-Hotels

Erstklassige Hotels sind zahlreich vorhanden. Einige von ihnen bieten in der Nebensaison von Juni bis September einen Preisnachlaß von bis zu 40 Prozent an, z.B. das Westin Philippine Plaza. Andere räumen bei einem Aufenthalt von vier Wochen einen Preisnachlaß von 50 Prozent ein, z.B. das Manila Midtown Hotel. Das elegante Manila Hotel wird wie das Raffles in Singapur, das Oriental in Bangkok und das Peninsula in Hong Kong zu den altehrwürdigen Hotels Südost-Asiens gerechnet. Das neuere Westin Philippine Plaza mit seinen 700 Zimmern ist dagegen modern und extravagant ausgestattet.

Nachfolgend habe ich eine Auswahl von 18 der besten First-Class Hotels von Manila aufgeführt. Alle sind jeweils mit mehreren Restaurants, Bars und Nightclubs ausgestattet. Darüber hinaus stehen den Gästen Einrichtungen wie Swimmingpool, Sauna, Tenniscourt usw. zur Verfügung. Zu den in US-Dollar angegebenen Preisen werden noch zehn Prozent Service Charge und 13,7 Prozent Government Tax hinzugerechnet.
Die bisweilen recht hohen Preise lassen sich gegebenenfalls auf eine erträgliche Höhe reduzieren (bis zu 50 Prozent), indem man das Zimmer durch ein örtliches Reisebüro bucht, z.B. Marsman Tours & Travel Corp., 2246 Chino Roces Avenue, Makati, Tel. 8921817, Fax: 8156228.

Ermita, Malate und Paco
Bayview Park Hotel, Roxas Boulevard, Ermita, Tel. 5261555, Fax: 5212674. EZ/ac/Bad ab US$ 130, DZ/ac/Bad ab US$ 150, Suite ab US$ 250.
Century Park Hotel, Vito Cruz, Malate, Tel. 5221011, Fax: 5213413. EZ/ac/Bad ab US$ 210, DZ/ac/Bad ab US$ 240, Suite ab US$ 380.
Holiday Inn Manila Pavilion, United Nations Avenue, Ermita, Tel. 5222911, Fax: 5223531. EZ/DZ/ac/Bad ab US$ 100, Suite ab US$ 295.
Hotel Sofitel Grand Boulevard Manila, Roxas Boulevard, Malate, Tel. 5268588, Fax: 5260111. EZ/ac/Bad ab US$ 140, DZ/ac/Bad ab US$ 200.
Manila Diamond Hotel, Roxas Boulevard/Ecke J. Quintos Street, Malate, Tel. 5362211, Fax: 5362255. EZ/ac/Bad ab US$ 180, DZ/ac/Bad ab US$ 200, Suite ab US$ 500.
Manila Hotel, Rizal Park, Ermita, Tel. 5270011, Fax: 5270022. EZ/ac/Bad ab US$ 245, DZ/ac/Bad ab US$ 280, Suite ab US$ 370 P, Penthouse US$ 2.400.
Manila Midtown Hotel, Pedro Gil, Ermita, Tel. 5267001, Fax: 5222629.

EZ/ac/Bad ab US$ 130, DZ/ac/Bad ab US$ 140, Suite ab US$ 200.
The Westin Philippine Plaza Hotel, Cultural Center Complex, Roxas Boulevard, Malate, Tel. 5515555, Fax: 5515601. EZ/ac/Bad ab US$ 185, DZ/ac/Bad ab US$ 220, Suite ab US$ 390.

Makati
Dusit Hotel Nikko, Fourth Quadrant, Ayala Center, Makati, Tel. 8104101, Fax: 8171862. EZ/ac/Bad ab US$ 230, DZ/ac/Bad ab US$ 280, Suite ab US$ 350.
Hotel Inter-Continental, Ayala Avenue, Makati, Tel. 8159711, Fax: 8171330. EZ/DZ/ac/Bad ab US$ 270, Suite ab US$ 500.
Mandarin Oriental, Makati Avenue, Makati, Tel. 8163601, Fax: 8172472. EZ/ac/Bad ab US$ 240, DZ/ac/Bad ab US$ 280, Suite ab US$ 370.
The Peninsula Manila, Makati Avenue/Ecke Ayala Avenue, Makati, Tel. 8193456, Fax: 8154825. EZ/ac/Bad ab US$ 200, DZ/ac/Bad ab US$ 220, Suite ab US$ 400.
New World Hotel, Esperanza Street/Ecke Makati Avenue, Makati, Tel. 8116888, Fax: 8116777. EZ/DZ/ac/Bad US$ 165.
The Shangri-La Hotel Manila, Ayala Avenue/Ecke Makati Avenue, Tel: 8138888, Fax: 8135499. EZ/ac/Bad ab US$ 275, DZ/ac/Bad ab US$ 300, Suite ab US$ 370.

Parañaque und Pasay City
Traders Hotel, 3001 Roxas Boulevard, Pasay City, Tel. 5237011, Fax: 5223985. EZ/ac/Bad ab US$ 140, DZ/ac/Bad ab US$ 160, Suite ab US$ 250.
Hyatt Regency, 2702 Roxas Boulevard, Pasay City, Tel. 8331234, 8312611, Fax: 8335913. EZ/DZ/ac/Bad ab US$ 125.
The Heritage Hotel, Edsa/Ecke Roxas Boulevard, Pasay City, Tel. 8918888. Fax: 8918833. EZ/ac/Bad US$ 180, DZ/ac/Bad US$ 200, Suite ab US$ 380.
Mercure Philippine Village Hotel, Mia Road, Pasay City, Tel. 8338080, Fax: 8338248. EZ/ac/Bad ab US$ 130, DZ/ac/Bad ab US$ 160, Suite ab US$ 220.

Appartements

Wer die Absicht hat, längere Zeit in Manila zu bleiben, wird vielleicht in Erwägung ziehen, statt eines Hotelzimmers ein möbliertes Appartement mit Küche, Kühlschrank, Klimaanlage, Telefon und TV zu mieten. Je nach Ausstattung liegen die meisten Monatsmieten zwischen 10.000 und 30.000 P. Eine Monatsmiete und Deposit für Strom müssen hinterlegt werden. Vermietet wird monatlich, wöchentlich und fast immer auch täglich. Die Tagesraten schließen den Strom ein und liegen bei etwa 500 bis 1.000 P. Appartements in Makati sind oft sehr teuer. In Ermita/Malate sind nur selten welche frei, besonders die preiswerten. Eine rechtzeitige Reservierung dürfte daher sinnvoll sein.

Ermita, Malate und Paco
Victoria Mansion, 600 J. Nakpil Street, Malate, Tel. 5259444, Fax: 5210193. Ein-Zimmer-Apt. tägl. 500 P, mtl. 14.500 P.
Casa Blanca I, 1447 Adriatico Street, Ermita, Tel. 5238251. Ein-Zimmer-Apt. tägl. 800 P, mtl. 10.000 P; Zwei-Zimmer-Apt. tägl. 1.350 P, mtl. 15.000 P.
San Carlos Mansion, 777 San Carlos Street, Ermita, Tel. 5238110, Fax: 5213768. Ein-Zimmer-Apt. tägl. 780 P, mtl. 14.850 P; Zwei-Zimmer-Apt. tägl. 880 P, mtl. 19.000 P.
Mabini Mansion, 1011 Mabini Street, Ermita, Tel. 5214776. Ein-Zimmer-Apt. tägl. 1.300 P, mtl. 18.000 und 22.000 P; Zwei-Zimmer-Apt. tägl.

2.260 und 2.920 P, mtl. 23.000 und 28.250 P. Coffee Shop.
Dakota Mansion, 555 General Malvar Street/Ecke Adriatico Street, Malate, Tel. 5210701, Fax: 5218841. Ein-Zimmer-Apt. tägl. 1.700 P, mtl. 18.100 P; Zwei-Zimmer-Apt. tägl. 2.500 P, mtl. 28.500 P. Restaurant. Swimmingpool.
Boulevard Mansion, 1440 Roxas Boulevard, Ermita, Tel. 5218888, Fax: 5215829. Studio tägl. 1.300 P, mtl. 18.000 P; Ein-Zimmer-Apt. Standard tägl. 1.500 P, mtl. 19.000 P; Suite tägl. 2.000 P, mtl. 28.000 P; Penthouse tägl. 5.000 P, mtl. 60.700 P. Coffee Shop.
Pearl Garden Apartel, 1700 Adriatico Street, Malate, Tel. 5259461. Ein-Zimmer-Apt. tägl. 990, mtl. 24.000 P; Zwei-Zimmer-Apt. tägl. 1.900 P, mtl. 45.600 P. Restaurant.
Tropicana Apartment Hotel, 1630 Luis M. Guerrero Street, Malate, Tel. 5238031, Fax: 5223208. Ein-Zimmer-Apt. Standard tägl. 1.360 P, wtl. 8.500 P, mtl. 30.200 P; Ein-Zimmer-Apt. De Luxe tägl. 1.520 P, wtl. 9.680 P, mtl. 34.800 P; Zwei-Zimmer-Apt. Standard tägl. 2.270 P, wtl. 14.200 P, mtl. 48.400 P; Zwei-Zimmer-Apt. De Luxe tägl. 2.420 P, wtl. 15.120 P, mtl. 54.430 P. Restaurant. Swimmingpool.

Makati
Amorsolo Mansion, 130 Amorsolo Street/Ecke Herrera Street, Makati, Tel. 8186811 bis 19, Fax: 8172620. Ein-Zimmer-Apt. tägl. 1.300 P, mtl. 18.500 P; Zwei-Zimmer-Apt. tägl. 2.200 P, mtl. 26.000 P.
The Charter House I Apartelle, 114 Legaspi Street, Makati, Tel. 8176001 bis 16, Fax: 8177071. Ein-Zimmer-Apt. tägl. ab 1.750 P, mtl. ab 45.000 P. Coffee Shop. Kleiner Swimmingpool.
Regine's Apartelle, 8429 Kalayaan Avenue/Ecke Makati Avenue, Makati, Tel. 8973888, Fax: 8906162. Studio tägl. 1.700 P, mtl. 42.000 P; Ein-Zimmer-Apt. tägl. 2.650 P, mtl. 60.000 P; Zwei-Zimmer-Apt. tägl. 3.400 P, mtl. 75.000 P.
Robelle Mansion, 877 J.P. Rizal Street, Makati, Tel. 8997388, Fax: 8997390. Ein-Zimmer-Apt. tägl. 880 und 975 P, mtl. 17.000 P. Küchenutensilien werden extra berechnet.
Traveler's Inn, 7880 Makati Avenue, Makati, Tel. 8957061, Fax: 8962144. Ein-Zimmer-Apt. tägl. 1.210 bis 1.650 P, mtl. 21.780 bis 29.700 P. Günstige Lage zur Burgos Street.

Parañaque und Pasay City
Copacabana Apartment Hotel, 264 Edsa Extension, Pasay City, Tel. 8318711, Fax: 8314344. Ein-Zimmer-Apt. tägl. 1.720 P, mtl. 35.200 P; Zwei-Zimmer-Apt. tägl. 3.000 P, mtl. 45.000 P; Drei-Zimmer-Apt. tägl. 5.000, mtl. 54.500 P. Coffee Shop. Restaurant. Sauna. Swimmingpool.

Quezon City
Broadway Court, 16 Doña Juana Rodriguez Street, New Manila, Tel. 7227411, Fax: 7217795. Ein-Zimmer-Apt. tägl. 950 P, mtl. 16.000 P. Coffee Shop. Tenniscourt.

Essen und Trinken

Manila beeindruckt durch eine immense Anzahl an Restaurants der verschiedensten Küchen und Preisklassen. Feinschmecker haben dort die Möglichkeit, neben einheimischer Kost, *Filipino Food*, auch die Genüsse und Spezialitäten mehrerer anderer asiatischer Länder, *Asian Food*, sowie europäische und amerikanische Speisen, *Western Food*, zu probieren. Eilige dürften mit einem Schnellgericht, *Fast Food*, sicherlich zufrieden sein, während Menschen mit Zeit sich dagegen ausgiebig und möglichst oft an den reichhaltigen *Buffets* der erstklassigen Hotelrestaurants zu einem Festpreis gezielt bedienen werden.

Nach Preiskategorien kann hier nur grob eingeteilt werden. Ich möchte jedoch behaupten, daß in den vielen Restaurants in Ermita schon für 100 P eine ordentliche Mahlzeit erhältlich ist.
In der Adriatico Street, die sich durch eine breite Palette asiatischer Lokale auszeichnet, liegt das Niveau etwas höher. Dort sollten für ein meistens mehrgängiges Essen 150 bis 300 P eingeplant werden. Teuer sind die Spitzenrestaurants in Makati und in den Luxushotels. Aber ein echter Gourmet wird wahrscheinlich gerne dazu bereit sein, für Kochkunst, Service und Ausstattung von internationalem Standard 300 bis 500 P oder auch mehr auszugeben. Der Preis für ein Buffet richtet sich nach Qualität der Speisen und Klasse des Restaurants bzw. Hotels. Manchmal stehen auch kulturelle Darbietungen oder eine Modenschau auf dem Programm. Für ein Lunch Buffet sollte mit 250 bis 350 P gerechnet werden.
Wer in einem guten Restaurant zu einem guten Essen einen einigermaßen guten Wein trinken möchte, sollte auf einen Preis von mindestens 500 P für die Flasche gefaßt sein. Weine müssen importiert werden, was Transportkosten, Einfuhrsteuern usw. einschließt und daher letztendlich ein relativ teures Trinkvergnügen bedeutet. San Miguel Bier ist ja auch nicht schlecht!
In nur wenigen Spitzenrestaurants gibt es formale Kleidungszwänge wie Krawatte, Jackett oder Barong. Ansonsten ist legere Kleidung immer richtig. Mit Slipper, kurzer Hose und schulterfreiem Shirt hat man die Toleranzgrenze eines mittelklassigen Restaurants allerdings erreicht bzw. bereits überschritten.
Der bei den nachfolgend aufgeführten Restaurants jeweils genannte Preis soll angeben, wieviel ungefähr für ein Dinner pro Person zu bezahlen ist. Getränke sind darin nicht eingeschlossen. Ebensowenig werden Extraportionen und kostspielige Sonderbestellungen wie Hummerschwänze im Dutzend oder kiloweise Kaviar berücksichtigt. Bei den Preisen für Buffets in First-Class-Hotels dürften noch insgesamt etwa 23 Prozent für Government Tax und Service Charge hinzukommen.

Vegetarian Food

Restaurants mit ausnahmslos vegetarischer Küche sind rar in Manila. Es gibt jedoch verschiedene Lokale, die neben Fisch- und Fleischgerichten auch vegetarische Gerichte auf der Speisekarte haben. Allerdings nimmt man es in manchen Filipino-Restaurants nicht so genau mit der pflanzlichen Kost und serviert z.B. eine *vegetable soup*, die außer Gemüse auch Fleisch enthält. Dagegen ist in jedem Restaurant mit japanischer Küche, das Tempura anbietet, ein garantiert fleischloses *yasaii tempura* (Gemüse in Teig; frittiert) erhältlich.
Bodhi, Tutuban Mall, Claro M. Recto Avenue, Tondo. Kleines Restaurant mit einem breiten Angebot ausschließlich vegetarischer Gerichte und Getränke. Es bezeichnet sich selbst »vegetarian health food restaurant« Die Tutuban Mall ist das langgestreckte, etwas zurückgesetzte Gebäude hinter dem etwas größeren Tutuban Center vorne an der Straße. Ein weiteres *Bodhi* gibt es in der SM Megamall, Edsa, Mandaluyong.
Geöffnet: 9.00-20.00 Uhr. 75 P.
Quan Yin Chay, Soler Street, Chinatown. Kleines Restaurant mit preiswerten vegetarischen Gerichten und Fruchtsäften.
Geöffnet: tägl. 8.00-21.00 Uhr. 75 P.
Kim Wan Garden, General Malvar Street, Malate. Chinesische und vegetarische Gerichte. Separate Speisekarten. Das freundliche Personal ist gerne bei der Bestellung des Essens behilflich.
Geöffnet: tägl. 24 Std. 75 P.

Tia Maria's, Remedios Street/Ecke Madre Ignacia Street, Malate. Gute mexikanische Gerichte, von denen die meisten auf Wunsch vegetarisch zubereitet werden, z.B. Enchilada. Ein weiteres *Tia Maria's* gibt es in der Makati Avenue am Greenbelt Park, Makati.
Geöffnet: Mo-Sa 11.00-24.00 Uhr, So 17.00-24.00 Uhr. 200 P.
Patio Guernica, J. Bocobo Street/Remedios Circle, Malate. Gepflegtes Restaurant mit hauptsächlich spanischer Küche, es sind aber auch vegetarische Gerichte erhältlich.
Geöffnet: Mo-Sa 11.00-14.00 Uhr u. 18.00-24.00 Uhr, So 18.00-24.00 Uhr. 250 P.
Kashmir, Padre Faura, Ermita. Nordindische und pakistanische Küche. Große Auswahl an vegetarischen Gerichten. Weitere *Kashmir* Restaurants gibt es in Makati in der Pasay Road und in der General Luna Street.
Geöffnet: tägl. 10.00-23.00 Uhr. 200 P.
Sala Thai, J. Nakpil Street, Malate. Beliebtes Thai-Restaurant, in dem auch vegetarische Gerichte zu haben sind.
Geöffnet: tägl. 10.00-22.00 Uhr. 150 P.
Geosphere Café, 1023 Escoda Street, Paco. Ein sehr angenehmes, von einem Filipino und seiner schweizerischen Frau geführtes Restaurant, in dem aus eigenem, biodynamischen Anbau zubereitete Speisen serviert werden, z.B. Pasta, Sandwiches und Kuchen. Die Atmosphäre ist einladend und locker; gelegentlich treten auch Musiker auf, die auf traditionellen Instrumenten spielen.
Geöffnet: tägl. 10.00-22.00 Uhr, je nach Stimmung und Publikum auch länger. 100 P.

Filipino Food
Meriendahan Sa Faura, Padre Faura. Mehrere Eßstände zwischen Padre Faura und Robinson's, die preiswerte philippinische Snacks und Gerichte anbieten.
Geöffnet: tägl. 8.00-22.00 Uhr. 50 P.
Myrna's, M.H. del Pilar Street, Ermita. Typisches, einfaches Filipino Restaurant. Zu Essenszeiten sehr voll. Eine Spezialität des Hauses: Bangus.
Geöffnet: Mo-Sa 7.00-23.30 Uhr. 80 P.
Harbor View, South Boulevard, Ermita. Dieses sehr angenehme, halboffene Restaurant an der Manila Bay (am Ende des Rizal Parks, dort, wo auch die Hafenrundfahrten starten) ist ein ideales Plätzchen, um bei einer frischen Brise den Sonnenuntergang zu beobachten. Dazu ein kühles Bier und gutes philippinisches Essen wie Sinigang oder Bangus. Kein Einlaß mit Slipper.
Geöffnet: Mo-So 10.00-2.00 Uhr. 175 P.
Patio Mequeni, Remedios Street, Malate. Ein angenehmes, relativ einfach ausgestattetes Restaurant, das sich auf Gerichte der Provinz Pampanga spezialisiert hat.
Geöffnet: Mo-Sa 11.00-15.00 Uhr u. 18.00-24.00 Uhr. 175 P.
Aristocrat, Roxas Boulevard/Ecke San Andres Street, Malate. Großes, populäres Restaurant der mittleren bis gehobenen Preisklasse.
Geöffnet: tägl. 24 Std. 150 P.
Josephine, Roxas Boulevard, Pasay City. Bekanntes und beliebtes Seafood-Restaurant. Umfangreiche Speisekarte. Abends Combo-Music live, von 20.00 bis 21.00 Uhr Volkstänze. Im *Josephine* am Greenbelt Park in Makati ist Rauchen nicht gestattet.
Geöffnet: tägl. 9.00-24.00 Uhr. 150 P.
Aling Asiang, Greenbelt Center, Makati. Gepflegtes Spezialitäten-Restaurant mit typischen und originellen Gerichten verschiedener Provinzen.
Geöffnet: tägl. 11.00-23.00 Uhr. 175 P.
Calle 5, Mabini Street, Ermita. Zum Teil Freiluft-Restaurant. Abends Live-Music. Ausgezeichnete Sizzling Plates.
Geöffnet: tägl. 8.00-3.00 Uhr. 100 P.
Palais daan, Adriatico Street, Malate. Gute philippinische Küche mit Seafood-Spezialitäten.
Geöffnet: tägl. 10.00-1.00 Uhr. 200 P.

Tito Rey, Sunvar Plaza, Amorsolo Street, Makati. Spezialitäten verschiedener Provinzen, die mit den Fingern gegessen werden.
Geöffnet: tägl. 11.00-15.00 Uhr u. 18.00 -2.00 Uhr. 175 P.
Barrio Fiesta, Arkansas Street/Ecke Maria Orosa Street, Ermita. Gutes Restaurant der mittleren Preisklasse mit zahlreichen Filialen im ganzen Land. Umfangreiche Speisekarte; Spezialitäten sind Crispy Pata und Kare-Kare. *Barrio Fiesta* gibt es auch in der Makati Avenue in Makati.
Geöffnet: tägl. 7.00-1.00 Uhr. 250 P.
Ang Bistro sa Remedios, Adriatico Street/Ecke Remedios Street, Malate. Gepflegtes Restaurant, in dem Spezialitäten der Provinz Pampanga serviert werden.
Geöffnet: tägl. 11.00-14.00 Uhr u. 18.00 -24.00 Uhr. 200 P.
Kamayan Restaurant, Padre Faura, Ermita. In diesem Restaurant wird typisch philippinisch mit den Fingern gegessen. Gute Auswahl an Gerichten und Spezialitäten aus allen philippinischen Regionen. Ein weiteres *Kamayan Restaurant* gibt es in Makati in der Pasay Road/Ecke Pasong Tamo.
Geöffnet: tägl. 11.00-14.00 Uhr u. 17.00 -22.00 Uhr. 250 P.
Seaside Market, Roxas Boulevard, Baclaran (nahe Baclaran Church). Ein richtiger Markt, auf dem frisch angelandeter Fisch verkauft wird, und den man sich in kleinen, dem Markt angeschlossenen Restaurants preiswert gegen eine Gebühr von etwa 50 P zubereiten lassen kann.
Geöffnet: tägl. 24 Std. 100 P.
Seafood Market, J. Bocobo Street, Ermita. Relativ teures, aber ausgezeichnetes Seafood-Restaurant, in dem der Gast sich wie auf einem Markt die frischen Speisen selbst zusammenträgt und den gefüllten Korb dann einem der Köche zwecks Zubereitung nach eigenen Wünschen überreicht. Aber aufgepaßt: Fisch, Shrimps, Krabben usw. werden nach Gewicht berechnet (Preise à 100 Gramm)! Schon so mancher sich unbekümmert bedienender Gast hat hinterher beim Anblick der Rechnung große Augen gemacht. Auch die Zubereitung des Essens und die feuchten Tücher, die großzügig gereicht werden, sind nicht gratis! Wegen des insbesondere abends großen Andrangs sind minimale Wartezeiten möglich.
Geöffnet: tägl. 10.00-24.00 Uhr. 400 P.
Direkt neben dem Seafood Market in der Bocobo Street kann man im *Café Alps* mit Kaffee und Kuchen das Menü abrunden.
The Islands Fisherman, Arquiza Street, Ermita. Im Gegensatz z.B. zum populären Seafood Market werden die Zubereitung der ausgesuchten Meeresfrüchte und Beilagen sowie der Service nicht extra berechnet, trotzdem relativ teuer. Gekocht wird chinesisch, japanisch, philippinisch, thailändisch oder nach Art des Hauses.
Geöffnet: tägl. 10.00-24.00 Uhr. 250 P.

Asian Food - chinesisch

Mrs. Wong Tea House, Padre Faura, Ermita. Gutbesuchtes Restaurant in einer kleinen Straße zwischen Padre Faura und Robinson's.
Geöffnet: tägl. 24 Std. 75/100 P.
Hong Kong Tea House, M.H. del Pilar Street, Ermita. Alteingesessenes, typisches chinesisches Restaurant. Kantonesische Küche. Gute Nudelsuppen.
Geöffnet: tägl. 10.00-4.00 Uhr. 75/100 P.
Maxim's Tea House, M.H. del Pilar Street/Ecke United Nations Avenue, Ermita. Gute und preiswerte Gerichte. *Maxim's Tea House* ist auch in der Pasong Tamo/Ecke Urban Street, Makati, und in der Ongpin Street, Chinatown, vertreten.
Geöffnet: tägl. 24 Std. 75/100 P.
Sea Palace, Mabini Street, Malate. Gutes und relativ preiswertes Restaurant, auch mit philippinischen Gerich-

ten. Ein weiteres *Sea Palace* gibt es ganz in der Nähe in der Adriatico Street, Malate.
Geöffnet: tägl. 11.00-14.30 Uhr u. 18.00 -23.30 Uhr. 150 P.
Eva's Garden, Adriatico Street, Ermita. Angenehmes, nett eingerichtetes, relativ preiswertes Restaurant.
Geöffnet: Mo-Sa 11.30-14.00 Uhr u. 17.00-22.00 Uhr, So 17.00-22.00 Uhr. 200 P.

Asian Food - indisch/arabisch
Kashmir, Padre Faura, Ermita. Gutes indisches Restaurant . Überwiegend nordindische und pakistanische Gerichte, die auf Wunsch mild oder scharf gewürzt werden. Es sind auch vegetarische Gerichte erhältlich.
Weitere *Kashmir* Restaurants gibt es in Makati in der Pasay Road und in der General Luna Street.
Geöffnet: tägl. 10.00-23.00 Uhr. 200 P.

Asian Food - japanisch
Iseya Restaurant, Padre Faura, Ermita. Preiswert ist der Executive Lunch für etwa 120 P.
Geöffnet: tägl. 11.00-14.00 Uhr u. 17.00 -23.00 Uhr. 175 P.
Yamato, Adriatico Street, Ermita. Gutes Restaurant. Preiswert sind Sushi und Tempura.
Geöffnet: tägl. 11.00-14.00 Uhr u. 17.30 -22.30 Uhr. 150 P.
Kimpura, Makati Supermarket Building, West Drive, Makati. Ein sehr populäres, relativ preiswertes japanisches Restaurant erster Klasse.
Geöffnet: tägl. 10.30-15.00 Uhr u. 17.30 -23.00 Uhr. 300 P.
Tempura-Misono, Roxas Boulevard, Pasay City. Sehr gutes und beliebtes japanisches Restaurant im Hyatt Regency Hotel.
Geöffnet: tägl. 12.00-15.00 Uhr u. 18.00 -23.00 Uhr. 500 P.

Asian Food - koreanisch
Korean Village, Adriatico Street, Malate. Angeblich das größte koreanische Restaurant in Manila. Spezialitäten: Spare Ribs und Beef Stew.
Geöffnet: Mo-Sa 11.00-14.00 Uhr u. 17.00-22.00 Uhr. 200 P.
Korean Palace, Adriatico Street, Malate. Dieses Restaurant versucht seinem Nachbarn, dem Korean Village, Konkurrenz zu machen.
Geöffnet: tägl. 11.00-14.00 Uhr u. 17.00 -22.00 Uhr. 200 P.
Korean Garden, Burgos Street, Makati. Eines von fast zehn annähernd gleichwertigen koreanischen Restaurants in Makati.
Geöffnet: tägl. 11.30-14.30 Uhr u. 17.30 -22.30 Uhr. 250 P.

Asian Food - thailändisch
Sala Thai, J. Nakpil Street, Malate. Beliebtes, relativ preiswertes Restaurant. Zu den bevorzugt bestellten Gerichten gehören Thai-Curries, Tom Yum (sauerscharfe Suppe) und Frühlingsrollen.
Geöffnet: tägl. 10.00-22.00 Uhr. 150 P.
Flavours & Spices, New Garden Square, Legaspi Street/Ecke Greenbelt Drive, Makati. Gutes Restaurant, in dem auch thailändische Gewürze verkauft werden.
Geöffnet: tägl. 10.00-22.00 Uhr. 175 P.
Baan Thai, Makati Avenue/Ecke Jupiter Street, Makati. Mit typisch thailändisch Merkmalen eingerichtetes Restaurant. Angeboten werden übliche Thaisalate und -suppen, aber auch Fischgerichte.
Geöffnet: 11.30-14.00 Uhr u. 15.30-22.00 Uhr. 200 P.

Western Food - amerikanisch
Steak Town, Adriatico Street, Malate. Gute Steaks, serviert mit Suppe, Salat, Brot, Dessert und Kaffee. Darüber hinaus sind auch Seafood-Gerichte erhältlich.

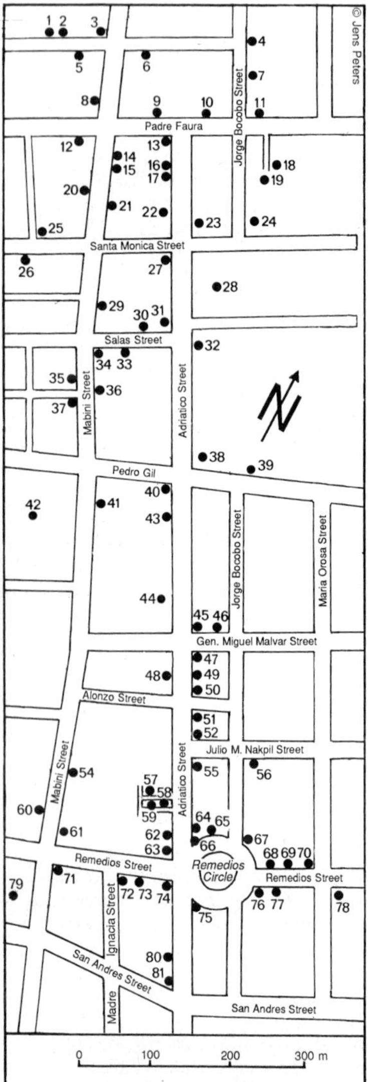

Adriatico Street & Mabini Street

Anreise/Weiterreise; Transport
30 Si-Kat Ferry Office
33 China Airlines
Interisland Travel & Tours
38 Cebu Pacific Airlines
61 Adventure International Tours

Übernachten
1 Tadel Pension House
2 Yasmin Pension
7 Tropical Mansion Hotel
8 Royal Palm Hotel
11 Midtown Inn
20 Mabini Pension
23 The Midland Plaza
24 Cherry Lodge Apartelle
25 Manila Tourist Inn
29 Centrepoint Hotel
30 Si-Kat Inn
31 Casa Blanca I
35 La Soledad Pension House
36 Santos Pension House
37 Ermita Tourist Inn
38 Manila Midtown Hotel
40 Palm Plaza Hotel
41 Las Palmas Hotel
Sensation Apartelle
42 Sheraton Hotel
43 Rothman Inn Hotel
44 The Pan Pacific Hotel
45 Dakota Mansion
47 Pearl Garden Apartel
51 Joward's Pension House
56 Victoria Mansion
57 Shoshana Pension House
58 Malate Pensionne
59 Juen's Place
68 Remedios Pension House
76 Circle Pension
77 Clé D'or Tourist Inn Hotel
78 Royal Plaza Condominium

Essen und Trinken; Unterhaltung
3 Shakey's Mabini
4 Café Alps
Sea Food Market
5 Holandia

6	The Islands Fisherman	67	Patio Guernica
9	Jollibee	68	Café Nilad
	Kamayan Restaurant	69	Empress Garden Restaurant
	Kashmir Restaurant	70	Camp Gourmet Café & Restaurant
14	Mister Donut	71	Korean Village Restaurant
15	München Grill Pub	72	Tia Maria's Mexican Restaurant
16	Alda's Pizza Kitchen	73	Patio Mequeni
17	Top Brass Restaurant	74	Ang Bistro sa Remedios
	Zebrina Restaurant		Jazz Box
18	Mrs. Wong Tea House		Larry's Café Bar
19	Meriendahan Sa Faura	75	Café Adriatico 1900
22	Eva's Garden Restaurant		Café Nikolai
27	Yamato Japanese Restaurant		In The Mood Dance Bar
30	Si-Kat Pub & Restaurant	76	Penguin Café Gallery
43	Zamboanga Restaurant	77	Casa Pasta Ristorante
46	Kim Wan Garden Restaurant	80	Ducky's Restaurant
48	Seoul Plaza Restaurant	81	Cosa Nostra Café
49	Kopa Restaurant		
50	Palais daan Restaurant		
51	Joward's Hot Pot Restaurant		
52	Steak Town Restaurant		***Verschiedenes***
	The Chronicle Café	10	Solidaridad Book Shop
54	Sea Palace Restaurant	12	Philippine National Bank (PNB)
55	Sea Palace Restaurant	13	7-Eleven
58	Chateau 1771 Restaurant	21	T'Boli Arts & Crafts
	Sidebar Café	26	Laundryette Britania
60	Hobbit House	28	Robinson's
	Remember When?	32	Midtown Arcade
62	Korean Village Restaurant	33	Laundromat
63	Korean Palace Restaurant	34	7-Eleven
64	Ten Year After	39	National Book Store
65	Racks Bistro	61	American Express
66	Café Adriatico	79	Malate Church

Steak Town gibt es auch in der Makati Avenue in Makati.
Geöffnet: tägl. 11.30-23.30 Uhr. 250 P.
The Gold Ranch, Pasay Road, Makati. Ausgezeichnete Steaks vom Grill.
Geöffnet: tägl. (außer an Feiertagen) 11.30-14.30 u. 18.30-22.30 Uhr. 350 P.
New Orleans, Legaspi Street, Makati. Amerikanische und kreolische Küche. Spezialitäten: Steaks und Barbecue Ribs; dazu dezenter New Orleans Jazz.
Geöffnet: tägl. 11.00-14.30 Uhr u. 17.00-24.00 Uhr. 400 P.
Café Adriatico, Adriatico Street/Remedios Circle, Malate. Zu den gängigsten Speisen dieses Bistro-Restaurants gehören Steaks, Salate, Seafood und Fondue. Mehrere Sorten Kaffee und eine gute Auswahl an Cocktails runden das Angebot ab. Ein Schickeria-Treff, besonders nachts nach Kino, Disco und Party.
Geöffnet: Mo-Fr 10.00-6.00 Uhr, So 14.30-6.00 Uhr. 250 P.
Mario's, Legaspi Street/Ecke Dela Rosa Street, Makati. Gute Steaks und gute

Übernachten
1 Robelle Mansion
2 Robelle House
18 Mercure Millennium Plaza Hotel
26 Regine's Apartelle
32 Sunette Tower Hotel
34 Makati Prime Tower Condominium
40 Oka Hotel
42 Traveler's Inn
44 Inn Suites
45 Virra Apartments
47 The Bel-Air Place
51 Century Citadel Inn Makati

Essen und Trinken; Unterhaltung
3 Andok's Dine-in
4 Planet Beer Bar
5 Barrio Fiesta
6 The Flight Music Bar & Restaurant
7 Steak Town Restaurant
8 Friend's & Neighbour Restaurant
11 High Heels Nightclub
13 Tribu Music Lounge
14 Kashmir Restaurant
15 Heiwa Karaoke
16 Wendy's
17 KFC
19 Café Oceanic
21 Di' Marks Pizzeria
22 Jin Go Gae Korean Restaurant
23 The Wine Press Restaurant & Wine Bar
24 Fridays
25 Jools Pub
27 Arnold's Diner
28 Shakey's Makati
30 John Z Disco Bar
31 La Gondola Italian Restaurant
32 Makati Café
33 Bakahan at Manukan Restaurant
35 Max's
36 Bugsy's Bar
Playhouse
Ritzy's
37 Seki Tei Japanese Restaurant
39 Rascal's Bar
Ivory Music Lounge
41 Shinjuku Ramen House
42 The Grand Prix Bar
43 Dimples Bar
44 Bottoms Bar
Filling Station Restaurant & Bar
Papillon
45 Dean Street Café
Dooles Bar & Restaurant
46 Korean Garden Restaurant
48 JJ's Bar
49 Galleon Club & Restaurant
Blue Velvet Bar
Cathouse Pub & Restaurant
50 Friday's American Bar
51 Le Vienna Café
52 Bar Café Mogambo
53 Bar Hollywood
54 Pizza Hut
Rogues Bar
55 Hossein's Persian Kebab
56 Tsui Hang Seafood Restaurant
57 Nina's Papagayo Restaurant

Verschiedenes
9 St. Peter & Paul Church
10 International School
12 Imperial Health Club
16 7-Eleven
20 Insular Bakery
29 Red Ribbon Bake Shop
38 La Tienda Supermarket

Salate, aber auch Seafood, französische und spanische Suppen sowie kalifornischer Wein.
Geöffnet: Mo-Sa 11.00-14.30 Uhr u. 17.30-23.00 Uhr, So 17.30-23.00 Uhr. 250 P.

Max's, Maria Orosa Street, Ermita. Nicht nur gute, unterschiedlich zubereitete Brathähnchen, sondern auch philippinische Standardgerichte. *Max's* gibt es zehnmal in Manila.
Geöffnet: tägl. 8.00-23.00 Uhr. 150 P.

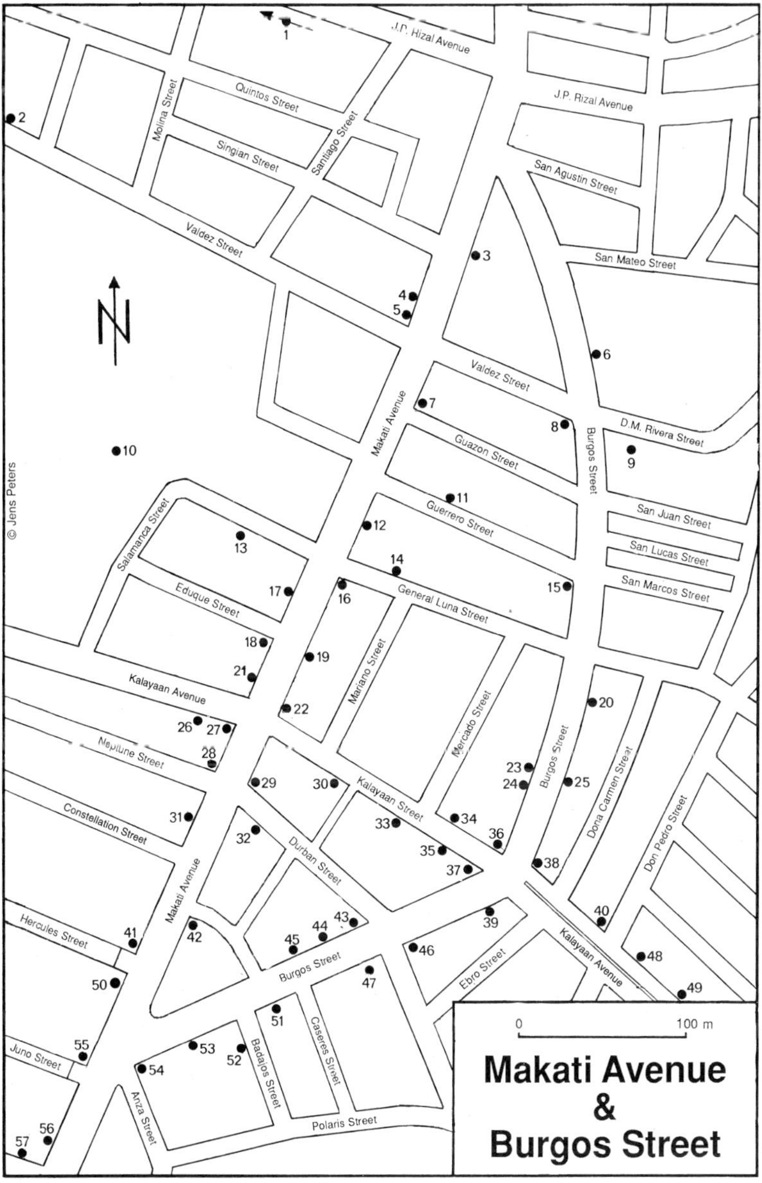
J.P. Rizal Avenue
J.P. Rizal Avenue
Quintos Street
Molina Street
Santiago Street
Singian Street
San Agustin Street
Valdez Street
San Mateo Street
Valdez Street
D.M. Rivera Street
Makati Avenue
Guazon Street
Burgos Street
San Juan Street
Guerrero Street
San Lucas Street
San Marcos Street
Salamanca Street
General Luna Street
Eduque Street
Mariano Street
Mercado Street
Kalayaan Avenue
Burgos Street
Dona Carmen Street
Neptune Street
Kalayaan Street
Don Pedro Street
Constellation Street
Durban Street
Makati Avenue
Hercules Street
Kalayaan Avenue
Ebro Street
Burgos Street
Juno Street
Badajos Street
Caseres Street
Anza Street
Polaris Street
© Jens Peters
0 100 m
Makati Avenue & Burgos Street
1 2 3 4 5 6 7 8 9 10 11 12 13 14 15 16 17 18 19 20 21 22 23 24 25 26 27 28 29 30 31 32 33 34 35 36 37 38 39 40 41 42 43 44 45 46 47 48 49 50 51 52 53 54 55 56 57

Manila

Western Food - australisch/britisch
Rooftop Restaurant, Padre Faura/Ecke M.H. del Pilar Street, Ermita. Australisches Restaurant und Biergarten oben auf dem Iseya Hotel (gute Aussicht auf die Manila Bay). Sonntags 17.00-19.00 Uhr Aussie-Barbecue für 160 P.
Geöffnet: tägl. 24 Std. 150 P.
Swagman Outback Café, 411 A. Flores Street, Ermita. Stets belebtes Restaurant des australischen Swagman Hotels.
Geöffnet: tägl. 24 Std. 150 P.
Prince of Wales, Greenbelt Center, Makati. Pub-Restaurant mit typischen britischen Gerichten wie Roastbeef und Yorkshire Pudding, außerdem Lunch Buffet.
Geöffnet: Mo-Sa 11.00-24.00 Uhr. 175 P.

Western Food deutsch/österreichisch/schweizerisch
München Grill Pub, Mabini Street, Ermita. Deutsche Küche mit Spezialitäten aus Bayern. Preiswerte Tagesgerichte.
Geöffnet: Mo-Sa 10.00-2.00 Uhr. 120 P.
Si-Kat Inn, Salas Street, Ermita. Kleines, unauffälliges Lokal mit einer kleinen Auswahl an deutschen und österreichischen Gerichten sowie vorzüglichen Pizzas aus dem Steinofen.
Geöffnet: Mo-Sa 8.00-22.30 Uhr. 150 P.
Schwarzwälder, Makati Avenue, Makati. Deutsche Gerichte von der Bratwurst bis zum Eisbein mit Sauerkraut. Dazu eine Salat-Bar sowie mehrere Sorten Kaffee zur Auswahl.
Geöffnet: tägl. 11.30-14.30 Uhr u. 17.30 -3.00 Uhr. 250 P.
Treffpunkt Jedermann, Jupiter Street, Makati. Österreichische Spezialitäten und alpenländische Gemütlichkeit zeichnen dieses gut geführte Restaurant aus.
Geöffnet: tägl. 7.00-2.00 Uhr. 175 P.
Old Swiss Inn Restaurant, Belen Street (im The Garden Plaza Hotel), Paco. Fondue und andere ausgezeichnete schweizerische Spezialitäten. Ein weiteres *Old Swiss Inn Restaurant* gibt es im Olympia Towers, Makati Avenue, Makati.
Geöffnet: tägl. 24 Std. 250 P.

Western Food - französisch
L'Eau Vive, Paz Mendoza Guazon Avenue, Paco. Internationale und französische Spezialitäten in einem ungewöhnlichen, von Nonnen und Missionaren geführten Restaurant.
Geöffnet: Mo-Sa 12.00-15.00 u. 19.00-23.00 Uhr. 300 P.
L'Orangerie, Zodiac Street, Makati. Sehr gutes, exklusives Restaurant mit französischen Standardgerichten und originellen Spezialitäten.
Geöffnet: Mo-Fr 11.00-15.00 Uhr u. 18.00-23.00 Uhr, Sa 18.00-23.00 Uhr. 500 P.

Western Food - holländisch
Holandia, Arquiza Street, Ermita. Kleines Restaurant mit holländischen und europäischen Gerichten.
Geöffnet: Mo-Sa 10.00-1.00 Uhr, So 16.00-1.00 Uhr. 175 P.

Western Food - italienisch
Alda's Pizza Kitchen, Adriatico Street, Ermita. Nettes, gemütliches Restaurant mit einer sehr großen Auswahl an guten, allerdings etwa teuren Pizzas.
Geöffnet: Mo-Sa 11.00-24.00 Uhr, So 15.00-24.00 Uhr. 175 P.
La Gondola Italian Restaurant, Makati Avenue, Makati. Neben sämtlichen Pastas sind auch italienischer Schinken und hausgemachtes Speiseeis erhältlich.
Geöffnet: Mo-Sa 12.00-14.00 Uhr, tägl. 19.00-23.00 Uhr. 400 P.

Western Food - mexikanisch
Tia Maria's, Remedios Street/Ecke Madre Ignacia Street, Malate. Gute mexikanische Gerichte und Cocktails. Ein weiteres *Tia Maria's* gibt es in der

Makati Avenue am Greenbelt Park, Makati.
Geöffnet: Mo-Sa 11.00-24.00 Uhr, So 17.00-24.00 Uhr. 200 P.

Western Food - spanisch

Guernica's, M.H. del Pilar Street, Ermita. Typische spanische Gerichte wie z.B. Paella. Es gibt aber auch Steaks. Angenehme Atmosphäre; Gitarrenmusik.
Geöffnet: Mo-Sa 11.00-14.00 Uhr u. 18.00-24.00 Uhr, So 18.00-24.00 Uhr. 250 P.

Patio Guernica, J. Bocobo Street/Remedios Circle, Malate. Spanische Standardgerichte und Steaks. Gepflegtes Restaurant.
Geöffnet: Mo-Sa 11.00-14.00 Uhr u. 18.00-24.00 Uhr, So 18.00-24.00 Uhr. 250 P.

Ilustrado, El Amanecer Complex, General Luna Street, Intramuros. Spanische und philippinische Gerichte.
Geöffnet: Mo-Sa 11.30-15.00 Uhr u. 18.00-22.00 Uhr, So 18.00-22.00 Uhr. 300 P.

Fast Food

Shakey's Mabini, Mabini Street, Ermita. Zur Auswahl stehen Pizzas mit dickem und dünnem Teig. Die Spaghettis sind relativ teuer. Abends laute Live-Music.
Geöffnet: tägl. 11.00-5.00 Uhr. 150 P.
Darüber hinaus gibt es noch *Shakey's Malate*, Remedios Street (11.00-5.00 Uhr); *Shakey's Makati*, Makati Avenue (9.00-24.00 Uhr); *Shakey's Greenhills*, Padilla Arcade (10.00-2.00 Uhr).

Pizza Hut, Harrison Plaza, Malate. Eine beliebte Pizzeria in einem beliebten Einkaufszentrum. Spezialität: Pan Pizza. *Pizza Hut* gibt es insgesamt achtmal in Metro Manila.
Geöffnet: tägl. 10.00-24.00 Uhr. 100 P.

McDonald's, United Nations Avenue, Ermita. Dort gibt es die »echten« Hamburger vom Meister aus den Staaten. McDonald's ist mehrfach in Manila vertreten, unter anderem in der Paseo de Roxas in Makati.
Geöffnet: tägl. 7.00-24.00 Uhr. 75 P.

Jollibee, Padre Faura, Ermita. Philippinische Burger-Kette mit landesweit mehr als hundert Filialen. Spezialitäten: Chickenjoy und The Champ with Cheese.
Geöffnet: Mo-Sa 7.00-22.00 Uhr, So 7.30-21.30 Uhr. 75 P.

KFC, Harrison Plaza, Malate. Knusprige Hähnchen nach bewährter Art des Hauses.
Geöffnet: tägl. 10.00-24.00 Uhr. 125 P.
Restaurants dieser Kette gibt es mehrere in Manila, z.B. in der Maria Orosa Street, gegenüber Holiday Inn Manila Pavilion Hotel.

Mister Donut, Mabini Street, Ermita. Große Auswahl an leckeren Donuts. Guter Kaffee. Frühstücks-Alternative.
Geöffnet: tägl. 24 Std. 25 P.

Buffets

So verlockend preiswert die Buffets auch erscheinen mögen, die Rechnung wird immer um einiges höher ausfallen, denn es werden noch Steuern und Bedienungsgeld addiert. Außerdem sind Getränke extra zu bezahlen, und die sind meistens nicht gerade billig.

1930's Banquet Hall, Admiral Hotel, Roxas Boulevard, Malate. Filipino Lunch Buffet Mo-Sa 11.30-14.00 Uhr; 280 P.

Café Ilang-Ilang und ***Lobby Lounge***, Manila Hotel, Rizal Park, Ermita. Breakfast Buffet tägl. 6.00-10.00 Uhr; 250 P.

Centrepoint Hotel, Mabini Street, Ermita. Breakfast Buffet tägl. 6.00-10.00 Uhr; 195 P. Dinner Buffet tägl. 6.00-10.00 Uhr; 200 P.

Champagne Room, Manila Hotel, Rizal Park, Ermita. Lunch Buffet Mo-Fr u. So 12.00-15.00 Uhr; 320 P, So 380 P. Internationale Küche.

Concourse, Hotel Nikko Manila Garden, Fourth Quadrant, Makati Commercial Center, Makati. Breakfast Buffet tägl. 6.00-10.00 Uhr; 220 P. Lunch Buffet tägl. 11.30-14.00 Uhr; 350 P. Internationale Küche.
Pier 7, The Westin Philippine Plaza Hotel, Cultural Center Complex, Malate. Lunch Buffet tägl. 11.30-14.30 Uhr; 350 P. Steaks und vornehmlich Seafood.
Roma, Manila Hotel, Rizal Park, Ermita. Lunch Buffet Mo-Fr 12.00-15.00 Uhr; 300 P. Italienische Küche.
Sabungan Coffee Shop, Manila Midtown Hotel, Adriatico Street/Ecke Pedro Gil, Ermita. Breakfast Buffet tägl. 6.00-10.00 Uhr; 250 P. Lunch Buffet tägl. 11.30-14.00 Uhr; 350 P. Internationale und philippinische Küche.
The Brasserie, Mandarin Oriental Hotel, Makati Avenue, Makati. Breakfast Buffet tägl. 6.00-10.00 Uhr; 200 P.
Tia Maria's, Remedios Street/Ecke Carolina Street, Malate. Lunch Buffet Mo-Sa 11.00-14.00 Uhr; 180 P. Dinner Buffet tägl. 18.00-21.00 Uhr; 180 P. Mexikanische Küche.

Unterhaltung und Veranstaltungen

Basketball
Spiele der professionellen Basketball-Liga der PBA (Philippine Basketball Association) werden in Manila im Cuneta Astrodome am Roxas Boulevard, Pasay City, ausgetragen, und zwar Di, Fr u. So 17.00 u. 19.30 Uhr. Eintritt: 15 bis 150 P.
Allein die Begeisterung der Zuschauer zu erleben, ist schon einen Besuch wert. Die Namen der Mannschaften sind ungeniert produktbezogen: Gordon's (Gin), San Miguel (Bier), Alaska (Dosenmilch) usw.
Welche Teams spielen, erfährt man unter Tel. 8337313 u. 8337324.

Casino
Das ertragreiche Unternehmen Casino Filipina ist landesweit mit mehreren Filialen groß im Geschäft. In Manila im Holiday Inn Manila Pavilion Hotel, United Nations Avenue, Ermita, im Hotel Sofitel Grand Boulevard Manila, Roxas Boulevard, Malate, und im The Heritage Hotel, Edsa, Pasay City. Eintritt: 100 P. Spieler in allzu lässiger Freizeitgarderobe oder gar Beach-Outfit werden jedoch nicht hineingelassen.

Hafenrundfahrt
Golden Horizon Cruise Services, Tel. 5255698, veranstaltet einstündige Hafenrundfahrten durch die Manila Bay. Am eindrucksvollsten ist die tägliche Sunset Cruise von 17.30 bis 18.30 Uhr; Preis: 60 P. An Wochenenden und Feiertagen ganztägig zusätzliche Abfahrten (vormittags zum halben Preis).

Hahnenkampf
Cockpits gibt es mehrere in Manila, z.B. in Santa Ana (Philippine Cockers Club), Caloocan City (Olympic Stadium, Grace Park), Quezon City (La Loma, Calavite Street) Pasay City (Libertad, Dolores Street) oder Parañaque (Elorde, Santos Avenue). Kämpfe an Sonn- und Feiertagen. Eintritt: 20 bis 200 P.

Jai-alai
In der Sporthalle Jai-alai de Manila, Adriatico Street, Malate (neben dem Harrison Plaza), werden jeden Abend von 17.00 bis 1.00 Uhr insgesamt zwölf Durchgänge dieses superschnellen Ballspiels ausgetragen. Allerdings nur, wenn nicht gerade wieder einmal von den Behörden eine Zwangspause wegen Spielmanipulation und Unregelmäßigkeiten bei den Wetten verordnet wurde. Eintritt: 10 P.

Kinos
Cinemas gibt es unter anderem in den großen Einkaufszentren wie Araneta

Center, Harrison Plaza, SM Megamall und Robinson's sowie in der Rizal Avenue und in der Claro M. Recto Avenue, beide im Stadtteil Santa Cruz. Was wann wo gespielt wird, steht in den Tageszeitungen.

Konzerte

Paco Park, San Marcelino Street, Paco. »Paco Park Presents« jeden Fr ab 18.00 Uhr kostenlose Kammermusik in idyllischer Umgebung.

Puerta Real, General Luna Street, Intramuros. Die jeden Sa ab 18.00 Uhr stattfindenden »Puerta Real Evenings« sind kostenlose Musikveranstaltungen im Grünen an der alten Festungsmauer nahe dem Puerta Real.

Rizal Park, Ermita. Ein kostenloses »Concert at the Park« wird jeden So ab 17.00 Uhr gegeben. Wechselnde Musikrichtungen.

Pferderennen

Auf dem Santa Ana Race Track, A.P. Reyes Avenue, Santa Ana, und im San Lazaro Hippodrome, Felix Huertas Street, Santa Cruz, werden Sa u. So nachmittags sowie Mi abends Pferderennen ausgetragen. Nähere Informationen in der Tagespresse, beim Manila Jockey Club, Tel. 7111251 oder bei der Philippine Jockey's Association Inc., Tel. 7322856.

Tänze

Cultural Center of the Philippines (CCP), Roxas Boulevard, Malate. Veranstaltungen werden im CCP-Schaukasten am Roxas Boulevard angekündigt. Telefonische Auskünfte unter 8321125 und 8323704. Karten gibt es unter anderem in National Book Stores und meist auch noch kurzfristig an der Abendkasse.

Josephine, Roxas Boulevard, Pasay City, und Greenbelt Park, Makati. Kostenlos zum Dinner täglich von 20.00 bis 21.00 Uhr philippinische Volkstänze.

Nayong Pilipino, Mia Road, Pasay City. Sonntags von 15.00 bis 16.00 Uhr werden Volkstänze verschiedener Provinzen in der Mindanao-Sektion des »Philippinischen Dorfes« dargeboten.

Zamboanga Restaurant, Adriatico Street, Malate. Philippinische und polynesische Tänze zum Dinner (Seafood-Spezialitäten, z.B. Fisherman's Delight) um 19.00 und 20.30 Uhr. Geöffnet: tägl. 8.00-24.00 Uhr. 200 P.

Theater

Aufführungen finden nur unregelmäßig statt. Ankündigungen stehen im Kulturteil der Tageszeitungen, eventuell kann auch das Tourist Office Auskunft geben, Tel. 5238411, oder natürlich das jeweilige Theater selbst.

Cultural Center of the Philippines (CCP), Roxas Boulevard, Malate, Tel. 8321125.

Folk Arts Theater, Cultural Center Complex, Roxas Boulevard, Malate, Tel. 8321120.

Meralco Theater, Meralco Building, Ortigas Avenue, Pasig, Tel. 7219777.

Metropolitan Theater, Lawisang Bonifacio, Lawton Plaza, Ermita, Tel. 5281490.

Rajah Sulayman Theater (Freiluftbühne), Fort Santiago, Intramuros.

William Shaw Theater, Shangri-La Plaza Shopping Center (5th level), Edsa, Mandaluyong. Sehenswerte Aufführungen (Musicals, Komödien, Klassiker, Kinderstücke) des Schauspielensembles Repertory. Das beste englischsprachige Theater der Philippinen. Information zum aktuellen Spielplan und Reservierung: Tel. 6334821 bis 25. Vorverkaufskasse: Mo-Fr 10.00-18.00 Uhr, Sa 10.00-13.00 Uhr.

Zoo

Der Manila Zoological & Botanical Gardens befindet sich am südlichen Ende der Mabini Street/Anfang Harrison Street im Stadtteil Malate. Zu se-

hen sind unter anderem der Philippine Eagle und der Tamaraw (Zwergbüffel). Die miserable Unterbringung - zu kleine Gehege, kaum Schatten, sehr wenig Pflanzen - und die offensichtlich nachlässige Pflege fast aller dort zur Schau gestellten Kreaturen machen den üblichen asiatischen Umgang mit Tieren deutlich. Tierfreunde dürften am Besuch des Zoos keinen Gefallen finden.
Geöffnet: tägl. 7.00-18.00 Uhr. Eintritt: 6 P.

Nachtleben

Bars und Nightclubs

Manilas Nachtleben spielt sich hauptsächlich in Makati, Pasay City und Quezon City ab. Insbesondere in Makati findet man zahlreiche Discos, Pubs und Nightclubs, z.B. im Bereich der Burgos Street.
In Pasay City haben sich ein paar Nightclubs im Edsa International Entertainment Complex an der Edsa/Ecke Harrison Street schräg gegenüber vom Heritage Hotel und am Roxas Boulevard etabliert.
Filipinos gehen gerne in Clubs, die ein Programm mit anregender Unterhaltung versprechen, etwa mit einer Model-Show. Diese sogenannten Disco-Theater sind vorwiegend in Quezon City zu finden.
Darüber hinaus verfügen alle großen Hotels über Bars und Nightclubs. Weitere exklusive Nachtlokale mit erstklassiger Live-Music befinden sich am südlichen Roxas Boulevard.

Bistros und Music Lounges

Bistros und Music Lounges erfreuen sich in Manila zunehmender Beliebtheit. In ihnen läßt sich die Schickeria sehen, dort ist man »in«. Zu den klassischen Treffpunkten kommen stets neue hinzu, andere dagegen verschwinden nach einem kurzen Gastspiel wieder schnell und leise von der Schaubühne der Eitelkeiten.
Die nachfolgend aufgeführten Lokale gehören zu den bereits fest etablierten; sie dürften auch noch längere Zeit existieren. Auf adrett gekleidete Gäste wird Wert gelegt; kein Einlaß mit Shorts und Slippers z.B. in Café Adriatico und Hard Rock Café.
Bistro RJ, Olympia Towers, Makati Avenue, Makati. Live-Music der fünfziger und sechziger Jahre; Rock 'n' Roll, Beatles, Beach Boys usw. Gute Atmosphäre. Ein weiteres *Bistro RJ* gibt es in der Quezon Avenue, Quezon City.
Geöffnet: tägl. 18.00-3.00 Uhr. Eintritt: So u. Mo 50 P, Di u. Do 75 P, Mi, Fr u. Sa 100 P.
Café Adriatico, Adriatico Street/Remedios Circle, Malate. Dieses Café leitete Manilas Begeisterung für Bistros ein und zählt immer noch zu den favorisierten Plätzen dieser Art.
Geöffnet: Mo-Sa 10.00-6.00 Uhr, So 14.00-6.00 Uhr.
Calesa Bar, Hyatt Hotel, Roxas Boulevard, Pasay City. Erstklassige Showbands.
Geöffnet: Mo-Sa 19.30-2.00 Uhr.
Hard Rock Café, Quad III, Ayala Center, Ayala Avenue, Makati. Das Konzept der beiden Amerikaner Peter Morton und Isaac Tigrett, die 1971 in London ihr erstes Hard Rock Café eröffneten, ist auch heute noch erfolgreich, und zwar weltweit. Ein Restaurant als Kultstätte des Rock 'n' Roll, dekoriert mit wertvollen Erinnerungsstücken bekannter Rockstars, dazu allerbeste Musik: solch eine Institution braucht auch in Manila nicht lange auf Gäste zu warten.
Geöffnet: tägl. 12.00-2.00 Uhr. Cover charge 180 P, am Wochenende 200 P.
Studebaker's, Quad III, Ayala Center, Ayala Avenue, Makati. In unmittelbarer Nachbarschaft zum Hard Rock Café bietet Studebaker's Unterhaltung über

drei Etagen: Bar, Music Lounge mit Live-Music ab 21.00 Uhr, und Disco.
Geöffnet: tägl. 11.30-3.00 Uhr.
Moviola, Remedios Circle, Malate. Piano-Bar und Restaurant.
Geöffnet: Mo-Sa 11.00-4.00 Uhr, So 18.00-4.00 Uhr.
Penguin Café, Remedios Circle, Malate. In diesem Bistro kommt bisweilen eine lustig-lockere Stimmung auf.
Geöffnet: Di-So 12.00-14.00 Uhr u. 18.00-2.00 Uhr.
Remember When? Mabini Street, Malate. Angenehmes Nostalgie-Bistro mit altbekannter Musik; liegt neben dem bekannten Hobbit House.
Geöffnet: tägl. 16.00-3.00 Uhr.
Siete Pecados, Philippine Plaza Hotel, Cultural Center Complex, Malate. Ab 19.30/20.00 Uhr treten Showbands auf.
Geöffnet: tägl. 17.00-1.30/2.00 Uhr.
Eintritt: 150 P.
Ten Years After, Adriatico Street, Malate. Außen steckt ein halbes, scheinbar abgestürztes Kleinflugzeug im Haus, innen laufen Rock-Videos.
Geöffnet: Mo-Sa 17.00-3.00/4.00 Uhr.

Discos
»Let's go disco« gehört auf den Philippinen ebenso zu den klassenlosen Vergnügungen wie Comics lesen und das Rauchen von Menthol-Zigaretten. Folgerichtig sind diese modernen Tanzpaläste dann auch zahlreich vorhanden. Zu den zur Zeit besten und beliebtesten Discos Manilas gehören:

Zu, Shangri-La Hotel Manila, Ayala Avenue/Ecke Makati Avenue, Makati. Die derzeit heißeste Adresse in Manila. Das Unterhaltungskonzept aus aufwendiger Dekoration und non-stop action scheint zu stimmen - die Gäste sind begeistert.
Geöffnet: Mo-Sa 21.00-4.00 Uhr. Eintritt: 200 P.
Euphoria, Hotel Inter-Continental, Ayala Avenue, Makati.
Geöffnet: tägl. 21.00-5.00 Uhr. Eintritt: 125 P; Fr u. Sa 200 P.
Lost Horizon, Philippine Plaza Hotel, Cultural Center Complex, Malate. Live-Music und DJ. Guter Sound.
Geöffnet: tägl. 19.00-2.00/3.00 Uhr. Eintritt: frei.
Equinox, Pasay Road, Makati. Eine der neuesten Discos Manilas.
Geöffnet: Mo-Sa 19.00-4.00 Uhr. Eintritt: 100 P; Fr u. Sa 150 P.
Valentino, Manila Midtown Hotel, Pedro Gil/Ecke Adriatico Street, Ermita. Sa mit Show-Einlagen.
Geöffnet: Mo-Sa 20.00-4.00 Uhr. Eintritt: frei, Mindestverzehr: 75 P pro Person.

Folk-Clubs
Sehr gut und international ist die Atmosphäre im ***Hobbit House***, Mabini Street, Malate, in dem die Gäste von Zwergen bedient werden. Mindestverzehr nach 20.30 Uhr: 60 P. Mexikanische Gerichte sind die Spezialität des Hauses. Geöffnet: tägl. 19.00-2.00 Uhr. Eintritt: 50 P.
Die beste Country & Western Music der Stadt gibt es Mo-Sa im beliebten ***Galleon Club & Restaurant***, Kalayaan Avenue, Makati.

Jazz-Lokale
Jazz erfreut sich zunehmender Popularität. Es dürfte also damit zu rechnen sein, daß zusätzlich zu den bestehenden Clubs schon bald weitere hinzukommen werden. Gejazzt wird zur Zeit täglich von 18.00 bis 23.00 Uhr im ***Lobby Court***, Westin Philippine Plaza Hotel, Cultural Center Complex, Malate, sowie regelmäßig So abends jeweils in der ***Clipper Lounge***, Mandarin Oriental Hotel, Makati Avenue, Makati, und in der ***Concourse Lounge***, Dusit Hotel Nikko, Ayala Center, Makati. Sonntags von 10.00 bis 13.00 Uhr treten bekannte Musiker zum Jazz Brunch in ***The Lobby*** im Peninsula Hotel Ma-

nila, Ayala Avenue/Ecke Makati Avenue, Makati, auf.

Pubs

Von den einst zahlreichen Kneipen und Pubs sind in Ermita nur wenige übrig geblieben, darunter ***Grand Café Juri's***, M.H. del Pilar Street, ***München Grill Pub***, Mabini Street, ***Holandia***, Arquiza Street, ***Birdwatcher's Bar***, Flores Street und ***Si-Kat*** Inn in der Salas Street.

Zu den beliebten Pubs in Makati zählen ***Playhouse***, Burgos Street, ***Friday's American Bar***, Makati Avenue/Ecke Hercules Street, ***San Mig Pub***, Legaspi Street und ***Prince of Wales***, Greenbelt Center. Ebenfalls in Makati, und zwar im Dusit Hotel Nikko, Edsa/Ecke Pasay Road, lockt das große ***Paulaner Bräuhaus*** mit frischgebrautem, obergärigem Bier und bayrisch angehauchter Atmosphäre.

Darüber hinaus kann man in verschiedenen Restaurant-Bars mit Swimmingpool angenehme Nachmittage und Abende verbringen und so seinen Aufenthalt im lauten und luftverschmutzten Manila einigermaßen erträglich gestalten. Zu diesen Freiluftoasen gehören die etwas versteckt liegende ***Pool Bar***, Guerrero Street (kleine Seitenstraße ab Padre Faura, beim Aurelio Hotel), und ***Treasure Island***, ein schönes Plätzchen inmitten des lagunenförmigen Swimmingpools vom Westin Philippine Plaza Hotel, wo sich bei einem tropischen Cocktail die prächtigen Sonnenuntergänge der Manila Bay hervorragend genießen lassen.

Swimmingpools

Gerade an heißen Sommertagen steigt in Manila der Wunsch nach einem wohltuenden Sprung ins erfrischende Wasser, nach Möglichkeit natürlich in attraktiver, erholsamer Umgebung. Verschiedene First-Class-Hotels gestatten gegen Eintritt auch Nicht-Hotelgästen, ihren Swimmingpool zu benutzen; die meisten sind von etwa 8.00 bis 19.00 Uhr zugänglich.

Manila Midtown Hotel, Adriatico Street/Ecke Pedro Gil, Ermita. Eintritt: 120 P.

Park Hotel, Belen Street, Paco. Eintritt: 50 P.

Pool Bar, Guerrero Street, Ermita. Eintritt: 60 P.

Seamen's Club, Bonifacio Drive, Port Area, South Harbor. Eintritt: 75 P; freier Eintritt für Seeleute, deren Schiff im Hafen liegt. Monatskarte: 300 P; für Seeleute auf Urlaub 100 P. Der offizielle Name dieser Anlage mit großem Pool, Tischtennis, Billard, Bücherei und Restaurant ist *Manila International Seamen's Center*.

The Westin Philippine Plaza Hotel, Cultural Center Complex, Roxas Boulevard, Malate. Eintritt: 310 P.

Century Park Hotel, Vito Cruz, Malate. Eintritt: 150 P; am Wochenende 200 P.

Ärzte und Krankenhäuser

Makati Medical Center, 2 Amorsolo Street/Ecke Dela Rosa Street, Makati, Tel. 8159911.

Manila Doctors Hospital, 667 United Nations Avenue, Ermita, Tel. 503011.

Medical Center Manila, 1122 General Luna Street, Ermita, Tel. 591661.

Praktischer Arzt: Dr. med. Heinz Varwig, Royal Match Building (Hongkong & Shanghai Bank Building), 7. Stock, 6780 Ayala Avenue, Makati, Tel. 8190820, 8172632. Dr. Varwig spricht Deutsch und Englisch. Geöffnet: Mo-Fr 8.00-12.00 Uhr. Nachmittags (14.00-16.00 Uhr) praktizieren zwei Englisch sprechende philippinische Ärzte. Sprechstundenpreis: 300 P.

Banken, Geld und Kreditkarten

Wichtige Banken

Nachfolgende Banken und ihre Filialen wechseln Bargeld und Reiseschecks

und kommen darüber hinaus für Geldüberweisungen in Frage. Die Deutsche Bank wechselt Eurocheques, allerdings nur die der Deutschen Bank; außerdem werden innerhalb von vier Wochen nur maximal drei Schecks eingelöst.
Bank of America, Lepanto Building, Paseo de Roxas, Makati, Tel. 8155000.
Bank of the Philippine Islands, BPI Building, Ayala Avenue, Makati, Tel. 8185541.
Citibank, Citibank Center, Paseo de Roxas, Makati, Tel. 8139177, 8139333.
Deutsche Bank, 26/F Tower One, Ayala Triangle, Paseo de Roxas/Ecke Ayala Avenue, Makati, Tel. 8946900, Fax: 8946901.
Hongkong & Shanghai Banking Corporation, 6780 Ayala Avenue, Makati, Tel. 8101661, 8145200.
PCI Bank, Makati Avenue/Ecke Dela Costa Street, Makati, Tel. 8171021.
Philippine National Bank, Escolta Street, Binondo, Tel. 2428501.

Money Changer
Geldwechseln bei einem lizensierten Money Changer ist mitunter ein zweifelhafter Vorgang; bei Banken ist der Umtausch von Reiseschecks ein langwieriger Prozeß. (Siehe auch Kapitel »Reisevorbereitung«: *Geld.*) Zum Glück hat man in Manila die Möglichkeit, an den Foreign Exchange Counter großer Einkaufszentren und Kaufhäuser wie z.B. SM Shoemart in Makati problemlos Bargeld und Reiseschecks zu wechseln (Reisepaß und Kopie der Kaufquittung der Schecks mitnehmen).

Kreditkarten und Reiseschecks
American Express, ACE Building, Rada Street, Legaspi Village, Makati, Tel. 8144777. Geöffnet: Mo-Fr 9.00-16.30 Uhr; Betreuung im Schadensfall rund um die Uhr (24-Hour Emergency Assistance) Tel. 8154159.
- Adventure International Tours, 1810 Mabini Street/Ecke Remedios Street, Malate, Tel. 5268406. Geöffnet: Mo-Fr 8.30-17.30, Sa 9.00-12.00 Uhr.
Bank of America, Lepanto Building, Paseo de Roxas, Makati, Tel. 8155000.
Diners Club International, Cougar Building, Pasong Tamo Extension, Makati, Tel 8905528.
Thomas Cook Travel, Skyland Plaza Building, Gil Puyat Avenue, Makati, Tel. 8163701 bis 10.
Visa Card und ***MasterCard***, Equitable Bank, United Nations Avenue/Ecke Bocobo Street, Ermita. Tel. 509661, 5212721.
- Equitable Bank, Paseo de Roxas/ Ecke Gil Puyat Avenue, Makati, Tel. 8972971 bis 75.
- 203 Salcedo Street, Legaspi Village, Makati, Tel. 8126841.
- Gandara Street/Ecke Ongpin Street, Santa Cruz, Tel. 7331454. (Im Lai-Lai Chinatown Hotel).

Adressen/Verschiedenes
Autoverleih: Avis, Ninoy Aquino International Airport (NAIA), Arrival Lobby, Tel. 8322088.
- Weitere Filialen: Bayview Park Hotel, Ermita, Tel. 5261555, App. 1794; Holiday Inn Manila Pavilion, Ermita, Tel. 5252206, App. 2339; Manila Peninsula Hotel, Makati, Tel. 8448498; Century Citadel Inn Makati, Burgos Street, Makati, Tel. 8972370;.
Ace Car Rentals, 140 Valero Street, Salcedo Village, Makati, Tel. 8123386.
Budget, International Airport (NAIA), Arrival Area, Tel. 8318247.
- Weitere Filialen: Hotel Inter-Continental, Makati, Tel. 8158316; The Peninsula Manila, Makati, Tel. 8187363; Dusit Hotel Nikko, Makati, Tel. 8167261.
Thrifty, Centrepoint Hotel, 1430 Mabini Street, Ermita, Tel. 5210731.
Weitere Anbieter findet man im Branchenbuch unter »Automobile«.
Botschaften: Siehe Kapitel »Reisevorbereitung«: *Visum.*

Deutscher Club, Eurovilla II Building, 118 Herrera Street, Legaspi Village, Makati, Tel. 8183552.
German Development Service (ded), 65 Juan Luna Street, San Lorenzo Village, Makati, Tel. 8177720.
Goethe Institut (German Cultural Center), 687 Aurora Boulevard, Quezon City, Tel. 7224671. Das Goethe Institut ist auch bekannt als Goethe House und German Cultural Center.
Immigration Office: Commission on Immrigration and Deportation (CID), Magallanes Drive, Intramuros, Tel. 5273265. Geöffnet: Mo-Fr 8.30-12.00 Uhr u. 13.30-17.30 Uhr.
Online: In der Mail Station Net, Park Square One, Ayala Center, Makati, kostet der Zugang zum Netz 50 P für 30 Minuten bzw. 90 P für eine Stunde.
Polizei: Siehe *Tourist Police* weiter unten.
Post Office: General Post Office, Liwasang Bonifacio, Intramuros. Geöffnet: Mo-Sa 8.00-17.00 Uhr, So 8.00-12.00 Uhr. Pakete Mo-Fr 8.00-16.00 Uhr. Poste Restante-Schalter.
Rizal Post Office, Rizal Park (gegenüber vom Manila Hotel), Ermita. Geöffnet: Mo-Fr 8.00-18.00 Uhr, Sa 8.00-12.00 Uhr.
Makati Central Post Office, Gil Puyat Avenue, Makati. Geöffnet: Mo-Fr 8.00 -17.00 Uhr, Sa 8.00-12.00 Uhr. Pakete und Einschreiben Mo-Fr 8.00-16.30 Uhr.
Domestic Airport Post Office, Domestic Road, Pasay City. Geöffnet: Mo-Fi 8.00-17.00 Uhr, Sa 8.00-12.00 Uhr. Pakete und Einschreiben Mo-Fr 8.00-16.30 Uhr.
NAIA Post Office, International Airport, Parañaque. Geöffnet: Mo-Fr 8.00-17.00 Uhr. Sa 8.00-16.00 Uhr. Pakete und Einschreiben Mo-Fr 8.00-12.00 Uhr.
Reisebüros: Blue Horizons Travel & Tours, Shangri-La Hotel Manila, Ayala Avenue, Makati, Tel 8936071, Fax: 8926635.
Interisland Travel & Tours, Suite Nr. 6, Midtown Arcade, Adriatico Street, Ermita, Tel. 5221405, Fax: 5224795.
Mr. Ticket, Park Hotel (Lobby), 1030 Belen Street, Paco, Tel. 5212371, Fax: 5212393.
Swagman Travel, 411 A. Flores Street, Ermita Manila, Tel. 599881, Fax: 5219731.
Tourist Office, Department of Tourism Building, T.M. Kalaw Street, Rizal Park, Ermita, Tel. 5238411.
Geöffnet: tägl. 8.00-17.00 Uhr. Informationsservice rund um die Uhr unter Tel. 5241728, 5241660.
Tourist Police: Tourist Assistance Unit (TAU), Department of Tourism Building, T.M. Kalaw Street, Rizal Park, Ermita, 5241660, 5241728, tägl. 24 Std. Polizei Notruf: Tel. 166.

Transport in Manila

Manilas Straßenverkehr ist vor allen Dingen chaotisch und laut, zumindest aus der Sicht derjenigen, die eine mehr oder weniger strenge Verkehrsdisziplin gewöhnt sind. Es gibt kaum festgelegte Haltestellen, und die wenigen vorhandenen werden sowieso nicht beachtet. Busse und Jeepneys halten bei der Jagd auf Fahrgäste an allen möglichen und unmöglichen Stellen, wobei ihr Vorhaben noch von Taxis verschiedener Companies durchkreuzt wird. Zur Verständigung werden Handzeichen und Hupen eingesetzt, weniger Blinker und Bremslichter, die ohnehin nur selten funktionieren. Die Markierung von Fahrspuren war von Anfang an reine Farbverschwendung, und rote Ampeln bedeuten ein überflüssiges Ärgernis schlechthin. Das zur Einstimmung. Und da jeder philippinische Verkehrsteilnehmer mit dieser Ordnung vorzüglich zurechtkommt, passieren kaum Unfälle. Auch scheinen die zum Teil schrottreifen Fahrzeuge immer noch einen Tag länger durchzuhalten als ihr abenteuerliches Aussehen vermuten ließe. Das zur Beruhigung. Ein angenehmes öffentliches Nahverkehrsmittel stellt die saubere, relativ preiswerte und zügige Metrorail dar.

Metrorail

Die Metrorail (LRT - Light Rail Transit) ist eine Art S-Bahn auf mehrere Meter hohen Betonpfeilern, die die Stadtteile Caloocan City und Pasay City verbindet. Die Linie verläuft vom North Terminal, Monumento/Caloocan City, über Rizal Avenue zum Central Terminal nahe der Manila City Hall und weiter über Taft Avenue zum South Terminal, Baclaran/Pasay City. (Eine zweite Metrorail-Linie wird gerade gebaut. Sie führt von der Taft Avenue in Baclaran/Pasay City entlang der Edsa bis zur North Avenue in Quezon City und soll bis zum Jahr 2000 vollständig fertiggestellt sein. Eine Teilstrecke wird voraussichtlich bereits ab Mitte 1998 in Betrieb genommen).

Gefahren wird von 5.30 bis 21.00 Uhr, ausgenommen am Karfreitag. Zur Rush Hour sind die Waggons bisweilen allerdings brechend voll. Rauchen, essen und trinken ist weder auf den Plattformen noch in den Waggons erlaubt. Sperrige Objekte werden nicht befördert.

Der Fahrpreis beträgt 10 P, unabhängig von der Anzahl der Stationen, die man fährt. Statt Fahrkarten werden spezielle Münzen *(token coins)* verkauft, die in ein Drehkreuz geworfen werden müssen, das sich dann öffnet und den Weg zur Plattform freigibt.

Nachfolgend die Stationen von Nord nach Süd und jeweils ein paar wichtige bzw. markante Ziele in deren Nähe (siehe auch Karte Seite 226):

North Terminal (Monumento)
für: Andres Bonifacio Monument, Philippine Rabbit Busterminal (Edsa), Victory Liner Busterminal (Caloocan City).

5th Avenue Station
für: Caloocan City.

R. Papa Station
für: Baliwag Transit Busterminal (2nd Avenue).

Abad Santos Station
für: Chinesischer Friedhof.

Blumentritt Station
für: Chinese Hospital, San Lazaro Hippodrome.

Tayuman Station
für: Dangwa Tranco Busterminal (Dimasalang Street), Fariñas Trans Busterminal, San Lazaro Hippodrome.

Bambang Station
für: Maria de Leon Busterminal, Times Transit Busterminal (Halcon Street), University of Santo Tomas.

D. Jose Station
für: Claro M. Recto Avenue (Kinos), Philippine Rabbit Busterminal (Santa Cruz).

Carriedo Station
für: Chinatown, Escolta Street, Ilalim ng Tulay Market, Quinta Market, Quiapo Church, Santa Cruz Church.

Central Terminal
für: General Post Office, Immigration Office, Intramuros, Manila City Hall, Metropolitan Theater.

United Nations Station
für: Manila Doctors Hospital, Manila Medical Center, Holiday Inn Manila Pavilion, Paco Park, Rizal Park, Tourist Office, Western Police District.

Pedro Gil Station
für: Manila Midtown Hotel, Philippine General Hospital.

Quirino Avenue Station
für: Malate Church, San Andres Market.

Vito Cruz Station
für: Central Bank, Cultural Center, De La Salle University, Harrison Plaza, Century Park Hotel.

Gil Puyat Station
für: Cartimar Market, Philtrade Exhibits.

Libertad Station
für: Libertad Cockpit, Pasay Market.
Edsa Station
für: BLTB Busterminal, Inland Trailways Busterminal, J.B. Bicol Express Line Busterminal, Five Star Busterminal, Philtranco Busterminal, Victory Liner Busterminal.
South Terminal (Baclaran)
für: Baclaran Church, Baclaran Flea Market, Seaside Market.

Taxi
Es fahren unzählige Taxis in Manila. Nur wenn man eins braucht, ist entweder keines in Sicht oder sie sind alle besetzt. Manipulierte Taxameter sind nicht selten, daher besser des öfteren die Geschwindigkeit des Zählers kontrollieren. Gute Erfahrungen habe ich mit den Fil-Nippon-Taxis und City-Taxis gemacht. Es sind relativ neue, saubere Aircon-Taxis, zu erkennen an der weißen Grundfarbe.
Die Einschaltgebühr beträgt 20 P inklusive für die ersten 500 Meter, danach 1 P für jede weiteren 250 Meter. Die Taxameter mancher Taxis zeigen jedoch noch die alte Einschaltgebühr von 3,50 P an, zu der dann aber 16,50 P hinzugerechnet werden. Siehe auch Kapitel »Reisetips«: *Taxi*.

Preisbeispiele von Ermita (Mabini Street/Padre Faura) nach: Domestic Airport 60 P; International Airport 70 P; Intramuros (General Post Office) 30 P; Makati 50 P; North Harbor 40 P; Pasay City (Edsa-Busterminals) 50 P; Quezon City (Cubao-Busterminals) 100 P; Santa Cruz (Philippine Rabbit Busterminal) 40 P.

Jeepney
Man muß Manila schon ein wenig kennen, um sich ohne Probleme mit Jeepneys durch die Metropole fortbewegen zu können. Eingezwängt und mangels freier Sicht nach draußen bleibt die Orientierung nämlich auf ein Minimum beschränkt, es sei denn, man erwischt einen Platz neben dem Fahrer.
Jeepney-Routen sind festgelegt. Ihre wichtigsten Stationen und Straßen stehen an der Fahrzeugseite und meistens zusätzlich an der Windschutzscheibe. So fahren z.B. Jeepneys mit der Beschriftung »Baclaran-Harrison-Santa Cruz-Rizal-Monumento« von Baclaran/Pasay City durch die Harrison Street vorbei am Harrison Plaza, dann durch die Mabini Street (zurück durch die M.H. del Pilar Street - beides Einbahnstraßen) und vorbei an der City Hall (Lawton) zum Stadtteil Santa Cruz, dort durch Rizal Avenue und Rizal Avenue Extension zum Monumento in Caloocan City.
Jeepneys, die Nord-Süd-Routen befahren, haben als südlichen Endpunkt fast immer »Libertad« oder »Baclaran« angegeben, beide in Pasay City. Nördliche Endpunkte können »Monumento« (Caloocan City; Ende der Rizal Avenue Extension), »Blumentritt« (Straße im nördlichen Santa Cruz, beim Chinese Hospital nahe Chinese Cemetery) oder »Divisoria« (Divisoria Market im Stadtteil San Nicolas) sein. Sie fahren in Ermita durch die M.H. del Pilar Street bzw. Mabini Street (Beschriftung: »Harrison«) oder Taft Avenue (Beschriftung: »Taft«). Jeepneys mit den nordöstlichen Endpunkten »Project 2«, »Project 3« und »Project 4« fahren durch Cubao (Quezon City), während »Projekt 6« und »Project 8« im Norden von Quezon City liegen.
Fahrpreis: 2 P für die ersten vier Kilometer. Siehe auch Kapitel »Reisetips«: *Jeepney*.

Stadtbus
Wie bei den Überlandbussen zeigen auch die Stadtbusse lediglich die Endstation an. Das können sowohl Straßennamen wie »Ayala« (Ayala Avenue in Makati) als auch Stadtteile wie

»Quiapo« (nördlich vom Pasig River) sein.
Eine Fahrt kostet 2 P für die ersten vier Kilometer, für jeden weiteren Kilometer 25 Centavo.

Anreise/Weiterreise

Flug
Der Ninoy Aquino International Airport (NAIA) liegt rund sieben Kilometer südlich der touristisch bedeutenden Stadtteil Ermita/Malate und Makati.
Etwa zwei Kilometer stadteinwärts vom NAIA befinden sich die zwei Terminals des Domestic Aiport (Inland-Flughafen).

Ninoy Aquino International Airport (NAIA)

Ankunft
Wer mit einem Visum einreist, sollte den Immigrationsbeamten vorsorglich darauf hinweisen. Ansonsten könnte es passieren, daß er nur die üblichen 21 Tage einstempelt.
Wer sein Gepäck nach einer anderen philippinischen Stadt durchgecheckt hat, sollte trotzdem sicherheitshalber bei Ankunft in Manila einen Blick auf das Gepäckband werfen. Es ist nämlich durchaus möglich, daß die automatische Weiterbeförderung nicht klappt und das Gepäck einfach ausgeladen wird.
Die Benutzung eines Gepäckwagens kostet 30 P oder einen US-Dollar. Mit dieser Gebühr ist gleichzeitig auch die Dienstleistung eines Gepäckträgers bezahlt. Im Gegensatz zu den Karren sind diese Herren allerdings schwer zu finden.
Nach den Einreisekontrollen besteht die Möglichkeit, Geld zu tauschen. Die Philippine Commercial International Bank (PCI) und die Philippine National Bank (PNB) bieten im Vergleich zu den Banken in der Stadt einen etwa gleichwertigen Kurs an, im Vergleich zu den Money Changern einen etwas ungünstigeren; (siehe auch Kapitel »Reisevorbereitung«: *Währung*). Man sollte sich nicht nur große Scheine geben lassen, sondern auch etwas Kleingeld, denn Taxifahrer können so gut wie nie wechseln!! Um eventuelle Wartezeiten am Wechselschalter zu umgehen, kann man auch mit der Visa Card aus einem Geldautomaten rechts vom rechten Ausgang Geld ziehen.
Hinter der Gepäckkontrolle befindet sich ein Schalter des Department of Tourism (DOT). Die dort beschäftigten netten Damen erkundigen sich gern bei Hotels, ob Zimmer frei sind (eventuell das Telefonat selbst führen).
Wer seinen Rück- oder Weiterflug gleich am Airport bestätigen lassen möchte, muß sich zwei Etagen aufwärts begeben, wo sich die Schalter der meisten großen Fluggesellschaften befinden - wenige Meter vor dem Ausgang der Ankunftshalle führt eine Treppe hinauf.

Abflug
Jeder internationale Flug muß bis spätestens 72 Stunden vor dem Abflug entweder telefonisch oder persönlich bei der Fluggesellschaft rückbestätigt werden *(reconfirmation)*. Mit anderen Worten: Man teilt der Airline mit, daß der gebuchte Flug tatsächlich in Anspruch genommen werden soll.
Wird die Rückbestätigung versäumt, löscht der Computer den Namen des Passagiers gnadenlos aus der Liste, was angesichts vieler ausgebuchter Flüge während der Hauptreisezeit zu einer unfreiwilligen Verlängerung des Urlaubs um Tage oder sogar Wochen führen kann.
Philippine Airlines hat unter Tel. 8166691 rund um die Uhr einen Informations- und Reservierungs-Service eingerichtet (Business- und Erste Klasse: Tel. 8187615).

Für Passagiere der First Class und Business Class sowie für Mabuhay Club Members bietet Philippine Airlines täglich von 8.30 bis 17.00 Uhr einen bequemen City Check-in an (frühestens 24 Stunden und spätestens drei Stunden vor Abflug), und zwar im PAL Building, Legaspi Street, Makati, und im PAL Office, S & L Building, Roxas Boulevard, Ermita.

Flughafengebühr: Die Airport Tax beträgt bei internationalen Flügen zur Zeit noch 500 P.

Vom International Airport zur Stadt
Es gibt eine Redewendung, die heißt: »Der erste Eindruck ist der beste«. Leider kennt man sie in Manila nicht. Seit 1975 komme ich dort jedes Jahr mindestens zweimal auf dem International Airport an, und fast jedesmal war die Ankunft mit irgendeinem Ärgernis verbunden. Nimmt man in dieser asiatischen Region einmal Bangkok oder Singapur zum Vergleich, drängt sich förmlich die Frage auf, warum nicht auch Manila so unproblematisch sein kann. Warum kann nicht dafür gesorgt werden, daß devisenbringende Besucher, meistens mit etlichen Flugstunden im Nacken und daher übermüdet und genervt, wohlbehütet in ihr Hotel gelangen können?

Seit Jahren experimentieren wechselnde Verantwortliche am Flughafen mit Veränderungen, erstaunlicherweise jedoch nicht immer im Sinne und zum Vorteil der eintreffenden Fluggäste.

Taxi: Offiziell dürfen nur noch bestimmte Aircon-Taxis (Avis Coupon-Taxis) den Airport bedienen. Die Tarife sind festgelegt, z.B. nach Pasay 250 P, nach Ermita, Malate und Makati 300 P, nach Quezon City 400 P.
Wer sich das alles nicht gefallen lassen will, hat die Möglichkeit, sich eine Treppe aufwärts zur Abflugsplattform (*departure level*) zu begeben. Die nächste Treppe befindet sich wenige Meter vor dem Hauptausgang der Ankunftsplattform, eine weitere Treppe führt draußen etwa 50 Meter links vom Hauptausgang hinauf. Auf der Abflugsplattform kann man dann auf ein normales Taxi warten, das Passagiere von der Stadt zum Airport bringt und eigentlich leer zurückfahren müßte. Allerdings haben auch schon etliche betrügerische Taxifahrer diesen Schleichweg entdeckt und warten mit »günstigen« Angeboten auf der Abflugsplattform.
Regulär kostet eine Taxifahrt vom International Airport nach Ermita/Malate rund 70 P (knapp 4,- DM). Allerdings wird man kaum einen Fahrer finden, der für weniger als 100 P fährt.
Der Taxameter sollte vor Fahrtantritt eingeschaltet sein. Sollte das Zählwerk »defekt« sein, kann man problemlos gleich wieder aussteigen. Nach 500 Metern das Taxi anzuhalten und auszusteigen, könnte etwas ungemütlich werden, besonders nachts. Wer mit einem Taxifahrer einen Festpreis vereinbart, sollte nicht vergessen, eindeutig auf die Währung (Peso) hinzuweisen. Sonst kann es vorkommen. daß nach Ankunft für eine Fahrt für »100« vom Fahrer nachdrücklich 100 US-Dollar gefordert werden!

Hinweis: Es gibt Taxifahrer, die nach Beendigung der Fahrt beim Abstellen des Taxameters noch flink etliche Pesos dazudrehen! Die von manchen Taxifahrern gern präsentierten, getippten, »offiziellen« Preislisten, möglicherweise noch eindrucksvoll in Leder mit Goldprägung gebunden, sind ungültig und nichts weiter als ein plumper Versuch, ahnungslose Touristen zu übervorteilen. Bei Problemen mit der Technik des Taxameters oder bei Schwierigkeiten mit dem Fahrer auf dem Weg zum Hotel sollte man sich weder etwas

anmerken noch sich provozieren lassen. Anfangen zu streiten kann man viel besser dann, wenn man mitsamt seinem Gepäck aus dem Taxi raus ist, und eventuell zwecks Unterstützung jemanden vom Hotelpersonal hinzuziehen kann.
Siehe auch »Transport in Manila«: *Taxi* weiter vorne in diesem Kapitel.

Bus: Vom NAIA-Ausgang rechts die Rampe hinuntergehen (etwa 200 Meter) und an der Straße auf den richtigen Bus warten, z.B. »Cubao«, »Quezon City« und »Monumento« für Ziele entlang der Edsa wie verschiedene Busterminals und Stadtteile wie Makati und Mandaluyong. Fahrpreis: 2 bis 10 P, je nach Entfernung. Diese Busse (auch Aircon-Busse) fahren normalerweise zunächst am Domestic Airport vorbei.

Jeepney: Dies ist die preisgünstigste Möglichkeit vom International Airport zur Mabini Street in Ermita:
Vom NAIA-Ausgang rechts die Rampe hinuntergehen (etwa 200 Meter) und ab der Straße mit einem Jeepney (Beschriftung »Baclaran«) bis nach Baclaran fahren (2 P), dort dann umsteigen in einen Jeepney mit der Beschriftung »Harrison-Mabini« zur Mabini Street (2 P).
In umgekehrter Richtung ab M.H. del Pilar Street, Ermita, mit einem Jeepney mit der Beschriftung »Baclaran« zunächst nach Baclaran, dort dann umsteigen in einen Jeepney mit der Beschriftung »Sucat-Highway« zum NAIA.

Metrorail: Jeepney nach Baclaran siehe oben. Ein Taxi vom NAIA bis nach Baclaran zum South Terminal der Metrorail sollte nicht mehr als 30 P kosten (sofern überhaupt eines diese relativ kurze Strecke fährt - ziemlich aussichtslos). Von dort für 10 P z.B. zur Pedro Gil Station oder United Nations Avenue Station in Ermita fahren (siehe auch Karten Seite 190 und Seite 226).

Vom International Airport zum Domestic Airport

Wer gleich nach Ankunft in Manila nach einer anderen Inlandsdestination weiterfliegen möchte, muß zum nahegelegenen Domestic Airport. Philippine Airlines unterhält für ihre Passagiere einen kostenlosen Bus-Transfer. Passagiere anderer Airlines bezahlen 300 P. Der Bus fährt allerdings nur dann, wenn mindestens einer der Fahrgäste mit Philippine Airlines eingeflogen kam. Der Schalter für den Shuttle-Bus befindet sich am Ausgang der Ankunftsplattform. Da sich die Abfahrt des Shuttle-Busses verzögern kann, sollten Eilige besser ein Taxi nehmen.
Eine Taxifahrt vom International Airport zum Domestic Airport sollte regulär nicht mehr als 30 P kosten. Verlangt werden bis zu 150 P.

Domestic Airport

Bei innerphilippinischen Flügen muß man zum Domestic Airport. Die kleinen Airlines wie Air Ads, Pacific Airways und Soriano Aviation haben jeweils ein eigenes kleines Abfertigungsgebäude; Air Philippines, Asian Spirit, Cebu Pacific und Philippine Airlines benutzen das Hauptgebäude (Terminal 1). Philippine Airlines fertigt Flüge nach Cebu, Davao und Puerto Princesa jedoch vom etwas abseits davon gelegenen Cebu-Terminal (Terminal 2) ab. Passagiere von Grand Air checken im Philippine Village Airport Hotel ein (internationale Flüge von Grand Air werden jedoch am International Airport abgefertigt!).
Man sollte also dem Taxifahrer rechtzeitig vor Ankunft den gewünschten Terminal beziehungsweise den Namen der Airlines und das Flugziel nennen.
Ebenso wie im International Airport

gibt es im Domestic Airport ein Office von Philippine Airlines, wo man Tikkets kaufen kann, auch für die Warteliste (*stand-by counter*).

Hinweis: Warteliste-Passagiere rücken ab 30 Minuten vor Abflug nach. Festgebuchte sollten daher rechtzeitig einchecken, ansonsten riskieren sie, von der Passagierliste gestrichen zu werden und ihren Platz zu verlieren.

Vom Domestic Airport zur Stadt

Taxi: Am Domestic Airport weigern sich fast alle Taxifahrer, die Fahrt mit eingeschaltetem Taxameter anzutreten. Statt dessen verlangen sie hartnäckig einen unverschämt überhöhten Festpreis. Man sollte sich jedoch nach Möglichkeit von diesen modernen Wegelagerern nicht erpressen lassen, sondern statt dessen einfach über den Parkplatz zu der vor dem Flughafen verlaufenden Straße, dem Domestic Terminal Drive, gehen, um dort ein vorbeifahrendes Taxi zu stoppen.
Der reguläre Fahrpreis nach Ermita liegt bei etwa 60 P (Juli 1997).

Internationale Airlines in Manila

Aeroflot Russian International Airlines, United Life Building, 835 Pasay Road, Makati, Tel. 8937756.
Air Canada, Cityland Condominium II, Esteban Street/Ecke Herrera Street, Makati, Tel. 8104461.
Air France, Century Tower Building, 100 Tordesillas Street, Makati, Tel. 8131160.
Air India, Gammon Center Building, Alfaro Street, Makati, Tel. 8151280.
Air Mauritius, Atrium of Makati, Makati Avenue, Tel. 8178680.
Air Nauru, Pacific Star Building, Makati Avenue/Ecke Gil Puyat Avenue, Makati. Tel. 8183580.
Air Nuigini, Fortune Building, Legaspi Street, Legaspi Village, Makati, Tel. 8913339, 8913342.
Alitalia, The Gallery Building, Amorsolo Street, Makati, Tel. 8925681.
American Airlines, Olympia Condominium, Makati Avenue/Ecke Santo Tomas Street, Makati, Tel. 8178645, 8103228.
Bouraq Airlines, Quirino Avenue/Ecke Mia Road, Parañaque, Tel. 8332902.
British Airways, Filipino Merchants Building, Legaspi Street/ Ecke Dela Rosa Street, Legaspi Village, Makati, Tel. 8170361, 8156556.
Canadian Airlines International, Metro House, 345 Gil Puyat Avenue, Makati, Tel. 8187866.
Cathay Pacific, Gammon Center Building, Alfaro Street, Makati, Tel. 8482701, 8159417.
- Pedro Gil, Malate, Tel. 5259367.
China Airlines, Midtown Arcade, Adriatico Street, Ermita, Tel. 590086, 5238021.
Continental Air Micronesia, SGV Building, Ayala Avenue, Makati, Tel. 8188701.
Czech Airlines, Sedeno Manor Condominium, Valero Street, Makati, Tel. 8926006.
Egyptair, Windsor Tower Building, Legaspi Street, Makati, Tel. 8158476.
Emirates Airlines, Country Space I Building, Gil Puyat Avenue, Salcedo Village, Makati, Tel. 8160744.
Eva Air, Don Tim Building, South Superhighway, Makati, Tel. 8945671.
Finnair, Pacific Bank Building, Ayala Avenue, Makati, Tel. 8182601, 8182621.
Garuda Indonesian Airlines, Pacific Star Building, Makati Avenue/Ecke Gil Puyat Avenue, Makati, Tel. 8115612.
Grand Air, APMC Building, Amorsolo Street/Ecke Gamboa Street, Legaspi Village, Makati, Tel. 8939767.
Gulf Air, Manila Bank Building, Ayala Avenue, Makati, Tel. 8178383.
Japan Airlines, Hotel Nikko Manila Garden, Edsa/Ecke Pasay Road, Makati, Tel. 8121591, 8109352.

KLM Royal Dutch Airlines, Athenaeum Building, Alfaro Street, Makati, Tel. 8154790.
Korean Air, LPL Plaza, Alfaro Street, Makati, Tel. 8158911, 8159261.
Kuwait Airways, Jaka II Building, Legaspi Street, Makati, Tel. 8172778.
Lufthansa, Legaspi Park View Condominium, Legaspi Street, Makati, Tel. 8105019, 8104596.
Malaysia Airlines, Legaspi Towers, Roxas Boulevard/Ecke Vito Cruz, Malate, Tel. 575761, 5259404.
Northwest Airlines, Athenaeum Building, Alfaro Street, Makati, Tel. 8197341.
- Gedisco Building, Roxas Boulevard, Ermita, Tel. 5211911.
Pakistan International Airways (PIA), Glass Tower Building, Palaca Street, Legaspi Village, Makati, Tel. 8180502, 8941361.
Philippine Airlines (PAL), PAL Building, Legaspi Street, Makati, Tel. 8171479 (internationale Flüge), 8171509 (Inlandsflüge), 8166691 (24 Std.).
- S & L Building, Roxas Boulevard, Ermita, Tel. 5218821, 5259217.
- PWU Building, Taft Avenue, Malate, Tel. 5246120.
- Central Bank Building, Mabini Street, Malate, Tel. 5237046.
- Botica Boie Building, Tomas Pinpin Street/Ecke Escolta, Binondo, Tel. 2415463.
Qantas Airways, Filipino Merchants Building, Legaspi Street/ Ecke Dela Rosa Street, Legaspi Village, Makati, Tel. 8123734, 8120607.
Royal Brunei Airlines, Saville Building, Gil Puyat Avenue/Ecke Paseo de Roxas, Makati, Tel. 8973309.
Royal Jordanian Airlines, Golden Rock Building, Salcedo Street, Legaspi Village, Makati, Tel. 8185901.
Sabena Belgian Airlines, Ralph Anthony Suites, Arkansas Street/Ecke Maria Orosa Street, Ermita, Tel. 508636, 5248636.
Saudi Arabian Airlines, Metro House, 345 Gil Puyat Avenue, Makati, Tel. 8187866.
Scandinavian Airlines System (SAS), F & M Lopez Building, Legaspi Street, Makati, Tel. 8105050.
Singapore Airlines, 138 Dela Costa Street, Makati, Tel. 8104951, 8104960.
Swiss Air, Zuellig Building, Gil Puyat Avenue, Salcedo Village, Makati, Tel. 8188351.
Thai Airways International, Country Space I Building, Gil Puyat Avenue, Salcedo Village, Makati, Tel. 8158421.
United Airlines, Pacific Star Building, Makati Avenue/Ecke Gil Puyat Avenue, Makati, Tel. 8187321.
Vietnam Airlines, Anson Arcade, Pasay Road/Ecke Paseo de Roxas, Makati, Tel. 8434878.

Domestic Airlines in Manila
Inlandsflüge werden von Philippine Airlines und - ein paar Nummern kleiner - Air Ads, Air Philippines, Asian Spirit, Cebu Pacific, Gand Air, Pacific Airways, Philippine Airlines, Seair und Soriano Aviation durchgeführt.
Flüge aller Gesellschaften können außer in den unten aufgeführten Offices auch in zahlreichen authorisierten Reisebüros gebucht werden.
Die Büros von Philippine Airlines sind bis auf wenige Ausnahmen Mo bis Sa von 8.30 bis 17.00 Uhr geöffnet und an Sonn- und Feiertagen geschlossen.
Philippine Airlines hat unter Tel. 8166691 rund um die Uhr einen Informations- und Reservierungs-Service eingerichtet.
Flugziele von Air Ads, Air Philippines, Asian Spirit, Cebu Pacific, Gand Air, Pacific Airways, Philippine Airlines, Seair und Soriano Aviation stehen im Kapitel »Reisetips«: *Verkehrsmittel/ Flugzeug*.

Air Ads, Andrews Avenue, Pasay City, Tel. 8333264.

Air Philippines, Ramon Magsaysay Building, Roxas Boulevard, Tel. 5264741.
- Sunlink Travel & Tours, 1666 Adriatico Street, Malate, Tel. 5240812.
Asian Spirit, LPL Tower, Legaspi Street, Legaspi Village, Makati, Tel. 8403811.
- Domestic Airport Office, Pasay City, Tel. 8321961 (app. 3088).
Cebu Pacific, Makati Supersonic Services Inc., Colonnade Residence, Carlos Palanca Street, Legaspi Village, Makati, Tel. 8939607.
- Manila Midtown Hotel, Adriatico Street, Ermita, Tel. 5285171.
Grand Air, APMC Building, Amorsolo Street/Ecke Gamboa Street, Legaspi Village, Makati, Tel. 8939767.
Pacific Airways, Domestic Road, Pasay City, Tel. 8322731 bis 32.
Philippine Airlines, PAL Building, Legaspi Street, Makati, Tel. 8171479 (internationale Flüge), 8171509 (Inlandsflüge), 8166691 (24 Std.).
Geöffnet: Mo-Sa 8.30-17.00 Uhr.
- Ninoy Aquino International Airport, Pasay City, Tel. 8310622.
Geöffnet: tägl. von 6.00 Uhr bis zum letzten Abflug einer PAL-Maschine.
- Domestic Airport, Pasay City, Tel. 8320991.
Geöffnet: tägl. 4.00-20.00 Uhr.
- Botica Boie Building, Escolta Street, Binondo, Tel. 2415463.
Geöffnet: Mo-Sa 8.30-17.00 Uhr.
- S & L Building, 1500 Roxas Boulevard, Ermita, Tel. 5218821, 5259217.
Geöffnet: Mo-Fr 8.30-17.00 Uhr, Sa und an Feiertagen 8.30-12.00 Uhr.
- PWU Building, Taft Avenue, Malate, Tel. 594801, 5246120.
Geöffnet: Mo-Sa 8.30-17.00 Uhr.
- Central Bank Building, Mabini Street, Malate, Tel. 598422, 5237046.
Geöffnet: Mo-Fr 8.30-17.00 Uhr.
- BPI Arcade, Aurora Boulevard, Cubao, Quezon City, Tel. 9111327.
Geöffnet: Mo-Sa 8.30-17.00 Uhr.
- Quezon City Office, Quezon Avenue/Ecke Scout Borromeo Street, Tel. 9225334.
Geöffnet: Mo-Sa 8.30-17.00 Uhr.
Seair, Domestic Airport, Pasay City, Tel. 8321961.
Soriano Aviation, Andrews Avenue, Pasay City, Tel. 8040408, 8315380.

Bus

Alle Bus-Companies setzen auf Hauptstrecken neben rustikalen Ordinary-Bussen auch bequemere Aircon-Busse und Aircon-Busse mit Video ein, allerdings nicht sehr viele. Die genauen Abfahrtszeiten kann man telefonisch erfragen und gegebenenfalls gleich einen Platz reservieren.

Busterminals in Manila

Manila besitzt keinen zentralen Busterminal, sondern etliche kleine der einzelnen Bus-Companies, die sich über das ganze Stadtgebiet verteilen. Ein paar Bus-Companies verfügen sogar über zwei oder drei Busterminals in verschiedenen Stadtteilen. Mehrere Busterminals sind relativ bequem mit der Metrorail zu erreichen.
Die Nummern vor den nachstehend aufgeführten Bus-Companies beziehen sich auf die Legenden der Karten *Manila Busterminals* Seite 226 und *Bus-Ziele ab Manila* Seite 229.

3 ***Baliwag Transit** (1)*, 199 Rizal Avenue Extension/2nd Avenue, Grace Park, Caloocan City, Tel. 3640778.
Fahrziele in Richtung Norden: Bulacan Province, Baliwag, Cabanatuan, San Jose.
Hinkommen: Jeepney in Richtung Monumento ab Mabini Street.
Nächste Metrorail-Station: R. Papa Station.

5 ***Baliwag Transit** (2)*, 33 Edsa, Cubao, Quezon City, Tel. 9123343.
Fahrziele in Richtung Norden: Aparri, Bulacan Province, Baliwag,

San Jose, Tuguegarao.
Hinkommen: Jeepney in Richtung Cubao ab Taft Avenue.
17 ***BLTB***, Edsa, Pasay City, Tel. 8335501.
Fahrtziele Richtung Süden: Batangas, Calamba, Legaspi, Lucena, Naga, Nasugbu, Santa Cruz, Sorsogon.
Hinkommen: Jeepney/Bus in Richtung Baclaran ab Taft Avenue oder M.H. del Pilar Street. In oder vor Baclaran umsteigen.
Nächste Metrorail-Station: Edsa Station.
21 ***Cedec Transport***, Cuneta Avenue, Pasay City.
Fahrtziele Richtung Süden: Naga, Legaspi, Catarman, Tacloban, Naval.
Hinkommen: Jeepney/Bus in Richtung Baclaran ab Taft Avenue oder M.H. del Pilar Street.
Nächste Metrorail-Station: Edsa Station.
4 ***Dagupan Bus***, New York Street, Cubao, Quezon City, Tel. 9281694.
Fahrtziele Richtung Norden: Alaminos, Baguio, Dagupan, Lingayen.
Hinkommen: Jeepney in Richtung Cubao ab Taft Avenue.
9 ***Dangwa Tranco***, 832 Aurora Boulevard, Cubao, Quezon City, Tel. 705718.
Fahrtziele Richtung Norden: Baguio, Banaue.
Hinkommen: Jeepney in Richtung Cubao ab Taft Avenue.
12 ***Dangwa Tranco***, 1600 Dimasalang Street, Sampaloc, Tel. 7312859.
Fahrtziele Richtung Norden: Baguio.
Hinkommen: Jeepney in Richtung Blumentritt ab Taft Avenue.
Nächste Metrorail-Station: Tayuman Station.
13 ***Fariñas Trans***, M. dela Fuente Street/Ecke Laong Laan, Sampaloc, Tel. 7314507, 7314375.
Fahrtziele Richtung Norden: Vigan, Laoag.
Hinkommen: Jeepney in Richtung Blumentritt ab Taft Avenue.
Nächste Metrorail-Station: Tayuman Station.
22 ***Five Star***, Aurora Boulevard (Tramo), Pasay City, Tel. 8333009.
Fahrtziele Richtung Norden: Alaminos, Bolinao, Cabanatuan, Dagupan.
Hinkommen: Jeepney/Bus in Richtung Baclaran ab Taft Avenue oder M.H. del Pilar Street. In oder vor Baclaran umsteigen.
Nächste Metrorail-Station: Edsa Station.
19 ***Inland Trailways***, Edsa, Pasay City, Tel. 8336280.
Fahrtziele Richtung Süden: Legaspi, Lucena, Naga, Sorsogon.
Hinkommen: Jeepney/Bus in Richtung Baclaran ab Taft Avenue oder M.H. del Pilar Street. In oder vor Baclaran umsteigen.
Nächste Metrorail-Station: Edsa Station.
16 ***JAM Transit***, Taft Avenue, Pasay City.
Fahrtziele Richtung Süden: Batangas, Santa Cruz.
Hinkommen: Jeepney in Richtung Baclaran ab Taft Avenue.
Nächste Metrorail-Station: Gil Puyat Station.
23 ***J.B. Bicol Express Line***, Aurora Boulevard (Tramo), Pasay City, Tel. 8332949 bis 50.
Fahrtziele Richtung Süden: Legaspi, Lucena, Naga.
Hinkommen: Jeepney/Bus in Richtung Baclaran ab Taft Avenue oder M.H. del Pilar Street. In oder vor Baclaran umsteigen.
Nächste Metrorail-Station: Edsa Station.
14 ***Maria de Leon***, Gelinos Street/Ecke Dapitan Street, Sampaloc, Tel. 7314907.
Fahrtziele Richtung Norden: Laoag, San Fernando (La Union), Vigan.
Hinkommen: Jeepney in Richtung Blu-

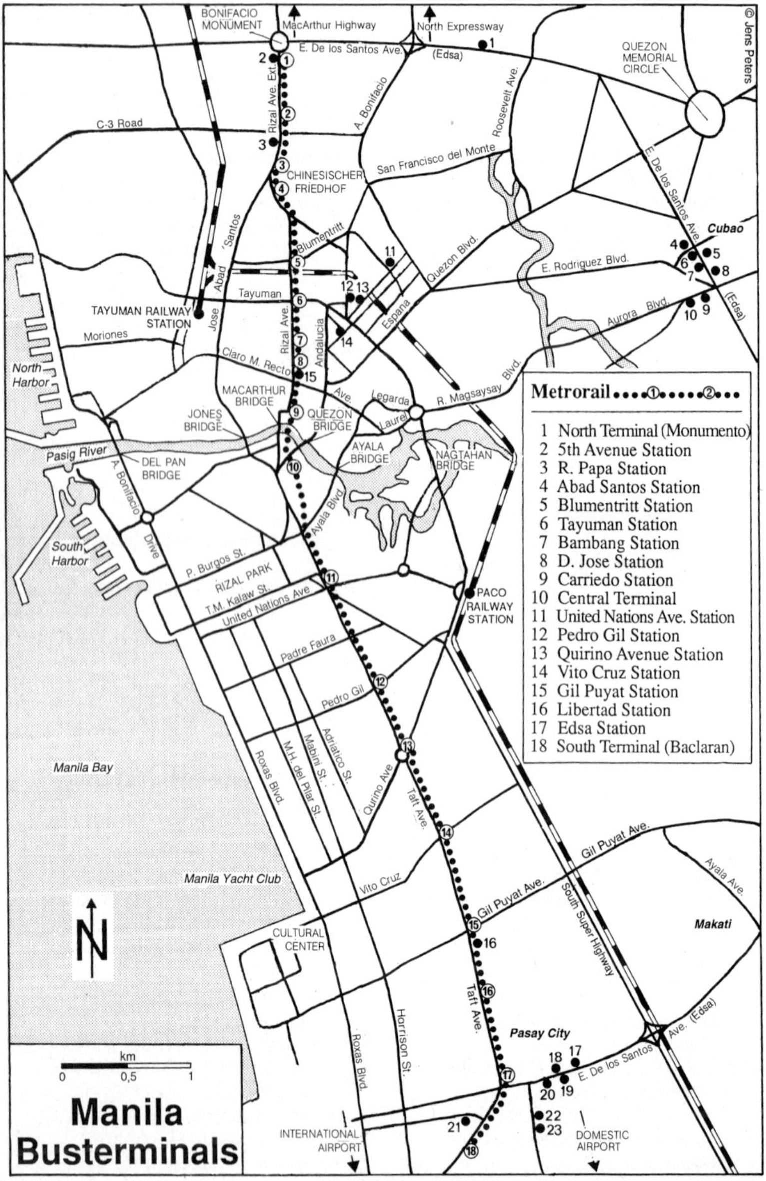
Manila
Busterminals
km
0 0,5 1
© Jens Peters
Metrorail
1 North Terminal (Monumento)
2 5th Avenue Station
3 R. Papa Station
4 Abad Santos Station
5 Blumentritt Station
6 Tayuman Station
7 Bambang Station
8 D. Jose Station
9 Carriedo Station
10 Central Terminal
11 United Nations Ave. Station
12 Pedro Gil Station
13 Quirino Avenue Station
14 Vito Cruz Station
15 Gil Puyat Station
16 Libertad Station
17 Edsa Station
18 South Terminal (Baclaran)
BONIFACIO MONUMENT
MacArthur Highway
North Expressway
E. De los Santos Ave.
(Edsa)
QUEZON MEMORIAL CIRCLE
Rizal Ave. Ext.
A. Bonifacio
Roosevelt Ave.
C-3 Road
San Francisco del Monte
CHINESISCHER FRIEDHOF
E. De los Santos Ave.
Cubao
Abad Santos
Blumentritt
Quezon Blvd.
E. Rodriguez Blvd.
Tayuman
TAYUMAN RAILWAY STATION
Jose
Rizal Ave.
Andalucia
Espana
Aurora Blvd.
Moriones
Claro M. Recto Ave.
North Harbor
MACARTHUR BRIDGE
JONES BRIDGE
QUEZON BRIDGE
Legarda
Laurel
R. Magsaysay Blvd.
Pasig River
DEL PAN BRIDGE
AYALA BRIDGE
NAGTAHAN BRIDGE
A. Bonifacio Drive
Ayala Blvd.
South Harbor
P. Burgos St.
RIZAL PARK
T.M. Kalaw St.
United Nations Ave.
PACO RAILWAY STATION
Padre Faura
Pedro Gil
Roxas Blvd.
M.H. del Pilar St.
Mabini St.
Adriatico St.
Quirino Ave.
Taft Ave.
Manila Bay
Gil Puyat Ave.
Ayala Ave.
Manila Yacht Club
Vito Cruz
South Super Highway
Makati
CULTURAL CENTER
Pasay City
Harrison St.
E. De los Santos Ave. (Edsa)
INTERNATIONAL AIRPORT
DOMESTIC AIRPORT

Busterminals
1 Philippine Rabbit (Edsa, Quezon City)
2 Victory Liner (Caloocan City)
3 Baliwag Transit (2nd Avenue, Caloocan City)
4 Dagupan Bus
5 Baliwag Transit (Edsa, Cubao, Quezon City)
6 Times Transit (Edsa, Cubao, Quezon City)
7 Victory Liner (Edsa, Cubao, Quezon City)
8 Superlines
9 Dangwa Tranco (Aurora Boulevard, Cubao)
10 Partas
11 Times Transit (Halcon Street, Quezon City)
12 Dangwa Tranco (Dimasalang, Sampaloc)
13 Fariñas Trans
14 Maria de Leon
15 Philippine Rabbit (Oroquieta Street, Santa Cruz)
16 JAM Transit
17 BLTB
18 Victory Liner (Edsa, Pasay City)
19 Inland Trailways
20 Philtranco
21 Cedec Transport
22 Five Star
23 J.B. Bicol Express Line

mentritt ab Taft Avenue.
Nächste Metrorail-Station: Bambang Station.

10 *Partas*, Aurora Boulevard, Cubao, Quezon City, Tel. 709820.
Fahrtziele Richtung Norden: Baguio, Bangued, San Fernando (La Union, Vigan, Laoag.
Hinkommen: Jeepney in Richtung Cubao ab Taft Avenue.

1 *Philippine Rabbit* *(1)*, 1240 Edsa, Quezon City, Tel. 3614821.
Fahrtziele Richtung Norden: Alaminos, Bangucd, Laoag, San Fernando (La Union), Tarlac, Vigan.
Hinkommen: Jeepney in Richtung Monumento ab Mabini Street. Dort umsteigen in Bus oder Jeepney in Richtung Cubao.
Nächste Metrorail-Station: North Terminal.

15 *Philippine Rabbit* *(2)*, 819 Oroquieta Street (Eingang auch Rizal Avenue), Santa Cruz, Tel. 7115819.
Fahrtziele Richtung Norden: Alaminos, Angeles, Baguio, Balanga, Laoag, Mariveles, San Fernando (La Union), San Fernando (Pampanga), Tarlac, Vigan.
Hinkommen: Jeepney in Richtung Monumento ab Mabini Street.
Nächste Metrorail-Station: D. Jose Station.

20 *Philtranco*, Edsa, Pasay City, Tel. 8335061 bis 64.
Fahrtziele Richtung Süden: Calbayog, Catbalogan, Daet, Davao, Legaspi, Lucena, Naga, Tacloban, Sorsogon, Surigao.
Hinkommen: Jeepney/Bus in Richtung Baclaran ab Taft Avenue oder M.H. del Pilar Street. In oder vor Baclaran umsteigen.
Nächste Metrorail-Station: Edsa Station.

8 *Superlines*, 670 Edsa, Quezon City, Tel. 9123447.
Fahrtziele Richtung Süden: Daet, Lucena.
Hinkommen: Jeepney in Richtung Cubao ab Taft Avenue.

11 *Times Transit* *(1)*, 79 Halcon Street, Quezon City, Tel. 7414146.
Fahrtziele Richtung Norden: Bangued, Laoag, San Fernando (La Union), Vigan.
Hinkommen: Jeepney in Richtung Blumentritt ab Taft Avenue.
Nächste Metrorail-Station: Tayuman Station.

6 *Times Transit* *(2)*, Edsa, Cubao, Quezon City, Tel. 9240828.

Fahrtziele Richtung Norden: Bangued, Laoag, San Fernando (La Union), Vigan.
Hinkommen: Jeepney in Richtung Cubao ab Taft Avenue.
2 ***Victory Liner*** *(1)*, 713 Rizal Avenue Extension, Caloocan City, Tel. 3611506, 3611514.
Fahrtziele Richtung Norden: Baguio, Dagupan, Iba, Olongapo.
Hinkommen: Jeepney in Richtung Monumento ab Mabini Street.
Nächste Metrorail-Station: North Terminal.
7 ***Victory Liner*** *(2)*, Edsa, Cubao, Quezon City, Tel. 977460, 9289290.
Fahrtziele Richtung Norden: Alaminos, Aparri, Bolinao, Baguio, Dagupan, Olongapo, Tuguegarao.
Hinkommen: Jeepney/Bus in Richtung Cubao ab Taft Avenue.
18 ***Victory Liner*** *(3)*, Edsa, Pasay City, Tel. 8335019.
Fahrtziele Richtung Norden: Baguio, Dagupan, Olongapo.
Hinkommen: Jeepney/Bus in Richtung Baclaran ab Taft Avenue oder M.H. del Pilar Street. In oder vor Baclaran umsteigen.
Nächste Metrorail-Station: Edsa Station.

Schiff

North Harbor: Fast alle Interisland-Schiffe verkehren ab North Harbor. Wer Schwierigkeiten bei der Sucherei nach seinem Schiff hat, kann sich an die hilfsbereiten Leute vom Coast Guard wenden; gegenüber Pier 8.
Auch nach Zusammenschluß der drei Shipping Companies William Lines, Aboitiz Lines und Gothong Lines zur neuen Reederei WG & A fahren deren Schiffe vorläufig noch von den bisherigen Piers ab. Eine gemeinsame moderne Abfertigungsanlage soll in den nächsten Jahren gebaut werden.
Zusätzlich zu den Piers vom North Harbor gibt es noch die Anlegestelle an der Del Pan Bridge (vom Meer aus die erste Brücke über den Pasig River). Von dort aus fahren zahlreiche Schiffe auch ohne regulären Fahrplan nach kleineren und entlegenen Inseln.

Hinkommen: Von Ermita zum North Harbor kostet ein Taxi etwa 40 P. Die Anfahrt mit einem Jeepney ist etwas umständlich: Ab Mabini Street oder Taft Avenue nach Divisoria. Dort umsteigen in einen Jeepney zum North Harbor. Die Fahrt geht durch verkehrsreiche Innenstadtbereiche und kann bis zu eine Stunde dauern. In umgekehrter Richtung verlangen die Fahrer bis zu 25 P pro Person!
Vom North Harbor nach Ermita und anderen Stadtteilen ist es äußerst schwer, nach Ankunft eines Schiffes ein Taxi mit regulär eingeschaltetem Taxameter zu bekommen. Es werden Festpreise zwischen 70 und 100 P verlangt.

Tickets: Alle Reedereien verkaufen ihre Tickets in ihren Hafenbüros. WG & A unterhält zusätzlich ein Ticket-Office in der M.H. del Pilar Street/ Ecke San Andres Street in Malate.

Abfahrten: Fahrpläne werden pausenlos geändert, Schiffe beliebig auf anderen Routen eingesetzt. Wer die philippinischen Inseln per Schiff bereisen möchte, sollte nicht zu eng planen und sich stets kurzfristig bei der Reederei nach der aktuellen Abfahrtszeit erkundigen.
In der Tageszeitung *Manila Bulletin* findet man auf der Seite »Transportation & Tourism« unter »Interisland Shipping Schedules« die Schiffsnamen, Zielhäfen (Ports of Call), Abfahrtstage und -zeiten ab Manila. Neben den Schiffsnamen steht noch die Telefonnummer der jeweiligen Reederei (wohl nicht unbegründet). Die Reederei WG & A veröffentlicht des öfteren ihren aktuellen Fahrplan per Anzeigen.

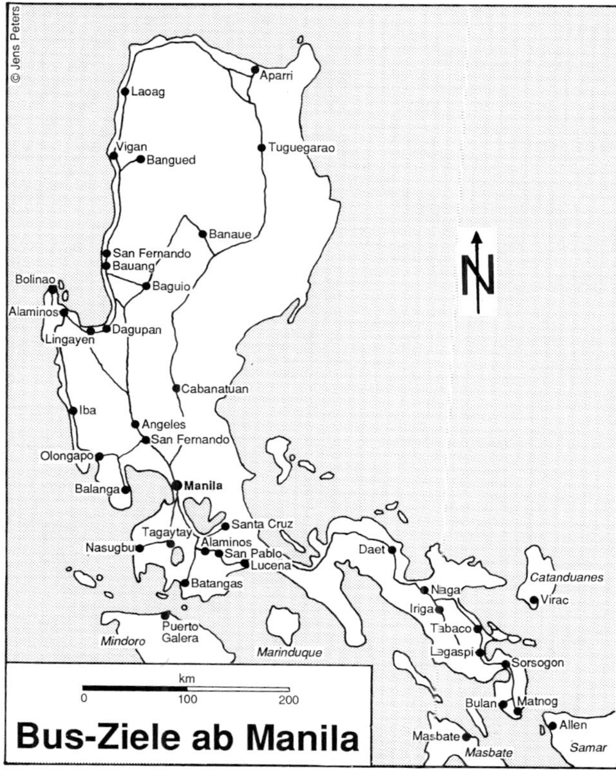

Ort	km	Std.	Bus Company
Alaminos (Laguna)	78	1:30	8, 17, 20
Alaminos (Pangasinan)	254	6:00	1, 4, 7, 15, 22
Angeles/Dau	83	1:30	1, 2, 4, 6, 7, 10, 11, 15, 18, 22
Aparri	596	13:00	5, 7
Baguio	246	6:00	2, 4, 7, 9, 10, 12, 15, 18
Balanga	123	2:30	15
Banaue	348	10:00	9
Bangued	400	8:00	1, 6, 10, 11
Batangas	111	2:30	17, 16
Bauang	259	6:30	1, 6, 10, 11, 13, 14, 15
Bolinao	283	6:00	2, 22
Bulan	653	16:00	17, 23
Cabanatuan	115	2:30	3, 5, 22
Daet	350	7:00	8, 17, 19, 20, 21, 23
Dagupan	216	5:00	2, 4, 18, 22
Iba	210	5:30	2
Iriga	487	10:00	17, 19, 20, 21, 23
Laoag	487	11:30	1, 6, 10, 11, 13, 14, 15
Lingayen	227	4:30	4, 7, 22
Legaspi	550	12:00	17, 19, 20, 21, 23
Lucena	136	2:30	8, 17, 19, 20, 21, 23
Matnog	670	17:00	17, 19, 20, 21, 23
Naga	449	8:30	17, 19, 20, 21, 23
Nasugbu	102	2:00	17
Olongapo	126	3:00	2, 7, 18
San Fernando (La Union)	269	7:00	1, 6, 10, 11, 13, 14, 15
San Fernando (Pampanga)	66	1:00	2, 7, 15, 18
San Pablo	87	2:00	8, 17, 20
Santa Cruz/Pagsanjan	101	2:00	16, 17
Sorsogon	604	14:00	17, 19, 20, 21
Tabaco	580	12:00	20
Tagaytay	56	1:30	17
Tuguegarao	483	9:00	5, 7
Vigan	407	9:30	1, 6, 10, 11, 13, 14, 15

Manila

Shipping Companies in Manila

Asuncion Shipping Lines, Pier 2, North Harbor, Tel. 204024.
Fahrtziele: Lubang/Mindoro, Palawan (Coron, Culion).
Negros Navigation, Pier 2, North Harbor, Tel. 2511103.
Fahrtziele: Negros, Panay.
MBRS Lines, Pier 8, North Harbor, Tel. 9216716.
Fahrtziele: Palawan, Panay, Romblon.
Sulpicio Lines, Pier 12, North Harbor, Tel. 2526281.
Fahrtziele: Cebu, Bohol, Leyte, Masbate, Mindanao, Negros, Palawan, Panay.
WG & A: Aboitiz Lines, Pier 4, North Harbor, Tel. 202726, 8943211; Gothong Lines, Pier 10, North Harbor, Tel. 214121; Williams Lines, Pier 14, North Harbor, Tel. 219821.
Fahrtziele: Cebu, Bohol, Leyte, Masbate, Mindanao, Negros, Palawan, Panay.

Manila

Weiterreise ab Luzon

Nach Batanes

Flug
Von Manila nach Basco
Philippine Airlines fliegt Mo, Mi u. So.

Nach Bohol

Flug
Von Manila nach Tagbilaran
Philippine Airlines fliegt täglich.

Schiff
Von Manila nach Tagbilaran
MV *Our Lady of Good Voyage*; WG & A. Abfahrt: Mo 24.00 Uhr. Fahrzeit: 26 Std.
MV *Dipolog Princess*; Sulpicio Lines. Abfahrt: Mi 12.00 Uhr. Fahrzeit: 28 Std.
MV *Superferry 11*; WG & A. Abfahrt: So 9.00 Uhr. Fahrzeit: 26 Std.

Nach Catanduanes

Flug
Von Manila nach Virac
Asian Spirit und Philippine Airlines fliegen täglich.

Schiff
Von Tabaco nach San Andres
MV *Regina Calixta*; Regina Shipping Lines. Abfahrt: täglich 14.00 Uhr. Fahrzeit: 2:30 Std.

Von Tabaco nach Virac
MV *Eugenia*; Bicolano Lines. Abfahrt: täglich 8.00 Uhr. Fahrzeit: 4 Std. Jeden zweiten Tag um 9.00 Uhr fährt zusätzlich ein kleines Schiff.

Nach Cebu

Flug
Von Manila nach Cebu City
Air Philippines, Cebu Pacific, Grand Air und Philippine Airlines fliegen täglich.

Von Legaspi nach Cebu City
Philippine Airlines fliegt Mo, Mi, Sa u. So.

Schiff
Von Manila nach Cebu City
MV *Superferry 8*; WG & A. Abfahrt: Mo 9.00 Uhr, Mi 15.00 Uhr u. Fr 19.00 Uhr. Fahrzeit: 21 Std.
MV *Princess of the Orient*; Sulpicio Lines. Abfahrt: Di 10.00 Uhr u. Fr 20.00 Uhr. Fahrzeit: 21 Std.
MV *Princess of Paradise*; Sulpicio Lines. Abfahrt: Mi 10.00 Uhr. Fahrzeit: 20 Std.
MV *Superferry 12*; WG & A. Abfahrt:, Di 15.00 Uhr, Do 19.00 Uhr u. So 9.00 Uhr. Fahrzeit: 21 Std.

MV *Filipina Princess*; Sulpicio Lines. Abfahrt: So 10.00 Uhr. Fahrzeit: 21 Std.

Nach Leyte

Flug
Von Manila nach Tacloban
Cebu Pacific, Grand Air und Philippine Airlines fliegen täglich.

Bus/Schiff
Von Manila nach Tacloban
Aircon-Busse der Philtranco Company fahren täglich um 10.00 und 14.00 Uhr. Fahrzeit inklusive der Fähre Matnog-Alegria/San Isidro: 24 Std.

Schiff
Von Manila nach Calubian, Baybay und Maasin
MV *Palawan Princess*; Sulpicio Lines. Abfahrt: Mi 20.00 Uhr. Fahrzeit: nach Calubian 32 Std., nach Baybay 42 Std., nach Maasin 49 Std.; über Masbate/Masbate.

Von Manila nach Palompon
MV *Sacred Heart*; WG & A. Abfahrt: Mo 21.00 Uhr. Fahrzeit: 33 Std.; über Masbate/Masbate. Das Schiff fährt weiter nach Ormoc.

Von Manila nach Ormoc
MV *Sacred Heart*; WG & A. Abfahrt: Mo 21.00 Uhr. Fahrzeit: 40 Std.; über Masbate/Masbate und Palompon.
MV *Cebu Princess*; Sulpicio Lines. Abfahrt: Fr 10.00 Uhr. Fahrzeit: 50 Std.; über Masbate/Masbate.

Von Manila nach Tacloban
MV *Masbate Uno*; WG & A. Abfahrt: Mo 10.00 Uhr (über Catbalogan/Samar) u. Fr 7.00 Uhr (direkt). Fahrzeit: 29 Std. (direkt).
MV *Tacloban Princess*; Sulpicio Lines. Abfahrt: Mi 10.00 Uhr u. So 9.00 Uhr. Fahrzeit: 24 Std.

Nach Lubang

Flug
Von Manila nach Lubang
Air Ads fliegt Di, Do, Sa u. So.
Pacific Airways fliegt So.

Schiff
Von Manila nach Tilik
MV *Nikki*; Asuncion Shipping Lines. Abfahrt: Di 24.00 Uhr. Fahrzeit: 8 Std.
MV *Conchita*; Asuncion Shipping Lines. Abfahrt: Sa 24.00 Uhr. Fahrzeit: 8 Std.

Von Nasugbu nach Tilik
Großes Auslegerboot; Montenegro Shipping Lines. Abfahrt: Mo, Mi, u. Fr. Fahrzeit: 2:30 Std.

Nach Marinduque

Flug
Von Manila nach Boac
Philippine Airlines fliegt Mo, Mi, Fr u. So.

Schiff
Von Lucena nach Balanacan
MV *San Agustin Reyes*; Viva Shipping Lines. Abfahrt: täglich 8.00 u. 14.00 Uhr; ab Dalahican Pier. Fahrzeit: 2:30 Std. Fahrpreis: 80 P.
Täglich drei schnelle Fähren. Abfahrt: 9.00, 11.30 und 14.00 Uhr. Fahrzeit: 1 Std. Fahrpreis: 125 P.

Von Lucena nach Santa Cruz
Täglich zwei Fähren. Abfahrt: 9.00 u. 10.00 Uhr. Fahrzeit: 4:30 Std.; ab Cotto Pier. Fahrzeit: 4:30 Std. Ankunft in Buyabod, dem Anleger von Santa Cruz.

Nach Masbate

Flug
Von Manila nach Masbate
Asian Spirit fliegt täglich.
Philippine Airlines fliegt Di, Do u. Fr.

Schiff

Von Bulan nach Masbate

MV *Matea I.* Abfahrt: täglich 12.00 Uhr. Fahrzeit: 3:30 Std. Möglicherweise fährt noch ein zweites Schiff.

Von Lucena nach Masbate

MV *Viva Peñafrancia V*; Viva Shipping Lines. Abfahrt: Mo, Do u. Sa 19.00 Uhr; ab Dalahican Pier. Fahrzeit: 12 Std.
MV *Santa Maria*; Viva Shipping Lines. Abfahrt: Di, Fr u. So 19.00 Uhr; ab Dalahican Pier. Fahrzeit: 12 Std.

Von Manila nach Masbate

MV *Sacred Heart*; WG & A. Abfahrt: Mo 21.00 Uhr. Fahrzeit: 18 Std.
MV *Palawan Princess*; Sulpicio Lines. Abfahrt: Mi 20.00 Uhr. Fahrzeit: 19 Std.
MV *Cebu Princess*; Sulpicio Lines. Abfahrt: Fr 10.00 Uhr. Fahrzeit: 24 Std.

Nach Mindanao

Flug

Von Manila nach Cagayan de Oro

Air Philippines, Cebu Pacific, Grand Air und Philippine Airlines fliegen täglich.

Von Manila nach Cotabato

Air Philippines und Philippine Airlines fliegen täglich.

Von Manila nach Butuan

Philippine Airlines fliegt Mo, Mi, Fr u. So.

Von Manila nach Davao

Air Philippines, Cebu Pacific, Grand Air und Philippine Airlines fliegen täglich.

Von Manila nach Dipolog

Philippine Airlines fliegt Mo, Di, Do, Fr u. Sa.

Von Manila nach General Santos

Philippine Airlines fliegt Mo, Di, Do, Fr u. Sa.

Von Manila nach Surigao

Philippine Airlines fliegt Di, Do u. Sa.

Von Manila nach Zamboanga

Air Philippines und Philippine Airlines fliegen täglich.

Bus/Schiff

Von Manila nach Cagayan de Oro

Ein Aircon-Bus der Philtranco Company fährt täglich um 14.00 Uhr. Fahrzeit inklusive Fähren Matnog-Alegria/San Isidro und Liloan-Lipata/Surigao: 35 Std.

Von Manila nach Davao

Ein Aircon-Bus der Philtranco Company fährt täglich um 14.00 Uhr. Fahrzeit inklusive Fähren Matnog-Alegria/San Isidro und Liloan-Lipata/Surigao: 40 Std.

Schiff

Von Manila nach Butuan/Nasipit

MV *Superferry 2*; WG & A. Abfahrt: Mo 16.00 Uhr. Fahrzeit: 40 Std.; über Iloilo City/Panay.
MV *Medjugorje*; WG & A. Abfahrt: Do 22.00 Uhr. Fahrzeit: 32 Std.

Von Manila nach Cagayan de Oro

MV *Superferry 5*; WG & A. Abfahrt: Di 7.00 Uhr. Fahrzeit: 35 Std.; über Tagbilaran/Bohol.
MV *Princess of Negros*; Negros Navigation. Abfahrt: Di 16.00 Uhr. Fahrzeit: 45 Std.; über Bacolod/Negros.
MV *Superferry 9*; WG & A. Abfahrt: Mi 24.00 Uhr (über Iloilo City/Panay) u. So 11.00 Uhr. Fahrzeit: 32 Std.
MV *Superferry 2*; WG & A. Abfahrt: Fr 12.00 Uhr. Fahrzeit: 31 Std.
MV *Santa Florentina*; Negros Navigation. Abfahrt: Fr 14.00 Uhr. Fahrzeit: 45 Std.; über Iloilo City/Panay.

MV *Princess of Paradise*; Sulpicio Lines. Abfahrt: Sa 20.00 Uhr. Fahrzeit: 25 Std.

Von Manila nach Cotabato
MV *Superferry 3*; WG & A. Abfahrt: Fr 20.00 Uhr. Fahrzeit: 44 Std.; über Zamboanga.
MV *Maynilad*; WG & A. Abfahrt: So 19.00 Uhr. Fahrzeit: 65 Std.; über Dumaguete/Negros und Dipolog.

Von Manila nach Davao
MV *Superferry 6*; WG & A. Abfahrt: Di 8.00 Uhr. Fahrzeit: 46 Std.; über Surigao.
MV *Superferry 1*; WG & A. Abfahrt: Sa 15.00 Uhr. Fahrzeit: 52 Std.; über Iloilo City/Panay und General Santos.
MV *Filipina Princess*; Sulpicio Lines. Abfahrt: So 10.00 Uhr. Fahrzeit: 52 Std.; über Cebu City und Surigao.

Von Manila nach Dipolog
MV *Maynilad*; WG & A. Abfahrt: So 19.00 Uhr. Fahrzeit: 38 Std.; über Dumaguete/Negros. Das Schiff fährt von Dipolog weiter nach Cotabato.

Von Manila nach General Santos
MV *Doña Virginia*; WG & A. Abfahrt: Di 12.00 Uhr. Fahrzeit: 43 Std.; über Zamboanga.
MV *Superferry 1*; WG & A. Abfahrt: Sa 15.00 Uhr. Fahrzeit: 43 Std.; über Iloilo City/Panay. Das Schiff fährt von General Santos weiter nach Davao.

Von Manila nach Iligan
MV *Superferry 5*; WG & A. Abfahrt: Fr 15.00 Uhr. Fahrzeit: 36 Std.; über Iloilo City/Panay.

Von Manila nach Ozamis
MV *Medjugorje*; WG & A. Abfahrt: Mo 9.00 Uhr. Fahrzeit: 32 Std.

Von Manila nach Surigao
MV *Superferry 6*; WG & A. Abfahrt: Di 8.00 Uhr. Fahrzeit: 26 Std. Das Schiff fährt weiter nach Davao.
MV *Palawan Princess*; Sulpicio Lines. Abfahrt Mi 20.00 Uhr. Fahrzeit: 53 Std.; über Masbate/Masbate und Leyte (Calubian, Baybay und Maasin).
MV *Filipina Princess*; Sulpicio Lines. Abfahrt: So 10.00 Uhr. Fahrzeit: 45 Std.; über Cebu City.

Von Manila nach Zamboanga
MV *Doña Virginia*; WG & A. Abfahrt: Di 12.00 Uhr. Fahrzeit: 28 Std. Das Schiff fährt von Zamboanga weiter nach General Santos.
MV *Superferry 3*; WG & A. Abfahrt: Fr 20.00 Uhr. Fahrzeit: 32 Std. Das Schiff fährt von Zamboanga weiter nach Cotabato.
MV *Cotabato Princess*; Sulpicio Lines. Abfahrt: Sa 15.00 Uhr. Fahrzeit: 45 Std.; über Panay (Estancia und Iloilo City). Das Schiff fährt von Zamboanga weiter nach Cotabato.

Nach Mindoro

Flug
Von Manila nach Sablayan
Pacific Airways plant Mo, Mi u. Fr zu fliegen.

Von Manila nach San Jose
Asian Spirit und Philippine Airlines fliegen täglich.

Bus/Schiff
Von Manila nach Puerto Galera
Ab Centrepoint Hotel, Mabini Street, Ermita, fährt täglich um 9.00 Uhr mindestens ein Aircon-Bus nach Batangas zur Ferry MV *Si-Kat II*, die dort um 12.00 Uhr abfährt. Ankunft in Puerto Galera um etwa 14.00 Uhr. Reservierung und Bus-Ferry-Tickets am Schalter der Si-Kat Ferry Inc. im Centrepoint Hotel. Fahrpreis: 300 P.
Von Manila nach Batangas fahren reguläre Busse ab BLTB Busterminal

und JAM Busterminal; siehe Kapitel »Zentral-Luzon«: *Batangas*.

Schiff

Von Batangas nach Abra de Ilog

Autofähre; Montenegro Shipping Lines oder Viva Shipping Lines. Abfahrt: 3.00, 8.00, 11.00 und 13.45 Uhr. Fahrzeit: 2:30 Std. Nach Ankunft des Schiffes fährt etwa 200 Meter von Anleger in Wawa ein Bus über Mamburao und Sablayan nach San Jose. Wer einen Sitzplatz erwischen will, muß sich beeilen.

Von Batangas nach Calapan

MV *Supercat*; Universal Aboitiz. Abfahrt: täglich etwa stündlich von 5.00 bis 18.30 Uhr. Fahrzeit: 45 Min. Fahrpreis: 150 P.

Zusätzlich fahren die schnellen Fähren MV *Lourdes* und die MV *Fatima* täglich achtmal von 5.15 bis 17.30 Uhr.

Etwa zwölf Autofähren fahren von 4.30 bis 17.30 Uhr. Fahrzeit: 2 Std.

Von Calapan nach Puerto Galera fahren Jeepneys, allerdings nur bis etwa 16.00 Uhr. Fahrzeit: 2:30 Std.

Von Batangas nach Puerto Galera

MV *Santa Peñafrancia VI* (Autofähre); Santo Domingo Shipping Lines. Abfahrt: täglich 8.30, 12.30 u. 17.00 Uhr. Fahrzeit: 1:30 Std. Fahrpreis: 45 P. Ankunft in Balatero, 2,5 Kilometer westlich von Puerto Galera. Ein Special Ride mit einem Auslegerboot von Balatero nach Sabang kostet 150 P.

MV *Blue Eagle*. Abfahrt: 11.00 u. 15.30 Uhr. Fahrzeit: 1 Std. Fahrpreis: 100 P.

MV *Si-Kat II*; Si-Kat Ferry Inc. Abfahrt: 12.00 Uhr. Fahrzeit: 2 Std. Die Ferry kann in Manila in Kombination mit einem Aircon-Bus gebucht werden; siehe oben (Bus/Schiff).

Großes Auslegerboot. Abfahrt: täglich 9.30, 10.30, 12.00 u. 13.30 Uhr. Fahrzeit: 1:30 Std. Fahrpreis: 60 P. Ankunft in Sabang. Das 13.30 Uhr-Boot (*Sabang Princess*) ist am größten und komfortabelsten.

Ein Special Ride mit einem Auslegerboot sollte nicht mehr als 800 P kosten.

Von Batangas nach Sablayan

MV *Viva Peñafrancia*, MV *St. Christopher*; Viva Shipping Lines. Abfahrt: Di, Fr u. So 18.00 Uhr. Fahrzeit: 9 Std.

Von Batangas nach San Jose

MV *Marian Queen*; Viva Shipping Lines. Abfahrt: Mo, Mi u. Sa 7.00 Uhr. Fahrzeit: 12 Std.

MV *Santo Niño*; Viva Shipping Lines. Abfahrt: Di, Fr u. So 7.00 Uhr. Fahrzeit: 11 Std.

MV *Florida 1*; RN Hi Speed Ferries. Abfahrt: Di, Fr u. So 14.30 Uhr. Fahrzeit: 5:30 Std.

Nach Negros

Flug

Von Manila nach Bacolod

Cebu Pacific und Philippine Airlines fliegen täglich.

Von Manila nach Dumaguete

Philippine Airlines fliegt täglich.

Schiff

Von Manila nach Bacolod

MV *Saint Joseph the Worker*; Negros Navigation. Abfahrt: Mo 11.00 u. Mi 18.00 Uhr. Fahrzeit: 20 Std.

MV *Princess of Negros*; Negros Navigation. Abfahrt: Di 16.00 Uhr. Fahrzeit: 22 Std.

MV *Saint Peter the Apostle*; Negros Navigation. Abfahrt: Do 13.00 u. Sa 18.00 Uhr. Fahrzeit: 20 Std.

Von Manila nach Dumaguete

MV *Philippine Princess*; Sulpicio Lines. Abfahrt: Mi 12.00 Uhr. Fahrzeit: 25 Std.

MV *Maynilad*; WG & A. Abfahrt: So 19.00 Uhr. Fahrzeit: 32 Std.

Nach Palawan

Flug

Von Manila nach Busuanga
Air Ads, Asian Spirit, Pacific Airways und Seair fliegen täglich.

Von Manila nach Cuyo
Pacific Airways fliegt Mo, Mi u. Fr.

Von Manila nach El Nido
Soriano Aviation fliegt täglich.

Von Manila nach Puerto Princesa
Air Philippines und Philippine Airlines fliegen täglich.
Grand Air fliegt täglich außer So.

Von Manila nach Sandoval/Taytay
Asian Spirit und Seair fliegen täglich.

Schiff

Von Batangas nach Coron
MV *Viva Santa Ana*; Viva Shipping Lines. Abfahrt: Mo 18.00 Uhr. Fahrzeit: 18 Std. Das Schiff fährt weiter nach Culion.
MV *Viva Peñafrancia IX*; Viva Ship ping Lines. Abfahrt: Do 18.00 Uhr. Fahrzeit: 18 Std. Das Schiff fährt weiter nach Culion.
MV *Maria Socorro*; Viva Shipping Lines. Abfahrt: Sa 18.00 Uhr. Fahrzeit: 18 Std. Das Schiff fährt weiter nach Culion.

Von Manila nach Coron
MV *Salve Juliana*; MBRS Lines. Abfahrt: Mo 14.00 Uhr. Fahrzeit: 17 Std. Das Schiff fährt weiter nach Liminangcong.
MV *Catalyn A*; Asuncion Shipping Lines. Abfahrt: Mi 16.00 Uhr. Fahrzeit: 22 Std.
MV *Asuncion VII*; Asuncion Shipping Lines. Abfahrt Do 16.00 Uhr.
MV *Asuncion XI*; Asuncion Shipping Lines. Abfahrt: Sa 16.00 Uhr. Fahrzeit: 22 Std.

Von Manila nach El Nido
MV *Asuncion IV*; Asuncion Shipping Lines. Abfahrt: Mi 19.00 Uhr. Fahrzeit: 28 Std. (UnregelmäßigeVerbindung!).

Von Manila nach Puerto Princesa
MV *Superferry 3*; WG & A. Abfahrt: Mi 8.00 Uhr. Fahrzeit: 24 Std.
MV *Iloilo Princess*; Sulpicio Lines. Abfahrt: Do 10.00 Uhr u. So 14.00 Uhr. Fahrzeit: 24 Std.
MV *Saint Francis of Assisi*; Negros Navigation. Abfahrt: Fr 11.00 Uhr. Fahrzeit: 24 Std.

Nach Panay

Flug

Von Manila nach Caticlan (Boracay)
Asian Spirit, Pacific Airways und Seair fliegen täglich.
Air Ads fliegt Mo, Fr u. Sa.

Von Manila nach Iloilo City
Philippine Airlines fliegt täglich.
Grand Air fliegt täglich außer So (geplant).

Von Manila nach Kalibo
Air Philippines und Philippine Airlines fliegen täglich.

Von Manila nach Roxas
Philippine Airlines fliegt täglich.

Schiff

Von Manila nach Caticlan (Boracay)
MV *Mary the Queen*; MBRS Lines. Abfahrt: Mo u. Fr 17.00 Uhr. Fahrzeit: 15 Std.; über Odiongan (Tablas Island)/ Romblon. Das Schiff fährt weiter nach Lipata an der Westküste von Panay.
MV *Superferry 1*; WG & A. Abfahrt: Je nach Bedarf einmal wöchentlich im März und April. Fahrzeit: 11 Std.

Von Manila nach Dumaguit/Kalibo
MV *Don Claudio*; Negros Navigation. Abfahrt: Di 14.00 Uhr (über Roxas) u. So 18.00 Uhr. Fahrzeit (direkt): 16 Std.
MV *Our Lady of Naju*; WG & A. Abfahrt: Mo, Mi u. Sa 14.00 Uhr. Fahrzeit: 15 Std. Montags fährt das Schiff eventuell nach Batan nahe Dumaguit.

Von Manila nach Estancia
MV *Don Claudio*; Negros Navigation. Abfahrt: Do 13.00 Uhr. Fahrzeit: 18 Std.
MV *Cotabato Princess*; Sulpicio Lines. Abfahrt: Sa 15.00 Uhr. Fahrzeit: 17 Std. Das Schiff fährt von Estancia weiter nach Iloilo City.

Von Manila nach Iloilo City
MV *San Paolo*; Negros Navigation. Abfahrt: Mo 12.00 Uhr. Fahrzeit: 20 Std.
MV *Superferry 2*; WG & A. Abfahrt: Mo 16.00 Uhr. Fahrzeit: 22 Std.
MV *Princess of the Pacific*; Sulpicio Lines. Abfahrt: Di 10.00 Uhr. Fahrzeit: 19 Std.
MV *Saint Peter the Apostle*; Negros Navigation. Abfahrt: Di 11.00 Uhr. Fahrzeit: 20 Std.
MV *Superferry 9*; WG & A. Abfahrt: Mi 20.00 Uhr. Fahrzeit: 22 Std.
MV *Superferry 1*; WG & A. Abfahrt: Do 17.00 Uhr u. Sa 15.00 Uhr. Fahrzeit: 18 Std.
MV *Santa Florentina*; Negros Navigation. Abfahrt: Fr 14.00 Uhr. Fahrzeit: 20 Std.
MV *Superferry 5*; WG & A. Abfahrt: Fr 15.00 Uhr. Fahrzeit: 21 Std.
MV *Saint Joseph the Worker*; Negros Navigation. Abfahrt: Sa 11.00 Uhr. Fahrzeit: 20 Std.
MV *Cotabato Princess*; Sulpicio Lines. Abfahrt: Sa 15.00 Uhr. Fahrzeit: 25 Std.; über Estancia.
MV *Saint Francis of Assisi*; Negros Navigation. Abfahrt: So 15.00 Uhr u. Mi 11.00 Uhr. Fahrzeit: 18 Std.

Von Manila nach Roxas
MV *Don Claudio*; Negros Navigation. Abfahrt: Di 14.00 Uhr. Fahrzeit: 16 Std.
MV *Santa Florentina*; Negros Navigation. Abfahrt: Mi 10.00 Uhr. Fahrzeit: 16 Std.
MV *Princess of Negros*; Negros Navigation. Abfahrt: So 18.00 Uhr. Fahrzeit: 16 Std.

Nach Romblon

Flug

Von Manila nach Tugdan/Tablas
Asian Spirit fliegt Di, Mi, Fr u. So.

Schiff

Von Batangas nach Odiongan/Tablas
MV *Florida 1*; RN Hi Speed Ferries. Abfahrt: Mo u. Sa 16.00 Uhr. Fahrzeit: 4:30 Std.
MV *Viva Peñafrancia IV*; Viva Shipping Lines. Abfahrt: Di, Do u. Sa 18.00 Uhr. Fahrzeit: 7 Std.
MV *St. Kristopher*; Viva Shipping Lines. Abfahrt: Mi, Fr u. So 18.00 Uhr. Fahrzeit: 8 Std.

Von Batangas nach San Agustin/Tablas
MV *Viva Peñafrancia VIII*; Viva Shipping Lines. Abfahrt: Mo, Do u. Sa 19.00 Uhr. Fahrzeit: 10 Std. Das Schiff fährt weiter nach Romblon/Romblon und Sibuyan.

Von Lucena nach Romblon und Sibuyan
Ab Lucena fahren mehrmals wöchentlich Schiffe nach Romblon/Romblon und Magdiwang/Sibuyan.

Von Manila nach Odiongan/Tablas
MV *Mary the Queen*; MBRS Lines. Abfahrt: Mo u. Fr 17.00 Uhr. Fahrzeit: 11 Std.

Von Manila nach Romblon
MV *Romblon Bay*; MBRS Lines. Abfahrt: Di 13.00 Uhr. Fahrzeit: 15 Std.

MV *Salve Juliana*; MBRS Lines. Abfahrt: Fr 14.00 Uhr. Fahrzeit: 15 Std.

Nach Samar

Flug

Von Manila nach Calbayog

Asian Spirit fliegt täglich.
Philippine Airlines fliegt Mo, Di, Do, Fr u. So.

Von Manila nach Catarman

Asian Spirit und Philippine Airlines fliegen täglich.

Bus/Schiff

Von Manila nach Calbayog und Catbalogan

Aircon-Busse der Philtranco Company fahren täglich um 10.00 und 14.00 Uhr. Fahrzeit inklusive Fähre Matnog-San Isidro: nach Calbayog 23 Std., nach Catbalogan 25 Std.

Von Manila nach Catarman

Aircon-Busse der Companies Philtranco und Inland Trailways (besser, weniger Stopps) fahren täglich. Fahrzeit inklusive der Fähre Matnog-Allen: 23 Std.

Schiff

Von Manila nach Catbalogan

MV *Masbate Uno*; WG & A. Abfahrt: Mo 10.00 Uhr. Fahrzeit: 23 Std.

Von Matnog nach Allen und San Isidro

MV *Michelangelo*, MV *Northern Samar*. Abfahrt nach Allen: täglich 10.30 und 16.00 Uhr. Fahrzeit: 1:30 Std.
MV *Marhalika I*; St. Bernard Services. Abfahrt nach San Isidro: täglich 6.00 u. 12.30 Uhr. Fahrzeit: 2 Std.
In Matnog sind 12 P Terminal Fee zu bezahlen.

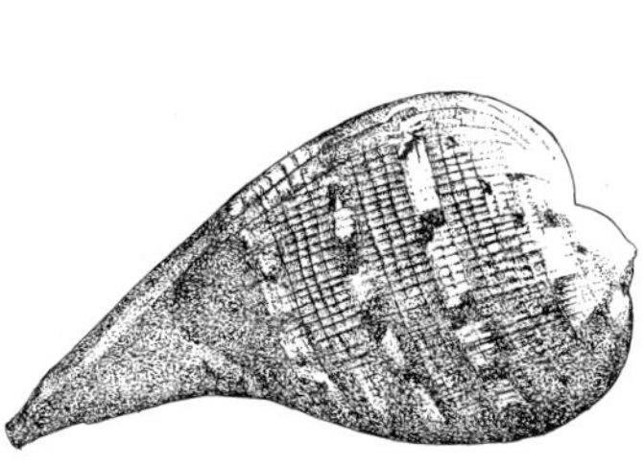

Zentral-Luzon

Es ist möglich, alle in diesem Kapitel beschriebenen Kurztrips von Manila aus als Tagestrip durchzuführen. Die Karte zeigt, welche Orte in etwa drei Stunden zu erreichen sind. Für Barrio Barretto/Subic Bay, Pagsanjan und Matabungkay würde ich trotzdem mindestens eine Übernachtung einplanen. Einige Ziele können auch sinnvoll miteinander verbunden werden, z.B. Tagaytay (Vulkan Taal) und Matabungkay (Strand). Andere Orte dagegen bieten sich als Zwischenstopp an, z.B. Barrio Barretto/Subic Bay auf dem Weg nach den Hundred Islands oder San Pablo auf dem Weg nach Süd-Luzon.

80 Kilometer nordwestlich von Manila brach nach über 600 Jahren im Juni 1991 erneut der Vulkan Pinatubo aus. Gewaltige Eruptionen setzten sich noch über mehrere Wochen fort. Der Ausbruch, bei dem der Berg 300 Meter an Höhe einbüßte, dürfte als der weltweit schlimmste Vulkanausbruch in diesem Jahrhundert in die Geschichte eingehen. Nach Meinung von Vulkanologen könnte es eine lange Zeit dauern, bis der jetzt nur noch 1.450 Meter hohe Mount Pinatubo in den östlichen Zambales Mountains wieder völlig zur Ruhe kommt.

Von Metro Manila aus führt eine Autobahn in nördlicher Richtung bis Dau/ Mabalacat (etwas nördlich von Angeles) und eine in südlicher Richtung bis etwa Calamba. Busse, die, anstatt über Landstraßen zu tingeln, diese zügigen Bahnen befahren, zeigen das mit dem Schild »Expressway« an.

Cavite und Ternate

Cavite liegt auf einer schmalen, sichelförmigen Halbinsel rund 35 Kilometer südwestlich von Manila und besitzt einen exzellenten, geschützten Hafen, den schon die Spanier zu schätzen wußten. Heute ist dort die Philippine Navy stationiert. Der Ort selbst hat keine touristischen Attraktionen zu bieten. Auch die Strände, z.B. Lido Beach, sind nicht sonderlich gut. Aber für den, der einmal wieder 'raus muß aus Manila, ist es ein ganz netter Tagestrip. Außerhalb der Stadt befindet sich der bekannte Vergnügungs- und Freizeitpark »Covelandia«. Sehenswert ist das Aguinaldo House (Museum) im Vorort Kawit.

Bei Ternate, am Eingang der Manila Bay etwa 40 Kilometer südwestlich von Cavite, befinden sich zwei exklusive, großzügig angelegte Resort-Hotels. Wohlhabende und Erfolgreiche aus Wirtschaft, Politik und Showbusiness verbringen dort gerne ihr Wochenende.

Übernachten

Novotel Puerto Azul Resort, Ternate, Tel. 5259248, Fax: 5361584. EZ/DZ/ ac/Bad ab 3.000 P, Suite ab 5.000 P. Restaurant. Coffee Shop. Swimmingpool. Tenniscourt. Squash. Golfplatz. Hobie Cats. Windsurfen.

Caylabne Bay Resort, Ternate, Tel. 7321051, Fax: 7321056. EZ/DZ/ac/Bad

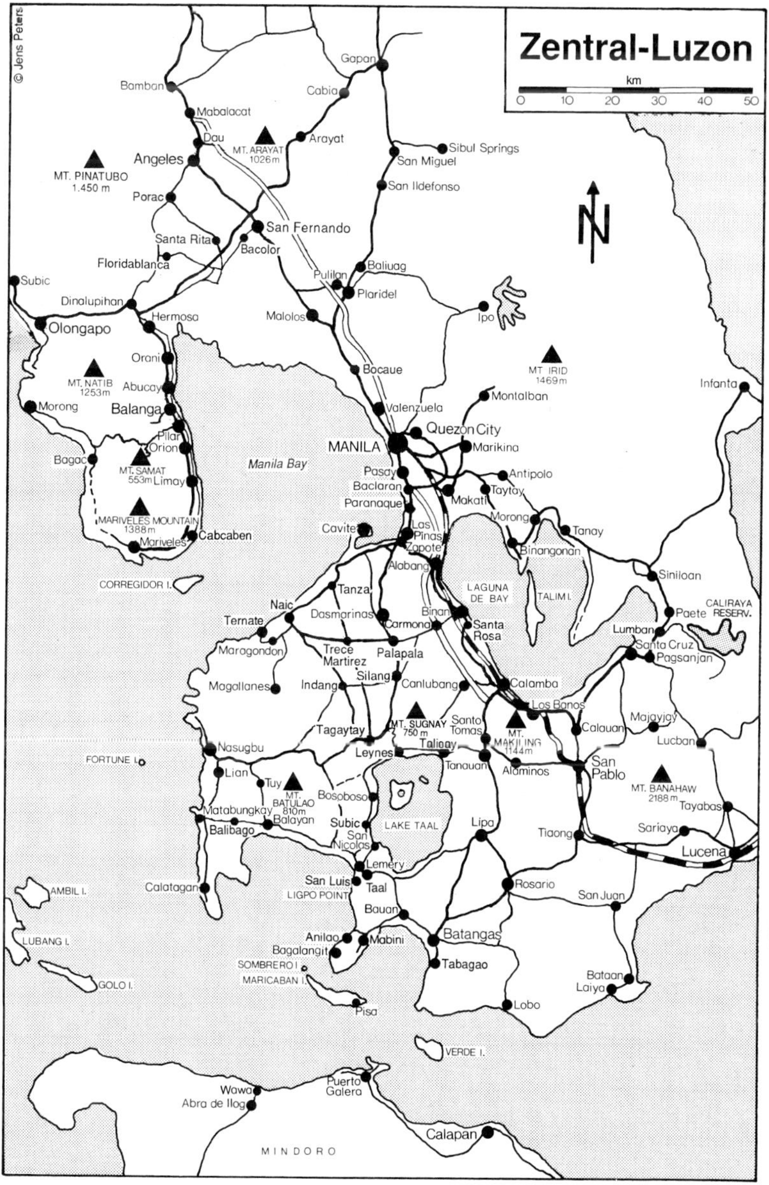

Zentral-Luzon

5.000 P. Restaurant. Swimmingpool. Tenniscourt. Golfplatz. Hobie Cats. Windsurfen. Reservierung in Manila unter Tel. 8148800.

Anreise/Weiterreise

Bus: Von Manila nach Cavite und fahren täglich zahlreiche Busse ab Vito Cruz/Ecke Taft Avenue oder Ecke South Super Highway. Fahrzeit: 30 Min.

Hinweis: Es gibt die Stadt Cavite und die Provinz Cavite. Nicht alle Busse mit Ziel Cavite fahren automatisch zur Stadt Cavite.

Corregidor Island

Corregidor war im Zweiten Weltkrieg eine bedeutende Festungsinsel. Bereits 1898 wurde die im Eingang der Bucht von Manila strategisch günstig gelegene Insel (»The Rock«) von den Amerikanern militärisch genutzt. 25 Jahre später begann man mit dem Bau des 250 Meter langen Malinta-Tunnels, der im Krieg nicht nur als unterirdisches Waffenarsenal und Hospital genutzt wurde, sondern von Dezember 1941 bis März 1942 auch General MacArthur als Hauptquartier diente. Filipinos und Amerikaner leisteten in dieser Zeit gemeinsam einen verzweifelten Widerstandskampf gegen Angriffe der Japaner. Ruinen der militärischen Anlagen können noch heute besichtigt werden. Auf dem höchsten Punkt der Insel befindet sich das Pacific War Memorial. Ein paar Schritte davon entfernt steht ein nach dem Krieg wieder aufgebauter weißer Leuchtturm, dessen Original bereits 1836 von den Spaniern errichtet wurde.

Übernachten

Die Unterkünfte auf der Insel werden von der Corregidor Foundation Inc. verwaltet, zu finden in Manila im Department of Tourism Building (Zimmer 212). Reservierung ist erwünscht: persönlich oder Tel. 5247141. Beim Veranstalter Sun Cruises Inc., Tel. 8318140, können auch Package Tours gebucht werden.

Corregidor Youth Hostel. Dorm 250 P. Liegt in der Nähe vom Anleger, unweit dem Corregidor Inn.

Corregidor Hotel. EZ/ac/Bad 2.100 P, DZ/ac/Bad 2.400 P, Suite 4.200 P. Elegantes, von der Visitor's Bar bis zur MacArthur's Suite mit traditionellen philippinischen Möbeln eingerichtetes Hotel. Die neuzeitlichen Plastikstühle und -tische auf der Terrasse des Restaurants stellen allerdings einen unverzeihlichen Stilbruch dar. Swimmingpool.

Beach Resort Complex. Cottage/ac/Bad 2.100 und 2.400 P. Gepflegte Cottages an der Südküste der Insel nahe dem Japanese Garden of Peace.

Anreise/Weiterreise

Schiff: Von Manila nach Corregidor werden für 1.150 P pro Person organisierte Tagesausflüge angeboten. Im Preis sind Überfahrt, Busrundfahrt und Führung auf der Insel enthalten. Hinzu kommen 150 P für eine Light- und Soundshow in den Stollen des Malinta-Tunnels, die vorwiegend die Geschichte der Insel zum Thema hat, sowie 160 P für Lunch im Restaurant des Corregidor Hotel (falls nicht gebucht, kann auch à la carte gegessen werden).

Tickets gibt es in Reisebüros oder direkt am Anleger. Weitere Informationen bei Sun Cruises Inc., Tel. 8318140.

Abfahrt der MV *Island Cruiser* ab Ferry Terminal (PTA Bay Cruise Terminal) beim Cultural Center Complex täglich um 8.00 Uhr; Rückfahrt 14.30 Uhr.

Von Oktober bis Juni fährt an Wochenenden und Feiertagen um 10.00 Uhr ein weiteres Schiff; Rückfahrt 16.30 Uhr. Fahrzeit: 1:30 Std.

Las Piñas

Eine Küstenstraße führt von Manila in Richtung Süden kontinuierlich durch städtisches Gebiet und erreicht nach etwa 20 Kilometern Las Piñas. Berühmt wurde diese Stadt durch die Bambusorgel der San Jose Church. Dieses einzigartige, vom spanischen Pater Diego Cerra gebaute Musikinstrument ist über 170 Jahre alt. Aus Kostengründen schuf er sein Werk überwiegend aus Bambus, einem Material, das ihm reichlich zur Verfügung stand. Die über fünf Meter hohe Konstruktion soll aus 832 Bambuspfeifen und 122 Weichmetallpfeifen bestehen. Von 1973 bis 1975 wurde die Orgel in Deutschland generalüberholt. Im Kirchenvorraum werden Schallplatten und Cassetten mit Bamboo-Organ-Music verkauft. Originaltöne kann man sonntags hören. Oder während des zweiwöchigen Bamboo Organ-Festivals, das jährlich im Februar stattfindet: Ein gesellschaftliches Ereignis mit international bekannten Organisten, Chören und Ensembles. An normalen Wochentagen ist die Orgel nur von 14.00 bis 16.00 Uhr zu besichtigen.
In Las Piñas werden übrigens auch die landestypischen Jeepneys hergestellt, Stück für Stück in mühevoller Kleinarbeit. Die Werkstätten haben nichts dagegen, wenn Besucher zuschauen. Feierabend ist um 16.00 Uhr; sonntags wird nicht gearbeitet. Die Firma Sarao Motors, in der täglich sieben Jeepneys fertiggestellt werden, befindet sich von der Kirche aus etwa drei Kilometer in südlicher Richtung an der Hauptstraße.

Anreise/Weiterreise

Manila
Bus: Von Manila nach Las Piñas fahren täglich zahlreiche Busse, die man in der Taft Avenue stoppen kann. Zielangabe kann auch Zapote oder Cavite sein. Fahrzeit: 30 Min.

Jeepney: Mit einem Jeepney z.B. von der M.H. del Pilar Street in Ermita nach Baclaran (Endstation), dort bis zur nächsten Kreuzung laufen, wo die Jeepneys nach Las Piñas abfahren. Die Zielangabe kann auch Alabang, Cavite oder Zapote lauten.

Tagaytay - Matabungkay
Bus: Wer von Las Piñas aus weiter nach Tagaytay oder Matabungkay will, kann an der Hauptstraße in einen der zahlreichen von Manila kommenden Busse mit Ziel Nasugbu zusteigen.

Tagaytay

Tagaytay liegt rund 70 Kilometer südlich von Manila und sollte eine Alternative zur Sommerstadt Baguio werden. Höhenlage (600 m) und kühles Klima waren wohl ausschlaggebend für diese Wunschvorstellung. Letztendlich wurde aber doch nichts daraus. Allerdings wurde nach dem schweren Erdbeben, das Baguio Mitte 1990 erschütterte, der Gedanke wieder aufgefaßt und Anteile der ersten inzwischen fertiggestellten exklusiven Wohnanlagen zum Kauf angeboten.
Der sehr weitläufige Ort Tagaytay bietet Besuchern einen herrlichen Ausblick auf die Vulkaninsel mit dem Taal-Kratersee. Der Taal-Vulkan ist einer der kleinsten und gefährlichsten Vulkane der Welt. Wer ihn besteigen will, kann sich von Talisay, 17 Kilometer südöstlich von Tagaytay, zur Vulkaninsel übersetzen lassen. Eine reizvolle Alternative zum Lake Taal besteht auch von Batangas aus ab San Nicolas (siehe weiter unten).
Etwa zehn Kilometer östlich von Tagaytay befindet sich auf dem 750 Meter hohen Mount Sungay der Viewpoint Complex. Von dort aus hat man einen ausgezeichneten Blick auf den Lake Taal im Süden, der Laguna de Bay im Osten und fast bis nach Manila im Nor-

den. Jeepneys fahren regelmäßig von der Skyline Junction in Tagaytay dorthin und halten unterwegs an der Abfahrt hinunter nach Talisay.

Übernachten

Royale Parc Hotel, Silang Crossing, Aguinaldo Highway, Tel. 4130263, Fax: 4131032. EZ/DZ/ac/Bad 1.600, 1.850 und 2.100 P. Einwandfreie Zimmer mit TV, die teuren auch mit Kühlschrank und Veranda. Restaurant. Liegt etwa drei Kilometer außerhalb von Tagaytay, zwischen Aquino Monument und Taal Vista Lodge.

Club Estancia Resort Hotel, Zone II, San Jose, Tel. 4131331, Fax: 4131047. Cottage/fan/Bad 2.300 P, EZ/DZ/ac/Bad 2.600 P, Suite 2.800 bis 3.400 P. Komfortable Zimmer und Cottages mit Veranda am Hang unterhalb des Hotels. Ruhige Anlage mit schöner Aussicht auf den Lake Taal. Restaurant. Swimmingpool. Jacuzzi. Sauna.

Taal Vista Hotel, Aguinaldo Highway, Tel. 4131223, Fax: 41316225. EZ/DZ/ac/Bad ab 2.500 P. Recht komfortable Zimmer, vielleicht jedoch etwas zu teuer. Am Aussichtspunkt werden mittags ab 12.00 Uhr Volkstänze zu einheimischer Musik aufgeführt. Dazu gibt es im Kamayan-Restaurant ein reichhaltiges Buffet für 300 P (es darf traditionell philippinisch mit den Fingern gegessen weden). Reservierung in Manila unter Tel. 8172710.

Essen und Trinken

Im Grandview Complex beim Aquino Monument findet man mehrere Restaurants, darunter das ***Café Adriatico*** und das ***Ang Hang Restaurant*** mit pikanten Gerichten. Weniger das Essen ist der Grund der Gäste der ***Freddie Aguilar Music Lounge & Restaurant***, sondern fraglos die Gelegenheit, den populärsten sozialkritischen Interpreten der Philippinen einmal live zu erleben. Sofern er nicht anderweitig verpflichtet ist, trägt Freddie Aguilar jedes Wochenende (Fr u. Sa; Mindestverzehr: 50 P) abends für jeweils zwei Stunden seine melodischen Lieder vor. An Wochentagen ist sein Lokal gewöhnlich geschlossen.

Adressen/Verschiedenes

Vorwahl: 046.

Anreise/Weiterreise

Manila

Bus: Von Manila nach Tagaytay fahren täglich mehrere Busse der BLTB Company, und zwar die mit Ziel Nasugbu. Es gibt jedoch noch andere, die durch Tagaytay durchfahren. Fahrzeit: 1:30 Std.

Pagsanjan

Jeepney/Bus: Von Pagsanjan nach Tagaytay funktioniert die Verbindung folgendermaßen: Mit einem Jeepney von Pagsanjan nach Santa Cruz. In Santa Cruz einen Bus mit Ziel Manila nehmen und in Calamba an der Junction aussteigen. Von Calamba mit Jeepneys über Binan nach Palapala, und von dort mit einem Bus nach Tagaytay. Fahrzeit: 3 Std.

Oder anstatt in Calamba auszusteigen, mit dem Bus bis nach Alabang weiterfahren. Dort umsteigen in einen Jeepney nach Zapote. In Zapote dann auf den Bus warten, der von Manila kommt und nach Tagaytay fährt.

Talisay

Jeepney: Von Talisay nach Tagaytay fahren täglich mehrere Jeepneys. Letzte Abfahrt um etwa 17.00 Uhr. Fahrpreis pro Person: 12 P. Ein Special Ride kostet etwa 200 P.

Talisay

Talisay liegt direkt unten am Taal-See und ist ein guter Ausgangsort für Fahrten zur Vulkaninsel, die dort von verschiedenen, in den Ortsteilen Banga und Leynes ansässigen Herbergen angeboten werden. Inklusive Guide kostet das Boot hin und zurück etwa 500 P; ohne Guide 400 P. Zum See im alten Krater (Ausbruch 1911) ist ein Guide sinnvoll, zum neuen Krater (Ausbruch 1965) dagegen unnötig. Für den Aufenthalt auf der Vulkaninsel sollte man mindestens einen halben Tag einplanen. Warnende Hinweise gehfauler Guides auf zahlreiche gefährliche Schlangen am Kratersee oder ähnliche Ausreden sollten milde lächelnd ignoriert werden! Bei der Überfahrt kann ein erheblicher Wellengang eintreten, und unter Umständen wird man klatschnaß. Eine Plastiktüte für die Kamera dürfte daher sinnvoll sein.

Etwa fünf Kilometer westlich von Talisay befindet sich in Buco am Ufer des Lake Taal eine alte seismologische Station des Philippine Institute of Volcanology and Seismology (PHIVOLC). Sie wurde zu einem »Science House« ausgebaut, das ständig besetzt ist und in dem sich Interessierte über die Arbeit der Vulkanologen, die Instrumente und die Entwicklungsgeschichte des Lake Taal informieren können.

Übernachten

Rosalina's Place, Banga, Cellular Tel. 0973-738094. EZ/DZ/fan 150/200, EZ/fan/Bad 200 P, DZ/fan/Bad 250 P. Einfache Unterkunft mit nur wenigen Zimmern. Restaurant. Liegt etwas außerhalb von Talisay, gegenüber dem International Resort.

Taal Lake Guest House, Leynes (auf halber Strecke zwischen Tagaytay und Talisay). EZ/DZ/fan 300/400 P. Einfach und gut. Restaurant. Es ist das ehemalige Natalia's Guest House.

Gloria de Castro's Store, Leynes. EZ/DZ/fan/Bad 300 bis 500 P. Kleine, etwas überteuerte Unterkunft. Restaurant.

International Resort, Banga. EZ/DZ/fan/Bad 500 P. Für den Preis keine besonders gute Unterkunft.

Milo's Paradise, Balas, Tel. 720318. Cottage/fan/Bad 600 bis 800 P. Attraktive, ruhige, geräumige Cottages für vier bis sechs Personen; mit Küche. Herrlicher Blick auf den Vulkansee. Restaurant. Swimmingpool. Terrasse. Wird von einem deutsch-philippinischen Paar geführt.

Anreise/Weiterreise

Batangas

Bus/Jeepney: Von Batangas nach Talisay fährt man am besten zuerst mit einem der täglich zahlreich verkehrenden Busse mit Ziel Manila bis nach Tanauan. Diese Strecke wird auch von Jeepneys befahren, Busse sind jedoch bequemer. Vom Public Market in Tanauan weiter mit einem Jeepney nach Talisay. Fahrzeit insgesamt: 2 Std.

Manila

Bus/Jeepney: Von Manila nach Talisay fährt man in zwei Etappen. Zuerst mit einem der täglich zahlreichen Busse der BLTB Company mit Ziel Lemery oder Batangas bis nach Tanauan. Von dort mit einem Jeepney ab Public Market weiter nach Talisay. Fahrzeit insgesamt: 2 Std.

Pagsanjan

Bus/Jeepney: Von Pagsanjan nach Talisay funktioniert die Verbindung folgendermaßen: Mit einem Jeepney von Pagsanjan nach Santa Cruz. Dort einen Bus mit Ziel Manila nehmen und in Calamba an der Junction aussteigen. Von Calamba mit einem Jeepney nach Tanauan fahren und von dort weiter mit einem Jeepney nach Talisay. Fahrzeit insgesamt: 2:30 Std.

Anstatt über Calamba kann man auch mit Jeepneys von Pagsanjan und Santa Cruz über San Pablo nach Tanauan und Talisay fahren.

Tagaytay
Jeepney: Ein paar Kilometer östlich von Tagaytay führt eine 17 Kilometer lange Strecke hinunter zum See und nach Talisay. Jeepneys warten am Abzweig und fahren ab, wenn sie voll sind. Fahrpreis: 12 P. Ein Special Ride kostet um 200 P. Letzte Abfahrt um 17.00 Uhr (auch von Talisay nach Tagaytay). Vom Aquino Monument fahren Jeepneys zum Abzweig; 2 P.

Nasugbu

Nasugbus bessere Strände liegen etwa drei bis vier Kilometer in nördlicher Richtung vom Ort, z.B. White Sands. Er ist für 300 P auch mit einem Auslegerboot zu erreichen. Benutzt man die geteerte Straße, kostet es am Schlagbaum 400 P Eintritt und Parkgebühr pro Auto.
Ein sehr gutes Seafood-Restaurant ist das *Dalam Pasigan*, südlich von Nasugbu in Richtung Strand gelegen.

Übernachten

White Sands Beach Resort, Muntingbuhangin Cove, Natipuan, Nasugbu. Cottage/Bad 850 und 1.200 P. Freundliche Anlage. Keine Elektrizität. Restaurant. Reservierung in Manila unter Tel. 8335608.
Maryland Resort. EZ/DZ/fan/Bad 800 P, EZ/DZ/ac/Bad 1.600 P. Restaurant. Swimmingpool.
Maya-Maya Reef Club, Cellular Tel. 0912-3228550, Fax: 3228554. Cottage/ac/Bad 1.960/2.130 P. Attraktive Anlage drei Kilometer nördlich von Nasugbu. Restaurant. Swimmingpool. Tauchen. Tenniscourt. Reservierung in Manila: Tel. 8108118, Fax: 8159288.

Anreise/Weiterreise

Bus: Von Manila nach Nasugbu fahren ab 5.30 Uhr stündlich Busse der BLTB Company. Ein Aircon-Bus fährt um 11.30 Uhr. Fahrzeit: 2 Std.

Matabungkay

Matabungkay hat den wohl populärsten Strand in der näheren Umgebung von Manila, der an Wochenenden dann auch von zahlreichen Ausflüglern aufgesucht wird. Er ist zwar nicht blendend weiß, jedoch akzeptabel, und das Wasser ist sauber. Man sollte jedoch keinen einsamen und verträumten Südseestrand erwarten! Als Attraktion werden für bis zu 400 bis 500 P pro Tag Flöße mit Strohdach, Tisch und Bänken vermietet, die in Strandnähe verankert werden und so gute Plattformen zum Schwimmen bilden. Der Vermieter bringt auf Wunsch Essen und eisgekühlte Getränke. Tagestrips mit Auslegerbooten zur vorgelagerten Fortune Island können für 600 bis 800 P arrangiert werden.

Hinweis: In Matabungkay versuchen aufdringliche Schlepper, ankommende Touristen zu Unterkünften zu führen, um anschließend für ihre Dienste von den Betreibern eine stattliche Provision zu kassieren. Wer sein Ziel kennt und die Preistreiberei nicht unterstützen will, sollte entschieden auf Distanz zu ihnen gehen.

Übernachten

The Greendoors Cottages. EZ/fan 300 P, EZ/DZ/fan/Bad 500/700 P, EZ/DZ/ac/Bad 700/900 P. Passable Unterkunft.
Twins Beach Club, Cellular Tel. & Fax: 0912-3228163. EZ/DZ/ac/Bad 900 P. Komfortable, familienfreundliche Unterkunft. Restaurant. Swimmingpool (Meerwasser). Windsurfen. Deutsches Management.
Coral Beach Club, Cellular Tel. 0912-3184868, Fax: 3243183. EZ/DZ/fan/Bad 1.200 P, EZ/DZ/ac/Bad 1.760 P. Ansprechende Zimmer. Restaurant. Swimmingpool. Australisches Management. Reservierung in Manila bei Swagman Travel, Tel. 5261295, Fax: 5223663.

TWINS
BEACH CLUB
MATABUNGKAY
LIAN / BATANGAS, PHIL.
TEL / FAX: (0)912 32 28 163
ENTSPANNEN SIE DIREKT AM MEER.
ZIMMER MIT DOPPELBETT, AIRCON U. BAD.
RESTAURANT MIT DEUTSCH., PHIL.
U. INT. KÜCHE, BAR.
RIFF-SCHNORCHELN,
MEERWASSERSWIMMINGPOOL,
WINDSURFING.
GUTSCHEIN
über 50 Peso auf
den aktuellen
Zimmer-
preis!

Punta Baluarte Inter-Continental Resort, Calatagan, Tel. 8924202, Fax: 8924211. EZ/DZ/ac/Bad 2.500 bis 3.300 P. Restaurant. Swimmingpool. Tenniscourt. Reiten. Liegt etwa 20 Kilometer südlich von Matabungkay. Reservierung in Manila unter Tel. 8941466, 8934491.

Anreise/Weiterreise

Batangas

Jeepney: Von Batangas nach Matabungkay gelangt man mit Jeepneys in drei bis vier Etappen: Erster Jeepney von Batangas nach Lemery, zweiter Jeepney von Lemery nach Balayan, dritter Jeepney von Balayan nach Balibago, vierter Jeepney oder Tricycle (30 P) von Balibago nach Matabungkay.

Bus: Etwa alle zwei Stunden fährt ein Bus der Crow Line Company von Batangas nach Nasugbu/Lian. Fahrzeit: 1:30 Std. Weiter von Lian nach Matabungkay mit einem Jeepney.

Manila

Bus/Jeepney: Von Manila nach Matabungkay nimmt man einen Bus mit Ziel Nasugbu. Ab 5.30 fahren stündlich Busse der BLTB Company. Ein Aircon-Bus fährt um 11.30 Uhr. In Lian aussteigen und die letzten paar Kilometer mit einem Jeepney zurücklegen. Abfahrt der Jeepneys etwa 100 Meter ab Bushaltestelle in Richtung Ortsmitte.
Von Manila nach Matabungkay und weiter nach Calatagan fährt täglich um 12.30 Uhr ein Bus der BLTB Company, womit sich ein Umsteigen in Lian erübrigt. Fahrzeit: 2:30 Std.
Von Matabungkay nach Manila am besten zuerst mit einem Jeepney nach Nasugbu zum Busterminal und von dort dann mit einem Bus weiter.
Auf dieser Strecke fahren auch Busse der neuen Crow Line Company.

Lemery und Taal

Von Lemery, einem nicht besonders einladend wirkenden Ort, gelangt man über San Luis zum acht Kilometer südlich gelegenen Ligpo Point mit vorgelagerter kleiner Ligpo Island. Ein beliebtes Ziel bei Tauchern. Der Strand ist besser als in Anilao.
Etwa einen Kilometer östlich von Lemery liegt Taal, eine beschauliche Kleinstadt mit einigen alten Häusern im Kolonialstil und der eindrucksvollen Basilica Minore of Saint Martin of Tours, erbaut von 1858 bis 1878.

Übernachten

Vila Lobos Lodge, Lemery. EZ/DZ/fan/Bad 180 P, EZ/DZ/ac/Bad 350 P. Einfache, ziemlich laute Unterkunft. Kleine Zimmer. Disco. Scheint die einzige Übernachtungsmöglichkeit in Lemery zu sein.
Ligpo Beach Resort, San Luis. EZ/DZ/fan/Bad 500/750 P. Restaurant. Tauchen.
Ligpo Island Hotel & Resort, San Luis. EZ/DZ/fan/Bad 600/1.000 P. Restaurant. Tauchen. Liegt, wie der Name schon sagt, auf Ligpo Island.

Anreise/Weiterreise

Batangas

Jeepney: Von Batangas nach Lemery fahren täglich mehrere Jeepneys. Fahrzeit: 1:30 Std.

Manila

Bus: Von Manila nach Lemery fahren täglich mehrere Busse der BLTB Company. Fahrzeit: 3 Std.

San Nicolas

Von San Nicolas aus kann man sich zur Taal-Vulkaninsel übersetzen lassen. Für einen Rundtrip werden allerdings stolze 700 bis 800 P verlangt.

Für ein paar Peso mehr begleitet der Bootsmann seine Passagiere auch zum alten Krater mit dem See drin. Manche Führer beharren für diesen Service jedoch auf zusätzliche 200 P! Der Weg dorthin ist nicht einfach zu finden. Wegen scharfer hoher Gräser und spitzen Lavasteinen ist es ratsam, lange Hose und feste Schuhe zu tragen. Wer nur den neuen Krater, der letztmalig 1965 ausbrach, besteigen möchte, braucht keinen Führer. Es gibt insgesamt vier Krater auf der Insel. Am alten Kraterrand leben einige Hirten, die die Insel sehr gut kennen. Wer den eindrucksvollen Sonnenaufgang am Vulkansee miterleben möchte, muß früh aufstehen. Nur die Besteigung des neuen Kraters dauert nicht lange und erfordert keine Übernachtung in San Nicolas. Etwas nördlich von San Nicolas liegt Subic. Auch von dort sind Bootsfahrten zur Vulkaninsel möglich. Die Straße am See entlang von Subic nach Talisay ist für normale Fahrzeuge nahezu unpassierbar.

Übernachten

Die Besitzer vom ***Store*** an der Ecke der Plaza, wo man gemütlich draußen sitzen und den Bootspreis aushandeln kann, vermieten auch Zimmer.
Lake View Park & Resort. Cottage/ Bad 400 bis 600 P. Einfach.

Anreise/Weiterreise

Jeepney: Von Lemery nach San Nicolas fahren täglich mehrere Jeepneys. Fahrzeit: 30 Min. Der letzte Jeepney von San Nicolas nach Lemery fährt um 17.00 Uhr. Siehe auch »Batangas«: *Anreise/Weiterreise*.

Anilao

Bei Anilao haben mehrere Tauchunternehmungen Stützpunkte, von wo aus sie hauptsächlich Fahrten zu den Tauchgründen in der Balayan Bay, beim Kap

Sombrero Island, die »Hut«-Insel

Bagalangit sowie um Sombrero Island und Maricaban Island veranstalten. Aufgrund der touristischen Bedeutung sind Übernachtungen in dieser Gegend relativ teuer.
Der Strand in der Nähe von Anilao selbst ist nicht beeindruckend. Es werden aber für etwa 300 P überdachte Bambusflöße (Balsa) mit Tisch und Bänken vermietet, die etwas abseits vom Strand verankert gute Plattformen zum Schwimmen und Schnorcheln bilden, z.B. beim Anilao Beach Resort.
Die Bootsmiete für einen Tagestrip nach Sombrero Island liegt bei 800 P.

Übernachten

San Jose Lodge. EZ/DZ 150/200 P. Liegt etwas außerhalb vom Ortskern.
Anilao Seasport Centre. EZ/DZ/fan/ Bad 800 P. Vollpension möglich (1.500 P pro Person). Nette Zimmer. Restaurant. Hobie Cats. Windsurfen. Tauchen. Liegt etwas abgelegen rund zwei Kilo-

Zentral-Luzon

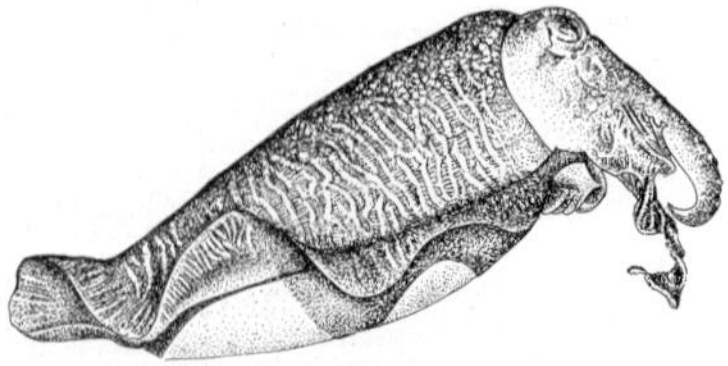

Sepia (Tintenfisch)

meter außerhalb von Anilao. Reservierung in Manila unter Tel. 8011850, Fax: 8054660.

Aqua Tropical Resort. EZ/DZ/fan 750 P, EZ/DZ/fan/Bad 1.100 P, EZ/DZ/ac/Bad 1.900 P und 2.500 P. Passable und recht komfortable Zimmer. Restaurant. Swimmingpool. Tauchen. Liegt bei Bagalangit, wenige Kilometer südwestlich von Anilao. Man kann sich von Anilao mit einem Boot hinbringen lassen. Reservierung in Manila bei: Aqua Tropical Sports, Manila Midtown Hotel, Pedro Gil Street, Ermita, Tel. 5216407, Fax: 8189720.

Anreise/Weiterreise

Bus/Jeepney: Von Batangas nach Anilao fahren täglich mehrere Busse und Jeepneys; eventuell muß man in Mabini umsteigen. Fahrzeit: 1:30 Std.

Batangas

Batangas ist die Hauptstadt der gleichnamigen Provinz. Es ist im Gespräch, in und um Batangas eine sogenannte Industrial Zone zu entwickeln, um ausländischen Investoren durch eine gefällige Infrastruktur die Standortentscheidung zu erleichtern. Der South Superhighway soll bis nach Batangas verlängert werden, und sogar über die Möglichkeit, die alte Eisenbahnlinie von Manila nach Batangas wieder instandzusetzen, wird nachgedacht. Darüber hinaus werden die problemlos ausbaufähigen Hafeneinrichtungen und die tiefe Batangas Bay als weitere Vorteile gegenüber anderen Regionen aufgeführt.

Touristisch wird Batangas eigentlich nur als Durchreisestation genutzt: Von dort fahren Schiffe nach Puerto Galera auf Mindoro. Dabei bietet sich diese Stadt auch als Ausgangspunkt für interessante Tagestrips an. Zum Beispiel zum Lake Taal, zu den Hot Springs von Calamba und Los Baños, zum Banuan Beach bei Banuan und zum etwa sieben Kilometer südlich von Batangas gelegenen Fischerort Tabangao, wo sich einem etwas außerhalb an der felsigen Küste gute Tauch- und Schnorchelmöglichkeiten bieten.

Übernachten

Avenue Pension House I, 30 Rizal Avenue, Tel. 7253760. EZ/DZ/fan/Bad 300 P, EZ/DZ/ac/Bad 350 P. Freundliche Unterkunft mit kleinen, aber hellen Zimmern, die auch für nur zwölf Stunden vermietet werden. Relativ zentral gelegen, jedoch nicht laut.

Guesthaus, 224 Diego Silang Street/Ecke Del Pilar Street, Tel. 7235685, Fax: 7231155. EZ/fan/Bad 350 P, DZ/fan/Bad 450 P, EZ/DZ/ac/Bad 600 P. Einfache, aber saubere Zimmer.

Alpa Hotel,Kumintang Ibana. EZ/DZ/ac/Bad 850 bis 2.000 P. Akzeptable Zimmer, die zum Swimmingpool können allerdings recht laut sein (des öfteren Sing-Along bis Mitternacht). Restaurant. Liegt am Stadtrand in Richtung Manila.

Adressen/Verschiedenes

Vorwahl: 043.

Anreise/Weiterreise

Lemery - San Nicolas/Lake Taal - Manila

Jeepney/Bus: Von Batangas nach Manila bietet sich eine reizvolle alternative Route über Lemery mit einem Abstecher zum Lake Taal an: Mit einem

Jeepney von Batangas nach Lemery, von dort mit einem weiteren Jeepney nach San Nicolas an den Südwest-Rand vom See. Fahrzeit: 1:30 Std.
Der letzte Jeepney von San Nicolas zurück nach Lemery fährt um 17.00 Uhr, gerade rechtzeitig, um den letzten Bus der BLTB Company um 18.00 Uhr nach Pasay City/Manila zu erwischen.

Lucena
Bus: Von Lucena nach Batangas fahren täglich zahlreiche Busse der Supreme Lines Company. Fahrzeit: 3 Std.

Manila
Bus: Von Manila nach Batangas fahren täglich zahlreiche Busse der Companies JAM Transit und BLTB. Wer zum Hafen von Batangas will, sollte einen Bus mit Ziel Batangas-Pier nehmen. Ansonsten muß man von Batangas einen Jeepney zum Anleger nehmen. Fahrzeit: 3 Std
Wer von Mindoro nach Batangas gekommen ist, kann mit einem der am Anleger wartenden Busse gleich direkt nach Manila weiterfahren oder einen Jeepney zur Stadt nehmen und dort in einen Bus einsteigen, z.B. in einen Regular-Bus oder Aircon-Bus der BLTB Company nach Pasay City/Manila.

Bus/Schiff: Von Manila nach Batangas und weiter nach Puerto Galera gibt es täglich eine kombinierte Bus-Schiff-Verbindung (kein Linienbus) ab Centrepoint Hotel, Mabini Street, Ermita. Abfahrt: 9.00 Uhr.

Achtung: Die Strecke Manila-Batangas ist ein von Taschendieben bevorzugtes Betätigungsfeld; sie arbeiten in Linienbussen und meistens im Dreierteam!

Pagsanjan
Jeepney/Bus: Von Pagsanjan nach Batangas geht es folgendermaßen am schnellsten: Mit einem Jeepney von Pagsanjan nach Santa Cruz. Dort einen Bus mit Ziel Manila nehmen und in Calamba aussteigen. Von Calamba mit einem Jeepney direkt nach Batangas oder nur bis Tanauan fahren und dort auf einen Bus von Manila mit Ziel Batangas warten.

Calamba

In Calamba, eine Kleinstadt am südwestlichen Ufer des großen Binnensees Laguna de Bay, wurde der philippinische Nationalheld Jose Rizal geboren. Das Rizal House mit Garten ist Gedenkstätte und Museum. Es befindet sich gegenüber der Municipal Hall. Geöffnet: Di-So 8.00-12.00 Uhr u. 13.00-17.00 Uhr.
Ein paar Kilometer südlich von Calamba, entlang des Highways in Richtung Los Baños gibt es eine ganze Reihe von Resorts, die sich die dortigen heißen Quellen zunutze machen und ein beliebtes Erholungsziel für gestreßte Einwohner Metro Manilas darstellen. Fast alle Anlagen bieten Übernachtungsmöglichkeiten, die Einrichtungen können aber gegen Eintritt auch von Tagesgästen benutzt werden.
Zehn Kilometer nördlich von Calamba, bei Santa Rosa, wurde Mitte 1995 das Enchanted Kingdom eröffnet, ein großer Vergnügungspark mit vielen Attraktionen. Geöffnet: Mo-Do 14.00-21.00 Uhr, Fr u. Sa 10.00-24.00 Uhr, So 10.00-22.00 Uhr. Eintritt: 380 P.

Übernachten

Coco Villa, Bagong Kalsaga , Tel. 5451277. EZ/fan 300 P, DZ/fan 400 P, EZ/fan/Bad 450 P, DZ/fan/Bad 550 P. Passable Zimmer in einer ruhigen Anlage mit Garten. Restaurant. Swimmingpool. Liegt gegenüber Crystal Springs.
Crystal Springs, Bagong Kalsaga, Tel. 5452496. EZ/DZ/ac/Bad 1.500 P. Geräumige Zimmer mit privatem Mini-

Zentral-Luzon

Pool. Restaurant. Großzügige Anlage mit acht unterschiedlich großen Swimmingpools.

Adressen/Verschiedenes

Vorwahl: 049.

Anreise/Weiterreise

Batangas
Bus: Von Batangas nach Calamba fahren täglich zahlreiche Busse ab Pier und Market, und zwar die mit Ziel Manila. Fahrzeit: 1:30 Std.

Manila
Bus: Von Manila nach Calamba fahren täglich mehrere Busse ab BLTB Busterminal, und zwar die mit Ziel Santa Cruz. Fahrzeit: 1 Std.

Pagsanjan
Bus: Von Santa Cruz/Pagsanjan nach Calamba fahren täglich zahlreiche Busse, und zwar die mit Ziel Manila. Fahrzeit: 1 Std.

Los Baños

In Los Baños unterhält die University of the Philippines (UP) eine Forstwirtschaftliche Fakultät mit einem Botanischen Garten, der gar nicht so botanisch ist (nur Bäume), dafür aber einen großen Swimmingpool hat. Nicht weit von der UP befindet sich das IRRI (International Rice Research Institute). An der Hauptstraße weist das Schild »UP Los Baños« den Weg.
Los Baños ist bekannt für seine Hot Springs, die bereits 1590 entdeckt wurden und in denen man ein gesundes Bad nehmen kann. Die meisten Resorts befinden sich jedoch außerhalb vom Ort entlang des Highways und schließen an die von Calamba an. Etwa zwei Kilometer in Richtung Calamba liegt zwischen Highway und Laguna de Bay der Alligator Lake, ein tiefer Kratersee, allerdings ohne die vielversprechenden Tiere.
Nicht weit weg von Los Baños befindet sich das Philippine Art Center, von dem man eine schöne Aussicht auf die Laguna de Bay hat. Besuche sind nur nach Anmeldung und Zustimmung möglich; die Künstler wollen ihre Ruhe haben.
Am nahen Mount Makiling gibt es einen Park mit Zoo und Pool; gute Aussicht. Jeepneys zum Scout Jamboree Park fahren hin. Der Mount Makiling ist ein 1.144 Meter hohes Vulkanmassiv, dessen obere Hänge von artenreichen Urwäldern überzogen sind (Vorsicht: Blutegel).

Übernachten

Lakeview Resort Hotel, 728 Lopez Street, Tel. 53650101. EZ/DZ/fan/Bad 385 P, EZ/DZ/ac/Bad 715 bis 1.500 P. Passable Zimmer. Restaurant. Vier Swimmingpools.
Los Baños Lodge & Hot Springs, 145 Villegas Street, Tel. 5360498. EZ/DZ/fan/Bad 455 P, EZ/ac/Bad 560 P, DZ/ac/Bad 875 P. Check-out time am Wochenende bereits um 9.00 Uhr! Swimmingpool. Hinkommen von Los Baños mit einem Jeepney nach City of Springs. Die Los Baños Lodge liegt etwa 100 Meter vom City of Springs Resort Hotel entfernt.
City of Springs Resort Hotel, 147 Villegas Street, Tel. 5360731, Fax: 5360137. EZ/DZ/ac/Bad 660 bis 1.320 P. Verschiedene Zimmer mit Römischem Bad und Whirlpool. Restaurant. Mehrere Swimmingpools.

Adressen/Verschiedenes

Vorwahl: 049.

Anreise/Weiterreise

Batangas
Bus: Von Batangas nach Los Baños besteht keine direkte Verbindung. Am

besten nimmt man einen Bus nach Calamba, und zwar direkt zum Busterminal, von dort weiter mit einem Bus oder Jeepney. Fahrzeit: 1:30 Std.

Manila
Bus: Von Manila nach Los Baños fahren täglich mehrere Busse ab BLTB Busterminal, und zwar die mit Ziel Santa Cruz. Fahrzeit: 1:30 Std.

Pagsanjan
Bus: Von Santa Cruz/Pagsanjan nach Los Baños fahren täglich zahlreiche Busse, und zwar die mit Ziel Manila. Fahrzeit: 1 Std.

Alaminos

Alaminos ist bekannt für das Hidden Valley, ein Privatgelände und Resort mit einer üppigen tropischen Vegetation. Dieses wunderschöne Stück Natur ist ein Paradies für Botaniker und eine beliebte Location für Filmer und Fotografen. Wie um Los Baños gibt es auch dort mehrere Quellen. Die Badesachen also nicht vergessen. Das Hidden Valley gehört zwar zu Alaminos, liegt aber knapp fünf Kilometer vom Ortskern entfernt. Tricycles verlangen für diese relativ kurze Strecke hartnäckig 100 P! Am Eingang angekommen, werden Besucher dann erst richtig zur Kasse gebeten: Der Eintritt wird von Jahr zu Jahr teurer und kostet mittlerweile saftige 2.200 P. Darin eingeschlossen sind Begrüßungsgetränk, Lunch Buffet, Snacks am Nachmittag und die Benutzung der Einrichtungen wie Swimmingpools, Duschen, Umkleideräume usw. (trotzdem zu teuer!).

Übernachten

Hidden Valley Springs. EZ/ac/Bad 2.565 P, DZ/ac/Bad 4.700 und 5.000 P, inklusive Dinner und Frühstück. Gefällige Zimmer, die allerdings in anderer Umgebung erheblich weniger kosten dürften. Der Übernachtungspreis schließt den Eintrittspreis für das Resort ein. Reservierung in Manila: Tel. 8184034.

Anreise/Weiterreise

Los Baños
Jeepney/Bus: Von Los Baños nach Alaminos geht es nur etwas umwegig, da das Massiv des Mount Makiling dazwischenliegt: Mit einem Jeepney von Los Baños nach San Pablo. Von dort mit einem Bus mit Ziel Manila oder einem Jeepney mit Ziel Tanauan nach Alaminos. Fahrzeit: 1 Std.

Manila
Bus: Von Manila nach Alaminos fahren täglich mehrere Busse der Companies BLTB, Philtranco und Superlines, und zwar die mit Ziel San Pablo, Lucena, Daet, Naga und Legaspi. Fahrzeit: 1:30 Std.

San Pablo

San Pablo wird auch die »Stadt der sieben Seen genannt«. Sie ist ein guter Ausgangspunkt für Wanderungen, z.B. um den Sampaloc Lake mit seinen zahlreichen Restaurants auf Pfählen am Ufer, zum Pandin Lake oder zum Yambo Lake. Die anderen Seen heißen Calibato, Mohicap, Palakpakin und Bunot.
Zum Erklettern bietet sich der nahe Mount Makiling an, ein 1.144 Meter hohes Vulkanmassiv mit drei Gipfeln. Dieser Berg ist allerdings leichter von Alaminos oder Los Baños aus zu erreichen. Mit Basis in San Pablo ist der 2.188 Meter hohe Mount Banahaw das bessere Kletterziel. Diesem ruhenden Vulkan mit seinen verschiedenen Quellen und Wasserfällen werden mystische Kräfte zugesprochen, und insbesondere in der Osterwoche begeben sich zahlreiche Filipinos zum Meditieren und zum Gebet in die Schluchten

und trinken von dem »heiligen Wasser« der plätschernden Bäche oder baden darin. Der Aufstieg beginnt normalerweise bei Kinabuhayan. Von San Pablo fahren Jeepneys dorthin. Drei Tage sollten für die Klettertour eingeplant werden.
Etwa zehn Kilometer südlich von San Pablo, kurz vor Tiaong, befindet sich die Villa Escudero, eine Kokosnuß-Plantage und Resort zugleich. Besonders sehenswert an dieser Anlage, die an die spanische Kolonialzeit erinnert, ist das Museum mit seinen zahlreichen kostbaren historischen und kulturellen Artefakten. Eintritt: 600 P (Fr, Sa, So 650 P); inklusive Führung, Lunch Buffet, Floßfahrt und Benutzung der Einrichtungen wie Swimmingpool, Billard usw.

Übernachten

Sampaloc Lake Youth Hostel, Efarca Village, Schetelig Avenue, Tel. 4448. Dorm 120 P, EZ/fan/Bad 150 P. Coffee Shop. Angenehme, freundliche Unterkunft mit schöner Aussicht. Liegt am Stadtrand, direkt am See. Zu erreichen ab Kirche/Plaza in San Pablo mit einem Tricycle; 2 P.
Villa Escudero, Tiaong, Tel. 3676. Cottage/Bad 1.500 bis 5.200 P pro Person, inklusive drei guten Mahlzeiten. Aufmerksamer Service. Restaurant. Swimmingpool. Reservierung in Manila unter Tel. 5232944, 5210830.

Adressen/Verschiedenes

Vorwahl: 049.

Anreise/Weiterreise

Los Baños
Jeepney: Von Los Baños nach San Pablo fahren täglich mehrere Jeepneys. Fahrzeit: 30 Min.

Manila
Bus: Von Manila nach San Pablo fahren täglich mehrere Busse der Companies BLTB, Philtranco und Superlines, und zwar die mit Ziel Lucena, Daet, Naga und Legaspi. Fahrzeit: 2 Std.

Pagsanjan
Jeepney: Von Pagsanjan nach San Pablo fährt man in zwei Etappen, und zwar mit einem Jeepney von Pagsanjan nach Santa Cruz, dort dann umsteigen in einen Jeepney nach San Pablo. Fahrzeit: 1:30 Std.

Pagsanjan

Ein Trip nach Pagsanjan (sprich: Pagsanhan) gehört inzwischen zu fast jedem organisierten touristischen Philippinen-Programm. Nicht der Anblick der an sich wenig spektakulären Magdapio-Wasserfälle, sondern die Flußfahrt dorthin durch eine tropisch-malerische Schlucht bleibt als Erinnerung an diesen Ausflug. Am Pagsanjan River wurde übrigens auch der letzte Teil von Coppola's Vietnam-Kriegsfilm *Apocalypse Now* gedreht.
In Einbäumen werden die Besucher von zwei Banqueros durch Stromschnellen flußaufwärts gepaddelt. Ein Kraftakt, der von beiden Bootsmännern zusätzlich äußerste Geschicklichkeit verlangt. Wer sich am Bootsrand festhält, riskiert bei Kollisionen mit Felsbrocken gequetschte Finger. Die Hände also besser im Boot lassen. Es ist sinnvoll, eine Plastiktüte als Nässeschutz für die Kamera mitzunehmen, sowie Shorts und ein Handtuch. Am letzten großen Wasserfall angekommen, kann man sich auf einem Bambusfloß für 50 P dann noch ganz nah heranschippern lassen. Abwärts geht's mit erhöhter Geschwindigkeit. »Shooting the Rapids« ist am spannendsten im August und September, wenn der Fluß viel Wasser führt.
Rauf und runter kostet der alles in allem ungefährliche Spaß 250 P pro Person plus 30 P Eintritt. Dieser Preis wur-

de höchstoffiziell vom Department of Tourism festgelegt. Mehr als drei leichte Personen werden pro Banca nicht befördert. Wer alleine fährt, muß 450 P bezahlen. Zusätzliche Trinkgelder werden verlangt, des öfteren sogar recht hartnäckig. Die Bootsleute sollen laut Leserpost bisweilen sehr aggressiv zusätzliche Forderungen gestellt haben - Summen von 500 bis 1.000 P wurden genannt. Wer nicht schon auf halber Strecke zum Wasserfall eine satte Extrazahlung verbindlich zusagte, hatte nach übereinstimmenden Berichten keine Freude mehr an diesem Ausflug. Also Geld einstecken oder Ärger haben. Man kann natürlich auch locker auf den Trip verzichten, sein Geld sparen und andere sich ärgern lassen. Die von Pagsanjan Falls Lodge und Willy Flores Lodge vermittelten Banqueros sollen allerdings bezüglich überhöhter Trinkgeldforderungen keinen Aufstand veranstalten, eine Garantie vor bösen Überraschungen kann jedoch nicht gegeben werden.

Organisierte Tagestouren ab Manila werden für etwa US$ 45 von verschiedenen Reisebüros und vom Tourist Office angeboten, womit wahrscheinlich alle Kosten abgedeckt und jeglicher Ärger mit den Banqueros ausgeschlossen sein dürften.

Wer immer noch unbedingt auf eigene Faust sein Glück versuchen will, sollte möglichst nicht am Wochenende fahren, dann nämlich gleicht das touristisch sowieso schon recht stark frequentierte Ausflugsziel einem Ameisenhaufen. Am besten ist es, in Pagsanjan oder in Santa Cruz zu übernachten und gleich nach Sonnenaufgang zu den Wasserfällen aufzubrechen. Dann kommt man nicht ins Gedränge mit Reisegruppen, die etwa zwischen 10.00 und 11.00 Uhr aus Manila eintreffen. Da das Sonnenlicht erst recht spät in die tiefen Schluchten fällt, werden Filmer in den frühen Morgenstunden mit normalem Filmmaterial Aufnahmeschwierigkeiten haben.

Einen schönen Ausblick auf Pagsanjan und Umgebung hat man von den Wassertanks aus, die sich auf einem Hügel oberhalb der Schule befinden. Von der Mabini Street, die parallel zur Rizal Street, der Hauptstraße von Pagsanjan, verläuft, führen Stufen hinauf zur Schule, wo der Weg zum Hügel beginnt.

Am 12. Dezember ist Town-Fiesta in Pagsanjan.

Tagestrips

Als Ziele für Tagestrips bieten sich an: Paete, der bekannteste philippinische Ort für Ebenholzschnitzereien; Japanese Garden, eine Gedenkstätte für die während des Zweiten Weltkrieges in und um Pagsanjan gefallenen japanischen Soldaten; Caliraya Reservoir, ein riesiger, 50 Meter tiefer Stausee mit Resorts wie *Sierra Lakes Resort* und *Lake Caliraya Country Club*, die neben Übernachtungsmöglichkeiten unter anderem auch Windsurfen und Wasserski anbieten; Lucban, dieses auf halber Strecke von Pagsanjan nach Lucena liegende Städtchen vermittelt einen recht guten Eindruck davon, wie Orte zur Zeit der Spanier ausgesehen haben müssen - am 15. Mai ist Erntefest (Pahiyas Festival) in Lucban (siehe auch Kapitel »Land und Leute«: *Feiertage*).

Übernachten

Für wahrscheinlich alle Unterkünfte in Pagsanjan gilt: möglichst allein hingehen. Der Ort ist nicht sehr groß, und ein Guide ist absolut nicht nötig. Durch ihn kann das Zimmer allenfalls teurer werden, da der Besitzer eine Provision bezahlen muß. Etwas Abstand zu Pagsanjan gewinnt man durch eine Übernachtung im nahen Santa Cruz. Von dort sind es nur 15 Minuten mit dem Jeepney bis nach Pagsanjan.

Asian Philippine Traveller's Inn, Pagsawitan, Santa Cruz, Tel. 6451845. EZ/

Zentral-Luzon

DZ/fan/Bad 200 P, EZ/DZ/ac/Bad 300 und 350 P (TV, Kühlschrank). Ziemlich großes Hotel mit recht ordentlichen Zimmern, die auch für nur zwölf Stunden vermietet werden und dann 30 Prozent weniger kosten. Weitläufige Anlage. Restaurant. Empfehlenswerte Alternative zu den Unterkünften in Pagsanjan.
Willy Flores Guesthouse, 821 Garcia Street. EZ 100 P, EZ/DZ/fan 150/200 P, EZ/DZ/fan/Bad 250/300 P. Nette, einfache Zimmer. Freundliche, familiäre Atmosphäre. Restaurant. Bootsfahrten.
Riverside Bungalow, Miss Estella y Umale, 792 Garcia Street, Tel. 6452465. EZ/DZ/fan/Bad 400 P, EZ/DZ/ac/Bad 1.200 P. Gute Küche.
Camino Real Hotel, 39 Rizal Street, Tel. 6452086. EZ/DZ/fan 500 P, EZ/DZ/ac/Bad 750 P. Geräumige Zimmer. Restaurant.
Pagsanjan Falls Lodge, Tel. 6451251. EZ/DZ/fan/Bad 880 P, EZ/DZ/ac/Bad 1.100 P. Relativ gutes Hotel, aber doch wohl etwas überteuert. Restaurant. Disco. Swimmingpool.
Pagsanjan Village Hotel, Garcia Street, Tel. 6452116. EZ/DZ/fan 400 P, EZ/DZ/ac 600 P, EZ/DZ/ac/Bad 1.000 P. Passable, geräumige Zimmer. Schöne Veranda über dem Fluß.
La Corona de Pagsanjan Resort, Cellular Tel. 0912-3069766, Fax: 3223198. EZ/DZ/ac/Bad 1.600 P und 1.800 P (mit Kühlschrank und TV). Einwandfreie Zimmer mit Kühlschrank und TV. Restaurant. Drei Swimmingpools. Reservierung in Manila im Hotel La Corona, Tel. 5242631, Fax: 5213909.

Essen und Trinken

Gutes Essen gibt es im ***Dura-Fe Restaurant*** in der General Jaina Street. Es schließt abends jedoch schon recht früh. Empfehlenswert sind auch die ***D & C Luncheonette***, National Road, gleich neben der Pagsanjan Falls Lodge, und das ***Me-Lin Restaurant***, Mabini Street, in der Nähe von Markt und Plaza. Das ***Hidden Café*** in der Garcia Street ist ein nettes Gartenrestaurant am Fluß mit relativ preiswerten philippinischen und westlichen Gerichten.

Adressen/Verschiedenes

Vorwahl: 049.

Anreise/Weiterreise

Batangas

Bus/Jeepney: Von Batangas nach Pagsanjan geht es am schnellsten mit einem Bus mit Ziel Manila bis nach Calamba. Dort in einen Bus von Manila mit Ziel Santa Cruz zusteigen. Weiter von Santa Cruz mit einem Jeepney nach Pagsanjan.

Lucena - Süd-Luzon

Bus/Jeepney: Von Santa Cruz nach Lucena fahren täglich mehrere Busse der Supreme Lines Company. Fahrzeit: 3 Std. Wer nicht auf den Bus warten möchte, kann auch mit einem Jeepney von Santa Cruz nach Lucban fahren, und dort in einen Jeepney nach Lucena umsteigen.

Manila

Bus/Jeepney: Von Manila nach Santa Cruz fahren täglich mehrere Busse der Companies BLTB und JAM Transit. Fahrzeit: 2 Std. Die letzten paar Kilometer von Santa Cruz nach Pagsanjan fahren Jeepneys (2 P). Special Rides mit Tricycles müssen also nicht sein, auch wenn die Schlepper den vermeintlich unwissenden Fremden gerne das Gegenteil weismachen wollen.

Achtung: Das Teilstück Calamba-Santa Cruz ist bei Taschendieben sehr beliebt. Sie steigen zu zweit oder zu dritt in den Bus ein, meist in Calamba oder in Santa Cruz, und machen sich durch geschickte Ablenkung an die Wertsachen der mitreisenden Touristen heran.

Die jungen Männer sind um die 20 Jahre alt, gut gekleidet und haben ein gepflegtes Äußeres. Offensichtlich arbeiten auf dieser Strecke eine ganze Reihe eingespielter Teams.

Tagaytay
Bus/Jeepney: Von Tagaytay nach Pagsanjan gibt es zwei Abkürzungen: Mit einem Bus bis Zapote, dort umsteigen in einen Jeepney nach Alabang. Weiter mit einem Bus bis nach Santa Cruz, und von dort mit einem Jeepney nach Pagsanjan. Oder von Tagaytay mit einem Bus bis Palapala. Von dort mit Jeepneys über Biñan nach Calamba. Weiter mit einem Bus bis nach Santa Cruz, und von dort mit einem Jeepney nach Pagsanjan.

Lucena

Je nach Gezeitenstand fahren entweder vom Seehafen Dalahican oder vom Flußhafen Cotta Port, beide jeweils etwa sechs Kilometer südöstlich bzw. südlich von Lucena, Schiffe nach Marinduque und Romblon.
Lohnenswert dürfte ein Trip in den Quezon National Park zwischen Lucena und Atimonan sein, wenn auch wohl nur für abenteuerlustige Ornithologen. Denn im Park sind nicht nur zahlreiche Vögel beheimatet, sondern auch das Militär hat sich in einem Camp darin niedergelassen, was wiederum von Zeit zu Zeit die NPA auf den Plan ruft.
Der Maharlika Highway, der von den großen Bussen befahren wird, durchquert den Quezon National Park auf der »New Zigzag Road«. Besser ist es jedoch, einen der Jeepneys zu nehmen, denn diese benutzen die »Old Zigzag Road« und halten an der Raststätte im Park, von wo aus Wanderungen unternommen werden können. Wer von dort aus weiter in Richtung Süden will, kann mit einem Minibus bis Atimonan fahren und in einen großen Bus umsteigen.

Übernachten

Tourist Hotel, Iyam District, Tel. 714456. EZ/DZ/fan 110/120 P, EZ/fan/Bad 160 P, DZ/fan/Bad 180 P, EZ/ac/Bad 300 P, DZ/ac/Bad 400 P. Einfach und relativ sauber. Kleines Restaurant.
Hotel Halina, 104 P. Gomez Street, Tel. 712902. EZ/fan/Bad 180 P, DZ/fan/Bad 250 P, EZ/ac/Bad 350 P, DZ/ac/Bad 420 P, Suite 680 P. Ruhige Zimmer im Innenhof. Restaurant.
Lucena Fresh Air Hotel & Resort, Isabang District, Tel. 712424. EZ/fan 145 P, DZ/fan 175 P, EZ/fan/Bad 220 und 250 P, DZ/fan/Bad 250 und 280 P, EZ/ac/Bad 440 P, DZ/ac/Bad 485 bis 755 P. Preislich absolut in Ordnung. Recht gute Zimmer, die hinteren sind geräumig und ruhig. Restaurant. Swimmingpool. Großzügige Anlage am Stadteingang links, wenn man von Manila kommt.
Travel Lodge Chain Motel, Isabang District, Tel. 714489. EZ/fan/Bad 200 P, DZ/fan/Bad 260 P, EZ/DZ/ac/Bad 420 und 500 P, Suite 725 P. Restaurant. Swimmingpool.

Anreise/Weiterreise

Batangas
Bus: Von Batangas nach Lucena fahren täglich zahlreiche Busse der Supreme Lines Company. Fahrzeit: 3 Std.

Manila
Bus: Von Manila nach Lucena fahren täglich zahlreiche Busse der Companies Philtranco, Superlines und BLTB, entweder direkt oder mit Ziel Daet, Naga, Legaspi oder Matnog. Fahrzeit: 3 Std.

Pagsanjan
Bus/Jeepney: Von Santa Cruz/Pagsanjan nach Lucena fahren täglich mehrere Busse der Supreme Lines Company. Fahrzeit: 3 Std. Wer nicht auf den Bus warten möchte, kann auch mit einem

Jeepney von Santa Cruz nach Lucban fahren und dort in einen Jeepney nach Lucena umsteigen. Eine andere, etwas umständliche Verbindung ist die mit einem Bus von Santa Cruz nach Los Baños, weiter mit einem Jeepney nach San Pablo und dort umsteigen in einen Bus nach Lucena.

San Fernando (Pampanga)

Ungefähr 50 Kilometer nördlich von Manila macht die Hauptstadt der Provinz Pampanga - nicht zu verwechseln mit der gleichnamigen Provinzhauptstadt von La Union - jedes Jahr zu Ostern und zu Weihnachten von sich reden.
Karfreitags um 12.00 Uhr läßt sich mindestens ein fanatischer Gläubiger auf einem Reisfeld im Barangay San Pedro Cutud vor den Toren der Stadt mit langen Nägeln ans Kreuz schlagen - 1997 waren es sogar zwölf! Begleitet werden die Nachahmer Christus' auf dem »Via Crusis« (Kreuzweg) nach »Golgatha« von zahlreichen Flagellanten, die sich ihre Rücken blutig geißeln, und einer großen Menge von Schaulustigen.
Am 24. Dezember - sofern ein Samstag - oder am Samstag zuvor werden mehrere auf LKW montierte, überdimensionale Laternen, die auch als Lichtorgeln in Discos eingesetzt werden könnten, auf dem Vorplatz vom Paskuhan Village ausgestellt. Um etwa 19.30 Uhr beginnt eine Zeremonie und gegen Mitternacht begibt sich die Laternenparade mit viel Spektakel ins Stadtzentrum zur Kirche. Am darauffolgenden Tag werden die »Giant Lanterns« wieder zum Paskuhan Village befördert, wo sie noch für bis Mitte Januar zu besichtigen sind. Da Ablauf und Zeitpunkt des Laternenfestes manchmal kurzfristig geändert wird, empfiehlt sich eine telefonische Anfrage beim Tourist Office etwa Mitte Dezember; Tel. (045) 9612665. Siehe auch Kapitel »Land und Leute«: *Feiertage*.
Das Paskuhan Village, das »Weihnachtsdorf«, liegt am Expressway vor den Toren von San Fernando. Es ist kein richtiges Dorf, sondern eher ein kleiner Vergnügungspark. Gebaut in der Form eines überdimensionalen Weihnachtssterns beherbergt diese Anlage unter anderem das Tourist Office, das Pinatubo Museum (Eintritt: 10 P), das aus Eruptionsmaterial gebaute Pinatubo House und mehrere kleine Souvenirläden.
Im September 1995 entging San Fernando nur knapp einer ungeheuren Katastrophe. Starke Regenfälle hatten an den Ausläufern des Mount Pinatubo enorme Schlammlawinen ausgelöst, die sich über das Flußsystem des Pasig-Potrero River in Richtung Südosten bewegten und riesige Überschwemmungen zur Folge hatten. Weite Teile San Fernandos und der Provinz standen tagelang unter Wasser. Schlimmer war jedoch, daß tiefliegende Gebiete vollständig mit Schlamm aufgefüllt wurden und dadurch ganze Ortschaften in der Pampe versanken. Besonders betroffen war Bacolor vor den Toren San Fernandos, wo seither selbst von der großen Kirche kaum mehr als das Dach aus der grauen Masse herausragt. Ein eiligst errichteter Deich soll nun verhindern, daß weitere Schlammlawinen nächstens San Fernando unter sich begraben.

Übernachten

Pampanga Lodge. EZ/fan 100 P, DZ/fan 180 P, DZ/fan/Bad 200 P. Die Zimmer werden auch für nur zwölf Stunden vermietet. Einfach und relativ sauber. Restaurant. Liegt im Zentrum gegenüber der Kirche.
Bowliseum Motel, Juliana Subdivision, Tel. 9612040. EZ/DZ/ac/Bad 450 P. Ordentliche Zimmer mit TV. Restaurant. Liegt zwar etwas versteckt, ist dafür aber ruhig.

Zentral-Luzon

Adressen/Verschiedenes

Tourist Office, Paskuhan Village, Tel. 9612665, Fax: 9612612.
Vorwahl: 045.

Anreise/Weiterreise

Angeles
Jeepney: Von Angeles nach San Fernando fahren täglich zahlreiche Jeepneys. Die meisten kommen von Dau oder Mabalacat, etwas nördlich von Angeles.

Bus: Busse der Victory Liner Company von Baguio mit Ziel Olongapo fahren über Angeles und San Fernando. Zusteigemöglichkeit. Fahrzeit: 30 Min.

Manila
Bus: Von Manila nach San Fernando fahren nur wenige Busse direkt über den alten MacArthur Highway. Die meisten benutzen den bedeutend schnelleren Expressway. Täglich mehrere Busse der Companies Philippine Rabbit und Victory Liner. Busse von Manila mit Ziel Olongapo fahren fast immer über San Fernando; eventuell für das letzte Stück von der Kreuzung zur Stadt einen Jeepney nehmen. Fahrzeit: 1 Std.

Olongapo
Bus: Von Olongapo nach San Fernando fahren täglich zahlreiche Busse der Victory Liner Company, nämlich fast alle die mit Ziel Manila oder Baguio. Fahrzeit: 1:30 Std.

Angeles

In Angeles hatten die Amerikaner ihre Air Force stationiert (Clark Air Base). Bis 1991, dann mußten die Militärs nach dem Willen des philippinischen Senats das Land verlassen. Etwas beschleunigt wurde der Abzug durch den Ausbruch des Mount Pinatubo, der nicht nur den Stützpunkt unbrauchbar machte, sondern auch Angeles und Umgebung arg zusetzte. Von den Verwüstungen wird sich diese Gegend wohl erst in ein paar Jahren erholen, auch wenn bereits kräftig aufgeräumt wurde und sich das Leben wieder weitgehend normalisiert hat.
Wie in Olongapo hatte der Abzug der Amerikaner der Stadt zunächst wirtschaftlich schwer geschadet. Doch die Bemühungen, das riesige Gelände des ehemaligen Stützpunktes in einen Industrie-, Airport- und Tourismuskomplex umzuwandeln, zeigen bereits erste beachtliche Ergebnisse: Weit über 100 nationale und internationale Unternehmen produzieren inzwischen in der Clark Special Economic Zone (CSEZ), der Ausbau des Clark International Airport ist beschlossene Sache, das Holiday Inn Resort Clark Field Hotel wurde eröffnet, ebenso der Mimosa Golf & Country Club, und sportlich-touristische Veranstaltungen wie das International Hot Air Balloon Festival, Go-Kart-Fahren und Drag Races finden regelmäßig statt. Darüber hinaus nutzen täglich Tausende die günstigen Einkaufsmöglichkeiten in den zahlreichen Duty Free Shops der FTZ (Free Trade Zone).
Verschiedene Hotels bieten Pinatubo-Touren an, was ihnen eine überraschend hohe Auslastung bescherte. Von den touristischen Gästen profitieren dann auch die Restaurants und Nightclubs, die das Schicksalsjahr 1991 überlebten oder nach und nach wieder aufgebaut wurden.
Allerdings kamen mit den zahlreichen Gästen leider auch einige Trickbetrüger in die Stadt, die nach altbewährter Masche (»Hello, my friend...«) versuchen, unbedarfte Fremde auszurauben.

Übernachten

Million Dollar Lodge, Raymond Street, Balibago, Tel. 7851898. EZ/DZ/fan 140 P. Einfache Unterkunft, aber guter

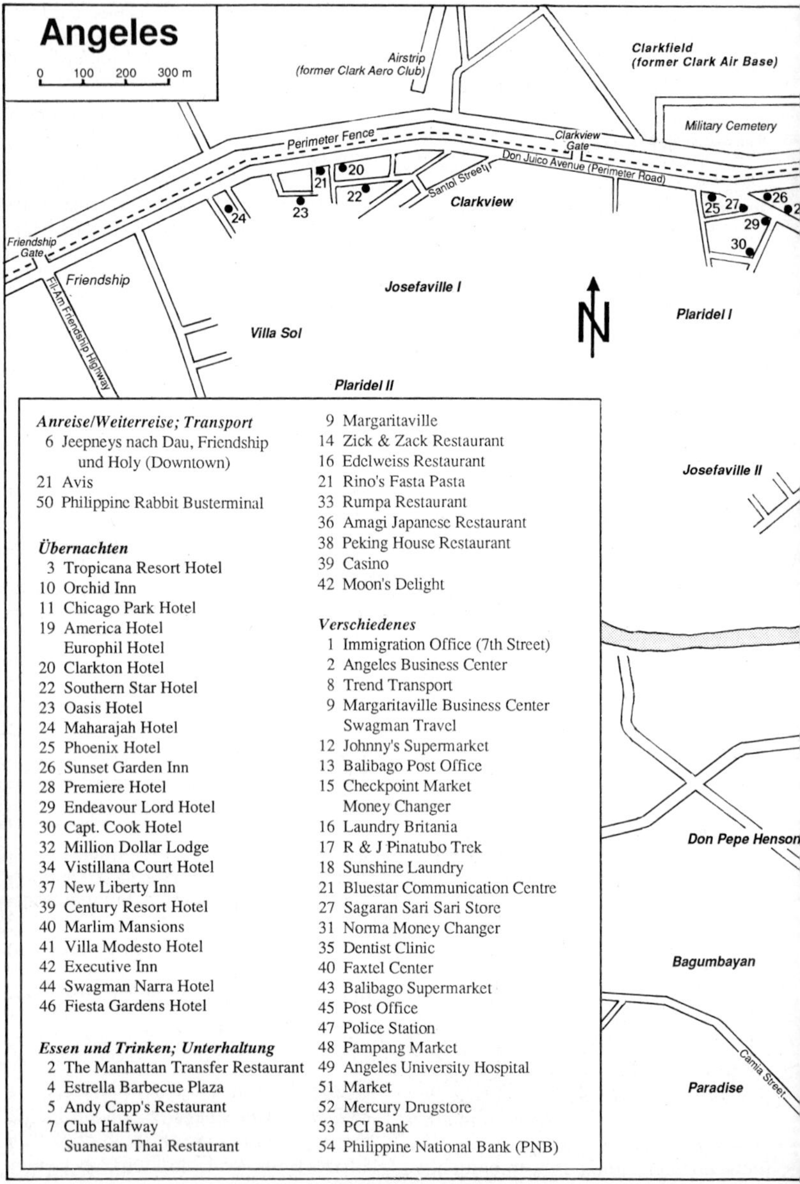

Anreise/Weiterreise; Transport

6 Jeepneys nach Dau, Friendship und Holy (Downtown)
21 Avis
50 Philippine Rabbit Busterminal

Übernachten

3 Tropicana Resort Hotel
10 Orchid Inn
11 Chicago Park Hotel
19 America Hotel
Europhil Hotel
20 Clarkton Hotel
22 Southern Star Hotel
23 Oasis Hotel
24 Maharajah Hotel
25 Phoenix Hotel
26 Sunset Garden Inn
28 Premiere Hotel
29 Endeavour Lord Hotel
30 Capt. Cook Hotel
32 Million Dollar Lodge
34 Vistillana Court Hotel
37 New Liberty Inn
39 Century Resort Hotel
40 Marlim Mansions
41 Villa Modesto Hotel
42 Executive Inn
44 Swagman Narra Hotel
46 Fiesta Gardens Hotel

Essen und Trinken; Unterhaltung

2 The Manhattan Transfer Restaurant
4 Estrella Barbecue Plaza
5 Andy Capp's Restaurant
7 Club Halfway
Suanesan Thai Restaurant
9 Margaritaville
14 Zick & Zack Restaurant
16 Edelweiss Restaurant
21 Rino's Fasta Pasta
33 Rumpa Restaurant
36 Amagi Japanese Restaurant
38 Peking House Restaurant
39 Casino
42 Moon's Delight

Verschiedenes

1 Immigration Office (7th Street)
2 Angeles Business Center
8 Trend Transport
9 Margaritaville Business Center
Swagman Travel
12 Johnny's Supermarket
13 Balibago Post Office
15 Checkpoint Market
Money Changer
16 Laundry Britania
17 R & J Pinatubo Trek
18 Sunshine Laundry
21 Bluestar Communication Centre
27 Sagaran Sari Sari Store
31 Norma Money Changer
35 Dentist Clinic
40 Faxtel Center
43 Balibago Supermarket
45 Post Office
47 Police Station
48 Pampang Market
49 Angeles University Hospital
51 Market
52 Mercury Drugstore
53 PCI Bank
54 Philippine National Bank (PNB)

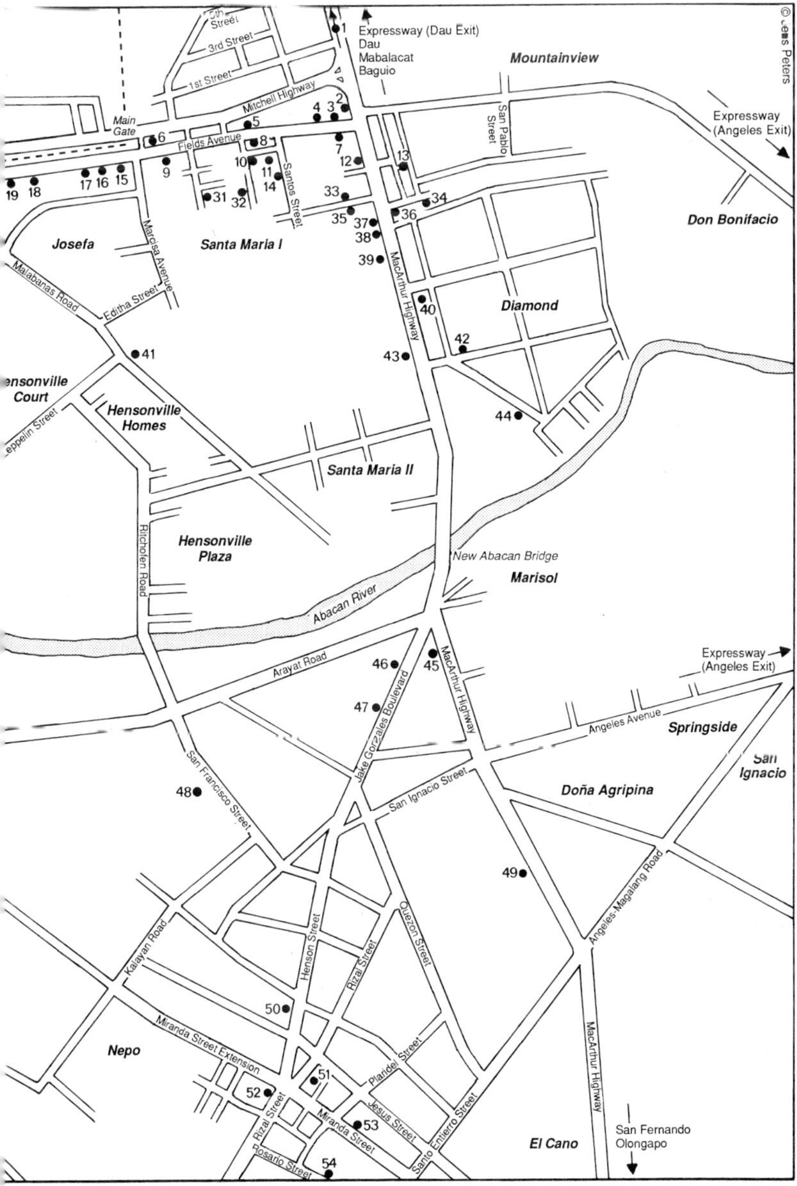

Zentral-Luzon

Gegenwert fürs Geld. Restaurant. Früherer Name dieser Lodge: Some Place Else.

Vistillana Court Hotel, Charlotte Street, Balibago, Tel. 7851408. EZ/DZ/fan/Bad 240 P, EZ/DZ/ac/Bad 300 P (mit TV). Recht ordentliche, preislich akzeptable Zimmer. Restaurant.

New Liberty Inn, MacArthur Highway, Tel. 6025896. EZ/DZ/fan/Bad 200 und 270 P, EZ/DZ/ac/Bad 300 bis 450 P. Einfach und relativ gut. Die teuren Zimmer mit TV. Weitläufige, beschauliche Anlage mit etlichen großen alten Bäumen. Swimmingpool.

Southern Star Hotel, 1934 Sampaguita Street, Clarkview, Cellular Tel. 0973-714911. EZ/DZ/ac/Bad 450 und 500 P. Mit TV. Ordentliche Zimmer. Restaurant. Swimmingpool. Liegt in einer kleinen Straße hinter dem Clarkton Hotel. Australisches Management.

Premiere Hotel, Malabañas Road, Clarkview, Tel. 8882755, Fax. 8882310. EZ/DZ/fan/Bad 385 P, EZ/DZ/ac/Bad 485 P. Passable, geräumige Zimmer mit TV. Nette Anlage. Restaurant. Swimmingpool. Minigolf. Gehört zum Sunset Garden Inn.

Endeavour Lord Hotel, Malabañas Road, Plaridel I, Tel. 7851210. EZ/DZ/fan/Bad 425 P, EZ/DZ/ac/Bad 525 P. Ordentliche Zimmer. Restaurant. Kleiner Swimmingpool. Australisches Management.

Capt. Cook Hotel, Plaridel Street, Plaridel I, Tel. 6024522. EZ/DZ/fan/Bad 375 P, EZ/DZ/ac/Bad 475 P (mit TV). Ordentliche Zimmer. Restaurant. Swimmingpool.

Sunset Garden Inn, Malabañas Road, Clarkview, Tel. 8882312, Fax: 8882310. EZ/DZ/fan/Bad 395 P, EZ/DZ/ac/Bad 485 P. Mit TV. Freundliches, beliebtes Hotel. Restaurant. Swimmingpool. Schweizerisches Management.

Phoenix Hotel, Malabañas Road/Ecke Perimeter Road, Clarkview, Tel. 8882195, Fax: 6022074. EZ/DZ/ac/Bad 700 und 900 P. Ordentliche Zimmer in einem im spanischen Stil erbauten Hotel. Restaurant. Swimmingpool.

Clarkton Hotel, 620 Don Juico Avenue, Clarkview, Tel. 7851231 bis 33, Fax: 6020784. EZ/DZ/fan/Bad 300 P, EZ/ac/Bad 500 und 800 P, DZ/ac/Bad 600 und 1.000 P, Suite 1.300 P. Aircon-Zimmer mit TV. Einwandfreie Zimmer. Restaurant. Swimmingpool. Deutscher Besitzer.

Tropicana Resort Hotel, 151 Fields Avenue, Cellular Tel. 0973-7851821, Fax: 8881725. EZ/DZ/ac/Bad 495, 800 und 950 P. Tadellose Zimmer mit TV, die teuren auch mit Kühlschrank. Restaurant. Swimmingpool.

Orchid Inn, 109 Raymond Street, Balibago, Tel. 6020370, Fax: 8882708. EZ/DZ/ac/Bad 525, 550 und 570 P. Mit Kühlschrank und TV. Tadellose, nett eingerichtete Zimmer. Restaurant. Kleiner Swimmingpool.

Woodland Park Resort, 6420 Lizares Street, Dau, Tel. 7853312, Fax: 7853311. EZ/DZ/ac/Bad 685, 800 und 1.035 P. Mit TV. Wochen- und Monatsraten möglich. Angenehme, weitläufige Anlage. Restaurant. Großer Swimmingpool.

Swagman Narra Hotel, Orosa Street, Diamond, Tel. 6025133, Fax: 6029467. EZ/DZ/ac/Bad 630, 770 und 965 P. Passable Zimmer. Australisches Management. Restaurant. Swimmingpool. Etwas preiswertere Zimmer gibt es im Annex nebenan: EZ/DZ/fan 300 P, EZ/DZ/fan/Bad 400 P, EZ/DZ/ac/Bad 450 und 500 P.

Marlim Mansions, MacArthur Highway, Balibago, Tel. 6022002, Fax: 6022126. EZ/DZ/ac/Bad 750, 875 und 1.030 P. Mit TV. Geräumige, nett eingerichtete Zimmer. Restaurant. Swimmingpool. Tenniscourt auf dem Dach.

America Hotel, Don Juico Avenue, Clarkview, Tel. 7851023, Fax: 7851022. EZ/DZ/ac/Bad 700 P (mit TV) bis 920 P (mit Kühlschrank und TV), Suite

1.550 und 2.250 P (mit Jacuzzi, Kühlschrank und TV). Gepflegt und komfortabel, insbesondere die Suites. Restaurant. Massage. Swimmingpool.
Maharajah Hotel, Texas Street, Villa Sol, Tel. 6022372. EZ/DZ/ac/Bad 650/800 P. Recht ordentliche Zimmer in einem relativ großen Hotel. Restaurant. Swimmingpool.
Oasis Hotel, Clarkville Compound, Tel. 6023301, Fax: 6023164. EZ/ac/Bad 900 P, DZ/ac/Bad 1.050 P, Suite 1.350 P. Komfortabel und geschmackvoll eingerichtete Zimmer in einer ruhigen, ansprechenden Anlage. Restaurant. Swimmingpool.
Holiday Inn Resort Clark Field, Mimosa Drive, Clark Field, Tel. 8451888, Fax: 8431363. EZ/DZ/ac/Bad ab 3.000 P. Neues First-Class-Hotel auf dem Gelände der ehemaligen Clark Air Base. Neben Casino und Mimosa Golfplatz.

Essen und Trinken

Dank der ehemaligen Air Base der Amerikaner verfügt Angeles nun nicht nur über eine große Auswahl an komfortablen Hotels, sondern auch über eine breite Palette internationaler Restaurants. Fast alle aufgeführten Lokale bieten preiswerte wechselnde Tagesgerichte an und haben neben ihren Spezialitäten auch philippinische Gerichte auf der Speisekarte.
Eine erstklassige Adresse für vorzügliche Steaks ist das gepflegte ***Maranao Grill Restaurant*** im Oasis Hotel, das auch gerne von betuchten Filipinos aufgesucht wird. Ebenfalls bekannt für gute Steaks und Tagesgerichte ist das ***Black Jack Restaurant*** mit schönem Balkon über der Black Jack Bar nahe dem Basketballplatz. ***The Manhattan Transfer Restaurant*** am MacArthur Highway nahe Fields Avenue hat sich auf amerikanische Gerichte spezialisiert. Australisch ist die Küche verschiedener Hotel-Restaurants, so auch die vom ***Swagman Narra Hotel Restaurant***.
Deutsches, österreichisches und schweizerisches Essen gibt es im ***Edelweiss***, nahe Checkpoint, im ***Zick & Zack***, Santos Street, im ***Estrella Barbecue***, Fields Avenue und im ***Sunset Garden Inn Restaurant*** des gleichnamigen Hotels, während ***Rino's Fasta Pasta***, Don Juico Avenue, die italienische Küche vertritt.
Freunden japanischer Küche sei das ***Amagi Restaurant*** am MacArthur Highway empfohlen. Preiswertes chinesisches Essen gibt es schräg gegenüber im ***Peking House Restaurant***. Indische Curries sind eine Spezialität im ***Andy Capp's*** über der Birds of Paradise Bar, Fields Avenue. Gegenüber befindet sich das ***Fil-Thai Restaurant*** mit guten thailändischen Standardgerichten. Nicht weit davon entfernt gibt es das ***Suanesan Thai Restaurant***. Empfehlenswert ist die thailändische Küche vom stets gut besuchten ***Margaritaville*** in der Fields Avenue.
Zunehmender Beliebtheit erfreuen sich die Eßstände am Basketballplatz beim Chicago Park Hotel, die preiswert kleine Gerichte anbieten, z.B. ***Heidi's*** mit vorzüglichem Chicken Curry.
Filialen bekannter Fast Food-Ketten finden sich an der Zufahrt zum Expressway in Dau, etwas nördlich von Angeles, darunter ***McDonald's***, ***KFC***, ***Jollibee*** und ***Shakey's Pizza***. Auch ***Rosie's Diner*** ist dort vertreten.

Unterhaltung

Zahlreiche mehr oder weniger einfache ***Bars*** säumen vornehmlich die Fields Avenue. Allerdings würde es nicht verwundern, wenn die Bar-Szene in absehbarer Zeit der Vergangenheit angehörte.
In etlichen Bars kann man für ein paar Peso Pool-Billard spielen. Ab und zu trifft man dabei auch auf Eight-Ball-Weltmeister Efren »Bata« Reyes (»The Magician«), der in Angeles zu Hause ist und zwischen hochdotierten

Turnieren gerne bereit ist, sich für ein Trinkgeld herausfordern zu lassen.
Darüber hinaus haben sich nach Abzug der Amerikaner in der Fields Avenue und der Don Juico Avenue ein paar relativ aufwendig eingerichtete ***Karaoke Clubs*** etabliert, die bevorzugt von Filipinos aufgesucht werden.
Zurückgegangen ist dagegen die Zahl der Discos. Von den wenigen verbliebenen dürfte die ***Music Box*** neben dem Chicago Park Hotel die beliebteste sein.
Oldies und Country & Western Music live gibt es jeden Abend im ***Midnight Rodeo*** in der Santos Street. Beste Unterhaltung bietet der ***Club Halfway*** in der Fields Avenue, in dem erstklassige Showbands auftreten; Eintritt: 100 P.
Für einen sehr späten (oder frühen) Drink ist das große ***Margaritaville*** in der Fields Avenue die beste Adresse; 24 Stunden geöffnet.

Adressen/Verschiedenes

Autoverleih: Avis, Don Juico Avenue, Clarkview, Cellular Tel. 6024661.
- Holiday Inn, Mimosa Drive, Clark Field, Tel. 5992844.

Immigration Office, 7th Street, Dau.
Geldwechseln: Die Philippine National Bank in der Rosario Street und in Dau wechselt Travellers Cheques. Verschiedene Hotels ebenfalls.
Die Equitable Bank, 294 Rosario Street (nahe Philippine National Bank und Holy Rosary Cathedral), gibt Bargeld auf Visa Card und MasterCard.
Die PCI Bank, Miranda Street, verfügt über einen Geldautomaten (ATM); für MasterCard.
US-Dollar cash wechseln die Money Changer am Checkpoint und Norma Money Changer in einer kleinen Seitenstraße nahe dem Folk House Restaurant.
Motorradverleih: Trend Transport, Fields Avenue, Tel. 7851712, vermietet für 500 bis 600 P pro Tag.
Reisebüro: Buchung und Reconfirmation von nationalen und internationalen Tickets sowie Visaverlängerungen erledigen Swagman Travel, Fields Avenue, und Mr. Ticket, der dienstags, donnerstags und samstags nachmittags im Restaurant vom Sunset Garden Inn anzutreffen ist.
Buchung von innerphilippinischen Flügen und Schiffspassagen erledigt das Sports, Action & Adventure Guidance Center im Premiere Hotel. Es bietet unter anderem auch Trekking und Touren an und berät unverbindlich über Reisemöglichkeiten.
Telefonieren und faxen: Relativ preiswert bei:
- Angeles Business Centre; MacArthur Highway (hinter dem Manhattan Transfer Restaurant).
- Bluestar Communication Center, Don Juico Avenue (beim Oasis Hotel).
- Checkmark Consulting Services, Santol Road, Clarkview (24 Std.).
- Margaritaville Business Center, Fields Avenue.
- Faxtel Center, MacArthur Highway (beim Hotel Marlim Mansions).

Touren: Aufgrund der guten und günstigen Hotels wird Angeles immer beliebter als Ausgangspunkt für Reisen. Das Hotel Sunset Garden Inn bietet in der Hauptsaison von November bis Mai unter anderem eine viertägige Tour zu den Reisterrassen (Banaue und Batad) an.
Vorwahl: 045 oder 0455.

Anreise/Weiterreise

Mit dem Bus: Mit Ausnahme der Hotelbusse halten alle Busse in Dau, rund zwei Kilometer nördlich von Angeles. Ein Tricycle von Dau zu einem der aufgeführten Hotels kostet je nach Entfernung 20 bis 30 P.
In Angeles wird man vergeblich nach regulären Taxis Ausschau halten. Jeepneys fahren zu landesüblichen Preisen, 2 P pro Person (ausgenommen Special Rides, die können sehr teuer werden!). Fahrten mit Tricycles kosten dagegen

Anreise/Weiterreise
3 Bus Stop (Busse nach Nord-Luzon)
5 Partas Bus Stop
7 Bus Stop (Busse nach Manila)
9 Victory Liner Bus Stop
10 Philippine Rabbit Bus Stop
11 Northwest Airlines
12 Caltex Tankstelle

Übernachten
17 Woodland Park Hotel

Essen und Trinken
1 Jollibee
2 Dunkin Donuts
4 Michael's Fast Food & Coffee Shop
6 Barrio Fiesta Restaurant
8 Shakey's Pizza KFC
13 McDonald's
14 Nangking Chinese Restaurant
16 Rosie's Diner
19 American Legion Restaurant

Verschiedenes
1 Jenra Market
14 Philippine National Bank (PNB)
15 Nita's Handicraft
18 Immigration Office

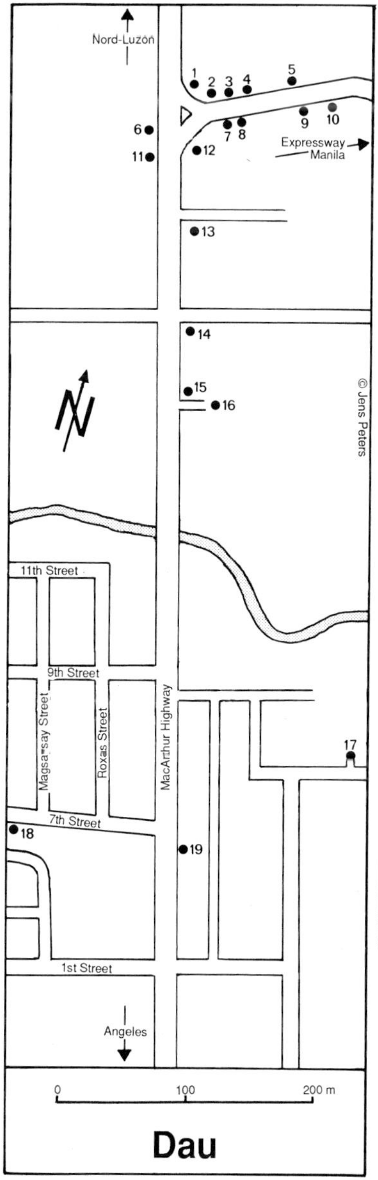

vergleichsweise viel, nämlich 10 bis 30 P (Filipinos bezahlen allerdings weniger).

Baguio
Bus: Von Baguio nach Dau/Angeles fahren täglich etwa stündlich von 5.30 bis 17.00 Uhr Busse der Victory Liner Company, und zwar die mit Ziel Olongapo. Fahrzeit: 4:30 Std. Busse anderer Companies mit Ziel Manila, z.B. Philippine Rabbit, fahren ebenfalls über Dau/Angeles. Achtung: Nicht jeder Bus

fährt über Dau; fragen! Von Dau ist es nur noch ein kurzes Stück bis nach Angeles (Jeepney oder Tricycle).
Von Angeles nach Baguio fährt man am besten ab Dau, wo die Busse von Manila kommend kurz anhalten; Zusteigemöglichkeit.

Banaue
Bus/Jeepney: Von Angeles nach Banaue fährt man am besten in drei Etappen. Mit Wartezeiten dauert dieser Trip insgesamt etwa zehn Stunden, also möglichst früh aufbrechen. Beschreibung siehe Kapitel »Nord-Luzon«: *Banaue: Anreise/Weiterreise.*
Trend Transport, Fields Avenue (bei Rick's Café), das Hotel Sunset Garden Inn und das Sports, Action & Adventure Guidance Center im Premiere Hotel bieten Fahrten mit Minibussen von Angeles nach Banaue an.

Bauang - San Fernando (La Union)
Bus: Von Bauang und San Fernando (La Union) fahren täglich Busse verschiedener Companies, und zwar die mit Ziel Manila. Aussteigen in Dau, von dort ist es nur noch ein kurzes Stück bis nach Angeles (Jeepney oder Tricycle).
Von Angeles nach Bauang und San Fernando (La Union) fährt man am besten ab Dau, wo die Busse von Manila kommend kurz anhalten; Zusteigemöglichkeit.

Laoag - Vigan
Bus: Von Laoag, Vigan und San Fernando (La Union) nach Angeles fahren täglich zahlreiche Busse verschiedener Companies, und zwar die mit Ziel Manila. Aussteigen in Dau, von dort ist es nur noch ein kurzes Stück bis nach Angeles (Jeepney oder Tricycle).
Von Angeles nach Vigan und Laoag fährt man am besten ab Dau, wo die Busse von Manila kommend kurz anhalten; Zusteigemöglichkeit.

Manila
Taxi: Eine klimatisierte Limousine, z.B. von Nissan Car Lease, vom International Airport nach Angeles kostet US$ 60 (plus ein Trinkgeld in Höhe von etwa 100 P, das der Fahrer erwartet). Ticketschalter verschiedener Gesellschaften befinden sich vor dem Ausgang auf der Ankunftsplattform.
Ein reguläres Aircon-Taxi von Manila nach Angeles kostet bei korrekt laufendem Taxameter rund 600 P. Pauschalpreise von 800 bis 1.000 P sind üblich und durchaus akzeptabel.
In Angeles stehen ein paar Aircon-Taxis am Eingang (Main Gate) zum Clark Field, der ehemaligen Clark Air Base. Normalerweise bedienen sie Clark-Einrichtungen wie Duty Free Shops usw., fahren aber auch längere Strecken. Am besten persönlich reservieren und einen Preis aushandeln.
Angeles Transport ist ein privates Taxiunternehmen mit relativ günstigen Preisen, z.B. nach Manila (1.200 P) und Batangas (1.600 P). Reservierung: Cellular Tel. 0918-2313525.

Bus: Von Manila nach Angeles fahren täglich mehrere Busse der Philippine Rabbit Company. Fahrzeit: 1:30 Std. Achtung: Busse, die nicht »Expressway/Dau« anzeigen, fahren über eine Nebenstrecke und halten an jeder Palme.
Man kann auch jeden Bus unter anderem der Companies Philippine Rabbit, Victory Liner, Fariñas oder Maria de Leon Trans nach Baguio, Laoag, Vigan, San Fernando La Union, Dagupan oder Alaminos nehmen, in Dau aussteigen und das kurze Stück zurück nach Angeles mit einem Jeepney oder Tricycle fahren.
Wer von Angeles nach Manila will, kann sich zum Philippine Rabbit Busterminal nach Angeles begeben oder in Dau in einen von Nord-Luzon kommenden Bus zusteigen.

Hotelbusse: Aircon-Hotelbusse von Manila nach Angeles und zurück (Fahrzeit: 2 Std.; Fahrpreis: 200 P, Ninoy Aquino International Airport 300 P): Täglich um 10.30 und 17.30 Uhr (außer Mo u. So, dann um 19.30 Uhr; dieser Bus fährt um 18.30 Uhr ab Airport) ab Centrepoint Hotel, Mabini Street, Ermita, zum Sunset Garden Inn. Abfahrt in Angeles um 8.00 und 13.30 Uhr (außer Mo u. So, dann um 15.00 Uhr; dieser Bus fährt weiter zum Airport).
Täglich um 11.30, 15.30 und 20.00 Uhr ab Swagman Hotel, A. Flores Street, Ermita, zum Swagman Narra Hotel. Abfahrt in Angeles um 8.00, 12.00 und 15.00 Uhr. Airport-Service nach Ankunft in Manila ab Swagman Hotel kostet 100 P.
Täglich um 12.00 und 19.00 Uhr ab Birdwatchers Bar, A. Flores, Ermita, zum Southern Star Hotel. Abfahrt in Angeles um 9.00 und 15.00 Uhr (um 18.00 Uhr von der Birdwatchers Bar zum Airport).

Olongapo

Bus/Jeepney: Von Olongapo nach Dau/ Angeles fahren täglich etwa stündlich Busse der Victory Liner Company, und zwar die mit Ziel Baguio. Fahrzeit: 2:30 Std. Man kann auch einen Bus mit Ziel Manila nehmen, in oder vor San Fernando (Pampanga) aussteigen und dort auf einen Bus oder Jeepney nach Angeles warten.

Subic

Bus: Von Angeles nach Olongapo, Barrio Barretto und Subic fährt täglich um 10.00 Uhr ein Minibus ab Swagman Narra Hotel und um 12.00 Uhr ab Southern Star Hotel und Endeavour Lord Hotel. Abfahrt in Subic um 9.00 und 12.30 Uhr. Fahrzeit: 2 Std.; Fahrpreis: 200 P.

Mount Pinatubo

Für viele der Betroffenen war es wie ein böser Traum, als am 15. Juni 1991 der Mount Pinatubo mit einer beispiellosen Gewalt explodierte. Bis zu 40 Kilometer schossen die Eruptionswolken in die Stratosphäre und verdunkelten den Himmel. Bleiche Blitze zerrissen gespenstisch die Finsternis des Tages, begleitet von rollendem Donner und schockierenden Erdbeben, die nicht enden wollten. Unglaubliche Mengen Asche und Sand gingen auf weite Gebiete rund um den Vulkan nieder, faustgroße Steine flogen durch die Luft, und zu allem Unglück peitschte ausgerechnet zu diesem Zeitpunkt ein heftiger Taifun über den Norden Luzons hinweg. Als Folge der schweren Regenfälle setzten sich verheerende Schlammlawinen *(lahar)* in Bewegung, brachten Brücken zum Einsturz, schoben Häuser beiseite und begruben ganze Dörfer unter sich.
Die meisten der am Pinatubo lebenden Aeta schafften es rechtzeitig, von den Hängen herunterzusteigen, bevor die unaufhörlich niederfallende Asche sie erstickt hätte. Doch die Ungewißheit darüber, ob der Vulkan nicht auch noch glühendheiße, tödliche Gase ausstoßen könnte, ließ viele Menschen die Flucht nach Manila ergreifen.
Dabei hatte alles so harmlos angefangen. Im April 1991, also nur zwei Monate vor dem großen Knall, erwachte der friedlich in die Zambales Mountains eingebettete Berg nach etwa 600 ruhigen Jahren mit einem leichten Rumpeln, und weiße Dampfwölkchen stiegen gemächlich aus einer kleinen Öffnung seitlich des eigentlichen Kraters. Doch schon eine Woche später lieferten die umgehend installierten Seismometer den Vulkanologen eindeutige Hinweise darauf, daß sich in einer Magmakammer tief unter dem Vulkan zunehmend Druck aufbaute und das lang-

sam, aber sicher das Magma aus dem unterirdischen Reservoir durch einen Schlot zum Krater aufstieg. Als am 9. Juni schließlich die ersten größeren Eruptionen einsetzten, ahnte noch keiner etwas von dem Inferno, das in den nächsten Tagen folgen sollte.
Anfang September 1991 beruhigte sich der Vulkan erst einmal wieder, und das ganze Ausmaß der Naturkatastrophe wurde allmählich überschaubar: mehrere 1.000 Hektar fruchtbares Farmland waren verwüstet, über 40.000 Häuser zerstört, fast eine Viertelmillion Menschen waren obdachlos, und nahezu 900 hatten das Desaster nicht überlebt.

Pinatubo-Touren

Filipinos lassen sich so schnell nicht unterkriegen. Wenn auch der Ausbruch des Pinatubo zunächst wie das Ende der Welt anmutete, so krempelten sie nach einer kurzen Atempause die Ärmel hoch, um das Beste aus der Lage zu machen. Das Negative ins Positive kehren, war die Devise. Also wurden Touren zum Pinatubo ins Leben gerufen. Eine absurde Idee? Keinesfalls. Denn touristisch gesehen haben die Auswürfe des Vulkans den Philippinen nämlich nicht nur Leid zugefügt, sondern auch eine neue, wohl einmalige Destination beschert.
Das in einem weiten Gebiet um den Pinatubo angesammelte Eruptivmaterial aus Asche und Sand stellt eine grandiose Landschaftsform dar. Westlich von Angeles erreicht die zusammengepreßte graue Masse Höhen bis zu 20 Metern. Das eindrucksvolle Gelände ist von bizarren Schluchten durchzogen, durch die man stundenlang wandern kann. Andere Gegenden lassen sich dagegen besser mit einem Fahrzeug erkunden. Und wer sich den totalen Überblick verschaffen möchte, sollte in die Lüfte steigen - auch kein Problem.

Halbtägige Wanderung

Es ist ratsam, früh aufzubrechen, denn ab mittags staut sich die Hitze in den Schluchten. Ideal ist eine kleine Gruppe. Auf keinen Fall sollte man alleine losmarschieren, denn es gibt unauffällige Stellen mit tückischem, teilweise heißem Morast und Treibsand, aus dem man ohne helfende Hand und Seil nur schwer wieder herauskommt.
Mehrere Hotels in Angeles bieten lohnende Wanderungen mit kundigen Guides an, z.B. das Sunset Garden Inn, Malabañas Road. Darüber hinaus veranstalten unter anderem Trend Transport (neben Rick's Café), Fields Avenue, und R & J Pinatubo Trek (neben Park Inn), Perimeter Road, mehrstündige Touren zum Preis von etwa 500 P pro Teilnehmer.
Wer eine Wanderung auf eigene Faust unternehmen möchte, fährt am besten zunächst mit einem Jeepney (2 P) ab Checkpoint zum Friendship Gate (»F-Gate«) und von dort mit einem weiteren Jeepney (3 P) zum Dorf Sapang Bato (kein Special Ride erforderlich). In Sapang Bato läßt man sich im kleinen »Information & Registration Office« registrieren (50 P pro Gruppe) und marschiert los. Guides werden ab 350 P vermittelt.
Wer auf einen Guide verzichtet, sollte sich zu orientieren wissen, denn es gibt keinerlei Ausschilderung und zuverlässige, aktuelle Karten.
Vier Stunden im Gelände reichen aus, um hautnah Eindrücke von der Urkraft der Natur zu sammeln. Der Marsch zum acht Kilometer entfernten Vulkan ist nur etwas für Abenteuerlustige mit Bergerfahrung und einer guten Kondition.

Hinweis: Eine zuverlässige, bleibende Routenbeschreibung ist nicht möglich, da sich Teile des Geländes durch Verschiebungen der Asche- und Sandmassen in der Regenzeit verändern.

Ganztägige Auto-Tour
Folgende Rundfahrt ist in der Trockenzeit problemlos mit einem normalen PKW durchführbar: Auf einer Strecke von insgesamt etwa 75 Kilometern geht es zunächst von Angeles in Richtung Südwesten nach Porac. Dabei wird die weite Ebene einstiger Zuckerrohrpflanzungen durchquert, jetzt eine unwirtliche Wüste bis zum Horizont. Der Anblick halbversunkener Siedlungen läßt nur erahnen, welch unglaubliche Mengen an vulkanischem Material der Pinatubo ausgestoßen haben muß. Von Porac weiter über Santa Rita bis zur Straße, die nach San Fernando führt. Rechter Hand liegt Bacolor, der halb versunkene Vorort von San Fernando; ein Abstecher dorthin ist möglich. Als nächster Stopp bietet sich das Mount Pinatubo Museum im Paskuhan Village am Expressway bei San Fernando an, in dem der Vulkanausbruch und seine Folgen durch eine Fotoausstellung anschaulich dargestellt werden. Über den Expressway oder über die Landstraße geht's dann zurück nach Angeles.
Einfache Rundfahrten arrangiert Trend Transport (neben Rick's Café), Fields Avenue, Balibago.

Ein- bis zweistündige Rundflüge
Der Airstrip des ehemaligen Clark Aero Club wurde wieder für kleine Flugzeuge geöffnet. Omni Aviation bietet dort Flüge mit einer zweisitzigen Cessna für 2.000 P/Std. an. Eine viersitzige Maschine kostet 3.500 P/Std., sie muß aber unter Umständen erst von Manila angefordert werden. Darüber hinaus verfügt Omni Aviation über zwei Ultralights; 1.500 P/Std. Reservierung ist empfehlenswert: Tel. 9614574, Fax 9614655.
Die Ultra-light Aircrafts des Angeles City Flying Club fliegen alle ab dem Flight Park des Clubs, MacArthur Highway, Mabiga, Mabalacat (nördlich von Dau). Ein gemütlicher Flug dauert normalerweise etwa 25 Minuten und kostet 700 P. Weiterführende, einstündige Flüge sind ebenfalls möglich. Für Solo-Flüge sind Pilotenschein und Gesundheitsbescheinigung Voraussetzung. Beide Zertifikate kann man über den ACFC erlangen.

Beste Zeit: Auto-Touren und Wanderungen sollten aus Sicherheitsgründen nur in der Trockenzeit durchgeführt werden, am besten in den Monaten Februar, März und April. Rundflüge sind theoretisch das ganze Jahr über möglich, ausgenommen während eines Taifuns. Allerdings könnten wolkenverhangene Regentage Fotografen einen Strich durch die Rechnung machen.

Ausrüstung: Sonnenempfindliche sollten ein langärmliges Hemd anziehen, sinnvoll ist eine Kopfbedeckung. Bei Wanderungen unbedingt Wasser mitnehmen (zwei Liter bei vier Stunden). Bitte keine leeren Flaschen und anderen Müll im Gelände zurücklassen.
Bei Auto-Touren zusätzlich zum Werkzeug noch Abschleppseil und Schaufel sowie ein Brett zum Abstützen des Wagenhebers bei einer Reifenpanne einpacken.

Bataan Peninsula

Eine Rundreise auf der Bataan-Halbinsel westlich von Manila ist nicht möglich, da die Strecke von Bagac nach Olongapo gesperrt ist (sie führt durch die Freihandelszone; FTZ - Free Trade Zone).
Auf dem Mount Samat, etwas südlich der Provinzhauptstadt Balanga, befindet sich Dambana ng Kagitingan, eine nationale Gedenkstätte für die Kriegsopfer der Schlacht auf Bataan. Es ist ein über 90 Meter hohes Kreuz, von dem man eine hervorragende Aussicht auf die ehemaligen Schlachtfelder und die Manila Bay hat.

Ein großer Bereich im Süden der Halbinsel ist Industriegebiet. Von den insgesamt etwa 650 Produktionsstätten der Provinz sind die meisten in der Export Processing Zone von Mariveles angesiedelt. Hergestellt werden unter anderem Waren wie Textilien, Uhren, Elektrogeräte und Autoteile. Zukünftig wird auch die Holzwirtschaft eine Rolle spielen: das Unternehmen TREE (Tree Resources and Environmental Enterprises) hat auf Bataan bereits eine halbe Million Nutzbäume gepflanzt.

Anreise/Weiterreise

Manila

Bus: Von Manila nach Balanga, Mariveles und Morong fahren täglich zahlreiche Busse der Philippine Rabbit Company. Die meisten davon nach Balanga. Fahrzeit bis Mariveles: 3 Std.

Hinweis: Während der Regenzeit kann sich die Fahrzeit verlängern, da dann Teile der Straße von San Fernando nach Olongapo möglicherweise durch Schlammlawinen vom Mount Pinatubo blockiert sind.

Olongapo

Bus: Von Olongapo nach Balanga fahren täglich mehrere Busse der Victory Liner Company. Fahrzeit: 1:30 Std.

Olongapo

Bis 1991 war in Olongapo die siebente Flotte der US-Navy stationiert. Dann mußte sie den Stützpunkt räumen, denn der philippinische Senat hatte entschieden, den zwei Jahre nach Beendigung des Zweiten Weltkrieges geschlossenen Vertrag über die Nutzung militärischer Stützpunkte (Military Bases Agreement) nicht zu verlängern.
Inzwischen wurde das ehemalige Militärgebiet zum Freihafen und es wurde erfolgreich damit begonnen, einen Teil in eine geschäftige Industriezone umzuwandeln. Andere Bereiche sind dagegen für eine touristische Nutzung vorgesehen, darunter auch ein kostbarer Rest Regenwald, in dem unter der Leitung von erfahrenen Ayta einst US-Marines das Überleben im Dschungel trainierten. Jetzt ist er für den Öko- und Abenteuertourismus freigeben. Eine lobenswerte Idee, denn dadurch konnte ein voreiliger Kahlschlag verhindert werden. Eine Jungle Environmental Survival Training (JEST) Camp Tour kostet 250 P. Weitere Informationen dazu unter Tel. 2525397.
Die wirtschaftlichen Erwartungen für Olongapo und die Subic Bay wurden kräftig hochgeschraubt. Insbesondere vom ehrgeizigen Richard Gordon, dem früheren Bürgermeister von Olongapo und jetzigen Vorsitzenden der Subic Bay Metropolitan Authority (SBMA), der sogar von einem nächsten Singapur spricht und bereits ein Modell seiner Vision anfertigen lassen hat.
Der Zugang zum Subic Bay Freeport (SBF), dem ehemaligen Stützpunkt der US-Navy, mit seinen mehreren Hotels, Restaurants, Swimmingpools, Tenniscourts, Casino, Duty Free Shops usw. erfolgt wie zu Ami-Zeiten über die Flußbrücke am Ende des Magsaysay Drive. Besucher müssen sich ausweisen und registrieren lassen.
Als Tagestrip bietet sich von Olongapo aus eine Fahrt zum Mount Samat auf der Halbinsel Bataan an: Mit einem Bus der Victory Liner Company nach Balanga, von dort mit Jeepney oder Minibus bis zum Mount Samat-Abzweig. Die letzten etwa sieben Kilometer bergauf gegebenenfalls zu Fuß gehen (Kopfbedeckung sinnvoll), denn die öffentlichen Verkehrsmittel fahren normalerweise nicht hinauf (gute Straße).
Darüber hinaus ist Olongapo ein guter Ausgangpunkt für Fahrten mit einem Leihwagen, etwa in die Nähe des

Mount Pinatubo oder entlang der Küste von Zambales nach Norden.

Übernachten

Ram's Inn, 765 Rizal Avenue. EZ/DZ/fan 150 P, EZ/DZ/ac 200 P. Einfache, passable Zimmer.
Moonstone Apartelle, 2132 Rizal Avenue, Tel. 2225301. DZ/ac/Bad 770 und 840 P (TV kostet 40 P extra), Apt. 900 und 1.250 P. Das Hotel hat schon bessere Tage gesehen. Coffee Shop. Liegt neben dem großen Markt, wenige Minuten zu Fuß in Richtung Manila ab Victory Liner Busterminal.
Subic Bay International Hotel, Santa Rita Road, Subic Bay Freeport Zone, Tel. 8882288. EZ/DZ/ac/Bad 2.000 bis 4.700 P. Restaurant. Liegt südlich vom Zentrum auf dem Gelände des ehemaligen Stützpunktes.

Adressen/Verschiedenes

Autoverleih: Avis, Subic Sports Plaza, Perimeter Road, Tel. 2223873.
- Subic Bay International Hotel, Santa Rita Road, Subic Bay Freeport Zone, Tel. 2523152.
Tauchen: Siehe »Barrio Barretto und Subic«: *Adressen/Verschiedenes*.
Tourist Office, Building 29, Subic Bay Freeport Zone, Tel. 2223503, 2524835.
Vorwahl: 047.

Anreise/Weiterreise

Mit dem Flugzeug: Der Subic International Airport (Cubi Airport) liegt auf einer Halbinsel fünf Kilometer südlich von Olongapo. Zwischen dem Eingang (main gate) zum Subic Bay Freeport und Airport verkehren Jeepneys und Shuttle-Busse für 8 P.

Alaminos
Bus: Von Alaminos nach Olongapo fahren täglich mehrere Busse der Victory Liner Company. Fahrzeit: 5 Std.

Baguio - Angeles
Bus/Jeepney: Von Baguio nach Olongapo fahren täglich etwa stündlich von 5.30 bis 17.30 Uhr Busse der Victory Liner Company. Zusteigemöglichkeit in Angeles.
Von Angeles kann man auch zunächst einen Jeepney nach San Fernando nehmen, dort an der Kreuzung nach Olongapo aussteigen und auf den nächsten Bus warten. Fahrzeit: von Baguio 6 Std.; von Angeles 2 Std.

Manila
Bus: Von Manila nach Olongapo fahren täglich mehrere Busse der Victory Liner Company, sowohl ab Busterminal in Caloocan City (Rizal Avenue Extension) als auch ab Pasay City (Edsa). Fahrzeit: 2:30 bzw. 3 Std., allerdings können mehrere Baustellen zu erheblichen Verzögerungen führen.

Flug: Air Philippines fliegt täglich von Manila nach Olongapo (Subic) und zurück. Flugzeit: 30 Min.

Schiff: Die MV *Eagle Ferry*, Grand Seaway Ferries, fuhr täglich um 10.00 und 15.30 Uhr von Manila nach Olongapo. Abfahrt ab Ferry Terminal beim Cultural Center Complex am Roxas Boulevard oder ab North Harbor. Fahrzeit: 2 Std. Fahrpreis: 130 P.
Abfahrt von Olongapo nach Manila täglich um 7.00 und 13.00 Uhr ab Subic Bay Freeport Zone.
Hinweis: Diese Verbindung wurde Mitte 1997 (vorübergehend?) eingestellt, möglicherweise saisonbedingt. Bis zum Drucktermin dieses Buches jedoch war nicht sicher, ob und wann die MV *Eagle Ferry* wieder auf dieser Route fahren wird.

San Fernando (Pampanga)
Bus: Von San Fernando nach Olongapo fahren täglich zahlreiche Busse der Victory Liner Company. Fahrzeit: 1:30 Std.

Barrio Barretto und Subic

Nach Abzug der US-Navy machte sich nicht nur in Olongapo eine bekümmerte Kehraus-Stimmung breit, sondern auch in Barrio Barretto und Subic. Beide Orte waren wirtschaftlich fast vollständig von der amerikanischen Base abhängig. Nun setzt man auf Tourismus. Insbesondere als Basis zum Wracktauchen könnten Barrio Barretto und Subic neben Olongapo eine gewisse Zukunft haben; siehe auch »Subic Bay« weiter unten. Zudem verfügen beide Orte über eine stattliche Auswahl unterschiedlicher Hotels und über ein kleines Unterhaltungsangebot.

Übernachten

Barrio Barretto

Heaven Boatshouse, Baloy Beach. EZ/DZ/fan 200 P. Schmucklose, einfache Zimmer. Restaurant.

Pynes Inn, Baloy Beach, Tel. 2225755. EZ/DZ/fan/Bad 300 P. Passable, nette Zimmer. Schöner Balkon zum Meer. Restaurant.

Seaview Resort, Baloy Beach. EZ/DZ/fan/Bad 400 P, mit TV. Geräumige, schön eingerichtete Zimmer. Kleines Resort neben Pynes Inn. Familiäre Atmosphäre. Preiswertes Restaurant. Deutscher Besitzer.

Subic Bayside Hotel, 85 National Highway, Tel. 2224580. Cottage 385 P, EZ/DZ/ac/Bad 440 und 660 P (mit TV). Motel mit unterschiedlich guten Zimmern. Die schmucken Cottages sind leider etwas klein und ohne Bad.

Subic Bay Garden Inn, National Highway/Ecke Montelibano Street, Tel. 2224550. EZ/DZ/ac/Bad 400 P. Mit TV, manche auch mit Kühlschrank. Ordentliche Zimmer. Kleiner Garten. Restaurant.

Bart's Resort Hotel, National Highway, Tel. 2234148, Fax: 2234149. EZ/DZ/fan/Bad 400 P, EZ/DZ/ac/Bad 490 P. Mit TV. Nette, zum Meer liegende Fan-Zimmer. Angenehme kleine Anlage. Restaurant. Kleiner Swimmingpool.

By The Sea Inn, 99 National Highway, Tel. 2224560, Fax: 2222718. EZ/DZ/ac/Bad 400 bis 1.300 P. Mit Kühlschrank und TV. Gute, unterschiedlich komfortable Zimmer, die besseren mit Meeresblick. Restaurant (24 Std.).

Dryden Hotel, 58 National Highway, Tel. 2224547. DZ/ac/Bad 600 P. Ruhig. Sauber. Restaurant. Liegt neben Subic Bay Garden Inn.

Halfmoon Hotel. National Highway, Tel 2224987, Fax: 2224918. EZ/DZ/ac/Bad 750 bis 1.350 P. Recht gute Zimmer mit TV, die ruhigen liegen zum Swimmingpool (30 P Eintritt für Nicht-Hotelgäste). Schöne Anlage. Restaurant.

Marmont Resort Hotel, Montelibano Street, Tel. 2223791, Fax: 2225571. EZ/DZ/ac/Bad ab 900 P, Suite ab 2.600 P. Mit TV. Auch Monatsraten. Komfortable Zimmer, manche könnten jedoch eine Renovierung vertragen. Restaurant. Nightclub. Swimmingpool (50 P Eintritt für Nicht-Hotelgäste). Fitness-Center.

Subic Mirage Hotel, National Highway, Tel. 2239245. EZ/DZ/ac/Bad 1.200 bis 1.700 P. Ansprechende Zimmer mit Kühlschrank und TV. Restaurant.

Suzuki Beach Hotel, Samar Street, Tel. 2239965, Fax: 2234155. EZ/DZ/ac/Bad 1.350 bis 2.300 P. Das beste Hotel in Barrio Barretto mit tadellosen Zimmern mit Kühlschrank und TV, die teuren mit Blick auf die Subic Bay. Restaurant. Liegt am Wasser, etwas abseits vom Highway.

Subic

Bamboo Inn, Calapacuan. EZ/fan/Bad 500 P, EZ/DZ/ac/Bad 800 P. Annehmbare Zimmer, die klimatisierten mit TV. Wochen- und Monatsraten mög-

Anreise/Weiterreise
20 By the Sea Travel & Tours
Busse nach Angeles
24 Caltex-Tankstelle
27 Swagman Travel

Übernachten
1 The Set
2 Sandy's Place
4 Pynes Inn
Seaview Resort
5 El Peso Inn
8 Heaven Boatshouse
9 Zanzibar Hotel
12 Bart's Guest House
15 Samori Hotel
16 Dryden Hotel
17 Subic Bay Garden Inn
19 Marmont Resort Hotel
20 By the Sea Inn
23 Subic Bayside Hotel
25 Suzuki Beach Hotel
26 Subic Mirage Hotel
29 Halfmoon Hotel

Essen und Trinken; Unterhaltung
3 La Casa Verde Restaurant
4 Pynes Restaurant
Seaview Restaurant
5 El Peso Café
6 Beach Boulevard Café
7 Mr. Pumpernickel
11 Midnight Rambler
13 Mango's Beach Bar & Restaurant
15 Swiss Tavern
17 Subic Bay Garden Coffee Shop
20 By the Sea Restaurant
21 Vives Pizza Restaurant
22 VFW
28 Coffee Shop

Verschiedenes
10 Palladium Beach Resort
18 Marmont Fitness Center

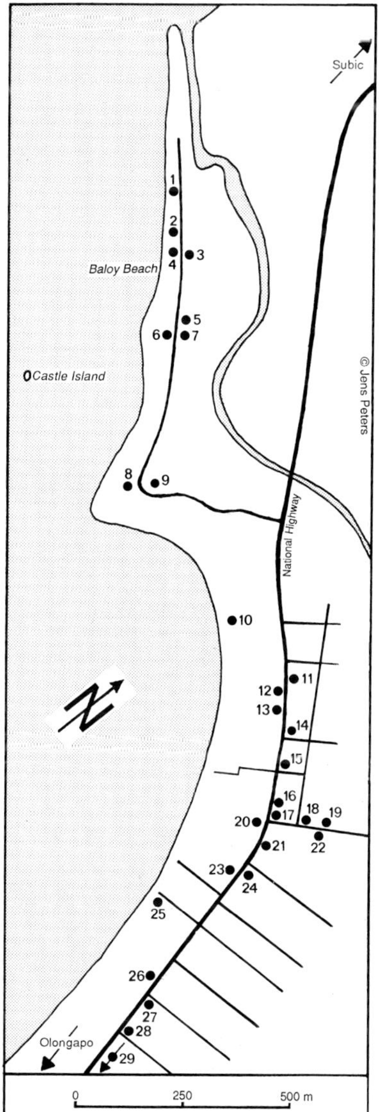

Barrio Barretto

Zentral-Luzon

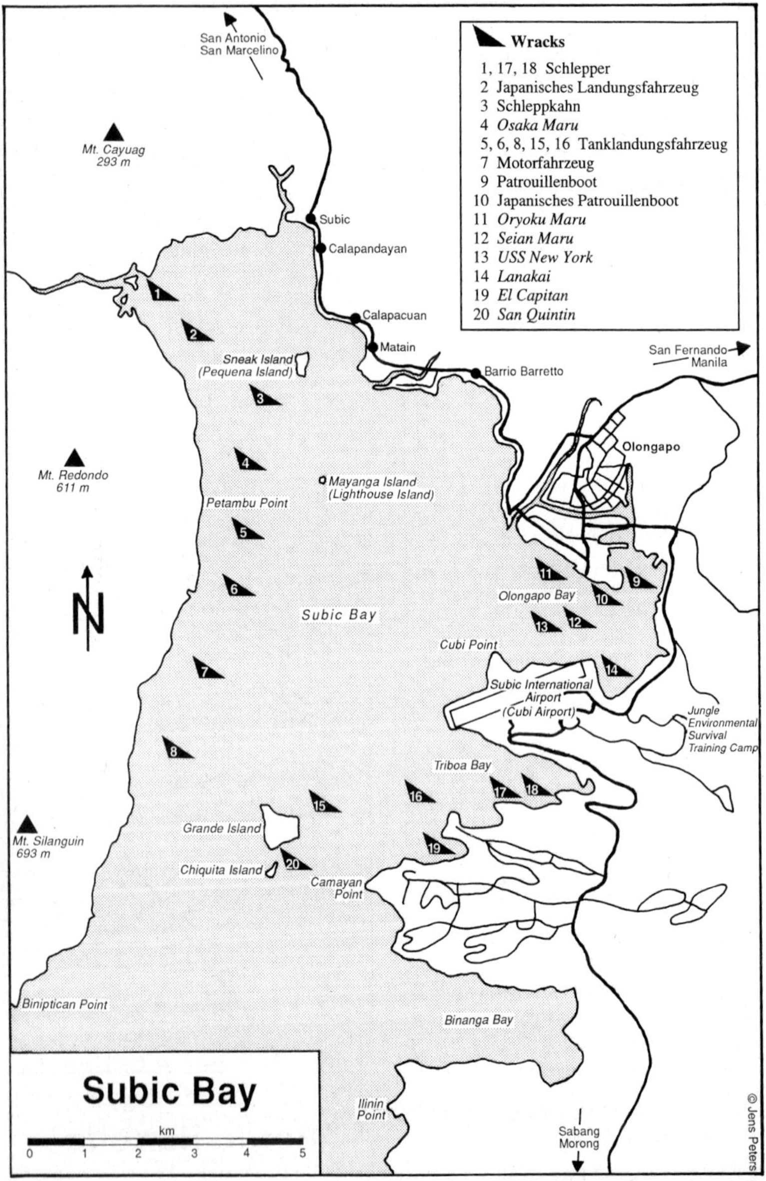
Wracks
1, 17, 18 Schlepper
2 Japanisches Landungsfahrzeug
3 Schleppkahn
4 Osaka Maru
5, 6, 8, 15, 16 Tanklandungsfahrzeug
7 Motorfahrzeug
9 Patrouillenboot
10 Japanisches Patrouillenboot
11 Oryoku Maru
12 Seian Maru
13 USS New York
14 Lanakai
19 El Capitan
20 San Quintin
San Antonio
San Marcelino
Mt. Cayuag
293 m
Subic
Calapandayan
Calapacuan
Matain
Sneak Island
(Pequena Island)
Barrio Barretto
San Fernando
Manila
Olongapo
Mt. Redondo
611 m
Mayanga Island
(Lighthouse Island)
Petambu Point
Olongapo Bay
Subic Bay
Cubi Point
Subic International
Airport
(Cubi Airport)
Jungle
Environmental
Survival
Training Camp
Triboa Bay
Grande Island
Mt. Silanguin
693 m
Chiquita Island
Camayan
Point
Biniptican Point
Binanga Bay
Subic Bay
km
0
1
2
3
4
5
Ilinin
Point
Sabang
Morong
© Jens Peters

lich. Gutes Restaurant. Bambooza Floating Bar.
White Rock Resort Hotel, Matain, Tel. 2222398, Fax: 2222398. EZ/ac/Bad 2.650 P, DZ/ac/Bad 3.350 P. Gepflegte Anlage mit komfortablen Zimmern. Restaurant. Swimmingpool (30 P Eintritt für Nicht-Hotelgäste).

Essen und Trinken
Ausgezeichnet sind die Gerichte im ***By the Sea Restaurant*** des gleichnamigen Hotels am National Highway. Schweizer Spezialitäten gibt es in der beliebten ***Swiss Tavern***. Ausgezeichnet ist das Preis-Leistungsverhältnis im ***Coffee Shop*** (empfehlenswerte Tacos). Das Kneipenrestaurant ***VFW*** (The Veterans Bar) gegenüber vom Marmont Hotel serviert amerikanisches Essen.
Am Baloy Beach finden sich weitere Restaurants, darunter das preisgünstige ***Seaview Restaurant*** mit vorzüglichen deutschen und philippinischen Gerichten (erstklassiges Frühstück mit selbstgebackenem Brot), ***Mr. Pumpernickel*** mit guter deutscher Küche, ***Beach Boulevard Café*** und ***El Peso Café***.

Unterhaltung
Entlang des National Highway hat eine Handvoll Lokale den Abzug der Amerikaner überlebt, glücklicherweise auch der ***Midnight Rambler*** mit super Musik, bestem Sound, guten Drinks und einer insgesamt tollen Atmosphäre.

Adressen/Verschiedenes
Swagman Travel, 30 National Highway, Tel. 2234356, 2224610. Buchung und Bestätigung von Inlands- und internationalen Flügen. Visaverlängerung.
Tauchen: Tauchkurse und Informationen zum Wracktauchen (zwei Tauchgänge 2.000 P) in der Subic Bay bei Subic Bay Aqua Sports, Building 249, Waterfront Road, Subic Bay Freeport, 2260 Olongapo, Tel. 2527343, Fax: 8135677.
Telefonieren: Im Reisebüro By the Sea Travel & Tours können Überseegespräche geführt werden.
Vorwahl: 047.

Anreise/Weiterreise
Jeepney/Bus: Von Olongapo nach Barrio Barretto und Subic fahren täglich zahlreiche Blue Jeepneys. Aber aufgepaßt: Auf dieser Strecke versuchen Taschendiebe gerne ihr Glück! Man kann auch einen Bus der Victory Liner Company nehmen, der nach Iba fährt. Fahrzeit: 15 Min.

Um Barrio Barretto

Subic Bay
Erst im Jahr 1885, also über 300 Jahre nach der Eroberung Manilas, beschlossen die Spanier den Bau eines Arsenals in Olongapo. Bis dahin hatten sie die strategische Bedeutung der tiefen Subic Bay überhaupt nicht zur Kenntnis genommen und ihre Schiffe bei Cavite geankert, repariert und ausgerüstet.
Mit Ausbruch des spanisch-amerikanischen Krieges gegen Ende des 19. Jahrhunderts sollte die Subic Bay dann zum wichtigsten Marinestützpunkt Spaniens auf den Philippinen ausgebaut werden. Doch dazu kam es nicht mehr: Auf der in der engen Einfahrt liegenden Grande Island waren die zur Verteidigung herbeigeschafften Kanonen noch nicht einmal gefechtsklar installiert, als der amerikanische Admiral Dewey die spanische Flotte in der Bucht von Manila attackierte und vollständig zerstörte.
Die Amerikaner begannen ab 1900 mit dem Ausbau der Subic Bay zur Naval Station. Ein riesiges schwimmendes Trockendock wurde herangeschleppt und Versorgungslager für die Marine eingerichtet. Im Zweiten Weltkrieg besetzten die Japaner Olongapo und Gran-

de Island, mußten aber Anfang 1944 nach schweren Verlusten das Feld wieder räumen. Die siegreichen Amerikaner festigten ihren Anspruch auf verschiedene Militärbasen auf den Philippinen durch ein 1947 mit der philippinischen Regierung vereinbartes Abkommen (Military Bases Agreement), das ihnen auch die Nutzungsrechte der Subic Bay und angrenzender Küstenbereiche für 99 Jahre garantierte.
In den fünfziger Jahren wurde auf einer künstlichen Halbinsel der Cubi Airport gebaut. Ein für die damalige Zeit gewaltiges Unternehmen, das nicht nur die Aufschüttung enormer Mengen Erde notwendig machte, sondern überdies vorab das Abtragen eines kompletten Berges erforderte.
Der Vietnamkrieg setzte auch für Subic Bay neue Maßstäbe. Durchschnittlich 30 amerikanische Kriegsschiffe ankerten täglich in der Bucht, mehrere tausend US-Militärs waren stationiert und die Zahl der philippinischen Hilfskräfte stieg auf über 15.000.
1979 wurde die 1947 getroffene Vereinbarung berichtigt: die Amerikaner übergaben das Hoheitsrecht über die Militärbasen an die Filipinos, und das Nutzungsrecht wurde an einen Pachtvertrag mit einer Laufzeit bis 1991 gekoppelt. Allein die Nutzung der Subic Bay sollte dem philippinischen Staat nun jährlich 500 Millionen US-Dollar einbringen.
Obwohl der Ausbruch des Mount Pinatubo im Juni 1991 die Zerstörung zahlreicher Einrichtungen der Subic Bay Naval Station zur Folge hatte, wollten die Amerikaner den Stützpunkt aufrechterhalten. Doch die philippinische Regierung lehnte im September 1991 eine Verlängerung des Pachtvertrages ab, gestand der US-Navy als Kompromiß jedoch einen Zeitraum von drei Jahren zu, um Subic Bay zu räumen.
Nach Aufhebung des militärischen Sperrgebiets stellt die Subic Bay heute ein hochkarätiges Tauchrevier für Wracktaucher dar. Mindestens 20 Wracks liegen auf Grund, darunter das 1891 gebaute Schlachtschiff USS *New York* (gesunken 1941; Tiefe: 27 Meter), das japanische Passagierschiff *Oryoku Maru* (gesunken 1944; Tiefe: 20 Meter) und der japanische Frachter *Seian Maru* (gesunken 1945; Tiefe: 27 Meter).

Subic Bay Touren: Bootsfahrten veranstaltet By The Sea Travel & Tours, Barrio Barretto, Tel. 2224558. Dauer: 4 Std.; 400 P pro Person (mindestens vier Teilnehmer).

Grande Island

Am Eingang der Subic Bay, etwa 20 Minuten mit dem Boot von Olongapo, liegt Grande Island. Ein Besuch dieser Insel war bis zum Abzug der US-Navy ausschließlich den Amerikanern vorbehalten, die sich dort vom Militärdienst erholten (Rest & Recreation Resort). Jetzt ist sie auch der Öffentlichkeit zugänglich, wovon jedoch fast nur Einheimische Gebrauch machen (vermutlich sind den Ausländern die Preise zu hoch).

Anreise/Weiterreise

Eine Tagestour von Olongapo zur Grande Island kostet 875 P, inklusive An- und Abfahrt, Begrüßungsdrink, Lunch Buffet und Benutzung der Einrichtungen. Abfahrt in Olongapo ab SBMA, Fleet Landing. Reservierung in Olongapo unter Tel. 2233401.

Mount Pinatubo

Ebenso wie Angeles (siehe dort) bieten sich Barrio Barretto und Olongapo als Ausgangpunkte für Pinatubo-Touren an.

Pinatubo-Rundflüge

Flüge mit einer Cessna 180 zum Pinatubo können gebucht werden bei: Subic Bay Aqua Sports, Building 249, Waterfront Road, Subic Bay Freeport Zone, Olongapo, Tel. 2523005 und 2527343.

Pinatubo Lake

Der sogenannte Pinatubo Lake oder New Lake wurde nach Ausbruch des Vulkans durch Lahar-Ströme gestaut, die sich unaufhaltsam zu Tal wälzten. Aus dem See ragen die Reste der überfluteten Kleinstadt Buhawen, darunter ein Glockenturm, die Schule und die Dächer zahlreicher Wohnhäuser. Oberhalb des Sees erkennt man einen Damm, der vor dem Vulkanausbruch von der ansässigen Benguet-Dizon Mining Company errichtet wurde. Sollte er brechen, wären vermutlich alle Orte des Tals bis hinunter zur Küste betroffen. Ein Angestellter der Company begleitet Besucher vom Check-Point zum See und führt sie auch ein wenig herum.

Anreise/Weiterreise

Fahrten zum Pinatubo Lake werden für 450 P pro Person von By The Sea Travel & Tours, Barrio Barretto, Tel. 2224558, durchgeführt. Sie können ebenso im Restaurant Mr. Pumpernickel gebucht werden (250 bis 450 P pro Person). Der Trip ist aber auch mit einem Leihwagen machbar:
Von Barrio Barretto geht's über Subic nach San Marcelino, dort rechts abbiegen nach San Rafael und dann die Piste am breiten Flußbett des Marbella River entlang hinauf nach Buhawen zum Pinatubo Lake. Die Piste von San Marcelino nach Buhawen ist relativ gut befahrbar, jedoch ziemlich staubig. Daher eignet sich ein geschlossenes Fahrzeug besser als ein offener Jeep.
Bedenken sollte man, daß durch starken Regen ausgelöste Schlammlawinen die Landschaft und somit auch die Anfahrt zum See verändern können.

Nord-Luzon

Luzon ist mit über 100.000 Quadratkilometern die größte Insel der Philippinen und Heimat für etwa die Hälfte aller Filipinos. Im wirtschaftlichen und kulturellen Bereich nimmt Luzon ebenfalls die Spitzenposition ein. Auch kann die Fülle touristischer Attraktionen dieser Insel von keiner anderen geboten werden.
In Nord-Luzon imponieren in erster Linie die Mountain Province und die Ifugao Province mit ihren Reisterrassen und den dort lebenden kulturellen Minderheiten. Aber auch zum Hundred Islands National Park und zu den Stränden am Lingayen Gulf zieht es zahlreiche Reisende. Weniger besucht werden dagegen die beiden gepflegten Provinzen Ilocos Norte und Ilocos Sur mit der historischen Stadt Vigan, den alten, spanischen Kirchen und den langgestreckten Sanddünen.

Die Küste von Zambales

Wer zum Hundred Islands National Park will, muß erst einmal nach Alaminos, Pangasinan Province, fahren. Das geht direkt ab Manila (siehe weiter unten), aber auch alternativ dazu über Olongapo (siehe Kapitel »Zentral-Luzon«) und entlang der Küste von Zambales, wo insbesondere im südlichen Abschnitt die verheerenden Auswirkungen des Pinatubo-Ausbruchs noch über Jahre das Landschaftsbild bestimmen dürften.
Zwischen San Antonio und Iba gibt es einige zum Teil kilometerlange Strände mit Übernachtungsmöglichkeiten. Bisher erst wenig besuchte Strände befinden sich etwa 80 Kilometer nördlich von Iba an der Dasol Bay, z.B. Tambobong White Beach, 15 Kilometer außerhalb von Dasol. Bemerkenswert sind auch die großflächigen Anlagen zur Salzgewinnung aus Meerwasser, die nördlich von Santa Cruz weite Teile der Landschaft prägen.

Anreise/Weiterreise

Olongapo - Zambales-Küste - Alaminos

Bus: Von Olongapo über San Antonio, Botolan und Iba nach Alaminos fahren täglich mehrere Busse der Victory Liner Company. Wer von Manila aus diese Strecke fahren möchte, fährt zunächst mit einem Bus der Victory Liner Company bis nach Olongapo und steigt dort um. Fahrzeit von Olongapo nach San Antonio: 45 Min.; nach Botolan: 2 Std.; nach Iba: 2:30 Std.; nach Alaminos: 5 Std.

San Antonio, Pundaquit und San Miguel

Nach einer Dreiviertelstunde Fahrt ab Olongapo erreicht man San Antonio, eine gemütliche Kleinstadt mit einem sauberen Markt. Ab Plaza fährt mindestens zweimal täglich ein Jeepney zum fünf Kilometer entfernten Pundaquit.

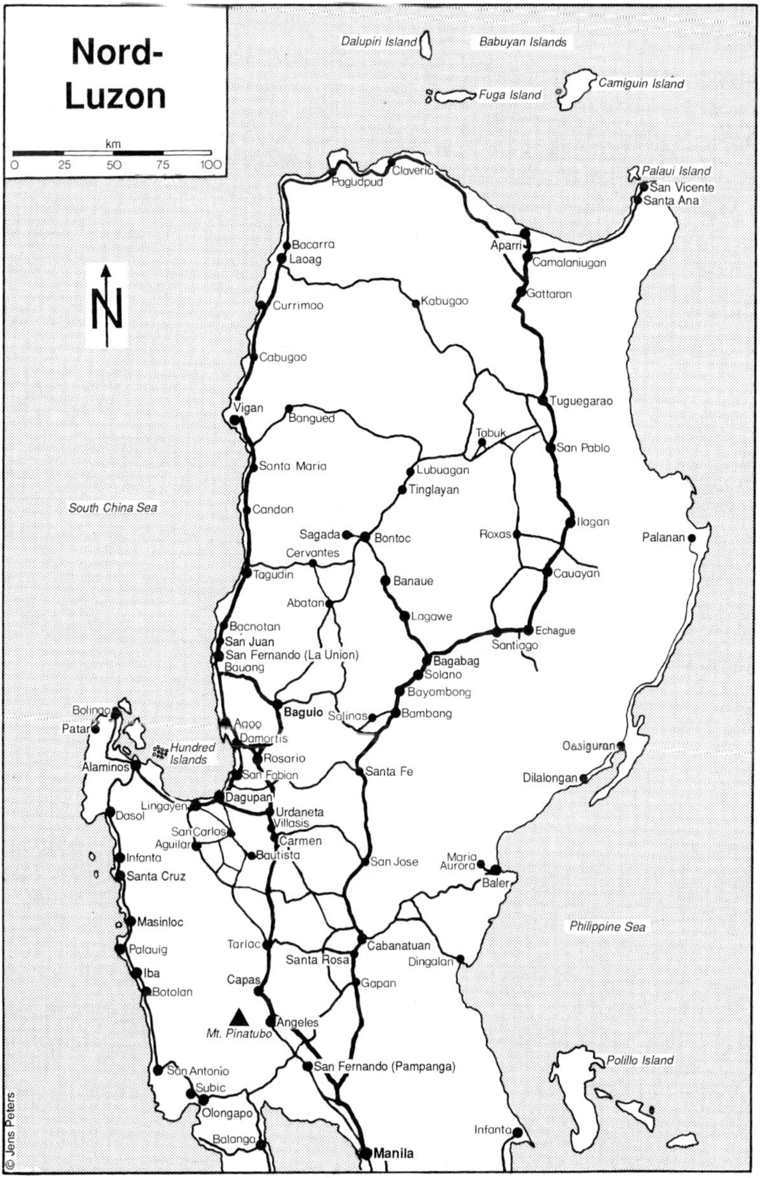
Nord-
Luzon
km
0
25
50
75
100
N
Dalupiri Island
Babuyan Islands
Fuga Island
Camiguin Island
Palaui Island
San Vicente
Santa Ana
Claveria
Pagudpud
Bacarra
Laoag
Aparri
Camalaniugan
Gattaran
Kabugao
Currimao
Cabugao
Vigan
Bangued
Tuguegarao
Tabuk
San Pablo
Santa Maria
Lubuagan
Tinglayan
South China Sea
Candon
Sagada
Bontoc
Roxas
Ilagan
Palanan
Cervantes
Tagudin
Banaue
Cauayan
Abatan
Lagawe
Bacnotan
San Juan
San Fernando (La Union)
Bauang
Echague
Santiago
Bagabag
Solano
Bayombong
Bolinao
Patar
Baguio
Salinas
Bambang
Agoo
Damortis
Hundred Islands
Rosario
Alaminos
San Fabian
Santa Fe
Oasiguran
Dilalongan
Lingayen
Dagupan
Urdaneta
Villasis
Dasol
San Carlos
Aguilar
Carmen
Bautista
Infanta
Santa Cruz
San Jose
Maria Aurora
Baler
Masinloc
Philippine Sea
Tarlac
Cabanatuan
Palauig
Santa Rosa
Dingalan
Iba
Capas
Gapan
Botolan
Mt. Pinatubo
Angeles
Polillo Island
San Antonio
San Fernando (Pampanga)
Subic
Olongapo
Infanta
Balanga
Manila
© Jens Peters

Nord-Luzon

Pundaquit ist ein kleines Fischerdorf an einer attraktiven Bucht mit langem Strand. Von dort aus kann man für etwa 600 bis 800 P/Tag mit einem Boot die südliche Küste von Zambales mit ihren tiefeingeschnittenen Buchten erkunden oder einen Tagestrip zu den vorgelagerten Inseln Camera und Capones unternehmen, die gelegentlich auch von Tauchern aufgesucht werden. Beide sind felsig und haben weiße Strände. Capones ist teilweise auch mit Palmen und Büschen bewachsen. Am Westende dieser Insel, die wie ein Dom aus dem Meer ragt, steht ein Leuchtturm.
Von Pundaquit aus kann man am breiten Strand entlang bis nach San Miguel (und weiter) laufen, wobei einmal ein nicht sehr tiefer Fluß durchquert werden muß. Am Strand von San Miguel gibt es keine Übernachtungsmöglichkeiten! Zwischen San Miguel und San Antonio verkehren Tricycles.

Übernachten
San Miguel Hotel, San Miguel. EZ/DZ/fan/Bad 150 P, EZ/DZ/ac/Bad 250 P. Einfach. Liegt an der Straße etwas nördlich von San Antonio.
Big Foot Resthouse, San Miguel. EZ/DZ/fan/Bad 170 P, EZ/DZ/ac/Bad 300 P, mit TV 320 P. Für den Preis eine relativ gute Unterkunft. Restaurant. Liegt an der Straße etwas nördlich von San Antonio.
Capones Beach Resort, Pundaquit. EZ/DZ/fan/Bad 500 P, EZ/DZ/ac/Bad 700 P. Von Juli bis Oktober 40 Prozent Discount. Einfache, zweckmäßig eingerichtete, akzeptable Zimmer. Die Aircon-Zimmer mit Kühlschrank. Teures Restaurant. Billard. Tauchen. Ruhige, kleine Anlage am Strand.

Essen und Trinken
Philippinische und deutsche Gerichte werden im ***Meathouse Carlsberg Garden Restaurant*** in San Miguel serviert. Das ***San Miguel Restaurant*** bietet gutes philippinisches Essen, gelegentlich sogar mit Live-Music. In San Antonio kann man preiswert im ***Market*** essen.

Botolan

Bis zum Ausbruch des Pinatubo war Botolan ein guter Ausgangspunkt, um die Negritos der Zambales Mountains zu besuchen. Von diesem kleinen Ort etwa sieben Kilometer südlich von Iba fuhren ehemalige *weapon carrier* (alte Lastwagen) ins Landesinnere nach Maguisguis oder Villar - vielleicht fahren sie ja bereits wieder. Die Ayta-Negritos haben ihren angestammten Lebensraum allerdings verloren und wurden zum Teil von Hilfsorganisationen nach anderen Inseln umgesiedelt, unter anderem nach Mindoro.

Übernachten
Rama International Beach Resort, Binoclutan. Dorm/fan 200 P, EZ/fan/Bad 550 P, DZ/ac/Bad 750 P. Weitläufige Anlage mit soliden Steincottages. Restaurant. Liegt etwa sieben Kilometer südlich von Botolan.

Iba

Iba ist die Hauptstadt der bergigen Zambales Province, die im Westen durch das Südchinesische Meer begrenzt wird. Etwas außerhalb der Stadt gibt es mehrere Beach Resorts, von denen einige leider etwas heruntergekommen sind - ganz im Gegensatz zu deren Übernachtungspreisen.
Der wahrscheinlich beste Strand befindet sich nur etwas nördlich von Iba, gleich hinter dem Airstrip. Jedes Jahr im März findet in der Stadt das Kalighawan Festival mit Paraden, Spielen, Schönheitswettbewerb, kulturellen Aktivitäten und landwirtschaftlichen Ausstellungen statt.

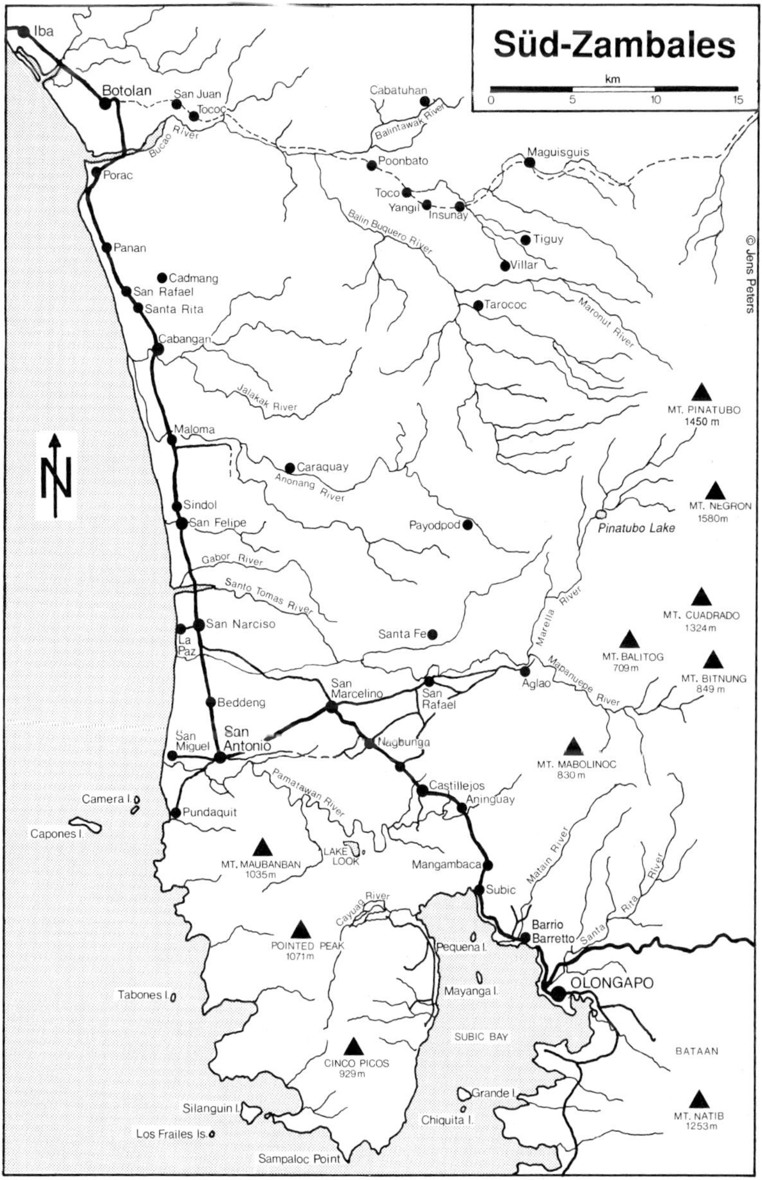
Süd-Zambales
km
0
5
10
15
© Jens Peters
Iba
Botolan
San Juan
Tococ
Bucao River
Cabatuhan
Balintawak River
Poonbato
Maguisguis
Porac
Toco
Yangil
Insunay
Balin Buquero River
Tiguy
Villar
Panan
Cadmang
San Rafael
Santa Rita
Tarococ
Maronut River
Cabangan
Jalakak River
MT. PINATUBO
1450 m
Maloma
Caraquay
Anonang River
MT. NEGRON
1580m
Sindol
San Felipe
Payodpod
Pinatubo Lake
Gabor River
Santo Tomas River
Marella River
MT. CUADRADO
1324m
San Narciso
La Paz
Santa Fe
MT. BALITOG
709m
MT. BITNUNG
849 m
Aglao
Mapanuepe River
San Marcelino
San Rafael
Beddeng
San Miguel
San Antonio
Nagbunga
MT. MABOLINOC
830 m
Camera I.
Castillejos
Aninguay
Pamatawan River
Capones I.
Pundaquit
MT. MAUBANBAN
1035m
LAKE LOOK
Mangambaca
Matain River
Subic
Santa Rita River
Cayuag River
Barrio Barretto
POINTED PEAK
1071m
Pequena I.
OLONGAPO
Tabones I.
Mayanga I.
SUBIC BAY
BATAAN
CINCO PICOS
929m
Grande I.
Silanguin I.
Chiquita I.
MT. NATIB
1253m
Los Frailes Is.
Sampaloc Point
N

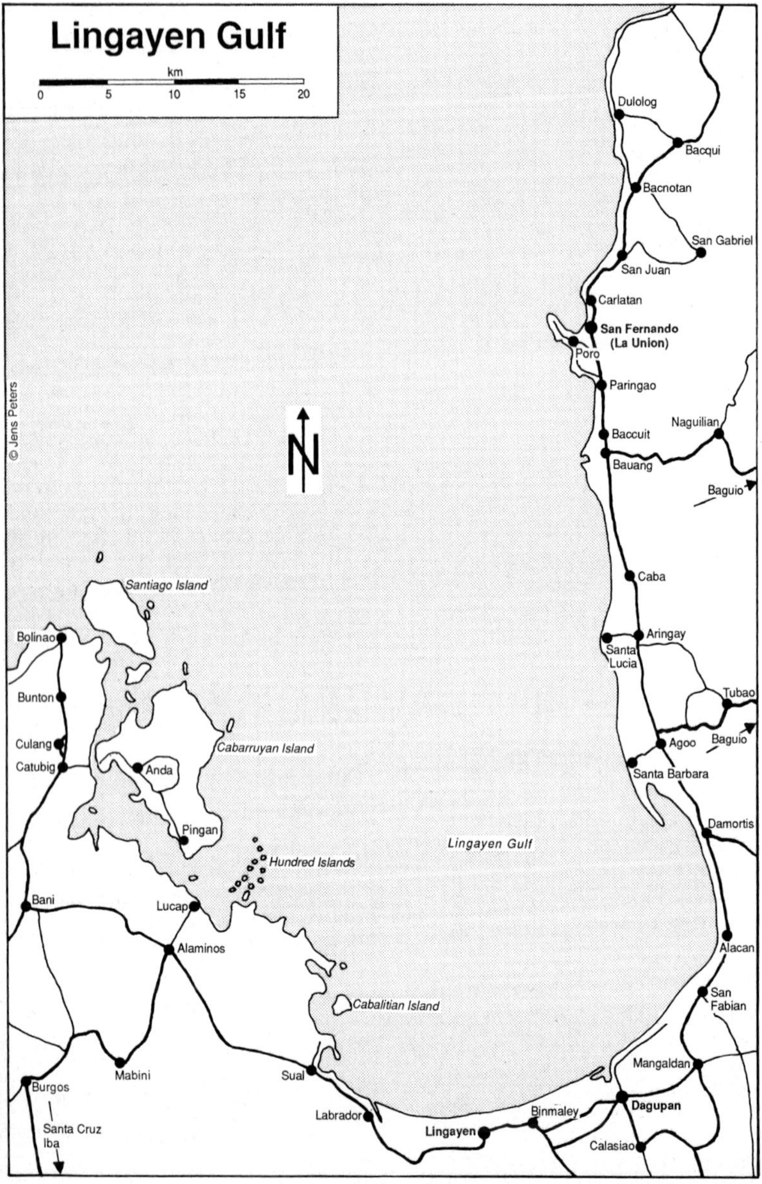
Lingayen Gulf
km
0
5
10
15
20
© Jens Peters
N
Dulolog
Bacqui
Bacnotan
San Gabriel
San Juan
Carlatan
San Fernando
(La Union)
Poro
Paringao
Naguilian
Baccuit
Bauang
Baguio
Caba
Aringay
Santa
Lucia
Tubao
Agoo
Baguio
Santa Barbara
Damortis
Alacan
San
Fabian
Mangaldan
Dagupan
Calasiao
Binmaley
Lingayen
Labrador
Sual
Cabalitian Island
Lingayen Gulf
Hundred Islands
Santiago Island
Bolinao
Bunton
Culang
Catubig
Cabarruyan Island
Anda
Pingan
Bani
Lucap
Alaminos
Mabini
Burgos
Santa Cruz
Iba

Übernachten

Sand Valley Beach Resort, Tel. 9221739. EZ/DZ/fan/Bad 450 P, EZ/DZ/ac/Bad 800 P. Diese Anlage scheint die besten Zeiten bereits hinter sich zu haben. Liegt etwa einen Kilometer nördlich von Iba.
Vicar Beach Resort, Bangantalinga, Tel. 7114252. Cottage/fan/Bad 650/850 P. Schöne Anlage, wenn auch vielleicht etwas zu teuer. Attraktiv an einer leicht geschwungenen, palmenbestandenen Bucht etwa vier Kilometer nördlich von Iba gelegen. Restaurant.
Palmera Garden Beach Resort, National Road, Bangantalinga, Tel. 8111886. EZ/DZ/fan/Bad 700 P, EZ/DZ/ac/Bad 850 P. Neue Anlage mit einwandfreien Zimmern und Cottages mit TV. Schweizer Management. Restaurant. Beach Bar. Swimmingpool. Liegt neben dem Vicar Beach Resort.

Essen und Trinken

Am nördlichen Ortsausgang von Iba gibt es ein paar Restaurants, darunter ***Don Guilano's Pizza*** mit guten und preiswerten Gerichten. Verschiedene Resort-Restaurants sind in der Nebensaison geschlossen. Für Selbstversorger bieten dann der Markt und Supermarkt hinreichende Einkaufsmöglichkeiten.

Adressen/Verschiedenes

Vorwahl: 047.

Am Golf von Lingayen

Lucap und Alaminos

Lucap ist ein kleiner Flecken am Golf von Lingayen, allerdings ohne Strand und Bademöglichkeit. Von dort gelangt man zum Hundred Islands National Park, der insbesondere in der Osterwoche von sehr vielen einheimischen Touristen besucht wird. Die Hotels könnten dann ausgebucht sein. Nachtschwärmer werden in Lucap kaum auf ihre Kosten kommen, denn spätestens um 22.00 Uhr schließen die wenigen Restaurants. Die Unterhaltungsmöglichkeiten im nahen Alaminos beschränken sich auf Bowling und Disco. Etwas außerhalb von Alaminos finden sonntags Hahnenkämpfe statt.
Trips ab Alaminos: nach Agno zum Sabangan Beach mit seinen Umbrella Rocks, oder nach Bani zu den Nalsoc Caves mit unterirdischem Fluß (Jeepney nach Bani, weiter mit Jeepney nach Tiep und von dort für etwa 30 P mit einem Tricycle nach Colaya).

Übernachten

Die nachfolgenden Preisangaben beziehen sich auf die Nebensaison. In der Hauptsaison, das sind die Osterwoche und die Wochenenden im April und Mai, erhöhen einige Hotels ihre Preise um 50 bis 100 Prozent.
Kilometer One Tourist Lodge, Lucap. EZ/fan 150 P, DZ/fan 250 P. Einfach. Fungiert auch als Youth Hostel. Restaurant.
Gloria's Cottages, Lucap. EZ/DZ/fan 200/250 P, EZ/DZ/fan/Bad 250/350. Geräumige Zimmer in Cottages auf Stelzen im Meer, teilweise etwas in die Jahre gekommen. Freundliches Management.
Ocean View Lodge, Lucap, Cellular Tel. 0912-3205579. EZ/DZ/fan 225/250 P, EZ/fan/Bad 300 P, DZ/fan/Bad 350 P, EZ/DZ/ac/Bad 750 P. Einfache, akzeptable Zimmer. Restaurant.
Hundred Islands View Lodge, Lucap, Cellular Tel. 0912-3146180. EZ/fan/Bad 400 P, DZ/fan/Bad 600 P, EZ/ac/Bad 500 P, DZ/ac/Bad 800 P. Restaurant. Karaoke-Bar.
Maxine by the Sea, Lucap, Cellular Tel. 0912-3049461. EZ/DZ/fan 350 P, EZ/DZ/ac/Bad 650 P. Ordentliche, zweckmäßige Zimmer. Restaurant. Schöne Terrasse.

The Last Resort, Lucap. EZ/DZ/fan/Bad 450 P, EZ/DZ/ac/Bad 600 bis 700 P. Relativ guter Gegenwert. Restaurant. Bootsservice.
Alaminos Hotel, Quezon Avenue, Alaminos. EZ/fan 150 P, EZ/DZ/fan/Bad 200 P, EZ/DZ/ac/Bad 500 P. Relativ gute Zimmer. Restaurant.

Essen und Trinken

Relativ preiswert essen kann man in Lucap in den kleinen ***Canteens*** am Anleger. Teurer dagegen sind die Restaurants verschiedener Lodges, z.B. das ***Ocean View Restaurant*** und das luftige ***Maxine by the Sea Restaurant***. Bis auf das ***The Last Resort Restaurant*** schließen sie an den meisten Tagen jedoch schon sehr früh, manchmal bereits um 20.00 Uhr.
In Alaminos ist das ***Plaza Restaurant*** empfehlenswert, in dem bisweilen Folksinger auftreten, eventuell auch das ***Imperial Restaurant***.

Anreise/Weiterreise

Alaminos
Tricycle: Zwischen Alaminos und Lucap verkehren Tricycles, die 20 bis 25 P kosten, egal ob man alleine fährt oder zu viert.

Baguio
Bus: Von Baguio nach Alaminos fahren täglich von 6.00 bis 13.00 Uhr Busse der Byron Bus Company. Fahrzeit: 4 Std. Man kann auch mit einem Bus der Dagupan Bus Company bis nach Dagupan fahren und dort dann umsteigen.

Banaue
Bus: Von Banaue nach Alaminos funktioniert folgendermaßen: Morgens den ersten Bus von Banaue mit Ziel Baguio nehmen. Noch vor dem Aufstieg nach Baguio in Rosario aussteigen und auf einen Bus aus Baguio mit Ziel Dagupan, Lingayen oder Alaminos warten. Mit etwas Glück könnte das Umsteigen auch in Baguio zeitlich gerade noch klappen.

Manila - Angeles
Bus: Von Manila nach Alaminos fahren täglich etwa stündlich Busse der Companies Dagupan Bus, Five Star, Philippine Rabbit und Victory Liner. Fahrzeit: 5 Std. Eventuell muß man in Lingayen umsteigen. Die Busse fahren über Dau/Angeles; Zusteigemöglichkeit.
Es ist auch möglich, einen Bus von Manila nach Dagupan zu nehmen und dort dann umsteigen. Vorteil: Häufige Abfahrten; auch Aircon-Busse.

Olongapo
Bus: Von Olongapo nach Alaminos fahren täglich mehrere Busse der Victory Liner Company. Fahrzeit: 5 Std.

Hundred Islands

Die Hundred Islands sind keine palmenbewachsenen Trauminseln, sondern mehr oder weniger große Korallen- bzw. Kalksteingebilde mit Gebüsch und vereinzelten kleinen, weißen Stränden. Zum Schnorcheln ist dieses Gebiet nur halbwegs gut geeignet, da das Wasser nicht immer kristallklar und die angepriesene farbenprächtige Unterwasserwelt wegen der lange Zeit praktizierten Dynamitfischerei häufig nur noch andeutungsweise vorhanden ist.

Übernachten

Wer eine Nacht oder mehrere Tage auf einer Insel verbringen möchte, sollte ausreichend Proviant mitnehmen. Am billigsten kauft man ihn auf dem Markt in Alaminos ein. Einen Kanister mit Wasser dürfte das Hotelpersonal in Lucap beisteuern. Die Aufstellgebühr für das eigene Zelt beträgt auf Quezon Is-

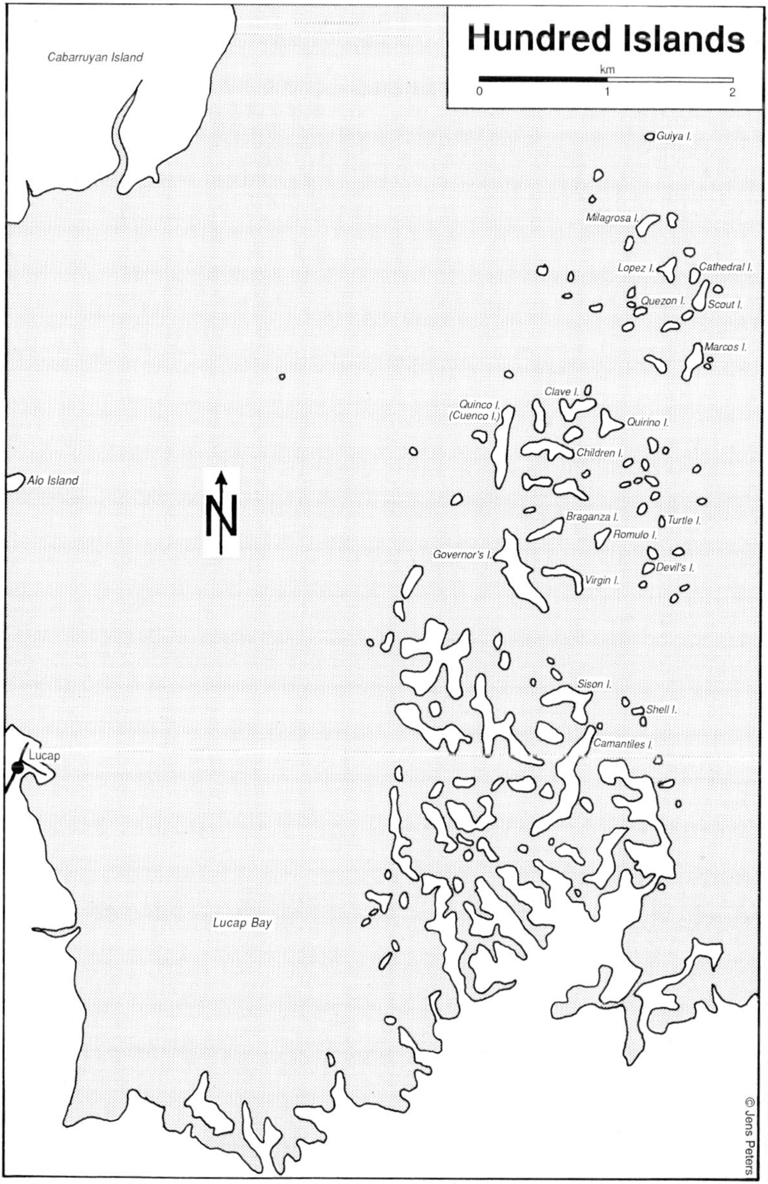
Hundred Islands
km
0
1
2
Cabarruyan Island
Guiya I.
Milagrosa I.
Lopez I.
Cathedral I.
Quezon I.
Scout I.
Marcos I.
Clave I.
Quinco I.
(Cuenco I.)
Quirino I.
Children I.
Alo Island
N
Braganza I.
Turtle I.
Romulo I.
Governor's I.
Devil's I.
Virgin I.
Sison I.
Shell I.
Lucap
Camantiles I.
Lucap Bay
© Jens Peters

land, Governor's Island und Children's Island jeweils 10 P pro Tag. Auf Quezon Island wird für 600 P ein sogenannter Pavillon vermietet. Auf Governor's Island kostet ein Cottage mit zwei Zimmern für sechs Personen 1.000 P. Und auf Children's Island stehen Cottages für 350 und 900 P zur Verfügung - Wasser, Toiletten und Kochstellen sind vorhanden.

Anreise/Weiterreise

Boot: Der Fahrpreis mit einem Auslegerboot von Lucap zum Hundred Islands National Park ist von offizieller Stelle festgelegt und beträgt 400 P plus 5 P Eintritt pro Person. Bis zu sechs Personen können mitfahren. Es ist ratsam, die Dauer der Fahrt zu vereinbaren, sonst kann es passieren, daß der Bootsmann bereits nach einer halben Stunde die große Wende fährt! Eine von der üblichen Route abweichende Rundfahrt kann zwar je nach Dauer und Entfernung 100 bis 200 P extra kosten, verschafft einem aber auch die Möglichkeit, eine »eigene« Insel auszusuchen und sich darauf absetzen zu lassen, wobei nicht vergessen werden sollte, eine Abholzeit zu vereinbaren. Vier bis fünf Stunden Inselleben dürften völlig ausreichend sein, besonders wenn keine schattigen Plätze vorhanden sind. Die meisten Tagesausflügler fahren zur Quezon Island, besonders an Wochenenden. Dort gibt es auch einen Getränkekiosk.

Bolinao

Bolinao ist ein kleines Städtchen nordwestlich von Lucap im äußersten Norden der Provinz Pangasinan, in das sich bisher erst relativ wenige Touristen verirren. Akzeptable Strände gibt es in Ortsnähe leider nicht, da muß man schon etwa 15 Kilometer in Richtung Südwesten nach Patar fahren. Wer es noch abgeschiedener mag, läßt sich auf eine der vorgelagerten Inseln übersetzen. Aber dort fällt das bewaldete Festland in Ufernähe ziemlich steil ab, etwa zehn Meter bis zum Wasser. Zum Schnorcheln sollte eine Ausrüstung mitgebracht werden, denn es scheint so gut wie unmöglich zu sein, in Bolinao eine Taucherbrille aufzutreiben. Ausnahme: In Pisalayan bei Binabalian auf der Insel Santiago verleiht Jhun Gatchalian Schnorchelausrüstungen für 100 P/Tag. Er verfügt auch über zwei komplette Taucherausrüstungen und einen Kompressor.
Sehenswert im Bolinao Museum am Ortsrand ist die Abteilung mit der philippinischen Pflanzen- und Tierwelt. Historische Ausstellungsstücke sind rar - für mehr Anschaffungen fehlt das Geld.
Die im Zentrum gelegene, festungsartige Kirche aus dem Jahr 1609 diente einst als Verteidigungsanlage sowohl bei Angriffen von Piraten als auch im Kampf gegen Engländer, Japaner und Amerikaner. Wenn der Priester Zeit hat und in der richtigen Stimmung ist, erzählt er den Besuchern gern mehr darüber und führt sie auch ein wenig herum.

Übernachten

A & E Garden Inn, Mabini Street. EZ/fan 150 P, DZ/fan 200 P, EZ/fan/Bad 200 P, DZ/fan/Bad 300 P, EZ/DZ/ac/Bad 500 P. Einfach und relativ gut. Es werden auch Baumhäuser mit Bad für 200 P vermietet. Gutes Restaurant (Tree House Dining Room). Liegt im Ort, neben dem Five Star Busterminal.
Celeste Seabreeze Inn. EZ/fan/Bad 250 P, DZ/fan/Bad 300 P. Einfache, kleine Zimmer. Attraktive Lage am Meer, nur ein paar Meter vom Ortskern entfernt. Angenehme Terrasse dient als Restaurant (Spezialität: Seafood). Bancas und Auslegersegelboote können ausgeliehen werden.
Piscador Village Inn. DZ/ac/Bad 500 P. Einfache Zimmer. Großes Gartenre-

staurant. Liegt gleich neben dem Celeste Seabreeze Inn.
Dutch Beach Resort, Patar. EZ/fan/Bad 600 P, DZ/fan/Bad 800 P. Modern eingerichtete, kleine Häuschen in einem Garten direkt am Strand. Restaurant. Ein paar Kilometer von Bolinao entfernt gelegen.

Anreise/Weiterreise

Alaminos
Bus/Jeepney: Zwischen Alaminos und Bolinao verkehren täglich zahlreiche Jeepneys und Minibusse. Abfahrt in Alaminos ab Market. Busse der Five Star Company fahren ebenfalls. Fahrzeit: 1 Std.
Der letzte Jeepney von Bolinao nach Alaminos fährt gegen 17.00 Uhr.

Bauang
Boot: Von Bauang an der Ostseite des Lingayen Gulf nach Bolinao fährt täglich um 4.00 Uhr ein Auslegerboot. Fahrzeit: 2 Std. Fahrpreis: 200 P. Auskunft bei Familie Gatchalian an der Einfahrt zum China Sea Resort, Tel. 2420823.
Abfahrt in Bolinao um etwa 11.00 Uhr. Ein Special Ride für bis zu drei Personen kostet 600 P; jede weitere Person zusätzlich 200 P.

Manila
Bus: Von Manila über Alaminos nach Bolinao fahren täglich mehrere Busse der Companies Five Star und Victory Liner. Fahrzeit: 6 Std.

Lingayen

Lingayen, die Hauptstadt der bereits seit 1611 existierenden Provinz Pangasinan, hat zwei Gesichter: das historische mit Kirche, Town Plaza und schmucken Häusern aus der spanischen Kolonialzeit, und das neuzeitliche mit Capitol Building und eher langweiligen Gebäuden. Die Altstadt liegt an der Straße, die von Alaminos nach Dapugan führt, das neuere Lingayen befindet sich etwa einen Kilometer nördlich davon in Richtung Küste. An den Lingayen Beach kommen gerne erholungssuchende Filipinos aus der versmogten Metropole Manila. Er ist jedoch, wie auch andere bekannte Strände am Südzipfel des Lingayen Gulf, nicht gerade ein Südseetraum.
Knapp fünf Kilometer östlich von Lingayen liegt der beschauliche Ort Binmaley mit eindrucksvoller Kirche und zahlreichen Werkstätten, in denen Möbel im Kolonialstil hergestellt werden.

Papaya *(Carica papaya)*
Dieser kurzlebige Melonenbaum ist eigentlich ein riesiges Kraut. Er gehört zu den häufigsten Obstbäumen in den Philippinen

Übernachten

Viscount Hotel, Alvear Street. EZ/DZ/fan/Bad 250 P, EZ/DZ/ac/Bad 350 P. Einfache, akzeptable Unterkunft. Allerdings hat das Haus einige beachtliche Erdbebenschäden. Restaurant.

Nord-Luzon

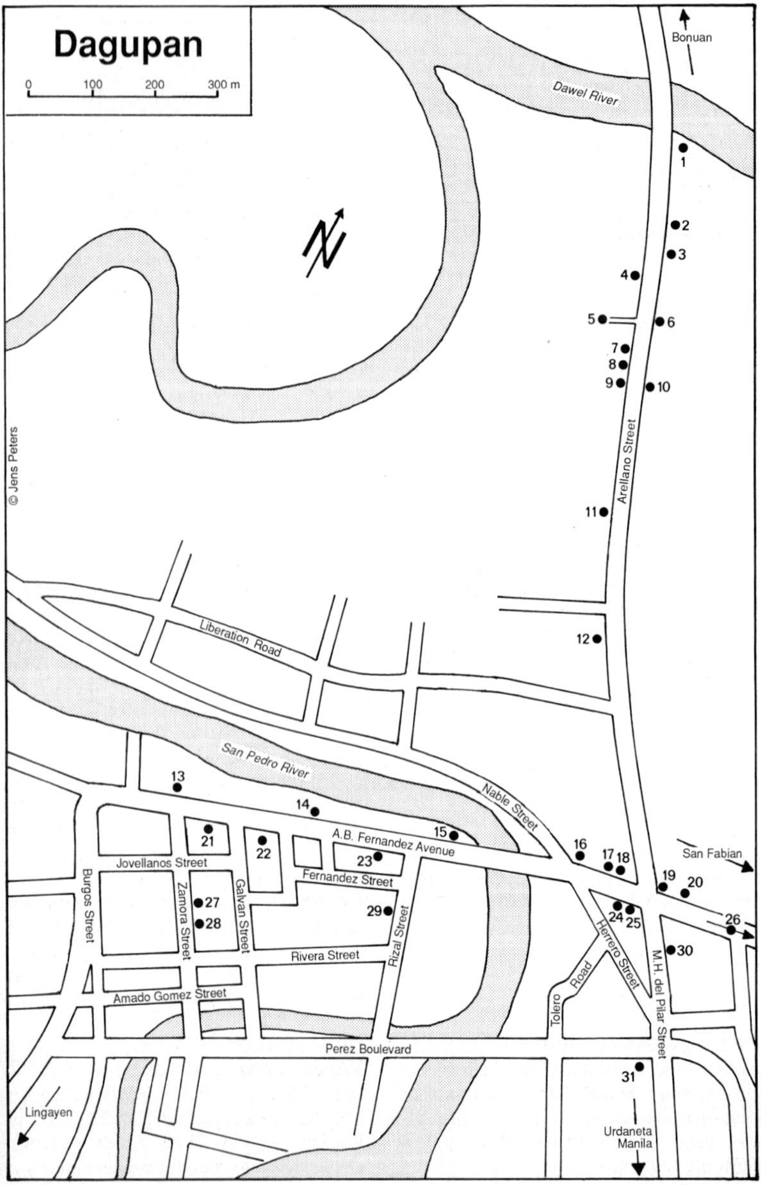

Dagupan
0
100
200
300 m
Bonuan
Dawel River
Arellano Street
© Jens Peters
Liberation Road
San Pedro River
Nable Street
A.B. Fernandez Avenue
Jovellanos Street
Fernandez Street
Burgos Street
Zamora Street
Galvan Street
Rizal Street
Rivera Street
Amado Gomez Street
Perez Boulevard
Herrero Street
Tolero Road
M.H. del Pilar Street
San Fabian
Lingayen
Urdaneta
Manila
1
2
3
4
5
6
7
8
9
10
11
12
13
14
15
16
17
18
19
20
21
22
23
24
25
26
27
28
29
30
31

Nord-Luzon

Anreise/Weiterreise
20 Byron Bus Terminal
Dagupan Bus Terminal
30 Minibusse nach San Fabian
und San Fernando La Union
31 Five Star Busterminal
Victory Liner Busterminal

Übernachten
11 Boulevard Hotel
15 Star Plaza Hotel
16 Victoria Hotel
24 Vicar Hotel
26 Hotel Mil Exel (1 km)
29 Floren Hotel

Essen und Trinken; Unterhaltung
1 D'Original Dawel Restaurant
2 Rich & Famous Disco
3 Mr. Lim Chinese Restaurant
4 Big Box Disco
D'Music Machine Disco
5 Sweet Kisses Disco & Restaurant
6 Goring's Pancit Malabon
Restaurant
7 Island Disco
8 Friends Music Lounge
9 Base Disco
10 GG's Restaurant
14 Aljas Fastfood Restaurant
18 Chowking Restaurant
19 Dunkin Donuts
22 Goldilocks Bake Shop
McDonald's
Shakey's Pizza
23 Mister Donut
25 Dagupeña Restaurant
29 Pedrito's Coffee Shop

Verschiedenes
12 Provincial Hospital
13 Mercury Drugstore
17 PCI Bank
21 City Hall
Police Station
22 CSI Market Square Shopping
Center
27 Centro Market
28 Philippine National Bank (PNB)
Post Office

Letty & Betty Cottages, Lingayen Beach. Cottage 200/300 P.
Lingayen Gulf Resort Hotel, Provincial Capitol Ground, Tel. 5426304. EZ/fan/Bad 500 P, DZ/fan/Bad 625 P, EZ/ac/Bad 675 P, DZ/ac/Bad 900 P. Komfortable Zimmer mit Blick aufs Meer. Nettes Hotel nahe Strand. Restaurant. Swimmingpool.

Anreise/Weiterreise

Manila - Angeles
Bus: Von Manila nach Lingayen fahren täglich zahlreiche Busse der Companies Dagupan Bus und Five Star, möglicherweise mit Ziel Alaminos oder Dagupan. Fahrzeit: 4:30 Std. Die Busse fahren über Dau/Angeles; Zusteigemöglichkeit.

Dagupan

Augustinermönche ernannten im Jahr 1590 den Ort Bacnotan zur Stadt und gaben ihr den Namen Dagupan. Nicht die Provinzhauptstadt Lingayen, sondern Dagupan entwickelte sich zu einem Zentrum für Handel und Ausbildung in Pangasinan.
Etwa drei Kilometer nördlich, in Bonuan, befinden sich der Bonuan Beach und, im Anschluß daran, der Tondaligan Beach. Die Fahrt mit dem Jeepney dorthin kostet 3 P.

Übernachten

Vicar Hotel, A.B. Fernandez Avenue, Tel. 5222616. EZ/fan/Bad 250 P, DZ/fan/Bad 300 P. Einfach, aber sauber. Befindet sich im ersten Stock eines grö-

ßeren Gebäudes; der Eingang liegt etwas versteckt.
Victoria Hotel, A.B. Fernandez Avenue. EZ/fan/Bad 330 P, DZ/fan/Bad 390 P, EZ/ac/Bad 400 P, DZ/ac/Bad 480 P (mit TV 550 und 620 P). Recht ordentliches Hotel. Geräumige Aircon-Zimmer im neuen Flügel. Restaurant.
Floren Hotel, Rizal Street, Tel. 5220666. EZ/DZ/ac/Bad 650 P, Suite 1.000 P. Mit TV. Freundliche Zimmer. Angenehmes kleines Hotel. Coffee Shop.
Star Plaza Hotel. A.B. Fernandez Avenue, Tel. 5234888, Fax: 5234777. EZ/DZ/ac/Bad 650 P, Suite 850 bis 2.600 P. Komfortable Zimmer mit TV. Die Suites liegen alle zur Flußseite. Restaurant. Zentrale Lage. Das beste Hotel in der Stadt.
Snow White Inn. Bonuan, Tel. 5234236. EZ/DZ/fan 400 P, EZ/DZ/ac/Bad 600 P, mit TV Gepflegte, ordentliche Unterkunft am Tondaligan Beach drei Kilometer außerhalb von Dagupan.

Essen und Trinken

Die Provinz Pangasinan ist bekannt für vorzügliche Bangus (Milchfisch) - es sollen die besten des Landes sein. Sie werden in unzähligen Fischteichen zwischen Dagupan und Lingayen gezüchtet. Fast alle Restaurants der Stadt bieten unterschiedlich zubereitete Bangus an, z.B. gefüllt oder entgrätet als Filet (Boneless Bangus).
D'Original Dawel ist ein großes, einfaches, aber sehr beliebtes Seafood-Restaurant an der Flußbrücke in der nördlichen Arellano Street. In der Speisekarte fehlen allerdings die Preisangaben, daher beim Bestellen fragen, wieviel Fische, Shrimps usw. augenblicklich kosten und wie groß eine Portion ist. Weitere Seafood-Restaurants gibt es am Strand in Bonuan, darunter ***Siapno's Restaurant*** und ***D'Executives Restaurant***, die bevorzugt nach Einbruch der Dunkelheit aufgesucht werden.

In der Stadt selbst ist das ***Dagupeña Restaurant*** in der A.B. Fernandez Avenue (nahe Vicar Hotel) sehr zu empfehlen. Es bietet eine große Auswahl schmackhafter philippinischer Gerichte an; die Spezialität des Hauses ist Sizzling Boneless Bangus. Preiswerte einfache philippinische Standardgerichte und eiskaltes Bier und sind im ***Aljas Fastfood Restaurant*** in der A.B. Fernandez Avenue erhältlich. Wer die chinesische Küche bevorzugt, dürfte bei ***Mr. Lim*** in der Arellano Street an der richtigen Adresse sein. Dieses große Restaurant ist kaum zu verfehlen.
Fastfood-Freunden stehen ***McDonald's*** und ***Shakey's Pizza*** zur Verfügung, beide im CSI Market Square Shopping Center in der A.B. Fernandez Avenue. Dort befindet sich auch der beliebte ***Goldilocks Bake Shop***, in dem es Kaffee und Kuchen gibt, wie auch im gepflegten ***Pedrito's*** im Floren Hotel in der Rizal Street.

Unterhaltung

Dagupans Nachtleben spielt sich hauptsächlich in der Arellano Street ab, in der es neben ein paar Restaurants eine ganze Reihe Discos gibt. In einigen werden ab 22.00 Uhr Shows geboten, z.B. in der ***Base Disco***, in anderen sind es die Gäste, die tanzen, z.B. in der ***Big Box Disco***. Eintritt: etwa 50 P.

Adressen/Verschiedenes

Vorwahl: 075.

Anreise/Weiterreise

Baguio

Bus: Von Baguio nach Dagupan fahren täglich zahlreiche Busse der Companies Byron Bus (halbstündlich von 6.00 bis 16.00 Uhr), Dagupan Bus und Philippine Rabbit. Letzte Abfahrt wahrscheinlich um mittags. Fahrzeit: 2 Std.

Bolinao - Alaminos
Bus: Von Bolinao nach Dagupan fahren täglich zahlreiche Busse der Dagupan Bus Company. Fahrzeit: 2 Std. Die Busse fahren über Alaminos; Zusteigemöglichkeit.
Von Alaminos nach Dagupan fahren täglich zahlreiche Busse der Companies Dagupan Bus und Victory Liner. Fahrzeit: 1 Std.

Manila - Angeles
Bus: Von Manila nach Dagupan fahren täglich zahlreiche Busse der Companies Dagupan Bus, Five Star und Victory Liner. Fahrzeit: 5 Std. Die Busse fahren über Dau/Angeles; Zusteigemöglichkeit.

San Fabian

San Fabian ist ein freundlicher, kleiner Ort und liegt wenige Kilometer nordöstlich von Dagupan. Etwas außerhalb, in Nibaliw West, erstreckt sich der sogenannte White Beach mit mehreren Unterkunftsmöglichkeiten, der, wie fast alle Strände am Lingayen Gulf, nicht blendend weiß ist, sondern bräunlich-grau. Korrekter war wohl die alte Bezeichnung »Center Beach«. Vier bis fünf Kilometer nordöstlich von San Fabian, am touristisch erst wenig entwickelten Strand von Bolasi und Alacan, gibt es ein paar weitere Resorts.

Übernachten

Nibaliw West
Lazy »A« Resort. EZ/DZ/ac/Bad 700 bis 1.650 P. Cottage/fan/Bad 600 bis 2.800 P. Ordentliche Unterkunft. Die teuren Cottages mit zwei Schlafzimmern und Kochgelegenheit. Restaurant. Swimmingpool.
Charissa's Beach Houses, Tel. 5236860. EZ/DZ/fan/Bad 850 P, EZ/DZ/ac/Bad 1.200 P. Wer sieben Tage bleibt, braucht nur für fünf zu bezahlen. 50 Prozent Rabatt von Anfang Juni bis Mitte März. Freundliche Anlage. Restaurant. Swimmingpool.
Sierra Vista Beach Resort, Tel. 5236843, Fax: 5223366. EZ/ac/Bad 1.000 P, DZ/ac/Bad 1.300 P. Ansprechende, gepflegte Anlage mit soliden, nett eingerichteten Cottages. Restaurant. Swimmingpool. Windsurfen. Tauchen.

Alacan und Bolasi
Windsurf Beach Resort, Alacan, Cellular Tel. 0918-3801666. Cottage/fan/Bad 400 und 480 P. Geräumige Cottages, teilweise jedoch etwas abgewohnt. Restaurant. Manager Frederic ist Schweizer.
San Fabian Resort, Bolasi, Tel. 5236758. EZ/DZ/ac 500 P, EZ/DZ/ac/Bad 550/650 P. Recht passable Zimmer. Restaurant. Swimmingpool. Tenniscourt.
San Fabian PTA Resort *(San Fabian Presidential Resthouse)*, Bolasi, Tel. 5236504, Fax: 5234115. Dorm/fan 225 P, EZ/DZ/ac/Bad 670 bis 1.550 P, Presidential Suite 2.900 P. Geschmackvoll eingerichtete Zimmer. Restaurant. Swimmingpool. In dieser Anlage unterbrach der frühere Präsident Marcos bisweilen seine Reisen durch Nord-Luzon.

Essen und Trinken
Empfehlenswert ist das originelle Restaurant ***Miss Saigon*** in Nibaliw West, das um eine vietnamesische Dschunke herum gebaut wurde.

Adressen/Verschiedenes
Vorwahl: 075.

Anreise/Weiterreise

Baguio
Bus: Von Baguio nach San Fabian fahren täglich zahlreiche Busse der Companies Dagupan Bus und Byron Bus, und zwar die mit Ziel Dagupan. Letzte

Abfahrt wahrscheinlich um 14.00 Uhr. Fahrzeit: 2 Std.

Dagupan
Bus: Von Dagupan nach San Fabian fahren täglich zahlreiche Busse. Entweder Minibusse mit Ziel San Fernando (La Union) oder Busse der Companies Dagupan Bus und Byron Bus mit Ziel Baguio. Fahrzeit: 30 Min. Eventuell kommen die Busse auch aus Lingayen oder Alaminos.

Manila - Angeles
Bus: Von Manila und Angeles nach San Fabian am besten einen Bus mit Ziel San Fernando (La Union), Vigan oder Laoag nehmen, in Damortis aussteigen und von dort mit einem Minibus die restlichen 15 Kilometer über Alacan und Bolasi nach San Fabian fahren. Siehe auch »San Fernando (La Union)«: *Anreise/Weiterreise*.
Die Anreise von Manila und Angeles über Dagupan ist ebenfalls möglich.

San Fernando (La Union)
Bus: Von San Fernando nach San Fabian fahren täglich zahlreiche Minibusse, und zwar die mit Ziel Dagupan. Fahrzeit: 2 Std.

Aringay und Agoo

Zwischen San Fabian und Bauang liegen die beiden Orte Agoo und Aringay. In Aringay befindet sich gegenüber der alten Kirche das kleine Don Lorenzo Memorial Museum.
Die sehenswerte, nach einem schweren Erdbeben im Jahr 1892 wieder aufgebaute Agoo Basilica mit dem »Shrine of Our Lady of Charity« ist das vielleicht schönste Gotteshaus von La Union. Jedes Jahr in der Karwoche stellt sie die bedeutendste Pilgerstätte der Provinz dar. Höhepunkt der »Semana Santa«-Aktivitäten ist die Prozession am Karfreitag.

Bei der Agoo Municipal Hall befindet sich das Agoo Museo Iloko, ein kleines Museum mit liturgischen Requisiten, antiken Möbeln und Porzellan. Gleich nebenan, im Imelda Park, können Besucher in einem kleinen, attraktiven Baumhaus verweilen.
Am nördlichen Ortsrand von Agoo zweigt der Marcos Highway ab, der nach Baguio führt. Auf dem Weg dorthin, bei Pugo, befindet sich der Marcos Park mit Golfplatz, Swimmingpool, Hostel und Cottages (zur Zeit geschlossen und entsprechend ungepflegt). Überragt wird die Anlage von einer riesigen Marcos-Büste, die durch Zusammenfügen etlicher Zementsegmente entstand, die an einen Felsen »montiert« wurden.
Der Apparition Hill bei Agoo war Anfang März 1993 das Ziel mehrerer hunderttausend Filipinos, um dort der vorhergesagten Erscheinung der Heiligen Jungfrau Maria beizuwohnen. Das Wunder blieb wohl aus, allerdings wußten selbst seriöse Zeitungen davon zu berichten, daß ein wundersamer Duft den Schauplatz erfüllte und daß etliche Pilger die Sonne tanzen sahen...

Übernachten
Agoo Playa Resort, Cellular Tel. 0912-3082614. EZ/ac/Bad ab 1.200 P, DZ/ac/Bad ab 1.500 P. Gepflegte, ansprechende Anlage. Restaurant. Swimmingpool.

Anreise/Weiterreise

Manila - Angeles
Bus: Von Manila nach Aringay und Agoo fahren alle Busse mit Ziel San Fernando (La Union), Vigan oder Laoag. Fahrzeit: 5 Std. Siehe auch »San Fernando (La Union)«: *Anreise/Weiterreise*.

San Fernando (La Union)
Bus: Von San Fernando nach Agoo fahren zahlreiche Busse der Compa-

nics Philippine Rabbit, Times Transit, Fariñas Trans und Maria de Leon, und zwar die mit Ziel Manila. Fahrzeit: 1 Std.

Bauang

Bauang hat sich zum beliebtesten Badeort in Nord-Luzon entwickelt. Die unten aufgeführten Übernachtungsmöglichkeiten stellen nur einen kleinen Querschnitt dar. Es gibt zahlreiche andere. Sie befinden sich fast alle am langen, grauen Strand zwischen den Barangays Baccuit und Paringao, etwas nördlich vom eigentlichen Ort Bauang und ungefähr fünf Kilometer südlich von San Fernando (La Union). Von der Straße aus ist außer ein paar Hinweisschildern nicht viel zu erkennen. Wer mit dem Bus oder Jeepney anreist, läßt sich am besten vom rechtzeitig informierten Busfahrer an der Zufahrt zum gewünschten Hotel absetzen. Sollte es ausgebucht sein, kann man vom Strand aus relativ bequem eine andere Unterkunft suchen.
In Naguilian, zehn Kilometer östlich von Bauang, wird der insbesondere bei Ilokanos beliebte Basi hergestellt, angeblich der beste des Landes. Basi ist ein alkoholisches Getränk aus fermentiertem Zuckerrohrsaft. Geschmacklich erinnert der süße Basi entfernt an Sherry oder Portwein.

Übernachten

Die nachfolgenden Preisangaben beziehen sich auf die Hochsaison von Dezember bis Mai. In der Nebensaison von Juni bis November liegen die Preise um etwa 25 Prozent niedriger; eventuell handeln.
Hideaway Beach Resort, Baccuit, Cellular Tel. 0912-3112421. DZ/fan 300 P, DZ/ac 400 P. Recht guter Gegenwert. Restaurant. Hobie Cats. Windsurfen.
Jac Corpuz Cottages, Baccuit. EZ/DZ/Bad 200 bis 300 P. Einfache Cottages neben dem Leo-Mar Beach Resort. Relativ günstig für Bauang.
Leo-Mar Beach Resort, Baccuit. EZ/DZ/fan/Bad 350 bis 400 P. Einfache, passable Unterkunft. Restaurant.
The Penthouse Resort, Paringao, Tel. 413708. EZ/DZ/fan/Bad 250/350 P. Restaurant. Günstige Monatsraten.
Koala Motel, Pagdalagan Sur, Tel. 2420863, Fax: 415448. EZ/DZ/fan/Bad 300 P, EZ/DZ/ac/Bad 400 und 450 P. Passable Zimmer, die teuren mit Kühlschrank und TV.
Ocean Breeze Beach Resort, Paringao, Tel. 413530. EZ/DZ/fan/Bad 400/450 P, EZ/DZ/ac/Bad 550 P. Ordentliche, geräumige Zimmer. Restaurant.
Mark Teresa Apartel, Paringao, National Highway, Tel. 412084. Apt. mit zwei Schlafzimmern 500 P, mtl. 3.000 P. Häufig ausgebucht.
Eastside Hotel & Resort, Paringao, National Highway, Tel. 2420531, Fax: 2420528. EZ/DZ/ac/Bad 500 und 600 P (mit Kühlschrank und TV). Angenehme Zimmer. Wochenraten. Swimmingpool. Diese relativ neue Anlage liegt etwa 900 Meter nördlich von Mark Teresa Apartel.
Cesmin Beach Cottages, Pagdalagan Sur, Tel. 412884. Cottage/ac/Bad 600 bis 800 P. Mit Kühlschrank und Kochgelegenheit. Günstige Monatsraten.
Southern Palms Beach Resort, Pagdalagan Sur, Tel. 415384, Fax: 415529. EZ/DZ/ac/Bad 675 bis 1.075 P. Wochenraten (20 Prozent Rabatt). Komfortable, unterschiedlich große Zimmer mit TV und z.T. mit Küche. Gepflegte Anlage. Restaurant. Nightclub. Swimmingpool.
Fisherman's Wharf Beach Club, Pagdalagan Sur, Tel. 415373, Fax: 2421641. EZ/DZ/ac/Bad 650 und 750 P. Mit Kühlschrank und TV. Ansprechende, geräumige Zimmer in Steinbungalows. Etwas eng bebaute Anlage. Restaurant. Nightclub.

China Sea Beach Resort, Paringao, Tel. 414821, Fax: 2420822. EZ/DZ/fan/Bad 700 P, EZ/DZ/ac/Bad 850 P. Nette Anlage. Restaurant. Swimmingpool. Tauchen.

Coconut Grove Resort, Paringao, Tel. 414276, Fax: 415381. EZ/DZ/ac/Bad 850 bis 1.200 P. Von Juni bis November 25 Prozent Rabatt. Komfortable, geräumige Zimmer. Ansprechende Anlage mit großer Freiluft-Bowlanlage. Restaurant. Swimmingpool.

Bali Hai Beach Resort, Paringao, Tel. 412504, Fax: 415480. EZ/DZ/fan/Bad 790 P, EZ/DZ/ac/Bad 890 P. Monatsraten möglich. Gefällige Doppel-Cottages in einer gepflegten Anlage. Restaurant. Swimmingpool.

Cabaña Beach Resort, Paringao, Tel. 412824, Fax: 414496. EZ/DZ/ac/Bad 850 P. Ordentliche, von Australiern und Deutschen bevorzugte Anlage. Restaurant. Attraktiver Swimmingpool mit Bar. Fitnessraum.

Villa Estrella Beach Resort, Paringao, Tel. 413794, Fax: 413793. EZ/DZ/ac/Bad 1.400 P. Freundliche, nett eingerichtete Zimmer mit TV. Gepflegtes Hotel im spanischen Kolonialstil. Restaurant.

Essen und Trinken

Entlang am Strand bieten die Restaurants der verschiedenen Resorts ein wenig Abwechslung, allerdings sind die Preise meist ziemlich gepfeffert. Gut ist die Küche unter anderem im ***Villa Estrella***, im ***Fisherman's Wharf*** und im ***Bali Hai***, empfehlenswert auch das Mongolian Barbecue samstags abends im ***Cabaña***. Gut und günstig sind die Gerichte im ***Ocean See Breeze Restaurant***.

Am Highway gibt es das preiswerte kleine ***Jasmin Restaurant*** und das angenehme, im Landesstil gebaute ***Tunuan Ti Bauang Restaurant***, in dem typische philippinische Gerichte erhältlich sind.

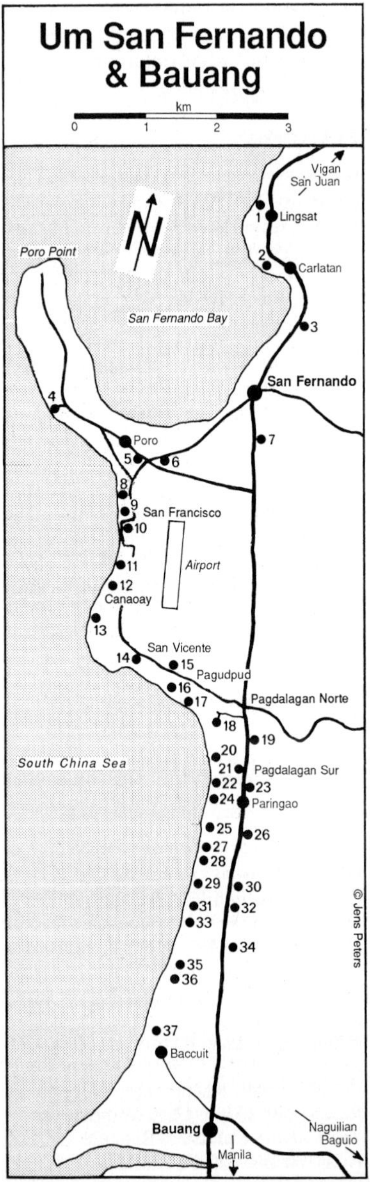

Anreise/Weiterreise	28 Villa Estrella Beach Resort
7 Philippine Rabbit Busterminal	29 Cresta del Mar Hotel
	Sunset Palms Beach Resort
Übernachten	30 Mark Teresa Apartel
1 Shalom Beach Cottages	31 Long Beach Hotel
2 Oceana Apartments	North Palm Beach Resort
4 Miramonte Beach Resort	33 Nalinac Beach Resort
8 Driftwood Resort	35 Jac Corpuz Cottages
Shipside Housing Area	Leo-Mar Beach Resort
9 Acapulco Beach Resort	36 Lourdes Beach Homes
10 Ocean Deep	37 Hideaway Beach Resort
11 Blue Lagoon Resort	
12 Sunset Bay Swiss Beach Resort	
13 Coral Point Beach Resort	***Essen und Trinken; Unterhaltung***
14 Lorenza Beach House	5 Nightclub District
15 Meridian Beach Cottages	6 Mascotte Disco
16 Natalna Beach Home	16 Patio del Sol Restaurant
17 California Resort	19 Tunuan Ti Bauang Restaurant
Rosalia Beach Resort	20 Stiletto's Nightclub
18 Umay Kay Homes	21 Tramps Nightclub
20 Southern Palms Beach Resort	24 Sea Breeze
21 Koala Motel	26 VFW Canteen
22 Cesmin Beach Cottages	32 Jasmin Restaurant
Fisherman's Wharf Beach Resort	33 Cogon Hut Restaurant
24 Bali Hai Beach Resort	34 Bayside Disco
Ocean Breeze Beach Resort	
25 Cabaña Beach Resort	
26 Motel 236	***Verschiedenes***
27 China Sea Beach Resort	3 La Lorma Medical Center
Coconut Grove Resort	23 Swagman Travel Office

Unterhaltung

Beschränkten sich die Unterhaltungsmöglichkeiten am Strand von Bauang bis vor kurzer Zeit noch auf ***Billard*** und ***Videos*** in einigen wenigen Resort-Restaurants, bieten jetzt Fisherman's Wharf mit ***Captain's Club*** und Southern Palms mit ***Stiletto's*** etwas Nightlife. Nicht weit von diesen beiden Resorts entfernt wartet am National Highway der Nightclub ***Tramps*** bereits am Nachmittag auf Gäste.

Der ***Tradewinds Disco Club*** und die ***Kuya's Bar***, beide im Villa Estrella Beach Resort, werden von betuchten Filipinos bevorzugt. Weitere Discos und ein paar einfache Bars gibt es am ***Poro Point*** (Junction) bei San Fernando. Ein Tricycle vom Bauang Beach dorthin kostet etwa 30 P.

Adressen/Verschiedenes

Auto- und Motorradverleih: Excel Rent-a-Car, bei Cesmin Beach Cottages, verleiht Motorräder für 500 P/Tag (24 Std.) und Autos ab 1.000 P.
Swagman Travel, National Highway, Tel. 415512, Fax: 2420527. Buchung und Bestätigung von Inlands- und internationalen Flügen. Visaverlängerung.

Tauchen: La Union White Tip Divers, im China Sea Beach Resort, bietet recht günstige Tauchkurse und Tauchtrips an.
Vorwahl: 072

Anreise/Weiterreise

Angeles
Bus: Siehe *Manila - Angeles.*

Baguio
Bus/Jeepney: Von Baguio nach Bauang fahren täglich mehrere Busse der Companies Philippine Rabbit und Eso-Nice Transport, und zwar die mit Ziel San Fernando (La Union). Fahrzeit: 1:30 Std. Zu empfehlen ist dieser Trip auf der Naguilian Road hinunter zur Küste am späten Nachmittag, wenn der Blick auf Berge und Täler bis zum Südchinesischen Meer besonders reizvoll ist; auf die Fahrerseite setzen. Es fahren auch Jeepneys, die etwas schneller sind als Busse.

Bolinao
Boot: Von Bolinao nach Bauang fährt täglich etwa 11.00 Uhr Uhr ein Auslegerboot. Fahrzeit: 2 Std. Fahrpreis: 200 P. Auskunft im TV-Repair Shop The Islander, Arosan Street, Bolinao.
Abfahrt in Bauang um 4.00 Uhr. Ein Special Ride für bis zu drei Personen kostet 600 P; jede weitere Person zusätzlich 200 P.

Laoag - Vigan
Bus: Von Laoag und Vigan nach Bauang fahren täglich mehrere Busse der Companies Partas, Philippine Rabbit, Times Transit, Fariñas Trans und Maria de Leon, und zwar die mit Ziel Manila. Fahrzeit: von Laoag 5 Std.; von Vigan 3 Std.

Manila - Angeles
Bus: Von Manila nach Bauang fahren täglich zahlreiche Busse der Companies Partas, Philippine Rabbit, Times Transit, Fariñas Trans und Maria de Leon, und zwar die mit Ziel San Fernando (La Union), Vigan und Laoag. Fahrzeit: 6:30 Std. Die Busse fahren über Dau/Angeles; Zusteigemöglichkeit.
Von Bauang nach Manila funktioniert am einfachsten, indem am Highway solange jeder heranbrausende Bus angehalten wird, bis einer dabei ist, der einem zusagt und in den man dann einsteigt.
In der Weihnachtszeit, wenn viele Busse voll sind, fährt man am besten mit einem Jeepney zum Busterminal nach San Fernando und versucht dort, einen vernünftigen Sitzplatz zu ergattern.

Flug: Philippine Airlines fliegt unregelmäßig von Manila nach San Fernando (La Union) und zurück. Geflogen wird nur dann, wenn der Highway z.B. durch Taifunschäden unpassierbar geworden ist oder die Flugverbindung von Manila nach Baguio vorübergehend eingestellt werden mußte. Der Airport befindet sich zwischen San Fernando und Bauang. Nach Beendigung der Ausbauarbeiten könnte es ab 1998 regelmäßige Flüge von und nach Manila geben.

San Fernando (La Union)
Jeepney: Von San Fernando nach Bauang fahren täglich zahlreiche Jeepneys, die am Highway in Höhe der Beach Resorts gestoppt werden können. Fahrzeit: 30 Min.

San Fernando (La Union)

San Fernando, die Hauptstadt der Provinz La Union, wird auch die »Stadt der sieben Hügel« genannt. Vom Freedom Park - auch als Heroes Hill bekannt - hat man eine gute Aussicht auf das Südchinesische Meer, ebenso von der Terrasse vor dem Museo de La Uni-

on beim Provincial Capitol, ein kulturelles Schaufenster der Provinz (Sa u. So geschlossen). Vom chinesischen Einfluß in San Fernando zeugen die kleine Fil-Chinese Pagoda an der Gapuz Zigzag Road und der große, sehenswerte Ma-Cho Temple in der Quezon Avenue, in dem eine chinesisch-philippinische Glaubensgemeinschaft jedes Jahr vom 12. bis 16. September das Fest der Jungfrau von Caysasay zelebriert.
Etwa drei Kilometer südwestlich von San Fernando erstreckt sich an der Bucht südlich von Poro ein Strand mit einem akzeptablen Abschnitt etwa beim Acapulco Beach Resort. Der Rest ist recht steinig und zum Schwimmen kaum geeignet. Fast alle Hotelanlagen liegen ziemlich einsam und - abgesehen vom Airport - verkehrstechnisch sehr ungünstig.

Übernachten

In San Fernando

Plaza Hotel, Quezon Avenue, Tel. 412996, Fax: 414938. EZ/fan/Bad 330 P, DZ/fan/Bad 395 P, EZ/DZ/ac/Bad 540 P, Suite 760 P. Ordentliche Zimmer. Restaurant. Zentrale Lage; liegt an der Durchgangsstraße.
Sea & Sky Hotel, Quezon Avenue, Tel. 415279. EZ/DZ/ac/Bad 500 bis 700 P, Suite mit Kühlschrank und TV 1.000 P. Tadellose Zimmer, die ruhigen mit Balkon und schöner Aussicht aufs Meer. Restaurant. Swimmingpool. Liegt am nördlichen Stadtrand.
Hotel Mikka, Quezon Avenue, Tel. 415737. EZ/ac/Bad 440 P, DZ/ac/Bad 500 P. Tadellose Zimmer mit TV. Restaurant. Liegt günstig in unmittelbarer Nähe vom Partas Busterminal.

Nahe Airport und Poro

Ocean Deep, San Francisco, Tel. & Fax: 414440. EZ/DZ/fan/Bad 250/350 P. Kleine Anlage mit passablen Zimmern. Tauchkurse (auch Ausbildung von Tauchlehrern).
Acapulco Beach Resort, Canaoay, Tel. 412696. EZ/DZ/ac/Bad 650 und 800 P. Das größte Hotel an der Bucht von Poro. Restaurant.
Blue Lagoon Resort, Canaoay, Tel. 412531. EZ/DZ/ac/Bad 750 und 850 P. Einige Zimmer mit kleinem Wohnraum. Attraktiv gestaltete Anlage. Restaurant.
Oasis Country Resort, Sevilla, National Highway, Tel. 412621, Fax: 412373. EZ/ac/Bad ab 1.500 P, DZ/ac/Bad ab 1.950 P. Komfortable, freundlich eingerichtete Zimmer mit Kühlschrank und TV. Restaurant. Das beste Hotel der Stadt. Etwas außerhalb gelegen, knapp 1,5 Kilometer südlich vom Zentrum.

Nördlich von San Fernando

Oceana Apartments, Carlatan, Tel. 413611 bis 13. EZ/DZ/ac/Bad 600 bis 1.200 P, je nach Größe. Mit Kochgelegenheit. Etwas lieblos eingerichtet. Relativ günstige Monatsraten. Liegt zwei Kilometer nördlich von San Fernando.
Shalom Beach Cottages, Santo Niño Road, Lingsat. Cottage/fan/Bad 350 P. Geräumige Zimmer mit Kochgelegenheit und Kühlschrank. Steinhäuschen mit Terrasse in einem schönen Garten. Günstige Wochen- und Monatsraten. Liegt drei Kilometer nördlich von San Fernando, gegenüber dem Friedhof. Deutsches Management.

Essen und Trinken

Ausgezeichnet chinesisch essen kann man im ***New Society Restaurant*** in der Burgos Street am alten Markt, wo allein die Suppe vom Special Meal das Geld schon wert ist. Gut und preiswert sind auch die philippinischen und chinesischen Gerichte im ***Mandarin Restaurant***, ***Crown Food Center*** und ***Garden Food Center***, alle in der Quezon Avenue nahe Town Plaza. Eben-

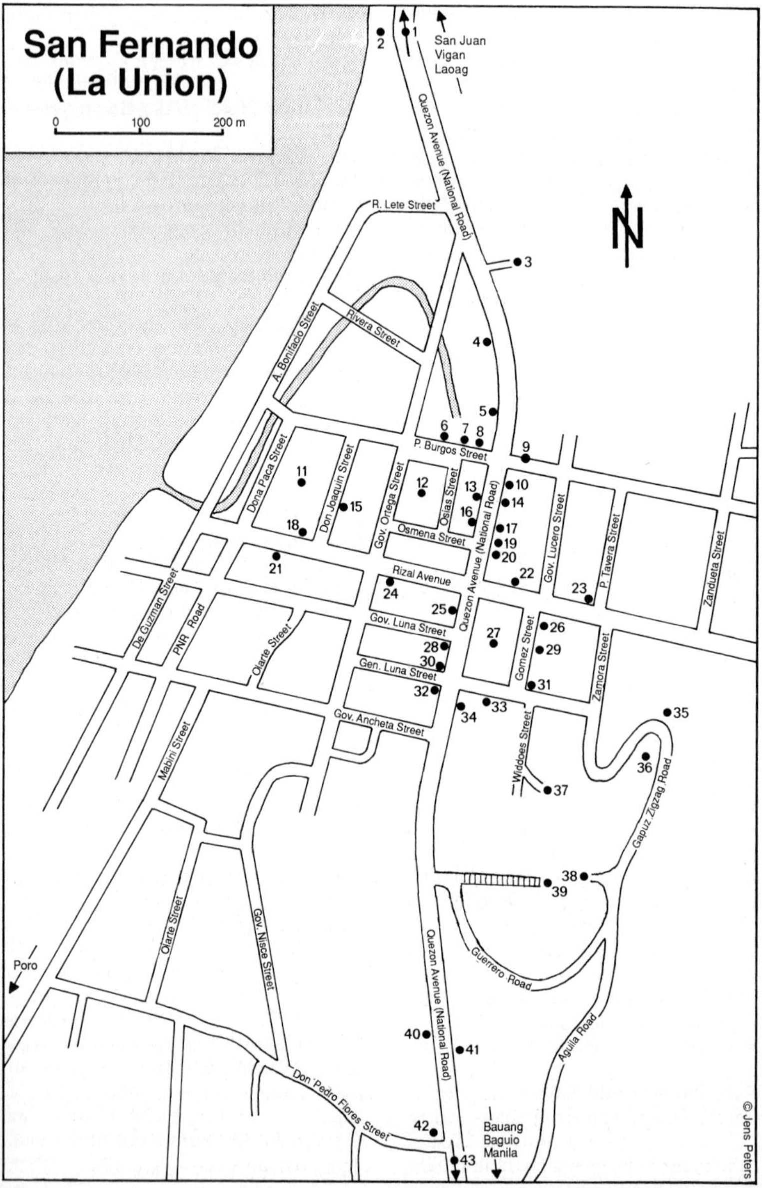
San Fernando
(La Union)
0
100
200 m
San Juan
Vigan
Laoag
Quezon Avenue (National Road)
R. Lete Street
Rivera Street
A. Bonifacio Street
P. Burgos Street
Dona Paca Street
Don Joaquin Street
Gov. Ortega Street
Osias Street
Osmena Street
Quezon Avenue (National Road)
Gov. Lucero Street
P. Tavera Street
Zandueta Street
Rizal Avenue
De Guzman Street
PNR Road
Olarte Street
Gov. Luna Street
Gen. Luna Street
Gomez Street
Zamora Street
Gov. Ancheta Street
Widdoes Street
Mabini Street
Gapuz Zigzag Road
Olarte Street
Gov. Nisce Street
Quezon Avenue (National Road)
Guerrero Road
Aguila Road
Don Pedro Flores Street
Poro
Bauang
Baguio
Manila
© Jens Peters

Anreise/Weiterreise
1 Viron Busterminal
4 Partas Busterminal
9 Jeepneys nach San Juan
24 Eso-Nice Transport Busterminal
Busse nach Baguio
28 Philippine Airlines
42 Times Transit Busterminal
43 Philippine Rabbit Busterminal

Übernachten
2 Sea & Sky Hotel
4 Hotel Mikka
17 Mandarin House Hotel
18 Fel Flor Lodge
21 Casa Blanca Hotel
34 Plaza Hotel
35 Bayview Hotel

Essen und Trinken; Unterhaltung
5 Cindy's
6 New Society Restaurant
7 New United Food Palace
10 Crown Food Center
13 Midtown Food Palace
14 Mr. Donut
Mac Machine
15 Nuval's Carinderia
17 Mandarin Restaurant
31 Café Esperanza
32 Bamboo Grill Restaurant

Verschiedenes
1 La Lorma Medical Center (700 m)
3 Ma-Cho Tempel
8 Fiesta Supermart
10 Mercury Drugstore
11 New Market
12 Old Market
16 The Danish Baker
19 Police Station
20 La Union Trade Center
22 Town Hall
23 Post Office
25 Philippine National Bank (PNB)
26 Christ the King College
27 Town Plaza
29 St. William Cathedral
30 PCI Bank
33 Tourist Office
36 Fil-Chinese Pagoda
37 Bethany Hospital
38 Provincial Capitol
Museo de La Union
39 Freedom Park (Heroes Hill)
40 Bank of the Philippine Islands
41 Central Bank

falls zu empfehlen ist das ***Sea & Sky Restaurant*** im gleichnamigen Hotel am nördlichen Stadtrand mit einer großen Auswahl internationaler und philippinischer Gerichte. Auf die regionale Ilokano-Küche hat sich ***Nuval's Carinderia*** in der Don Joaquin Street spezialisiert. Dieses zu Essenszeiten stets gut besuchte Restaurant bietet auch »jumping salad« an, rohe Shrimps, die mit Kalamansi beträufelt werden. Sehr beliebt für den Snack zwischendurch ist das ***Café Esperanza*** an der Plaza, das sich auch wegen der großen Auswahl an Kuchen (Schwarzwälder Kirschtorte!) einen Namen gemacht hat.
Gutes Brot und Kuchen verkauft ***The Danish Baker*** in der Quezon Avenue.

Unterhaltung

Das Nachtleben von San Fernando spielt sich hauptsächlich etwas außerhalb am Poro Point (Junction) ab; ein Tricycle ab Plaza kostet 10 P. Dort gibt es die große ***Mascotte Disco*** sowie mehrere kleine, rustikale Bars.

Adressen/Verschiedenes

Geldwechseln: Die Philippine Natio-

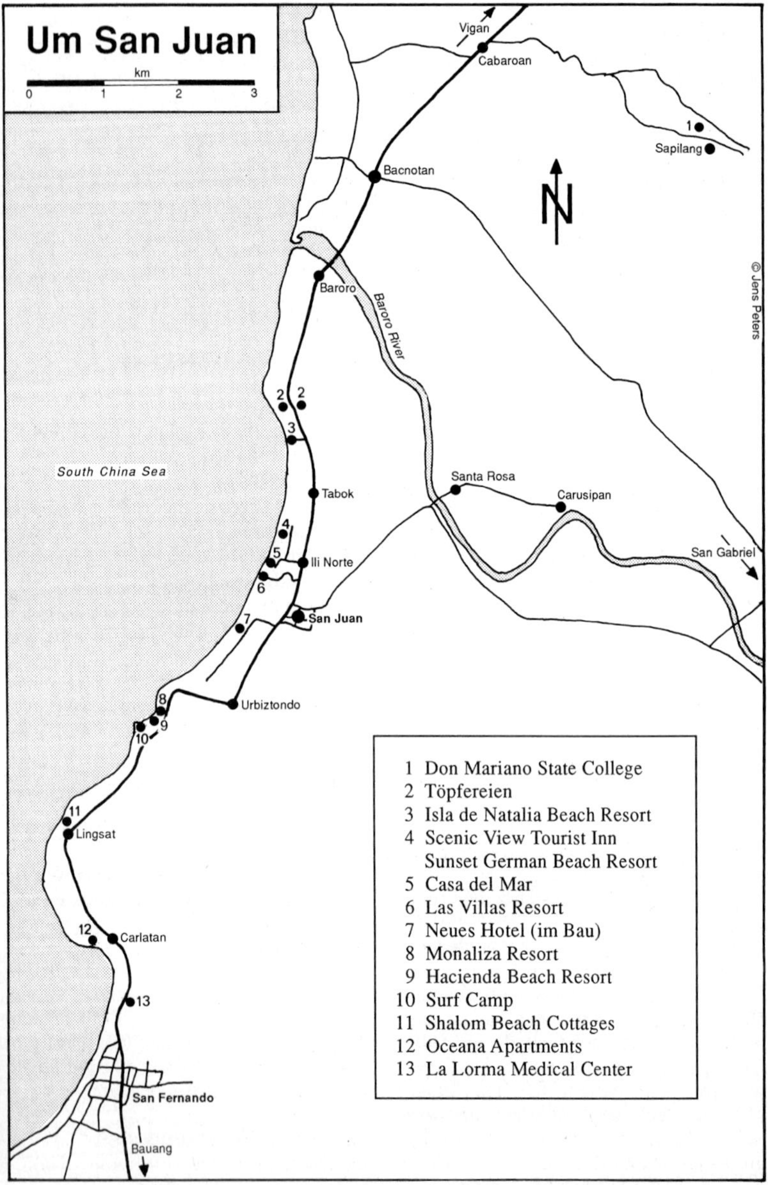

Um San Juan
km
0
1
2
3
Vigan
Cabaroan
Sapilang
Bacnotan
N
Baroro
Baroro River
© Jens Peters
South China Sea
Tabok
Santa Rosa
Carusipan
San Gabriel
Ili Norte
San Juan
Urbiztondo
Lingsat
Carlatan
San Fernando
Bauang
1 Don Mariano State College
2 Töpfereien
3 Isla de Natalia Beach Resort
4 Scenic View Tourist Inn
Sunset German Beach Resort
5 Casa del Mar
6 Las Villas Resort
7 Neues Hotel (im Bau)
8 Monaliza Resort
9 Hacienda Beach Resort
10 Surf Camp
11 Shalom Beach Cottages
12 Oceana Apartments
13 La Lorma Medical Center

nal Bank, Quezon Avenue, Tel. 412561, wechselt Travellers Cheques.
Tourist Office, Mabanag Justice Hall, General Luna Street, Town Plaza, Tel. 412411, Fax: 412098.
Vorwahl: 072.

Anreise/Weiterreise

Mit dem Flugzeug: Der nächste Airport mit täglicher Verbindung von und nach Manila befindet sich in Baguio. Nach Beendigung der Ausbauarbeiten des Airports von San Fernando könnte es von dort ab 1998 regelmäßige Flüge von und nach Manila geben, möglicherweise jedoch nicht mit Philippine Airlines.
Philippine Airlines, CAP Building, Quezon Avenue, Tel. 412909.

Baguio
Bus/Jeepney: Von Baguio nach San Fernando fahren täglich mehrere Busse der Companies Philippine Rabbit und Eso-Nice Transport. Fahrzeit: 2 Std. Es fahren auch Jeepneys, die etwas schneller sind als die großen Busse. Siehe auch »Bauang«: *Anreise/Weiterreise*.
Der Eso-Nice Transport Busterminal befindet sich in San Fernando an der Tankstelle nahe dem alten Markt, Rizal Street/Ecke Ortega Street.

Dagupan
Bus: Von Dagupan nach San Fernando fahren täglich zahlreiche Minibusse. Fahrzeit: 2 Std.
Von San Fernando nach Dagupan fahren Minibusse ab Casa Blanca Hotel, Rizal Street.

Laoag - Vigan
Bus: Von Laoag und Vigan nach San Fernando fahren täglich mehrere Busse der Companies Partas, Philippine Rabbit, Times Transit, Fariñas Trans und Maria de Leon, und zwar die mit Ziel Manila. Fahrzeit: von Laoag 4:30 Std.; von Vigan 2:30 Std.

Manila - Angeles
Bus: Von Manila nach San Fernando fahren täglich zahlreiche Busse der Companies Partas, Philippine Rabbit, Times Transit, Fariñas Trans und Maria de Leon. Busse mit Ziel Vigan und Laoag fahren ebenfalls durch San Fernando. Fahrzeit: 7 Std. Die Busse fahren über Dau/Angeles; Zusteigemöglichkeit.

Flug: Siehe »Bauang«: *Anreise/Weiterreise*.

San Juan

Etwa fünf bis zehn Kilometer nördlich von San Fernando, nahe der kleinen Stadt San Juan, erstreckt sich der sogenannte Surf Beach, ein breiter, mehrere Kilometer langer, sauberer Strand mit Brandung. Surf-Saison ist von Juli bis September und von November bis März.
Zwei Kilometer nördlich von San Juan, bei Tabok, bieten am Straßenrand mehrere Händler vielfältige Töpferware an, die dort angefertigt wird. Etwa acht Kilometer weiter nordöstlich liegt etwas abseits von der Hauptstraße in bewaldeten Bergen in etwa 600 Meter Höhe das Don Mariano State College. Interessant ist dort das Agriculture Training Development Center (ATDC), in dem sich Studenten der Imkerei widmen. Geerntet werden vorwiegend dunkler Narrahonig und heller Sonnenblumenhonig. Jeepneys mit dem Fahrtziel »Sapilang« fahren von Bacnotan hinauf (2,50 P). Direkt bis zum ATDC bezahlt man 5 P extra.

Übernachten

Hacienda Beach Resort, Urbiztondo. EZ/DZ/fan 160/230 P, EZ/DZ/fan/Bad 300 und 450 P. Sehr einfache Zimmer in einem rustikalen Haus. Liegt bei San Juan, etwa zwei Kilometer südlich von San Juan.

Monaliza Resort, Urbiztondo, Tel. 414892. DZ/fan 250 und 400 P, EZ/fan/Bad 380 P, DZ/fan/Bad 500 P. Unterschiedlich große Zimmer, die teuren mit Kühlschrank und Kochgelegenheit. Restaurant. Gleich neben dem Hacienda Beach Resort.
Surf Camp, Urbiztondo, Fax: 413708. Dorm 100 P, Cottage/fan/Bad 500 P (mit Kühlschrank und Kochgelegenheit). Nette kleine Anlage etwas südlich vom Monaliza Resort.
Sunset German Beach Resort, Montemar Village, Ili Norte, Tel. & Fax: 8884719. Cottage/fan/Bad 400 P. EZ/DZ/ac/Bad 600 P. Freundliche Zimmer in soliden Steinhäuschen. Kleine, gepflegte Anlage mit zahlreichen Pflanzen. Sehr gutes Restaurant; philippinische und internationale Küche. Liegt etwa einen Kilometer nördlich von San Juan.
Scenic View Tourist Inn, Montemar Village, Ili Norte, Tel. 413901. Dorm/fan 100 P, EZ/DZ/fan/Bad 250/300 P, EZ/DZ/ac/Bad 450/500 P, Suite 750 P. Recht ordentliche Zimmer, fast alle mit Veranda. Dachgarten-Restaurant. Swimmingpool. Allerdings kein direkter Zugang zum Strand (kleiner Umweg). Liegt direkt neben dem Sunset German Beach Resort.
Casa del Mar, Montemar Village, Ili Norte, Tel. 415678. EZ/DZ/fan/Bad 400 P. Akzeptable Zimmer mit großem Bad. Gutes Restaurant mit europäischer Küche. Liegt zwischen Las Villas und Scenic View Tourist Inn.
Las Villas Resort, Montemar Village, Ili Norte, Tel. & Fax: 2423778. EZ/DZ/ac/Bad 600 bis 750 P, Suite 1.500 P. Ansprechende, gepflegte Zimmer. Gutes Restaurant. Kleiner Swimmingpool. Attraktive, gelungene Anlage im spanischen Stil. Liegt 700 Meter außerhalb von San Juan.

Adressen/Verschiedenes

Surfen: Ausleihen von Surfboards kostet 100 P für zwei Stunden, z.B. im Monaliza Resort und im Surfcamp.
Vorwahl: 072.

Anreise/Weiterreise

Laoag - Vigan
Bus: Von Laoag und Vigan nach San Juan fahren täglich mehrere Busse der Companies Partas, Philippine Rabbit, Times Transit, Fariñas Trans und Maria de Leon, und zwar die mit Ziel Manila. Fahrzeit: von Laoag 4 Std.; von Vigan 2 Std.

Manila - Angeles
Bus: Von Manila nach San Juan fahren täglich zahlreiche Busse der Companies Partas, Philippine Rabbit, Times Transit, Fariñas Trans und Maria de Leon, und zwar die mit Ziel Bangued, Vigan und Laoag. Fahrzeit: 7:30 Std. Die Busse fahren über Dau/Angeles; Zusteigemöglichkeit.

San Fernando
Jeepney: Von San Fernando nach San Juan fahren täglich mehrere Jeepneys ab P. Burgos Street/Ecke Quezon Avenue. Fahrzeit: 30 Min. Fahrtziele könnten »Bacnotan« oder »Sapilang« sein. Wer zu einem Resort in Montemar Village möchte, steigt am besten am Abzweig in Ili Norte aus und geht die restlichen Meter zu Fuß.

In den Kordilleren

Baguio

Baguio (sprich: Bagio) gilt als Sommerhauptstadt der Philippinen. Wer es sich leisten kann, zieht sich insbesondere aus Manila in den heißen Sommermonaten in diese etwa 1.500 Meter hoch gelegene Gebirgsstadt zurück. Die Osterwoche ist mit 300.000 Besuchern absolute Hauptsaison. Einige Hotels erhöhen dann auch ihre Preise.

Zweifelsohne ist die »City of Pines«, »City of Flowers« und »City of Lovers« das wohl beliebteste nationale Reiseziel der Filipinos. Sie schwärmen von der Zigzag Road (Kennon Road) und vom kühlen Klima. Von März bis Mai zeigt sich Baguio dann auch von der schönsten Seite und entfaltet das lockere Flair eines Urlaubsortes. In den kalten Monaten Dezember und Januar hat es mich dort allerdings nie besonders lange gehalten. Dann vermißte ich die leichtfertige philippinische Atmosphäre, die unbeschwerte Fröhlichkeit der Flachland-Filipinos. Statt lachende Leute in lustigen T-Shirts mit frechen Sprüchen drauf sieht man, wenn man abends durch die Straßen geht, ein fröstelndes Volk in dicken Wolljacken. Neben dem rund zehn Grad kühleren Klima ist auch wohl das härtere Leben in den Bergen mit ein Grund für weniger Ausgelassenheit.
Ein schweres Erdbeben, das am 16. Juli 1990 den Norden von Luzon erschütterte, richtete auch in Baguio erhebliche Schäden an. Straßen, Schulen, Hotels und Privathäuser wurden teilweise oder sogar völlig zerstört - die Bilder gingen um die Welt. Vieles wurde inzwischen jedoch repariert, abgerissen und neu aufgebaut, so daß Besucher von den Folgen der Naturkatastrophe kaum noch etwas bemerken werden.

Zur Erinnerung: Baguio ist ein bevorzugtes Betätigungsfeld von Trickbetrügern, die einen z.B. mit der Bewunderung der bequemen Schuhe, die man trägt, ansprechen oder nach altbewährter Masche spontan und überschwenglich ihr mögliches Opfer »wiedererkennen«, sei es vom Immigration Office oder vom Airport, und deren Schwester obendrein zufälligerweise ausgerechnet in dem Land arbeitet, aus dem man selbst kommt. Darauf könnte man doch schon 'mal einen trinken! - Besser nicht!!!

City Market
Auf diesem großen Markt werden hauptsächlich Produkte der Benguet Province - das ist die Gegend um Baguio - angeboten. Korbwaren, Textilien, Gemüse, Obst (Erdbeeren; auch ein süßer, schwerer Erdbeerwein, Heidelbeeren und Zitronen), Honig, Holzarbeiten, Silberschmuck usw. usw.
Grinsende Kläfferköpfe dürften in der Fleischabteilung kaum noch zu entdecken sein, denn nach heftiger internationaler Kritik besonders in hundeliebenden Ländern wurde der Verzehr dieser Hochlanddelikatesse von der Regierung verboten.
Im angrenzenden Maharlika Livelihood Center, einem größeren Komplex mit zahlreichen Geschäften auf mehreren Ebenen, wird unter anderem auch »Traditional Handicraft Art« der Bergvölker angeboten. Holzschnitzereien gibt es preiswerter direkt bei den Herstellern im sogenannten Woodcarver's Village in der Asin Road, etwa vier bis fünf Kilometer westlich von Baguio (Jeepney ab Kayang Street; 4 P).

Burnham Park
Eine Grünanlage mit einem kleinen künstlichen See mitten in der Stadt. Benannt nach Daniel H. Burnham, dem Stadtplaner von Baguio. Bootsverleih, Kinderspielplatz und Orchidarium (gegenüber vom Benguet Pine Tourist Inn). Vorsicht: Nachts sind im Burnham Park schon Überfälle vorgekommen!

Mountain Provinces Museum
Dieses kleine Museum im Club John Hay vermittelt einen guten Eindruck vom Leben der kulturellen Minderheiten der Zentral-Kordilleren. Ausgestellt sind ethnographische Artefakte wie Holzschnitzereien, Körbe, Schmuck, Töpfer- und Webarbeiten.
Geöffnet: Di-So 9.00-12.00 Uhr u. 13.30-17.00 Uhr. Eintritt: 10 P.
(Jeepney ab Club John Hay Main Gate).

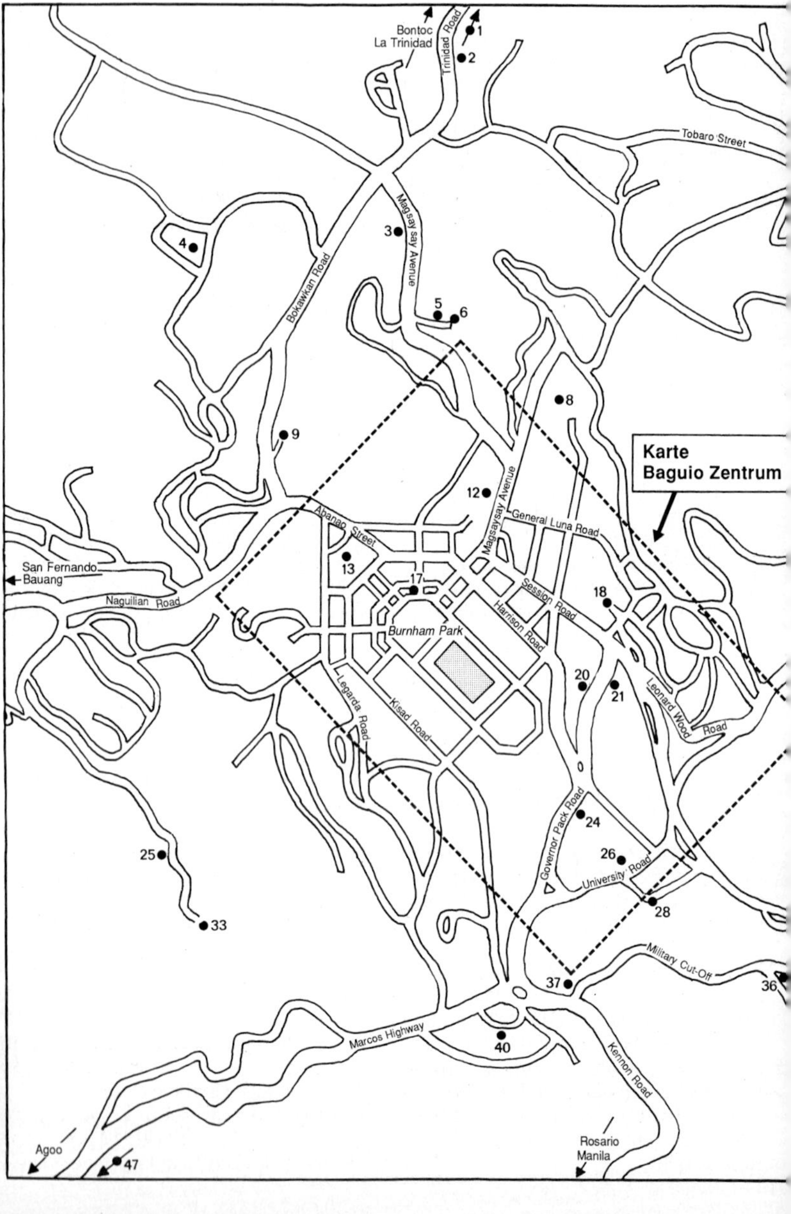
Bontoc
La Trinidad
Trinidad Road
Tobaro Street
Magsaysay Avenue
Bokawkan Road
Karte
Baguio Zentrum
General Luna Road
Abanao Street
San Fernando
Bauang
Naguilian Road
Session Road
Harrison Road
Burnham Park
Leonard Wood Road
Legarda Road
Kisad Road
Governor Pack Road
University Road
Military Cut-Off
Marcos Highway
Kennon Road
Agoo
Rosario
Manila
1
2
3
4
5
6
8
9
12
13
17
18
20
21
24
25
26
28
33
36
37
40
47

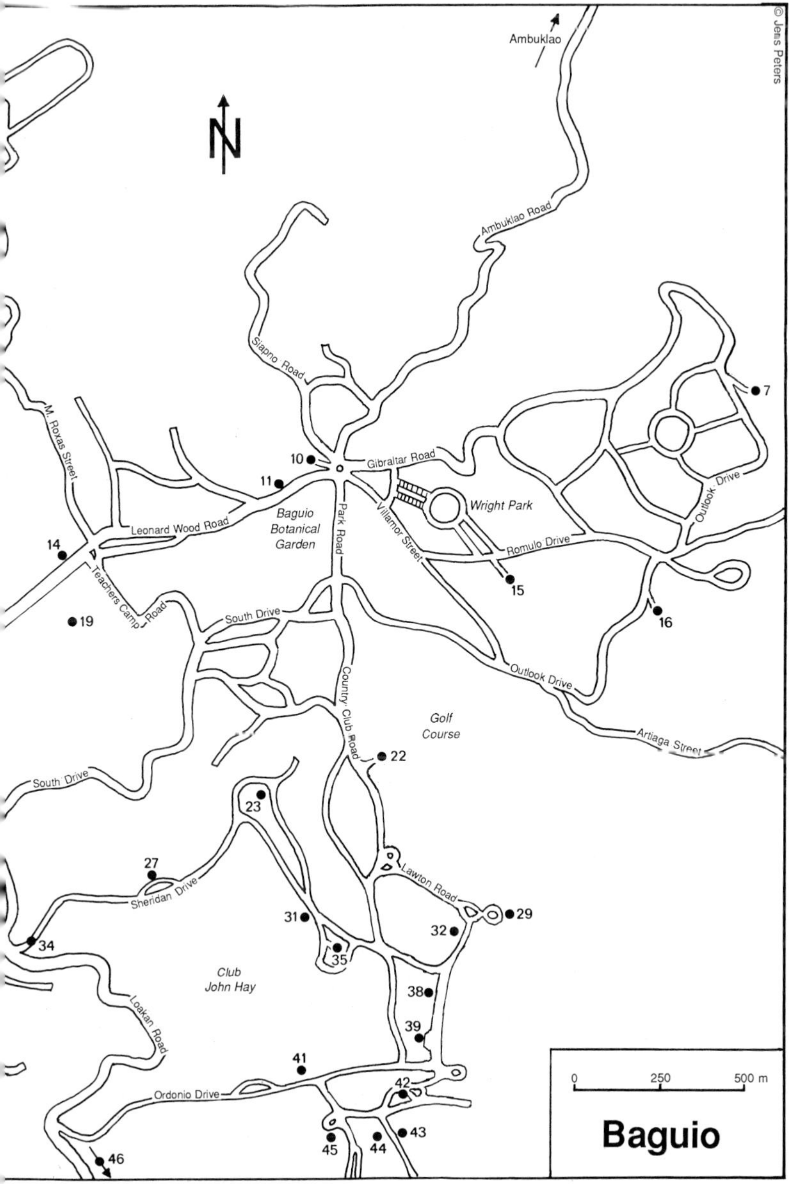
© Jens Peters
Ambuklao
Ambuklao Road
Siapno Road
Gibraltar Road
M. Roxas Street
Leonard Wood Road
Baguio
Botanical
Garden
Park Road
Villamor Street
Wright Park
Romulo Drive
Outlook Drive
Teachers Camp Road
South Drive
Country Club Road
Outlook Drive
Golf
Course
Artiaga Street
South Drive
Lawton Road
Sheridan Drive
Club
John Hay
Loakan Road
Ordonio Drive
0
250
500 m
Baguio
7
10
11
14
15
16
19
22
23
27
29
31
32
34
35
38
39
41
42
43
44
45
46

Nord-Luzon

Anreise/Weiterreise; Transport
5 Times Transit Busterminal
17 Eso-Nice Transport Busterminal
20 Byron Bus Busterminal
Dagupan Bus Busterminal
Partas Busterminal
Philippine Rabbit Busterminal
21 Victory Liner Busterminal
46 Loakan Airport

Übernachten
2 Hotel Supreme
3 Baguio Village Inn
9 Skyview Lodge
11 Vacation Hotel Baguio
14 Mountain Lodge
16 Villa La Maya Inn
33 Diplomat Hotel
36 Woods Place Inn
47 Chaparral Inn
Victory Hotel

Essen und Trinken; Unterhaltung
6 Slaughterhouse Restaurants
27 Halfway House
30 Uncle's Music Lounge & Restaurant
Session Bistro Music Lounge & Restaurant
38 19th Tee Patio
43 Lone Star Steak House & Mexican Restaurant

Verschiedenes
1 Bell Church
4 Easter School of Weaving
7 Mines View Park Aussichtspunkt
8 St. Louis University
10 St. Joseph Church
12 City Market
13 City Hall
Post Office
15 Mansion House
18 Cathedral
19 Teacher's Camp
22 Baguio Country Club
23 Mile-Hi Recreational Center
24 Tourist Office
25 Lourdes Grotto
26 UP - University of the Philippines
28 Convention Center
29 MacArthur Park Aussichtspunkt
31 Snider Hall
32 Tenniscourts
33 Dominican Hill
34 Club John Hay Main Gate
35 Igorot Lodge
37 Baguio Medical Center
39 Main Club
40 Baguio General Hospital
41 Swimmingpool
Tenniscourts
42 Liberty Park
Cemetery of Negativism
44 Tenniscourts
45 Mountain Provinces Museum
46 Philippine Military Academy

St. Louis Filigree Shop

In der St. Louis Universität gibt es eine Gewerbeschule, in der junge Silberschmiede ausgebildet werden. Besucher können zuschauen, wie sie in Handarbeit feinste Filigranarbeiten herstellen. Im Filigree Shop werden die Silberarbeiten von belgischen Nonnen zu Festpreisen verkauft, jedoch haben nicht alle einen Silberstempel. Wer Wert darauf legt, sollte ihn sich gleich an Ort und Stelle besorgen. Öffnungszeiten für Werkstatt und Laden: Mo-Sa 8.00-12.00 Uhr u. 13.00-17.00 Uhr.

Easter School of Weaving

Die Easter School of Weaving befindet sich am nordwestlichen Stadtrand von Baguio. Hergestellt werden Webwaren wie Decken, Tischläufer, Kleidung usw. (ziemlich hohe Preise). Man kann den Weberinnen bei ihrer Arbeit zuschauen.

Jeepneys fahren ab Chugum Street/ Ecke Otek Street oder ab Kayang Street.

Club John Hay

Das am südöstlichen Stadtrand gelegene Gelände des Club John Hay hieß früher Camp John Hay und war eine Recreation Base der US-Army. Es wird seit Rückgabe an die Philippinen im Juli 1991 als »Resort & Recreation Area« von der Bases Conversion Development Authority (BCDA) verwaltet. Die Sportanlagen wie Golfplatz, Swimmingpool und Tennisplätze sind der Öffentlichkeit nun ebenso zugänglich wie die Restaurants Halfway House, 19th Tee Patio und Lone Star Steak House.

Von den Amerikanern ebenfalls hinterlassen wurde der sehenswerte, kuriose »Cemetery of Negativism«, auf dem unter witzigen Grabsteinen schlechte Eigenschaften beerdigt sind - ein Stück amerikanischer Lebensphilosophie.

Club John Hay ist zu erreichen ab Stadtzentrum mit einem Jeepney ab Kayang Street oder mit einem Taxi zum Main Gate. Im Clubgelände fahren Jeepneys und Taxis.

Baguio Botanical Gardens, Wright Park und Mines View Park

Von den verschiedenen Häusertypen der Zentral-Kordilleren (»Ili ti Igorot«, das Igorot-Dorf), die im Botanischen Garten zu besichtigen waren, steht leider nur eine halb verfallene Ifugao-Hütte. Ansonsten gibt es ein Handicraft Center mit Souvenirshops - eine etwas touristische Angelegenheit.

Der Trip zum Botanischen Garten läßt sich verbinden mit einem Abstecher zum Wright Park, wo man auf Pferden reiten kann (80 P/Std. fürs Pferd plus 80 P/Std. für den Guide), und zum Mines View Park, von dem aus sich ein großartiges Panorama auf das Tal und die Berge bietet, allerdings erst, nachdem man den Weg durch die zahlreichen Souvenir-Verkaufsstände zum Aussichtspunkt geschafft hat.

Jeepneys fahren ab Magsaysay Avenue gegenüber vom City Market oder ab Harrison Road/Ecke Perfecto Street.

Bell Church

Etwas nördlich von der Stadt in Richtung La Trinidad befindet sich ein Chinesischer Tempel. Die Anlage wird von der Bell Church-Sekte verwaltet, deren Ideologie eine Mischung aus buddhistischen, taoistischen, konfuzianischen und christlichen Lehren darstellt. Auf Anfrage kann man sich von einem Priester die Zukunft deuten lassen.

Jeepneys fahren ab Magsaysay Avenue/ Ecke Bonifacio Street.

Geistheiler

Massenmedien haben bereits hinreichend über die Praktiken der philippinischen »Wunderdoktoren« oder »Geistheiler« (englisch: Faith Healer) berichtet. Mit ihren Fingern »öffnen« sie die Haut des Patienten und »operieren« mit bloßen Händen. Eine ziemlich »undurchsichtige« Angelegenheit. Aber da ja der Glaube bekanntlich Berge versetzen kann, kommen Kranke aus aller Welt nach Baguio, um sich retten zu lassen.

Wem Gerüche und Blut nichts ausmachen, sollte sich ein solches Wunder ruhig einmal ansehen. Allerdings lassen sich nach kritischen Berichten in westlichen Massenmedien einige Heiler nicht mehr gerne aus nächster Nähe auf die Finger schauen. Und wenn doch, dann nur noch gegen eine satte Bezahlung. Über Taxifahrer sind Kontakte möglich.

Literaturhinweis zu diesem Thema im Anhang.

Anreise/Weiterreise; Transport
15 Eso-Nice Transport Busterminal
21 Dangwa Tranco Busterminal
Lizardo Trans Busterminal
39 Philippine Airlines
Avis
51 Byron Bus Bustermianl
Dagupan Bus Busterminal
Partas Busterminal
52 Philippine Rabbit Busterminal
53 Victory Liner Busterminal

Übernachten
1 Leisure Lodge
4 Mount Crest Hotel
5 Swagman Attic Inn
13 Holiday Villa Court
16 Cypress Inn
19 Benguet Pine Tourist Inn
20 Villa Rosal Hotel
22 New Belfranlt Hotel
23 Highland Lodge
25 Mido Hotel
26 Baguio Palace Hotel
31 Hotel 45
32 Venus Parkview Hotel
35 New Plaza Hotel
36 Benguet Prime Hotel
37 Kisad Hotel
40 Burnham Hotel
47 Patrio de Baguio
49 Baden Powell Inn
55 Casa Vallejo

Essen und Trinken; Unterhaltung
6 50 Diner
7 Café by the Ruins
9 Manila Café
10 Peak a Boo Disco
11 Music Box Pizza House
13 Joey's Place
14 Alberto's Music Lounge
Spirits Disco
18 Café Teria
Fast Food Center
22 Fast Food Shopping Arcade
24 The New Ganza Steak & Chicken House
25 Sunshine Restaurant
26 Mr. Ching Cuisine Restaurant
27 Star Café
29 McDonald's
30 Rumours Disco
31 456 Restaurant
33 Cozy Nook Restaurant
36 Jollibee
38 The Solibao Restaurant
40 Cook's Inn Restaurant
41 Sizzling Plate Restaurant
42 Swiss Baker
Mister Donut
45 Shakey's Pizza
46 Kowloon House
Mario's
48 Barrio Fiesta

Verschiedenes
2 Equitable Bank
3 City Hall
Post Office
4 Cyberspace Café
8 Rizal Park
12 City Market
17 Sunshine Department Store
18 Maharlika Livelihood Center
28 Philippine National Bank (PNB)
34 St. Louis Filigree Shop
36 Benguet Supermarket
43 Cathedral
44 Bookmark
50 Post Office
54 Tourist Office
56 University of the Philippines (UP)
57 Convention Center

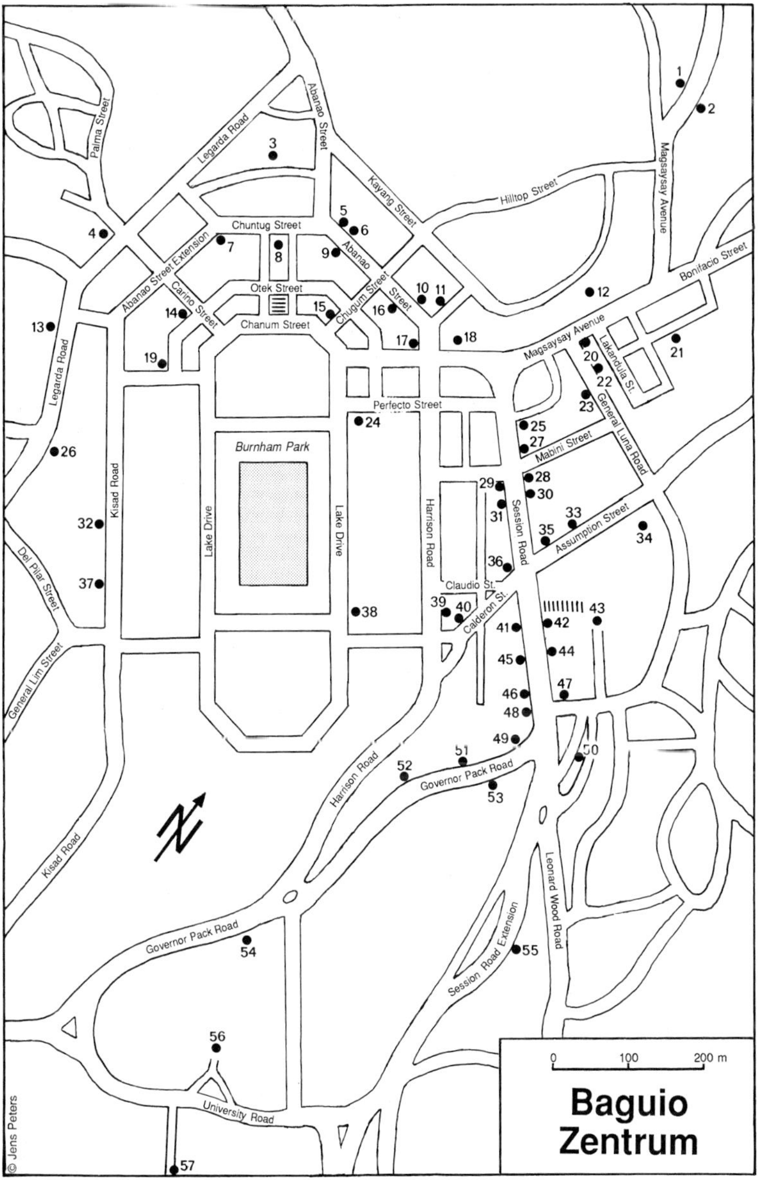

Baguio
Zentrum
0
100
200 m
© Jens Peters
Palma Street
Legarda Road
Abanao Street
Kayang Street
Hilltop Street
Magsaysay Avenue
Chuntug Street
Abanao Street Extension
Abanao
Chugum Street
Otek Street
Carino Street
Chanum Street
Bonifacio Street
Lakandula St.
General Luna Road
Perfecto Street
Mabini Street
Burnham Park
Lake Drive
Kisad Road
Harrison Road
Session Road
Assumption Street
Claudio St.
Calderon St.
Del Pilar Street
General Lim Street
Governor Pack Road
Leonard Wood Road
Session Road Extension
University Road

Nord-Luzon

Übernachten

Einfache Hotels und Pensionen

Highland Lodge, General Luna Road, Tel. 4427086. EZ 150 P, DZ 230 P, EZ/DZ/Bad 250/350 P. Anspruchslose Unterkunft mit bescheidenen kleinen, hellhörigen Zimmern ohne Fenster. Alles andere als komfortabel. Freundliche Leute. Kein Restaurant, dafür jedoch Room-Service.
Hotel 45, 58 Session Road, Tel. 4426634. EZ 200 P, DZ 350 P, EZ/Bad ab 400 P, DZ/Bad ab 450 P. Passable Zimmer, teilweise ohne Fenster, für den Preis jedoch akzeptabel. Es ist die ehemalige Baguio Goodwill Lodge.
Benguet Pine Tourist Inn, 82 Chanum Street/Ecke Otek Street, Tel. 4427325. Dorm 150 P, EZ/DZ 275 und 400 P, EZ/DZ/Bad 550 P. Angenehme Unterkunft am Burnham Park mit ruhigen, gemütlichen Zimmer. Guter Gegenwert. Beliebte Unterkunft in dieser Preisklasse. Restaurant.

Mittelklassehotels - untere Kategorie

Casa Vallejo, 111 Session Road Extension, Tel. 4423045, 4424601. EZ/DZ 220/350 P, EZ/Bad 380 P, DZ/Bad 550 P. Rustikales Haus. Freundliche Atmosphäre. Restaurant.
Cypress Inn, 29 Abanao Street, Tel. 4422416. EZ/DZ/Bad 420 P, Zimmer für drei bis fünf Personen kosten 450 bis 600 P. Passables Hotel, manche Zimmer sind jedoch nicht besonders sauber und obendrein ziemlich laut (Karaoke-Bars nebenan). Restaurant.

Mittelklassehotels - mittlere Kategorie

Mountain Lodge, 27 Leonard Wood Road, Tel. 4424544. EZ/DZ/Bad 600 P, DZ/Bad mit Kamin 900 P. Angenehmes, freundliches Hotel mit ruhigen Zimmern; guter Gegenwert. Restaurant. Liegt östlich vom Zentrum.
Baden Powell Inn, 26 Governor Pack Road, Tel. 4425836, 4428177. Dorm 140 P, EZ/DZ/Bad ab 800 P, Suite 2.500 P. Ordentliche, ruhige Zimmer auf der Rückseite am Hang. Häufig ausgebucht. Günstige Lage zu einigen Busterminals.
Burnham Hotel, Calderon Street, Tel. 4422331, Fax: 4428415. EZ/DZ/Bad 875 und 985 P. Ruhige, gemütliche Zimmer, die teuren mit TV. Chinesisches Restaurant. Schönes, geschmackvoll eingerichtetes Haus.
New Belfranlt Hotel, General Luna Street, Tel. 4425012, 4424298. EZ/DZ/Bad ab 800 P. Mit TV. Geräumige, komfortable Zimmer. Restaurant.
Swagman Attic Inn, 90 Abanao Street, Tel. 4425139, Fax: 4429859. EZ/DZ/Bad 765 und 1.055 P. Nett eingerichtete Zimmer mit TV. Restaurant. Australisches Management.
Benguet Prime Hotel, Session Road/Corner Calderon Street, Tel. 4427066, Fax: 4428132. EZ/DZ/Bad 1.500 und 1.850 P (mit Kühlschrank und TV); inklusive Frühstück. Komfortable Zimmer, die zur Straße sind allerdings ziemlich laut.

Mittelklassehotels - obere Kategorie

Mount Crest Hotel, Legarda Road/Corner Urbano Street, Tel. 4423324, Fax: 4426900. EZ/Bad 1.200 P, DZ/Bad 1.300 P. Gutes Hotel mit komfortablen Zimmern. Restaurant. Music Lounge.
Baguio Palace Hotel, Legarda Road, Tel. 4427734. EZ/Bad 1.100 P, DZ/Bad 1.200 P, Suite 2.200 P. Ordentliche Zimmer, jedoch vielleicht ein wenig zu teuer. Chinesisches Restaurant.
Hotel Supreme, 113 Magsaysay Avenue, Tel. 4432011, Fax: 4422855. EZ/DZ/Bad 1.200 P, Suite 2.250 P (Koch-

gelegenheit). Ruhig und gut. Restaurant. Swimmingpool. Liegt etwas außerhalb.
Vacation Hotel Baguio, 45 Leonard Wood Road, Tel. 4424545, 4423144. EZ/DZ/Bad 1.220 bis 1.900 P. Mit TV. Gepflegtes Hotel gegenüber dem Botanischen Garten. Restaurant. Disco.

Essen und Trinken

Gut sind die philippinischen Gerichte im einfachen, aber preiswerten Restaurant im ***Dangwa Tranco Busterminal***. Ebenfalls einfach in der Aufmachung präsentieren sich die sogenannten ***Slaughterhouse Restaurants*** beim Schlachthaus nahe dem Times Transit Busterminal in der Balajadia Street. Sie bieten aber ausgezeichnete Fleischgerichte für wenig Geld an und werden daher nicht ohne Grund von Einheimischen gerne aufgesucht. Zu den besten China-Restaurants der Stadt zählen ***Cook's Inn*** im Burnham Hotel, Calderon Street, und ***Mr. Ching Cuisine*** im Baguio Palace Hotel, Legarda Road. ***The Solibao*** und das ***New Ganza Steak & Chicken House*** befinden sich beide im Burnham Park. Dort kann man auch draußen sitzen.
Weitere, unterschiedlich teure Restaurants gibt es in der Session Road. Recht gut dort das ***Sizzling Plate***, in dem man unter anderem ordentlich frühstücken kann. Beim ***Swiss Baker*** gibt es ebenfalls ein gutes Frühstück sowie leckere Kuchen, desgleichen im beliebten ***Star Café***. Das alteingesessene ***Mario's*** ist bekannt für gute Steaks und Weine, und im ***Kowloon House***, gleich nebenan, ist rund um die Uhr chinesisches *dim sum* erhältlich.
Passable internationale Gerichte gibt es im ***Swagman Attic Inn Restaurant***, Abanao Street, das rund um die Uhr geöffnet ist. Für Freunde des schnellen Essens: ***McDonald's***, ***Jollibee*** und ***Shakey's Pizza*** sind in der Session Road vertreten.

Wer Speisen und Getränke der Kordilleren probieren möchte, sollte das originelle ***Café by the Ruins*** gegenüber der City Hall aufsuchen. In diesem geschmackvoll mit Pflanzen und traditioneller Kunst dekorierten Bambus-Restaurant werden überwiegend Spezialitäten der Saison zubereitet, dazu Reiswein *(tapuy)*, Zuckerrohrwein *(basi)*, Bohnenkaffee *(kape-ti-native)* oder Ingwertee *(salabat)* - nach San Miguel Bier wird man jedoch vergeblich fragen.

Unterhaltung

Nach Jahren gutbesuchter Folklore-Pubs zieht es in Baguio nun zahlreiche Gäste zu moderner Technik: Sing-Along und Karaoke konnten sich auch in den Bergen durchsetzen; beliebt sind ***Joey's Place***, Legarda Road, und ***Cozy Nook***, Assumption Road. Folk-Music wird noch im ***Music Box Pizza House***, Zandueta Street, geboten, dazu viel Bier, zu viel für manche Gäste, wie es scheint. Angenehmer ist die Atmosphäre in ***Alberto's Music Lounge*** in der Carino Street.
Mit Jazz und Oldies werden die Gäste im ***Café Teria*** im Marhalika Livelihood Center unterhalten. Sehr beliebt, insbesondere bei Studenten, ist das schicke ***Café Legarda*** im Mount Crest Hotel, in dem abends erstklassige Sänger und Musiker auftreten.
In der ***Peak a Boo Disco***, Abano Street, die in Wirklichkeit ein Nightclub ist, treten Go-Go-Dancer auf. Die wohl beliebteste Disco heißt allerdings ***Spirits*** und befindet sich in einem prächtigen Haus in der Otek Street. Populär sind auch ***Rumours*** in der Session Road und ***Crystal Den*** im Victory Hotel am Marcos Highway.

Adressen/Verschiedenes

Autoverleih: Avis, Padilla Building, Harrison Road, Tel. 4424018.
Bücher: In der Session Road findet man eine gutsortierte Bookmark-Filiale.

Benguet-Pinie

Geldwechseln: Die Equitable Bank, Golden Court Building, Magsaysay Avenue, Tel. 4435028, gibt Bargeld auf Visacard und MasterCard.
Zum günstigen Kurs für US-Dollar (cash) wechseln verschiedene Textilhändler am Markt (mehrere fragen und handeln).
Online: Zugang zum Internet im Cyberspace Café im Mount Crest Hotel, Legarda Road/Ecke Urbano Street, in dem man sich auch um seine E-mail kümmern kann. 125 P/Std., es wird aber nach Minuten abgerechnet.
Tourist Office, Governor Pack Road, Tel. 4426708.
Geöffnet: tägl. 8.00-12.00 Uhr u. 13.00-17.00 Uhr.
Vorwahl: 074.

Anreise/Weiterreise

Mit dem Flugzeug: Der Loakan Airport liegt etwa acht Kilometer südlich von Baguio. Jeepneys vom Stadtzentrum zum Airport fahren ab Mabini Street zwischen Session Road und Harrison Road. Vom Airport zur Stadt fahren die Jeepneys ab Loakan Road, etwa 100 Meter vom Flughafengebäude entfernt, in die rechte Richtung.
Asian Spirit, Melody & Diane, Nevada Square, 2 Loakan Road, Tel. 4438794.
Philippine Airlines, Harrison Street, Tel. 4422628, 4422695.
- Airport Office: Tel. 4422734, 4426753.

Banaue
Bus: Von Banaue nach Baguio fahren täglich zwischen 6.45 und 7.30 Uhr und eventuell um 16.00 Uhr, Busse der Dangwa Tranco Company, und zwar die Südroute über Bayombong, San Jose und Villasis. Fahrzeit: 9 Std.

Bontoc
Bus: Von Bontoc nach Baguio fahren täglich um 6.00, 7.00, 8.00 und eventuell um 9.15 Uhr Busse der Dangwa Tranco Company. Fahrzeit: 8 Std.

Dagupan
Bus: Von Dagupan nach Baguio fahren täglich zahlreiche Busse der Companies Byron Bus (halbstündlich von 6.00 bis 16.00 Uhr), Dagupan Bus und Philippine Rabbit. Fahrzeit: 2 Std.

Laoag
Bus: Von Laoag nach Baguio über Vigan und San Fernando (La Union) fahren täglich etwa stündlich von 1.30 bis 22.30 Uhr Busse der Philippine Rabbit Company. Aircon-Busse fahren um 7.30, 8.30 und 14.30 Uhr. Fahrzeit: 6 Std.

Manila - Angeles
Bus: Von Manila nach Baguio fahren täglich zahlreiche Busse der Companies Dagupan Bus, Dangwa Tranco, Partas, Philippine Rabbit und Victory Liner. Fahrzeit: 6 Std. Die Busse fahren über Dau/Angeles; Zusteigemöglichkeit.
Von Baguio nach Manila benötigt man etwa 30 Minuten weniger als umgekehrt, da der erste Teil der Strecke nur

bergab geht. Wenn man die Kennon Road (»Zigzag Road«) hinunterfährt, passiert man einen großen, in Stein gehauenen Löwenkopf, den Lions Club Welcome Marker, der an der linken Straßenseite steht.

Flug: Asian Spirit und Philippine Airlines fliegen täglich von Manila nach Baguio und zurück. Flugzeit: 50 Min.

Olongapo - Angeles
Bus: Von Olongapo nach Baguio fahren täglich etwa stündlich Busse der Victory Liner Company. Fahrzeit: 6 Std. Die Busse fahren durch Angeles; Zusteigemöglichkeit.

San Fernando (La Union) - Bauang
Bus/Jeepney: Von San Fernando nach Baguio fahren täglich zahlreiche Busse der Companies Philippine Rabbit und Eso-Nice Transport. Fahrzeit: 2 Std. Es fahren auch Jeepneys.

Sagada
Bus: Von Sagada nach Baguio fahren täglich Busse der Companies Dangwa Tranco Company und Lizardo Trans. Abfahrt: 6.00, 6.30, 7.00, 8.00 und 9.00 Uhr. Fahrzeit: 7 Std.

Hinweis: Es ist vorgekommen, daß Busse und Privatwagen aus Sagada und anderen Orten der Mountain Province von Militär und NARCOM (Narcotic Commission) gestoppt wurden, um das Gepäck der Fahrgäste nach Marihuana zu durchsuchen!

Kabayan

Kabayan ist bekannt wegen zahlreicher Begräbnishöhlen der in dieser Gegend ansässigen Ibaloy. Mindestens 500 Jahre alt sollen einige der Mumien sein, die mit angewinkelten Beinen zusammengekrümmt in ausgehöhlten Baumstämmen liegen, die als Särge dienen. Nachdem in den siebziger Jahren Grabräuber verschiedene Höhlen ausgeplündert hatten, wurden bekannte und in Ortsnähe liegende Grabstätten verschlossen. Die noch zugänglichen Höhlen sind nur nach langen Märschen und mit einem Führer zu erreichen. Man kann sich Mumien auch in einem kleinen Museum in der Town Hall ansehen.

Anreise/Weiterreise
Bus: Von Baguio nach Kabayan fährt möglicherweise täglich ein Bus der Dangwa Tranco Company. Fahrzeit: 6:30 Std. Eine Verbindung in Richtung Norden nach Abatan besteht nicht. Man muß zu Fuß hinüber zur Halsema Road gehen oder am nächsten Morgen mit dem Bus zurück nach Baguio fahren.
Diese Busverbindung ist nicht sehr zuverlässig, sie wurde vorübergehend auch schon eingestellt.

Sagada

Sagada liegt 18 Kilometer westlich von Bontoc auf einer Höhe von 1.480 Metern. Bekannt wurde dieser angenehme und beschauliche Bergort hauptsächlich durch seine Höhlen und sogenannten »Hängenden Särge«.
Die St. Mary's School bei der gleichnamigen Kirche wurde 1912 gegründet. Dieses Ereignis wird jedes Jahr vom 5. bis 10. Dezember gefeiert, unter anderem am 7. Dezember mit einer Prozession und anschließendem Tanzwettbewerb in traditionellen Kostümen, und am 9. Dezember mit einem Theater-, Gesangs- und Musikwettstreit.
Im Sagada Weaving & Souvenir Shop werden ansehnliche Stoffe hergestellt und relativ teure traditionelle Webarbeiten zum Kauf angeboten. Holzschnitzereien, Schmuck und Flechtarbeiten ansässiger Bergbewohner sind in Josefine's Store erhältlich.
Etwas weiter in Richtung Bontoc, beim Abzweig nach Banga'an, lohnt sich ein

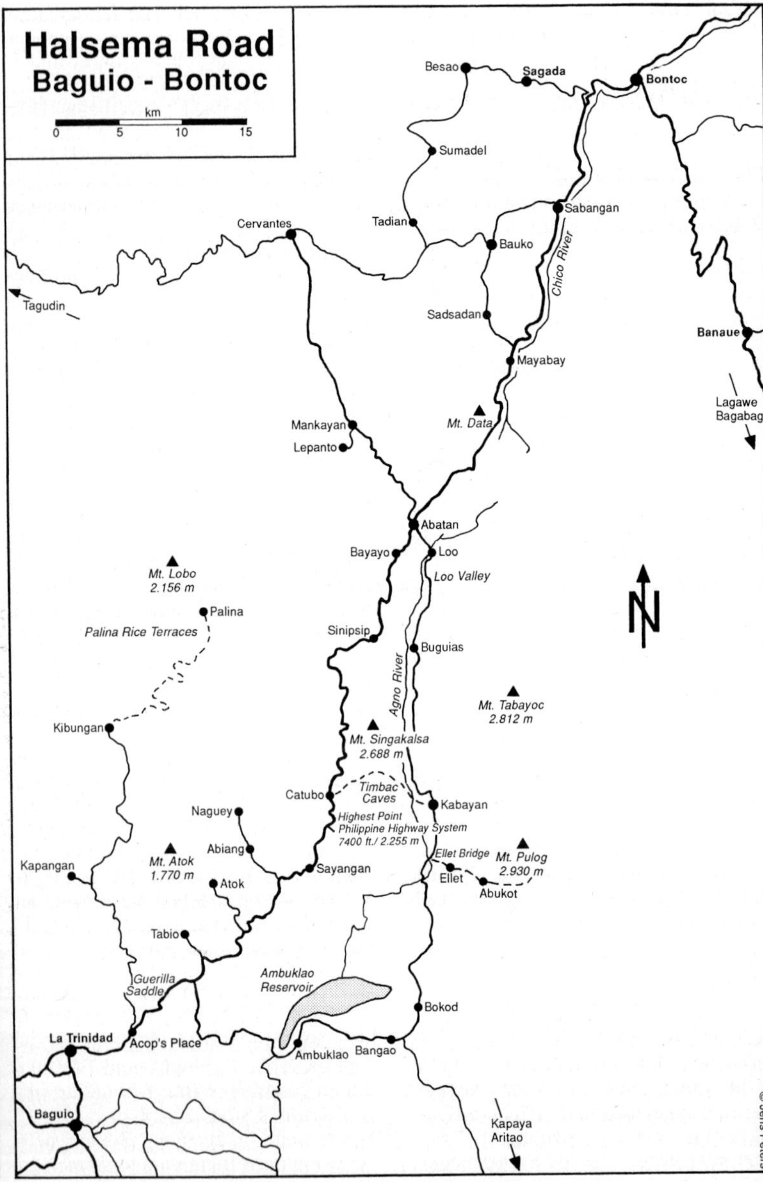
Halsema Road
Baguio - Bontoc
km
0 5 10 15
Besao
Sagada
Bontoc
Sumadel
Sabangan
Tadian
Cervantes
Bauko
Chico River
Tagudin
Sadsadan
Banaue
Mayabay
Lagawe
Bagabag
Mt. Data
Mankayan
Lepanto
Abatan
Bayayo
Loo
Loo Valley
Mt. Lobo
2.156 m
Palina
Palina Rice Terraces
Sinipsip
Buguias
Agno River
Mt. Tabayoc
2.812 m
Kibungan
Mt. Singakalsa
2.688 m
Timbac
Caves
Catubo
Kabayan
Naguey
Highest Point
Philippine Highway System
7400 ft./ 2.255 m
Abiang
Mt. Atok
1.770 m
Ellet Bridge
Mt. Pulog
2.930 m
Kapangan
Sayangan
Ellet
Atok
Abukot
Tabio
Guerilla
Saddle
Ambuklao
Reservoir
Bokod
La Trinidad
Acop's Place
Ambuklao
Bangao
Baguio
Kapaya
Aritao
© Jens Peters

Die spektakuläre Halsema Road

Welch eine Straße! Und welch ein irreführender offizieller Name: Halsema Mountain Highway. Viel genauer läßt da die alte Bezeichnung Mountain Trail die Beschaffenheit der Strecke zwischen Baguio und Bontoc erahnen. Ausgebessert und verbreitert wurde dieser Weg durch die Berge in den zwanziger Jahren unter der Leitung des Bauingenieurs E.J. Halsema, und 1931 konnte schließlich eine einigermaßen passierbare Gebirgsstraße erstmals für Kraftfahrzeuge freigegeben werden. Der Anlaß für dieses gewaltige Unternehmen waren die Bodenschätze (Gold, Silber und Kupfer) der Zentral-Kordilleren, die zugänglich gemacht werden sollten. Abgeschlossen wurden die Bauarbeiten jedoch bis zum heutigen Tag nicht. Zwar ist die Straße im südlichen Abschnitt bereits ein Stück asphaltiert, der überwiegende Teil der Strecke aber ist nach wie vor eine holprige, staubige Piste, die sich abenteuerlich an den teilweise ziemlich steilen Hängen entlangwindet.
Genaugenommen beginnt die Halsema Road nicht in Baguio, sondern ein paar Kilometer östlich von La Trinidad, der Hauptstadt der Provinz Benguet. Von dort führt sie über rund 130 Kilometer durch die landschaftlich sehr reizvolle Bergwelt in Richtung Nordosten bis nach Bontoc, der Hauptstadt der Mountain Province.
Etwa sieben Kilometer östlich von La Trinidad zweigt bei Acop's Place eine kurvenreiche Straße nach Kibungan ab, einem kleinen Ort in einer Bergregion, die auch »Switzerland of Benguet« genannt wird. In den Monaten Dezember und Januar sollen die Temperaturen dort sogar bis unter den Gefrierpunkt sinken. Bei Kibungan befindet sich Madaymen, ein bekanntes Anbaugebiet für Gemüse, nördlich schließen die Palina Reisterrassen an.
Kurz nach Acop's Place führt die Halsema Road über einen Paß (»Guerilla Saddle«), von dem aus man rechterhand den großen Ambuklao-Stausee erblicken kann, der vom Agno River gespeist wird. Wenig später zweigt eine Straße dorthin ab. Über diese Straße gelangt man auch nach Kabayan und, ab der Ellet-Brücke, zum Mount Pulog, dem zweithöchsten Berg der Philippinen.
Weiter nördlich von Acop's Place, etwa auf der Höhe von Atok, beginnt die sogenannte »Salatschüssel von Benguet«: Gemüsefelder ohne Ende, die meisten davon terrassenförmig angelegt. Die Halsema Road gewinnt nun an Höhe und erreicht kurz vor Catubo die imposante Marke von 2.255 Meter: »Highest Point Philippine Highway System - Elevation 7.400 Ft.«, wie eine Tafel diese Stelle dokumentiert.
Von Catubo führt ein Weg hinüber nach Kabayan. Er überquert die Ausläufer des Mount Singakalsa, auch Mount Timbac genannt, wo in den Timbac Caves einige der berühmten Kabayan-Mumien zu finden sind.
In Sinipsip betreibt die Dangwa Tranco Bus Company ein großes Restaurant, in dem sich die Fahrgäste stärken können. Beiderseits der Straße erstrecken

sich dort die ausgedehnten, wunderschön angelegten Natubleng Vegetable Terraces. Besonders eindrucksvoll sind die sorgsam bis in den hintersten Winkel terrassierten Hänge südlich von Sinipsip. Von Buguias, östlich von Sinipsip, setzen sich die Felder dann im Loo Valley fort.
Abatan liegt genau 90 Kilometer von Baguio entfernt. Es ist ein quirliger Ort an einer Straßenkreuzung mit einem großen Markt, zahlreichen Geschäften und Verkaufsständen. Über die Straße, die nach Nordwesten abzweigt, gelangt man nach Mankayan, wo zwei Mining Companies Kupfer abbauen, und Cervantes. Die Straße in Richtung Südosten führt hinunter nach Loo und durch das Loo Valley am Agno River entlang nach Kabayan.
Etwa zehn Kilometer nordöstlich von Abatan erreicht die Halsema Road die Grenze zur Mountain Province und, gleich dahinter, den Mount Data mit dem gleichnamigen, komfortablen Hotel. Bis nach Bontoc sind es jetzt noch etwa 30 Kilometer. Entlang diesem verbleibenen Teil der Strecke verläuft in einem breiten Tal rechts der Straße der Chico River. Sieben Kilometer vor Bontoc gabelt sich die Straße dann ein letztes Mal. Wer nach Sagada möchte, muß nach links abbiegen.

Besuch der Fotogalerie Masferré, in der einmalige Fotografien, die das Leben in den Dörfern der Mountain Province in den dreißiger, vierziger und fünfziger Jahren dokumentieren, zu sehen sind. Aufgenommen hat sie der bekannte, inzwischen verstorbene Fotograf Eduardo Masferré. Eine Auswahl seiner eindrucksvollen Werke ist als Bildband erschienen. Die Galerie ist im Privathaus der Familie Masferré untergebracht, das geschlossen ist, wenn Besucher nicht erwünscht sind.

Höhlen

Neugierige Höhlenkletterer können sich von kundigen Einheimischen ins Erdinnere begleiten lassen, was bei verschiedenen Höhlen sogar unbedingt zu empfehlen ist. Allerdings sollte die Neugier nicht soweit gehen, daß respektlos Särge geöffnet werden! Auch ist es sicher nicht die feine Art, aus offenen Särgen Knochen als Souvenir zu entwenden.
Erfahrene Führer vermittelt die Sagada Environmental Guides Association (SEGA) im Tourist Information Center. Üblicher Preis: 250 P für bis zu vier Personen plus 80 P für zwei Lampen; 300 P für bis zu sechs Personen. Die Mitnahme von Kerosinlampen ist für die Matangkib Cave und Sumaging Cave notwendig, in denen Taschenlampenlicht nicht ausreicht. Ein umsichtiger Guide sichert gefährliche Stellen mit einem Seil ab. Er sollte auch entscheiden können, ob für seine Tour feste Schuhe oder Slipper am besten geeignet sind.
Die meisten Begräbnishöhlen sind auch ohne kundige Begleitung begehbar. Sie befinden sich nicht sehr weit vom Ortskern entfernt (maximal 30 Minuten zu Fuß), z.B. Lumiang Cave (großer Höhleneingang mit zahlreichen Särgen).
Die Sumaging Cave (Big Cave) enthält keine Särge. Sie zu erkunden, erfordert jedoch unbedingt einen Guide. Eine umfassende Exploration kann bis zu sechs Stunden dauern, wobei es stellenweise durch hüfthohes Wasser geht und ein paar enge Passagen zu bewältigen sind. Etwa zwischen 11.00 und

13.00 Uhr scheint die Sonne ziemlich weit in die Höhle hinein; bezaubernde Lichtstimmung. Vom Weg nahe der Sumaging Cave hat man eine sehr schöne Aussicht auf ein weites Tal mit Reisterrassen.
Auch für die Begehung der Crystal Cave (eng; schwieriger Ab- und Aufstieg) wäre ein Guide angeraten. Allerdings wurde die Crystal Cave 1995 geschlossen, da etliche Besucher ungehemmt Mineralien abbrachen und entwendeten. Es ist fraglich, ob diese Höhle sobald wieder für Touristen geöffnet wird. Die Matangkib Cave wurde 1996 ebenfalls geschlossen.

Wanderungen

Echo Valley: Eine interessante, zweistündige Wanderung ist die zum Echo Valley: Bei der St. Mary's School hinter der Kirche links den Weg hinauf bis zum Friedhof, dann über den Friedhof und hinunter ins Valley. Von einer Anhöhe beim Friedhof, auf der ein Kreuz steht, kann man bereits einen Blick in das Tal werfen. Vom Echo Valley, in dem an Felswänden hängende Särge zu sehen sind, gelangt man flußaufwärts zu einer Höhlenöffnung mit dem Austritt des Underground River. Rechts davon führt ein Pfad bis zur Matangkib Cave, von dort sind es nur noch ein paar Schritte bis zur Straße. Man kann auch in die Höhle des Underground River hineingehen um dann wenig später auf den Pfad zu treffen, der draußen vorbeiführt.

Bokong Waterfall: Der kleine Bokong Wasserfall mit seinem natürlichen Swimmingpool ist eine wohltuende Erfrischung, insbesondere nach der Höhlenbesichtigung. Allerdings fließt in den Monaten April und Mai das Wasser nur spärlich. Man erreicht ihn nach etwa 30 Minuten zu Fuß ab Ortskern, zuerst 300 Meter in Richtung Bontoc gehen, dann hinter Sagada Weaving links abbiegen (die Stufen hoch).

Kiltepan Peak: Etwa 1,5 Kilometer östlich vom Ortskern in Sagada zweigt von der Straße nach Bontoc ein holpriger Weg ab, der zum 1.636 Meter hohen Kiltepan Peak hinaufführt, auf dem ein Sendeturm steht. Von dort oben hat man einen herrlichen Blick auf die Reisterrassen von Kilong und Tetep-an.

Banga'an: Knapp zwei Stunden geht man von Sagada nach Banga'an; herrliche Landschaft mit Reisterrassen. Es soll jetzt auch eine Jeepney-Verbindung bestehen. Weitere ein bis zwei Stunden außerhalb von Banga'an gibt es einen sehenswerten Wasserfall, den Bomod-ok (»großer Wasserfall«). Licht zum Sonnen am natürlichen Pool hat man nur von morgens bis mittags, also nicht zu spät von Sagada aufbrechen. In Banga'an hinter der Schule rechts abbiegen und bis zum Dorf Fedilisan gehen. Von dort läßt man sich am besten für ein paar Pesos von einem Kind zum Wasserfall führen.

Mount Ampacao: Lohnenswert ist auch eine Wanderung hinauf zum 1.889 Meter hohen Mount Ampacao (2 Std.), von dem man eine herrliche Aussicht auf Sagada und Umgebung hat. Man muß nicht dieselbe Strecke über Ambasing wieder hinuntergehen, sondern kann den Pfad zum kleinen Lake Danum nehmen (2:30 Std.) und von dort dann nach Sagada zurückwandern (1 Std.).

Mount Polis: Etwas länger dauert die schöne Wanderung zum Mount Polis (1.829 m), der südlich von Sagada liegt. Über den sogenannten Old Spanish Trail, der gleich außerhalb von Ambasing beginnt und nach Bagnen und zum Mount Polis führt, benötigt man etwa drei bis vier Stunden. Zum Gipfel hinauf führen Stufen, die in den Hang gehauen wurden.

Übernachten

Die Unterkünfte in Sagada sind durchweg alle einfach, aber günstig. Wer am Morgen nicht mit kaltem Wasser duschen möchte (kaltes Wasser in Sagada ist weiß Gott kalt), muß am Vorabend einen Eimer heißes Wasser für 10 P bestellen.

Sagada Guesthouse. EZ/DZ 65/130 P. Gemütliche Unterkunft.

Pines View Inn. EZ/DZ 65/130 P. Ruhiges, behagliches Haus mit nur zwei Gästezimmern, großem Wohnraum und Küche. Familiäre Atmosphäre. Liegt an der Straße nach Banga'an.

A-Seven House. EZ/DZ 65/130 P. Freundliche Unterkunft nahe Pines View Inn.

Masferré Inn. EZ/DZ 70/130 P. Geräumige Zimmer.

Green House. EZ/DZ 75/150 P. Ein altes, ruhiges Privathaus mit angrenzendem Neubau. Beide Häuser haben je eine Küche, die gegen eine kleine Gebühr von den Gästen benutzt werden können.

St. Joseph's Resthouse. EZ/DZ 75/150 P. Ältere, freundliche Unterkunft mit geräumigen Zimmern. Restaurant.

Rocky Valley Inn. EZ/DZ 75/150 P. Zimmer mit Balkon. Angenehme Unterkunft nahe Matangkib Cave. Gutes Restaurant.

Mapiyaaw Sagada Pensione. Dorm 65 P, EZ/DZ 75/150 P. DZ/Bad 200 P (zwei Zimmer teilen ein Bad). Gastliches, dreistöckiges Haus mit Kaminen und großen Balkonen auf jeder Etage. Es ist von bizarren Felsformationen umgeben und liegt idyllisch und ruhig etwa 600 Meter außerhalb vom Ortskern in Richtung Bontoc.

Olahbinan Resthouse. EZ/DZ 200 bis 300 P, EZ/DZ/Bad 700 P, Suite 1.500 P. Ordentliche Zimmer. Liegt ein paar Meter abseits der Straße. Restaurant.

Anreise/Weiterreise
- 7 Busse nach Baguio
- 16 Jeepneys nach Bontoc

Übernachten
- 1 Pines View Inn
- 2 A-Seven House
- 4 Daoa's Guesthouse
- 5 Sagada Guesthouse
- 8 St. Joseph's Resthouse
- 11 Rocky Valley Inn
- 15 Mapiyaaw Sagada Pensione
- 17 Country Inn
- 22 Masferré Inn
- 23 Green House
- 24 Sagada Prime Hotel
- 25 Olahbinan Resthouse

Essen und Trinken
- 4 Log Cabin
- 6 Ganduyan Café
- 12 Rocky Valley Restaurant
- 19 Café Bilig
- 21 Shamrock Café
- 22 Country Café
  Masferré Café
- 28 Village Bistro

Verschiedenes
- 6 Ganduyan Museum
- 9 St. Theodore's Hospital
- 10 Sagada Weaving & Souvenir Shop
- 11 Arts & Crafts
- 13 Josephine's Store
- 14 Fotogalerie Masferré
- 18 Rural Bank
  Municipal Hall
  Police Station
  Post Office
  Tourist Information
- 20 Market
- 22 Sagada Bakery
- 26 St. Mary's Church
- 27 St. Mary's School

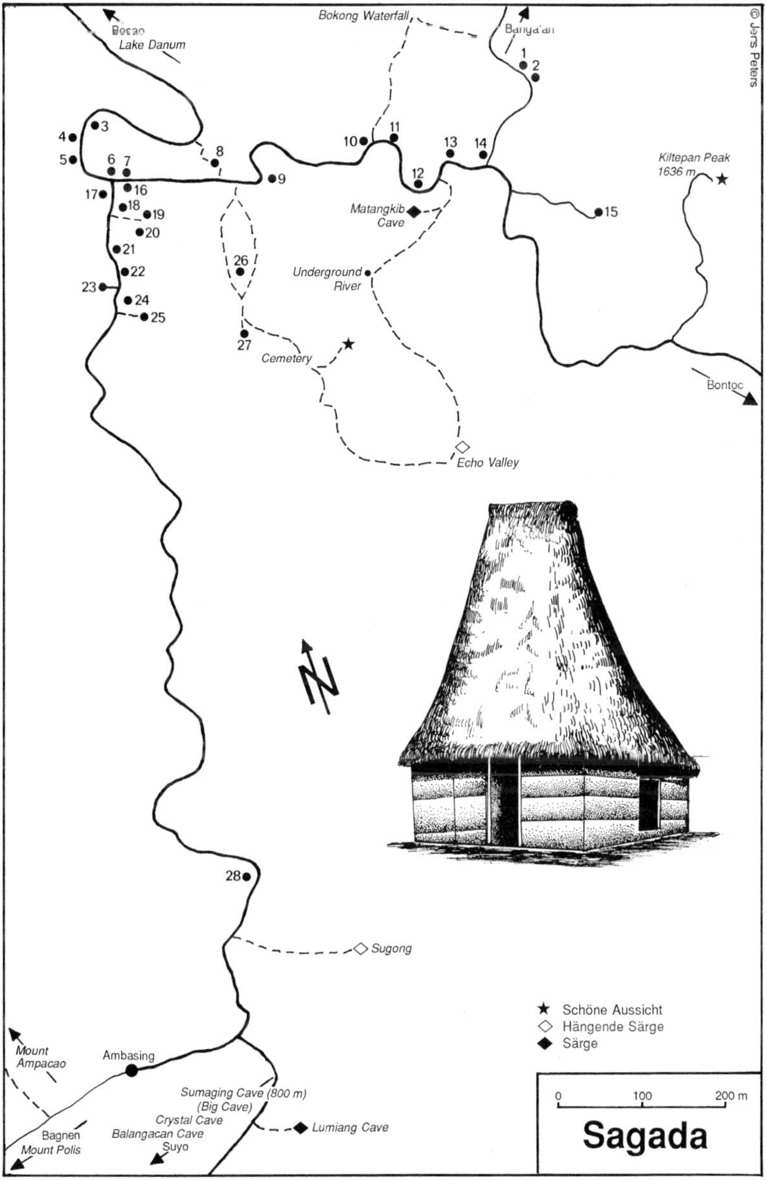
Bosao
Lake Danum
Bokong Waterfall
Banga'an
© Jens Peters
Kiltepan Peak
1636 m
Matangkib
Cave
Underground
River
Cemetery
Echo Valley
Bontoc
N
Sugong
Schöne Aussicht
Hängende Särge
Särge
Mount
Ampacao
Ambasing
Sumaging Cave (800 m)
(Big Cave)
Crystal Cave
Balangacan Cave
Suyo
Lumiang Cave
Bagnen
Mount Polis
0
100
200 m
Sagada
1
2
3
4
5
6
7
8
9
10
11
12
13
14
15
16
17
18
19
20
21
22
23
24
25
26
27
28

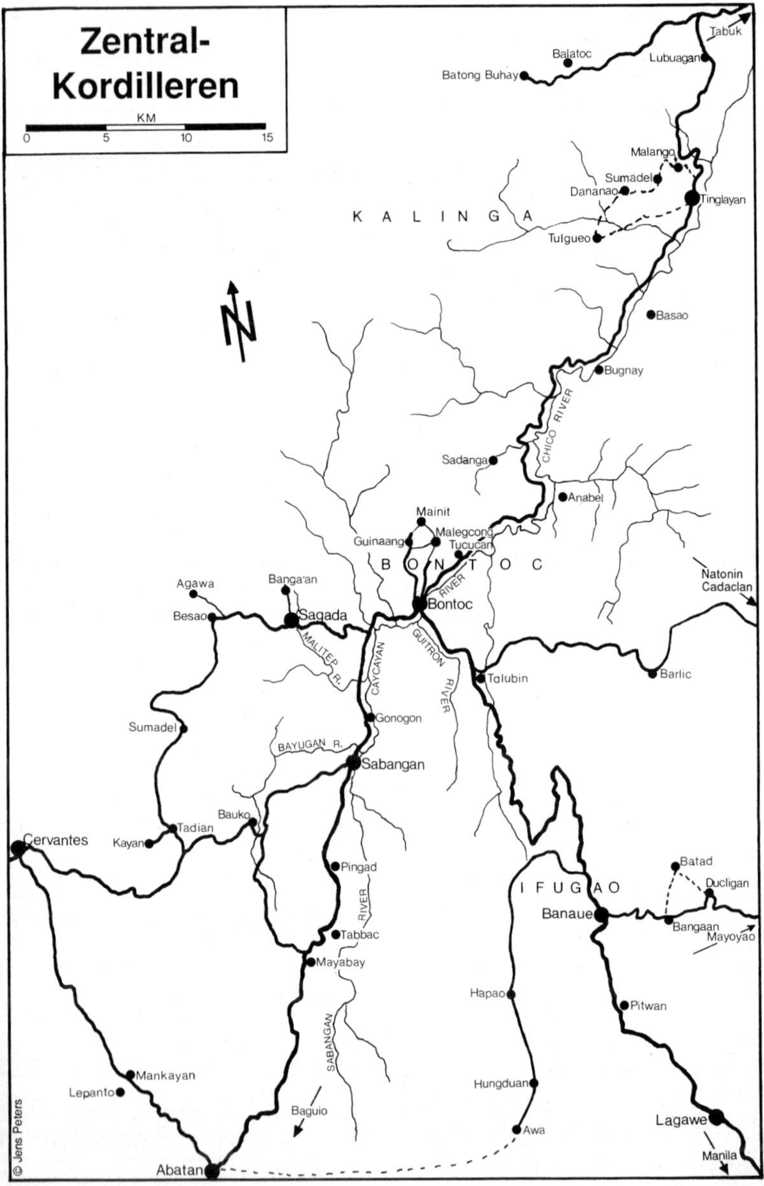
Zentral-
Kordilleren
KM
0
5
10
15
Tabuk
Balatoc
Lubuagan
Batong Buhay
Malango
Sumadel
Dananao
Tinglayan
K A L I N G A
Tulgueo
Basao
Bugnay
CHICO RIVER
Sadanga
Anabel
Mainit
Malegcong
Guinaang
Tucucan
B O N T O C
RIVER
Natonin
Cadaclan
Agawa
Banga'an
Bontoc
Besao
Sagada
MALITEP R.
CAYCAYAN
GUITRON
RIVER
Talubin
Barlic
Sumadel
Gonogon
BAYUGAN R.
Sabangan
Bauko
Tadian
Cervantes
Kayan
Pingad
Batad
Ducligan
I F U G A O
Banaue
Bangaan
Mayoyao
RIVER
Tabbac
Mayabay
Hapao
Pitwan
SABANGAN
Mankayan
Lepanto
Hungduan
Baguio
Lagawe
Awa
Manila
Abatan
© Jens Peters

Sagada Prime Hotel, EZ/DZ/Bad 500 bis 1.000 P. Recht komfortable Unterkunft für leicht gehobene Ansprüche.

Essen und Trinken

Gut und preiswert essen kann man im ***Café Bilig***, ***Country Café*** und ***Shamrock Café***, wo unter anderem exzellenter Joghurt und verschiedene Spezialitäten der Mountain Province zur Auswahl stehen. Empfehlenswert ist auch das ***Village Bistro*** im Süden von Sagada, in dem man draußen sitzen kann. Ausgezeichnet ist das Essen im beliebten, gemütlich eingerichteten Restaurant ***Log Cabin***; aus Platzgründen aber nur eine begrenzte Anzahl Gäste bewirtet werden kann (Reservierung ratsam). Gutes Frühstück mit Joghurt und Müsli gibt es im ***Ganduyan Café*** im gleichnamigen Museum.
Einige ***Guest Houses*** servieren außer Frühstück auch abends sehr reichliche Mahlzeiten; jedoch sind rechtzeitige Anmeldungen (bis etwa 16.00 Uhr) erwünscht. Fast alle Lokale schließen um 21.00 Uhr (derzeit Sperrstunde in Sagada!).

Adressen/Verschiedenes

Geldwechseln: Möglich bei der Rural Bank of Sagada, allerdings werden nur US-Dollar getauscht.
Informationen: Eine übersichtliche, allerdings nicht maßstabsgetreue Karte von der Umgebung Sagadas ist für 6 P in verschiedenen Pensionen und Restaurants erhältlich.

Anreise/Weiterreise

Hinweis für Selbstfahrer: In Sagada ist kein Benzin aufzutreiben. Die Fahrzeuge dort fahren offensichtlich alle mit Diesel. Die nächste Tankstelle befindet sich in Bontoc.

Baguio
Bus: Von Baguio nach Sagada fahren täglich Busse der Companies Dangwa Tranco und Lizardo Trans. Abfahrt um 7.30, 8.00, 9.00 und 9.30 Uhr. Fahrzeit: 7 Std. Die Plätze neben dem Fahrer und an der rechten Busseite sind wegen der guten Aussicht am besten. Es wird ziemlich kühl, daher sinnvollerweise Jacke oder Pullover aus dem Gepäck herausnehmen, bevor es verstaut wird.
Abfahrt der Busse von Sagada nach Baguio um 5.30, 6.00, 7.00 und 9.00 Uhr.

Bontoc - Banaue
Jeepney: Von Bontoc nach Sagada fahren täglich mindestens vier Jeepneys ab Caltex Tankstelle. Wahrscheinliche Abfahrten: 6.00, 7.00, 8.30 und 10.30 Uhr. Fahrzeit: 1 Std.
Wer am selben Tag von Sagada über Bontoc nach Banaue fahren möchte, sollte am besten den ersten Jeepney um 6.00 Uhr von Sagada nach Bontoc nehmen, um dort dann den Jeepney nach Banaue zu erwischen, der um etwa 7.30 Uhr ab Mountain Hotel abfährt.

Bontoc

Bontoc liegt in einer Höhe von etwa 900 Metern und ist die Hauptstadt der Mountain Province und das Zentrum der Zentral-Kordilleren. Einen guten Überblick über Unterschiede und Zusammenhänge der ansässigen Bergvölker kann man sich in Bontoc im kleinen, aber exzellenten Museum verschaffen, wo freundliches Personal interessierten Besuchern gerne ausführliche Informationen über das Leben in der Mountain Province gibt. Geöffnet: 13.00-17.00 Uhr, eventuell auch 8.00-12.00 Uhr. Eintritt: 20 P. Im Museum hängt auch ein Bild von der aus Bambus und anderen Gewächsen gebauten Tucucan-Brücke, der sogenannten Monkey Bridge, die sich ein paar Kilometer weiter in Richtung Tabuk befand, lei-

der jedoch 1986 einstürzte und durch eine langweilige, moderne Konstruktion ersetzt wurde.
In und um Bontoc werden nach traditioneller Methode an alten Webstühlen Stoffe hergestellt, z.B. in der All Saints Mission Elementary School und im Dorf Samoki auf der anderen Seite des Flusses.

Anreise/Weiterreise
7 Jeepneys nach Tinglayan
15 Jeepneys nach Sagada
24 Dangwa Tranco Busterminal
25 Petron-Tankstelle

Übernachten
9 Pines Kitchenette & Inn
16 Chico Terraces Inn
17 Village Inn
18 Bontoc Hotel
21 Lynda's Guesthouse
22 Mountain Hotel
27 Happy Home Inn

Essen und Trinken
9 Pines Kitchenette & Inn
12 New Double Eatery
17 Zander's Café
19 Rendezvous Café
23 Country Restaurant
26 Bontoc Diner's Restaurant
28 Beautiful Dreamer Café

Verschiedenes
1 Hospital
2 Kirche
3 Philippine National Bank (PNB) Provincial Capitol
4 Town Plaza
5 Landbank
6 Massage Center
8 Post Office
10 Bontoc Museum
11 Market
13 All Saints Mission Elementary School
14 Tourist Information
20 City Hall Police Station

Übernachten

Vorweg: Alle Unterkünfte in Bontoc haben ihre besten Zeiten offensichtlich lange hinter sich. Wer z.B. von Baguio mit einem Privatwagen die Halsema Road hinaufgefahren ist und sich nach einem gemütlichen Hotelzimmer sehnt, wird in Bontoc vergeblich danach suchen. Empfehlung deshalb: Bereits auf der Strecke zwischen Abatan und Bontoc das gepflegte ***Mt. Data Hotel*** aufsuchen (etwa zehn Kilometer nördlich von Abatan; ausgeschildert); sehr komfortable EZ/DZ/Bad für 800/1.100 P. Freundlicher Service und abends, da fast 2.000 Meter hoch gelegen, offenes Kaminfeuer.
In Bontoc stehen dann zur Auswahl:
Mountain Hotel, Tel. 4623018. EZ/DZ 75/150 P, DZ/Bad 175 P. Einfache, kleine, hellhörige Zimmer. Restaurant.
Bontoc Hotel. EZ/DZ 75/150 P. Einfach und etwas heruntergekommen. Restaurant.
Happy Home Inn, Tel. 4623021. EZ/DZ 75/150 P, DZ/Bad 200 P. Einfach, aber für den Preis akzeptabel. Heiß duschen kostet 10 P extra.
Chico Terrace, Tel. 4623099. EZ 70, DZ/Bad 200 P. Einfach und relativ gut. Es gibt auch Zimmer mit drei und fünf Betten.
Village Inn. EZ/DZ 100 P, DZ 150 und 200 P. Freundliche Unterkunft mit einfachen, kleinen, aber sauberen Zimmern. Zwei DZ teilen sich ein Bad. Frühstück auf Wunsch.
Pines Kitchenette & Inn. EZ/DZ 100/200 P, EZ/DZ/Bad 250/300 P. Relativ gute Unterkunft, eine der besten in Bontoc. Restaurant. Liegt in der Nähe vom Museum.
Lynda's Guesthouse. EZ/DZ/fan 140 P, EZ/fan/Bad 300 P, DZ/fan/Bad 350 P. Neue Pension mit kleinen, aber freund-

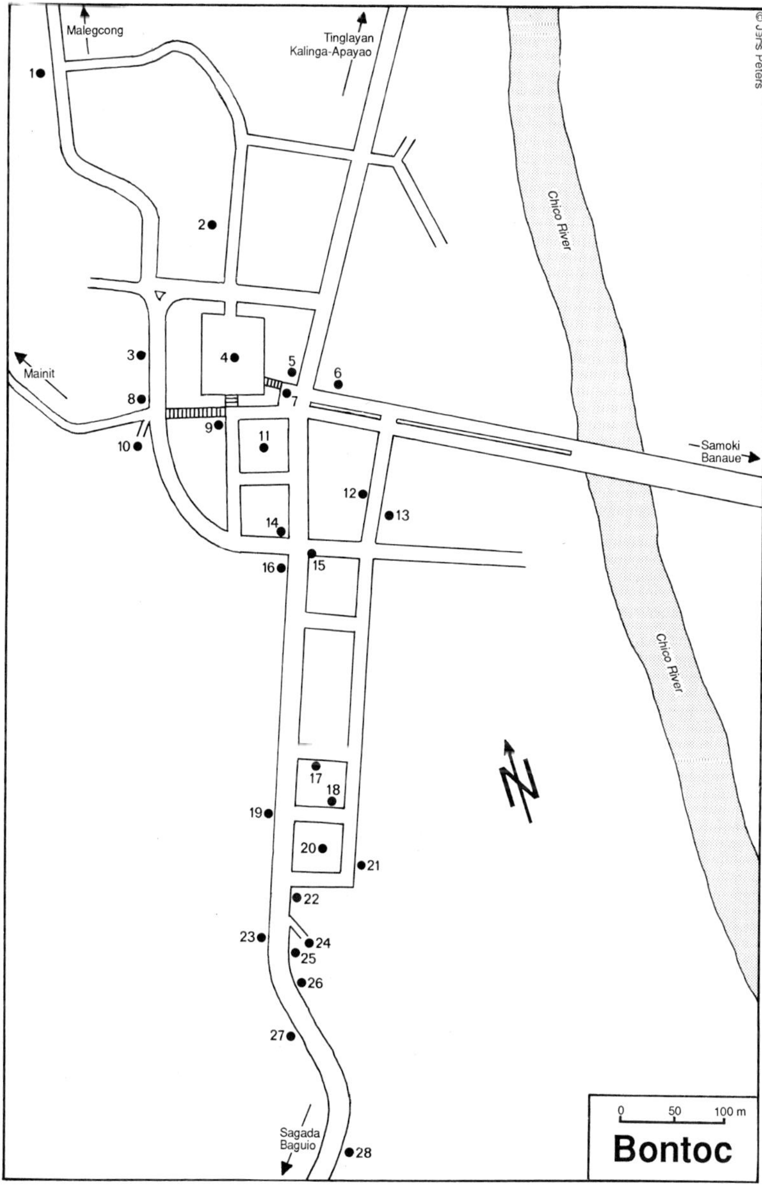
Malegcong
Tinglayan
Kalinga-Apayao
© Jens Peters
Chico River
Mainit
Samoki
Banaue
Chico River
Sagada
Baguio
0 50 100 m
Bontoc
1 2 3 4 5 6 7 8 9 10 11 12 13 14 15 16 17 18 19 20 21 22 23 24 25 26 27 28

lichen und sauberen Zimmern. Restaurant.

Essen und Trinken

So gut wie alle Restaurants in Bontoc schließen bereits um 21.00 Uhr, daher nicht zu spät essen gehen. Empfehlenswert sind die Gerichte im ***Pines Kitchenette & Inn***, in dem unter anderem ein ordentliches, preiswertes Frühstück erhältlich ist. Gut und preiswert essen kann man auch in der netten, einfachen ***New Double Eatery*** gegenüber der All Saints Mission Elementary School und im ***Bontoc Diner's Restaurant*** am südlichen Stadtrand, von dem man eine schöne Aussicht auf das Tal und den Fluß hat.

Adressen/Verschiedenes

Geldwechseln: Die Philippine National Bank (nahe Museum) wechselt Travellers Cheques.
Massagen: Nach ausgedehnten Bergwanderungen tut eine Massage besonders gut, z.B. im Massage Centre (kleines Haus) von Bontoc, wo blinde Masseure für 150 P eine Stunde lang fachmännisch ihre Kunden bearbeiten.
Trekking: Die beiden Guides Jessie und Kinad führen ein- und mehrtägige Treks durch, vorzugsweise viertägige Treks mit Besuchen verschiedener Dörfer der Kalinga.
Auch Juliet Soria bietet ein- und mehrtägige Trekking-Touren an. Preis pro Tag: 500 P; bis zu vier Teilnehmer. Bei mehr Teilnehmern bezahlt jeder 100 P. Kontakt über Hotels in Bontoc, z.B. Pines Kitchenette & Inn.
Vorwahl: 074.

Anreise/Weiterreise

Baguio
Bus: Von Baguio nach Bontoc fahren täglich sechs Busse der Dangwa Tranco Company. Abfahrt: stündlich von 5.00 bis 10.00 Uhr. Fahrzeit: 8 Std.

Banaue
Bus: Von Banaue nach Bontoc fährt täglich außer sonntags um 10.00/11.00 Uhr ein Bus. Fahrzeit: 2 Std.

Jeepney: Von Banaue nach Bontoc fahren täglich um 7.00, 10.00 und 12.00 Uhr Jeepneys, bisweilen auch schon früher. Fahrzeit: 2:30 Std.

Sagada
Jeepney: Von Sagada nach Bontoc fahren täglich mindestens fünf Jeepneys. Abfahrt: 6.00, 7.00, 8.30, 10.30 und 12.00 Uhr. Fahrzeit: 1 Std.

Tabuk
Jeepney: Zwei Jeepneys fahren täglich von Bontoc über Tinglayan nach Tabuk. Abfahrt: 6.00 und 13.30 Uhr.

Um Bontoc

Malegcong

Die Reisterrassen von Malegcong sind sehr attraktiv angelegt, zum Teil schöner sind als die in Banaue. Im Gegensatz zu den Ifugao, die ihre Reisterrassen meist mit Erdwällen bauen, bevorzugen die Bontoc als Begrenzungen Steinwälle.

Anreise/Weiterreise

Von Bontoc nach Malegcong geht man etwa zwei Stunden. Es kann sehr heiß werden. Eine Kopfbedeckung ist daher sinnvoll, ebenso das Mitnehmen von Proviant (Wasser).
Vorbei an Capitol Building und Hospital führt eine Piste von Bontoc in Richtung Norden bis an das Tal mit den Reisterrassen unterhalb von Malegcong. Etwas abkürzen kann man den Weg über improvisierte steile Steintreppen, die gleich nach Ortsende rechts von der Piste abgehen und später wieder auf die Piste treffen. Vom Ende der Piste führt links eine schmale Stein-

treppe hinunter zu den Reisfeldern. Über einen Pfad gelangt man durch die Reisterrassen bis zum Dorf Malegcong, das selbst allerdings nicht besonders interessant ist.

Jeepney: Um 8.00 Uhr fährt ein Jeepney von Bontoc in Richtung Malegcong, und zwar bis zum Ende der Piste, wo ein kleines Wartehäuschen steht und von wo aus man zu Fuß durch die Reisterrassen nach Malegcong gelangt. Am späten Nachmittag fährt möglicherweise ein weiterer Jeepney.
Rückfahrt um 14.00 Uhr und eventuell gegen 18.00 Uhr.

Mainit

Mainit bedeutet »heiß«. Und heiß sind auch die blubbernden Quellen dieses kleinen Ortes mit seinen Goldwäschern. Manche Quellen werden von den Leuten sogar als natürliche Kochstellen benutzt.

Anreise/Weiterreise

Jeepney: Von Bontoc nach Guinaang fährt eventuell um 6.30/7.00 Uhr ein Jeepney. Von dort sind es etwa 45 Minuten zu Fuß den Berg hinunter nach Mainit. Nachmittags fährt eventuell ein Jeepney von Guinaang zurück nach Bontoc. Es führt auch ein Pfad von Mainit nach Malegcong, der jedoch etwas schwer zu finden ist, so daß ein Guide nützlich sein könnte. Er beginnt vor dem Ortsanfang von Mainit, wo sich eine Schwefelquelle befindet, die schon von weitem zu riechen ist. Wer von Guinaang kommt, muß bereits dort rechts abbiegen und dem Pfad über Reisterrassen nach Malegcong folgen.

Natonin

Rund 35 Kilometer Luftlinie östlich von Bontoc, also weit ab von der üblichen Reiseroute, liegt das Bergdorf Natonin, um das herum es Reisterrassen zu bestaunen gibt, die sich scheinbar endlos erstrecken. Erbaut wurden sie von den Balangao, einer Minderheit, die in diesem Gebiet beheimatet ist.

Anreise/Weiterreise

Jeepney: Von Bontoc über Barlig nach Natonin fährt einmal täglich ein Jeepney. Möglicherweise fährt er jedoch nur bis Barlig oder Cadaclan, von wo aus dann wahrscheinlich ein anderer Jeepney weiterfährt. Von Cadaclan bis nach Natonin sind es etwa 15 Kilometer, die man unter Umständen zu Fuß zurücklegen muß.

Tinglayan

Tinglayan ist ein guter Ausgangspunkt, um Kalinga-Dörfer zu besuchen. Dort kann man versuchen, mit Kalinga in die Dörfer zu gehen, die ihre Angehörigen im Hospital besucht haben. Diese Gegend muß jedoch wegen verschiedener Überfälle und gelegentlicher Scharmützel zwischen den drei politisch unterschiedlich orientierten Kampfeinheiten der AFP (Armed Forces of the Philippines), NPA (New People's Army) und CPLA (Cordillera People's Liberation Army) als kritisch eingestuft werden! Bitte die aktuelle Situation in Bontoc erkunden.
Für den nachfolgend beschriebenen Rundmarsch sollten inklusive Aufenthalt in den Dörfern mindestens drei Tage eingeplant werden.
Von Tinglayan nach Tulgueo: 3 Std; von Tulgueo nach Dananao: 1:30 Std; von Dananao nach Sumadel: 2 Std; von Sumadel nach Malango: 1 Std. Von Malango dann zur Hauptstraße und von dort zurück nach Tinglayan.
Es ist sinnvoll, sich jedesmal von einem Führer von einem Dorf zum nächsten bringen zu lassen. Dann ist die Chance eines Überfalls sehr gering. Frauen werden übrigens geachtet und

respektiert. Ein Kalinga, der sich an einer Frau vergreift, verliert für alle Zeit sein Gesicht. Trotzdem sollte auf keinen Fall auf eine Begleitung verzichtet werden. Leider haben geldverteilende Traveller auch in diesem Gebiet schon für hohle Hände gesorgt. Es ist sogar vorgekommen, daß mit Nachdruck Spenden in Höhe von mehreren hundert Peso für den »Bau einer Schule« usw. gefordert wurden!

Anreise/Weiterreise

Jeepney: Von Bontoc nach Tinglayan fährt täglich einmal ein Jeepney. Abfahrt nach Ankunft des Busses aus Baguio um etwa 13.00/14.00 Uhr. Auf der Strecke sind mehrere Checkpoints, und möglicherweise durchsuchen Soldaten gründlich das Gepäck. Außerdem wollen sie eventuell einen Ausweis sehen, geben sich aber auch mit einer Fotokopie des Reisepasses zufrieden. Der Jeepney fährt erst am nächsten Morgen um 6.00 Uhr von Tinglayan zurück nach Bontoc.

Lubuagan

In Lubuagan und Umgebung sorgte über mehrere Jahre der Fortschritt für Auseinandersetzungen mit den ansässigen Kalinga. Durch die Realisierung des größten Staudammprojekts Südost-Asiens im Chico-Tal wären ihre Täler überflutet worden und eine Umsiedlung wäre notwendig gewesen. Dagegen aber wehrten sich die Kalinga, denn das hätte das Ende ihrer Kultur bedeutet, die sich in den letzten Jahrhunderten fernab vom kolonisierten Flachland unbeeinflußt entwickeln konnte. Obwohl es untereinander bisweilen zu Stammesfehden kommt, hat ihnen ein kompliziertes Vertragswerk aus vielen Friedensverträgen und sonstigen Vereinbarungen ein geregeltes Mit- und Nebeneinander ermöglicht. Eine durch den Bau des Staudamms bedingte Umsiedlung würde dieses gesellschaftliche Gefüge zunichte machen. Hinzu kommt der religiöse Aspekt. Die Kalinga leben in einer intensiven Götter- und Geisterwelt. Die Beziehung zu ihren Toten und deren Geistern ist eng und dauerhaft. Eine Überflutung der Ruhestätten darf daher nicht zugelassen werden.

Waren es in den ersten Jahren meistens radikale Einzelkämpfer, die sich gegen die Durchführung der Vermessungsarbeiten wehrten, bildeten später die etwa 100.000 Mitglieder der mehr als 20 Kalinga-Gruppen des Chico-Tals eine geschlossene Front. Grund dafür war die Ermordung des Häuptlings Macliing Dulag aus Bugnay im April 1980. Er wurde mit mehreren Salven aus Maschinengewehren durch die dünnen Wände seiner Hütte erschossen. Die Mörder sollen Uniformen des Militärs getragen haben. Macliing, der schon mehrere Jahre die Arbeiten der Nationalen Energiegesellschaft sabotierte, wurde zum Märtyrer. Der Konflikt weitete sich aus. Soldaten und Bauarbeiter wurden geköpft; aufständische Kalinga erschossen. Mitglieder der kommunistischen NPA reihten sich bei den Kalinga ein und bildeten sie an modernen M-16-Gewehren aus. Heute ist das Verhältnis der Bergvölker zur NPA ebenso wie zur Regierung alles andere als harmonisch. Man mißtraut einfach jeder Macht, die sich ihnen aufzudrängen versucht.

Das gesamte Staudammprojekt umfaßt vier Einzeldämme. Die mögliche Leistung der Gesamtanlage wird mit gut 1.000 Megawatt Strom angegeben. Für die Regierung bedeutet das eine Reduzierung der Erdölimporte um etwa zehn Prozent. Eine Energiequelle dieser Größenordnung ist für das auf Energieimporte angewiesene Land von fundamentaler Wichtigkeit. Die Planungsarbeiten sind inzwischen abgeschlossen, der eigentliche Bau wurde jedoch von der National Power Corporation nach

Intervention der Weltbank bis auf weiteres zurückgestellt. Ein Teilerfolg für die Kalinga also, deren Existenz damit aber ganz gewiß noch nicht gesichert ist. Sie werden daher auch zukünftig sehr wachsam sein und jeden fremden Eindringling als Bedrohung betrachten und sich dementsprechend verhalten. Allein in diesem Gebiet in die Berge zu gehen ist also nicht gerade ratsam. Das gilt besonders für Deutsche, denn das Staudammprojekt wurde von deutschen Ingenieuren der Firma Lahmeyer konzipiert!

Banaue

Banaue liegt in 1.200 Meter Höhe und ist Ausgangspunkt zum sogenannten »Achten Weltwunder«, den Reisterrassen. über 2.000 Jahre benötigten die Ifugao, um mit primitiven Geräten diese imposante Landschaft zu gestalten. Bedauerlicherweise ist durch das Nachlassen des Interesses der jungen Generation am Beruf des Reisbauern und die überaus aufwendige Pflege der Felder die Erhaltung der Reisterrassen gefährdet. Rettende finanzielle Hilfe könnte schon bald von der UNESCO kommen, die beabsichtigt, die Reisterrassen von Banaue zum Weltkulturerbe zu erklären.

Von Banaue aus läßt sich einiges unternehmen, z.B. in verschiedene Ifugao-Dörfer gehen, auf Pfaden durch Reisterrassen wandern, vom Banaue View Point aus das einmalige Panorama genießen, sich im Wasser des Guihob Natural Pool erfrischen und auf dem Weg dorthin einen Abstecher zu den Bronzeschmieden von Matanglag machen, oder Josef Blas besuchen, der kunstvolle Holzschnitzereien anfertigt. Auch im schön gelegenen Dorf Poi-tan arbeiten traditionelle Holzschnitzer. Das Nachbardorf Tam-an hat sich dagegen offensichtlich auf den Verkauf von Souvenirs an Touristen spezialisiert.

Der Reisanbau der Ifugao erfolgt für gewöhnlich nach folgendem Kalender:

- In der zweiten Dezemberhälfte: Beginn der Aussaat.
- Von Anfang Februar bis Mitte März: Verpflanzen der Setzlinge.
- Von Mitte April bis Mitte Juni: Jäten der Felder.
- Im Juli: Ernte.
- Von Anfang August bis Mitte Dezember: Ausbesserung der Reisterrassen und Vorbereitung der Felder für die nächste Aussaat.

Ein Tricycle zum Banaue View Point kostet 80 P (hin und zurück); Jeepneys nach Bontoc fahren ebenfalls auf dieser Strecke. Am View Point warten farbenprächtig herausgeputzte Ifugao-Greise auf Fotografen, von denen sie fürs Ablichten ein paar Peso erwarten.

Beste Reisezeit für Banaue und Umgebung ist von Januar bis Mai. Im November und Dezember regnet es relativ häufig.

Übernachten

Besonders in den Monaten Dezember und Januar können die Nächte in den Bergen empfindlich kühl werden. Es kann daher nicht schaden, bereits beim Einchecken nach einer zweiten Wolldecke zu fragen.

Check-Out Time ist meist schon um 8.00 Uhr, vereinzelt auch um 10.00 Uhr.

Brookside Inn. EZ/DZ 60/120 P. Einfache Unterkunft.

Jericho Guest House. EZ/DZ 60/120 P. Einfache, aber ordentliche Unterkunft.

Traveler's Inn, Tel. 3864020. EZ/DZ 60/120 P. Einfach. Restaurant.

Wonder Lodge, Tel. 3864017. EZ/DZ 75/150 P. Warmes Wasser kostet 10 P

Bulul, der Reisbeschützer
Zur Kultur der in den Zentral-Kordilleren lebenden Ifugao gehört auch die Holzschnitzerei. Bevorzugt werden sakrale Figuren geschaffen, die Menschen in verschiedenen Haltungen darstellen. Die bekanntesten Holzfiguren sind die Bulul, meist hockende und nachdenklich dreinschauende männliche und weibliche Gottheiten, die nach Einbringen der Ernte in Paaren zum Schutz des Reises am Eingang des Speicherhauses aufgestellt werden und dort als Wächter fungieren. In ihnen sollen sich die durch eine Zeremonie angelockten Reisgötter aufhalten und wohlfühlen und Sorge dafür tragen, daß der Reis nicht schon vor der nächsten Ernte aufgebraucht ist, sondern sich nach Möglichkeit auf wundersame Weise sogar noch vermehrt

extra. Einfache, passable Zimmer. Restaurant.

Cozy Nook Inn, Tel. 3864003. EZ/DZ 75/150 P. Ordentliche Zimmer mit breiten Betten. Liegt gegenüber der Halfway Lodge, ein paar Stufen rauf.

Halfway Lodge, Tel. 3864082. EZ/DZ 75/150 P, EZ/DZ/Bad 200/300 P. Einfache, gemütliche Unterkunft. Restaurant.

Stairway Lodge, Tel. 3864053. EZ/DZ 75/150 P, DZ/Bad 250 P. Einfache, aber behagliche Zimmer. Restaurant.

People's Lodge, Tel. 3864014. EZ/DZ 150/220 P, EZ/DZ/Bad 350/400 P. Einfach, aber gemütlich und angenehm. Guter Gegenwert. Freundliche Unterkunft. Restaurant. Bäckerei.

J & L Pension, Tel. 3864035. EZ/DZ 150/250 P, Ifugao-Haus 300 P. Gemütlich eingerichtete Pension.

Banaue View Inn, Tel. 3864078. Dorm 100 P, EZ/DZ/Bad 400/450 P. Angenehme, ruhige Unterkunft mit schönem Blick auf Banaue. Coffee Shop.

Spring Village Inn, Tel. 3864037. EZ/DZ 200/300 P, EZ/DZ/Bad 500 P. Recht ordentliche Zimmer.

Terrace Ville Inn, Tel. 3864069. EZ/DZ/Bad 350 P. Passable Zimmer. Restaurant.

Fairview Inn, Tel. 3864002. EZ/Bad 250 P, DZ/Bad 350 P. Ruhige Unterkunft mit schönem Ausblick auf den Ort. Restaurant.

Green View Lodge, Tel. 3864021. EZ/DZ 100/200 P, EZ/Bad 350 P, DZ/Bad 400 P. Ordentliche, geschmackvoll eingerichtete Zimmer. Restaurant.

Sanafe Lodge, Tel. 3864085. Dorm 120 P, EZ/Bad 530 P, DZ/Bad 650 P. Akzeptable, relativ komfortable Zimmer, jedoch vielleicht etwas überteuert. Restaurant.

Banaue Youth Hostel. Dorm 150 P. Es wird vom Banaue Hotel verwaltet, dessen Swimmingpool mitbenutzt werden kann.

Übernachten
1 Traveler's Inn
2 Brookside Inn
3 Terrace Ville Inn
4 Cozy Nook Inn
5 Halfway Lodge
6 Stairway Lodge
8 Wonder Lodge
9 Green View Lodge
10 People's Lodge
11 Valgreg Lodge
13 Banaue View Inn
16 Sanafe Lodge
19 Jericho Guest House
20 Spring Village Inn
21 J & L Pension
22 Fairview Inn
Banaue Hotel
Banaue Youth Hostel

Essen und Trinken
5 Halfway Restaurant
6 Stairway Restaurant
8 Father's Best Restaurant
10 Las Vegas Restaurant
People's Restaurant
12 Cool Winds Restaurant

Verschiedenes
7 Kirche
10 People's Bakery
14 Market
15 Schule
16 Tourist Information Center
17 RSR Store
18 Municipal Hall
22 Good News Clinic
Post Office

Banaue Hotel, Tel. 3864087, Fax: 3864048. EZ/Bad 1.360 P, DZ/Bad 1.550 P. Geschmackvoll eingerichtetes Regierungshotel, die beste Bleibe in Banaue. Restaurant. Swimmingpool.

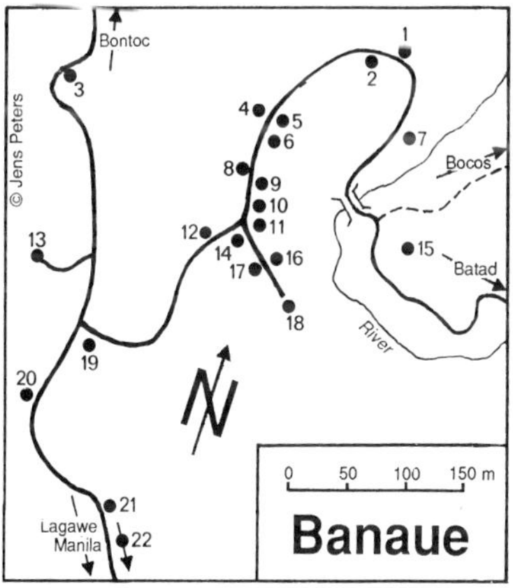

Essen und Trinken

Die meisten Herbergen betreiben ein kleines Restaurant oder kochen auf Wunsch für ihre Gäste. Gut und sehr preiswert ist das ***Cool Winds Restaurant*** beim Markt, in dem auch gelegentlich spontan lokale Musiker auftreten. Ebenfalls empfehlenswert sind ***People's Restaurant***, ***Stairway Restaurant***, ***Halfway Restaurant*** und ***Las Vegas Restaurant***, die, wie fast alle Restaurants in Banaue, gegen 21.00 Uhr schließen. Zu vorgerückter Stunde bleibt nur noch das ***County Folkhouse*** bei der Municipal Hall.

In die gehobene Kategorie gehört das gepflegte Restaurant im exklusiven ***Banaue Hotel***, in dem bei genügend Gästen abends (etwa ab 20.30 Uhr) Ifugao-Tänze aufgeführt werden. Obwohl dort kulturell zwei Welten aufeinanderstoßen und einem die Vorführungen ein wenig deplaziert erscheinen mögen, sind die Tänze authentisch. Eintritt: 20 P.

Der Rückweg vom Banaue Hotel zum Dorf kann nachts stockdunkel sein, daher die Taschenlampe nicht vergessen.

Adressen/Verschiedenes

Geldwechseln: Im Banaue Hotel gibt es einen Authorized Foreign Exchange Counter. Allerdings ist der Kurs ungünstig, und es wird eine Gebühr von 50 P pro Travellers Cheque berechnet. Bargeld tauscht auch der RSR Store gegenüber der Sanafe Lodge.

Informationen: Eine übersichtliche Karte von der Umgebung von Banaue ist für 10 P im Tourist Information Center neben der Sanafe Lodge und in verschiedenen Lodges erhältlich. Sie zeigt die Wege zu den sogenannten »Spots«, die auf der Rückseite dieser *Banaue Tour Map* ausführlich beschrieben sind. Allerdings sind die Zeitangaben für Wanderungen äußerst vage; vergleiche auch *Trekking* weiter unten. Im Tourist Information Center hängt unter anderem eine nützlich Preisliste für Special Rides mit Jeepneys aus.

Museum: Im Haus vom Banaue View Inn befindet sich ein kleines Museum, in dem unter anderem traditionelle Haushaltsgegenstände, Schmuck und Kleidung der Ifugao ausgestellt sind und ein paar interessante Bücher ausliegen. Eintritt: 20 P.

Swimmingpool: Nicht-Hotelgäste können für 30 P den Swimmingpool vom Banaue Hotel benutzen.

Trekking: Verschiedene Guides, die über Jeepneyfahrer am Markt und Restaurants kontaktet werden können, sind gerne bereit, kleine Gruppen durch die Berge zu führen.

Eine beliebte große Tour, die allerdings etwas Kondition erfordert (teilweise schwieriges Gelände) und auf eigene Faust nur von geübten Wanderern unternommen werden sollte, führt von Banaue zunächst zum View Point (2 Std.), dann nach Pula (8 Std.) und über Cambulo (2 Std.) nach Batad (2 Std.), von dort weiter zur Straße (2 Std.) und zurück nach Banaue (5 Std.).

Vorwahl: 074.

Anreise/Weiterreise

Angeles

Bus: Von Angeles nach Banaue fährt man am besten in drei Etappen. Mit Wartezeiten dauert dieser Trip insgesamt etwa zehn Stunden, also möglichst früh aufbrechen.

Zunächst mit einem Bus von Dau nach Tarlac (jeder Bus in Richtung Baguio, La Union, Vigan und Laoag fährt durch Tarlac). Fahrzeit: 1 Std. In Tarlac mit einem Tricycle zum Baliwag Transit Busterminal (5 P) und den nächsten Bus nach Cabanatuan nehmen (1:30 Std.). In Cabanatuan nicht bis zum Busterminal mitfahren, sondern zuvor am Highway bei McDonald's aussteigen und einen Bus in Richtung Norden stoppen, z.B. nach Roxas, Tuguegarao oder Aparri, und bis nach Solano fahren (4 Std.). Von der Mountain Lodge & Restaurant in Solano mit einem Jeepney weiter nach Banaue (2 Std.). Man kann von Solano auch einen Jeepney nach Lagawe nehmen und dort dann in einen Jeepney nach Banaue umsteigen. Letzte Abfahrt von Lagawe nach Banaue ist um 17.30 Uhr.

Baguio

Bus: Von Baguio nach Banaue fahren täglich einfache, rustikale Busse der Dangwa Tranco Company, und zwar die Südroute über Villasis und San Jose und Bayombong. Abfahrt: 6.45 und 7.30 Uhr sowie ein oder zwei Busse zwischen 18.00 und 20.00 Uhr. Fahrzeit: 9 Std. Früh genug am Busterminal sein, denn wenn ein Bus voll ist, fährt er ab, manchmal (z.B. um Ostern) schon eine Stunde vor der angegebenen Zeit. Die Abfahrtszeiten werden häufig geändert. Daher vielleicht am Vortag noch einmal nachfragen. Bisweilen fährt auch ein Nachtbus; Abfahrt: 19.00 Uhr.

Von Banaue nach Baguio fahren die Busse ebenfalls um 6.45 und 7.30 Uhr

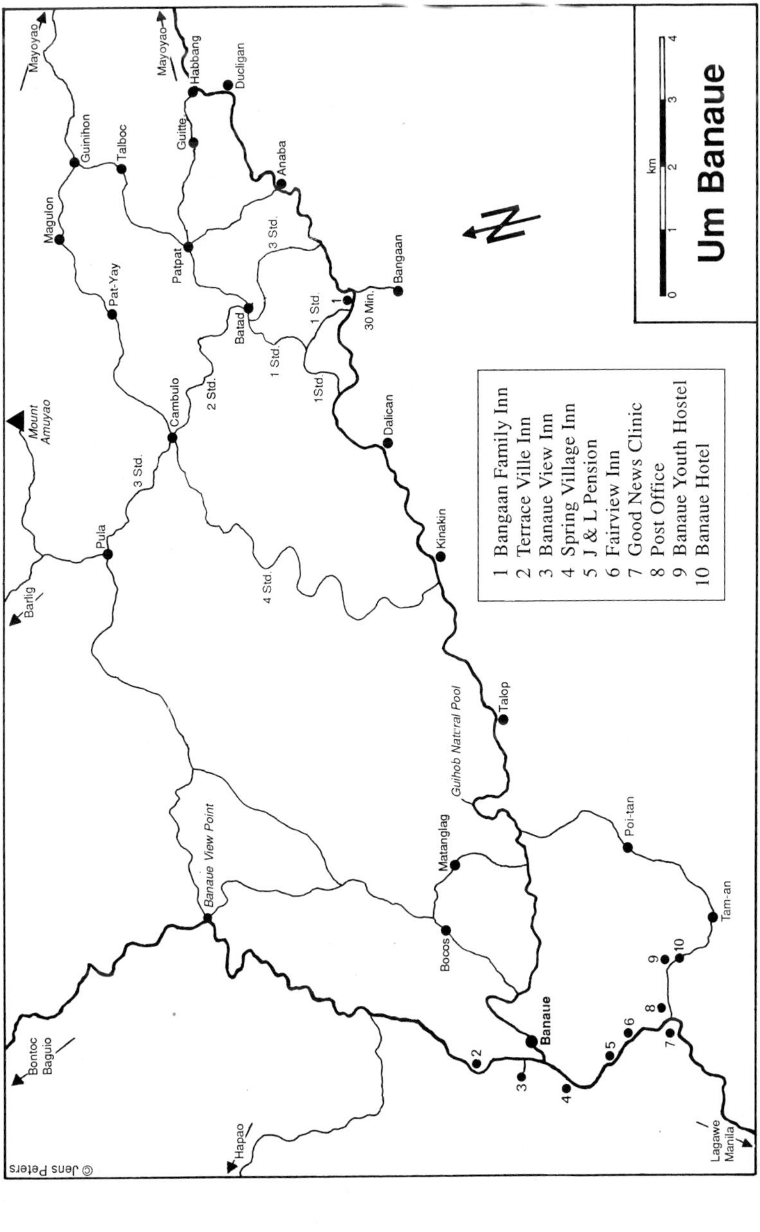
Um Banaue
km
0 1 2 3 4
1 Bangaan Family Inn
2 Terrace Ville Inn
3 Banaue View Inn
4 Spring Village Inn
5 J & L Pension
6 Fairview Inn
7 Good News Clinic
8 Post Office
9 Banaue Youth Hostel
10 Banaue Hotel
Mayoyao
Mayoyao
Habbang
Ducligan
Guinihon
Talboc
Guitte
Anaba
Magulon
Patpat
3 Std.
Bangaan
Pat-Yay
Batad
1 Std.
30 Min.
1 Std.
1Std.
Mount Amuyao
Cambulo
2 Std.
Dalican
3 Std.
Kinakin
Pula
4 Std.
Barlig
Talop
Guihob Natural Pool
Poi-tan
Matanglag
Banaue View Point
Tam-an
Bocos
Banaue
Bontoc
Baguio
Hapao
Lagawe
Manila
© Jens Peters

ab, eventuell sogar bereits um 5.00 Uhr.
Wer von Baguio über Bontoc nach Banaue will, muß in Bontoc übernachten - eine direkte Verbindung besteht nicht. Selbstfahrern bietet sich eine Übernachtung im gepflegten Mt. Data Hotel auf etwa halber Strecke an.

Bontoc
Jeepney: Ein Jeepney fährt täglich um 7.30 Uhr ab Mountain Hotel. Fahrzeit: 2:30 Std. Mittags bzw. am frühen Nachmittag soll ein weiterer Jeepney fahren.
Von Banaue nach Bontoc fahren um 7.00, 10.00 und 13.00 Uhr Jeepneys.

Manila
Bus: Von Manila nach Banaue fährt täglich ein Bus der Dangwa Tranco Company (ab deren Cubao-Terminal). Abfahrt: 7.00 Uhr. Fahrzeit: 10 Std. Ab 6.30 Uhr werden die Tickets verkauft. Reservierungen sind nicht möglich.
Abfahrt von Banaue nach Manila ebenfalls um 7.00 Uhr. Früh genug am Bus sein, da die Plätze schnell belegt sind.
Von Manila bis in die Nähe von Banaue fahren auch Busse der Baliwag Transit Company, und zwar die mit Ziel Tuguegarao und Aparri. Kurz vor dem Abzweig nach Banaue in Solano aussteigen, einen Jeepney nach Lagawe nehmen, und von dort mit einem weiteren Jeepney nach Banaue fahren. Letzte Abfahrt von Lagawe nach Banaue um 17.30 Uhr.
Von Banaue nach Manila kann man ebenfalls in Etappen reisen, und zwar mit einem Bus (z.B. den mit Ziel Baguio) oder Jeepney über Lagawe nach Bagabag, Solano oder San Jose, dort in einen der zahlreichen Busse (auch Aircon-Busse) z.B. von Cauayan oder Tuguegarao mit Ziel Manila umsteigen.

San Fernando (La Union) - Bauang
Bus: Von San Fernando und Bauang nach Banaue funktioniert die Verbindung folgendermaßen: Um 5.00/6.00 Uhr einen Bus mit Ziel Manila nehmen und an der Abzweigung in Rosario aussteigen. Dort in den oben genannten Bus von Baguio mit Ziel Banaue zusteigen, der etwa eine Stunde nach Abfahrt in Baguio dort vorbeikommt. Man sollte allerdings darauf gefaßt sein, daß der Bus knallvoll ist. Aber vielleicht steigen ja ein paar Fahrgäste aus.

Tuguegarao - Aparri
Bus: Von Banaue nach Tuguegarao und Aparri funktioniert die Verbindung folgendermaßen: Einen der oben genannten Busse von Banaue mit Ziel Manila oder Baguio nehmen und in Bagabag, Solano oder Bayombong aussteigen und dort in einen Bus von Manila mit Ziel Tuguegarao oder Aparri umsteigen. Fahrzeit: bis Tuguegarao 4 Std.; bis Aparri 6 Std.

Um Banaue

Hapao und Hungduan

Zwischen Banaue und dem Banaue View Point biegt eine kaum befahrene Piste nach Hapao (15 km) und Hungduan (25 km) ab. Sie führt durch eine großartige Landschaft mit vielen, vielen Reisterrassen. Bereits nach wenigen Kilometern weist ein Schild auf die Möglichkeit hin, in einem kleinen Dorf etwas abseits der Piste Mumien besichtigen zu können. Und tatsächlich: in einem Ifugao-Haus ist hinter einer großen Glasscheibe ein mumifiziertes Paar ausgestellt. Der Enkel erklärt Besuchern am Beispiel seiner verblichenen Großeltern gerne Einzelheiten zum traditionellen Verfahren der Mumifizierung.
In Hungduan soll General Yamashita, Befehlshaber der Japanese Imperial Ar-

my, zum Ende des Zweiten Weltkriegs seinen letzten Widerstand geleistet haben, bevor er letztendlich in Kiangan, ein paar Kilometer südöstlich von Hungduan, kapitulierte.

Übernachten

Hapao Guesthouse. Geplant für 1998. Näheres dazu beim Schweizer Rudi im Bangaan Family Inn (siehe unten).

Anreise/Weiterreise

Jeepney: Von Banaue nach Hapao und Hungduan fahren täglich vermutlich nur ein oder zwei Jeepneys. Ein Special Ride nach Hapao und zurück kostet 600 P.

Batad und Cambulo

Die wunderschönen Reisterrassen von Batad, ein paar Kilometer östlich von Banaue, sind wie ein Amphitheater angeordnet. Am frühen Morgen tauchen sie eindrucksvoll aus den tiefliegenden Wolken auf. Wellblechdächer auf Ifugao-Häusern gibt es in Batad mittlerweile zwar auch schon, jedoch haben sie sich noch nicht gänzlich durchgesetzt. Noch zählt der kleine Ort sicherlich zu den attraktivsten Bergdörfern der Zentral-Kordilleren.

Etwa eine Stunde Fußmarsch von Batad entfernt gibt es einen fast 30 Meter hohen Wasserfall, Tapplya Falls, mit natürlichem, erfrischendem Swimmingpool. Er ist jedoch etwas schwer zu finden (streckenweise steiler Ab- und Aufstieg). Den Abstecher dorthin in einen Tagestrip ab Banaue mit einzubeziehen, dürfte zu einer kleinen Hetzerei werden. Da empfiehlt es sich, eine Übernachtung in Batad einzuplanen.

Wer in Batad Dorfbewohner fotografieren möchte, sollte dies möglichst auf Distanz tun oder vorher um Erlaubnis bitten. Die Leute wollen sich entweder nicht gerne ablichten lassen oder haben erkannt, daß damit auch Geld zu verdienen ist. Auch die Kinder von Batad lassen offensichtlich keine Gelegenheit aus, Besucher um ein paar Peso anzugehen.

Etwa zwei Stunden Fußmarsch von Batad entfernt liegt Cambulo, ein kleines, typisches Ifugao-Dorf, umgeben von Reisterrassen. Von dort gelangt man über einen Trail in etwa vier Stunden nach Kinakin an der Hauptstraße, wo gelegentlich ein Jeepney nach Banaue vorbeikommt; Fahrpreis: 20 P. Bis nach Banaue sind es jetzt noch acht Kilometer.

Übernachten

Die Unterkünfte sind alle einfach, die Atmosphäre durchweg immer ausgezeichnet. In Batad kann man für etwa 50 P pro Person übernachten in: ***Batad Pension***, ***Cristina's Guest House***, ***Shirley's Inn***, ***Foreigner's Inn***, ***Rita's Mount View Inn***, ***Summer Inn*** sowie den beliebten ***Simon's Inn*** und ***Hillside Inn,*** wo es auch gutes Essen gibt.

In Cambulo kann man in einfachen Zimmern für etwa 40 P im ***Riverside Guest House*** von Lydia Domanglig oder in Lolita's ***Cambulo Friends Inn*** übernachten. Beide kochen auch für ihre Gäste. Getränke wie Mineralwasser und Bier sind erhältlich, natürlich etwas teurer als in Banaue.

Anreise/Weiterreise

Von Banaue nach Batad sind es etwa 16 Kilometer, wovon man die ersten zwölf mit einem Fahrzeug zurücklegen kann, den Rest muß man gehen. Der Abzweig (»Junction«) liegt zwischen Dalican und Bangaan. Von dort aus dauert der steile Marsch über einen Paß knapp zwei Stunden. Oben auf dem Paß verkaufen geschäftstüchtige Jugendliche mit großem Erfolg Getränke wohlbekannter Multis.

Ein anderer Pfad führt von Bangaan (von Banaue aus 50 Meter vor Bangaan Family Inn) zum Paß, zunächst steil

nach oben durch hohes Gras, weiter oben dann geht man vormittags im Schatten üppiger Vegetation. Von diesem Pfad hat man grandiose Ausblicke auf das Tal von Bangaan.
Zurück nach Bangaan bietet sich ein Pfad an, der zwar etwas länger ist, aber den Vorteil hat, daß keine großen Steigungen zu bewältigen sind. Er führt immer an der Bergkette entlang, die man auf dem Hinweg überstiegen hat und trifft später etwa einen Kilometer östlich von Bangaan auf die Straße nach Mayoyao. Der Pfad liegt nachmittags im Schatten; er ist anfangs nicht immer klar erkennbar. Es empfiehlt sich daher, im ersten kleinen Dorf, das von Batad aus gut zu erkennen ist, einen Jungen als Guide zu nehmen, der einen für ein paar Peso eine halbe Stunde begleitet, bis der Pfad zweifelsfrei zu erkennen ist. Dort, wo er auf die Straße nach Mayoyao trifft, ist er leicht an einer weiß angestrichenen Mauer in den Reisterrassen auszumachen.
Eine sehr schöne Alternative für den Rückweg von Batad nach Banaue ist der Marsch von Batad über Cambulo und Kinakin; insgesamt etwa 6 Std.

Jeepney: Jeepneyfahrten von Banaue zur »Junction« werden für 600 P vom Tourist Information Center und von verschiedenen Herbergen organisiert. Bis zu 14 Personen können mitfahren. Der Fahrer holt seine Fahrgäste dort zur vereinbarten Zeit am späten Nachmittag wieder ab. Nur hinbringen kostet 350 P; mit einem Tricycle klappt's für 150 bis 200 P.
Mehrere reguläre Jeepneys mit Ziel Anaba und Ducligan fahren täglich zwischen 13.00 und 17.00 Uhr in Richtung Batad; 35 P pro Person.

Bus: Zwischen 10.00 und 12.00 Uhr passiert möglicherweise ein Bus Banaue mit Ziel Mayoyao, der dann auch am Abzweig nach Batad hält; zurück nach Banaue von dort zwischen 9.00 und 11.00 Uhr.

Bangaan

Knapp zwei Kilometer östlich der »Junction« nach Batad führt in die entgegengesetzte Richtung ein Weg von der Straße hinunter zum malerisch gelegenen Dorf Bangaan, das bereits von der Straße aus zu sehen und einfacher zu erreichen ist als Batad. Auch dort bewirken unzählige Reisterrassen, die eindrucksvoll den Hintergrund zum Dorf bilden, eine grandiose Szenerie.

Übernachten

Bangaan Family Inn. EZ/DZ 40/80 P, Ifugao-Haus 50 P pro Person. Angenehme, familiäre Unterkunft. Gute Küche; Vollpension möglich. Vom halboffenen Restaurant neben dem Haus hat man einen hervorragenden Ausblick. Diese Unterkunft liegt nicht im Dorf Bangaan, sondern an der Hauptstraße nahe dem Abstieg.

Anreise/Weiterreise

Bus/Jeepney: Busse und Jeepneys von Banaue nach Mayoyao fahren über Bangaan. Fahrzeit: 1 Std. Ein Special Ride mit einem Jeepney kostet 350 P.

Mayoyao

Etwa 30 Kilometer östlich von Bangaan liegt Mayoyao, ein eher unattraktiver Ort mit einem kleinen erkennbaren Kern und etlichen sehr verstreut im weiten Tal liegenden Häusern. Ein gewiefter Wellblechhändler muß dort ausgezeichnete Geschäfte gemacht haben, denn schon aus der Ferne leuchtet das glänzende Metall der Dächer der Ifugao-Häuser.
Die Reisterrassen von Mayoyao wurden mit Steinwällen gebaut. Eine enorme Leistung, wenn man bedenkt, daß Millionen von schweren Steinen aus

den Flußbetten die Berge hinaufgeschleppt werden mußten.

Übernachten

In Mayoyao muß man sich um eine private Übernachtungsmöglichkeit bemühen. Die nette Besitzerin der ***Travelers Canteen*** dürfte dabei gerne behilflich sein.

Anreise/Weiterreise

Bus/Jeepney: Von Banaue nach Mayoyao fahren täglich ein paar Busse und Jeepneys. Fahrzeit: 4:30 Std. Wegen der besseren Sicht im Bus möglichst an der rechten Seite sitzen.
Wer nicht nach Banaue zurück möchte, kann morgens um 7.00 Uhr mit einem Bus von Mayoyao nach Santiago weiterfahren. Fahrzeit: 5 Std.

Der Nordwesten

Vigan

Vigan liegt 130 Kilometer nördlich von San Fernando (La Union) und ist neben Intramuros in Manila die zweitgrößte architektonische Hinterlassenschaft der Spanier. Mit dem Unterschied, daß in Vigan noch zahlreiche alte Häuser stehen. Nachdem sich Juan de Salcedo in Seeschlachten gegen die Chinesen bewährt hatte, erhielt er von Legaspi den Verwaltungsauftrag für die Ilocos Provinz. Vigan wurde spanischer Stützpunkt. Bei der Stadtplanung orientierte sich Salcedo zweifelsohne an der stabilen Festungsanlage Intramuros.
Heute ist Vigan die am besten erhaltene spanische Stadt auf den Philippinen. Dort kann man die Geschichte förmlich riechen. Besonders eindrucksvoll ist Vigan in den sehr frühen Morgenstunden, wenn sich im diffusen Licht die Altstadt mit den Kolonialhäusern und den hochrädrigen Calesas in leeren Straßen in eine Szene wie aus dem 17. Jahrhundert verwandelt, z.B. die Mena Crisologo Street. Die UNESCO hat für die Sanierung des alten Stadtkerns, auch »Heritage Village« genannt, bereits Gelder bewilligt.
Sehenswert ist neben der teilweise restaurierten Altstadt das Geburtshaus des 1872 von den Spaniern hingerichteten Padre Jose Burgos, das seit 1975 das Ayala Museum beherbergt. Dort sind auch Informationen über die Tingguian erhältlich, die östlich von Vigan leben. Geöffnet: Di-So 9.00-12.00 Uhr u. 14.00-17.00 Uhr; Eintritt 10 P.
Die Cathedral of Saint Paul wurde 1641 erbaut und ist eine der ältesten und größten Kirchen des Landes.
Vigan ist auch bekannt als Geburtsort verschiedener Nationalhelden, Denker und Dichter, darunter Diego Silang und seine mutige Frau Gabriela, Padre Jose Burgos, Isabelo de los Reyes, Leona Florentina und Elipido Quirino.
Entlang der Rizal Street, auf der Höhe des Liberation Boulevard, kann man in Töpfereien die traditionelle Herstellung von Wasserbehältern beobachten. Die dickbauchigen Töpfe mit dem kleinen Deckel heißen *burnay*, eine Töpferei wird *pagburnayan* genannt.
Der etwa vier Kilometer südwestlich von Vigan gelegene graue Mindoro Beach ist als Badestrand nicht unbedingt zu empfehlen, für einen einsamen Spaziergang am Meer ist er jedoch durchaus geeignet. Auf dem Weg dorthin gibt es eine Tabakfabrik und kleine Töpfereien. Es bietet sich an, diesen kleinen Ausflug - stilgerecht für Vigan - mit einer Calesa zu unternehmen, was für rund 150 P möglich sein sollte (inklusive einer Stunde Aufenthalt am Meer). Ein Tricycle zum Mindoro Beach kostet etwa 15 P.

Übernachten

Vigan Hotel, Burgos Street, Tel. & Fax: 7223001. EZ/fan 275 P, DZ/fan

Straße in der Altstadt von Vigan

375 P, EZ/ac/Bad 495 P, DZ/ac/Bad 675 P. Altes, gemütliches Haus. Relativ gut, manche Zimmer erscheinen jedoch etwas stickig.

The Cordillera Inn, 29 Mena Crisologo Street, Tel. 7222526, Fax: 7222840. EZ/DZ/fan 400 P, EZ/DZ/fan/Bad 800 P, EZ/DZ/ac/Bad 900 P. Passable Zimmer, jedoch sind nicht alle mehr im besten Zustand. Restaurant.

Die Besitzer haben bei Sinait, etwa 40 Kilometer nördlich von Vigan, das *Teppeng Cove Beach Resort* mit Zimmern von 300 bis 650 P eröffnet.

Kolonialhäuser

Wer ein wenig Geschichte schnuppern möchte - und wo auf den Philippinen könnte man das besser als in Vigan - sollte sich unbedingt mindestens eine Übernachtung in einem restaurierten Kolonialhaus-Hotel gönnen.

R.F. Aniceto Mansion, Mena Crisologo Street, Tel. 7222382, Fax: 7222384. DZ/fan 250 P, EZ/fan/Bad 250 P, DZ/fan/Bad 350 P, EZ/ac/Bad 550 P, DZ/ac/Bad 650 P. Authentisches Vigan-Haus mit recht ordentlichen Zimmern. Restaurant. Swimmingpool. Am Plaza Burgos schräg gegenüber der Kathedrale gelegen.

El-Juliana Hotel, Liberation Avenue/ Ecke Quirino Boulevard, Tel. 7222994. EZ/DZ/fan/Bad 400 P, EZ/DZ/ac/Bad 500 und 750 P (mit TV). Ein Haus mit viel Atmosphäre. Freundlicher Service. Restaurant. Swimmingpool. Ruhige Lage südlich vom Zentrum unweit vom Fluß.

Villa Angela, Quirino Boulevard/Ventura de los Reyes Street, Tel. 7222914. EZ/DZ/fan/Bad 250/500 P, EZ/DZ/ac/ Bad 800 P. Schöne alte Villa mit sehr gepflegtem Interieur, Möbeln aus der Kolonialzeit und herrlichem Garten. Auf jeden Fall empfehlenswert. Liegt schräg gegenüber vom El-Juliana Hotel.

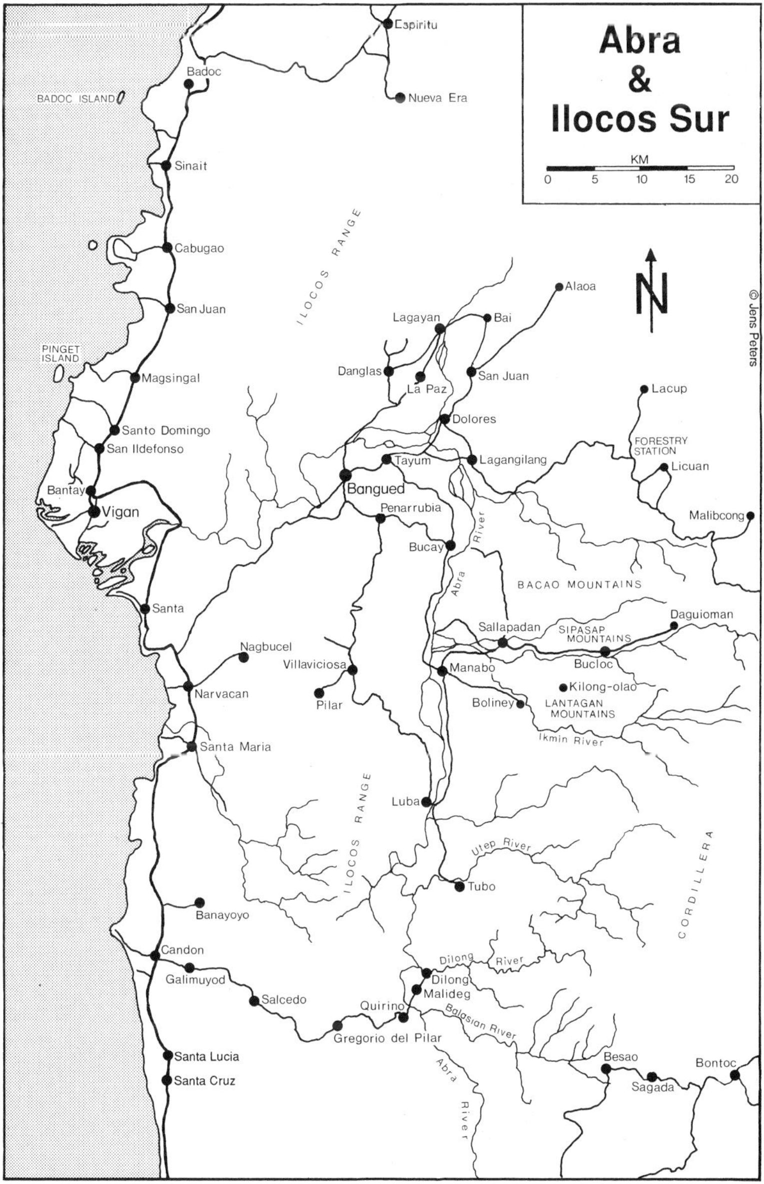
Abra
&
Ilocos Sur
KM
0
5
10
15
20
© Jens Peters
Espiritu
Badoc
BADOC ISLAND
Nueva Era
Sinait
Cabugao
San Juan
PINGET ISLAND
Magsingal
Santo Domingo
San Ildefonso
Bantay
Vigan
ILOCOS RANGE
Lagayan
Bai
Alaoa
Danglas
La Paz
San Juan
Lacup
Dolores
FORESTRY STATION
Licuan
Tayum
Lagangilang
Bangued
Penarrubia
Malibcong
Bucay
Abra River
BACAO MOUNTAINS
Santa
Sallapadan
SIPASAP MOUNTAINS
Daguioman
Nagbucel
Villaviciosa
Manabo
Bucloc
Kilong-olao
Narvacan
Pilar
Boliney
LANTAGAN MOUNTAINS
Ikmin River
Santa Maria
Luba
Utep River
CORDILLERA
Tubo
Banayoyo
Candon
Dilong River
Galimuyod
Dilong
Malideg
Salcedo
Quirino
Balasian River
Gregorio del Pilar
Santa Lucia
Besao
Bontoc
Sagada
Santa Cruz
Abra River

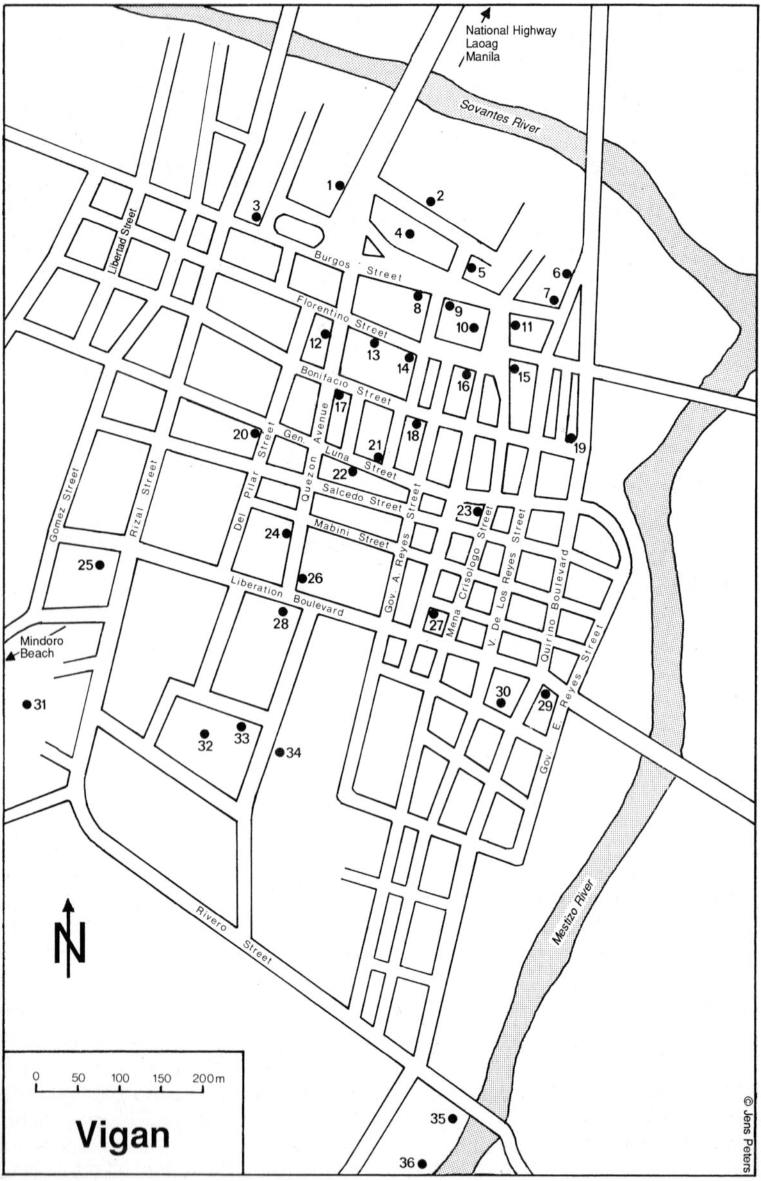
National Highway
Laoag
Manila
Sovantes River
Libertad Street
Burgos Street
Florentino Street
Bonifacio Street
Gen. Luna Street
Quezon Avenue
Del Pilar Street
Salcedo Street
Mabini Street
Gomez Street
Rizal Street
Liberation Boulevard
Gov. A. Reyes Street
Mena Crisologo Street
V. De Los Reyes Street
Quirino Boulevard
Gov. E. Reyes Street
Mindoro Beach
Rivero Street
Mestizo River
0 50 100 150 200 m
Vigan
© Jens Peters
1
2
3
4
5
6
7
8
9
10
11
12
13
14
15
16
17
18
19
20
21
22
23
24
25
26
27
28
29
30
31
32
33
34
35
36

Nord-Luzon

Anreise/Weiterreise
22 Philippine Rabbit Busterminal
26 Times Transit Busterminal
33 Partas Busterminal
34 Minibusse nach Laoag und Bangued

Übernachten
7 Vigan Hotel
11 Aniceto Mansion
19 Grandpa's Inn
21 New Luzon Inn
23 The Cordillera Inn
27 Ferdinandina Hotel
29 El-Juliana Hotel
30 Villa Angela

Essen und Trinken
6 Cool Spot Restaurant
8 Tower Café
11 Aniceto Restaurant
12 Victory Restaurant
14 PNB Snack
16 Vigan Plaza Restaurant
20 888 Restaurant
24 Thrift Sandwiches & Burgers

Verschiedenes
1 Provincial Capitol
2 St. Paul's College
3 Ayala Museum
4 Plaza Salcedo
5 Cathedral of St. Paul
9 Tower
10 Plaza Burgos
13 Philippine National Bank (PNB)
15 Leona Florentina Building
17 Metrobank
18 Post Office
25 Töpferei
28 Kirche
31 Mira Hill Park
32 New Market
35 University of Northern Philippines
36 Provincial Hospital

Essen und Trinken

Ausgezeichnetes Essen und große Portionen gibt es im ***888 Restaurant*** in der Del Pilar Street, das bis nach Mitternacht geöffnet ist und in dem man auch günstig Pool Billard spielen kann. Preiswert sind auch die philippinischen Gerichte im ***Victory Restaurant*** in der Quezon Avenue. Das Restaurant ***Cool Spot*** ist ein attraktives, halboffenes Lokal unmittelbar neben dem Vigan Hotel und bekannt für seine gute, preiswerte Ilocano-Küche.

Für den kleinen Snack zwischendurch lohnt sich ein Gang zur Plaza Burgos, wo von 16.00 Uhr bis in die Nacht hinein Empanada angeboten werden, köstliche vegetarische Pasteten spanischen Ursprungs, vergleichbar mit Frühlingsrollen; Stück 3 P.

Adressen/Verschiedenes

Vorwahl: 077.

Anreise/Weiterreise

Aparri

Bus: Von Aparri nach Vigan fahren täglich wenige Busse. Fahrzeit: 9 Std. Siehe auch »Aparri«: *Anreise/Weiterreise*.

Laoag

Bus: Von Laoag nach Vigan fahren täglich zahlreiche Minibusse direkt und Busse der Companies Partas, Philippine Rabbit, Times Transit, Fariñas Trans und Maria de Leon mit Ziel Manila oder San Fernando (La Union). Fahrzeit: 2 Std. Eventuell wird man außerhalb der Stadt am Highway rausgelassen und muß dann das letzte Stück bis nach Vigan mit einem Tricycle zurücklegen (5 P) oder zehn Minuten laufen.

Manila - San Fernando (La Union)

Bus: Von Manila nach Vigan fahren täglich mehrere Busse der Companies Partas Lines, Philippine Rabbit, Times

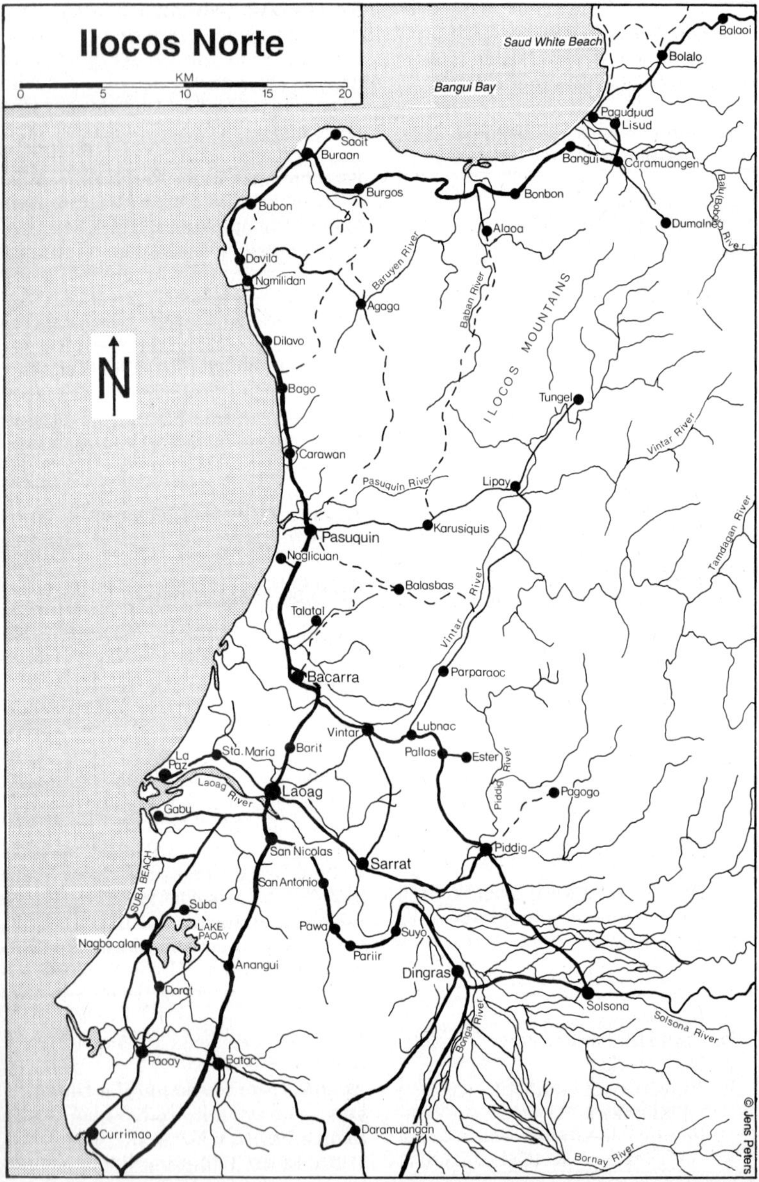
Ilocos Norte
KM
0 5 10 15 20
Saud White Beach
Bangui Bay
Balaoi
Bolalo
Pagudpud
Lisud
Saoit
Buraan
Bangui
Caramuangen
Burgos
Bonbon
Bubon
Alaoa
Dumalneg
Balu (Bobon) River
Davila
Ngmilidan
Baruyen River
Agaga
Baban River
ILOCOS MOUNTAINS
Dilavo
N
Bago
Tungel
Vintar River
Carawan
Pasuquin River
Lipay
Karusiquis
Pasuquin
Tamdagan River
Naglicuan
Balasbas
Vintar River
Talatal
Bacarra
Parparaoc
Vintar
Lubnac
Pallas
Ester
Sta. Maria
Barit
La Paz
Laoag River
Laoag
Piddig River
Pagogo
Gabu
SUBA BEACH
San Nicolas
Sarrat
Piddig
San Antonio
Suba
LAKE PAOAY
Pawa
Suyo
Nagbacalan
Pariir
Anangui
Dingras
Darat
Solsona
Solsona River
Bonga River
Paoay
Batac
Currimao
Daramuangan
Bornay River
© Jens Peters

Nord-Luzon

Transit, Fariñas Trans und Maria de Leon. Entweder direkt oder mit Ziel Laoag. Fahrzeit: 9:30 Std.
Von San Fernando (La Union) nach Vigan fahren täglich mehrere Busse der Philippine Rabbit Company ab Plaza. Man kann dort auch in einen Bus aus Manila mit Ziel Vigan oder Laoag zusteigen. Fahrzeit: 2:30 Std.
Nicht alle Busse mit Ziel Laoag fahren in die Stadt, so daß man das letzte Stück vom Highway nach Vigan zu Fuß (10 Min.) oder mit einem Tricycle zurücklegen muß (5 P).

Bangued

Bangued wurde 1598 von Augustinermönchen gegründet und ist die Hauptstadt der seit 1917 selbständigen Provinz Abra. Vom kleinen, auf dem Casmata Hill gelegenen Victoria Park hat man eine gute Aussicht auf den Ort und das weite Valley, durch das der Abra River fließt.
Jedes Jahr vom 5. bis 10. März feiert Bangued das Abry Abra Festival mit Paraden, farbenprächtigen kulturellen Darbietungen und folkloristischen Aufführungen unter anderem der Tingguian.

Übernachten

Tingguian Lodge, Calaba, Tel. 7528384. EZ/DZ/fan 150 P, EZ/DZ/ac/Bad 250 P. Einfach. Etwas außerhalb.
Diocesan Pastoral Center, Rizal Street, Tel. 7528092. EZ/DZ/fan/Bad 165/220 P, EZ/DZ/ac/Bad 385/440 P. Kein Hotel, sondern eine kirchliche Unterkunft. Anfragen im Konvent bei der Kirche.
Marysol Pension House, Taft Street, Tel. 7528590. EZ/DZ/fan 250/300 P, EZ/DZ/ac/Bad 400/500 P. Einfach; trotzdem das beste Hotel der Stadt. Restaurant.

Essen und Trinken

Mit zufriedenstellenden Restaurants sieht es in Bangued recht dürftig aus. Nennenswert sind allenfalls ***Jade's Restaurant*** und das ***Yan Yun Mami House***. In der Marysol Pension wird nur nach Vorbestellung gekocht. In der ***Bene Disco***, die bis nach Mitternacht geöffnet ist, wird auch Essen serviert.

Adressen/Verschiedenes

Vorwahl: 074.

Anreise/Weiterreise

Baguio
Bus: Von Baguio nach Bangued fahren täglich vier Busse der Philippine Rabbit Company. Fahrzeit: 5 Std.

Manila
Bus: Von Manila nach Bangued fahren täglich mehrere Busse der Companies Partas, Philippine Rabbit und Times Transit. Fahrzeit: 9 Std.

Vigan
Bus: Von Vigan nach Bangued fahren täglich mehrere Minibusse ab Terminal beim New Market. Fahrzeit: 3 Std. Wahrscheinlich fahren auch große Busse der Times Transit Company.

Currimao

Currimao liegt etwa 75 Kilometer nördlich von Vigan und 25 Kilometer südlich von Laoag. Dort befindet sich das insbesondere bei Filipinos beliebte D' Coral Beach Resort. Etwas weiter nördlich davon, im Barangay Pias Sur, erstreckt sich eine langgezogene, einsame Bucht mit einem schönen Strand, der jedoch leider nicht von passenden Palmen, sondern von einer buschigen Mischvegetation umsäumt ist.

Übernachten

Villa na Pintas, Poblacion 1, Tel. & Fax: 7922917. EZ/DZ/fan 700 P, EZ/DZ/fan/Bad 1.200 P. Restaurant. Swimmingpool. Garten. Tauchen. Außeror-

dentlich gepflegtes Haus auf einer Anhöhe mit Blick aufs Meer. Schweizer Management. Liegt am Ortsrand von Currimao; 15 P mit dem Tricycle ab Hauptstraße.
D' Coral Beach Resort, Tel. 7721133. EZ/DZ/fan/Bad 500 P, Cottage/fan/Bad ab 1.100, Cottage/ac/Bad ab 1.600 P. Annehmbare, allerdings nur spärlich eingerichtete Cottages, die um einiges überteuert erscheinen. Restaurant. Nahe Port Currimao aussteigen und dann noch knapp 500 Meter gehen.

Adressen/Verschiedenes
Vorwahl: 077.

Anreise/Weiterreise

Laoag
Bus: Von Laoag nach Currimao fahren täglich zahlreiche Minibusse und mehrere große Busse der Companies Partas, Philippine Rabbit, Times Transit, Fariñas Trans und Maria de Leon, und zwar die mit Ziel Vigan und Manila. Fahrzeit: 30 Min.

Vigan
Bus: Von Vigan nach Currimao fahren täglich zahlreiche Minibusse und mehrere große Busse der Companies Partas, Philippine Rabbit und Times Transit, und zwar die mit Ziel Laoag. Fahrzeit: 1:30 Std.

Laoag

Laoag wurde 1818 nach der Zweiteilung der Provinz Ilocos zur Hauptstadt von Ilocos Norte ernannt, die sicherlich zu den schönsten und gepflegtesten Provinzen Luzons zählt.
Sehenswert sind die zwischen 1650 und 1700 erbaute St. Williams Cathedral, eine der zahlreichen alten spanischen Kirchen dieser Provinz, und der mächtige »Sinking Belltower«, der etwas abseits von der Kathedrale stehende Glockenturm. Mittwochs und sonntags ist großer Markttag in Laoag.
Eine gute Aussicht auf die 100.000-Einwohner-Stadt am Laoag River bietet sich vom Ermita Hill. Empfehlenswert sind Tagestrips in die nähere Umgebung.

Übernachten
City Lodging House, General Antonio Luna Street. EZ/DZ/fan 100/200 P. Sehr einfache, kleine, laute Zimmer. Erstaunlicherweise oft ausgebucht. Restaurant.
Texicano Hotel, Rizal Street, Tel. 7720606. EZ/fan 120 P, DZ/fan 150 P, EZ/fan/Bad 160 P, DZ/fan/Bad 180 P, EZ/ac/Bad 480 und 520 P, DZ/ac/Bad 520 und 560 P. Recht ordentlich für den Preis. Die teuren Zimmer befinden sich im Annex. Freundlicher Service. Restaurant. Der Eingang zum Hotel befindet sich in der General Hizon Street.
Casa Llanes Pension, Primo Lazaro Street, Tel. 7721125. EZ/DZ/fan/Bad 185 P, EZ/DZ/ac/Bad 280 P. Geräumige Zimmer, die auch für drei und zwölf Stunden vermietet werden. Restaurant.
Pichay Lodging House, Primo Lazaro Street, Tel. 7721267. EZ/DZ/fan/Bad 200 P, EZ/ac/Bad 280 und 330 P. Akzeptabel, jedoch sind einige Zimmer etwas abgewohnt.
Hotel del Norte, 26 Fonacier Street, Tel. 7721697. EZ/fan/Bad 225 P, DZ/fan/Bad 450 P, EZ/DZ/ac/Bad 600 und 650 P (mit TV). Saubere, zweckmäßig eingerichtete Zimmer.
Fort Ilocandia Resort Hotel, Calayab, Tel. 7721166 bis 70, Fax: 7721411. EZ/ac/Bad 4.130 P, DZ/ac/Bad 4.450 P, Suite 5.800 P. First-Class-Hotel am Suba Beach, südlich vom Airport, mit Restaurant, Disco, Casino, und drei Swimmingpools. Es ist fest in der Hand von taiwanesischen Kurzurlaubern und Spielern, die täglich mit Charterflugzeugen aus Taipei oder Khaosiung, Taiwan, eintreffen. Management und Kö-

che sind Taiwanesen, und sogar die Cola-Automaten im Hotel nehmen nur noch taiwanesische Münzen an! Reservierung unbedingt angeraten, da oft ausgebucht, besonders an Wochenenden. Hinkommen ab Laoag mit »Calayab«-Jeepney.

Essen und Trinken

Gute und preiswerte chinesische und philippinische Gerichte gibt es im einfachen ***Noodle House*** in der F.R. Castro Avenue und in der beliebten ***City Lunch & Snack Bar*** an der Ecke von General Antonio Luna Street und Nolasco Street, in der man auch recht ordentlich frühstücken kann. Ebenfalls empfehlenswert ist das ***Magic Bunny*** in der Rizal Street. In derselben Straße befindet sich auch der gute und preiswerte ***Dohan Food & Bake Shop***. Das ***McBurgee*** ist ein beliebtes, kleines, preiswertes philippinisches Fastfood-Restaurant in der F.R. Castro Avenue. Zu den Restaurants der mittleren Preisklasse gehören das ***Concorde Restaurant***, Paco Roman Street, und das ***Barrio Fiesta***, Manuel Nalasco Street.
Leckere Kuchen gibt es in der ***Town Bakery*** in der Jose Rizal Street, zwischen Balintawak Street und Bagumbayan Street, unter anderem Donuts für nur einen Peso!

Unterhaltung

Zur Erleichterung chinesischer Touristen wurde mit der Einführung der Flüge von und nach Taiwan auch Laoags ***Casino*** im Fort Ilocandia Resort Hotel wieder eröffnet. Freunde des ***Hahnenkampf*** sollten sonntags ab 14.00 Uhr das lautstarke Spektakel mit Hunderten von Filipinos im Cockpit am Stadtrand nicht versäumen. Gleich nebenan findet in etwa zehn Diskotheken, ***Discoland***, das Nachtleben von Laoag statt.

Adressen/Verschiedenes

Vorwahl: 077.

Anreise/Weiterreise

Mit dem Flugzeug: Der Laoag International Airport befindet sich bei Gabu, etwa fünf Kilometer südwestlich von Laoag. Jeepneys zum Airport fahren ab Fonacier Street/Ecke General Luna Street. Fahrzeit: 15 Min. Fahrpreis: 4 P.
Philippine Airlines, Airport Office, Tel. 7720537, 7720692.

Aparri - Pagudpud

Bus: Von Aparri nach Laoag über Pagudpud fahren täglich wenige Busse, einige davon mit Ziel Vigan. Man wird wahrscheinlich erst mit einem Jeepney zur neuen Marcos Bridge am Highway fahren müssen, dort dann in einen Bus von Tuguegarao mit Ziel Laoag oder Vigan zusteigen.
Von Laoag nach Aparri über Pagudpud fahren täglich wenige Busse ab Primo Lazaro Avenue/Ecke General Fidel Segundo Avenue. Ein Nachtbus der Florida Liner Company mit Ziel Aparri fährt um etwa 22.00 Uhr. Wegen der großartigen Landschaft und der schönen Aussicht auf das Südchinesische Meer sind jedoch die Tagesbusse zu empfehlen. Besonders sehenswert ist die Landschaft zwischen Pagudpud und Claveria. Fahrzeit: 5 Std. Siehe auch »Aparri«: *Anreise/Weiterreise*.

Baguio

Bus: Von Baguio nach Laoag über San Fernando (La Union) und Vigan fahren stündlich Busse der Philippine Rabbit Company, allerdings nur wenige Aircon-Busse. Fahrzeit: 6 Std.

Manila - San Fernando (La Union) - Vigan

Bus: Von Manila nach Laoag fahren täglich zahlreiche Busse der Companies Partas, Philippine Rabbit, Fariñas Trans, Maria de Leon und Times Transit. Fahrzeit: 11:30 Std. Die Busse fahren über San Fernando (La Union) und

Anreise/Weiterreise
3 Minibusse nach Pagudpud
4 Einfache Busse nach Manila
5 Florida Liner Busterminal
6 Jeepneys und Minibusse nach Bacarra und Pasuquin
8 Philippine Rabbit Busterminal
10 Jeepneys nach La Paz
11 Jeepneys zum Airport
19 Jeepneys nach San Nicolas
22 Farinas Trans Busterminal
26 Jeepneys nach Sarrat und Dingras
29 Jeepneys nach Batac und Paoay
30 Maria de Leon Busterminal
33 Jeepneys nach Suba und Fort Ilocandia Resort Hotel
36 Airport

Übernachten
1 Pichay Lodging House
2 Casa Llanes Pension
12 City Lodging House
13 Texicano Hotel
19 Hotel del Norte
36 Fort Ilocandia Resort Hotel

Essen und Trinken; Unterhaltung
7 Hot Stuff Restaurant
12 City Lunch & Snack Bar
14 Magic Bunny Restaurant
15 Town Bakery
18 Barrio Fiesta Restaurant
21 Discoland
23 Colonial Fast Food
24 Noodle House
25 Concorde Restaurant
32 McBurgee Restaurant

Verschiedenes
9 Post Office
16 Kino
17 Provincial Capitol
20 Philippine National Bank (PNB)
21 Cockpit
27 Sinking Belltower
28 Market
31 City Hall
34 Ermita Hill
35 St. William's Cathedral

Vigan. Vigan liegt etwas abseits vom Highway, und nicht alle passierenden Busse machen einen Abstecher in die Stadt. Wer es eilig hat, sollte sich für 5 P mit einem Tricycle zum Highway fahren lassen und dort einen Bus stoppen. Von Vigan nach Laoag fahren täglich auch zahlreiche Minibusse. Fahrzeit: 3 Std.
Von Laoag nach Manila über Vigan und San Fernando fahren etwa stündlich von 7.00 bis 23.00 Uhr Busse verschiedener Companies.

Flug: Philippine Airlines fliegt Mo, Mi u. So von Manila nach Laoag und zurück. Flugzeit: 50 Min.

Tuguegarao
Bus: Von Tuguegarao nach Laoag fahren täglich um 4.00, 9.00 und 18.00 Uhr Busse der Florida Liner Company. Fahrzeit: 7 Std.

Um Laoag

Richtung Norden
In Bacarra steht neben der Kirche ein massiver Glockenturm aus dem Jahre 1783. Bei einem schweren Erdbeben war er 1930 teilweise in sich zusammengesunken. Die Turmspitze lag danach schief obenauf und wurde bis 1984, wie es hieß, »von Gottes Hand gehalten«. Dann verursachte ein weiteres Erdbeben ihren endgültigen Sturz in die Tiefe.
Zehn Kilometer weiter nördlich kann man von Dezember bis März spätnachmittags am Strand von Pasuquin (Seksi

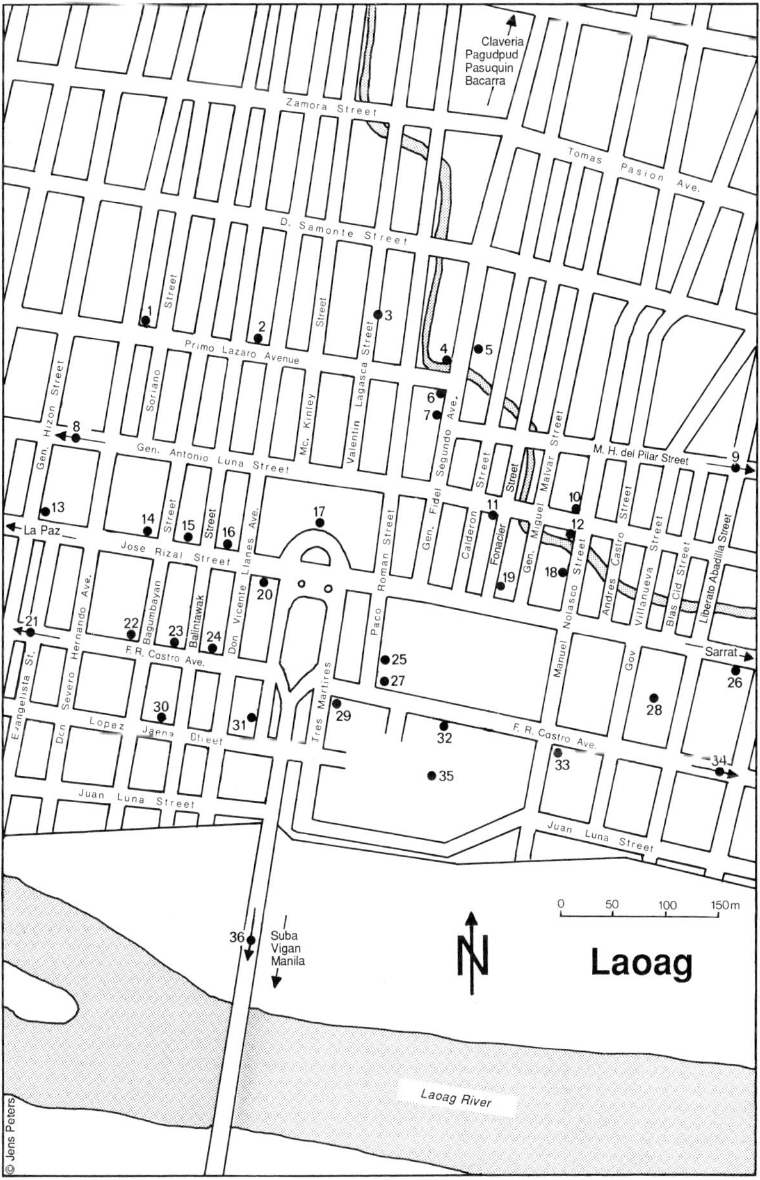
Claveria
Pagudpud
Pasuquin
Bacarra
Zamora Street
Tomas Pasion Ave.
D. Samonte Street
Soriano Street
Primo Lazaro Avenue
Gen. Hizon Street
Mc. Kinley Street
Valentin Lagasca Street
Gen. Fidel Segundo Ave.
Gen. Antonio Luna Street
M. H. del Pilar Street
Calderon Street
Fonacier Street
Gen. Miguel Malvar Street
La Paz
Jose Rizal Street
Don Vicente Llanes Ave.
Paco Roman Street
Manuel Nolasco Street
Andres Castro Street
Villanueva Street
Blas Cid Street
Liberato Abadilla Street
Severo Hernando Ave.
Bagumbayan
Balintawak
F. R. Castro Ave.
Evangelista St.
Tres Martires
Gov
Sarrat
Don
Lopez Jaena Street
F. R. Castro Ave.
Juan Luna Street
Juan Luna Street
0 50 100 150m
Suba
Vigan
Manila
N
Laoag
Laoag River
© Jens Peters

Nord-Luzon

Beach, vier Kilometer außerhalb vom Ort; Tricycle) beobachten, wie Frauen in mühsamer Arbeit Salz gewinnen. Dabei wird bei Ebbe die obere salzhaltige Sandschicht vom Strand abgeschabt und in einem etwas erhöht stehenden Korb gesammelt. Anschließend gießt man Meereswasser hinein und fängt unten das nun sehr salzhaltige Wasser in einem Tonkrug auf. Dieses Wasser wird im Dorf in einem großen Topf solange gekocht, bis es fast restlos verdunstet ist. Der verbleibende Brei wird ausgeschöpft und in einen hängenden Korb gefüllt, aus dem das restliche Wasser durchsickern kann. Unter dem Korb bildet sich das Endprodukt: ein langer weißer Zapfen aus feinstem Salz.

Bambus *(Bambusa vulgaris)*
Die meisten Arten des vor allem an feuchten Standorten wachsenden Bambus *(kawayan)* werden vielfältig genutzt, etwa als Baumaterial und für Flechtarbeiten. Die erdnahen Sprossen *(labong)* sind zerkleinert, gekocht und als Gemüse zubereitet Bestandteil verschiedener lokaler Gerichte

Richtung Westen

Der nächste beste Strand von Laoag aus befindet sich bei La Paz, einer beschaulichen, langgezogenen Ortschaft an der Mündung des Laoag River. Am breiten Strand gibt es kaum Vegetation, dafür aber sehr weitläufige Sanddünen, die in Richtung Norden in einen schönen Kieselstrand übergehen.

Richtung Südosten

Eine gepflegte Provinzstraße führt nach Sarrat, dem Geburtsort des früheren Präsidenten Ferdinand Marcos. Im Ortskern befindet sich die restaurierte, 1779 von Augustinern erbaute Sarrat-Kirche mit Konvent. Von der Kirche in Dingras, acht Kilometer südöstlich von Sarrat, sind nach einem schweren Brand im Jahre 1838 lediglich Ruinen übriggeblieben.

Richtung Süden

In San Nicolas steht eine Kirche, die im späten 17. Jahrhundert erbaut und im 19. Jahrhundert restauriert wurde. Etwa 15 Kilometer weiter südlich, in Batac, zieht ein anderes Haus die Aufmerksamkeit der Filipinos auf sich: Marcos Mansion, heute ein interessantes Museum, gefüllt mit Erinnerungsstücken an Ferdinand Marcos. Direkt nebenan steht ein bewachtes Mausoleum, in dem der seit 1994 aufgebahrte Leichnam des ehemaligen Präsidenten zu besichtigen ist (bis die neue Regierung die Bestattung auf dem Philippinischen Heldenfriedhof in Manila erlaubt).

Wenige Kilometer westlich davon lohnt sich ein Stopp an der festungsartigen Kirche von Paoay, deren Seitenwände von stabilen Pfeilern gestützt werden. Dieses im »Erdbeben-Barock« erbaute Gotteshaus dürfte das berühmteste in Ilocos Norte sein. Landschaftlich reizvoll ist der Lake Paoay. Fährt man von Paoay durch Bambuswälder an der

westlichen Seeseite entlang nach Suba, bietet sich ein Abstecher zum Suba Beach an. Die Straße dorthin ist hügelig und kurvenreich. Es gibt hohe, langgestreckte Sanddünen, imposanter als die in La Paz, in denen bereits zahlreiche philippinische Filme gedreht wurden. Am breiten Strand ist es meistens windig; kräftige Brandung.
Wer von Paoay die etwa acht Kilometer nach Nagbacalan mit einem Tricycle (Special Ride; 100 P) hochgekommen ist und mit einem Jeepney nach Laoag zurückfahren möchte, sollte sich noch bis zum Fort Ilocadia Resort Hotel oder zum Golfplatz von Suba bringen lassen. Vom Hotel aus fährt der letzte reguläre Jeepney um etwa 16.00 Uhr vorbei am Golfplatz zurück nach Laoag. Das exklusive Hotel liegt ungefähr fünf Kilometer südlich von Gabu, wo sich der Airport von Laoag befindet. Es wurde für die Gäste der aufwendigen Hochzeit von Marcos' Tochter Irene und Greggy Araneta im Jahr 1983 errichtet. Die Benutzung der zum Hotel gehörenden überdachten Tische und Bänke am Strand kostet 100 P.

Pagudpud

Pagudpud liegt an der schönen Bangui Bay, etwa 60 Kilometer nördlich von Laoag, und könnte sich zu einem weiteren touristischen Ziel entwickeln. Am herrlichen Saud White Beach, dem vielleicht besten und attraktivsten Strand von Nord-Luzon, wurden bereits des öfteren Außenaufnahmen für philippinische Filme gedreht. Leider fehlt dort eine belebende Auswahl an Resorts, die Zimmer zu angemessenen Preisen anbieten. Wer sich von Pagudpud mit einem Tricycle zum Saud White Beach bringen lassen hat, sollte es unbedingt solange warten lassen, bis ein akzeptabler Zimmerpreis ausgehandelt wurde; der Weg zum nächsten Bus ist lang!

Übernachten

Saud Beach Resort. EZ/DZ/ac/Bad 1.400 bis 2.600 P. Großzügige Zimmer. Restaurant. Etwa vier Kilometer außerhalb von Pagudpud gelegen.
Villa del Mar Ivory Beach Resort, Tel. & Fax: 9288296. EZ/DZ/fan/Bad 1.500 P, EZ/DZ/ac/Bad 1.900 P. Ebenso überteuert wie Saud Beach Resort. Restaurant. Swimmingpool.

Anreise/Weiterreise

Bus: Busse von Vigan und Laoag nach Aparri und Tuguegarao fahren über Pagudpud. Von Laoag nach Pagudpud fahren Minibusse ab McKinley Street. Fahrzeit: 2 Std.

Das Cagayan Valley und die Ostküste

Aparri

Ein längerer Aufenthalt in Aparri lohnt sich nicht, es sei denn, man möchte von dort aus zum Hochseefischen starten. Big Game Fishing ist populär im Babuyan Channel nördlich von Luzon. Die Gewässer um Point Escarpada nahe San Vicente sind bekannt als beste philippinische Fanggründe für Marlins. Doch sind schon des öfteren Big Game-Angler verschwunden und nie mehr aufgetaucht, weswegen der Babuyan Channel auch das »Bermuda-Dreieck der Philippinen« genannt wird. Wer den nordöstlichen Zipfel von Luzon erkunden will, fährt am besten mit dem Bus von Aparri nach Santa Ana. Weiter mit einem Tricycle (falls kein Bus oder Jeepney fährt) nach San Vicente. Von dort aus kann man sich mit einem Auslegerboot nach Palui Island übersetzen lassen.

Übernachten

Pipo Hotel, 37 Macanaya Street, Tel. 22122. EZ/DZ/fan 120/240 P, EZ/DZ/

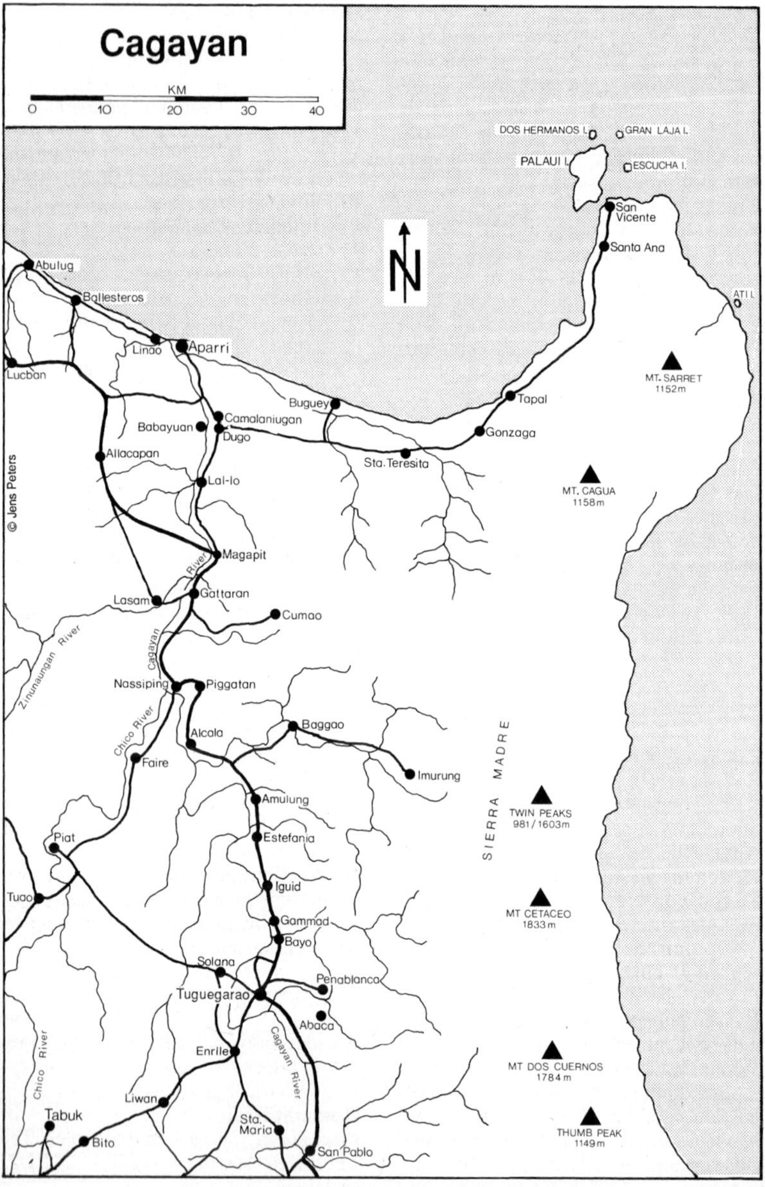
Cagayan
KM
0 10 20 30 40
DOS HERMANOS I.
GRAN LAJA I.
PALAUI I.
ESCUCHA I.
San Vicente
Santa Ana
ATI I.
MT. SARRET 1152 m
Abulug
Ballesteros
Linao
Aparri
Lucban
Buguey
Tapal
Camalaniugan
Babayuan
Dugo
Gonzaga
Sta. Teresita
Allacapan
MT. CAGUA 1158 m
Lal-lo
© Jens Peters
Magapit
River
Lasam
Gattaran
Cumao
Zinunaungan River
Cagayan
Nassiping
Piggatan
Baggao
Alcala
Chico River
Faire
Imurung
SIERRA MADRE
TWIN PEAKS 981/1603 m
Amulung
Estefania
Piat
Iguid
Tuao
MT CETACEO 1833 m
Gammad
Bayo
Solana
Penablanca
Tuguegarao
Abaca
Chico River
Enrile
Cagayan River
MT DOS CUERNOS 1784 m
Liwan
Tabuk
Sta. Maria
THUMB PEAK 1149 m
Bito
San Pablo

tan/Bad 270/380 P. Einfach. Restaurant. Liegt vor Aparri auf der rechten Seite.
Ryan Mall Hotel, Rizal Street, Tel. 22369. EZ/DZ/fan/Bad 275 P, EZ/DZ/ac/Bad 400 bis 600 P. Recht ordentliche Zimmer. Das Hotel-Restaurant dürfte neben dem Magnolia Restaurant unten am Fluß das einzig vernünftige der Stadt sein.

Adressen/Verschiedenes

Vorwahl: 078 oder 07822.

Anreise/Weiterreise

Mit dem Bus: Nur wenige Busse fahren direkt von und nach Aparri. Die meisten halten etwa 30 Kilometer südlich an der großen Marcos Bridge bei Magapit. Zwischen Magapit und Aparri besteht eine Jeepneyverbindung. Wer z.B. von Aparri nach Laoag will, muß zuerst zur Marcos Bridge fahren und dort auf einen Bus warten, der von Tuguegarao kommt.

Manila - Tuguegarao - Gattaran
Bus: Von Manila nach Aparri fahren von 6.00 bis 11.00 Uhr und 18.00 bis 23.00 Uhr stündlich Busse der Baliwag Transit Company (ab deren Cubao Terminal). Sie fahren über Ilagan, Tuguegarao und Gattaran. Fahrzeit: 13 Std.
Von Aparri über Gattaran nach Tuguegarao fahren zusätzlich zu den Bussen mit Ziel Manila tagsüber mehrere Minibusse. Fahrzeit: bis Gattaran 1 Std.; bis Tuguegarao 2 Std.

Vigan - Laoag
Bus: Von Vigan und Laoag fahren täglich wenige Busse nach Aparri. Fahrzeit: von Vigan 7 Std.; von Laoag 5 Std. Siehe auch »Vigan« und »Laoag«: *Anreise/Weiterreise*.

Gattaran

In Gattaran, etwa 40 Kilometer südlich von Aparri, könnte man die Fahrt unterbrechen, um einen Abstecher zu den Tanlagan-Wasserfällen zu machen. Sie stürzen über 100 Meter in die Tiefe. Allerdings dürften nur ausgesprochene Wasserfall-Freaks für eine Besichtigung zu begeistern sein, denn bis zu dem Naturschauspiel sind es noch fast 40 Kilometer in Richtung Osten, also noch hinter Cumao, wohin ab Gattaran Jeepneys fahren. Das letzte Stück ist per Fahrzeug nur in der Trockenzeit von Mitte März bis Juni zu bewältigen, da mehrere Flüsse zu durchqueren sind (in der Regenzeit vermutlich unpassierbar).

Tuguegarao

Tuguegarao ist die Hauptstadt der Provinz Cagayan. Im Cagayan Museum & Historical Research Center beim Provincial Capitol sind archäologische Funde, historische und kulturelle Artefakte, lithurgische Requisitien und ethnographische Gegenstände der Provinz ausgestellt.
Tuguegarao ist Ausgangsort zu den Callao Caves, etwa 15 Kilometer nordöstlich von Tuguegarao und neun Kilometer nördlich von Peñablanca. Jeepneys fahren hin (ab Stadtteil Santo Domingo). Wer mehr als einen Tagestrip daraus machen will, kann im Callao Caves Resort übernachten. Neben der Höhlenerforschung ist »Cave Country« auch ein sehr interessantes Gebiet für Treks zu entlegenen Dörfern in der Sierra Madre. Einige Dörfer sind nur mit Booten auf dem Pinacanauan River oder zu Fuß zu erreichen. Zu einem Wasserfall mit »Mineral Water« benötigt man mit einem Boot ab Callao Caves Resort etwa 30 Minuten.
In Iguig, etwas nördlich von Tuguegarao, stellen 14 größere Statuen die Kreuzwegstationen zur Hinrichtungsstätte Jesu dar (Calvary of Christ). Es ist eine bekannte Wallfahrtsstätte, die besonders in der Karwoche stark besucht wird.

Übernachten

Hotel Leonor, Rizal Street, Tel. 8441806. EZ/DZ 100/170 P, EZ/DZ/fan 120/200 P, EZ/DZ/ac 180/280 P. Einfache, recht behagliche Unterkunft (früher: Casa Lavadia). Restaurant.
Olympia Hotel, Washington Street, Tel. 8441805. EZ/fan/Bad 150 P, DZ/fan/Bad 200 P, EZ/ac/Bad 250 P, DZ/ac/Bad 350 P. Einfach. Restaurant.
Pensione Abraham, Bonifacio Street, Tel. 8441793. EZ/fan 100 P, DZ/fan 120 P, EZ/fan/Bad 150 P, DZ/fan/Bad 280 P, EZ/ac/Bad 250 P, DZ/ac/Bad 300 P. Einfach und relativ gut. Coffee Shop.
Hotel Delfino, Gonzaga Street, Tel. 8441952. EZ/ac/Bad 300 P, DZ/ac/Bad 380 und 500 P. Relativ sauber. Restaurant. Disco.
Hotel Lorita, Rizal Street, Tel. 8441390. EZ/ac/Bad 500 P, DZ/ac/Bad 550 bis 880 P. Ordentliche Zimmer. Coffee Shop. Airport-Service.
Pensione Roma, Luna Street/Ecke Bonifacio Street, Tel. 8441057. EZ/DZ/fan/Bad 250 P, EZ/DZ/ac/Bad 550/600 P. Angenehmes, freundliches Hotel. Kleines Restaurant.
Callao Cave Resort, Peñablanca, Tel. 8441801. EZ/DZ 150 bis 300 P, EZ/DZ/fan/Bad 350 P, Cottage 500 bis 700 P.

Essen und Trinken

Im ***Pampangueña Restaurant*** gegenüber der Pensione Abraham gibt es täglich wechselnde Menüs und eine große Auswahl an Kuchen. Empfehlenswert ist auch das ***Adri Nelo Restaurant*** in der Rizal Street. Das ***Apollo Restaurant*** ist ein großes Ihaw-Ihaw-Restaurant am Stadtrand. An dieser Ausfallstraße gibt es auch kleine ***Discos*** und ***Beer Houses***. Im ***Hotel Delfino*** findet man ebenfalls eine Disco und ein Restaurant.

Adressen/Verschiedenes

Vorwahl: 078.

Anreise/Weiterreise

Mit dem Flugzeug: Der Airport von Tuguegarao liegt etwa vier Kilometer außerhalb der Stadt; etwa 20 P mit dem Tricycle.
Philippine Airlines, Airport Office, Tel. 8441201.

Bontoc
Jeepney: Von Bontoc nach Tuguegarao fährt man in drei Etappen über Tinglayan und Tabuk. Siehe auch weiter unten.

Manila
Bus: Von Manila nach Tuguegarao fahren von 6.00 bis 11.00 Uhr und 18.00 bis 23.00 Uhr stündlich Busse der Baliwag Transit Company (ab deren Cubao Terminal). Fahrzeit: 10 Std. Die Busse fahren über Santa Fe, Cauayan und Ilagan. Auch die Busse von Manila mit Ziel Aparri fahren über Tuguegarao.
Von Tuguegarao nach Manila fahren unter anderem Busse um 7.00, 19.30 und 20.30 Uhr ab Hotel Delfino.

Flug: Philippine Airlines fliegt täglich von Manila nach Tuguegarao und zurück. Flugzeit: 1 Std.

Tinglayan - Tabuk
Jeepney: Von Tinglayan nach Tabuk fahren täglich von 6.00 bis 11.00 Uhr mehrere Jeepneys, sonntags fährt allerdings nur einer. In Tabuk Anschluß mit Bus oder Jeepney nach Tuguegarao. Fahrzeit: 4 Std.

Roxas

Roxas liegt in der Provinz Isabela. Dort läßt sich abseits der Touristen-Trassen und Rucksack-Roads richtiges philippinisches Landleben genießen. Der Mayor stellt Gästen gerne das Resthouse zur Verfügung.
Es besteht eine Busverbindung von Roxas nach Manila.

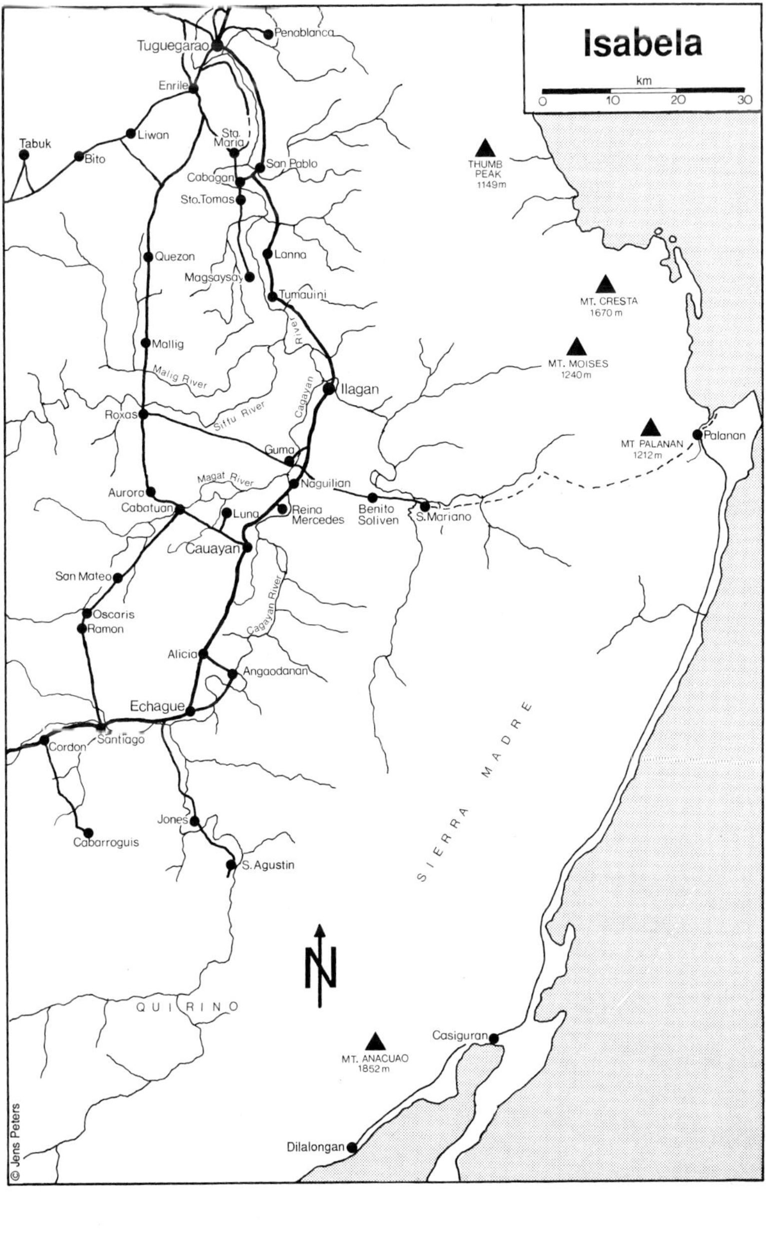
Isabela
km
0 10 20 30
Tuguegarao
Penablanca
Enrile
Tabuk
Liwan
Bito
Sta. Maria
San Pablo
Cabagan
Sto.Tomas
THUMB PEAK 1149m
Quezon
Lanna
Magsaysay
Tumauini
MT. CRESTA 1670 m
River
Mallig
MT. MOISES 1240 m
Malig River
Cagayan
Ilagan
Roxas
Siffu River
MT PALANAN 1212 m
Palanan
Guma
Magat River
Naguilian
Aurora
Cabatuan
Luna
Reina Mercedes
Benito Soliven
S.Mariano
Cauayan
San Mateo
Cagayan River
Oscaris
Ramon
Alicia
Angaodanan
Echague
SIERRA MADRE
Santiago
Cordon
Jones
Cabarroguis
S.Agustin
N
QUIRINO
Casiguran
MT. ANACUAO 1852 m
Dilalongan
© Jens Peters

Nord-Luzon

Cauayan

Cauayan ist ein geschäftiges Städtchen am National Highway mit einem großen, sehenswerten Markt und erstaunlich vielen Restaurants.
Busse verschiedener Companies fahren täglich nach Manila. Asian Spirit fliegt viermal wöchentlich

Übernachten

Amity Hotel, National Highway, Tel. 6345392. EZ/DZ/fan 85/105 P, EZ/fan/ Bad 200 P, DZ/fan/Bad 250 P, EZ/ac/ Bad 325 bis 650 P, DZ/ac/Bad 400 bis 925 P. Relativ sauber und gut. Restaurant. Auf dem Dachgarten abends Folk Music live mit Bier und Barbecue. Liegt am Markt.

Salinas

In Salinas gibt es Salzquellen, deren Ablagerungen im Laufe der Zeit eine weiße Hügellandschaft gebildet haben. Wer Interesse an einem Abstecher dorthin hat, muß die Fahrt auf dem National Highway auf etwa halber Strecke zwischen Manila und Tuguegarao unterbrechen, und zwar in Bambang, südlich von Bayombong. Von dort fahren Jeepneys nach Salinas.

Santa Fe

Santa Fe liegt in den Bergen der Provinz Nueva Vizcaya und ist ein Ort mit einem angenehmen, trockenen Klima. Dort werden allerlei handwerkliche Produkte angeboten, vor allem Korbflechtarbeiten.

Übernachten

Tony's Hotel. EZ/DZ 100/200 P. Einfach. Restaurant.
Golden Rose Hotel. EZ/DZ 150/230 P. Einfach und relativ gut. Preiswertes Restaurant mit großer Auswahl.

Baler

Baler ist die Hauptstadt der Provinz Aurora und liegt an der wilden Ostküste von Nord-Luzon, wo der Hauptteil von Coppola's *Apocalypse Now* gedreht wurde. Der Ort selbst ist touristisch nicht sehr interessant, aber man kann von dort aus Wanderungen in die umliegenden Berge unternehmen, Negritos (Dumagat) besuchen oder ein paar Strand- und Schnorcheltage einlegen. Im Dezember herrscht eine starke Brandung. Dann dürften Surfer voll auf ihre Kosten kommen.
Eine Teilnahme an Fangfahrten mit kleinen Booten auf den offenen Pazifik ist möglich. Die Fischer von Baler lassen diesbezüglich mit sich reden. Eventuell das Boot samt Ausrüstung mieten.
Auf dem Weg von Baler zur Radar-Wetterstation auf Cape Encanto gibt es mehrere erfrischende Quellen, z.B. Digisit Springs. In der Dibut Bay, etwas weiter südlich, findet man noch schöne Korallen. Sie ist mit einem Boot zu erreichen, oder zu Fuß über die Berge.
Dipaculao liegt nördlich von Baler und ist ein Ausgangspunkt für Mountain Treks. In den Bergen leben Ilongot.

Übernachten

Amihan Hotel, Bitong Street, Baler. EZ/DZ/fan 90/180 P, EZ/DZ/fan/Bad 200 P. Einfach und relativ sauber. Restaurant.
Baler Guest House, Sabang. EZ/DZ/ fan 120 P, EZ/DZ/fan/Bad 200 P.
Ocean View Lodge, Sabang. EZ/fan/ Bad 180 P, DZ/fan/Bad 250 P. Restaurant.
MIA Surf & Sports Resort, Sabang. EZ/fan 150 P, DZ/fan 200 P, EZ/fan/ Bad 250 P, DZ/fan/Bad 300 P. Surf Boards können ausgeliehen werden. Es wird auch Surfunterricht erteilt. Surf Guides bringen Gäste auf Wunsch zu Plätzen mit höheren Wellen als am Sabang Beach.

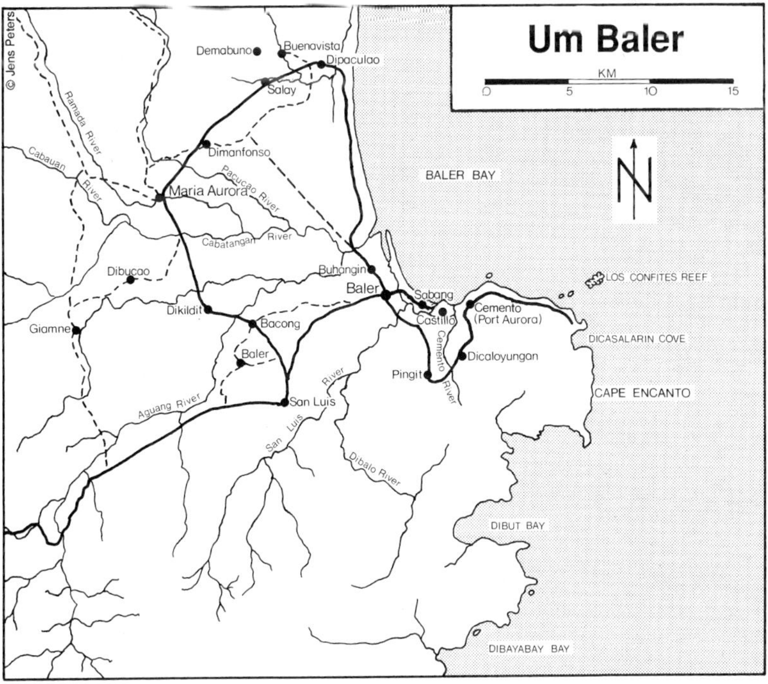

Anreise/Weiterreise

Manila - Cabanatuan

Bus: Von Manila nach Cabanatuan fahren täglich mehrere Busse der Companies Baliwag Transit und Five Star (wenige), entweder direkt oder mit Ziel Aparri, Tuguegarao und San Jose. Fahrzeit: 2 Std. Abfahrt nach Aparri und Tuguegarao stündlich von 6.00 bis 11.00 und 18.00 bis 23.00 Uhr (ab Cubao Terminal von Baliwag Transit).
Von Cabanatuan nach Baler mit einem Bus der Sierra Madre Transit Company. Letzte Abfahrt um 15.00 Uhr. Es ist ein holpriger, aber schöner Trip über die Serpentinen der Sierra Madre. In Richtung Baler hat man links im Bus die beste Aussicht; zurück nach Cabanatuan ist folglich die rechte Seite die bessere. Fahrzeit 4:30 Std. Etwa auf halber Strecke befindet sich der Eingang zum Aurora Memorial Park, wo es ein paar Restaurants gibt und die Fahrt für eine halbe Stunde unterbrochen wird.

Olongapo - San Fernando (Pampanga)

Bus: Von Olongapo nach Cabanatuan fahren täglich mehrere Busse der Companies Baliwag Transit und E. Jose Trans. Sie halten auch in San Fernando.
Direkt von San Fernando nach Cabanatuan fahren täglich mehrere Busse der Company Arayat Express ab Busterminal neben der Philippine National Bank.
Letzter Busanschluß von Cabanatuan nach Baler um 15.00 Uhr.

Süd-Luzon

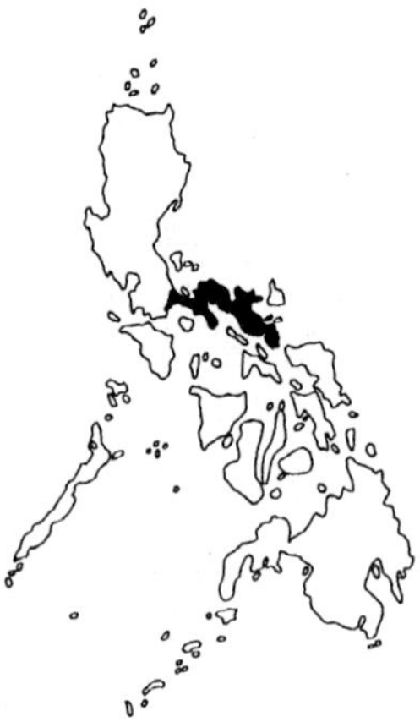

Mit markanter Kontur und unzähligen Buchten und Einschnitten windet sich der Süden von Luzon von Manila in Richtung Samar, der östlichsten Insel der Visayas.
Die unbekannten Beach Resorts von Atimonan bis Gumaca kann man getrost links liegenlassen. Besser sind die bei Daet und an der San Miguel Bay. Verglichen mit anderen philippinischen Küsten sind traumhafte Strandtage wegen des fast immer etwas rauhen Klimas am Pazifik allerdings eine Seltenheit. Die beste Reisezeit dürfte dort im April und Mai sein.
An den Hängen von Mount Isarog und Mount Iriga bei Naga und Iriga sind Negritos beheimatet. Unbestritten die imposanteste Erhebung in Süd-Luzon ist der Mayon Volcano mit seiner klassischen Kegelform. Südlich davon, zwischen Sorsogon und Matnog, befindet sich die sogenannte »Schweiz des Orients«: Mount Bulusan mit seinen weiten Ausläufern.

Transport in Süd-Luzon

Bus: Etliche Busse der Companies BLTB, Cedec Transport, Inland Trailways, J.B. Bicol Express Line und Philtranco fahren täglich von Manila in Richtung Süden über Daet, Naga, Iriga bis nach Legaspi. Die gesamte Strecke ist etwa 580 Kilometer lang und besonders bis Daet sehr kurvenreich. Reservierung ist ratsam, insbesondere für einen Platz im Aircon-Bus. Fahrzeit: 12 Std. (Aircon-Bus) bzw. 13 Std.
Wer will, kann sogar mit Bussen der Companies Cedec Transport, Philtranco und Inland Trailways ohne umsteigen zu müssen über den Philippine Highway von Manila bis nach Matnog fahren (17 Std.) und dort dann mit einer Fähre nach Samar übersetzen. Manche Busse fahren sogar weiter bis Tacloban und Ormoc auf Leyte, Naval auf Biliran und Davao auf Mindanao.
Tour-Bus: Täglich um 19.30 Uhr fährt ein Aircon-Bus der Gold Line Tours von Manila nach Legaspi. Fahrzeit: 12 Std. Fahrpreis: 295 P. Reservierung im Office der Company ist ratsam: M.H. del Pilar Street/Ecke Pedro Gil, Ermita, Tel. 5240506.

Zug: Die Fahrt mit dem Zug von Manila nach Süd-Luzon kann durchaus ein Erlebnis sein. Allerdings wohl nur für ausgesprochene Eisenbahnfreunde und hartgesottene Naturen, denn der Trip ist alles andere als komfortabel und bequem. Die Waggons wurden vor mehr als 20 Jahren günstig in Indien, Japan und Rumänien erworben und die Schienen, auf denen sie rollen, sind über 100 Jahre alt! Die absolute Höchstgeschwindigkeit beträgt 50 km/h, jedoch nur auf kurzen Streckenabschnitten wie San Pablo-Lucena. Ansonsten liegen die Spitzen bei 35 bis 45 km/h.
Seit einiger Zeit wird jedoch tatkräftig an der Modernisierung der Gleisanlagen gearbeitet, und bereits in ein paar Jahren könnte die Zugfahrt von Manila

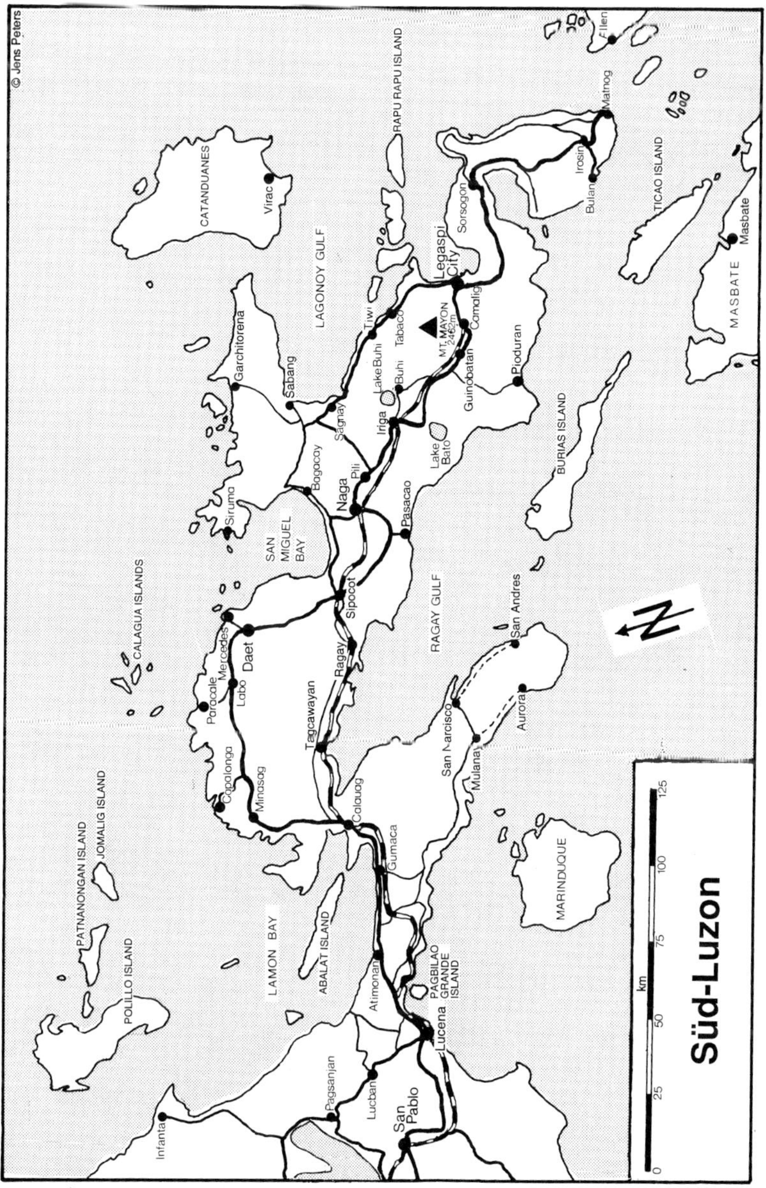
© Jens Peters
Süd-Luzon
km
0
25
50
75
100
125
CATANDUANES
Virac
RAPU RAPU ISLAND
LAGONOY GULF
Garchitorena
Sabang
Tiwi
Tabaco
Lake Buhi
Buhi
Legaspi City
Sorsogon
Matnog
Irosin
Bulan
Ellen
TICAO ISLAND
Masbate
MASBATE
MT. MAYON
2462m
Camalig
Guinobatan
Pioduran
BURIAS ISLAND
Iriga
Sagnay
Lake Bato
Bagacay
Pili
Naga
Pasacao
Siruma
SAN MIGUEL BAY
CALAGUA ISLANDS
Sipocot
Mercedes
Daet
Ragay
RAGAY GULF
San Andres
Paracale
Labo
Tagcawayan
San Narciso
Aurora
Mulanay
Capalonga
Minasag
Calauag
Gumaca
PATNANONGAN ISLAND
JOMALIG ISLAND
POLILLO ISLAND
LAMON BAY
ABALAT ISLAND
PAGBILAO GRANDE ISLAND
Atimonan
MARINDUQUE
Lucena
Pagsanjan
Lucban
San Pablo
Infanta

nach Legaspi wieder eine empfehlenswerte Alternative zu der Fahrt mit dem Bus sein.
Ausgehend vom Tayuman Terminal fahren täglich zwei Züge der PNR (Philippine National Railways) von Manila nach Bikol. Endstation ist derzeit Ragay (etwa 60 Kilometer vor Naga): um 14.00 Uhr der klapprige Economy Class Train und um 19.00 Uhr der nur etwas bessere, klimatisierte Tourist Class Train. Abfahrt ab Paco Railway Station jeweils eine Stunde später. Fahrpreis: 100 P bzw. 140 P. Fahrzeit nach San Pablo: 3:30 Std.; nach Lucena: 4:30 Std.; nach Ragay: 9:30 Std.

Atimonan und Gumaca

Bei Atimonan und Gumaca gibt es entlang des Maharlika Highway ein paar Beach Resorts. Sie laden nicht unbedingt zum Verweilen ein, könnten jedoch für Selbstfahrer in Richtung Süden wichtig sein, da es zwischen Gumaca und Daet schwierig ist, eine akzeptable Übernachtungsmöglichkeit zu finden.

Übernachten

Pinky's Lodge, Maharlika Highway, Gumaca. EZ/DZ/fan 70/140 P, EZ/DZ/fan/Bad 180 P, EZ/DZ/ac/Bad 350 P. Relativ sauber und preislich angemessen. Restaurant. Liegt etwas außerhalb vom Ortszentrum.
Victoria Beach Resort, Maharlika Highway, Atimonan. EZ/DZ 150 P, EZ/fan/Bad 270 P, DZ/fan/Bad 380 P, EZ/DZ/ac/Bad 500 P.

Daet und Apuao Grande Island

Daet bietet sich als Übernachtungsmöglichkeit an, will man ein paar Strandtage am Pazifik einlegen. Der Bagasbas Beach ist der beste Strand in der Nähe von Daet, etwa 3,5 Kilometer entfernt,

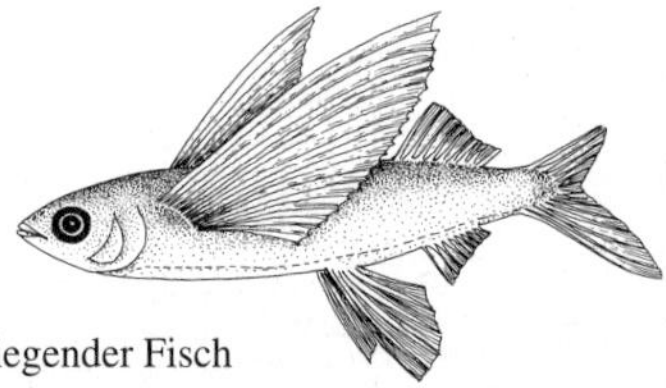

Fliegender Fisch

und ein beliebtes Ausflugsziel. Er ist einfacher und billiger zu erreichen als die Strände an der San Miguel Bay. Interessant dürfte auch ein Besuch der Goldfelder bei Paracale und Mambulao sein. In Capalonga, weiter westlich, findet jedes Jahr am 12. und 13. Mai ein Black Nazarene-Festival statt.
Etwa zehn Kilometer östlich von Daet liegt der kleine Küstenort Mercedes mit einem sehenswerten Fischmarkt morgens von etwa 6.00 bis 8.00 Uhr. Von dort aus ist auch die schöne, vorgelagerte Apuao Grande Island mit ihrem weißen Strand zu erreichen.

Übernachten

Mines Hotel, Vinzons Avenue. EZ/fan/Bad 110 P, DZ/fan/Bad 160 P, EZ/ac/Bad 270 P, DZ/ac/Bad 320 P. Einfach und relativ sauber. Liegt etwas außerhalb vom Zentrum.
Wiltan Hotel, Vinzons Avenue, Tel. 7212525. EZ/fan/Bad 200 P, DZ/fan/Bad 300 P, EZ/ac/Bad 450 P, DZ/ac/Bad 600 P, Suite mit Kühlschrank und TV 1.100 P. Restaurant. Passable Unterkunft nahe dem Mines Hotel.
Dolor Hotel, Vinzons Avenue. EZ/DZ/ac/Bad 450 bis 800 P. Ordentliche, zum Teil sehr geräumige Zimmer.
Karilagan Hotel, Moreno Street, Tel. & Fax: 7212314. EZ/fan/Bad 150 P, DZ/fan/Bad 200 P, EZ/DZ/ac/Bad 400 bis 800 P. Akzeptable Zimmer. Restaurant. Zentral gelegen, daher etwas laut.
T.S. Resort, Apuao Grande Island. Dorm 100 P. EZ/fan/Bad 350 P, Cottage/fan/Bad 500 und 700 P. Attraktive Anlage. Restaurant. Tenniscourt. Golfplatz. Swimmingpool. Windsurfen. Ho-

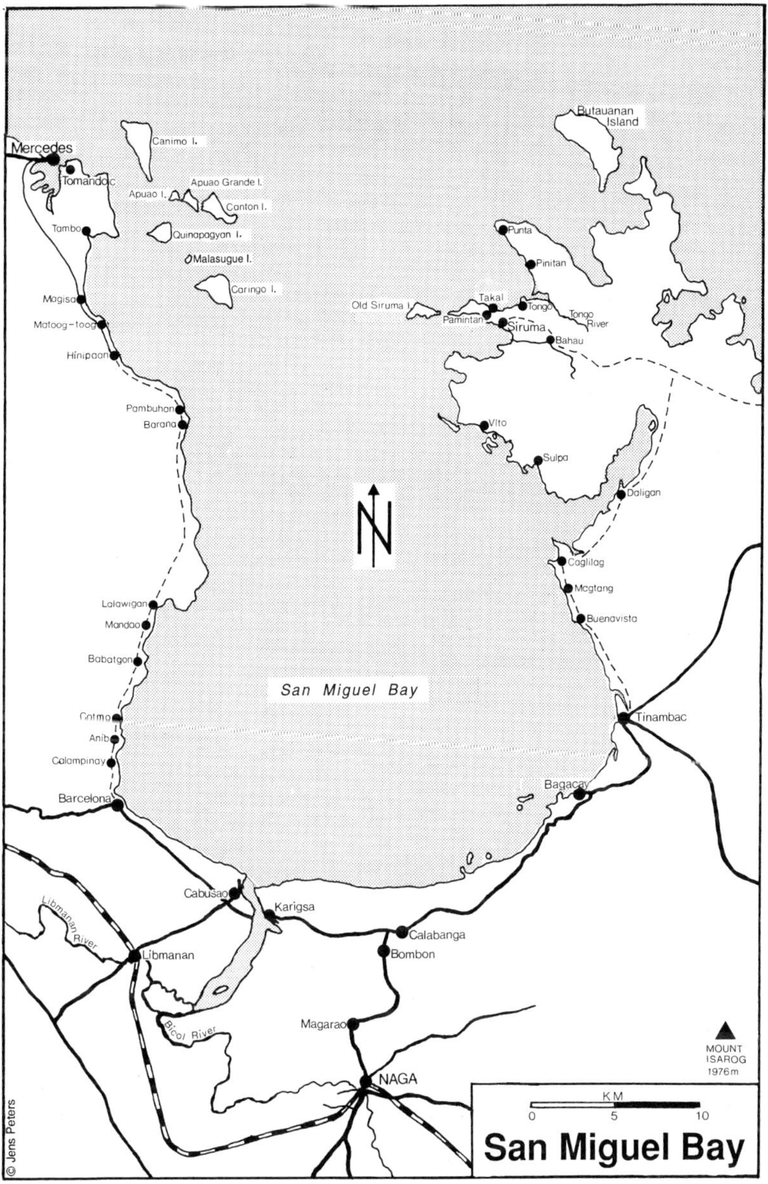
Mercedes
Tomandoc
Canimo I.
Apuao Grande I.
Apuao I.
Canton I.
Tambo
Quinapagyan I.
Malasugue I.
Caringo I.
Magisa
Matoog-toog
Hinipaan
Pambuhan
Barana
Butauanan Island
Punta
Pinitan
Takal
Old Siruma I.
Tongo
Tongo River
Pamintan
Siruma
Bahau
Vito
Sulpa
Daligan
Caglilag
Magtang
Buenavista
Lalawigan
Mandao
Babatgon
San Miguel Bay
Tinambac
Anib
Calampinay
Barcelona
Bagacay
Cabusao
Karigsa
Libmanan River
Libmanan
Calabanga
Bombon
Bicol River
Magarao
NAGA
MOUNT ISAROG 1976 m
KM
0
5
10
San Miguel Bay
© Jens Peters

bie Cats. Buchung kompletter Tours inklusive An- und Abreise sowie Reservierung in Manila bei Swagman Travel, Guerrero Street, Ermita, Tel. 5223650, Fax: 5223663.

Essen und Trinken

Recht gut essen kann man im ***Golden House Restaurant*** und im ***Sampaguita Restaurant*** oben im Sampaguita Department Store. Ebenfalls empfehlenswert ist das ***Sandok at Palayok***, ein angenehmes Restaurant mit sehr guter Küche.

Adressen/Verschiedenes

Vorwahl: 054.

Anreise/Weiterreise

Mit dem Flugzeug: Der Daet Airport liegt in Bagasbas, etwa vier Kilometer nordwestlich der Stadt.
Asian Spirit: Madison Enterprise, Beli Commercial Center, Tel. 7211379.
Philippine Airlines, Airport Office, Bagasbas.

Legaspi - Naga
Bus: Von Legaspi nach Daet über Naga fahren täglich mehrere Busse verschiedener Companies, entweder direkt oder mit Ziel Manila. Fahrzeit: 3 Std. Ab Naga fahren auch Minibusse.

Manila
Bus: Von Manila nach Daet fahren zusätzlich zu den Bussen der eingangs dieses Kapitels erwähnten Companies täglich alle zwei Stunden Busse der Superlines Company. Fahrzeit: 7 Std.

Flug: Philippine Airlines fliegt Di u. Sa von Manila nach Daet und zurück. Asian Spirit fliegt Di. Flugzeit: 50 Min.

Naga

Naga ist eine freundliche, auffallend saubere Stadt und besonders in der

Anreise/Weiterreise
4 Jeepneyterminal
13 Philippine Airlines
25 Airport
32 Bahnhof
33 AMCD Busterminal
BLTB Busterminal
Philtranco Busterminal

Übernachten
7 Rodson Garden Hotel
8 Midtown Traveller's Pension
9 Grand Imperial Plaza Hotel
15 Crown Hotel
21 Sampaguita Tourist Inn
24 Moraville Hotel
29 Aristocrat Hotel
31 Fiesta Hotel

Essen und Trinken; Unterhaltung
2 Flower's Disco
9 Karihan Restaurant
10 Graceland Bakeshop
14 Graceland Fast Food
18 Ming Chun Foodhouse
19 Pawlene Foodstreet Restaurant
20 Wok Food Garden Restaurant
21 Ball Room Disco
22 McDonald's
23 Carl's Diner
26 Café Candice
27 New China Restaurant
29 Shakey's Pizza
31 Fiesta House Restaurant

Verschiedenes
1 Naga Cathedral
3 Police Station
5 Post Office
6 University of Nueva Careres
11 Plaza Martinez
12 San Francisco Church
13 Galleria de San Francisco
16 PCI Bank
Philippine National Bank (PNB)
17 Plaza Rizal
28 Shopper's Mall
30 Market

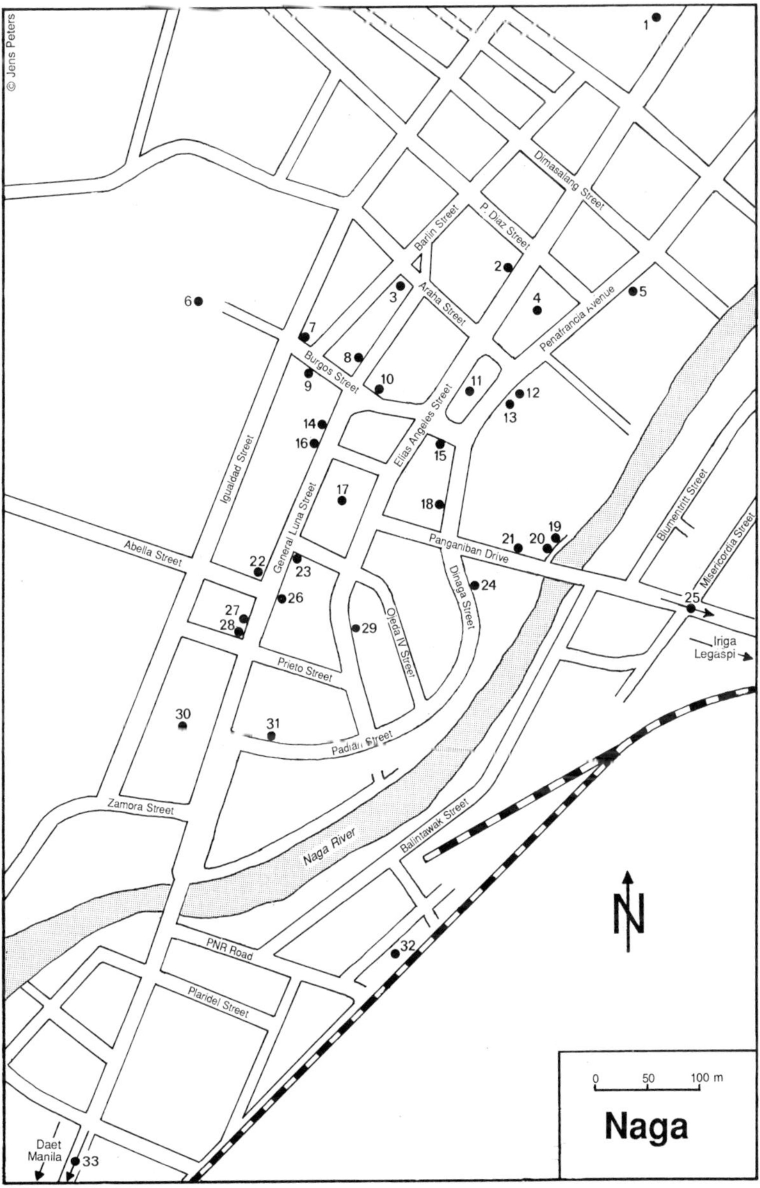
© Jens Peters
Dimasalang Street
P. Diaz Street
Barlin Street
Araha Street
Penafrancia Avenue
Burgos Street
Elias Angeles Street
Igualdad Street
General Luna Street
Abella Street
Panganiban Drive
Blumentritt Street
Misericordia Street
Dinaga Street
Ojeda IV Street
Prieto Street
Padian Street
Zamora Street
Naga River
Balintawak Street
PNR Road
Plaridel Street
Iriga
Legaspi
Daet
Manila
1
2
3
4
5
6
7
8
9
10
11
12
13
14
15
16
17
18
19
20
21
22
23
24
25
26
27
28
29
30
31
32
33
N
0
50
100 m
Naga

zweiten Septemberhälfte wegen des dort stattfindenden Peñafrancia Festivals interessant (siehe auch Kapitel »Land und Leute«: *Feiertage*). Die Bootsparade auf dem Fluß findet meist Samstag nachmittags statt, wobei in manchen Jahren eine hölzerne Brücke unter der Last der Zuschauer einstürzte!

Mögliche Ziele für Tagestrips sind der Inarihan Dam, die Malabsay Falls am Mount Isarog und die Nabontalan Falls. Auf dem Markt von Naga gibt es einen Shop, in dem ausschließlich Pili-Nüsse - eine Spezialität in dieser Region - in fast allen für den Verzehr bekannten Variationen verkauft werden.

Übernachten

Zum Peñafrancia Festival ist Naga das Ziel zahlreicher Besucher und die Hotels sind trotz erhöhter Preise (verdoppelt bis verdreifacht) durchweg alle ausgebucht. Zimmer sollten nach Möglichkeit bereits Mitte August reserviert werden.

Sampaguita Tourist Inn, Panganiban Drive, Tel. 214810, 212712. EZ/fan/Bad 185 P (guter Gegenwert), EZ/ac/Bad 265 P, DZ/ac/Bad 395 und 500 P. Freundliches, relativ gutes Hotel mit kleinen, aber gepflegten Zimmern. Restaurant. Disco.

Crown Hotel, Burgos Street, Tel. 212585. EZ/fan 150 P, EZ/fan/Bad 200 P, EZ/ac/Bad 380 und 450 P, DZ/ac/Bad 450 und 650 P, Suite 800 P. Recht ordentliche Zimmer, allerdings schmale Betten in Fan-Zimmern.

Midtown Travellers Pension, 31 General Luna Street, Tel. 738255. EZ/fan/Bad 350 P, DZ/fan/Bad 500 P, EZ/ac/Bad 400 P, DZ/ac/Bad 550 P. Gute Unterkunft mit annehmbaren Zimmern.

Aristocrat Hotel, Elias Angeles Street, Tel. 738832, 8111281. EZ/DZ/fan 245 P, EZ/DZ/fan/Bad 350 P, EZ/DZ/ac/Bad 430 und 610 P, Suite für sechs Personen 1.170 P. Passable Zimmer, jedoch nichts Besonderes. Restaurant. Coffee Shop.

Moraville Hotel, Dinaga Street, Tel. 8111807, Fax: 8111685. EZ/fan/Bad 175 P, DZ/fan/Bad 275 P. EZ/ac/Bad 400 P, DZ/ac/Bad 500 und 600 P. Aircon-Zimmer mit TV, die teuren DZ auch mit Kühlschrank. Ruhige, komfortabel ausgestattete Zimmer. Guter Gegenwert. Restaurant. Nightclub.

Grand Imperial Plaza, Burgos Street, Tel. 736534 Fax: 739003. EZ/DZ/ac/Bad 720 und 880 P, Suite ab 1.350 P. Die geräumigen Suites mit Kühlschrank und TV, ansonsten für TV 50 P extra. Komfortable, gemütlich eingerichtete Zimmer. Restaurant. Coffee Shop. Airport-Service.

Essen und Trinken

Das saubere ***Ming Chun Foodhouse*** in der Peñafrancia Avenue serviert gute philippinische und chinesische Gerichte, unter anderem *dim sum*. Täglich wechselnde Menüs bietet das alteingesessene ***New China Restaurant*** in der General Luna Street an. Vorzüglich ist die chinesische Küche im angenehmen ***Wok Food Garden Restaurant*** bei der Brücke am Fluß. Bikolanische Gerichte sind im ***Karihan Restaurant*** im Grand Imperial Plaza erhältlich. Sehr beliebt ist das preiswerte und saubere ***Carl's Diner*** an der Plaza Rizal, ein im Stil der fünfziger Jahre gestaltetes Fastfood-Restaurant mit breitem Angebot von Sandwiches über Korean Spare Ribs mit Kimchi, Chili con Carne und Filet Mignon bis hin zu wechselnden Tagesgerichten. Im ***Graceland Fast Food***, ebenfalls an der Plaza Rizal, gibt es Hamburger und Eiscreme. Und wem nach Pizzas ist: ***Shakey's Pizza*** befindet sich unten im Aristocrat Hotel in der südlichen Elias Angeles Street.

Adressen/Verschiedenes

Vorwahl: 054 oder 05421.

Anreise/Weiterreise

Mit dem Bus: Die Busterminals der großen Companies liegen etwas außerhalb an einer Umgehungsstraße am südlichen Stadtrand. Ein Tricycle zum Zentrum kostet 10 P.

Mit dem Flugzeug: Der Pili Airport liegt rund zwölf Kilometer südöstlich von Naga etwas abseits der Straße nach Pili. Mit dem Aristocrat Hotel kann man für 200 P einen Airport-Service arrangieren, auch wenn man dort nicht übernachtet. Ansonsten verkehren Jeepneys (Naga-Pili), die jedoch nicht direkt zum Airport fahren, sondern am Abzweig an der Hauptstraße halten.
Air Philippines, Tel. 777555.
Philippine Airlines, Galleria de San Francisco, Peñafrancia Avenue, Tel. 732277.

Daet
Bus: Von Daet nach Naga fahren täglich mehrere Busse verschiedener Companies, entweder direkt oder mit Ziel Legaspi oder Matnog. Fahrzeit: 1:30 Std. Es fahren auch Minibusse.

Legaspi
Bus: Von Legaspi nach Naga fahren täglich mehrere Busse verschiedener Companies, entweder direkt oder mit Ziel Daet oder Manila. Fahrzeit: 2 Std. Ab Shell-Tankstelle in der Peñaranda Street fährt stündlich von 6.00 bis 16.00 Uhr und um 17.30 Uhr ein Aircon-Bus der AMDG Company. Fahrzeit: 2:30 Std. (viele Stopps!).

Manila
Bus: Von Manila nach Naga fahren täglich Busse verschiedener Companies: Fahrzeit: 8:30 Std.

Flug: Air Philippines und Philippine Airlines fliegen täglich von Manila nach Naga und zurück. Flugzeit: 1 Std.

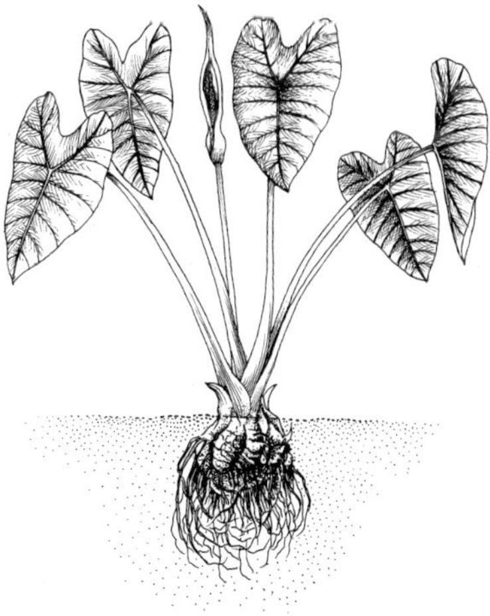

Taro *(Colocasia esculenta)*
Die großflächigen, eiweißreichen Blätter der Taro-Pflanze *(gabi)* werden in der bikolanischen Küche zusammen mit Zwiebeln, Knoblauch und Kokosmilch zu einem Gemüse verarbeitet, das als Beilage *(pinangat ng gabi)* zum »Bikol Express« gereicht wird, einer mit scharfen grünen und roten Chilischoten zubereiteten Spezialität dieser Region

Pili

Pili liegt etwas östlich von Naga. Von dort aus ist ein Abstecher zum Mount Isarog National Park möglich.

Übernachten

El-Alma Hotel, Old San Roque. EZ/fan 75 P, DZ/fan 100 P, EZ/DZ/fan/Bad 150 P, EZ/DZ/ac/Bad 300 P. Einfache Unterkunft.

Iriga und Lake Buhi

Iriga ist Ausgangsort zum 1.650 Hektar großen Lake Buhi, in dem die kleinsten Speisefische der Welt nach Interventionen des BFAR (Bureau of Fishe-

ries and Aquatic Resources) letztendlich überleben konnten. Denn der Sinarapan war, wie schon zuvor der Tabios, sein größerer Bruder vom Lake Bato, vom Aussterben bedroht. Schuld daran waren die kurzsichtigen Fangmethoden der Fischer, die mit ihren Sakags, den großen und feinmaschigen V-Form-Netzen, langsam aber sicher den See leerfischten und dabei noch obendrein den Laich zerstörten. In einem Aquarium in der Municipal Hall kann man diese Spezies aus dem Lake Buhi aus nächster Nähe betrachten.
Rundfahrten auf dem See sind möglich, sie sind jedoch relativ teuer. Boote kann man am Markt, direkt am See, mieten. Von dort fährt auch das erheblich billigere Linienboot auf die andere Seite des Sees.
Am zwischen Iriga und dem Lake Buhi liegenden Mount Iriga - auch Mount Asog genannt - leben Agta (Negritos).

Übernachten

Lemar's Hotel I, San Nicolas Street, Tel. 92594. EZ/DZ/fan 100/120 P, EZ/fan/Bad 150 P, DZ/fan/Bad 190 P, EZ/DZ/ac/Bad 250 P. Einfach. Breite Betten in Aircon-Zimmern.
Lemar's Hotel II. EZ/fan 150 P. Einfach. Nicht alle Zimmer sind ruhig. Nahe Plaza gelegen.
Bayanihan Hotel, Governor Felix Alfelor Street. EZ/fan 100 P, EZ/DZ/ac/Bad 200/225 P. Akzeptabel für den Preis. Restaurant. Liegt etwa 100 Meter vom Bahnhof entfernt.
Parkview Hotel, San Roque, Tel. 92405. EZ/DZ/fan/Bad 200 P, EZ/DZ/ac/Bad 550 P. Recht ordentliche Zimmer, manche sind jedoch etwas abgewohnt. Restaurant. Disco. Nahe Plaza gelegen.
Ibalon Hotel, San Francisco Street, Tel. 92352. EZ/ac/Bad 350 und 500 P, DZ/ac/Bad 470 und 600 P, Suite 800 P. Annehmbare Zimmer; das beste Haus am Platz. Restaurant.
Baao Recreation Centre, San Isidro, Baao. EZ/ac/Bad 250 P, DZ/ac/Bad 450 P. Restaurant. Swimmingpool. Eine empfehlenswerte Alternative etwa drei Kilometer nordwestlich von Iriga in Richtung Naga.

Anreise/Weiterreise

Jeepney: Von Iriga nach Buhi fahren die Jeepneys gegenüber von der Petron Tankstelle ab, die sich schräg gegenüber der Kirche befindet.
Von Buhi nach Iriga fahren die Jeepneys nicht ab Zentrum, sondern ab Ortseingang gegenüber der Petron Tankstelle. Letzte Rückfahrt um 19.00 Uhr.

Legaspi

Legaspi ist die Hauptstadt der Provinz Albay. Außergewöhnliche Sehenswürdigkeiten in der Stadt selbst gibt es nicht. Erwähnenswert sind höchstens die stets geschäftige Hafengegend und die vor der Post errichtete kopflose Statue (Headless Monument) in Gedenken an die im Zweiten Weltkrieg im Kampf gegen die Japaner gefallenen unbekannten Helden. Ungewöhnlich ist auch der Altar der St. Rafael Church gegenüber Plaza Rizal. Er besteht aus einem zehn Tonnen schweren Stein vulkanischen Ursprungs.
Interessante Sehenswürdigkeiten in der Umgebung von Legaspi sind die Ruinen von Cagsawa, die Hoyop-Hoyopan-Tropfsteinhöhle von Camalig und selbstverständlich der mächtige Vulkan Mayon, der sich in der Regenzeit leider oft in Wolken hüllt, an solchen verhangenen Tagen jedoch zum Sonnenaufgang meist noch vollständig zu sehen ist.
Ein faszinierendes Panorama auf den Hafenbereich von Legaspi mit dem imposanten Mayon in seiner vollen Schönheit im Hintergrund bietet sich vom Kapuntukan Hill, insbesondere in den frühen Morgenstunden und zum

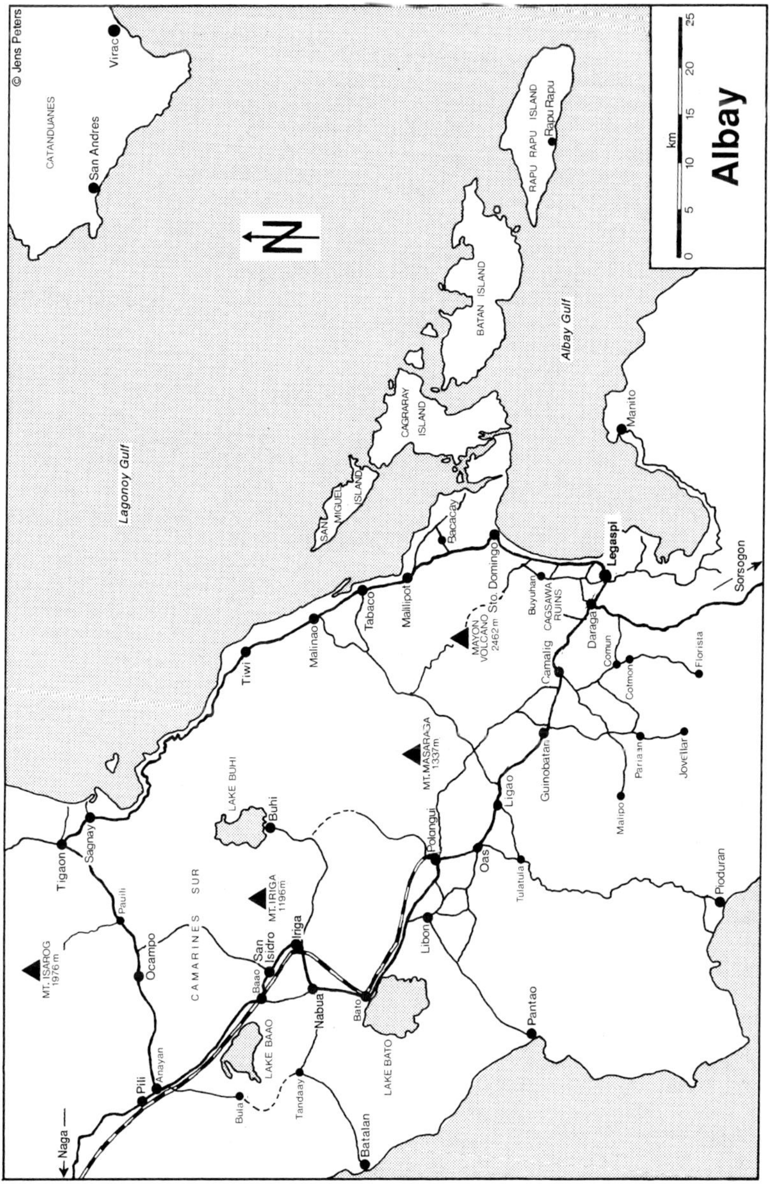
Albay
km
0 5 10 15 20 25
© Jens Peters
CATANDUANES
Virac
San Andres
Lagonoy Gulf
Albay Gulf
RAPU RAPU ISLAND
Rapu Rapu
BATAN ISLAND
CAGRARAY ISLAND
SAN MIGUEL ISLAND
Bacacay
Sto. Domingo
Legaspi
Sorsogon
Manito
Buyuhan
CAGSAWA RUINS
Daraga
Comun
Florista
Cotmon
Camalig
MAYON VOLCANO 2462 m
Tabaco
Malilipot
Malinao
Tiwi
MT. MASARAGA 1337 m
Guinobatan
Pariaan
Jovellar
Malipo
Ligao
Oas
Tulatula
Polangui
Pioduran
Libon
Pantao
LAKE BUHI
Buhi
MT. IRIGA 1196 m
Iriga
San Isidro
Baao
Nabua
Bato
LAKE BATO
LAKE BAAO
Tandaay
Bula
Batalan
CAMARINES SUR
Tigaon
Sagnay
Pauili
Ocampo
MT. ISAROG 1976 m
Anayan
Pili
Naga

Sonnenuntergang, wenn auch die beste Zeit zum Fotografieren ist. Ein Tricycle vom Stadtzentrum zum Hügel kostet etwa 10 P; vorher vereinbaren.
Zu Fuß gelangt man wie folgt dorthin: Die Quezon Avenue in Richtung Anleger gehen. Gegenüber der Einmündung der Elizondo Street eine kleine Brücke überqueren, die in das idyllische Fischerdorf Victory Village führt. Am südlichen Ende des Dorfes bei der Barangay-Toilette links abbiegen und nach etwa 50 Metern bei einem kleinen Sari Sari Store links die unscheinbaren Stufen hochsteigen. Wenige Meter bevor der anschließende betonierte Weg zum Wasser hinunterführt, geht rechts ein versteckter, ziemlich zugewachsener Pfad ab, über den man auf den Hügel gelangt.

Übernachten

Catalina's Lodging House, 96 Peñaranda Street. EZ/fan 80 P, DZ/fan 120 P, EZ/fan/Bad 140 P, EZ/DZ/ac/Bad 300/400 P. Einfache Zimmer; freundliche Besitzer. Restaurant.
Legaspi Tourist Inn, Lapu-Lapu Street, Tel. 23533. EZ/fan/Bad 210 P, DZ/fan/Bad 250 P, EZ/ac/Bad 350 P, DZ/ac/Bad 400 und 500 P. Recht ordentliche Zimmer. Kleines Restaurant. Befindet sich im zweiten Stock des V & O Building gegenüber vom Post Office.
Tanchuling Hotel, Jasmine Street, Imperial Court Subdivision, Tel. 22747. Dorm 150 P, EZ/DZ/fan 200/280 P, EZ/DZ/ac/Bad 550/650 P. Einfache, aber saubere, geräumige Zimmer. Guter Gegenwert. Freundliche Atmosphäre. Netter Dachgarten. Restaurant. Ruhige, allerdings etwas ungünstige Lage südlich vom Stadtzentrum.
Legaspi Plaza Hotel, Lapu-Lapu Street, Tel. 243085. EZ/fan/Bad 340 P, DZ/fan/Bad 500 P, EZ/ac/Bad 550 P, DZ/ac/Bad 670 P. Passable Zimmer. Disco. Günstig: check-in-time = check-out-time.
Hotel Casablanca, Peñaranda Street, Tel. 23130 bis 33. EZ/DZ/ac/Bad 770 P. Akzeptable Zimmer mit TV, einige auch mit großem Balkon. Restaurant. Coffee Shop (24 Std.) Disco. Kostenloser Airport-Service.
Hotel Victoria, Rizal Street, Tel. 243476, Fax: 243246. EZ/ac/Bad 825 P, DZ/ac/Bad 880 P. Mit TV. Recht komfortable Zimmer. Restaurant. Kostenloser Airport-Service.
Hotel La Trinidad, Rizal Street, Tel. 22951 bis 55, Fax: 234148. EZ/ac/Bad 715 P, DZ/ac/Bad 820 P, Suite ab 1.000 P. Das beste Hotel der Stadt. Restaurant. Swimmingpool. Kostenloser Airport-Service.

Essen und Trinken

Gute chinesische und philippinische Gerichte gibt es im ***Shangrila Restaurant***, Peñaranda Street, und im ***New Legaspi Restaurant***, Lapu-Lapu Street, in dem insbesondere das preiswerte, täglich wechselnde Special Meal zu empfehlen ist. Preiswerte Tagesmenüs werden auch im ***Mike's Oakroom Restaurant*** neben dem Xandra Hotel in der Peñaranda Street angeboten, das jedoch zumindest in heißen Sommermonaten unzureichend ventiliert ist. Ein paar Meter weiter nördlich überrascht ***Mamalola Bakery & Snack House*** nicht nur mit mutigen Karaoke-Sängern, sondern auch mit einer recht ordentlichen Küche. Im ***Waway Restaurant*** in der Peñaranda Street Extension im Norden der Stadt werden unter anderem scharfgewürzte bikolanische Spezialitäten à la »Bikol Express« und auch vegetarische Gerichte angeboten. Angenehm sitzen kann man abends im ***Garden Restaurant*** in der Rizal Street, das sich auf Hähnchen, Steaks und Seafood in der mittleren Preisklasse spezialisiert hat. Im charmanten kleinen ***Café Old Albay*** im Hotel Victoria, Rizal Street, gibt es unter anderem ein passables American

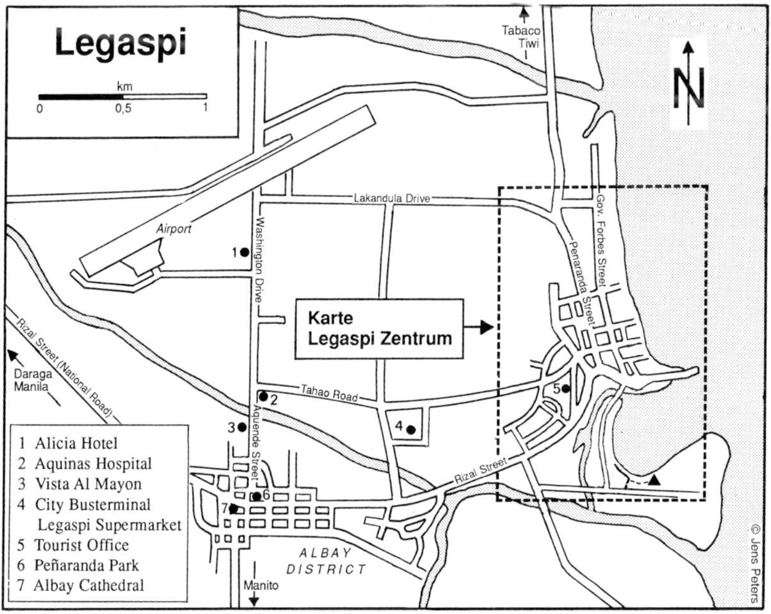

Breakfast. Das ***Alibar Foodland*** in der Mabini Street/Ecke Rafael Street ist ein sauberes, preiswertes Fastfood Restaurant (Self Service); im ersten Stock mit Bedienung. Auch im ***LCC***, Legaspis größtem Kaufhaus, gibt es ein günstiges Selbstbedienungsrestaurant. Leckeres Speiseeis ist im sauberen ***Legaspi Ice Cream House*** in der Magallanes Street erhältlich.

Unterhaltung

In der ***Aura Music Lounge*** vom Legaspi Plaza Hotel, Lapu-Lapu Street, wird abends erstaunlich gute Live-Music geboten, ebenso in der neuen ***Momento Music Hall*** beim Hotel Casablanca, Peñaranda Street. Eine angenehme, modern eingerichtete Kneipe ist das ***Pepper's*** in der Magallanes Street.
Im Kino des ***LCC*** laufen ab 12.00 Uhr teilweise erstaunlich neue Filme.

Adressen/Verschiedenes

Tourist Office, Meliton Dy Building, Rizal Street, Tel. 243215, Fax: 243286.
Vorwahl: 05221.

Anreise/Weiterreise

Mit dem Flugzeug: Der Airport liegt etwa drei Kilometer nordwestlich vom Stadtzentrum. Ein Tricycle dorthin kostet 20 P. Man kann auch vom Zentrum einen Jeepney in Richtung Daraga nehmen, in Albay aussteigen und von dort für 5 P mit einem Tricycle zum Airport fahren.
Air Philippines, Tel. 455296.
Philippine Airlines, Legaspi Airport Office, Tel. 44746.

Manila

Bus: Abfahrt der BLTB-Busse von Legaspi nach Manila: Ordinary 14.15, 15.30, 16.20, 17.30, 17.40, 18.20 und

Anreise/Weiterreise
2 Airport
3 Caltex-Tankstelle
5 BLTB Busterminal
9 AMDG-Busse nach Naga
Shell-Tankstelle
27 J.B. Bicol Express Line Busterminal
30 Anleger (Wharf)
31 Airport
City Busterminal
32 Philtranco Busterminal

Übernachten
6 Hotel Casablanca
7 Shirman Lodge
11 Catalina's Lodging House
16 Rex Hotel
17 King's Lodge
18 Hotel Xandra
21 Hotel La Trinidad
22 Mayon Hotel
29 Legaspi Tourist Inn
35 Victoria Hotel
36 Legaspi Plaza Hotel
37 Tanchuling International House

Essen und Trinken; Unterhaltung
1 Waway Restaurant
4 Paayahayan Beer Garden
6 Monumento Music Hall
7 Lady Ann Nightclub
8 Kleine Bars
10 Cindy's Fastfood
12 Mamalola Bakery & Snack House
15 Legaspi Ice Cream House
17 Pepper's
18 Mike's Oakroom Restaurant
19 Alibar Foodland
23 VIP Pub House
24 Quick 'n Hearty Restaurant
25 Shangrila Restaurant
34 New Legaspi Restaurant
35 Café Old Albay
38 Garden Restaurant

Verschiedenes
13 St. Rafael Church
14 Plaza Rizal
20 Philippine National Bank (PNB)
26 LCC Department Store
28 Post Office
Headless Monument
31 Lepaspi Supermarket (Markt)
33 Tourist Office

19.40 Uhr; Aircon 17.20, 17.30, 18.20 und 18.30 Uhr.
Abfahrt des Aircon-Busses der Gold Line Tours von Legaspi nach Manila um 20.30 Uhr ab La Trinidad Hotel. Fahrzeit: 12 Std. Fahrpreis: 295 P.

Flug: Air Philippines und Philippine Airlines fliegen täglich von Manila nach Legaspi und zurück. Flugzeit: 50 Min.

Tabaco
Bus/Jeepney: Von Tabaco nach Legaspi fahren täglich zahlreiche Jeepneys und Minibusse. Fahrzeit: 1 Std.

Tacloban
Bus: Von Legaspi nach Tacloban über Matnog und entlang der Westküste von Samar fahren täglich wenige Busse der Companies Cedec Transport und Philtranco. Sie kommen von Manila und treffen um etwa 3.00 Uhr für einen kurzen Stopp in Legaspi ein. Es ist durchaus möglich, daß bereits alle Sitzplätze besetzt sind. Beim Busterminal gibt es ein paar kleine Restaurants, wo man die Wartezeit verbringen kann; sie haben auch nachts geöffnet.
Angenehmer könnte es sein, die Strekke in Etappen zurückzulegen, also z.B. in Sorsogon oder Irosin umzusteigen.

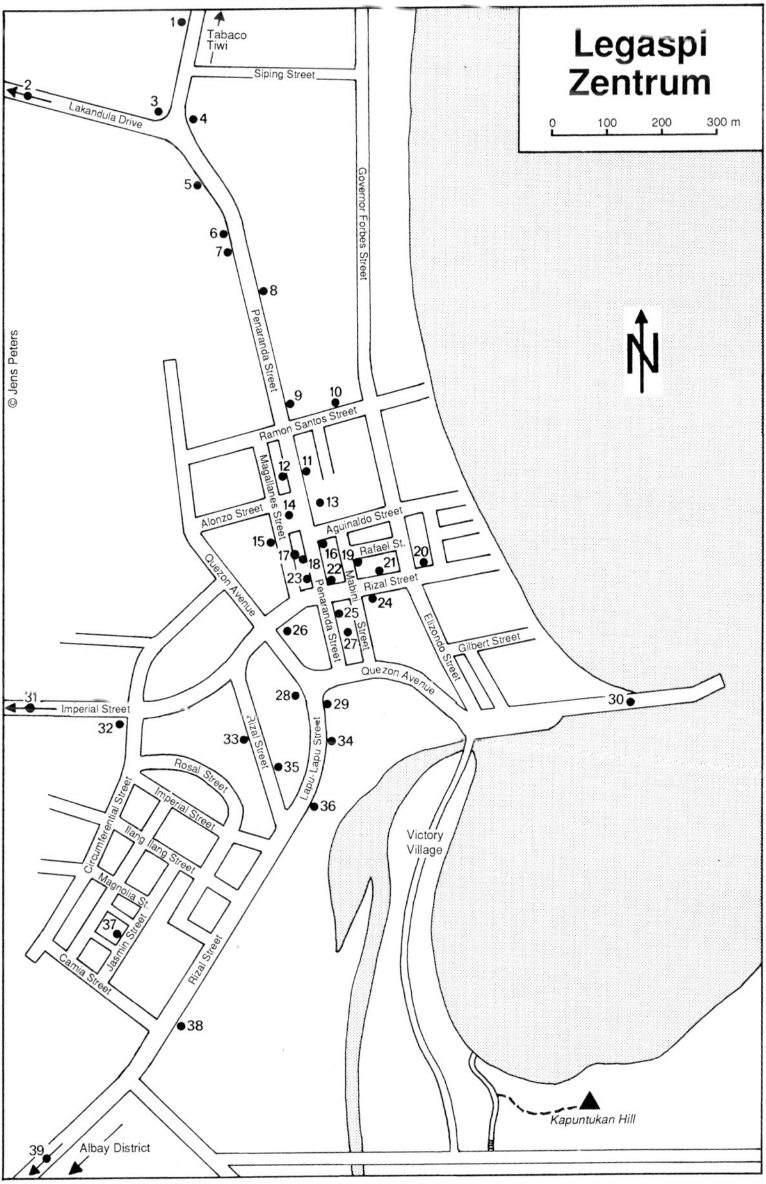
Legaspi
Zentrum
0 100 200 300 m
N
Tabaco
Tiwi
Siping Street
Lakandula Drive
Governor Forbes Street
Penaranda Street
Ramon Santos Street
Magallanes Street
Alonzo Street
Aguinaldo Street
Rafael St.
Rizal Street
Quezon Avenue
Mabini Street
Elizondo Street
Gilbert Street
Imperial Street
Rizal Street
Lapu-Lapu Street
Rosal Street
Imperial Street
Circumferential Street
Ilang Ilang Street
Magnolia St.
Jasmin Street
Camia Street
Victory Village
Kapuntukan Hill
Albay District
© Jens Peters
1
2
3
4
5
6
7
8
9
10
11
12
13
14
15
16
17
18
19
20
21
22
23
24
25
26
27
28
29
30
31
32
33
34
35
36
37
38
39

Um Legaspi

Mayon Volcano

Der Mayon Volcano ist 2.462 Meter hoch. Man rühmt ihn wegen seiner nahezu perfekten Kegelform. Die Bezeichnung Mayon ist eine Ableitung des Bikolano-Wortes *magayon*, was »schön« bedeutet. Daß diese Schönheit aber auch gefährlich aktiv werden kann, verdeutlichen die ständig aus dem Krater aufsteigenden Rauchwolken.
Der letzte schwere Ausbruch fand 1993 statt, als der Vulkan Anfang Februar ohne jegliche Vorwarnung Asche und Dampf fast fünf Kilometer hoch in die Luft schleuderte. Glutheiße Schlammfluten und Gesteinstrümmer wälzten den Südosthang hinunter und verwüsteten Ansiedlungen und Farmland. 86 Menschen starben, über 50.000 mußten evakuiert werden. Nach einer Folge kleinerer Eruptionen, die bis in den späten März andauerten, beruhigte sich der Vulkan erst einmal wieder, aber noch Wochen später bot nachfließende glühende Lava ein faszinierendes nächtliches Schauspiel.
Die bis heute verheerendste Eruption fand am 1. Februar 1814 statt, als unter anderem die Orte Camalig, Cagsawa und Budiao völlig zerstört wurden. Schätzungsweise 1.200 Menschen verloren durch diese Naturkatastrophe ihr Leben. Ascheregen sollen damals noch an der chinesischen Küste niedergegangen sein.
Genaue Auskünfte über gegenwärtig sichere Aufstiegsmöglichkeiten sind beim informativen Tourist Office in der Rizal Street erhältlich. Es organisiert auch die Besteigung. Kosten für zwei Personen: 2.600 P für Guide, Träger, Zelt und Verpflegung. Seine persönlichen Sachen trägt ein Kletterer auf den Philippinen normalerweise selbst.
Man kann auch versuchen, selbst Führer und Träger in Buyuhan anzuheuern. Ihr Tagessatz liegt bei 500 P. Ohne Guide aufzusteigen ist sträflich leichtsinnig, da man sich am Fuß des Mayon fürchterlich verlaufen kann. Viele der von weitem so harmlos aussehenden Canyons sind vor steilen Abbrüchen endende Sackgassen.
An- und Abfahrt nach Buyuhan sind im Preis gewöhnlich enthalten (Jeepney ab Markt). In Buyuhan beginnt der über zweistündige Aufstieg zum Camp 1 (= Camp Amporo, etwa 800 Meter). Wer zu spät aufbricht, muß dort in einer einfachen Hütte übernachten. In der Nähe gibt es eine Quelle. Weitere vier Stunden sind es bis zum Camp 2 (= Camp Pepito, etwa 1.800 Meter). Dort muß mangels Hütte im Zelt übernachtet werden. Für die restliche Strekke benötigt man noch einmal etwa vier Stunden. Bis zum Kraterrand zu gehen ist seit dem letzten Ausbruch nicht mehr möglich. Der Aufstieg endet etwa 150 Meter unterhalb des Gipfels an der sogenannten Knife Edge, von wo aus man bei schönem Wetter aber in den Krater schauen kann. Auf den letzten etwa 200 Metern hat man viel loses, steiles Gestein zu bewältigen; eine Seilschaft ist in diesem Abschnitt sehr zu empfehlen. Der Abstieg vom Krater zum Camp 2 dauert etwa drei Stunden, fast zwei Stunden von Camp 2 nach Camp 1, und etwas mehr als zwei Stunden von Camp 1 zur Straße. Unbedingt warme Kleidung mitnehmen, denn in Gipfelnähe kann es empfindlich kühl werden. Je nach Wetterlage dürfte auch ein Sonnenschutzmittel sehr sinnvoll sein.

Anreise/Weiterreise

Bus/Jeepney: Zur Mayon Vista Lodge (zur Zeit geschlossen) am Nordhang, von der man eine schöne Aussicht hat, gelangt man folgendermaßen: Von Legaspi nach Tabaco mit einem Bus oder Jeepney. Dort umsteigen in einen Bus oder Jeepney nach Ligao; auf halber

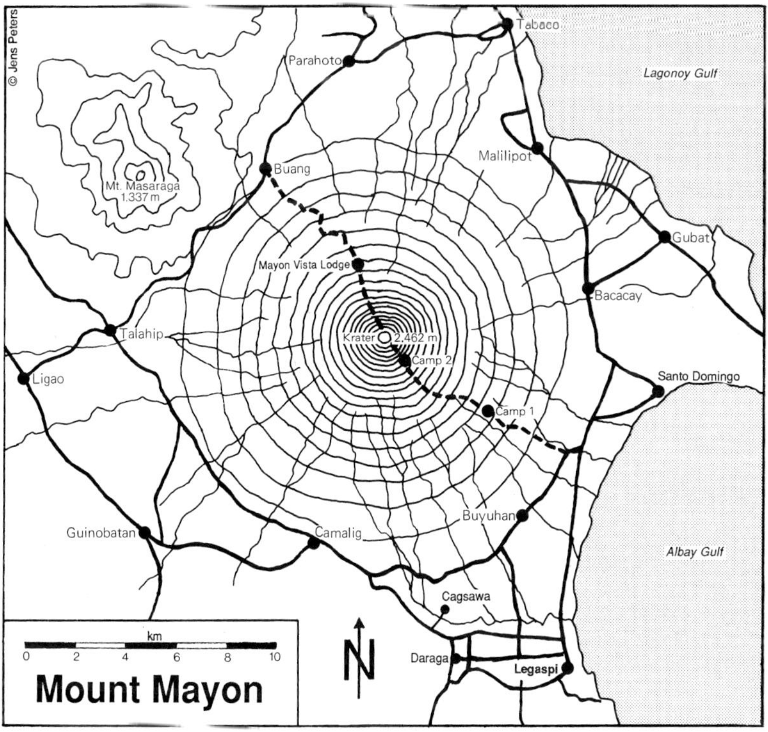

Strecke aussteigen. Dann sind es noch acht Kilometer Fußmarsch. In Tabaco kann man auch einen Jeepney mieten und sich hinauffahren lassen. Billiger wird es, wenn man den Fahrer des regulären Jeepneys nach Ligao darum bittet, gegen ein angemessenes Entgelt einen kurzen Abstecher zur Mayon Vista Lodge zu machen, die bei den meisten Einheimischen noch unter dem alten Namen Mayon Resthouse bekannt ist und in Mayon Skyline Hotel umbenannt werden soll.

Von einer Besteigung des Vulkans vom Nordhang aus rät das Tourist Office allerdings ab, da sie dort zu gefährlich sein soll.

Daraga und Cagsawa

Ausgezeichnet ist der Blick auf den Mayon von der prächtigen, 1773 von Franziskanermönchen im Barockstil errichteten Kirche von Daraga, die auf einem Hügel über der Stadt steht. In Daraga werden an Sonn- und Feiertagen hitzige Hahnenkämpfe ausgetragen. Der Cockpit befindet sich am Ortsrand nahe der Petron-Tankstelle. Angenehm ist die Atmosphäre auf Daragas Nachtmarkt, auf dem kräftig gebrutzelt wird.

Etwas außerhalb von Daraga, an der Straße nach Cagsawa, gibt es ein paar kleine Werkstätten, in denen aus alten

Zwei zum Wasser- und Provianttragen mitgenommene Leute waren gleich Anfangs verschwunden, ein dritter zur Bewachung unserer Sachen im Biwuak zurückgelassener "sehr zuverlässiger Mann", der den Auftrag hatte, uns bei einbrechender Dunkelheit mit Fackeln entgegen zu kommen, war schon Vormittags nach Daraga zurückgekehrt. Mein Diener, der eine wollene Decke und einen Schirm für mich trug, verschwand plötzlich im Dunkeln, als es zu regnen begann, und fand mich trotz allen Rufens erst am folgenden Morgen wieder. Wir brachten die regnerische Nacht auf kahlen Steinen zu, und froren, als unsere sehr dünnen Hüllen durchnässt waren, zum Zähneklappern.

Aus *Reisen in den Philippinen* von Fedor Jagor, 1873
(Jagor bestieg als einer der ersten Europäer den Vulkan Mayon)

Autoreifen Sessel und Sitzgarnituren angefertigt werden.
Was von Cagsawa nach dem Vulkanausbruch vom 1. Februar 1814 sichtbar übriggeblieben ist, beschränkt sich auf den oberen Teil des Kirchturmes. Der Rest des Dorfes wurde von Ascheregen und Lavaströmen begraben.
Beim Kirchturm werden verschiedene Pflanzen zum Kauf angeboten, vor allem Orchideen. Außerdem gibt es ein Restaurant und sogar einen kleinen Swimmingpool. Mit dem mächtigen Mayon im Hintergrund ist es dort auch heute recht idyllisch. Eintritt: 5 P.

Anreise/Weiterreise

Bus/Jeepney: Von Legaspi nach Daraga fahren Jeepneys ab dem alten Markt oder ab City Busterminal. Zwei Kilometer westlich von Daraga geht's dann rechts ab zu den Cagsawa Ruins. Zu Fuß sind es ab dem Abzweig noch etwa zehn Minuten.
Ein Tricycle von Daraga zu den Ruinen sollte nicht mehr als 10 P kosten.
Busse und Jeepneys von Legaspi mit Ziel Camalig, Guinobatan, Ligao, Polangui oder Naga fahren durch Daraga und direkt an der Abzweigung zu den Cagsawa Ruins vorbei, wo man aussteigen kann (dem Fahrer rechtzeitig Bescheid sagen).

Camalig

Camalig wurde bekannt durch die Hoyop-Hoyopan-Tropfsteinhöhle; Eintritt: 50 P. Hoyop-Hoyopan bedeutet »blasen-blasen«, womit der Wind gemeint ist, der beständig durch die Höhle streicht. Sie befindet sich im Barrio Cotmon, etwa acht Kilometer südlich von Camalig. In dem Höhlenkomplex fand man Knochen und Scherben, die über 2.000 Jahre alt sein sollen. Die Funde sind jetzt in einem kleinen Museum in der Camalig Catholic Church ausgestellt.
Ein erfahrener Guide ist Alfredo Nieva, der auch in die zwei bis drei Kilometer entfernte Calabidongan Cave geht. Von der Hoyop-Hoyopan Cave dorthin dauert der Marsch etwa 45 Minuten. Am besten sucht man Alfredo einen Tag vorher auf, um Details wie Zeit und Preis zu vereinbaren. Möglicherweise wird er nicht selbst die Führung unternehmen können, sondern einem seiner Söhne den Job übertragen.
Eine weitere Höhle befindet sich bei Pariaan, die Pariaan Cave, auch »Fountain of Youth« genannt. Wer mit einem Führer gehen will, kann sich in Camalig nach Eduardo (Eddie) Nalasco erkundigen. Er wohnt gegenüber der Municipal Hall, ist bisweilen aber auch

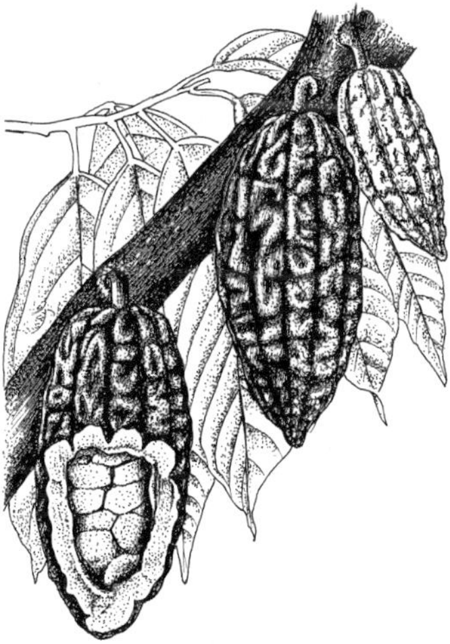

Kakao *(Theobroma cacao)*
Das natürliche Verbreitungsgebiet des Kakaobaumes liegt im nördlichen Südamerika. Die Spanier brachten die ersten Kakaofrüchte vermutlich im frühen 18. Jahrhundert nach den Philippinen

im Mike's Oakroom Restaurant in Legaspi anzutreffen.
Anfahrt mit einem Jeepney oder Bus von Legaspi oder Camalig nach Guinobatan. Dort einen Jeepney nach Jovellar nehmen und in Pariaan aussteigen. Am besten den Fahrer bitten, an der Abzweigung zur Höhle anzuhalten. Der Weg führt nach etwa zehn Minuten zu einer Bambushütte, in der der »Besitzer« der Höhle lebt. Für ein paar Peso kann man bei ihm seine Sachen lassen, denn wegen der großen Hitze und hohen Luftfeuchtigkeit ist die Erkundung des Erdinneren spärlich bekleidet am angenehmsten. Wichtig ist eine gute Taschenlampe oder eine Kerosinlampe. In der Höhle befindet sich ein natürlicher Pool mit warmem Wasser, umrahmt von schönen Tropfsteinen.

Nach dem Höhlengang tut ein Sprung in den privaten Swimmingpool besonders gut, der links von der Straße nach Jovellar liegt. Es ist eine idyllisch in von Palmen bestandenen Hügeln eingebettete Anlage mit drei Becken in unterschiedlicher Höhe. Eintritt: 2 P.

Anreise/Weiterreise

Bus/Jeepney: Von Legaspi nach Camalig fahren Jeepneys und Busse ab dem alten Markt oder ab City Busterminal, entweder direkt oder mit Ziel Guinobatan, Ligao, Polangui oder Naga.

Tricycle: Von Camalig zur Höhle nimmt man am besten ein Tricycle. Möglicherweise fährt auch ein Jeepney ab Markt, und zwar der in Richtung Cotmon. Nach 18.00 Uhr ist eine Rückfahrt nach Camalig wahrscheinlich nur per Special Ride möglich.

Santo Domingo

Knapp 15 Kilometer nordöstlich von Legaspi liegt Santo Domingo, wo sich etwa zwei Kilometer außerhalb vom Ort am langen, schwarzen Lava-Strand mit seiner in Taifunzeiten recht hohen Brandung mehrere unterschiedlich große und teure Beach Resorts befinden. Beliebt an dieser sogenannten »Mayon Riviera« ist das *Reyes Beach Resort* mit preiswertem Restaurant; einfach, aber nett angelegt ist das *Sirangan Beach Resort*. Der Strand von Santo Domingo wird von einheimischen Tagesgästen gerne zum ausgedehnten Picknick aufgesucht. Als Badestrand ist er eher enttäuschend und nicht besonders gut geeignet.

Anreise/Weiterreise

Jeepney/Tricycle: Von Legaspi nach Santo Domingo fahren Jeepneys ab dem alten Markt. Im Gegensatz zu den Jeepneys fahren Busse mit Ziel Tabaco nicht immer durch Santo Domingo, sondern bleiben statt dessen auf der Umgehungsstraße. Von Santo Domingo aus kann man sich mit einem Tricycle zum Strand bringen lassen.

Malilipot

Freunden von Wasserfällen in weitgehend unberührter Natur kann ein Tagestrip von Legaspi nach Malilipot empfohlen werden. Von diesem kleinen Ort an den nordöstlichen Ausläufern des Mayon führt ein Weg in Richtung Vulkan zu den Busay Falls, auch Malilipot Falls genannt, die sich aus einer Gesamthöhe von annähernd 250 Metern etappenweise in sieben Pools ergießen und zum Baden geradezu einladen; Eintritt: 2 P.
Wer nicht gleich in den ersten Pool springen will, muß kurz davor rechts einen Pfad hinaufgehen, über den man nach etwa 15 Minuten zum zweiten Pool gelangt.
An Wochenenden sind diese Wasserfälle ein beliebtes Ausflugsziel.

Anreise/Weiterreise

Bus/Jeepney: Von Legaspi nach Malilipot mit einem Jeepney oder Bus mit Ziel Tabaco. Dann noch etwa eine Stunde zu Fuß; es ist ratsam, sich für etwa 20 P von einem Guide den Weg zeigen lassen.

Tabaco

Vom Tabaco Harbor fahren täglich morgens Schiffe nach San Andres und Virac auf Catanduanes Island. Sehenswert in der Stadt selbst ist nur der zweistöckige Markt, auf dem unter anderem recht schöne Messer angeboten werden.

Übernachten

VSP Hotel, Riosa Street, Tel. 5580. EZ/DZ/fan 150 P, EZ/DZ/fan/Bad 175 P, EZ/DZ/ac/Bad 350 P. Einfach, aber akzeptabel. Coffee Shop.

Essen und Trinken

Ein gutes und sauberes Restaurant ist die ***Royal Crown Canteen*** gegenüber der Municipal Hall.

Anreise/Weiterreise

Legaspi
Bus/Jeepney: Von Legaspi nach Tabaco fahren täglich zahlreiche Busse und Jeepneys ab City Busterminal. Fahrzeit: 45 Min.

Manila
Bus: Von Manila nach Tabaco fahren täglich mehrere Busse der Philtranco Company. Einige fahren über Legaspi. Fahrzeit: 12 Std.
Von Tabaco nach Manila fährt der letzte Bus wahrscheinlich um etwa 19.00 Uhr; um 16.50 Uhr fährt ein Aircon-Bus.

Tiwi
Jeepney: Von Tiwi nach Tabaco fahren täglich zahlreiche Jeepneys. Fahrzeit: 30 Min.

Tiwi

Tiwi mit seinen vielen heißen Quellen präsentierte sich lange Zeit wie ein kleiner Kurort. Einige der Quellen waren so heiß, daß die Dorfbewohner einfach ihre Töpfe hineinstellten, um so das Essen zu kochen.
Diese Idylle ist inzwischen vorbei, denn die meisten Quellen sind versiegt. Ursache dafür sind sechs geothermische Kraftwerke, nach deren Inbetriebnahme sich der unterirdische Wasserdruck reduzierte. Nur wegen der wenigen verbliebenen Quellen anzureisen, ist reine Zeitverschwendung.
Zwei bekannte, aber nicht besonders einladende Strände mit schwarzem Sand

sind Sogod Beach und Putsan Beach. Auf dem Weg nach Putsan kommt man an ein paar einfachen Töpfereien vorbei.

Übernachten

Baño Manantial de Tiwi Youth Hostel & Mendoza's Resort. EZ/fan/Bad 350 P, DZ/fan/Bad 400 P, EZ/DZ/ac/Bad 500/600 P. Einfache Unterkunft. Recht gutes Restaurant. Swimmingpool mit viel Betrieb an Wochenenden.

Anreise/Weiterreise

Legaspi - Tabaco
Bus/Jeepney: Von Legaspi nach Tabaco fahren Minibusse und Jeepneys ab City Busterminal. In Tabaco in einen Jeepney nach Tiwi umsteigen. Vom Ortskern von Tiwi zum Hot Spring Resort fahren Tricycles. Gesamte Fahrzeit: 1:30 Std.
Wer von Tiwi über Legaspi nach Matnog fahren will, sollte schon am frühen Vormittag aufbrechen, da es sonst Anschlußprobleme in Irosin geben könnte.

Manila
Bus: Von Tiwi nach Manila fahren täglich um 9.00 und 15.00 Uhr Busse der Philtranco Company. Fahrzeit: 12 Std.

Sorsogon und Gubat

Sorsogon ist die Hauptstadt der Provinz Sorsogon, dem häufig von schweren Taifunen heimgesuchten Zipfel von Süd-Luzon. Von dort aus kann man einen Abstecher nach Gubat und zum langen, breiten Rizal Beach am Pazifischen Ozean unternehmen. Von Gubat bis zum etwa fünf Kilometer südlich davon gelegenen Rizal Beach kostet die Fahrt mit einem Jeepney oder Tricycle 3 P.

Übernachten

Dalisay Lodge, 182 V.L. Peralta Street, Sorsogon. EZ/DZ/fan 75/150 P, EZ/DZ/fan/Bad 100/150 P. Einfache, relativ saubere Unterkunft. Restaurant.
Rizal Beach Resort Hotel, Gubat, Tel. 2111056. EZ/fan 365 P, EZ/fan/Bad 450 P, DZ/fan/Bad 550 P, EZ/DZ/ac/Bad 750 P. Akzeptable Zimmer in einem langen, etwas älteren, zweistöckigen Gebäude. Restaurant (bis 22.00 Uhr).
Veramaris Resort, Gubat. EZ/DZ/fan/Bad 400 bis 900 P. Ordentliche, unterschiedlich ausgestattete Zimmer, die teuren mit Meeresblick. Eine gute Alternative zum Rizal Beach Resort Hotel. Restaurant.

Adressen/Verschiedenes

Vorwahl: 056.

Anreise/Weiterreise

Bus: Von Legaspi nach Sorsogon fahren tagsüber etwa halbstündlich Busse der J.B. Bicol Express Line Company. Es verkehren auch Busse der Companies BLTB, Ceres Transport, Inland Trailways und Philtranco, jedoch nicht so häufig. Sie kommen aus Manila und fahren über Matnog durch Samar bis nach Tacloban; die Sitzplätze sind meistens besetzt. Fahrzeit: 1:30 Std.

Bulan

Vom kleinen Küstenort Bulan an der Südwestspitze von Luzon fährt täglich mindestens ein Schiff nach Masbate/Masbate (siehe auch Kapitel »Manila«: *Weiterreise ab Luzon*).

Übernachten

Mari-El's Lodging House, Pier Site. EZ/DZ/fan 60/120 P. Einfach.

Anreise/Weiterreise

Bus: Von Legaspi nach Bulan fahren von 4.30 Uhr bis 15.00 Uhr etwa stündlich Busse der Companies Philtranco und J.B. Bicol Express Line. Fahrzeit: 3:30 Std. Wer rechtzeitig zur Abfahrt

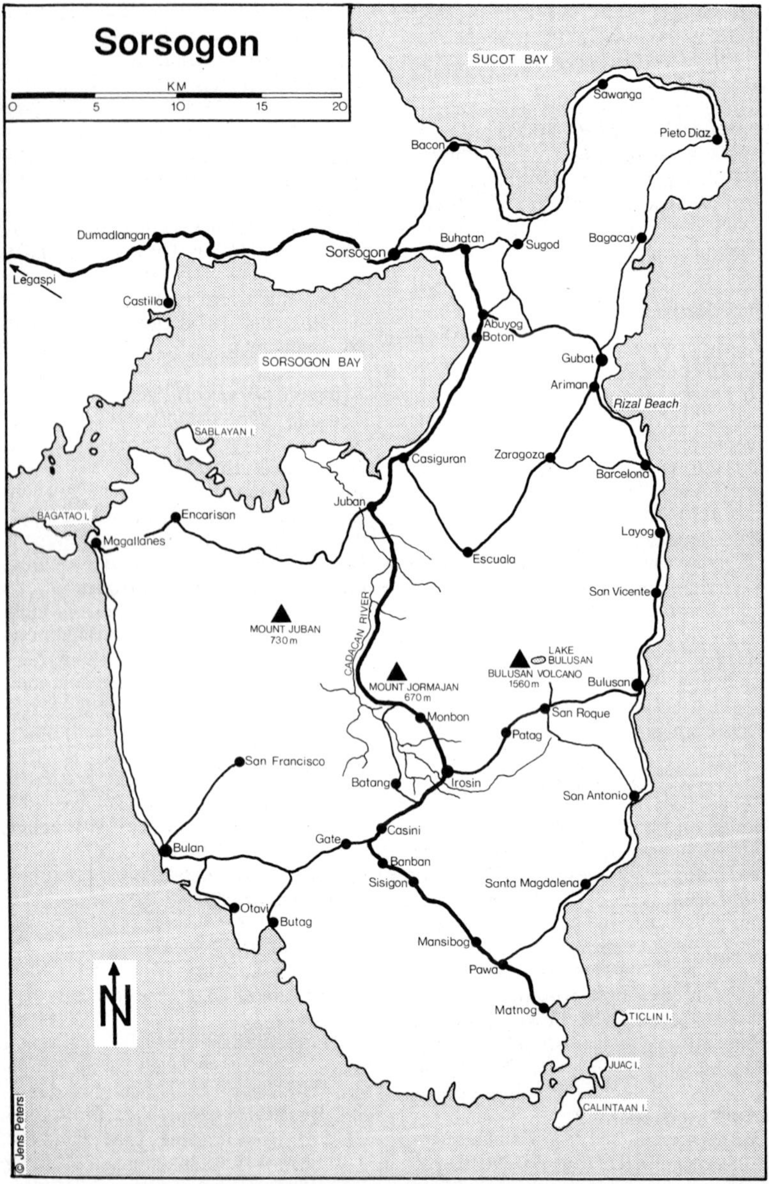
Sorsogon
KM
0
5
10
15
20
SUCOT BAY
Sawanga
Pieto Diaz
Bacon
Dumadlangan
Buhatan
Sugod
Bagacay
Sorsogon
Legaspi
Castilla
Abuyog
Boton
SORSOGON BAY
Gubat
Ariman
Rizal Beach
SABLAYAN I.
Casiguran
Zaragoza
Barcelona
Juban
BAGATAO I.
Encarisan
Magallanes
Layog
Escuala
San Vicente
MOUNT JUBAN
730 m
CADACAN RIVER
LAKE
BULUSAN
BULUSAN VOLCANO
1560 m
MOUNT JORMAJAN
670 m
Bulusan
San Roque
Monbon
Patag
San Francisco
Irosin
Batang
San Antonio
Casini
Gate
Bulan
Banban
Sisigon
Santa Magdalena
Otavi
Butag
Mansibog
Pawa
Matnog
TICLIN I.
JUAC I.
CALINTAAN I.
© Jens Peters

des Schiffes nach Masbate in Bulan sein möchte, sollte Legaspi spätestens um 8.00 Uhr verlassen.

Bulusan und Irosin

Unübersehbarer Mittelpunkt im Dreieck Juban-Bulusan-Irosin ist der 1.560 Meter hohe Vulkan Bulusan mit seinen weiten Ausläufern. Daneben liegt, umgeben von üppiger Vegetation, in etwa 600 Meter Höhe der kleine, gleichnamige Kratersee. Um den See herum führt ein etwa drei Kilometer langer Pfad, Lover's Lane genannt. Für die Umrundung, die streckenweise etwas anstrengend ist, benötigt man einschließlich kurzer Pausen mindestens 1:30 Std. Vom Ort Bulusan bis zum Lake Bulusan sind es annähernd acht Kilometer.
Zwischen Bulusan und Irosin verkehren nur wenige Jeepneys; erste Abfahrt um 7.00 Uhr, letzte Abfahrt um 16.00 Uhr. Sie halten auf Wunsch beim Abzweig zum Kratersee. Der Weg hinauf ist angenehm.
An den südlichen Ausläufern des Vulkans, bei San Roque, befinden sich die erfrischend kühlen Masacrot Springs mit großem Swimmingpool. Der Weg dorthin ist jedoch nicht ausgeschildert.
Neben dem Ort Bulusan bietet sich als Basis für einen Aufenthalt in der sogenannten »Schweiz des Orients« das Mateo Hot and Cold Springs Resort an. Diese angenehme Anlage befindet sich etwa vier Kilometer nordöstlich von Irosin, und zwar drei Kilometer in Richtung Sorsogon, und dann einen Kilometer in Richtung Nordosten. Wo der Weg von der Straße abzweigt, steht ein Hinweisschild. Das Resort mit seinen zwei Becken (lau und heiß) liegt etwas über einen Kilometer abseits der Straße im Wald und verfügt über ein kleines Restaurant und verschiedene Cottages. Vom Resort nach Irosin zu gelangen ist einfach. Im Gegensatz zu Bulusan gibt es in Irosin zahlreiche Tricycles, so daß es dort keine Schwierigkeiten bereiten dürfte, einen akzeptablen Preis für einen Special Ride zum Vulkan auszuhandeln. Wer das Tricycle warten läßt, braucht sich obendrein um die Rückfahrt nach Irosin keine Gedanken zu machen.

Übernachten

Bartilet's Lodging House, 262 Dapdap, Bulusan. EZ/DZ/fan 100/200 P. Einfache, aber ordentliche Zimmer. Nette Gastgeber. Es liegt gleich hinter dem Rathaus und gehört der Lehrerin Mrs. Nerissa Bartilet.
Villa Luisa Celeste Resort, Dancalan, Bulusan, Tel. 2111083. EZ/DZ/fan/Bad 350/500 P, EZ/DZ/ac/Bad 500/700 P, Cottage/Bad/Küche 500 P. Tadellose, geräumige Zimmer. Restaurant. Swimmingpool. Angenehme Anlage.
Mateo Hot & Cold Springs Resort, San Benon, Monbon, Irosin. EZ/DZ/fan 125/250 P, EZ/DZ/fan/Bad 250 P, Cottage/fan/Bad/Küche 250 P. Einfach, ruhig und passabel. Restaurant.

Anreise/Weiterreise

Bus: Von Legaspi nach Irosin fahren täglich mehrere Busse der J.B. Bicol Express Line Company, entweder direkt oder mit Ziel Bulan. Es fahren auch Busse der Philtranco Company über Irosin bis nach Matnog und Tacloban und sogar weiter nach Mindanao, die jedoch aus Manila kommen und meistens keine freien mehr Plätze haben. Fahrzeit: 2:30 Std.

Jeepney: Von Irosin nach Bulusan fahren tagsüber zahlreiche Jeepneys. Fahrzeit: 1 Std.

Matnog

In Matnog ist Luzon zu Ende. Von dort fahren Fähren hinüber nach Allen und

Alegria/San Isidro auf Samar, der nächsten großen Insel. Bei einem schweren Taifun wird jedoch jeglicher Schiffsverkehr eingestellt und man muß damit rechnen, ein paar Tage in Matnog hängenzubleiben. Wahrlich keine herrliche Aussicht! Bis sich die Wogen geglättet haben, dürfte sich die Wartezeit zum Beispiel in Legaspi oder im Villa Luisa Celeste Resort in Bulusan viel angenehmer verbringen lassen.
An sonnigen Tagen bietet sich ein Besuch der vorgelagerten kleinen Ticlin Island an, die mit zahlreichen Palmen bestanden ist und einen herrlichen, weißen Strand besitzt.

Übernachten

Nur möglich für 50 P pro Person in der einfachen Unterkunft ***Mely's Snack House***. Oder man schläft auf einer Bank in der Wartehalle am Pier, ebenso wie etliche Filipinos, die die letzte Fähre verpaßt haben.

Anreise/Weiterreise

Irosin
Jeepney: Von Irosin nach Matnog fahren täglich mehrere Jeepneys. Fahrzeit: 1 Std.

Legaspi
Bus: Von Legaspi nach Matnog fahren täglich wenige Busse der Companies BLTB, Cedec Transport, Inland Trailways und Philtranco. Sie kommen von Manila und die Plätze sind meistens besetzt, so daß diese Strecke vielleicht besser in Etappen mit anderen Verkehrsmitteln zurückgelegt werden sollte. Fahrzeit: 3:30 Std.

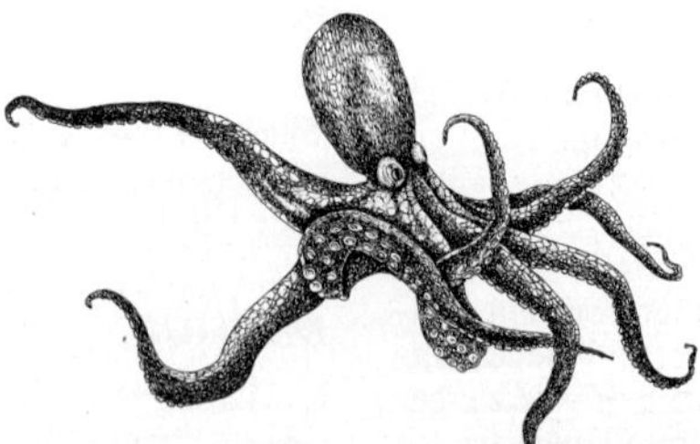

Inseln um Luzon

Die Unterteilung der philippinischen Inseln in vier Gruppen sieht vor, daß zur Gruppe Luzon neben der Hauptinsel Luzon noch ein paar vorgelagerte Inseln gerechnet werden: Batanes im Norden, Catanduanes im Südosten, Lubang, Marinduque und Mindoro im Westen und Masbate im Süden. Zwischen ihnen und Luzon bestehen Flug- und Schiffsverbindungen.

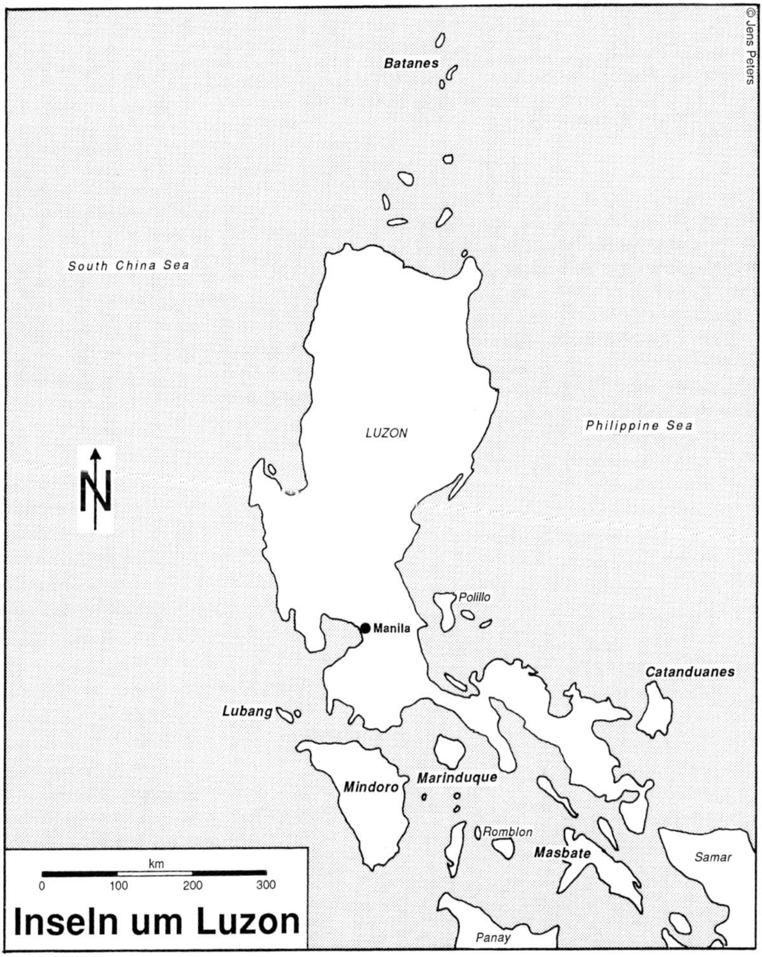

Batanes

Die Batanes Islands sind die nördlichsten Inseln der Philippinen. Y'ami liegt nur etwa 100 Kilometer von Taiwan entfernt. Die größten und wirtschaftlich bedeutendsten Inseln sind Batan, Ibayat und Sabtang. Dinem Island ist unbewohnt. Das Klima auf den Batanes ist ziemlich wechselhaft. Im Vergleich zu anderen Teilen der Philippinen werden die insgesamt zehn Inseln von Juni bis September relativ häufig von Taifunen heimgesucht. Von Oktober bis Februar/März regnet und stürmt es oft. April und Mai sind die besten Reisemonate. Empfehlenswert sind die Batanes insbesondere für Leute ohne große Ansprüche und mit Liebe zur Natur, die gerne zu Fuß und mit Zelt unterwegs sind.

Geographisch von den bedeutenden großen Inseln und Inselgruppen des Landes isoliert, überraschen die Batanes Islands durch Ursprünglichkeit und Eigenwilligkeit. Viele Häuser sind aus robusten Steinen gebaut und mit einem dicken Dach aus Cogongras wetterfest gemacht. Sie sind niedrig, haben nur wenige kleine Fenster und stehen meistens gedrängt in Gruppen in windschattigen Nischen. Bisweilen fühlt man sich in ein von unbeugsamen Galliern bevölkertes Dorf versetzt und wäre nicht verwundert, wenn hinter der nächsten Ecke der ehrwürdige Druide seinen Zaubertrank braute. Auch zahlreiche Menschen schützen sich vor Sonne, Wind und Regen. Und zwar mit der *suot*, einer aus Blätterfasern der Voyavoy-Pflanze hergestellten perückenartigen Kopfbedeckung, die bis zum Gesäß hinunterreicht.

Nicht auf den Batanes Islands produzierte Erzeugnisse sind etwas teurer als auf Luzon. Sie müssen eingeflogen oder mit selten verkehrenden Frachtern eingeschifft werden. Geerntet werden hauptsächlich Knoblauch, Zwiebeln, Taro, Yams und Camotes. Wichtigste Erwerbszweige sind Viehzucht und Fischfang.

Anreise

Anreisen kann man von Manila. Siehe auch Kapitel »Manila«: *Weiterreise ab Luzon*. Hinweis: An Regentagen, wenn die nur teilweise betonierte Landebahn in Basco naß ist, wird weder gestartet noch gelandet. Mit Wartezeiten muß also gerechnet werden, bisweilen auch in den Sommermonaten März, April und Mai.

Weiterreise

Nach Luzon

Flug

Von Basco nach Manila

Philippine Airlines fliegt Mo, Mi u. So.

Schiff

Von Basco nach Manila

MV *LSD*; Avega Exchange Services. Abfahrt: zwei- bis dreimal jährlich (!).

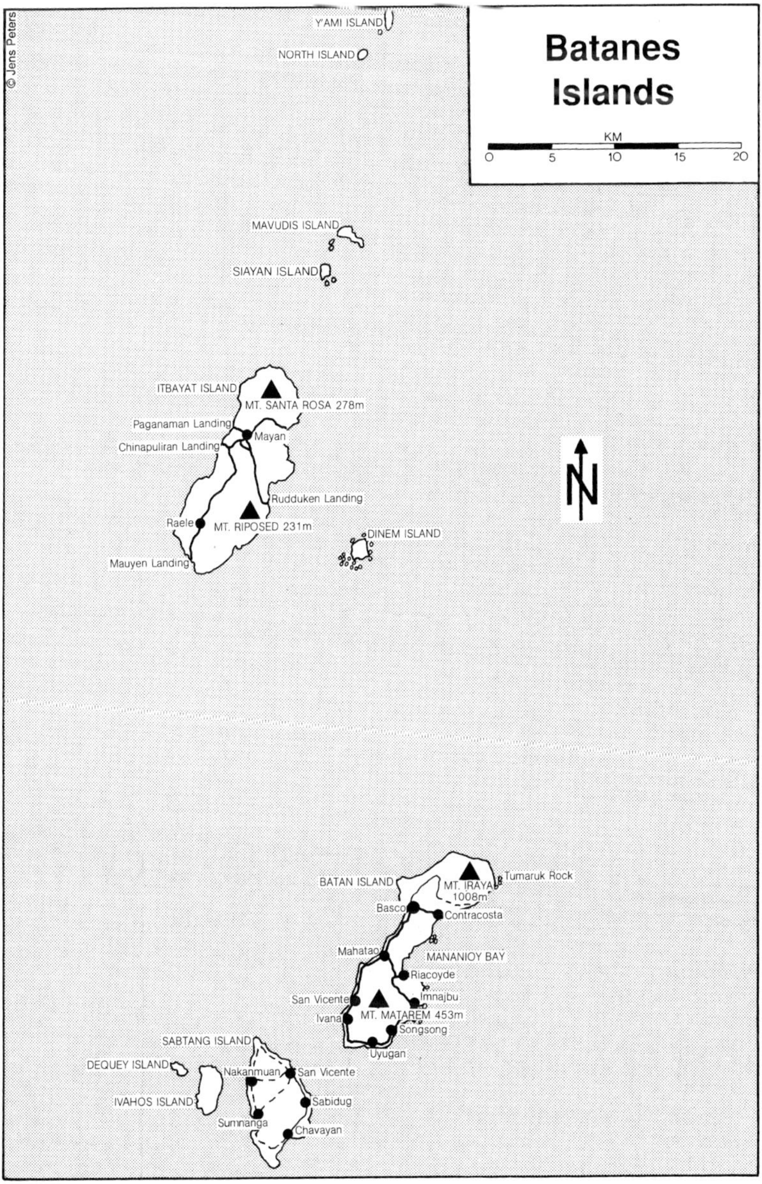

Batanes Islands
KM
0 5 10 15 20
© Jens Peters
Y'AMI ISLAND
NORTH ISLAND
MAVUDIS ISLAND
SIAYAN ISLAND
ITBAYAT ISLAND
MT. SANTA ROSA 278m
Paganaman Landing
Mayan
Chinapuliran Landing
Rudduken Landing
Raele
MT. RIPOSED 231m
DINEM ISLAND
Mauyen Landing
N
BATAN ISLAND
MT. IRAYA 1008m
Tumaruk Rock
Basco
Contracosta
Mahatao
MANANIOY BAY
Riacoyde
San Vicente
Imnajbu
Ivana
MT. MATAREM 453m
Songsong
Uyugan
SABTANG ISLAND
DEQUEY ISLAND
Nakanmuan
San Vicente
IVAHOS ISLAND
Sabidug
Sumnanga
Chavayan

Batan Island

Auf Batan Island gibt es weder sensationelle Attraktionen noch bestaunenswerte Sehenswürdigkeiten. Aber vielleicht ist es ja gerade das, was den Charme dieser Insel ausmacht. Abwechslung bieten lediglich die sonntäglichen Hahnenkämpfe und ein paar kleine, weiße Strände an der Westküste. Die Süd- und Ostküste sind felsig. Im Norden überragt der 1.008 Meter hohe Vulkan Iraya die rauhe Schönheit der Landschaft dieser grünen und hügeligen Insel, den man von Basco aus in etwa fünf Stunden besteigen kann.
Eine kaum befahrene, nur halbwegs befestigte Straße führt von Basco über Mahatao, Ivana und Uyugan nach Riacoyde und von dort quer über die Insel zurück nach Mahatao. Sie eignet sich gut zum Wandern. Man kommt dabei durch gepflegte, kleine Dörfer und begegnet äußerst freundlichen Ivatan, den Bewohnern von Batan Island.

Basco

Basco ist die Hauptstadt der sowohl an Fläche als auch an Bevölkerung kleinsten Provinz der Philippinen. Neben der großen Kirche mit ihrer reizvollen Fassade dominieren zahlreiche Regierungsgebäude in diesem gepflegten Ort am Fuße des Mount Iraya. Knapp 5.000 Menschen leben in Basco.

Übernachten

Iraya Lodge. EZ/DZ/fan 100/200 P. Einfache Unterkunft.
Mama Lily's Inn. EZ/DZ/fan 400 P pro Person, inklusive drei Mahlzeiten. Einfache, familiäre Unterkunft. Living Room und Terrasse stehen den Gästen zur Verfügung. Restaurant.

Adressen/Verschiedenes

Fahrzeuge: Es ist möglich, privat Jeepneys, Motorräder und Fahrräder zu mieten. Näheres dazu in Mama Lily's Pension House.
Geldwechseln: Die Philippine National Bank wechselt Travellers Cheques.

Sabtang Island

Im Gegensatz zu Batan Island gibt es auf Sabtang Island keine Autos, abgesehen von einem alten Fahrzeug der Regierung. Es lohnt sich, die Insel zu Fuß zu umrunden und dabei die vier Dörfer zu besuchen. Das ist an einem Tag zu schaffen, bei gemütlichem Tempo und mit häufigen Pausen verstreichen jedoch schnell ein paar Tage.
Der Mayor von Sabtang stellt Gästen gern einen Führer zur Verfügung, der die richtigen Wege und Abkürzungen kennt. Durch ihn bekommt man schnell einen guten Kontakt zu den Dorfbewohnern und kann unter anderem zusehen, wie die *suot*, die für die Batanes Islands typischen Kopfbedeckungen, hergestellt werden.
An der Ostküste der Nachbarinsel Ivahos befindet sich ein weitgehend intaktes Korallenriff. Hinüber kommt man von Sabtang mit einem Boot ab Nakanmuan oder Sumnanga.
Nach Hotels wird man auf Sabtang Island vergeblich suchen. Es ist jedoch möglich, beim Mayor oder beim Rector der Fishery School zu übernachten. Dort gibt's auch etwas zu essen. Wahrscheinlich wird niemand Geld für die Bewirtung verlangen. Aber man sollte sich schon irgendwie erkenntlich zeigen und für den Fall, daß partout kein Geld angenommen wird, ganz »zufällig« ein kleines Geschenk zur Hand haben.

Anreise/Weiterreise

Boot: Einmal in der Woche fährt ein Boot von Basco nach Sabtang. Wer nicht darauf warten kann, muß um etwa 5.00 Uhr mit einem Jeepney nach Ivana fahren. Bei gutem Wetter legen dort

Steinhäuser mit Dächern aus Cogongras auf Batan Island

mehrmals täglich, vor allem vormittags, Boote nach San Vicente (Centro) auf Sabtang Island ab. Fahrzeit: 1 Std.

Itbayat Island

Itbayat ist die größte Insel der Batanes Islands. Die Küste ist felsig; Strände gibt es keine. Eine Besonderheit dieser Insel sind die Coconut Crabs *(tatus)*, Krebse, die mit Vorliebe Kokosnüsse verzehren.

Anreise/Weiterreise

Schiff: Von Basco fahren unregelmäßig Boote nach Paganaman Landing oder Mauyen Landing auf Ibayat Island. Fahrzeit: 4 Std. Sobald sich das Wetter jedoch etwas verschlechtert, fällt jeglicher Bootsverkehr aus. Eine ziemlich unsichere Angelegenheit also, besonders für zeitlich gebundene Reisende.

Flug: Östlich von Raele gibt es eine Landebahn für kleine Flugzeuge.

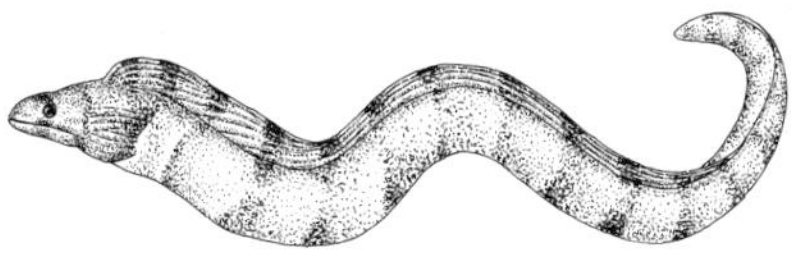

Catanduanes

Auch bekannt als »Land der heulenden Winde« liegt diese nierenförmige Insel - durch den Magueda Channel und den Lagonoy Golf von Süd-Luzon getrennt - etwas abseits im pazifischen Ozean. Neben der Hauptinsel gehören noch ein paar kleinere Inseln zur Provinz. Die wichtigsten davon sind Panay im Nordosten und die Palumbanes Islands im Nordwesten, die sich aus Palumbanes, Porongpong und Calabagio zusammensetzen.

Catanduanes ist überwiegend bergig. Flaches Land gibt es nur östlich von der Hauptstadt Virac, um Bato und um Viga. Die Landschaft ist stellenweise arg vom Klima gezeichnet. Etliche Hügel entlang der Küste sind fast nur mit Gras bewachsen, viele Palmen sind zerrupft oder abgeknickt, und zahlreiche Klippen und ausgespülte Buchten sind typisch für die Ost- und Nordostküste. Verantwortlich dafür sind die mächtigen Taifune, die dort alljährlich vom Pazifik kommend mit voller Wucht in den Bereich der Philippinen einfallen. Auf Catanduanes muß man das ganze Jahr über mit Regen rechnen. Besonders von November bis Januar, am wenigsten von April bis Juni.

Haupterwerbszweige sind Fischerei und Landwirtschaft. Zu den ergiebigsten Fischgründen gehören der Magueda Channel, der Lagonoy Golf und die Cabugao Bay. Bedeutendste Erträge der Landwirtschaft sind Abaca (Manilahanf), Rattan und Kokosnüsse, danach folgen Reis, Süßkartoffeln und Kassawa sowie Früchte wie Avocados, Jackfrüchte, Papayas und Orangen. Der Bergbau ist nicht entwickelt, obwohl Bodenschätze wie Kohle, Gold, Silber, Mangan und Kupfer vorhanden sind.

Viele Bewohner haben die Insel verlassen um in anderen Regionen, insbesondere in der Hauptstadt Manila, einer Beschäftigung nachzugehen. Verstärkte Abwanderungen sind stets nach schweren Taifunen zu verzeichnen, wenn Unterkünfte und Anpflanzungen zerstört worden sind. Eine Rückkehr findet danach meistens nur noch zu wichtigen Anlässen wie Familientreffen und Fiestas statt. Die Menschen sind überaus freundlich und sehr religiös. Sie sind Bikolanos und sprechen Bikolano, die Sprache Süd-Luzons. Englisch wird jedoch ebenfalls verstanden und gesprochen. Besucher werden fast immer eingeladen. Und die sind auch darauf angewiesen, denn bis auf wenige Ausnahmen gibt es keine kommerziellen Unterkunftsmöglichkeiten auf der Insel.

Anreise

Anreisen kann man von Manila und Tabaco. Siehe auch Kapitel »Manila«: *Weiterreise ab Luzon.*

Weiterreise

Nach Luzon

Flug

Von Virac nach Manila

Asian Spirit und Philippine Airlines fliegen täglich.

Farbenprächtige Feste finden das ganze Jahr über auf allen größeren Inseln statt. Besonders ausgiebig wird in witzigen Masken und prächtigen Kostümen das Ati-Atihan gefeiert, das bedeutendste und spektakulärste Festival der Philippinen

357
357
MAC-MAC
SAFETY
FIRST

Die robusten Jeepneys gehören zu den bevorzugten Transportmitteln auf kurzen Strecken. Sie sind belastbar und technisch recht zuverlässig. Herausgeputzte Modelle sind folkloristisch bunt bemalt und mit zahlreichen verchromten Spiegeln und polierten Pferden dekoriert

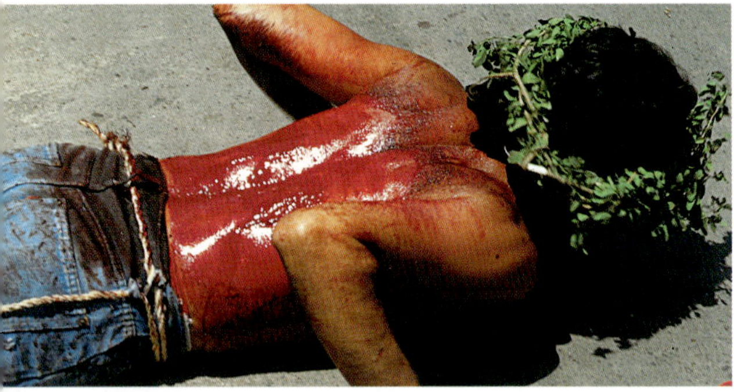

Die Philippinen sind das einzige christianisierte Land Asiens. Wuchtige Kirchen verdeutlichen das ebenso wie massenhaft begleitete Prozessionen und blutige Selbstgeißelungen fanatischer Gläubiger in der Karwoche

Kirche in Paoay, Nord-Luzon

Flagellant in San Fernando, Pampanga

Black Nazarene-Prozession in Quiapo, Manila

Etliche Gebäude
und Monumente im
historischen Kern
von Manila
weisen Spuren der
spanischen Kolonial-
zeit auf

Die Landschaft Nord-Luzons ist reizvoll und abwechslungsreich: Dünen in Ilocos Norte; Hundred Islands National Park; Sierra Madre

An der Pazifikküste leben nomadisierende Dumagat

Die imposanten Reisterrassen der Zentral-Kordilleren in Nord-Luzon sind ein von Menschenhand geschaffenes Meisterwerk

Auf den klimatisch wechselhaften Batanes-Inseln schützen sich die Menschen mit einer perückenartigen Kopfbedeckung vor Sonne und Regen

Der philippinische Beitrag zur asiatischen Vulkankette »Ring of Fire« sind 37 Feuerberge, darunter klassische Kegel wie der Mount Mayon und gewaltige Killer wie der Mount Pinatubo

Eine Wanderung durch Schluchten aus Asche und Sand ist ein eindrucksvolles Erlebnis

Bekannt als das »Land der heulenden Winde« zeigt sich die Insel Catanduanes Besuchern auch gern von der sonnigen Seite

Manilahanf ist ein bedeutendes landwirtschaftliches Erzeugnis von Catanduanes

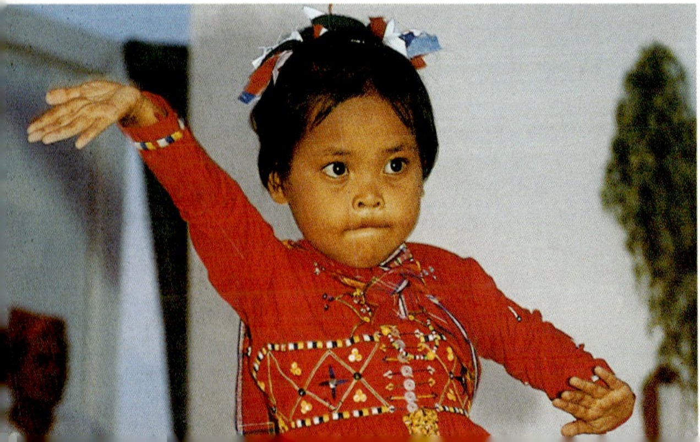

Die auf Mindanao ansässigen kulturellen Minderheiten sind traditionsbewußt und pflegen ihre Bräuche

Reisen auf Palawan ist bisweilen etwas abenteuerlich, aber die großartige Natur entschädigt für alle Strapazen

Gemächlich von Insel zu Insel reisen: Beim Island Hopping kann man die Zeit vergessen

Die Inseln Bantayan und Malapascua im Norden von Cebu erfreuen sich zunehmender touristischer Beliebtheit

In Heimarbeit stellen Familien auf Bantayan kleine Kunstwerke aus Muscheln her

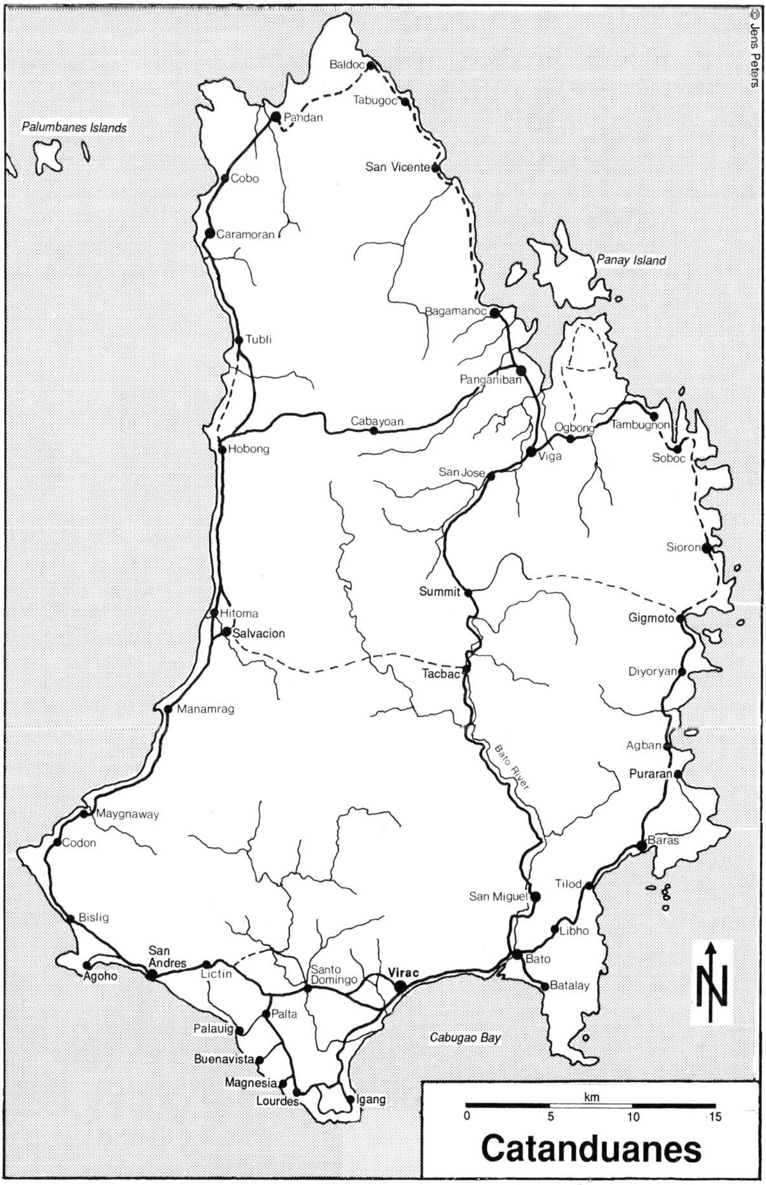

© Jens Peters
Palumbanes Islands
Baldoc
Tabugoc
Pandan
San Vicente
Cobo
Caramoran
Panay Island
Bagamanoc
Tubli
Panganiban
Cabayoan
Hobong
Ogbong
Tambugnon
Viga
Soboc
San Jose
Sioron
Summit
Gigmoto
Hitoma
Salvacion
Tacbac
Diyoryan
Manamrag
Bato River
Agban
Pararan
Maygnaway
Codon
Baras
Tilod
San Miguel
Bislig
Libho
San Andres
Lictin
Agoho
Santo Domingo
Virac
Bato
Batalay
Palta
Palauig
Cabugao Bay
Buenavista
Magnesia
Lourdes
Igang
km
0
5
10
15
Catanduanes

Schiff

Von San Andres nach Tabaco
MV *Regina Calixta*; Regina Shipping Lines. Abfahrt: täglich 9.00 Uhr. Fahrzeit: 2:30 Std.

Von Virac nach Tabaco
MV *Eugenia*; Bicolano Lines. Abfahrt: täglich 13.00 Uhr. Fahrzeit: 4 Std. Jeden zweiten Tag um 9.00 Uhr fährt zusätzlich ein kleines Schiff.

Transport auf Catanduanes

Bus/Jeepney: Die Verkehrsverbindungen auf Catanduanes sind recht dürftig: Von Virac nach Pandan und zurück fahren täglich drei Jeepneys; von Virac nach Tambugnon über Viga fährt täglich ein Jeepney (Abfahrt hin 9.00 Uhr, zurück 24.00 Uhr); von Virac nach Gigmoto über Puraran fahren täglich zwei Jeepneys (Abfahrt hin 9.00/10.00 Uhr, zurück 2.00/3.00 Uhr). Eine ständige Verbindung mit Jeepneys und Bussen besteht zwischen Virac und Baras. Die rumplige Straße von Virac nach Gigmoto fährt entlang der Ostküste und umrundet eine Bucht nach der anderen. Sie ist ebenso reizvoll für Wanderer wie die befahrbare Piste, die von Bato durch Urwald und kleine Dörfer mitten durch die Insel nach Viga fährt.

Virac

Die gemütliche, saubere Kleinstadt Virac ist die Hauptstadt der Provinz Catanduanes. Beliebte Tagesziele ab dort sind die Luyang Cave bei Lictin (15 Kilometer westlich), die sich bis zur Küste erstrecken soll und am Anfang sogar beleuchtet ist, der Igang Beach (acht Kilometer südwestlich) und die Binanuahan Falls in Cabugao, etwas südlich von Bato; leicht zu erreichen mit einem Tricycle und nach kurzem Fußmarsch. Weniger lohnend ist dagegen ein Besuch der Balongbong Falls in Bato, die zudem nicht einfach zu erreichen sind.

Übernachten

In Virac
Cherry Don Resthouse, San Pedro Street. EZ/DZ/fan 75/150 P. Einfache Unterkunft.
Sandy's Blossoms Pension House, Pier Site, Tel. 8111762. EZ/DZ/fan 100/200 P. Einfache, kleine Zimmer. Restaurant und kleine Terrasse. Liegt am Anleger.
Catanduanes Hotel, San Jose Street. EZ/fan/Bad 250 P, DZ/fan/Bad 290 und 400 P. Einfach und relativ gut. Restaurant. Das beste Hotel der Stadt.

Nahe Virac
Bosdok Beach Resort, Magnesia. Cottage/fan/Bad 600 P, Cottage/ac/Bad 1.000 P. Mit Kühlschrank. Solide, geräumige Cottages am Hang. Großes Restaurant. Swimmingpool. Sehr weitläufige, ruhige Anlage an einer idyllischen Bucht mit schönem, kleinem Sandstrand - wunderbare Weitsicht auf den Mayon Volcano. Ziemlich abgelegen zwölf Kilometer südwestlich von Virac. Special Ride mit einem Tricycle kostet 200 P. Ein Service-Jeep des Resorts fährt täglich ab Virac Market und nach Ankunft eines Flugzeugs ab Airport bzw. einer Fähre ab Anleger.

Essen und Trinken

Gut und preiswert philippinisch essen kann man im ***Catanduanes Hotel Restaurant*** auf dem Dach des Hotels. Ebenfalls preiswert sind die guten Gerichte im ***Café de Paul*** in der Surtida Street/Ecke San Jose Street, z.B. Sizzling Blue Marlin und Wanton Soup. Im angenehmen ***Trellis Garden Café*** wird nicht nur Kaffee serviert, sondern auch eiskaltes Bier und Gerichte wie Spaghetti und Lasagne. ***Sandy's Restaurant*** im gleichnamigen Pension House am Anleger bietet Snacks an und alkoholfreie Getränke (kleine Terrasse).

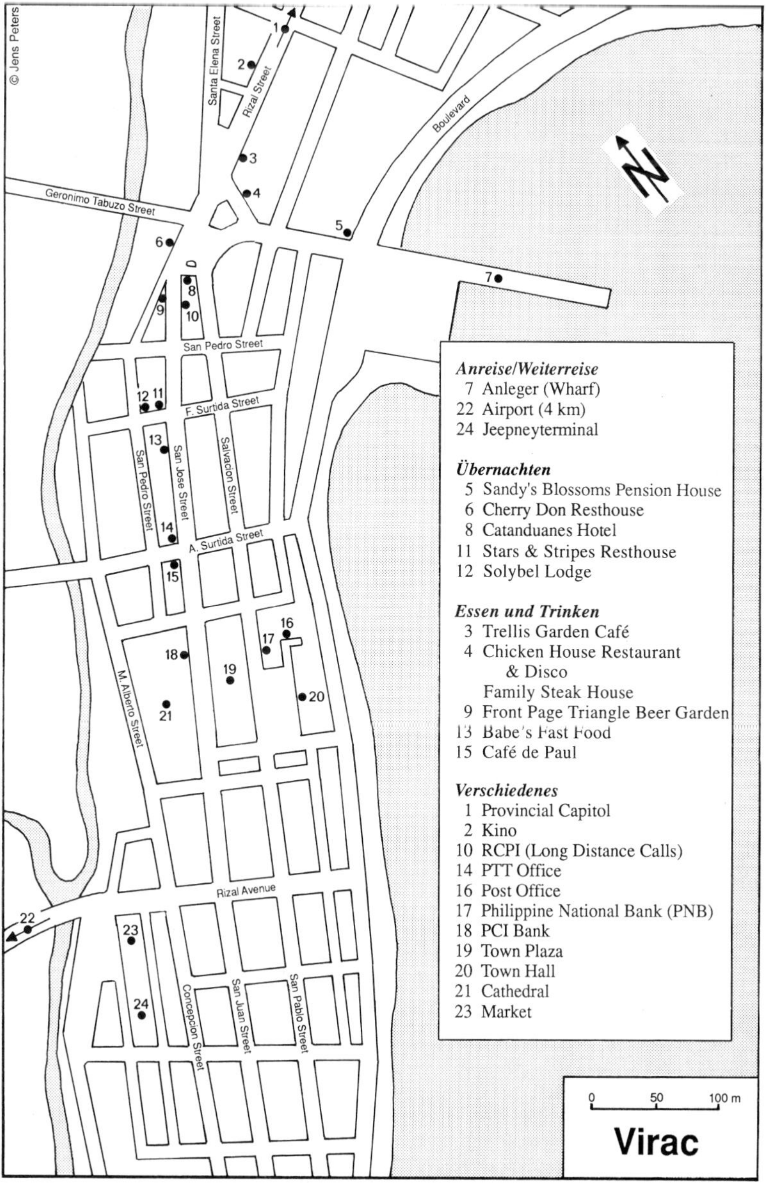
© Jens Peters
Santa Elena Street
Rizal Street
Boulevard
Geronimo Tabuzo Street
San Pedro Street
F. Surtida Street
San Pedro Street
San Jose Street
Salvacion Street
A. Surtida Street
M. Alberto Street
Rizal Avenue
Concepcion Street
San Juan Street
San Pablo Street
N
0 50 100 m
Virac
Anreise/Weiterreise
7 Anleger (Wharf)
22 Airport (4 km)
24 Jeepneyterminal
Übernachten
5 Sandy's Blossoms Pension House
6 Cherry Don Resthouse
8 Catanduanes Hotel
11 Stars & Stripes Resthouse
12 Solybel Lodge
Essen und Trinken
3 Trellis Garden Café
4 Chicken House Restaurant & Disco
Family Steak House
9 Front Page Triangle Beer Garden
13 Babe's Fast Food
15 Café de Paul
Verschiedenes
1 Provincial Capitol
2 Kino
10 RCPI (Long Distance Calls)
14 PTT Office
16 Post Office
17 Philippine National Bank (PNB)
18 PCI Bank
19 Town Plaza
20 Town Hall
21 Cathedral
23 Market

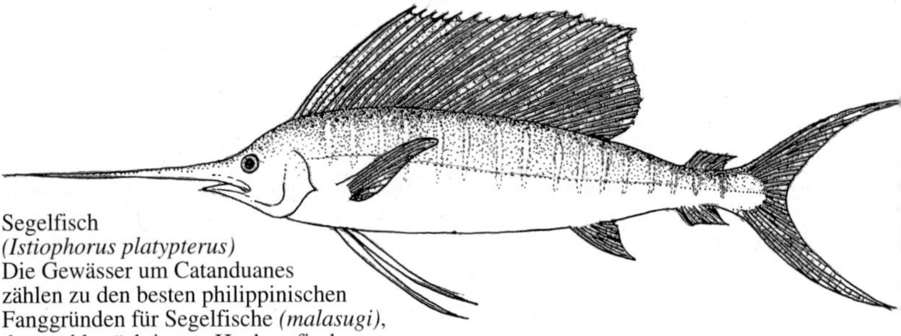

Segelfisch
(Istiophorus platypterus)
Die Gewässer um Catanduanes zählen zu den besten philippinischen Fanggründen für Segelfische *(malasugi)*, den wohl prächtigsten Hochseefischen tropischer Meere

Adressen/Verschiedenes

Autoverleih: Rodino Molina, der Besitzer des kleinen Halik-Alon Restaurants gegenüber dem Provincial Capitol in Virac vermietet seinen Jeep für etwa 1.000 P pro Tag, inklusive Fahrer und Sprit.

Geldwechseln: Die Philippine National Bank, Town Plaza, wechselt Travellers Cheques.

Vorwahl: 052.

Anreise/Weiterreise

Mit dem Flugzeug: Der Airport liegt etwa vier Kilometer südwestlich von Virac. Die Fahrt mit einem Tricycle zur Stadt kostet normalerweise 2 P pro Person, verlangt werden mindestens 10 P (fürs Tricycle).

Asian Spirit, Greypac Corporation, San Jose Street, Tel. 8111056.

Philippine Airlines, Airport Office, Tel. 8111385.

Mit dem Schiff: Vom Anleger zu den Hotels sind es nur ein paar Schritte.

Puraran

Puraran ist ein kleiner Ort an der wilden Pazifikküste, etwa 30 Kilometer nordöstlich von Virac. Er bietet sich als Zwischenstation auf der Fahrt in den Norden an. Manche der bisher wenigen Ausländer, die Catanduanes bereisten, erklärten Puraran mit seinem langen, weißen Sandstrand und dem herrlichen Ausblick jedoch spontan zu ihrer Endstation. Vor allem Surfer bleiben gerne wegen der vorzufindenden Brandung, die gewöhnlich Anfang Juli einsetzt, im September und Oktober gutes Surfen ermöglicht, und von November bis Januar besonders hoch ist und während dieser Zeit selbst Könnern einiges abverlangt.

Schwimmen kann man bei Flut vor dem Riff. Aber Achtung: in der Nähe des Strandes und vor allem über dem Riff herrscht eine lebensgefährlich starke Strömung, vor der eindringlich gewarnt werden muß! Selbst ausgezeichnete Schwimmer kamen darin bereits in arge Bedrängnis. Schnorcheln lohnt sich dort nur bei ruhigem Wasser. Taifune können jedoch jeden Wassersport unmöglich machen. Ausgenommen für Surfer dürfte daher ein Aufenthalt in der Zeit von Mitte März bis Mitte/Ende Juni am besten sein.

Übernachten

Pacific View Beach Resort. EZ/DZ 100/150 P. Einfache Cottages.

Puting Baybay Resort. EZ/DZ 100/150 P; oder 300 P pro Person (inklusive drei Mahlzeiten). Rustikale Cottages unten am Abhang.

Anreise/Weiterreise

Jeepney: Von Virac nach Puraran fahren täglich um 9.00/10.00 Uhr zwei Jeepneys, und zwar die mit Ziel Gigmoto. Ein weiterer Jeepney fährt wahrscheinlich zusätzlich nach Ankunft des Schiffes von Tabaco. Man kann auch mit einem Jeepney bis nach Baras fahren, ab dort dann die restlichen fünf Kilometer mit einem Tricycle zurücklegen (etwa 30 P). Ein Tricycle von Virac nach Puraran kostet mindestens 250 P. Von der Straße in Puraran fährt ein Pfad hinunter zum Strand; etwa fünf bis zehn Minuten zu Fuß.

Der letzte Jeepney von Baras nach Virac fährt bereits um 12.00 Uhr.

Eine reguläre Jeepneyverbindung von Puraran nach Virac besteht nachts um etwa 3.30 Uhr; es kann auch 4.30 Uhr werden! Der Jeepney kommt von Gigmoto.

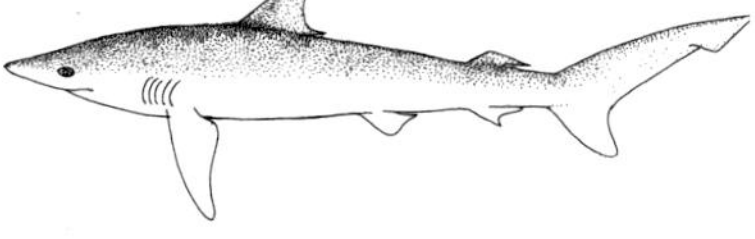

Lubang

Die Lubang-Inseln (Lubang, Ambil, Cabra, Golo und Mandaui) gehören zur Provinz Mindoro Occidental. Sie kamen in die Schlagzeilen der Weltpresse, als 1974 für den japanischen Oberleutnant Hiroo Onoda der Zweite Weltkrieg zu Ende ging und er nach 30 Jahren sein Versteck in den Bergen von Lubang Island endlich verließ. (Fumio Nakahura, ein Captain der Japanese Imperial Army, hielt es übrigens sechs Jahre länger aus. Er wurde im April 1980 am Mount Halcon auf Mindoro entdeckt).

Als Hiroo Onoda nach langer Abwesenheit Lubang 1996 einen sentimentalen Besuch abstattete, wurde er wiederholt mit barschen Anfeindungen bedacht. Entweder waren da noch alte Rechnungen offen oder einige Ungehaltene nahmen die Gelegenheit war, ihrer allgemeinen Abneigung gegen den einstigen Gegner endlich einmal Luft zu machen. Denn nicht nur während des Krieges bereiteten Nippons Söhne ihnen Unannehmlichkeiten:

Noch bis vor wenigen Jahren war Lubang nämlich ein beliebtes Revier bei japanischen Schützenbrüdern und Schürzenjägern. Sie kamen mit ihren Hostessen in Chartermaschinen von Manila und bezogen Quartier im World Safari Club am Strand von Lubang. Dort schossen sie auf Scheiben, Tontauben und letztendlich auf Wildschweine, die gar keine waren: Das zahme Borstenvieh wurde kurz vor Eintreffen einer Jägergruppe in den Dörfern aufgekauft (je wilder das Aussehen, desto höher die Bezahlung), auf öffentliches Land getrieben und zum Abschuß freigegeben. Einheimische Treiber riskierten bei der Ballerei für wenige Peso am Tag Kopf und Kragen. Der World Safari Club wurde dann durch einen Taifun erheblich beschädigt, er soll aber wieder aufgebaut und in Betrieb genommen werden.

Die Bewohner von Lubang beziehen ihre Einkünfte hauptsächlich aus dem Verkauf von Knoblauch. Sie möchten zwar auch am Tourismus partizipieren, dürften aber nach meiner Meinung mit der von mir erlebten Einstellung Fremden gegenüber bei den meisten nur einen Wunsch erwecken: eine baldige Abreise zurück nach Manila. Besonders in Tilik und südöstlich davon sind die Menschen sehr distanziert und bisweilen sogar abweisend und unfreundlich. Verläßt man Tilik in Richtung Lubang, wird das Verhalten jedoch spürbar entkrampfter.

Auf Lubang gibt es keine kommerziellen Übernachtungsmöglichkeiten. Besucher sind auf Privatunterkünfte angewiesen. Am besten beim Mayor fragen oder aber beim Pfarrer der örtlichen Kirche.

Anreise

Anreisen kann man von Luzon. Siehe auch Kapitel »Manila«: *Weiterreise ab Luzon*.

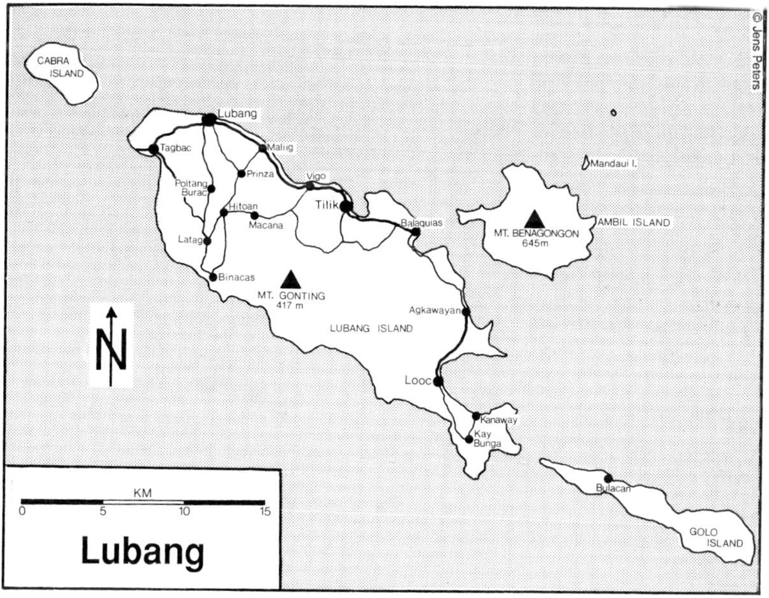

Weiterreise

Nach Luzon

Flug
Von Lubang nach Manila
Air Ads fliegt Di, Do, Sa u. So. Pacific Airways fliegt So.

Schiff
Von Tilik nach Manila
MV *Nikki*; Asuncion Shipping Lines. Abfahrt: Mi 14.00 Uhr. Fahrzeit: 8 Std.
MV *Conchita*; Asuncion Shipping Lines. Abfahrt: So 14.00 Uhr. Fahrzeit: 8 Std.

Von Tilik nach Nasugbu
Großes Auslegerboot; Montenegro Shipping Lines. Abfahrt: Di, Do u. Sa. Fahrzeit: 2:30 Std.

Transport auf Lubang
Der Airport liegt zwischen den Orten Lubang und Tagbac im Nordwesten der Insel. Eine Pferdedroschke nach Vigo oder Tilik kostet 50 bis 70 P. Fahrzeit: 1 Std.
Tilik besitzt den Hafen dieser kleinen Inselgruppe. Wenn ein Schiff festmacht, fahren ein regulärer Jeepney nach Lubang und ein Lastwagen für Fracht und Passagiere nach Looc. Ansonsten verkehren kaum öffentliche Verkehrsmittel.
Nur selten fährt eine reguläre Carretela (= Calesa; Pferdedroschke) von Tilik nach Lubang. Wer nicht warten kann, ist auf einen relativ teuren Special Ride angewiesen.
Die Transportkosten auf Lubang sind im Vergleich zu anderen Inseln mindestens doppelt so hoch. Das gilt auch für die kurze Bancafahrt von Balaquias

hinüber zur Ambil Island, für die heute vermutlich 250 P verlangt werden. Eine Ausgabe, die sich mit Sicherheit nicht lohnt, wenn man auf Ambil Island Jade suchen will, die es schlußfolgernd nach Angaben philippinischer Fachliteratur dort eigentlich geben müßte.

Tilik

Von Tilik aus bieten sich wegen fehlender Transportmöglichkeiten Wanderungen förmlich an, zum Beispiel zum Cono Beach bei Vigo. Er ist zwar kein tropischer Traumstrand, hat aber eine richtige Brandung und ist so gut wie menschenleer.

Einen schönen Sandstrand gibt es bei Tagbac, im Nordwesten von Lubang, allerdings ist der Meeresboden sehr schlammig.

Wer sich von Tilik mit einem Paddelbanca auf die andere Seite der Bucht bringen läßt, sollte darauf achten, daß mindestens zwei Handbreit Boot über dem Wasser sind. Die Buchtmitte ist ungeschützt, so daß schon ein leichter Wind die Wellen ins Boot schlagen kann. Mir stand dort plötzlich das Wasser bis zum Hals.

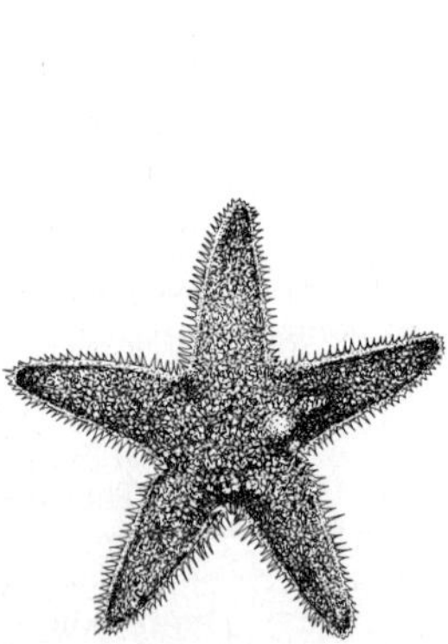

Marinduque

Marinduque ist die fast kreisförmige Insel zwischen Süd-Luzon und Mindoro. Die Marinduqueros sind Tagalog. Die meisten von ihnen stammen aus den Provinzen Batangas und Quezon. Kokosnüsse und Reis sind die wichtigsten landwirtschaftlichen Erzeugnisse. Zwei Bergwerkgesellschaften bauen Eisenerz und Kupfer ab. Große Kupfervorkommen gibt es in Labo bei Santa Cruz.
Die touristische Hauptattraktion Marinduques ist das Moriones Festival, das jedes Jahr in der Karwoche stattfindet, und an dem die Bevölkerung mit viel Spaß und guter Laune teilnimmt (siehe auch Kapitel »Land und Leute«: *Feiertage*). Während dieser Zeit halten sich auch die meisten Fremden auf Marinduque auf. Ansonsten sind Touristen nur sehr selten anzutreffen - die touristische Erschließung dieser sympathischen Insel steckt immer noch in den Anfängen.

Anreise

Anreisen kann man von Luzon und Mindoro. Siehe auch »Weiterreise« im jeweiligen Inselkapitel.

Weiterreise

Nach Luzon

Flug
Von Boac nach Manila
Philippine Airlines fliegt Mo, Mi, Fr u. So.

Schiff
Von Balanacan nach Lucena
Täglich drei schnelle Fähren. Abfahrt: 9.00, 12.00 und 17.00 Uhr. Fahrzeit: 1 Std. Fahrpreis: 125 P.

MV *San Agustin Reyes*; Viva Shipping Lines. Abfahrt: täglich 11.00 u. 17.00 Uhr. Fahrzeit: 2:30 Std. Fahrpreis: 80 P.

Von Santa Cruz nach Lucena
Täglich zwei Fähren. Abfahrt: 18.00 und 19.30 Uhr. Fahrzeit: 4:30 Std.; ab Buyabod, dem Anleger von Santa Cruz. Verlademöglichkeit für Auto und Motorrad.

Nach Mindoro

Schiff
Von Gasan nach Pinamalayan
Großes Auslegerboot: Abfahrt: täglich 8.30 Uhr. Fahrzeit: 3:30 Std.

Boac

Boac liegt am Boac River und ist die Hauptstadt der Provinz Marinduque. Überragt wird diese saubere Kleinstadt von einer auf einer Anhöhe errichteten, massiven Kirche, die mit einem reichverzierten Altar ausgestattet ist. Obwohl in fast jedem Ort der Insel in der Karwoche Passionsspiele aufgeführt werden und jedes das angeblich beste

ist, finden die wichtigsten Veranstaltungen des Moriones Festival in Boac statt, und zwar von Gründonnerstag bis Ostersonntag.
Der Airport von Boac liegt zwölf Kilometer südlich bei Masiga. An dem kieseligen Strand auf dem Weg dorthin gibt es ein paar Beach Resorts.

Übernachten

In Boac
Boac Hotel, Nepomuceno Street, Tel. 3321121. EZ/DZ/fan 150/300 P, EZ/fan/Bad 200 P, DZ/ac/Bad 375 P. Einfach.
Cely's Lodging House, 10 de Octobre Street, Tel. 3321519. EZ/DZ/fan 200 P. Einfach. Restaurant.
Susanna Inn, Tel. 3321997. EZ/fan 250 P, DZ/fan 300 P, EZ/fan/Bad 300 P, DZ/fan/Bad 400 P, EZ/ac/Bad 500 P, DZ/ac/Bad 700 P. Recht passable Zimmer. Freundliche Leute. Restaurant. Liegt gleich hinter dem Markt.

Nahe Boac
Swing Beach Resort, Deogracias Street, Tel. 3321252. EZ/DZ 250 P pro Person (Vier-Bett-Zimmer). Vollpension 500 P pro Person. Liegt etwas nördlich von Boac in Richtung Mogpog.
Marinduque Marine, Balaring, Cellular Tel. 0912-3111438. Cottage/fan/Bad 380 P. Ordentliche Unterkunft. Freundliche Anlage mit Garten und Terrasse. Keith Gardner, der Besitzer, ist Brite. Gutes Restaurant. Tauchen; auch Tauchkurse und mehrtägige Tauchtouren. Liegt knapp vier Kilometer südlich von Boac.
Cassandra Beach Resort, Cagonhao. EZ/DZ/fan 150 P, Cottage/fan/Bad 175 P. Restaurant. Küchenbenutzung möglich.
Aussie-Pom Guest House, Caganhao. EZ/DZ/fan 200 P. Geräumige Zimmer. Wochen- und Monatsraten auf Anfrage. Restaurant. Tadellos geführtes Haus. Küchenbenutzung möglich. Schnorchelausrüstung 40 P/Tag. Nicht weit vom Kieselstrand entfernt befindet sich ein ziemlich intaktes Korallenriff.
Pyramid Beach Resort, Caganhao, Tel. 3321493. EZ/DZ 150/200 P, EZ/DZ/fan 200/250 P. Einfach, aber akzeptabel. Essen auf Vorbestellung.
Sunraft Beach Hotel, Cawit, Tel. 3321491. EZ/DZ 120/200 P, EZ/DZ/fan/Bad 200/300 P. Einfache Unterkunft inmitten eines Gartens direkt am kieseligen Strand. Restaurant.
Sea View Hotel, Cawit, Tel. 3322840. EZ/DZ/fan/Bad 400 P. Passable Zimmer. Restaurant.

Adressen/Verschiedenes

Vorwahl: 042.

Balanacan

Balanacan ist ein kleiner Ort im Nordwesten von Marinduque. Vom kleinen Hafen in der geschützten, sehr malerischen Bucht bestehen Schiffsverbindungen von und nach Lucena auf Luzon.

Übernachten

LTB Lodge. EZ/DZ 60/120 P, EZ/DZ/fan 100/150 P. Sehr Einfach.

Anreise/Weiterreise

Jeepney: Von Boac nach Balanacan fahren täglich wenige Jeepneys. Am sichersten ist die Verbindung bei Ankunft oder Abfahrt eines Schiffes.

Santa Cruz

Zwar ist Boac die Hauptstadt von Marinduque, aber Santa Cruz hat die meisten Einwohner. Die eindrucksvolle, massive Kirche mit ihren alten Malereien und Skulpturen wurde 1714 erbaut.
Für Tauchtrips von Santa Cruz aus können bei Franco Preclaro Ausrüstungen ausgeliehen werden - ein eigener Lun-

Inseln um Luzon

genautomat ist jedoch ratsam. Er kann auch Informationen über gute Tauchgründe geben und Fahrten dorthin organisieren.
Zwischen Santa Cruz und Lucena auf Luzon besteht eine Schiffsverbindung. Buyabod ist der Anleger von Santa Cruz und liegt ein paar Kilometer östlich.

Übernachten

Model's Lodging House. EZ/DZ/fan 100/200 P, EZ/DZ/ac 175/350 P. Einfache, aber saubere Unterkunft. Sehr nette Leute. Restaurant. Liegt gegenüber dem Markt.

Essen und Trinken

Von den wenigen Restaurants in Santa Cruz ist das ***Tita Amie Restaurant*** in der Palomares Street/Ecke Pag-asa Street, wahrscheinlich das beste. Die Auswahl ist zwar klein, aber auf Vorbestellung werden auch gerne Sonderwünsche erfüllt.

Anreise/Weiterreise

Jeepney: Von Boac nach Santa Cruz fahren täglich mehrere Jeepneys; über Mogpog.

Ipil

Etwa zehn Kilometer nordwestlich von Santa Cruz, im Barrio Ipil, befinden sich die Bathala Caves, ein Komplex aus insgesamt sieben Höhlen, von denen allerdings nur vier zugänglich sind. Sie befinden sich in Privatbesitz der Familie Mendoza, bei der die Erlaubnis für das Betreten eingeholt werden sollte (Eintritt: 50 P; Führung: 150 P).

Höflichen Besuchern wird auch die Benutzung des natürlichen Swimmingpools gleich hinter ihrem Haus gestattet - eine Wohltat nach dem Aufenthalt bei den Fledermäusen.

Übernachten

Die Familie Mendoza vermietet ein größeres Cottage für fünf bis sechs Personen.

Anreise/Weiterreise

Jeepney: Von Santa Cruz nach Ipil fahren etwa halbstündlich Jeepneys. Fahrpreis: 5 P.

Maniuayan Island

Auf den drei nordöstlich von Santa Cruz gelegenen Santa Cruz Islands (Polo, Maniuayan und Mompong) gibt es lange Strände und gute Schnorchelmöglichkeiten, zum Beispiel auf Maniuayan Island.

An der nordwestlichen Spitze der Insel baut ein japanischer Investor ein prunkvolles Resort, das noch 1998 eröffnet werden soll.

Übernachten

Lucita Perlada bietet am Strand ein Zimmer in einem Cottage für 250 P pro Tag an, inklusive drei Mahlzeiten. Ihre Schwester Julieta vermietet ebenfalls ein Zimmer in ihrem Haus am Strand.

Anreise/Weiterreise

Boot: Von Bitik oder Buyabod nach Maniuayan fährt morgens um 7.00 oder 8.00 Uhr ein Auslegerboot. Fahrzeit: 45 Min.

Nach Ankunft der Fähre von Lucena fahren um etwa 14.00 Uhr zwei Boote von Buyabod zur Insel Polo.

Torrijos

Der landschaftlich schöne White Beach von Poctoy bei Torrijos ist der wahrscheinlich beste Strand von Marinduque; das vorgelagerte Korallenriff bietet gute Schnorchelmöglichkeiten. Vom Strand aus hat man einen herrlichen Blick auf den Mount Malindig.

Für Ausflüge ins Innere der Insel kommen unter anderem Sibuyao und Maranlig in Frage, zwei Orte nordwestlich von Torrijos. Nach Maranlig fährt täglich ein Jeepney; nach Sibuyao nur sonntags (Markttag). In Maranlig finden sonntags Hahnenkämpfe statt. Sibuyao liegt auf einer Hochebene mit Reisterrassen.

Die Bootsfahrt von Torrijos zur Salomague Island mit ihrem weißen Strand dauert etwa eine Stunde. Wohl wegen fehlender Gäste kann das erst vor wenigen Jahren eröffnete Salomague Island Resort nicht mehr regelmäßig betrieben werden - es ist die meiste Zeit geschlossen.

Übernachten

L & R Cottages. Cottage 100 P. Anspruchslose Unterkunft.

Rendezvous Cottages. Cottage 100 P. Einfache, bescheidene Hütten.

Darüber hinaus bieten Einheimische etwa 50 Meter vom Strand entfernt für etwa 100 P sehr einfache Privatzimmer mit Kochgelegenheit an, z.B. Leonard

Pilar und Jose Roldan. In Torrijos vermietet der Bürgermeister für 100 P anspruchslose Zimmer.

Anreise/Weiterreise

Buenavista
Jeepney: Von Buenavista über Malibago nach Torrijos fahren täglich wenige Jeepneys.
Hinweis: Ab späten Nachmittag fährt vom Gebirgsort Malibago kein Jeepney mehr weiter.

Santa Cruz
Jeepney: Von Santa Cruz nach Torrijos fahren täglich wenige Jeepneys. Am sichersten ist die Verbindung bei Ankunft oder Abfahrt eines Schiffes. Wer zum White Beach bei Poctoy will, könnte den Jeepneyfahrer um einen kleinen Abstecher dorthin bitten.

Buenavista

Buenavista liegt an der südlichen Küste von Marinduque und ist ein Ausgangspunkt zum Mount Malindig am Marlanga Point, einem 1.157 Meter hohen, ruhenden Vulkan, auf dem eine Telegrafenstation errichtet wurde.
Etwa fünf Straßenkilometer landeinwärts von Buenavista entspringen die Malbog Hot Springs, idyllisch gelegene, heiße Schwefelquellen, die bei bestimmten Hautleiden heilend wirken sollen. Eintritt: 3 P.
Sehenswert in Buenavista selbst ist der große Markt, besonders am Wochenende, wenn zahlreiche Menschen aus umliegenden Bergdörfern ihre Waren anbieten. Schweine und Ziegen werden auf Wunsch gleich nach Kauf auf dem Markt geschlachtet und zerlegt.

Übernachten

Three Kings Cottages, Family Manuel Sarmiento. EZ/DZ/fan 150 P, Cottage/fan/Bad (zwei Zimmer, Kochgelegenheit) 400 P. Einfache, akzeptable Unterkunft. Am urwüchsigen Strand von Buenavista gelegen. Fahrten mit Auslegerbooten können arrangiert werden.
Susanna Hot Spring Resort, Malbog. EZ/DZ/Bad 500 P. Gepflegte Anlage mit nettem Garten. Restaurant. Kleiner Swimmingpool (40 Grad Celsius).

Anreise/Weiterreise

Jeepney: Von Boac nach Buenavista fahren täglich mehrere Jeepneys; über Cawit und Gasan.

Elefante Island

Hoch oben auf der kleinen, im Süden von Marinduque gelegenen Elefante Island haben japanische Investoren eine sehr aufwendig ausgestattete Clubanlage errichtet. Vom Strand fahren hoteleigene Jeeps hinauf, so daß die Gäste nicht laufen müssen. Zwar war die Anlage ursprünglich exklusiv für Clubmitglieder konzipiert, aber in Zeiten schwacher Ausbuchung wird auch an ganz normale Gäste vermietet. Lohnend ist sicherlich ein Tagestrip dorthin, der einen guten Eindruck davon vermittelt, was bei entsprechender Finanzkraft touristisch aus einer Insel dieser Größe werden kann.

Übernachten

Fantasy Elephant Club. EZ/DZ/ac/Bad 3.000 P bis 12.500 P, Cottage/ac/Bad 6.000 und 7.700 P. Mit TV. Sehr komfortabel ausgestattet. Gepflegte Anlage mit herrlicher Aussicht. Restaurant. Swimmingpool. Whirlpool. Japanischer Garten. Golfplatz. Tenniscourt. Tauchen. Windsurfen.

Anreise/Weiterreise

Boot: Ein Boot von Lipata zur Elefante Island und zurück kostet etwa 300 P. Vor Abfahrt erfolgt eine Kontrolle durch Guards des Fantasy Elephant Club.

Tres Reyes Islands

Die Fahrt mit einem Auslegerboot von Buenavista nach den vorgelagerten Tres Reyes Islands dauert etwa 30 Minuten. Während Baltazar Island und Melchor Island felsig und unbewohnt sind, gibt es auf Gaspar Island ein kleines Dorf und einen Korallenstrand mit guten Schnorchel- und Tauchmöglichkeiten. Etwa 100 Meter nördlich von Gaspar Island wurde 1980 in 38 Metern Tiefe das Wrack einer vor vermutlich rund 200 Jahren gesunkenen chinesischen Dschunke entdeckt. Obwohl das meiste der reichen Porzellanladung inzwischen wahrscheinlich geborgen sein dürfte, fördern einheimische Taucher von Zeit zu Zeit weitere Objekte zutage - die Schatzsuche geht also weiter.

Gasan

Neben Boac und Mogpog ist auch das saubere und ruhige Städtchen Gasan verstärkt an der Durchführung der Passionsspiele in der Karwoche beteiligt. In Gasan werden in Handarbeit Korbwaren und Dekorationsartikel angefertigt. So kann man zum Beispiel im UNI Store zusehen, wie aus Holz geschnitzte Vögel bunt bemalt werden. Zwischen Gasan und Pinamalayan auf Mindoro besteht eine Schiffsverbindung.

Übernachten

Sunset Garden Resort, Pangi, Cellular Tel. 0973-795745. Cottage/fan/Bad 420 P. Restaurant. Gepflegte Anlage etwa zwei Kilometer nördlich von Gasan. Reservierung in Manila unter Tel. 8016369 (Virgie & Hans Fuchs).

Essen und Trinken

Europäische und philippinische Gerichte sind im ***Sunset Garden Restaurant*** des gleichnamigen Beach Resorts erhältlich. Auf dem Markt von Gasan bereiten Marktfrauen gutschmeckenden Maispudding sowie Reis- und Bananenkuchen zu.

Masbate

Zur Provinz Masbate gehören neben Masbate Island auch die etwas kleineren Inseln Ticao und Burias. Obwohl diese Inselgruppe zur Bikol-Region gerechnet wird, ist der Einfluß der Visayas unverkennbar. So werden neben Bikolano häufig auch die Sprachen Cebuano und Hiligaynon gesprochen.
Vor dem Zweiten Weltkrieg war Masbate führender Goldlieferant der Philippinen. Heute ist die Insel die Fleischkammer des Landes mit Viehherden in Größenordnungen von bis zu 4.000 Stück. Man kennt sie auf den Philippinen deshalb auch als »Cattle Country«. Ebenso wichtig für das Einkommen und das Auskommen der Masbateños ist auch die Fischerei.
Der Tourismus ist für diese Provinz ohne Bedeutung, denn nur sehr selten kommen Fremde auf diese verkehrsmäßig etwas ungünstig gelegenen Inseln. Darüber hinaus ist die Infrastruktur auf den Inseln sehr schwach entwickelt, so daß dort nur an Rustikalität gewöhnte Reisende eine gute Zeit haben dürften. Einfache kommerzielle Übernachtungsmöglichkeiten gibt es außer in Masbate-Stadt wahrscheinlich nur noch in Mobo, Aroroy und Mandoan. Tuba-Liebhaber sollten es nicht versäumen, die für Masbate typische weiße Tuba-Variante zu probieren

Anreise

Anreisen kann man von Cebu, Luzon, Romblon und Samar. Siehe auch »Weiterreise« im jeweiligen Inselkapitel.

Weiterreise

Nach Cebu

Schiff
Von Cataingan nach Cebu City
MV *Rosalia*; Lapu-Lapu Shipping Lines. Abfahrt: Do u. So 19.00 Uhr. Fahrzeit: 11 Std.
MV *Princess Joan*; Georgia Shipping Lines. Abfahrt: So 22.00 Uhr. Fahrzeit: 10 Std.

Von Cataingan nach Hagnaya
Zweimal wöchentlich, wahrscheinlich Do u. Mo, soll ein Schiff fahren.

Von Cawayan nach Hagnaya
Zweimal wöchentlich, wahrscheinlich Mi u. Sa, soll ein Schiff fahren; eventuell über Placer.

Von Masbate nach Cebu City
MV *Cebu Princess*; Sulpicio Lines. Abfahrt: Sa 16.00 Uhr. Fahrzeit: 36 Std.; über Ormoc/Leyte.

Nach Leyte

Schiff
Von Masbate nach Calubian, Baybay und Maasin
MV *Palawan Princess*; Sulpicio Lines. Abfahrt: Do 22.00 Uhr. Fahrzeit nach Calubian: 8 Std.; nach Baybay: 16 Std.; nach Maasin: 21 Std.

Von Masbate nach Ormoc
MV *Sacred Heart*; WG & A. Abfahrt: Di 20.00 Uhr. Fahrzeit: 18 Std.; über Palompon.
MV *Cebu Princess*; Sulpicio Lines. Abfahrt: Sa 16.00 Uhr. Fahrzeit: 16 Std.

Von Masbate nach Palompon
MV *Sacred Heart*; WG & A. Abfahrt: Di 20.00 Uhr. Fahrzeit: 10 Std.

Nach Luzon

Flug
Von Masbate nach Manila
Asian Spirit fliegt täglich.
Philippine Airlines fliegt Di, Di u. Fr.

Schiff
Von Masbate nach Bulan
MV *Matea I*. Abfahrt: täglich 5.00 Uhr. Fahrzeit: 3:30 Std.; möglicherweise fährt im Laufe des Tages ein zweites Schiff.

Von Masbate nach Lucena
MV *Santa Maria*; Viva Shipping Lines. Abfahrt: Mo, Mi u. Sa 17.00 Uhr. Fahrzeit: 12 Std.
MV *Viva Peñafrancia V*; Viva Shipping Lines. Abfahrt: Di, Fr u. So 17.00 Uhr. Fahrzeit: 12 Std.

Von Masbate nach Manila
MV *Palawan Princess*; Sulpicio Lines. Abfahrt: Mo 15.00 Uhr. Fahrzeit: 19 Std.
MV *Cebu Princess*; Sulpicio Lines. Abfahrt: Mi 16.00 Uhr. Fahrzeit: 19 Std.
MV *Sacred Heart*; WG & A. Abfahrt: Do 21.00 Uhr. Fahrzeit: 19 Std.

Nach Romblon

Schiff
Von Mandaon nach Sibuyan Island
Wöchentlich ein Schiff. Abfahrt: Mi oder Do 19.00 Uhr. Nach kurzer Fahrt wird in der Maolingon-Bucht geankert, bevor es um etwa 1.00 Uhr weitergeht. Fahrzeit: 5 Std. Den genauen Zeitpunkt der Abfahrt erfährt man nur in Mandaon selbst. Alle in anderen Orten gemachten Angaben weichen stark voneinander ab und sind nicht zuverlässig.

Masbate

Masbate ist die Provinzhauptstadt, bietet aber an Nennenswertem nicht viel mehr als einen Hafen, einen Markt und zahlreiche Verkaufsstände, die die Straßen säumen.
Ein paar Kilometer südöstlich, in Mobo, befindet sich der Bitu-on Beach, ein beliebtes lokales Ausflugsziel mit einem Beach Resort, dessen Cottages eine gute Alternative zu den Hotels der Stadt darstellen.
Jedes Jahr in der zweiten Aprilwoche findet im Masbate Sports Complex das Rodeo Masbateño statt, an dem sogar Cowboys aus den Vereinigten Staaten teilnehmen.

Übernachten

St. Anthony Hotel, Quezon Street. EZ/DZ/fan 150/200 P, EZ/fan/Bad 250 P, DZ/fan/Bad 300 P, EZ/ac/Bad 350 P, DZ/ac/Bad 400 P. Einfach. Das einzige akzeptable Hotel der Stadt.

Essen und Trinken

Zu den relativ preiswerten und guten Restaurants der Stadt gehören das ***Peking House*** in der Nähe des Hafens und das ***Petit Restaurant*** in der Quezon Street gegenüber vom St. Anthony Hotel. Im sauberen, halboffenen ***Kapihan Restaurant*** in der Mabini Street wird überwiegend Seafood angeboten.

Cataingan

Cataingan ist eine kleine Hafenstadt am Kopf einer tiefeingeschnittenen, schmalen Bucht im Südosten der Insel. Von dort fahren Schiffe nach Cebu.

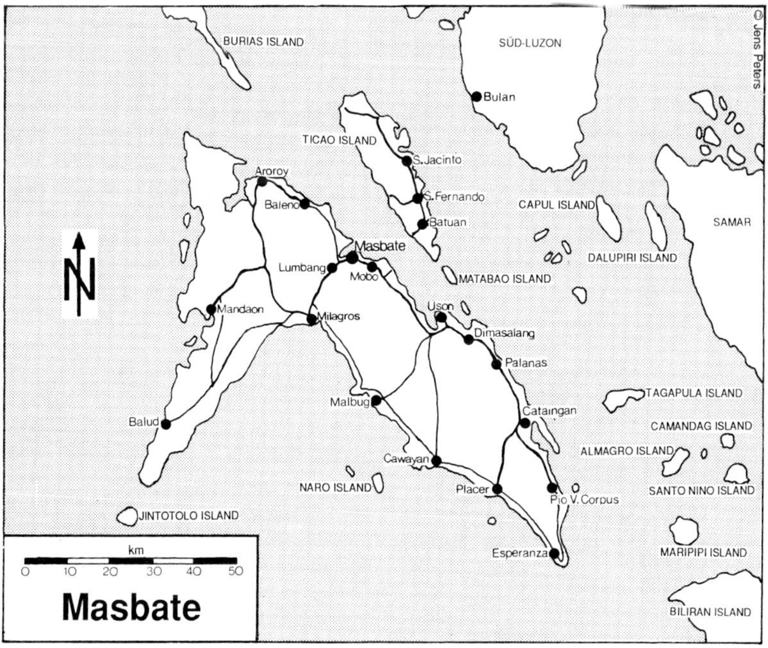

Anreise/Weiterreise

Jeepney: Von Masbate nach Cataingan fahren täglich wenige Jeepneys. Fahrzeit: 5 Std.; schlechte Strecke.

Mandaon

Von Mandaon fahren Schiffe nach Sibuyan Island, Romblon Province. In der Nähe des Ortes befindet sich die Kalanay-Höhle, in der zahlreiche archäologische Objekte gefunden wurden.

Übernachten

Mesa's Lodging. EZ/DZ 50/100 P. Einfache Unterkunft direkt am Strand.

Anreise/Weiterreise

Jeepney: Von Masbate nach Mandaon fahren täglich mehrere Jeepneys und Busse. Fahrzeit: 2 Std.
Wer eine freie Sicht haben und die schöne Landschaft genießen möchte, sollte sich um einen Platz auf dem Dach bemühen.

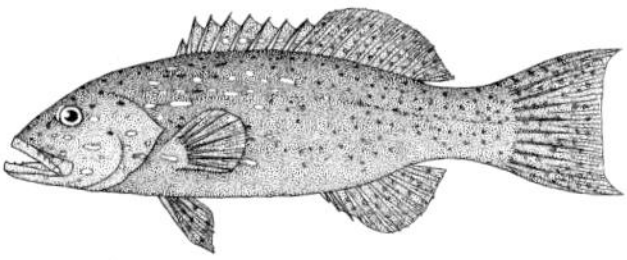

Mindoro

Mindoro ist die nächste große Insel südlich von Manila. Sie ist unterteilt in die Provinzen Mindoro Occidental (Westhälfte) und Mindoro Oriental (Osthälfte). Nur die Küstenstreifen sind verstärkt besiedelt. In den Dschungeln und Bergen des Binnenlandes leben verschiedene Gruppen der Mangyan (siehe auch Kapitel »Land und Leute«: *Kulturelle Minderheiten*).

Fischfang und Anbau von Reis und Kokosnüssen sind gegenwärtig die Haupterwerbszweige. Viehzucht wird um San Jose betrieben. Im Bergbau muß man sich vorerst auf den Abbau von Marmor beschränken. An die anderen Bodenschätze wie Kupfer und Kohle kommt man wegen des schwierigen Geländes noch nicht heran. Größere Goldvorkommen werden vermutet, sicherlich nicht unbegründet. Immerhin soll der Name Mindoro eine Ableitung der spanischen Beschreibung Mina de Oro (Goldmine) sein. Versuchsbohrungen nach schwarzem Gold bei San Jose stimmten optimistisch. Es bleibt jedoch abzuwarten, ob und wann lukrative Ölförderungen zustande kommen.

Die übliche Reiseroute verläuft von Puerto Galera über Calapan nach Roxas. In Puerto Galera und Umgebung gibt es beliebte Strände und noch weitgehend intakte Korallenriffe. Roxas ist ein Ausgangspunkt für Bootsfahrten nach Tablas und Boracay.

In Mindoro Occidental dürfte der nördliche Küstenabschnitt von Mamburao bis Sablayan touristisch schon bald an Bedeutung gewinnen. Eine regelmäßige Schiffsverbindung von Sablayan oder San Jose nach Coron auf Busuanga im Norden Palawans ist leider noch nicht zustande gekommen. Sie würde eine weitere verlockende Möglichkeit zum Island Hopping eröffnen.

Anreise

Anreisen kann man von Luzon, Marinduque, Panay und Romblon. Siehe auch »Weiterreise« im jeweiligen Inselkapitel.

Weiterreise

Nach Luzon

Flug

Von Sablayan nach Manila

Pacific Airways plant Mo, Mi u. Fr zu fliegen.

Von San Jose nach Manila

Asian Spirit und Philippine Airlines fliegen täglich.

Schiff

Von Abra de Ilog nach Batangas

Autofähre; Montenegro Shipping Lines oder Viva Shipping Lines. Abfahrt: 4.30, 6.30, 10.45 und 16.00 Uhr. Fahrzeit: 2:30 Std.

Von Calapan nach Batangas

MV *Supercat*; Universal Aboitiz. Ab-

fahrt: täglich etwa stündlich von 5.00 bis 18.15 Uhr. Fahrzeit: 45 Min. Fahrpreis: 150 P.
Zusätzlich fahren die schnellen Fähren MV *Lourdes* und die MV *Fatima* von täglich achtmal von 5.15 bis 16.30 Uhr. Etwa zwölf Autofähren fahren von 6.00 bis 18.00 Uhr. Fahrzeit: 2 Std.

Von Puerto Galera nach Batangas
MV *Santa Peñafrancia VI* (Autofähre); Santo Domingo Shipping Lines. Abfahrt: täglich 5.00, 10.30 u. 14.30 Uhr. Fahrzeit: 1:30 Std. Fahrpreis: 45 P. Ab Anleger in Balatero, 2,5 Kilometer westlich von Puerto Galera. Ein Special Ride mit einem Auslegerboot von Sabang nach Balatero kostet 150 P.
MV *Blue Eagle*. Abfahrt: 7.00 u. 13.00 Uhr. Fahrzeit: 1 Std. Fahrpreis: 100 P.
MV *Si-Kat II*; Si-Kat Ferry Inc. Abfahrt: täglich 9.30 Uhr. Fahrzeit: 2 Std. Fahrpreis: 150 P (Fähre), 300 P (Fähre und Bus). Ferry-Bus-Tickets sind im Si-Kat Ferry Office am Anleger erhältlich; dort auch Reservierung. Der Aircon-Bus wartet am Pier in Batangas und fährt nach Ankunft der Fähre direkt zum Centrepoint Hotel in Manila.
Großes Auslegerboot. Abfahrt: täglich 6.00, 7.00 u. 8.00 Uhr. Fahrzeit: 1:30 Std. Fahrpreis: 50 P. Ab Sabang. Das 8.00 Uhr-Boot (*Sabang Princess*) ist am größten.
Ein Special Ride mit einem Auslegerboot sollte nicht mehr als 800 P kosten.

Von Sablayan nach Batangas
MV *Viva Peñafrancia*, MV *St. Christopher*; Viva Shipping Lines. Abfahrt: Mo, Mi u. Sa 19.00 Uhr. Fahrzeit: 9 Std.

Von San Jose nach Batangas
MV *Santo Niño*; Viva Shipping Lines. Abfahrt: Mo, Mi, u. Sa 18.00 Uhr. Fahrzeit: 13 Std.
MV *Marian Queen*; Viva Shipping Lines. Abfahrt: Di, Do u. So 18.00 Uhr. Fahrzeit: 12 Std.
MV *Forida 1*; RN Hi Speed Ferries. Abfahrt: Di, Fr u. So 21.00 Uhr. Fahrzeit: 7:30 Std.

Von San Jose nach Manila
MV *Michael Joseph*; Viva Shipping Lines. Abfahrt: Mo 17.00 Uhr, Do u. So 18.00 Uhr. Fahrzeit: 17 Std.

Nach Marinduque

Schiff
Von Pinamalayan nach Gasan
Großes Auslegerboot: Abfahrt: täglich 5.00 oder 14.00 Uhr. Fahrzeit: 3:30 Std.

Nach Panay

Schiff
Von Puerto Galera nach Boracay
Zunächst mit einer Fähre von Puerto Galera nach Batangas. Von dort fährt täglich außer Mo um 18.00 Uhr ein Schiff der Viva Shipping Lines nach Odiongan auf Tablas Island im Romblon-Archipel (siehe auch Kapitel »Manila«: *Weiterreise ab Luzon - Romblon*). Wegen Mangel an Liegestühlen in der billigen Klasse empfiehlt es sich, ein Ticket für die erste Klasse (Aircon) zu kaufen. Bei Ankunft frühmorgens in Odiongan warten am Anleger bereits Jeepneys mit Ziel Santa Fe (2 Std.; 40 P). Um 10.30 Uhr fährt von Santa Fe ein großes Auslegerboot entweder direkt nach Boracay (1:30 Std., 80 P) oder nach Caticlan/Panay, wo wiederum Boote nach Boracay ablegen.

Von Roxas nach Caticlan (Boracay)
Großes Auslegerboot. Abfahrt Mo u. Do 10.30 Uhr, in der Hauptsaison von Dezember bis Mai eventuell auch an anderen Tagen (unbestimmt). Fahrzeit: 5 Std. Fahrpreis: 260 P.
Hinweis: Es ist ein etwas ungemütlicher Trip. Bei schlechtem Wetter ist

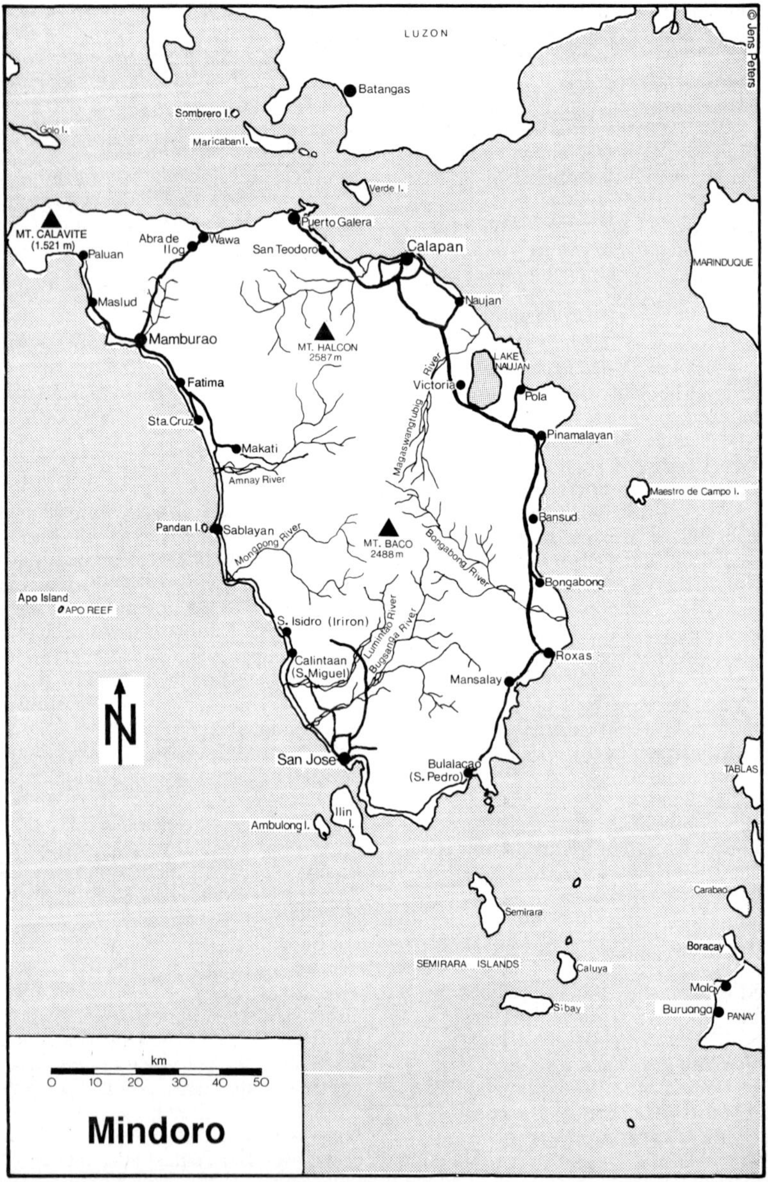

© Jens Peters
LUZON
Batangas
Sombrero I.
Golo I.
Maricaban I.
Verde I.
MARINDUQUE
MT. CALAVITE (1.521 m)
Paluan
Abra de Ilog
Wawa
Puerto Galera
San Teodoro
Calapan
Naujan
Maslud
Mamburao
MT. HALCON 2587 m
LAKE NAUJAN
Victoria
Pola
Fatima
Sta.Cruz
Makati
Amnay River
Magaswangtubig River
Pinamalayan
Maestro de Campo I.
Pandan I.
Sablayan
Mongpong River
MT. BACO 2488 m
Bongabong River
Bansud
Bongabong
Apo Island
APO REEF
S. Isidro (Iriron)
Lumintao River
Bugsanga River
Calintaan (S. Miguel)
Roxas
Mansalay
San Jose
Bulalacao (S. Pedro)
TABLAS
Ilin I.
Ambulong I.
Semirara
Carabao
Boracay
SEMIRARA ISLANDS
Caluya
Sibay
Malay
Buruanga
PANAY
km
0 10 20 30 40 50
Mindoro

diese Überfahrt wegen des hohen Wellenganges in der Tablas Strait nicht zu empfehlen. Bisweilen fahren auch kleine Auslegerboote, die nicht unbedingt für diesen Trip geeignet erscheinen und obendrein meist noch sträflich überladen werden.
Außerhalb der Hauptsaison bietet sich eine Anreise nach Boracay von Roxas über Looc/Romblon an; siehe unten.

Von San Jose nach Buruanga
Großes Auslegerboot. Abfahrt: Do u. So 9.00 Uhr. Fahrzeit: 8 Std.
Bei schlechtem Wetter ist diese Überfahrt wegen des hohen Wellenganges in der Tablas Strait nicht zu empfehlen.

Von San Jose nach Libertad
Großes Auslegerboot. Abfahrt: Di u. Sa 10.00 Uhr. Fahrzeit: 11 Std. Das Boot legt unterwegs auf Semirara Island und Caluya Island an.
Bei schlechtem Wetter ist diese Überfahrt wegen des hohen Wellenganges in der Tablas Strait nicht zu empfehlen.

Von San Jose nach Liputa
MV *Princess Melanie Joy*. Eine oder zwei Abfahrten wöchentlich. Fahrzeit: 24 Std. Die Fahrt geht über Semirara Island und Caluya Island, wo bis zu zehn Stunden geankert wird.
Lipata liegt fünf Kilometer nördlich von Culasi an der Westküste von Panay.

Nach Romblon

Schiff
Von Bongabong nach San Agustin/ Tablas
Großes Auslegerboot. Abfahrt unregelmäßig, möglicherweise So 14.00 Uhr. Fahrzeit: 6 Std. Das Boot fährt von San Agustin/Tablas weiter nach Romblon/ Romblon.

Von Pinamalayan nach Sibali Island
Großes Auslegerboot. Abfahrt unregelmäßig. Das Schiff fährt weiter nach Banton Island. Sibali Island ist der lokale Name für Maestro de Campo Island.

Von Roxas nach Looc/Tablas
Großes Auslegerboot. Abfahrt: Di, Mi u. eventuell So 10.30 Uhr. Fahrzeit: 4 Std.

Von Roxas nach Odiongan/Tablas
Großes Auslegerboot. Abfahrt: Di, Fr u. So 10.30 Uhr. Fahrzeit: 3 Std.

Mindoro Oriental

Puerto Galera

Puerto Galera mit seinen herrlichen Buchten und mehreren guten Stränden sowie einer attraktiven Unterwasserwelt mit teilweise recht guten Schnorchel- und Tauchmöglichkeiten hat sich zu einem beliebten und bekannten Reiseziel entwickelt. Bereits vor etwa 60 Jahren stand dieser beschauliche Ort auf der Exkursionsliste der University of the Philippines. Zoologen und Botaniker konnten dort unter intakten und unberührten ökologischen Verhältnissen Tiere, Pflanzen und Mikro-Organismen studieren. 1934 wurde die heute noch tätige U.P. Marine Biological Station errichtet. Vierzig Jahre später erklärte das United Nations Man and Biosphere Program International Puerto Galera zum »nature center«. Aus dieser Zeit stammen auch die ersten in Medien geäußerten Gedanken in Richtung Tourismus. Sie wurden nicht überhört, und das Geschäft begann.
Der plötzliche Reichtum der Leute von Puerto lockte auch ausländische Geldgeber an. Dabei sind es eigentlich nur wenige, die sich den Kuchen teilen. Wen wundert's, daß die Lager im Dorf daher gespalten sind. Auf der einen Sei-

Keine Natur, kein Tourismus - in Puerto Galera hat man es begriffen

te stehen die Absahner, die im Tourismus das Geschäft ihres Lebens wittern und seine Expansion um fast jeden Preis befürworten; auf der anderen Seite stehen die Ermahner, die den Verfall von Sitte und Moral befürchten und den Ausverkauf der Umwelt anprangern.

Die Erkenntnis, daß der Tourismus wie ein Feuer ist, mit dem man sein Essen kochen, aber auch sein Haus abbrennen kann, dürfte sich jedoch auch in Puerto Galera herumgesprochen haben. Berücksichtigt man das touristische Potential dieses schönen Fleckchens Erde, dann hielt sich die infrastrukturelle Entwicklung bisher doch sehr in Grenzen. Allerdings wurde Puerto Galera Mitte der neunziger Jahre vom Department of Tourism auf die Liste derjenigen Orte gesetzt, die verstärkt gefördert werden sollen. Das heißt: grünes Licht für touristische Vorhaben der gehobenen Kategorie. Und schon wird eifrig aufwendig gebaut, z.B. der komfortable Heaven on Earth Club am Talipanan Beach und The Moorings, eine Wohnanlage mit Clubhaus, Tenniscourt und Swimmingpool, attraktiv am Hang oberhalb der Muelle Bay gelegen. Das Gesicht Puerto Galeras wird sich, das ist abzusehen, in den nächsten Jahren einschneidend verändern.

Puerto Galera besitzt einen der schönsten Naturhäfen, die ich kenne, und die Einfahrt durch den Batangas Channel oder Manila Channel an Deck der Fähre ist immer wieder ein Genuß. Dort suchten schon spanische Galeonen Schutz vor Taifunen, und aus dieser Zeit stammt auch der Name. Ein paar Jahre weiter zurück liegen die Handelsbeziehungen zu Indien, Java, Sumatra und besonders China. Im kleinen Excavation Museum neben der Kirche sind neben einer Muschelkollektion auch Töpferstücke aus verschiedenen chinesischen Dynastien zu sehen.

Abwechslung zum Strandleben bietet das nähere Hinterland von Puerto Galera. Da gibt es zum Beispiel ein - allerdings schon recht zivilisiertes - Mangyan-Dorf (knapp einen Kilometer hinter White Beach), einen Fluß mit Goldwäschern (bei Dulangan, etwa sechs Kilometer in Richtung Calapan, die Tamaraw-Wasserfälle (etwa 15 Kilometer in Richtung Calapan), einen Marmor-Steinbruch sowie die Möglichkeit, den Mount Malisimbo zu erklettern und die nahen Dschungel zu erkunden.

Die Anreise von Manila per Bus und Schiff ist für philippinische Verhältnisse bequem und dauert insgesamt nur etwa fünf Stunden. Obwohl es regnerisch und relativ kühl sein kann, kommen die meisten Gäste im Dezember und Januar nach Puerto Galera. Ab Mitte März ist dann das Ende der Hauptsaison deutlich spürbar. Sonnige und insbesondere ruhige Tage kann man trotz angesagter Regenzeit allerdings auch von Juni bis Oktober verbringen.

Übernachten

In Puerto Galera (town proper)

Malou's Hilltop Inn. EZ/DZ 150 P. Einfach.

Melxa's Greenhill Nipa Hut. EZ/DZ/fan 150 bis 400 P. Einfach.

Melxa's Beach House, Balete Beach, EZ/DZ/fan/Bad 250, 350 und 450 P. Mit Küche. Geräumige Zimmer in einem Steinhaus. Vermietung auch monatlich.

Coco Point. EZ/DZ/fan/Bad 250/300 P. Die Zimmer sind ihr Geld wert. Nette Unterkunft direkt am Anleger. Restaurant.

Puerto Galera Resort Hotel, Cellular Tel. 090-3090905. EZ/DZ/ac/Bad 1.000 bis 3.000 P. Größere Anlage mit komfortablen Zimmern. Restaurant. Swimmingpool. Schöne Aussicht auf die Muelle Bay.

Nahe Puerto Galera

Sandbar Beach Resort. EZ/DZ/Bad 350/450 P, Cottage/Bad 400 P. Kleine, familiäre Anlage etwa zwei Kilometer außerhalb in Richtung Halige Beach und Boquete Beach. Windsurfen.

Coral Aquaria. Cottage/fan Bad 300 und 500 P (mit Küche). Ruhige Lage auf Boquete Island. Gut geeignet für Gäste mit Kindern. Bis zum Strand sind es nur ein paar Minuten. Auskunft: Pier Pub Pizza.

Fishermen's Cove Beach Resort, Cellular Tel. 0912-3068494. EZ/DZ/fan/Bad 500/600 P. Ordentliche Unterkunft. Italienisches Management. Restaurant. Windsurfen. Liegt etwa einen Kilometer außerhalb an einer ruhigen Bucht (kein Strand) in Richtung White Beach.

Villa de la Chance, Small Tabinay. EZ/DZ/fan/Bad 600 P. Mit Küche und Kühlschrank. Kleine, familiäre Anlage (deutsch-philippinisches Ehepaar) mit nur zwei Zimmern. Liegt etwa zwei Kilometer südlich von Puerto Galera in Richtung Calapan.

Encenada Beach Resort, Cellular Tel. 0912-3012289. EZ/DZ/fan/Bad 2.200/4.400 P, Vollpension. Geräumige Zimmer, teilweise mit Kühlschrank. Restaurant. Hobie Cats. Windsurfen. Wasserski. Tauchen. Schöne Anlage mit eigenem Strand. Liegt etwa 1,5 Kilometer außerhalb in Richtung Sabang.

Tanawin Lodge, Cellular Tel. & Fax: 0912-3287693. Cottage/fan/Bad 800 bis 1.800 P; je nach Ausstattung. Hübsche kleine, individuell gestaltete und geschmackvoll eingerichtete zweistökkige Häuser mit Wohn- und Schlafzimmer. Die attraktivste Anlage von Puerto Galera. Private Atmosphäre. Restaurant. Swimmingpool mit Bar. Herrlicher Ausblick auf die Varadero Bay. Liegt etwa einen Kilometer außerhalb in Richtung Sabang, nahe Encenada Beach (kleiner Abstieg).

Reservierung in Manila bei Afro-Asian Tours & Travel, 1006 San Luiz Buil-

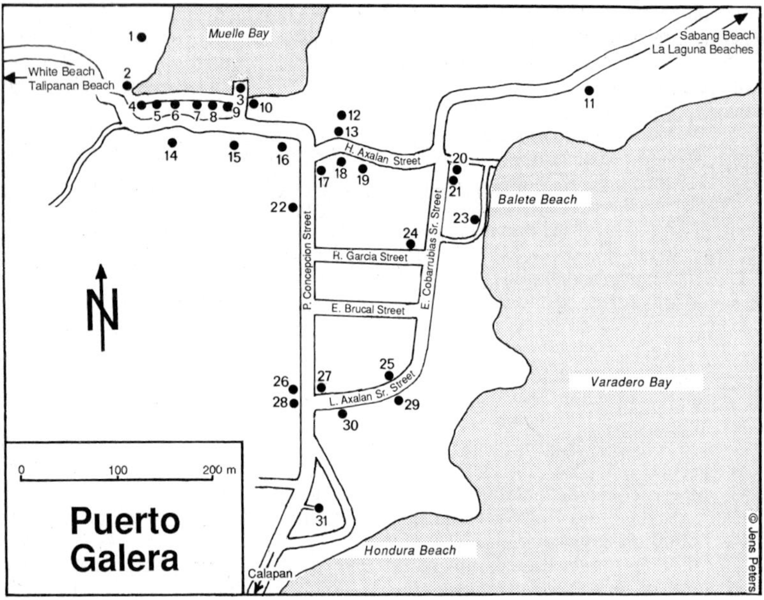

ding, Maria Orosa Street, Ermita, Tel. 5254374, Fax: 5218167.

Essen und Trinken

Am Anleger von Puerto Galera bieten verschiedene Restaurants europäische und philippinische Gerichte an, zum Beispiel das ***Typhoon Restaurant*** und das ***Harbour Point Restaurant***. Im ***Pier Pub Pizza*** werden nicht nur Pizzas gebacken, sondern auch Meeresfrüchte schmackhaft zubereitet. Gutes Frühstück und kleine Gerichte sind im ***RJ's Terrace Café*** gegenüber von der Schule erhältlich. Britische Traditionen werden im ***Dog & Duck Pub*** gepflegt, insbesondere sonntags, wenn's Roast Beef und Yorkshire Pudding gibt.

Adressen/Verschiedenes

Fitness: Matthias Hard Rock Gym, Cellular Tel. 0912-3412714, Small La Laguna Beach (neben Carlo's Inn). 100 P/Tag, 1.000 P/Monat. Geöffnet: tägl. 9.00-20.00 Uhr.

Geldwechseln: Die Rural Bank in Puerto Galera wechselt Bargeld und eventuell auch Travellers Cheques, allerdings zu einem ungünstigeren Kurs als die Money Changer und Banken in Manila. Travellers Cheques und US-Dollar cash tauschen auch der Money Changer in Sabang und - eventuell - das Margarita Shopping Center.

Krankenhaus und Ärzte: Palm Medical Clinic, etwas außerhalb in Richtung Sabang. Geöffnet: Mo-Fr 8.00-17.00 Uhr.

Dr. Carmelita Atienza, R. Garcia Street. Geöffnet: Mo-Sa 8.00-17.00 Uhr.

Zahnärztin Dr. Jiolita Mendoza, Mendoza Dental Clinic, nahe Anleger, Tel. 788518. Geöffnet: Mo-Sa 8.30-12.00 u. 13.00-17.00 Uhr.

Anreise/Weiterreise
3 Anleger
5 Si-Kat Ferry Office
15 Swagman Travel

Übernachten
1 The Moorings
10 Coco Point
14 Puerto Galera Resort Hotel
20 Malou's Hilltop Inn
21 Melxa's Greenhill Nipa Hut
23 Melxa's Beach House
29 Bahay Pilipino
30 Montiel's Place

Essen und Trinken; Unterhaltung
4 Pier Pub Pizza
6 Harbour Point
7 Typhoon Restaurant
8 DT's Coffee Shop
9 Corner Snack
10 Coco Point Restaurant
15 Margarita Restaurant
22 RJ's Terrace Café
27 Dog & Duck Pub

Verschiedenes
2 Puerto Galera Yacht Club
8 International Telephone
11 Palm Medical Clinic
12 Kirche
13 Excavation Museum
15 Margarita Shopping Center
16 Mendoza Dental Clinic
17 Miserior Clinic
18 Rural Bank
19 Post Office
24 Dr. Carmelita Atienza
25 Suzara's Pharmacy
26 New Vision Optical
28 Mairich Bakery
31 Market

Ponderosa Golf & Country Club: Diese von Clubmitgliedern betriebene Anlage mit Golfplatz (neun Löcher) liegt südwestlich von Puerto Galera in einer Höhe von etwa 600 Metern; herrliches Panorama. Gäste sind willkommen.
Vom kleinen Ort Minolo bis hinauf zur Anlage sind es etwa fünf Kilometer. In der Ponderosa Waiting Station in Minolo kann man ein Fahrzeug anfordern.
Reisebüro: Swagman Travel, nahe Anleger und am Sabang Beach (bei Asia Divers), Cellular Tel. 0912-3192357, erledigt Visaverlängerung sowie Buchung und Reconfirmation von nationalen und internationalen Flügen bei.
Tauchen: Es werden unter anderem fünftägige Tauchkurse für rund 7.000 P angeboten. Ein Tauchgang kostet 650 P, inklusive Ausrüstung. Die Dive Shops sind alle bestens ausgestattet; fast jeder hat auch ein eigenes Dive Boat. Getaucht wird hauptsächlich in der Nähe von Puerto Galera. Darüber hinaus unternehmen verschiedene Dive Shops von Februar bis Mai auch Tauchfahrten z.B. nach Busuanga im Norden von Palawan (Wracktauchen) und dem Apo Reef westlich von Mindoro.
Action Divers, Small La Laguna Beach, Cellular Tel. 0973-751968. Kurse in deutsch und englisch.
Asia Divers, Cellular Tel. 0912-3050652. Small La Laguna Beach. Kurse in deutsch, englisch, und japanisch.
Atlantis Dive Resort, Sabang Beach, Cellular Tel. 0912-3080672. Kurse in deutsch, englisch, französisch und schwedisch.
Capt'n Gregg's, Sabang Beach, Cellular Tel. 0912-3065267. Kurse in englisch, deutsch und schwedisch.
Cocktail Divers, Sabang Beach und Big La Laguna Beach, Cellular Tel. 0912-3065828. Kurse in deutsch, englisch und schwedisch.
Encenada Dive Club, Encenada Beach. Kurse in englisch.

La Laguna Dive Centre, Big La Laguna Beach, Cellular Tel. 0912-3065622. Kurse in deutsch, englisch, französisch, spanisch und schwedisch.
Octopus Divers, Villa Sabang, Sabang Beach, Cellular Tel. 0912-3134486. Kurse in deutsch, englisch, holländisch und schwedisch.
Pacific Divers, White Beach, Cellular Tel. 0912-3043984. Kurse in englisch, französisch und tagalisch.
Philippine Divers, Coco Beach, Cellular Tel. 0912-3047017.
Whitetip Divers, White Beach.
Reef Raiders Dive Center, Big La Laguna Beach. Kurse in deutsch, englisch und japanisch.
Scuba World, Big La Laguna Beach.
South Sea Divers, Sabang Beach. Kurse in deutsch, englisch und tagalisch.
Telefonieren: Am Anleger gibt es ein Telefon für internationale Ferngespräche. Darüber hinaus verfügen bereits viele Resorts über Funktelefone.

Anreise/Weiterreise

Mit dem Schiff: Kombinierte Tickets für Fähre nach Batangas und Aircon-Bus nach Manila sind erhältlich im Si-Kat Ferry Office am Anleger. Plätze für den Bus sollten spätestens einen Tag vor Abreise reserviert werden.

Calapan
Jeepney: Von Calapan nach Puerto Galera fahren täglich von 7.00 bis 16.00 Uhr mehrere Jeepneys ab Market. Fahrzeit: 2:30 Std.

Manila - Batangas
Bus/Schiff: Von Manila nach Batangas fahren täglich mehrere Busse der Companies BLTB und JAM Transit. Ein Aircon-Bus fährt täglich um 9.00 Uhr ab Centrepoint Hotel, Ermita. Am Schalter der Si-Kat Ferry in der Lobby des Hotels werden Bus-Schiff-Tickets verkauft (300 P); Tel. 5213344.
Von Batangas nach Balatero fährt täglich um 8.30, 12.30 und 17.00 Uhr eine Autofähre: Fahrzeit: 1:30 Std.
Balatero liegt 2,5 Kilometer westlich von Puerto Galera; 5 P mit Jeepney. Ein Special Ride mit einem Auslegerboot von Balatero nach Sabang kostet 150 P.
Von Batangas nach Sabang fahren täglich um 9.30, 10.30, 12.00 und 13.30 Uhr große Auslegerboote. Fahrzeit: 1:30 Std.
Ein Special Ride mit einem Auslegerboot von Batangas nach Puerto Galera kostet etwa 800 P.
Siehe auch Kapitel »Manila«: *Weiterreise ab Luzon/Nach Mindoro.*

Achtung: Die zwischen Manila und Batangas verkehrenden Linienbusse (BLTB, JAM Transit) sind bei Taschendieben sehr beliebt!

Mamburao - Abra de Ilog
Jeepney/Schiff: Von Mamburao nach Abra de Ilog fährt täglich um 6.00 Uhr ein Jeepney zum Anleger in Wawa. Fahrzeit: 2 Std. Fahrpreis: 35 P.
Von Wawa nach Puerto Galera fahren unregelmäßig Boote. Fahrpreis: 75 P. Ein Special Ride kostet etwa 800 P. Fahrzeit: 2:30 Std.
Eine weitere Verbindung von Abra de Ilog nach Puerto Galera besteht über Batangas: Um 8.30 Uhr mit der Fähre von Wawa nach Batangas (3 Std., 50 P) und von dort mittags oder nachmittags mit der Fähre nach Puerto Galera.

Hinweis: Die in fast allen Philippinenkarten eingezeichnete Straße zwischen Abra de Ilog und Puerto Galera wurde nie gebaut!

San Jose - Roxas
Jeepney/Bus: Von San Jose nach Puerto Galera funktioniert die Verbindung in mehreren Etappen:
Von San Jose nach Bulalacao um 6.00 bis 7.00 Uhr mit einem Jeepney ab Me-

trobank - rauhe Strecke. Fahrzeit: 4 Std. Man kann auch um 8.00 bis 9.00 Uhr mit einem Auslegerboot fahren. Fahrzeit: 3:30 Std. Von Bulalacao nach Roxas mit einem Bus - schlechte Straße bis Mansalay. Fahrzeit: 1:30 Std. Von Roxas nach Calapan mit einem großen Bus. Fahrzeit: 4 Std. Von Calapan mit einem Jeepney nach Puerto Galera. Fahrzeit: 2 Std.; letzte Abfahrt etwa um 16.00 Uhr.

Puerto Galera - Strände

In fast jeder Bucht mit einem einigermaßen brauchbaren Strand stehen mittlerweile Cottages für einheimische und ausländische Touristen. So wurden nordöstlich von Puerto Galera insbesondere am Sabang Beach, Small La Laguna Beach und Big La Laguna Beach zahlreiche Anlagen gebaut. In Richtung Süden hat man sich bis zum Tabinay Beach vorgearbeitet, und in Richtung Westen bildet der Talipanan Beach vorerst den Abschluß. Neben Puerto Galera werden auch die Hauptstrände mit Strom versorgt. Jedoch sollte man wegen zahlreicher Stromausfälle trotzdem eine Taschenlampe dabei haben.

Die am Ortsrand von Puerto Galera gelegenen Balete Beach und Hondura Beach sind etwas urwüchsig und dürften verwöhnte Strandläufer enttäuschen. Besser sind die ein paar Kilometer entfernten Strände, an denen sich dann auch der größte Teil aller Reisenden aufhält.

Am meisten Betrieb erwartet den Besucher in Sabang, insbesondere nach Einbruch der Dunkelheit. In der Nähe von Discos (Nightclubs) und Bars kann es nachts ziemlich lebhaft und laut werden. Einige Restaurants wurden aus Platzgründen sehr nahe am Wasser errichtet, so daß der verbliebene Strand nun nahezu vollständig von Auslegerbooten belegt ist.

Zum Escarceo Point, zwei Kilometer östlich von Sabang, führt ein hügeliger Weg durch einen Palmenhain und über eine Wiese. Dort steht ein 14 Meter hoher Leuchtturm, von dem sich eine herrliche Aussicht bietet, insbesondere zum Sonnenaufgang und Sonnenuntergang.

Am Small La Laguna Beach ist es, wie am Sabang Beach, ebenfalls recht lebhaft, wenn auch nicht ganz so ausgelassen. Der Strand selbst ist nicht besonders beeindruckend. Beliebte Tagesaktivitäten sind unter anderem Schnorcheln und Tauchen.

Recht eng nebeneinander stehen einige der Cottages am belebten Big La Laguna Beach, dem ein sehenswertes Korallenriff vorgelagert ist: beste Schnorchelmöglichkeiten.

Gut zum Schnorcheln und Tauchen sind auch die Riffe vor Balete Beach, Long Beach und Halige Beach. Aber aufgepaßt: am Boquete Beach könnten starke Strömungen Schwimmern gefährlich werden.

Relativ wenig Trubel herrscht an den Stränden zwischen San Isidro und Talipanan Point, ein paar Kilometer westlich von Puerto Galera. Am stärksten frequentiert ist dort der White Beach. Die beiden in der nächsten Bucht daran anschließenden Aninuan Beach und Talipanan Beach sind dagegen äußerst ruhig. Alle drei sind gute Badestrände, an denen Schnorcheln im Gegensatz zu den oben genannten Stränden allerdings ziemlich uninteressant ist. Das Wasser am White Beach wird schon nach wenigen Metern sehr tief - zu tief für Kinder und Nichtschwimmer.

Übernachten

Die nachfolgend aufgeführten Übernachtungsmöglichkeiten stellen nur einen kleinen Querschnitt dar. Es gibt zahlreiche andere. Wer länger bleiben will und bereit ist, im voraus zu bezahlen, kann einen günstigen Tagessatz

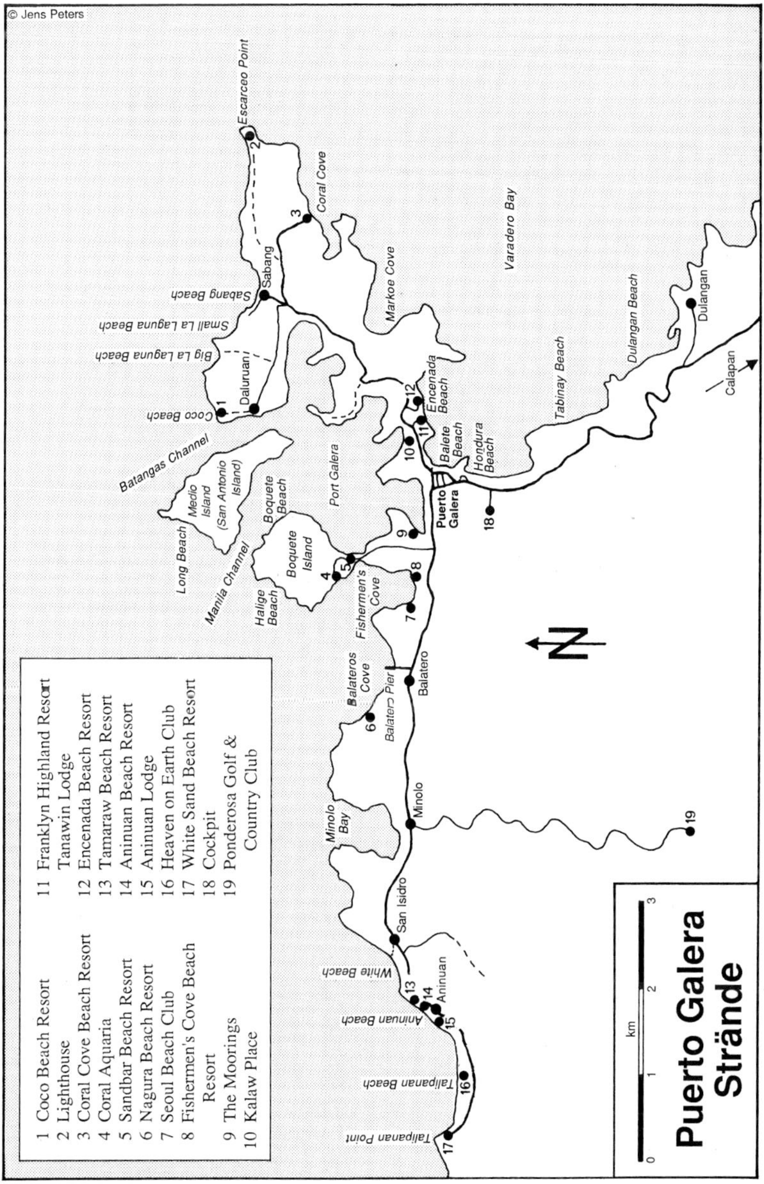
© Jens Peters
Puerto Galera
Strände
km
0
1
2
3
1 Coco Beach Resort
2 Lighthouse
3 Coral Cove Beach Resort
4 Coral Aquaria
5 Sandbar Beach Resort
6 Nagura Beach Resort
7 Seoul Beach Club
8 Fishermen's Cove Beach Resort
9 The Moorings
10 Kalaw Place
11 Franklyn Highland Resort Tanawin Lodge
12 Encenada Beach Resort
13 Tamaraw Beach Resort
14 Aninuan Beach Resort
15 Aninuan Lodge
16 Heaven on Earth Club
17 White Sand Beach Resort
18 Cockpit
19 Ponderosa Golf & Country Club
Escarceo Point
Coral Cove
Sabang
Sabang Beach
Small La Laguna Beach
Big La Laguna Beach
Daluruan
Coco Beach
Batangas Channel
Medio Island
(San Antonio Island)
Long Beach
Manila Channel
Boquete Beach
Boquete Island
Halige Beach
Port Galera
Markoe Cove
Varadero Bay
Encenada Beach
Balete Beach
Hondura Beach
Puerto Galera
Tabinay Beach
Dulangan Beach
Dulangan
Calapan
Fishermen's Cove
Balateros Cove
Balatero Pier
Balatero
Minolo Bay
Minolo
San Isidro
White Beach
Aninuan
Aninuan Beach
Talipanan Beach
Talipanan Point
N

aushandeln. Um jedoch die Vermieter nicht in Schwierigkeiten zu bringen, sollte über die Vereinbarung geschwiegen werden, insbesondere gegenüber anderen Vermietern.
Je nach Verlauf der Saison können sich auch die Preise ändern! Insbesondere um Weihnachten und Ostern sind Preissteigerungen um bis zu 100 Prozent möglich, während in der Nebensaison von Juni bis November zum Teil erhebliche Preisnachlässe gewährt werden.

Sabang Beach
Tina's Upstairs. Cottage 100 bis 180 P, Cottage/fan/Bad 150 bis 400 P (mit Kühlschrank und TV). Einfache, aber ordentliche Cottages auf einer Anhöhe mit schönem Ausblick. Ruhig. Coffee Shop.
Capt'n Gregg's Divers Lodge, Cellular Tel. & Fax: 0912-3065367. EZ/DZ/fan/Bad 350 P, EZ/DZ/ac/Bad 450 P. Restaurant. Gute Atmosphäre. Wird von Tauchern bevorzugt.
Angelyn's Beach Resort, Cellular Tel. 0912-3065332. Cottage/fan/Bad 300 und 400 P (mit Küche und Kühlschrank). Restaurant. Ruhige Anlage am Hang mit schöner Aussicht.
Seabreeze Vista Lodge. Cottage/fan/Bad 250 bis 500 P, die teuren mit Kochgelegenheit. Begrünte Anlage mit netten Cottages. Angenehme Atmosphäre. Restaurant. Liegt etwas erhöht; mit guter Aussicht.
Cathy's Cottages, Cellular Tel. 0912-3058591. Cottage/fan/Bad 250, 350 und 500 P. Die teuren Cottages mit Küche, Kühlschrank und TV. Restaurant.
At Can's Inn. Cottage/fan/Bad 250 und 400 P. Mit Küche. Die teuren Cottages auch mit Kühlschrank und TV.
Seashore Lodge. Cottage/fan/Bad 350, 450 und 600 P. Die teuren Cottages mit Küche, Kühlschrank und TV. Restaurant.

Übernachten
1 Kokomo Inn
2 Paradise Inn
3 Angelyn's Beach Resort
7 Atlantis Dive Resort
9 Big Apple Dive Resort
10 Red Coral Cottages
11 Capt'n Gregg's Divers Lodge
17 Jovimel's Inn
23 Cathy's Cottages
24 At Can's Inn
25 Juling's Place
26 Seashore Lodge
27 Villa Sabang
28 Seebreeze Vista Lodge
29 Tina's Upstairs
30 Terraces Garden Resort
31 AAA Apartment

Essen und Trinken; Unterhaltung
5 Tamarind Restaurant
12 Relax Restaurant
13 The Pub
14 Umbrella Disco
15 Traveller's Restaurant
18 Le Bistro
19 It's OK Bar
20 Sabang Disco
21 Sunset Disco
22 Sunshine Coast Restaurant
32 Sabang Fastfood
33 Lucky's Saloon
34 Tropicana

Verschiedenes
4 Asia Divers & Swagman Travel
6 Cocktail Divers
8 South Sea Divers
16 Health Center
27 Octopus Divers

Big Apple Dive Resort, Cellular Tel. & Fax: 0912-3081120. Cottage/fan/Bad 350 und 500 P (mit Küche und TV). Größere, nett gestaltete Anlage. Restaurant. Billard. Swimmingpool mit Bar. Tauchen. Minigolf.

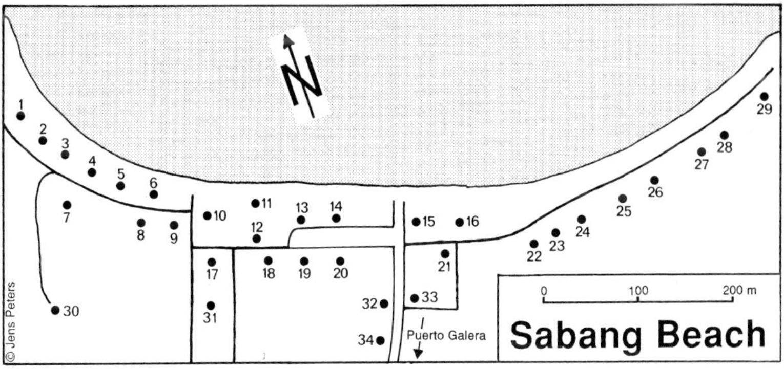

Terraces Garden Resort, Cellular Tel. 0912-3080136. EZ/DZ/fan/Bad 350/ 450 P. Restaurant. Ansprechende, ruhige Anlage mit kleinen Häusern an einem üppig mit tropischen Pflanzen angelegten Hang über Sabang.

Villa Sabang, Cellular Tel. 0912-3134486. Cottage/fan/Bad 400 bis 650 P, mit Küche und Kühlschrank. Biergarten.

Atlantis Dive Resort, Cellular Tel. 0912-3080672. EZ/DZ/ac/Bad 1.250/ 1.750 P, mit Kühlschrank und TV. Ansprechende Zimmer in einem im spanisch-mexikanischen Stil erbauten Haus. Restaurant. Swimmingpool mit Wasserfall. Tauchen. Liegt gegenüber vom Tamarind Restaurant.

Coral Cove Beach

Coral Cove Beach Resort, Sinandigan, Cellular Tel. 0973-797836. EZ/DZ/fan 250 P, EZ/DZ/fan/Bad 700 P. Aircon-Zimmer sollen 1998 fertig sein. Großes, geschmackvoll gestaltetes Haus in einer kleinen, abgeschiedenen Bucht etwa einen Kilometer von Sabang entfernt. Restaurant. Swimmingpool (geplant), Tauchen (Hausriff).

Small La Laguna Beach

Nick & Sonia's Cottages, Cellular Tel. 0973-751968. Cottage/fan/Bad 200 und 300 P (mit Küche und Kühlschrank). Monatsraten möglich. Freundliche Unterkunft. Restaurant. Bootsfahrten.

Havana Moon. EZ/DZ/fan 200 P, Cottage/fan/Bad 300 P, Cottage/ac/Bad 600 P (mit Küche und Kühlschrank). Große Zimmer und ansprechende Cottages. Ruhiges, behagliches Resort. Restaurant.

Full Moon, Cellular Tel. 0973-75968. Cottage/fan/Bad 200 bis 400 P. Angenehme Unterkunft. Restaurant.

Sha-Che Inn. Cottage/fan/Bad 300 P (mit Küche). Guter Gegenwert.

Sunsplash. Cottage/fan/Bad 350 und 600 P, mit Küche 500 und 800 P. Monatsraten möglich. Geräumige Cottages. Restaurant. Billard.

El Galleon Beach Resort, Cellular Tel. 0912-3083190, Fax: 3050652. EZ/DZ/fan/Bad 600 P, EZ/DZ/ac/Bad 800 P. Geräumige Zimmer mit Kühlschrank. Restaurant. Beach Bar. Swimmingpool (geplant). Tauchen.

Carlo's Inn, Cellular Tel. & Fax 0912-3010717. EZ/DZ/fan/Bad 700 bis 900 P, EZ/DZ/ac/Bad mit Kühlschrank und TV 1.200 P. Auch Wochen- und Monatsraten. Restaurant. Gut geführte Anlage am Hang mit schönem Blick aufs Meer.

Big La Laguna Beach
Paradise Lodge, Cellular Tel. & Fax: 097-3756348. EZ/fan/Bad 350 P, DZ/fan/Bad 550 P. Einwandfreie, geräumige Zimmer. Restaurant. Bar mit Live-Music am Wochenende. Windsurfen. Tauchen. Österreichisches Management.
El Oro Resort, Cellular Tel. 0912-3066642. Cottage/fan/Bad 600 P. Restaurant. Billard. Schöner Garten.
La Laguna Beach Club, Cellular Tel. & Fax: 0921-3065622. EZ/DZ/fan/Bad 850 P, EZ/DZ/ac/Bad 1150 P. Komfortable, nett eingerichtete Zimmer. Restaurant. Swimmingpool. Tauchen. Windsurfen. Reservierung in Manila im Park Hotel, Belen Street, Paco, Tel. 5212371, Fax: 5212393.
Miller's Corner, Cellular Tel. 0912-3057127. EZ/DZ/fan/Bad 500 bis 800 P, mit Kühlschrank und TV. Liegt am westlichen Ende vom Strand.

Coco Beach
Coco Beach Resort, Cellular Tel. 0912-3047017, Fax:. 3050476 EZ/DZ/fan/Bad 1.300/2600 P; inklusive Frühstück. Ansprechend eingerichtete Zimmer. Gepflegte, weitläufige Anlage. Restaurant. Großer, sehr attraktiver Swimmingpool. Windsurfen. Segeln. Tauchen. Tennis. Ruhiger Privatstrand mit Hausriff. Reservierung in Manila im Coco Beach Booking Office, G/F Legaspi Towers, Roxas Boulevard, Malate, Tel. 5215260, Fax: 5266903.

White Beach
White Beach Lodge, Cellular Tel. 0912-3116127. Cottage/fan/Bad 250/350 und 500 P (mit Kühlschrank und Küche). Beliebte Anlage mit mehreren relativ geräumigen Cottages. Gutes Restaurant.
Estrella's Resort. EZ/DZ/fan/Bad 250/300 P. Passable Unterkunft. Restaurant.
Delgado's Cottages. Cottage/fan/Bad 300 P. Relativ geräumige Cottages. Restaurant.

Übernachten
1 Summer Connection
2 Saint Francis' Place
3 Lodger's Nook
4 Cherry's Inn
5 Grace Lodge
8 White Beach Lodge
9 White Beach Nipa Hut
10 Buena Lynnes
11 Traveller's Beach Delight
13 Warren Seaview
14 Estrella's Resort
15 Delgado's Cottages
16 Simon's Place
17 Mylah's Nipa Hut

Essen und Trinken; Unterhaltung
6 Basil's Bar
Rosie's Bar
11 Peter's Inn & Restaurant
12 Meeting House

Verschiedenes
7 Pacific Divers

Cherry's Inn. Cottage/fan/Bad 300 bis 500 P. Passable Cottages mit Küche.
Lodger's Nook, Tel. 912-3057011. Cottage/fan/Bad 300 bis 600 P. Mehrere Einzel- und Doppel-Cottages. Restaurant. Billard-Halle. Windsurfen.
Simon's Place, Cellular Tel. 0912-3113555. Cottage/fan/Bad 350, 500 und 600 P. Unterschiedlich große Cottages; eine davon mit Küche und Kühlschrank. Angenehme, kleine Anlage. Beach Bar.
White Beach Nipa Hut, Cellular Tel. 0912-3059343. Cottage/fan/Bad 350/500 P, Cottage/ac/Bad 600/800 P. Restaurant. Größere Anlage mit zahlreichen kleinen Cottages, manche davon mit Kochgelegenheit.
Saint Francis' Place, Cellular Tel. 0912-3057011. Cottage/fan/Bad 350 bis 500 P. Restaurant.
Summer Connection, Cellular Tel. 0912-3126837. Cottage/fan/Bad 400 P.

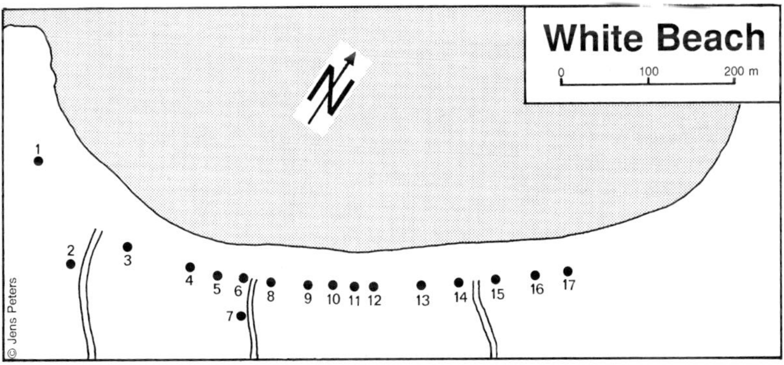

Nettes Restaurant. Angenehme, ruhige, kleine Anlage am westlichen Ende vom White Beach.
Warren's Seaview, Cellular Tel. 0912-3184890. EZ/DZ/fan/Bad 450 und 600 P. Tadellose Zimmer mit und ohne Küche.

Aninuan Beach
Aninuan Lodge. Cottage/Bad 250 und 350 P. Restaurant. Kleine, sehr ruhige Anlage mit ein paar Cottages direkt am Strand.
Tamaraw Beach Resort, Cellular Tel. 0912-3066388. Cottage/fan/Bad 350 und 600 P. Restaurant. Beliebte Anlage mit schattigen Bäumen und mehreren, unterschiedlich großen Cottages.
Aninuan Beach Resort, Cellular Tel. 0912-3308683. EZ/DZ/fan/Bad 350 bis 750 P. Komfortable Zimmer. Gepflegte Anlage mit privater Atmosphäre. Deutsches Management. Restaurant.

Talipanan Beach
White Sand Beach Resort. EZ/DZ/fan/Bad 250 und 350 P. Restaurant. Größere Anlage mit Doppel-Cottages und Zimmern in Reihenhäusern.
Bamboo House, Cellular Tel. 0912-3301722. Cottage 350 bis 450 P. Nette kleine Anlage. Familiäre Atmosphäre. Restaurant.

Essen und Trinken

Fast jedes Resort ist auch mit einem eigenen Restaurant ausgestattet. Darüber hinaus gibt es an den Stränden verschiedene Lokale, die internationale Spezialitäten anbieten.
In Sabang ist das ***Le Bistro*** zu empfehlen, in dem es neben ausgezeichneten Pizzas auch gutes französisches Essen gibt. Günstig sind die schmackhaften philippinischen und europäischen Gerichte im ***Tropicana*** und im ***Sabang Fastfood***, beide am Ortseingang. Wer die indische und japanische Küche bevorzugt, sollte das ***Sunshine Coast Restaurant*** aufsuchen.
Am Small La Laguna sind im ***Full Moon Restaurant*** vor allem Seafood und Gegrilltes erhältlich. Das ***Paradise Restaurant*** am Big La Laguna serviert gute Steaks; und am White Beach hat man die Möglichkeit, sich im ***Meeting House*** mit der koreanischen Kochkunst vertraut zu machen.

Unterhaltung

Wer außer Strandleben auch Nachtleben sucht, sollte sich nach Sabang begeben. Dort gibt es open-air Beach Bars wie die ***It's OK Bar***, in der beim Karaoke die Stimmung unwillkürlich steigt. ***Sunset Disco***, ***Umbrella Disco*** und ***Sabang Disco*** sind eigentlich weniger

Diskotheken, sondern in erster Linie Nightclubs mit Go-Go-Tänzerinnen.

Anreise/Weiterreise

Sabang Beach
Jeepney: Zwischen Puerto Galera und Sabang verkehren Jeepneys. Fahrpreis: 10 P. Letzte Abfahrt von Sabang nach Puerto Galera am späten Nachmittag. Nach heftigen Regenfällen kann die unbefestigte Straße jedoch unpassierbar sein.

Boot: Ein Special Ride mit einem Auslegerboot von Puerto Galera zum Sabang Beach kostet 180 P.

Small La Laguna Beach
Boot: Ein Special Ride mit einem Auslegerboot von Puerto Galera zum Small La Laguna Beach kostet 180 P. Von Sabang nach Small La Laguna ist es nur ein kurzes Stück am Strand entlang.

Big La Laguna Beach
Boot: Ein Special Ride mit einem Auslegerboot von Puerto Galera zum Big La Laguna Beach kostet 150 P.
Von Sabang nach Big La Laguna geht man am Strand entlang und über ein paar Felsen etwa 15 Minuten.

White Beach - Talipanan Beach
Jeepney: Zwischen Puerto Galera und White Beach in San Isidro verkehren täglich mehrere Jeepneys. Fahrpreis: 10 P. Manche Jeepneys fahren weiter bis zum Talipanan Point. Fahrpreis: 15 P. Letzte Abfahrt von San Isidro nach Puerto Galera um etwa 17.00 Uhr. Für einen Special Ride werden 100 bis 150 P verlangt.
Vom White Beach zum Talipanan Beach geht man am Strand entlang etwa 45 Minuten.

Boot: Ein Special Ride mit einem Auslegerboot von Puerto Galera zum White Beach kostet 450 P, zum Talipanan Beach 500 P.

Calapan

Calapan ist die Hauptstadt der Provinz Mindoro Oriental. Dort fand im Mai 1981 erstmalig das Sanduguan-Festival statt. Sanduguan ist ein Begriff aus der Mangyansprache und bedeutet »Bruder« oder auch »Freundschaft«. Am Aroma Beach wurde die erste Begegnung zwischen seefahrenden chinesischen Händlern und den auf Mindoro ansässigen Mangyan nachgespielt. Da die Bevölkerung regen Anteil nahm, wurde dieses Festival zu einer festen Einrichtung und wird nun jährlich Mitte Mai oder Mitte November veranstaltet.

Übernachten

The Travellers Inn, Leuterio Street. EZ/fan 100 P, DZ/fan 120 P, EZ/DZ/ac/Bad 350 P. Einfache Unterkunft.
Riceland Inn I, Rizal Street. EZ/fan 120, EZ/fan/Bad 180 P, DZ/fan/Bad 300 P, EZ/DZ/ac/Bad 380/480 P. Relativ gut, jedoch nicht besonders sauber. Einige Zimmer mit breiten Betten. Restaurant. Disco.
Das etwas bessere *Riceland Inn II* in der Del Pilar Street hat ähnliche Preise.

Anreise/Weiterreise

Puerto Galera
Jeepney: Von Puerto Galera nach Calapan fahren täglich von etwa 7.00 bis 17.00 Uhr mehrere Jeepneys ab Markt. Fahrzeit: 2:30 Std.

Roxas
Bus: Von Roxas nach Calapan fahren täglich etwa stündlich bis 15.00 Uhr große Busse. Fahrzeit: 4 Std.
Diese Strecke läßt sich auch etappenweise mit Minibussen und Jeepneys zurücklegen.

Pinamalayan

Von Pinamalayan fahren Boote nach Sibali Island (Maestro de Campo Island) und Banton Island, die beide zum Romblon Archipel gehören. Es besteht auch eine Schiffsverbindung von und nach Marinduque. Nach genauen Abfahrtszeiten kann man sich bei der Coast Guard Station erkundigen (etwa 200 Meter vom Markt entfernt).

Bongabong

Bongabong ist ein kleiner, wenig interessanter Ort. Von dort fahren hin und wieder Boote nach Tablas/Romblon.

Übernachten

Mabuhay Lodging House, Plaridel Street. EZ/DZ/fan 75/150 P. Sehr einfache Unterkunft nahe Markt.
D & J Pension House. EZ/fan 100 P, EZ/fan/Bad 150 P, DZ/fan/Bad 200 P. Gute, saubere Zimmer. Freundliches Personal. Restaurant. Große Terrasse.

Roxas

Ab Roxas fahren große Auslegerboote nach Tablas/Romblon und Boracay/Panay. Das dürfte auch wohl der einzige Grund sein, sich zu diesem wahrlich nicht sehr einladenden Ort zu begeben. Die mögliche Wartezeit bis zur Abfahrt läßt sich tagsüber unter anderem am nahen Melco Beach verbringen.

Übernachten

Hotel Dannarosa. EZ/DZ/fan 75/150 P. Einfache Unterkunft nahe Santo Niño Hotel.
Santo Niño Hotel. EZ/DZ/fan 100/160 P, EZ/DZ/fan/Bad 150/200 P, EZ/DZ/ac/Bad 350/500 P. Einfaches Hotel im Zentrum beim Markt. Restaurant.
Roxas Villa Hotel. EZ/DZ/ac/Bad 400 P. Mit TV. Ordentliches, neues Hotel neben Santo Niño Hotel. Restaurant.
Catalina Beach Resort, Bagumbayan. EZ/DZ 60/120 P, EZ/DZ/Bad 100/200 P. Einfache Unterkunft 1,5 Kilometer außerhalb von Roxas.

Anreise/Weiterreise

Bus: Von Calapan nach Roxas über Pinamalayan und Bongabong fahren etwa stündlich von frühmorgens bis 15.00 Uhr große Busse ab Anleger (2 P mit dem Tricycle ab Zentrum). Fahrzeit: nach Pinamalayan 2 Std.; nach Bongabong 3 Std.; nach Roxas 4 Std.
Von Calapan nach Bongabong über Pinamalayan fahren täglich mehrere Minibusse ab Markt.
Von Bongabong nach Roxas fährt der letzte Minibus oder Jeepney um etwa 18.00 Uhr ab Markt. Verläßliche Auskünfte über Abfahrten und Abfahrtzeiten erhält man dort nur von den Fahrern. Die von wartenden Passagieren gemachten Angaben sind ziemlich nutzlos.

Mindoro Occidental

San Jose

San Jose ist unter anderem Ausgangsort für Tauchfahrten zum Apo Reef. Die im Südwesten von Mindoro gelegene Stadt bietet sich aber auch für Leute mit Zeit für eine Überfahrt nach Palawan an - nur selten und sehr unregelmäßig fährt ein Schiff nach Coron/Busuanga und zu Inseln der Quiniluban Group, dem nördlichen Teil der Cuyo Islands. Allerdings ist San Jose kein ausgesprochen attraktiver Ort, der zu einem längeren Aufenthalt geradezu verleitet: Das Angebot an behaglichen Hotels ist ziemlich bescheiden und angenehme Restaurants haben Seltenheitswert. Statt dessen gibt es unglaublich viele Beauty Parlour.
In der Provinz Mindoro Occidental leben noch kulturelle Minderheiten, die äußerst selten Kontakt mit der Zivilisa-

tion haben. Manchmal kommen die Mangyan jedoch aus ihren weit entfernten Dörfern in die Stadt und sind bereit, Besucher in die Berge zu führen. Ein Besuch der Queen's Ranch ist von San Jose aus als Tagestrip machbar. Die Fahrt mit einem Jeepney dorthin dauert etwa zwei Stunden. Übernachtungen sind auf der Ranch für etwa 100 P pro Person möglich. Von dort bis zur Mount Iglit Tamaraw Reservation sind es noch etwa acht Stunden zu Fuß.

Wer von San Jose aus zum Schwimmen und Schnorcheln auf vorgelagerte Inseln will, zum Beispiel nach Ambulong Island oder Ilin Island, kann im Hafen ein Boot mieten (700 P nach Ambulong). Beide Inseln besitzen weiße Strände. Auf Ilin Island befindet sich das Mina de Oro Beach Resort.

Anreise/Weiterreise
1 Airport
2 North Pier
3 Loreto Shipping Lines
13 Busse nach Abra de Ilog, Mamburao und Sablayan
17 Ramadel Express Busterminal
22 Caminavit Port

Übernachten
1 Seafront Hotel
Sikatuna Beach Hotel
5 Midtown Pension House
8 Sikatuna Town Hotel
19 Mina de Oro Plaza Hotel
21 Green Drive-In Lodge

Essen und Trinken; Unterhaltung
6 Nice & Spice Restaurant
9 Cindy's Restaurant
11 Emmanuel Panceteria
12 Jolo Hotel & Restaurant
19 Mina de Oro Restaurant
20 Eduardo's Restaurant & Disco
21 Greenland Disco

Verschiedenes
4 Market
7 Mercury Drug Store
10 High School
14 Philippine National Bank (PNB)
15 Kirche
16 City Hall
Police Station
Post Office
17 Metrobank
18 Divine Word College

Übernachten

In San Jose
Sikatuna Town Hotel, Sikatuna Street. EZ/DZ/fan 80/120 P, EZ/DZ/fan/Bad 160 P, EZ/DZ/ac/Bad 450 P. Einfach, aber durchaus akzeptabel für den Preis. Inklusive einem bescheidenen Frühstück; das Restaurant öffnet sinnigerweise allerdings erst um 7.00 Uhr, also nach Abfahrt der Frühbusse.

Mina de Oro Plaza Hotel, Soldevilla Street, Tel. & Fax: 4911595. EZ/fan 240 P, EZ/ac/Bad 570 P, DZ/ac/Bad 890 P. Einfache, relativ kleine und schmucklose Zimmer, manche davon etwas muffig. Die Aircon-Zimmer sind sicherlich um einiges zu teuer. Beeindruckend an diesem Hotel ist eigentlich nur der vielversprechende Name. Restaurant.

Außerhalb von San Jose
Sikatuna Beach Hotel, Airport Road. EZ/DZ 100 bis 160 P, EZ/DZ/fan/Bad 180 bis 250 P, EZ/DZ/ac/Bad 450 bis 500 P. Einfach und recht passabel. Angenehmer als die Hotels in der Stadt. Die Aircon-Zimmer sind jedoch überteuert. Restaurant. Ruhige Lage an einem dunklen, steinigen Strand am nördlichen Stadtrand nahe Airport.

Seafront Hotel, Airport Road. EZ/fan/Bad 150 P, DZ/fan/Bad 200 P, EZ/DZ/ac/Bad 420 P. Einfache Unterkunft nahe Airport. Restaurant.

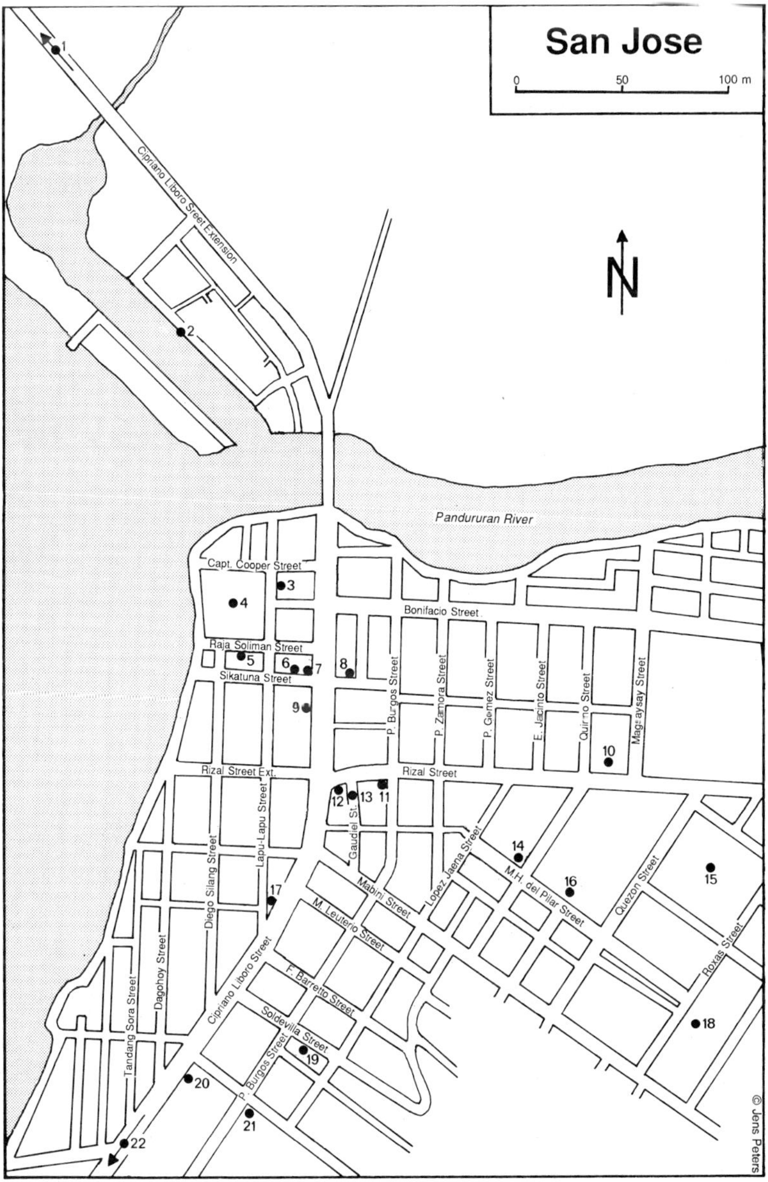
San Jose
0
50
100 m
N
Cipriano Liboro Sreet Extension
Pandururan River
Capt. Cooper Street
Bonifacio Street
Raja Soliman Street
Sikatuna Street
P. Burgos Street
P. Zamora Street
P. Gomez Street
E. Jacinto Street
Quirino Street
Magsaysay Street
Rizal Street Ext.
Rizal Street
Gaudiel St.
Lapu-Lapu Street
Diego Silang Street
Lopez Jaena Street
M.H. del Pilar Street
Quezon Street
Roxas Street
Mabini Street
M. Leuterio Street
F. Barretto Street
Soldevilla Street
Cipriano Liboro Street
P. Burgos Street
Dagohoy Street
Tandang Sora Street
1
2
3
4
5
6
7
8
9
10
11
12
13
14
15
16
17
18
19
20
21
22
© Jens Peters

Mina de Oro Beach Resort, Inasakan, Ilin Island, San Jose Office: Soldevilla Street. EZ/DZ/Bad 1.300 bis 1.800 P. Nett eingerichtete Zimmer in einem großen Bambushaus. Ziemlich teures Restaurant. Tauchen. Windsurfen. Gemütliche, rustikale Anlage in einer kleinen, palmenbestandenen Bucht mit weißem Strand.

Essen und Trinken

Eine kleine Auswahl einfacher philippinischer Gerichte gibt es in ***Cindy's Restaurant***, Cipriano Liboro Street, und in der sauberen ***Emmanuel Panciteria***, Rizal Street, in der dem Gast allerdings nicht mehr als zwei Flaschen Bier zugestanden werden! Im ***Nice & Spice*** in der Sikatuna Street werden ab dem späten Nachmittag Pizzas, Eiscreme und Kuchen angeboten, leider jedoch kein Kaffee.

Adressen/Verschiedenes

Geldwechseln: Die Metrobank in der Cipriano Liboro Street wechselt Travellers Cheques.
Swimmingpool: Gegenüber der Green Drive-In Lodge gibt es ein öffentliches Schwimmbad. Eintritt: 35 P (6.00-18.00 Uhr); 45 P (18.00-22.00 Uhr).
Vorwahl: 046.

Anreise/Weiterreise

Mit dem Flugzeug: Der Airport befindet sich etwas nördlich von der Stadt; 5 P pro Person mit einem Tricycle.
Asian Spirit, Celyden Supermart, 52 Rizal Street, Tel. 4912196.
Philippine Airlines, Airport Office, Tel. 4911343.

Mit dem Schiff: Der Anleger Caminavit Port liegt vier Kilometer außerhalb von San Jose; 5 P pro Person mit einem Tricycle.

Abra de Ilog - Mamburao - Sablayan
Bus: Von Mamburao nach San Jose über Sablayan fahren täglich mindestens drei klapprige Busse der Ramadel Express Company. Fahrzeit: 6 Std. Abfahrt der Busse von San Jose nach Mamburao um 5.00, 6.30, 8.30, 10.30 und 11.30 Uhr ab Gaudiel Street nahe Jolo Hotel. Weitere Abfahrten um 1.00 und 3.00 Uhr; diese Busse fahren über Mamburao nach Abra de Ilog.

Roxas - Bulalacao
Bus/Jeepney: Von Roxas nach Bulalacao fahren täglich wenige Busse. Eventuell ist es besser, mit einem Jeepney nach Mansalay zu fahren um dort einen weiteren Jeepney nach Bulalacao zu nehmen. Fahrzeit: 2 Std. Wer nach San Jose reisen und nicht in Bulalacao übernachten will, muß früh genug losfahren.
In der Trockenzeit von Dezember bis Mai besteht von Bulalacao nach San Jose eine Verbindung mit Jeepneys. Erste und eventuell sogar einzige Abfahrt: 4.00 Uhr.

Boot: Von Bulalacao nach San Jose fährt täglich ein Auslegerboot. Abfahrt: 8.00 Uhr. Fahrzeit: 6 Std. Ankunft wahrscheinlich am South Pier, Caminavit Port.
Abfahrt von San Jose nach Bulalacao täglich um 11.00 Uhr.

Apo Island und Apo Reef

Inmitten der stark befahrenen Mindoro Strait, die Mindoro von der Calamian Group im Norden Palawans trennt, liegt die kleine, flache Apo Island mit dem weit ausladenden Apo Reef östlich davon. Ein 36 Meter hoher Leuchtturm weist passierende Schiffe auf das Riffgebiet hin, das bei Niedrigwasser stellenweise trockenfällt. Was für die Seefahrt eine hochgradige Gefahrenzone darstellt, schätzen Taucher als eine der spektakulärsten Unterwasserszenerien der Philippinen, auch wenn im

Laufe der letzten Jahre erhebliche Formationen von Korallenriffen durch Dynamitfischerei zerstört wurden. In den Sommermonaten März, April und Mai sind Apo Island und Apo Reef dann auch das Ziel zahlreicher Expeditionen. Aber nicht nur Taucher kommen dort auf ihre Kosten, sondern auch Schnorchler und Robinsons.
Zum Zelten eignet sich ein Platz im Südosten der Insel. Verpflegung muß mitgenommen werden, ebenso Wasser (etwa fünf Liter pro Tag), das nur begrenzt vorhanden ist. Spätestens zum Sonnenuntergang ist es ratsam, das Zelt von innen absolut dicht zu verschließen, weil einem sonst die aufdringlichen Sandfliegen äußerst qualvoll zu Leibe rücken.
Nicht verwechseln: Eine weitere, bei Tauchern ebenfalls beliebte Apo Island liegt vor der Südostküste von Negros.

Anreise/Weiterreise

Es besteht keine reguläre Verbindung nach Apo Island, daher muß ein Boot gechartert werden, z.B. in Sablayan. Hin und zurück sollte ein großes Auslegerboot nicht mehr als 2.500 P kosten, inklusive einen Tag Rundfahrt, Abholtermin vereinbaren.

Sablayan

Diese freundliche, saubere Kleinstadt liegt an der Mündung des Bagong Sabang River im Süden der Pandan Bay. Sie besitzt mehrere Geschäfte und einen lebhaften Markt mit ein paar rustikalen Restaurants entlang der Flußseite, wo auch die Boote zu den in der Bucht liegenden Inseln festmachen. Größere Schiffe legen am Sablayan Pier in einer geschützten, kleinen Bucht nahe dem Leuchtturm an.

Übernachten

Emely Hotel, Rosario Street. EZ/DZ 75/150 P, EZ/fan/Bad 200 P. Einfach

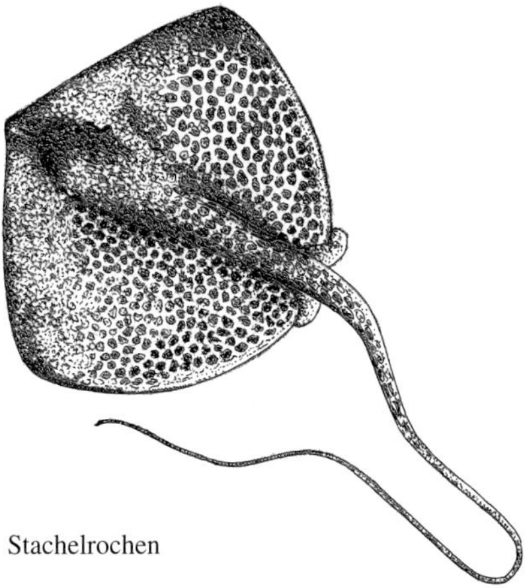

Stachelrochen

und sauber. Essen kann eventuell vereinbart werden. Die kleinen Restaurants am Anleger schließen bereits um 19.00 Uhr.
Albert's Place. EZ/DZ/fan 250 bis 400 P. Nette kleine Anlage des Österreichers Albert und seiner philippinischen Frau etwa 1,3 Kilometer nördlich vom Markt, auf der gegenüberliegenden Seite des Bagong Sabang River. Eine gute Alternative für den Fall, daß das Pandan Island Resort ausgebucht ist.
Hinkommen: Mit einem Boot den Fluß überqueren (2 P), dann flußaufwärts gehen. Auf Wunsch fährt der Bootsmann auch direkt bis zur Anlage.

Anreise/Weiterreise

Bus/Jeepney: Busse und Jeepneys von Abra de Ilog und Mamburao nach San Jose und in umgekehrter Richtung kommen durch Sablayan. Die Piste entlang der Westküste von Mindoro ist streckenweise sehr staubig; ein kleines Tuch als Mundschutz leistet gute Dienste. Fahrzeit von Sablayan nach Mamburao und San Jose: jeweils etwa 3 Std.
Fahrpreise für Special Ride mit Jeepney nach Sablayan: von Abra de Ilog 1.500 P; von Mamburao 1.200 P.

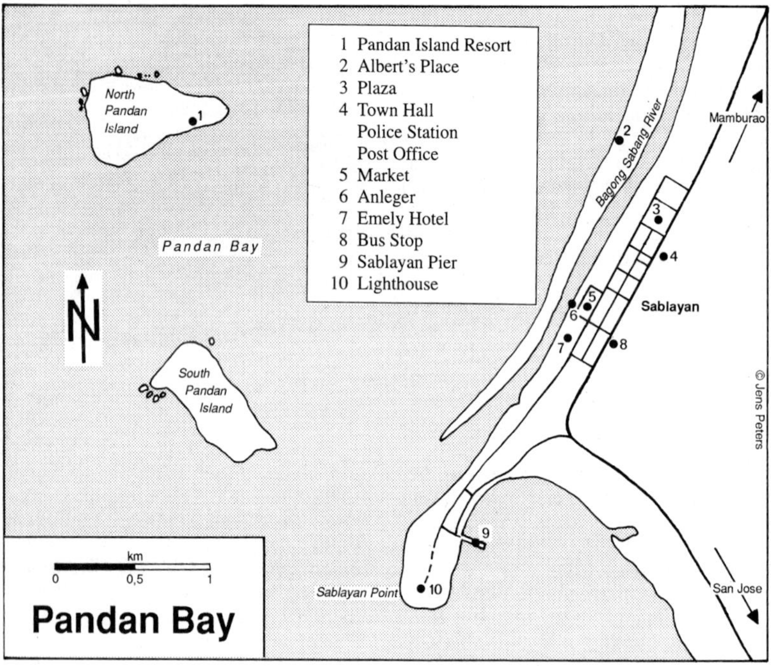

North Pandan Island

Auf meiner persönlichen philippinischen Insel-Hitparade würde North Pandan bestimmt einen der oberen Plätze belegen. Im Süden ist dieses traumhafte Fleckchen Erde mit einem herrlichen weißen Strand ausgestattet und mit Palmen und anderen tropischen Bäumen bestanden. Der daran anschließende, verbleibende Nordteil der etwa dreieckig geformten Insel ist von dichtem Urwald überzogen, in dem die Tierwelt noch intakt zu sein scheint.

Übernachten

Pandan Island Resort. EZ/DZ 230/280 P, Cottage/Bad 400 P, großes Haus für vier Personen 800 P. Sehr geräumige, mit Solar-Energie versorgte Cottages. Ruhige, weitläufige Anlage, die von freundlichen Franzosen geleitet wird. Restaurant (gutes gemeinsames Buffet für 150 P). Beach Bar. Tauchen.

Anreise/Weiterreise

Boot: Von Sablayan nach North Pandan Island fährt das Service-Boot des Resorts um etwa 10.00 Uhr ab Flußanleger beim Markt. Ein Special Ride kostet 100 P. Fahrzeit: 30 Min.
In Manila können Abholung mit dem Boot von Mamburao (4.000 P) sowie Reservierung arrangiert werden bei: Asiaventure Services, Holiday Inn Manila Pavilion, Room 501, United Nations Avenue, Ermita, Tel. 5261212 (App. 501), Fax: 5251811.

Mamburao

Der kleine, nicht besonders attraktive Ort Mamburao ist die Hauptstadt der Provinz Mindoro Occidental.

Übernachten

Travellers' Lodge, National Road. EZ/DZ/fan 100/170 P, EZ/fan/Bad 180 P, DZ/fan/Bad 280 P, EZ/ac/Bad 500 P, DZ/ac/Bad 800 P. Einfache Unterkunft, jedoch akzeptabel. Restaurant.
La Gensol Plaza Hotel, National Road, Tel. 7111072. EZ/fan/Bad 200 P, DZ/fan/Bad 300 P, EZ/DZ/ac/Bad 700 und 800 P (mit TV). Ordentliche Zimmer. Das beste Hotel der Stadt; es ist das ehemalige Tamaraw Plaza Hotel. Restaurant.
Tayamaan Palm Beach Club, Tel. 7111657. Cottage/fan/Bad 500 P. Vollpension möglich. Restaurant. Solide, saubere Steinhäuschen unter Palmen an einer schönen Badebucht vier Kilometer nordwestlich von Mamburao; 40 P mit dem Tricycle vom Airport.

Adressen/Verschiedenes

Vorwahl: 043.

Anreise/Weiterreise

Puerto Galera - Abra de Ilog
Boot/Jeepney: Von Puerto Galera fahren unregelmäßig Boote nach Wawa, dem Anleger von Abra de Ilog - sofern genügend Passagiere da sind. Fahrzeit: 2:30 Std. Fahrpreis 75 P. Ein Special Ride mit einem Auslegerboot von Puerto Galera nach Wawa sollte etwa 800 P kosten.
Von Wawa über Abra de Ilog nach Mamburao fahren Jeepneys. Fahrzeit: 2 Std. Fahrpreis: 35 P.
Wer in Wawa gestrandet ist, kann in dem sauberen *Lodging House* etwa 500 Meter vor dem Pier übernachten; EZ/DZ 120/150 P.

Schiff: Eine weitere Verbindung von Puerto Galera nach Abra de Ilog besteht über Batangas: Mit der Fähre zunächst von Puerto Galera nach Batangas, von dort weiter mit einer Fähre um 8.00, 11.00 oder 13.45 Uhr nach Abra de Ilog.

Hinweis: Die in fast allen Philippinenkarten eingezeichnete Straße zwischen Puerto Galera und Abra de Ilog wurde nie gebaut!

San Jose - Sablayan
Bus: Von San Jose nach Mamburao über Sablayan fahren um 5.00, 6.30, 8.30, 10.30 und 11.30 Uhr ab Gaudiel Street nahe Jolo Hotel klapprige Busse der Ramadel Express Company. Weitere Abfahrten um 1.00 und 3.00 Uhr; diese Busse fahren von Mamburao weiter Abra de Ilog. Fahrzeit: ab San Jose 6 Std.; ab Sablayan 3 Std.

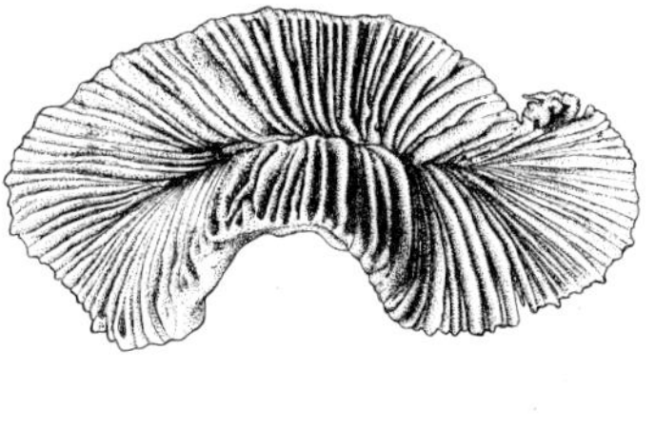

Visayas

Südlich von Luzon, nördlich von Mindanao und östlich von Palawan liegen die Visayas, die größte Inselgruppe der Philippinen. Biliran, Bohol, Cebu, Guimaras, Leyte, Negros, Panay, Romblon, Samar und Siquijor sind die Hauptinseln, daneben gibt es noch unzählige kleinere. Die Visayas eignen sich vorzüglich zum Island Hopping. Der Reisende wird dabei feststellen, daß sich etliche der Inseln deutlich voneinander unterscheiden, sei es in der Topographie, im Klima, in der wirschaftlichen Nutzung, im Wesen der Bewohner, im Essen oder gar im Design der Tricycles.

Island Hopping

Routenvorschlag 1

Eine Rundreise durch die Visayas könnte folgendermaßen aussehen: Von Manila zunächst mit einem Bus oder Flugzeug nach Süd-Luzon zum Mayon Volcano bei Legaspi. Danach von Matnog am Südzipfel von Luzon übersetzen nach Samar und mit einem Bus entlang der Westküste über Calbayog und Catbalogan nach Tacloban, der Hauptstadt von Leyte, wo General MacArthur 1944 mit seinen Truppen landete um das Land von den japanischen Besatzern zu befreien. Von Tacloban und Ormoc fahren regelmäßig Schiffe nach Cebu City. Möglich ist auch die Überfahrt mit einem größeren Auslegerboot von San Isidro nach Maya im Norden von Cebu, wo wiederum Boote zur kleinen Malapascua Island ablegen. Wer jedoch zunächst von Leyte nach Bohol möchte, nimmt am besten ein Boot von Maasin oder Bato nach Ubay.

Die Attraktion von Bohol sind die Chocolate Hills; ein beliebtes Ziel ist auch die kleine Insel Panglao, die der Hauptstadt Tagbilaran vorgelagert ist.

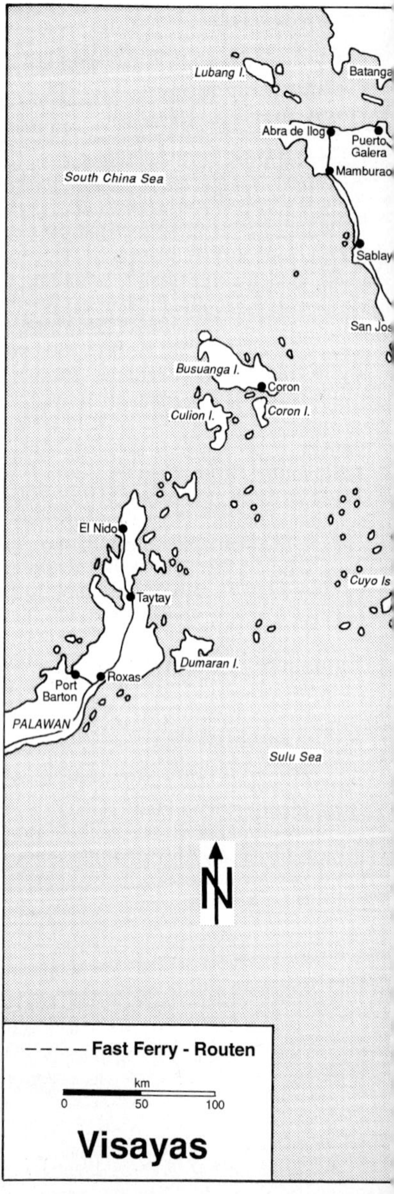

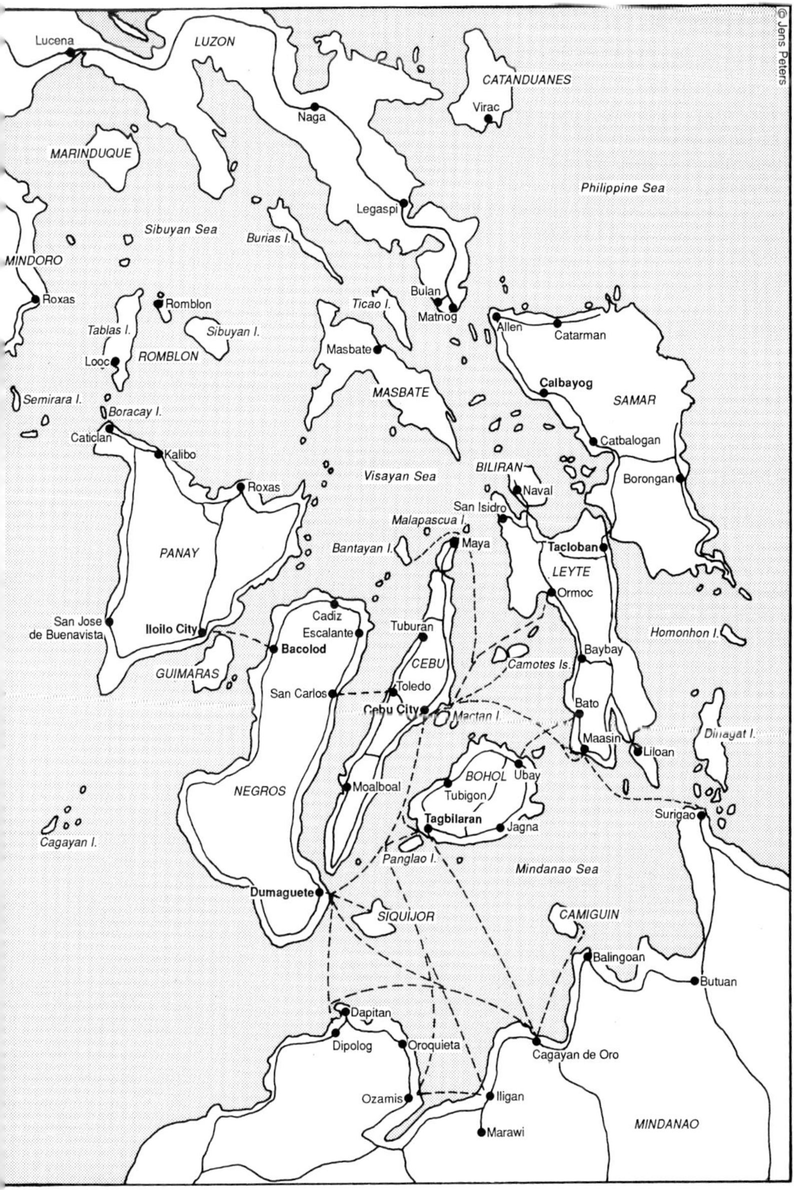
© Jens Peters
Lucena
LUZON
CATANDUANES
Virac
Naga
MARINDUQUE
Philippine Sea
Legaspi
Sibuyan Sea
Burias I.
MINDORO
Roxas
Romblon
Tablas I.
Sibuyan I.
Ticao I.
Bulan
Matnog
Allen
Catarman
Looc
ROMBLON
Masbate
Semirara I.
Boracay I.
MASBATE
Calbayog
SAMAR
Caticlan
Kalibo
Catbalogan
Roxas
Visayan Sea
BILIRAN
Naval
Borongan
San Isidro
Malapascua I.
Bantayan I.
Maya
Tacloban
PANAY
LEYTE
Ormoc
Cadiz
San Jose de Buenavista
Iloilo City
Escalante
Tuburan
Homonhon I.
Bacolod
CEBU
Camotes Is.
Baybay
GUIMARAS
Toledo
San Carlos
Cebu City
Mactan I.
Bato
Dinagat I.
Maasin
Liloan
BOHOL
Ubay
NEGROS
Moalboal
Tubigon
Surigao
Tagbilaran
Jagna
Cagayan I.
Panglao I.
Mindanao Sea
Dumaguete
SIQUIJOR
CAMIGUIN
Balingoan
Butuan
Dapitan
Dipolog
Oroquieta
Cagayan de Oro
Ozamis
Iligan
Marawi
MINDANAO
Visayas

Von Tagbilaran fahren täglich Schiffe nach Cebu City, der drittgrößten Stadt der Philippinen und das Zentrum der Visayas. Ab dort bestehen Flug- und/ oder Schiffsverbindungen nach fast allen wichtigen Orten des Landes, unter anderem auch nach Puerto Princesa auf Palawan.
Mehrere kleine Fähren überqueren täglich die Passage zwischen Toledo an der Westküste von Cebu und San Carlos an der Ostküste von Negros. Von San Carlos fahren Busse entlang der Küste in Richtung Norden nach Bacolod, wo wiederum Fähren nach Iloilo City auf Panay ablegen. Nur ein paar Stunden dauert die Busfahrt von Iloilo City über Kalibo nach Caticlan, und nur eine knappe halbe Stunde später ist man auf Boracay.

Routenvorschlag 2

Einen Schwierigkeitsgrad höher, aber dennoch relativ einfach zu bewältigen ist folgende Reise durch die Visayas. Sie führt von Manila zunächst per Bus in Richtung Süden, und zwar nach Batangas, von wo aus mehr oder weniger regelmäßig Schiffe nach Odiongan auf Tablas Island und Romblon auf Romblon Island fahren. Die Insel Romblon wurde bekannt durch ihre Marmorvorkommen, zeichnet sich aber auch durch ein paar schöne Strände aus. Viele Reisende zieht es jedoch bislang noch nicht dorthin. Von Romblon fahren täglich Boote zur Nachbarinsel Tablas, und von dort wiederum zur populären kleinen Insel Boracay. (Wer wenig Zeit hat und sich ein paar Reisestrapazen ersparen möchte, könnte auch direkt von Manila nach Tablas oder Caticlan nahe Boracay fliegen).
Nach ein paar faulen Strandtagen geht's weiter mit einem Bus quer durch Panay nach Iloilo City und von dort mit einer Fähre nach Bacolod auf Negros, der Zuckerinsel der Philippinen. Von Bacolod mit einem Bus oder Jeepney nach Cadiz, einer kleinen Hafenstadt an der Nordküste von Negros, und von dort mit einem Boot nach Bantayan Island, die bereits zur Provinz Cebu gehört. Diese freundliche Insel im Zentrum der Visayas läßt sich am besten mit einem Fahrrad erkunden. Von Santa Fe nach Hagnaya auf Cebu besteht eine Fährverbindung. Nach Ankunft der Fähre fährt ein Bus oder ein Jeepney nach Maya, dem nördlichsten Ort auf Cebu, wo Boote zur vorgelagerten Insel Malapascua ablegen. Wem Boracay touristisch bereits zu weit entwickelt ist, wird sich auf dieser kleinen Insel eher wohlfühlen.
Nächste Station ist die Insel Leyte. Von San Isidro im Nordwesten geht es in zwei oder drei Etappen mit Bussen über Ormoc und Baybay entlang der Küstenstraße gen Süden nach Bato oder Maasin. Ab beiden Orten bestehen Bootsverbindungen nach Bohol, einer gepflegten und landschaftlich abwechslungsreichen Insel. Nach Besichtigung der kuriosen Chocolate Hills laden ein paar kleinere Inseln westlich von Bohol zum Verweilen ein: Cabilao, Balicasag und Panglao. Von Cabilao Island kann man nach Argao an der Südostküste von Cebu übersetzen und dort in einen Bus nach Bato zusteigen, wo täglich mehrere kleine Fähren zur großen Insel Negros ablegen.
Die angenehme Provinzhauptstadt Dumaguete im Südosten von Negros ist unter anderem ein Ausgangspunkt für Überfahrten nach Siquijor Island, auf der - davon sind viele Filipinos überzeugt - die Hexerei an der Tagesordnung ist. Wer dem Zauber der Insel entkommen möchte, hat mehrmals täglich die Möglichkeit, mit schnellen Fähren über Dumaguete nach Cebu City zu reisen, um von dort nach Manila zurückzukehren oder die Reise fortzusetzen, z.B. nach Mindanao oder über Bacolod oder Iloilo City/Panay nach Palawan.

Biliran

Biliran Island liegt vor der Nordküste von Leyte. Zwischen beiden Inseln verläuft die nur wenige Kilometer breite Biliran Strait, über die an der engsten Stelle im Süden eine Brücke führt und Biliran mit Leyte verbindet. Politisch hat sich Biliran 1992 von der großen Nachbarin abgenabelt und ist seitdem eine eigenständige Provinz. Eine weise Entscheidung, denn jetzt fließt die Wirtschaftshilfe aus Manila direkt und ohne Abstriche in die Provinzkasse, was zweifellos der Entwicklung der Insel zugute kommt.

Provinzhauptstadt ist Naval, eine geschäftige kleine Hafenstadt an der Westküste. Alle anderen größeren Orte der Insel liegen ebenfalls am Meer. Sie sind durch eine holprige, erst teilweise befestigte Küstenstraße verbunden; bis zur lückenlosen Fertigstellung werden wohl noch ein paar Jahre vergehen.

Das Innere der 32 Kilometer langen und 18 Kilometer breiten Insel ist bergiges, von unwegsamen, dichtbewachsenen, erloschenen Vulkanen geprägtes Terrain. Biliran ist auffallend grün, was insbesondere Naturfreunde schätzen dürften. Und viele Wasserfälle gibt es, dazu unzählige Bäche und mehrere heiße Quellen. Der meiste Regen fällt im Dezember, aber auch der Januar ist nicht ohne. Am häufigsten scheint die Sonne im April - statistisch gesehen.

Neben ein paar kleinen, unbewohnten Inseln in Küstennähe gehören auch die beiden größeren, etwas weiter entfernten Inseln Maripipi und Higatangan zur Provinz Biliran. Zu ihnen bestehen regelmäßige Bootsverbindungen.

Die Menschen leben hauptsächlich vom Fischfang, betreiben aber auch Landwirtschaft, vor allem werden Reis und Gemüse angepflanzt. Darüber hinaus haben sie sich auf die Herstellung von Kokosnußöl spezialisiert. Ihre Sprache

ist Waray-Waray, ausgenommen an der Westküste, wo in erster Linie Cebuano gesprochen wird.

Anreise

Anreisen kann man von Cebu, Leyte und Samar. Siehe auch »Weiterreise« im jeweiligen Inselkapitel.

Weiterreise

Nach Cebu

Schiff

Von Naval nach Cebu City

MV *San Juan*; San Juan Shipping Lines. Abfahrt: Di, Do u. So 21.00 Uhr. Fahrzeit: 6:30 Std.

MV *Katarina*, MV *Romano Cruiser*; MY Shipping. Abfahrt: täglich 20.00 Uhr (möglicherweise außer Di). Fahrzeit: 12 Std.

Nach Leyte

Bus

Von Caibiran nach Tacloban

Ein Bus fährt täglich frühmorgens oder vormittags. Fahrzeit: 5 Std.

Von Naval nach Ormoc
Busse der JD Bus Lines Company fahren täglich um 5.30, 8.00, 12.00 und 15.00 Uhr. Fahrzeit: 3 Std.

Von Naval nach Tacloban
Busse verschiedener Companies fahren etwa zehnmal täglich. Fahrzeit: 3 Std.

Schiff
Von Naval nach Calubian
Auslegerboot. Abfahrt: täglich 9.00 Uhr. Fahrzeit: 1 Std.

Nach Luzon

Bus
Von Naval nach Manila
Ein Aircon-Bus der Liberty Transport Company fährt täglich um 8.00 Uhr. Fahrzeit: 30 Std.

Nach Samar

Schiff
Von Danao/Maripipi Island nach Calbayog
Großes Auslegerboot. Abfahrt: Mi u. Sa 5.00 Uhr. Fahrzeit: 3 Std.

Naval

Nach Überlieferungen soll Naval bereits im frühen 18. Jahrhundert von Cebuanos gegründet worden sein. Später kamen noch Siedler aus Bohol, Negros und Panay hinzu. Zur Provinzhauptstadt aufgestiegen ist dieser kleine, überschaubare Ort erst im Jahr 1992. Neben verschiedenen Behörden gibt es unter anderem einige Geschäfte, ein Krankenhaus und eine Philippine National Bank. Am Anleger findet täglich ein Markt statt.

Übernachten
V & C Lodge, Castin Street. EZ/fan 50 und 60 P, DZ/fan 140 und 170 P. Bescheidene Zimmer in einem rustikalen Haus ein paar Meter abseits der Straße. Disco.
LM Lodge, Vicentillo Street. EZ/DZ/fan 70/140 P, EZ/DZ/fan/Bad 100/200 P. Preislich in Ordnung. Einfache Zimmer in einem gastlichen Haus; familiäre Atmosphäre.
Bay View Lodge, Castin Street. EZ/fan 50 P, DZ/fan 110 P, EZ/DZ/fan/Bad 150 P, EZ/DZ/ac/Bad 250 P. Einfaches, passables Hotel. Die Fan-Zimmer sind preislich akzeptabel. Kleine Terrasse im ersten Stock.
Rosevic Lodging House, Vicentillo Street, Naval. EZ/DZ/fan 250 P, EZ/DZ/ac 400/500 P. Einfache, ruhige Zimmer; etwas überteuert. Kleiner Innenhof. Restaurant.

Essen und Trinken
Naval verfügt über mehrere günstige Restaurants. Der freundliche ***Gemini Coffee Shop***, etwa 100 Meter stadteinwärts vom Anleger, bietet neben Filipino Food auch eine kleine Kuchenauswahl. Er ist bis 20.30 Uhr geöffnet.

Anreise/Weiterreise
Bus: Alle Busse von Tacloban nach Kawayan und weiter bis nach Tucdao und Culaba (und zurück) fahren über Naval.

Almeria

Das bevorzugte Reiseziel auf Biliran ist der kleine Ort Almeria, etwa acht Kilometer nördlich von Naval. Genau genommen ist es das kleine Agta Beach Resort knapp drei Kilometer nördlich von Almeria an einer Bucht mit mäßigem, jedoch sauberem Palmenstrand. Ein angenehmer Platz, um ein paar Tage auszuspannen. Zum Schwimmen fährt man jedoch besser mit einem Boot hinüber zur vorgelagerten Dalutan Island mit ihrem weißen Strand. Oder man begibt sich nach Masagongsong zwei Kilometer nördlich vom Agta

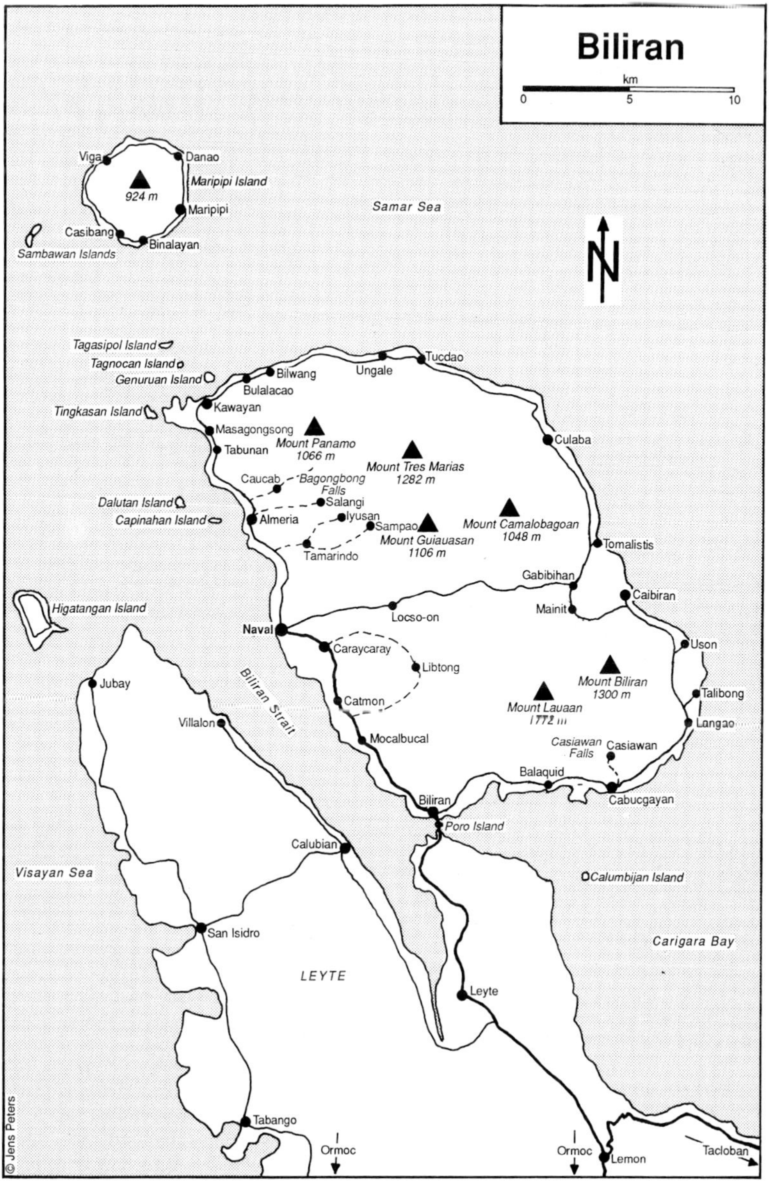
Biliran
km
0
5
10
N
Viga
Danao
Maripipi Island
924 m
Maripipi
Samar Sea
Casibang
Binalayan
Sambawan Islands
Tagasipol Island
Tagnocan Island
Genuruan Island
Tingkasan Island
Tucdao
Ungale
Bilwang
Bulalacao
Kawayan
Masagongsong
Mount Panamo
1066 m
Tabunan
Mount Tres Marias
1282 m
Culaba
Caucab
Bagongbong
Falls
Salangi
Dalutan Island
Capinahan Island
Almeria
Iyusan
Sampao
Mount Guiauasan
1106 m
Mount Camalobagoan
1048 m
Tamarindo
Tomalistis
Gabibihan
Caibiran
Mainit
Higatangan Island
Locso-on
Naval
Caraycaray
Uson
Libtong
Mount Biliran
1300 m
Jubay
Biliran Strait
Catmon
Mount Lauaan
1772 m
Talibong
Villalon
Langao
Mocalbucal
Casiawan
Falls
Casiawan
Balaquid
Cabucgayan
Biliran
Poro Island
Calubian
Visayan Sea
Calumbijan Island
San Isidro
Carigara Bay
LEYTE
Leyte
Tabango
Ormoc
Ormoc
Lemon
Tacloban
© Jens Peters

Beach, wo etwa 50 Meter abseits der Straße ein großer Swimmingpool mit frischem, kühlem Quellwasser zum Baden einlädt; Eintritt: 2 P.
Von Almeria aus lohnen sich kleine Abstecher ins Inselinnere, z.B. zum Bagongbong-Wasserfall etwa zwei Stunden zu Fuß nordöstlich von Caucab, der allerdings etwas schwer zu finden ist, und zu den Reisterrassen bei Iyusan, Salangi und Sampao.

Übernachten

Agta Beach Resort. EZ/DZ/fan 75/150 P, EZ/DZ/fan/Bad 100/200 P, EZ/DZ/ac/Bad 350 P. Einfache Unterkunft. Ruhige Lage. An Wochenenden ist das Resort jedoch ein beliebtes Ausflugsziel von Tagesgästen. Restaurant; das Essen ist gut, besondere Wünsche versucht der freundliche Besitzer Clemencio Sabitsana gerne zu erfüllen. Paddelboot 20 P/Tag.

Anreise/Weiterreise

Jeepney: Jeepneys von Naval nach Kawayan im Norden der Insel fahren durch Almeria und kommen am Agta Beach Resort vorbei. Fahrzeit: 20 Min.; allerdings nur wenige Abfahrten täglich, was eine längere Wartezeit bedeuten könnte.

Bus: Von Naval nach Almeria fahren täglich mehrere Busse mit Ziel Kawayan, Tucdao oder Culaba. Fahrzeit: 30 Min.

Cabucgayan

Dieser Flecken an der Südküste von Biliran ist Ausgangspunkt zum Casiawan-Wasserfall, dem vielleicht höchsten der Insel. Er liegt malerisch eingebettet in sattgrüner Vegetation und bildet einen natürlichen Pool.
Für 20 P kann man sich ab Cabucgayan mit einem Motorrad ziemlich nah heranfahren lassen.

Caibiran

Caibiran ist der größte Ort an der Ostküste. Dort läßt sich ein Aufstieg zum Biliran Volcano arrangieren. Der Barrio Captain ist bei der Miete eines Jeeps für die Fahrt hinauf zum Camp behilflich. Vom Camp bis zum Gipfel benötigt man etwas mehr als eine Stunde.

Anreise/Weiterreise

Bus: Vom Ort Biliran fährt täglich ein Bus entlang der Süd- und Ostküste über Cabucgayan und Caibigan bis nach Caluba. Dieser Bus kommt von Tacloban.
Möglicherweise besteht auch eine Verbindung von Naval quer über die Insel nach Caibiran.

Higatangan Island

Auf dieser kleinen Insel vor der Nordwestspitze von Leyte soll im Zweiten Weltkrieg der spätere Präsident Marcos vorübergehend Zuflucht gesucht haben. Daher heißt die mit 46 Metern höchste Erhebung der Insel heute Marcos Hill. Nähert man sich Higatangan von Naval, fällt als erstes eine etwa 200 Meter lange, blendend weiße Sandbank auf, die sich einem vom Ort Mabini aus wie eine gigantische Zunge entgegenstreckt. Attraktive kleine weiße Strandabschnitte zwischen dekorativen, kantigen Felsbrocken findet man entlang der Südküste.

Anreise/Weiterreise

Boot: Von Naval nach Mabini fahren täglich mehrere Auslegerboote. Fahrzeit: 45 Min.

Maripipi Island

Wer es schon bis nach Biliran Island geschafft hat, sollte sich auch noch einen Abstecher nach Maripipi Island gönnen. Einen näheren Ausgangspunkt

dorthin gibt es nicht. Die abgeschiedene Lage dieser schönen Insel etwa acht Kilometer nordwestlich von Biliran ließ bisher nur wenige Einflüsse moderner Zivilisation zu. Es gibt kein Telefon und nur in wenigen Orten wird abends für ein paar Stunden der Strom eingeschaltet. Die Bevölkerung ist sehr gastfreundlich. Sie scheint mit ihrer einfachen, herzlichen Lebensform zufrieden zu sein.
Überragt wird dieses exotische Eiland von einem 1.000 Meter hohen, erloschenen Vulkan, der zum Teil mit dichtem Dschungel bewachsen ist. Eine schmale Ringstraße führt um die runde Insel und verbindet schmucke kleine Dörfer - ideal für eine Wanderung oder Fahrradtour. Weniger geeignet ist Maripipi für unbeschwerte Strandtage, denn die Küste ist annähernd durchgehend felsig und bietet so gut wie keine akzeptable Möglichkeit zum Baden.
In den Barrios Casibang und Binalayan an der Südküste stellen Frauen aus Ton gefertigte Gegenstände für den Verkauf nach anderen Inseln zusammen. Maripipi ist bekannt für die gute Qualität ihrer Töpferwaren.

Anreise/Weiterreise

Viga
Boot: Von Naval nach Viga fährt täglich um 12.00 Uhr ein großes Auslegerboot. Fahrzeit: 3 Std. Fahrpreis: 25 P. Abfahrt von Viga nach Naval um 5.00 Uhr. Das Boot kommt wegen zahlreicher Stopps möglicherweise erst um 10.00 Uhr in Naval an.

Danao
Boot: Von Naval nach Danao fährt Mo und Fr um 10.00 Uhr ein großes Auslegerboot. Fahrzeit: 2 Std.
Abfahrt von Danao nach Naval um 5.00 Uhr.

Sambawan Islands

Zwei längliche, dicht zusammenliegende Felseninseln westlich von Maripipi, von denen sich die nördliche bei Flut in drei kleine Inseln verwandelt. Schon von weitem leuchtet ein weißer Korallenstrand. Es gibt keine Palmen, keinen Schatten auf den Inseln. Bei einem Tagestrip dorthin empfiehlt es sich daher, einen Sonnenschutz mitzunehmen.

Bohol

Bohol ist die zehntgrößte Insel der Philippinen und liegt im Süden der Visayas zwischen Leyte und Cebu. Historische Bedeutung erlangte sie durch den sogenannten »Blood Compact« zwischen dem spanischen Eroberer Legaspi und dem boholanischen Stammeshäuptling Sikatuna. Heute fahren die Fremden hauptsächlich nach Bohol, um sich die Chocolate Hills anzusehen. Auch Erich von Däniken hätte sicher seine helle Freude an dieser eigenartigen Hügellandschaft. Eine touristische Entwicklung dieser gepflegten und landschaftlich schönen Insel mit ihren freundlichen Bewohnern hat erst in jüngster Zeit begonnen.
Neben Bohol gehören 72 weitere kleine Inseln zur gleichnamigen Provinz. Ihren Unterhalt bestreiten die Boholanos überwiegend durch die Landwirtschaft. Geerntet werden vor allem Kokosnüsse, aber auch Mais und Reis werden angebaut. Bei Lila, 25 Kilometer östlich von Tagbilaran, gibt es sogar kleine Reisterrassen. In den Souvenirläden Manilas ist Bohol mit Web-, Flecht- und Korbwaren vertreten. Erheblich billiger werden diese Handarbeiten allerdings in Tagbilaran und anderen Orten auf Bohol selbst angeboten.
Wenige Kilometer nordöstlich von Tagbilaran leben in der Umgebung von Corella seltene, äußerst scheue Tarsier *(Tarsius syrichta)* oder Koboldmakis. Diese auf den Philippinen außer auf Bohol auch auf Leyte, Samar und Mindanao vorkommenden Tiere mit ihren großen, runden Augen werden kaum größer als eine Ratte. Sie gehören zu den Halbaffen und sind die kleinsten der Primaten-Familie. Tarsier leben hauptsächlich von Echsen und Insekten, die sie nach Einbruch der Dunkelheit fangen.

Anreise

Anreisen kann man von Cebu, Leyte, Luzon und Mindanao. Siehe auch »Weiterreise« im jeweiligen Inselkapitel.

Weiterreise

Nach Cebu

Schiff
Von Loon nach Argao
MV *LCT Barge St. Mark* (Autofähre); Lite Shipping Corporation. Abfahrt: täglich 14.00 Uhr, Di bis Sa zusätzlich 7.00 Uhr. Fahrzeit: 2:30 Std.

Von Jeta Fe nach Cebu City
MV *Star Ruby 1*. Abfahrt: täglich 16.00 Uhr. Fahrzeit. 1 Std.

Von Tagbilaran nach Cebu City
MV *Star Ruby 1*. Abfahrt: täglich 6.00 Uhr. Fahrzeit. 1:45 Std.
MV *Water Jet 2*; Water Jet Shipping Corporation. Abfahrt: täglich 6.30 Uhr. Fahrzeit: 1:30 Std.
MV *Supercat*; Universal Aboitiz. Abfahrt: täglich 7.00, 11.30, 16.00 u. 19.30 Uhr. Fahrzeit: 1:30 Std.

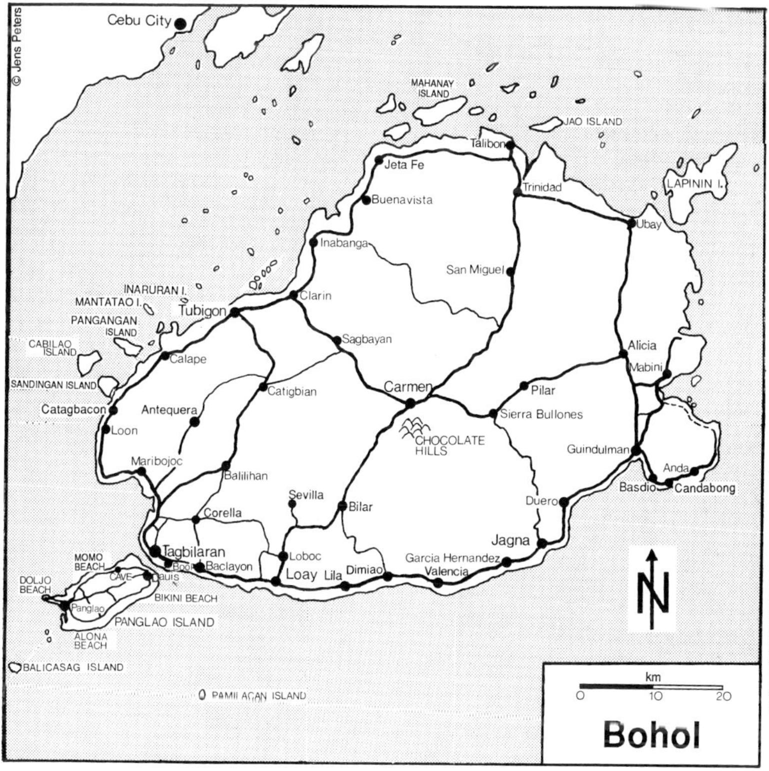

MV *Oceanjet*; Socor Shipping Lines. Abfahrt: täglich 11.00 Uhr. Fahrzeit: 1:30 Std.
MV *Bullet Xpress*; Bullet Express Corporation. Abfahrt: täglich 12.15 u. 17.00 Uhr. Fahrzeit: 1:30 Std.
MV *Water Jet 1*; Water Jet Shipping Corporation. Abfahrt: täglich 19.00 Uhr. Fahrzeit: 1:30 Std.
MV *Filipinas Dumaguete*; Cokaliong Shipping Lines. Abfahrt: täglich 7.30 Uhr. Fahrzeit: 3:30 Std.
MV *Santiago de Bohol*; Lite Shipping Corporation. Abfahrt: täglich 10.30 Uhr. Fahrzeit: 4 Std.
MV *Lite Ferry I*; Lite Shipping Corporation. Abfahrt: Mo 12.30 Uhr. Fahrzeit: 3:30 Std.
MV *Asia-Japan*; Trans-Asia Shipping Lines. Abfahrt: Mo u. Fr 24.00 Uhr. Fahrzeit: 4 Std.
MV *Asia-Thailand*; Trans-Asia Shipping Lines. Abfahrt: Di, Do u. So 24.00 Uhr. Fahrzeit: 4 Std.

Von Tubigon nach Cebu City

MV *Charing*. Abfahrt: täglich 9.00 Uhr. Fahrzeit: 3:15 Std.
MV *Rayjumar*. Abfahrt: täglich 11.00 Uhr. Fahrzeit: 2:30 Std.

MV *Betchie*. Abfahrt: täglich 12.00 Uhr. Fahrzeit: 2:30 Std.
MV *Queen Leonora*, MV *Queen Vicky*. Abfahrt: täglich 16.00 Uhr. Fahrzeit: 2:30 Std.
MV *Harvey*. Abfahrt: täglich 24.00 Uhr. Fahrzeit: 3 Std.

Von Talibon nach Cebu City
MV *Krishia*. Abfahrt: täglich 8.00 Uhr. Fahrzeit: 3:30 Std.
MV *Talibon Cruiser*. Abfahrt: täglich 9.00 Uhr. Fahrzeit: 4 Std.
MV *Andy*. Abfahrt: täglich 22.00 Uhr. Fahrzeit: 4 Std.

Nach Leyte

Schiff
Von Ubay nach Bato
Großes Auslegerboot. Abfahrt: täglich 10.00 Uhr. Fahrzeit: 3 Std.; eventuell über Lapinin Island (dann 4 Std.).
MV *Star Ruby 1*. Abfahrt: täglich 11.15 Uhr. Fahrzeit. 1:15 Std.

Von Ubay nach Maasin
Großes Auslegerboot. Abfahrt: täglich 10.00 Uhr. Fahrzeit: 4 Std.

Nach Luzon

Flug
Von Tagbilaran nach Manila
Philippine Airlines fliegt täglich.

Schiff
Von Tagbilaran nach Manila
MV *Superferry 11*; WG & A. Abfahrt: Mo 12.30 Uhr. Fahrzeit: 26 Std.
MV *Our Lady of Good Voyage*; WG & A. Abfahrt: Mi 9.00 Uhr. Fahrzeit: 26 Std.

Nach Mindanao

Schiff
Von Jagna nach Butuan/Nasipit
MV *Lady of Fatima*; Cebu Ferries. Abfahrt: So 24.00 Uhr. Fahrzeit: 6 Std.

Von Jagna nach Cagayan de Oro
MV *Lady of Lourdes*; Cebu Ferries. Abfahrt: Mo 24.00 Uhr. Fahrzeit: 6 Std.
MV *Cagayan Princess*; Sulpicio Lines. Abfahrt: Sa 21.00 Uhr. Fahrzeit: 5 Std.
MV *Lady of Lipa*; Cebu Ferries. Abfahrt: So 14.00 Uhr. Fahrzeit: 4 Std.

Von Tagbilaran nach Cagayan de Oro
MV *Water Jet 1*; Water Jet Shipping Corporation. Abfahrt: täglich 12.15 Uhr. Fahrzeit: 3 Std.
MV *Asia-Thailand*; Trans-Asia Shipping Lines. Abfahrt: Mo u. Mi 20.00 Uhr, Fr 21.00 Uhr. Fahrzeit: 8 Std.
MV *Superferry 5*; WG & A. Abfahrt: Mi 11.00 Uhr. Fahrzeit: 7 Std.

Von Tagbilaran nach Dipolog
MV *Dipolog Princess*; Sulpicio Lines. Abfahrt: Do 24.00 Uhr. Fahrzeit: 5 Std.

Nach Negros

Schiff
Von Tagbilaran nach Dumaguete
MV *St. Raphael*; Negros Navigation. Abfahrt: täglich 13.30 Uhr. Fahrzeit: 1:20 Std. Fahrpreis: 160 P.
MV *Asia-Japan*; Trans-Asia Shipping Lines. Abfahrt: Di u. Sa 18.00 Uhr. Fahrzeit: 3 Std.

Tagbilaran

Tagbilaran ist die Hauptstadt der Provinz Bohol. Bemerkenswerte Sehenswürdigkeiten gibt es nicht. Der beste Strand in Stadtnähe heißt Caingit Beach und befindet sich hinter dem Hotel La Roca, aber er ist nicht besonders beeindruckend.

Die Hauptstraße Carlos P. Garcia Avenue, auch kurz C.P.G. Avenue genannt, wird tagsüber von einem scheinbar nie endenden Strom lärmender Tricycles befahren, die mit ihren Abgasen und dem aufgewirbelten Staub für »dicke Luft« sorgen. In dieser Straße befinden

sich neben mehreren Hotels, Restaurants und zahlreichen Geschäften auch der Agora Market und der Torralba Market, auf dem Kunsthandwerk und lokale Produkte verkauft werden.
Ein beliebter Treffpunkt zum Sonnenuntergang ist die Kay-Cee Promenade, offiziell auch K of C Pier (Knights of Columbus) genannt.
Von Tagbilaran aus kann man interessante Trips unternehmen, z.B. nach Panglao Island oder entlang der West- und Südküste von Bohol.

Übernachten

Tagbilaran Vista Lodge, Lesage Street, Tel. 4113072. EZ/DZ/fan 80/100 P, EZ/DZ/fan/Bad 100/120 P, EZ/DZ/ac/Bad 250/275 P. Einfache Unterkunft, aber okey für den Preis.
Nisa Travelers Inn, Carlos P. Garcia Avenue, Tel. 4113731. EZ/DZ/fan 130/150 P, EZ/DZ/fan/Bad 140/160 P, EZ/DZ/ac/Bad 250/350 P. Einfach und relativ gut. Großer Aufenthaltsraum. Restaurant.
Villa Camilla, Maria Clara Street. EZ/DZ/fan 150/200 P, EZ/DZ/fan/Bad 200/300 P, EZ/DZ/ac/Bad 400/500 P. Neuere Pension mit tadellosen Zimmern. Gegenüber der University of Bohol. Im selben Gebäude befindet sich auch Rene's Swiss Goumet Shop & Restaurant (Hofeingang).
Sea Breeze Inn, Gallares Street, Tel. 4113599. EZ/fan/Bad 160 P, DZ/fan/Bad 200 P, EZ/ac/Bad 300 P, DZ/ac/Bad 400 P. Einfache, akzeptable Zimmer. Restaurant.
Charisma Lodge, Carlos P. Garcia Avenue, Tel. 4113094. EZ/DZ/fan 135/225 P, EZ/fan/Bad 200 P, EZ/DZ/ac/Bad 395 P. Einfache, Zimmer, allerdings nicht mehr in bestem Zustand.
LTS Lodge, Carlos P. Garcia Avenue, Tel. 4113310. EZ/DZ/fan 100/160 P, EZ/DZ/ac 200/300 P, EZ/ac/Bad 300 P, DZ/ac/Bad 400 P. Ordentliche, zum Teil recht geräumige Zimmer, die zur Straße sind jedoch ziemlich laut. Coffee Shop.
Slim Pension House, F.R. Ingles Street/Ecke Miguel Parras Street, Tel. 4114858, Fax: 4114367. EZ/DZ/fan/Bad 350/450P, EZ/DZ/ac/Bad 480/600 P (mit TV). Gepflegte, preislich akzeptable Zimmer. Kostenloser Transport von Airport und Hafen (anrufen).
Gie Garden Hotel, M.H. del Pilar Street, Tel. 4113182. EZ/ac/Bad 370 P, DZ/ac/Bad 500 P. Beliebtes kleines Hotel. Manche Zimmer sind jedoch etwas dunkel und stickig; die zum Innenhof sind wesentlich ruhiger als die zur Straße. Gutes Restaurant.
Coralandia Resort, Graham Avenue, Tel. 4113445. Cottage/fan/Bad 250 und 475 P, Cottage/ac/Bad 375 und 635 P. Passable Cottages mit zwei oder drei Zimmern in einer größeren Anlage am Meer. Restaurant. Liegt am nördlichen Stadtrand nahe Airport.
Hotel La Roca, Graham Avenue, Tel. 4113179, Fax. 4113009. EZ/ac/Bad 530 bis 825 P, DZ/ac/Bad 660 bis 880 P, Suite 1.210 P. Annehmbare Zimmer. Restaurant. Swimmingpool. Liegt etwas südlich vom Coralandia Resort.
Bohol Tropics Resort Club, Graham Avenue, Tel. 4113510, Fax: 4113019. EZ/DZ/ac/Bad 980 bis 1.450 P, Suite 2.300 P. Mit TV, die Suite auch mit Kühlschrank. Gepflegte, angenehme Zimmer in einer recht weitläufigen Anlage mit Cottages direkt am direkt Meer. Restaurant. Swimmingpool. Fitnessraum. Tenniscourt. Das beste Hotel in Tagbilaran, neben Hotel La Roca etwas außerhalb am nördlichen Stadtrand gelegen.
Island Leisure Inn, Ilaw International Center, Bool, Tel. 4112482. EZ/fan/Bad 350 P, DZ/fan/Bad 440 P, EZ/ac/Bad 785 P, DZ/ac/Bad 935 P. Passable Zimmer mit Balkon. Restaurant. Bar. Disco. Tauchen. Walbeobachtungstrips. Liegt etwa drei Kilometer östlich von Tagbilaran.

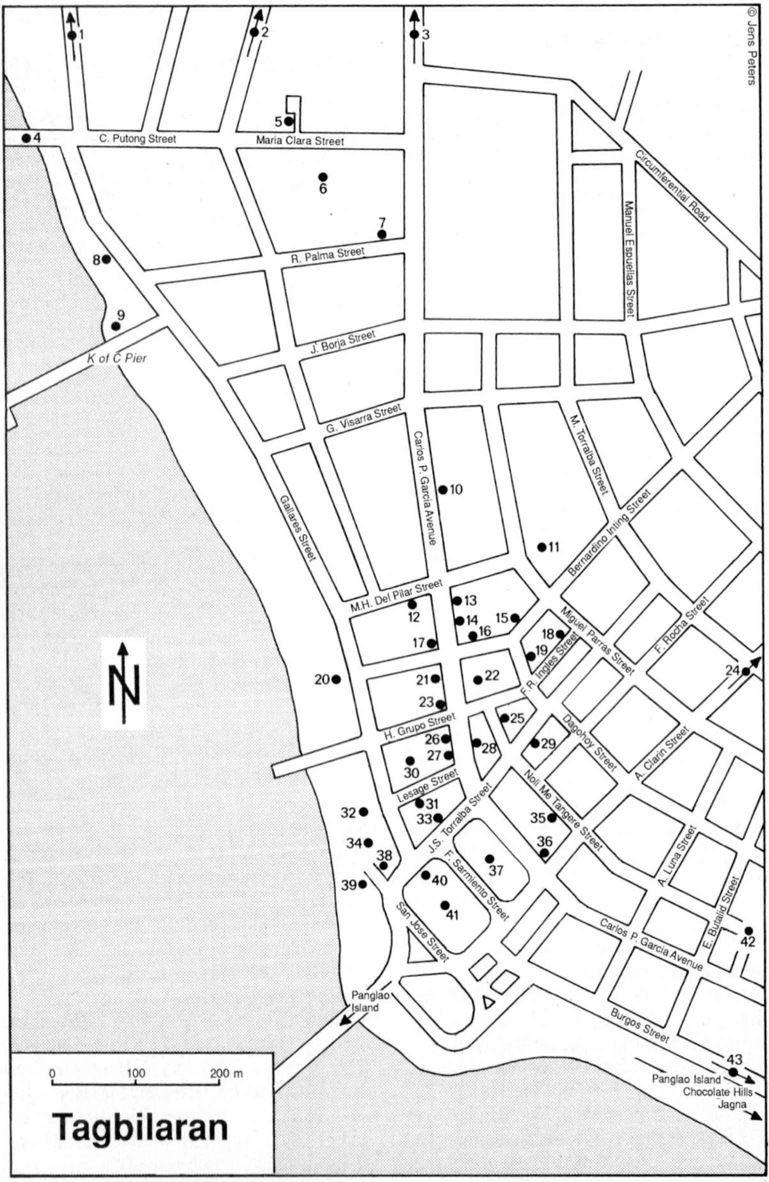
© Jens Peters
C. Putong Street
Maria Clara Street
R. Palma Street
J. Borja Street
G. Visarra Street
K of C Pier
Circumferential Road
Manuel Espuellas Street
M. Torralba Street
Carlos P. Garcia Avenue
Gallares Street
Bernardino Inting Street
M.H. Del Pilar Street
Miguel Parras Street
F. Rocha Street
F.R. Ingles Street
H. Grupo Street
Dagohoy Street
A. Clarin Street
Lesage Street
J.S. Torralba Street
Noli Me Tangere Street
F. Sarmiento Street
A. Luna Street
E. Butalid Street
San Jose Street
Carlos P. Garcia Avenue
Burgos Street
Panglao Island
Panglao Island
Chocolate Hills
Jagna
0
100
200 m
Tagbilaran

Anreise/Weiterreise
3 Airport (500 m)
4 Anleger (Wharf)
7 Trans-Asia Shipping Lines
18 Jeepneys zum Dao Busterminal
24 Dao Busterminal (4 km)
42 Panglao Busterminal

Übernachten
1 Bohol Tropics Resort Club (75 m)
Hotel La Roca (100 m)
Coralandia Resort (150 m)
5 Villa Camilla
8 Sea Breeze Inn
9 Dagohoy Hotel
12 Gie Garden Hotel
13 LTS Lodge
18 Slim Pension House
27 Charisma Lodge
28 Nisa Travelers Inn
29 Executive Inn
31 Tagbilaran Vista Lodge
43 Island Leisure Inn (1,5 km)

Essen und Trinken; Unterhaltung
5 Rene's Swiss Restaurant
9 Seafood Restaurants
19 Sayas Restaurant
25 Level Disco
34 BQ Garden Restaurant
40 Garden Café

Verschiedenes
2 Cogon Market
3 Governor's Mansion
Provincial Capitol
St. Jude General Hospital
5 Rene's Swiss Gourmet Shop
6 University of Bohol (UB)
10 Bohol Travel & Tours
11 Provincial Hospital
14 Metrobank
Tagbilaran Friendly Bazaar
15 Alturas Department Store
16 Bombay Bazaar
17 Mercury Drugstore
20 Ramiro Community Hospital
21 City Pharmacia
22 Agora Market
23 Bohol Quality Store
Post Office
25 Shopper's Mart
26 PCI Bank
33 Divine Word College
32 Marbella Complex
33 Torralba Market
35 PLDT Philippine Long Distance Telephone Company
36 Philippine National Bank (PNB)
37 Plaza
38 Post Office
39 City Hall
Police Station
40 Cruz Telephone Company
41 Kirche

Essen und Trinken

Ausgezeichnet frühstücken kann man im angenehmen ***Garden Café*** neben der Kirche, das von Taubstummen geführt wird. Zwar ist die auf der Speisekarte stehende Auswahl nicht sehr groß, aber Sonderwünsche werden gerne erfüllt, z.B. Omelett mit Mango und Bananen. Gut und preiswert sind die Gerichte im ***Sayas Restaurant*** in der Dagohoy Street, im Restaurant vom ***Gie Garden Hotel*** und in den Seafood Restaurants am K of C Pier, z.B. im ***JJ's Seafood Village***. Empfehlenswert ist auch das freundliche ***BQ Garden Restaurant*** in der südlichen Gallares Street. Europäische Spezialitäten (auch Backwaren) gibt es in ***Rene's Swiss Gourmet Shop & Restaurant*** in der Maria Clara Street. Vor dem Agora Market werden abends ***Barbecue-Stände*** aufgebaut.

Unterhaltung

Verwöhnte Nachtschwärmer werden mit dem, was sie nach Einbruch der Dunkelheit in Tagbilaran erwartet, kaum zufrieden sein. Ein wenig Abwechslung bieten jedoch die Pubs mit Billard und Bowling im ***Marbella Complex***, die ***Zoom Disco*** in der J.A. Clarin Street und die ***Level Disco*** beim Agora Market. Im ***JJ's Seafood Village*** und ***BQ Garden Restaurant*** werden die Gäste abends mit Live-Music oder Karaoke unterhalten.

Adressen/Verschiedenes

Autoverleih: Eine empfehlenswerte Autovermietung mit Fahrer ist Nick Rent-a-Car, 51-5 Pamaong Extension, Cruztelco-Tel. 53394; Nick und Riza Almedilla. Am besten vorher anrufen und einen Termin vereinbaren.

Geldwechseln: Die Allied Bank und die Philippine National Bank, beide in der Carlos P. Garcia Avenue, wechseln Travellers Cheques.

Sehr günstig sind die Wechselkurse für Bargeld und Travellers Cheques beim Inder im Bombay Bazaar in der Bernardino Inting Street. Gleich um die Ecke in der C.P.G. Avenue, hinten im Erdgeschoß vom Tagbilaran Friendly Bazaar, gibt es einen Money Changer, der ebenfalls zu einem guten Kurs wechselt.

Post Office, J.S. Torralba Street, gegenüber der City Hall. Ein weiteres, modernes Post Office wurde im Bohol Quality Store in der Carlos P. Garcia Avenue eingerichtet.

Reisebüros: Bohol Travel & Tours, Carlos P. Garcia Avenue, Tel. 4113840, Fax: 4112984, arrangiert Bohol-Rundfahrten und erledigt Visa- und Ticketangelegenheiten.

Telefonieren: Im PLDT-Office in der Noli Me Tangere Street kann man relativ preiswert faxen und Ferngespräche führen. Ebenso bei der Cruz Telephone Company (Cruztelco) in der J.S. Torralba Street, allerdings kostet's dort einiges mehr. Faxempfang ist ebenfalls möglich (22 P). Es wird jeden Tag eine Liste der angekommenen Faxe ausgehängt.

Vorwahl: 038 oder 03823.

Anreise/Weiterreise

Mit dem Bus: Der Inselverkehr wird hauptsächlich von den Companies Saint Jude Trans und Dory Lines bewältigt. Ihre Busse fahren ab dem neuen Dao Busterminal am nordöstlichen Stadtrand, etwa vier Kilometer vom Zentrum. Hinkommen mit Jeepneys ab Alturas Department Store. Fahrpreis: 2 P. Nach Pangalo Island fahren Busse der J.G. Trans Company, und zwar ab dem Panglao Busterminal in der E. Butalid Street am südlichen Stadtrand. Ab dem Shopper's Mart kostet ein Tricycle dorthin 2 P pro Person.

Mit dem Flugzeug: Der Airport liegt am nördlichen Stadtrand; ein Tricycle von dort bis zum Stadtzentrum (Agora Market) kostet 5 P, bis zum Alona Beach 100 bis 150 P. Private Taxis fahren für 200 bis 250 P zum Alona Beach, auch wenn sie zunächst bis zu 500 P verlangen. Man kann man auch bereits von Manila aus telefonisch ein Fahrzeug zum Preis von etwa 200 P für zwei bis sechs Personen bestellen, z.B. bei Varescon, Tel. 4115999, 4112548, oder bei Kapirig, Tel. 4112773.

Wer Bohol mit dem Flugzeug verlassen will, sollte am besten gleich nach Ankunft seinen Flug rückbestätigen. Philippine Airlines hat kein Office in der Stadt.

Grand Air, Aquarius Press Building, 25 Maria Clara Street, Tel. 4113615, Fax: 4113840.

Philippine Airlines, Airport Office, Tel. 4113102, 4112232.

Mit dem Schiff: Vom Anleger bis zum Stadtzentrum (Agora Market) beträgt die Entfernung nur einen Kilometer; ein Tricycle kostet 5 P.

Um Tagbilaran

Historisches gibt es nördlich und östlich von Tagbilaran zu besichtigen. Ideal wäre eine Tagesrundfahrt mit einem gemieteten Wagen z.B. ab Alona Beach auf Panglao Island. Darin einbeziehen ließe sich zeitlich auch noch ein Abstecher zu den Chocolate Hills.
Alle nachfolgend genannten Orte sind von Tagbilaran aus jedoch auch mit öffentlichen Verkehrsmitteln zu erreichen.

Maribojoc

Rund 15 Kilometer nördlich von Tagbilaran steht bei Maribojoc der alte Punta Cruz Watchtower aus spanischer Zeit (1796), ein ehemaliger Wachtturm zur Warnung vor Piraten, von dem man eine gute Aussicht auf andere Inseln der Visayas hat.

Loon

In Loon, ein paar Kilometer nordwestlich von Maribojoc, bietet sich ein Stopp an, um die schöne, alte Kirche (1753) mit ihren bemerkenswerten Deckengemälden zu besichtigen.
Zwischen Loon und Argao auf Cebu besteht eine tägliche Fährverbindung.

Antequera

In Antequera, etwa zehn Kilometer nordöstlich von Maribojoc, werden sonntags ab frühmorgens auf einem Markt unterschiedliche Korbwaren zum Kauf angeboten. Nur etwas mehr als einen Kilometer außerhalb des Ortes befinden sich in einem Wald die schönen Mag-Aso Falls mit Möglichkeit zum Schwimmen; Eintritt: 2 P.
Der letzte Bus von Antequera nach Tagbilaran fährt um 15.00 Uhr.

Corella

In den Wäldern bei Corella leben seltene, vom Aussterben bedrohte Tarsier, kleine Halbaffen mit außergewöhnlich großen, unbeweglichen Augen. Diese froschartig von Ast zu Ast springenden Winzlinge sind nächtliche Jäger, die man tagsüber kaum zu Gesicht bekommt.
Im Barrio Cancatac, etwa vier Kilometer östlich von Corella, werden zwecks Studium ein paar Tarsier in einem großzügigen, begehbaren Käfig gehalten. Dieses Projekt des Department of Environment and Natural Resources (DENR) ist für Besucher zugänglich, allerdings dürfen die tagsüber schlafenden Tiere nicht gestört werden. Spenden sind willkommen.

Bool

Knapp drei Kilometer östlich von Tagbilaran erinnert in Bool eine Gedenktafel an den sogenannten »Blood Compact« zwischen Legaspi und Sikatuna, die am 16. März 1565 ihre Freundschaft dadurch besiegelten, daß sie sich die Haut aufritzten, das Blut in einen Becher Wein tropfen ließen und den Becher dann gemeinsam leerten.
In Bool befindet sich auch das Ilaw International Center mit Open Air-Restaurant, Bar und Disco. Samstags werden dort des öfteren größere Hochzeiten gefeiert.

Baclayon

In Baclayon, knapp vier Kilometer östlich von Bool, steht in der ältesten Stadt von Bohol die älteste Steinkirche der Philippinen (1595). Ihr ist ein kleines Museum angeschlossen; geöffnet: Mo-Sa 9.00-11.00 Uhr u. 14.00-16.00 Uhr; Eintritt: 10 P.
Von Baclayon fahren Boote zur vorgelagerten Pamilacan Island.

Loay und Loboc

In Loay, wo es eine weitere alte Kirche mit angeschlossener Klosterschule zu besichtigen gibt, mündet der Loboc River in die Mindanao Sea. Von der Loay-Brücke aus kann man mit einem gecharterten Auslegerboot eine reizvolle Flußfahrt bis in die Nähe des etwa zwei Kilometer nördlich von Loboc liegenden Tontonan-Hydrokraftwerks unternehmen. In Loboc selbst steht die große, alte San Pedro-Kirche (1602) mit beachtenswerten, naiven Deckenmalereien.

Sevilla und Bilar

Ein paar Kilometer nördlich von Loboc, etwa zwischen dem Abzweig nach Sevilla und dem kleinen Ort Bilar, führt die Straße durch einen dunklen, vor einigen Jahren von Studenten gepflanzten Mahagoniwald. In der Nähe von Sevilla überspannt eine urige Hängebrücke den Loboc River, von der man aus mehreren Metern Höhe ins Wasser springen kann.

Jagna

Jagna ist eine geschäftige, saubere, kleine Stadt etwa 60 Kilometer östlich von Tagbilaran. Von dort aus fahren wöchentlich etwa drei Schiffe nach Nord-Mindanao. Die Abfahrten sind meistens spätabends; dann ist auch die Atmosphäre am Anleger am besten. Sehenswert ist die alte Kirche mit ihren Deckenmalereien.
Der vier Kilometer nördlich von Jagna entfernt liegende Ilihan Hill, der über eine kurvenreiche Straße zu erreichen ist, wird als religiöse Stätte häufig von Pilgern aufgesucht.

Übernachten

DQ Lodge, Tel. 3282350, Port Area. EZ/DZ 50/100 P, EZ/DZ/fan 60/120 P, EZ/DZ/ac/Bad 375 P. Ziemlich einfache Unterkunft nahe dem Anleger. Restaurant.

Anreise/Weiterreise

Chocolate Hills Complex
Bus: Von den Chocolate Hills nach Jagna besteht keine direkte Verbindung mehr. Man muß den Bus nach Tagbilaran zu nehmen, in Loay auszusteigen und dort auf einen Bus oder Jeepney von Tagbilaran nach Jagna zu warten.

Tagbilaran
Bus: Von Tagbilaran nach Jagna fahren täglich mehrere Busse ab der Saint Jude Trans Company. Fahrzeit: 2 Std.

Tubigon
Bus: Von Tubigon nach Jagna über Talibon fahren täglich mehrere Busse. Die Fahrt geht nicht über Carmen, sondern entlang der Küste.

Anda

Anda ist ein sauberer, etwas verschlafener, kleiner Ort auf einer Halbinsel im Südosten von Bohol. Vor der Haustür liegt ein langer, breiter, weißer Strand, an den sich bisher nur selten Fremde verirrten. Bis auf zwei Ausnahmen gibt es keine kommerziellen Übernachtungsmöglichkeiten, was sich aber schon bald ändern könnte, denn die Küste hat durchaus ihre Reize. Die malerische Landschaft beginnt bereits etwas außerhalb von Guindulman, wo einsame Buchten mit kleinen, weißen Stränden und kristallklarem Wasser zum Verweilen einladen. Ideal wäre sicherlich die Erkundung mit einem Boot, da von der unbefestigten Straße aus, die rund 500 Meter vom Wasser entfernt verläuft, nur wenige Wege zur Küste fahren. Zu den idyllisch gelegenen Buchten gehört unter anderem der Bugnao Beach bei Candabong mit klei-

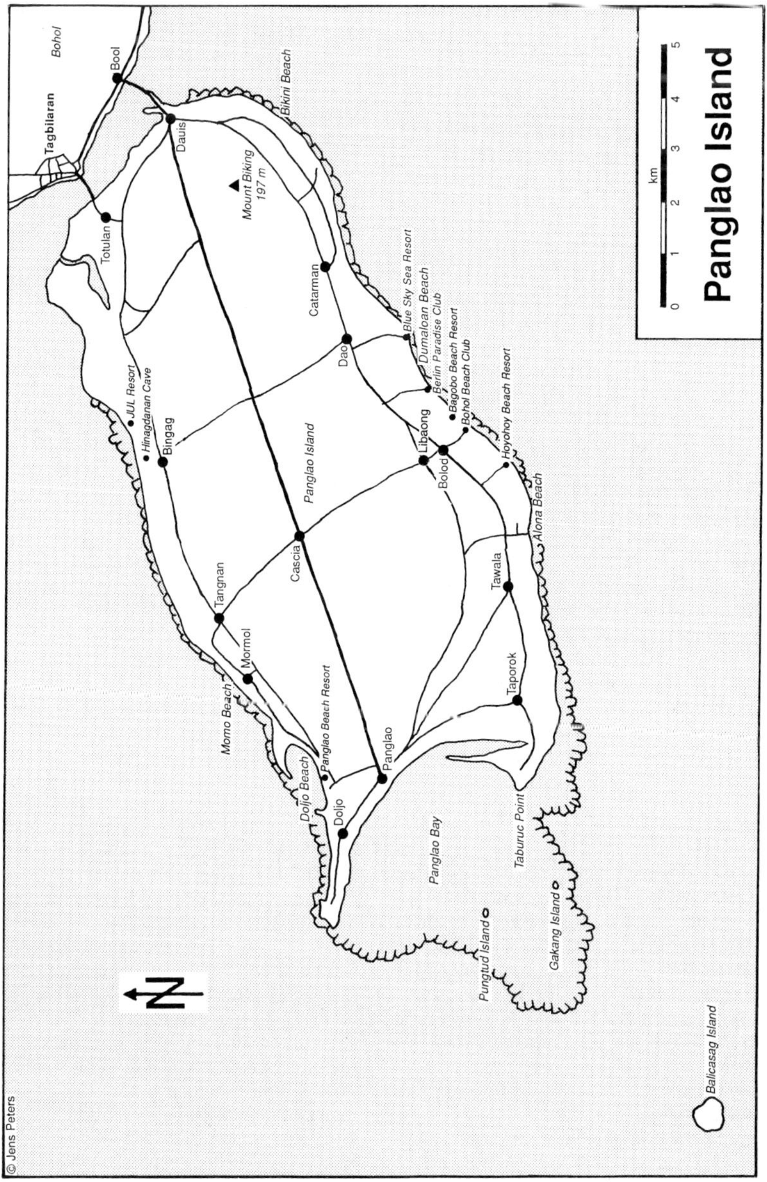
Panglao Island
km
0 1 2 3 4 5
Bohol
Tagbilaran
Bool
Dauis
Bikini Beach
Mount Biking
197 m
Totulan
Catarman
Blue Sky Sea Resort
Dumaloan Beach
Berlin Paradise Club
Bagobo Beach Resort
Bohol Beach Club
Hoyohoy Beach Resort
Dao
JUL Resort
Hinagdanan Cave
Bingag
Panglao Island
Libaong
Bolod
Alona Beach
Cascia
Tangnan
Tawala
Mormol
Taporok
Momo Beach
Panglao Beach Resort
Panglao
Doljo Beach
Doljo
Taburuc Point
Panglao Bay
Gakang Island
Pungtud Island
Balicasag Island
© Jens Peters

nen, weißsandigen Strandabschnitten, die von unterspülten Klippfelsen unterteilt sind.

Übernachten

Dapdap Beach Resort, Candabong, Tel. 4198291. Cottage/fan/Bad 250 und 350 P. Freundliche, kleine Anlage etwa drei Kilometer westlich von Anda. Restaurant.

Bituon Beach Resort, Basdio, Cottage/fan/Bad 1.800 P pro Person; inklusive drei Mahlzeiten. Familiäre Anlage mit attraktiven Bungalows oberhalb eines kleinen Strandes, zu dem eine Treppe hinunterführt. Fünf Kilometer westlich von Anda gelegen. Restaurant. Tauchen. Bootsfahrten. Deutsch-philippinische Leitung.

Anreise/Weiterreise

Jeepney: Von Jagna nach Anda fahren täglich wenige Jeepneys. Fahrzeit: 1:30 Std. Letzte Abfahrt von Anda nach Jagna um etwa 17.00 Uhr. Ein Special Ride kostet etwa 250 P (einfach; 40 km).

Wer von Tagbilaran anreist, könnte anstatt bis Jagna auch weiter in Richtung Ubay fahren, in Guindulman aussteigen und dort ein Tricycle chartern. Ein Tricycle von Guindulman zum Dapdap Beach Resort kostet etwa 100 P.

Panglao Island

Auf Panglao Island sind in jüngster Zeit mehrere Beach Resorts eröffnet worden. Zu erreichen ist diese Insel von Bohol aus über zwei Brücken: die ältere führt von Tagbilaran nahe der City Hall hinüber; eine neuere verbindet knapp zwei Kilometer südöstlich von Tagbilaran die Distrikte Bool auf Bohol mit Dauis auf Panglao.

Im Nordosten der Insel findet man bei Bingag die Hinagdanan Cave mit einem Höhlensee, dessen Wasser erfrischend kühl ist. Da sich allerdings bestimmte Krankheitserreger gerade in stehenden Gewässern besonders wohlfühlen, sollte man aufs verlockende Hineinspringen besser verzichten. Gegen eine kleine Spende wird das elektrische Licht eingeschaltet (Eintritt: 3 P).

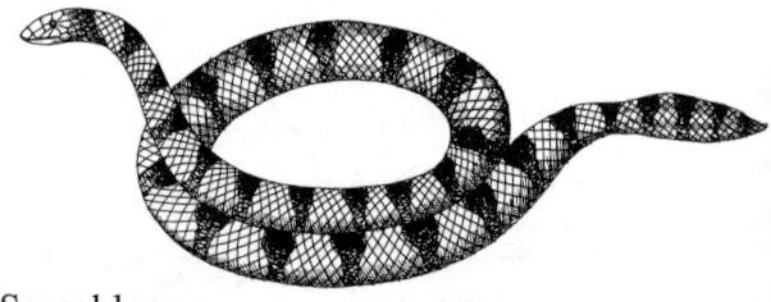

Seeschlange
Vermutlich sind alle auf den Philippinen vorkommenden Seeschlangen *(walo-walo)* giftig. Zum Glück sind sie nur sehr selten aggressiv und haben nur ein winziges Maul. Beim Cervera Shoal, zwischen Panglao Island und Pamilacan Island, scheinen sich diese kontrastreich gemusterten und mit einem paddelähnlichen Schwanzende versehenen Reptilien zu bestimmten Jahreszeiten besonders gerne aufzuhalten

Der weiße Alona Beach an der Südküste ist der schönste, beliebteste und touristisch auch am weitesten erschlossene Strand der Insel. Auf einer Länge von ein paar hundert Metern verteilen sich kleine, unterschiedlich ausgestattete Resorts, gemütliche Restaurants und rustikale Beach Bars sowie mehrere Dive Shops. Leider wird am Alona Beach der Badespaß durch das in etwa knietiefem Wasser wachsende Seegras ein wenig beeinträchtigt, in dem sich bevorzugt Seeigel aufhalten. Bedenkenlos ins Meer hinauslaufen kann man also nur wenige Meter. Gut zum Schnorcheln ist dieser Strand jedoch allemal (ungefähr 100 Meter hinausschwimmen), besonders wenn man einmal - mit etwas Glück - Seeschlangen beobachten möchte.

An einem schönen Abschnitt des Dumaluan Beach, zwei Kilometer östlich vom Alona Beach, hat sich der exklusive Bohol Beach Club etabliert.

Annehmbar ist auch der weiße Doljo Beach im Nordwesten der Insel, an dem

das klare Wasser ebenfalls recht flach, jedoch in Strandnähe kaum von Seegras durchsetzt ist. Von dort aus kann man sich in 30 Minuten auf die in der Panglao Bay gelegene Pungtud Island übersetzen lassen.

Übernachten

Alona Beach

Casanova Café. EZ/DZ 100 P. Sehr einfache Zimmer direkt am Strand.

Alonaville Beach Resort. EZ/DZ/fan 200 P, Cottage/fan/Bad 300/400 P, Cottage/ac/Bad 400/600 P. Einfach, aber durchaus akzeptabel. Nette Anlage. Restaurant mit gutem Blick auf den Strand und das Meer. Motorradverleih.

Peter's House, Cellular Tel. 0918-7708434. EZ/DZ/fan 250/450 P. Angenehme, familiäre Unterkunft mit geräumigen, sauberen Zimmern. Gutes, preiswertes Frühstück mit Müsli und selbstgebackenem Brot. Tauchen.

Alona Cave. Cottage/fan/Bad 250 P. Nette, kleine Anlage mit nur drei Cottages. Restaurant. Motorradverleih. Schweizerisch-philippinisches Management. Etwas zurückgelegen, nicht am Strand.

Pyramid Resort, Cellular Tel. 0918-7709410. EZ/DZ/fan 300 P, Cottage/fan/Bad 550 und 650 P. Nett eingerichtete Zimmer in einem originellen Haus und eine geräumige, zweistöckige Cottage mit Balkon. Schöne Gartenanlage.

Bohol Divers Lodge, Tel. & Fax: 4114983. Cottage/fan/Bad 700 und 900 P (die teuren mit Kühlschrank), EZ/DZ/ac/Bad 1500 P. Gutes Restaurant. Tenniscourt. Tauchen. Tagesausflüge mit Boot oder Jeep können arrangiert werden (Jacques, der Betreiber der Anlage, ist Franzose, spricht aber auch deutsch und englisch).

Playa Blanca. Cottage/fan/Bad 350/400 P. Nette Anlage, etwas zurückgesetzt. Restaurant. Ausflüge mit Boot und Jeep können arrangiert werden.

Banana Land. Cottage/fan/Bad 400, 600 und 1.100 P. Tadellose Cottages mit Kühlschrank, die besseren auch mit Kochgelegenheit. Ruhige, weitläufige Anlage mit angenehm viel Platz zwischen den Cottages.

Alona Land. Cottage/fan/Bad 500 P. Nette Anlage etwas abseits vom Strand, neben Banana Land.

TGH Casa-Nova Garden. EZ/DZ/fan/Bad 400/475 P, EZ/DZ/ac/Bad 600/700 P, Cottage mit Küche und zwei Schlafzimmern 800 P. Restaurant. Disco. Swimmingpool. Tenniscourt. Motorradverleih. Gepflegte Anlage etwa 300 Meter vom Alona Beach entfernt.

Alona Tropical Resort. Cottage/fan/Bad 600 P. Angenehmes, ruhiges, gepflegtes Resort am östlichen Strandende. Sehr gutes, beliebtes Restaurant.

Aquatica Beach Resort. EZ/DZ/fan/Bad 600/700 P. Geräumige, etwas dürftig eingerichtete, aber saubere Zimmer und angenehme Cottages. Freundliche Anlage. Gepflegtes Restaurant (französische Weine!).

Alona Kew White Beach, Cellular Tel. 0912-5162904. EZ/DZ/fan/Bad 650 und 900 P, Cottage/fan/Bad 650 und 700 P, Cottage/ac/Bad 1.500 P. Schöne, relativ große Anlage mit ordentlichen, unterschiedlich ausgestatteten Cottages. Gepflegter Garten. Sehr gutes Restaurant. Auto- und Motorradverleih. Reservierung in Tagbilaran: Tel. 4112615, Fax: 4112471.

Crystal Coast Villas, Tel. 4113179, Fax: 4113009. EZ/DZ/ac/Bad 750/950 P. Zweistöckige, nett gestaltete Zimmer in einem architektonisch leider etwas einfallslosem Gebäude. Restaurant. Swimmingpool. Die Anlage befindet sich auf einem Felsplateau am östlichen Ende vom Strand. Gehört zum Hotel La Roca in Tagbilaran.

Andere Strände

JUL Resort, Bingag, Tagbilaran Office: Tel. & Fax: 4112697. Cottage/

fan/Bad 600 P, Cottage/ac/Bad 1.500 und 2.500 P; inklusive Frühstück . Gepflegte und geschmackvoll gestaltete Cottages, die klimatisierten sind besonders großzügig angelegt. Ein ruhiges, beschauliches Resort ein paar Meter oberhalb vom weißen Strand. Große Terrasse zum Meer mit herrlichem Ausblick. Restaurant; rechtzeitige Vorbestellung erwünscht. Die Anlage befindet sich an der Nordküste von Panglao Island. Ein Tricycle vom Airport bzw. von Tagbilaran dorthin kostet 75 P.
Hoyohoy Beach Resort, Tawala. Cottage/fan/Bad 300 P. Mehrere recht geräumige Cottages nebeneinander auf einem einsamen Plateau. Zum weißen Strand führt eine Treppe hinunter. An diesem Resort nagt bereits ein wenig der Zahn der Zeit. Es liegt etwa 1,5 Kilometer östlich vom Alona Beach.
Bagobo Beach Resort, Libaong, Cellular Tel. 0918-6001706. EZ/DZ/fan/Bad 550 P. Gepflegte Zimmer. Liegewiese. Ruhige Anlage unweit vom Bohol Beach Club. Restaurant mit philippinischer und europäischer Küche. Auto- und Motorradverleih. Bootstrips.
Bohol Beach Club, Bolod, Tel. 4115222, Fax: 4115225. EZ/ac/Bad 1.900 und 3.500 P, DZ/ac/Bad 2.100 und 3.800 P. Teures Restaurant. Swimmingpool. Tenniscourt. Sauna. Tauchen. Windsurfen. Liegt am hoteleigenen Strand etwa 2,5 Kilometer östlich vom Alona Beach.

Übernachten
1 TGH Casa-Nova Garden
2 Alona Cave
3 Villa Hans
4 Banana Land
5 Alona Land
6 Bohol Divers Lodge
7 Sunshine Divers
8 Playa Blanca
9 Aquatica Beach Resort
11 Alona Kew White Beach
14 Pyramid Resort
15 Alonaville
17 Divers Lodge Extension
19 Divers Lodge
22 Peter's House
23 Alona Tropical Resort
24 Crystal Coast

Essen und Trinken; Unterhaltung
10 Flying Dog Restaurant
11 Alona Kew Restaurant
12 Casa-Nova Restaurant
16 Alonaville Restaurant
Sam & Sherry Bar
20 Planet Bar
23 Alona Tropical Restaurant

Verschiedenes
9 Alona Divers
13 Sea Quest Scuba Diving
17 Sea Explorers Scuba Diving
18 Sharky's Diver
21 Atlantis Dive Center
22 Genesis Divers

Adressen/Verschiedenes
Ausflüge: Mehrere Resorts veranstalten oder vermitteln Halbtagesrundfahrten auf Panglao Island für 300 P (Tricycle) oder Ganztagesausflüge mit Jeepneys (inklusive Bootsfahrt auf dem Loay River und Lunch bei den Chocolate Hills) für etwa 800 P pro Person.
Auto- und Motorradverleih: Im Alona Kew White Beach Auto mit Fahrer für Tagesausflug nach Bohol (Chocolate Hills usw.) 1.500 P/Auto. In fast allen Resorts 125er Motorräder ab 500 P/ Tag (8 Std.).
Tauchen: Am Alona Beach sind mehrere Dive Shops vertreten, darunter Alona Divers, Atlantis Dive Center, Genesis Divers, Sea Quest Scuba Diving Center, Sea Explorers Scuba Diving, Sharky's Diver und Sunshine Divers. Beim Atlantis Dive Center, dem größten und bestens ausgerüsteten An-

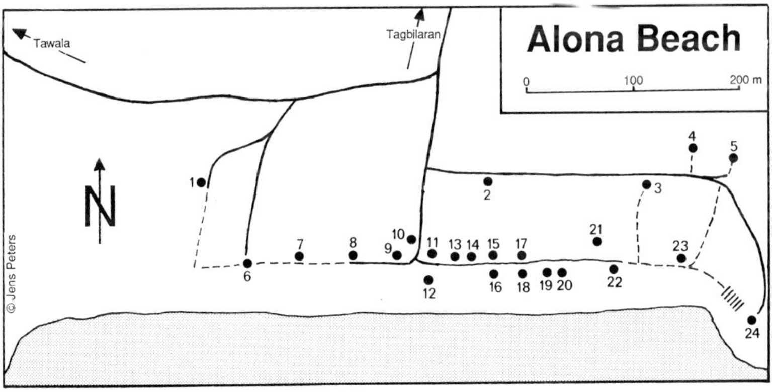

bieter, werden folgende Preise verlangt: Fünftägiger Tauchkurs US$ 275; ein Tauchgang am Hausriff US$ 19; ein Tauchgang vom Boot US$ 25; zwei Tauchgänge vom Boot, z.B. vor Balicasag Island: US$ 40.

Walbeobachtung: In der Mindanao Sea südlich von Bohol tauchen das ganze Jahr über Wale und Delphine auf. Die beste Zeit zum Whale-watching ist allerdings von April bis Juli. Ein paar Resorts und Dive Shops am Alona Beach bieten für 300 bis 1.000 P pro Person Fahrten zur Walbeobachtung an, z.B. Atlantis Dive Center. Auch das Island Leisure Inn, Tagbilaran, Tel. 4112482, bietet ein- und mehrtägige Touren an (nach Juny Binamira fragen).

Windsurfen: 150 P/Std. im Alona Kew White Beach.

Vowahl: 038.

Anreise/Weiterreise

Bus: Von Tagbilaran nach Panglao Island fahren tagsüber etwa stündlich Busse der JG Trans Company ab dem Panglao Busterminal in der E. Butalid Street. Nicht alle fahren zum Alona Beach. Die mit dem Hinweis »Panglao« fahren quer über die Insel zum kleinen Ort Panglao nahe Doljo Beach. Die mit dem Hinweis »Panglao-Tawala« fahren entlang der Südküste und machen einen Abstecher zum Alona Beach; erste Abfahrt um etwa 7.00 Uhr. Fahrzeit bis zum Alona Beach: 45 Min. Fahrpreis: 7 P. Letzte Abfahrt um etwa 17.00 Uhr.

Erste Abfahrt vom Alona Beach nach Tagbilaran um 6.00/6.30 Uhr; letzte Abfahrt um etwa 16.30 Uhr - wichtig bei einem Tagestrip, da am Strand normalerweise keine Tricycles abfahrbereit auf Passagiere warten.

Taxi: Am Tagbilaran Airport fahren Privatwagen für 200 bis 300 P zum Alona Beach. Fahrzeit: 30 Min.

Ein Taxi kostet etwa 200 P, z.B. bei Varescon, Tel. 4115999, 4112548, oder bei bei Kapirig, Tel. 4112773.

Tricycle: Von Tagbilaran zum Alona Beach kostet die Fahrt mit einem Tricycle 100 bis 150 P, verlangt wird häufig doppelt soviel. Fahrzeit: 1 Std.

Balicasag Island

Etwa zehn Kilometer südwestlich von Panglao Island liegt die kleine Insel

Vom Walfang zur Walbeobachtung

Verwegene Walfänger rudern in kleinen, offenen Fangbooten bei rauher See bedrohlich nah an das riesige Ungetüm heran, im Bug steht mit gespreizten Beinen unerschrocken der Harpunierer, um das Eisen zum tödlichen Stoß anzusetzen. Die Bilder aus dem 19. Jahrhundert von Walen und dem Walfang zeigen lebendig, was Großwale seinerzeit für die Menschen waren: Untiere, profitable Beute, die es zu erlegen galt. Auch in Herman Melville's 1851 veröffentlichtem Roman *Moby Dick* bleibt der weiße Wal trotz aller angedeuteter Zuneigung letztendlich das unheimliche Monster, das erbarmungslos gejagt wird.

Mit Walprodukten wurden allerlei lukrative Geschäfte gemacht: Spermaceti, eine wachsartige Substanz aus dem Kopf des Pottwals, war begehrt als Basis für Kosmetika und zur Herstellung von Kerzen, der Tran wurde bei der Produktion von Seife und Margarine verwendet, aus dem Speck gewann man Schmierfette, Ambra lieferte die Grundlage für hochwertige Parfüme, die Barten dienten zur Anfertigung von Korsettstangen und Regenschirmgestellen, Knochen wurden zu Düngemittel verarbeitet und aus der Haut machte man Schnürsenkel und Fahrradsättel.

Eine regelrechte Walfangindustrie entstand, mit großen Fabrikschiffen und verbesserter Jagdtechnik. Die Folge war eine alarmierende Überausbeutung, was Walforscher und Naturschützer veranlaßte, unverzügliche Fangbegrenzungen zu fordern. Um eine schonende Nutzung der Walbestände zu erwirken, wurde 1946 die Internationale Walfangkommission (International Whaling Commission, IWC) ins Leben gerufen, die zunächst nur die Abschußquoten regulierte, 1979 aber endlich die völlige Einstellung des Walfangs beschloß. Die Bestände haben sich seither wieder ein wenig erholt, auch wenn Länder wie Japan und Norwegen sich eigenmächtig über die internationale Vereinbarung hinwegsetzen.

Eine Veränderung des allgemeinen Bewußtseins um das Wesen der Wale begann sich Mitte der sechziger Jahre abzuzeichnen, als erstmalig Meeressäugetiere in Ozeanarien und Delphinarien der Öffentlichkeit vorgestellt wurden. Des weiteren erweckten Fernsehfilme weltweit die Sympathie für diese bemerkenswerten Geschöpfe. Die augenscheinliche Intelligenz und Verspieltheit der Wale und Delphine löste bei vielen Menschen ein Umdenken aus und sie begannen, die Notwendigkeit des Schutzes dieser Tiere zu begreifen. Naheliegend daher auch das wachsende Interesse, sie einmal in freier Wildbahn zu beobachten anstatt in Gefangenschaft.

In philippinischen Gewässern sind Wale und Delphine keine Seltenheit. Besonders aber scheinen sie das Tiefwasser südlich von Bohol zu mögen. Dort tauchen das ganze Jahr über verschiedene Arten auf, hauptsächlich jedoch in den Monaten von April bis Juli. Auf der kleinen Insel Pamilacan sind verschlagene Walfänger zu Hause, die offenbar wissen, wo und wann es die prächtigsten Exemplare zu erspähen gibt. Am besten gleich nach Sonnenaufgang oder kurz vor Sonnenuntergang, heißt es. Auch wie man sich den Tieren umsichtig nähert, haben sie fraglos gelernt. Wer sich ihre langjährige Erfahrung zunutze macht und einen von ihnen als Guide anheuert, dürfte beste Voraussetzungen für eine erfolgreiche Walbeobachtung geschaffen haben.

Balicasag, die von einem Korallenriff umgeben ist, das ausgezeichnete Tauchmöglichkeiten bietet. Diese sehenswerte Unterwasserwelt steht unter Naturschutz (*marine sanctuary*) - einheimische Fischer wissen und respektieren das. Nur sehr selten verloren sich bisher Fremde auf dieses etwas abgelegene Eiland. Einer wollte gar nicht wieder weg und hat sich oben auf dem Leuchtturm erschossen! Seitdem darf man nicht mehr hinaufsteigen.

Übernachten

Balicasag Island Dive Resort. Cottage/Bad 1.400/1.600 P. Nett gestaltete Doppel-Cottages. Restaurant (mittelmäßig und obendrein teuer). Tauchen: US$ 40 für zwei Tauchgänge plus 150 P fürs Boot, Tauchkurs US$ 300. Tauchausrüstungen können ausgeliehen werden. Reservierung in Manila: Tel. 8121984, Fax: 8121164; in Tagbilaran bei PTA, Governor's Mansion, Carlos P. Garcia Avenue, Tel. 4112192.
Transfer vom Airport oder Hotel in Tagbilaran zum Resort kostet bei Reservierung 500 P; mit dem zweimal wöchentlich verkehrenden Transportboot kostet die Überfahrt nur 50 P.
Es ist auch möglich, auf Balicasag eine einfache, preiswerte Privatunterkunft zu finden, z.B. für etwa 250 P inklusive drei Mahlzeiten in Esters's Haus auf der anderen Seite der Insel (etwa zehn Minuten zu Fuß vom Resort).

Anreise/Weiterreise

Boot: Von Tagbilaran nach Balicasag Island soll schon bald eine halbwegs regelmäßige Bootsverbindung eingerichtet werden; bitte noch einmal nachfragen. Fahrzeit: 2 Std.
Ansonsten bieten die Besitzer der Resorts am Alona Beach für 800 bis 1.500 P (nach Bootsgröße) einen Special Ride an. Des öfteren kommen auch Händler von Balicasag Island nach Panglao Island, die gerne bereit sind, Passagiere mit auf ihre Insel nehmen.

Pamilacan Island

Die beschauliche, kleine Insel Pamilacan liegt etwa 20 Kilometer südöstlich von Tagbilaran. Sie ist von einem weitläufigen Korallenriff umgeben, das allerdings durch Dynamitfischerei bereits erheblich zerstört wurde. Fremde suchen diese Insel nur sehr selten auf. Wer für ein paar Tage hinüber will, sollte zumindest für den ersten Tag etwas Verpflegung mitnehmen, da die Inselbewohner auf Besucher nicht immer vorbereitet sind. Vom zweiten Tag an läßt sich die Versorgung durch die Fischer arrangieren.
Pamilacan ist auch als Insel der Walfänger bekannt. Wer in der Mindanao Sea Delphine und Wale beobachten möchte, findet unter den Insulanern erfahrene Bootsleute, die wissen, wo und wann die Tiere anzutreffen sind.

Übernachten

Nita's Nipa Hut. Cottage 250 P pro Person, inklusive drei Mahlzeiten. Einfache, freundliche Unterkunft an einem weißen Strand im Norden der Insel, nahe dem alten spanischen Wachtturm.

Philippinische Wale und Delphine

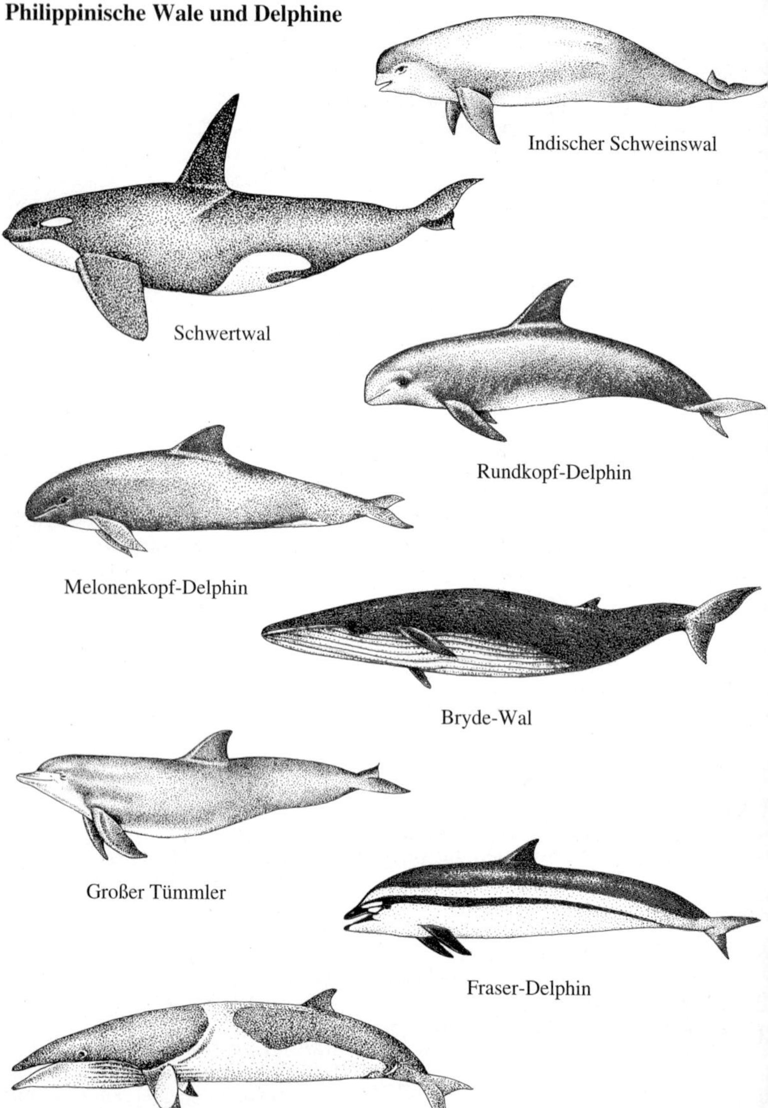

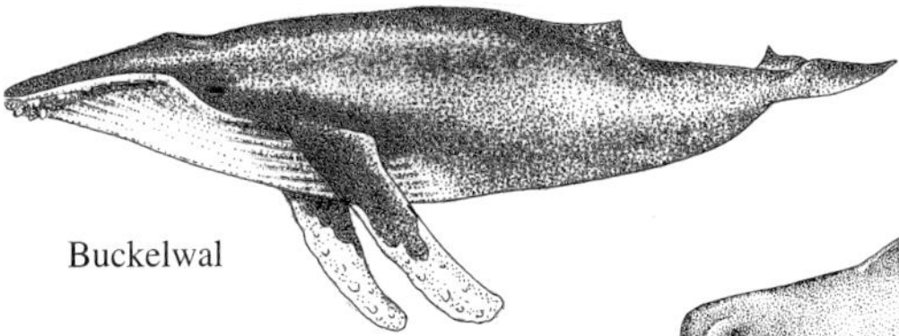
Buckelwal

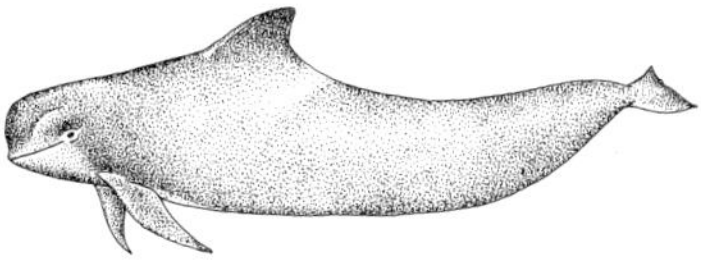
Indischer Grindwal

Zwerggrindwal

Spinnerdelphin

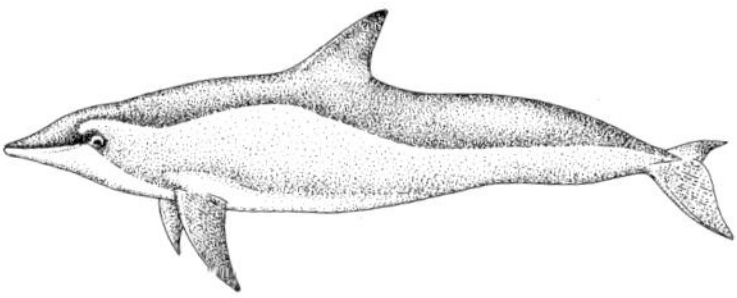
Rauhzahn-Delphin

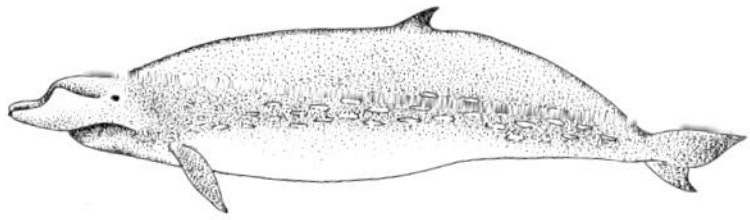
Blainville-Wal

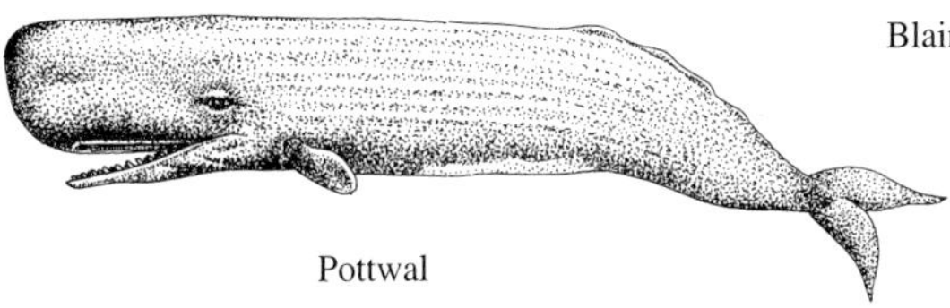
Pottwal

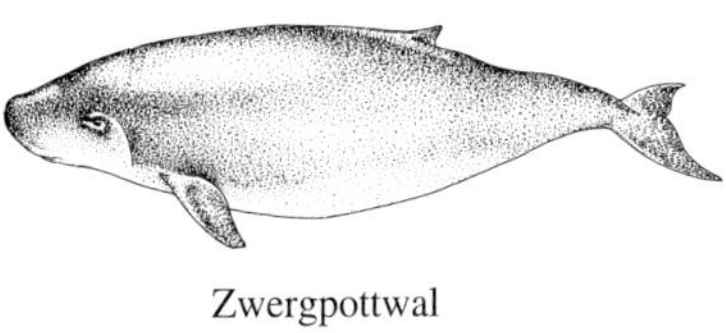
Zwergpottwal

Kleinpottwal

Anreise/Weiterreise
Boot: Von Baclayon nach Pamilacan Island fahren fast täglich Boote. Fahrzeit: 1 Std. Die beste Gelegenheit zur Mitfahrt bietet sich mittwochs (Markttag) und sonntags (Kirchtag), wenn die Fischer heimkehren. Dann bezahlt man nur wenige Peso. Aber auch an anderen Wochentagen sind häufig Leute von Pamilacan Island in Baclayon. Sie ankern ihre Boote immer auf der rechten Seite des Anlegers (wenn man in Richtung Pamilacan schaut) und fahren meistens nachmittags gegen 15.00 Uhr zurück. Wer warten kann, ist auf einen Special Ride nicht angewiesen, für den etwa 350 P verlangt werden (hin und zurück).
Vom Alona Beach auf Panglao Island nach Pamilacan Island und zurück kostet ein Special Ride etwa 800 P.

Cabilao Island

Die nette Cabilao Island liegt 30 Kilometer Luftlinie nordwestlich von Tagbilaran in der Cebu Strait zwischen Bohol und Cebu. Das prächtige Hausriff bietet ausgezeichnete Möglichkeiten zum Tauchen und Schnorcheln, so daß selbst verschiedene exklusive Beach Resorts von Cebu diese Tauchgründe für ihre Gäste bevorzugen - fast täglich kommen mehrere Tauchboote mit japanischen Pauschaltouristen.

Übernachten
Cabilao Beach & Dive Resort. EZ/DZ/Bad 300 P. Etwas in die Jahre gekommene Anlage unter Palmen am weißen Strand. Es ist das ehemalige La Estrella Beach Resort, das am nächsten Strand neu eröffnet wurde. Restaurant. Tauchen, Tauchkurse (Sea Explorers Dive Shop; schweizerische Leitung).
La Estrella Beach Resort, Cellular Tel. 0912-5020286. Cottage/Bad 350 und 450 P. Schöne Einzel- und Doppel-Cottages mit Terrasse in einer angenehmen, gepflegten Anlage. Gutes Restaurant mit philippinischer und deutscher Küche; die Besitzerin Babie hat mehrere Jahre in Deutschland gelebt. Tauchen, Tauchkurse (Aqua World; deutsche Leitung).

Anreise/Weiterreise
Boot: Von Catagbacan nach Cabilao Island fahren täglich reguläre Boote für 10 P pro Person, und zwar nach Cambaquis oder Talisay. Fahrzeit: 10 Min. Von dort bis zum Cabilao Beach & Dive Resort nahe dem Leuchtturm im Nordwesten der Insel sind es noch etwa 45 Minuten zu Fuß. Das La Estrella Beach Resort liegt nur wenige Meter südlich davon am nächsten Strand. Ein Special Ride von Catagbacan direkt zu einem der Resorts sollte nicht mehr als 200 P kosten. Täglich um 8.00 Uhr fahren zwei Boote von Cabilao Island nach Catagbacan. Von Tagbilaran nach Catagbacan fahren Busse.
Wer mit der Autofähre von Argao (Taloot)/Cebu nach Bohol reist, könnte nach Anlegen des Schiffes in Loon in etwa zehn Minuten zu Fuß die Anlegestelle der Auslegerboote von Catagbacan nach Cabilao Island erreichen. Dienstags und samstags zwischen 8.00 und 10.00 Uhr fahren bis zu drei Auslegerboote von Cabilao Island nach Argao (Looc)/Cebu.
Abfahrt von Argao (Looc)/Cebu nach Cabilao Island dienstags und samstags zwischen 12.00 und 15.00 Uhr; 25 P pro Person.

Chocolate Hills

Die Chocolate Hills sind fast alle etwa 30 bis 50 Meter hoch und mit Gras bewachsen. Zum Ende der Trockenzeit verdörrt das Gras und färbt sich schokoladenbraun; daher der Name. Wer nicht in Eile ist, sollte eine Nacht im Chocolate Hills Complex verbringen um am nächsten Morgen vom Aussichts-

Die mysteriösen Chocolate Hills auf Bohol

hügel die eigenartige Stimmung des Sonnenaufgangs in dieser mysteriösen Landschaft mit den 1.268 Hügeln zu erleben. Der Eintritt zum Complex kostet 3 P.

Über die Entstehung gibt es zwei Legenden und zwei geologische Erklärungen. Die eine Legende erzählt vom Kampf zweier Riesen, die sich tagelang mit Steinen und Sand bewarfen, bevor sie müde und erschöpft Freundschaft schlossen und die Insel verließen. Aufgeräumt haben sie das Schlachtfeld allerdings nicht. Sonst gäbe es nämlich heute keine Chocolate Hills.

Der Inhalt der zweiten Legende ist dagegen weitaus romantischer: Arogo, ein junger und ungewöhnlich kräftiger Riese, verliebte sich in Aloya, eine ganz gewöhnliche Sterbliche. Nach ihrem Tod weinte Arogo bitterlich. Der Beweis seiner tiefen Trauer sind die Chocolate Hills, denn die Tränen wurden zu Hügeln.

Nach Meinung einiger Geologen existierte Bohol in vorgeschichtlicher Zeit nur unter Wasser. Durch vulkanische Eruptionen entstanden auf dem Meeresboden Unebenheiten, die nach und nach durch die Strömungen des Wassers geglättet und abgerundet wurden. Für die meisten ernstzunehmenden Geologen ist diese Version allerdings blanker Unsinn. Obwohl die geologische Entstehung tatsächlich bis heute nicht eindeutig geklärt ist, stimmen sie darin überein, daß es sich wahrscheinlich um eine besondere Verwitterungsform einer marinen Kalksteinformation handelt, die von undurchlässigen Tonsteinen unterlagert ist. Vergleiche mit den Hundred Islands in Nord-Luzon wurden ebenfalls gezogen. Oben auf dem Aussichtshügel wird die vermutlich richtige Entstehung der Chocolate Hills auf Relieftafeln erklärt.

Am Abzweig zum Chocolate Hills Complex warten freundliche Motorrad-

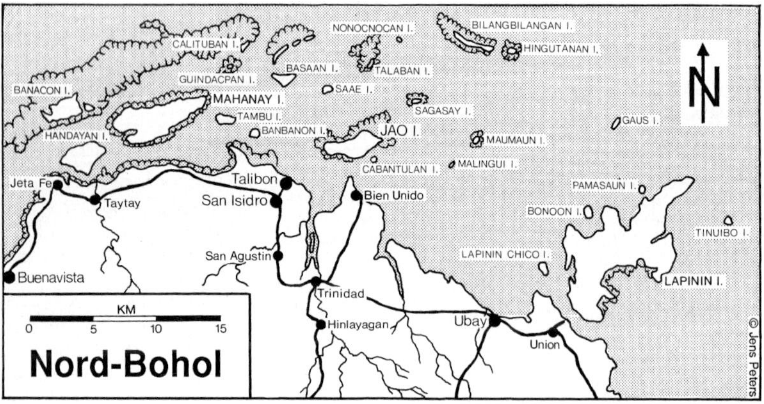

fahrer, die sich ihr Geld als Fremdenführer verdienen und halb- oder ganztägige Rundfahrten für 300 P bzw. 500 P anbieten (erst am Ende der Tour bezahlen!). Ihr Besichtigungsprogramm schließt meist ein: Mahagoniwald bei Bilar, Bambusbrücke über den Loboc River bei Sevilla, Bootsfahrt auf dem Loboc River, alte Kirchen, Blood Compact-Gedenktafel in Bool. Nach Vereinbarung kann eine Rundfahrt auch in Tagbilaran oder auf Panglao Island enden (500 bis 700 P).

Übernachten

Chocolate Hills Complex. Dorm 75 P, DZ/Bad 250 P, mit Balkon; schöne Aussicht. Einfache, aber akzeptable Zimmer. Zum Duschen gibt's kaltes Wasser in Kanistern. Neue, bessere DZ/ac/Bad kosten 600 P. Restaurant. Swimmingpool (leider nicht immer benutzbar).

Anreise/Weiterreise

Tagbilaran

Bus: Von Tagbilaran nach Carmen fahren tagsüber etwa stündlich Busse der Saint Jude Trans Company. Fahrzeit: 2 Std. Man muß allerdings noch vor Carmen aussteigen, also dem Busfahrer vorher Bescheid sagen. Von der Hauptstraße zum Chocolate Hills Complex geht man noch etwa einen Kilometer oder läßt sich für 3 P mit einem Motorrad hochfahren (mit schwerem Gepäck sinnvoll). Letzte Abfahrt von Carmen nach Tagbilaran um etwa 16.00 Uhr.

Tubigon

Bus/Jeepney: Von Tubigon nach Carmen fahren täglich mehrere Busse. Ziemlich sichere Abfahrt mittags gleich nach der Ankunft eines Schiffes aus Cebu (am späten Nachmittag keine Verbindung mehr). Fahrzeit: 2 Std.
Möglicherweise fährt der Bus ab Carmen weiter und dann vorbei am Abzweig zum Chocolate Hills Complex. Ansonsten mit dem nächsten Bus oder Jeepney in Richtung Bilar, Loay oder Tagbilaran bis zum Abzweig fahren. Von dort geht man noch etwa einen Kilometer.
Sollte am späten Nachmittag von Tubigon nach Carmen kein regulärer Bus mehr fahren, kann man um 17.00 Uhr den Schulbus oder den Jeepney nach Sagbayan nehmen und dort ein Tricycle zum Chocolate Hills Complex chartern, was etwa 30 P kosten dürfte.

Tricycle: Die Tricyclefahrer in Carmen verlangen für die knapp vier Kilometer zum Chocolate Hills Complex mindestens 40 P, nur bis zum Abzweig 30 P. Sie erzählen gerne, daß weder Busse noch Jeepneys fahren, was natürlich nicht stimmt.

Tubigon und Inaruran Island

Tubigon ist ein kleiner Ort mit einem wichtigen Anleger für Schiffe von und nach Cebu.
Knapp zehn Kilometer westlich von Tubigon liegt Inaruran Island, eine weißsandige, palmenbestandene Insel mit einem kleinen, exklusiven Resort.

Übernachten

Cosare Lodging House, Tubigon. EZ/DZ/fan 70/140 P. Einfache, akzeptable Zimmer.
Inaruran Island Beach Resort. Cottage/fan/Bad 2.600 P pro Person, inklusive drei Mahlzeiten. Geräumige Cottages mit großer Veranda. Restaurant mit französischer und philippinischer Küche (ziemlich teuer, auch die Getränke). Das Resort ist von Anfang Oktober bis zum 20. Dezember geschlossen.

Anreise/Weiterreise

Bus: Von Carmen nach Tubigon fahren täglich mehrere Busse. Fahrzeit: 1:30 Std. Letzte Abfahrt um etwa 14.00 Uhr. Sollte kein Bus von Tagbilaran kommen, mit dem man vom Abzweig Chocolate Hills Complex an der Hauptstraße bis nach Carmen mitfahren kann, bietet sich als Alternative Autostopp an.

Ubay

Ubay ist ein kleiner Ort an der Ostküste von Bohol. Von dort fahren täglich Boote nach Maasin und Bato auf Leyte.

Übernachten

Royal Orchid Pension House. EZ/DZ 100/200 P. Einfache, ordentliche Unterkunft. Freundlicher Service. Ein Aufenthaltsraum ist vorhanden.
Casa Besas Pension House. EZ/DZ/fan 80/160 P, EZ/fan/Bad 160 P, EZ/DZ/ac/Bad 300 P.

Anreise/Weiterreise

Chocolate Hills Complex
Bus: Von Carmen nach Ubay über Sierra Bullones fahren täglich mehrere Busse. Sie kommen entweder aus Tagbilaran, so daß man am Abzweig Chocolate Hills Complex an der Hauptstraße zusteigen kann, oder starten in Carmen. Als Alternative bietet sich an: zuerst nach Loay, dort dann umsteigen und entlang der Südküste nach Ubay.

Tagbilaran
Bus: Von Tagbilaran nach Ubay fahren täglich wenige Busse, entweder über Carmen und Sierra Bullones oder über Jagna. Fahrzeit: 4 Std. Von Ubay nach Tagbilaran über Sierra Bullones und Carmen oder über Jagna fahren täglich wenige Busse. Letzte Abfahrt über Carmen um 14.00 Uhr.

Talibon

Talibon liegt an der Nordküste von Bohol ist mit rund 55.000 Einwohnern die größte Stadt der Insel. Sie besitzt einen Anleger für Schiffe von und nach Cebu. Von Talibon kann man auch zur vorgelagerten Jao Island übersetzen.

Übernachten

Lapyahan Lodge, M. Revilles Street. EZ/DZ 50/100 P, EZ/DZ/fan/Bad 100/180 P. Einfache, passable Zimmer. Angenehme, freundliche, familiäre Atmosphäre.
Talibon Pension House, National Highway. EZ/fan 150 P, EZ/DZ/ac 250 bis

600 P. Relativ gute Zimmer. Restaurant. Liegt im Süden der Stadt, etwa einen Kilometer vom Anleger.
La Vicenta Lodge. EZ/fan 150 P, EZ/DZ/ac 300 P. Freundliche Unterkunft mit Blick aufs Meer. Nahe Anleger und Markt gelegen.

Anreise/Weiterreise

Chocolate Hills Complex
Bus: Vom Abzweig Chocolate Hills Complex nach Talibon fahren täglich zwischen 8.00 und 16.00 Uhr mehrere Busse. Sie kommen aus Tagbilaran. Fahrzeit: 2:30 Std.

Tagbilaran
Bus: Von Tagbilaran nach Talibon über Carmen fahren täglich von 6.00 bis 14.00 Uhr mehrere Busse der Saint Jude Trans Company. Fahrzeit: 4 Std.

Jao Island

Jao Island (sprich: Hau) ist eine der zahlreichen kleinen Inseln, die der Nordküste Bohols vorgelagert sind. Bedauerlicherweise hat ein schwerer Taifun das Korallenriff zerstört, so daß Schnorchler dort vorerst nicht mehr auf ihre Kosten kommen. Auch die Möglichkeiten zum Schwimmen sind leider nicht besonders gut.

Am südöstlichen Ende der Insel betreibt der Deutsch-Kanadier Heinz Kunzemann zusammen mit seiner philippinischen Frau an einer Lagune in der Nähe vom Strand ein kleines, ruhiges Resort. Bancas können ausgeliehen werden; Anlegemöglichkeit für Yachten besteht ebenfalls. Heinz ist ein passionierter Segler, der sich jedoch dazu entschloß, nach einem langen Törn von Kanada über die Südsee nach Asien sein Schiff zu verkaufen und auf Jao vor Anker zu gehen. Über eine Amateurfunkstation hat er Kontakt rund um den Globus.

Übernachten

Laguna Escondido Resort & Yacht Haven. Dorm 100 P, Cottage/Bad 300 P. Vollpension möglich. Restaurant; das europäisch-philippinische Essen ist sehr gut und reichlich. Beergarden-Disco.

Anreise/Weiterreise

Boot: Von Talibon nach Jao Island fahren reguläre Boote für 5 P pro Person. Fahrzeit: 15 Min.
Special Rides werden für 100 P angeboten.
Normalerweise kommt täglich um etwa 9.00 Uhr das »Serviceboat of Mr. Heinz« nach Talibon und fährt nach kurzem Aufenthalt wieder zurück nach Jao Island - Mitfahrgelegenheit!

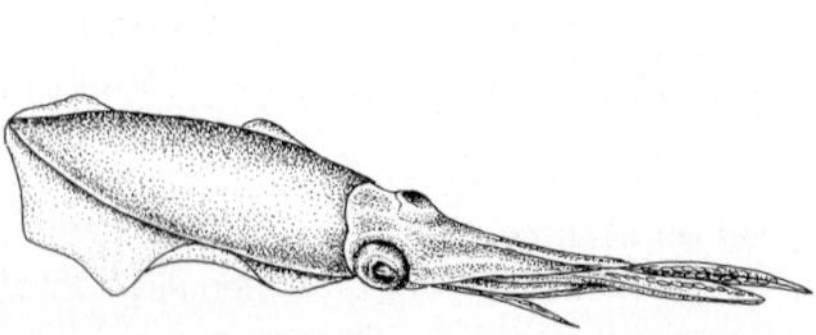

Cebu

Diese über 200 Kilometer lange und maximal 40 Kilometer breite Insel mit der Hauptstadt Cebu City ist das Zentrum der Visayas. Sie liegt eingekeilt zwischen Negros, Leyte und Bohol. Neben der Hauptinsel Cebu gehören noch zahlreiche kleinere Inseln zur gleichnamigen Provinz. Die bedeutendsten davon sind Mactan, Bantayan und Camotes. Der größte Teil von Cebu ist gebirgig. Nur an den Küsten und im Norden flacht die Insel etwas ab.

Schon bevor die Spanier kamen - damals hieß Cebu noch Sugbu - bestanden Handelsbeziehungen zu China. Gegenwärtig untermauern vielseitige Erwerbszweige die wirtschaftliche Bedeutung. So werden bei Toledo große Kupfervorkommen abgebaut. Kohle, Eisenerz, Gold und Silber gehören ebenfalls zum Produktionsbereich der Mining Companies. Während die Herstellung von Zement bereits mehrere Jahre betrieben wird, erhofft man sich durch Ölfunde das Geschäft der Zukunft. Gegenwärtig versorgt Cebu die westlichen Länder mit modischem Muschel- und Korallenschmuck. Auch Rattanmöbel kommen von dort. In der Landwirtschaft dominiert der Maisanbau. Größere Zuckerrohrfelder gibt es im Norden der Insel; weitere sollen angelegt werden. Bekannt im ganzen Land sind die Mangos von Cebu, die dort in den Erntemonaten März, April, Mai und Juni nur wenige Peso pro Stück kosten.

Die Menschen sind durchweg freundlich. Sie sprechen Cebuano, den Hauptdialekt der Visayas. In Cebu City leben viele Chinesen, die sich untereinander in ihrer Sprache verständigen. Als Fremder kommt man mit Englisch gut zurecht.

Auf Cebu gibt es zahlreiche teure Beach Resorts, auf die in der Tourismuswerbung auch immer wieder hingewiesen wird. Wer auf Luxus verzichten kann, wird sich jedoch an touristisch kaum erschlossenen Stränden ganz bestimmt eher wohlfühlen, etwa auf Bantayan Island oder Malapascua Island. Sehenswert sind die Korallengärten bei Pescador Island vor Moalboal und um Sumilon Island sowie die Gitarrenfabriken auf Mactan Island. Von steigender Beliebtheit sind Treks durch das Innere der Insel, verbunden mit ein paar Ruhetagen an erfrischenden Wasserfällen.

Die Straße von Argao nach Bato im Süden von Cebu ist landschaftlich die vielleicht schönste Küstenstraße der gesamten Visayas. Insbesondere südlich von Oslob wird durch üppige Büsche farbenprächtiger Bougainvillea beiderseits der Straße die Fahrt zu einer Augenweide.

Anreise

Anreisen kann man von Biliran, Bohol, Camiguin, Leyte, Luzon, Masbate, Mindanao, Negros, Palawan, Panay und Samar. Siehe auch »Weiterreise« im jeweiligen Inselkapitel.

Weiterreise

Nach Biliran

Schiff
Von Cebu City nach Naval
MV *San Juan*; San Juan Shipping Lines. Abfahrt: Mo, Mi u. Fr 21.00 Uhr. Fahrzeit: 6:30 Std.
MV *Katarina*, MV *Michael*; MY Shipping. Abfahrt: täglich 20.00 Uhr (möglicherweise außer Di). Fahrzeit: 12 Std.

Nach Bohol

Schiff
Von Argao nach Cabilao Island
Großes Auslegerboot. Abfahrt: Di u. Sa 14.00 Uhr. Fahrzeit: 1:30 Std.

Von Argao nach Loon
MV *LCT Barge St. Mark* (Autofähre); Lite Shipping Corporation. Abfahrt täglich 10.00 Uhr, Di bis Sa zusätzlich 4.00 Uhr. Fahrzeit: 2:30 Std.

Von Cebu City nach Jeta Fe
MV *Star Ruby 1*; Abfahrt: täglich 8.15 Uhr. Fahrzeit. 1 Std.

Von Cebu City nach Tagbilaran
MV *Water Jet 2*; Water Jet Shipping Corporation. Abfahrt: täglich 4.30 Uhr. Fahrzeit: 1:30 Std.
MV *Supercat*; Universal Aboitiz. Abfahrt: täglich 5.15, 9.30, 14.00 u. 17.45 Uhr. Fahrzeit: 1:30 Std.
MV *Oceanjet*; Socor Shipping Lines. Abfahrt: täglich 9.00 Uhr. Fahrzeit: 1:30 Std.
MV *Bullet Xpress*; Bullet Express Corporation. Abfahrt: täglich 10.00 u. 15.00 Uhr. Fahrzeit: 1:30 Std.
MV *Water Jet 1*; Water Jet Shipping Corporation. Abfahrt: täglich 10.30 Uhr. Fahrzeit: 1:30 Std.
MV *Star Ruby 1*; Abfahrt: täglich 17.30 Uhr. Fahrzeit. 2 Std.
MV *Filipinas Dumaguete*; Cokaliong Shipping Lines. Abfahrt: täglich 18.30 Uhr. Fahrzeit: 3:30 Std.
MV *Santiago de Bohol*; Lite Shipping Corporation. Abfahrt: täglich 21.30 Uhr. Fahrzeit: 4 Std.
MV *Asia-Thailand*; Trans-Asia Shipping Lines. Abfahrt: Mo, Mi u. Fr 12.00 Uhr. Fahrzeit: 4 Std.
MV *Lite Ferry I*; Lite Shipping Corporation. Abfahrt: So 12.30 Uhr. Fahrzeit: 3:30 Std.

Von Cebu City nach Talibon
MV *Andy*. Abfahrt: täglich 12.00 Uhr. Fahrzeit: 3:30 Std.
MV *Krishia*. Abfahrt: täglich 19.00 Uhr. Fahrzeit: 3:30 Std.
MV *Talibon Cruiser*. Abfahrt: täglich 21.00 Uhr. Fahrzeit: 4 Std. Man kann auf dem Schiff ausschlafen.

Von Cebu City nach Tubigon
MV *Tubigon*; Anco Shipping Lines. Abfahrt: täglich 9.00, 12.00, 16.00 u. 22.00 Uhr. Fahrzeit: 2:30 Std.
MV *Charisse*; Charisse Shipping Lines. Abfahrt: täglich 12.00 Uhr. Fahrzeit: 2 Std.
MV *Betchie*; Roble Shipping Lines. Abfahrt: täglich 19.00 Uhr. Fahrzeit: 2 Std.

Nach Camiguin

Flug/Schiff/Bus
Von Cebu City nach Mambajao
Die Flugverbindung mit Philippine Airlines von Cebu City nach Mambajao wurde vorübergehend wieder einmal eingestellt.
Alternative: Von Cebu City nach Butuan oder Cagayan de Oro (Flug oder Schiff), weiter mit einem Schiff von Cagayan de Oro nach Guinsiliban oder Benoni (Fast Ferry) oder mit einem Bus nach Balingoan und von dort mit einem Schiff nach Benoni, wo am Anleger bereits Jeepneys auf Passagiere nach Mambajao warten.

Visayas - Cebu

CARNASA ISLAND
GATO ISLAND
GUINTACAN ISLAND
MALAPASCUA I.
San Isidro
PANAY
Madridejos
BANTAYAN ISLAND
Sillon
Bantayan
Santa Fe
Daan Bantayan
Maya
Hagnaya
San Remedio
Bogo
Palompon
LEYTE
Tabogon
Isabel
Cadiz
Escalante
(Port Danao)
Tabuelan
Lugo
Borbon
Sogod
Tuburan
Catmon
CAMOTES ISLANDS
Carmelo
Bacolod
Carmen
Calatrava
Asturias
Danao
Balamban
San Carlos
MT. MANUNGGAL
Adlaon
Liloan
Toledo
Mandaue
Cebu City
Lapu Lapu
MACTAN ISLAND
OLANGO ISLAND
Pinamungajan
Talisay
NEGROS
Aloguinsan
Naga
JAO ISLAND
San Fernando
Gilootog
Talibon
Barili
Tangil
Carcar
Guihulngan
Dumanjug
Ronda
Sibonga
Alcantara
Moalboal
Talood
Tubigon
PESCADOR I.
BADIAN I.
Badian
Argao
Talaga
CALIBAO I.
BOHOL
Matutinao
Montalongon
Loon
Dalaguete
Alegria
Alcoy
Malabuyoc
Boljoon
Tagbilaran
PANGLAO ISLAND
Samboan
Oslob
Mainit
San Sebastian
SUMILON ISLAND
Talisay
Tampi
Bato
Santander
San Jose
Liloan
KM
0 10 20 30 40
Sibulan
Dumaguete
Cebu
SIQUIJOR
© Jens Peters

Schiff
Von Cebu City nach Mambajao
MV *Doña Lili*; Cebu Ferries. Abfahrt: So 20.00 Uhr. Fahrzeit: 10 Std.

Nach Leyte

Flug
Von Cebu City nach Tacloban
Philippine Airlines fliegt Di, Do, Sa u. So.

Schiff
Von Bukog/Camotes Is. nach Ormoc
Großes Auslegerboot. Abfahrt: täglich 7.00 Uhr. Fahrzeit: 3 Std.

Von Carmen nach Isabel
Großes Auslegerboot. Abfahrt: täglich 8.00 Uhr. Fahrzeit: 4 Std.

Von Cebu City nach Baybay
MV *Filipinas Siargao*; Cokaliong Shipping Lines. Abfahrt: täglich 12.00 Uhr. Fahrzeit: 6 Std.
MV *Gregoria May*; Western Samar Shipping Lines. Abfahrt: Mo, Mi u. Fr 23.00 Uhr. Fahrzeit: 5 Std.
MV *Samar Queen*; K & T Shipping Lines. Abfahrt: Di, Do u. Sa 22.00 Uhr. Fahrzeit: 6 Std.

Von Cebu City nach Hilongos
MV *Oceanjet*; Socor Shipping Lines. Abfahrt: täglich 13.00 Uhr. Fahrzeit: 1:40 Std.

Von Cebu City nach Liloan
MV *Guiuan*; K & T Shipping Lines. Abfahrt: Mo u. Fr 20.00 Uhr. Fahrzeit: 6 Std.

Von Cebu City nach Maasin
MV *Water Jet 2*; Water Jet Shipping Corporation. Abfahrt: Di, Do, Sa u. So 8.30 Uhr. Fahrzeit: 2 Std.
MV *Supercat*; Universal Aboitiz. Abfahrt: täglich 9.00 u. 13.30 Uhr. Fahrzeit: 2 Std.
MV *Filipinas Surigao*; Cokaliong Shipping Lines. Abfahrt: Mo, Di, Do 19.00 Uhr. Fahrzeit: 6 Std.
MV *Asia-Singapore*; Trans-Asia Shipping Lines. Abfahrt: Do 21.00 Uhr. Fahrzeit: 6 Std.
MV *Filipinas Dapitan*; Cokaliong Shipping Lines. Abfahrt: So 12.00 Uhr. Fahrzeit: 5:30 Std.

Von Cebu City nach Ormoc
MV *Bullet Xpress*; Bullet Express Corporation. Abfahrt: täglich 5.00 Uhr. Fahrzeit: 2:10 Std.
MV *Water Jet 1*; Water Jet Shipping Corporation. Abfahrt: täglich 5.30 Uhr. Fahrzeit: 2 Std.
MV *Supercat*; Universal Aboitiz. Abfahrt: täglich 6.00, 8.30, 11.15, 13.30, 16.15 u. 18.30 Uhr. Fahrzeit: 2 Std.
MV *Oceanjet*; Socor Shipping Lines. Abfahrt: täglich 13.00 Uhr. Fahrzeit: 2 Std.
MV *Water Jet 2*; Water Jet Shipping Corporation. Abfahrt: Di, Do, Sa u. So 16.45 Uhr. Fahrzeit: 2 Std.
MV *Cebu Princess*; Sulpicio Lines. Abfahrt: Mo 22.00 Uhr. Fahrzeit: 6 Std.
MV *Iligan City*; Cebu Ferries. Abfahrt: Mi u. Sa 13.00 Uhr. Fahrzeit: 5 Std.
MV *Doña Lili*; Cebu Ferries. Abfahrt: Do u. Fr 13.00 Uhr. Fahrzeit: 5 Std.
MV *Lady of Carmel*; Cebu Ferries. Abfahrt: So 13.00 Uhr. Fahrzeit: 5 Std.

Von Cebu City nach Palompon
MV *Lady of Rule*; Cebu Ferries. Abfahrt: Mo 12.00 Uhr. Fahrzeit: 5 Std.
MV *Doña Lili*; Cebu Ferries. Abfahrt: Sa 12.00 Uhr. Fahrzeit: 5 Std.

Von Cebu City nach Tacloban
MV *Don Calvino*; Cebu Ferries. Abfahrt: Mo, Mi u. Fr 18.00 Uhr. Fahrzeit: 13 Std.
MV *Doña Lili*; Cebu Ferries. Abfahrt: Di 18.00 Uhr. Fahrzeit: 13 Std.
MV *Leyte Queen*; K & T Shipping

Lines. Abfahrt: Di, Do u. Sa 18.00 Uhr. Fahrzeit: 12 Std.

Von Danao nach Isabel
MV *Meltrivic 3*; Aznar Shipping Corporation. Abfahrt: täglich 14.30 Uhr. Fahrzeit: 3 Std.

Von Maya (Nord-Cebu) nach San Isidro
Großes Auslegerboot. Abfahrt: täglich 10.30 Uhr. Fahrzeit: 2 Std.
Nach Ankunft in San Isidro fährt ein Bus nach Ormoc und Tacloban.

Nach Luzon

Flug
Von Cebu City nach Legaspi
Philippine Airlines fliegt Mo, Mi, Sa u. So.

Von Cebu City nach Manila
Air Philippines, Cebu Pacific, Grand Air und Philippine Airlines fliegen täglich.

Schiff
Von Cebu City nach Manila
MV *Superferry 12*; WG & A. Abfahrt: Mo 12.00 Uhr, Mi 17.00 Uhr u. Fr 20.00 Uhr. Fahrzeit: 21 Std.
MV *Princess of Paradise*; Sulpicio Lines. Abfahrt: Mo 21.00 Uhr. Fahrzeit: 20 Std.
MV *Superferry 8*; WG & A. Abfahrt: Di 12.00 Uhr, Do 17.00 Uhr u. Sa 20.00 Uhr. Fahrzeit: 21 Std.
MV *Princess of the Orient*; Sulpicio Lines. Abfahrt: Mi 20.00 Uhr u. So 10.00 Uhr. Fahrzeit: 22 Std.
MV *Filipina Princess*; Sulpicio Lines. Abfahrt: Fr 10.00 Uhr. Fahrzeit: 22 Std.

Nach Masbate

Schiff
Von Cebu City nach Masbate/Masbate
MV *Asia-Taiwan*; Trans-Asia Shipping Lines. Abfahrt: Mo, Mi u. Fr 18.00 Uhr. Fahrzeit: 14 Std.
MV *Cebu Princess*; Sulpicio Lines. Abfahrt: Mo 22.00 Uhr. Fahrzeit: 48 Std.; über Ormoc/Leyte.

Von Hagnaya nach Cataingan
Zweimal wöchentlich, wahrscheinlich Mi u. So, soll ein Schiff fahren.

Von Hagnaya nach Placer
Zweimal wöchentlich, wahrscheinlich Di u. Fr, soll ein Schiff fahren.

Nach Mindanao

Flug
Von Cebu City nach Butuan
Philippine Airlines fliegt Mo, Di, Mi u. Sa.

Von Cebu City nach Cagayan de Oro
Philippine Airlines fliegt Mo, Mi u. Sa.

Von Cebu City nach Cotabato
Philippine Airlines fliegt Di, Do u. Sa.

Von Cebu City nach Davao
Philippine Airlines fliegt täglich.

Von Cebu City nach Dipolog
Philippine Airlines fliegt Mi, Do, Fr u. So.

Von Cebu City nach General Santos
Philippine Airlines fliegt täglich.

Von Cebu City nach Ozamis
Philippine Airlines fliegt Mo, Mi u. Fr.

Von Cebu City nach Pagadian
Philippine Airlines fliegt Mo, Di, Do, Fr u. So.

Von Cebu City nach Surigao
Philippine Airlines fliegt Mo, Mi u. Fr.

Von Cebu City nach Tandag
Philippine Airlines fliegt Mo, Mi u. Sa.

Von Cebu City nach Zamboanga
Philippine Airlines fliegt täglich.

Schiff
Von Cebu City nach Butuan/Nasipit
MV *Nasipit Princess*; Sulpicio Lines. Abfahrt: Mo, Mi u. Sa 20.00 Uhr. Fahrzeit: 9 Std.
MV *Lady of Fatima*; Cebu Ferries. Abfahrt: Di, Do, u. Sa 18.00 Uhr. Fahrzeit: 11 Std.
MV *Princess of Paradise*; Sulpicio Lines. Abfahrt: Do 10.00 Uhr. Fahrzeit: 7 Std.
MV *Lady of Lourdes*; Cebu Ferries. Abfahrt: Fr 18.00 Uhr. Fahrzeit: 11 Std.

Von Cebu City nach Cagayan de Oro
MV *Water Jet 1*; Water Jet Shipping Corporation. Abfahrt: täglich 10.30 Uhr. Fahrzeit: 5 Std.; über Tagbilaran/Bohol.
MV *Asia-China*, MV *Trans-Asia*; Trans-Asia Shipping Lines. Abfahrt: täglich 19.00 Uhr. Fahrzeit: 10 Std.
MV *Lady of Lipa*; Cebu Ferries. Abfahrt: Mo 10.00 Uhr, Di, Do u. Sa 20.00 Uhr. Fahrzeit: 8 Std.
MV *Cagayan Princess*; Sulpicio Lines. Abfahrt: Mo, Mi u. Fr 19.00 Uhr. Fahrzeit: 10 Std.
MV *Lady of Lourdes*; Cebu Ferries. Abfahrt: Mi u. So 20.00 Uhr. Fahrzeit: 10 Std.

Von Cebu City nach Dapitan
MV *Dumaguete Ferry*, MV *Pulauan Ferry*, MV *Georich*; George & Peter Lines. Abfahrt: täglich 22.00 Uhr. Fahrzeit: 12 Std.; über Dumaguete/Negros.
MV *Filipinas Dinagat*; Cokaliong Shipping Lines. Abfahrt: Mo, Mi u. Fr 19.00 Uhr. Fahrzeit: 16 Std.; über Dumaguete/Negros.

Von Cebu City nach Davao
MV *Filipina Princess*; Sulpicio Lines. Abfahrt: Mo 12.00 Uhr. Fahrzeit: 26 Std.; über Surigao.

Von Cebu City nach Iligan
MV *Water Jet 2*; Water Jet Shipping Corporation. Abfahrt: Mo, Mi u. Fr 8.30 Uhr. Fahrzeit: 4:30 Std. Das Schiff fährt weiter nach Ozamis.
MV *Lady of Carmel*; Cebu Ferries. Abfahrt: Mo, Mi u. Fr 19.00 Uhr. Fahrzeit: 13 Std.; über Ozamis.
MV *Doña Cristina*; Cebu Ferries. Abfahrt: Di, Do u. Sa 19.00 Uhr. Fahrzeit: 11 Std.
MV *Dipolog Princess*; Sulpicio Lines. Abfahrt: Sa 21.00 Uhr. Fahrzeit: 9 Std.

Von Cebu City nach Ozamis
MV *Lady of Carmel*; Cebu Ferries. Abfahrt: Mo, Mi u. Fr 19.00 Uhr. Fahrzeit: 10 Std.
MV *Lite Ferry I*; Lite Shipping Corporation. Abfahrt: Mo, Mi u. Fr 20.00 Uhr. Fahrzeit: 10 Std.
MV *Lady of Rule*; Cebu Ferries. Abfahrt: Do u. Sa. 19.00 Uhr. Fahrzeit: 10 Std.
MV *Philippine Princess*; Sulpicio Lines. Abfahrt: Sa 22.00 Uhr. Fahrzeit: 7 Std.

Von Cebu City nach Surigao
MV *Water Jet 2*; Water Jet Shipping Corporation. Abfahrt: Di, Do, Sa u. So 8.30 Uhr. Fahrzeit: 4 Std.; über Maasin/Leyte.
MV *Filipina Princess*; Sulpicio Lines. Abfahrt: Mo 12.00 Uhr. Fahrzeit: 9 Std.
MV *Filipinas Dapitan*; Cokaliong Shipping Lines. Abfahrt: Mo, Mi u. Fr 19.00 Uhr. Fahrzeit: 11 Std.
MV *Asia-Singapore*; Trans-Asia Shipping Lines. Abfahrt: Di 20.00 Uhr u. Sa 22.00 Uhr. Fahrzeit: 10 Std.
MV *Filipinas Surigao*; Cokaliong Shipping Lines. Abfahrt: Sa 19.00 Uhr. Fahrzeit: 11 Std.

Von Cebu City nach Zamboanga
MV *Zamboanga Ferry*; George & Peter Lines. Abfahrt: Mo 22.00 Uhr u. Fr 12.00 Uhr. Fahrzeit: 24 Std.; über Dumaguete und eventuell Dapitan.

MV *Asia-Japan*; Trans Asia Shipping Lines. Abfahrt: Sa 18.00 Uhr. Fahrzeit: 22 Std.; über Dumaguete/Negros.

Nach Negros

Flug
Von Cebu City nach Bacolod
Philippine Airlines fliegt täglich.

Bus/Schiff
Von Cebu City nach Bacolod
Täglich von 5.00 bis 6.30 Uhr fahren fünf Busse der Ceres Liner Company ab Southern Busterminal von Cebu City zum Ferry Boat von Carmelo/Tuburan nach Escalante (Port Danao) und weiter nach Bacolod. Fahrzeit inklusive Fähre: 8 Std. Tickets mit Sitznummern müssen rechtzeitig vor Abfahrt gekauft werden.
Siehe auch unten: *Von Tuburan nach Escalante.*

Von Cebu City nach Dumaguete
Siehe unten: *Von Bato nach Tampi.*

Schiff
Von Batayan nach Cadiz
Großes Auslegerboot. Abfahrt: täglich zwischen 8.00 und 12.00 Uhr. Gezeitenabhängig. Fahrzeit: 3:30 Std. Fahrpreis: 70 P.
Bei Ankunft des Bootes warten bereits Jeepneys, die bis nach Bacolod fahren. Wer nach Dumaguete weiter will, sollte sofort nach Ankunft mit einem Tricycle vom Anleger zum Ceres Liner-Busterminal fahren (2 P pro Person), um den nächsten (und vielleicht letzten) Bus zu erwischen.

Von Bato nach Tampi
Ferry Boat. Mehrere Abfahrten täglich. Letzte Abfahrt um etwa 16.30 Uhr. Fahrzeit: 45 Min. Eventuell fährt auch eine Fähre von San Sebastian oder Talisay nach San Jose. Jeepneys nach Dumaguete warten am Anleger (10 P).

Von Cebu City nach Bato fahren um 6.00, 7.00, 8.00, 11.00, 13.30, 14.00 und 15.00 Uhr Aircon-Busse der ABC-Liner Company ab ABC-Liner-Busterminal, San Jose Street; Zusteigemöglichkeit am Southern Busterminal (ungünstig, da die besten Plätze besetzt sein dürften). Diese Busse haben direkten Anschluß an die Fähre von Bato nach Tampi. Fahrzeit: 3 Std.

Von Cebu City nach Dumaguete
MV *Supercat*. Abfahrt: täglich 5.45, 11.00 u. 16.30 Uhr. Fahrzeit: 2:15 Std.
MV *Delta II*; Delta Fast Ferries. Abfahrt: täglich 8.30 u. 17.30 Uhr. Fahrzeit: 2:15 Std.
MV *Dumaguete Ferry*, MV *Georich*, MV *Pulauan Ferry*; George & Peter Lines. Abfahrt: täglich 22.00 Uhr, Mo eventuell auch um 21.00 Uhr. Fahrzeit: 8 Std.
MV *Filipinas Dinagat*; Cokaliong Shipping Lines. Abfahrt: Mo, Mi u. Fr 19.00 Uhr, So 12.00 Uhr. Fahrzeit: 6 Std.
MV *Asia-Japan*; Trans Asia Shipping Lines. Abfahrt: Di u. Sa 18.00 Uhr. Fahrzeit: 6 Std.

Von Liloan nach Sibulan
Großes Auslegerboot. Abfahrt: täglich alle 30 Min. Letzte Abfahrt um etwa 15.00 Uhr. Fahrzeit: 20 Min. Der Jeepney von Sibulan nach Dumaguete kostet 5 P.

Von Tangil nach Guihulngan
Ferry Boat. Abfahrt: täglich 5.00, 6.00, 8.30 und 10.30 Uhr. Fahrzeit: 3 Std.

Von Toledo nach San Carlos
MV *JN Express*; Aznar Shipping Corporation. Abfahrt: täglich 7.00, 8.00, 9.45, 11.45, 13.00, 15.00, 15.45 u. 16.45 Uhr. Fahrzeit: 1 Std.
MV *Melrivic 9*; Aznar Shipping Corporation. Abfahrt: täglich 10.30 u. 15.00 Uhr. Fahrzeit: 1:15 Std.

An Feiertagen sind andere Abfahrtszeiten möglich. Auf dieser Route werden die Abfahrtszeiten des öfteren geändert! Ein kombiniertes Schiff-Bus-Ticket ist billiger als zwei Einzeltickets.

Von Tuburan nach Escalante
MV *Melrivic 2*; Aznar Shipping Corporation. Abfahrt: täglich 8.00 u. 10.00 Uhr. Fahrzeit: 1:45 Std.

Nach Palawan

Flug
Von Cebu City nach Puerto Princesa
Philippine Airlines fliegt Do u. Sa; über Iloilo City/Panay.

Nach Panay

Flug
Von Cebu City nach Iloilo City
Air Philippines und Philippine Airlines fliegen täglich.

Von Cebu City nach Kalibo
Air Philippines fliegt täglich.
Philippine Airlines fliegt Mo, Mi, Fr u. Sa.

Schiff
Von Cebu City nach Dumaguit/ Kalibo
MV *Iligan City*; Cebu Ferries. Abfahrt: Do 19.00 Uhr. Fahrzeit: 18 Std.; über Roxas.
MV *Tacloban City*; Cebu Ferries. Abfahrt: Sa 19.00 Uhr. Fahrzeit: 19 Std.; über Roxas.

Von Cebu City nach Iloilo City
MV *Asia-Brunei*, MV *Asia-Indonesia*; Trans-Asia Shipping Lines. Abfahrt: täglich 18.00 Uhr. Fahrzeit: 14:30 Std.
MV *Iligan City*; Cebu Ferries. Abfahrt: Mo u. Sa 19.00 Uhr. Fahrzeit: 12 Std.
MV *Tacloban City*; Cebu Ferries. Abfahrt: Di u. Do 19.00 Uhr. Fahrzeit: 12 Std.

Von Cebu City nach Roxas
MV *Iligan City*; Cebu Ferries. Abfahrt: Do 19.00 Uhr. Fahrzeit: 12 Std.
MV *Tacloban City*; Cebu Ferries. Abfahrt: Sa 19.00 Uhr. Fahrzeit: 12 Std.

Nach Samar

Schiff
Von Cebu City nach Catarman
MV *Elizabeth Lilly*; Western Samar Shipping Lines. Abfahrt: Sa 18.00 Uhr. Fahrzeit: 14 Std.

Von Cebu City nach Catbalogan
MV *Elizabeth Lilly*; Western Samar Shipping Lines. Abfahrt: Di 18.00 Uhr. Fahrzeit: 13 Std.

Nach Siquijor

Schiff
Von Cebu City nach Larena
MV *Doña Cristina*; Cebu Ferries. Abfahrt: Sa 19.00 Uhr. Fahrzeit: 24 Std.; über Iligan/Mindanao.

Zentral-Cebu

Cebu City

In Cebu City leben annähernd 700.000 Menschen. Trotzdem ist die sogenannte »Queen City of the South« überschaubar. Der geschäftige Stadtkern nahe Hafen mit der Colon Street, der ältesten Straße der Philippinen, wird auch Downtown genannt. Er hat für meinen Geschmack in den letzten Jahren leider an Flair verloren. Häuser und Straßen werden nur noch notdürftig instand gehalten, und vielen dort lebenden und arbeitenden Menschen fällt es aufgrund ihrer wirtschaftlichen Schwierigkeiten offensichtlich nicht mehr so leicht, ihre ursprünglich lockere, freundliche Ungezwungenheit zu zeigen. Besonders augenfällig werden die Nöte

durch zahlreiche Bettler und durch Obdachlose, die auf Bürgersteigen und in Hauseingängen übernachten. Ganz im Gegensatz zur bedauerlichen Abwärtsentwicklung Downtowns gewinnt Uptown - das ist in etwa der Bereich nördlich der Achse Rodriguez Street/Fuente Osmeña/Maxilom Avenue - zunehmend an Qualität. Schicke Restaurants, abwechslungsreiche Unterhaltungsmöglichkeiten und ein weitgehend gepflegtes Stadtbild machen den Unterschied zur besonders am späten Nachmittag sehr lebhaften Colon-Gegend deutlich.
Dicht bevölkerte Stadtrandbezirke und angrenzende Barrios wachsen nach und nach mit Cebu City zusammen, dieser zukunftsorientierten Metropole im Zentrum der Visayas, deren Erscheinungsbild sich nach Entwürfen progressiver Stadtplaner in Teilbereichen in den nächsten Jahren entscheidend verändern wird. So ist in der Reclamation Area am Hafen der Bau einer imposanten neuen City mit zahlreichen Hochhäusern, Einkaufszentren, Freizeit- und Unterhaltungseinrichtungen sowie einer neuen City Hall vorgesehen.
Das Leben in Cebu City ist spürbar gemütlicher als das in Manila; die Straßen sind sauberer und sicherer. Zwar fahren jede Menge Jeepneys, Taxis und auch noch ein paar Tartanillas (Pferdedroschken), aber fast jeder Punkt innerhalb der Stadt läßt sich auch ziemlich bequem zu Fuß erreichen. Hotels, Restaurants und Kinos sind zahlreich vorhanden, und durch relativ nahe liegende Strände ist der Freizeitwert im Vergleich zur Landeshauptstadt höher zu bemessen. Darüber hinaus sind die Verkehrsverbindungen zu anderen Inseln ausgezeichnet.
Jedes Jahr im Januar findet in Cebu City das farbenprächtige und straßenfüllende Sinulog-Festival statt. Dann sind auch die meisten Hotels ausgebucht. Siehe auch Kapitel »Land und Leute«: *Feiertage*.

Fort San Pedro

Legaspi selbst tat den ersten Spatenstich zum Bau dieser Festung an der Plaza Independencia. Das war am 8. Mai 1565. Sie erhielt den Namen des Schiffes, mit dem er den Pazifik überquerte. Nach dem Ende der spanischen Ära übernahmen 1898 die Widerstandskämpfer von Cebu das Fort. Später diente es den Amerikanern als Stützpunkt und Kaserne. Von 1937 bis 1941 wurden die Kasernenräume für schulische Zwecke genutzt. Im Zweiten Weltkrieg fiel das Fort in die Hände der Japaner, die ein Gefangenenlager daraus machten. Die erbitterten Befreiungskämpfe des letzten Kriegsjahres hinterließen ihre Spuren: das Fort San Pedro wurde erheblich zerstört. Ende der sechziger Jahre begann man mit der Restauration; im Innenhof wurde ein gepflegter Garten angelegt - ein kleines, beschauliches Refugium in unmittelbarer Nähe des geschäftigen Hafens.
Eintritt: 10 P; Mo geschlossen.

Magellan's Cross

Am 14. April 1521 wurde auf Cebu die erste katholische Messe abgehalten. Rajah Humabon, seine Frau, Söhne und Töchter sowie 800 weitere Insulaner ließen sich von Pater Pedro de Valderrama taufen. Magellan würdigte den Beginn der Christianisierung des philippinischen Volkes mit der Errichtung eines Kreuzes. Dieses Originalkreuz soll sich in dem aus Brettern angefertigten hohlen Kreuz befinden, das in einem Pavillon nahe der City Hall steht.

Basilica Minore del Santo Niño

Der Bau der heutigen Basilika - früher: San Agustin Church - wurde 1740 vollendet. Drei hölzerne Konstruktionen fielen zuvor den Flammen zum Opfer. Unbestrittener Mittelpunkt der schon leicht verwitterten Steinkirche ist El Señor Santo Niño, eine kleine Jesuskind-Statue. Wer dieses wertvolle Kleinod bewundern möchte - es steht links vom Altar -, braucht entweder ein Fernglas oder muß lange Schlange stehen. Es soll das Taufgeschenk Magellans an die Gattin Humabons sein. 1565 wurde die mit Juwelenkrone und edelsteinbesetzten Kleidern verzierte Kostbarkeit in unversehrtem Zustand von Juan de Camus, einem Soldaten aus Legaspis Truppe, in einer Hütte nahe der Basilika wiedergefunden. Seit dieser Zeit ist Santo Niño der Schutzpatron der Cebuanos.

Casa Gorordo Museum

Der Parian District in der heutigen Downtown war um die Jahrhundertwende das Viertel der reichen Leute von Cebu. Von den übriggebliebenen vier Häusern wurde das der Familie Gorordo, die den ersten Bischof von Cebu stellte, meisterlich restauriert und zeitgenössisch eingerichtet. Neben Mobiliar sind unter anderem auch Porzellan, liturgische Requisiten, Kleider und alte Fotos von Cebu zu sehen. Ergänzende Ausstellungen und Dokumentationen wechseln von Zeit zu Zeit. Fotografieren ist nicht gestattet.
Geöffnet: Mo-Sa 9.00-12.00 Uhr u. 14.00-18.00 Uhr. Eintritt: 15 P; Studenten 3 P. Eingang: 35 Lopez Jaena Street (großes Eisentor).

University of San Carlos Museum

Das USC-Museum der 1595 gegründeten Universität wurde 1967 eröffnet. Es ist unterteilt in die Abteilungen Ethnographie, Archäologie, Naturwissenschaft und Spanische Kolonialzeit. Philippinisches aus verschiedenen Epochen wird gezeigt, aber auch Gegenstände aus anderen asiatischen Ländern sind ausgestellt.
Geöffnet: Mo-Fr 9.00-12.00 Uhr u. 14.00-17.00 Uhr, Sa 9.00-12.00 Uhr. Während der vorlesungsfreien Zeit ist das Museum geschlossen.

Carbon Market

Auf diesem sehenswerten, großen Markt zwischen Magallanes Street und Quezon Boulevard in Downtown werden die vielseitigen handwerklichen und landwirtschaftlichen Produkte der Provinz Cebu angeboten. Aber auch Erzeugnisse anderer Visayas-Inseln sind erhältlich, wie z.B. Flechtwaren von Bohol.

Caretta Cemetery

Ein Besuch dieses großen Friedhofs an der M.J. Cuenco Avenue dürfte vermutlich nur am 1. November (Allerheiligen) von Bedeutung sein, wenn die Stimmung am Abend besonders beeindruckend ist - eventuell auch schon am Vorabend. Siehe auch Kapitel »Land und Leute«: *Feiertage*. Gegenüber befindet sich der Chinesische Friedhof. Hinkommen ab Colon Street mit einem Jeepney mit Ziel »Mabolo«.

Taoist Temple

Etwa sechs Kilometer vom Stadtkern entfernt liegt Beverly Hills, das hauptsächlich chinesische Millionärsviertel von Cebu City. Dort befindet auch die eindrucksvolle, reichverzierte Tempelanlage der taoistischen Glaubensgemeinschaft. Größe und Architektur veranschaulichen, daß die Bevölkerung von Cebu zu einem erheblichen Teil aus Chinesen besteht. Vom Tempel hat man eine gute Aussicht auf die Stadt.
Die Fahrt mit einem Taxi von Downtown zum Tempel sollte für 40 P möglich sein (vorher aushandeln). Billiger kommt man mit dem Lahug-Jeepney hin, zumindest in die Nähe. Einsteigen z.B. in der Jakosalem Street. Aussteigen an der Doña M. Gaisano Bridge in Lahug (dem Fahrer rechtzeitig Bescheid sagen), die kleine Brücke überqueren, rechts abbiegen und etwa 1,5 Kilometer gehen. An der Gabelung hinter dem Wächterhaus »Beverly Hills Estate« den linken Abzweig nehmen.

Magellan's Cross in Cebu City

Cebu Heavenly Temple of Charity

Auf dem Weg zum Taoist Temple liegt linkerhand der Cebu Heavenly Temple of Charity. Er ist auf einem Hügel gebaut, von dem sich eine großartige Aussicht bietet. Darunter befindet sich eine natürliche Quelle. Im mittleren Altar dieser farbenprächtigen Tempelanlage sind die Statuen des Supreme Gods und der Milagrosa Rosa, der Schutzheiligen des Tempels, untergebracht.

Hinkommen mit einem Jeepney ab Downtown wie zum Taoist Temple, hinter der kleinen Brücke ebenfalls rechts abbiegen, nach etwa 200 Metern führt dann links ein Weg zum Tempel.

Tops

Um das vielleicht beste Panorama auf Cebu City mit Mactan Island und Bohol im Hintergrund genießen zu können, bedarf es der kleinen Anreise zum Tops, einer großzügig gestalteten Aussichtsanlage auf einem Hügel (Busay Hill) rund vier Kilometer nördlich vom Cebu Plaza Hotel bzw. knapp 15 Kilometer ab Downtown. Besitzerin dieser Anlage ist die Familie des Gouverneurs Lito Osmeña, deren kuppelförmige, silbern glänzende Residenz sich ganz in deren Nähe befindet. Eintritt: 25 P.

Besonders eindrucksvoll ist der Blick bei Sonnenuntergang, wenn unten in der Stadt die Lichter angehen. Es kann dann jedoch ziemlich kühl werden, daher ist die Mitnahme eines Pullovers oder einer Jacke zu empfehlen. Allerdings fahren abends keine öffentlichen Verkehrsmittel zurück nach Cebu City!

Hinkommen mit einem Lahug-Jeepney bis zum Hotel La Nivel, dort gegenüber am Abzweig zum Cebu Plaza Hotel in einen Jeepney in Richtung Tops umsteigen. Mancher Jeepney kehrt bereits 500 Meter hinter dem Cebu Plaza Hotel um, daher vorm Einsteigen fragen, ob er tatsächlich bis zum Tops

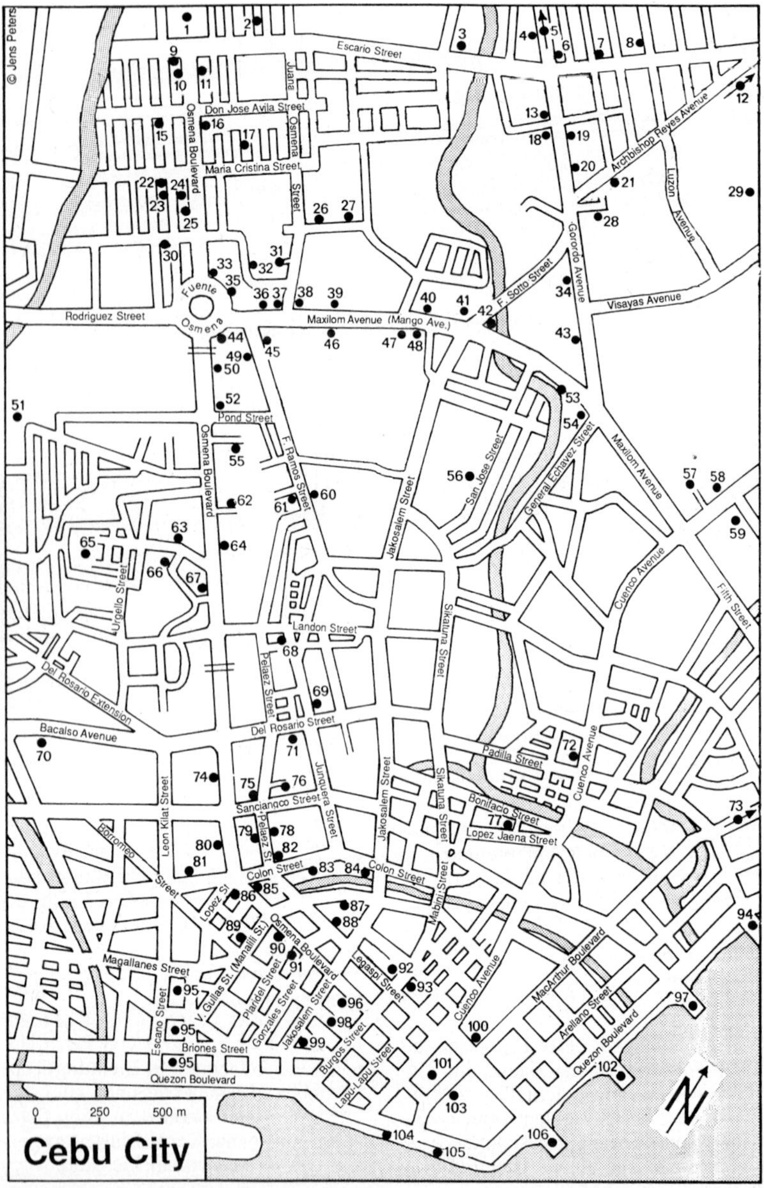
© Jens Peters
Escario Street
Juana Osmena Street
Don Jose Avila Street
Osmena Boulevard
Maria Cristina Street
Archbishop Reyes Avenue
Luzon Avenue
Gorordo Avenue
F. Sotto Street
Visayas Avenue
Fuente Osmena
Rodriguez Street
Maxilom Avenue (Mango Ave.)
Pond Street
F. Ramos Street
San Jose Street
Jakosalem Street
General Echavez Street
Maxilom Avenue
Urgello Street
Landon Street
Sikatuna Street
Cuenco Avenue
Fifth Street
Del Rosario Extension
Pelaez Street
Bacalso Avenue
Del Rosario Street
Junquera Street
Padilla Street
Leon Kilat Street
Sanciangco Street
Bonifacio Street
Lopez Jaena Street
Borromeo Street
Pelaez St.
Colon Street
Mabini Street
Lopez St.
V. Gullas St. (Manalili St.)
Magallanes Street
Legaspi Street
MacArthur Boulevard
Plaridel Street
Gonzales Street
Escano Street
Arellano Street
Burgos Street
Quezon Boulevard
Briones Street
Lapu-Lapu Street
0 250 500 m
Cebu City
Visayas - Cebu

Anreise/Weiterreise
3 Bouraq Airlines
Cebu Pacific
Grand Air
KLM
Philippine Airlines
Hertz
4 Singapore Airlines (Silkair)
18 Continental Airlines
Malaysian Airlines
Northwest Airlines
SAS - Scandinavian Airlines
Thai Airways International
21 Avis
29 Adventure International Tours
Qantas Airways
35 Air Philippines
42 Cathay Pacific Airways
56 ABC-Liner Busterminal
58 Northern Busterminal (alt)
70 Southern Busterminal
73 Northern Busterminal (neu)
82 Air Philippines
91 Philippine Airlines
94 Pier 4
97 Pier 3
102 Pier 2
106 Pier 1

Übernachten
2 Mayflower Pension House
3 Cebu Grand Hotel
The Apartelle
5 Ascona Pension
Cebu Plaza Hotel
Hotel La Nivel
6 Kukuk's Nest Pension House
Tonros Apartelle
12 Montebello Villa Hotel
13 West Gorordo Hotel
17 Cebu Mintel
22 Jasmine Pension
23 Verbena Pension House
24 Casa Loreto Pension House
28 St. Moritz Hotel
32 Fuente Pension House
33 Elegant Circle Inn
35 Park Place Hotel
44 Cebu Midtown Hotel
49 Kan-Irag Hotel
52 Emsu Hotel
55 Jasmine Pension
61 Diplomat Hotel
62 Arbel's Pension House
64 YMCA
66 Jovel Pension House
68 Teo-Fel Pension House
69 Cebu Elicon House
72 Cebu Harbour View Hotel
76 Golden Valley Inn
78 Hotel de Mercedes
McSherry Pension House
82 Century Hotel
85 Cebu Hallmark Hotel
87 Hotel Victoria de Cebu
88 Ruftan Pensione
89 Pacific Tourist Inn
90 Centrepoint Hotel
93 Patria de Cebu

Essen und Trinken; Unterhaltung
5 Golden Cowrie Restaurant
6 Kukuk's Nest Restaurant
7 Frankfurter Hof Folkhouse
10 Food Street
11 Boulevard Restaurant
13 Family Choice Restaurant
18 Europa Delicatessen & Butcher Shop
20 Royal Concourse Restaurant
26 Govinda's
28 L' Oasis Garden Restaurant
St. Moritz Disco-Nightclub
34 Alavar's Seafoods House
36 Ginza Restaurant
McDonald's
37 Old Cebu Restaurant
38 Mikado Japanese Restaurant
39 Ding Qua Qua Dimsum House
40 Ball's Disco
Swiss Restaurant
43 Grand Majestic Restaurant ↗

45 Ric's Food Express
46 Mister Donut
47 La Dolce Vita Restaurant
Vienna Kaffee-Haus
48 Puerto Rico Bar
Shakey's Pizza
49 Bachelor's Too
Love City Disco
Thunderdome
50 Sammy's Restaurant
Silver Dollar Bar
52 McDonald's
53 Lighthouse Restaurant
54 Steve's Music Bar
60 Café Adriatico
61 Europa Delicatessen
& Butcher Shop
63 Cosia sa Cebu Restaurant
75 Our Place Restaurant
79 Pete's Kitchen
Pete's Mini Food Center
80 Snow Sheen Restaurant
81 Snow Sheen Restaurant
87 Visayan Restaurant
88 Ruftan Café

Verschiedenes

1 Provincial Capitol
5 Beverly Hills
Taoist Temple
Heavenly Temple of Charity
Casino
Tops
6 Duty Fee Shop
8 Cebu Holiday & Fitness Center
9 Bikes R Us
15 JC's Bike Shop
16 Cebu Doctors Hospital
18 Europa Delicatessen &
Butcher Shop
Q.C. Pavilion
19 PCI Bank
US-Konsulat
25 Rizal Memorial Library
& Museum
27 Habagat Outdoor Shop
29 Ayala Center
American Express
30 Fruchtstände
31 Off-Road Bicycling
38 Mango Plaza
National Book Store
39 Rustan's Department Store
40 Robinson's Foodorama
41 Iglesia Ni Kristo Church
42 The Rivergate Mall
44 Metrobank Plaza
Thomas Cook
Robinson's Department Store
47 Web Link Internet Café
51 Anzar Coliseum
57 Caretta Cemetery
59 Chinese Cemetery
61 Europa Delicatessen &
Butcher Shop
65 Sacred Heart Hospital
67 Bookmark
71 San Carlos University
73 Equitable Bank
SM City
White Gold Department Store
74 Central Bank
77 Casa Gorordo Museum
83 Gaw Department Store
84 Gaisano Main Department Store
86 Gaisano Metro Department Store
92 Cebu Cathedral
95 Carbon Market
96 Basilica Minore del Santo Niño
98 Magellan's Cross
99 City Hall
Philippine National Bank (PNB)
100 Tourist Office
101 Plaza Independencia
103 Fort San Pedro
104 Immigration Office
105 General Post Office

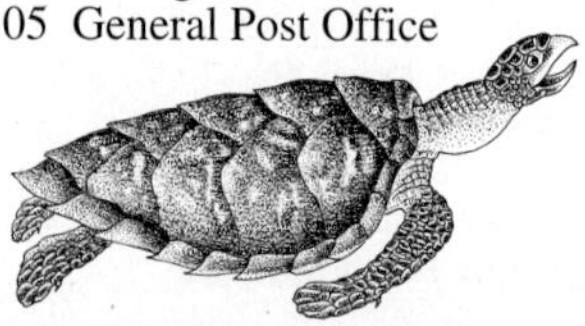

fährt; Fahrpreis: 5 P. Nach etwa fünf Kilometern auf der Paßhöhe (Abzweig Busay Hill) aussteigen und das letzte Stück hinauf zum Gipfel gehen. Ohne Pausen dauert der Marsch etwa 20 Minuten; ziemlich steile, aber gute Straße. Die entschieden bequemere Fahrt mit einem Taxi von Downtown zum Tops dürfte etwa 80 bis 100 P kosten.

Übernachten

Einfache Hotels und Pensionen

Patria de Cebu, P. Burgos Street, Tel. 72084. EZ/DZ 150/200 P. Sehr einfache, anspruchslose Zimmer in einem älteren Gebäude. Restaurant. Billard.
Cebu Elicon House, General Junquera Street, Tel. 2539189, Fax: 73507. Dorm/ac 95 P, EZ/fan 130 P, DZ/fan 200 P, EZ/ac/Bad 360 P, DZ/ac/Bad 430 P. In Ordnung für den Preis. Freundliches Personal. Unten im Haus befindet sich das Elicon Café.
Ruftan Pensione, Legaspi Street, Tel. 79138, Fax: 2549261. EZ/DZ/fan 135/165 bis 330/440 P. Beliebte, einfache Unterkunft. Die ruhigen Zimmer liegen zum Hof. Restaurant.
Arbel's Pension House, Osmeña Boulevard, Tel. 62393. EZ/fan 150 P, DZ/fan 280 P. Einfach, aber sauber.
Mayflower Pension House, East Capitol Site, Tel. 2537233, Fax: 2536647. EZ/fan 180 P, DZ/fan 230 P, EZ/fan/Bad 250 P, EZ/ac/Bad 350 bis 455 P, DZ/ac/Bad 410 bis 515 P. Ruhige, etwas kleine Zimmer. Ordentliche Unterkunft. Die teuren Aircon-Zimmer mit TV. Restaurant. Nahe Provincial Capitol.
YMCA, 61 Osmeña Boulevard, Tel. 2534057, 2535217. EZ/DZ/fan 200/250 P, EZ/DZ/fan/Bad 250/300 P, EZ/DZ/ac/Bad 500 P. Einfache Zimmer ohne besonderen Komfort, vielleicht etwas zu teuer. Auch für Pärchen (versuchen). Restaurant. Swimmingpool. Billard. Tischtennis. Bowling.
McSherry Pension House, Pelaez Street, Tel. 2544792. EZ/fan/Bad 250 P, DZ/fan/Bad 300 P, EZ/ac/Bad 350 P, DZ/ac/Bad 450 P. Angenehme Unterkunft mit netten Leuten. Zentrale Lage in einer ruhigen Gasse neben dem Hotel de Mercedes. Monatsraten möglich. Geldwechsel. Schließfächer.
Verbena Pension House, 584-A Don Gil Garcia Street, Tel. 2534440, Fax: 2533430. EZ/ac/Bad 370 P, DZ/ac/Bad 430 P. Gute, unterschiedlich große Zimmer. Coffee Shop.
Jovel Pension House, 24-K Uytengsu Road, Tel. 2535242. EZ/DZ/fan 250/300 P, EZ/ac/Bad 385 P, DZ/ac/Bad 450 P. Die Zimmer sind ruhig und recht komfortabel. Freundliche Besitzer. Coffee Shop.
Kukuk's Nest Pension House, 157 Gorordo Avenue, Tel. & Fax: 2315180. EZ/fan 225 P, DZ/fan 395 P, EZ/DZ/ac/Bad 450 und 620 P. Nett eingerichtete Zimmer (die teuren) in einem angenehmen, alten Bürgerhaus. Deutsches Management. Restaurant.
Ascona Pension, Salinas Drive Extension, Tel. 2315971, Fax: 2312780. EZ/DZ/fan/Bad 380 P, EZ/DZ/ac/Bad 580 P. Große, gepflegte Zimmer. Freundliche Unterkunft. Schweizer Management. Restaurant mit philippinischer und mediterraner Küche. Ruhige Lage im Norden von Cebu City.
Jasmine Pension, Don Gil Garcia Street/Ecke Filemon Sotto Street, Tel. 54559. EZ/fan/Bad 350 P, DZ/fan/Bad 400 P, EZ/ac/Bad 400 P, DZ/ac/Bad 470 P. Aircon-Zimmer mit TV. Akzeptable, unterschiedlich große Zimmer, einige sind jedoch etwas muffig.
Etwas zentraler liegt die Filiale *Jasmine Pension*, 395 Osmeña Boulevard, Tel. 2533757.
Teo-Fel Pension House, Junquera Street, Tel. 2532482. EZ/DZ/ac/Bad 400/450 P und 500/550 P. Gepflegte Zimmer, die teuren sind etwas komfortabler und mit TV. Kleines Restaurant.

Golden Valley Inn, 155 Pelaez Street, Tel. 2538660, Fax: 2538482. EZ/ac/Bad 450 und 520 P, DZ/ac/Bad 640 und 980 P. Ordentliche, gepflegte Zimmer. Coffee Shop. Ruhige Lage in kleiner Seitenstraße.
Cebu Mintel, Maria Cristina Street, Tel. 2546200. EZ/DZ/ac/Bad 500 bis 800 P; TV kostet 50 P extra. Tadellose, freundlich eingerichtete Zimmer. Österreichische Leitung. Coffee Shop.

Mittelklassehotels - untere Kategorie

Century Hotel, Pelaez Street, Tel. 2551341 bis 47, Fax: 2551600. EZ/DZ/ac/Bad ab 340/440 P. Akzeptabel, einige Zimmer sind allerdings etwas abgewohnt. Die EZ im 4th Floor sind gut für zwei. Die Zimmer im 5th Floor neben dem Disco-Nightclub sind recht laut.
Pacific Tourist Inn, V. Gullas Street/Ecke Balintawak Street, Tel. 2532151 bis 59, Fax: 2545674. EZ/ac/Bad 340 bis 430 P, DZ/ac/Bad 410 bis 795 P, Suite 1.060 P. Passable, unterschiedlich komfortabel ausgestattete Zimmer; die teuren mit Fenster, Kühlschrank und TV. Alles in allem jedoch etwas vernachlässigt. Restaurant.
Kan-Irag Hotel, F. Ramos Street, Tel. 2531151, Fax: 2536935. EZ/ac/Bad 720 P, DZ/ac/Bad 770 und 840 P. Akzeptable Zimmer, die zur Straße sind allerdings ziemlich laut. Restaurant (24 Std.). Günstige Lage zu Maxilom Avenue und Fuente Osmeña.
Hotel de Mercedes, Pelaez Street, Tel. 2531105 bis 10, Fax: 2533880. EZ/ac/Bad 465 und 540 P, DZ/ac/Bad 625 und 700 P, Suite 865 bis 2.400 P. Annehmbare Zimmer, einige mit Kühlschrank und TV. Restaurant. Coffee Shop.
Elegant Circle Inn, Fuente Osmeña, Tel. 2541601, Fax: 2541606. EZ/DZ/ac/Bad 930 bis 1.200 P, Suite 3.100 P. Ansehnliche Zimmer mit TV. Es gibt auch ein paar weniger komfortable Zimmer für 480/580 P.

Mittelklassehotels - mittlere Kategorie

Diplomat Hotel, F. Ramos Street, Tel. 2546341, Fax: 2546346. EZ/DZ/ac/Bad 1.000 bis 1.500 P. Tadellose, gepflegte Zimmer mit TV. Restaurant.
Park Place Hotel, Fuente Osmeña, Tel. 2531131, Fax: 2530118. EZ/DZ/ac/Bad 1.145 bis 2.400 P, Suite 3.050 P. Gefällige Zimmer, die billigen jedoch fast alle ohne Fenster. Restaurant. Coffee Shop.
Centrepoint Hotel, Plaridel Street/Ekke Osmeña Boulevard, Tel. 2531831 bis 39, Fax: 2530695. EZ/DZ/ac/Bad 1.350 bis 2.100 P, Suite 2.600 P. Recht komfortable Zimmer mit TV, allerdings wohl etwas überteuert. Restaurant. Disco.

Mittelklassehotels - obere Kategorie

West Gorordo Hotel, Gorordo Avenue, Tel. 2314347, Fax: 2311158. EZ/DZ/ac/Bad ab 1.200 P, Suite 2.700 P. Mit TV. Komfortable, gepflegte Zimmer in einem tadellos geführten Hotel. Restaurant. Fitnessraum. Sauna.
Cebu Grand Hotel, Escario Street, Tel. 2546361, Fax: 2546363. EZ/DZ/ac/Bad ab 1.300 P, Suite ab 3.200 P. Nette, gepflegte, geräumige Zimmer mit TV. Restaurant. Swimmingpool. Fitnessraum.
St. Moritz Hotel, Gorordo Avenue, Tel. 2311148, Fax: 2312485. EZ/DZ/ac/Bad 1.500 P und 1.900 P, Suite 2.200 P. Ansprechende, geschmackvoll eingerichtete Zimmer. Restaurant. Disco-Nightclub.
Montebello Villa Hotel, Banilad, Tel. 2313681, Fax: 2314455. EZ/ac/Bad 1.840 und 2.800 P, DZ/ac/Bad 2.200

und 3.130 P, Suite 3.850 bis 12.500 P. Restaurant. Coffee Shop. Swimmingpool. Schöner Garten. Charmante, etwas ältere Anlage am Stadtrand, neben der Gaisano Country Mall.

First-Class-Hotel

Cebu Midtown Hotel, Fuente Osmeña, Tel. 2539711, Fax: 2539765. EZ/ac/Bad 2.900 und 3.200 P, DZ/ac/Bad 3.200 und 3.500 P, Suite 5.500 bis 11.000 P. Restaurant. Swimmingpool. Jacuzzi. Massage. Sauna. Fitnessraum. Liegt über dem Robinson Department Store.
Cebu Plaza Hotel, Nivel Hills, Lahug, Tel. 2311231, Fax: 2312071. EZ/ac/Bad ab 4.000 P, DZ/ac/Bad ab 5.500 P, Suite 12.000 bis 39.000 P. Restaurant. Coffee Shop. Disco. Swimmingpool. Tenniscourt. Liegt etwas außerhalb auf einer Anhöhe. Das beste Hotel von Cebu City.

Appartements

Appartement-Angebote für einen längeren Aufenthalt in Cebu City stehen in der lokalen Tageszeitung *Sun Star*. Es handelt sich dabei meistens um möblierte Aircon-Appartements mit Küche oder Kochgelegenheit, Kühlschrank und TV. Strom muß extra bezahlt werden.
Tourists' Garden Lodge, 27 Eagle Street, Santo Niño Village, Banilad, Tel. 461676, Fax: 70518. Zwei-Zimmer-Apt. tägl. 750 P, wtl. 5.300 P, mtl. 18.200 P.
The Apartelle, Escario Street, Tel. 76271. Zwei-Zimmer-Apt. tägl. 900 P, zwei-wtl. 8.500 P, mtl. 14.000 P.

Essen und Trinken

Vegetarian Food
Govinda's, Don Ramon Aboitiz Street (nahe Ecke Juana Osmeña Street). Schmackhaft zubereitete Gerichte, dazu erstaunlich preiswert.
Geöffnet: Mo-Sa 11.00-20.00 Uhr.

Filipino Food
Pete's Kitchen, Pelaez Street. Ein sauberes Restaurant mit preiswerten Gerichten, das bereits am frühen Morgen gut besucht ist.
Geöffnet: tägl. 6.00-22.30 Uhr.
Pete's Mini Food Center, Pelaez Street. Großes, halboffenes Restaurant, in dem der Gast sein Essen am langen Buffet aussucht und auf Wunsch aufwärmen läßt.
Ric's Food Express, Ramos Street. Gute und preiswerte Gerichte, hauptsächlich Gegrilltes.
Sammy's, Osmeña Boulevard. Dieses etwas unscheinbare Restaurant neben der Silver Dollar Bar ist insbesondere abends Ziel zahlreicher Cebuanos. Sie kommen wegen der vorzüglichen Pochero, einer kräftigen, schmackhaften Suppe mit Rinderbein und Knochenmark. Man kann drinnen und draußen sitzen.
Geöffnet: tägl. 24 Std.
Ruftan Café, Legaspi Street. Gutes Frühstücksrestaurant; Sandwiches, Omeletts, Fruchtsäfte usw. Ansonsten Filipino Food.
Boulevard Restaurant, Osmeña Boulevard. Ein beliebtes Café und Gartenrestaurant, zugleich ein sehr populärer Treffpunkt junger Leute, besonders abends.
Food Street, Osmeña Boulevard. Mehrere kleine, preiswerte Restaurants gegenüber dem Boulevard Restaurant. Eines davon heißt *Arnold's* und bereitet das vielleicht beste Kinilaw der Stadt zu.
Royal Concourse, Gorordo Avenue. Großes, sehr sauberes Selbstbedienungs-Restaurant mit preiswerten philippinischen, chinesischen und japanischen Gerichten.
Geöffnet: tägl. 10.00-22.00 Uhr.

Cosina sa Cebu, Ascension Street. Sauberes Restaurant mit preiswerten Gerichten à la Cebu. Beliebt bei Studenten.
Fuente O, Fuente Osmeña. In diesem Coffee Shop im ersten Stock des Park Place Hotel werden Cebuano-Spezialitäten serviert, unter anderem ein erstklassiger Green Mango Shake.
Geöffnet: tägl. 24 Std.
Golden Cowrie, Salinas Drive, Lahug. Stets gut besuchtes, originelles, rustikales Bambus-Restaurant mit empfehlenswerten, preiswerten Seafood-Gerichten. Spezialität: Gebackene Muscheln und Green Mango Shake.
Geöffnet: tägl. 11.00-14.00 Uhr u. 18.00 -22.00 Uhr.
Lighthouse Restaurant, Maxilom Avenue. Neben philippinischen Gerichten - hauptsächlich Seafood -, die in diesem freundlichen Restaurant meist mit Fingern gegessen werden, sind auch japanische Standardgerichte wie Tempura und Sushi erhältlich.
Geöffnet: tägl. 10.30-14.00 Uhr u. 17.30 -22.30 Uhr.
Alavar's Seafoods House, Gorordo Avenue. Ein exzellentes Restaurant mit Spezialitäten der Zamboanga-Provinzen, z.B. Blauer Marlin.
Geöffnet: tägl. 11.00-14.30 Uhr u. 17.00 -22.30 Uhr.

Asian Food - chinesisch
Snow Sheen Restaurant, Osmeña Boulevard. Großes, seit Jahren beliebtes Restaurant mit guter Küche. Ein etwas kleineres *Snow Sheen Restaurant* gibt es um die Ecke in der Colon Street.
Visayan Restaurant, V. Gullas Street (Manalili Street). Gute und preiswerte Gerichte, große Portionen und ein freundlicher Service zeichnen dieses beständig gute Restaurant aus.
Robinson's, Fuente Osmeña. Unten im Robinson's Department Store befindet sich ein preiswertes Dim Sum-Restaurant.
Gaisano Metro, Colon Street/Ecke Lopez Street. Im obersten Stockwerk dieses Department Store gibt es verschiedene Self Service-Restaurants mit *dim sum*, aber auch Kuchen, Eiscreme usw.
Ayala Center, Cebu Business Park. Im fünften Stock mehrere kleine Selbstbedienungsrestaurants mit großer Auswahl und gutem, preiswertem Essen (chinesisch und philippinisch).

Asian Food - japanisch
Ginza Restaurant, Belvic Complex, Maxilom Avenue. Gutes Restaurant mit freundlichem Service. Auch mit koreanischer Küche.
Geöffnet: tägl. 10.00-14.00 Uhr u. 18.00 -23.00 Uhr.
Mikado Restaurant, Mango Plaza, Maxilom Avenue. Authentische Gerichte; mit Vorliebe werden Sushi und Sashami bestellt.
Geöffnet: tägl. 10.00-14.00 Uhr u. 16.00 -22.00 Uhr.

Western Food
Shakey's Pizza, Maxilom Avenue. Beliebter einheimischer Abend-Treff bei Pizzas und Live-Music.
McDonald's, Osmeña Boulevard. Fast Food der bekannten Art unten im neuen Emsu Hotel. Ein weiteres *McDonald's* gibt es in der Maxilom Avenue.
Europa Delicatessen, Q.C. Pavilion, Gorordo Avenue. Diesem Shop, der neben Fleischwaren auch Delikatessen wie Käse, Kaviar und Lachs führt, ist ein gemütliches Restaurant angeschlossen. Weine und Champagner sind ebenso erhältlich. Ein weiteres *Europa Delicatessen* gibt es in der Ramos Street.
Geöffnet: Mo-Sa 9.00-22.00 Uhr.
Master Key Restaurant, Pelaez Street. Altmodisch-charmantes Restaurant im Hotel de Mercedes. Internationale Küche. Gutes American Breakfast.
Our Place, Pelaez Street. Relativ preiswerte philippinische, amerikanische und europäische Gerichte. Dieser Pub

befindet sich im ersten Stock; eine schmale Treppe führt hinauf.
Geöffnet: Mo-Sa 9.00-22.00 Uhr.
Café Adriatico, F. Ramos Street. Ausgezeichnete internationale Küche; auch Weine sind erhältlich. Ein gepflegtes Restaurant mit angenehmer Atmosphäre, das allerdings seinen Preis hat.
Geöffnet: tägl. 12.00-2.00 Uhr.
Kukuk's Nest, Gorordo Street/Ecke Escario Street. Gute europäische und philippinische Gerichte, serviert in einem netten Gartenrestaurant.
Geöffnet: tägl. 10.00-2.00 Uhr.
Le France, Fuente Osmeña. Sehr gutes Restaurant im Park Place Hotel. Französische und europäische Spezialitäten.
Geöffnet: tägl. 24 Std.
Ascona Restaurant, Salinas Drive Extension. Mediterrane Küche, vor allem französische Gerichte. Freundliches Restaurant in der gleichnamigen Pension.
L'Oasis Garden Restaurant, Gorordo Avenue. Ausgezeichnete Küche; europäische und philippinische Gerichte im Innenhof vom St. Moritz Hotel.
Geöffnet: tägl. 8.00-22.30 Uhr.
Swiss Restaurant, Maxilom Avenue. Gute schweizerische und philippinische Gerichte. Reichhaltige Tagesgerichte. Gepflegte Atmosphäre.
Geöffnet: tägl. 9.00-23.00 Uhr.
Vienna Kaffeehaus, Banilad, im Hotel Wayne's Inn; liegt zwischen Cebu City und Mandaue. Gute österreichische Spezialitäten, Frühstück, Kuchen und mehrere Sorten Kaffee. Die Preise sind zwar etwas hoch, aber sicher angemessen. Dieses ist das original Vienna Kaffeehaus, das vormals in der Maxilom Avenue ansässig war (dort betreibt jetzt eine italienisch-philippinische Corporation ebenfalls ein Vienna Kaffee-Haus). Hat deutsche Zeitungen.
Geöffnet: tägl. 8.30-24.00 Uhr.

Unterhaltung

Nightclubs und Karaoke-Bars sind im ganzen Stadtgebiet verstreut. Es gibt immer mehr davon. Trotzdem konnten ein paar Kneipen überleben, darunter ***Our Place*** in der Pelaez Street. Live-Music wird im ***Frankfurter Hof Folkhouse*** in der Escario Street/Ecke Acacia Street geboten; geöffnet von 17.00 bis 2.00 Uhr.
Die Jugend von Cebu City trifft sich abends unter anderem gerne im ***Boulevard***, Osmeña Boulevard, wo das Bier preiswert ist und auf einer großen Leinwand neue Video-Clips gezeigt werden. Ebenfalls am Osmeña Boulevard lockt die ***Silver Dollar Bar*** vornehmlich ausländische Gäste an, wie auch der ***St. Moritz Disco-Nightclub*** in der Gorordo Avenue.
In der Maxilom Avenue gibt es ein breites Entertainment-Angebot, darunter die ***Ball's Music Lounge*** mit Live-Music, die ***Puerto Rico Bar*** mit abendlichen Shows und die große ***Steve's Music Bar***.
Mit exzellenter Live-Music begeistern jeden Abend drei bis vier Bands die Gäste des ***Pards*** im Cebu Plaza Hotel in Lahug. Die ***Bai Disco***, im selben Hotel, ist die beliebteste von Cebu City; geöffnet ab 21.00 Uhr, Eintritt: 100 P (Mindestverzehr). Von der ***Club Circus Disco Bar*** in der Fulton Street, ebenfalls im Stadtteil Lahug, hat man eine tolle Aussicht auf Cebu bei Nacht; Eintritt: 50 P (ein Freigetränk).
In Downtown ist es die sich drehende ***Motions Disco*** im obersten (15.) Stockwerk des Centrepoint Hotels, die neben schnellen Rhythmen noch einen reizvollen Rundblick bietet.
Spieler dürften sicher das ***Casino*** gegenüber vom Cebu Plaza Hotel bevorzugen - jeden Abend volles Haus bis in den frühen Morgen. Um bisweilen hohe Einsätze geht es auch beim Cockfight sonntags im ***Century Game Club*** in der M. Velez Street (nahe Provincial Capitol), Banawa, wo die ersten Hahnenkämpfe bereits am Vormittag ausgetragen werden.

Adressen/Verschiedenes

Autoverleih: Die zuverlässigsten Autos dürften haben:
Avis, Archbishop Reyes Avenue, Lahug, Tel. 2317317.
- Mactan International Airport, Tel. 3408527.
Hertz, Cebu Grand Hotel, Escario Street, Tel. 2545004.
- Mactan International Airport, Tel. 3402486.
- Shangrila's Mactan Island Resort, Tel. 2310288.

Bücher: Der National Book Store ist mit einer gutsortierten Filiale in der Maxilom Avenue vertreten. Eine Filiale von Bookmark gibt es am Osmeña Boulevard.

Eine kleine, aber gute Auswahl äußerst preiswerter englischsprachiger PC-Literatur (Software und Hardware) findet man bei Dawn Subscriptions, unten im Robinson's Department Store, Fuente Osmeña.

Einkaufen: Zu den größten und besten Department Stores zählen: Ayala Center im Cebu Business Park; SM City (unter anderem mit mehreren Restaurants, French Bakery, National Book Store, Baumarkt, Eisbahn und acht Kinos mit Filmen in Englisch und Tagalog) und White Gold, beide in der Reclamation Area; Gaisano Country Mall in der Talamban Road; Gaisano Main und Gaisano Metro, beide in Downtown in der Colon Street; Robinson's, Fuente Osmeña; und Rustan's, Maxilom Avenue.

Ein ausgezeichnetes Angebot an tropischen Früchten findet man an Ständen in der Don Julio Llorente Street (nahe Fuente Osmeña) und am Wochenende im Ayala Center (Farmers Day mit Verkauf von Früchten, Gemüse und Blumen).

Der Habagat Outdoor Shop, Ramon Aboitiz Street, Tel. 2536292, bietet eine gute Auswahl an Ausrüstungsgegenständen von Messern bis zu Rucksäcken. Darüber hinaus organisieren die freundlichen Leute auch Trekkingtouren und vermitteln gerne Kontakte zu Outdoor-Clubs. Im Gebäude hinter dem Laden werden fachmännisch Mountainbikes gewartet und repariert.

Fahrradverleih: Folgende Fahrradgeschäfte könnten weiterhelfen: Bikes R Us, Escario Street, Tel. 2534769; Off-Road Bicycling, Century Plaza Commercial Complex, Juana Osmeña Street, Tel. 2534561; JC's Bike Shop, Don Jose Avila Street, Tel. 2533637.

Geldwechseln: Travellers Cheques und Devisen wechseln die Philippine National Bank, die Standard Chartered Bank und die Bank of the Philippine Islands, alle nahe der City Hall, Briones Street.

American Express Travellers Cheques wechselt man am besten direkt bei American Express (Adventure International Tours), Ayala Center (zweiter Stock, hinten), Cebu Business Park, Tel. 2322970. Geöffnet: Mo-Fr 8.30-17.30 Uhr (für cash advance nur bis 16.00 Uhr), Sa 9.00-12.00 Uhr.

Thomas Cook Travellers Cheques wechselt man am besten direkt bei Thomas Cook Travel, Metrobank Plaza, Osmeña Boulevard, Tel 2535808.

Die Equitable Bank, Port Center Avenue/Ecke San Jose dela Montana Avenue (bei SM City), Reclamation Area, Tel. 2320320, gibt Bargeld auf Visa Card und MasterCard. Ebenso deren Downtown-Filialen in der Gonzales Street/Ecke Magallanes Street, Tel. 2548191, und Borromeo Street/Ecke Magallanes Street, Tel. 2530430. Barabhebungen sind auch möglich bei der Citibank, Osmeña Boulevard, nahe Fuente Osmeña, Tel. 2559333, die keine Gebühren berechnet (die kommen später bei der Abrechnung hinzu, zuzüglich drei Prozent Auslandsgebühr).

Bargeld wird auch in Department Stores wie unter anderem Gaisano Metro

und Rustan's getauscht, auch an Wochenenden und bisweilen sogar zu einem etwas günstigeren Kurs als bei den Banken. Im SM City kann man auch bis zu US$ 200 Travellers Cheques tauschen. Erforderlich sind Kaufbeleg und Reisepaß.
Die Citibank am Osmeña Boulevard verfügt über einen Geldautomaten (ATM) für Visa Card und MasterCard. Ebenso die Equitable Bank in der Reclamation Area. Zugänglich nur während der Öffnungszeiten der Bank.
Immigration Office, Customs Building, Quezon Boulevard (nahe Fort San Pedro), Tel. 2534339. Verlängerung des Visums von 21 Tage auf 59 Tage (morgens abgeben, nachmittags abholen) und Verlängerung über 59 Tage hinaus. Erforderlich sind der Reisepaß und ein Kugelschreiber zum Ausfüllen der Formulare. Passable Kleidung und ein ausgeschlafenes Gesicht können nicht schaden.
Informationen: Kostenlos verteilt wird am Airport, in verschiedenen Hotels und Restaurants die monatlich erscheinende Touristenzeitung *What's On in The Visayas & Mindanao* mit interessanten Artikeln und teilweise nützlichen Anzeigen.
Die in Cebu City erscheinende Tageszeitung *Sun Star* berichtet im Anzeigenteil über Schiffsverbindungen und aktuelle Unterhaltungsmöglichkeiten.
Konsulate: Thailand Consulate, Eastern Shipping Lines Building, Cuenco Avenue (nahe Plaza Independencia), Tel. 93013. Visum in 24 Std.
United States Consulate, PCI Building, Gorordo Avenue, Tel. 2311261.
Ferner sind folgende Länder mit einem Konsulat vertreten:
Belgien, Chile, Dänemark, Niederlande, Norwegen, Österreich, Schweden, Spanien und die Türkei.
Krankenhaus und Ärzte: Cebu Doctors Hospital, Osmeña Boulevard (nahe Provincial Capitol), Tel. 2537511.
Zahnärztin Dr. Lorna Tipon-Sabandal, Sabandal Dental Clinic, Colon Street/ Ecke Pelaez Street, Tel. 2550845. Geöffnet: Mo-Sa 8.00-18.00 Uhr.
Massagen: Im Cebu Holiday Health & Fitness Center, Molave Street, Tel. 2310408, kostet eine professionell durchgeführte Shiatsu-Massage 650 P. Geöffnet: tägl. 12.00-24.00 Uhr.
Ebenfalls empfehlenswert ist das etwas preiswertere Guardo Shiatsu & Reflexology Center in der Bacalso Avenue (beim Southern Busterminal), Tel. 2541487, und im Adela Building in der Maxilom Avenue, Tel. 2537963.
Online: Zugang zum Internet im Web Link Internet Café, Manros Plaza, Maxilom Avenue, in dem man sich auch um seine E-mail kümmern kann.
Post Office: Das General Post Office befindet sich an der Plaza Independencia. Der Poste Restante-Service soll dort allerdings nicht sehr zuverlässig sein. Zweigstellen gibt es in der City Hall, Briones Street, in der University of Visayas, Colon Street, und in der San Carlos University, Del Rosario Street.
Tourist Office, GMC Plaza Building, Plaza Independencia (nahe Fort San Pedro), Tel. 2542811. Geöffnet: Mo-Fr 8.00-18.00 Uhr. Es betreibt auch einen Serviceschalter im Mactan International Airport, wo unter anderem Zimmerreservierungen vorgenommen werden können; Tel. 3408229.
Tourist Police: Die sogenannte Task Force Turista rund um die Uhr zu erreichen unter Tel. 2547317.
Vorwahl: 032.

Sicherheit

Als große Stadt und Verkehrsknotenpunkt bietet natürlich auch Cebu City Taschendieben ein lukratives Betätigungsfeld. Sie arbeiten hauptsächlich spätnachmittags und abends im Bereich Colon Street/Osmeña Boulevard und im Hafenbereich bei Ankunft und Abfahrt großer Passagierschiffe.

Auch in Cebu City sollten überaus freundliche Einladungen nicht blindlings angenommen werden!
Die »geliebten« Geldwechsler, die stets einen verlockend hohen Kurs anbieten, sich aber so gut wie nie daran halten, sind an der Plaza Independencia vor dem Tourist Office aktiv.

Transport in Cebu City

Orientierung
In den vergangenen Jahren wurden in Cebu City einige Straßen umbenannt, jedoch werden die nachfolgend in Klammern angegebenen alten Namen mitunter noch benutzt:
Osmeña Boulevard (Jones Avenue, Juan Luna Street);
Maxilom Avenue (Mango Avenue);
V. Gullas Street (Manalili Street);
Bacalso Avenue (Rizal Avenue);
Fuente Osmeña (Osmeña Circle).

Verkehrsregeln
Ein Fußgänger, der in Cebu City verkehrswidrig die Straße überquert, kann dafür mit 20 P bestraft werden. Für den Preis ist ein amtlicher Strafzettel der Republik der Philippinen eigentlich ein originelles Souvenir, oder?

Jeepney
Der Fahrpreis für eine Stadtfahrt beträgt 2 P.
Von den mehreren Jeepneyrouten dürften die mit den folgenden Zielen touristisch die wichtigsten sein:
»Capitol« (Uptown; Ende des Osmeña Boulevard):
»Lahug« (Stadtteil Lahug im Norden der Stadt);
»Carbon« (Carbon Market; Downtown);
»Colon« (Colon Street; Downtown).

Taxi
Fahrten mit Aircon-Taxis kosten 20 P für die ersten 500 Meter, danach 1 P für jede weiteren 100 Meter. Allerdings schaltet nicht jeder Taxifahrer unaufgefordert den Taxameter ein! Bei längeren Fahrten kann man versuchen, vorher einen Preis auszuhandeln. Bei einer Nachtfahrt zu einem etwas abgelegenen Ziel verlangt der Fahrer meist einen Extrabetrag in Höhe von 20 bis 30 Prozent, da er leer zurückfahren muß.
Bei Weiterreise mit dem Schiff: Taxis müssen eine Gebühr von 5 P für Fahrten im Hafengelände bezahlen.

Anreise/Weiterreise

Mit dem Bus
Es gibt drei wichtige Busterminals in Cebu City:
- Northern Busterminal, Soriano Street, Mabolo, für Busse in Richtung Norden; Hinweis: manche Busse fahren noch ab dem alten Northern Busterminal in der M.J. Cuenco Avenue (aber wohl nicht mehr lange).
- Southern Busterminal, Bacalso Avenue, für Busse in Richtung Süden;
- ABC Liner Busterminal, San Jose Street, für Verbindungen in Richtung Süden mit Anschluß an die Fähre nach Negros. Die Busse der ABC Liner Company halten auch am Southern Busterminal.

Mit dem Flugzeug
Der Mactan International Airport befindet sich auf Mactan Island, etwa 15 Kilometer von Cebu City entfernt. Dort werden die Inlandsflüge abgefertigt, ebenso die bisher wenigen internationalen Flüge, z.B. von und nach Singapur und Japan. Bei Abflug empfiehlt sich eine rechtzeitige Abfahrt von Cebu City, da verstopfte Straßen immer wieder zu erheblichen Verzögerungen führen und schon häufig Ursache für verpaßte Maschinen waren. Ohne Staus benötigt ein Taxi für die Strecke etwa 20 Minuten. Wer früh flie-

gen muß, wird es vielleicht vorziehen, anstatt in Cebu City in der Nähe des Airports zu übernachten. Siehe dazu auch »Mactan Island«: *Lapu-Lapu.*

Flughafengebühr: Bei Inlandsflügen wird eine Airport Tax von 40 P erhoben; bei internationalen Flügen bezahlt man 400 P!

Vom Mactan International Airport nach Cebu City: Es fahren Shuttle-Busse zum Park Place Hotel am Fuente Osmeña; 40 P pro Person. Abfahrten vom Park Place Hotel zum Mactan International Airport um 5.30, 6.45 und etwa stündlich von 8.00 bis 17.00 Uhr. Fahrzeit: 1 Std.
Ein Aircon-Taxi bzw. eine Aircon-Limousine vom Mactan International Airport zur Stadt sollte nicht mehr als 150 P kosten (verlangt werden 200 bis 250 P) - vorher vereinbaren! Mit eingeschaltetem Taxameter wird kaum ein Taxi fahren (außer es ist manipuliert). Von der Stadt zum Airport geht's auch für 100 P.
Tricycles sind auf dem Flughafengelände verboten. Sie stehen ein wenig abseits und kosten etwa 10 P bis zur Mandaue-Mactan Bridge bzw bis zum Jeepneyterminal, wo man in einen Jeepney nach Cebu City zusteigen kann. Fahrpreis: 4 P.

Airlines in Cebu City: Mit Inbetriebnahme des Mactan International Airport und im Zuge des touristischen und wirtschaftlichen Booms von Cebu eröffneten neben verschiedenen Inlandsfluggesellschaften auch mehrere ausländische Airlines Büros in Cebu City. Weitere dürften bald folgen.
Air France, Borromeo Arcade, F. Ramos Street, Tel. 2531623.
Air Philippines, Century Hotel, Pelaez Street, Tel. 2551341 bis 47.
- Park Place Hotel, Fuente Osmeña, Tel. 2546611.
British Airways, Ayala Center, Cebu Business Park, Tel. 2320006.
Cathay Pacific, The Rivergate Mall, Maxilom Avenue, Tel. 2540821, 2540476.
Cebu Pacific, Capitol Commercial Complex, Escario Street, Tel. 2550201 bis 04.
Continental Airlines, Q.C. Pavilion, Gorordo Avenue, Tel. 2531753.
Grand Air, Capitol Commercial Complex, Escario Street, Tel. 2536499, 2531670.
- Mactan International Airport, Tel. 3402135, 3402885.
Gulf Air, Cebu Plaza Hotel, Lahug, Tel. 2311205.
KLM Royal Dutch Airlines, Escario Street, Tel. 2312655, 52080.
Malaysia Airlines, Q.C. Pavilion, Gorordo Avenue, Tel. 2534731.
Northwest Airlines, Q.C. Pavilion, Gorordo Avenue, Tel. 73011 bis 13.
Pacific Airways, Mactan International Airport, Tel. 3408204, 92854.
Philippine Airlines, Capitol Commercial Complex, Escario Street, Tel. 2544036.
- Plaridel Street, Tel. 2544136, 2544879.
- Mactan International Airport, Tel. 3400422.
Qantas Airways, Ayala Center, Cebu Business Park, Tel. 2320004, 211343.
SAS - Scandinavian Airlines System, Q.C. Pavilion, Gorordo Avenue, Tel. 73015, 2311227.
Singapore Airlines, Silkair Office, Royal Wings Inc., 424 Gorordo Avenue, Tel. 2531343.
Thai Airways International, Q.C. Pavilion, Gorordo Avenue, Tel. 2322402, 2311227.

Mit dem Schiff
Die Piers sind nicht weit vom Stadtzentrum entfernt, so daß 30 P für ein Taxi zu einem Hotel in Downtown bzw. 40 P bis Uptown ausreichen sollten. Verlangt werden bis zu 100 P; nach

Ankunft eines großen Schiffes wird sehr wahrscheinlich kaum ein Taxi mit eingeschaltetem Taxameter fahren.
Bei Abreise mit dem Schiff ist zu beachten, daß Taxis nur gegen eine Gebühr von 5 P ins Hafengelände hineingelassen werden.

Shipping Lines: Gerade in Cebu City haben die Shipping Lines ein ausgesprochen lockeres Verhältnis zu den Angaben ihrer Fahrpläne. Ohne große Ankündigungen werden Schiffe gestrichen und wieder eingesetzt. Selbst das Personal der Ticketverkaufsstände in der Stadt scheint da bisweilen nicht mehr durchzublicken.
Anzeigen in der Tageszeitung *Sun Star* sind mit Einschränkungen verläßlich. Zuverlässiger dürften jedoch die direkt bei den Shipping Lines eingeholten Informationen sein, eventuell aber auch nur per Telefon mit dem Hinweis, ausländischer Tourist zu sein.

Aznar Shipping Corporation, T. Padilla Street, Tel. 2535523, 2538922.
Bullet Express Company, Pier 1, Tel. 2320490.
Cebu Ferries, Pier 4, Tel. 2531181, 2531196.
Cokaliong Shipping Lines, 46 Jakosalem Street, Tel. 2532262, 71220.
Delta Fast Ferries, Pier 4, Tel. 2323888.
George & Peter Lines, Jakosalem Street, Tel. 75914, 74098.
Lite Shipping Corporation, L. Lavilles Street, Tel. 2537776, 2536857.
K & T Shipping Lines, MacArthur Boulevard, Tel. 62359, 90633.
Socor Shipping Lines, Pier 1, Tel. 2538531.
Sulpicio Lines, 1st Street, Reclamation Area, Tel. 73839, 99723.
Trans-Asia Shipping Lines, Cuenco Avenue, Tel. 2546491 bis 98.
Universal Aboitiz, Pier 4, Tel. 91542.
Water Jet Shipping Corporation, Pier 4, Tel. 2321356.
WG & A, Pier 4, Tel. 2320490.
Western Samar Shipping Lines, V. Sotto Street, Tel. 2550930.

Mactan Island

Wenn vom florierenden Tourismus auf Cebu die Rede ist, dann ist fast immer auch die Insel Mactan gemeint, die durch die 864 Meter lange Mandaue-Mactan Bridge mit Cebu verbunden ist und an deren Südostküste sich exklusive Strandhotels aneinanderreihen, wie sonst nirgendwo auf den Philippinen. Bei der Errichtung dieser Resorts wurden weder Kosten noch Mühe gescheut - sogar Strände wurden durch tonnenweise herbeigeschafften Sand künstlich aufgeschüttet. Es gibt allerdings keinen durchgehenden Strand, sondern nur kleine Strandabschnitte zu den jeweiligen Hotelanlagen. Etwa 80 Prozent der Gäste sind Asiaten, besonders Japaner, die ohne den Umweg über Manila direkt von Narita (Tokio) einfliegen. Aber auch ab Hong Kong, Malaysia und Singapur werden inzwischen bequeme Non-Stop-Flüge zum Mactan International Airport angeboten.
Dem philippinischen Häuptling Lapu-Lapu, der in der Schlacht um Mactan Island am 27. April 1521 Ferdinand Magellan tötete, wurde am Strand von Punta Encaño im Nordosten der Insel ein Denkmal gesetzt.

Lapu-Lapu

Lapu-Lapu City wurde 1730 von Augustinermönchen gegründet. Heute leben in der ehemaligen Verwaltungsstadt von Opon über 150.000 Menschen. Die Stadt ist im Aufschwung begriffen. Sogar ein großes Gaisano-Kaufhaus gibt es jetzt.

Übernachten

Mactan Bridgeside Hotel, Mandaue-Mactan Bridge, Tel. 3401703, Fax:

3408569. EZ/DZ/fan/Bad 385 P, EZ/DZ/ac/Bad 700 P. Mit TV. Relativ guter Gegenwert. Restaurant. Nightclub. Motorradverleih.
HR Tourist Hotel, Pusok, Tel. 3400048, Fax: 3400158. EZ/fan/Bad 400 P, DZ/fan/Bad 500 P, EZ/DZ/ac/Bad 600 und 850 P. Einigermaßen akzeptable, ruhige Zimmer, die teuren mit Kühlschrank und TV. Gartenrestaurant. Swimmingpool. Kostenloser Airport-Service. Liegt an der Straße zwischen Lapu-Lapu und Airport.
Cesar's Mansion, Pusok, Tel. 3400211, Fax: 3400615. EZ/DZ/ac/Bad 1.500 bis 2.000 P. Mit TV. Komfortabel eingerichtete Zimmer, die ruhigen liegen zum Innenhof. Preiswertere Zimmer für 600 und 730 P befinden sich im Annex. Restaurant. Autoverleih. Liegt an der Straße zwischen Lapu-Lapu und Airport.

Essen und Trinken

Eine große Auswahl europäischer und philippinischer Gerichte wird im ***Mactan Bridgeside Restaurant*** an der Mandaue-Mactan-Brücke angeboten. Italienisches Essen gibt es im ***Ristorante Italiano***, Brathähnchen im ***Sunburst Fried Chicken***. Empfehlenswert ist das ***Café Cesario*** in Cesar's Mansion, Pusok, mit guten philippinischen und internationalen Gerichten. Das behaglich ausgestattete ***Swiss Chalet Restaurant*** bietet günstige viergängige Tagesmenüs und eine ausgedehnte Happy Hour von 15.00 bis 19.00 Uhr. In der Nähe der Markthallen gibt es zwei ***Lechon Restaurants***. Wer gerne Schwein ißt, kann sich dort eine Scheibe davon abschneiden lassen.

Unterhaltung

In Lapu-Lapu findet man mehrere einfache Nightclubs, angefangen vom ***1890*** bei der City Hall, über ***Miami***, ***Blitz***, ***Brown Bear***, ***Muffin Bar*** und bis hin zu den Discos ***More*** und ***Watergate***.

Adressen/Verschiedenes

Vorwahl: 032 (für ganz Mactan Island).

Anreise/Weiterreise

Jeepney: Von Cebu City nach Lapu-Lapu fahren täglich zahlreiche Jeepneys ab SM City. Fahrpreis: 4 P. Am angenehmsten sind die Plätze neben dem Fahrer; hinten wird es gerammelt voll. Ausgerufen werden diese Jeepneys mit »Opon-Opon«. Jeepneys ab Colon Street nach SM City kosten 2 P. Von Lapu-Lapu nach Cebu City fährt der letzte Jeepney um 23.00 Uhr; die erste Abfahrt dann wieder um etwa 4.00 Uhr. Der Jeepneyterminal befindet sich etwas außerhalb in Richtung Cebu City.

Taxi: Ein Taxi von Cebu City nach Lapu-Lapu kostet regulär etwa 70 P; bis zum Strand bis zu 30 P zusätzlich.

Boot: Zwischen Cebu City und Lapu-Lapu verkehren halbstündlich kleine Fähren - eine angenehme Alternative zu den übervollen Jeepneys. Letzte Abfahrt in Cebu City (Pier 3) um 17.30 Uhr; in Lapu-Lapu um 17.00 Uhr. Fahrzeit: 20 Min.

Tricycle: Bei den Markthallen in Lapu-Lapu warten Tricycles auf Passagiere für den Weitertransport, z.B. zu den Stränden. Sie verlangen pro Fahrt 40 bis 60 P - die Hälfte wäre eher angebracht.

Marigondon

Der Marigondon Beach ist beliebt bei Einheimischen und besonders an Wochenenden stark frequentiert, denn dort gibt es zahlreiche überdachte Sitzgelegenheiten (30 P pro Tag), wo Ausflügler preiswert frischgegrillten Fisch essen und Bier und Tuba (Palmenwein) trinken können. Der relativ kleine Strand selbst ist allerdings nicht berauschend. Aber man kann Boote mieten und z.B. zum Schnorcheln nach Olango Island hinausfahren (Preis aushandeln).

Übernachten

Lapu-Lapu Cottages, Basak, Tel. 3404648, Fax: 3405831. Cottage/fan/Bad 400 P, Cottage/ac/Bad 500 P. Gepflegte Steinhäuser jeweils mit Wohn- und Schlafraum und großer Veranda. Ruhige, weitläufige Anlage mit Garten etwa drei Kilometer vom Marigondon Beach entfernt. Deutsch-philippinische Leitung. Gutes, preiswertes Restaurant.
Coral Reef Hotel, Agus, Tel. 2533191, Fax: 2531192. EZ/ac/Bad ab 4.500 P, DZ/ac/Bad ab 5.600 P, Suite 11.300 bis 20.000 P. Restaurant. Swimmingpool. Tenniscourt. Hobie Cats. Tauchen. Wasserski. Windsurfen. Eine nahe Marigondon gelegene, luxuriöse, aber etwas trist gestaltete Anlage mit Privatstrand; nur für Hotelgäste.
Plantation Bay, Marigondon, Tel. 3405900, Fax: 3405988. EZ/DZ/ac/Bad 8.000 P. Vorzügliche Zimmer mit Balkon. Weitläufiges, aufwendig angelegtes Resort mit sehr großem Swimmingpool. Tauchen. Windsurfen. Hobie Cats.

Anreise/Weiterreise

Tricycle: Von Lapu-Lapu zum Marigondon Beach kostet die Fahrt mit einem Tricycle normalerweise nicht mehr als 3 P pro Person. Allerdings ist es trotz energischen Handels schwierig, auf diesen Preis zu kommen. 25 P fürs Tricycle sind jedoch ein fairer Preis. Eventuell eine Abholzeit vereinbaren.

Übernachten
1 Hotel Clubhouse
2 HR Tourist Hotel
3 Cesar's Mansion Hotel
6 Mactan Bridgeside Hotel
7 Golden Views Beach Resort
9 Shangri-La's Mactan Island Resort
10 Mar Y Cielo Beach Resort
11 Tambuli Beach Club & Villa
12 Costabella Tropical Beach Hotel
13 Buyong Beach Resort
Maribago Bluewater Beach Resort
White Sands
14 Cebu Beach Club
15 Maribago Resort Hotel
16 Club KonTiki
17 Hadsan Beach Resort
18 Bahia Beach Club
19 Lapu-Lapu Cottages
20 Coral Reef Hotel
Golden Sunrise Beach Resort
21 Kalingaw Beach Resort
22 Parkers Resort
23 Plantation Bay

Verschiedenes
4 Lapu-Lapu City Hall
5 Gaisano Mactan
8 Lapu-Lapu Monument
Magellan Marker

Maribago

Zwischen Marigondon und Punta Engaño liegt Maribago. Auf dem Weg dorthin werden in verschiedenen Werkstätten Gitarren angefertigt. Die größte dürfte Lilang's Guitar Factory sein. Aber auch die kleinen Betriebe stellen gute und zum Teil sehr preiswerte Gitarren her - ein Vergleich lohnt sich. Wer eine dauerhafte Gitarre kaufen will, sollte ein paar Peso drauflegen und eine Exportgitarre nehmen. Die für den lokalen Markt hergestellten sind zwar spottbillig, gehen aber unter nichttropischen Klimaverhältnissen doch recht schnell kaputt. Eine gute Exportgitarre gibt es ab etwa 3.000 P. Zumindest ab Cebu befördert Philippine Airlines Gitarren nicht als Hand-

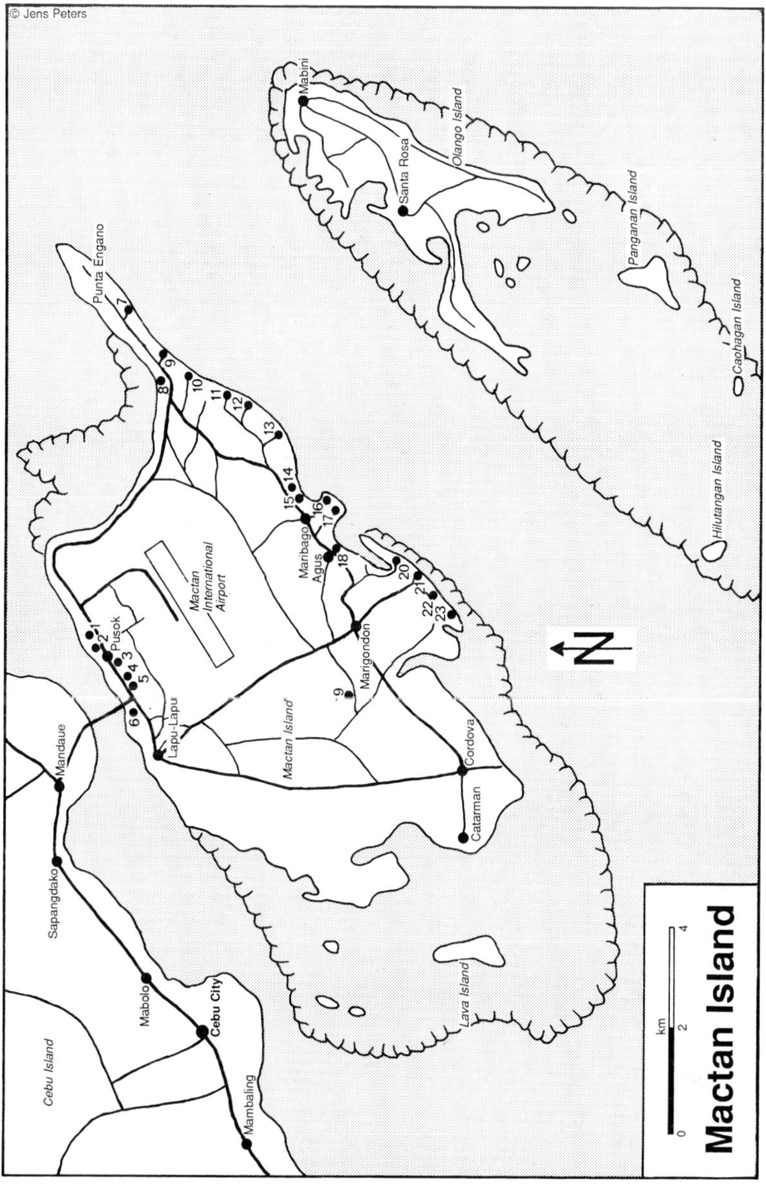
© Jens Peters
Mactan Island
km
0
2
4
Cebu Island
Cebu City
Mambaling
Mabolo
Sapangdako
Mandaue
Lapu-Lapu
Pusok
Mactan International Airport
Mactan Island
Marigondon
Maribago
Agus
Cordova
Catarman
Lava Island
Punta Engano
Olango Island
Mabini
Santa Rosa
Panganan Island
Caohagan Island
Hilutangan Island
1
2
3
4
5
6
7
8
9
10
11
12
13
14
15
16
17
18
19
20
21
22
23

gepäck. Das Instrument sollte daher fluggerecht verpackt sein. Besser wäre es natürlich, etwas Geld in einen stabilen Gitarrenkoffer (800 P) zu investieren.
Bei Maribago befinden sich mehrere gepflegte Strandhotels. Tagesgäste müssen Eintritt bezahlen, der allerdings bei Verzehr zum Teil angerechnet wird.

Übernachten

Buyong Hotel, Buyong, Tel. & Fax: 2537337. EZ/DZ/fan/Bad 500 P, EZ/DZ/ac/Bad 1.220 P. Restaurant. Tauchen. Ein für Mactan Island vergleichsweise einfaches und preiswertes Resort.

Hadsan Beach Resort, Buyong, Tel. 72679, 70247. EZ/ac/Bad 950 bis 2.500 P, DZ/ac/Bad 1.300 bis 3.000 P. Die billigsten Zimmer sind älteren Datums; die neuen, teuren liegen zum Meer. Restaurant. Swimmingpool. Tauchen. Windsurfen. Kleiner Strand.

White Sands, Maribago, Tel. 4114419. EZ/DZ/ac/Bad 3.500 P. Attraktive Zimmer mit Kühlschrank und TV. Schöne Gartenanlage mit großem Swimmingpool. Restaurant. Kleiner Strand.

Club KonTiki, Maribago, Tel. 3400310, Fax: 3400306. EZ/fan/Bad 1.000 P, DZ/fan/Bad 1.100 P, EZ/ac/Bad 1.300 und 1.800 P, DZ/ac/Bad 1.400 und 2.000 P. Die teuren Zimmer mit Kühlschrank und TV. Restaurant. Tauchen (günstig für Mactan Island). Solide Anlage, kaum Vegetation, kein Strand. Wird von Tauchern bevorzugt.

Bahia Beach Club, Agus, Tel. 2060406. EZ/DZ/ac/Bad 880 P, mit TV. Nett angelegtes Resort. Restaurant. Meerwasser-Swimmingpool. 25 P Eintritt für Tagesgäste.

Costabella Tropical Beach Hotel, Buyong, Tel. 2530828, Fax: 2314415. EZ/ac/Bad 2.650 P, DZ/ac/Bad 3.000 P, Suite 5.300 P. Teures Restaurant. Swimmingpool. Tauchen. Tenniscourt. Wasserski. Windsurfen. Gepflegte, clubähnliche Anlage mit vielfältigen Möglichkeiten zur Freizeitgestaltung (Tischtennis, Darts, Billard usw.). Das Hotel scheint bei japanischen Touristen beliebt zu sein.

Maribago Resort Hotel, Tel. 2551881, Fax: 2551924. EZ/ac/Bad 1.600 bis 4.000 P, DZ/ac/Bad 1.600 bis 4.800 P. Mehrstöckiges Hotel mit tadellosen Zimmern. Mehrere Restaurants (auch Europa Delicatessen). Swimmingpool. Tauchen. Autoverleih.

Tambuli Beach Club & Villa, Buyong, Tel. 2531543, Fax: 2531545. EZ/ac/Bad 1.750 bis 2.250 P, DZ/ac/Bad 1.950 bis 2.400 P. Wunderschöne, zweigeteilte Anlage mit gepflegten Gärten und insgesamt vier Swimmingpools. Die teuren Zimmer gehören zum Tambuli Beach Villa. Sie sind sehr geräumig, geschmackvoll eingerichtet und deutlich besser als die preiswerteren vom älteren Tambuli Beach Club. Gute Restaurants. Whirlpool. Sauna. Hobie Cats. Windsurfen. Tauchen. Eintritt für Tagesgäste: 200 P, davon werden 150 P auf den Verzehr angerechnet.

Maribago Bluewater Beach Resort, Maribago, Tel. 2537617, Fax: 5010633. EZ/ac/Bad ab 4.500 P, DZ/ac/Bad ab 4.900 P, Cottage/ac/Bad 7.400 P. Mit Kühlschrank. Geräumige Cottages mit Wohn- und Schlafraum. Restaurant (sehr gutes Buffet für 250 P). Attraktiver Swimmingpool. Tauchen. Tenniscourt. Wasserski. Windsurfen. Sehr ansprechende, großzügig gestaltete Anlage. Bemerkenswert sauberer Strand. Eintritt für Tagesgäste: 250 P.

Anreise/Weiterreise

Tricycle: Von Lapu-Lapu nach Maribago kostet ein Tricycle 3 P pro Person. Ein Special Ride sollte für 25 P möglich sein, allerdings muß hartnäckig gehandelt werden, da die Fahrer von Gästen der Beach Resorts Beträge um 60 P gewohnt sind.

Punta Engaño

Punta Engaño ist der nordöstliche Zipfel von Mactan Island. Bei der Landung in der Bucht mußte am 27. April 1521 der Eroberer Ferdinand Magellan im Gefecht sein Leben lassen. Ein Gedenkstein (Magellan Marker) wurde 1866 an der Stelle errichtet, wo er den Tod fand. An Häuptling Lapu-Lapu, der ihn besiegte, erinnert wenige Meter davon entfernt eine kühn dreinblickende, mit Schild und Schwert gewappnete Statue des Volkshelden.
Die historische Schlacht um Mactan (Kadaugan sa Mactan) wird jedes Jahr am Strand der Magellan Bay von Laiendarstellern nachgespielt, allerdings nur, wenn sich ein Sponsor dafür findet. Aktuelles dazu sollte beim Tourist Office zu erfahren sein.

Übernachten

Mar Y Cielo Beach Resort, Tel. 2532232 bis 34, Fax: 5011268. EZ/DZ/ac/Bad 3.800 bis 5.000 P. Restaurant. Swimmingpool mit Bar. Tauchen. Wasserski. Windsurfen. Große, abseits gelegene, gepflegte Anlage mit geschmackvoll gestalteten, geräumigen Cottages und kleinem Privatstrand. Eintritt für Tagesgäste: 250 P, inklusive einer Mahlzeit; am Wochenende 350 P.

Shangri-La's Mactan Island Resort, Tel. 2310288, Fax: 2311688. EZ/DZ/ac/Bad 5.500 bis 8.300 P, Suite 9.000 bis 22.000 P. Großes First-Class-Hotel mit sehr geräumigen Zimmern. Restaurant. Swimmingpool. Tenniscourt. Tauchen. Wasserski. Windsurfen. Schöner Strand. Airport-Service.

Anreise/Weiterreise

Tricycle: Von Lapu-Lapu nach Punta Engaño kostet ein Tricycle 3 P pro Person. Ein Special Ride sollte nach geschicktem Handeln für 30 P möglich sein.

Olango Island

Olango Island ist die langgestreckte Insel, die man von Mactan Island von Maribago oder Marigondon aus sieht. Sie hat kleine, weiße Strände und ist mit einem schattigen Palmenwald bewachsen. Am Südwest-Zipfel befindet sich das zur Zeit geschlossene Bungalow-Hotel Santa Rosa by the Sea. Nördlich vom kleinen Ort Santa Rosa liegt eine große Lagune, die zum Vogelschutzgebiet erklärt wurde (Reiher, Regenpfeifer, Strandläufer und andere). An dieser Lagune steht ein Resthouse mit vier Doppelzimmern (300 P), die man über das Kukuk's Nest Pension House in Cebu City mieten kann.
Die Insel ist von einem Riff umgeben, das sich noch etwa zehn Kilometer in Südwest-Richtung erstreckt und dessen Abbruch dort von den Inseln Pangan-an, Caohagan, Lassuan (Kalassuan) und Hilutangan markiert wird. Viele der Korallen sind leider durch die Dynamitfischerei zerstört worden.

Anreise/Weiterreise

Boot: Von Maribago nach Olango Island kostet die Überfahrt mit einem Auslegerboot 10 P pro Person. Ein Special Ride sollte demnach für etwa 150 P möglich sein, verlangt werden jedoch Summen um 500 P!

Talisay

Ein netter Tagestrip von Cebu City aus, aber auch nicht viel mehr. Die Strände bei Talisay, z.B. Tangque Beach und Canezares Beach, sind nicht besonders einladend.

Übernachten

Tourist Seaside Hotel, Tel. 97011. EZ/DZ/fan/Bad 250 und 350 P, EZ/DZ/ac/Bad 500 und 600 P. Restaurant. Zwei Swimmingpools. Diese Anlage hat bereits bessere Zeiten gesehen.

Mangobaum *(Mangifera indica)*
Der stattliche Mangobaum ist die wichtigste Obstpflanze von Cebu. Die in seiner mächtigen Krone wachsenden Früchte gehören zu den köstlichsten Vitaminspendern der Tropen

Anreise/Weiterreise

Jeepney: Von Cebu City nach Talisay fahren täglich zahlreiche Jeepneys. Fahrzeit: 30 Min. Fahrpreis: 5 P.

Taxi: Die Fahrt mit einem Taxi von Cebu City nach Talisay kostet etwa 80 P.

Toledo

Toledo liegt an der Westküste von Cebu, etwa auf gleicher Höhe wie Cebu City, und hat rund 120.000 Einwohner. Viele der dort lebenden Menschen sind wirtschaftlich abhängig von der Atlas Consolidated Mining & Development Corporation, denn bei diesem zu den größten Kupferbergwerken der Welt zählenden Unternehmen stehen häufig gleich mehrere Mitglieder einer Familie in einem Arbeitsverhältnis.
Von Toledo fahren Schiffe nach San Carlos auf Negros.

Übernachten

Es gibt ein einfaches ***Lodging House***; im Vizcayno Restaurant nahe Anleger kann man sich erkundigen, ob Zimmer frei sind.

Anreise/Weiterreise

Bus: Von Cebu City nach Toledo fahren täglich mehrere Busse ab Southern Busterminal. Fahrzeit: 2 Std.

Liloan

Die Straße von Cebu City entlang der Ostküste in Richtung Norden führt durch mehrere einladend saubere Provinzstädtchen. Bis nach Liloan sind es etwa 20 Kilometer. Ein weiteres Liloan gibt es an der Südspitze von Cebu; siehe weiter unten.

Übernachten

Franziska's Beach Resort, Jubay. EZ/DZ/fan/Bad 700 P, EZ/DZ/ac/Bad 950 P. Freundliches, gut geführtes Haus. Restaurant mit philippinischer und schweizerischer Küche. Swimmingpool. Sehr gepflegte Anlage. Eine geeignete Unterkunft unter anderem für Leute, die nicht in Cebu City übernachten und nach Nord-Cebu weiterreisen möchten.

Anreise/Weiterreise

Bus: Von Cebu City nach Liloan fahren täglich mehrere Busse ab Northern Busterminal. Fahrzeit: 30 Min.
Busse nach Cebu City und Nord-Cebu (Hagnaya, Maya) halten bei der Titay's Bakery.

Danao

Knapp 20 Kilometer nördlich von Liloan liegt Danao, die Stadt der Schießeisen. Im Schatten einer großen, alten Kirche im Kolonialstil fertigen in verschwiegenen Hinterzimmern geschickte Hände emsig illegal Schußwaffen an. Revolver zumeist, auf Bestellung aber auch haargenaue Kopien von Pistolen bekannter Hersteller.
Danao ist ein im Grunde friedlicher Ort, in dem ein ahnungsloser Besucher die obskuren Aktivitäten nicht im ge-

ringsten bemerken wird. Vermutlich bastelt ohnehin nur jeder Hundertste der insgesamt 75.000 Einwohner heimlich an Waffen, trägt dadurch allerdings zum landläufigen zweifelhaften Ruf der Stadt bei.
Vom Anleger in der Nähe des Hospitals fahren täglich Boote nach Camotes Islands. Eine tägliche Verbindung nach Isabel auf Leyte besteht ebenfalls.

Übernachten

Nancy's Pension House. EZ/DZ/fan/Bad 200 P, EZ/DZ/ac/Bad 300 P. Einfache kleine Unterkunft in der Nähe des Anlegers.

Essen und Trinken

In ***Roxanne's Restaurant*** gibt es passable philippinische Gerichte, außerdem kann man dort angenehm in einem kleinen Garten sitzen. An Wochenenden treten möglicherweise Rockbands auf.

Anreise/Weiterreise

Bus/Jeepney: Von Cebu City nach Danao fahren täglich mehrere Busse und Jeepneys ab Northern Busterminal bzw. Shopping Center SM City. Fahrzeit: 1 Std.

Boot: Von Camotes Islands fahren mehrere große Auslegerboote nach Danao: Um 3.30 und 8.00 Uhr ab Puertovillo; um 7.00 Uhr ab Consuelo und Esperanza. Fahrzeit: 2 Std. Fahrpreis: 35 P.

Camotes Islands

Inmitten der Camotes Sea, etwa auf halber Strecke zwischen Cebu und Leyte, liegen die Camotes Islands. Die beiden Hauptinseln Pacijan und Poro sind mit einem Damm verbunden. Nordöstlich von Poro liegt Ponson Island, die örtlich jedoch nur Pilar genannt wird (nach dem gleichnamigen, größten Ort der Insel). Tulang, die kleinste der insgesamt vier Camotes-Inseln liegt gleich nördlich von Pacijan Island. Sie ist mit traumhaften Stränden ausgestattet und wurde deswegen wohl auch vor ein paar Jahren von japanischen Investoren erworben, die sich jedoch bisher geschäftlich völlig zurückgehalten haben. Man erreicht sie am günstigsten mit einem Boot (2 P) vom kleinen Ort Tulang an der Nordküste von Pacijan Island.
Eine Reihe von sehr attraktiven weißsandigen Palmenstränden, unterbrochen durch felsige Vorsprünge, gibt es auch entlang der Westküste von Pacijan Island. Im Innern dieser Insel liegt der Lake Lanao, ein ziemlich großer Süßwassersee mit Tiefen bis zu vier Meter. Darüber hinaus findet man auf den Camotes Islands etliche Höhlen, z.B. bei MacArthur auf Poro Island und bei Consuelo auf Pacijan Island.
Von San Francisco (»San Fran«) führt eine Straße hinüber nach Poro auf Poro Island, vorbei an den Boho Rocks, einer zerklüfteten, steilfelsigen Küstenlandschaft mit überdachten Picknickeinrichtungen.
Fehlende kommerzielle Übernachtungsmöglichkeiten und unzureichende Verbindungen zwischen den Orten ließen die Camotes Islands touristisch vorerst unberührt. Ins Island Hopping einbinden ließe sich diese reizvolle Inselgruppe aber durchaus, denn es fahren nicht nur Boote nach Cebu, sondern auch nach Ormoc auf Leyte.
Es gibt weder eine Bank noch einen Money Changer auf den Inseln. Daher ausreichend Peso mitbringen.

Transport auf Camotes Islands

Zwischen Poro, wo das Schnellboot aus Cebu City ankommt, und San Francisco verkehren zwar Jeepneys (10 P), ansonsten ist man jedoch auf den relativ teuren Transport mit Motorrädern angewiesen, z.B. von San Francisco nach Esperanza für mindestens 30 P.

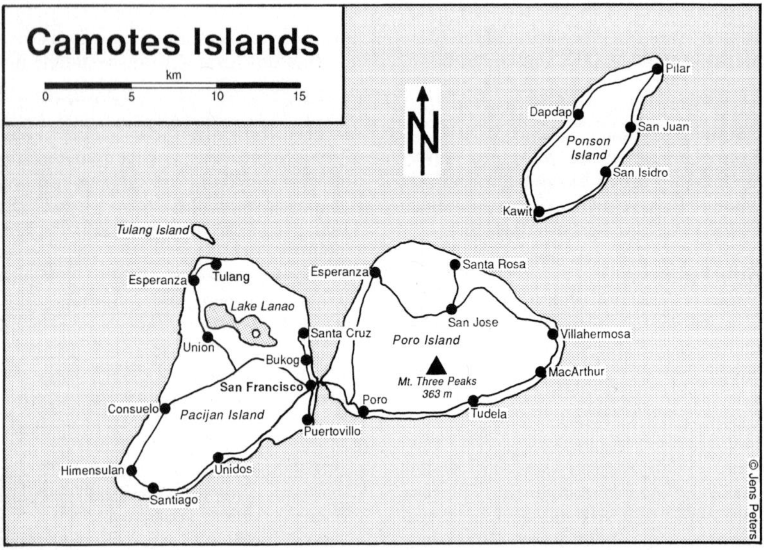

Die Straßen auf Pacijan Island sind deutlich schlechter als die auf Poro Island.

Anreise/Weiterreise

Cebu City
Schiff: Die MV *Oceanjet*, Socor Shipping Lines, fährt täglich um 6.00 und 17.00 Uhr von Cebu City nach Poro. Fahrzeit: 1 Std.
Abfahrt von Poro nach Cebu City täglich um 7.30 und 18.30 Uhr.

Danao
Boot: Von Danao fahren mehrere große Auslegerboote zu den Camotes Islands: Um 8.00 und 13.00 Uhr nach Puertovillo; um 12.00 Uhr nach Consuelo und Esperanza. Fahrzeit: 2 Std. Fahrpreis: 35 P.
Hinweis: Da jetzt die oben genannte schnelle Fähre MV *Oceanjet* direkt zwischen den Camotes und Cebu City verkehrt, werden möglicherweise demnächst weniger Auslegerboote von und nach Danao fahren.

Nord-Cebu

Sogod

Das Cebu Club Pacific Beach Resort in Sogod war über viele Jahre eines der wenigen Strandhotels an der Nordostküste von Cebu. Durch das exklusive Alegre Beach Resort hat es starke Konkurrenz bekommen.

Übernachten

Cebu Club Pacific Beach Resort. Cottage/ac/Bad 2.600 P. Angenehmes Resort mit gepflegten Cottages. Restaurant. Tenniscourt. Hobie Cats. Windsurfen. Wasserski. Tauchen. Tagesgäste bezahlen 100 P Eintritt, die allerdings bei Verzehr angerechnet werden.

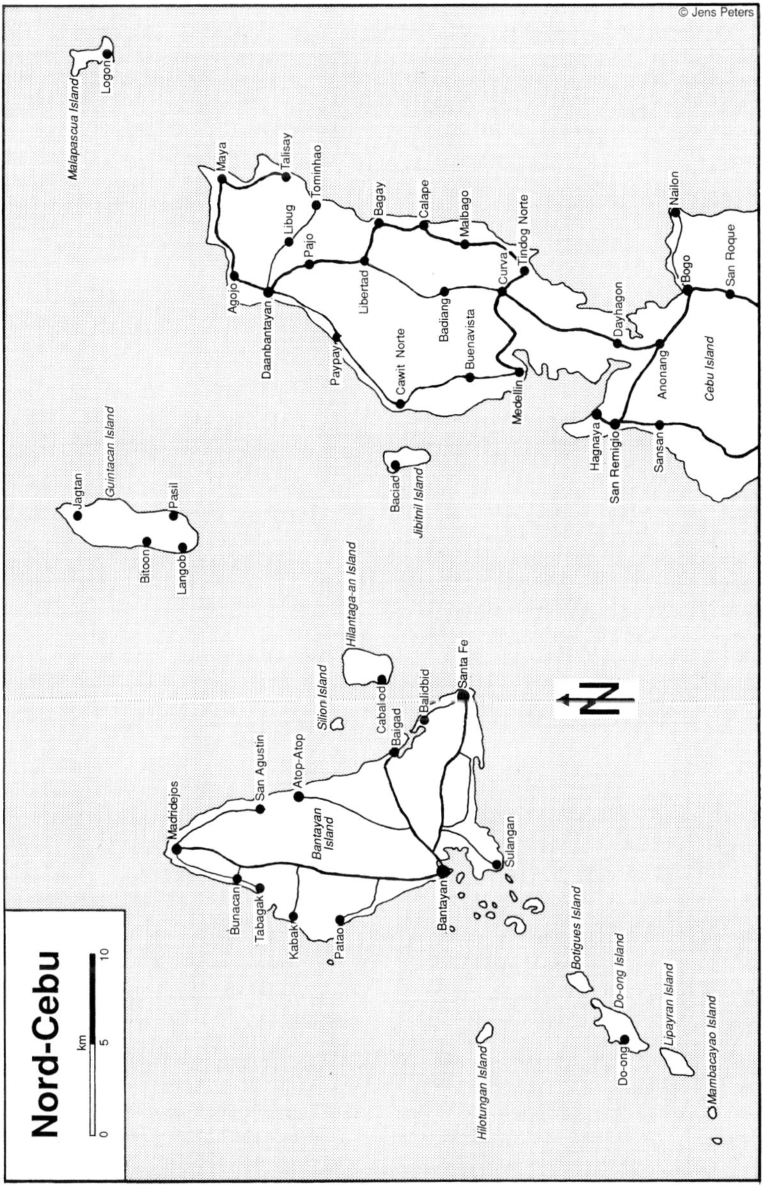
Nord-Cebu
km
0
5
10
© Jens Peters
Malapascua Island
Logon
Maya
Talisay
Tominhao
Libug
Pajo
Agojo
Daanbantayan
Bagay
Calape
Malbago
Tindog Norte
Curva
Libertad
Badiang
Paypay
Cawit Norte
Buenavista
Medellin
Dayhagon
Bogo
Nailon
San Roque
Anonang
Cebu Island
Hagnaya
San Remigio
Sansan
Guintacan Island
Jagtan
Pasil
Bitoon
Langob
Baciad
Jibitnil Island
Hilantaga-an Island
Cabalod
Silion Island
Santa Fe
Balidbid
Baigad
Atop-Atop
San Agustin
Madridejos
Bantayan Island
Bunacan
Tabagak
Kabak
Patao
Bantayan
Sulangan
N
Botigues Island
Do-ong Island
Do-ong
Lipayran Island
Mambacayao Island
Hilotungan Island

Alegre Beach Resort, Calumboyan. EZ/DZ/ac/Bad 5.800 P, Suite 11.000 P. Mit Kühlschrank und TV. Sehr komfortable Anlage. Restaurant. Hobie Cats. Wasserski. Windsurfen. Tauchen. Tenniscourt. Cebu City Office: Tel. 2311231 bis 50, Fax: 2312061.

Anreise/Weiterreise

Bus: Von Cebu City nach Sogod fahren täglich mehrere Busse ab Northern Busterminal. Fahrzeit: 2 Std.

Bantayan Island

Etwas abseits der üblichen Reiseroute liegt im Nordwesten der Provinz Cebu die Insel Bantayan. Schöne Strände sind insbesondere entlang der Südküste zwischen Santa Fe und Maricaban zu finden, darunter der Sugar Beach, der Paradise Beach und der malerische Strand bei Tingting-on. In der Nähe des Paradise Beach liegt die kleine Ongtong-Höhle mit einer Süßwasserquelle. Gleich nebenan befindet sich ein großer Swimmingpool, der dem Santa Fe Beach Club gehört; Eintritt: 20 P.
Bis jetzt kommen erst wenige Touristen auf diese angenehme Insel mit ihren freundlichen Bewohnern, und es gibt auch nur fünf Beach Resorts, die alle bequem zu Fuß von Santa Fe aus zu erreichen sind, wo die Fähren von Hagnaya auf Cebu ankommen. Allerdings sind an Wochenenden und zu Ostern etliche Gäste aus Cebu City auf der Insel und es ist dann schwer, eine Unterkunft zu finden.
Etwa zwei Kilometer östlich von Santa Fe wurde ein kleiner Airport gebaut, von dem sich Bantayan einen touristischen Aufschwung für die Insel verspricht (Verbindungen von und nach Bacolod und Cebu City sind geplant). Noch bestreiten die Fischer ihren Lebensunterhalt hauptsächlich durch den Verkauf von Tintenfischen nach Cebu, während die Farmer sich der Aufzucht von Hühnern widmen und andere Inseln mit Millionen von Eiern beliefern - kein Wunder, daß die meisten Straßen auf Bantayan asphaltiert sind.

Transport auf Bantayan

Bus: Nach Ankunft der Fähre in Santa Fe fährt ein Bus nach Bantayan. Darüber hinaus verkehren täglich ein paar Busse zwischen Bantayan und Madridejos an der Nordspitze der Insel; Fahrpreis: 5 P.

Tricycle: Ein Tricycle von Bantayan nach Santa Fe kostet 50 P bzw. 10 P pro Person. Vom Anleger in Santa Fe bis zu den Beach Resorts Kota und Budyong kostet die Fahrt 10 P.

Fahrrad: Wegen der relativ guten Straßen, auf denen zudem kaum Fahrzeuge verkehren, ist Bantayan eine vorzügliche Insel für Fahrradtouren. Viele Einheimische besitzen Fahrräder, und es ist kein Problem, für ein paar Peso eins auszuleihen.

Motorrad: Es gibt zwar keinen kommerziellen Verleih, jedoch sind einige Besitzer von Motorrädern durchaus dazu bereit, ihre Maschine für etwa 100 P pro Stunde bzw. 400 P pro Tag auszuleihen.

Bantayan

Mit 60.000 Einwohnern ist Bantayan der größte Ort der gleichnamigen Insel. Er hat eine nette Plaza, einen sauberen, lebhaften Mark (Mercado) mit preiswertem Fisch, einen malerischen Hafen, ein Krankenhaus, drei kleine Herbergen, ein paar einfache Restaurants am Anleger und eine Zweigstelle der Rural Bank, die Travellers Cheques wechselt, allerdings zu einem schlechten Kurs. Nennenswerte Strände gibt es im Bereich dieser kleinen, freundlichen Hafenstadt nicht.

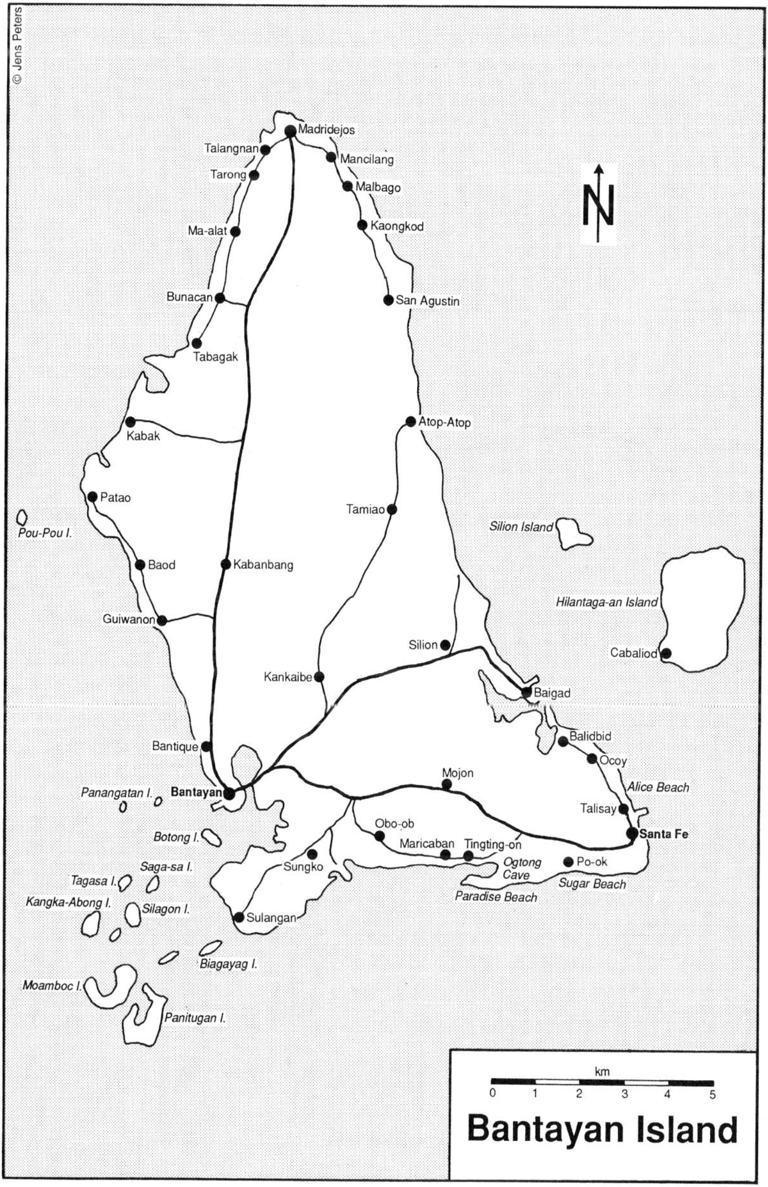
© Jens Peters
Madridejos
Talangnan
Mancilang
Tarong
Malbago
N
Kaongkod
Ma-alat
Bunacan
San Agustin
Tabagak
Atop-Atop
Kabak
Patao
Tamiao
Pou-Pou I.
Silion Island
Baod
Kabanbang
Hilantaga-an Island
Guiwanon
Silion
Cabaliod
Kankaibe
Baigad
Bantique
Balidbid
Ocoy
Mojon
Alice Beach
Panangatan I.
Bantayan
Talisay
Obo-ob
Santa Fe
Botong I.
Maricaban
Tingting-on
Sungko
Ogtong Cave
Po-ok
Saga-sa I.
Tagasa I.
Sugar Beach
Paradise Beach
Kangka-Abong I.
Silagon I.
Sulangan
Biagayag I.
Moamboc I.
Panitugan I.
km
0 1 2 3 4 5
Bantayan Island

Zwischen Bantayan und Cadiz auf Negros besteht eine tägliche Bootsverbindung, so daß Bantayan Island in eine Rundreise durch die Visayas einbezogen werden könnte.

Übernachten

St. Joseph Lodge, President Osmeña Sr. Street. EZ/DZ/fan 50/100 P. Bescheidene Unterkunft.

Island Pension House, Rizal Avenue. EZ/DZ/fan 75/150 P. Einfache Zimmer.

Admiral Lodging House, Rizal Avenue. EZ 90 P, DZ/fan 180 P. Sehr einfach, etwas für Anspruchslose.

Moby Dicks, Guiwanon. Cottage/fan/Bad 500 bis 700 P. Gepflegte, geschmackvoll gestaltete Cottages. Gutes Restaurant. Meerwasser-Swimmingpool. Motorradverleih (400 P/Tag). Sehr ruhig gelegene Unterkunft etwa 15 Tricycle-Minuten nördlich von Bantayan Town in ländlicher Umgebung direkt am Strand. Sie wird geführt vom Iren Barry und seiner philippinischen Frau Belinda - exzellente Gastgeber.

Santa Fe

Santa Fe ist der drittgrößte Ort auf Bantayan. Von dort lassen sich unter anderem Tagestrips zu den vorgelagerten kleinen Inseln Hilantaga-an, Jibitnil und Guintacan unternehmen. In und um Santa Fe werden in Heimarbeit aus Gehäusen winziger Meeresschnecken dekorative Lampenschirme und Gehänge angefertigt. Auch im rustikalen *Ten Wee Wee Bros Restaurant* vorne am Anleger, in dem man durchaus ein paar gemütliche Stunden verbringen kann, fädeln Familienmitglieder und Personal zahllose Schneckenhäuser auf und fügen sie zu kleinen Kunstwerken zusammen.

Übernachten

Bantayan Island ist insbesondere in der Osterwoche ein beliebtes Ausflugsziel. Die Übernachtungspreise liegen dann spürbar höher, bis zu 100 Prozent!

Santa Fe Beach Club, Tel. 2544765. Cottage/fan/Bad 400 P, EZ/DZ/ac/Bad 900 bis 1.700 P. Einfache Cottages und gute, gepflegte Zimmer. Aufmerksamer Service. Gutes Restaurant. Der Strand dagegen ist nicht besonders einladend. Diese Anlage liegt im idyllischen Dorf Talisay, etwas nördlich von Santa Fe. Vom Anleger aus rechts bei den großen Öltanks. Reservierung in Cebu City unter Tel. 2550676.

St. Bernard Beach Resort, Ocoy. Cottage/fan/Bad 650 und 1.000 P, je nach Größe. Ansprechende Anlage mit originellen, runden Cottages aus Stein. Schweizerische Leitung. Gutes Restaurant. Liegt am weißen Alice Beach, ein paar hundert Meter nördlich vom Santa Fe Beach Club.

Budyong Beach Resort. Cottage/fan/Bad 300 bis 500 P, Cottage/ac/Bad 600 bis 1.000 P. Vergleichsweise guter Gegenwert. Freundliche Anlage an einem sehr schönen Strandabschnitt gleich neben dem Kota Beach Resort. Die Betreiber Norma und Dodong Zaspa sind sehr um das Wohlbefinden ihrer Gäste bemüht. Das Essen ist vorzüglich und preiswert; Vorbestellung erwünscht. Verleih von Mountainbikes (150 P/Tag) und Motorräder (350 P/Tag).

Kota Beach Resort. EZ/DZ/fan/Bad 480 und 540 P, Cottage/fan/Bad 750 P, Cottage/ac/Bad 1.100 P. Restaurant (Essen möglichst vorbestellen). Tauchen. Gepflegte Anlage an der südöstlichen Spitze von Bantayan, etwa einen Kilometer südlich vom Anleger in Santa Fe. Schöner Strand. Reservierung in Cebu City unter Tel. 2542726, Fax: 2541701.

Sugar Beach Resort. Cottage/fan/Bad 350 bis 500 P, je nach Größe. Gute, einfache Cottages mit Veranda. Kein Restaurant, aber kalte Getränke und Snacks sind erhältlich. Auf dem Markt gekaufte Fische usw. werden gerne für die Gäste zubereitet (kleine Gebühr). Angenehme Anlage am schönen Sugar Beach.

Essen und Trinken

Das Restaurant ***Majestic by the Sea*** vom Santa Fe Beach Club ist relativ preiswert und dürfte das beste der Insel sein. Ebenfalls beliebt ist das günstige ***Via Maria*** an der Straße in Richtung Bantayan (Essen am besten vorbestellen).

Anreise/Weiterreise

Cebu City
Bus: Von Cebu City nach Hagnaya fahren täglich mehrere Busse ab Northern Busterminal. Express-Aircon-Busse fahren um 5.00 und 12.30 Uhr. Fahrzeit: 3 Std., Fahrpreis: 65 P. Bei Abfahrt um 5.00 Uhr erreicht man die erste Fähre von Hagnaya nach Santa Fe. Aircon-Busse von Hagnaya nach Cebu City fahren um 7.00 und 13.00 Uhr.

Schiff: Die MV *Oceanjet*, Socor Shipping Lines, fährt täglich um 5.30 Uhr von Cebu City (Pier 1) nach Santa Fe. Fahrzeit: 3 Std. Fahrpreis: 300 P.
Abfahrt von Santa Fe nach Cebu City täglich um 9.30 Uhr.

Hagnaya
Schiff: Von Hagnaya nach Santa Fe fährt täglich um 9.00, 12.00, 17.00 und 19.30 Uhr eine Fähre. Fahrzeit: 1 Std. Fahrpreis: 44 P. Nach Ankunft der Fähre fährt ein Bus von Santa Fe nach Bantayan.
Abfahrt der Fähre von Santa Fe nach Hagnaya täglich um 6.00, 10.30 und 13.30 Uhr.
Ein Special Ride mit einem Auslegerboot von Hagnaya nach Santa Fe kostet etwa 800 P (kann allerdings je nach Windstärke eine ziemlich ungemütliche Überfahrt sein!).

Malapascua Island
Boot: Ein Special Ride von Santa Fe nach Malapascua kostet etwa 1.500 P. Fahrzeit: 2:30 Std.

Malapascua Island

Malapascua Island liegt acht Kilometer nordöstlich von Cebu und 25 Kilometer westlich von Leyte. Sie wird bisweilen auch Logon genannt, nach dem Barangay Logon, dem Hauptort im Süden der Insel.
Bei einem Spaziergang über die nur 2,5 Kilometer lange und rund einen Kilometer breite Insel trifft man auf freundliche Fischerdörfer und einsame, idyllisch gelegene Buchten. Einen wunderbaren Rundblick hat man vom 1994 erbauten Leuchtturm (der Wächter wird ein kleines Trinkgeld sicherlich nicht ablehnen).
Nicht nur die Kontur dieser kleinen Insel ähnelt der von Boracay, auch der Rest kann einem Vergleich durchaus standhalten. Zwar ist auf Malapascua alles eine Nummer kleiner - die Palmen, der Strand, die Bambushütten -, aber die Mischung stimmt. Was die Fischer dieser Gegend leider immer noch nicht begriffen haben, ist die Unvernunft der Dynamitfischerei. Vielleicht bringen Touristendollars sie ja nach und nach zur Einsicht, so daß sich die beschädigten Korallenriffe wieder erholen können. Das noch beste Schnorchelrevier befindet sich um die kleine vorgelagerte Felseninsel. Ein Boot dorthin kostet 300 P (für einen halben Tag, inklusive Inselrundfahrt).
Der feinsandige, blendend weiße Bounty Beach an der Südküste ist ein herrlicher Badestrand. Dort findet man ein paar einfache, aber angenehme Unterkünfte. Auf Malapascua gibt es keinen Strom, folglich auch keine Ventilatoren und Klimaanlagen. Im April/ Mai kann es sehr heiß werden; dann freut man sich über jede kleine Brise.

In einer einsamen Bucht an der Ostküste soll 1998 ein exklusives Strandhotel mit Swimmingpool und Tauchstation eröffnet werden. Zu den bevorzugten Tauchzielen dürften dann auch drei japanische Wracks gehören, die zwischen zwei und fünf Seemeilen westlich und nordwestlich von Malapascua in 30 bis 40 Meter Tiefe liegen. Darüber hinaus kann die nahe, winzige Gato Island mit einer ziemlich ausgefallenen Attraktion für Taucher aufwarten: große Unterwasserhöhlen mit unzähligen Seeschlangen.

Übernachten

B-B's Lodging House. EZ 100 P, DZ 150/200 P. Einfache Unterkunft im Dorf Logon.

Ging Ging's Flower Garden. DZ/Bad 200 P (zwei Zimmer teilen sich ein Bad). Einfache Unterkunft etwas abseits vom Strand; hinter Cocobana Beach Resort.

Monterubio Beach Resort. Cottage/Bad 350 P. Steincottages am sogenannten Sunrise Beach (»naturbelassen«, sprich: Unrat) an der Ostküste der Insel.

Monte Luna Beach Resort. DZ/Bad 350 bis 450 P, je nach Saison und Aufenthaltsdauer. Einfache, aber nette kleine Anlage direkt am Strand.

Blue Water Beach Resort. Cottage/Bad 500 P. Geräumige, schöne Cottages mit großer Veranda. Gepflegtes, familiäres Resort am Strand gleich neben Cocobana. Restaurant (Essen eventuell vorbestellen) .

Cocobana Beach Resort. Cottage/Bad 550 und 700 P für eine Person, 700 und 850 für zwei Personen; inklusive Frühstück und Abendessen. Preisnachlaß in der Nebensaison von Anfang Mai bis Ende Oktober. Gäste, die nur übernachten möchten, werden unter Umständen abgewiesen, auch in der Nebensaison. Geräumige Cottages mit großer Veranda und Liegestühle. Restaurant. Sunset Bar. Billard. Tischtennis. Paddelbootverleih. Diese Anlage gehört dem Schweizer Freddy und seiner philippinischen Frau Noravilla.

Essen und Trinken

Ausgezeichnete, preiswerte Fischgerichte (Vorbestellung erwünscht) und Frühstück mit selbstgebackenem Brot sind im freundlichen ***Ging Ging's Flower Garden*** erhältlich - empfehlenswertes Gartenrestaurant. Das ***La Isla Bonita Restaurant*** bietet neben einheimischer Küche unter anderem auch Pizzas und Pasta sowie Weine und Filterkaffee an.

Adressen/Verschiedenes

Geldwechseln: Es gibt keine Bank auf Malapascua, also genügend Peso mitbringen, am besten Fünfziger und Hunderter. Bezahlen mit großen Scheinen bereitet des öfteren Schwierigkeiten. Tausch von Bargeld (nur US-Dollar) im Bluewater Beach Resort und im La Isla Bonita Restaurant. Letzteres tauscht eventuell auch Travellers Cheques, allerdings zu einem ungünstigen Kurs.

Anreise/Weiterreise

Bantayan Island

Boot: Ein Special Ride von Malapascua nach Santa Fe auf Bantayan kostet etwa 1.300 P. Fahrzeit: 2:30 Std.

Cebu City

Bus: Von Cebu City nach Maya fahren von 5.00 bis 11.00 Uhr Aircon-Busse der Company D'Rough Riders vorläufig noch ab dem alten Northern Busterminal in der M.J. Cuenco Avenue. Fahrzeit: 4 Std. Regular-Busse der Company Cebu Autobus fahren von 4.30 bis 11.00 Uhr ab dem neuen Northern Busterminal nahe SM City. Fahrzeit: 4:30 Std.

Einige Busse fahren nur bis Daanbantayan. Von dort kann man dann mit ei-

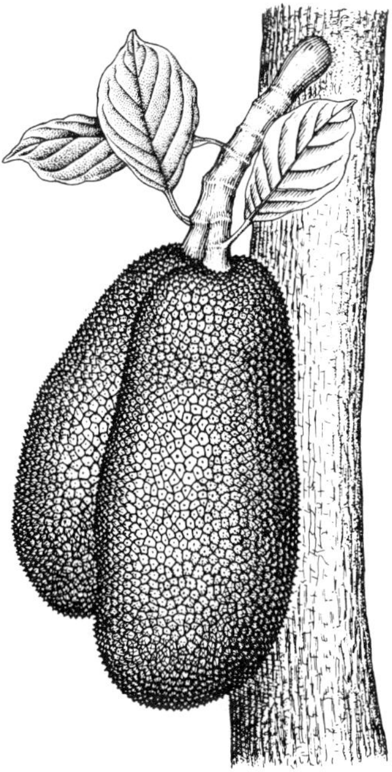

Jackfrucht *(Artocarpus heterophyllus)*
Die mächtigen, bis zu einem Meter langen Früchte des Jackfruchtbaumes wachsen am Stamm und an älteren Ästen

nem Jeepney oder Tricycle nach Maya fahren.

Taxi: Von Cebu City oder ab Mactan International Airport nach Maya kostet ein Taxi etwa 1.500 P (handeln). Fahrzeit: 3:30 Std.

Maya
Boot: Von Maya nach Malapascua fahren täglich zwischen 10.00 und 11.30 Uhr zwei Auslegerboote. Sie fahren direkt zum Bounty Beach. Fahrzeit: 30 Min. Fahrpreise: Regular-Boot 10 P, Bounty Beach-Express 30 P, Special Ride 300 bis 350 P.

Abfahrt der Regular-Boote von Malapascua nach Maya zwischen 7.30 und 9.30 Uhr.
Von Maya nach San Isidro/Leyte fährt täglich um 11.00 Uhr ein Auslegerboot. Fahrzeit: 2 Std. Fahrpreis: 45 P. Abfahrt von San Isidro nach Maya um 8.00 Uhr.

Süd-Cebu

Carcar

In Carcar, 33 Kilometer südlich von Cebu City, gabelt sich die Straße. Eine führt entlang der Ostküste in Richtung Süden nach Bato, die andere zunächst über die Berge und dann entlang der Westküste ebenfalls nach Bato.
Carcar ist bekannt wegen zahlreicher guterhaltener Häuser aus der Kolonialzeit und einer detailreich ausgestatteten, von 1860 bis 1875 erbauten Kirche, der Parish Church of Saint Catherine of Alexandria.

Anreise/Weiterreise

Bus: Alle Busse von Cebu City mit Ziel Bato oder Moalboal fahren über Carcar. Fahrzeit: 1 Std.

Moalboal

Moalboal liegt an der Südwestküste von Cebu, rund 90 Straßenkilometer von Cebu City entfernt. Im September 1984 wurde der Ort durch einen heftigen Taifun stark in Mitleidenschaft gezogen. Vom Panagsama Beach, drei Kilometer von der Hauptstraße entfernt, blieb nur nackter Fels übrig. Und Teile des sehenswerten Hausriffs, in Jahrhunderten gewachsen, wurden innerhalb weniger Minuten erheblich zerstört. Es konnte sich jedoch inzwischen einigermaßen von dem Schlag erholen. Zum Glück für die zahlreichen Taucher, die zu einem großen Teil die Be-

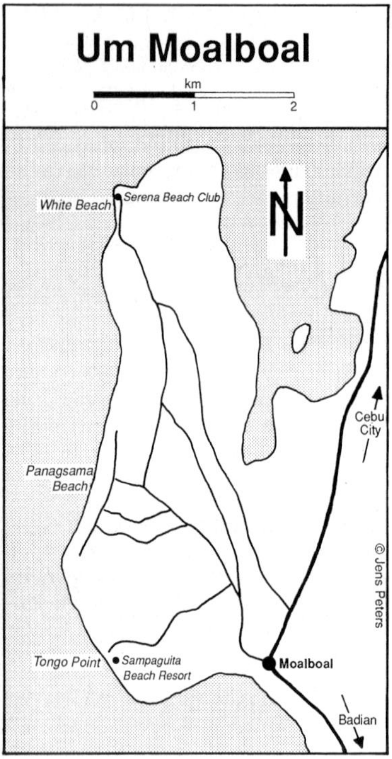

sucher von Moalboal ausmachen, konnte seinerzeit die bunte Unterwasserwelt der vorgelagerten Pescador Island dem wuchtigen Wirbelwind standhalten und bietet nach wie vor ausgezeichnete Tauchmöglichkeiten. Alle am Panagsama Beach ansässigen Dive Shops bieten Touren dorthin an.

Wer an einen Sandstrand möchte: Vom Panagsama Beach zum White Beach sind es etwa 15 Minuten mit einem Auslegerboot (150 P, einschließlich Abholen); von Moalboal aus zum White Beach kostet ein Tricycle 10 P. Die Benutzung des Strands des Moalboal Reef Club kostet 20 P, außerdem erwartet man von Gästen einen kleinen Verzehr.

Neben der Basis für Tauchunternehmungen versucht sich Moalboal auch als Ausgangspunkt zum Mountainbiken zu etablieren. Verschiedene reizvolle Touren werden bereits angeboten; siehe »Adressen/Verschiedenes« weiter unten.

Übernachten

Die Auswahl an Unterkünften (jeweils mit Restaurant) ist ziemlich groß, angefangen von einfachen Hütten bis hin zu komfortablen Zimmern mit Klimaanlage und Deckenventilator mit Fernbedienung. Hauptsaison ist von Dezember bis März, danach gehen die Preise etwas runter. Wer länger bleiben will, kann eine günstige Monatsmiete aushandeln.

Norma's Travellers Resthouse. Cottage/Bad 150 P. Nicht mehr die neuesten Cottages, aber preislich akzeptabel.

Eve's Kiosk. Cottage/fan/Bad 150/250 P, Cottage/ac/Bad 500/650 P. Restaurant. Disco-Bar. Tauchen.

Pacita's Beach Resort. Cottage 150 bis 250 P, EZ/DZ/ac/Bad 500 P. Einige der billigen Cottages sind nicht mehr im besten Zustand; ansonsten in Ordnung. Billard. Segelboot. Tauchen.

Paradise Cottages. Cottage/fan/Bad 200 P, EZ/DZ/fan/Bad 350 P (große Zimmer).

Pacifico's Cottages. Cottage/fan/Bad 250 P. Ordentliche Cottages, preislich akzeptabel.

Cora's Palm Court. EZ/DZ/fan/Bad 300 bis 550 P, EZ/DZ/ac/Bad 500 bis 900 P. Ziemlich gutes Preis-Leistungsverhältnis.

Sumisid Lodge, Tel. 82761, Fax: 2460592. EZ/DZ/fan/Bad 350/450 P. EZ/DZ/ac/Bad 650/750 P; inklusive Frühstück. Tauchen.

Sunshine Pension House. EZ/DZ/fan 150/200 P (schöne Dachzimmer), EZ/DZ/fan/Bad 350/400 P. Die Zimmer mit Bad sind recht geräumig. Freundli-

Visayas - Cebu

che, familiär geführte und ruhig gelegene Unterkunft. Swimmingpool.
Kukuk's Nest. EZ/DZ/fan/Bad 300 P.
Quo Vadis Beach Resort, Cellular Tel. 0918-7708684. Cottage/fan/Bad 300 P, EZ/DZ/ac/Bad 1.000 P. Einwandfreie Cottages und freundlich eingerichtete Zimmer mit Kühlschrank und Blick aufs Meer. Liegewiese. Tauchen (Visaya Divers und Great White Diving).
Marina Residence & Beach Club. Cottage/fan/Bad 300 P, EZ/DZ/ac/Bad 1.000 P. Italienisch-philippinisch geführtes Resort.
Love's Beach Resort. EZ/DZ/fan/Bad 350/450 P. Attraktive Anlage.
Paul & Paula's Place. EZ/DZ/fan/Bad 400 P. Ansprechende Zimmer mit Veranda. Schöner Garten. Nette Leute.
Moalboal Reef Club. EZ/DZ/fan 500 P, EZ/DZ/ac/Bad 1.000 P und 1.600 P. Recht komfortable Zimmer. Restaurant. Die einzige Anlage mit richtigem weißen Sandstrand!
Savedra Beach Resort, Cellular Tel. 0912-5019034. EZ/DZ/ac/Bad 1.000 P. Komfortable, geräumige Steinhäuschen.
Cabana Beach Club, Cellular Tel. 0918-7707599. EZ/DZ/ac/Bad 1.300 bis 2.100 P. Attraktiv gestaltete, komfortable Zimmer mit TV.
Hannah's Lodge, Cellular Tel. 0918-7713439. EZ/DZ/ac/Bad 1.500 P; inklusive Frühstück. Attraktives Haus mit tadellosen, geräumigen Zimmern mit Kühlschrank. Schöner Garten.
Sampaguita Beach Resort. Tongo. Cottage/fan/Bad 1.600 P. Restaurant. Tauchen. Italienisches Management. Liegt am Tongo Point, etwa zwei Kilometer südlich vom Panagsama Beach.
Serena Beach Club. EZ/DZ/ac/Bad 2.100 bis 2.700 P. Liegt am White Beach, rund drei Kilometer nördlich vom Panagsama Beach.

Essen und Trinken

Sehr preiswertes und gutes philippinisches Essen gibt es in ***Ising's Place*** und ***Emma's Store***. Günstige internationale Gerichte bieten fast alle Resorts an, z.B. ***Norma's Restaurant*** und ***Sunset View Restaurant*** (jeden Freitag Grill-Party; 75 P). Etwas teurer, aber ausgezeichnet sind die Knoblauchgerichte in ***Hannah's Place***. Schmackhaft ist die deutsche und schweizerische Küche von ***Swiss Restaurant*** und ***Café Europa***. Ausgezeichnete Pizzas und gutes Seafood gibt es in der beliebten, freundlichen ***Visaya Bar & Restaurant***. Vorzügliche italienische Gerichte zu gehobenen Preisen werden im ***Cabana Beach Club*** serviert. In der angenehmen ***Last Filling Station*** gibt es unter anderem selbstgerösteten Kaffee, Müsli und Pitabrot - gute Frühstücksadresse.

Unterhaltung

Die beiden Lokale ***Hot Shot Café*** und ***Bulldog*** bieten Billard und Darts, während in ***Chief Mau's Station*** auch getanzt werden darf.

Adressen/Verschiedenes

Bootsfahrten: Die Tagesmiete für ein Auslegerboot mit Bootsmann beträgt 500 P, z.B. im Love's Beach Resort.
Fahrradverleih: Jochen Hanika von der Last Filling Station vermietet technisch einwandfreie Mountainbikes für 40 P/Std. bzw. 250 P/Tag und organisiert unter anderem ein- und mehrtägige Fahrrad-Touren durch das Innere der Insel, z.B.:
- Hügeltrip nach Batat Batat (30 km, 400 Höhenmeter, 2:30 Std. reine Fahrzeit).
- Zur Busay-Höhle (26 km, 350 Höhenmeter, 4 Std. reine Fahrzeit und Höhlenbegehung).
- Panorama-Tour von Moalboal über Ronda, Argao, Dalaguete und Badian zurück nach Moalboal (120 km, 1.800 Höhenmeter, 14 Std. reine Fahrzeit).
Geldwechseln: Fast jedes Resort wechselt Bargeld, wenn auch zu einem etwas

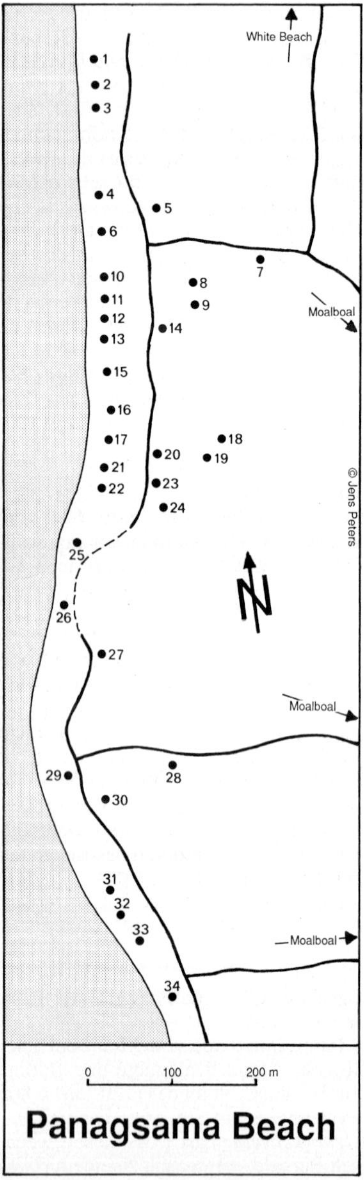

Übernachten

1 Moalboal Reef Club
2 Pedong's Place
3 Cor-isa's Cottages
4 Pacifico's Cottages
5 Paradise Cottages
6 Hannah's Lodge
8 Eve's Kiosk
11 Sumisid Lodge
12 Cora's Palm Court
13 Cabana Beach Club
14 Mac Mac Beach House
15 Kukuk's Nest
17 Savreda Beach Resort
18 Marina Residence & Beach Club
24 Norma's Travellers Resthouse
26 Pacita's Beach Resort
28 Sunshine Pension House
29 Quo Vadis Beach Resort
30 Mollie's Place
32 Paul & Paula's Place
33 Love's Beach Resort
34 Gabunilas Cottages

Essen und Trinken; Unterhaltung

5 Paradise Beer Garden
6 Hannah's Place
7 Chief Mau's Station
16 B-B's Sea View Restaurant
19 Café Europa
20 Bulldog Bar
21 Sunset View Restaurant
22 Visaya Bar & Restaurant
24 Norma's Restaurant
25 Last Filling Station
26 Pacita's
27 Farmhouse
28 Swiss Restaurant
31 Emma's Store

Verschiedenes

9 Ocean Safari Philippines - Nelson's Dive Shop
10 Sequest Scuba Diving
11 Aquarius Watersports
17 Savreda Dive Center

23	Neptune Diving Unlimited
25	Mountainbike-Verleih
29	Visaya Divers Great White Diving

ungünstigen Kurs. Besser ist es, ausreichend Peso mitzubringen. Kreditkarten werden nur von wenigen Dive Shops und ein paar teuren Unterkünften akzeptiert.

Motorradverleih: Ein kleines Motorrad auszuleihen, kostet 350 P/Tag (im Café Europa).

Post Office: In der Municipal Hall in Moalboal. Es ist jedoch keine Seltenheit, daß Briefmarken ausverkauft sind.

Reiten: Ausritte mit Pferden in die Berge von Süd-Cebu bietet Jochen Hanika von der Last Filling Station an.

Schnorcheln: Gut am Hausriff vom Panagsama Beach und am White Beach. Weitaus bessere Möglichkeiten bietet jedoch das Korallenriff von Pescador Island. Eine Fahrt dorthin mit einem der täglich verkehrenden Tauchboote kostet 50 P.

Tauchen: Einführung (ein Tag) inklusive Ausrüstung kostet etwa 650 P. Ein Tauchgang inklusive Boot kostet 450 P. Einwöchige Tauchkurse werden für US$ 220 angeboten. Diving Equipment ist in den verschiedenen Tauchbasen vorhanden, jedoch dürfte die eigene Ausrüstung wie so häufig die beste sein. Schnorchel, Brille und Flossen auszuleihen, kostet 100 P pro Tag.

Bevorzugtes Tauchziel ist der Pescador Island Marine Park. Es werden aber auch Fahrten zum Alegria Marine Park angeboten, wo Father Ray, der tauchbegeisterte Priester auf Wunsch Paare unter Wasser traut.

Weitere Informationen zum Thema Tauchen unter anderem bei Nelson vom Ocean Safari Philippines - Nelson's Dive Shop neben Eve's Kiosk, Bert Schaap vom Seaquest Dive Center in der Sumisid Lodge, Karl Heinz vom Savedra Dive Center (Nitrox-Tauchkurse), Jürgen von Visaya Divers, Thomas vom Neptune Diving Unlimited und im Moalboal Reef Club.

Telefonieren: Ferngespräche können in der Telefonzentrale der Municipal Hall von Moalboal geführt werden.

Anreise/Weiterreise

Argao

Bus: Von Argao nach Moalboal nimmt man zuerst einen Bus in Richtung Cebu City bis nach Carcar. Dort umsteigen in einen Bus von Cebu City nach Moalboal. Fahrzeit: 2 Std.

Cebu City

Bus: Von Cebu City nach Moalboal fahren täglich etwa stündlich Busse ab Southern Busterminal. Fahrzeit: 2:30 Std. Ein gutgelaunter Busdriver fährt seine Passagiere vielleicht sogar direkt zum Strand. Ansonsten ein Tricycle von der Hauptstraße zum Panagsama Beach nehmen; 5 P pro Person bzw. etwa 20 P fürs Tricycle.

Zwei ABC Liner Aircon Busse fahren täglich um 7.00 bzw. 14.00 Uhr ab ABC Liner Busterminal von Cebu City über Barili nach Moalboal und weiter nach Bato. Sie halten auch am Southern Busterminal. Fahrzeit: 2 Std.

Hinweis: Die Abfahrtszeiten der ABC Liner-Busse werden recht häufig geändert! Vielleicht vorher anrufen (Tel. 2540245).

Taxi: Ein Taxi von Moalboal nach Cebu City oder zum Mactan International Airport kostet etwa 1.000 P. Rechtzeitig bestellen unter Tel. 91204.

Von Cebu City nach Moalboal kostet ein Taxi 500 bis 700 P (handeln). Unbedingt sicherstellen, daß der Fahrer auch weiß, wo Moalboal liegt.

Toledo
Bus: Von Toledo nach Moalboal entlang der Westküste ist die Verbindung etwas umständlich; dreimaliges Umsteigen und Wartezeiten sollten eingeplant werden. Besser ist es, von Toledo nach Naga zu fahren und dort den nächsten Bus von Cebu City nach Moalboal zu nehmen.

Badian und Badian Island

Etwa zehn Kilometer südlich von Moalboal liegt der kleine Ort Badian. Ihm vorgelagert in einer lagunenartigen Bucht ist Badian Island, eine geruhsame Insel mit weißem Strand und dem Badian Island Beach Hotel, das immer häufiger in den Katalogen großer Reiseveranstalter auftaucht.
In Lambug, etwa zwei Kilometer südlich vom Ort Badian und zwei Kilometer von der Hauptstraße, gibt es einen sehr ruhigen, weißen Palmenstrand mit ein paar Resorts. Er ist von der Hauptstraße einfach mit einem Tricycle zu erreichen.

Übernachten

Stockli Beachhouses, Lambug. EZ/DZ/fan/Bad 300/400 P. Gefällige Cottages. Vermietet wird auch ein Haus mit zwei Schlafzimmern, Küche und Bad für mtl. 9.000 P, inklusive Nebenkosten. Ansprechende, freundliche Anlage eines schweizerisch-philippinischen Ehepaares. Mit gepflegtem tropischem Garten. Eine idyllischer Platz, geeignet für Leute, die Ruhe und Erholung suchen. Gutes Restaurant (jedoch nur für eigene Gäste). Das dem sauberen weißen Strand unmittelbar vorgelagerte Korallenriff eignet sich bestens zum Schnorcheln.
Lambug Beach Resort, Lambug. Cottage/fan 400 P. Restaurant. Kleine, philippinisch-amerikanisch geführte Anlage. Restaurant (ziemlich teuer). Schnorcheln. Tauchen. Wasserski.
Green Island Golf & Beach Resort, Lambug. EZ/DZ/ac/Bad 2.500 P, Suite 5.000 P. Geräumige, sehr komfortable Zimmer. Restaurant. Swimmingpool. Golf. Wasserski. Tauchen. Eine weitläufige Anlage mit einem eigenen Golfplatz (18 Löcher). Betreiber ist der Cebu Green Island Club, Suarez Building, Gorordo Avenue/Ecke Escario Street, Lahug, Cebu City.
Badian Island Beach Hotel, Badian Island. EZ/DZ/ac/Bad 2.800 P pro Person. Attraktive Anlage mit geschmackvoll eingerichteten Zimmern. Philippinisch-deutsches Management. Restaurant (sehr teuer; Dinner 600 bis 800 P). Swimmingpool. Windsurfen. Tauchen. Reservierung in Cebu City: Badian Island Office, Capitol Commercial Complex A, Escario Street, Tel. 2536452, Fax: 2533385.

Matutinao und Kawasan Falls

Bei Matutinao befinden sich in den Bergen inmitten üppiger Tropenvegetation die erfrischend kühlen, kristallklaren Kawasan Falls. Es dürften die attraktivsten Wasserfälle von Cebu sein. In den natürlichen Pools kann man ausgezeichnet baden. Außerdem ist dieser idyllische Platz ein guter Ausgangsort für Mountain-Treks. Eintritt: 10 P.
Für die Benutzung der Tische ist eine Gebühr von 50 P zu bezahlen, auch wenn beim Besitzer ein Getränk geordert wird.

Übernachten

Bei den Wasserfällen stehen rund 20 ***Cottages***, die für 100 bis 250 P vermietet werden. Es sind auch einfache Speisen und kalte Getränke erhältlich.
Da die wenigen Cottages ausgebucht sein könnten, dürfte es vielleicht eine gute Idee sein, erst einmal von Moalboal aus einen Tagestrip zu unternehmen, um die Situation zu erkunden.

Eventuell kann auch der Deutsche Heraldo weiterhelfen, der es bestens versteht, sich in seinem kleinen Paradies an einem der Wasserfälle der Kunst des Lebens zu widmen. Bei ihm sind auch Kaffee und Sandwiches und kleine Gerichte erhältlich.

Anreise/Weiterreise

Bus/Jeepney: Von Moalboal nach Matutinao ist die Verbindung mit Jeepneys und Bussen tagsüber unproblematisch. Ab spätem Nachmittag könnte es jedoch Anschlußprobleme geben. Fahrzeit: 45 Min. In Matutinao bei der Kirche aussteigen und dem Trail flußaufwärts folgen. Man geht etwa 15 Min.

Motorrad: Motorradfahrer können ihre Maschinen für 5 P bei der Kirche in Matutinao parken.

Samboan

Bekannt wurde Samboan durch die 1878 gebaute »Escala de Jacob« (Jacob's Ladder). Diese steinerne Treppe führt hinauf zu einem alten Wachtturm auf einem Plateau etwa 65 Meter oberhalb des Ortes. Von dort hat man eine großartige Aussicht auf die Tañon Strait, der Meerenge zwischen Cebu und der Nachbarinsel Negros. Häufig durchqueren Wale und Delphine diese Passage. Ein etwa vierstündiger Beobachtungstrip mit einem Fischer von Samboan kostet 500 P (sechs bis acht Teilnehmer).
Direkt vor Samboan liegt ein prächtiges Korallenriff, das sich von Ginatilan bis nach Bato erstreckt - ideal zum Schnorcheln. Die Küste selbst ist ziemlich felsig und mit kleinen Buchten und ein paar kieseligen Stränden ausgestattet.

Übernachten

Samboan Coral Garden Resort, Dalahikan. EZ/DZ/fan/Bad 250 P. Ordentliche Zimmer mit großer Veranda zum Meer. Freundliche Anlage, deren Betreiber für Naturschutz und Ökotourismus eintreten. Restaurant. Schnorchelausrüstung (50 P/Tag). Verleih von Mountainbikes (ab 1998). Tauchen (geplant).

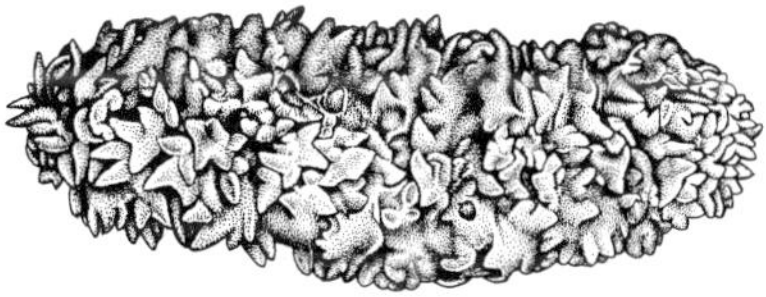

Seegurke *(Thelenota ananas)*

Anreise/Weiterreise

Bus: Von Cebu City nach Samboan fahren Busse der ABC Liner Company mit Ziel Bato (über Barili). Fahrzeit: 3 Std. Man kann auch einen Bus über Oslob nach Bato nehmen und von dort dann mit einem Jeepney nach Samboan fahren.

San Sebastian und Bato

Von San Sebastian und Bato fahren täglich mehrere Schiffe nach San Jose oder Tampi auf Negros. Siehe auch »Weiterreisen ab Cebu«.

Anreise/Weiterreise

Cebu City - Argao - Mainit

Bus: Von Cebu City nach Bato fahren täglich um 6.00, 8.00, 10.30, 12.00, 14.00 und 15.30 Uhr Aircon-Busse der ABC Liner Company ab ABC-Liner Busterminal in der San Jose Street. Die Busse halten auch am Southern Busterminal. Sie fahren entlang der Ostküste über Argao, Dalaguete, Oslob und Liloan nach Bato, wo die direkten Bootsanschluß nach Tampi auf Negros haben.
Zusätzliche Abfahrten um 7.00, 13.00 und 15.30 Uhr, allerdings fahren diese

Busse entlang der Westküste über Barili, Moalboal, Samboan und San Sebastian nach Bato.
Wegen häufig wechselnder Abfahrtszeiten empfiehlt es sich, die aktuellen Zeiten telefonisch bei der ABC Liner Company abzufragen (Tel. 2540245).

Liloan

Liloan liegt am südlichen Zipfel von Cebu, wo sich beiderseits der Straße üppige Büsche farbenprächtiger Bougainvillea entlangziehen - ein Fest für den Blumenfreund. Von Liloan fahren täglich mehrere Auslegerboote nach Sibulan auf Negros. Pro Person bezahlt man 15 P; ein Special Ride kostet mindestens 200 P. Wer nicht durchreisen will, kann im Manureva Beach Resort übernachten, das sich etwa zehn Minuten zu Fuß von der Anlegestelle entfernt direkt am weißen Liloan Beach befindet und von dem Franzosen Jean Pierre Franck geführt wird. Neben Jeepneytrips in die nähere Umgebung bietet er auch Tauchtrips nach Apo Island, Sumilon Island und Dako Island an. Ein Tagestrip mit einem Boot zur Sumilon Island kostet etwa 600 P.

Übernachten

Manureva Beach Resort. EZ/DZ/fan/ Bad 300/380 P, EZ/ac/Bad 500 und 800 P, DZ/ac/Bad 600 und 1.000 P. Vollpension möglich. Ansprechende Zimmer mit Balkon zum Meer. Attraktives, geschmackvoll gestaltetes großes Haus. Restaurant mit philippinischer und französischer Küche. Tauchen. Windsurfen.

Sumilon Island

Der Südostküste von Cebu vorgelagert ist die bei Tauchern und Schnorchlern sehr beliebte Sumilon Island. An der Westseite dieser kleinen Insel, südlich der Sandbank, ist das Wasser über eine Breite von 200 Metern nur zwei bis fünf Meter tief und ideal zum Schnorcheln. Im Südwesten dagegen bricht das Riff bereits nach 100 Metern steil ab. Nach Beendigung und Nichtverlängerung des Vertrages durch die Behörden in Oslob kann die Einhaltung des Naturschutzgesetzes bedauerlicherweise nicht mehr durch die Silliman University, Dumaguete/Negros, überwacht werden. Das Marine Research Centre existiert nicht mehr, und im ehemaligen Sumilon Marine Park wird praktisch Tag und Nacht gefischt. Das könnte das Ende des Korallenriffs bedeuten, denn die Fischerei mit Dynamit ist ja so einfach! Aber vielleicht trägt ja der Tourismus mit dazu bei, daß der Zerstörung Einhalt geboten wird.

Übernachten

Sumilon Island Resort. Cottage/Bad 2.500 P. Große, gepflegte Cottages, die alles in allem jedoch ein wenig zu teuer erscheinen. Restaurant. Anmeldung im Sumilon Island Office in Oslob.

Anreise/Weiterreise

Boot: Von Mainit aus kann man sich für etwa 300 P mit einem kleinen Auslegerboot zur Sumilon Island hinüberbringen und wieder abholen lassen. Ab Liloan oder Santander bezahlt man für einen Roundtrip mindestens doppelt soviel, allerdings sind die Boote auch größer und somit sicherer.

Montalongon

Montalongon liegt ein paar Kilometer landeinwärts von Dalaguete, südlich von Argao, in etwa 700 Meter Höhe und wird auch »Little Baguio of Cebu« genannt. Auf dem jeden Donnerstag stattfindenden Markt wird überwiegend Gemüse angeboten. Besonders schön anzusehen sind die weiten Chrysanthemenfelder etwas außerhalb von Montalongon.

Anreise/Weiterreise

Jeepney: Von Dalaguete nach Montalongon fahren täglich mehrere Jeepneys ab Market. Fahrzeit: 1 Std.
Von Montalongon nach Dalaguete fährt der letzte Jeepney um 15.00 Uhr; um etwa 16.00 Uhr fährt noch ein arg schaukelnder Bus.
Recht reizvoll ist auch der 14 Kilometer-Marsch von Montalongon hinunter nach Dalaguete: großartige Ausblicke und kaum Verkehrslärm.

Argao

Argao ist ein kleiner Provinzort an der Südostküste von Cebu, der durch die Eröffnung des exklusiven Argao Beach Club Anfang der achtziger Jahre bekannt wurde. Gut zehn Jahre später wurde diese Anlage dann jedoch wieder geschlossen. Am benachbarten Dalaguete Public Beach, der kostenlos zugänglich ist, sind Duschen vorhanden; die Tagesmiete für einen Sonnenschutz beträgt 15 P, an Sonn- und Feiertagen 25 P. Dort kann man auch preiswert essen.
Wer von Argao in Richtung Süden reist, sollte die Augen nicht verschließen, denn die Küstenstraße ist landschaftlich äußerst reizvoll.
Zwischen Argao (fünf Kilometer nördlich vom Ortskern) und Loon/Bohol verkehrt täglich eine Autofähre. Siehe auch »Weiterreisen ab Cebu«.

Übernachten

Luisa's Place. DZ/fan/Bad 300 P. Angenehme, freundliche Anlage. Gutes Restaurant.
Bamboo Paradise. EZ/DZ/fan/Bad 300/350 P. Nette Unterkunft. Freundliche, familiäre Atmosphäre. Gutes Restaurant. Die Besitzer, Carola (Deutsche) und Rey Rubia, organisieren auf Wunsch Insel- und Bootstrips.
Sunshine Beach Club. EZ/DZ/fan/Bad 300/350 P, EZ/ac/Bad ab 700 P, DZ/ac/Bad ab 900 P. Ein ins Meer gebautes, ziemlich schmuckloses Hotel, das ein Schiff darstellen soll. Restaurant. Swimmingpool.

Essen und Trinken

Empfehlenswert ist die Küche von ***Luisa's Place***. Gute und preiswerte Gerichte gibt es auch in ***Carmen's Kitchen***, wo man sich auch problemlos einen vom Markt mitgebrachten Fisch zubereiten lassen kann. Das ***Bamboo Paradise*** bietet vorzügliche deutsche und philippinische Küche.

Anreise/Weiterreise

Bus: Von Cebu City nach Argao fahren täglich mehrere Busse der ABC Liner Company ab ABC Liner Busterminal, und zwar die mit Ziel Bato. Sie halten auch am Southern Busterminal. Fahrzeit: 1:30 Std. Etwas schneller sind die Aircon-Busse um 6.00, 8.00, 10.30, 12.00, 14.00 und 15.30 Uhr.

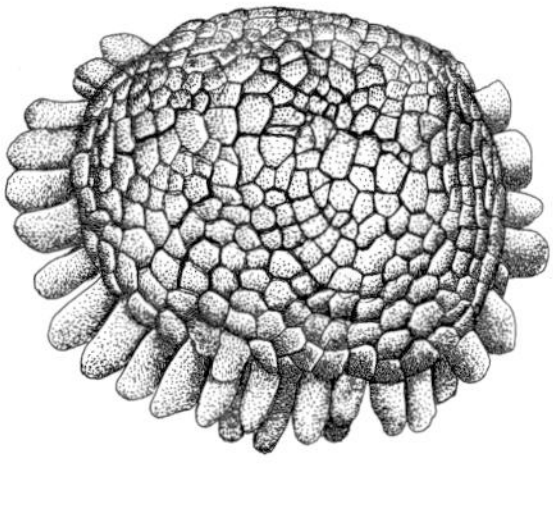

Guimaras

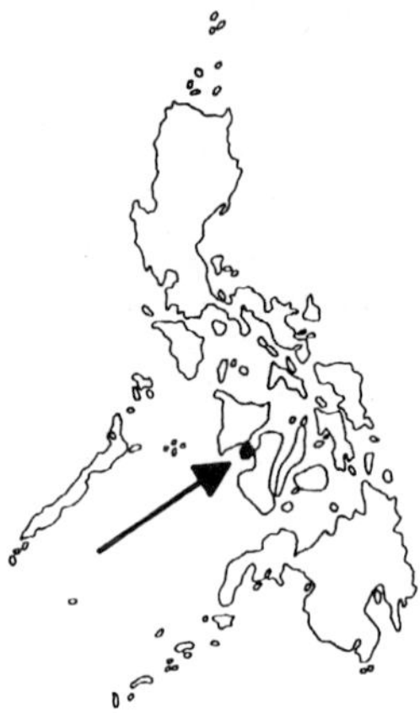

Die zwischen Panay und Negros liegende Insel Guimaras mit ihren 130.000 Einwohnern ist seit 1992 eine eigenständige Provinz mit Jordan als Hauptstadt. Ebenfalls zur Provinz gehören mehrere kleinere Inseln vor der Süd- und Südostküste, darunter die touristisch bereits erschlossenen Inampulugan Island und Nagarao Island.

Auf dem Bondulan Point bei Jordan steht ein riesiges Kreuz, das in der Karwoche für viele Gläubige eine Pilgerstätte ist. Von dort hat man eine hervorragende Aussicht auf Iloilo City und die Iloilo Strait. Der Fußmarsch von Jordan zum Kreuz dauert etwa 40 Minuten. Zu einer - bisher noch lokalen - Touristenattraktion entwickelte sich Ang Pagtaltal sa Guimaras, die nun schon seit mehreren Jahren nachvollzogene Kreuzigung Christus' am Karfreitag in Jordan.

Etwas außerhalb von Buenavista befindet sich die Daliran Cave. Der Marsch dorthin ist allerdings interessanter als die Höhle selbst. Zwischen Jordan (sprich: Hordan) und Buenavista verkehren nur Tricycles für etwa 50 P.

Im Barrio San Miguel, zwischen Jordan und Nueva Valencia, befindet sich ein kleines Trappistenkloster. Die Mönche haben sich unter anderem sehr um den Anbau von Kalamansis gekümmert, die inzwischen neben ausgezeichneten Mangos (Carabao-Mangos, auch »Super Manila« genannt) einen wichtigen Erwerbszweig darstellen. Verlockende Angebote seitens finanzstarker Konzerne, auf Guimaras Fabriken zu errichten, die zwar neue Arbeitsplätze schaffen, gleichzeitig aber umweltschädlich sind, lehnten die Guimarasnons dankend ab. Die intakte Natur ihrer Insel wollen sie nicht für eine industrielle Entwicklung aufs Spiel setzen, deren Auswirkung die Zukunft ihrer Kinder gefährden könnte. Mit dieser weitsichtigen Einstellung dürfte ein erträglicher Ökotourismus bestens in das wirtschaftliche Konzept dieser jungen Provinz passen.

Die schönsten Strände der Insel findet man westlich und südwestlich von Nueva Valencia. Dort haben sich auch einige Resorts etabliert. Tief im Süden von Guimaras liegt der kleine Ort Cabalagnan, wo nur sehr selten Fremde hinkommen. Ihm sind ein paar idyllische Inseln vorgelagert.

Guimaras bietet sich für einen Abstecher von Iloilo City aus an; zahlreiche Boote setzen jeden Tag nach Jordan über. Nur etwa fünf Prozent der Inselstraßen sind betoniert, der Rest ist Piste. Ein ideales Gelände also für Wanderer und Mountainbiker. Das hat auch die Iloilo Mountain Bike Association (IMBA) erkannt, die seit 1995 jährlich im Februar das Guimaras International Mountain Bike Festival veranstaltet.

Anreise

Anreisen kann man von Negros und Panay. Siehe auch »Weiterreise« im jeweiligen Inselkapitel.

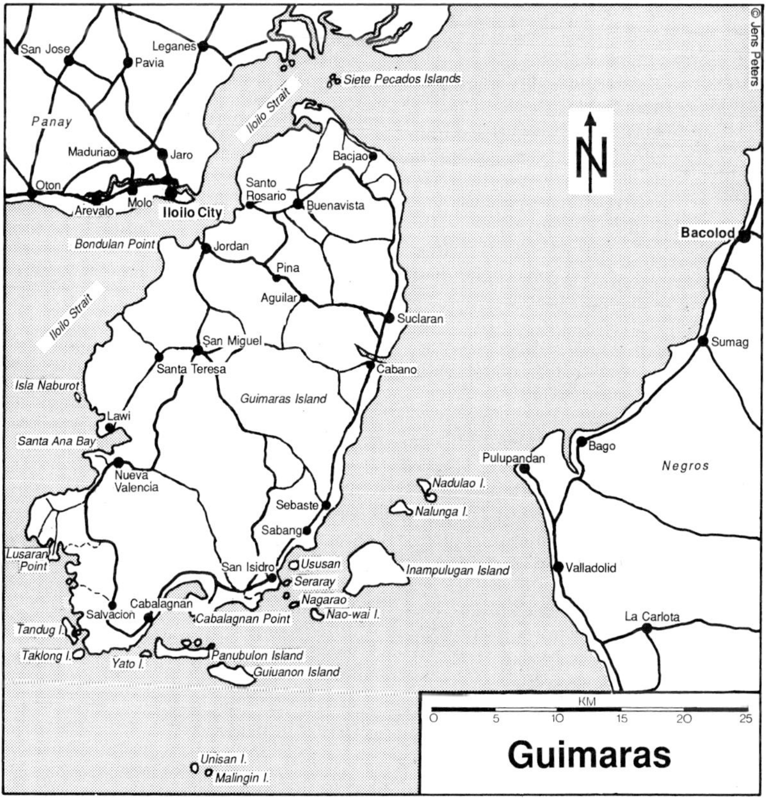

Weiterreise

Nach Negros

Schiff
Von Cabalagnan nach Valladolid
Frühmorgens um 3.00 bis 4.00 Uhr fährt ein Boot von Cabalagnan über mehrere Inseln nach Valladolid. Das Boot nimmt auch Passagiere auf Nagarao Island auf. In Valladolid gibt es keinen Anleger. Das Boot ankert etwas vom Ufer entfernt, so daß man durchs Wasser waten muß.

Nach Panay

Schiff
Von Buenavista nach Iloilo City
Ferry Boat. Täglich etwa stündlich von 5.00 bis 17.30 Uhr zum Anleger beim Rotary Park. Fahrzeit: 1 Std.

Von Jordan nach Iloilo City
Ferry Boat. Täglich etwa stündlich von 5.00 bis 17.30 Uhr zum Flußanleger nahe dem Post Office. Fahrzeit: 30 Min. Auslegerboot. Täglich etwa halbstündlich von 5.00 bis 17.30 Uhr zum Ortiz-

Anleger nahe dem Central Market. Fahrzeit: 15 Min.
Zum Service der Resorts gehört meist auch der Transfer, der allerdings bis zu 1.000 P kosten kann.
Zweimal täglich (vormittags und nachmittags) verkehrt zwischen Jordan und Iloilo City eine Autofähre.

Transport auf Guimaras

Zwischen Jordan und Nueva Valencia verkehren Jeepneys. Einige fahren auch bis nach Cabalagnan. Von dort fahren sie jedoch nur morgens zurück nach Jordan, also nicht am selben Nachmittag. Letzte Abfahrt von Nueva Valencia nach Jordan um 16.00 Uhr.
Mehrmals täglich fahren Jeepneys von Jordan nach San Isidro, von wo aus man sich nach Nagarao Island übersetzen lassen kann. Die Fahrt kostet 15 P, ein Special Ride etwa 300 P. Am späten Nachmittag fahren allerdings kaum noch reguläre Jeepneys. In San Isidro liegt ein kleiner Signalmast, der geschwungen werden muß, um das Boot herüberzuwinken. Die Überfahrt kostet 40 P/Boot.
Auf Guimaras verkehren auch klimatisierte Minibusse, allerdings nur wenige. Für einen Special Ride von Jordan nach San Isidro bezahlt man 400 P.

Bootsfahrt um Guimaras

Ideal ist eine Inselumrundung mit einem Auslegerboot, die, je nach Anzahl der Stopps, zwei bis drei Tage dauern kann. Trinkwasser, Verpflegung und Sonnenschutzdach sind unbedingt mitzunehmen. Die Fahrt könnte in Iloilo City beginnen und entgegen dem Uhrzeigersinn verlaufen.
Entlang der Südwestküste, zwischen Lusaran Point und Tandug Island, gibt es zahlreiche kleine Buchten mit besten Möglichkeiten zum Schnorcheln. Eventuell wird dieser korallenreiche Abschnitt sogar zum Schutzgebiet erklärt.
Lohnenswert ist auch ein Besuch verschiedener kleiner Koralleninseln mit weißen Stränden südlich und südöstlich von Guimaras, nach Möglichkeit bei Hochwasser, da bei Ebbe meist weite Bereiche trockenfallen. Malingin Island, gut zehn Kilometer südlich von Guimaras, bietet sich zum Übernachten im Freien an, Guiuanon Island (sprich: Giwanon) ist schön zum Wandern, Ususan Island (sprich: Usu-usan), auf der ein paar Einsiedler leben, besitzt einen passablen Sandstrand, und auf Nagarao Island (»Insel der Baumgeister«) befindet sich das gleichnamige Beach Resort des Deutschen Martin Stummer, der sich dort seit Jahren beispielhaft für den Schutz der Umwelt und für die Pflege und Hege gefährdeter Pflanzen und Tiere einsetzt. Er hat sogar einen »Baumgeister-Lehrpfad« eingerichtet, um seinen Gästen den traditionellen philippinischen Glauben an die Geister der Natur näherzubringen.
An der Südostküste, zwischen San Isidro und Sebaste, tauchen primitive Windräder auf, mit denen Meerwasser zur Salzgewinnung in flache Becken an Land gepumpt wird.

Übernachten

Gonzaga Family, Cabalagnan. EZ/DZ 150 P pro Person, inklusive Mahlzeiten. Gute Küche. Kleines Gästehaus mit drei Zimmern.
Colmenares Hotel & Beach Resort, Hoskyn. EZ/DZ/fan/Bad 120 P, Cottage/Bad 100/200 P. Geräumige Zimmer. Es stehen auch ein paar Baumhäuser zur Verfügung. Disco-Restaurant in einem Pfahlbau über dem Wasser. Drei Swimmingpools, die jedoch meistens leer oder veralgt sind. Windsurfen. Allerdings kein Badestrand. Die Anlage befindet sich etwa zwei Kilometer westlich von Jordan, auf halber Strecke zum Bondulan Point.
Isla Naburot Resort, Sinapsapan. Cottage 2.000 P pro Person, inklusive

Mahlzeiten. Kleine, rustikale Anlage (ohne Strom) auf gleichnamiger Insel. Weitere Informationen dazu im PAL-Office in Iloilo City.

Baras Beach Resort, Lawi, Cellular Tel. 0912-5200820. Cottage/fan/Bad 450 bis 700 P, je nach Größe. Komfortable, attraktiv gestaltete Cottages, die angenehm weit auseinander stehen, dazu etwas erhöht mit schönem Blick aufs Meer. Im netten Restaurant am kleinen weißen Strand gibt es Seafood vom Feinsten und eine Auswahl an westlichen, philippinischen und sogar malaysischen Gerichten.

Hinkommen: Am besten von Iloilo City anrufen und mit einem Boot abholen lassen (600 P; 1 Std.). Oder per Special Ride mit einem Jeepney von Jordan nach Lawi (150 bis 200 P; 45 Min.). Von Lawi weiter mit einem Boot zum Resort (10 Min.).

Puerto del Mar, Nueva Valencia. Cottage/fan 1.100 P pro Person, Cottage/fan/Bad 1.900 P pro Person, inklusive Frühstück. Relativ teures Resort an zwei kleinen Stränden, die durch Felsen unterbrochen sind. Es liegt zwei Kilometer westlich von Nueva Valencia, an der Santa Ana Bay, und ist ein beliebtes Ausflugsziel.

Raymen Resort, Nueva Valencia. Cottage/fan 300 bis 500 P, Cottage/fan/Bad 600 bis 1.000 P, bei längerem Aufenthalt Preisnachlaß möglich. Ziemlich ruhig an normalen Wochentagen, ansonsten Ausflugsziel. Liegt am weißen Alubihod Beach nicht weit entfernt vom Puerto del Mar Resort.

Costa Aguada Island Resort, Inampulugan Island (östlich von Guimaras). EZ/Cottage/Bad 1.300 P, DZ/Cottage/Bad 1.500 P. Geräumige, nett eingerichtete Cottages mit Terrasse. Sehr weitläufige, parkähnliche, gepflegte Anlage am weißen Bamboo Beach. Attraktives Restaurant. Swimmingpool. Tenniscourt. Reiten. Auslegersegelboote. Reservierung in Manila: Tel. 8189111 (App. 615).

Nagarao Island Resort, Cellular Tel. 0912-5200343. EZ/Cottage/Bad 1.250 P, DZ/Cottage/Bad 2.500 P, inklusive Mahlzeiten. Arrangements für Langzeitgäste. Ansprechende, geräumige Cottages. Restaurant. Swimmingpool. Bootstrips. Segeln. Tauchen. Weitere Informationen im Nagarao Island Office, 113 Seminario Street, Jaro, Iloilo City, Tel. 3206290, Fax: 3292139. (Siehe auch Anzeige im Kapitel »Panay«).

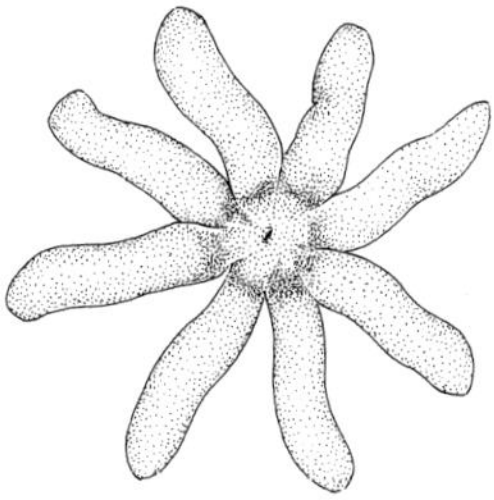

Leyte

Leyte liegt im östlichen Teil der Visayas zwischen Bohol, Cebu, Nordost-Mindanao und Samar. Die 2,16 Kilometer lange San Juanico Bridge ist die größte Brücke der Philippinen und eine der schönsten Südost-Asiens. S-förmig verbindet sie über die San Juanico Strait die Inseln Leyte und Samar. Zentral- und Süd-Leyte sind leicht gebirgig und verfügen in höheren Lagen noch über Reste ursprünglichen Regenwaldes. Ebenen gibt es im nördlichen und westlichen Teil. Administrativ ist die Insel unterteilt in die Provinzen Leyte mit der Hauptstadt Tacloban und Southern Leyte mit der Hauptstadt Maasin.
Kopra ist das wichtigste Exportgut. Auf mehr als 30 Prozent der landwirtschaftlich nutzbaren Fläche werden Kokosnüsse angebaut. Weitere wichtige Agrarprodukte sind Reis, Mais, Zukkerrohr und Abaca. Im exzellenten Hafen von Tacloban können auch größere Schiffe vor Anker gehen, wodurch sich Zubringerdienste nach Manila erübrigen. Leyte ist somit in Teilbereichen direkter Partner im Welthandel.
Von historischer Bedeutung ist die Landung MacArthurs am 20. Oktober 1944 in Palo, wo er seinen versprochenen Befreiungsfeldzug gegen die Japaner begann. Unweit davon liegt Tolosa. Auch dieser Ort wird sicherlich in die Geschichte der Philippinen eingehen. Er ist nämlich die Heimatstadt der ehemaligen First Lady Imelda Marcos.
Aber auch die kleine Insel Limasawa tief im Süden von Leyte ist überaus geschichtsträchtig: Dort landete nach langer Entdeckungsreise der berühmte Seefahrer Ferdinand Magellan und zelebrierte am Ostersonntag 1521 seine erste heilige Messe auf philippinischem Boden.
Der Hauptdialekt in Tacloban und Umgebung ist Waray-Waray. Im Nordwesten und im Süden wird dagegen überwiegend Cebuano gesprochen. Mit Englisch kommt man allerdings gut zurecht.

Anreise

Anreisen kann man von Biliran, Bohol, Cebu, Luzon, Mindanao und Samar. Siehe auch »Weiterreise« im jeweiligen Inselkapitel.

Weiterreise

Nach Biliran

Bus

Von Ormoc nach Caibiran

Busse fahren täglich um 3.00 u. 4.00 Uhr ab Busterminal am Anleger. Eventuell in Lemon umsteigen. Fahrzeit: 3 Std.

Von Ormoc nach Naval

Busse der JD Buslines Company fahren täglich um 4.30 u. 5.30 Uhr, eventuell noch um 12.00 Uhr. Fahrzeit: 3 Std.

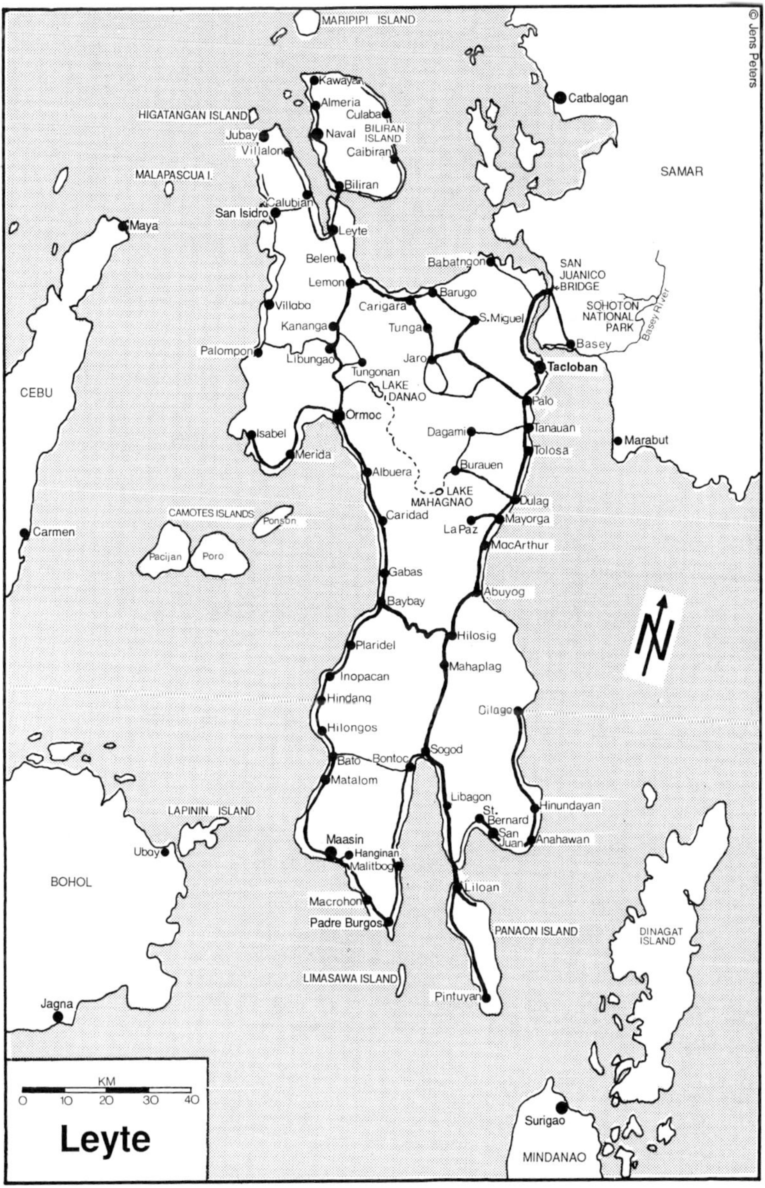
© Jens Peters
MARIPIPI ISLAND
HIGATANGAN ISLAND
MALAPASCUA I.
BILIRAN ISLAND
Kawayan
Almeria
Culaba
Naval
Caibiran
Biliran
Jubay
Villalon
Calubian
San Isidro
Maya
Leyte
Belen
Lemon
Villaba
Kananga
Palompon
Libungao
Tungonan
LAKE DANAO
Ormoc
Isabel
Merida
Albuera
Catbalogan
SAMAR
Babatngon
Barugo
Carigara
Tunga
S.Miguel
Jaro
SAN JUANICO BRIDGE
SOHOTON NATIONAL PARK
Basey River
Basey
Tacloban
Palo
Tanauan
Tolosa
Dagami
Burauen
Marabut
LAKE MAHAGNAO
Dulag
Mayorga
La Paz
MacArthur
CEBU
CAMOTES ISLANDS
Ponson
Pacijan
Poro
Carmen
Caridad
Gabas
Baybay
Abuyog
Hilosig
Mahaplag
Plaridel
Inopacan
Hindang
Hilongos
Cilago
Sogod
Bato
Bontoc
Matalom
Libagon
St. Bernard
San Juan
Hinundayan
Anahawan
LAPININ ISLAND
Ubay
BOHOL
Maasin
Hanginan
Malitbog
Macrohon
Padre Burgos
Liloan
PANAON ISLAND
DINAGAT ISLAND
LIMASAWA ISLAND
Pintuyan
Jagna
KM
0 10 20 30 40
Leyte
Surigao
MINDANAO
N

Von Tacloban nach Caibiran
Ein Bus fährt täglich zwischen 9.00 u. 11.00 Uhr ab Busterminal. Fahrzeit: 5 Std.

Von Tacloban nach Naval
Busse verschiedener Companies fahren täglich ab Anleger. Letzte Abfahrt um 15.00 Uhr. Fahrzeit: 3 Std. Eventuell fahren die Busse weiter bis Almeria, Kawayan, Tucdao oder Culaba.
Man kann auch einen Bus mit Ziel Ormoc nehmen und in Lemon in einen Bus nach Naval umsteigen.

Nach Bohol

Schiff
Von Bato nach Ubay
Großes Auslegerboot. Abfahrt: täglich 10.00 Uhr. Fahrzeit: 3 Std. Fahrpreis: 50 P.
MV *Star Ruby 1*. Abfahrt: täglich 13.00 Uhr. Fahrzeit: 1:15 Std. Fahrpreis: 100 P.

Von Maasin nach Ubay
Großes Auslegerboot. Abfahrt: täglich 8.00 bis 10.00 Uhr. Fahrzeit: 4 Std.

Nach Cebu

Flug
Von Tacloban nach Cebu City
Philippine Airlines fliegt Di, Do, Sa u. So.

Schiff
Von Baybay nach Cebu City
MV *Filipinas Siargao*; Cokaliong Shipping Lines. Abfahrt: täglich 24.00 Uhr. Fahrzeit: 6 Std.
MV *Gregoria May*; Western Samar Shipping Lines. Abfahrt: Di, Do u. Sa. Fahrzeit: 5 Std.

Von Hilongos nach Cebu City
MV *Oceanjet*; Socor Shipping Lines. Abfahrt: täglich 15.00 Uhr. Fahrzeit: 1:40 Std.

Von Isabel nach Carmen
Großes Auslegerboot. Abfahrt: täglich 16.00 Uhr. Fahrzeit: 4 Std.

Von Isabel nach Danao
MV *Melrivic 3*; Aznar Shipping Corporation. Abfahrt: täglich 10.00 Uhr. Fahrzeit: 3 Std.

Von Liloan nach Cebu City
MV *Guiuan*; K & T Shipping Lines. Abfahrt: Do u. So 18.00 Uhr. Fahrzeit: 6 Std.

Von Maasin nach Cebu City
MV *Supercat*; Universal Aboitiz. Abfahrt: täglich 11.30 u. 16.00 Uhr. Fahrzeit: 2 Std.
MV *Water Jet 2*; Water Jet Shipping Corporation. Abfahrt: Di, Do, Sa u. So 14.15 Uhr. Fahrzeit: 2 Std.
MV *Filipinas Surigao*; Cokaliong Shipping Lines. Abfahrt: Di 10.00 Uhr, Do 2.00 Uhr u. Sa 1.00 Uhr. Fahrzeit: 6 Std.
MV *Filipinas Dapitan*; Cokaliong Shipping Lines. Abfahrt: Mi 2.00 Uhr u. So 22.00 Uhr. Fahrzeit: 5:30 Std.
MV *Asia-Singapore*; Trans-Asia Shipping Lines. Abfahrt: Fr 24.00 Uhr. Fahrzeit: 5 Std.
MV *Asia-Taiwan*; Trans-Asia Shipping Lines. Abfahrt: So 24.00 Uhr. Fahrzeit: 6 Std.

Von Ormoc nach Bukog/Camotes Islands
Großes Auslegerboot. Abfahrt: täglich 13.00 Uhr. Fahrzeit: 3 Std.

Von Ormoc nach Cebu City
MV *Supercat*; Universal Aboitiz. Abfahrt: täglich 6.00, 8.30, 11.00, 13.45, 16.00 u. 18.45 Uhr. Fahrzeit: 2 Std.
MV *Bullet Xpress*; Bullet Express Corporation. Abfahrt: täglich 7.30 Uhr. Fahrzeit: 2:10 Std.
MV *Water Jet 1*; Water Jet Shipping Corporation. Abfahrt: täglich 8.00 Uhr. Fahrzeit: 2 Std.

MV *Oceanjet*; Socor Shipping Lines. Abfahrt: täglich 15.30 Uhr. Fahrzeit: 2 Std.
MV *Water Jet 2*; Water Jet Shipping Corporation. Abfahrt: Di, Do, Sa u. So 19.15 Uhr. Fahrzeit: 2 Std.
MV *Lady of Rule*; Cebu Ferries. Abfahrt: Mo 24.00 Uhr. Fahrzeit: 5 Std.
MV *Iligan City*; Cebu Ferries. Abfahrt: Mi u. Sa 24.00 Uhr. Fahrzeit: 5 Std.
MV *Doña Lili*; Cebu Ferries. Abfahrt: Do u. Fr 24.00 Uhr. Fahrzeit: 5 Std.
MV *Cebu Princess*; Sulpicio Lines. Abfahrt: So 23.00 Uhr. Fahrzeit: 5 Std.
MV *Lady of Carmel*; Cebu Ferries. Abfahrt: So 24.00 Uhr. Fahrzeit: 5 Std.

Von Palompon nach Cebu City
MV *Lady of Rule*; Cebu Ferries. Abfahrt: Mo 19.00 Uhr. Fahrzeit: 10 Std.; über Ormoc.
MV *Doña Lili*; Cebu Ferries. Abfahrt: Sa 24.00 Uhr. Fahrzeit: 5 Std.
MV *Don Calvino*; Cebu Ferries. Abfahrt: So 23.00 Uhr. Fahrzeit: 6 Std.

Von San Isidro nach Maya (Nord-Cebu)
Großes Auslegerboot. Abfahrt: täglich 7.00 oder 8.00 Uhr. Fahrzeit: 2 Std. Gegen einen Aufpreis von 200 P legt das Boot (wenn es nicht überladen ist) am Bounty Beach auf Malapascua Island an.
Nach Ankunft in Maya fährt ein Bus nach Cebu City.

Von Tacloban nach Cebu City
MV *Don Calvino*; Cebu Ferries. Abfahrt: Di u. Do 16.00 Uhr. Fahrzeit: 13 Std.
MV *Doña Lili*; Cebu Ferries. Abfahrt: Mi 16.00 Uhr. Fahrzeit: 13 Std.
MV *Leyte Queen*; K & T Shipping Lines. Abfahrt: Mi, Fr u. So 17.00 Uhr. Fahrzeit: 12 Std.

Nach Luzon

Flug

Von Tacloban nach Manila
Cebu Pacific, Grand Air und Philippine Airlines fliegen täglich.

Bus/Schiff

Von Tacloban nach Manila
Aircon-Busse der Philtranco Company fahren täglich um 5.30 und 16.00 Uhr ab Philtranco-Busterminal nach Manila. Fahrzeit inklusive Fähre San Isidro-Matnog: 28 Std. Fahrpreis: 500 P. Eine Platzreservierung ist sinnvoll.
Es fahren ebenfalls täglich Aircon-Busse (meist besser als die von Philtranco) der Companies Cedec Transport und Liberty Transport, und zwar ab Busterminal.

Schiff

Von Calubian nach Manila
MV *Palawan Princess*; Sulpicio Lines. Abfahrt: So 24.00 Uhr. Fahrzeit: 34 Std.; über Masbate/Masbate.
Das Schiff kommt von Baybay, Abfahrt dort: 12.00 Uhr, und Maasin, Abfahrt dort: 6.00 Uhr.

Von Ormoc nach Manila
MV *Sacred Heart*; WG & A. Abfahrt: Mi 17.30 Uhr. Fahrzeit: 47 Std.; über Palompon und Masbate/Masbate.

Von Palompon nach Manila
MV *Sacred Heart*; WG & A. Abfahrt: Do 7.30 Uhr. Fahrzeit: 33 Std.; über Masbate/Masbate.

Von Tacloban nach Manila
MV *Tacloban Princess*; Sulpicio Lines. Abfahrt: Mo 16.00 Uhr (direkt) u. Fr 5.00 Uhr (über Catbalogan/Samar). Fahrzeit: 24 Std. (direkt).
MV *Masbate Uno*; WG & A. Abfahrt: Mi 12.00 Uhr (über Catbalogan/Samar) u. Sa 16.00 Uhr (direkt). Fahrzeit: 25 Std. (direkt).

Nach Masbate

Schiff
Von Baybay nach Masbate
MV *Palawan Princess*; Sulpicio Lines. Abfahrt: So 12.00 Uhr. Fahrzeit: 18 Std.; über Calubian.

Von Calubian nach Masbate
MV *Palawan Princess*; Sulpicio Lines. Abfahrt: So 24.00 Uhr. Fahrzeit: 6 Std.

Von Maasin nach Masbate
MV *Palawan Princess*; Sulpicio Lines. Abfahrt: So 6.00 Uhr. Fahrzeit: 24 Std.; über Baybay und Calubian.

Von Ormoc nach Masbate
MV *Cebu Princess*; Sulpicio Lines. Abfahrt: Di 10.00 Uhr. Fahrzeit: 24 Std.
MV *Sacred Heart*; WG & A. Abfahrt: Mi 17.30 Uhr. Fahrzeit: 23 Std.; über Palompon.

Von Palompon nach Masbate
MV *Sacred Heart*; WG & A. Abfahrt: Do 7.30 Uhr. Fahrzeit: 13 Std.

Nach Mindanao

Bus/Schiff
Von Tacloban nach Davao
Ein Aircon-Bus der Philtranco Company fährt täglich um etwa 24.00 Uhr, eventuell auch etwas später; der Bus kommt aus Manila. Fahrzeit inklusive Fähre Liloan-Lipata/Surigao: 16 Std.

Schiff
Von Liloan nach Lipata/Surigao
MV *Maharlika II*; Bernard Services. Abfahrt: 8.00 Uhr. Fahrzeit: 3 Std.; nach Lipata, zehn Kilometer nordwestlich von Surigao.

Von Maasin nach Surigao
MV *Water Jet 2*; Water Jet Shipping Corporation. Abfahrt: Di, Do, Sa u. So 10.45 Uhr. Fahrzeit: 1:30 Std.
MV *Filipinas Surigao*; Cokaliong Shipping Lines. Abfahrt: Mi 6.00 Uhr u. Fr 3.00 Uhr. Fahrzeit: 4 Std.
MV *Asia-Singapore*; Trans-Asia Shipping Lines. Abfahrt: Fr 5.00 Uhr. Fahrzeit: 4 Std.
MV *Palawan Princess*; Sulpicio Lines. Abfahrt: Fr 21.00 Uhr. Fahrzeit: 4 Std. Das Schiff kommt von Baybay, Abfahrt dort: 16.00 Uhr, und Calubian, Abfahrt dort: 7.00 Uhr.
MV *Asia-Taiwan*; Trans-Asia Shipping Lines. Abfahrt: Sa 3.00 Uhr. Fahrzeit: 4 Std.

Nach Samar

Bus
Von Tacloban nach Catbalogan und Calbayog
Aircon-Busse der Philtranco Company fahren täglich um 5.30 und 16.00 Uhr ab Philtranco-Busterminal, und zwar die mit Ziel Pasay City/Manila. Fahrzeit: nach Catbalogan 3 Std., nach Calbayog 4 Std. (Platzreservierung sinnvoll). Es fahren ebenfalls täglich Aircon-Busse der Companies Cedec Transport und Liberty Transport mit Ziel Manila, und zwar ab Busterminal.

Schiff
Von Tacloban nach Catbalogan
MV *Masbate Uno*; WG & A. Abfahrt: Mi 12.00 Uhr. Fahrzeit: 4 Std.
MV *Tacloban Princess*; Sulpicio Lines. Abfahrt: Fr 5.00 Uhr. Fahrzeit: 4 Std.

Von Tacloban nach Guiuan (Süd-Samar)
MV *Stacey*; K & T Shipping Lines. Abfahrt: jeden zweiten Tag um 23.00 Uhr. Fahrzeit: 6 Std.

Tacloban

Tacloban ist eine nicht besonders einladend erscheinende Hafenstadt mit etwa 160.000 Einwohnern. Buntes Le-

Visayas - Leyte

ben herrscht auf dem Markt am Westende des Anlegers.
Ein großes Relief an der Außenwand des Provincial Capitol zeigt die Rückkehr MacArthurs nach den Philippinen im Oktober 1944 bei Palo, etwas südlich von Tacloban. Dieses historische Ereignis wird jedes Jahr am 19. und 20. Oktober gefeiert (Hahnenkämpfe, Paraden usw.).
Die Divine Word University beherbergt ein Museum mit Themenschwerpunkt Leyte/Samar, in dem neben einigen kostbaren Stücken aus der Zeit früherer Handelsbeziehungen zu China auch Funde aus den Höhlen des Sohoton National Park ausgestellt sind; geöffnet ab 13.00 Uhr. Ein weiteres sehenswertes Museum ist das im Kolonialstil gebaute Santo Niño Shrine and Heritage Museum, das einen Eindruck von dem Wohlstand vermittelt, in dem der Marcos-Clans lebte; Führung: 200 P (bis zu fünf Teilnehmer) stündlich von 8.00 bis 11.00 Uhr und 13.00 bis 16.00 Uhr. Gleich nebenan steht das ebenso großzügig konzipierte People's Center mit der Library for Samar and Leyte.
Einen prächtigen Blick auf Tacloban und den geschäftigen Hafen hat man von der großen Christusfigur oben auf einem Hügelgrat im Westen der Stadt. Es ist die Belohnung für die Bewältigung des stufenreichen Kreuzweges mit seinen den Leidensweg Christi darstellenden 14 Statuen. Zu erreichen unter anderem ab Market durch die Torres Street.
Wer gerne Geschichte schnuppert, sollte zum MacArthur Park am Red Beach bei Palo fahren. Empfehlenswert für Naturfreunde ist ein Tagestrip zum Sohoton National Park bei Basey auf Samar.

Übernachten

San Juanico Lodge, 104 Justice Romualdez Street, Tel. 3213221. EZ/DZ/fan 100/150 P, EZ/fan/Bad 150 P, DZ/fan/Bad 200 P. Einfache Unterkunft.
Cecilia's Lodge, 178 Paterno Street, Tel. 3212815. EZ/DZ/fan 100/200 P, EZ/DZ/fan/Bad 150/230 P, EZ/ac/Bad 250 P, DZ/ac/Bad 350 P. Einfach und relativ gut. Coffee Shop.
Manabó Lodge, Zamora Street, Tel. 3213727. EZ/DZ/fan 160/250 P, EZ/fan/Bad 220 P, DZ/fan/Bad 320 P. Relativ gut für den Preis.
Leyte Normal University House, Paterno Street, Tel. 3213175. EZ/ac/Bad 310 P, DZ/ac/Bad 460 P. Ordentliche Unterkunft mit geräumigen Zimmern. Cafeteria und Tea Room.
Tacloban Plaza Hotel, Justice Romualdez Street, Tel. 3255850. EZ/ac/Bad 300 und 350 P, DZ/ac/Bad 400 und 470 P. Angenehme, nett eingerichtete Zimmer mit TV; guter Gegenwert. Ein paar davon liegen allerdings direkt über einer Bowlingbahn und dürften daher etwas laut sein. Restaurant.
Primerose Hotel, Zamora Street/Ecke Salazar Street, Tel. 3212248. EZ/fan/Bad 200 P, DZ/fan/Bad 250 P, EZ/ac/Bad 400 P, DZ/ac/Bad 400 bis 550 P. Recht gute Zimmer, die teuren DZ mit TV. Restaurant (nur Frühstück).
Manhattan Inn, Rizal Avenue, Tel. 3214170. EZ/ac/Bad 460 P, DZ/ac/Bad 550 P, Suite 650 P. Komfortable Zimmer in einem gut geführten Hotel, das häufig ausgebucht ist. Reservierung ratsam. Restaurant.
Asia Stars Hotel, Zamora Street, Tel. 3214942, Fax: 3255889. EZ/DZ/ac/Bad 600/900 P. Ordentliche Zimmer mit TV. Unten im Haus befindet sich Cindy's Restaurant. Ticket-Service.
The Leyte Park, Magsaysay Boulevard, Tel. 3256000, Fax: 3255587. EZ/DZ/ac/Bad 2.200/2.600 P. Es ist das beste Hotel in Tacloban mit 300 Zimmern und 20 Cottages. Schöne Lage unmittelbar an der San Pedro Bay. Restaurant. Swimmingpool. Tenniscourt. Airport-Service. Autovermietung.

Anreise/Weiterreise
6 Anleger
7 K & T Shipping Lines
9 WG & A
12 Busterminal
14 Sulpicio Lines
32 Ticketing Office (PAL Agent)
41 Philtranco Busterminal
42 Airport (10 km)

Übernachten
3 The Leyte Park
15 Manhattan Inn
18 San Juanico Lodge
20 Primerose Hotel
23 Traveller's Lodge
25 Manabó Lodge
26 Asia Stars Hotel
28 Tacloban Plaza Hotel
30 Allee Lodge
35 Cecilia's Lodge
38 Leyte Normal University House

Essen und Trinken; Unterhaltung
16 Alpha Bakery
21 Asiatic Restaurant
Good Morning Restaurant
22 Chinatown Restaurant
24 Good Morning Square
25 Blueberry
26 Cindy's Restaurant
33 Giuseppe's
37 Dahil Sa Iyo Fastfood
39 Spacer Disco
42 Andres Nightclub (200 m)
Schooner Nightclub (200 m)
Agus Restaurant (1,5 km)

Verschiedenes
1 Tourist Office
2 Children's Park
4 Plaza Libertad
5 Provincial Capitol
8 Post Office
10 Botanical Garden
11 Buddhist Temple Paseo de Legaspi
San Juanico Bridge
13 Market
17 Gaisano Department Store
19 Equitable Bank
29 Philippine National Bank (PNB)
27 Kreuzweg
31 City Hall
34 Santo Niño Church
36 Divine Word University
40 People's Center & Library
Santo Niño Shrine
& Heritage Museum

Visayas - Leyte

Essen und Trinken

Passable chinesische und philippinische Gerichte sind im ***Asiatic Restaurant*** und im ***Chinatown Restaurant*** erhältlich, beide in der Zamora Street. Beliebt ist das saubere ***Dahil Sa Iyo Fastfood***, Burgos Street/Ecke Real Street, das allerdings bereits um 20.00 Uhr schließt. Die Spezialität des Hauses heißt *pakdol*, ein deftiger Fleischeintopf. Das Restaurant ***Good Morning Square***, ein klimatisierter McDonald's-Verschnitt mit einer guten Frühstücksauswahl. Ebenfalls gut frühstücken kann man in der ***Alpha Bakery*** in der Rizal Avenue.

Im netten ***Giuseppe's*** in der Avenida Veteranos gibt es, wie der Name schon vermuten läßt, Pizzas und andere italienische Spezialitäten.

Die sicherlich beste Adresse für Seafood ist das ***Agus Restaurant***. Es liegt etwas außerhalb am südlichen Stadtrand direkt am Wasser und ist durchgehend geöffnet. Trotz der kleinen Anfahrt lohnt sich ein Besuch unbedingt, insbesondere für kleine Gruppen, die mit Blick aufs Meer exzellent und preiswert speisen werden.

Wer Lust auf einen köstlichen Eisbecher verspürt, sollte sich ins ***Blueberry*** in der Zamora Street begeben.

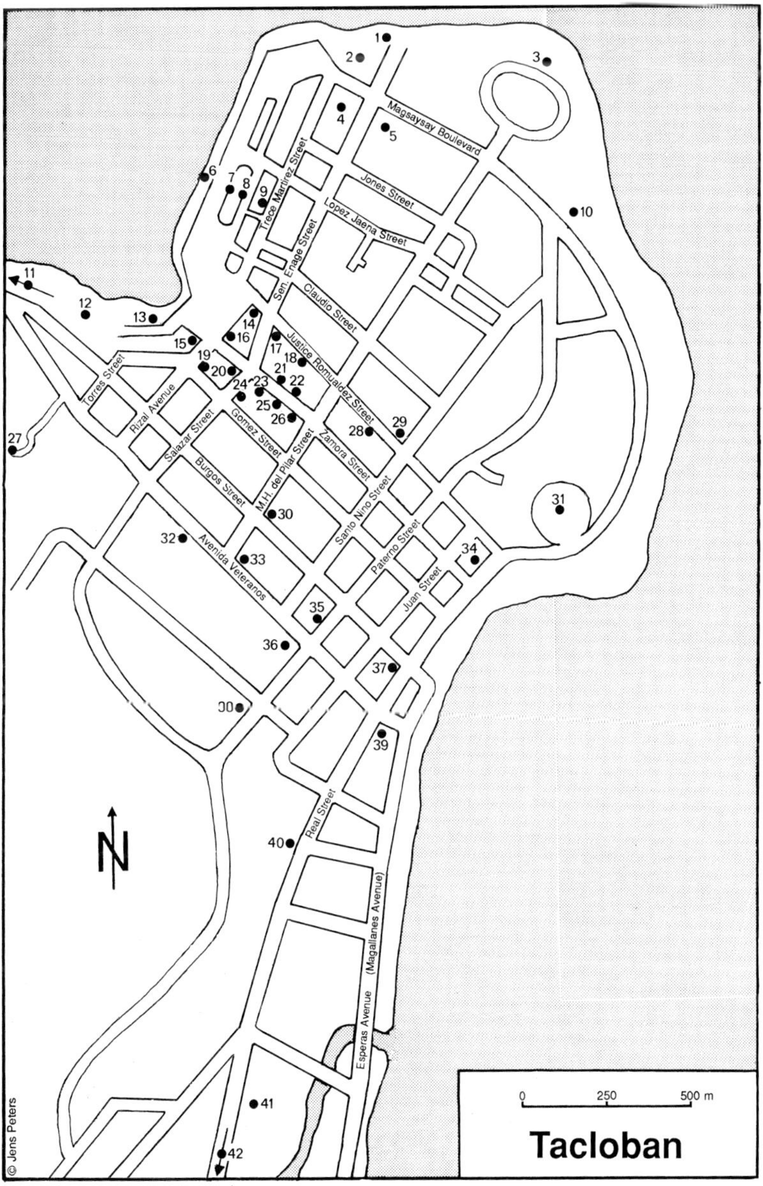
Magsaysay Boulevard
Jones Street
Lopez Jaena Street
Trece Martirez Street
Sen. Enage Street
Claudio Street
Justice Romualdez Street
Torres Street
Rizal Avenue
Salazar Street
Gomez Street
Burgos Street
M.H. del Pilar Street
Zamora Street
Santo Nino Street
Paterno Street
Juan Street
Avenida Veteranos
Real Street
Esperas Avenue
(Magallanes Avenue)
0 250 500 m
Tacloban
© Jens Peters

Unterhaltung
Die Möglichkeiten abendlicher Unterhaltung sind ziemlich begrenzt. Zu den beliebtesten Tanzlokalen gehören die ***Volare Disco*** im Hotel The Leyte Park und die ***Spacer Disco*** in der Real Street. In den Nightclubs ***Schooner***, ***Andres*** und ***Corkeez***, zwei Kilometer weiter südlich vom Stadtzentrum, werden zu später Stunde Shows geboten.

Adressen/Verschiedenes
Geldwechseln: Visa und MasterCard cash advance bei der Equitable Bank, Rizal Avenue/Ecke Gomez Street.
Die Philippine National Bank in der Justice Romualdez Street wechselt Travellers Cheques, verlangt aber eine Fotokopie vom Reisepaß.
Reisebüro: Das Ticketing Office, Avenida Veteranos, Tel. 3257000, Fax: 3255807, verkauft unter anderem PAL-Tickets.
Tourist Office, Children's Park, Sen. Enage Street, Tel. 3212048, Fax: 3255279.
Vorwahl: 053.

Anreise/Weiterreise
Mit dem Flugzeug: Vom Romualdez Airport bis zum Stadtzentrum sind es elf Kilometer. Die Fahrt mit einem Jeepney sollte nicht mehr als 20 P pro Person kosten; in umgekehrter Richtung bezahlt man etwas weniger. Ein Taxi vom Airport zur Stadt kostet 120 bis 150 P.
Cebu Pacific, Summit World, Sen. Enage Street, Tel. 3257746.
Philippine Airlines, Romualdez Airport Office: Tel. 3212212.

Mit dem Bus: Aircon-Busse der Philtranco Company in Richtung Manila sind des öfteren ausgebucht. Es empfiehlt sich, mindestens einen Tag vor Abreise einen Platz zu reservieren.
Philtranco hat einen eigenen Busterminal im Süden der Stadt. Alle anderen Busse fahren ab dem Busterminal beim Markt. Siehe auch weiter vorne »Weiterreise«: *Nach Luzon*.
Die Fahrt mit einem Tricycle zu einem Hotel im Stadtbereich kostet 5 P.

Um Tacloban

Basey und Sohoton National Park
Der Sohoton National Park (auch: Sohoton Natural Bridge National Park) befindet sich auf Samar, ist aber am einfachsten von Tacloban aus zu erreichen, und zwar über Basey/Samar. Im Park gibt es Wasserfälle, unterirdische Wasserwege und ein wahres Höhlenlabyrinth. Wegen der glitzernden Steinformationen werden die Höhlen auch »Wonder Caves« genannt. Die größten und schönsten sind Panhulugan I, Bugasan III und Sohoton. Eine Besichtigung der Höhlen ist nur bei normalem Wasserstand möglich, also nicht nach längeren Regenfällen; beste Monate: März bis Juli.
Basey ist bekannt für farbenprächtige Webarbeiten, hauptsächlich Matten.

Anreise/Weiterreise
Das Tourist Office in Tacloban dürfte beim Arrangieren eines Trips in den Sohoton National Park behilflich sein können.

Jeepney/Boot: Von Tacloban nach Basey fährt der erste Jeepney um etwa 7.00 Uhr, der nächste erst um 9.30 Uhr. Fahrzeit: 1 Std. Ein Tagestrip von Basey in den Sohoton National Park lohnt sich nur dann, wenn man früh in Basey ankommt, da der letzte Jeepney zurück nach Tacloban bereits um etwa 15.00 Uhr abfährt - sofern genug Passagiere da sind. Ansonsten: ein Special Ride mit einem Tricycle von Basey nach Tagbilaran kostet etwa 60 P, auch am späten Nachmittag.

MacArthur Landing Memorial in Palo

Ab Markt in Tacloban fahren morgens Boote nach Basey. Fahrzeit: 30 Min. Fahrpreis: 5 P.
In Basey von Francisco Corales oder Arnulito Viojan das erforderliche Permit besorgen und ein Boot arrangieren lassen. Das Permit, das am Eingang zum National Park vorgelegt werden muß, kostet 2,50 P, die Leihgebühr für eine Kerosinlampe beträgt 50 P, Guide und Boot kosten 500 P, wobei der Guide noch ein kleines Trinkgeld erwartet. Die schöne Fahrt flußaufwärts zum Park dauert etwa 1:30 Std.

Palo

Ein Denkmal (Leyte Landing Memorial) und eine Gedenktafel erinnern am Red Beach von Palo an die Rückkehr von General MacArthur, der dort nach einer heftigen Seeschlacht am 20. Oktober 1944, rund 2 1/2 Jahre nach seiner Flucht von der Festungsinsel Corregidor in der Manila Bay, wieder philippinischen Boden betrat und mit seinen Truppen das Land von den japanischen Besatzern befreite. Die 1596 errichtete Palo Cathedral mit ihrem blattgoldbelegten Altar wurde von den Amerikanern nach ihrem Einmarsch vorübergehend zu einem Hospital umfunktioniert.
Am Stadtrand von Palo liegt der 159 Meter hohe Guinhangdan Hill, auch Hill 522 genannt (wegen seiner Höhe von 522 Fuß). Um ihn wurde 1944 verbissen gekämpft; viele Amerikaner und Japaner verloren dabei ihr Leben. Auf seiner Spitze steht heute ein großes Holzkreuz, zu dem ein Weg hinaufführt. Von dort oben hat man einen guten Blick auf das geschichtsträchtige Gebiet und die Kathedrale von Palo.

Übernachten

City Lodge Pension. EZ/DZ/ac/Bad 350 P. Relativ sauber. Auch Stundenhotel.

MacArthur Park Beach Resort, Tel. 3233015. EZ/ac/Bad ab 1.800 P, DZ/ac/Bad ab 2.100 P, Suite 3.400 P. Komfortable, geschmackvoll eingerichtete Zimmer. Gutes Restaurant. Swimmingpool. Weitläufige Anlage etwa 300 Meter südlich vom Leyte Landing Memorial, direkt an der San Pedro Bay. Reservierung in Manila: Tel. 8121984, Fax: 8121164.

Anreise/Weiterreise

Jeepney: Von Tacloban nach Palo fahren täglich mehrere Jeepneys ab Busterminal, jedoch machen nicht alle den Abstecher zum MacArthur Park, der nördlich von Palo liegt. Von der Hauptstraße bis zum Park sind es etwa 1,5 Kilometer (mit einem Tricycle 5 P pro Person).

San Isidro

San Isidro ist ein kleiner Ort im Nordwesten von Leyte mit Bootsverbindungen von und nach Nord-Cebu. Die Anreise zur kleinen Malapascua Island ist ebenfalls von San Isidro aus möglich.

Übernachten

Es gibt zwei kleine, einfache Unterkünfte in San Isidro.

Anreise/Weiterreise

Tacloban

Bus: Von Tacloban nach San Isidro fahren täglich um 6.00, 7.00, 10.00, 12.00 und 15.00 Uhr Busse verschiedener Companies. Fahrzeit: 3:30 Std.; über Calubian; dort kurzer Stopp.

Der Special Ride mit einem Motorrad von Calubian nach San Isidro kostet 100 P.

Ormoc

Bus/Jeepney: Von Ormoc nach San Isidro fahren frühmorgens ein Bus und Jeepneys. Fahrzeit: 4:30 Std.

Anreise/Weiterreise

1 Philippine Airlines
14 WG & A
Universal Aboitiz (Supercat)
15 Sulpicio Shipping Lines
19 Jeepneyterminal
20 Busterminal

Übernachten

3 Pongos Hotel
8 Ormoc Days Hotel
16 Don Felipe Hotel

Essen und Trinken

9 Gourmet Cocktail Bar & Restaurant
11 Magnolia Ice Cream
18 Chito's Chow Bar & Restaurant

Verschiedenes

2 Gaisano Deaprtment Store
4 Philippine National Bank (PNB)
5 LBC Office
6 Fruchtstände
7 Kirche
10 PCI Bank
12 City Hall
13 Cityfair Supermarket
17 Ormoc Superdome
21 Market

Palompon

Palompon ist ein Küstenort nordwestlich von Ormoc, von dem Schiffe nach Cebu und Panay fahren. Folgt man der Straße von Palompon entlang der Küste über San Isidro in Richtung Norden, kommt man nach Jubay (sprich: Hubei), von wo aus Boote zur kleinen, etwas abgelegenen Higatangan Island hinüberfahren, die zur Provinz Biliran gehört.

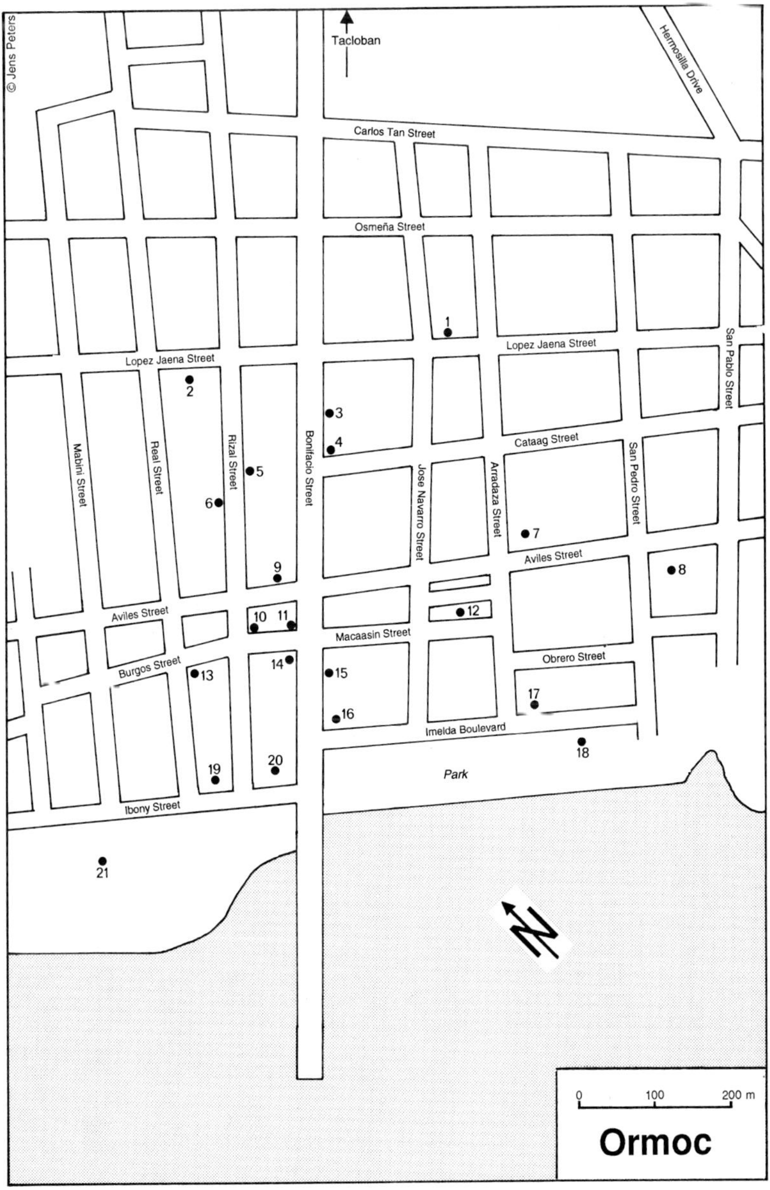

© Jens Peters
Tacloban
Hermosilla Drive
Carlos Tan Street
Osmeña Street
Lopez Jaena Street
Lopez Jaena Street
San Pablo Street
Mabini Street
Real Street
Rizal Street
Bonifacio Street
Jose Navarro Street
Arradaza Street
Cataag Street
San Pedro Street
Aviles Street
Aviles Street
Macaasin Street
Burgos Street
Obrero Street
Imelda Boulevard
Park
Ibony Street
1
2
3
4
5
6
7
8
9
10
11
12
13
14
15
16
17
18
19
20
21
N
0
100
200 m
Ormoc

Übernachten

Russell Lodging House, Rizal Street. EZ/fan 85 P, DZ/fan 110 P, EZ/ac/Bad 250 P, DZ/ac/Bad 350 P. Einfach und relativ sauber. Liegt in der Nähe des Anlegers.
Eine weitere, saubere und preisgünstige Pension befindet sich am Eingang zum PIT (Philippine Institute of Technology).

Anreise/Weiterreise

Jeepney: Von Ormoc nach Palompon fahren täglich mehrere Jeepneys. Fahrzeit: 2:30 Std.

Ormoc

Zwischen Ormoc, der zweitgrößten Stadt von Leyte, und Cebu City bestehen wichtige Schiffsverbindungen. Am Anleger herrscht immer buntes Treiben, besonders am späten Nachmittag und abends, wenn sich zahlreiche Menschen zu einem Schwätzchen im Park an der Kaimauer treffen. Insgesamt macht die Stadt einen gepflegten Eindruck; sie dürfte zu den saubersten des Landes zählen.
Die südwestlich vor Ormoc liegenden Camotes Islands, die zur Provinz Cebu gehören, sind mit einem Auslegerboot in etwa drei Stunden zu erreichen.
Am 5. November 1991 erlebte Ormoc einen rabenschwarzen Tag, als der Taifun Uring über Leyte hinwegfegte und gewaltige Wassermassen von den Bergen herunterströmten und in der Stadt alles mitrissen, was im Weg stand oder sich nicht in Sicherheit bringen konnte. Über 5.000 Menschen erlitten tödliche Verletzungen oder ertranken, annähernd 50.000 waren nach der vernichtenden Naturkatastrophe obdachlos. Ausschlaggebend für die ungebremsten Fluten war, daß illegale Holzfäller über viele Jahre hinweg unbehelligt Kahlschlag betreiben konnten, aus dem dann eine folgenschwere Verkarstung der Berghänge resultierte. Beim Friedhof von Ormoc erinnert eine Gedenkstätte an die Tragödie.

Übernachten

Pongos Hotel, Bonifacio Street, Tel. 2482, 2211. EZ/fan/Bad 200 P, DZ/fan/Bad 310 P, EZ/ac/Bad 385 P, DZ/ac/Bad 550 P, Suite 1.100 P. Einfach, aber akzeptabel. Restaurant.
Hotel Don Felipe, Bonifacio Street, Tel. 64661, Fax: 64306. EZ/fan/Bad 190 P, DZ/fan/Bad 290 P, EZ/ac/Bad 345 bis 1.000 P, DZ/ac/Bad 450 bis 1.200 P, Suite 1.500 und 1.840 P. Guter Gegenwert (die Fan-Zimmer). Es gibt ein altes und ein neues Gebäude. Die besseren und teuren Zimmer mit TV befinden sich in letzterem. Restaurant. Disco. Liegt direkt am Anleger.
Ormoc Days Hotel, Obrero Street, Tel. 2555003. EZ/DZ/ac/Bad 3.400 P, Suite 4.000 P. Geräumige, gut ausgestattete Zimmer mit TV, Kühlschrank und Balkon, die Suites auch mit Jacuzzi. Attraktiv gestaltete Hotelanlage nahe dem Ormoc Superdome (Mehrzweckhalle). Restaurant. Swimmingpool. Fitnessraum. Das beste Hotel der Stadt.

Essen und Trinken

Angenehm sitzen kann man im luftigen, offenen ***Chito's Chow Bar & Restaurant*** an der Hafenpromenade, das zudem eine große Auswahl an preiswerten Speisen zu bieten hat. Zu empfehlen sind auch der ***Bahia Coffee Shop*** im Hotel Don Felipe, Bonifacio Street, und das gutsortierte ***Filipino Fastfood Restaurant*** im Erdgeschoß vom Gaisano Department Store in der Lopez Jaena Street. Preiswerte Fischgerichte werden im ***Gourmet Cocktail Bar & Restaurant*** in der Aviles Street serviert.

Adressen/Verschiedenes

Vorwahl: 053 oder 05351.

Anreise/Weiterreise

San Isidro
Bus: Von San Isidro nach Ormoc fährt mittags nach Ankunft des Bootes von Maya/Cebu ein Bus. Fahrzeit: 4:30 Std.

Tacloban
Bus: Von Tacloban nach Ormoc fahren täglich von 4.00 Uhr bis zum frühen Nachmittag etwa stündlich Busse ab Busterminal. Fahrzeit: 2:30 Std.
Von Ormoc nach Tacloban fährt der erste Bus um etwa 5.30 Uhr ab Anleger.

Um Ormoc

Tongonan

Etwas nördlich von Ormoc, in Tongonan, gibt es heiße Quellen. Die Nutzung der geothermischen Energie hat Leyte bereits weitgehend unabhängig von Energieimporten gemacht.
Gespenstisch wirken die schweren Vegetationsschäden, die von Dämpfen verursacht werden, die bei der Energieerzeugung entstehen. Das Geothermal Project kann nur mit einer Besuchserlaubnis betreten werden, die zwei Wochen vorher schriftlich beantragt werden muß, und zwar beim Project Manager, PNOC EDC, Geothermal Project, Tongonan, Ormoc City.

Lake Danao

Nordöstlich von Ormoc liegt in 700 Meter Höhe der Lake Danao, an dem der etwa 40 Kilometer lange Leyte Mountain Trail beginnt, der durch das bergige Zentral-Leyte zum Lake Mahagnao im Mahagnao Volcano National Park bei Burauen führt. Vom Terminal am Anleger in Ormoc fahren Jeepneys hinauf Lake Danao, jedoch nicht regelmäßig. Auf dem Weg dorthin wird durch die kahlen, abgeholzten Hügel die Ursache der Überflutung Ormocs sichtbar. Der drei Kilometer lange See selbst ist jedoch umgeben von Regenwald. Sein Wasser ist sauber und erfrischend kühl.
Wer von der Ostküste Leytes aus über den Leyte Mountain Trail zum Lake Danao wandern möchte, fährt zuerst mit einem Bus von Tacloban in Richtung Süden über Tanauan und Dagami nach Burauen. Von Burauen kann man sich für 100 P mit einem Motorrad zum Eingang des Mahagnao Volcano National Park hinauffahren lassen, wo der Marsch schließlich beginnt. Bis zum Lake Mahagnao sind es etwa 1,5 Kilometer.
Der letzte Bus von Burauen nach Tacloban fährt um etwa 15.00 Uhr.

Baybay

Baybay ist eine kleine Hafenstadt an der mittleren Westküste von Leyte mit Schiffsverbindungen unter anderem von und nach Cebu. Mit der alten spanischen Kirche, die den Ort überragt, und den Bergen im Hintergrund bietet sie von einem eintreffenden Schiff aus einen besonders schönen Anblick in der Morgendämmerung.
Etwa sieben Kilometer nördlich von Baybay befindet sich das moderne, von der Weltbank finanzierte Visayan State College of Agriculture, kurz VISCA genannt, an dem auch deutsche Doktoranten studieren und forschen. Es ist eine überraschend saubere und gepflegte Anlage. Sofern Zimmer frei sind, können Reisende im Gästehaus Visca Hostel übernachten.

Übernachten

Ellean's Lodging House, A. Bonifacio Street. EZ/DZ 80/120 P, EZ/DZ/fan 120/170 P. Sehr einfache Unterkunft nahe Anleger.
Visca Hostel. EZ/fan/Bad 150 P, DZ/fan/Bad 250 P, EZ/DZ/ac/Bad 400/450 P. Passable Zimmer. Restaurant.

Plaza Hotel, Uptown Center, Tel. 3352412. EZ/DZ/fan/Bad 300 P, EZ/DZ/ac/Bad 450, 1.300 und 1.500 P. Gute Zimmer, die teuren mit Kühlschrank und TV. Restaurant. Das beste Hotel der Stadt.

Anreise/Weiterreise

Bus: Von Tacloban nach Baybay fahren täglich mehrere Busse ab Busterminal. Fahrzeit: 3 Std.

Bato und Hilongos

Bato und Hilongos sind kleine Hafenstädte etwa auf halber Strecke zwischen Baybay und Maasin mit Schiffsverbindungen von und nach Cebu. Zwischen Bato und Bohol verkehrt außerdem täglich ein größeres Auslegerboot. In Hilongos steht ein hoher Glokkenturm aus spanischer Zeit. Die Fahrt mit einem Tricycle von Bato nach Hilongos kostet 2 P.

Übernachten

Green House Lodging, Rizal Street, Bato. EZ/DZ/fan 50/100 P. Einfach.

Anreise/Weiterreise

Ormoc

Bus: Von Ormoc nach Bato fahren täglich mehrere Busse. Erste Abfahrt um 6.00 Uhr. Fahrzeit: 3 Std.

Tacloban

Bus: Von Tacloban nach Bato fahren täglich mehrere Busse ab Busterminal. Fahrzeit: 4 Std.

Maasin

Maasin liegt an der Südwestküste von Leyte und ist die Hauptstadt der Provinz Southern Leyte. Wer etwas aktiv sein möchte, könnte von dort aus Wanderungen im bergigen Hinterland unternehmen. Religiöse ziehen es möglicherweise vor, freitags frühmorgens gemeinsam mit anderen Gläubigen eine Wallfahrt hinauf zum Shrine of St. Francis Javiar in Hanginan zu machen. Von Maasin aus bestehen Schiffsverbindungen nach Bohol, Cebu und Mindanao.

Übernachten

Verano Pension House, Kangleon Street, Mantahan, Tel. 3812253. EZ/DZ/fan 60/120 P, DZ/ac/Bad 250 P. Ordentliche, nett eingerichtete Zimmer. Familiäre Atmosphäre. Auf Wunsch wird Frühstück zubereitet. Liegt etwa zehn Minuten mit einem Tricycle von Maasin entfernt.

Maasin Country Lodge, Mambajao. EZ/DZ/fan/Bad 200 P, EZ/DZ/ac/Bad 350 P. Passable Unterkunft unweit vom Provincial Capitol.

Essen und Trinken

Gute philippinische Gerichte gibt es im ***Avenue Restaurant*** und im ***Valtenian Restaurant***, abends mit Live-Music.

Anreise/Weiterreise

Bus: Von Tacloban nach Maasin fahren täglich mehrere Busse ab Busterminal. Fahrzeit: 5 Std.
Letzte Abfahrt von Maasin nach Tacloban um etwa 13.00 Uhr.

Liloan

Liloan liegt am nördlichen Zipfel der Insel Panaon im Süden von Leyte. Die Gewässer dort bieten gute Tauch- und Schnorchelmöglichkeiten. Zwischen Liloan und Lipata, zehn Kilometer nordwestlich von Surigao im Nordosten von Mindanao besteht eine Fährverbindung.

Übernachten

Liloan Hillside Lodge. EZ/DZ/fan 75/150 P. Einfach und ziemlich laut. Restaurant. Liegt hinter dem Ferry Terminal.

Essen und Trinken

Gut und preiswert essen kann man in ***Annie & Boys Carenderia*** in der Quezon Street.

Anreise/Weiterreise

Maasin

Bus: Von Maasin nach Liloan fahren von 4.00 bis 7.30 Uhr mehrere Busse. Fahrzeit: 3:30 Std.

Tacloban

Bus: Von Tacloban nach Liloan fahren täglich mehrere Busse ab Busterminal. Fahrzeit: 5 Std. Möglicherweise ist jedoch schon in Sogod Endstation oder die Busse fahren von dort weiter nach Maasin. Von Sogod nach Liloan geht's dann weiter mit Jeepneys.

Limasawa Island

Etwa 20 Kilometer westlich von Panaon Island liegt die etwas abgeschiedene Insel Limasawa. Dort landete Ende März 1521 Ferdinand Magellan und hielt seine erste Messe auf den Philippinen, nachdem er bereits zwei Wochen zuvor auf der östlich von Leyte gelegenen Insel Homonhon erstmals philippinischen Boden betreten hatte. Ein großes Kreuz überragt Limasawa, um an dieses denkwürdige Ereignis zu erinnern. Zudem lassen die Insulaner jedes Jahr am 31. März die Geschichte lebendig werden, kostümieren sich und zelebrieren am Strand von Triana eine farbenfrohe Meßfeier.

Das alles gefällt den Bewohnern von Butuan an der Nordküste von Mindanao überhaupt nicht, denn nach ihrer Auffassung landete der Eroberer seinerzeit nicht auf Limasawa, sondern vor ihrer Haustür in Masao an der Mündung des Agusan River. Sie wollen sich nicht damit abfinden, daß der von Pigafetta (Magellans Chronist) festgehaltene Ortsname Mazauna später von Historikern Limasawa zugeordnet wurde.

Übernachten

Zur Feier des 475. Jahrestages der Landung Magellans wurde auf Limasawa ein kleines Gästehaus errichtet, in dem jetzt die Besucher der Insel untergebracht werden, sofern sie nicht privat übernachten möchten.

Anreise/Weiterreise

Boot: Von Padre Burgos nach Limasawa fährt täglich um 12.00 Uhr ein Auslegerboot. Fahrzeit: 1 Std. Fahrpreis: 10 P.

Abfahrt von Limasawa nach Padre Burgos um 6.30 Uhr.

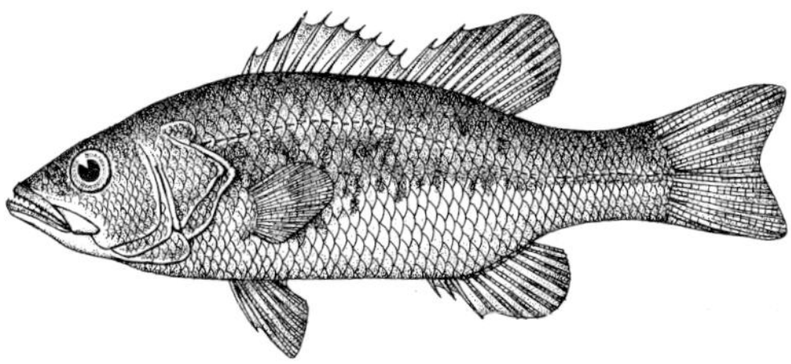

Negros

Negros liegt zwischen Cebu und Panay im Südwesten der Visayas. Gebirgszüge im Zentrum der Insel trennen die Provinzen Negros Occidental und Negros Oriental. Der Süden wird durch das ausgedehnte Tablas-Plateau geprägt. Westlich der Linie Ilog-Cadiz erstrecken sich weite Ebenen.

Negros ist die Zuckerinsel der Philippinen. Rund 450.000 Hektar, mehr als die Hälfte der gesamten Landfläche, werden für den Anbau von Zuckerrohr genutzt. Etwa 60 Prozent der Landesproduktion kommt von dort. Große Zuckerrohrplantagen und Raffinerien gibt es in Victorias und Binalbagan.

Der Export süßer Ernten von ersten Plantagen nach Japan, China, Australien, England, Kanada und den Vereinigten Staaten begann Mitte des 19. Jahrhunderts und bescherte fortan insbesondere den wenigen, auf Haziendas residierenden »Zuckerbaronen« nicht nur Wohlstand, sondern auch wirtschaftliche und vor allem politische Macht. Die nur saisonal beschäftigten Feldarbeiter und Erntehelfer konnten zumindest in den Jahren des Zuckerbooms das Geld für den Unterhalt ihrer Familien verdienen. Bis 1985 funktionierte dieses brisante und verantwortungslose System von Ausbeutung und sozialer Gleichgültigkeit. Dann fiel der Weltmarktpreis für Zucker so drastisch, daß kaum noch ein Centavo damit zu verdienen war. Bereits das Schlagen des Zuckerrohrs wurde zu einem Zusatzgeschäft. Negros mit seiner Monokultur war wirtschaftlich am Boden und etwa eine Viertel Million Sacadas, wie die Plantagenarbeiter genannt werden, ohne Job.

Ein fehlendes Hilfsprogramm der Regierung sowie die mangelnde Bereitschaft der meisten *hacienderos*, einen Teil ihrer Plantagenfläche den bedürftigen Arbeitern zum Anbau von Getreide und Süßkartoffeln zu überlassen, ließ viele verzweifelte Negrenses in den Jahren 1986/87 verstärkt in die Berge gehen, um sich der im Untergrund kämpfenden, regierungsfeindlichen NPA anzuschließen.

Darf man den staatlichen Angaben Glauben schenken, dann geht es nach dem Ansteigen des Zuckerpreises auf Negros seit ein paar Jahren wirtschaftlich wieder aufwärts. Einen erheblichen Beitrag zur Verbesserung der Situation leisteten aber auch die neuerdings extensiv betriebene Garnelenzucht (Black Tiger Prawn; *Penaeus monodon*) und die vielversprechend begonnene Möbelherstellung aus Rattan. Beide Wirtschaftszweige sind stark exportorientiert.

»Sugarland« möchte natürlich auch am Tourismus partizipieren. Erholungsgebiete wie etwa das Mambucal Summer Resort im Zentrum der Insel werden allerdings viel zu wenig besucht, als daß von einem sich andeutenden Boom die Rede sein könnte. Vom Vulkan Kanlaon erhofft man sich eine ähnliche Anziehungskraft, wie sie der Vulkan

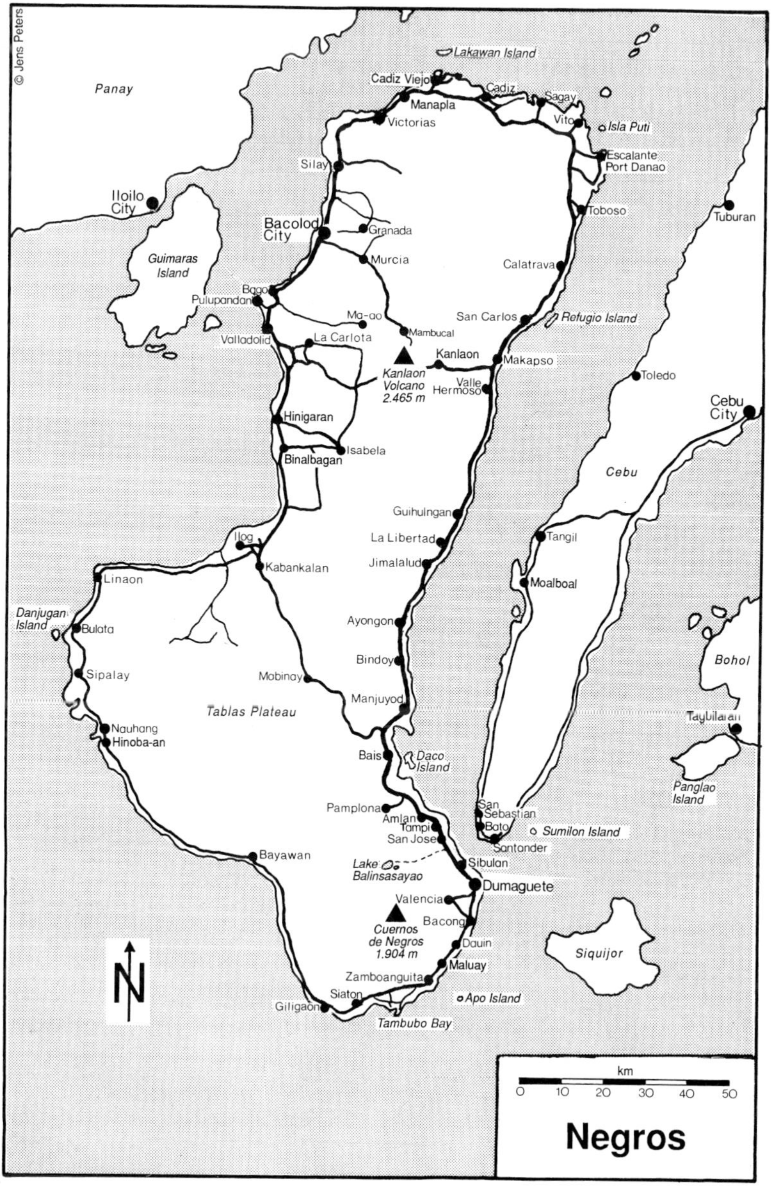

Visayas - Negros

Mayon im Süden auf der Insel Luzon ausstrahlt.
Die Ost- und Südostküste von Negros bieten spanisch anmutenden Charme - vielleicht ein Grund dafür, daß die angenehme Kleinstadt Dumaguete gerne für ein paar Tage von ausländischen Touristen aufgesucht wird.
Recht ordentliche Strände befinden sich im Südwesten der Insel bei Hinoba-an, wo in den Bergen unentwegte Abenteurer ihr großes Glück beim Goldwaschen suchen.
Was jedoch einmalig auf Negros ist und für zahlreiche Eisenbahnfreunde der Anreisegrund schlechthin sein könnte, sind die alten Dampflokomotiven, von denen die meisten bis vor wenigen Jahren neben modernen Diesellokomotiven bei der Ernte auf den Zuckerrohrfeldern eingesetzt wurden. In der Milling Season von Oktober bis April war es möglich, ein paar Kilometer mit diesen intakten Museumsstükken mitzufahren. Heute stehen jedoch nur noch wenige Loks unter Dampf, sie können aber auf dem Gelände der Zuckermühlen besichtigt werden. Die besten dieser Oldtimer findet man bei der Hawaiian-Philippine Sugar Company in Silay, der Vicmico in Victorias, der Central Azucarera de La Carlota in La Carlota und der Ma-ao Sugar Central bei Bago. Aber auch die der Biscom in Binalbagan, Sagay Sugar Central und Lopez Sugar Central in Sagay, Danao Sugar Central in Toboso und San Carlos Milling Company in San Carlos sind sicherlich sehenswert. Technische Einzelheiten usw. dieser Loks beschreibt Colin Carraf in seinem Buch *Iron Dinosaurs*.
Die Ureinwohner von Negros sind Negritos. Daher auch der Name. Einige Gruppen dieser kulturellen Minderheit leben heute noch in den Bergregionen. Der Hauptdialekt in Negros Occidental ist Illongo. In Negros Oriental wird Cebuano gesprochen.

Anreise

Anreisen kann man von Cebu, Guimaras, Luzon, Mindanao, Palawan, Panay und Siquijor. Siehe auch »Weiterreise« im jeweiligen Inselkapitel.

Weiterreise

Nach Bohol

Schiff
Von Dumaguete nach Tagbilaran
MV *St. Raphael*; Negros Navigation. Abfahrt: täglich 11.40 Uhr. Fahrzeit: 1:20 Std. Fahrpreis: 160 P.
MV *Asia-Japan*; Trans-Asia Shipping Lines. Abfahrt: Mo u. Fr 17.00 Uhr. Fahrzeit: 3:30 Std.

Nach Cebu

Flug
Von Bacolod nach Cebu City
Philippine Airlines fliegt täglich.

Bus/Schiff
Von Bacolod nach Cebu City
Täglich um 6.30, 7.30 (Aircon), 7.45 (Aircon), 8.00, 9.00, 9.30 (Aircon), 9.45 (Aircon) und 10.00 Uhr fahren Busse der Ceres Liner Company ab deren Northern Busterminal (»Shopping«) von Bacolod zum Ferry Boat von Escalante (Port Danao) nach Carmelo/ Tuburan und weiter nach Cebu City. Fahrzeit inklusive Fähre: 8 Std.
Siehe auch unten: *Von Escalante nach Tuburan.*

Von Dumaguete nach Cebu City
Siehe unten: *Von Tampi nach Bato.*

Schiff
Von Cadiz nach Bantayan
Großes Auslegerboot. Abfahrt: täglich zwischen 10.00 und 12.00 Uhr (gezeitenabhängig). Fahrzeit: 3:30 Std. Fahr-

preis: 70 P. Ankunft in Bantayan Town auf Bantayan Island.
Der Flußhafen von Cadiz ist mehrere Kilometer lang, daher am besten mit einem Tricycle vom Busterminal zum Anleger fahren.

Von Dumaguete nach Cebu City
MV *Delta II*; Delta Fast Ferries. Abfahrt: täglich 5.45 u. 14.45 Uhr. Fahrzeit: 2:15 Std.
MV *Supercat*; Universal Aboitiz. Abfahrt: täglich 8.30, 13.45 u. 19.15 Uhr. Fahrzeit: 2:15 Std.
MV *Dumaguete Ferry*, MV *Georich*, MV *Pulauan Ferry*; George & Peter Lines. Abfahrt: täglich 22.00 Uhr. Fahrzeit: 8 Std.
MV *Filipinas Dinagat*; Cokaliong Shipping Lines. Abfahrt: Di, Do, Sa u. So 24.00 Uhr. Fahrzeit: 6 Std.

Von Escalante nach Tuburan
MV *Melrivic 2*; Aznar Shipping Corporation. Abfahrt: täglich 10.30 u. 12.30 Uhr. Fahrzeit: 1:45 Std.

Von Guihulngan nach Tangil
Ferry Boat. Abfahrt: täglich 5.00, 6.00, 9.00 u. 11.00 Uhr. Fahrzeit: 3 Std. Die Verbindung von Tangil nach Moalboal ist besser als die von Toledo nach Moalboal.

Von San Carlos nach Toledo
MV *JN Express*; Aznar Shipping Lines. Abfahrt: täglich 5.30, 6.30, 8.30, 10.00, 11.30, 13.30, 14.30 und 15.45 Uhr. Fahrzeit: 1 Std.
MV *Melrivic 9*; Aznar Shipping Lines. Abfahrt: täglich 7.00 u. 12.00 Uhr. Fahrzeit: 1:15 Std.
An Feiertagen sind andere Abfahrtszeiten möglich. Auf dieser Route werden die Abfahrtszeiten des öfteren geändert. Zuverlässige Informationen erhält man am Anleger, nicht unbedingt von den Trishawfahrern in der Stadt.

Von Sibulan nach Liloan
Großes Auslegerboot. Abfahrt: täglich alle 30 Min. Letzte Abfahrt um etwa 15.00 Uhr. Fahrzeit: 20 Min.

Von Tampi nach Bato
Ferry Boat. Mehrere Abfahrten täglich. Letzte Abfahrt um etwa 15.30 Uhr. Fahrzeit: 45 Min. Eventuell fährt die Fähre auch von San Jose nach Talisay.
Von Dumaguete fahren Jeepneys ab Jeepneyterminal nahe Silliman University Medical Center zum Anleger (10 P).
Von Bato fahren nach Ankunft der Fähre Aircon-Busse der ABC-Liner Company nach Cebu City. Um 5.00, 6.30, 8.00, 10.00, 12.00 und 14.30 Uhr entlang der Ostküste über Oslob und Argao; um 6.30, 9.00 und 14.30 entlang der Westküste über Moalboal und Barili: Fahrzeit: 3 Std.

Nach Guimaras

Bus/Schiff
Von Bacolod nach Calabagnan
Mit einem Jeepney oder Bus nach Valladolid, etwa 30 Kilometer südlich von Bacolod, dort an der ersten Brücke aussteigen. Von Valladolid fährt täglich um etwa 11.00 Uhr ein Boot nach Calabagnan auf Guimaras Island. Es legt unterwegs an verschiedenen kleinen Inseln an, darunter auch Nagarao Island.

Schiff
Von Pulupandan nach Suclaran
Zweimal wöchentlich fährt ein Boot von Pulupandan, etwas nördlich von Valladolid, nach Suclaran auf Guimaras Island.

Nach Luzon

Flug
Von Bacolod nach Manila
Cebu Pacific und Philippine Airlines fliegen täglich.

Von Dumaguete nach Manila
Philippine Airlines fliegt täglich.

Schiff
Von Bacolod nach Manila
MV *Saint Peter the Apostle*; Negros Navigation. Abfahrt: Mo 10.00 u. Fr 17.00 Uhr. Fahrzeit: 20 Std.
MV *Saint Joseph the Worker*; Negros Navigation. Abfahrt: Di 18.00 Uhr. Fahrzeit: 20 Std.
MV *Princess of Negros*; Negros Navigation. Abfahrt: Do 12.00 Uhr u. Sa 7.00 Uhr. Fahrzeit: 23 Std.

Von Dumaguete nach Manila
MV *Philippine Princess*; Sulpicio Lines. Abfahrt: Mo 12.00 Uhr. Fahrzeit: 26 Std.
MV *Medjugorje*; WG & A. Abfahrt: Mi 8.00 Uhr. Fahrzeit: 27 Std.
MV *Maynilad*; WG & A. Abfahrt: Fr 8.00 Uhr. Fahrzeit: 32 Std.

Nach Mindanao

Schiff
Von Bacolod nach Cagayan de Oro
MV *Princess of Negros*; Negros Navigation. Abfahrt: Do 16.00 Uhr. Fahrzeit: 14 Std.

Von Dumaguete nach Cagayan de Oro
MV *St. Raphael*; Negros Navigation. Abfahrt: täglich 15.30 Uhr. Fahrzeit: 3 Std.

Von Dumaguete nach Dapitan/Dipolog
MV *Delta*; Delta Fast Ferries. Abfahrt: täglich 11.15 Uhr. Fahrzeit: 1:30 Std.
MV *Dumaguete Ferry*, MV *Georich*, MV *Palauan Ferry*; George & Peter Lines. Abfahrt: täglich 8.00 Uhr. Fahrzeit: 4 Std. Di u. Sa fährt das Schiff von Dapitan weiter nach Zamboanga.
MV *Maynilad*; WG & A. Abfahrt: Di 5.00 Uhr. Fahrzeit: 4 Std.
MV *Filipinas Dinagat*; Cokaliong Shipping Lines. Abfahrt: Di, Do u. Sa 7.00 Uhr. Fahrzeit: 4 Std.
MV *Asia-Japan*; Trans-Asia Shipping Lines. Abfahrt: Mi 8.00 Uhr. Fahrzeit: 3:30 Std.

Von Dumaguete nach Ozamis
MV *Philippine Princess*; Sulpicio Lines. Abfahrt: Do 22.00 Uhr. Fahrzeit: 7 Std.

Von Dumaguete nach Zamboanga
MV *Asia-Japan*; Trans-Asia Shipping Lines. Abfahrt: So 2.00 Uhr. Fahrzeit: 14 Std.

Nach Palawan

Schiff
Von Bacolod nach Puerto Princesa
MV *Don Julio*; Negros Navigation. Abfahrt: Sa 19.00 Uhr. Fahrzeit: 17 Std.

Nach Panay

Schiff
Von Bacolod nach Iloilo City
MV *Angel of Hope*, MV *Angel of Freedom*, MV *Sea Angel*, MV *St. Michael*, MV *Don Vicente*; Negros Navigation. Abfahrt: täglich 6.00, 6.30, 7.30, 9.00, 10.00, 10.30, 10.45, 12.30, 14.00, 14.30, 15.15, 17.00 u. 17.30 Uhr. Fahrzeit: 50 Min. bis 2 Std., je nach Fähre (Fast Ferry oder reguläre Fähre). Fahrpreis: 50 bis 160 P. Tickets werden am Anleger verkauft; 30 Minuten Wartezeit einkalkulieren! Achtung: Die Abfahrtszeiten werden häufig geändert!
MV *Bacolod Express*. Abfahrt: täglich 8.45 (So 9.00 Uhr) und 15.45 Uhr (Fr u. So 16.30 Uhr). Fahrzeit: 50 Min. Tickets für diesen vollklimatisierten Katarmaran werden am Anleger verkauft. Fahrpreis: 160 P.
Der Anleger Banago Wharf befindet sich etwa sieben Kilometer nördlich von Bacolod. Ein Jeepney benötigt rund 30 Minuten. Fahrpreise: Jeepney 7 P, Shuttle-Bus 25 P, PU-Taxi etwa 40 P.

Von Victorias nach Culasi und Malayu-an
MV *Princess Jo*, MV *Queen Rose*, MV *Robert*. Abfahrt: täglich 9.00, 11.00 u. 14.00 Uhr nach Culasi. Fahrzeit: 2 Std.
MV *San Vicente*, MV *Seven Seas*. Abfahrt: täglich zwischen 9.00 und 11.00 Uhr nach Malayu-an. Fahrzeit: 2 Std.
Abfahrt ab Da-an Banwa, dem Hafen von Victorias. Culasi und Malayu-an sind zwei kleine Orte nahe Ajuy an der Ostküste von Panay.

Nach Siquijor

Schiff
Von Dumaguete nach Tambisan
Großes Auslegerboot. Abfahrt: täglich 10.00 u. 11.00 Uhr. Fahrzeit: 2:30 Std. Aus Sicherheitsgründen zumindest bei schlechtem Wetter nicht zu empfehlen. Ein Tricycle von Tambisan nach Siquijor kostet 5 P.

Von Dumaguete nach Larena
MV *Delta I*; Delta Fast Ferries. Abfahrt: täglich 6.00, 8.30, 13.00 u. 15.15 Uhr. Fahrzeit: 45 Min. Fahrpreis: 75 P.
MV *Doña Cristina*; Cebu Ferries. Abfahrt: So 23.00 Uhr. Fahrzeit: 1:30 Std.

Von Dumaguete nach Siquijor
Großes Auslegerboot. Abfahrt: täglich 7.00 Uhr. Fahrzeit: 2 Std.
MV *Catherine*; Marjunnix Shipping Lines. Abfahrt: täglich 14.00 Uhr. Fahrzeit: 3 Std. Ein Tricycle von Siquijor nach Larena kostet etwa 5 P pro Person.

Nord-Negros

Bacolod

Die Hauptstadt der Provinz Negros Occidental mit ihren annähernd 300.000 Einwohnern gilt als die »Zuckerhauptstadt« der Philippinen. Der Name Bacolod hat seinen Ursprung in dem Wort

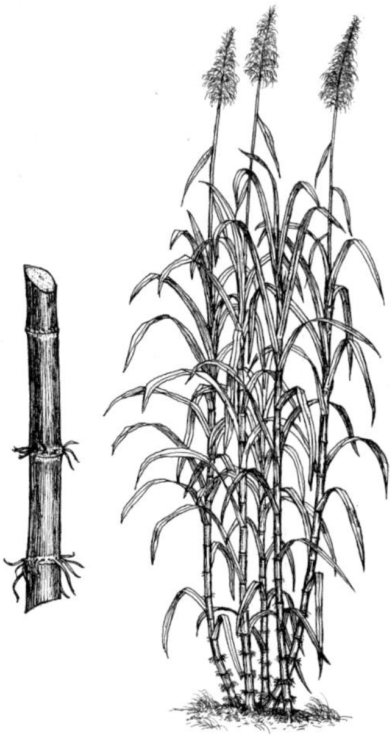

Zuckerrohr *(Saccharum officinarum)*
Das Zuckerrohr gehört zur Gattung der Süßgräser. Aus den mehrere Meter langen Halmen wird der Saft gepreßt, aus dem durch Kochen kristallisierter brauner Zucker gewonnen wird, der dann in der Raffinerie weiterverarbeitet werden kann

buklod, das Hügel bedeutet und auf eine Erhebung hinwies, auf der die erste Kirche dieses Ortes stand.
Im ehemaligen Provincial Capitol Building in der Lacson Street, dem in den dreißiger Jahren im neoklassizistischen Stil erbauten *capitolio*, wurde 1996 das instruktive Sugar Museum eröffnet. Ausgestellt sind vornehmlich Gegenstände und Gerätschaften, die in Zusammenhang mit der Entwicklung der Zuckerindustrie in Negros Occidental stehen, darunter auch die Nachbildung einer Dampflokomotive und Mobiliar einer Hazienda. Des weiteren zeigen mehrere große Gemälde Szenen aus

Anreise/Weiterreise; Transport
1 Anleger (Banago Wharf)
6 Ceres Liner Northern Busterminal (Shopping Terminal)
7 Negros Navigation
9 Northern Busterminal
14 Ceres Liner Southern Busterminal (Sambok Terminal)
15 Negros Navigation
35 Jeepneys nach Mambucal
38 Royal Express Busterminal
39 Airport

Übernachten
2 L'Fisher Hotel
4 Pension Bacolod
11 Pavillon Resort
19 Bacolod Pension Plaza
20 Bascon Hotel
21 Sea Breeze Hotel
31 Halili Inn
34 Palm Inn Hotel
36 Ester Pension
39 Goldenfield Garden Hotel
40 Bacolod Convention Plaza Hotel

Essen und Trinken; Unterhaltung
11 Pavillion Resort Restaurant
12 Manokan Country
16 Reming's & Sons Restaurant
17 Tita's Food Center
23 Coney Island Ice Cream
25 Gaisano Food Plaza
27 Mira's Café
28 Mira's Café II
29 Nena's Chicken Barbecue
32 Ang Sinugba Restaurant

Verschiedenes
3 Mayfair Plaza
Le Cafnet Internet Café
5 Philippine National Bank (PNB)
8 Sugar Museum
10 Post Office
11 Ocean Park
13 San Sebastian Cathedral
18 City Plaza
Tourist Office
22 Market
24 Philippine National Bank (PNB)
25 Gaisano Department Store
26 City Hall
33 MDS Ceramics
37 Sports Complex
39 Goldenfield Commercial Complex

dem dörflichen Leben auf Negros vor dem Eintreffen der Spanier. Geöffnet: Di-Sa 10.00-18.00 Uhr. Führungen um 10.00, 11.00, 15.30 und 17.30 Uhr. Eintritt: 20 P.
Neben der alten San Sebastian Cathedral befindet sich die Bacolod City Plaza mit Bänken unter schattigen Bäumen, auf der des öfteren sonntags nachmittags und zu speziellen Anlässen kulturelle Programme geboten werden.
In der Produktion von Keramiken nimmt Bacolod eine führende Position im Land ein. Die meisten Werkstätten wie z.B. NLS Ceramics und Bilbao Ceramics befinden sich am Stadtrand. Zentral liegt nur MDS Ceramics, und zwar in der 26 Rosario Street.
Alljährlich im Oktober oder November feiert Bacolod eine Woche lang ausgelassen das MassKara Festival (freitags und sonntags nachmittags Straßentänze mit Kostümen; samstags Militärparade). Siehe auch Kapitel »Land und Leute«: *Feiertage*.
Von Bacolod aus kann man mehrere interessante Tagestrips unternehmen, z.B. nach Silay und Victorias. Insbesondere die Freunde alter Lokomotiven dürften dabei voll auf ihre Kosten kommen.

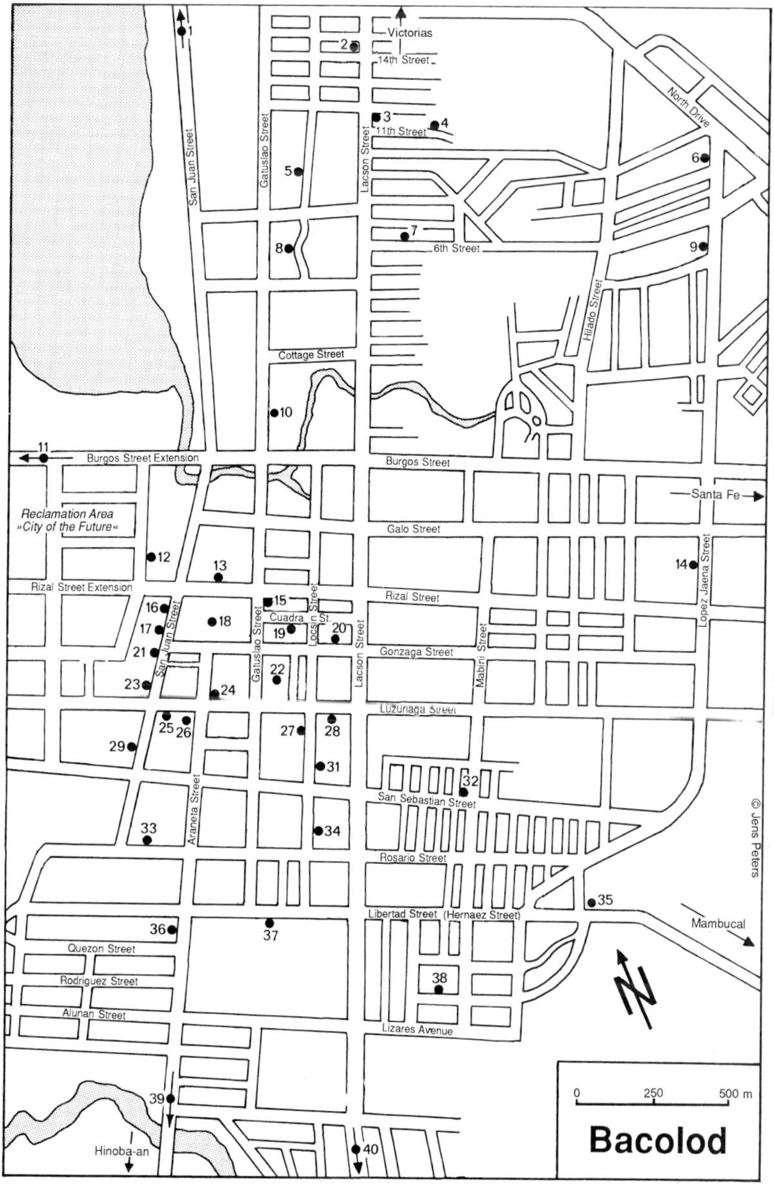

Visayas - Negros

Übernachten

Einfache Hotels und Pensionen

Halili Inn, Locsin Street, Tel. 81548. EZ/fan 60 P, EZ/fan/Bad 100 P, EZ/DZ/ac 180 P, EZ/DZ/ac/Bad 400 P. Etwas heruntergekommen. Schmale Betten in den billigen Zimmern.
Pension Bacolod, 11th Street, Tel. 23883, Fax: 27734. EZ/fan 95 P, DZ/fan 145 P, EZ/fan/Bad 155 P, DZ/fan/Bad 200 P, EZ/ac/Bad 260 P, DZ/ac/Bad 335 P. Ruhige, in einer Seitenstraße gelegene Unterkunft mit tadellosen Zimmern; sehr gutes Preis-Leistungsverhältnis. Restaurant.
Ester Pension, Araneta Street, Tel. 23526. EZ/fan/Bad 150 P, DZ/fan/Bad 220 und 250 P, EZ/ac/Bad 300 P, DZ/ac/Bad 400 P. Ziemlich kleine Zimmer, aber preislich in Ordnung. Gut geführte Pension.
Palm Inn Hotel, Locsin Street, Tel. 4350543, Fax: 4351436. EZ/fan/Bad 220 P, DZ/fan/Bad 330 P, EZ/ac/Bad 415 und 495 P, DZ/ac/Bad 525 und 605 P. Tadellose Zimmer, die teuren mit TV. Dachbar mit Live-Music am Abend.

Mittelklassehotels

Bacolod Pension Plaza, Cuandra Street, Tel. 27076 bis 79, Fax: 4332203. EZ/DZ/ac/Bad 575 bis 790 P. Komfortable, ruhige Zimmer, die teuren mit Kühlschrank und TV. Coffee Shop. Zentrale Lage.
Bascon Hotel, Gonzaga Street, Tel. 23141, Fax: 4331393. EZ/ac/Bad ab 530 P, DZ/ac/Bad ab 560 P. Ordentliche, komfortable Zimmer, die ihr Geld wert sind. Freundlicher Service. Zentrale Lage. Restaurant.
Sea Breeze Hotel, San Juan Street, Tel. 24571, Fax: 81231. EZ/ac/Bad 665 P, DZ/ac/Bad 740 bis 880 P (mit TV). Akzeptable Zimmer, auch wenn es die Lobby und das Restaurant nicht unbedingt vermuten lassen.

First-Class-Hotels

Goldenfield Garden Hotel, Goldenfield Commercial Complex, Tel. 4333111, Fax: 4331234. EZ/DZ/ac/Bad 1.500 P, Suite 2.500 und 2.900 P. Mit Kühlschrank und TV. Sehr komfortable Zimmer in einem gut geführten Hotel. Restaurant. Disco. Swimmingpool.
L'Fisher Hotel, Lacson Street/Ecke 14th Street, Tel. 4333731 bis 39, Fax: 4330951. EZ/ac/Bad 1.915 und 2.400 P, DZ/ac/Bad 2.400 und 2.870 P, Suite 4.000 bis 6.400 P. Mit TV. Restaurant. Swimmingpool. Elegantes, geschmackvoll gestaltetes Hotel im Norden der Stadt.
Bacolod Convention Plaza Hotel, Magsaysay Avenue/Ecke Lacson Street, Tel. 83551, Fax: 83392. EZ/ac/Bad 2.000 P, DZ/ac/Bad 2.500 P, Suite 3.600 P. Mit Kühlschrank und TV. Restaurant. Swimmingpool. Tenniscourt. Das beste Hotel der Stadt. Kostenloser Airport-Service.

Essen und Trinken

Beste philippinische Fastfood-Gerichte gibt es im beliebten ***Reming's & Sons Restaurant*** an der City Plaza. Reming hält sogar einmal wöchentlich Kochkurse ab. Ebenso populär ist ***Gaisano Food Plaza***, Luzuriaga Street: ein klimatisiertes Center mit mehreren kleinen, verschiedenen Restaurants, Video und Live-Music. In ***Mira's Café***, Locsin Street, ist Native Coffee erhältlich. Den Kuchen dazu kann man in der Bäckerei an der Ecke kaufen. Nur ein paar Schritte entfernt befindet sich ***Mira's Café II***, mit gleichem Angebot und gleichem freundlichen Service.
Das saubere und gepflegte ***Ang Sinugba Restaurant*** in der San Sebastian Street ist bekannt für sehr gute Sea-

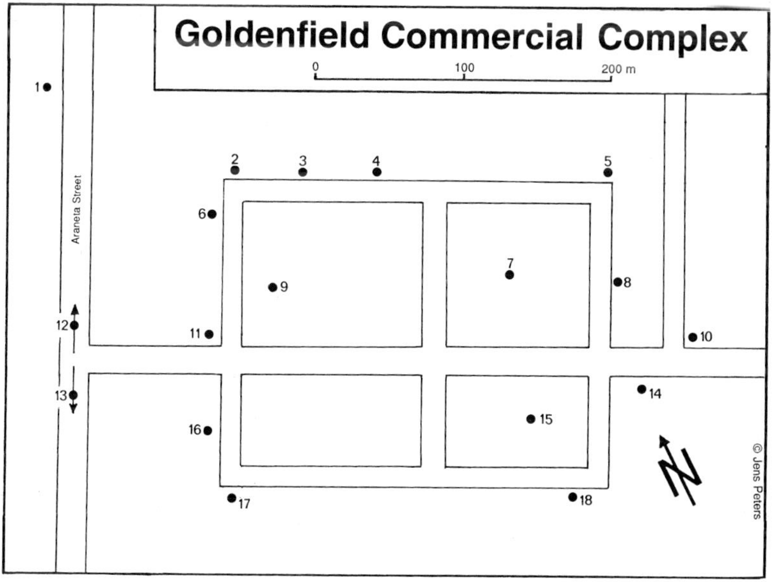

Übernachten
1 Sugarland Hotel
14 Goldenfield Garden Hotel

Essen und Trinken; Unterhaltung
2 Alice Log Cabin
Popeye's Ice Cream Parlour
3 Nova Park Restaurant
Old West Steak House
4 Alfonso Pub
Disco 2000
5 Carlo Pizza Garden
6 Square Circle Pub
9 Negros Hot Spot
10 Seafood Market Restaurant
11 Shakey's Pizza
15 Foodland
17 Senyang Restaurant

Verschiedenes
7 Parkplatz
8 Kino
12 Bacolod Downtown/City Plaza (3,2 km)
13 Airport (0,8 km)
16 Casino
18 Bowlingbahn

food-Gerichte. Gepflegt frühstücken läßt es sich im ***Café Marinero*** unten im L'Fisher Hotel, Lacson Street/Ecke 14th Street.
Im Bereich des Goldenfield Commercial Complex stehen unter anderem das gemütlich eingerichtete ***Old West Steakhouse***, ***Shakey's Pizza*** und ***Carlo Pizza Garden***, das Freiluftrestaurant ***Foodland*** und das sehr saubere, jedoch etwas teure ***Seafood Market Restaurant*** zur Auswahl.

Viel Betrieb herrscht abends und noch spät in der Nacht bei Bier und Barbecue in den zahlreichen Garküchen vom ***Manokan Country*** in der Reclamation Area. Westlich davon, am Ende der Burgos Street Extension, liegt recht einsam in der Nähe des Meeres, von dem eine erfrischende Brise herüberweht, das ***Pavillion Resort Restaurant***. Wer dort abends ein paar romantische Stunden verbringen möchte, sollte daran denken, ein Taxi für die Rückfahrt zu bestellen (und darauf hoffen, daß es auch tatsächlich kommt).

Unterhaltung

Im angenehmen ***Ang Sinugba Restaurant***, San Sebastian Street, werden die Gäste abends bis 21.00 Uhr mit gemischter, erträglich lauter Live-Music unterhalten. Die ***Spectrum Disco*** unten im Sea Breeze Hotel scheint jeden Trend verpaßt zu haben und präsentiert sich wenig einladend.

Hauptsächlich findet das Nightlife von Bacolod jedoch vor den Toren der Stadt im Goldenfield Commercial Complex statt (tagsüber allerdings kaum Betrieb). Zu den beliebtesten Einrichtungen dort gehören die ***Super Bowling Lanes***, das ***Casino*** (Eintritt: 150 P), die ***Disco 2000*** und der große ***Negros Hot Spot*** mit guter Live-Music und lockerer Atmosphäre. Die ***Quorum Disco*** im Goldenfield Garden Hotel ist ab 21.00 Uhr geöffnet; Eintritt: 70 P.

Adressen/Verschiedenes

Autoverleih: Parmon Transportation & Tours, USB Building, 6th Street, Tel. 29593, Fax: 23222. Filialen im Bacolod Convention Plaza Hotel, Goldenfield Garden Hotel und L'Fisher Hotel.

Geldwechseln: Das Main Office der Philippine National Bank in der Lacson Street wechselt Travellers Cheques.

Online: Zugang zum Internet im Le Cafnet Internet Café, Mayfair Plaza, Lacson Street/Ecke 12th Street, und im Cyber Heads Café, L&D Centre, Lacson Street/Ecke 7th Street.

Tourist Office, City Plaza, Tel. 29021.

Vorwahl: 034.

Anreise/Weiterreise

Mit dem Bus: Busse von Dumaguete (entlang der Ost- und Nordküste) und San Carlos kommen am Northern Busterminal oder am knapp 200 Meter davon entfernten Ceres Liner Northern Busterminal (Shopping Terminal) an. Jeepneys mit Zielangabe »Libertad« fahren von beiden Busterminals zum Stadtzentrum und Southern Busterminal; in umgekehrter Richtung heißt das Ziel »Shopping«. Fahrpreis: 2 P. Ein PU-Taxi kostet 15 P; vorher vereinbaren.

Busse von Süd-Negros und von Dumaguete über Mabinay (entlang der Westküste) kommen entweder am Royal Express Busterminal im Süden der Stadt oder am Ceres Liner Southern Busterminal (Sambok Terminal) in der Lopez Jaena Street.

Mit dem Flugzeug: Der Airport liegt ungefähr fünf Kilometer südlich von vom Zentrum. Nach Verlassen des Flughafengebäudes geht's links in Richtung City. Vorbeifahrende Jeepneys können an der Straße gestoppt werden; sie fahren zur City Plaza.

Ein PU-Taxi zum Stadtzentrum kostet etwa 40 P; vorher vereinbaren.

Cebu Pacific, Summit World, Victoria Arcade, Rizal Street, Tel. 4342020.

Philippine Airlines, Bacolod Airport, Tel. 83529, 83579.

Mit dem Schiff: Der Anleger Banago Wharf befindet sich etwa sieben Kilometer nördlich vom Zentrum. Fahrpreis mit dem Jeepney: 7 P plus 3 P fürs Gepäck. Ein PU-Taxi zum Stadtzentrum kostet 40 P; vorher vereinbaren. Nach Ankunft einer Fähre von Iloilo City fahren Negros Navigation

Aircon-Busse zum Stadtzentrum und zu den Busterminals. Fahrpreis: 25 P.

Dumaguete
Bus: Von Dumaguete nach Bacolod über San Carlos fahren täglich um 3.00 (Aircon), 6.00, 7.00 (Aircon), 8.00, 9.00 (Aircon), 10.30 und 11.30 Uhr Express-Busse der Ceres Liner Company; Platzreservierung möglich. Fahrzeit: 9 Std.
Busse der Royal Express Lines fahren um 6.00 und 14.00 Uhr von Dumaguete über Mabinay und dann entlang der Westküste nach Bacolod. Auf dieser Route fahren täglich auch zwei Aircon-Busse der Ceres Liner Company. Fahrzeit: 5:30 Std.

Hinoba-an
Bus: Von Hinoba-an nach Bacolod fahren täglich wenige Busse der Ceres Liner Company. Die letzte Abfahrt möglicherweise am frühen Nachmittag. Der Busterminal befindet sich in Nauhang, etwas nördlich von Hinoba-an. Fahrzeit: 7 Std.

San Carlos
Bus: Von San Carlos nach Bacolod fahren täglich mehrere Busse der Ceres Liner Company. Letzte Abfahrt wahrscheinlich nach Ankunft des letzten Schiffes von Toledo/Cebu nach San Carlos. Fahrzeit: 4 Std.

Mambucal

Mambucal mit seinen heißen Schwefelquellen ist der bekannteste, jedoch kaum frequentierte Erholungsort auf Negros. Im sogenannten Summer Resort (Eintritt: 5 P) gibt es Swimmingpools, Wasserfälle und Übernachtungsmöglichkeiten. Allerdings sind die Anlagen ziemlich heruntergekommen, so daß sich deswegen ein Besuch kaum noch lohnt.
Es ist nicht möglich, von Mambucal aus quer über die Insel zur Ostküste zu fahren. In diesem zentralen Bereich von Negros enden fast alle Straßen am mächtigen Kanlaon-Massiv.
Wer den 2.465 Meter hohen Kanlaon besteigen will, sollte für den Auf- und Abstieg drei bis vier Tage einplanen. Edwin Gatia vom Tourist Office in Bacolod, Tel. 29021, kann zuverlässige Führer vom Negros Mountaineering Club vermitteln. Er selbst ist ebenfalls ein erfahrener Guide und rät Kletterern und denjenigen, die wegen anderer Aktivitäten, z.B. Birdwatching, in den National Park gehen wollen, aus Sicherheitsgründen den Club oder das Tourist Office über das Vorhaben zu informieren. Der Grund dafür ist, daß der Kanlaon weiß Gott kein harmloser Berg ist. Im August 1996 brach dieser Vulkan urplötzlich aus und überraschte eine Gruppe Kletterer, von denen einige durch herausgeschleudertes Eruptivmaterial schwere Verletzungen davontrugen.
Eine vom NMC organisierte Tour für zwei Teilnehmer kostet 3.500 P (via Mambucal) bzw. 2.500 P (via La Carlota). Auf eigene Faust lassen sich aber auch in Mambucal problemlos geländekundige Führer finden, die auch Zelt und Kocher zur Verfügung stellen können.

Übernachten
Mambucal Mountain Resort, Cellular Tel. 0912-5102146. EZ/DZ/fan/Bad 350 P, EZ/DZ/ac/Bad 575 P, Suite mit TV und Kühlschrank 1.100 P. Relativ einfache, aber akzeptable Unterkunft. Restaurant. Swimmingpool. Badehaus.

Anreise/Weiterreise
Jeepney: Von Bacolod nach Mambucal fahren täglich mehrere Jeepneys ab Libertad Street. Eventuell einen bis Murcia nehmen und dort dann umsteigen. Fahrzeit: 1 Std. Letzte Rückfahrt um 17.00 Uhr.
Die Fahrt mit dem Jeepney morgens

von Mambucal nach Bacolod kann wegen zahlreicher Stopps bis zu zwei Stunden dauern.

Ma-ao

Die Zuckerrohrfelder von Ma-ao erstrecken sich bis an den Fuß des Kanlaon-Vulkans. Sie sind von einem etwa 280 Kilometer langen Schienennetz durchzogen. Genauso abenteuerlich wie einige Konstruktionen der Brücken, die über Flüsse und Schluchten hinwegführen, sind die alten Dampflokomotiven, die noch bis vor kurzer Zeit fauchend die Ernte eingefahren haben. Inzwischen wurden diese Oldtimer jedoch ausrangiert und auf das »Altengleis« des MSC (Ma-ao Sugar Central) geschoben, wo sie eventuell noch besichtigt werden können (im Tourist Office in Bacolod fragen). Es handelt sich um zwei Alco 2-6-0s (Alco = American Locomotive Company), und zwar die TS 1 - 3 aus dem Jahre 1921 und die BM 5 aus dem Jahre 1924.

Anreise/Weiterreise

Jeepney: Von Bacolod nach Ma-ao fahren täglich mehrere Jeepneys ab Libertad Street. Fahrzeit: 1 Std. Letzte Rückfahrt um 16.00 bis 17.00 Uhr.

Silay

Wer sich ein Bild vom Lebensstil der Oberschicht auf Negros um die Jahrhundertwende machen möchte, sollte das eindrucksvolle Balay Negrense Museum in der 5-Novembre Street aufsuchen. Es ist täglich außer montags von 10.00 bis 18.00 Uhr geöffnet.
Etwas außerhalb von Silay befindet sich die Hawaiian-Philippine Sugar Company, eine der größten Plantagen von Negros. Sie ist mit einem etwa 180 Kilometer langen Schienennetz ausgestattet. Die dort manchmal noch eingesetzten Dampflokomotiven befinden sich in einem ausgezeichneten Zustand. »The Red Dragons«, wie sie vor Jahren wegen ihrer damals roten Farbe bezeichnet wurden, sind jetzt blauschwarz gestrichen. Die meisten von ihnen wurden im Zweiten Weltkrieg mit Erfolg in einem Versteck in den waldreichen Bergen, zu dem kurzfristig Gleise gelegt wurden, vor den Japanern in Sicherheit gebracht. Dazu gehören die Henschel 0-6-0 aus dem Jahr 1920 und sechs Baldwin 0-6-0s aus den Jahren 1919, 1920 und 1928. Die Besichtigung der Dampfloks ist möglich, jedoch sollten sich Besucher zuvor im Tourist Office in Bacolod ein Empfehlungsschreiben ausstellen lassen.

Anreise/Weiterreise

Bus/Jeepney: Von Bacolod nach Silay fahren täglich mehrere Jeepneys ab Lacson Street/Ecke Libertad Street. Fahrzeit: 30 Min. Busse und Jeepneys ab Northern Busterminal fahren ebenfalls durch Silay.
Von Silay zur Hawaiian-Philippine Sugar Company fahren Jeepneys ab Market.

Victorias

In Victorias kann von dienstags bis freitags ab 14.00 Uhr die Vicmico-Zuckermühle besichtigt werden (15 P pro Person). Es ist ein großes Fabrikgelände, auf dem in verschiedenen Produktionsstätten Zuckerrohr zu abgepackter Konsumware verarbeitet wird. Zur Genehmigung einer Führung begibt man sich zunächst ins Public Relations Office neben der Urban Bank auf dem Werksgelände. Um nicht abgewiesen zu werden, sollten Besucher möglichst mit festen Schuhen und langer Hose bekleidet sein, da Slipper aus Sicherheitsgründen nicht gestattet sind und kurze Hosen oder Miniröcke das Personal zu stark von der Arbeit ablenken könnten.

Die Victoria Milling Company (Vicmico) besitzt mit insgesamt 349 Kilometern Gleisen das längste Schienennetz auf Negros und wahrscheinlich auch das längste dieser Art (2 ft.-Spurweite) weltweit. Wie bei der Hawaiian-Philippine Sugar Company in Silay erhalten auch dort sowohl die Diesel- als auch die Dampflokomotiven ihre Einsatzbefehle von zentraler Stelle per Funk. Die dunkelgrünen Oldtimer werden allerdings nur vereinzelt in der Hochsaison in den Monaten Januar und Februar eingesetzt. Zum Fuhrpark gehören acht Henschel 0-8-OTs aus den Jahren 1926 bis 1928 sowie zwei Bagnall 0-4-4Ts, die 1924 für die Strecke Kowloon-Kanton in China gebaut worden waren.
Neben den technischen Einrichtungen ist vor allem die »St. Joseph the Worker Chapel« sehenswert. Die ungewöhnlich farbigen Wandmalereien mit dem zornigen Filipino-Jesus - The Angry Christ - fanden sogar internationale Beachtung durch einen Artikel im *Life* Magazin.

Anreise/Weiterreise

Bus/Jeepney: Von Bacolod nach Victorias fahren täglich mehrere Jeepneys und Busse ab Northern Busterminal. Fahrzeit: 45 Min.
Von Victorias zur Vicmico fahren täglich zahlreiche Jeepneys ab Market, Zielangabe »VMC«. Fahrzeit: 15 Min.

Lakawon Island

Nur etwas weiter als zwei Seemeilen von Negros' Nordküste entfernt liegt die zauberhafte, kleine Lakawon Island. Eigentlich heißt sie Ilacaon, wird aber Lakawon ausgesprochen und ist unter diesem Namen auch bei den Einheimischen bekannt. Die Insel hat die Form einer Banane, ist knapp einen Kilometer lang und maximal 100 Meter breit. Mit einer Höhe von nur zwei Metern bildet sie die Spitze eines ausgedehnten Riffs, das bei Neumond und Vollmond für kurze Zeit fast vollständig trockenfällt.
Die Insel ist mit einem blendend weißen Strand aus groben Korallensand ausgestattet und mit Palmen und stellenweise dichtem Busch bewachsen. Auf der Westseite befindet sich ein beschauliches Dorf, in dem freundliche Fischer leben. An Wochenenden ist Lakawon Island ein beliebtes Ausflugsziel von Tagesgästen.

Übernachten

Lakawon Island Resort. EZ/DZ 300 P, Cottage/Bad 450 und 600 P. Einfache, aber passable Unterkünfte. Zelte werden für 200 P vermietet. Restaurant (die Essensauswahl richtet sich hauptsächlich nach dem Fangerfolg der ansässigen Fischer, die aber nicht immer erfolgreich sind!). Ein Eimer Wasser für Dusche und WC kostet 10 P extra! Eintritt zum Resort: 20 P, auch wenn man übernachten möchte! Ob in der kleinen Anlage noch ein Bett frei, erfährt man gegebenenfalls beim Sales & Booking Office, Casa de Amigo II, Libertad Street, Bacolod, Tel. 4330808, 4330810. Reservierung fürs Wochenende sinnvoll.

Anreise/Weiterreise

Bus/Tricycle/Boot: Von Bacolod ab Northern Busterminal einen Bus in Richtung Cadiz oder San Carlos nehmen. Wenige Kilometer hinter Manapla an der Caltex-Tankstelle bei Cadua-an aussteigen (unbedingt dem Busfahrer Anweisung geben, denn der Ort ist von der Straße aus als solcher kaum zu erkennen). Fahrzeit: 1 Std.
Weiter mit einem Tricycle über eine Schlaglochpiste zum kleinen Küstenort Cadiz Viejo. Fahrzeit: 15 Min., Fahrpreis: 50 P bzw. 10 P pro Person. Ein Boot hinüber zur Insel sollte nicht mehr als 200 P kosten. Fahrzeit: 15 Min.

Wer die Insel eilig wieder verlassen möchte, kann mit einem Spiegel in Richtung Cadiz Viejo blinken und so auf sich aufmerksam machen (hoffentlich scheint dann die Sonne...).

Cadiz

Die kleine Hafenstadt Cadiz liegt an der Mündung des gleichnamigen Flusses an der Nordküste von Negros. Von dort besteht eine tägliche Bootsverbindung nach Bantayan Island im Norden von Cebu.

Übernachten

RL Apartelle. EZ/DZ/fan 75/100 P. Einfache, aber saubere Zimmer. Preislich einwandfreie Unterkunft gleich neben dem Ceres Liner Busterminal.

Anreise/Weiterreise

Bus: Von Bacolod nach Cadiz fahren täglich mehrere Express-Busse der Ceres Liner Company ab Northern Busterminal. Fahrzeit: 1:30 Std.

Escalante

Jedes Jahr am 20. September wird in Escalante mit Ansprachen, Straßentheater und Gedenkfeier vor dem Rathaus an das Massaker von 1985 erinnert. Seinerzeit waren streikende Zukkerrohrarbeiter protestierend durch die Stadt marschiert, woraufhin Militärs das Feuer eröffneten und wahllos 20 von ihnen töteten.
Zwischen Escalante und Tuburan an der Nordwestküste von Cebu besteht eine tägliche Bootsverbindung. Der Hafen (Port Danao) liegt etwas außerhalb.

Übernachten

Laida's Lodge. EZ/DZ 50/100 P. Einfache Zimmer; mit Fan 20 P extra. Liegt gegenüber vom Busterminal beim Markt. Restaurant.

Anreise/Weiterreise

Bus: Von Bacolod nach Escalante fahren täglich mehrere Busse der Ceres Liner Company ab deren Northern Busterminal. Fahrzeit: 2:30 Std.
Die Busse zwischen 6.30 und 9.00 Uhr fahren zur Fähre und weiter nach Cebu City.

San Carlos

Zwischen San Carlos und Toledo auf Cebu besteht eine Schiffsverbindung. Auf der vorgelagerten Sipaway Island (Refugio Island) soll es ein paar schöne Strände und Wanderwege geben. Mehrere Sari-Sari Stores sind vorhanden, aber es wird wegen der minimalen Auswahl empfohlen, Proviant von San Carlos mitzunehmen.

Übernachten

Skyland Hotel, Broce Street, Tel. 3125589, Fax: 3125589. EZ/fan/Bad 250 P, DZ/fan/Bad 300 P, EZ/ac/Bad 400 P, DZ/ac/Bad 450 P. TV 50 P extra. Ordentliche Unterkunft eines Australiers und seiner philippinischen Frau. Restaurant.
Coco Grove Hotel, Ylagan Street, Tel. 2560. EZ/fan 150 P, DZ/fan 280 P, EZ/fan/Bad 250 P, DZ/fan/Bad 380 P, EZ/ac/Bad 650 P, DZ/ac/Bad 750 P. Ruhig und relativ sauber, manche Zimmer sind allerdings etwas abgewohnt. Restaurant. Liegt etwa einen Kilometer entfernt vom Ceres Liner Busterminal.

Adressen/Verschiedenes

Vorwahl: 034 oder 03440.

Anreise/Weiterreise

Bacolod
Bus: Von Bacolod nach San Carlos fahren täglich mehrere Express-Busse der Ceres Liner Company ab Northern Busterminal, entweder direkt oder mit Ziel Dumaguete. Fahrzeit: 3:30 Std.

Dumaguete
Bus: Von Dumaguete nach San Carlos fahren täglich um 6.45, 8.30, 10.30, 12.00 und 14.00 Uhr Express-Busse der Ceres Liner Company, und zwar die mit Ziel Bacolod. Fahrzeit: 4 Std.

Süd-Negros

Dumaguete

Dumaguete ist eine angenehme Kleinstadt mit gepflegten Grünanlagen und dem wohl saubersten Markt der Philippinen. Die Hauptstadt der Provinz Negros Oriental ist zugleich Universitätsstadt. Der weitläufige Campus der Silliman University, der einzigen protestantischen Universität des Landes, liegt am nördlichen Stadtrand. Auf dem Gelände befindet sich unter anderem ein Post Office und ein sehr interessantes, informatives anthropologisches Museum; Eintritt: 5 P. Weitere Einzelheiten über die Universität dürften im Administration Building zu erfahren sein.
Der Silliman Beach nahe dem Airport ist kein besonders hinreißender Badestrand, aber durchaus akzeptabel und beliebt bei Studenten. Nicht weit vom Strand entfernt befindet sich das Marine Laboratory, deren Mitarbeiter zweimal jährlich Tauchkurse durchführen. Ihnen steht auch ein Boot zur Verfügung, das für Tauchexkursionen gechartert werden kann, z.B. nach beliebten Zielen wie Sumilon Island, Süd-Cebu, und Apo Island, südlich von Dumaguete.
Jedes Jahr vom 21. bis 25. Januar finden in Dumaguete die Feierlichkeiten zum Negros Oriental Founders Day statt. Besonders sehenswert von den zahlreichen Veranstaltungen dieses bedeutendsten Festivals der Provinz Negros Oriental sind die folkloristischen Tanzdarbietungen im Aquino Freedom Park.

Übernachten

In Dumaguete
Jo's Lodging, Silliman Avenue, Tel. 2254412. EZ/DZ/fan 100/200 P. Einfach, aber für den Preis durchaus in Ordnung. Die Zimmer zur Straße sind allerdings laut und liegen außerdem über einem Hähnchengrill. Restaurant.
Dumaguete Pension House, Taft Street, Tel. 2254631. EZ/DZ/fan 150/200 P, EZ/DZ/fan/Bad 200/250 P, EZ/DZ/ac 250/350 P, EZ/DZ/ac/Bad 300/400 P. Einfache, passable Zimmer. Preislich okay.
Casa Lona Hotel, Real Street, Tel. 2254833. EZ/fan/Bad 200 P, DZ/fan/Bad 275 P. Geräumige Zimmer ohne nennenswerten Komfort, jedoch akzeptabel fürs Geld. Restaurant.
O.K. Pensionne House, Santa Rosa Street, Tel. 2254636, Fax: 2252480. EZ/DZ/fan/Bad 280 P, EZ/ac/Bad 390 und 660 P, DZ/ac/Bad 500 und 770 P. Angenehmes, modernes Haus mit passablen Zimmern. Restaurant.
Opeña's Hotel, 22 Katada Street, Tel. 2250595. EZ/fan 150 P, EZ/DZ/fan/Bad 350 P, EZ/DZ/ac/Bad 450 bis 650 P. Saubere, ordentliche Zimmer mit TV. Die nach hinten raus sind ruhig. Recht guter Gegenwert. Restaurant.
Al Mar Hotel, Rizal Boulevard/Ecke San Juan Street, Tel. 2252567. EZ/fan/Bad 190 P, DZ/fan/Bad 280 P, EZ/ac/Bad 380 P, DZ/ac/Bad 480 und 530 P (mit TV). Einfache und relativ saubere Zimmer; es gibt kleine und etwas größere. Älteres Haus im spanischen Stil. Restaurant.
Plaza Inn I, 50 Locsin Street, Tel. 2250437. EZ/DZ/fan 375 P, EZ/DZ/ac/Bad 490 P. Einfache, relativ kleine Zimmer, die etwas zu teuer erscheinen. Restaurant. Preise und Bewertung gelten auch für das *Plaza Inn II* in der Perdices Street.
Insular Flintlock Hotel, 53 Silliman Avenue, Tel. 2254255. EZ/fan/Bad 400

Anreise/Weiterreise

1 Airport
3 Jeepneys und Minibusse nach San Jose und Tampi
5 WG & A
9 Aboitiz Universal
12 Cokaliong Shipping Lines
George & Peter Lines
51 Sulpicio Lines
60 Ceres Liner Busterminal
54 Jeepneys nach Valencia
57 Royal Express Busterminal
58 Jeepneys nach Maluay und Zamboanguita

Übernachten

1 Panorama Beach Resort
2 South Sea Resort Hotel
4 The Habitat Hotel
10 Opena's Hotel
16 Hotel El Oriente
18 Insular Flintlock Hotel
20 Jo's Lodging
26 Al Mar Hotel
36 Plaza Inn I
42 Casa Lona Hotel
45 Bethel Guesthouse
46 Dumaguete Pension House
52 O.K. Pensionne House
53 Plaza Inn II
59 El Oriente Beach Resort
Santa Monica Beach Resort

Essen und Trinken; Unterhaltung

2 Baybay Restaurant
3 Lab-as Seafood Restaurant
11 Dock Side
16 Lé Manny's Restaurant
20 Jo's Restaurant
21 El Amigo
Ocean's
22 Rosante Restaurant
23 Etcetera Restaurant
25 Aldea Restaurant
26 Don Atilano Restaurant
Café Fernando
27 N's Pizza Plaza
28 Angela's Cuisine
29 The City Burger
30 Jollibee
31 Chin Loong Restaurant
33 The Tavern Disco & Sing-Along
35 Music Box Disco & Snack Bar
36 Cheer's Bar & Restaurant
41 Lighthouse Restaurant
53 Howard's Bistro
56 Mei-Yan Restaurant

Verschiedenes

1 Provincial Hospital
3 Silliman University Medical Center
5 Silliman Beach
6 Silliman University
7 Aquino Freedom Park
8 Provincial Capitol
13 Silliman Post Office
14 Silliman University Cafeteria
15 Administration Building
Museum
17 Philippine National Bank (PNB)
18 Brightwash Laundry
19 Immigration Office
24 Equitable Bank
32 Lee Super Plaza
34 Fortune Mart
37 Metrobank
39 Allied Bank
40 PCI Bank
43 Holy Child Hospital
44 Post Office
47 Market
48 Kirche
49 Quezon Park
50 City Hall
55 Chinesischer Tempel

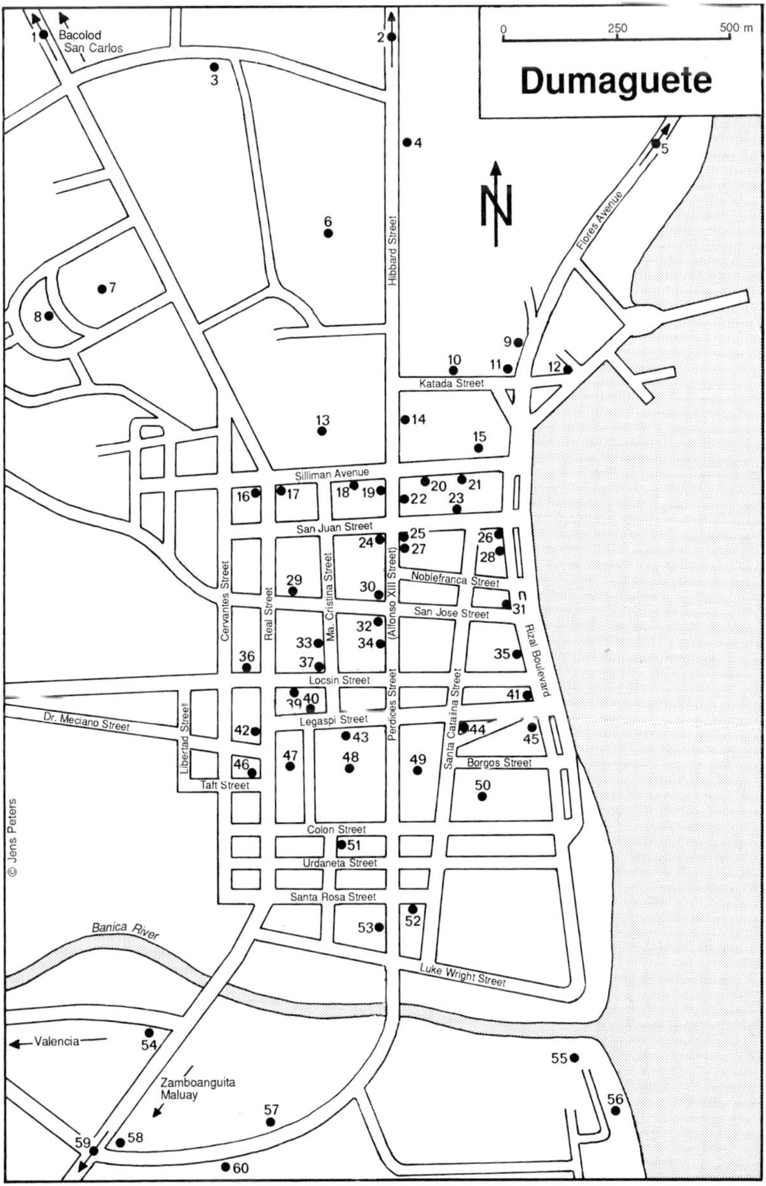
Dumaguete
0
250
500 m
Bacolod
San Carlos
Hibbard Street
Flores Avenue
Katada Street
Silliman Avenue
San Juan Street
Noblefranca Street
San Jose Street
Cervantes Street
Real Street
Ma. Cristina Street
(Alfonso XIII Street)
Rizal Boulevard
Locsin Street
Legaspi Street
Perdices Street
Santa Catalina Street
Libertad Street
Dr. Meciano Street
Borgos Street
Taft Street
Colon Street
Urdaneta Street
Santa Rosa Street
Banica River
Luke Wright Street
Valencia
Zamboanguita
Maluay
© Jens Peters

P, DZ/fan/Bad 450 P, EZ/ac/Bad 480 P, DZ/ac/Bad 570 P. Die Zimmer sind etwas besser, als es das Hotel von außen vermuten läßt. Restaurant. Liegt nahe der Universität.
Hotel El Oriente, Real Street, Tel. 2250539. EZ/fan/Bad 250 P, EZ/ac/Bad 450 bis 680 P, DZ/ac/Bad 520 bis 840 P. Die Fan-Zimmer sind einfach und klein, die Aircon-Zimmer gut und geräumig (die teuren mit Kühlschrank und TV). Restaurant.
Bethel Guesthouse, Rizal Boulevard, Tel. 2252000, Fax: 2251374. EZ/DZ/ac/Bad 400 bos 1.200 P, mit TV, die teuren Zimmer auch mit Kühlschrank. Freundliche, sehr gepflegte Unterkunft gleich neben dem Lighthouse Restaurant. Rauchen in den Zimmern ist nicht gestattet.
The Habitat Hotel, Hibbard Avenue, Tel. & Fax: 2252483. EZ/ac/Bad 765 und 870 P, DZ/ac/Bad 995 und 1.100 P. Suite 1.400 und 1.680 P. Gutes, geschmackvoll gestaltetes Hotel mit geräumigen, ansprechenden Aircon-Zimmern, einige mit kleinem Balkon, die teuren auch mit TV. Kleines Restaurant (Snacks). Swimmingpool. Ruhige Lage auf dem Uni-Campus.

Außerhalb von Dumaguete
South Sea Resort Hotel, Bantayan, Tel. 2250491, Fax: 2252409. EZ/fan/Bad 725 und 790 P, DZ/fan/Bad 830 und 915 P, EZ/ac/Bad 1.025 bis 2.415 P, DZ/ac/Bad 1.165 bis 2.775 P. Ruhig und komfortabel. Die teuren Zimmer mit Kühlschrank und TV. Gepflegte Gartenanlage. Gutes Restaurant. Swimmingpool. Bestes Haus am Platz. Liegt nahe Silliman Beach, etwa zwei Kilometer nördlich vom Stadtzentrum.
Panorama Beach Resort, Cangmating Beach, Sibulan, Cellular Tel. 0912-5150275. EZ/DZ/fan 450 P, EZ/DZ/fan/Bad 550 P, EZ/DZ/ac/Bad 650 P. Halbpension möglich. Attraktives, großes Haus am Meer. Besitzer Charly ist Schweizer. Restaurant. Liegt etwa sechs Kilometer nördlich von Dumaguete; 30 P mit dem Tricycle. In der Nähe vom Panorama Haus gibt es einen Golfplatz mit der Möglichkeit, sehr preiswert das Golfspielen zu erlernen.
El Oriente Beach Resort, Mangnao, Tel. 2250668, Fax: 2254914. EZ/DZ/fan/Bad 400 P, EZ/DZ/ac/Bad ab 650 P. Relativ gut. Liegt etwa drei Kilometer südlich von Dumaguete. Restaurant. Swimmingpool.
Santa Monica Beach Resort, Banilad, Tel. 2250704, Fax: 2257801. Cottage/fan/Bad 1.000/1.100 P, EZ/ac/Bad 1.300 und 1.600 P, DZ/ac/Bad 1.500 und 1.800 P. Ordentliche Zimmer in einer beliebten, etwas älteren Anlage an einem grauen, nicht besonders gepflegten Strandabschnitt. Restaurant. Großer Swimmingpool mit Poolside Bar. Ruhig gelegen, etwa vier Kilometer südlich von Dumaguete.

Essen und Trinken

Sehr gut und preiswert sind die chinesischen Gerichte im ***Chin Loong Restaurant*** am Rizal Boulevard, insbesondere das empfehlenswerte Special Menu ist sein Geld wert. Ein weiteres gutes und günstiges China-Restaurant ist das ***Mei-Yan Restaurant*** am südlichen Stadtrand von Dumaguete, in dem es aber auch philippinisches Essen gibt. Es liegt südlich vom Banica River direkt am Meer in der Nähe eines kleinen chinesischen Tempels.
Gute philippinische Gerichte werden im ***Rosante Restaurant*** in der Percides Street serviert. Leckeres Chicken Inato, das vielleicht beste Hühnergericht der Stadt, gibt es im beliebten, nett eingerichteten ***Jo's Restaurant*** in der Silliman Avenue.
Eine vielfältige Auswahl an Gerichten findet man im Kaufhaus ***Lee Super Plaza***, wo in der ersten Etage verschiedene Restaurants der Stadt mit Fast Food-Tresen vertreten sind. Sehr preis-

wertes philippinisches Essen ist auch in mehreren kleinen Restaurants in der ***Markthalle*** bei der Kirche erhältlich. Wem spätnachts noch der Magen knurrt, sollte sich ins ***Dock Side*** nahe dem Anleger begeben, ein zwar schmuckloses, aber äußerst günstiges Lokal ohne lange Wartezeiten (tagsüber geschlossen).
Äußerst angenehm ist das Dachgartenrestaurant ***Aldea*** in der Percides Street/ Ecke San Juan Street, das sehr gute und preiswerte philippinische und chinesische Gerichte anbietet; abends Live-Music. Beliebt und immer gut besucht ist ***N's Pizza Plaza*** in der Percides Street, in dem es nicht nur Pizzas, sondern auch mehrere internationale Gerichte, verschiedene Kuchen und ausgezeichnete Fruchtsäfte gibt. Im klimatisierten, spanisch anmutenden ***Don Atilano Restaurant*** am Rizal Boulevard werden bei gepflegter Atmosphäre die wohl besten Steaks der Stadt serviert - sehr aufmerksamer Service.
In der kleinen ***Music Box Snack Bar*** bei der gleichnamigen Disco am Rizal Boulevard werden europäische und philippinische Snacks serviert. Es hat sich zu einem beliebten Treffpunkt entwikkelt, insbesondere von ansässigen Europäern.
Wer Seafood mag, dem sei das ***Lab-as Seafood Restaurant*** empfohlen; freitags abends mit preiswertem Buffet. Es liegt an der Ecke von Flores Road und E.J. Blanco Road, ab Silliman Avenue knapp zwei Kilometer am Wasser entlang in Richtung Norden. Ein weiteres gutes Restaurant für Seafood, aber auch für philippinische und westliche Gerichte ist das romantisch-rustikale ***Baybay Restaurant*** des South Sea Resort Hotels nahe Silliman Beach.

Unterhaltung

Das Nightlife von Dumaguete ist kaum der Rede wert. Zu den wenigen Lokalen, die noch am späteren Abend geöffnet sind, zählt die große, stark frequentierte Disco ***Music Box***, Rizal Boulevard, mit schweizerischem Management, in der sich die meisten Gäste allerdings erst ab etwa 22.00 Uhr einfinden. Das Restaurant ***Ocean's*** in der Silliman Avenue wird überwiegend von Filipinos aufgesucht, die sich gerne gemeinsam Fernsehübertragungen von Basketball- oder Boxveranstaltungen ansehen. Im ***El Amigo***, gleich nebenan, treffen sich bei lauter Musik hauptsächlich Studenten.

Adressen/Verschiedenes

Geldwechseln: Die Equitable Bank, Perdices Street/Ecke San Juan Street, gibt Bargeld auf Visa Card und Master-Card.
Die Philippine National Bank in der Silliman Avenue wechselt Travellers Cheques (kann allerdings eine Stunde dauern). Vorher nach den Gebühren erkundigen. Sollten 100 P pro Scheck berechnet werden, empfiehlt es sich, die Metrobank oder die Allied Bank aufzusuchen, beide in der Locsin Street.
Immigration Office, Perdices Street. Verlängerung des Visums wird zügig und freundlich erledigt.
Informationen: Jeden Sonntag erscheint die zweisprachige Zeitung (Cebuano und Englisch) *The Negros Chronicle* mit Lokalnachrichten. Preis: 4 P.
Krankenhaus: Besser als im Provincial Hospital ist die medizinische Versorgung im Holy Child Hospital, Legaspi Street, und im Silliman University Medical Center (SUMC).
Wäscherei: Brightwash Laundry, Silliman Avenue. 20 P pro Kilogramm (waschen, trocknen, bügeln); Minimum: fünf Kilogramm. Dauer: ein bis zwei Tage.
Tauchen: Etwa 150 Meter vom Panorama Beach Resort in Sibulan befindet sich die gut ausgerüstete Tauchbasis Dive Sibulan; Tauchkurse möglich.
Vorwahl: 035.

Anreise/Weiterreise

Mit dem Bus: Der Ceres Liner Busterminal, von dem Busse in Richtung Norden (San Carlos, Bacolod) und in Richtung Süden (Bawayan, Hinoba-an) abfahren, befindet sich am südlichen Stadtrand, ebenso der Royal Express Busterminal. Ein Tricycle zum Stadtzentrum kostet 2 P pro Person.

Mit dem Flugzeug: Ein Tricycle vom Airport zur Stadt sollte nicht mehr als 5 P pro Person kosten. Verlangt wird meistens erheblich mehr (15 bis 20 P sollten genügen). Eine Fahrt im Stadtbereich kostet 2 P pro Person.
Philippine Airlines, Dumaguete Airport, Tel. 2251352, 2251353.

Bacolod - Mabinay
Bus: Von Bacolod nach Dumaguete über Mabinay fahren täglich um 5.30 und 13.30 Uhr Busse der Royal Express Lines. Fahrzeit: 5:30 Std.
Aircon-Busse der Company Ceres Liner fahren um 5.30 und 13.00 Uhr.

Bacolod - San Carlos
Bus: Von Bacolod nach Dumaguete über San Carlos fahren täglich mehrere Express-Busse der Ceres Liner Company ab deren Northern Busterminal (»Shopping«). Fahrzeit: von Bacolod 7:30 Std.; von San Carlos 4 Std.

Bacolod - Hinoba-an
Bus: Von Bacolod nach Dumaguete über Hinoba-an fahren täglich wenige Busse der Ceres Liner Company ab deren Southern Busterminal. Letzte Abfahrt um 8.00 Uhr. Fahrzeit: 12 Std.

Hinoba-an
Bus: Von Hinoba-an nach Dumaguete fahren täglich wenige Busse ab Busterminal in Nauhang. Die letzte Abfahrt soll um 14.45 Uhr sein, möglicherweise aber auch schon früher. Fahrzeit: 6 Std., in Bayawan 1 Std. Aufenthalt.
Wer etwas in Eile ist, sollte ein Ticket nur bis Bayawan kaufen. Meistens stehen dort stehen abfahrtsbereite Busse.

Um Dumaguete

Twin Lakes

Etwa 25 Kilometer westlich von Dumaguete liegen in einer Höhe von etwa 800 Metern der Lake Balinsasayao und, gleich nebenan, der kleinere Lake Danao. Es sind Kraterseen, die in dichtem Bergregenwald eingebettet sind. Naturschützer fordern, daß diese auch als Twin Lakes bekannten Seen in der für Negros höchst seltenen Waldlandschaft zum National Park erklärt werden. Sie wollen dadurch den möglichen Bau eines hydroelektrischen Kraftwerks in diesem Gelände verhindern. Übernachtungsmöglichkeit in einer einfachen, kleinen Hütte. Verpflegung muß mitgebracht werden.

Anreise/Weiterreise

Bus/Jeepney: Von Dumaguete mit einem Bus oder Jeepney in Richtung Norden. Etwa zwei Kilometer vor San Jose aussteigen oder von San Jose mit einem Tricycle zurückfahren zu dem Weg, der von der Straße zu den Twin Lakes hinaufführt. Es ist eine etwa 15 Kilometer lange Strecke, die zu Fuß bewältigt werden muß, denn für Jeepneys oder Tricycles ist sie unmöglich zu befahren. Auch dürften Motorradfahrer ohne Geländeerfahrung wegen der starken Steigungen und gefährlichen Rillen erhebliche Schwierigkeiten bekommen.
Es soll auch möglich sein, mit einem Jeepney bis nach San Antonio (westlich von Sibulan) zu fahren. Von dort den ansteigenden Weg bis zu einer Gabelung gehen. Über den rechten, hochführenden Weg gelangt man zu den Twin Lakes, wobei das letzte Stück ein steiler Abstieg ist.

San Jose und Tampi

Von San Jose und Tampi fahren Schiffe nach Bato auf Cebu.

Anreise/Weiterreise
Jeepney: Von Dumaguete nach San Jose und Tampi fahren Jeepneys ab Jeepneyterminal nahe Silliman University Medical Center (10 P). Ein Tricycle vom Stadtzentrum zum Jeepneyterminal kostet 2 P pro Person.

Valencia

Valencia verfügt über einen nett angelegten Stadtpark und ist Dumaguetes Vorort mit gehobenem Wohnkomfort unter schattigen Bäumen. Von dort aus gelangt man für etwa 100 P (hin und zurück, inklusive Wartezeit) mit einem Tricycle auf gut befahrbarer Piste zum Camp Look-out am erloschenen Vulkan Cuernos de Negros. Allerdings ist der einst schöne Blick auf Dumaguete, Cebu und Siquijor inzwischen stark eingeschränkt, da der Aussichtsbereich nahezu vollständig zugewachsen ist.
In Terejo, etwa zwei Kilometer außerhalb von Valencia, befindet sich das Banica Valley Resort mit einem kleinen Bach, einem Swimmingpool und ein paar Rest Houses. Wer zu Fuß hin will, fragt am besten nach dem Swimmingpool, in dessen Nähe sich auch ein Schrein befindet.
Weiter oberhalb vom Swimmingpool gibt es, in dicken Felsen und urwüchsiger Vegetation eingebettet, den Casiroro Waterfall mit natürlichem Pool, in dem man herrlich baden kann. Der Abzweig von der Straße liegt ein wenig versteckt (am besten zeigen lassen). Zum Pool hinunter führt ein schmaler Weg, der zudem noch ziemlich steil ist, aber die kleine Kletterpartie lohnt sich (möglicherweise wurden inzwischen bequeme Stufen angelegt).

Anreise/Weiterreise
Jeepney: Von Dumaguete nach Valencia fahren täglich mehrere Jeepneys ab dem Valencia-Abzweig südlich vom Banica River. Ein Tricycle vom Stadtzentrum dorthin kostet 2 P pro Person.

Die Südostküste

Entlang der Küste von Dumaguete bis zur Südspitze von Negros bieten sich mehrere Orte an, um in dieser Gegend ein wenig zu verweilen.

Anreise/Weiterreise
Bus/Jeepney: Von Dumaguete fahren täglich mehrere Jeepneys ab der ersten Straßenkreuzung südlich vom Banica River entlang der Südküste über Dauin (30 Min.), Maluay und Zamboanguita (45 Min.) bis nach Siaton (1 Std.).
Man kann auch einen Bus der Ceres Liner Company nehmen, und zwar jeden mit Ziel Bawayan und Hinoba-an.

Bacong

Im kleinen Küstenort Bacong, etwa sieben Kilometer südlich von Dumaguete, gibt es nicht nur eine hübsche Kirche mit altem Altar und alter Orgel, sondern auch einen sauberen Strand. Abenteuerlustige können sich dort in komfortable Baumhäuser (mit Bad!) einquartieren. Anfragen dazu im Municipal Office neben der Kirche.

Dauin

Die Stadt Dauin wurde bereits im 18. Jahrhundert gegründet und ist eine der ältesten Gemeinden der Provinz. Aus jener Zeit stammen auch die ansehnliche Kirche und ein paar Wachtürme, von denen nach plündernden Piraten Ausschau gehalten wurde. Die Qualität des Strandes ist hier, rund 15 Kilometer südlich von Dumaguete, ziemlich gut.

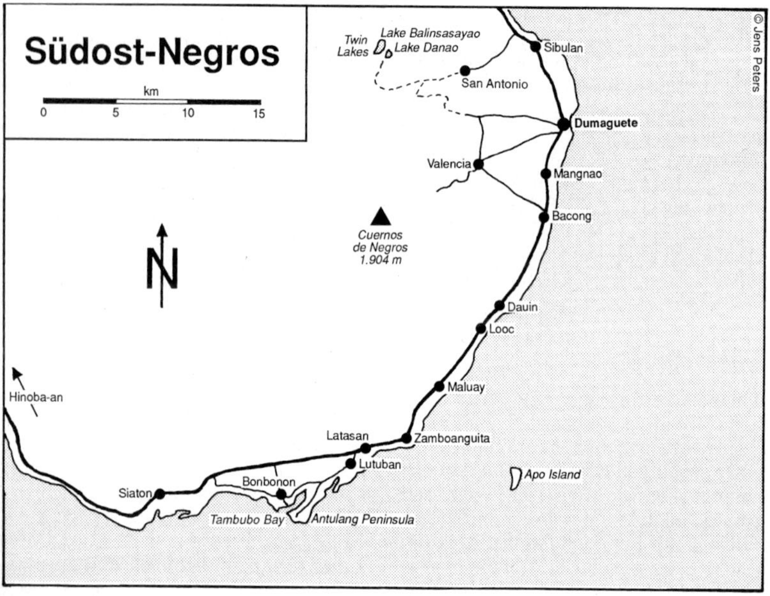

Übernachten

El Dorado Beach Resort, Tel. 2257725, Fax: 2254488. EZ/DZ/fan/Bad 520 P, EZ/DZ/ac/Bad 650 P (mit TV), Cottage und Baumhaus mit Kochgelegenheit und Kühlschrank 650 P. Wochen- und Monatsrabatt möglich. Attraktive Anlage mit komfortablen Zimmern. Schweizerische Leitung. Sehr gutes Restaurant (24 Std.) mit hervorragender europäischer und philippinischer Küche. Swimmingpool. Tauchen (Sea Explorers Dive Shop; auch Tauchunterricht; zwei Tauchgänge 1.600 P). Verleih von Mountainbikes 200 P/Tag und Motorrädern 250 P/Tag. Eintritt für Tagesgäste: 50 P.

Zwischen der Music Box Snack Bar am Rizal Boulevard in Dumaguete und dem Resort verkehrt mehrmals täglich ein kostenloser Shuttle-Bus (20 Min.), er hält auch am Anleger.

Maluay

In Maluay (Malatapay) findet jeden Mittwoch unter Palmen ein großer, sehenswerter Markt statt: der Malatapay Market - ein Highlight dieser Region. Bauern kommen in Scharen aus den Bergen, und Fischer von anderen Küstenorten und nahen Inseln legen mit ihren Booten an. Gehandelt wird mit landwirtschaftlichen Produkten, Vieh und Meeresgetier. Am Strand werden Hähnchen und Fische gegrillt und sogar ganze Schweine gebraten, dabei wird geschwätzt, gelacht, gegessen und getrunken.

Die Strände bei Maluay und im Nachbarort Zamboanguita sind zwar schwarz, das Wasser ist jedoch sauber und klar. Überfahrten zur vorgelagerten kleinen Apo Island sind von beiden Orten aus möglich.

Übernachten
Hans & Nenita's Malatapay Cottages, Cellular Tel. 0918-7400038. Cottage/fan/Bad 300 und 350 P. Freundliche Anlage mit geräumigen Cottages direkt am Strand. Deutsch-philippinisches Management. Restaurant. Fahrrad- und Motorradverleih. Eigener Boots-Service für Apo Island (500 P). Liegt nahe der Anlegestelle für Boote von und nach Apo Island. Vom Malatapay Crossing (aussteigen) etwa 200 Meter in Richtung Meer gehen, dann 100 Meter nach rechts.

Zamboanguita

Am Ortsrand von Zamboanguita wurde Mitte der achtziger Jahre ein Stützpunkt der um »World Peace and Life's Survival« bemühten Organisation »Spaceship 2000« eingerichtet. Die Mitglieder befassen sich dort unter anderem mit der Wiederaufforstung und versuchen, das ökologische Gleichgewicht wieder herzustellen. Sie sind sehr zuvorkommend und führen Besucher gern durch die »Zoo Paradise World« und auch zum Grab des weitgereisten Gründers dieser Anlage, Father Tropa, der 1993 verstarb.

Übernachten
Salawaki Beach Resort. Cottage/fan/Bad 400 und 600 P, je nach Größe. Nette, gepflegte Anlage mit ansprechenden, geräumigen, nett eingerichteten Cottages. Restaurant. Gutes, preiswertes Essen; es ist auch Native Coffee aus eigener Pflanzung erhältlich. Das Resort liegt von Dumaguete aus zwei Kilometer hinter Zamboanguita. An der Straße steht ein großes Hinweisschild; von dort geht man etwa 200 Meter bis zur Anlage am Strand. Ein Boot für Tagesausflüge oder einen Abstecher nach Apo Island kostet 500 bis 600 P.

Tambubo Bay

Diese auch als Tambubo Yacht Harbor und Port Bonbonon bekannte Bucht tief im Süden von Negros ist maximal nur 300 Meter breit, aber 2,5 Kilometer lang. An ihrem Kopf mündet der Paliohan River, ein wenig näher zum Eingang der Talocoy. Im Osten wird die Bucht von der langgezogenen Antulang-Halbinsel begrenzt, deren günstiger Verlauf den schmalen Sund letztlich zu einem ganzjährig geschützten Ankerplatz machte. Am Ufer der landschaftlich reizvollen Tambubo Bay wurden inzwischen die ersten Beach Resorts eröffnet.

Übernachten
Tambubo Beach Club. Cottage 150 bis 360 P, je nach Größe und Ausstattung. Idyllische Lage am Strand beim Dorf Tambubo am Eingang der Bucht. Betrieben wird diese Anlage vom Schweden Lars und seiner philippinischen Frau May. Restaurant mit guten, preiswerten europäischen und philippinischen Gerichten. Schnorchelausrüstung und Paddelbanca können ausgeliehen werden.
Hinkommen: Jeepney bis Siaton, von dort weiter mit einem Tricycle über stellenweise sehr schlechte Straße bis Tambubo (10 P pro Person bzw. 50 P fürs Tricycle).
Kookoo's Nest Beach Resort. Cottage 290 P, Cottage/Bad 490 P. Einfache, aber ausreichende, liebevoll eingerichtete Cottages. Diese angenehme kleine Anlage des Australiers Mark und seiner philippinischen Frau Felly liegt an einem ruhigen Strandstreifen an der Spitze der Antulang-Halbinsel, unweit vom Eingang der Bucht. Gutes Restaurant (drei reichliche Mahlzeiten kosten etwa 300 P). Tauchen (550 P pro Tauchgang, inklusive Ausrüstung). Nicht zu vergessen die »Attraktion« der Anlage: der vermutlich kleinste Swimmingpool

der Philippinen. Darüber hinaus stehen den Gästen vier Paddelbancas zur Verfügung. Ein nahes, intaktes Riff ermöglicht ausgezeichnetes Schnorcheln. Hinkommen: Wie zum Tambubo Beach Resort, von Tambubo dann mit einem Boot übersetzten. Oder mit einem Taxi ab Dumaguete (Airport). Fahrpreis: 500 P. Fahrzeit: 1 Std. (Die letzten 100 Meter zu Fuß).

Apo Island

Auf der schönen kleinen Apo Island, acht Kilometer südöstlich von Zamboanguita, leben etwa 1.000 Menschen. Sie ist leicht hügelig und erreicht im Nordteil Höhen um 120 Meter. Dort steht auch ein Leuchtturm, vom dem man einen schönen Rundblick hat. Im flacheren Süden der Insel erstreckt sich in der Nähe des gepflegten Dorfes eine kleine Lagune, die durch einen Sandstrand vom Meer abgetrennt ist.
Zur Erhaltung ungewöhnlicher Korallenformationen und seltener Fische wurden die Gewässer bis 300 Meter rund um Apo Island zum Schutzgebiet erklärt und unter die Obhut der Silliman University in Dumaguete gestellt. Ein Teil dieses Apo Island Marine Reserve ist das streng reglementierte sogenannte »Fish Sanctuary« vor der Lagune an der Südostküste der Insel, in dem sogar das Ankern verboten ist. Schnorchler und Taucher finden dort vorzügliche Bedingungen vor, allerdings sollten sie die Strömungen nicht unterschätzen.
Schnorcheln im Fish Sanctuary kostet 15 P; Masken können für 30 P/Tag ausgeliehen werden. Taucher müssen auf Apo Island pro Tag 50 P in den »Inseltopf« bezahlen. Das Geld kommt der Verbesserung öffentlicher Einrichtungen der Insel zugute.

Übernachten

Apo Island Beach Resort. Dorm/fan 190 P, EZ/DZ/fan 400 P, EZ/DZ/fan/Bad 550 P. Geräumige Zimmer mit Blick vom Balkon auf den Strand. Die Anlage gehört dem Engländer Paul und seiner philippinischen Frau Liberty. Restaurant. Tauchen (600 P pro Tauchgang; auch Unterricht in deutsch und englisch). Postanschrift: P.O. Box 1, 6217 Dauin, Negros Oriental, Philippines.
Kan-Upi Cove Beach Resort. Dorm 200 P, Cottage/Bad 500 und 600 P. Gutes Restaurant, relativ teuer. Tauchen (700 P pro Tauchgang). Ein attraktiv unter Palmen am Hang gelegenes Resort mit recht komfortablen Cottages mit herrlicher Aussicht. Die kleine weißsandige Bucht ist von dekorativen Felsformationen eingerahmt. Fünf Minuten zu Fuß vom Dorf entfernt. Reservierung in Dumaguete bei Paradise Travel Centre, Silliman Avenue, Tel. 2253299, Fax: 2255490.
Es ist auch möglich, privat zu übernachten, z.B. bei Roberto und Lusina Mendez (nahe Kirche): 50 P pro Person bzw. 150 P inklusive drei Mahlzeiten. Wer gerne guten Fisch ißt, kann sich von Lusina verwöhnen lassen!

Anreise/Weiterreise

Boot: Von Maluay nach Apo Island fährt täglich um 16.00 Uhr ein Boot. Fahrpreis: 20 P. Abfahrt von Apo Island nach Maluay um 7.30 Uhr.
Special Rides ab Maluay und Zamboanguita kosten 400 bis 600 P. Wegen des hohen Wellengangs empfiehlt sich die Abfahrt bis spätestens um 8.00 Uhr und die Rückkehr nicht vor 16.00 Uhr.

Binalbagan

Binalbagan liegt an der Westküste von Negros, etwa 65 Kilometer südlich von Bacolod. Die dort betriebene »Biscom« soll eine der größten Zuckermühlen und -plantagen der Welt sein. Biscom ist die Abkürzung für Binalbagan Sugarmill Company. Die beiden Lokomotiven Baldwin 2-6-2T No. 6 aus dem Jahre 1924 und Davenport 0-4-OT No. 28 aus dem Jahre 1929 werden zwar nicht mehr eingesetzt, können aber besichtigt werden.

Kabankalan

Kabankalan liegt knapp 30 Kilometer südlich von Binalbagan. In dieser kleinen Stadt wird jedes Jahr am dritten Wochenende im Januar (Fr, Sa, So) mit Paraden, kulturellen Darbietungen und Pferdekämpfen das Sinulog Festival gefeiert. Die Kabankalanos behaupten, daß ihr Sinulog Festival älter und authentischer sei als das bekanntere in Cebu City.

Hinoba-an

Eine interessante Alternative zur üblichen Weiterreise von Bacolod nach Cebu über San Carlos und Toledo ist die Route entlang der West- und Südküste über Hinoba-an und Dumaguete. Nach Möglichkeit sollten zwei Tage für diese Strecke eingeplant werden, die im letzten Abschnitt von Bawayan nach Zamboanguita landschaftlich zwar äußerst reizvoll, die unbefestigte Straße dort aber nicht gerade in bestem Zustand ist.

Hinoba-an erlebte Anfang 1982 einen wahren Gold Rush. Nationale und internationale Presse berichteten über immer neue Funde und lockten damit täglich unzählige neue Abenteurer und Optimisten an. Das richtige Fieber aber brach aus, als verbreitet wurde, daß ein Filipino an einem einzigen Tag Gold im Wert von 23.000 P gewaschen habe. Schätzungsweise 20.000 Menschen suchten wenig später ihr Glück in einem vielversprechenden 17 Kilometer langen Abschnitt des Bacuyongan River. Und etliche fanden es tatsächlich. Die durchschnittliche tägliche Ausbeute soll in dieser heißen Phase bei einem Gramm pro Person gelegen haben. Und dafür bezahlten die Aufkäufer damals immerhin etwa 80 P. Nach acht Wochen Rausch mußten aber auch negative Ereignisse registriert werden: ein Digger wurde bei einem Erdrutsch lebendig begraben; drei Tote gab es beim Streit um Claims. Weitere zwei Monate später wurden bereits insgesamt 17 Opfer gemeldet. Das lukrativste Geschäft am Ende des Regenbogens dürften jedoch die Aufkäufer, Zubringer und Versorger gemacht haben, die das verschlafene Nest Nauhang in einen lebhaften Umschlagplatz mit Wildwestcharakter verwandelten. Von dort, dem »Crossing Golden Southbend«, fuhren Jeepneys zum etwa sieben Kilometer landeinwärts gelegenen Spar III, Sitio Sangke, wo der ausgetretene Pfad zum verheißungsvollen Fluß beginnt. Erst Ende 1982 waren staatliche Bohrungen bis zu 300 Meter Tiefe beendet. Und das Ergebnis übertraf alle Erwartungen. Vermutlich mehr als zehn Millionen Tonnen Stein mit einem Gehalt von drei Gramm Gold pro Tonne wurden festgestellt. Das könnte die Entdeckung des Jahrhunderts sein! Die Regierung hat daraufhin den Freischaffenden das Goldsuchen in diesem Gebiet untersagt, und die abenteuerlichen wilden Zeiten gehören inzwischen der Vergangenheit an.

Übernachten

Mesajon Lodging House, Gatuslao Street, Hinoba-an. EZ/DZ/fan 75/150 P. Einfache, freundliche Unterkunft. Mrs. Mesajon, die es vorzüglich verstand, Chicken Binakol zuzubereiten, wohnt nicht mehr in Hinoba-an. Dieses Gericht - Huhn mit Zwiebeln und Zitronengras in junger Kokosnuß - ist eine Spezialität von Südwest-Negros. Vielleicht kennt ja die neue Köchin das Rezept ebenfalls.

Dadula's Lodging House, San Jose/ Sipalay. EZ/DZ/fan 75/150 P. Coffee

Shop. Einfache, familiäre Unterkunft; liegt etwa 25 Kilometer nördlich von Hinoba-an.

Anreise/Weiterreise

Bacolod

Bus: Von Bacolod nach Hinoba-an fahren täglich mehrere Busse der Ceres Liner Company ab deren Southern Busterminal, entweder direkt oder mit Ziel Dumaguete. Letzte Abfahrt nach Hinoba-an um 11.00 Uhr. Gute Straße bis Kabanlakan. Danach wird sie etwas schlechter, die Landschaft dafür aber viel schöner. Fahrzeit: 7 Std. Endstation kann auch in Nauhang sein; ein Tricycle weiter nach Hinoba-an kostet 2 P pro Person.

Der letzte Bus von Bacolod über Hinoba-an nach Dumaguete fährt um 8.00 Uhr. Fahrzeit: 12 Std.

Dumaguete

Bus: Von Dumaguete nach Hinoba-an fahren täglich wenige Busse der Ceres Liner Company. Fahrzeit: 5 Std.; eventuell 1 Std. Aufenthalt in Bayawan. Letzte Abfahrt von Dumaguete nach Hinoba-an um 12.30 Uhr.

Bayawan

Wer in dem kleinen Ort Bayawan verkehrstechnisch hängengeblieben ist, kann für etwa 50 P im einfachen, aber sauberen *Sacred Heart Pharmacy & Lodging House* am Markt übernachten.

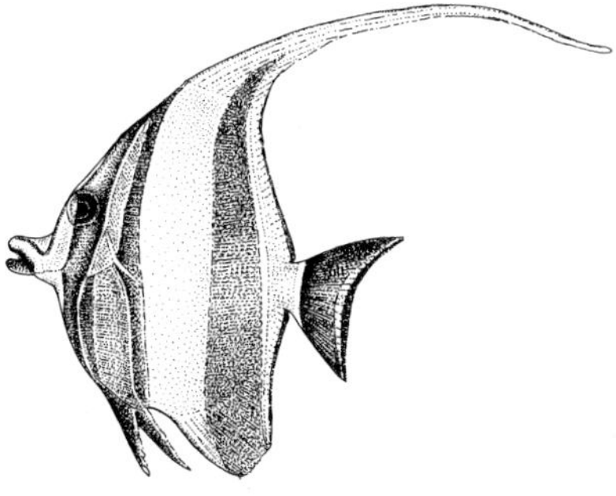

Panay

Panay ist die große, etwa wie ein Dreieck geformte Insel im westlichen Teil der Visayas. Sie ist unterteilt in die Provinzen Iloilo, Capiz, Aklan und Antique. Die westliche Hälfte der Insel ist gebirgig; die höchsten Berge sind Mount Madja-as (2.090 m) und Mount Nangtud (2.049 m), beide in der Provinz Antique gelegen.
Mit annähernd 350.000 Einwohnern ist Iloilo City die größte Stadt der Insel. Dominierender Wirtschaftszweig ist die Landwirtschaft. In und um Iloilo City gibt es auch etwas Textilindustrie: Aus Fasern von Ananasblättern werden dort Stoffe hergestellt, aus denen unter anderem auch der Barong Tagalog geschneidert wird.
Zu den touristischen Hauptattraktionen gehören das Ati-Atihan Festival in Kalibo und das Dinagyang Festival in Iloilo City (siehe auch Kapitel »Land und Leute«: *Feiertage*). Entlang der Südküste stehen ein paar wuchtige Kirchen aus spanischer Zeit.
Populär ist die kleine Trauminsel Boracay, die sowohl von der internationalen Traveller-Szene als auch von ganz »normalen« Urlaubern bevorzugt aufgesucht wird. Verschiedene, überdurchschnittlich gut ausgestattete Resorts können inzwischen über Reiseagenturen gebucht werden. Vor und nach dem Ati-Atihan Festival in Kalibo ist es übrigens ziemlich voll auf Boracay, ebenso zum Chinese New Year!
Touristisch noch nicht entwickelt sind die Inseln vor der nördlichen Ostküste von Panay. Möglichkeiten dazu wären zweifelsohne vorhanden - zumindest ein paar dieser Inseln haben das gewisse Etwas und brauchen einen Vergleich mit bekannten Destinationen nicht zu scheuen. Auch die Bergkette im Westteil von Panay dürfte Outdoor-Freunden ein superbes Betätigungsfeld bieten.

Anreise

Anreisen kann man von Cebu, Guimaras, Luzon, Mindanao, Mindoro, Negros, Palawan und Romblon. Siehe auch »Weiterreise« im jeweiligen Inselkapitel.

Weiterreise

Nach Cebu

Flug
Von Iloilo City nach Cebu City
Air Philippines und Philippine Airlines fliegen täglich.

Von Kalibo nach Cebu City
Air Philippines fliegt täglich.
Philippine Airlines fliegt Mo, Mi, Fr u. Sa.

Schiff
Von Caticlan/Boracay nach Manila
MV *Romblon Bay*; MBRS Lines. Abfahrt: Mi 13.00 Uhr u. So 15.00 Uhr. Fahrzeit: 22 Std.

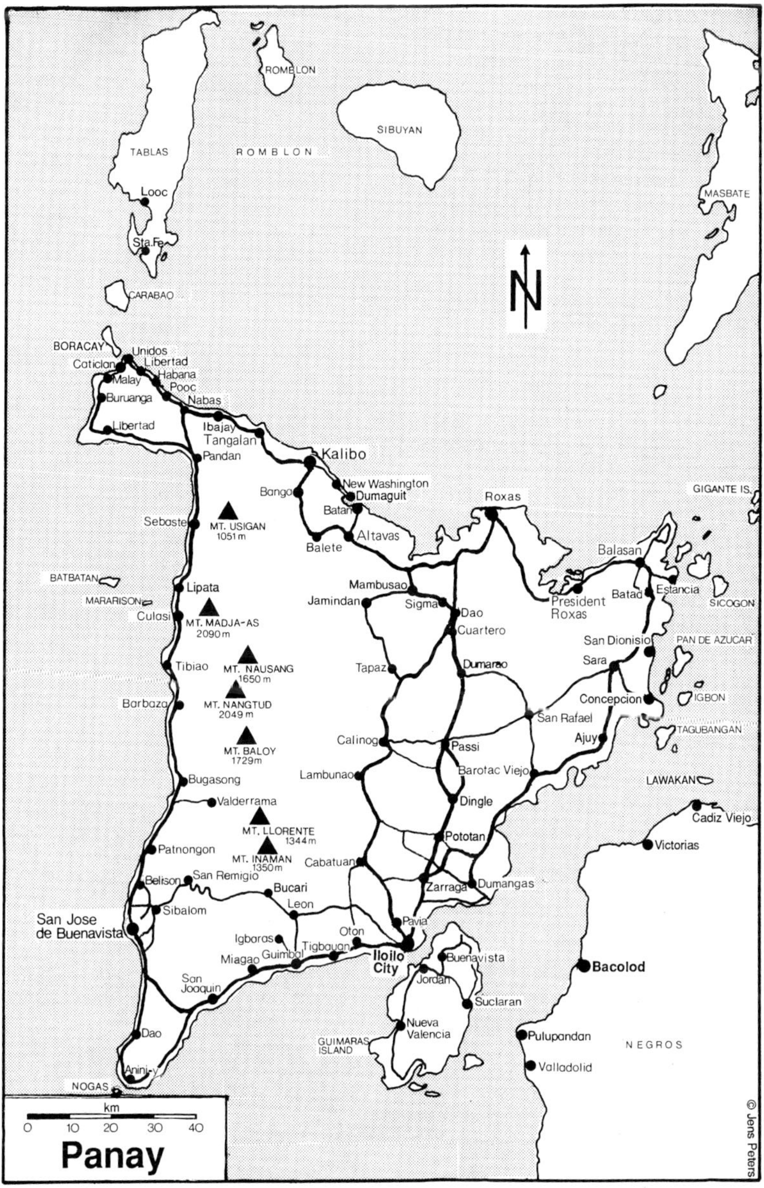

Visayas - Panay

Von Dumaguit/Kalibo nach Cebu City
MV *Iligan City*; Cebu Ferries. Abfahrt: Fr 18.00 Uhr. Fahrzeit: 11 Std.
MV *Tacloban City*; Cebu Ferries. Abfahrt: So 17.00 Uhr. Fahrzeit: 14 Std.; über Roxas.

Von Iloilo City nach Cebu City
MV *Asia-Brunei*, MV *Asia-Indonesia*; Trans-Asia Shipping Lines. Abfahrt: täglich 18.00 Uhr. Fahrzeit: 14:30 Std.
MV *Iligan City*; Cebu Ferries. Abfahrt: Di u. So 19.00 Uhr. Fahrzeit: 12 Std.
MV *Tacloban City*; Cebu Ferries. Abfahrt: Mi u. Fr 19.00 Uhr. Fahrzeit: 12 Std.

Von Roxas nach Cebu City
MV *Iligan City*; Cebu Ferries. Abfahrt: Fr 12.00 Uhr. Fahrzeit: 19 Std.; über Dumaguit.
MV *Tacloban City*; Cebu Ferries. Abfahrt: So 19.00 Uhr. Fahrzeit: 12 Std.

Nach Guimaras

Schiff
Von Iloilo City nach Buenavista
Ferry Boat. Täglich etwa stündlich von 5.00 bis 17.30 Uhr ab Anleger beim Rotary Park. Fahrzeit: 1 Std.

Von Iloilo City nach Jordan
Ferry Boat. Täglich etwa stündlich von 5.00 bis 18.00 Uhr ab Flußanleger nahe dem Post Office. Fahrzeit: 30 Min.
Auslegerboot. Täglich etwa halbstündlich ab Ortiz-Anleger nahe dem Central Market. Fahrzeit: 15 Min.
Zweimal täglich (vormittags und nachmittags) verkehrt zwischen Iloilo City und Jordan eine Autofähre.

Nach Luzon

Flug
Von Caticlan (Boracay) nach Manila
Asian Spirit, Pacific Airways und Seair fliegen täglich.
Air Ads fliegt Mo, Fr u. Sa. Siehe auch »Boracay«: *Anreise/Weiterreise*.

Von Kalibo nach Manila
Air Philippines und Philippine Airlines fliegen täglich.

Von Iloilo City nach Manila
Air Philippines, Cebu Pacific und Philippine Airlines fliegen täglich.
Grand Air fliegt täglich außer So (geplant).

Von Roxas nach Manila
Philippine Airlines fliegt täglich.

Schiff
Von Batan nach Manila
MV *Our Lady of Naju*; WG & A. Abfahrt: Di 17.00 Uhr. Fahrzeit: 15 Std. Das Schiff kommt von Dumaguit/Kalibo. Abfahrt dort: Di 15.00 Uhr.

Von Caticlan (Boracay) nach Batangas
Zünächst von Caticlan mit einem großen Auslegerboot um 9.00 Uhr (pünktlich; wenn's voll ist, auch etwas früher) nach Santa Fe auf Tablas Island im Romblon-Archipel (2 Std., 80 P). Von Santa Fe weiter mit einem Jeepney nach Odiongan-Pier (2 Std., 40 P). Von Odiongan fährt täglich außer Di ein Schiff der Viva Shipping Lines um 18.00 bzw. 20.00 Uhr nach Batangas (siehe auch Kapitel »Romblon«: *Weiterreise - Nach Luzon*).

Von Caticlan (Boracay) nach Manila
MV *Mary the Queen*; MBRS Lines. Abfahrt: Mi u. So 12.00 Uhr. Fahrzeit: 15 Std.; über Odiongan (Tablas Island)/ Romblon.
MV *Superferry 1*; WG & A. Abfahrt: Je nach Bedarf einmal wöchentlich im März und April. Fahrzeit: 11 Std.

Von Dumaguit/Kalibo nach Manila
MV *Our Lady of Naju*; WG & A. Ab-

fahrt: Do 17.00 u. So 15.00 Uhr. Fahrzeit: 15 Std. Das Schiff kommt Do von Roxas (Abfahrt dort: 12.30 Uhr) bzw. So von Batan (Abfahrt dort: 11.00 Uhr). MV *Don Claudio*; Negros Navigation. Abfahrt: Mo 13.00 Uhr u. Mi 9.00 Uhr (über Roxas). Fahrzeit (direkt): 16 Std.

Von Estancia nach Manila
MV *Cotabato Princess*; Sulpicio Lines. Abfahrt: Do 22.00 Uhr. Fahrzeit: 17 Std. MV *Don Claudio*; Negros Navigation. Abfahrt: Sa 18.00 Uhr. Fahrzeit: 18 Std.

Von Iloilo City nach Manila
MV *Santa Florentina*; Negros Navigation. Abfahrt: Mo 12.00 Uhr. Fahrzeit: 20 Std.
MV *Saint Francis of Assisi*; Negros Navigation. Abfahrt: Di u. Do 10.00 Uhr. Fahrzeit: 18 Std.
MV *Superferry 1*; WG & A. Abfahrt: Mi 11.00 u. Fr 15.00 Uhr. Fahrzeit: 18 Std.
MV *Saint Joseph the Worker*; Negros Navigation. Abfahrt: Mi 12.00 Uhr, Fr u. So 10.00 Uhr. Fahrzeit: 20 Std.
MV *Superferry 2*; WG & A. Abfahrt: Do 8.00 Uhr. Fahrzeit: 23 Std.
MV *Superferry 6*; WG & A. Abfahrt: Sa 8.00 Uhr. Fahrzeit: 23 Std.
MV *San Paolo*; Negros Navigation. Abfahrt: Sa 14.00 Uhr. Fahrzeit: 20 Std.
MV *Princess of the Pacific*; Sulpicio Lines. Abfahrt: So 12.00 Uhr. Fahrzeit: 19 Std.
MV *Superferry 5*; WG & A. Abfahrt: So 23.00 Uhr. Fahrzeit: 21 Std.

Von Roxas nach Manila
MV *Don Claudio*; Negros Navigation. Abfahrt: Mi 13.00 Uhr. Fahrzeit: 17 Std.
MV *Santa Florentina*; Negros Navigation. Abfahrt: Do 10.00 Uhr. Fahrzeit: 18 Std.
MV *Princess of Negros*; Negros Navigation. Abfahrt: Mo 15.00 Uhr u. Sa 17.00 Uhr. Fahrzeit: 16 Std.

Nach Mindanao

Flug
Von Iloilo City nach General Santos
Philippine Airlines fliegt Di u. So.

Schiff
Von Iloilo City nach Butuan
MV *Superferry 2*; WG & A. Abfahrt: Di 15.00 Uhr. Fahrzeit: 17 Std.

Von Iloilo City nach Cagayan de Oro
MV *Superferry 9*; WG & A. Abfahrt: Do 19.00 Uhr. Fahrzeit: 15 Std.
MV *Santa Ana*; Negros Navigation. Abfahrt: Sa 17.00 Uhr. Fahrzeit: 14 Std.

Von Iloilo City nach Davao
MV *Superferry 1*; WG & A. Abfahrt: So 11.00 Uhr. Fahrzeit: 32 Std.; über General Santos.

Von Iloilo City nach General Santos
MV *Superferry 1*; WG & A. Abfahrt: So 11.00 Uhr. Fahrzeit: 23 Std.

Von Iloilo City nach Iligan
MV *Superferry 5*; WG & A. Abfahrt: Sa 14.00 Uhr. Fahrzeit: 13 Std.

Von Iloilo City nach Zamboanga
MV *Princess of the Pacific*; Sulpicio Lines. Abfahrt: Mi 15.00 Uhr. Fahrzeit: 14 Std.
MV *Cotabato Princess*; Sulpicio Lines. Abfahrt: So 22.00 Uhr. Fahrzeit: 14 Std. Das Schiff fährt von Zamboanga weiter nach Cotabato.

Nach Mindoro

Schiff
Von Caticlan (Boracay) nach Puerto Galera
Über Batangas: Siehe *Nach Luzon* weiter oben. Von Batangas fahren Schiffe nach Puerto Galera (siehe Kapitel »Manila«: *Weiterreise ab Luzon - Mindoro*).

Von Caticlan nach Roxas
Großes Auslegerboot. Abfahrt: Mo u. Fr 9.30 Uhr. Fahrzeit: 5 Std. Weitere Abfahrten möglicherweise Mi u. So (unzuverlässig). Bei schlechtem Wetter ist diese Überfahrt wegen des hohen Wellenganges in der Tablas Strait nicht zu empfehlen.

Von Buruanga nach San Jose
Großes Auslegerboot. Abfahrt: Mi u. Sa 7.00 Uhr. Fahrzeit: 8 Std. Bei schlechtem Wetter ist diese Überfahrt wegen des hohen Wellenganges in der Tablas Strait nicht zu empfehlen.

Von Libertad nach San Jose
Großes Auslegerboot. Abfahrt: Mo u. Fr 3.00 Uhr. Fahrzeit: 11 Std. Das Boot legt unterwegs auf Caluya Island und Semirara Island an. Bei schlechtem Wetter ist diese Überfahrt wegen des hohen Wellenganges in der Tablas Strait nicht zu empfehlen.

Von Lipata nach San Jose
MV *Princess Melanie Joy*. Eine oder zwei Abfahrten wöchentlich, und zwar Sa 18.00 Uhr und eventuell So 3.00 Uhr. Fahrzeit: 24 Std. Die Fahrt geht über Caluya Island und Semira Island, wo bis zu zehn Stunden geankert wird. Lipata liegt fünf Kilometer nördlich von Culasi an der Westküste von Panay.

Nach Negros

Schiff

Von Culasi nach Victorias
MV *Princess Jo*, MV *Queen Rose*, MV *Robert*. Abfahrt: täglich 9.00, 11.00 und eventuell 14.00 Uhr. Fahrzeit: 2 Std.
Culasi ist ein kleiner Ort nahe Ajuy an der Ostküste von Panay.

Von Iloilo City nach Bacolod
MV *Angel of Hope*, MV *Angel of Freedom*, MV *Sea Angel*, MV *St. Michael*, MV *Don Vicente*; Negros Navigation. Abfahrt: täglich 6.00, 6.30, 7.30, 8.30, 9.00, 10.30, 12.30, 12.45, 13.30, 14.00, 15.15, 16.30 u. 17.00 Uhr. Fahrzeit: 50 Min. bis 2 Std., je nach Fähre (reguläre Fähre oder Expressfähre). Fahrpreis: 50 bis 160 P. Achtung: Die Abfahrtszeiten werden häufig geändert!
MV *Bacolod Express*. Abfahrt: täglich 7.15 (So 7.30 Uhr) und 14.00 Uhr (Fr u. So 15.00 Uhr). Fahrzeit: 50 Min. Tickets für diesen vollklimatisierten Katarmaran werden am Anleger verkauft. Fahrpreis: 160 P.
Nach Ankunft in Bacolod fährt ein Shuttle-Bus zum sieben Kilometer entfernten Stadtzentrum. Fahrpreis: 25 P.

Von Malayu-an nach Victorias
MV *San Vicente*, MV *Seven Seas*. Abfahrt: täglich zwischen 9.00 und 14.00 Uhr. Fahrzeit: 2 Std.
Malayu-an ist ein kleiner Ort nahe Ajuy an der Ostküste von Panay.

Nach Palawan

Flug

Von Iloilo City nach Puerto Princesa
Philippine Airlines fliegt Do u. So.

Schiff

Von Iloilo City nach Cuyo und Puerto Princesa
MV *Milagrosa-J-Tres*; Milagrosa Shipping Lines. Abfahrt: dreimal monatlich, jeweils am 2. 12. u. 22. um 18.00 Uhr. Fahrzeit: nach Cuyo 12 Std., nach Puerto Princesa 38 Std. (inklusive 8 Std. Aufenthalt in Cuyo).
MV *Milagrosa-J-Dos*; Milagrosa Shipping Lines. Abfahrt: dreimal monatlich, jeweils am 6. 16. u. 26. um 18.00 Uhr.

Von Iloilo City nach Puerto Princesa
MV *Don Julio*; Negros Navigation. Abfahrt: Sa 10.00 Uhr. Fahrzeit: 26 Std.; über Bacolod/Negros.

Nach Romblon

Schiff
Von Boracay nach Looc/Tablas
Großes Auslegerboot. Abfahrt: etwa zweimal wöchentlich, je nach Bedarf. Fahrzeit: 2 Std.

Von Caticlan (Boracay) nach Santa Fe/Tablas
Großes Auslegerboot. Abfahrt: täglich 9.00 Uhr. Fahrzeit: 2 Std. In Santa Fe Jeepneyanschluß zum Airport in Tugdan.

Von Caticlan (Boracay) nach Looc/ Tablas
Großes Auslegerboot. Abfahrt: Di 8.30 Uhr, Fr 15.30 Uhr, Sa 8.30 Uhr. Fahrzeit: 2 Std.

Von Caticlan (Boracay) nach Odiongan
MV *Mary the Queen*; MBRS Lines. Abfahrt: Mi u. So 12.00 Uhr. Fahrzeit: 3 Std.

Iloilo City

Der Name Iloilo soll seinen Ursprung in der Bezeichnung »Ilong-Ilong« haben, was »wie eine Nase« bedeutet. Gemeint ist damit die Kontur des zwischen den Mündungen von Iloilo River und Batiano River liegenden Stadtkerns.
Iloilo City unterscheidet sich nicht sonderlich von anderen philippinischen Hafenstädten dieser Größenordnung. Allerdings wurde das Erscheinungsbild dieser Hauptstadt der gleichnamigen Iloilo Province in jüngster Zeit merklich verschönert. Was neben einigen in Seitenstraßen stehenden attraktiven, alten Häusern auffällt, sind die modernen Jeepneys und solche, die vom Styling her amerikanischen Straßenkreuzern der fünfziger Jahre ähneln.
Sehenswert ist das kleine Museo Iloilo, das »Window of the Past«, Bonifacio Drive, in dem auf Anfrage Besuchern gerne Videos über die Attraktionen Panays und von verschiedenen philippinischen Festen vorgeführt werden. Geöffnet: täglich 9.00-12.00 Uhr u. 13.00-17.00 Uhr. Eintritt: 10 P.
Sechs Kilometer westlich von der City liegt der Vorort Arevalo. Dort wurden bis vor wenigen Jahren in Heimarbeit an Webstühlen Stoffe aus Jusi und Piña hergestellt. Heute existiert nur noch ein einziger Webstuhl als Ausstellungsstück, und zwar bei Sinamay Dealer in der Osmeña Street, wo auch Kleidung und Stoffe verkauft werden. Es ist ein prächtiges, großes Haus mit zum Teil wertvollen, geschnitzten Möbeln, wie es sich nur wohlhabende Filipinos leisten können. Auf dem Weg nach Arevalo kommt man durch den Stadtteil Molo mit seinem im 19. Jahrhundert aus Korallenmaterial gebauten Gotteshaus, der Molo Church.
Die Bevölkerung von Iloilo City feiert ihr größtes Festival, das Dinagyang, jährlich am Wochenende nach dem Ati-Atihan-Festival in Kalibo. Die Paraw-Regatta, ein Rennen mit schnellen Ausleger-Segelbooten, wird am zweiten Samstag oder Sonntag im Februar in der Iloilo Strait zwischen Iloilo City und Guimaras Island durchgeführt.
In Pavia, etwas nördlich von Iloilo City, finden jedes Jahr am 3. Mai vormittags ab 8.00 Uhr Wasserbüffelrennen statt (siehe auch Kapitel »Land und Leute«: *Feiertage*). Jeepneys nach Pavia fahren ab Shoemart, Valeria Street.

Übernachten

Einfache Hotels und Pensionen

Eros Travellers Pensionne, General Luna Street, Tel. 71359. EZ/fan/Bad 200 P, DZ/fan/Bad 265 P, EZ/ac/Bad 300 P, DZ/ac/Bad 400 P. Einfach, nichts Besonderes. Restaurant.

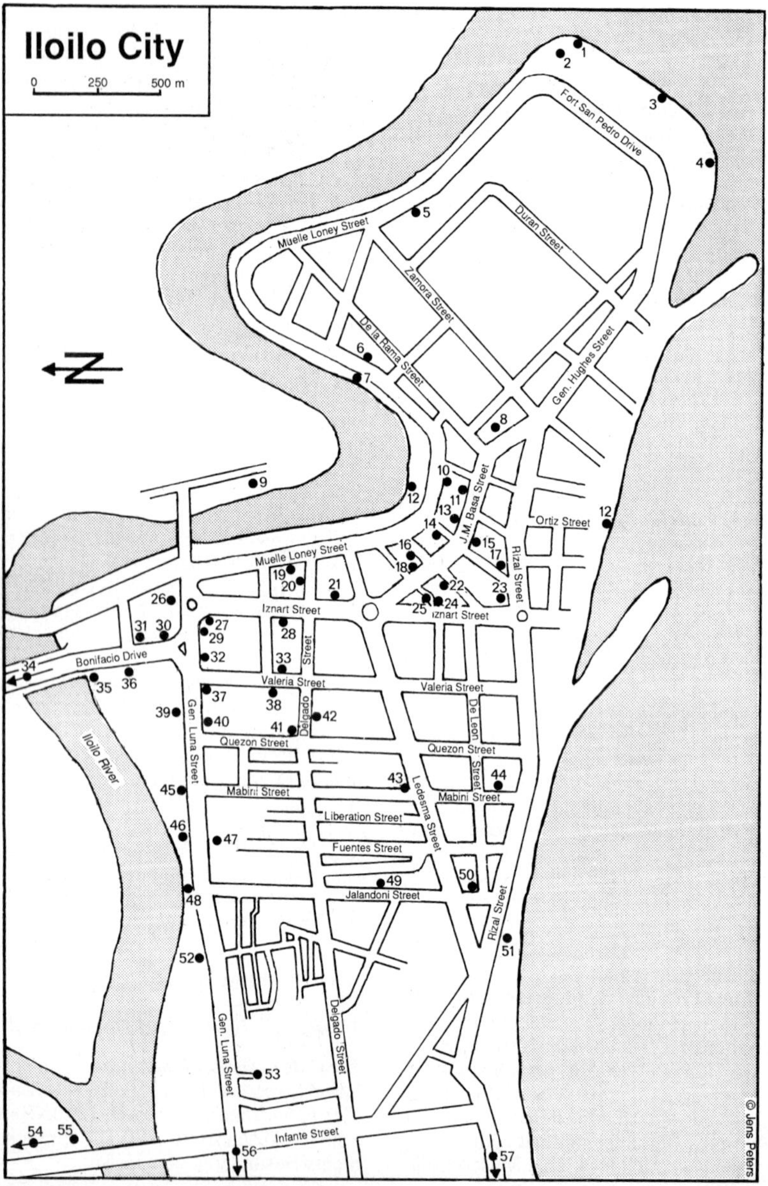
Iloilo City
0
250
500 m
Fort San Pedro Drive
Duran Street
Muelle Loney Street
Zamora Street
De la Rama Street
Gen. Hughes Street
J.M. Basa Street
Ortiz Street
Rizal Street
Iznart Street
Bonifacio Drive
Valeria Street
Delgado Street
De Leon Street
Quezon Street
Mabini Street
Ledesma Street
Liberation Street
Fuentes Street
Jalandoni Street
Gen. Luna Street
Iloilo River
Infante Street
© Jens Peters

Anreise/Weiterreise
1 Boote nach Buenavista
3 Anleger (Wharf)
5 Sulpicio Lines
6 Negros Navigation
7 Schiffe von und nach Bacolod
9 WG & A
12 Boote nach Jordan (2 x)
19 Milagrosa Shipping Lines
38 Jeepneys nach Pavia
42 Cebu Pacific
43 Jeepneys nach Miagao und San Joaquin
51 Tanza Busterminal
54 Airport (3 km)
56 Seventy Six Busterminal

Übernachten
16 Iloilo Lodging House
20 Iloilo Midtown Hotel
22 Madia-as Hotel
25 Centercon Hotel
28 Amigo Terrace Hotel
29 Casa Plaza Pension
34 Nagarao Pension House (2,5 km)
32 Days Hotel
35 The Original River Queen Hotel
36 Castle Hotel
40 Eros Travellers Pensionne
45 Family Pension House
46 Del Carmen Pension
Manfred's Inn
48 Residence Hotel
49 Fine Rock Hotel
50 Chito's Iloilo Pension
53 Sarabia Manor Hotel
56 Hotel Del Rio (200 m)
La Fiesta Hotel (200 m)
57 Villa Rosa by the Sea (6 km)

Essen und Trinken; Unterhaltung
4 Fort San Pedro Drive Inn
13 Springhead Disco Bar
14 Love City Disco
15 S'Table Restaurant & Snack Bar
16 King Ramen Restaurant
18 Mansion House Restaurant
20 The Summer House Restaurant
22 Dunkin' Donuts
Shakey's Pizza
24 Aldous Snack Bar
27 Reeds Pub
28 Tivoli Disco
32 Newbury Café
33 Oak Barrel
41 The Tavern Pub
44 Ted's Oldtimer Lapaz Batchoy
52 Nena's Manokan
53 Base Disco
55 Marina's Restaurant
57 Tatoy's Manokan & Seafood (6 km)

Verschiedenes
2 Leuchtturm
Rotary Park
8 Plaza Libertad
10 Immigration Office
Post Office
11 Plaza
17 Gaisano Department Store
23 Central Market
26 Provincial Capitol
28 Amigo Plaza Shopping Center
30 Museum (Museo Iloilo)
31 Tourist Office
32 Atrium
Iloilo Supermart
37 Philippine National Bank (PNB)
38 SM Shoemart
39 St. Paul's Hospital
42 Marymart Mall
47 Universidad de San Agustin
57 Molo Church (1 km)
Sinamay Dealer (6 km)

Family Pension House, 12 General Luna Street, Tel. 3350070. EZ/DZ/fan/ Bad 225/300 P, EZ/DZ/ac/Bad 400 bis 700 P. Beliebte Unterkunft mit passablen Zimmern. Restaurant.
Nagarao Pension House, 113 Seminario Street, Jaro, Tel. 3206290, Fax: 3292139. EZ/DZ/ac/Bad 540 P. Komfortable Zimmer. Gemütliche Unterkunft im Stadtteil Jaro (sprich: Haro). Günstige Lage zum Airport. Kleines Restaurant (nur für Pensionsgäste).

Mittelklasse - untere Kategorie

Villa Rosa by the Sea, Calaparan, Villa, Tel. 76953. EZ/DZ/ac/Bad 400 bis 800 P. Restaurant. Swimmingpool. Recht ordentliches, ruhiges Beach Resort Hotel mit angenehmen, einfachen Zimmern. Liegt sechs Kilometer westlich von Iloilo City; Taxi ab Airport etwa 80 P. Der Strand im Bereich des Hotels ist allerdings nicht sehr einladend.
Centercon Hotel, J.M. Basa Street, Tel. 73431 bis 33. EZ/DZ/fan/Bad 350 P, EZ/ac/Bad 420 P, DZ/ac/Bad 550 P. Relativ gut. Ruhig, bis auf die Fan-Zimmer im sechsten Stock. Restaurant. Liegt sehr zentral in einer Gasse zwischen J.M. Basa Street und Iznart Street.
Madia-as Hotel, Aldeguer Street, Tel. 72756 bis 59. EZ/fan/Bad 320 P, DZ/fan/Bad 360 P, EZ/ac/Bad 420 P, DZ/ac/Bad 500 P. Preislich akzeptable Zimmer. Das Hotel ist wesentlich besser, als der unscheinbare Eingang in einem von der Aldeguer Street abgehenden Gang vermuten läßt. Restaurant.
The Original River Queen Hotel, Bonifacio Drive, Tel. 3376667, Fax: 3376488. EZ/fan/Bad 225 P, DZ/fan/ Bad 320 P, EZ/ac/Bad 450 P, DZ/ac/ Bad 550 P. Annehmbare, wenn auch leicht abgewohnte Zimmer. Restaurant.
The Castle Hotel, Bonifacio Drive, Tel. 81021 bis 23. EZ//fan/Bad 350 P, EZ/ac/Bad 460 P, DZ/ac/Bad 550 bis 980 P. Kleine, aber saubere Zimmer in einem älteren, restaurierten Gebäude mit imposanter Fassade. Restaurant.
Fine Rock Hotel, Jalandoni Street, Tel. 3369075, Fax: 3369080. EZ/DZ/ ac/Bad 450/650 P (mit TV), Suite 750 und 900 P. Gutes Hotel mit kleinen, aber einwandfreien Zimmern. Restaurant.
Chito's Iloilo Pension, Jalandoni Street/Ecke De Leon Street, Tel 76415, Fax: 3381186. EZ/DZ/ac/Bad 530 und 650 P. Gepflegte, ruhige Zimmer mit TV, die teuren auch mit Kühlschrank. Guter Gegenwert. Restaurant. Kleiner, aber nett angelegter Swimmingpool. Airport-Service (40 P). Liegt in der Nähe vom Tanza Busterminal.
The Residence Hotel, General Luna Street, Tel. 81091 bis 93, Fax: 72454. EZ/ac/Bad 550 bis 1.250 P, DZ/ac/Bad 600 bis 1.400 P. Mit TV. Ansprechende Zimmer mit Blick über den Iloilo River. Restaurant. Coffee Shop.
Manfred's Inn, General Luna Street, Tel. 73788, Fax: 70736. EZ/ac/Bad 620 und 850 P, DZ/ac/Bad 680 bis 1.100 P. Ordentliche Zimmer. Restaurant.
Pension del Carmen, General Luna Street, Tel. 81626. EZ/DZ/ac/Bad 650/ 720 P, mit TV. Geschmackvoll eingerichtetes Haus am Iloilo River. Angenehme familiäre Atmosphäre.
Casa Plaza Pension, General Luna Street/Ecke Iznart Street, Tel. 73461 bis 65, Fax: 3372543. EZ/ac/Bad 640 P, DZ/ac/Bad 860 P; inklusive Frühstück. Akzeptable Zimmer, jedoch vielleicht etwas zu teuer. Restaurant.
La Fiesta Hotel, M.H. del Pilar Street, Tel. 3380044, Fax: 79508. EZ/DZ/ac/ Bad 770, 990 und 2.200 P. Einwandfreie Zimmer mit TV, die teuren auch mit Kühlschrank. Restaurant. Mit angeschlossener Hotelschule.
Iloilo Midtown Hotel, Yulo Street, Tel. 3368888, Fax: 3380888. EZ/ac/

Bad 800 P, DZ/ac/Bad 1.000 P. Kleine, aber gepflegte Zimmer mit TV. Restaurant.

Mittelklasse - obere Kategorie

Hotel Del Rio, M.H. del Pilar Street, Tel. 3351171, Fax: 3370736. EZ/ac/Bad 1.050 P, DZ/ac/Bad 1.210 P, Suite 3.850 P. Etwas älteres, charmantes Hotel mit ordentlichen, wenn auch unterschiedlich guten Zimmern mit TV, die Suites auch mit Kühlschrank. Freundlicher Service. Restaurant. Swimmingpool. Herrliche Lage am Iloilo River, etwas außerhalb vom Stadtzentrum.

Amigo Terrace Hotel, Iznart Street, Tel. 3350908, Fax: 3350610. EZ/ac/Bad 1.200 P, DZ/ac/Bad 1.300 P, Suite 1.650 bis 3.800 P. Recht komfortable Zimmer mit TV, manche sind jedoch ein wenig laut. Suites auch mit Kühlschrank. Restaurant. Swimmingpool.

Sarabia Manor Hotel, General Luna Street, Tel. 3351021, Fax: 3379127. EZ/DZ/ac/Bad 1.320 P, Suite ab 2.450 P. Nett eingerichtete Zimmer mit TV, die Suites auch mit Kühlschrank. Restaurant. Disco. Swimmingpool. Gut geführtes Hotel.

Day's Hotel, General Luna Street, Tel. 3368000, Fax: 3369811. EZ/DZ/ac/Bad 3.000 P, Suite ab 3.600 P. Geräumige, gut ausgestattete Zimmer mit TV und Kühlschrank. Restaurant. Das neueste Hotel in Iloilo City. Es befindet sich im vierten Stock vom Atrium.

Essen und Trinken

Das beliebteste und wahrscheinlich auch beste »native« Restaurant heißt ***Tatoy's Manokan & Seafood*** und befindet sich am Villa Beach am westlichen Stadtrand, etwa acht Kilometer von Zentrum. Die kurze Anfahrt mit Jeepney oder Taxi lohnt sich insbesondere dann, wenn man eine ungezwungene Atmosphäre zu genießen versteht. Hunderte von Filipinos begeben sich jeden Tag dorthin, viele nur wegen der sehr schmackhaft zubereiteten Hähnchen, durch die Tatoy's letztendlich bekannt wurde. Aber auch die anderen Gerichte sind von ausgezeichneter Qualität. Ausgesucht und bestellt wird am Buffet, dann wäscht man seine Hände und wartet ein paar Minuten, bis die Kellnerin die Köstlichkeiten serviert. Gegessen wird mit den Fingern - sehr zum Vergnügen der beobachtenden einheimischen Tischnachbarn.

Aber auch etwas näher zum Stadtzentrum findet man gemütlich-rustikale Restaurants mit philippinischer Küche, darunter ***Nena's Manokan*** in der General Luna Street, in dem mit den Fingern gegessen wird, und das beliebte ***Marina's Restaurant***, ein herrlich gelegenes Gartenrestaurant am nördlichen Flußufer.

Gute chinesische und philippinische Gerichte gibt es im großen ***Mansion House Restaurant*** in der J.M. Basa Street und im ***The Summer House*** im Iloilo Midtown Hotel in der Yulo Street.

In Iloilo City gibt es mehrere gute Batchoy-Restaurants, empfehlenswert sind ***Ted's Oldtimer Lapaz Batchoy*** in der Mabini Street und ***Oak Barrel*** in der Valeria Street. (Batchoy ist eine Nudelsuppe mit Leber, Rindfleisch und Schweinefleisch: eine Spezialität der westlichen Visayas).

Der klimatisierte ***The Tavern Pub*** in der Quezon Street/Ecke Delgado Street ist sauber, gepflegt und gemütlich. Das Preisniveau ist leicht gehoben, jedoch sind die guten Fischgerichte relativ günstig und die Auswahl der Cocktails ist bemerkenswert.

Im ***Golden Salakot***, eines von drei guten Restaurants des Hotel Del Rio, werden täglich relativ preiswert Lunch- und Dinner Buffets angeboten.

Lange geöffnet hat ***Aldous Snack Bar***, ein beliebter Nacht-Treff. Bei gutem Wetter zieht es viele Nachtschwärmer auch zum abendlichen Bier und Barbe-

cue ins Freiluft-Restaurant ***Fort San Pedro Drive Inn***.
Wer Lust auf Sachertorte hat und auf Wiener Schnitzel, sollte das ***Vienna Kaffeehaus*** im La Fiesta Hotel, M.H. del Pilar Street, im Stadtteil Molo aufsuchen. Eine große Kuchenauswahl findet man auch im ***S'Table Restaurant & Snack Bar*** in der J.M. Basa Street. ***McDonald's*** ist in der General Luna Street/Ecke Valeria Street vertreten, ***Shakey's Pizza*** gibt's in der Iznart Street, und gleich nebenan befindet sich ***Dunkin' Donuts***, das rund um die Uhr geöffnet ist.

Unterhaltung

Die besten und beliebtesten Discos von Iloilo City sind ***Tivoli*** im Amigo Terrace Hotel und die ***Base Disco*** im Sarabia Manor Hotel. Zu den einfachen, rustikal eingerichteten Diskotheken gehören unter anderem ***Fountain Head***, ***Kuweba*** und ***Love City Disco***.
Ein gemütlicher Pub ist ***Reeds*** an der Ecke von Iznart Street und General Luna Street. Im ***Newbury Café*** im Atrium (zweiter Stock), General Luna Street, das bis 2.00 Uhr geöffnet ist, treffen sich Nachtschwärmer. Dort stehen den Gästen auch ein paar Computer mit Internet-Zugang zur Verfügung.

Adressen/Verschiedenes

Geldwechseln: Die Chartered Bank gibt zwar einen guten Kurs, berechnet aber pro Scheck 33 P Bearbeitungsgebühr! Etwas kostengünstiger ist da vermutlich die Philippine National Bank, General Luna Street/Ecke Valeria Street.
Tourist Office, Bonifacio Drive, Tel. 3375411.
Vorwahl: 033.

Anreise/Weiterreise

Mit dem Bus: Neben den unten aufgeführten Busverbindungen verkehren zwischen Iloilo City und immer mehr Orten auf Panay klimatisierte Minibusse (»Tourist Bus«) für acht bis zehn Passagiere. Sie fahren in relativ kurzen Zeitabständen, sehr schnell und meist sogar nonstop, z.B. von Estancia nach Iloilo City (2 Std.; 60 P pro Person) oder von Kalibo nach Iloilo City (3:30 Std.; 100 P). Zahlreiche Abfahrtsstellen im Zentrum von Iloilo City.

Mit dem Flugzeug: Vom Airport bis zum Stadtzentrum sind es ungefähr sechs Kilometer. Die Fahrt mit einem PU-Taxi kostet etwa 100 P; Privatwagen fahren für die Hälfte.
Air Philippines, Mabini Street, Tel. 3351348.
Cebu Pacific, Marymart Mall, Delgado Street, Tel. 3380585.
Philippine Airlines, Airport Office, Tel. 3203131.

Kalibo - Caticlan - Boracay
Bus: Von Iloilo City nach Kalibo und Caticlan fahren Busse der Ceres Liner Company ab Tanza Busterminal in der Rizal Street (nahe Einmündung Ledesma Street). Jeweils um 3.00 und 9.00 Uhr fährt ein Bus direkt nach Caticlan. Der 11.00 Uhr-Bus nach Kalibo reicht normalerweise für den letzten Anschluß von Kalibo nach Caticlan und Boracay, allerdings könnte es schon dunkel sein, wenn das Boot von Caticlan auf Boracay ankommt. Fahrzeit: bis Kalibo 4 Std., bis Caticlan 6 Std. Achtung: Nach längeren Regenfällen kann sich die Fahrzeit verdoppeln (teilweise Schlammpiste!).

Die Südküste

Entlang der Südküste zwischen Arevalo und San Joaquin gibt es mehrere Beach Resorts mit Cottages, aber die Strände sind kaum der Rede wert. Ein akzeptabler Ausgangsplatz für Kurztrips nach anderen Küstenorten oder den Nadsadan Falls außerhalb von Igbaras ist das *Coco Grove Beach Resort* in Tigbauan mit Cottages um 500 P.

Anreise/Weiterreise

Iloilo City - Südküste - San Jose de Buenavista
Bus: Von Iloilo City nach San Jose de Buenavista fahren täglich von 5.00 bis 17.30 Uhr etwa stündlich Busse der Seventy Six Company ab M.H. del Pilar Street im Stadtteil Molo. Fahrzeit: 2 Std. Sie fahren entlang der Südküste, jedoch nicht über Anini-y und Dao. Numerierte Tickets werden vor Abfahrt an einer Bude verkauft.

Guimbal

In Guimbal, auch bekannt als »home of the sweetest mangoes in Iloilo Province«, stehen eine Sandsteinkirche aus spanischer Zeit und drei Wachttürme aus dem 16. Jahrhundert, von denen aus mit Rauchsignalen vor Piraten gewarnt wurde.

Miagao

In Miagao, rund 40 Kilometer westlich von Iloilo City, steht eine wuchtige, festungsartige Kirche aus dem Jahre 1787. Sehenswert ist das ungewöhnliche Fassadenrelief, das europäische Elemente (St. Christopher) und philippinische Pflanzen (Kokospalmen, Papayabäume) enthält.

San Joaquin

In San Joaquin steht die »militärischste« Kirche der Philippinen: Die Fassade aus ehemals weißen Korallenblökken zeigt die Schlacht der Spanier gegen die Mauren in Tetuan/Marokko im Jahr 1859.
Jedes Jahr am zweiten Samstag im Januar werden in San Joaquin Wasserbüffelkämpfe ausgetragen.

Übernachten

Talisayan Beach Resort. Cottage/fan/Bad 800 P, Cottage/ac/Bad 1.000 P. Einfach, aber durchaus akzeptabel. Verpflegung nach Vereinbarung.

Anini-y und Nogas Island

In Anini-y steht eine massive, alte Kirche aus weißer Koralle. Sie wurde während der spanischen Kolonialzeit von Augustinern errichtet. Eine private Übernachtungsmöglichkeit besteht bei Mrs. Magdalena Cazenas.
Von Anini-y aus erreicht man die vorgelagerte Nogas Island. Eine reguläre Verbindung besteht nicht, man kann sich jedoch für etwa 50 P mit einem Paddelbanca hinüberbringen lassen.

Anreise/Weiterreise

Iloilo City
Bus: Von Iloilo City nach Anini-y fährt täglich um 7.00 Uhr ein Bus ab Fuentes Street/Ecke De Leon Street. Weitere Abfahrten eventuell um 11.00 und 12.00 Uhr. Fahrzeit: 3 Std. Endstation ist Dao. Zurück ab Anini-y um 12.30 Uhr und eventuell frühmorgens um 4.30 und 6.30 Uhr.

San Joaquin
Jeepney: Von San Joaquin nach Anini-y fährt täglich um 10.00 Uhr ein Jeepney. Fahrzeit: 1 Std. Er fährt eventuell weiter nach Dao. Zurück ab Anini-y um 13.00 Uhr.

Die Westküste

San Jose de Buenavista

San Jose de Buenavista ist die Hauptstadt der Provinz Antique, daher ist Filipinos dieser Ort meistens nicht unter dem offiziellen Namen bekannt, sondern unter San Jose Antique.

Übernachten

Susana Guest House. EZ/DZ/fan/Bad 100/200 P. Restaurant. Einfache Unterkunft gegenüber dem Seventy Six Busterminal.

Annavic Plaza Hotel, Tel. 558. EZ/fan/Bad 200 P, DZ/fan/Bad 250 P, EZ/ac/Bad 450 P, DZ/ac/Bad 550 P. Relativ gutes, preislich akzeptables Hotel.

Essen und Trinken

Die wenigen Restaurants schließen abends bereits sehr früh. Nach 19.00 Uhr bleibt eigentlich nur das ***Nina Pizza & Restaurant*** nahe dem Seventy Six Busterminal. Eventuell ist auch noch das recht ordentliche ***Diamond Garden Restaurant*** geöffnet; 500 Meter außerhalb der Stadt in Richtung Norden.

Anreise/Weiterreise

Bus/Jeepney: Von San Jose de Buenavista nach Culasi und Pandan fahren täglich wenige Jeepneys und Busse. Fahrzeit: nach Culasi 3 Std., nach Pandan 5 Std. Einige Jeepneys fahren nur bis Culasi. In Pandan Anschlußmöglichkeit nach Malay und Kalibo.

Culasi

Einige Reisende haben die Fahrt entlang der Westküste von Panay in Culasi unterbrochen um ein paar Tage auf der vorgelagerten kleinen Mararison Island zu verbringen - wohl nicht ohne Grund. Es gibt zwar keine reguläre Bootsverbindung dorthin, aber ein bis zwei Überfahrten dürften täglich möglich sein. Ein Special Ride kostet etwa 150 P; Fahrzeit: 30 Min.

Von Lipata, etwa fünf Kilometer nördlich von Culasi (Tricycle; 10 Min., 5 P), fährt ein- oder zweimal wöchentlich ein Boot über die Semirara Islands nach San Jose, Mindoro. Siehe auch »Weiterreise« am Anfang dieses Kapitels.

Übernachten

Balestramon Lodging House, Culasi. EZ/DZ/fan 75/150 P. Einfach.

Auf Mararison Island kann man nur privat übernachten; inklusive drei Mahlzeiten etwa 250 P.

Anreise/Weiterreise

Bus: Von Culasi nach San Jose letzte Abfahrt täglich um 13.30 Uhr.

Der Nordosten

Concepcion, San Dionisio und Pan de Azucar Island

Concepcion und San Dionisio sind kleine Küstenorte mit relativ großen Märkten. Vorgelagert sind etliche verlockend erscheinende Inseln, die relativ schnell mit einem Auslegerboot zu erreichen sind. Am auffälligsten und schon von weitem sichtbar ist landschaftlich sehr reizvolle Pan de Azucar Island mit dem etwa 573 Meter hohen »Zuckerhut«. Vorläufig kann sie jedoch nur ein Reiseziel für Leute sein, die ohne die üblichen Annehmlichkeiten touristisch entwickelter Resorts auskommen können.

Auch die kleine Agho Island, etwas weiter südöstlich, gehört sicherlich zu den schöneren Plätzen dieser Inselgruppe. Allerdings befindet sich diese Insel in Privatbesitz des Bürgermeisters von Concepcion, bei dem sich Besucher zuvor ein Permit besorgen müssen. Ohne diese schriftliche Genehmigung läßt der Verwalter niemanden auf die Insel.

Übernachten

SBS Iyang Beach Resort, Concepcion. Cottage/fan/Bad 250 und 350 P. Restaurant. Die Besitzer, Sandy und Betsy Salcedo, organisieren auf Wunsch Bootstrips zu vorgelagerten Inseln

(2.500 P pro Tag!). Der Strand beim Resort ist nicht gerade attraktiv (Unrat). In San Dionisio kann man privat übernachten, z.B. bei der Familie Jun Magsongsong in der J.M. Basa Street. Pro Person bezahlt man etwa 100 P.
Auch auf Pan de Azucar Island ist man auf Privatunterkünfte angewiesen, was jedoch angesichts der herzlichen Gastfreundschaft der Bevölkerung keine Schwierigkeiten bereiten sollte. Anidlina de Julian nimmt gerne Touristen auf (etwa 100 P pro Person) und kümmert sich auf Wunsch auch um die Verpflegung (eventuell selbst bei Fischern am Strand einkaufen). Wer unangemeldet kommt, sollte jedoch vorher etwas Proviant einkaufen und auch Trinkwasser mitbringen. Für mehr als zwei Personen ist allerdings kein Platz, außer man schläft unter freiem Himmel.

Anreise/Weiterreise

Iloilo City
Bus/Jeepney: Von Iloilo City nach Concepcion fahren Busse der Ceres Liner Company ab Tanza Busterminal. Fahrzeit: 2:30 Std.
Von Iloilo City nach San Dionisio gibt es keinen direkten Bus. Am besten fährt man mit einem Bus der Ceres Liner Company mit Ziel Estancia. Abfahrt: stündlich von 4.00 bis 16.00 Uhr. Spätestens am Abzweig in Deveria aussteigen und auf einen Jeepney nach San Dionisio warten. Die Jeepneys kommen aus dem größeren Ort Sara, wo das Warten etwas angenehmer ist als in Deveria.

Pan de Azucar Island
Boot: Von Dionisio nach Pan de Azucar Island fahren zwischen 9.00 und 11.00 Uhr Auslegerboote. Fahrzeit: 45 Min. Fahrpreis: 10 P; Special Ride 200 P. Donnerstags sollen die Boote anstatt von Dionisio von Concepcion übersetzen, dort ist dann Markttag.

Estancia

Von Estancia fahren Boote unter anderem nach Sicogon Island und den Gigante Islands. Fremde wurden in diesem kleinen Küstenort bisher fast immer mit dem exklusiven Sicogon Island Club und daraus schlußfolgernd mit viel Geld in Verbindung gebracht. Nach Schließung des Resorts Anfang der neunziger Jahre sollte diesbezüglich allerdings inzwischen ein Umdenken stattgefunden haben.

Übernachten

Terry & Em Lodge, Clement Street, Tel. 388. EZ/DZ 80/140 P, EZ/DZ/fan 100/150 P. Einfache Unterkunft.
Fuentes Lodging House, Inventor Street. EZ/fan/Bad 100 P DZ/fan/Bad 200 P. Einfache und relativ gut.
Vila Lily Beach Resort, Tel. 429. EZ/fan/Bad 250 P, DZ/fan/Bad 350 P, Cottage/ac/Bad 560 P. Größere Anlage auf einem Hügel nahe Estancia.
Pa-on Beach Resort, Tel. 444. EZ/fan/Bad 260 P, DZ/fan/Bad 360 P, EZ/ac/Bad 500 P, DZ/ac/Bad 600 P. Gepflegte Anlage mit sauberen Zimmern. Restaurant. Etwas außerhalb gelegen.

Essen und Trinken

Die wenigen Restaurants schließen abends bereits sehr früh. Nach 20.00 Uhr bleibt eigentlich nur noch das ***Melbert Restaurant*** in der Reyes Avenue. Gute, preiswerte Gerichte werden in ***Kate's Pizza & Ice Cream House***, ebenfalls in der Reyes Street, serviert. Gut und relativ günstig ist auch das ***Together Restaurant*** gegenüber vom Ceres Liner Busterminal.

Anreise/Weiterreise

Iloilo City
Bus: Von Iloilo City nach Estancia fahren täglich etwa stündlich von 4.00 bis

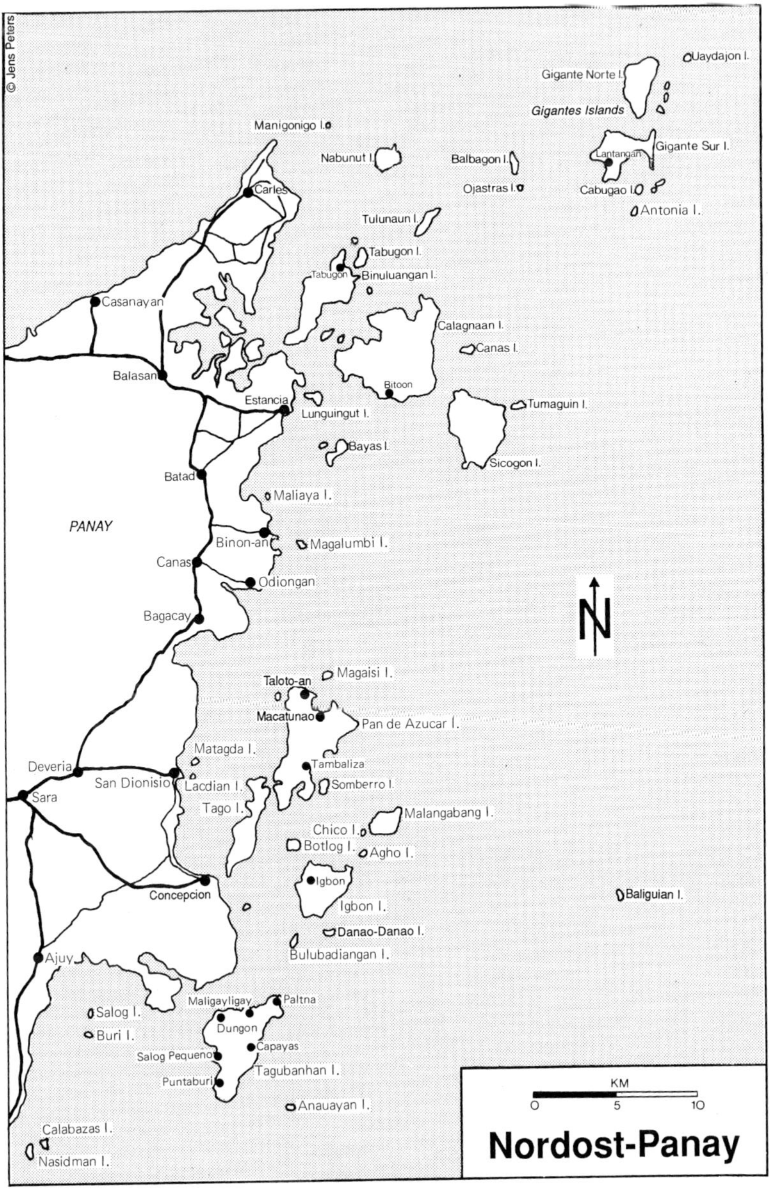

Visayas- Panay

16.00 Uhr Busse der Ceres Liner Company ab Tanza Busterminal in der Rizal Street. Fahrzeit: 5:30 Std.

Roxas

Bus/Jeepney: Von Roxas nach Estancia fahren vormittags mehrere Jeepneys oder Minibusse. Eventuell muß man in President Roxas umsteigen. Fahrzeit: 3 Std. Etwa zwischen 7.30 und 9.00 Uhr sollen zwei Busse der Ceres Liner Company fahren.

Sicogon Island

Auf der traumhaften Insel Sicogon befindet sich am herrlichen, weißen Bantill Beach der Sicogon Island Club, eines der ersten international bekannten Beach Resort Hotels der Philippinen. Doch diese exklusive Anlage mit 120 Cottages, Swimmingpool, Tenniscourt usw. ist seit geraumer Zeit geschlossen. Vielleicht hat neben anderen Faktoren auch das recht eigenwillige Konzept des Clubs zum wirtschaftlichen Aus beigetragen, das einen Kontakt zwischen Einheimischen und Touristen weitgehend zu unterbinden versuchte. So war es den etwa 3.000 Bewohnern von Sicogon strengstens untersagt, Zimmer an Fremde zu vermieten! Sie durften ihnen auch nichts verkaufen, so daß z.B. keine Alternative zum Restaurant des Resorts entstehen konnte. Zu guter Letzt war es ihnen nicht erlaubt, Reisende auf die Insel zu bringen, die nicht Gäste des Clubs waren. Tourismus ohne Einbeziehung der Ansässigen muß zwangsläufig zu sozialen Spannungen führen, die wiederum nicht im Sinne feinfühliger Urlauber sein dürften. Diese unliebsamen Zeiten sollten auf Sicogon Island nun vorbei sein.

Gigantes Islands

Die zur Provinz Iloilo gehörenden Gigantes Islands liegen zwischen Nordost-Panay und Masbate. Bis auf Balbagon Island gibt es auf den insgesamt 18 Inseln und Inselchen noch keine touristische Infrastruktur.

Gigante Norte und Gigante Sur sind etwa zur Hälfte stark zerklüftet. In Felsmassiven, den sogenannten »enchanted rocks«, befinden sich mehrere Höhlen, über die zahlreiche mystische Geschichten erzählt werden. Es wird vermutet, daß die Inseln mit ihren verwirrenden Höhlengängen einst Piraten als Versteck dienten. Vielleicht ist ja etwas dran. Und vielleicht besteht ja auch ein Zusammenhang mit den ungewöhnlich großen, etwa drei Meter langen Särgen aus dem 15. Jahrhundert, die Archäologen gleich nach dem Zweiten Weltkrieg entdeckten. Gemacht für riesige Menschen, Giganten eben.

Auf Gigante Sur soll es etwa zehn Höhlen geben, wovon erst drei vollständig exploriert wurden. Die meisten Insulaner wagen sich aus Furcht und Aberglaube nicht hinein. Viele sind auch einfach desinteressiert. Die Turtle Cave - auch Pawikan genannt - besitzt eine gigantische Vorhalle, in deren oberer Öffnung sich weiße Affen an herunterhängenden Wurzeln schwingen. Tiniphagan Cave und Elephant Cave sind unerforschter als die Turtle Cave. Von dort könnten Verbindungen zu weiteren Höhlen bestehen. Ein guter Ausgangspunkt zu den Höhlen ist das Dorf Lantangan. Empfehlenswert sind ein Führer, feste Schuhe, Taschenlampe, Kerzen und Trinkwasser. In der Nähe der Höhlen befindet sich ein natürlicher Swimmingpool, auch Tank genannt. In Lantangan selbst stießen Bewohner 1997 auf Überreste einen Friedhofs aus vorspanischer Zeit. Als sie in ihren Gärten buddelten, kamen Graburnen, kleine Töpfe, und menschliche Knochen zum Vorschein. Keine sensationellen Schätze, aber doch wertvoll genug, um das Interesse von Antiquitätenhändlern zu wecken.

Auf Gigante Norte kann man vom Barrio Piagao aus leicht die Langob Cave erreichen. Entlang des Barrios erstreckt sich ein schöner Strand mit glasklarem Wasser.
Nur etwas südlich von Gigante Sur liegen die kleinen Inseln Cabugao Norte und Cabugao Sur. Auf Cabugao Norte gibt es außer wenigen Hütten eine weitere kleine Höhle und eine recht gute Badebucht. Die Ansiedlung auf Cabugao Sur ist etwas größer. An einem sehr feinen Sandstrand bieten sich dort ebenfalls gute Bademöglichkeiten.

Übernachten

Bis auf Balbagon Island, auf der kürzlich ein Resort eröffnet wurde, muß man sich auf den Gigantes Islands um eine Privatunterkunft bemühen, z.B. im Barrio Lantangan (Gigante Sur), was jedoch kaum Schwierigkeiten bereiten sollte. Höhe der Bezahlung: *it's up to you!*

Anreise/Weiterreise

Boot: Wer von Estancia nach den Gigante Islands hinüber will, setzt sich am besten mit Mr. Rustum Tan und seiner Familie in Verbindung. Die haben Verwandte auf den Inseln und können einen angemessenen Preis für den Special Ride nach Gigante Sur aushandeln. Fahrzeit: 2:30 Std. Es soll jedoch auch eine reguläre tägliche Verbindung bestehen.

Roxas

Roxas ist die Hauptstadt der Provinz Capiz, sie wird daher von Einheimischen auch Capiz genannt. Touristische Attraktionen gibt es nicht. Und da Faulenzen woanders viel mehr Spaß macht, dürfte Roxas für die meisten Reisenden wohl nur eine Durchreisestation auf dem Weg von oder nach Manila sein. Stimmung ist alljährlich in der ersten Woche im Oktober in der Stadt, wenn mit Musik und Straßentänzen das Halaran-Festival gefeiert wird.

Übernachten

Beehive Inn, Roxas Avenue, Tel. 6210418. EZ/DZ/fan 100/125 P, EZ/DZ/fan/Bad 125/200 P, EZ/DZ/ac/Bad 300 P. Einfach. Restaurant.
River Inn, Lapu-Lapu Street, Tel. 6210809. EZ/DZ/fan 120/140 P, EZ/DZ/ac 260 P. Einfache, passable Zimmer. Ruhig. Um 21.00 Uhr wird abgeschlossen!
Halaran Avenue Pension, Roxas Avenue, Tel. 6210615. EZ/fan 150 P, DZ/fan 200 P, EZ/fan/Bad 200 P, DZ/fan/Bad 250 P, EZ/ac/Bad 300 P, DZ/ac/Bad 350 P. Relativ gut. Restaurant.
Halaran Plaza, Rizal Street, Tel. 6210649. EZ/fan/Bad 230 P, DZ/fan/Bad 290 P, EZ/ac/Bad ab 340 P, DZ/ac/Bad ab 390 P. Nichts Besonderes, aber preislich durchaus akzeptable Zimmer. Restaurant. Liegt gegenüber der City Hall.
Marc's Beach Resort, Baybay, Tel. 6210103. EZ/DZ/fan/Bad 400 P, EZ/DZ/ac/Bad 500 P. Restaurant. Tenniscourt. Schöne Anlage am Baybay Beach zwischen Airport und Hafen (15 P mit dem Tricycle ab Roxas).
Villa Patria Cottages, Baybay, Tel. 6210180. EZ/ac/Bad 680 P, DZ/ac/Bad 780 P. Recht ordentliche Zimmer. Restaurant.

Essen und Trinken

Von den wenigen Restaurants, die es in Roxas gibt, sind immerhin doch zwei erwähnenswert: Das erstaunlich preiswerte ***John's Fast Food*** in der Roxas Avenue gegenüber der Halaran Avenue Pension mit einer großen Auswahl an guten philippinischen und chinesischen Gerichten und das ***Halaran Restaurant*** in der Halaran Avenue Pension, das etwas teurer ist, in dem es aber günstige Tagesgerichte *(comida)* gibt; Bier wird jedoch nicht verkauft.

Ein paar ***Beer Gardens*** mit Live-Music und ***Eateries*** findet man nahe der Kirche: von der Roxas Avenue über den Fluß bis zur Kirche gehen, dann nach rechts abbiegen.

Adressen/Verschiedenes

Vorwahl: 036.

Anreise/Weiterreise

Mit dem Flugzeug: Der Airport von Roxas liegt etwa vier Kilometer westlich der Stadt.
Philippine Airlines, Roxas Airport, Tel. 210618.

Mit dem Schiff: Der Hafen von Roxas heißt Culasi Port und liegt etwa sechs Kilometer westlich der Stadt. Die Fahrt mit einem Tricycle von dort zum Stadtzentrum dauert zehn Minuten und kostet 15 P.

Iloilo City
Bus: Von Iloilo City nach Roxas fahren täglich von 4.00 bis 17.30 Uhr halbstündlich Busse der Ceres Liner Company ab Tanza Busterminal in der Rizal Street. Fahrzeit: 4 Std.
Letzte Abfahrt von Roxas nach Iloilo City möglicherweise um 11.00 Uhr.

Kalibo - Caticlan - Boracay
Bus: Von Roxas nach Kalibo fahren täglich von 5.00 bis 12.00 Uhr mehrere Busse. Fahrzeit: 3:30 Std.

Die Provinz Aklan

Kalibo

Kalibo ist die älteste Stadt von Aklan und Hauptstadt dieser Provinz. Zu den Erwerbsquellen gehören unter anderem die Herstellung von Piña-Textilien und schwierigen Webarbeiten wie Schuhen und Handtaschen aus Abaca.

Bekannt im ganzen Land ist Kalibo durch das dort jährlich im Januar stattfindende Ati-Atihan Festival, das Mardi Gras der Philippinen. Schon lange vor dem Beginn dieses Spektakels sind die lieben Leute von Aklan in Gedanken beim bebenden Tam-Tam. Zwar werden in anderen Orten auf den Philippinen ähnliche Feste gefeiert, das originale findet jedoch in Kalibo und umliegenden Dörfern statt. Während des Festivals ist es schwierig, ein Hotelzimmer zu finden; Preissteigerungen um 300 Prozent und mehr sind üblich.
Etwa 20 Kilometer nordwestlich von Kalibo stürzen die Jawili Falls kaskadenartig zu Tal und bilden dabei mehrere Becken, in denen man ein erfrischendes Bad nehmen kann. Hinkommen von Kalibo mit einem Bus oder Jeepney in Richtung Nabas oder Caticlan. In Tangalan aussteigen und dort dann ein Tricycle nehmen.
Knapp 20 Kilometer südwestlich von Kalibo gibt es den langen, feinsandigen, grauen Aroma Beach. Eine Übernachtungsmöglichkeit ist vorhanden. Hinkommen von Kalibo mit einem Jeepney oder Tricycle bis Dumaguit (30 Min.), dann mit einem Boot über die Bucht nach Batan (10 Min.), von Batan weiter zum Aroma Beach mit einem Tricycle (10 Min.).

Übernachten

Gervy's Lodge, G. Pastrana Street. EZ/DZ 75/150 P. Einfach. Restaurant.
RB Lodge, G. Pastrana Street. EZ/DZ/fan 100/200 P, EZ/DZ/ac/Bad 350 P. Einfache Zimmer. Ruhig.
Apartel Marietta, Roxas Avenue. EZ/DZ/fan 200/400 P, EZ/fan/Bad 300 P, DZ/fan/Bad 500 P, EZ/DZ/ac/Bad 800 P. Einfache, laute Unterkunft. Restaurant.
Garcia Legaspi Mansion, Roxas Avenue, Tel. 6623251. EZ/DZ/fan 300/350 P. EZ/DZ/fan/Bad 350/450 P, EZ/DZ/

ac/Bad 600/700 P, Suite 850 P. Tadellose Unterkunft im dritten Stock mit ordentlichen Zimmern. Coffee Shop und Swimminpool sind geplant.
Glowmoon Hotel, S. Martelino Street, Tel. 2663073. EZ/fan 250 P, DZ/fan 350 P, EZ/DZ/ac/Bad 600/700 P. Akzeptable Zimmer. Restaurant.
Casa Alba Hotel, S. Martelino Street. EZ/fan 300 P, DZ/fan 400 P, EZ/ac/Bad 700 P, DZ/ac/Bad 800 P. Relativ einfaches Hotel mit wohl etwas überteuerten Zimmern. Restaurant.
Beachcomber Inn, Roldan Street, Tel. 8684765. EZ/DZ/fan 750 P, EZ/DZ/ac/Bad 850 und 950 P. Angenehmes, ruhig gelegenes Haus mit gepflegten Zimmern.
Hibiscus Garden Club, Andagao, Tel 8684488. EZ/DZ/fan/Bad 800 P, EZ/DZ/ac/Bad 950 P. Recht komfortable Zimmer in einer gepflegten Anlage etwa zehn Minuten außerhalb von Kalibo (Tricycle; 20 P). Nette Atmosphäre. Restaurant. Swimmingpool. Kostenloser Airport-Service. Deutsches Management.
Aroma Beach Resort, Napti. Cottage/fan/Bad 500 P. Kleine Anlage mit drei geräumigen Cottages mit jeweils zwei Zimmern (gut für vier Personen). Restaurant mit deutscher und philippinischer Küche. Liegt außerhalb von Kalibo; Anfahrt siehe oben.

Essen und Trinken

Gut sind die chinesischen Gerichte im einfachen ***Peking House Restaurant*** in der Martyrs Street.
Ein kleines Refugium ist der ***Hibiscus Garden Club*** in Andagao (siehe »Übernachten«). Zu diesem romantisch angelegten Gartenrestaurant gehören auch eine gemütliche Bar. Es gibt vorzügliche philippinische und internationale Gerichte, europäische Spezialitäten und köstliche Desserts wie Vanille-Eiscreme mit Mango *flambé*.

Adressen/Verschiedenes

Vorwahl: 036.

Anreise/Weiterreise

Mit dem Bus: Der Ceres Liner Busterminal liegt am südlichen Stadtrand. Ein Tricycle von dort zur Abfahrtsstelle der Jeepneys nach Caticlan/Boracay kostet 2 P pro Person.

Mit dem Flugzeug: Vom Airport zum Stadtzentrum (Jeepneys nach Caticlan/Boracay) sind es nur wenige Kilometer. Ein Tricycle kostet regulär 4 P pro Person, ein Special Ride für zwei Personen 10 P (verlangt werden 50 P und mehr).
Die Flüge von Kalibo nach Manila sind oft hoffnungslos ausgebucht. Das könnte auch für die Flüge nach Cebu City gelten. Es empfiehlt sich daher, gleich nach Ankunft am PAL-Schalter im Airport den Rückflug bzw. Weiterflug bestätigen zu lassen. Es gibt inzwischen allerdings auch ein PAL-Office auf Boracay, in dem Reconfirmation und Umbuchungen erledigt werden.
Philippine Airlines, Kalibo Airport, Tel. 6623260.

Mit dem Schiff: Zwischen dem Hafen Dumaguit und Kalibo verkehren Jeepneys. Fahrzeit: 30 Min. Fahrpreis: 5 P.

Caticlan - Boracay
Jeepney: Von Kalibo nach Caticlan fahren tagsüber etwa stündlich Jeepneys ab Roxas Avenue. Fahrpreis: 35 P. Fahrzeit: 2 Std.

Bus: Nach Landung eines Flugzeugs fahren bequeme Aircon-Busse (oder weniger bequeme Minibusse) der Companies 7107 Boracay Shuttle und Southwest Tours direkt ab Airport nach Caticlan, wo die Boote nach Boracay ablegen. Fahrzeit: 2 Std. Fahrpreis: 150 P. Die Tickets schließen den Bootstransfer von 15 P ein.

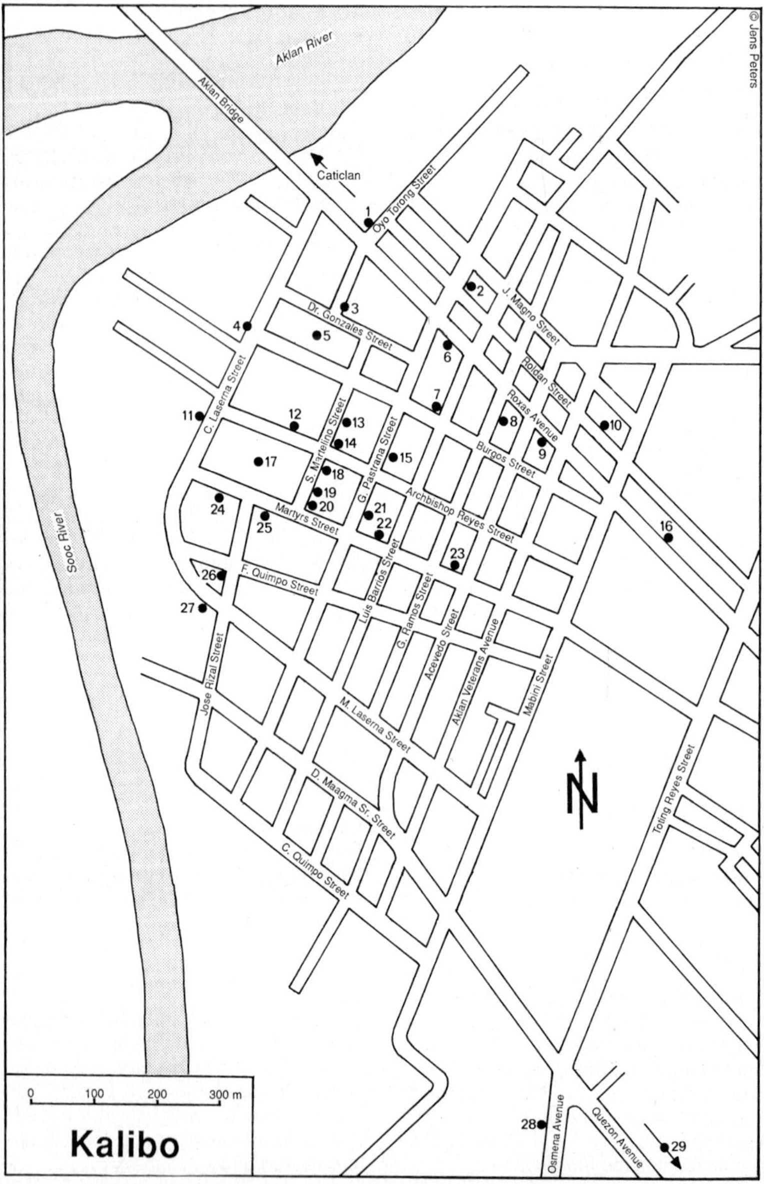
Kalibo
© Jens Peters
Aklan River
Aklan Bridge
Caticlan
Oyo Torong Street
Dr. Gonzales Street
J. Magno Street
Roldan Street
Roxas Avenue
Burgos Street
C. Laserna Street
S. Martelino Street
G. Pastrana Street
Archbishop Reyes Street
Martyrs Street
F. Quimpo Street
Luis Barrios Street
G. Ramos Street
Acevedo Street
Aklan Veterans Avenue
Mabini Street
Jose Rizal Street
M. Laserna Street
D. Maagma Sr. Street
C. Quimpo Street
Toting Reyes Street
Osmena Avenue
Quezon Avenue
Sooc River
0
100
200
300 m
1
2
3
4
5
6
7
8
9
10
11
12
13
14
15
16
17
18
19
20
21
22
23
24
25
26
27
28
29

Anreise/Weiterreise
1 Jeepneys und Busse nach Caticlan und Malay
3 Jeepneys nach Dumaguit und New Washington
4 Busse nach Roxas
28 Ceres Liner Busterminal
29 Airport (3 km)

Übernachten
2 RB Lodge
6 Garcia Legaspi Mansion
9 Apartel Marietta
10 Beachcomber Inn
13 Glowmoon Hotel
18 Casa Alba Hotel
21 Gervy's Lodge
25 High Chapparal
26 Little Glowmoon Inn
New LM Lodge
27 Atong Atang Hotel

Essen und Trinken
7 Shen Shian Diner & Fastfood
8 Dominique's Trattoria
19 Mardi Gras Restaurant
22 Peking House Restaurant
23 Great Minds Pub

Verschiedenes
5 Market
11 Book Mart
12 Kirche
14 Aklan Museum
15 Philippine National Bank (PNB)
16 Mercury Drug
17 Plaza (Pastrana Park)
18 PT&T Office
20 Bank of the Philippine Islands
24 Aklan Shopper's Mart

Iloilo City
Bus: Von Iloilo City nach Kalibo fahren täglich von 3.00 bis 15.00 Uhr stündlich Busse der Ceres Liner Company ab Tanza Busterminalin der Rizal Street. Fahrzeit: 5 Std. Um 7.00 Uhr fährt ein Aircon-Express-Bus. Fahrzeit: 4 Std., allerdings kann sich die Fahrzeit nach längeren Regenfällen leicht verdoppeln (teilweise Schlammpiste).
Von Kalibo nach Iloilo City fahren die Busse ab Ceres Liner Busterminal am südlichen Stadtrand. Letzte Abfahrt möglicherweise um 14.00 Uhr.
Express-Busse fahren um 7.00, 10.30 und 12.00 Uhr, eventuell auch um 13.00 Uhr. Allerdings ist nicht jeder Express-Bus ein Aircon-Bus (bequemere Sitze).

Roxas
Bus: Von Kalibo nach Roxas fahren um 8.00, 11.00 und 14.00 Uhr große Busse ab C. Laserna Street. Fahrzeit: 3:30 Std. Zwischendurch verkehren noch enge Minibusse.

Ibajay

Ibajay (sprich: Ibahai) ist ein kleiner Ort auf halber Strecke zwischen Kalibo und Caticlan. Dort findet jedes Jahr am vierten Wochenende im Januar, also am Samstag und Sonntag nach dem Spektakel in Kalibo, nach Aussagen der Leute das »wirklich originale« Ati-Atihan Festival statt. Auf jeden Fall ist es originell und urwüchsig und wirkt natürlich und echt, da im Gegensatz zu Kalibo ein kommerzieller Einfluß kaum spürbar ist. Das bunte Fest bietet herrliche Fotomotive. Sonntag ist der Haupttag!

Caticlan

Von Caticlan im nordwestlichen Winkel von Panay gelangt man mit Auslegerbooten zur vorgelagerten Insel Bo-

© Jens Peters
Punta-Ina Beach
Punta-Ina
Yapak Beach
Bat Caves
Ilig-Iligan Beach
Puka Shell Beach
Ilig-Iligan
Yapak
Kar-Tir
Shell Museum
Santoyo Beach
Sibuyan Sea
Bunyugan
Beach
Punta-Bunga
Sanbaloron Beach
Punta-Bunga
Beach
Club Panoly
Resort Hotel
Lapuz-Lapuz Beach
Balinghai Beach
Lapuz-Lapuz
Pinaungan
Vilu's
Laughing Waters Cottages
Mika's Place
Sundance Resort
Golden Coconut
Diniwid
Diniwid Beach
White Beach
The Rock
Balabag
Bulabog
Island's
Garden
Palomar
Beach Club
Bulabog Beach
Laguna de
Boracay
Village Resort
Boracay Rock
White Beach
Manggayad
Dead
Forest
Tablas Strait
Fish Pond
Tulubhan
Malabunot
Crocodile
Island
Tambisaan
Bantud
Angol
White Beach
Laurel
Island
Lorenzo South
Beach Resort
Manoc-Manoc Beach
Manoc-Manoc
Boracay Beach
& Yacht Club
Villa Beach Resort
Cagban
Beach
Tabon Strait
Panay
km
0
1
2
Boracay
Caticlan

racay. Da es keinen Pier gibt, müssen die Passagiere durchs Wasser waten, um ins Boot zu gelangen. Vorher sollten sie sich am Ticketschalter registrieren lassen.
Neben der touristisch wichtigen Anlegestelle besitzt Caticlan noch eine Landebahn für kleinere Flugzeuge, die zunehmend für die Verbindung von und nach Manila in Anspruch genommen wird.
Sonntags bietet sich Caticlan für einen interessanten Tagestrip von Boracay aus an. Dann ist nämlich Markttag, und Hahnenkämpfe finden ebenfalls statt.
Etwa 25 Kilometer südwestlich von Caticlan befindet sich die Ignito Cave (Elephant Cave), eine erst 1966 entdeckte Tropfsteinhöhle. Sie ist der Öffentlichkeit zugänglich und kann in einer halben Stunde durchquert werden (Eintritt: 150 P). Touren werden auf Boracay angeboten. Wer es jedoch vorzieht, auf eigene Faust einen Tagesausflug dorthin zu unternehmen, z.B. mit einem Mountainbike, fährt von Caticlan zunächst auf der Küstenstraße nach Buruanga und dann noch etwa fünf Kilometer weiter. Dort zweigt von der Straße linkerhand eine Piste ab und führt drei Kilometer bergauf zur Höhle, zu deren Eingang die letzten Meter über Holzstufen zu absolvieren sind.

Anreise/Weiterreise

Mit dem Flugzeug: Ein Tricycle vom Malay Airport zum Anleger (500 Meter) in Caticlan kostet 30 P. Zu Fuß benötigt man nur zehn Minuten.

Boracay

Boot: Von Caticlan nach Boracay fahren täglich mehrere größere Auslegerboote bis zum späten Nachmittag. Sie legen an den drei vom Tourist Office vorgegebenen Stellen, den Boat Stations, am White Beach an. Fahrzeit: 30 Min. Der Fahrpreis ist festgelegt und beträgt 16,50 P pro Person.

Kalibo - Iloilo City

Bus: Von Caticlan nach Iloilo City über Kalibo fährt täglich um etwa 6.00/6.30 Uhr und 12.00 Uhr ein direkter Bus der Ceres Liner Company. Fahrzeit: nach Kalibo 2 Std.; nach Iloilo City 6 Std.
Ansonsten fahren von Caticlan täglich Aircon-Busse zum Kalibo-Airport und mehrere Jeepneys nach Kalibo. Letzte Bus-Abfahrt von Kalibo nach Iloilo City möglicherweise um 14.00 Uhr.

Boracay

Boracay ist eine herrliche kleine Insel zum Faulenzen. Sie ist sieben Kilometer lang und an der schmalsten Stelle nur einen Kilometer breit. Die drei größeren Dörfer (Barangays) Yapak, Balabag und Manoc-Manoc sowie die mehreren kleinen Ansiedlungen (Sitios) sind durch ein undurchschaubares Gewirr von Wegen und Pfaden miteinander verbunden (die Karte von Boracay kann daher nur zur groben Orientierung dienen). Etwas mehr als die Hälfte der rund 5.200 Bewohner der Insel lebt in Manoc-Manoc.
Der langgestreckte Strand an der Westseite ist blendend weiß und im oberen Abschnitt bei Balabag sehr feinsandig. Dort ist das Wasser allerdings recht flach. Tiefer ist es im unteren Abschnitt, wo in Ufernähe auch vereinzelt Korallen vorkommen. Bessere Schnorchelmöglichkeiten bietet die Ostseite, an der jedoch mit Strömungen zu rechnen ist.
Zahlreiche kleine Buchten mit weißsandigen Stränden sind rund um die Insel verteilt Sie bilden beschauliche Alternativen zum populären White Beach, der in den wärmeren, windstillen Monaten Februar bis Mai durch Auftreten grüner Algen leider an Attraktivität verliert.
Sehr angenehm ist die Atmosphäre am ruhigen Diniwid Beach, gleich nördlich

Grün ist die Hoffnung

Über viele Jahre wurden die Zeichen der Natur einfach nicht ernst genommen. »Das war schon immer so«, hieß es beschwichtigend, und »das hat mit der Temperatur des Wassers zu tun«. Grüne Algen am weißen Strand: Hauptsaison auf Boracay. Dazu lange Gesichter enttäuschter Touristen, die solch einen Makel dort nicht erwartet hatten. Darüber, wie eine so kleine Insel denn die jährlich annähernd 100.000 Gäste ökologisch verkraften soll, hat sich seitens der Behörden und des Business lange Zeit keiner Gedanken gemacht. Bis sich schließlich das Umweltministerium ein Herz faßte und im ersten Halbjahr 1997 verschiedene Wasserproben unters Mikroskop nahm. Zum Vorschein kamen koliforme Bakterien, offensichtlich hervorgerufen durch ins Meer gelangte ungeklärte Abwässer. Jetzt war sie also da, die Hiobsbotschaft schlechthin. Eiligst wurden Krisensitzungen einberufen, um den Schaden zu begrenzen und um nach Lösungen zu suchen. Und endlich, endlich wurde beschlossen, die althergebrachte Entsorgung nicht länger zu dulden. Wenn auf dieser Insel auch in Zukunft mit dem Tourismus Geld verdient werden soll, muß schnellstens eine moderne Kläranlage her. Bleibt zu hoffen, daß die grüne Warnung des Wassers nicht vergebens war und daß bald etwas getan wird - Boracay und der Umwelt zuliebe.

vom White Beach. Dort gibt es auch ein paar preislich akzeptable Übernachtungsmöglichkeiten (am White Beach würden diese doppelt soviel kosten). Auch der Weg zum makellosen Punta Bunga Beach lohnt sich.

Am Strand bei Yapak, im Norden der Insel, wurden jahrelang Puka-Muscheln aus dem Sand gebuddelt und in alle Welt verkauft. Man sagt, daß die inzwischen sehr seltenen Pukas von Boracay die qualitativ besten seien (weiß, glänzend), die jemals gefunden wurden. Daß im Norden von Boracay bald wieder größere Erdmassen bewegt werden, ist beschlossene Sache. Die bedeutendsten philippinischen Immobilienfirmen Ayala Land, Fil-Estate und Primetown Property Group haben insgesamt 205 Hektar Land gekauft. Sie werden Resorts und Wohnanlagen für Begüterte errichten; die Bauarbeiten für den unerläßlichen Golfplatz sind bereits in vollem Gange.

Es läßt sich nicht leugnen, daß die Insel ihre Unschuld verloren hat. Aber trotz vereinzelter Zwischenfälle und verschiedener Umweltsünden hat sie immer noch das gewisse Etwas. Zu dem, was ihren Reiz ausmacht, gehören außer den freundlichen Bewohnern sicher auch die liebevoll angelegten Gärten, die individuell gestalteten Resorts und die geschmackvoll dekorierten Cottages.

Es scheint so, als sei auf Boracay jeder Tag Sonntag. Oder Alltag. Wer ein paar Wochen verweilt, nimmt den Unterschied kaum noch wahr. Außergewöhnliches passiert sowieso nicht. Nur keine Hektik. Andere nennen das ganz einfach Urlaub machen. Vielleicht etwas segeln und windsurfen heute. Oder mal wieder schnorcheln und schauen, was die Korallen machen. Neugierige schaffen es sogar bis zu den Höhlen der Fliegenden Hunde von Yapak (Bat Caves; Eintritt: 20 P) oder gehen einmal auf die andere Seite der Insel, wo

sie dann feststellen können, daß dort trotz Konjunktur noch vereinzelt Fischer leben, die mit dem fremden Verkehr nicht allzuviel zu tun haben.
Sicherlich erfüllt Boracay für viele Besucher die Vorstellung von einer paradiesischen Südseeinsel. Ob das auch in Zukunft noch so sein wird, hängt von dem Ausmaß der baulichen Entwicklung ab, die das Gesicht der Insel nachhaltig verändern wird. Beton statt Bambus, scheint neuerdings die Devise zu sein. Zum Glück verstanden es die meisten Architekten bisher, ihren Entwürfen ein unaufdringliches, dem Inselcharakter angepaßtes Äußeres zu verleihen.

Sicherheit
Mit dem Zustrom der Touristen sind auch einige zwielichtige Typen auf die Insel gekommen, die auf ihre Art und Weise am Boom teilhaben wollen. Leichtfertig präsentierte Wertgegenstände und nicht sorgfältig abgeschlossene Cottages können ihr Vorhaben nur unterstützen. Merke: Auch in Sachen Sicherheit ist auf Boracay der Dornröschenschlaf zu Ende.
Nächtliche Überfälle auf (meist betrunkene) Einzelpersonen sind vorgekommen, ebenso sexuelle Belästigungen von Frauen, die zu vorgerückter Stunde alleine von einer Bar oder Disco zu ihrer Unterkunft unterwegs waren. Daher besser ein paar Minuten warten und sich gemeinsam mit anderen Nachtschwärmern auf den Weg machen.

Übernachten
Die meisten Resorts befinden sich am White Beach zwischen Angol und Balabag. Die Cottages sind entweder mit zwei Einzelbetten oder einem Doppelbett ausgestattet und haben fast immer eine eigene Veranda und ein eigenes Bad. Je nach Verlauf der Saison können sich auch die Preise ändern! Insbesondere um Weihnachten sind Preissteigerungen um bis zu 200 Prozent möglich, während in der Nebensaison von Juni bis November zum Teil erhebliche Preisnachlässe gewährt werden - Cottages um 150 bis 250 P sind dann keine Ausnahme. In der Hauptsaison ist es dagegen nicht leicht, am White Beach eine freie Unterkunft für weniger als 400 P zu finden!
Mini-Hochsaisons mit zahlreichen Besuchern sind die Woche des Chinesischen Neujahrsfestes (Jan./Febr.) und die ersten beiden Aprilwochen, wenn Studenten in Japan, Südkorea und Taiwan Frühlingsferien haben.
Nachfolgend habe ich von den insgesamt rund 200 Beach Resorts eine Auswahl von etwa 50 guten und sauberen Unterkünften zusammengestellt. Kriterium dabei war der Preis für jeweils zwei Personen. Ein Vergleich der Anlagen lohnt sich, da teilweise für den gleichen Preis sehr unterschiedliche Leistungen (Größe, Ausstattung und Umfeld eines Cottage) geboten werden.

Bis 400 P
Tin-Tin's Cottages, Angol, Tel. 2883051. Cottage/fan/Bad 150 bis 300 P. Kleine, günstige Anlage etwas abseits vom Strand,
Sea Side Cottages, Angol, Tel. 2883138. Cottage/fan/Bad 250 bis 300 P. Einfache Anlage nahe Sulu Bar.
Charlie's Place, Angol. Cottage/fan/Bad 250 bis 300 P. Liegt neben Sea Side Cottages.
Highland Spring, Angol. Cottage/fan/Bad 300 P. Angenehme, ruhige Anlage am Weg zwischen Boat Station 3 und Straße.
Moreno's Place, Angol. Cottage/fan/Bad 300 P. Preislich akzeptabel.
Austrian Pension House, Angol, EZ/DZ/fan/Bad 350 P. Freundliche Unterkunft am südlichen Ende von Angol.
Ati-Atihan Resort, Manggayad, Tel. 2883226. Cottage/fan/Bad 300 P. Ein-

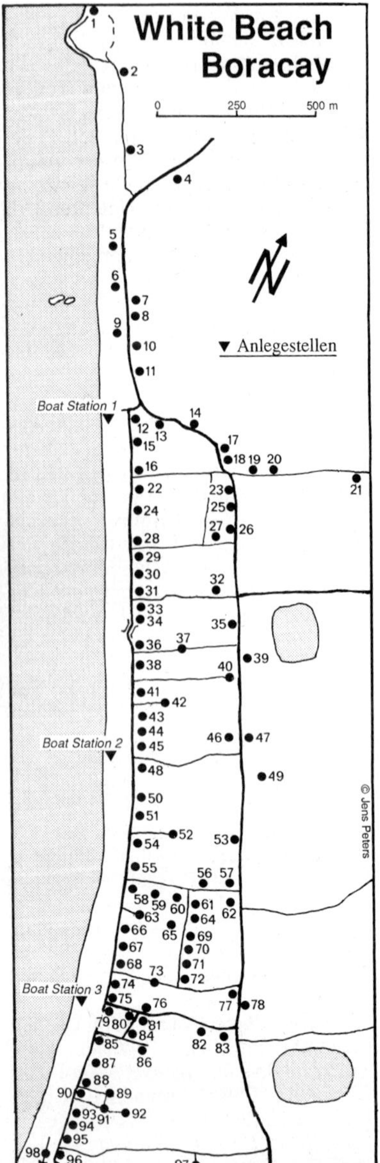

Anreise/Weiterreise

8 Swagman Travel
25 Air Philippines
26 PAL Booking Office
33 Air Ads
Pacific Airways
51 Asian Spirit
78 WG & A Ticket Office
90 Philippine Airlines
94 Swagman Travel

Übernachten

1 Golden Coconut
Laughing Water Cottages
Mika's Place
Sundance Resort
Vilu's
2 Boracay Terraces
3 Costa Blanca Resort
Friday's
Moonshiner's
Naro's Place
Raintree Resort
5 Pearl of the Pacific
Seawind
6 Boracay Plaza Beach Resort
V.I.P. Lingau
Willy's Place
8 Boracay Dive Lodge
Cocomangas Hotel Beach Resort
11 Jony's Place
12 Sun Coast Resort
15 Mila's Boracay Beach Resort
16 Bans Beach House
19 Nena's Paradise Inn
21 Island's Garden
22 Fiesta Cottages
Jomar's Place
23 Villa Felicitas
24 Serina's Place
Sunshine Cottages
25 Pink Patio Beach House
27 Mistral Resort
28 Sand Castles
29 Galaxy Beach Resort
30 Crystal Sand Beach Resort
31 La Reserve Resort

32 Lion's Den
33 Red Coconut
35 Romaga's
36 Sea Lovers Cottages
37 Nora's Resort
Villa Lourdes
39 Blue Moon Cottages
40 Casa Filipina
Nirvana Beach Resort
41 GP's Resort
42 Bahay Kaibigan
Dalisay Village Resort
43 Family Cottages
44 La Playa Blanca Beach Resort
47 Green Hill Cottages
48 Boracay Peninsula
49 Green Paradise Inn
50 Tirol & Tirol Resort
51 Nigi Nigi Nu Noos
Palm Beach Lanai
Sunset Beach Resort
52 Ati-Atihan Resort
Benross Cottages
54 Sanders White
55 Alice in Wonderland
Country Inn
56 Green Valley Homes
Shangrila Oasis Cottages
57 Rainbow Villa Resort
60 Morimar Boracay Resort
61 Roque's Place
St. Vincent Cottages
62 B & B Beach Resort
63 Bamboo Beach Resort
64 Alice in Wonderland Beach Resort
65 Lorenzo Main Resort
68 Casa Pilar
69 Boracay Imperial Beach Resort
70 Tonglen Beach Resort
71 Lea's Homes
Paradise Garden Resort
72 Holiday Homes
74 La Isla Bonita
Mona Lisa White Sand
75 Oro Beach Resort
Queen's Beach Resort
76 Tropical Cottages
81 Charlie's Place
Jhovir Place
M & E Guest House
Sea Side Cottages
82 Highland Spring
83 Percy's English Place
84 A-Rock Resort
86 Nikko's Place
87 Pearl of the Pacific
88 South Sea Beach Resort
89 Melinda's Garden
Roy's Rendezvouz
91 Moreno's Place
92 Mountain View Inn
The Orchids Resort
93 Angol Point
94 Villa Camilla Lodge
95 Boracay Surfside Resort
Tin-Tin's Cottages
97 The Music Garden Resort
98 Austrian Pension House
Boracay Beach & Yacht Club
Lorenzo South Resort
Villa Beach Resort

Essen und Trinken; Unterhaltung
8 Moondog's Shooter Bar
9 Beachcomber Bar
Jonah's Snack Bar
11 Jony's Restaurant
15 El Toro Restaurant
16 Zorbas
18 Kain Na Restaurant
20 English Bakery & Tea Room
31 La Reserve Restaurant
33 Red Coconut
34 Zur kleinen Kneipe
36 Creek Bar
Sea Lovers Restaurant
38 Bazura Bar
Ofukurosan Japanese Restaurant
41 Golden Sun Restaurant
Mango Ray
True Food
40 Viking Inn Restaurant
43 Chez Deparis Restaurant
Summer Place Bar & Restaurant

47 Froggy Bar
48 Seoul Korean Restaurant
51 Baracuda Bar
Victory Bar & Restaurant
52 Ati-Atihan Restaurant
54 Greenyard Restaurant
63 Bamboo Restaurant
66 Dalisay Bar & Restaurant
Guitar Bar
67 English Bakery
Titay Theater Restaurant
73 Alvarez Restaurant
Honey Bee Restaurant
Lolit's Restaurant
Nene Bell Food's House
Vinjo Indian Restaurant
74 Beach Life Bar & Restaurant
Pizza da Baffo
79 Sulu Bar
Sulu Tha Thai Restaurant
Swiss Inn Restaurant
80 Jungle Bar
85 Lea's Restaurant
Manny's Pit Stop
Star Fire Restaurant
87 Coco Loco Bar
La Capannina Italian Restaurant
94 Dada's Restaurant
English Bakery
Jolly Sailor
95 Flying Dog
96 Dutch Pub
Ristorante Italiano
97 Music Garden
98 Fischfang Restaurant
Sundown Restaurant

Verschiedenes
4 Boracay Horse Riding Stables
7 Post Office
William Shiatsu Massage Center
8 Asia Divers
10 Far East Scuba Diving Institute
13 7107 Boracay Shuttle Office
14 Boracay Medical Clinic
17 Island Delight
22 Scuba Diving World
26 Pa-ama Minimart
Pantelco (int. Telefon)
29 Aquarius Diving
38 Nautilus Diving
39 Datu's Bowling Lanes
41 Lapu-Lapu Diving
43 Sea World Dive Center
45 Tourist Office
46 Aloja the Shop (Delikatessen)
Hospital
51 Victory Divers
53 Allied Bank
54 Calypso Diving
58 Boracay Tourist Center
59 Police Station
67 Boracay Scuba Diving School
Fausto's Shiatsu Massage
Vibes Shiatsu Center
73 Talipapa Market
74 Beach Life Diving Center
75 Allied Bank Money Changer
Ocean Deep Diver Training Center
77 Abrams Supermart
79 Aqualife Diving
88 Dive Right Dive Shop
90 RCPI (int. Telefon)
94 White Beach Divers

fache, ruhige Anlage etwa 100 Meter vom Strand entfernt.
St. Vincent Cottages, Manggayad. Cottage/fan/Bad 300 und 400 P. Passable Anlage inmitten der Insel.
GP's Resort, Balabag, Tel. 2883139. Cottage/fan/Bad 350 P. Guter Gegenwert.
Vilu's, Diniwid. Cottage/fan/Bad 300 P. Kleine Anlage.
Laughing Water Cottages, Diniwid. Cottage/fan/Bad 300 P.
Mika's Place, Diniwid, Tel. 2883475. Cottage/fan/Bad 350 P. Freundliche Unterkunft. Es gibt auch ein paar einfache Zimmer ohne Bad für 250 P.

Golden Coconut, Diniwid. Cottage/fan/Bad 350 und 500 P. Liegt am Hang unterhalb vom teuren Sundance Resort; schöner Blick auf den Strand.

Von 400 bis 800 P

Melinda's Garden, Angol, Tel. 2883021. Cottage/fan/Bad 700 P. Nette Anlage etwas abseits vom Strand.

Sunset Beach Resort, Manggayad. Cottage/fan/Bad 400 bis 600 P.

Bahay Kaibigan, Manggayad. Cottage/fan/Bad 400 und 600 P. Liegt hinter dem Dalisay Village Resort.

Roque's Place, Manggayad, Tel. 2883356. Cottage/fan/Bad 500 P. Gepflegte Anlage, preislich in Ordnung.

Dalisay Village Resort, Manggayad, Tel. 2883266. Cottage/fan/Bad 700 P, Cottage/ac/Bad 1.750 P. Geräumige Cottages. Sehr zuvorkommender Service.

B & B Beach Resort, Manggayad, Tel. 2883235. Cottage/fan/Bad 750 P, Cottage/ac/Bad 1.200 P (geräumige Steinhäuser).

Bans Beach House, Balabag, Tel. 2883156. Cottage/fan/Bad 500 P. Eine lange Reihe einfacher, passabler Cottages.

Fiesta Cottages, Balabag. Cottage/fan/Bad 400 und 500 P. Tadellose, relativ preiswerte Cottages.

Sunshine Cottages, Balabag, Tel. 2883221. Cottage/fan/Bad 400 und 500 P. Recht ordentlich für den Preis.

Serina's Place, Balabag, Tel. 2883224. Cottage/fan/Bad 500 P. Kleine Anlage mit passablen Cottages.

Mistral Beach Resort, Balabag, Tel. 2883803. Cottage/fan/Bad 700 P. Familiäre Anlage mit nett eingerichteten Cottages; etwas abseits vom Strand.

Island's Garden, Bulabog, Tel. 2883161. Cottage/fan/Bad ab 650 P, Cottage/ac/Bad 1.600 P. Nette Anlage mit teilweise doppelstöckigen Cottages; nahe Bulabog Beach (Ostseite) gelegen.

A-Rock Resort, Angol, Tel. 2883201, Fax: 2883526. Cottage/fan/Bad 600 bis 800 P, Cottage/ac/Bad 1.400 P, mit TV und Kühlschrank. Unterschiedlich komfortable Cottages in der zweiten Reihe.

Von 800 bis 1.200 P

Villa Camilla Lodge, Angol, Tel. 2883106. EZ/DZ/fan/Bad 800 bis 1.100 P. Attraktives Haus mit geschmackvoll eingerichteten Zimmern. Kleiner Swimmingpool.

South Sea Beach Resort, Angol, Tel. 2883131. Cottage/fan/Bad 800 P, Cottage/ac/Bad 1.800 P.

Morimar Boracay Resort, Manggayad, Tel. 2883108. Cottage/fan/Bad 800 bis 1.000 P. Geräumige Zimmer in einer beschaulichen Anlage etwa 150 Meter vom Strand.

La Isla Bonita Cottage, Manggayad, Tel. 2883501. Cottage/fan/Bad 800 P, Cottage/ac/Bad 1.800 P. Okay, ein paar Cottages sind jedoch etwas abgewohnt.

Galaxy Beach Resort, Balabag, Tel. 2883130, Fax: 2883581. Cottage/fan/Bad 800 und 1.200 P. Es gibt alte und neue Cottages.

Palomar Beach Club, Bulabog. Cottage/fan/Bad 800 P. Recht ordentliche Anlage am Bulabog Beach (Ostseite).

Tirol & Tirol Resort, Balabag, Tel. 2883165. Cottage/fan/Bad 800 bis 1.500 P. Flexible Preisgestaltung, je nach Belegung. Geräumige Cottages.

Cocomangas Hotel Beach Resort, Balabag, Tel. 2883409, Fax: 2883061. Cottage/fan/Bad 1.000 P, Cottage/ac/Bad 1.800 P. Beliebte, komfortable Unterkunft.

Nigi Nigi Nu Noos, Manggayad Tel. 2883101. Cottage/fan/Bad 800 bis 1.200 P. Preislich sehr variabel. Nette, unterschiedlich große Cottages in begrünter Anlage.

Von 1.200 bis 2.000 P

Angol Point, Angol, Tel. 2883107. Cottages/fan/Bad 1.500 P. Großzügige

Anlage mit nur sechs geschmackvoll gestalteten Cottages mit großen Verandas.
Nirvana Beach Resort, Manggayad, Tel. 2883140, Fax: 2883083. EZ/DZ/fan/Bad 1.350 P. Geschmackvoll gestaltete Cottages. Liegt inmitten der Insel, etwa fünf Minuten vom Strand entfernt.
Mona Liza White Sand, Manggayad, Tel. 2883205. Cottage/fan/Bad 1.500 P. Gepflegte Gartenanlage am Strand, jedoch vergleichsweise etwas zu teuer.
Lorenzo Main Resort, Manggayad, Tel. 2883808. Cottage/fan/Bad 1.500 P. Große Cottages in einer netten Anlage mit vielen Pflanzen. Im Keller des Resorts: Inso Disco.
Red Coconut, Balabag, Tel. 2883507. Cottage/fan/Bad 800 bis 1.500 P, Cottage/ac/Bad 1.700 und 2.000 P. Gepflegte, kleine Anlage hinter dem gleichnamigen Restaurant.
Joni's Place, Balabag, Tel. 2883119. Cottage/fan/Bad 1.200 P, Cottage/ac/Bad 1.800 P. Ansehnliche Anlage mit vielen Pflanzen.
V.I.P. Lingau, Balabag, Tel. 2883150, Fax: 2883394. EZ/DZ/fan/Bad 1.250 bis 1.750 P, EZ/DZ/ac/Bad 2.800 P. Beste Strandlage, was sich allerdings deutlich am Preis bemerkbar macht.

Von 2.000 bis 6.000 P
Boracay Paradise Garden Resort Hotel, Manggayad, Tel. 2883411. EZ/DZ/fan/Bad 3.000 EZ/DZ/ac/Bad 4.000 P. Exklusive, gepflegte Anlage mit Swimmingpool.
Mila's Boracay Beach Resort, Tel. 2883637, Balabag. EZ/ac/Bad ab 2.000 P, DZ/ac/Bad ab 2.250 P. Gepflegte Zimmer in einem spanisch anmutenden Gebäude.
Crystal Sands Beach Resort, Balabag, Tel. 2883149. EZ/DZ/ac/Bad 2.200 P, inklusive Frühstück. Geschmackvoll eingerichtete Zimmer.
Sand Castles, Balabag, Tel. 2883207, Fax: 2883449. Cottage/ac/Bad 2.600 P. Komfortable Unterkunft.
Friday's, Balabag, Tel. 2883427. Cottage/fan/Bad 2.750 bis 4.800 P. Ältere Anlage, die erste in dieser Preiskategorie auf Boracay.
Sundance Resort, Diniwid, Tel. 2883081. EZ/DZ/fan/Bad 3.200 P. Liegt am Hang hoch über dem Diniwid Beach, mit herrlicher Aussicht.
Club Panoly Resort Hotel, Punta-Bunga, Tel. 2883011. EZ/ac/Bad 4.000, DZ/ac/Bad 6.000 P. Erstklassige Anlage mit Swimmingpool. Etwas abgelegen im Norden der Insel.

Essen und Trinken

Restaurants sind in solcher Fülle vorhanden, daß sich manche mit überraschend preiswerten und reichhaltigen Buffets um Kunden bemühen, während andere sich auf eine bestimmte Küche spezialisiert haben und so um die Gunst der Gäste werben.
In Angol ist wegen der preiswerten Tagesmenüs das Restaurant ***Starfire*** zu empfehlen. Das ***Melinda's Garden Restaurant*** serviert philippinische auch gängige europäische Gerichte. Fruchtsalate und -säfte sind besonders gut im ***Jolly Sailor***. Nebenan, in ***Dada's Restaurant***, sind die Fischgerichte zu empfehlen. Im ***Sundown Restaurant*** gibt es gute deutsche, österreichische und schweizerische Gerichte, empfehlenswert dort auch das beliebte Dinner Buffet (Seafood) jeden Mittwoch und Sonntag (etwa 200 P). Das ***Swiss Inn*** bietet fast ausschließlich Schweizer Küche an. Gleich nebenan sind im ***Sulu Tha Thai Restaurant*** recht ordentliche thailändische Gerichte erhältlich. Sehr günstig sind die vorzüglichen philippinischen Gerichte im ***Honey Bee Restaurant*** und im ***Nene Bell Food's House***, beide in der Talipapa Market Street.
In Manggayad scheinen Restaurants mit europäischer Küche zu überwie-

gen. Nett angelegt ist ***Victory Bar & Restaurant*** mit guten deutschen Gerichten, Seafood vom Grill und einem täglichen Menü für etwa 100 P. Französische Spezialitäten werden im ***Chez Deparis*** angeboten, schweizerische im ***Bamboo Restaurant***. Das ***Greenyard*** veranstaltet jeden Abend ein all-you-can-eat Mongolian Barbecue für 135 P. Ein vorzügliches viergängiges Menü gibt es jeden Abend im ***Nigi Nigi Nu Noos*** für 100 P. Auch bei ***Alice in Wonderland*** ist das tägliche Menü für 95 P zu empfehlen; außerdem gute Fischgerichte. Sehr preiswert sind die Gerichte im etwas versteckt liegenden ***Ati-Atihan Restaurant***.
In Balabag bietet das unscheinbare ***Sea Lovers Restaurant*** bei der kleinen Brücke neben anderen ausgezeichneten philippinischen Gerichten auch eine exzellente *bulalo* an, eine kräftige Gemüsesuppe mit Rindshaxe. Auf der anderen Seite der Brücke wird im Restaurant ***Zur kleinen Kneipe*** sehr preiswertes deutsches Essen angeboten. Äußerst günstig ist das tägliche Menü für 75 P im ***Golden Sun Restaurant***. Im ***Zorbas*** gibt es griechiche und philippinische Gerichte, während das ***La Reserve*** mit echter französischer Cuisine wirbt. Im ***El Toro Restaurant*** wird unter anderem nach spanischen Rezepten gekocht; Paella und Sangria für rund 100 P. Ausgezeichnet ist die Atmosphäre im beliebten ***True Food*** nahe der Bazura Bar, das sich auf indische und vegetarische Gerichte spezialisiert hat. Chinesische und europäische Gerichte gibt es in der ***Red Coconut***, mexikanische in ***Jony's Restaurant*** (auch gute Margaritas; Happy Hour von 17.00 bis 19.00 Uhr), während ***Jonah's Snack Bar*** bevorzugt wegen der hervorragenden Fruchtsäfte aufgesucht wird. Die ***English Bakery & Tea Room*** ist ein guter Tip zum Frühstücken; Filialen gibt es in Angol und Manggayad.

Unterhaltung

Das Freizeit- und Vergnügungsangebot der Ferieninsel Boracay entwickelt sich immer mehr. Nachdem jetzt die Möglichkeit besteht, mit einem Tricycle z.B. von Angol zum Beachcomber zu fahren, kommen auch diejenigen in den Genuß des »Bar-Hopping«, die zu faul zum Laufen sind.
Nach dem Dinner zieht es viele Gäste erst einmal auf einen Drink zum Stereo-Sound ihres Stammlokals. Sehr beliebt zur Happy Hour ist die ***Moondog's Shooter Bar*** vom Cocomangas Beach Resort in Balabag. Anschließend begeben sich etliche Gäste in den ***Beachcomber***, ein paar Schritte davon entfernt, wo es zu fortgeschrittener Stunde bei entsprechender Stimmung tanzmäßig auch schon einmal fetzig abgeht. Andere bevorzugen die große ***Bazura*** Disco einen Kilometer weiter südlich. Angenehm ist die Atmosphäre in der ***Baracuda Bar*** neben Nigi Nigi Nu Noos. Ein populärer Platz in Angol ist die ***Sulu Bar*** mit Billard, Video und Disco. Ein paar Meter vom Strand entfernt kommt in der ***Jungle Bar*** des öfteren spontan Partystimmung auf.
Abwechslung bieten auch die kostenlosen Cultural Shows jeden Abend zum Dinner-Buffet im ***Titay Theater Restaurant*** in Manggayad und die Videos, die nach Einbruch der Dunkelheit im ***Beachlife*** gezeigt werden.

Adressen/Verschiedenes

Arzt: Die Boracay Medical Clinic, Tel. 2883147, Balabag, ist rund um die Uhr geöffnet.
Batterien: Der Batterienverbrauch auf Boracay ist enorm. Resultat: Die Entsorgung stellt ein immer größer werdendes Problem dar. Es täte der Insel sicher gut, wenn jeder seine leeren Batterien bis zur nächstgrößeren Stadt mitnähme.
Bootsfahrten: Eine gemächliche Fahrt mit einem Auslegerboot um die Insel

kann für rund 500 P arrangiert werden. Etwas mehr dürfte ein Tagestrip kosten, der eine Fahrt zur nahen Carabao Island einschließt, die ebenfalls herrliche weiße, allerdings touristisch noch nicht erschlossene Strände aufzuweisen hat. Auf Carabao Island bauen geschickte Handwerker schnittige Paraw, die sie obendrein noch vorzüglich zu segeln verstehen.

Gelegentlich werden ab White Beach Bootsfahrten zu interessanten Schnorchelplätzen angeboten, z.B. mit der MB *Blue Dolphin*; 4 Std. für 150 P pro Person. Abzuraten ist von Schnorchelfahrten mit Bootsleuten, die nicht von Boracay sind und weder Strömungsverhältnisse und noch gute Korallenplätze kennen.

Dead Forest: Bei den Fischteichen im Süden der Insel stehen etliche tote Bäume, deren Silhouetten besonders zur Geisterstunde in einer Vollmondnacht schaurig-schön in die Landschaft ragen.

Einkaufen: Importierte Delikatessen, Rot- und Weißweine sind erhältlich bei Island Delight und Aloja the Shop.

Fahrradverleih: Verschiedene Resorts entlang des White Beach verleihen Mountainbikes für 50 P/Std. oder 300 P/Tag. Die Fahrradhandlung Yan-Yan's Bicycle Works, Sitio Ambolong, Manok-Manok, verkauft nicht nur Fahrräder und Ersatzteile, sondern repariert und verleiht auch.

Geldwechseln: Travellers Cheques und Bargeld wechselt das Boracay Tourist Center, der Wechselschalter der Allied Bank neben dem Queen's Beach Resort in Angol und die Boracay-Filiale der Allied Bank, Tel. 2883026, bei der man auch ein Peso- und Dollar-Konto einrichten kann (Mindesteinlage: 1.000 P bzw. US$200).

Cash-Advance: Bargeld auf alle gängigen Kreditkarten erhält man beim Boracay Tourist Center (7,5 Prozent Gebühr). Die Allied Bank akzeptiert nur die Karte von American Express.

Massagen: Nahe dem Titay Theater Restaurant in Manggayad befinden sich Vibes Shiatsu Center und Fausto's Shiatsu Massage. Für etwa 200 P/Std. verabreichen dort gut ausgebildete, lizensierte, blinde Masseure Akupressur- und Reflexionszonenmassagen. Diese professionell durchgeführten Massagen sind nicht mit denen zu vergleichen, die am Strand für rund 150 P angeboten werden!

Museum: Das kleine, charmante Kar-Tir Shell Museum in Ilig-Iligan beherbergt neben einer kleinen Meeresschnecken- und Muschelsammlung auch traditionelle Kleidung, Musikinstrumente, etwas Kunsthandwerk und verschiedene Webarbeiten. Eintritt: 20 P.

Post Office: Ein kleines Postamt gibt es in Balabag beim Basketballplatz. Es kann nicht schaden, Kleingeld dabei zu haben. Briefmarken mitzubringen, z.B. aus Manila, ist auch keine schlechte Idee. Pakete werden nicht verschickt.

Reisebüro: Buchung und Reconfirmation von nationalen und internationalen Tickets bei Swagman Travel in Angol, Tel. 2883031, und Balabag, Tel. 2883414, sowie im Boracay Tourist Center, Manggayad, Tel. 2883170. Swagman Travel erledigt auch Visaverlängerungen.

Reiten: Eine Stunde Ausritt, auf Wunsch mit Begleitung, kostet 350 P, und zwar bei Boracay Horse Riding Stables, Balabag, Tel. 2883311, nahe Friday's. Reitunterricht möglich.

Schließfächer: Das Boracay Tourist Center in Manggayad vermietet für monatlich 100 P Safe Deposit Boxes.

Schnorcheln: Gute Plätze zum Schnorcheln findet man am Ilig-Iligan Beach im Nordosten und bei der kleinen Crocodile Island vor der Südostküste. Allerdings muß vor der starken Strömung gewarnt werden, die des öfteren an der Ostküüste von Boracay herrscht. Insbesondere bei Crocodile Island und

Laurel Island brachte der Sog selbst gute Schwimmer schon in arge Bedrängnis! Für Schnorchler hat Laurel Island eine einmalige Attraktion zu bieten: durch eine Öffnung im felsigen Boden gelangt man über eine eiserne Leiter in eine teils geflutete Höhle, die zum Meer hin offen ist und in der Fische und Korallen beobachtet werden können.

Segeln: Am White Beach werden für 100 P/Std. bzw. 500 P/Tag Paraw verliehen: schnelle, schlanke Ausleger-Segelboote, die leichter kentern, als einem lieb sein dürfte.

Tauchen: Ein Tauchgang kostet US$ 28; viertägige Tauchkurse werden für US$ 325 angeboten. Die Dive Shops sind unterschiedlich gut ausgestattet. Ein Vergleich lohnt sich (unbedingt auf neues Equipment achten). Näheres dazu bei Aqualife Diving, Tel. 2883276, Aquarius Diving, Tel. 2883132, Asia Divers, Tel. 2883220, Beach Life Diving Center, Tel. 2883401, Boracay Scuba Diving School, Tel. 2883327, Calypso Diving, Tel. 2883206, Far East Scuba Diving Institute, Tel. 2883223, Lapu-Lapu Diving, Tel. 2883302, Nautilus Diving, Tel. 2883432, Ocean Deep Diver Training Center, Tel. 2883118, Sea World Dive Center, Tel. 2883033 und Victory Divers, Tel. 2883209.

Visayas - Panay

Telefonieren: Ferngespräche (national und international) können im Boracay Tourist Center in Manggayad, bei Pantelco in Balabag und RCPI in Angol geführt werden. Faxen ist dort ebenfalls möglich. Darüber hinaus verfügen viele Resorts inzwischen über Telefon und Faxgerät.

Tennis: 140 P/Std. im Tirol & Tirol Resort, Manggayad, inklusive Rackets und Bälle.

Tourist Office: Das Department of Tourism, Tel. 2883089, betreibt ein kleines Office in Manggayad, etwa in der Mitte des White Beach.

Trinkwasser: Das Leitungswasser auf Boracay ist zum Trinken nicht geeignet. Ich habe es sogar vermieden, mir die Zähne damit zu putzen. Fast jeder Store führt mittlerweile Drinking Water in Plastikflaschen. Hinweis: beim Kauf darauf achten, daß die Versiegelung nicht beschädigt ist!

Windsurfen: Die Leihgebühr für ein Board beträgt 220 bis 250 P/Stunde. Einwöchige Kurse kosten etwa 2.000 P. Verleih und Kurse unter anderem im Restaurant Zur kleinen Kneipe. Am Bulabog Beach auf der Ostseite der Insel gibt es weitere Verleiher. Dort wird auch jedes Jahr im Januar der Boracay Funboard Cup, einer der führenden Windsurf-Wettbewerbe Asiens, ausgetragen.

Windverhältnisse: Nordost von Oktober bis Februar, Ostnordost von März bis Mai, Südwest von Juni bis September.

Vorwahl: 036.

Anreise/Weiterreise

Mit dem Boot: Am White Beach gibt es drei Anlegestellen für Boote von und nach Caticlan: Boat Station 1 beim Mila's Boracay Beach Resort, Boat Station 2 beim Tourist Office und Boat Station 3 bei der Sulu Bar. Während des Südwest-Monsuns *(habagat)* von Juni bis September kann die See an der Westseite von Boracay für Auslegerboote zu rauh sein. Sie fahren dann anstatt von Caticlan von Tabon ab (etwas östlich von Caticlan) und legen auf Boracay an der geschützten Ostseite in der Bucht bei Tambisaan, beim Dead Forest und/oder bei Bulabog an, wo wahrscheinlich bereits Tricycles warten. Die Überfahrt kostet 16,50 P.

Hinweis: Da Passagiere fast ausnahmslos durchs Wasser waten müssen, um ins Boot bzw. an den Strand zu kommen, sind Lackstiefel und gebügelte lange Hosen als Reisebekleidung denkbar ungeeignet.

Von Boracay nach Caticlan: Selbst bei nur etwas rauher See empfiehlt es sich,

Kleidung zu tragen, die naß werden darf. In Caticlan dann trockene Sachen anziehen, bevor die Reise weitergeht. Grundsätzlich kann es nicht schaden, alles wasserdicht zu verpacken. Vor allem vorne spritzt ziemlich viel Wasser ins Boot.

Tricycle-Service: Auf der im mittleren Teil der Insel verlaufenden schmalen Straße, die von Manoc-Manoc im Süden bis zum Yapak Beach im Norden führt, verkehren Tricycles; Fahrpreis: 5 bis 25 P, je nach Entfernung und Anzahl der Passagiere. Ein Halteplatz der Tricycles befindet sich am Abzweig zur Boat Station 3, dem ersten Stopp des Bootes von Caticlan.

Mit dem Flugzeug: Es kommt vor, daß die Auskunft in einem der Buchungsbüros auf Boracay immer wieder lautet: »Fully booked«! Dann am besten umgehend telefonisch beim Hauptbüro in Manila buchen, sich die Flug- und Computernummer notieren und damit ins Boracay-Büro gehen um das Ticket bzw. den Sticker ausstellen zu lassen. Nur PAL verfügt über einen Computer und kann umgehend Auskunft über Flüge geben.
Air Ads: Buchungen in der Red Coconut, Balabag.
Air Philippines: Buchungen im Pink Patio Beach House, Balabag.
Asian Spirit: Buchungen Nigi Nigi Nu Noos, Manggayad.
Pacific Airways: Buchungen im Dublin Resthouse, Angol, in der Red Coconut, Balabag, und im Boracay Tourist Center.
Philippine Airlines: Das PAL-Office, Tel. 8685100, befindet sich beim South Sea Beach Resort in Angol. Neben der Erledigung von Umbuchungen und Rückbestätigungen werden auch Tikkets für den Aircon-Bus von Caticlan nach Kalibo, inklusive der Bootsfahrt von Boracay nach Caticlan, verkauft. Geöffnet: 8.30-12.00 Uhr u. 14.00-16.00 Uhr.
PAL-Flüge können auch bei Pantelco über dem Pa-am Minimart nahe Mistral Resort gebucht werden.

Caticlan - Kalibo
Boot/Jeepney/Bus: Morgens um etwa 6.00 Uhr fährt das erste Boot am White Beach entlang und nimmt an den drei Anlegestellen Passagiere auf.
Ein Jeepney oder Bus wartet in Caticlan und fährt gleich nach Ankunft des Bootes von Boracay ab nach Kalibo. Fahrzeit: 2 Std.
Um etwa 6.30 Uhr fährt ein Bus von Caticlan über Kalibo direkt nach Iloilo City. Fahrzeit: 6 Std. Wer diesen Bus erwischen will, muß das erste Boot von Boracay nach Caticlan oder einen Special Ride (etwa 175 P) nehmen.
Rechtzeitig vor Abflug einer PAL-Maschine fahren Aircon-Busse von Caticlan zum Kalibo-Airport. Tickets für den Bus von Southwest Tours sind im PAL-Office auf Boracay erhältlich; das 7107 Boracay Shuttle Office befindet sich nahe der Boat Station 1.

Cebu
Flug: Air Philippines und Philippine Airlines fliegen von Kalibo nach Cebu City. Anreise von Boracay nach Kalibo siehe oben.

Manila
Flug: Die schnellste und auch teuerste Verbindung zwischen Manila und Boracay ist die mit einem Flugzeug der Airlines Air Ads, Asian Spirit und Pacific Airways für etwa 1.700 P (einfach) von und nach Caticlan auf Panay.
Air Philippines und Philippine Airlines fliegen von Manila nach Kalibo auf Panay, Asian Spirit von Manila nach Tugdan auf Tablas/Romblon. Die Verbindung von Kalibo über Caticlan nach Boracay ist besser als die von Tugdan über Santa Fe nach Boracay.

Nach Ankunft des Flugzeugs fahren Aircon-Busse von Kalibo nach Caticlan. Die Fahrt mit einem Bus der Companies Southwest Tours oder 7107 Boracay Shuttle kostet 150 P. Der Preis schließt den Bootstransfer von Caticlan nach Boracay ein. Southwest Tours verkauft Tickets bereits am Domestic Airport in Manila.

Schiff: Schiffsverbindungen (Fahrzeit: 15 Std.) bestehen zwischen Manila und Dumaguit bei Kalibo auf Panay sowie zwischen Manila und Caticlan bei Boracay.

Siehe auch Kapitel »Manila«: *Weiterreise ab Luzon: Nach Panay* und »Panay« *Weiterreise: Nach Luzon* an Anfang dieses Kapitels.

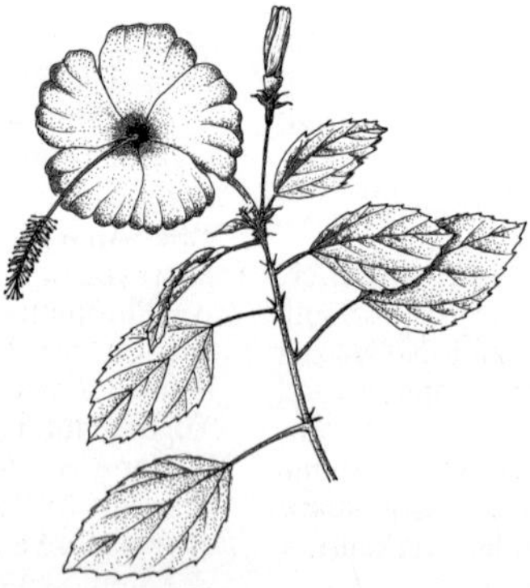

Romblon

Romblon liegt so ziemlich in der Mitte des philippinischen Archipels. Diese Provinz setzt sich aus etwa 20 Inseln und Inselchen zusammen. Die größten davon sind Tablas, Sibuyan und Romblon. Tablas und Romblon sind hügelig; Sibuyan ist zusätzlich noch dicht bewaldet.

Wegen der großen Marmorvorkommen wird Romblon auch »Marble Country« genannt. Nach Expertenmeinung soll Romblons Marmor mindestens von gleicher Qualität sein wie der Italiens. Gehandelt wird hauptsächlich mit großen Blöcken. Daneben verdienen sich mehrere Familien ein paar zusätzliche Peso durch den Verkauf von in Handarbeit hergestellten Aschenbechern, Schachfiguren, Vasen, Statuen usw. Wenn Passagierschiffe eintreffen, werden am Anleger in Romblon/Romblon - das ist die Stadt Romblon auf der Insel Romblon in der Provinz Romblon - Stände aufgebaut und Souvenirs aus Marmor angeboten.

Anreise

Anreisen kann man von Luzon, Masbate, Mindoro und Panay. Siehe auch »Weiterreise« im jeweiligen Inselkapitel.

Weiterreise

Nach Luzon

Flug
Von Tugdan/Tablas nach Manila
Asian Spirit fliegt Mo, Mi, Fr u. So.

Schiff
Von Magdiwang/Sibuyan nach Lucena
Viermal wöchentlich ein Schiff. Fahrzeit: 12 Std.

Von Magdiwang/Sibuyan nach Batangas
MV *Viva Peñafrancia VIII*; Viva Shipping Lines. Abfahrt: Di, Fr u. So 11.00 Uhr. Fahrzeit: 21 Std.; über San Agustin/Tablas und Romblon/Romblon.

Von Odiongan/Tablas nach Batangas
MV *Florida 1*; RN Hi Speed Ferries. Abfahrt: Mo u. Sa 21.00 Uhr. Fahrzeit: 4:30 Std.
MV *Viva Peñafrancia IV*; Viva Shipping Lines. Abfahrt: Mi, Fr u. So 20.00 Uhr. Fahrzeit: 7 Std.
MV *St. Kristopher*; Viva Shipping Lines. Abfahrt: Mo, Do u. Sa 18.00 Uhr. Fahrzeit: 8 Std.

Von Romblon/Romblon nach Batangas
MV *Viva Peñafrancia VIII*; Viva Shipping Lines. Abfahrt: Di, Fr u. So 21.00 Uhr. Fahrzeit: 11 Std.

Von Romblon/Romblon nach Lucena
MV *Del Rosario*; Kalaayan Shipping Lines. Abfahrt: Mi u. Fr. Fahrzeit: 12 Std.
MV *Transmar*; Transmar Shipping Lines. Abfahrt: Mo. Fahrzeit: 12 Std.

Von Odiongan nach Manila
MV *Mary the Queen*; MBRS Lines. Abfahrt: Do u. So 17.00 Uhr. Fahrzeit: 11 Std.

Von Romblon/Romblon nach Manila
MV *Romblon Bay*; MBRS Lines. Abfahrt: Mi 20.00 Uhr. Fahrzeit: 15 Std.
MV *Salve Juliana*; MBRS Lines. Abfahrt: So 15.00 Uhr. Fahrzeit: 15 Std.

Von San Agustin nach Batangas
MV *Viva Peñafrancia VIII*; Viva Shipping Lines. Abfahrt: Di, Fr u. So 15.00 Uhr. Fahrzeit: 17 Std.; über Romblon/Romblon.

Von San Agustin nach Lucena
MV *Kalayaan*; Kalaayan Shipping Lines. Abfahrt: Di, Mi u. Do. Fahrzeit: 10 Std

Nach Masbate

Schiff
Von Cajidiocan/Sibuyan nach Mandaon
Großes Auslegerboot. Abfahrt: dreimal wöchentlich. Fahrzeit: 5 Std.

Nach Mindoro

Schiff
Von den nachfolgen genannten Überfahrten mit Auslegerbooten nach Mindoro ist bei schlechtem Wetter wegen des hohen Wellenganges in der Tablas Strait abzuraten.

Von Looc/Tablas nach Roxas
Großes Auslegerboot. Abfahrt: So 10.30 Uhr. Fahrzeit: 3:30 Std. Weitere Abfahrten möglicherweise Mo u. Do (unzuverlässig).

Von Odiongan nach Roxas
Großes Auslegerboot. Abfahrt: So u. Mi 9.00 Uhr. Fahrzeit: 3 Std.

Nach Panay

Schiff
Von Looc/Tablas nach Boracay
Großes Auslegerboot. Abfahrt: täglich um 9.30 Uhr. Fahrzeit: 2 Std. Fahrpreis: 100 P. Das Boot fährt weiter nach Caticlan.

Von Odiongan nach Caticlan (Boracay)
MV *Mary the Queen*; MBRS Lines. Abfahrt: Di u. Sa 6.00 Uhr. Fahrzeit: 3 Std.

Von Santa Fe/Tablas nach Boracay
Großes Auslegerboot. Abfahrt: täglich 10.30 Uhr. Fahrzeit: 1:30 Std. Fahrpreis: 80 P. Das Boot fährt weiter nach Caticlan.

Romblon Island

Romblon

Die kleine Hafenstadt Romblon ist die Hauptstadt der Provinz Romblon. In Taifunzeiten gehen dort manche Schiffe in der geschützten Bucht vor Anker. Die beiden Forts San Andres und Santiago Hill sind 1640 von den Spaniern erbaut worden. Unterirdische Gänge sollen zur Küste führen. San Andres dient heute als Wetterstation. Von beiden Forts hat man eine gute Aussicht auf die Stadt mit ihren im spanischen Stil erbauten Häusern und der St. Joseph Kathedrale. Diese im Jahr 1726 erbaute Kirche beherbergt eine Sammlung antiker Stücke, die auf Wunsch gerne gezeigt werden.
Empfehlenswert ist ein Trip zu einem der beiden Leuchttürmen der Insel, Sabang oder Apunan. Wer schwindelfrei ist und genügend Vertrauen in die Konstruktion des Leuchtturms hat, sollte hochsteigen und die Aussicht auf Palmenwälder, Felsklippen und Marmorfelsen genießen.

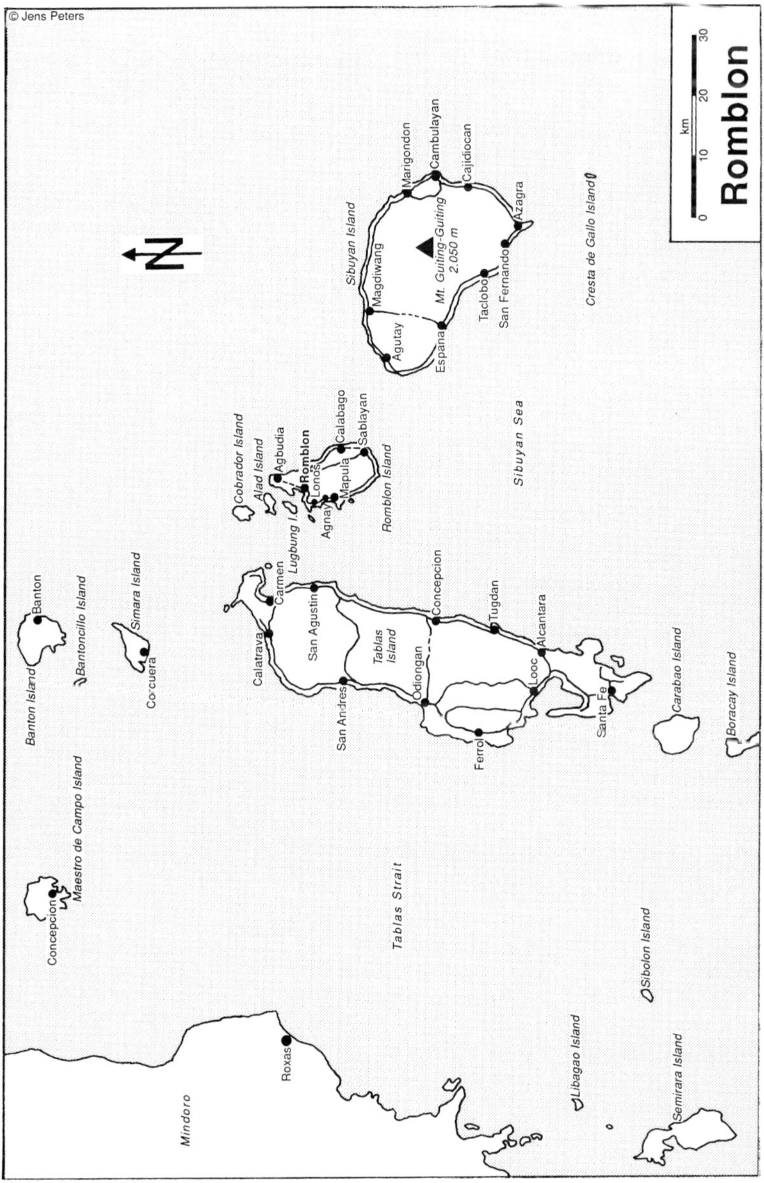
© Jens Peters
Romblon
0 10 20 30
km
Banton
Banton Island
Bantoncillo Island
Simara Island
Concepcion
Maestro de Campo Island
Tablas Strait
Mindoro
Roxas
Calatrava
Carmen
Lugbung I.
San Agustin
Tablas Island
San Andres
Odiongan
Concepcion
Tugdan
Alcantara
Looc
Santa Fe
Ferrol
Carabao Island
Boracay Island
Sibolon Island
Libagao Island
Semirara Island
Cobrador Island
Alad Island
Agbudia
Romblon
Lonos
Agnay
Mapula
Calabago
Sablayan
Romblon Island
Sibuyan Sea
Sibuyan Island
Magdiwang
Agutay
Espana
Mt. Guiting-Guiting
2.050 m
Marigondon
Cambulayan
Cajidiocan
Azagra
San Fernando
Taclobo
Cresta de Gallo Island

Eine Inselrundfahrt mit einem Tricycle, inklusive Besuch von Marmorbrüchen und Verarbeitungsanlagen, läßt sich in Romblon Town für etwa 300 P arrangieren.
Schützend vor der Bucht von Romblon liegt die kleine Lugbung Island, die einfach und schnell mit einem Auslegerboot vom Hafen aus zu erreichen ist. Auf der Insel gibt es einen weißen Strand und auch ein paar einfache Cottages. Verpflegung sollte mitgebracht werden. Nördlich von Lugbung liegt Alad Island, etwas weiter draußen dann noch Cobrador Island.

Übernachten

Feast-Inn. EZ/DZ/fan 70/140 P, EZ/DZ/fan/Bad 100/200 P. Einfach und relativ sauber. Restaurant. Liegt nahe der Kirche.
Marble Hotel. EZ/DZ/fan/Bad 120/150 P. Einwandfreie Zimmer mit Bädern aus Marmor. Liegt etwa 500 Meter vom Anleger entfernt.

Essen und Trinken

Besser als das bekannte ***Kawilihan Food House*** am Hafen ist das ***Tica Inn***, ebenfalls am Hafen. Gut ist auch das ***Marble Dust Restaurant***.

Adressen/Verschiedenes

Tauchen: Der mit einem Speedboat ausgestattete Dive Shop Romblon Sea Divers in der Roxas Street (neben dem RCPI Office) bietet Tauchkurse für 6.500 P an. Ein regulärer Tauchgang kostet 700 P. Etwas weniger, nämlich 500 P für einen Tauchgang verlangt das Sub-Aqua Diving Center im Resort D'Marble Beach Cottages in San Pedro.

Anreise/Weiterreise

Sibuyan Island
Boot: Von Romblon/Romblon und Magdiwang/Sibuyan fährt täglich ein Boot. Abfahrt: 11.00 Uhr. Fahrzeit: 2 Std.

Tablas Island
Boot: Von San Agustin/Tablas nach Romblon/Romblon fahren täglich um 8.00 und 13.00 Uhr Auslegerboote. Fahrzeit: 45 Min.

Lonos

Vier Kilometer südwestlich von Romblon liegt der kleine Ort Lonos mit einem attraktiven weißen Strand.

Übernachten

Palm Beach Resort. EZ/DZ 100/200 P, Cottage/fan/Bad 150 P pro Person. Einfache, passable Cottages mit großer Veranda. Philippinische und europäische Küche. Tauchen. Motorradverleih.

Agnay

Etwa acht Kilometer südwestlich von Romblon, noch vor Mapula, liegt Agnay mit ein paar Baumhäusern direkt über dem Wasser an einem schönen Strand.

Übernachten

Selangga Tree Houses. Baumhaus 250 P. Mit Dusche und Kochgelegenheit (Lebensmittel am besten aus Romblon mitbringen). Vollpension kann arrangiert werden. Anfragen bei Divina Festin Mortel im Feast-Inn in Romblon.
Villa del Mar. EZ/DZ/fan/Bad 350 P, EZ/DZ/ac/Bad 550 P. Privathaus. Liegt außerhalb von Agnay.

San Pedro

In San Pedro, zwei Kilometer südlich von Agnay, liegt in einer sehr ruhigen, recht idyllischen Bucht am kleinen Marble Beach eine der wohl behaglichsten Resorts der Insel.

Übernachten

D'Marble Beach Cottages. Cottage/Bad 200 und 250 P. Jedes Cottage mit

Terrasse, kleinem Garten und eigenem Zugang zum Meer. Sehr ruhige, gepflegte Anlage. Auf Wunsch der Gäste wird gekocht, Selbstverpflegung ist jedoch möglich. Tauchen. Anfragen bei Robinson und Violeta Montojo, Governor Rios Street, Romblon.

Anreise/Weiterreise

Tricycle: Ein Tricycle von Romblon nach San Pedro kostet 10 P pro Person - für einen Special Ride werden 100 P verlangt (75 P bei nur einer Person).

Cobrador Island

Herrliche kleine Insel nordwestlich von Romblon mit schönem weißen Strand, Palmen und einem 250 Meter hohen Berg im Zentrum. Das Wasser ist kristallklar und bietet gute Schnorchelmöglichkeiten.

Übernachten

Cobrador Beach Resort. Cottage/Bad 150 P pro Person. Einladende Cottages, die zum Teil am Hang stehen. Ein angenehmer Platz zum Verweilen.

Anreise/Weiterreise

Boot: Das reguläre Auslegerboot von Romblon nach Cobrador Island kostet 50 P pro Person, ein Special Ride 300 P. Fahrzeit: 30 Min.

Sibuyan Island

Sibuyan Island ist bergiger, bewaldeter, urwüchsiger und unerforschter als Tablas und Romblon, die anderen beiden großen Inseln des Romblon-Archipels. Auf Sibuyan gibt es mehrere Wasserfälle, z.B. die Cataga Falls und Lambigan Falls bei Magdiwang und die Kawa-Kawa Falls in Lumbang Este bei Cajidiocan, der am dichtesten besiedelten Stadt der Insel.
In einer der vielen Sagen und Geschichten um den 2.050 Meter hohen Mount Guiting-Guiting, der äußerst schwierig zu erklettern ist - die erste Besteigung glückte nach vielen Anläufen Mitte 1982 -, werden die vielen Wasserfälle auch erklärt: Auf dem Berg befinden sich die armen Seelen der verstorbenen reichen Großgrundbesitzer und korrupten Politiker. Sie warten darauf, daß endlich ein Kamel durch ein Nadelöhr gehe, denn Gott habe gesagt, eher gehe ein Kamel durch ein Nadelöhr, als daß ein Reicher in den Himmel komme. Die lange Wartezeit tut weh, und die Tränen ihres Schmerzes quellen in prächtigen Wasserfällen zu den Lebenden hinunter. Den Berg verlassen können die Seelen nicht, denn ihre schlechten Taten haben als idealer Nährboden für undurchdringlichen Sumpf und Moos jeden Abstieg unmöglich gemacht.
Eine andere Geschichte behauptet, daß sich im Berg ein riesiger Magnet befindet, der sowohl Kletterer anzieht und im dicken Moos verhungern läßt als auch die Instrumente von Flugzeugen verrückt spielen oder ausfallen läßt, so daß es zum Absturz und Aufprall im Moos kommt.
Als gute Tauchgründe sind die vorgelagerten Korallenriffe der kleinen, weißsandigen Cresta de Gallo Island, etwas südlich von Sibuyan Island, bekannt.

Anreise/Weiterreise

Romblon Island

Boot: Von Magdiwang/Sibuyan nach Romblon/Romblon fährt täglich ein Boot. Abfahrt: 9.00 Uhr. Fahrzeit: 2 Std.

Magdiwang

Magdiwang ist eine kleine, saubere Stadt an der Nordküste von Sibuyan. Im natürlichen Pool der nahen Lambigan Falls kann man in kristallklarem Wasser ein erfrischendes Bad nehmen.

Übernachten
Es gibt nur private Übernachtungsmöglichkeiten, z.B. für etwa 100 P pro Person bei der Muros Family, Rizal Street. Einfach, aber mit einer gemütlichen Terrasse direkt über dem Dulangan River. Ebenfalls für etwa 100 P pro Person kann man in der Ransay Residence und bei Mrs. Geneva Rivas übernachten.

Taclobo

Taclobo liegt an der Südwestküste von Sibuyan Island und ist ein guter Ausgangspunkt für Expeditionen ins gebirgige und von Dschungeln bewachsene Innere der Insel, z.B. in das wilde Tal des Cantingas River. Etwa 15 Minuten außerhalb von Taclobo - von der Hauptstraße in Richtung des Schildes »Christ in the Mountain« gehen - gibt es einen kleinen Wasserfall (Lagting Falls) mit natürlichem Pool, in dem man ein erfrischendes Bad nehmen kann.
Ein einfaches Guest House am Wasserfall bietet Unterkunft für 100 P pro Person.

San Fernando

Ebenso wie Taclobo ist auch San Fernando ein guter Standort für Unternehmungen ins Innere der Insel. Darüber hinaus bieten sich von dort aus Fahrten zur kleinen Cresta de Gallo Island an. Die lassen sich allerdings auch gut in Azagra am südlichsten Punkt von Sibuyan arrangieren, z.B. über den Shop der netten Mangarin Family.

Übernachten
Jenmar Lodge. EZ/DZ 100/180 P. Steinhaus. Liegt im Dorf.
Bernie's Inn. EZ/DZ 100/180 P. Behagliches Gästehaus aus Bambus mit vier Schlafzimmern, Wohnzimmer und Küche. Auch als *Bernie's Nipa Huts* bekannt. Liegt am Dorfrand.

Tablas Island

Tablas ist die größte Insel des Romblon-Archipels. Der Norden und der Osten sind von einer bewaldeten Bergkette mit Höhen bis zu 600 Meter durchzogen, flaches Land findet man dagegen im Süden vor und entlang der buchtenreichen Westküste, an der auch die meisten Dörfer und Kleinstädte der Insel liegen.

Anreise/Weiterreise
Boot: Von Romblon/Romblon nach San Agustin/Tablas fahren täglich um 9.00 und 13.00 Uhr Auslegerboote. Fahrzeit: 45 Min.

San Agustin

San Agustin besitzt einen Anleger für Boote von und nach Romblon/Romblon. Darüber hinaus bietet sich dieser saubere Ort als Ausgangspunkt für Tagestrips nach den Bitu Falls bei Dabdaban und den Cajbo-aya Ruins an.

Übernachten
Kamella Lodge. EZ/DZ/fan 100/200 P, DZ/fan/Bad 350 P, EZ/ac/Bad 450 P, DZ/ac/Bad 650 P. Restaurant. Tadellose Zimmer. Angenehme Unterkunft, die einzige akzeptable in San Agustin.

Anreise/Weiterreise
Jeepney: Von Looc nach San Agustin fahren täglich mehrere Jeepneys. Fahrzeit: 3 Std. Mit dem Jeepney um 6.00 Uhr hat man Bootsanschluß nach Romblon.

Calatrava und San Andres

In Kabibitan bei Calatrava liegt der Tinagong Dagat, »der versteckte See«, dessen Wasser salzig ist und der eine Verbindung zum Meer haben soll. Ganz in der Nähe liegt ein ebensolcher, jedoch etwas kleinerer See.

Von San Andres (Despujols) fährt ein Pfad hoch zu den Mablaran Falls.

Odiongan

Der kleine Hafen von Odiongan (sprich: Odjongan) liegt etwas außerhalb vom Ort; Tricycles fahren im Pendelverkehr. Es bestehen Schiffsverbindungen von und nach Batangas/Luzon und Roxas/Mindoro. Nach Mindoro fahren allerdings große Auslegerboote. Odiongan besitzt ein kleines Post Office, das jedoch etwas schwer zu finden ist - durchfragen.

Übernachten

Shellborne Hotel. EZ/DZ/fan/Bad 125/250 P, EZ/DZ/ac/Bad 380/550 P. Einfach. Restaurant.

Anreise/Weiterreise

Jeepney: Von San Agustin nach Odiongan fahren täglich mehrere Jeepneys ab Anleger. Fahrzeit: 2:30 Std.; über Calatrava und San Andres.

Looc

Die kleine Hafenstadt Looc liegt im Südwesten von Tablas am nördlichen Ufer der Looc Bay. Von dort bestehen Bootsverbindungen zu anderen Inseln, unter anderem nach Mindoro (Roxas) und Boracay. Am Markt bei der Plaza hat die Stadt ein Tourists Assistance Center eingerichtet, in dem Durchreisende freundlich und zuvorkommend beraten werden.

Übernachten

Morales Lodging House. EZ/DZ/fan 125/250 P. Ordentliche Unterkunft in der Nähe vom Anleger. Billard.

Anreise/Weiterreise

Jeepney: Von Odiongan nach Looc fahren täglich mehrere Jeepneys. Fahrzeit: 1 Std.

Santa Fe

Von Santa Fe im Süden von Tablas Island fährt dreimal wöchentlich ein Auslegerboot über Carabao Island und Boracay Island nach Caticlan/Panay. Fahrzeit: 2 Std. Fahrpreis bis Boracay: 80 P pro Person.

Übernachten

Dolly's Place. EZ/DZ/fan 100/150 P. Einfach.
Tourist Inn. EZ/DZ/fan 10/150 P. Einfach.
Asis Inn. EZ/DZ/fan 10/160 P. Einfach. Restaurant.
White House. EZ/DZ/fan 120/200 P. Einfach.

Anreise/Weiterreise

Jeepney: Von Looc nach Santa Fe fahren täglich mehrere Jeepneys ab Plaza. Fahrzeit: 45 Min.

Tugdan

In Tugdan befindet sich der Airport von Tablas Island mit Flügen von und nach Manila. Die Maschinen nach Manila sind fast immer ausgebucht. Wer über die Warteliste wegkommen will, sollte auf einen mehrtägigen Aufenthalt in Tugdan vorbereitet sein oder gute Beziehungen haben.

Übernachten

Airport Pension. EZ/DZ/fan 125/250 P, EZ/DZ/fan/Bad 150/300 P. Einfache, aber saubere, große Zimmer. Restaurant.

Anreise/Weiterreise

Jeepney: Nach Ankunft des Flugzeugs fahren Jeepneys von Tugdan nach San Agustin (1:15 Std.), Santa Fe (1 Std.) und Looc (45 Min.).

Samar

Die zweitgrößte Insel der Visayas liegt zwischen Süd-Luzon und Leyte. Mit Leyte ist Samar durch die über zwei Kilometer lange San Juanico Bridge verbunden, die die San Juanico Strait überspannt. Zu den drei Provinzen Eastern-, Northern- und Western Samar gehören noch etwa 180 umliegende kleine Inseln, darunter auch Homonhon, auf der Ferdinand Magellan am 16. März 1521 erstmals philippinischen Boden betrat.

Die Landschaft Samars ist hügelig und schroff; ein Großteil der Insel ist dicht bewaldet. Lichte Ebenen gibt es nur entlang der Küste und im Norden um Catarman.

Das Klima unterscheidet sich von dem der übrigen philippinischen Inseln. Längere Trockenperioden gibt es nur im Mai und Juni. Ansonsten werden während des ganzen Jahres Niederschläge gemeldet, die jedoch nie von langer Dauer sind. Der meiste Regen fällt von November bis Februar. Verstärkte Taifunzeit ist von Anfang Oktober bis in den Dezember. Die günstigste Reisezeit sind die Monate Mai bis September, ausgenommen für Surfer, die während des Nordostmonsuns von November bis Februar an der Pazifikküste optimale Bedingungen vorfinden werden.

Angebaut werden hauptsächlich Reis, Mais und Süßkartoffeln, jedoch reichen die Erträge für die eigene Versorgung nicht aus. Überschüssig geerntet werden dagegen Abaca und Kokosnüsse. Borongan in Ost-Samar ist führend in der Kopraproduktion.

Die herausragende Sehenswürdigkeit ist der Sohoton National Park bei Basey in Süd-Samar. Er ist am besten von Tacloban/Leyte aus zu erreichen und wird daher im Kapitel »Leyte« beschrieben. Erst mit Abstand folgen die Blanca Aurora-Wasserfälle bei Gandara zwischen Calbayog und Catbalogan. Ein nicht zu unterschätzendes touristisches Potential hat Nord-Samar aufzuweisen, das aber vermutlich erst nach Verbesserung der Infrastruktur mehr Beachtung finden wird.

Die Bewohner Samars gehören zur Gruppe der Visayan. Sie nennen sich Waray und sprechen Waray-Waray.

Wie im ganzen Land sind auch in Zentral- und Ost-Samar die NPA-Aktivitäten nahezu vollständig zurückgegangen.

Anreise

Anreisen kann man von Biliran, Cebu, Leyte, Luzon und Masbate. Siehe auch »Weiterreise« im jeweiligen Inselkapitel.

Weiterreise

Nach Biliran

Schiff

Von Calbayog nach Danao/Maripipi Island

Großes Auslegerboot. Abfahrt: Mi u. Sa 13.00 Uhr. Fahrzeit: 3 Std.

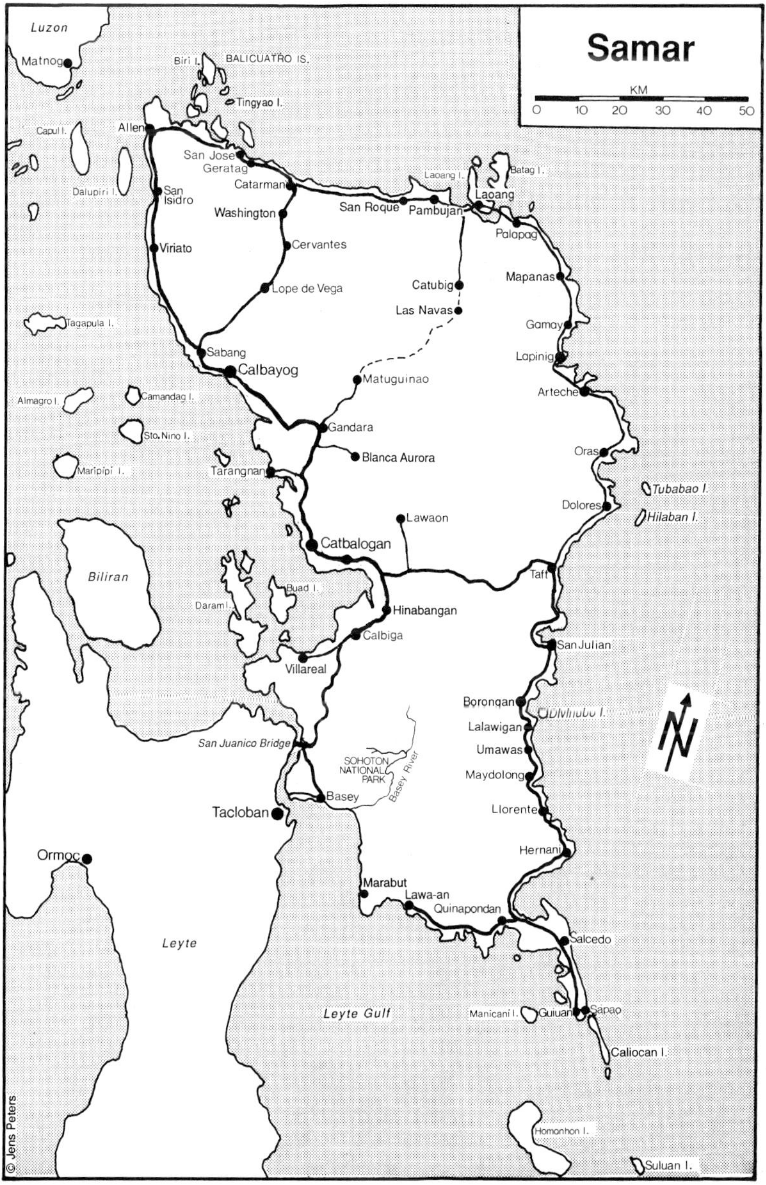

Visayas - Samar

Nach Cebu

Schiff
Von Catarman nach Cebu City
MV *Elizabeth Lilly*; Western Samar Shipping Lines. Abfahrt: So 17.00 Uhr. Fahrzeit: 14 Std.

Von Catbalogan nach Cebu City
MV *Elizabeth Lilly*; Western Samar Shipping Lines. Abfahrt: Mi u. Fr 17.00 Uhr. Fahrzeit: 14 Std.

Nach Leyte

Bus
Von Catarman, Calbayog und Catbalogan nach Tacloban
Entlang der Westküste von Samar fahren täglich mehrere Busse der Companies Eagle Star, Philtranco und Philippine Eagle, entweder direkt oder mit Ziel Ormoc oder Mindanao. Abfahrt in Catbalogan um 4.00, 10.00, 11.00 und 14.00 Uhr ab Petron Tankstelle; zwischendurch fahren etwa alle 30 Minuten Busse anderer Companies. Fahrzeit von Catbalogan nach Tacloban: 2:30 Std.

Schiff
Von Catbalogan nach Tacloban
MV *Masbate Uno*; WG & A. Abfahrt: Di 11.00 Uhr. Fahrzeit: 4 Std.

Von Guiuan nach Tacloban
MV *Stacey*; K & T Shipping Lines. Abfahrt: jeden zweiten Tag um 22.00 Uhr. Fahrzeit: 6 Std.

Nach Luzon

Flug
Von Calbayog nach Manila
Asian Spirit fliegt täglich.
Philippine Airlines fliegt Mo, Di, Do, Fr u. So.

Von Catarman nach Manila
Asian Spirit und Philippine Airlines fliegen täglich.

Bus/Schiff
Von Catarman nach Manila
Aircon-Busse der Companies Cedec Transport, Inland Trailways und Philtranco fahren täglich um 8.00 Uhr. Fahrzeit inklusive Fähre Allen-Matnog: 23 Std. Ankunft in Pasay City (Edsa).

Von Catbalogan und Calbayog nach Manila
Aircon-Busse der Philtranco Company fahren täglich. Die Busse kommen von Mindanao oder Leyte und sind meistens bereits voll besetzt. Fahrzeit inklusive Fähre San Isidro-Matnog: 25 Std.

Schiff
Von Allen nach Matnog
MV *Michelangelo*, MV *Northern Samar*. Abfahrt: täglich 6.00 und 13.00 Uhr. Fahrzeit: 1:30 Std. In Allen sind 7 P Terminal Fee zu bezahlen.

Von San Isidro nach Matnog
MV *Maharlika I*; Bernard Services. Abfahrt: täglich 9.00 u. 16.30 Uhr. Fahrzeit: 2:30 Std. In San Isidro sind 12 P Terminal Fee zu bezahlen.
Der Anleger in San Isidro liegt etwa 14 Kilometer südlich von Allen; 30 Min. mit einem Jeepney.

Von Catbalogan nach Manila
MV *Masbate Uno*; WG & A. Abfahrt: Mi 17.00 Uhr. Fahrzeit: 23 Std.
MV *Tacloban Princess*; Sulpicio Lines. Abfahrt: Fr 18.00 Uhr. Fahrzeit: 22 Std.

Allen

Allen hat einen Anleger für Fährschiffe von und nach Matnog auf Luzon. Von dort fahren aber auch Boote unter anderem zu den westlich vorgelagerten Capul Island und Dalupiri Island.

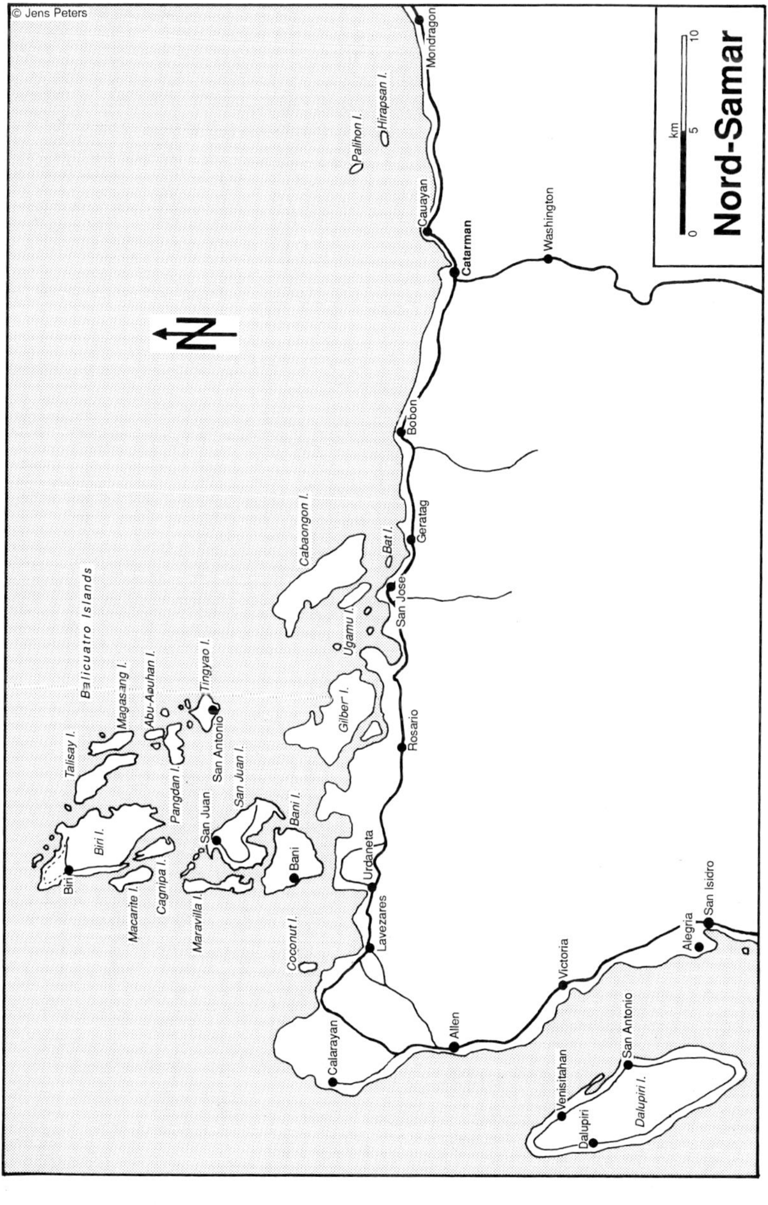
© Jens Peters
Nord-Samar
0
5
10
km
Mondragon
Hirapsan I.
Palihon I.
Cauayan
Catarman
Washington
Bobon
Geratag
Bat I.
San Jose
Cabaoongon I.
Ugamu I.
Balicuatro Islands
Tingyao I.
Abu-Abuhan I.
Magasang I.
San Antonio
Gilber I.
Rosario
Talisay I.
Pangdan I.
San Juan I.
San Juan
Bani I.
Bani
Biri I.
Biri
Cagnipa I.
Macarite I.
Maravilla I.
Urdaneta
Lavezares
Coconut I.
Calarayan
Allen
Victoria
Alegria
San Isidro
San Antonio
Venisitahan
Dalupiri
Dalupiri I.

Übernachten

Mary Ann Lodge. EZ/DZ 75/150 P. Einfache Unterkunft.
Laureens Lodging House. EZ/DZ 80/160 P. Einfache Unterkunft. Restaurant.

Anreise/Weiterreise

Bus: Von Catbalogan nach Allen über Calbayog fahren täglich mehrere Busse, z.B. um 9.00 u. 10.00 Uhr die der Philippine Eagle Company mit Ziel Catarman. Fahrzeit: Catbalogan 3:30 Std., Calbayog 1:30 Std.

Dalupiri Island

Südwestlich von Allen, unweit der Küste von Samar, liegt die gemütliche Insel Dalupiri, die örtlich nur als San Antonio bekannt ist (nach dem gleichnamigen Ort auf der Insel). Wer ein paar Tage ausspannen möchte, dazu noch fernab aller populären touristischen Ziele, wird auf Dalupiri sicherlich eine gute Zeit haben.
Um Dalupiri und ihre Strände näher zu erkunden, kann man sich für 150 P mit einem Motorrad rund um die Insel fahren lassen, zahlreiche Stopps eingeschlossen.

Übernachten

Flying Dog Beach Resort. Cottage/Bad 500 P. Komfortable Unterkunft. Angenehme, vom Italiener Toni geführte Anlage mit vielen Palmen.

Anreise/Weiterreise

Boat: Von San Isidro fahren morgens Auslegerboote hinüber nach Dalupiri Island. Fahrpreis: 10 P. Ein Special Ride ist für 50 P möglich (etwas handeln).

Geratag und San Jose

Drei Kilometer westlich von Geratag liegt San Jose, von wo aus täglich mehrere Auslegerboote zu den vorgelagerten Balicuatro Islands fahren. In beiden Orten kann man Boote zum individuellen Island Hopping mieten.

Übernachten

House Schiefelbein (Mendoza), Geratag. EZ/DZ/fan 150 P, EZ/DZ/fan/Bad 200 P. Freundliche, familiäre Unterkunft in Strandnähe, auch als House of Mr. Hans bekannt. Verpflegung nach Vereinbarung; die Gäste können aber auch selbst kochen.

Anreise/Weiterreise

Bus/Jeepney: Von Allen nach San Jose und Geratag fahren täglich mehrere Busse und Jeepneys, und zwar die mit Ziel Catarman und Rawis (Laoang). Fahrzeit: 1 Std.

Balicuatro Islands

Biri Island und Bani Island zählen zu den attraktivsten Tauchgebieten der östlichen Philippinen. Im Hinblick auf eine touristische Vermarktung hat der Northern Samar Tourism Council, Catarman, vorsorglich beim Philippinischen Congress den Antrag gestellt, die Balicuatro Islands zum Schutzgebiet zu erklären. Darüber hinaus soll der nördliche Küstenabschnitt von Biri Island mit seinen bizarren vorgelagerten Kalksteininseln, die wie überdimensionale Wellenbrecher bis zu 37 Meter hoch aus dem Wasser ragen, als National Marine Park ausgewiesen werden. Biri Island war während des Zweiten Weltkrieges Standort einer japanischen Garnison, die den Schiffsverkehr in der San Bernardino Strait zu beobachten hatte.
Zwischen Biri auf Biri Island und Gubat in Süd-Luzon verkehrt alle zwei bis drei Tage ein Auslegerboot.

Übernachten

Auf den Balicuartro Islands gibt es noch keine kommerziellen Übernachtungsmöglichkeiten. Besucher sind auf Privatunterkünfte angewiesen. Wer ein paar Tage auf Biri Island oder in dem malerischen Dorf San Antonio auf Tingyao (Tinau) Island bleiben möchte, könnte sich die Übernachtung im House Schiefelbein (Mendoza) in Geratag organisieren lassen.

Anreise/Weiterreise

Lavezares
Boot: Von Lavezares nach Biri auf Biri Island fährt täglich ein Auslegerboot. Fahrzeit: 1 Std.

San Jose
Boot: Von San Jose nach Biri auf Biri Island, San Antonio auf Tingyao Island und San Pedro auf Pangdan Island fahren täglich zwischen 11.00 bis 12.00 Uhr Auslegerboote. Fahrzeit: 45 Min. bis 1:30 Std.
Abfahrt auf den Inseln um etwa 7.00 Uhr.

Catarman

Catarman ist die Hauptstadt der Provinz Northern Samar und Ausgangspunkt für Reisen in den Nordosten Samars, z.B. nach Laoang Island und Batag Island. In naher Zukunft wird sogar die Weiterreise von Catarman entlang der Ostküste nach Guiuan in Süd-Samar möglich sein, denn die Küstenstraße von Laoang über Palapag, Mapanas, Gamay und Lapinig nach Arteche ist im Bau und zum Teil bereits fertiggestellt. Bislang sind die Orte Mapanas, Gamay und Lapinig aber nur mit Booten zu erreichen.
Von Catarman aus kann man eine Flußfahrt ins Inselinnere unternehmen, und zwar den Catarman River hinauf nach Washington. Besondere Sehenswürdigkeiten gibt es auf dieser Tour aber nicht zu bestaunen. Ein Boot fährt um 13.00 Uhr und benötigt für die neun Kilometer lange Strecke weniger als zwei Stunden. Die Rückfahrt nach Catarman ist mit einem Jeepney möglich.
Um einiges interessanter ist die Fahrt auf dem Catubig River von Laoang über Catubig nach Las Navas, der sich im Mündungbereich zunächst über mehrere Kilometer durch ein Mangrovendickicht windet, weiter flußaufwärts dann beiderseits von einer prächtigen Berglandschaft mit gemischter Vegetation umgeben ist. Ziel der Reise sind die malerischen Pinipisacan Falls bei Las Navas. Es wäre allerdings auch möglich, von Las Navas aus den Trip fortzusetzen und quer durch die Berge nach Matuguinao zu wandern, wofür man drei Tage einplanen sollte.

Übernachten

Joni's Hotel, Jacinto Street, Tel. 224. EZ/DZ/fan 100/150 P, EZ/DZ/fan/Bad 140/280 P. Akzeptable Zimmer, dem Preis entsprechend. Coffee Shop. Liegt am Markt.
DCC. EZ/DZ/fan 100/160 P. Einfach, aber relativ gut. Restaurant. Das DCC (Diocesan Catholic Center) befindet sich bei der katholischen Kirche.
Riverview Hotel, Jose Rizal Street. EZ/DZ/fan 200/300 P, EZ/DZ/ac/Bad 500 und 600 P. Gefällige Zimmer. Restaurant. Mit Abstand das beste Hotel in Catarman. Es liegt an der Brücke über den Catarman River, über die man zur University of Eastern Philippines (UEP) am drei Kilometer entfernten White Beach gelangt.

Essen und Trinken

Es gibt mehrere kleine Restaurants in der Stadt, die philippinische Gerichte anbieten. Das ***Casa de Coco*** ist sicherlich eines der besten.

Adressen/Verschiedenes

Geldwechseln: Die Philippine National Bank, Garcia Street/Ecke Jacinto Street, wechselt Travellers Cheques.

Informationen: Touristische Informationsblätter über Sehenswertes in Northern Samar sowie Fotos von den bedeutendsten Orten dieser Provinz sind beim Leiter des Airports einsehbar.
Vorwahl: 05540.

Anreise/Weiterreise

Mit dem Flugzeug: Der Catarman Airport liegt am westlichen Stadtrand an der Straße nach Allen.
Asian Spirit: Jacinto Street/Ecke Magsaysay Street, Tel. 5540378.
Philippine Airlines, Airport Office, Tel. 5540629.

Rawis (Laoang)
Jeepney: Von Catarman nach Rawis (Laoang) fahren täglich von 4.00 bis 17.00 Uhr mehrere Jeepneys. Fahrzeit: 1:30 Std.

Calbayog

In Calbayog endet eine der landschaftlich schönsten Küstenstraßen der Philippinen, die in Allen beginnt, fast ständig nahe am Meer entlang führt und besonders um den malerischen Ort Viriato durch prächtige Szenerien aus Bergen, Steilküste, fernen Inseln und kleinen Buchten mit bunten Booten beeindruckt. Bei Viriato gibt es einen Wasserfall mit großem natürlichem Pool, der bereits von der Brücke nahe der Flußmündung aus zu sehen ist. Die Gegend um Viriato bietet sich als Tagestrip an, verbunden mit einer Wanderung entlang der Küste. Nach Calbayog oder Catarman zurückzukommen sollte kein Problem sein, denn der nächste Jeepney kommt bestimmt.
Rund 50 Kilometer südöstlich von Calbayog befinden sich die Blanca Aurora Falls, die bekanntesten Wasserfälle von Samar. Hinkommen von Calbayog aus mit einem Bus in Richtung Catbalogan, etwa fünf Kilometer hinter Gandara in dem kleinen Ort San Jorge (sprich: San Horé) aussteigen, von wo aus Tricycles zu den Wasserfällen fahren.

Übernachten

San Joaquin Inn, Nijaga Street/Ecke Orquin Street, Tel. 91125. EZ/DZ/fan 70/140 P, EZ/DZ/fan/Bad 280/350 P, EZ/DZ/ac/Bad 450/600 P. Einfache Unterkunft am Markt. Überraschend gutes Restaurant.
Seaside Drive Inn, National Highway. EZ/DZ 80/160 P, EZ/DZ/fan/Bad 200 P, EZ/DZ/ac/Bad 350 P, Tel. 234. Relativ gutes Hotel mit kleiner Terrasse zum Meer. Restaurant. Disco im Nebengebäude. Liegt am östlichen Stadtrand.
Central Inn, Navarro Street. EZ/DZ/ac/Bad 500 P. Tadellose, gepflegte Zimmer. Restaurant oben im Gebäude. Das beste Hotel in Calbayog.

Adressen/Verschiedenes

Vorwahl: 055 oder 05541.

Anreise/Weiterreise

Mit dem Flugzeug: Der Calbayog Airport liegt etwa sieben Kilometer nördlich der Stadt, an der Straße nach Allen. Zahlreiche Jeepneys und Busse fahren vorbei.
Asian Spirit, Riverview Cinema Building, Gomez Street Extension, Tel. 2091189.
Philippine Airlines, Navarro Street, Tel. 255.

Catarman - Allen
Bus: Von Catarman über Allen nach Calbayog fahren täglich von 5.00 bis 9.00 Uhr stündlich Busse der Companies Eagle Star und Philippine Eagle Bus Line. Fahrzeit: von Catarman 2:30 Std.; von Allen 1:30 Std. Die Busse fahren weiter bis nach Tacloban/Leyte.

Jeepney: Von Catarman über Allen nach Calbayog fahren täglich mehrere Jeepneys. Fahrzeit: von Catarman 3:30 Std.; von Allen 2 Std.

Catbalogan
Bus: Von Catbalogan nach Calbayog fahren täglich mehrere Busse, z.B. um 9.00 und 10.00 Uhr die der Philippine Eagle Bus Line Company mit Ziel Allen und Catarman. Fahrzeit: 2 Std.

Jeepney: Von Catbalogan nach Calbayog fahren täglich mehrere Jeepneys. Fahrzeit: 1:30 Std.

Catbalogan

An der zentralen Westküste von Samar liegt die Hafenstadt Catbalogan. Sie ist die Hauptstadt der Provinz Western Samar und das bedeutendste Handelszentrum der Insel. Von dort aus fahren Busse unter hinüber zur Ostküste.
Knapp 50 Kilometer südlich von Catbalogan liegt Calbiga, in dessen Nähe italienische Speläologen 1987 eine fünf Kilometer lange Höhle, die Langun-Gobongob Cave, entdeckten. Ebenfalls sehenswert sind die Literon Rapids und die Lulugayan Falls.

Übernachten

Kikay's Hotel, Curry Avenue. EZ/DZ/fan 100/170 P, DZ/ac/Bad 280 P. Einfache Unterkunft. Es gibt allerdings nur ein Aircon-Zimmer. Restaurant.
Maqueda Bay Hotel. EZ/DZ/fan 400 P, EZ/DZ/ac/Bad 500 und 600 P (mit TV). Saubere, geräumige Zimmer. Relativ neues, ansprechendes Hotel direkt am Wasser im Süden der Stadt. Gutes Restaurant mit schönem Blick aufs Meer.

Anreise/Weiterreise

Bus/Jeepney: Von Catarman nach Catbalogan über Allen und Calbayog fahren täglich mehrere Busse und Jeepneys, darunter von 5.00 bis 9.00 Uhr stündlich Busse der Companies Eagle Star und Philippine Eagle Bus Line. Fahrzeit: Catarman 5 Std., Allen 4 Std., Calbayog 2 Std.

Borongan

Borongan ist die Hauptstadt von Eastern Samar und ein wichtiger Umschlagssplatz für Kopra, Rattan und Bambus. Nahe der Mündung des Lomo River und umgeben von zahllosen Kokospalmen könnte diese Stadt am Rande des Dschungels geradewegs einer abenteuerlichen Erzählung über längst vergangene Zeiten entstammen. Draußen in der Bucht, wo der weite Pazifik beginnt, liegt die kleine Insel Divinubo, zu der man in 30 Minuten hinüberfahren kann. Sie könnte ein zukünftiges Ziel für Surfer sein, ebenso verschiedene Orte südlich von Borongan, z.B. Lalawigan (7 km), Umawas (17 km) und Llorente (26 km).

Übernachten

Domsowir Hotel, Real Street. EZ/fan 125 P, EZ/DZ/fan/Bad 250 P. Restaurant. Das beste Hotel der Stadt (es gibt ein paar weitere, allerdings sehr einfache Unterkünfte).

Anreise/Weiterreise

Bus: Von Catbalogan nach Borongan fährt täglich um 9.00 Uhr ein Bus der SBL Lines Company ab Pier 1. Zusätzlich fahren täglich Busse der Companies Eastern Star Transport und Borongan Express, die zwischen Manila und Guiuan verkehren. Fahrzeit: 5 Std.

Guiuan

Guiuan ist eine freundliche Kleinstadt auf einer Halbinsel im Südosten von Samar, die relativ einfach mit einem Schiff von Tacloban/Leyte aus zu erreichen ist. Von dort starteten die Amerikaner im Zweiten Weltkrieg Luftangriffe gegen den japanischen Feind. Der riesige Airport am östlichen Ortsrand war seinerzeit einer der größten amerikanischen Stützpunkte im pazifischen Raum. Heute sind die Start- und

Landebahnen teilweise zugewachsen; sie werden nicht mehr benutzt.
Im Zentrum von Guiuan steht eine der schönsten Kirchen der östlichen Visayas. Vor allem die prächtigen geschnitzten Türen stellen eine einzigartige Kostbarkeit dar, die einst auch der habsüchtigen Imelda Marcos ins Auge stachen. Aber zum Glück wurden die Seelsorger selbst bei einem Gebot von zwei Millionen Peso nicht schwach.
In der Nähe von Guiuan gibt es ein paar attraktive, kaum besuchte Strände und zahlreiche kleine Inseln westlich vom Ort im Leyte Gulf.

Übernachten

Arcenos Boarding House, Managantan Street. EZ/DZ 50/100 P, EZ/DZ/fan 60/120 P. Einfach.
Bluestar Lodging House, Concepcion Street. EZ/DZ/fan 50/100 P. Einfache, aber akzeptable Zimmer. Restaurant. Disco (Sing-Along).
Villa Rosario Lodging House, Concepcion Street. Dorm/fan 50 P, EZ/DZ 50/100 P, EZ/DZ/fan 80/160 P. Einfache Zimmer, preislich in Ordnung.

Essen und Trinken

Sehr preiswert sind die Gerichte im sauberen ***Sherly Tan Restaurant*** in der Vienmar/Concepcion Street. In der ***Bluestar Eatery*** vom gleichnamigen Lodging House gibt es Essen auf Vorbestellung.

Anreise/Weiterreise

Bus: Von Catbalogan über Borongan nach Guiuan fahren täglich mehrere Busse (sie kommen aus Manila). Fahrzeit: 6 Std.

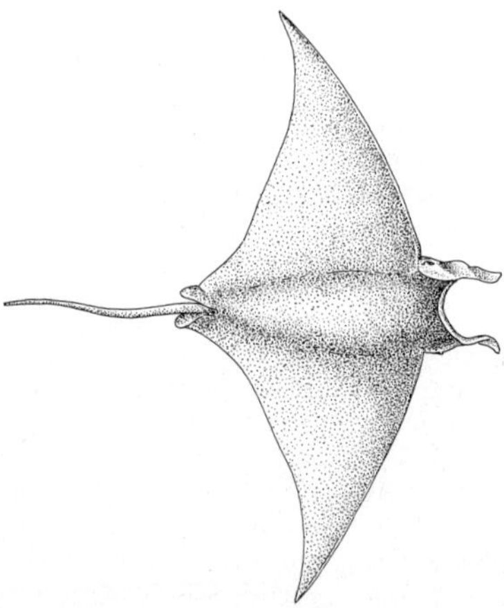

Siquijor

Siquijor liegt etwa 25 Kilometer östlich von Süd-Negros und ist eine der kleinsten Provinzen des Landes. Bis 1971 war sie Sub-Provinz von Negros Oriental. Ihren »Unabhängigkeitstag« (Araw ng Siquijor) feiern die 80.000 Bewohner dieser sympathischen Insel jedes Jahr am 17. September. Die Siquijodnons sind bemerkenswert freundlich und angenehm unaufdringlich zugleich.

Die größten Orte der Provinz sind Siquijor, Larena, Enrique Villanueva, Maria, Lazi und San Juan. Siquijor ist die Hauptstadt; Larena und Lazi haben Häfen mit Verbindungen zu anderen Inseln. Eine befestigte Straße führt rund um die hügelige Insel und verbindet die gepflegten Dörfer und Kleinstädte.

Zu den Haupterwerbszweigen gehören die Landwirtschaft und die Fischerei. Der Abbau von Mangan nordwestlich von Maria hatte seinen Höhepunkt vor dem Zweiten Weltkrieg. Vorkommen von Kupfer und Silikat wurden bisher nicht angetastet. Zum relativen Wohlstand der Insel tragen in erheblichem Umfang die vielen Siquijodnons bei, die im Ausland tätig sind und fleißig Geld nach Hause schicken.

Der Tourismus spielt auf Siquijor noch keine große Rolle, obgleich ein gewisses Potential durchaus vorhanden wäre. Die Palmenstrände, Wasserfälle und Höhlen können sich ebenso sehen lassen wie die historischen Kirchen und alten Häuser.

Als die Spanier die Insel entdeckten, gaben sie ihr den Namen *Isla del Fuego*, was »Insel des Feuers« bedeutet. Sie müssen also ein feuriges Licht bemerkt haben, als sie vorbeisegelten. Es wird vermutet, daß es sich dabei um das Leuchten von unzähligen Glühwürmchen gehandelt haben dürfte. Eine Le-

gende erzählt, daß Siquijor viele Millionen Jahre nur unter Wasser existierte, bevor es sich mit donnerndem Getöse und flammenden Blitzen als Insel aus dem Meer erhob. Fossilien von Muscheln, Schnecken und anderen Unterwasserobjekten, die noch heute im bergigen Zentrum zu finden sind, werden als Beweis für diese phänomenale Vermutung herangezogen.

Daß etwas Geheimnisvolles an Siquijor dran sein muß, erfährt man spätestens, wenn man einem Filipino von einem Reisevorhaben dorthin erzählt. Dann wird von Hexen und Zauberern berichtet, und von Heilern mit wundersamen Kräften. Begriffe wie Voodoo und Schwarze Magie dramatisieren die mysteriösen Vorgänge auf dieser rätselhaften Insel noch, um die man »zur eigenen Sicherheit doch möglichst einen großen Bogen machen sollte...«

Anreise

Anreisen kann man von Cebu und Negros. Siehe auch »Weiterreise« im jeweiligen Inselkapitel.

Weiterreise

Nach Negros

Schiff
Von Larena nach Dumaguete
MV *Delta I*; Delta Fast Ferries. Abfahrt: täglich 7.30, 9.45, 14.15 und 16.30 Uhr. Fahrzeit: 45 Min. Fahrpreis: 75 P.

Von Tambisan nach Dumaguete
Großes Auslegerboot. Abfahrt: täglich 13.00 u. 15.00 Uhr. Fahrzeit: 2:30 Std. Aus Sicherheitsgründen zumindest bei schlechtem Wetter nicht zu empfehlen. Ein Tricycle von Siquijor nach Tambisan kostet 5 P.

Von Siquijor nach Dumaguete
Großes Auslegerboot. Abfahrt: täglich 6.00 Uhr. Fahrzeit: 2 Std.
MV *Catherine*; Marjunnix Shipping Lines. Abfahrt: täglich 7.00 Uhr. Fahrzeit: 3 Std.

Siquijor

Der kleine Ort Siquijor ist die Hauptstadt der Provinz Siquijor mit Provincial Capitol, Hospital, Postamt und der St. Francis de Assisi Church mit ihrem alten spanischen Glockenturm, den man besteigen kann.
Etwas westlich von Siquijor, bei Cangalwang, befindet sich ein kleiner Flugplatz. Der Strand dort ist nicht zu empfehlen.

Übernachten

Dondeezco Beach Resort, Dumanhug. EZ/DZ 200/280 P, EZ/DZ/fan/Bad 280/350 P. Kleine Steinhäuschen und größere Doppel-Cottages aus Bambus. Restaurant (Essen auf Vorbestellung). Freundliche Anlage an einer langen Bucht mit breitem, weißen Strand. Liegt etwa zwei Kilometer westlich von Siquijor; 200 Meter abseits der Straße.

Tikarol Beach Resort, Candanay Sur. Cottage/Bad 300 P. Idyllische kleine Anlage mit nett gestalteten, geräumigen Cottages. Restaurant. Ein schmaler Fußweg führt von der Ringstraße zum Strand (etwa 300 Meter ab Hinweisschild). Dieses von einer Schweizerin und einer Filipina geführte Resort liegt etwa 2,5 Kilometer östlich von Siquijor.

Essen und Trinken

In Pangi, etwas über einen Kilometer östlich von Siquijor, betreiben ein Schweizer und seine philippinische Frau das freundliche ***Swiss Stars Restaurant***. Zur Auswahl stehen preiswerte einheimische und internationale Gerichte.

Anreise/Weiterreise

Tricycle: Ab Siquijor kosten kurze Strecken mit einem Tricycle 2 P pro Person, nach Larena und San Juan jeweils 5 P. Ein Special Ride nach Sandugan kostet 100 bis 120 P.

Larena

Larena ist ein beschaulicher kleiner Ort mit einigen schönen Häusern. Lebhaft wird es nur, wenn ein Schiff ankommt oder ablegt.
Geht man nach Congbagsa und folgt dem Weg, der etwa 100 Meter westlich vom großen weißen Gebäude der National Food Authority vor der kleinen Brücke rechts von der Straße abzweigt, kommt man über Stufen zu einer beschaulichen Bucht mit weißem Strand. Leider liegen sehr viele kantige Steine im Wasser, sonst wäre der Platz perfekt. Sogar eine erfrischende Süßwasserquelle entspringt dort dem Fels.

Übernachten

Luisa & Son's Lodge. EZ/DZ/fan 100/150 P. Einfache, freundliche Unterkunft nahe dem Anleger - jedoch nichts

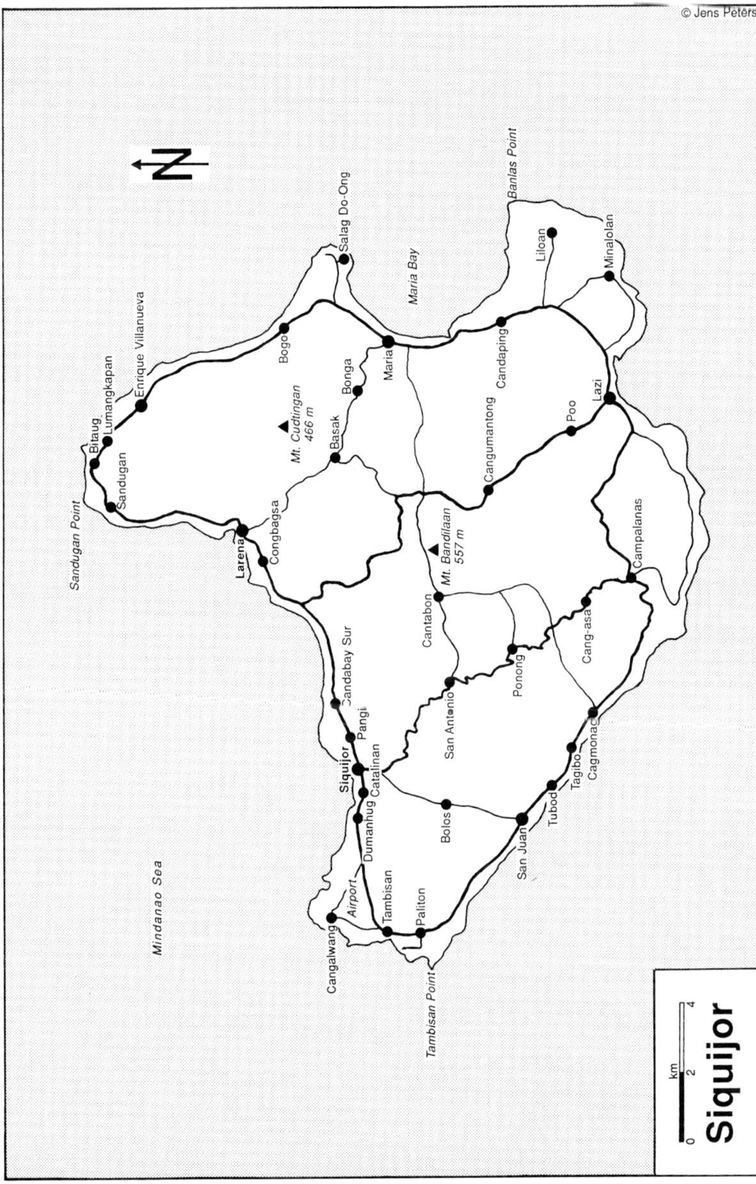
© Jens Peters
Siquijor
km
0
2
4
Mindanao Sea
Sandugan Point
Maria Bay
Banlas Point
Tambisan Point
Mt. Cudtingan
466 m
Mt. Bandilaan
557 m
Larena
Siquijor
Sandugan
Bitaug
Lumangkapan
Enrique Villanueva
Bogo
Salag Do-Ong
Maria
Bonga
Basak
Congbagsa
Candaping
Liloan
Minalolan
Lazi
Poo
Cangumantong
Campalanas
Cang-asa
Cantabon
Ponong
San Antonio
Candabay Sur
Pangi
Catalinan
Dumanhug
Bolos
Cagmonac
Tagibo
Tubod
San Juan
Airport
Tambisan
Paliton
Cangalwang

für Leute, die nur bei absoluter Ruhe schlafen können. Luisa und Douglas sind sehr hilfsbereit und können gute Informationen geben. Restaurant. Motorradverleih (300 P/Tag).
Larena Pension Haus. EZ/DZ/fan 75/150 P, EZ/DZ/ac 250 P. Einfache, recht ordentliche Zimmer. Die sanitären Einrichtungen lassen allerdings zu wünschen übrig. Restaurant; Essen möglichst vorbestellen. Liegt in der Nähe des Anlegers, nur wenige Minuten zu Fuß bergauf.

Essen und Trinken
In der Nähe des Marktes, wo auch die Jeepneys auf Passagiere warten, befindet sich ein größeres Restaurant. Gut und relativ preiswert philippinisch essen kann man in ***Luisa & Son's Restaurant*** am Anleger, insbesondere Seafood. Ebenfalls gut und günstig sind die Gerichte in der ***Garden Orchid Bar*** gegenüber der Bank unweit vom Markt.

Anreise/Weiterreise
Jeepney: Am Markt in Larena stehen zahlreiche Jeepneys, die verschiedene Orte rund um die Insel anfahren. Es ist ratsam, sich in den Orten immer nach der letzten Weiter- bzw. Rückfahrtmöglichkeit zu erkundigen. Ansonsten kann es passieren, daß man zu Fuß gehen, ein Tricycle chartern oder dort übernachten muß.

Sandugan

Sechs Kilometer außerhalb von Larena, am Sandugan Point, gibt es einen relativ einsamen Strand mit vorgelagertem Korallenriff. Relativ deswegen, weil bereits ein paar Resorts für eine bescheidene Infrastruktur sorgen. Wer Ruhe sucht, aber trotzdem nicht ganz allein sein möchte, wird sich an der nördlichsten Spitze von Siquijor sicherlich wohlfühlen.

Übernachten
Islanders Paradise Beach. DZ/Bad 175 bis 300 P, mit Fan 25 P extra. Angenehme Unterkunft. Bei längerem Aufenthalt wird ein Preisnachlaß gewährt. Die Anlage befindet sich etwa 400 Meter abseits der Ringstraße. Restaurant. Paddelboot 25 P/Tag.
Kiwi Dive Resort, Cellular Tel. 0912-5040596. Cottage/fan/Bad 300 P, mit Kühlschrank und Kochgelegenheit 500 P. Kleine, gemütliche Anlage neben Islanders Paradise Beach, die vom Neuseeländer Bruce und seiner philippinischen Frau Maritess geführt wird. Angenehme Atmosphäre. Gutes Restaurant. Tauchen. Motorrad- und Fahrradverleih.
Casa del Playa Beach Resort, Cellular Tel. 035-4804044. Cottage/fan/Bad 300 und 350 P (mit Kochgelegenheit). Kühlschrank kann für 80 P/Tag gemietet werden. Ruhige Anlage mit solide gebauten, gefälligen, nett eingerichteten Cottages auf einer kleinen Anhöhe, von der man einen schönen Blick aufs Meer hat. Unter philippinisch-deutscher Leitung; das Resort ist auch als Emily & Terry's Beachhouses bekannt. Zuvorkommender Service. Essen wird auf Wunsch zubereitet. Motorrad- und Fahrradverleih. Geplant sind Yogakurse und Malworkshops.
Hidden Paradise Beach, Bitaug. Cottage/Bad 200 und 250 P. Bei längerem Aufenthalt wird ein Preisnachlaß gewährt. Freundliche, kleine Anlage an einer abgelegenen Badebucht mit einem attraktiven Strand, allerdings mit nur wenigen Palmen. Acht Kilometer nordöstlich von Larena gelegen, kurz vor Enrique Villanueva, etwa 300 Meter abseits der Ringstraße. Tadellose Verpflegung im familiären Restaurant.

Hinweis: Die Resorts Islanders Paradise Beach und Hidden Paradise Beach sollen geschlossen sein. Das jedenfalls teilten Reisende kurz vor Druck dieses

Buches mit. Eine Überprüfung war aus zeitlichen Gründen leider nicht mehr möglich.

Anreise/Weiterreise
Tricycle: Von Larena nach Sandugan kostet ein Tricycle 3 P pro Person; ein Special Ride bis hinunter zum Strand 20 P.

Salag Do-Ong

Salag Do-Ong liegt an der Ostküste von Siquijor am nördlichen Zipfel der Maria Bay, hat einen kleinen weißen Badestrand und ist das wohl beliebteste Wochenend-Ausflugsziel der Siquijodnons. Reguläre Jeepneys fahren nicht dorthin, und man muß die zwei Kilometer von der Straße zum Strand zu Fuß gehen. Letzte Rückfahrmöglichkeit nach Larena um etwa 16.00 Uhr.

Lazi

Lazi ist eine ruhige kleine Hafenstadt an der Südküste von Siquijor. Gegenüber der 1884 erbauten wuchtigen St. Isidore Parish Church steht hinter knorrigen Akazien der große St. Isidore Labradore-Konvent aus dem Jahr 1891; er soll der größte und älteste des Landes sein.
Die etwas östlich von Lazi gelegenen Korallenstrände von Minalolan sind weder zum Schwimmen noch zum Schnorcheln geeignet. Besser soll der Lapac Beach an der Maria Bay gegenüber Salag Do-Ong sein.
Ein paar Kilometer landeinwärts von Lazi gibt es in landschaftlich schöner Umgebung den Po-ol Waterfall, ein kleiner Wasserfall mit natürlichem Pool.

San Juan

An der Westküste von Siquijor, etwa zwei Kilometer nordwestlich der kleinen Stadt San Juan liegt der palmengesäumte Paliton Beach, einer der besten Strände der Insel.

Übernachten
Sunset Beach Resort. EZ/DZ 120/150 P, Cottage/Bad 250 P. Diese Anlage am Paliton Beach besteht aus einem markanten dreistöckigen Haus und ein paar gefälligen Cottages unter Palmen. Restaurant. Motorradverleih (300 P/ Tag). Dieses Resort gehört zur Luisa & Son's Lodge in Larena.
Coco-Grove Beach Resort. EZ/DZ/ fan/Bad 500 P, Cottage/ac/Bad 650 bis 1.000 P (mit Kühlschrank). Nach fünf Tagen 20 Prozent Rabatt. Weitläufige, attraktive Anlage mit relativ wenigen, komfortabel eingerichteten Cottages, die weit auseinander stehen. Nett gestaltetes Restaurant. Herrlicher Garten. Schöner Swimmingpool. Jeepney und Auslegerboot können gemietet werden. Liegt am Strand von Tubod, zwei Kilometer südöstlich von San Juan, etwa 100 Meter von der Straße entfernt. Reservierung im Paradise Travel Centre, Dumaguete, Silliman Avenue, Tel. 2553299, Fax: 2555490.

Anreise/Weiterreise
Tricycle: Ein Tricycle von Siquijor bis zum Paliton Beach kostet 5 P pro Person; ein Special Ride ab Larena sollte für 100 P zu haben sein.

San Antonio

San Antonio liegt im bergigen Inneren der Insel und gilt als Zentrum naturkundiger Heiler, die dort *mananambals* genannt werden. Eine Hexenküche wird man in dem Dorf allerdings nicht vorfinden. Was die wenigen Heiler veranstalten, hat auch nichts mit Zauberkunst zu tun, sondern ist eher ein origineller Heilungsversuch mit Kokosöl, Kräutern und anderen natürlichen Ingredienzen. Durch Einreiben versuchen sie, den häufigsten Leiden der Hilfesuchen-

den, Kopf- und Magenschmerzen, beizukommen. Einer der bekanntesten Medizinmänner von San Antonio ist Jose Ponce, der im Wald in einer einfachen Hütte lebt.
Interessant dürfte ein Besuch dieser Region in der Karwoche sein, wenn die Quacksalber und »Druiden« der südlichen Philippinen zum großen Erfahrungsaustausch zusammenkommen und nach undurchsichtigen Ritualen dubiose pflanzliche Gemische herstellen. Die dafür erforderlichen Zutaten werden in der Karwoche gesammelt, und am Karfreitag wird dann in einem großen Kessel *(kawa)* unter einem auserwählten Balete-Baum ein Gebräu angesetzt und zum Sieden gebracht. Erst am nächsten Tag, wenn nach vielen gemeinsamen nächtlichen Gebeten und Besprechungen das Werk vollbracht ist, teilen die Heiler den vielversprechenden Sud untereinander auf und füllen ihn in Flaschen ab: kostbare Rationen für das kommende Jahr.

Cantabon

Etwa drei Kilometer östlich von San Antonio liegt der kleine Ort Cantabon, der durch eine ansehnliche Tropfsteinhöhle bekannt wurde. Von Siquijor kommend zweigt hinter dem Markt in San Antonio eine Straße links nach Cantabon ab; geradeaus geht's nach Cang-asa und Campalanas. Der Höhleneingang befindet sich etwa 200 Meter nördlich vom Markt in Cantabon, abseits der Straße. Es empfiehlt sich an einem der Sari-Sari Stores gegenüber vom Markt nach einem Guide zu fragen. Der Einstieg zur Höhle ist ein enges, steiles Loch, das etwa fünf bis sechs Meter tief in den Berg hineinführt, danach kann man mehr oder weniger aufrecht zwischen den Tropfsteinen hindurch bis an das mehrere hundert Meter entfernte Ende der Höhle vordringen. Durch die Höhle fließt ein glasklarer Bach, durch den man teilweise waten muß. Feste Schuhe sowie eine starke Taschenlampe sind unverzichtbar. Ebenfalls nützlich ist ein trokkenes Handtuch, das der Guide draußen aufbewahren könnte, denn bei der Höhlenerkundung wird man unweigerlich dreckig.
In Cantabon ist man schon sehr nah an der höchsten Erhebung der Insel, dem 557 Meter hohen Mount Bandilaan, der sich zum bergwandern anbietet. Im Mount Bandilaan Camp Park steht noch üppiger Regenwald, durch den Trails zu verschiedenen Aussichtspunkten führen.

Mindanao und Sulu

Südlich der Visayas liegt die große Insel Mindanao. Aus topographischer Sicht scheint die beträchtliche Landmasse, wie Luzon im Norden, dem philippinischen Archipel im Süden gewichtigen Halt zu geben. »The Promised Land«, wie Mindanao auch genannt wird, ist aber alles andere als ein ruhender Pol. Unterschiedliche Volksgruppen, Religionen, wirtschaftliche Interessen und politische Ambitionen halten die Insel seit Jahrzehnten in Bewegung.

Etwas losgelöst vom »Land der Verheißung«, aber noch im Schutz der buchtenreichen Nordküste von Mindanao führt die kleine Vulkaninsel Camiguin ein gemächliches, eigenständiges Provinzleben.

Basilan und die unzähligen kleinen Inseln des Sulu-Archipels liegen wie Schrittsteine zwischen Mindanao und Borneo. Inseln im Strom, keineswegs frei von Konflikten, aber ungemein spannend zu bereisen.

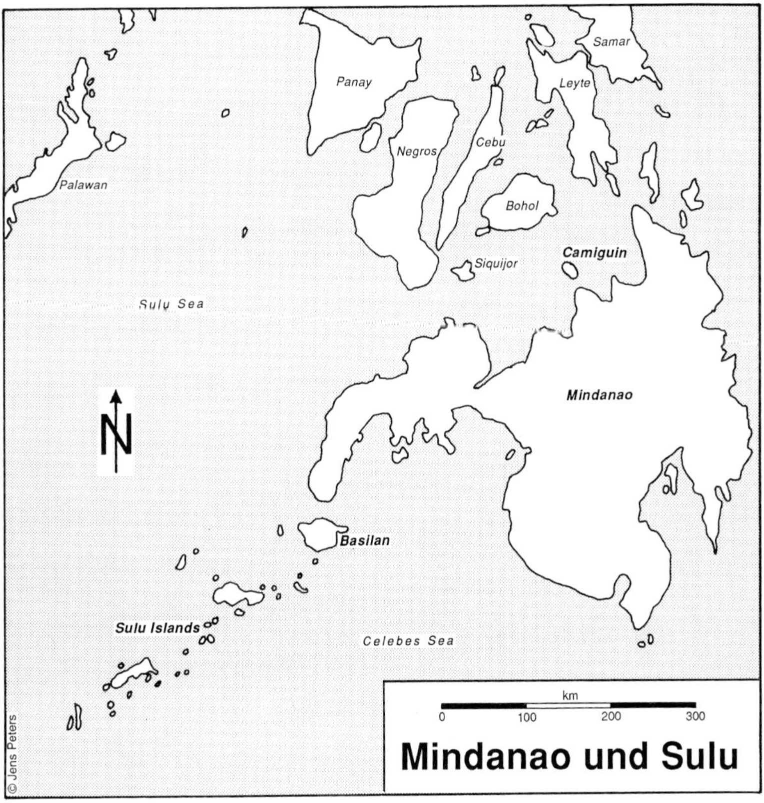

Camiguin

Camiguin ist der Nordküste Mindanaos vorgelagert. Auf dieser relativ kleinen Insel gibt es neben zahlreichen Wasserfällen und Quellen sieben Vulkane. Der bekannteste davon ist der Hibok-Hibok Volcano. Letzter Ausbruch: 1951. Die an seinen Ausläufern angebauten Lanzones-Früchte sollen die besten des ganzen Landes sein. Jedes Jahr am dritten Wochenende im Oktober wird in Mambajao das farbenprächtige Lanzones-Festival gefeiert, eine Art Erntedankfest, bei dem sich fast alles um die süßen Lanzones dreht, die auf Camiguin *buahan* heißen.
Die Vulkane scheinen Wolken magnetisch anzuziehen, und von Dezember bis Mitte März muß man immer wieder für eine kurze Zeit mit Regen rechnen. April, Mai und Juni sind die sonnenreichsten Monate.
Beeindruckend ist die Gastfreundlichkeit der rund 65.000 Camigueños. Sicherlich mit ein Grund, warum die bisher wenigen Besucher gerne nach Camiguin zurückkommen. (Camiguin wird fast genauso ausgesprochen wie »come again«...). Im Gegensatz zu anderen Inseln grüßt man Fremde dort nicht mit »Hi Joe«, sondern mit »Hi Friends«.
Die touristische Entwicklung steckt auf Camiguin noch in den Anfängen. Eine staatlich gelenkte Ankurbelung ist vorerst nicht beabsichtigt; offensichtlich haben andere Inseln Vorrang, was jedoch nicht unbedingt ein Nachteil sein muß. Wer naturverbunden ist und ohne prunkvolle Hochglanzhotels auskommen kann, wird auf der beschaulichen Insel Camiguin sicherlich eine sehr angenehme Zeit verbringen.

Anreise

Anreisen kann man von Cebu und Mindanao. Siehe auch »Weiterreise« im jeweiligen Inselkapitel.

Weiterreise

Nach Cebu

Flug
Von Mambajao nach Cebu City
Die Verbindung mit Philippine Airlines wurde eingestellt. Der Airport wird zur Zeit ausgebaut und möglicherweise fliegt Philippine Airlines oder eine andere Gesellschaft ab Mitte 1998.
Die nächsten Airports für Flüge nach Cebu City befinden sich in Butuan und Cagayan de Oro auf Mindanao.
Buchungen in Mambajao sind möglich beim PAL-Agenten General Merchandise Caves Hardware & Auto Supply, Tel 870077. Dort kann man auch das Chartern einer kleinen Maschine für drei bis vier Passagiere arrangieren; Preis Mambajao-Cebu City: etwa 5.000 P.

Schiff
Von Mambajao nach Cebu City
MV *Doña Lili*; Cebu Ferries. Abfahrt: Mo 20.00 Uhr. Fahrzeit: 10 Std.

Hinweis: Nicht zu spät an Bord gehen, denn je nach Ladung, Lust und Laune des Kapitäns legt das Schiff auch schon früher ab. Der Anleger befindet sich in Balgabon, etwas 2,5 Kilometer südöstlich von Mambajao.

Nach Luzon

Philippine Airlines fliegt von Butuan und Cagayan de Oro, beide Mindanao, nach Manila. Siehe auch oben: *Nach Cebu*.

Nach Mindanao

Schiff
Von Benoni nach Balingoan
MV *Charles Brown*, MV *Ruperto Jr.*; Tamula Shipping Lines, MV *Hijos*; Corrales Shipping Lines. Abfahrt: etwa stündlich von 5.30 bis 14.00 Uhr, eventuell noch um 16.00 Uhr. Fahrzeit: 1:15 Std.

Von Benoni nach Cagayan de Oro
MV *Royal Ferry I*; Royal Ferry Services. Abfahrt: täglich 8.15, 12.15 u. 16.15 Uhr. Fahrzeit: 1:30 Std. Fahrpreis: 300 P.

Von Guinsiliban nach Balingoan
MV *Anita*; Tamula Shipping Lines. Abfahrt: täglich 6.00 u. 11.00 Uhr. Fahrzeit: 1 Std.
MV *Yuhum*; Philippine Shipping Corporation. Abfahrt: Di, Do u. Sa 14.00 Uhr, Mi 5.30 Uhr u. So 10.00 Uhr. Fahrzeit: 1 Std.

Von Guinsiliban nach Cagayan de Oro
MV *Yuhum*; Philippine Shipping Corporation. Abfahrt: Mi, Fr u. So 15.00 Uhr. Fahrzeit: 3 Std.

Mambajao

Der gemütliche kleine Ort Mambajao ist die Hauptstadt der seit 1966 selbständigen Provinz Camiguin. Im Provincial Capitol gibt es eine Informationsstelle für Touristen, Tel. 871097, Fax: 871022.

Übernachten

R.J. Pension, J. Neri Street, Tel. 870089. EZ/DZ/fan 80/140 P. Die Zimmer sind zwar sehr klein, aber sauber. Freundliche, passable Unterkunft; okay fürs Geld. Gutes Restaurant. Motorradverleih (350 P/Tag).
Tia's Pension House, Tel. 871045. EZ/DZ/fan 75/150 P. Einfach. Schönes großes Haus neben der Town Hall. Man kann kochen lassen oder für eine kleine Gebühr die Küche benutzen.
Shoreline Cottages, Tapon, Tel 871091. Cottage/fan 85 P pro Person, Cottage/ac/Bad 850 P. Nette Anlage mit einfachen, aber schönen Cottages. Restaurant. Gegenüber Tia's Beach Cottages gelegen.
Tia's Beach Cottages, Tapon, Tel. 871045. Cottage/fan/Bad 300 P. Angenehme, ruhige Unterkunft. Gutes Restaurant. Motorradverleih. Liegt wenige Minuten außerhalb von Mambajao.
Casa Grande, Provincial Plaza, Tel. & Fax: 870077. EZ/DZ/ac/Bad 1.000 P. Das beste Haus am Platz. Restaurant.

Adressen/Verschiedenes

Geldwechseln: Die Philippine National Bank wechselt Travellers Cheques, jedoch ist der Kurs etwas schlechter als z.B. in Cagayan de Oro oder Cebu City.
Vorwahl: 088 (für ganz Camiguin).

Anreise/Weiterreise

Agoho
Tricycle: Von Agoho nach Mambajao kostet ein Tricycle 3 P pro Person bzw. 25 P fürs Tricycle.

Benoni
Jeepney: Von Benoni nach Mambajao fahren täglich mehrere Jeepneys. Letzte Abfahrt um etwa 17.00 Uhr. Fahr-

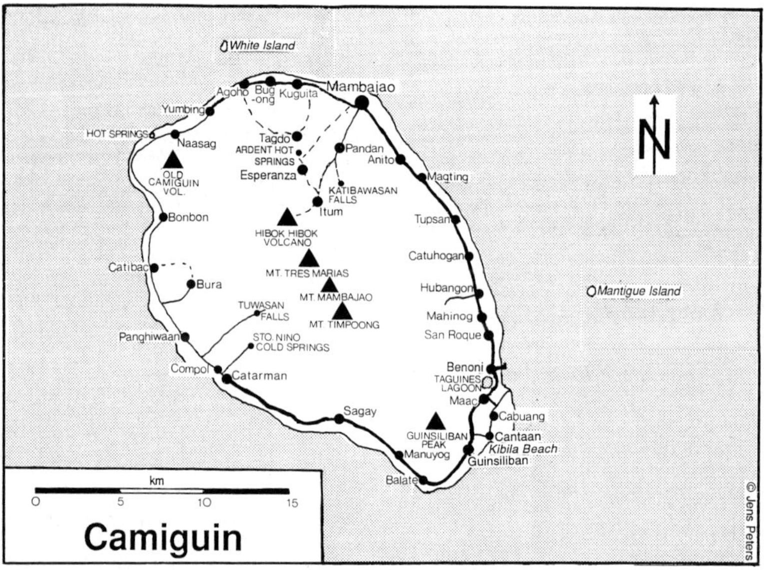

zeit: 30 Min. Fahrpreis: 7 P. Special Ride: 80 P (verlangt werden 150 P).

Um Mambajao

Hibok-Hibok Volcano

Der Hibok-Hibok ist 1.320 Meter hoch und der aktivste der sieben Vulkane von Camiguin. Am 5. Dezember 1951 brach er ohne Vorwarnung aus. Die Zahl der Todesopfer wurde auf 2.000 geschätzt. In der Phivolcs Station (Philippine Institute of Volcanology and Seismology) - dort werden die Vulkanaktivitäten beobachtet - befindet sich eine kleine Sammlung von Fotografien und Zeitungsausschnitten über dieses tragische Geschehen. Sie liegt rund 400 Meter hoch und ist von Mambajao aus in einer guten Stunde zu Fuß zu erreichen.

Die Mannschaft der Station zeigt und erklärt gerne die seismographischen Instrumente. Sie freut sich über jede mitgebrachte Kleinigkeit wie Brot, Konserven, Zigaretten usw. Führungen von der Station auf den Vulkan hinauf dürfen die Phivolcs-Mitarbeiter jedoch nicht übernehmen.

Erfahrene Führer (350 P) können von jedem Resort oder auch vom Tourist Office im Provincial Capitol in Mambajao vermittelt werden. Der Aufstieg erfolgt über Ardent Hot Springs und Esperanza und dauert etwa vier Stunden. Er beginnt mit leichter Steigung und führt zunächst durch hohes Cogongras und Farnhaine, später dann im steileren Abschnitt über Geröll, Lava und Felsen zum Gipfel. Ein frühzeitiger Aufstieg - am besten um 5.00 Uhr, spätestens jedoch um 9.00 Uhr - ermöglicht eine Rückkehr noch vor Sonnenuntergang und erspart die Übernach-

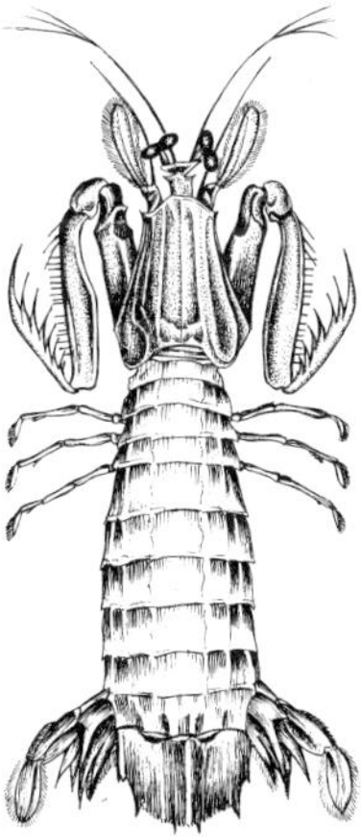

Mantis Shrimp *(alupihang dagat)*

tung am Berg (für den Abstieg vier Stunden einplanen). Mancher Guide versucht, den Auf- und Abstieg in Rekordzeit zu bewältigen und läßt sich dabei nur ungern bremsen, wodurch die Tour natürlich erheblich an Reiz verliert. Man sollte also nicht nur über den Preis mit ihm einig sein, sondern auch über die verfügbare Zeit. Bitte beachten: auf dem Weg zum Gipfel gibt es weder eine Quelle noch einen Bach, daher einen ausreichenden Wasservorrat mitnehmen.

Vom Kraterrand aus ist nach einem etwa 45minütigen Abstieg der in einer Mooswiese eingebettete kleine Kratersee erreichbar. Wer hinuntersteigen will, sollte am besten die Nächte vor und nach dem Trek in der Phivolcs Station verbringen und so wertvolle Zeit gewinnen. In der Trockenzeit ist es aber auch möglich, am See im mitgebrachten Zelt zu übernachten.

Katibawasan Falls

Eingebettet in tropische Vegetation stürzen die Katibawasan Falls aus einer Höhe von etwa 50 Metern steil in die Tiefe. Das Wasser ist sauber und erfrischend kühl. Die beste Zeit für einen Aufenthalt dürfte von 10.00 bis 14.00 Uhr sein, weil man dann auch sonnenbaden kann. Ein Resthouse ist zwar vorhanden, jedoch ist es ziemlich verkommen. Verpflegung sollte mitgebracht werden.

Anreise/Weiterreise

Tricycle: Von Mambajao zunächst mit einem Tricycle zum Dorf Pandan. Die restlichen drei Kilometer von der Weggabelung am Ortsende bis zum Wasserfall muß man gehen. Bei trockenem Wetter ist die Piste bis zum Resthouse auch mit Motorrädern befahrbar.

Ardent Hot Springs

Das kristallklare Wasser im schön angelegten Swimmingpool der Ardent Hot Springs ist ungefähr 40 Grad warm. An Wochenenden ist die gepflegte Anlage mit ihren überdachten Picknickplätzen ein beliebtes Ausflugsziel (montags wird dann der Pool gereinigt). Eintritt: 15 P.

Übernachten

Ardent Hot Spring Resort. Dorm 130 und 200 P, Cottage/Bad 560 P. Restaurant; gutes Essen.

Anreise/Weiterreise

Tricycle: Von Mambajao mit einem Tricycle. Inklusive ein paar Stunden Wartezeit kostet die Fahrt hin und zurück etwa 150 P.

Ab der Ringstraße führen verschiedene Wege zu den Hot Springs; zu Fuß benötigt man etwa eine Stunde.

White Island

White Island ist eine kleine Insel etwa drei Kilometer nördlich von Agoho. Sie besteht nur aus Korallen und Sand;

es gibt keinen Schatten! Ein Sonnenschutz oder ein Zelt könnten sich als äußerst nützlich erweisen. Die Bade- und Schnorchelmöglichkeiten sind gut, allerdings wurde der Bestand an Korallen in den letzten Jahren durch rücksichtslose Fischmethoden erheblich dezimiert.

Anreise/Weiterreise

Tricycle/Boot: Von Mambajao nach Yumbing, Naasag oder Agoho mit einem Tricycle (3 P pro Person) oder Jeepney. Dort dann ein Boot chartern. Am White Island Terminal in Agoho und in den dortigen Resorts werden 150 bis 200 P/Boot für einen Round Trip verlangt. Abholzeit vereinbaren.

Camiguin-Rundfahrt

Ohne größere Unterbrechungen ist eine Inselrundfahrt mit Jeepneys in etwa drei Stunden machbar - es sind nur 65 Kilometer. Es ist ratsam, entgegen dem Uhrzeigersinn zu reisen, da die Strecke zwischen Benoni und Mambajao am meisten befahren wird und man von dort auch noch nachmittags den sichersten Anschluß zurück nach Mambajao hat. Aber auch zwischen Catarman, dem zweitgrößten Ort der Insel, und Benoni verkehren täglich mehrere Jeepneys. Entlang der Westküste muß man unter Umständen jedoch ein paar Kilometer gehen, da von Mambajao nach Catarman und zurück nur wenige Jeepneys fahren. Eventuell können kurze Strecken mit Tricycles zurückgelegt werden, aber eigentlich ist der Service nur in und um Mambajao gut.
Ideal ist eine Rundfahrt um die Insel selbstverständlich mit einem gemieteten Motorrad.

Kuguita

In Kuguita, drei Kilometer westlich von Mambajao, befinden sich der sandige Mahayahay Beach und der Turtles Nest Beach, an dem ein paar Korallen vorkommen.

Übernachten

Turtle's Nest Beach Cottages, Tel. 871000. EZ/DZ/fan 170 und 300 P. Cottage/fan/Bad 350 P. Preisnachlaß bei einem Aufenthalt von mehr als sieben Tage. Nette Anlage mit Garten, allerdings nicht mehr im besten Zustand. Restaurant. Verleih von Mountainbikes (150 P/Tag) und Motorrädern (400 P/Tag).

Agoho und Bug-ong

Fünf bis sieben Kilometer westlich von Kuguita liegen die kleinen Orte Bug-ong, Agoho und Yumbing, die von den meisten Reisenden bevorzugt aufgesuchten Küstenorte mit einigen Beach Resorts. Von Agoho fahren Boote für 150 bis 200 P hinüber zur vorgelagerten White Island (siehe weiter oben).

Übernachten

Camiguin Seaside Lodge, Agoho, Tel. 879050. Dorm 100 und 150 P, Cottage/fan/Bad 350 und 400 P. Gepflegte Anlage mit geräumigen, allerdings etwas in die Jahre gekommenen Cottages. Restaurant (das pünktlich um 20.00 Uhr sschließt). Motorradverleih für 350 P/Tag.
Morning Glory Cottages, Agoho, Tel. 879017. EZ/DZ 150/250 P, Cottage/fan/Bad 350 P. Freundliche recht gute Unterkunft. Restaurant. Kochgelegenheit.
Paradise Palm Pension House, Agoho. EZ/DZ/fan/Bad 250 P. Drei tadellose Zimmer. Ein attraktives Haus direkt am Meer mit großzügiger Terrasse, Küche und Fitnessraum.
Caves Resort, Agoho, Tel. 879040, Fax: 870077. EZ/DZ/fan 200/300 P, Cottage/fan/Bad 300 und 500 P. Passable Unterkunft, die billigen Zimmer

sind jedoch nicht mehr im besten Zustand. Restaurant. Fahrradverleih. Tauchen (Bubbles Diving, Tel. 879040, Fax: 871009; italienisch-österreichische Leitung).
Payag Cottages, Agoho, Tel. 879024. Cottage/fan/Bad 250 P. Ein paar wenige, ansehnliche Cottages. Kleiner Preisnachlaß bei längerem Aufenthalt.
Jasmin by the Sea Beach Resort, Bugong, Tel. 879015. Cottage/fan/Bad 300 und 400 P. Angenehme, gepflegte Anlage. Restaurant. Motorradverleih. Tauchen.
Paras Beach Resort, Yumbing, Tel. 879008. EZ/DZ/ac/Bad 1.200 bis 2.000 P, Cottage/ac/Bad 3.200 und 3.600 P. Geschmackvolle, helle Zimmer und Cottages mit zwei Schlafzimmern für bis zu acht Personen. Nette Gartenanlage; die zur Zeit beste Unterkunft auf Camiguin. Großes Restaurant. Schöner Swimmingpool. Tauchen.

Essen und Trinken

Am »Highway« von Agoho, wie die Hauptstraße dort genannt wird, bieten ein paar ***Eateries*** preiswerte einfache philippinische Gerichte an. Empfehlenswert ist das kleine Restaurant ***Sagittarius Serve Food***, das von einer netten Familie betrieben wird und in dem die Küche schmackhaftes Essen (große Portionen) zubereitet.
Darüber hinaus gibt es in einem alten Haus das ***Paradiso Italian Restaurant & Bar*** mit italienischen Spezialitäten, Steaks und Fischgerichten; an Wochenenden mit Live-Music. Gutes europäisches Essen wird im ***Jasmin by the Sea Restaurant*** serviert, und das ***Paras Restaurant*** im gleichnamigen Beach Resort ist bekannt für ausgezeichnete Seafood-Gerichte zu vernünftigen Preisen.
Das ***Hexagon*** mit Billard ist ein beliebter abendlicher Hang-out sowohl für Filipinos als auch für ausländische Gäste.

Anreise/Weiterreise

Jeepney/Tricycle: Von Benoni nach Agoho kostet ein Special Ride mit einem Jeepney 150 P.
Von Mambajao nach Agoho kostet die Fahrt mit einem Tricycle 3 P pro Person bzw. 25 P für einen Special Ride.

Bonbon

Hauptsächlich bekannt ist Bonbon für einen 1871 als Folge eines Vulkanausbruchs im Meer versunkenen Friedhof. Vor einigen Jahren sollen bei Ebbe sogar noch die Grabsteine aufgetaucht und sichtbar gewesen sein. Jetzt zeigt ein großes, im Meer errichtetes Kreuz die Lage des Sunken Cemetery an - mehr ist von der Küste aus allerdings auch nicht zu sehen. Jedes Jahr am 21. Mai, dem Jahrestag der Tragödie, fahren Camigueños mit Booten hinaus und streuen Blumen in die See.
Etwas nördlich von Bonbon befinden sich die alten, übermoosten Ruinen der Guiob Church. Noch etwas weiter nördlich beginnt an der Ringstraße in einer Bucht der Kreuzweg zum Old Camiguin Volcano (Mount Daan), Ziel vieler Pilger in der Osterwoche. Von den einzelnen, insgesamt 14 Stationen hat man eine schöne Aussicht. Vom Kreuzweg führt ein deutlich erkennbarer Pfad hinauf zum Gipfel des Vulkans (feste Schuhe sind wichtig).

Catarman

Knapp zwei Kilometer nordwestlich von Catarman befindet sich der Abzweig zu den etwa vier Kilometer von der Ringstraße entfernten Tuwasan Falls. Nach dem Erreichen des Dinangasan River muß man noch ein Stück flußaufwärts gehen. Die Leute von Catarman vergleichen die beiden bedeutendsten Wasserfälle von Camiguin mit zwei unterschiedlichen Frauen: die eine, Katibawasan, mit kosmetischen Retu-

schen versehen; die andere, Tuwasan, von natürlicher und unberührter Schönheit.
Die nahen Santo Niño Cold Springs sind erfrischend kühl, und man kann in einem 1,5 bis zwei Meter tiefen, schönen und großen Pool schwimmen (mittwochs ist er jedoch wegen Reinigung außer Betrieb). Es gibt ein Picknickhaus und Toiletten. Dieser Platz wird auch Kiyab Pool genannt. Von der Hauptstraße bis dorthin sind es 2,5 Kilometer.

Übernachten

Fisherman's Friend Resort, Tel. & Fax: 877021. EZ/DZ/fan/Bad 450 und 525 P. Nette, landestypisch eingerichtete Zimmer. Restaurant. Patio-Bar. Autoverleih. Liegt am Strand von Alga, zwei Kilometer südlich von Catarman.
In Catarman kann man auch für etwa 75 P pro Person in Zimmern in der Highschool übernachten.

Anreise/Weiterreise

Jeepney: Von Mambajao nach Catarman fahren Jeepneys um 6.00, 9.00, 12.00 und 14.00 Uhr. Fahrzeit: 1:30 Std. Fahrpreis: 15 P.
Letzte Abfahrt von Catarman nach Mambajao um 16.00 Uhr.

Guinsiliban

Zwischen Guinsiliban im Süden der Insel und Balingoan und Cagayan de Oro auf Mindanao bestehen Schiffsverbindungen. Hinter der Elementary School steht ein etwa 300 Jahre alter Moro Watchtower.
Beim Dorf Cantaan, etwa vier Kilometer nordöstlich von Guinsiliban, befindet sich der Kibila Beach, ein schöner, einsamer, weißer Strand, weniger als einen Kilometer lang. Wer mit dem Jeepney unterwegs ist, läßt sich an der Hauptstraße am Cantaan-Abzweig absetzen und geht das letzte Stück zum Strand; im Dorf rechts abbiegen.

Benoni

Benoni (Binone) ist ein kleiner Ort mit einem Anleger für Schiffe von und nach Balingoan und Cagayan de Oro auf Mindanao. Von dort fahren auch Boote zur vorgelagerten Mantigue Island (Magsaysay Island), einem beliebten Tauchgebiet. Etwa einen Kilometer südlich von Benoni liegt ein schöner, künstlicher See, die durch einen Damm vom Meer getrennte Taguines Lagoon.

Übernachten

J & A Fishpen, Tel. 874008. EZ/DZ/fan/Bad 300 P, EZ/DZ/ac/Bad 500/600 P. Die einfachen, aber attraktiven Cottages mit großer Veranda stehen auf Pfählen im Wasser der Taguines Lagoon. Ein beschauliches, gemütliches Plätzchen. Restaurant. Ruhige Lage an der Lagune; 15 P mit dem Tricycle ab Benoni.

Essen und Trinken

Das ***LAB AS2 Restaurant*** am Damm gegenüber von J & A Fishpen serviert sehr gutes Essen, vorwiegend Seafood, zu günstigen Preisen. Eine schöne Aussicht rundet das Eßvergnügen ab.

Mahinog und Mantigue Island

Mahinog liegt an der Ostküste von Camiguin, etwa gegenüber von Mantigue Island (Magsaysay Island), und hat einen Kieselstrand. Einen weißen Sandstrand mit zum Teil guten Schnorchelmöglichkeiten gibt es dagegen auf Mantigue Island, etwas mehr als einen Kilometer östlich von Camiguin. Leider hat diese kleine bewaldete Insel durch den herumliegenden Unrat etwas von ihrem ursprünglich angenehmen Erscheinungsbild eingebüßt - trotzdem lohnt sich ein Trip dorthin. Der Bootspreis für Hin- und Rückfahrt ab Mahinog beträgt etwa 350 P (auch ab Benoni möglich).

Übernachten

Mychellin Beach Resort, Mahinog, Tel. 874005. EZ/DZ/fan/Bad 250 P. Nicht mehr im besten Zustand.

Tupsan

In der Nähe von Tupsan, etwa einen Kilometer abseits der Ringstraße, kann man in einem Pool im kalten Wasser der Macao Cold Spring ein erfrischendes Bad nehmen. Der Abzweig ist ausgeschildert.

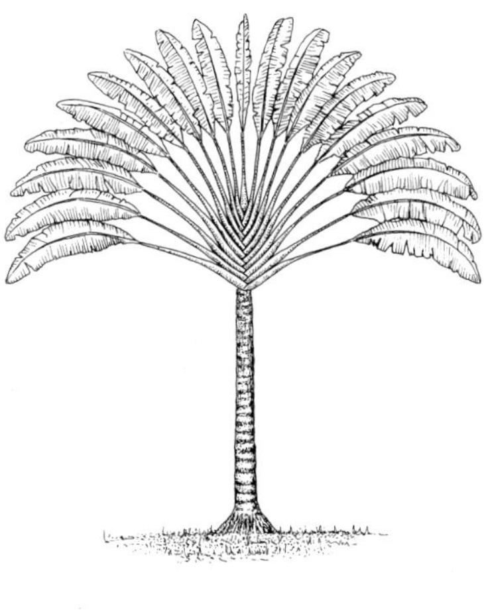

Mindanao

Mindanao ist die zweitgrößte Insel des philippinischen Archipels. Ihre Landschaft ist überwiegend durch Gebirgszüge geprägt, von denen die meisten in Nord-Süd-Richtung verlaufen. Mount Apo, der höchste Berg der Philippinen, liegt in der Nähe von Davao.
Mindanao gehört schon heute zu den reichen Inseln des Landes, auch wenn die meisten Bodenschätze noch nicht angerührt sind. Neben der Forstwirtschaft wird das meiste Geld zur Zeit mit der Landwirtschaft verdient, wobei insbesondere die großen Ananasplantagen im Norden bei Cagayan de Oro und die Bananenplantagen im Süden bei Davao zu nennen wären.
Daß auf Mindanao nur Moslems leben, stimmt natürlich nicht. Richtig dagegen ist, daß die meisten Moslems der Philippinen auf Mindanao und auf den vorgelagerten Sulu-Inseln leben. Die Gegend um den Lake Lanao ist das Moslemgebiet im zentralen Mindanao.

Hinweis: Etwa ein Vierteljahrhundert dauerte der Kampf der Moro National Liberation Front (MNLF) für einen autonomen moslemischen Staat auf Mindanao und den Sulu-Inseln. Ob jetzt, nachdem Regierung und MNLF 1996 einen Friedensvertrag schlossen, der Kampf tatsächlich auch beendet ist, muß bezweifelt werden. Denn etliche Moslems und Christen sind mit dem Abkommen nicht einverstanden und wollen keine Ruhe geben. Besonders ernst sind die Attacken der radikalen Moro Islamic Liberation Front (MILF), die sich wegen politischer Differenzen von der MNLF lossagte und nun eigenmächtig entschlossen für Unruhe sorgt. Obwohl manche Situationen oft schlimmer dargestellt werden als sie sind, sollte man sich vor Überlandfahrten durch das westliche Mindanao über mögliche Krisenherde informieren. Es ist sicherlich nicht ratsam, in einen Bus einzusteigen, der zur Hälfte mit Militär besetzt ist. Da wird nämlich schon mal ganz gerne 'reingeschossen. Soldaten fahren fast immer mit den billigen Bussen, seltener mit Aircon-Bussen.

Anreise

Anreisen kann man von Basilan, Bohol, Camiguin, Cebu, Leyte, Luzon, Negros, Panay und Sulu Islands. Siehe auch »Weiterreise« im jeweiligen Inselkapitel.

Weiterreise

Nach Basilan

Schiff
Von Zamboanga nach Isabela
MV *Doña Lenora*; Basilan Shipping Lines. Abfahrt: täglich 10.00 und 16.00 Uhr. Fahrzeit: 1:15 Std.

Von Zamboanga nach Lamitan
MV *Doña Ramona*; Basilan Shipping Lines. Abfahrt: täglich 3.30 Uhr. Fahrzeit: 1:15 Std.

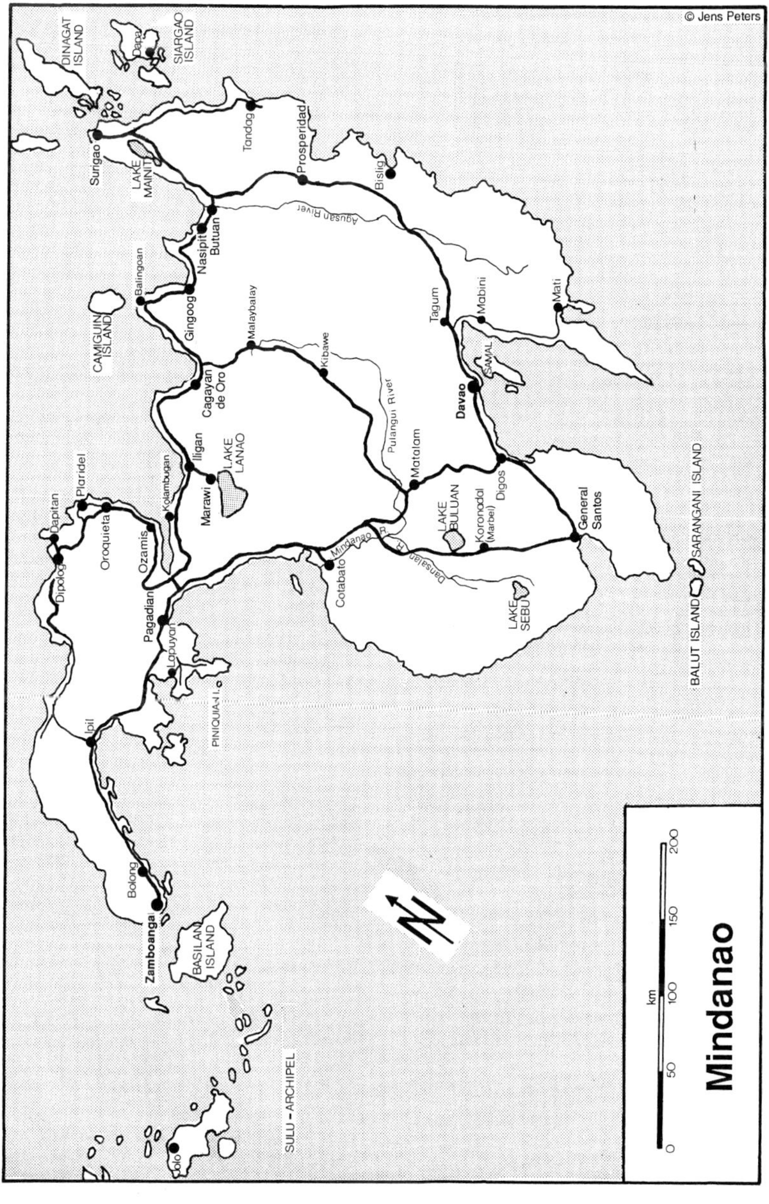
© Jens Peters
DINAGAT ISLAND
SIARGAO ISLAND
Dapa
Surigao
LAKE MAINIT
Tandag
Prosperidad
Bislig
Agusan River
Butuan
Nasipit
Balingoan
CAMIGUIN ISLAND
Gingoog
Malaybalay
Kibawe
Cagayan de Oro
Tagum
Mabini
Mati
SAMAL
Davao
Pulangui River
Iligan
LAKE LANAO
Marawi
Kolambugan
Matalam
Digos
General Santos
SARANGANI ISLAND
BALUT ISLAND
Plaridel
Dapitan
Oroquieta
Ozamis
Dipolog
Pagadian
Lapuyan
Mindanao R.
Cotabato
LAKE BULUAN
Koronadal (Marbel)
Dansalan R.
LAKE SEBU
Ipil
Bolong
Zamboanga
BASILAN ISLAND
SULU - ARCHIPEL
Jolo
N
km
0 50 100 150 200
Mindanao

MV *Don Julio*; Basilan Shipping Lines. Abfahrt: täglich 7.00 und 13.00 Uhr. Fahrzeit: 1:30 Std.
Der Anleger in Lamitan befindet sich außerhalb der Stadt.

Nach Bohol

Schiff
Von Butuan/Nasipit nach Jagna
MV *Lady of Fatima*; Cebu Ferries. Abfahrt: So 12.00 Uhr. Fahrzeit: 6 Std.

Von Cagayan de Oro nach Jagna
MV *Our Lady of Lourdes*; Cebu Ferries. Abfahrt: Mo 12.00 Uhr. Fahrzeit: 6 Std.
MV *Cagayan Princess*; Sulpicio Lines. Abfahrt: Sa 12.00 Uhr. Fahrzeit: 5 Std.
MV *Our Lady of Lipa*; Cebu Ferries. Abfahrt: So 9.00 Uhr. Fahrzeit: 4 Std.

Von Cagayan de Oro nach Tagbilaran
MV *Water Jet 1*; Water Jet Shipping Corporation. Abfahrt: täglich 15.45 Uhr. Fahrzeit: 3 Std.
MV *Asia-Thailand*; Trans-Asia Shipping Lines. Abfahrt: Di u. Do 12.00 Uhr, Sa 20.00 Uhr. Fahrzeit: 8 Std.
MV *Superferry 5*; WG & A. Abfahrt: Mi 23.00 Uhr. Fahrzeit: 7 Std.

Von Dipolog nach Tagbilaran
MV *Dipolog Princess*; Sulpicio Lines. Abfahrt: Mo 9.00 Uhr. Fahrzeit: 5 Std.

Nach Camiguin

Schiff
Von Balingoan nach Benoni
MV *Ruperto Jr.*, MV *Charles Brown*; Tamula Shipping Lines, MV *Hijos*; Corrales Shipping Lines. Abfahrt: stündlich von 6.00 bis 16.00 Uhr. Fahrzeit: 1:15 Std.

Von Balingoan nach Guinsiliban
MV *Anita*; Tamula Shipping Lines. Abfahrt: täglich 9.00 u. 14.00 Uhr. Fahrzeit: 1 Std.
MV *Yuhum*; Philippine Shipping Corporation. Abfahrt: Di, Do u. Sa 16.00 Uhr, Mi 8.00 Uhr u. So 12.00 Uhr. Fahrzeit: 1 Std.

Von Cagayan de Oro nach Benoni
MV *Royal Ferry I*; Royal Ferry Services. Abfahrt: täglich 6.15, 10.15 u. 14.15 Uhr. Fahrzeit: 1:30 Std. Fahrpreis: 300 P.

Von Cagayan de Oro nach Guinsiliban
MV *Yuhum*; Philippine Shipping Corporation. Abfahrt: Di, Do u. Sa 8.00 Uhr. Fahrzeit: 3 Std.

Nach Cebu

Flug
Von Butuan nach Cebu City
Philippine Airlines fliegt Mo, Di, Mi u. Sa.

Von Cagayan de Oro nach Cebu City
Philippine Airlines fliegt Mo, Mi u. Sa.

Von Cotabato nach Cebu City
Philippine Airlines fliegt Di, Do u. So.

Von Davao nach Cebu City
Philippine Airlines fliegt täglich.

Von Dipolog nach Cebu City
Philippine Airlines fliegt Mo, Do, Fr u. So.

Von General Santos nach Cebu City
Philippine Airlines fliegt täglich.

Von Ozamis nach Cebu City
Philippine Airlines fliegt Mo, Mi u. Fr.

Von Pagadian nach Cebu City
Philippine Airlines fliegt Mo, Di, Do, Fr u. So.

Von Surigao nach Cebu City
Philippine Airlines fliegt Mo, Mi u. Fr.

Von Tandag nach Cebu City
Philippine Airlines fliegt Mo, Mi u. Sa.

Von Zamboanga nach Cebu City
Philippine Airlines fliegt täglich.

Schiff
Von Butuan/Nasipit nach Cebu City
MV *Lady of Fatima*; Cebu Ferries. Abfahrt: Mo, Mi u. Fr 18.00 Uhr. Fahrzeit: 11 Std.
MV *Nasipit Princess*; Sulpicio Lines. Abfahrt: Di, Do u. So 20.00 Uhr. Fahrzeit: 9 Std.
MV *Lady of Lourdes*; Cebu Ferries. Abfahrt: Sa 18.00 Uhr. Fahrzeit: 11 Std.

Von Cagayan de Oro nach Cebu City
MV *Water Jet 1*; Water Jet Shipping Corporation. Abfahrt: täglich 15.45 Uhr. Fahrzeit: 5 Std.; über Tagbilaran/Bohol.
MV *Asia-China*, MV *Trans-Asia*; Trans-Asia Shipping Lines. Abfahrt: täglich 19.00 Uhr. Fahrzeit: 10 Std.
MV *Princess of Paradise*; Sulpicio Lines. Abfahrt: Mo 12.00 Uhr. Fahrzeit: 8 Std.
MV *Lady of Lipa*; Cebu Ferries. Abfahrt: Mo, Mi, Fr u. So 20.00 Uhr. Fahrzeit: 8 Std.
MV *Cagayan Princess*; Sulpicio Lines. Abfahrt: Di, Do u. So 19.00 Uhr. Fahrzeit: 10 Std.
MV *Lady of Lourdes*; Cebu Ferries. Abfahrt: Di u. Do 20.00 Uhr. Fahrzeit: 10 Std.

Von Dapitan nach Cebu City
MV *Filipinas Dinagat*; Cokaliong Shipping Lines. Abfahrt: Di, Do u. Sa 16.00 Uhr. Fahrzeit: 14 Std.; über Dumaguete/Negros.

Von Davao nach Cebu City
MV *Filipina Princess*; Sulpicio Lines. Abfahrt: Mi 19.00 Uhr. Fahrzeit: 27 Std.; über Surigao.

Von Iligan nach Cebu City
MV *Doña Cristina*; Cebu Ferries. Abfahrt: Mo, Mi u. Fr 19.00 Uhr. Fahrzeit: 11 Std.
MV *Lady of Carmel*; Cebu Ferries. Abfahrt: Di, Do, u. Sa 16.00 Uhr. Fahrzeit: 13 Std.; über Ozamis.
MV *Dipolog Princess*; Sulpicio Lines. Abfahrt: Fr 21.00 Uhr. Fahrzeit: 9 Std.

Von Ozamis nach Cebu City
MV *Water Jet 2*; Water Jet Shipping Corporation. Abfahrt: Mo, Mi u. Fr 14.15 Uhr. Fahrzeit: 4:30 Std.
MV *Lady of Carmel*; Cebu Ferries. Abfahrt: Di, Do, u. Sa 19.00 Uhr. Fahrzeit: 10 Std.
MV *Lite Ferry I*; Lite Shipping Corporation. Abfahrt: Di, Do u. Sa 20.00 Uhr. Fahrzeit: 9 Std.
MV *Lady of Rule*; Cebu Ferries. Abfahrt: Fr u. So 19.00 Uhr. Fahrzeit: 10 Std.
MV *Philippine Princess*; Sulpicio Lines. Abfahrt: Fr 22.00 Uhr. Fahrzeit: 7 Std.

Von Surigao nach Cebu City
MV *Water Jet 2*; Water Jet Shipping Corporation. Abfahrt: Di, Do, Sa u. So 12.30 Uhr. Fahrzeit: 4 Std.; über Maasin/Leyte.
MV *Filipinas Dapitan*; Cokaliong Shipping Lines. Abfahrt: Di (über Maasin/Leyte), Do u. Sa 19.00 Uhr. Fahrzeit: 10 Std.
MV *Filipinas Surigao*; Cokaliong Shipping Lines. Abfahrt: Mi, Fr u. So 19.00 Uhr. Fahrzeit: 10 Std.; Mi u. Fr über Maasin/Leyte.
MV *Asia-Singapore*; Trans-Asia Shipping Lines. Abfahrt: Mi 23.00 Uhr u. So 22.00 Uhr. Fahrzeit: 10 Std.
MV *Filipina Princess*; Sulpicio Lines. Abfahrt: Do 15.00 Uhr. Fahrzeit: 7 Std.

Nach Leyte

Bus/Schiff
Von Davao nach Tacloban
Aircon-Busse der Philtranco Company

fahren täglich zweimal. Fahrzeit inklusive Fähre Lipata/Surigao-Liloan: 15 Std.

Schiff
Von Surigao nach Liloan
MV *Maharlika II*; Bernard Services. Abfahrt: täglich 17.00 Uhr. Fahrzeit: 3 Std.; ab Lipata, zehn Kilometer nordwestlich von Surigao.

Von Surigao nach Maasin
MV *Water Jet 2*; Water Jet Shipping Corporation. Abfahrt: Di, Do, Sa u. So 12.30 Uhr. Fahrzeit: 1:30 Std.
MV *Filipinas Dapitan*; Cokaliong Shipping Lines. Abfahrt: Di 19.00 Uhr. Fahrzeit: 4:30 Std.
MV *Filipinas Surigao*; Cokaliong Shipping Lines. Abfahrt: Mi u. Fr 19.00 Uhr. Fahrzeit: 4:30 Std.
MV *Asia Singapore*; Trans-Asia Shipping Lines. Abfahrt: Fr 17.00 Uhr. Fahrzeit: 4 Std.
MV *Palawan Princess*; Sulpicio Lines. Abfahrt: Sa 20.00 Uhr. Fahrzeit: 4 Std. Das Schiff fährt weiter nach Baybay und Calubian.

Nach Luzon

Flug
Von Butuan nach Manila
Philippine Airlines fliegt Mo, Mi, Fr u. So.

Von Cagayan de Oro nach Manila
Cebu Pacific, Grand Air und Philippine Airlines fliegen täglich.

Von Cotabato nach Manila
Air Philippines und Philippine Airlines fliegen täglich.

Von Davao nach Manila
Philippine Airlines fliegt täglich.

Von Dipolog nach Manila
Philippine Airlines fliegt Mo, Di, Do, Fr u. Sa.

Von General Santos nach Manila
Philippine Airlines fliegt Mo, Di, Do, Fr u. Sa.

Von Surigao nach Manila
Philippine Airlines fliegt Di, Do u. Sa.

Von Zamboanga nach Manila
Air Philippines und Philippine Airlines fliegen täglich.

Bus/Schiff
Von Davao nach Manila
Ein Aircon-Bus der Philtranco Company fährt täglich um 7.30 Uhr. Fahrzeit inklusive Fähren Lipata/Surigao-Liloan und Alegria/San Isidro-Matnog: 40 Std.

Schiff
Von Butuan/Nasipit nach Manila
MV *Superferry 2*; WG & A. Abfahrt: Mi 13.00 Uhr. Fahrzeit: 42 Std.; über Iloilo City/Panay.
MV *Medjugorje*; WG & A. Abfahrt: Sa 12.00 Uhr. Fahrzeit: 35 Std.; über Surigao.

Von Cagayan de Oro nach Manila
MV *Superferry 9*; WG & A. Abfahrt: Mo 24.00 Uhr (direkt) u. Fr 15.00 Uhr (über Iloilo City/Panay). Fahrzeit: 31 Std. (direkt) bzw. 39 Std.
MV *Princess of Negros*; Negros Navigation. Abfahrt: Mi 12.00 Uhr. Fahrzeit: 48 Std.; über Bacolod/Negros.
MV *Superferry 5*; WG & A. Abfahrt: Mi 23.00 Uhr. Fahrzeit: 38 Std.; über Tagbilaran/Bohol.
MV *Princess of Paradise*; Sulpicio Lines. Abfahrt: Fr 12.00 Uhr. Fahrzeit: 25 Std.
MV *Superferry 2*; WG & A. Abfahrt: Sa 24.00 Uhr. Fahrzeit: 31 Std.
MV *Santa Florentina*; Negros Navigation. Abfahrt: So 16.00 Uhr. Fahrzeit: 40 Std.; über Iloilo/Panay.

Von Cotabato nach Manila
MV *Maynilad*; WG & A. Abfahrt: Mi

22.00 Uhr. Fahrzeit: 66 Std.; über Dipolog und Dumaguete/Negros.
MV *Superferry 3*; WG & A. Abfahrt: So 21.00 Uhr. Fahrzeit: 45 Std.; über Zamboanga.

Von Davao nach Manila
MV *Superferry 1*; WG & A. Abfahrt: Mo 24.00 Uhr. Fahrzeit: 53 Std.; über General Santos.
MV *Superferry 6*; WG & A. Abfahrt: Do 12.00 Uhr. Fahrzeit: 43 Std.

Von Dipolog nach Manila
MV *Maynilad*; WG & A. Abfahrt: Fr 1.00 Uhr. Fahrzeit: 39 Std.; über Dumaguete/Negros.

Von General Santos nach Manila
MV *Superferry 1*; WG & A. Abfahrt: Di 10.00 Uhr. Fahrzeit: 43 Std.
MV *Doña Virginia*; WG & A. Abfahrt: Do 18.00 Uhr. Fahrzeit: 42 Std.; über Zamboanga.

Von Iligan nach Manila
MV *Superferry 5*; WG & A. Abfahrt: So 9.00 Uhr. Fahrzeit: 35 Std.; über Iloilo City/Panay.

Von Ozamis nach Manila
MV *Medjugorje*; WG & A. Abfahrt: Di 24.00 Uhr. Fahrzeit: 35 Std.; über Dumaguete/Negros.

Von Surigao nach Manila
MV *Medjugorje*; WG & A. Abfahrt: Sa 19.00 Uhr. Fahrzeit: 28 Std.

Von Zamboanga nach Manila
MV *Superferry 3*; WG & A. Abfahrt: Mo 9.00 Uhr. Fahrzeit: 33 Std.
MV *Doña Virginia*; WG & A. Abfahrt: Fr 8.00 Uhr. Fahrzeit: 28 Std.

Nach Negros

Schiff
Von Cagayan de Oro nach Bacolod
MV *San Paolo*; Negros Navigation. Abfahrt: Fr 16.00 Uhr. Fahrzeit: 16 Std.

Von Cotabato nach Dumaguete
MV *Maynilad*; WG & A. Abfahrt: Mi 22.00 Uhr. Fahrzeit: 29 Std.; über Dipolog.

Von Dapitan/Dipolog nach Dumaguete
MV *St. Raphael*; Negros Navigation. Abfahrt: täglich 9.30 Uhr. Fahrzeit: 1:30 Std.
MV *Delta*; Delta Fast Ferries. Abfahrt: täglich 13.00 Uhr. Fahrzeit: 1:30 Std.
MV *Dumaguete Ferry*, MV *Georich*, MV *Zamboanga Ferry*; George & Peter Lines. Abfahrt: täglich einmal. Fahrzeit: 5 Std.
MV *Filipinas Dinagat*; Cokaliong Shipping Lines. Abfahrt: Di, Do u. Sa 16.00 Uhr. Fahrzeit: 4 Std.
MV *Maynilad*; WG & A. Abfahrt: Fr 1.00 Uhr. Fahrzeit: 4 Std.
MV *Asia-Japan*; Trans-Asia Shipping Lines. Abfahrt: Fr 8.00 Uhr. Fahrzeit: 4 Std.

Hinweis: Der Hafen für Dapitan und Dipolog heißt Dapitan Port und liegt zwischen beiden Städten; ein Tricycle dorthin kostet etwa 30 P.

Von Ozamis nach Dumaguete
MV *Medjugorje*; WG & A. Abfahrt: Di 24.00 Uhr. Fahrzeit: 6 Std.
MV *Philippine Princess*; Sulpicio Lines. Abfahrt: So 16.00 Uhr. Fahrzeit: 7 Std.

Von Zamboanga nach Dumaguete
MV *Asia-Japan*; Trans-Asia Shipping Lines. Abfahrt: So 24.00 Uhr. Fahrzeit: 8 Std.

Nach Panay

Flug
Von General Santos nach Iloilo City
Philippine Airlines fliegt Di u. So.

Schiff
Von Butuan/Nasipit nach Iloilo City
MV *Superferry 2*; WG & A. Abfahrt: Mi 13.00 Uhr. Fahrzeit: 17 Std.

Von Cagayan de Oro nach Iloilo City
MV *Superferry 9*; WG & A. Abfahrt Fr 15.00 Uhr. Fahrzeit: 15 Std.
MV *Santa Florentina*; Negros Navigation. Abfahrt: So 16.00 Uhr. Fahrzeit: 14 Std.

Von Cotabato nach Iloilo City
MV *Cotabato Princess*; Sulpicio Lines. Abfahrt: Di 22.00 Uhr. Fahrzeit: 36 Std.; über Zamboanga.

Von Davao nach Iloilo City
MV *Superferry 1*; WG & A. Abfahrt: Mo 24.00 Uhr. Fahrzeit: 33 Std.; über General Santos.

Von General Santos nach Iloilo City
MV *Superferry 1*; WG & A. Abfahrt: Di 11.00 Uhr. Fahrzeit: 22 Std.
MV *Princess of the Pacific*; Sulpicio Lines. Abfahrt: Fr 18.00 Uhr. Fahrzeit: 36 Std.; über Zamboanga.

Von Iligan nach Iloilo City
MV *Superferry 5*; WG & A. Abfahrt: So 9.00 Uhr. Fahrzeit: 12 Std..

Von Zamboanga nach Iloilo City
MV *Cotabato Princess*; Sulpicio Lines. Abfahrt: Mi 20.00 Uhr. Fahrzeit: 14 Std.
MV *Princess of the Pacific*; Sulpicio Lines. Abfahrt: Sa 16.00 Uhr. Fahrzeit: 14 Std.

Nach Sulu Islands

Flug
Von Zamboanga nach Jolo
Philippine Airlines fliegt täglich.

Von Zamboanga nach Tawi-Tawi
Philippine Airlines fliegt Mo, Di, Do, Fr u. So.

Schiff
Von Zamboanga nach Sitangkai
MV *Sampaguita Grandeur*; Sampaguita Shipping Corporation. Abfahrt: Mo 20.00 Uhr. Fahrzeit: 42 Std.; über Jolo (9 Std.), Siasi (18 Std.) und Bongao (33 Std.).
MV *Lady Ruth*; SKT Shipping Lines. Abfahrt: Di 20.00 Uhr. Fahrzeit: 45 Std.; über Jolo (10 Std.), Siasi (22 Std.) und Bongao (36 Std.).
MV *Lady Helen*; SKT Shipping Lines. Abfahrt: Mi 18.00 Uhr. Fahrzeit: 44 Std.; über Jolo (10 Std.), Siasi (18 Std.) und Bongao (47 Std).
MV *Sampaguita Lei*; Sampaguita Shipping Corporation. Abfahrt: Do 20.00 Uhr. Fahrzeit: 42 Std.; über Jolo (9 Std.), Siasi (18 Std.) und Bongao (31 Std.).
MV *Doña Isabel II*; SKT Shipping Lines. Abfahrt: Sa 18.00 Uhr. Fahrzeit: 45 Std.; über Jolo (8 Std.), Siasi (22 Std.) und Bongao (34 Std.).
MV *Sampaguita Blossom*; Sampaguita Shipping Corporation. Abfahrt: So 19.00 Uhr. Fahrzeit: 45 Std.; über Jolo (12 Std.), Siasi (21 Std.) und Bongao (35 Std.).

Nord-Mindanao

Surigao

Die Hauptstadt der Provinz Surigao del Norte bietet sich als Ausgangsort für Abstecher zu vorgelagerten Inseln wie Dinagat Island und Siargao Island an. Der wohl beste Strand in der Nähe von Surigao liegt zwölf Kilometer außerhalb und heißt Mabua Beach. Er ist zwar kein Sandstrand, sondern besteht aus schwarzem Grobkies, aber das Wasser ist sehr sauber und man kann gut schwimmen. An Wochenenden ist er ein beliebtes lokales Ausflugsziel.
In Nordost-Mindanao ist es immer etwas regnerisch. Mit starken Nieder-

schlägen muß besonders im Dezember und Januar gerechnet werden. Wer jedoch ein paar Tropfen vertragen kann, wird durch eine großartige Landschaft entlang der Ostküste entschädigt.
April, Mai und Juni sind für Surigao und Umgebung die besten Reisemonate.

Übernachten

Flourish Lodge, Borromeo Street, Port Area. EZ/fan 100 P, DZ/fan 150 P. Einfach.
Dexters Pension, 309 San Nicolas Street. EZ/fan 100 P, DZ/fan 150 und 200 P, EZ/ac/Bad 300 P, DZ/ac/Bad 370 P. Einfach, aber für den Preis recht gut. Freundlicher Service. Restaurant.
Garcia Hotel, 311 San Nicolas Street. EZ/DZ/fan 100/160 P, EZ/DZ/ac/Bad 270/320 P. Akzeptable Zimmer. Frühstücken kann man gegenüber in der Bäckerei.
The Tavern Hotel, Borromeo Street, Tel. 87300. EZ/DZ/fan 100/180 P, EZ/fan/Bad 150 und 180 P, DZ/fan/Bad 200 und 230 P, EZ/ac/Bad 400 bis 500 P, DZ/ac/Bad 500 bis 600 P. Passable Zimmer. Das beste Haus am Platz. Restaurant. Mit dem hoteleigenen Boot kann man sich auf kleine, vorgelagerte Inseln bringen lassen.

Essen und Trinken

Angenehm ist das Restaurant vom ***Tavern Hotel*** in der Borromeo Street, wo man angenehm draußen am Wasser sitzen kann. Gutes Essen und Live-Music gibt es im ***Cherry Blossom Restaurant*** an der Ecke von San Nicolas Street und Vasques Street. Mehrere kleine, preiswerte Restaurants befinden sich an der Wasserseite vom ***Market*** nahe City Hall. Etwas außerhalb vom Stadtzentrum, in der Rizal Street in Richtung Airport, amüsieren sich Tanzenthusiasten jeden Abend in der überraschend modern ausgestatteten ***Limelight Disco***. Im Stockwerk darunter kann man in einem guten Restaurant preiswert essen.

Anreise/Weiterreise

Mit dem Flugzeug: Vom Surigao Airport zur Stadt fahren Jeepneys und Tricycles für 10 P pro Person. Philippine Airlines hat in der Stadt kein Office mehr, sondern nur noch am Airport, wo man am besten gleich nach Ankunft seinen eventuellen Rückflug bestätigen läßt.
Philippine Airlines, Airport Office, Tel. 96436.

Mit dem Schiff: Die meisten Schiffe legen am Anleger im Süden der Stadt an. Die Fährschiffe von und nach Liloan auf Leyte verkehren jedoch ab Lipata, etwa zehn Kilometer nordwestlich von Surigao. Der reguläre Preis für ein Tricycle soll 5 P pro Person sein, für einen Special Ride werden jedoch rund 50 P verlangt. Es fahren auch Busse, zum Beispiel die der Bachelor Bus Liner Company.

Cagayan de Oro - Butuan
Bus: Von Cagayan de Oro nach Surigao über Butuan fahren täglich mehrere Busse der Companies Bachelor Bus Liner und Surigao Bus. Fahrzeit: von Cagayan de Oro 6 Std.; von Butuan 2:30 Std.

Jeepney: Von Butuan nach Surigao fahren täglich mehrere Jeepneys und Minibusse. Fahrzeit: 2:30 Std.

Davao
Bus: Von Davao nach Surigao fahren täglich mehrere Busse der Companies Bachelor Bus Liner und Ceres Liner. Der letzte Bus könnte um etwa 13.30 Uhr abfahren. Eventuell muß man in Butuan umsteigen. Fahrzeit: 8 Std.
Aircon-Busse der Philtranco Company fahren von Davao nach Surigao und weiter bis nach Tacloban und Manila.

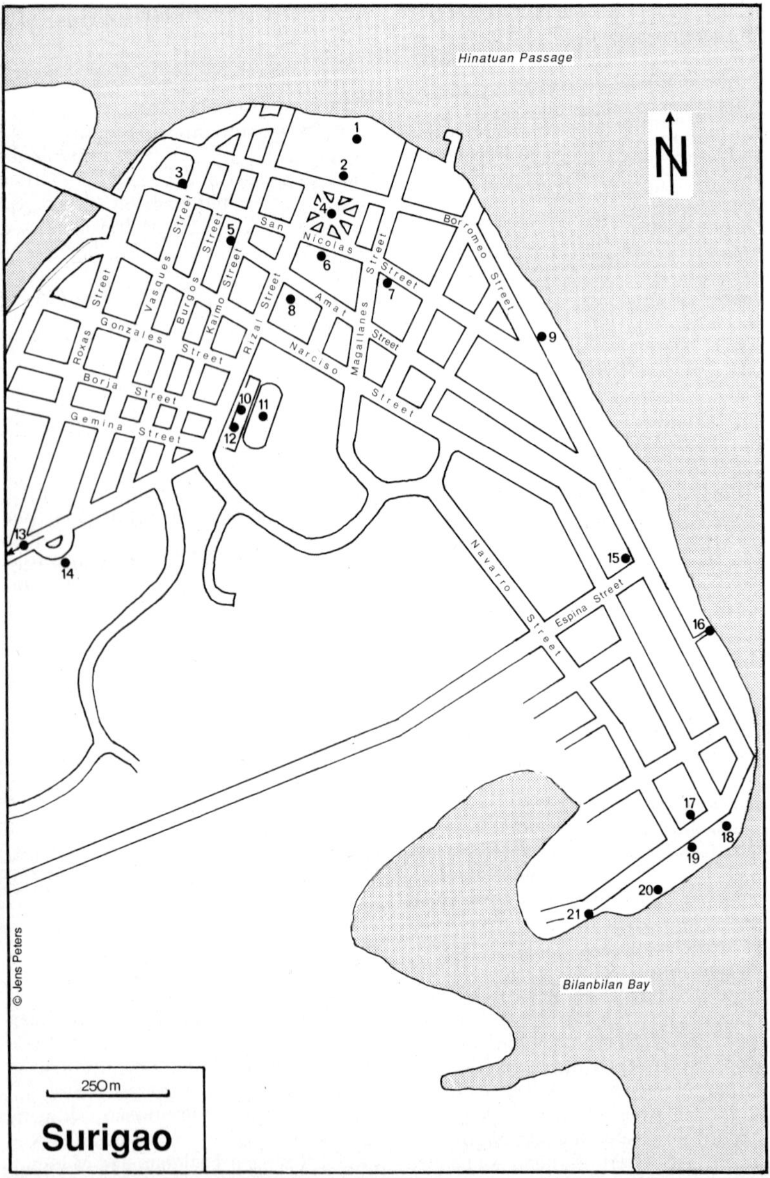
Hinatuan Passage
N
Borromeo Street
San Nicolas Street
Amat Street
Narciso Street
Magallanes Street
Rizal Street
Kaimo Street
Burgos Street
Vasques Street
Roxas Street
Gonzales Street
Borja Street
Gemina Street
Navarro Street
Espina Street
1
2
3
4
5
6
7
8
9
10
11
12
13
14
15
16
17
18
19
20
21
Bilanbilan Bay
© Jens Peters
250 m
Surigao

Anreise/Weiterreise
5 Sulpicio Lines
13 Airport
15 Bachelor Bus Liner Busterminal
Surigao Bus Busterminal
17 George & Peter Lines
20 Anleger (Wharf)
21 Schiffe nach Siargao Island

Übernachten
7 Dexter Pension House
Garcia Hotel
9 Litang Lodge
16 The Tavern Hotel
17 Flourish Lodge

Essen und Trinken
3 Cherry Blossom Restaurant
9 Sunrise Restaurant
16 The Tavern Restaurant
19 Barbecue-Stände

Verschiedenes
1 Market
2 City Hall
4 Plaza
6 Kirche
8 Northeastern Mindanao College
10 Philippine National Bank (PNB)
11 Grandstand
12 Post Office
14 Provincial Hospital
18 Philippine Port Authority (PPA)

Schiff: Die MV *Filipina Princess*, Sulpicio Lines, fährt Mi um 19.00 Uhr von Davao nach Surigao. Fahrzeit: 19 Std.

Siargao Island
Schiff: Von Dapa nach Surigao fährt täglich, möglicherweise außer sonntags, in der Zeit von 9.00 bis 12.00 Uhr (abhängig von Ladearbeiten) die MV *Dua* oder die MV *Philippe*. Fahrzeit: 4:30 Std. Siehe auch »Siargao Island«: *Anreise/Weiterreise*.

Siargao Island

Siargao ist die größte Insel der Gruppe östlich von Surigao. Viele Reisende suchen Siargao Island in erster Linie wegen der ausgezeichneten Surfbedingungen auf, die dort an der dem weiten Pazifik zugewandten Ostküste vor allem von Juli bis November vorherrschen. Populär sind bisher ein gutes Dutzend Breaks, darunter Horseshoes, Tuason Point, Cloud Nine, Tuesday Rock, Ventura und Pilar Point, alle nördlich von General Luna und entweder zu Fuß oder mit einem Boot zu erreichen. Etwas südlich von Union ist es das Pancit Reef, und noch weiter südlich, draußen auf den Inseln Lajanosa und Antokon, erwarten den Surfer ebenfalls einige exzellente Wellen.

Dapa

Dapa liegt an der Südküste von Siargao Island und ist der Hauptort der Insel mit Schiffsverbindungen nach Surigao und nach Socorro auf Bucas Grande Island.

Übernachten

Lucing's Carenderia, Juan Luna Street. EZ/DZ 50/80 P, EZ/DZ/fan 60/100 P. Einfache Unterkunft. Liegt etwa 300 Meter vom Anleger entfernt in Richtung Ortszentrum.

Adressen/Verschiedenes

Geldwechseln: In Dapa gibt es zwar eine Bank, aber die wechselt weder Bargeld noch Travellers Cheques. Deshalb genügend Peso mit auf die Insel bringen.

Anreise/Weiterreise

Schiff: Von Surigao nach Dapa fährt täglich in der Zeit von 8.00 bis 11.00

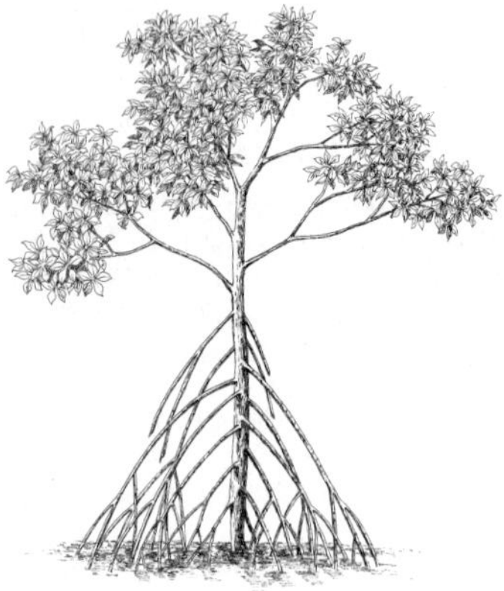

Mangrove *(Rhizophora mangle)*
Mangrovenpflanzen sind resistent gegen Meersalzeinwirkung und wachsen vor allem in der Umgebung von Flußmündungen im Tidenbereich tropischer Küsten

Uhr (abhängig von Ladearbeiten) die MV *Dua* oder die MV *Philippe*. Es könnte möglich sein, daß sonntags kein Schiff fährt. Fahrzeit: 4:30 Std.
Abfahrt von Dapa nach Surigao täglich in der Zeit von 9.00 bis 12.00 Uhr. Um eine Liege zu erhalten, sollte man sein Ticket rechtzeitig vor Abfahrt des Schiffes im *officina* (Ticket Office) in Dapa kaufen. Der Jeepneyfahrer hält dort auf Wunsch.

General Luna

Der gemütliche kleine Ort General Luna an der Südostspitze der Insel ist das bevorzugte Reiseziel auf Siargao Island, insbesondere von Surfern.

Übernachten

Siargao Pension House. EZ/DZ/fan 180 P pro Person oder 550 P Vollpension. Die zur Zeit beste und komfortabelste Unterkunft in General Luna. Demnächst soll zusätzlich fünf Kilometer außerhalb das *Siargao Pacific Beach Resort* eröffnet werden. Zur Verfügung stehen Boote zum Island Hopping, Kajaks, Windsurfboards und ein Hobie Cat.
Pisangan Beach Resort. EZ/DZ 150/300 P, inklusive drei Mahlzeiten. Einfache, aber ordentliche Unterkunft. Etwa 300 Meter vom Ort entfernt gelegen.
Maite's Beach Resort. EZ/DZ 150/300 P, inklusive drei Mahlzeiten.
BRC Beach Resort. Cottage/fan/Bad 50 P pro Person oder 250 P Vollpension. Freundliche Unterkunft mit passablen Cottages auf Rasenfläche. Essen wird auf Wunsch zubereitet.
Jade Lodge & Beach Resort. General Luna. EZ/DZ 50/100 P, EZ/DZ/fan/Bad 100/150 P. Vollpension möglich. Freundliche Unterkunft etwa 350 Meter außerhalb am Weg (nicht an der Hauptstraße) in Richtung Union.

Essen und Trinken

Die Anlagen in General Luna bevorzugen es, Vollpension oder Halbpension zu vermieten. Die Preise liegen bei 50 bis 75 P pro Mahlzeit. Eine Spezialität dieser Gegend ist das ausgezeichnete Fischgericht Poot-Poot, und die Frauen von General Luna verstehen sich vorzüglich darauf, es schmackhaft zuzubereiten.

Anreise/Weiterreise

Jeepney: Von Dapa nach General Luna fährt morgens um etwa 9.00 Uhr ein Jeepney ab Nähe Anleger. Gleich nach Ankunft des Schiffes aus Surigao fahren dann noch zwei weitere.
Von General Luna nach Dapa fährt um etwa 6.00 und um 7.00 Uhr jeweils ein Jeepney.

Union

Zwischen Dapa und General Luna liegt Union mit passablen Stränden, kleiner Bucht und vorgelagerten Inseln. Das

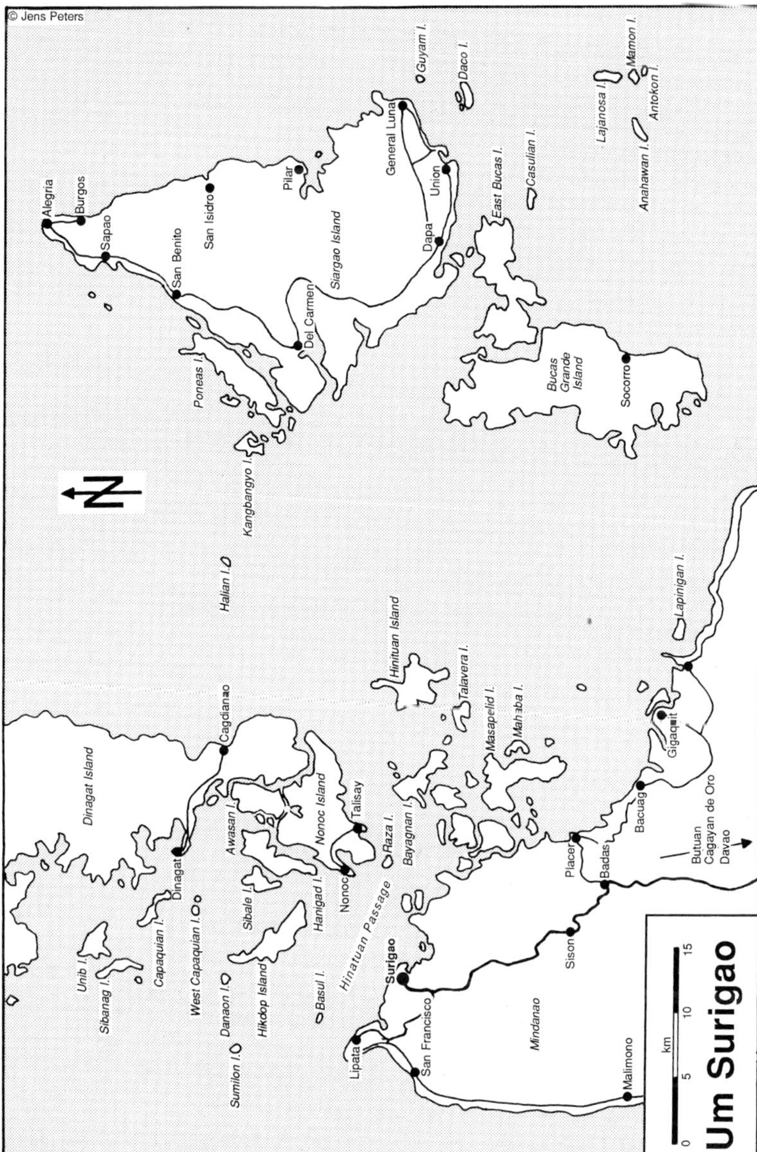
© Jens Peters
Um Surigao
km
0
5
10
15
Siargao Island
Alegria
Burgos
Sapao
San Benito
San Isidro
Pilar
General Luna
Union
Dapa
Del Carmen
Guyam I.
Daco I.
East Bucas I.
Casulian I.
Lajanosa I.
Mamon I.
Antokon I.
Anahawan I.
Bucas Grande Island
Socorro
Poneas I.
Kangbangyo I.
Halian I.
Hinituan Island
Talavera I.
Masapelid I.
Lapinigan I.
Gigaquit
Dinagat Island
Cagdianao
Dinagat
Awasan I.
Nonoc Island
Talisay
Raza I.
Bayagnan I.
Nonoc
Hanigad I.
Sibale I.
Hikdop Island
Basul I.
Hinatuan Passage
Capaquian I.
West Capaquian I.
Unib I.
Sibanag I.
Danaon I.
Sumilon I.
Surigao
Lipata
San Francisco
Mindanao
Sison
Placer
Badas
Bacuag
Malimono
Butuan
Cagayan de Oro
Davao

Dorf befindet sich an der Westseite der Bucht und ist durch eine etwa acht Kilometer lange Straße mit Dapa verbunden. Zwischen beiden Orten besteht eine Jeepneyverbindung.

Übernachten

Latitude 9 Beach Resort. Cottage/fan/Bad 50 P pro Person. Angenehmes, sehr schön gelegenes Resort mit Blick auf die vorgelagerten Inseln. Susan, die Frau des Managers Bernardo Nohara kocht für ihre Gäste; 50 P pro Mahlzeit.

Anreise/Weiterreise

Jeepney: Von Dapa nach Union fährt täglich um 7.00 Uhr und gelegentlich um 12.00 Uhr ein Jeepney. Abfahrt von Union nach Dapa zwischen 10.00 und 11.00 Uhr und zwischen 13.00 und 14.00 Uhr.

Del Carmen

Auf Siargao soll es noch Krokodile geben, und zwar in den Mangroven bei Del Carmen (Numancia), etwa 25 Kilometer von General Luna entfernt. Gesehen wurden sie anscheinend allerdings immer nur von Leuten, die gerade nicht anwesend sind!

Anreise/Weiterreise

Jeepney: Zwischen Dapa nach Del Carmen verkehren täglich mindestens zwei Jeepneys. Abfahrt in Dapa zwischen 7.00 und 9.00 Uhr.

Schiff: Zwischen Surigao und Del Carmen besteht eine tägliche Bootsverbindung. Abfahrt in Del Carmen um etwa 8.30 Uhr.

Pilar

Der kleine Ort Pilar liegt an der Nordseite der Bucht Port Pilar an der Ostküste von Siargao Island. Wie bei Del Carmen ist die Landschaft um Pilar durch ausgedehnte Mangrovenwälder geprägt, die von Wasserstraßen durchzogen sind. Von General Luna aus läßt sich mit einem Boot ein etwas ungewöhnlicher Tagestrip dorthin unternehmen.

Alegria

Der nördlichste Ort auf Siargao Island besitzt einen schönen Sandstrand; die ersten Resorts haben dort bereits ihren Betrieb aufgenommen.

Übernachten

Platil's Beach Resort. EZ/DZ 50/100 P. Einfache, aber freundliche Unterkunft. Essen nach Vereinbarung; die Gäste dürfen jedoch auch die Küche benutzen und selber kochen.
Merlinliza Beach Resort. EZ/DZ 50/100 P. Mahlzeiten werden auf Wunsch zubereitet und kosten zwischen 30 und 100 P.

Anreise/Weiterreise

Jeepney: Von Dapa fährt täglich ein Jeepney nach Sapao und, sofern genügend Passagiere vorhanden sind, noch fünf Kilometer weiter nach Alegria. Ansonsten kann man sich für 20 P (verlangt werden 50 P) mit einem Motorrad von Sapao nach Alegria bringen lassen.

Schiff: Zwischen Surigao und Sapao verkehrt jeden zweiten Tag ein Boot. Abfahrt in Sapao um etwa 6.00 Uhr.

Insel vor Siargao

Ab Dapa, Union und General Luna bestehen Übersetzungsmöglichkeiten mit Auslegerbooten auf herrliche kleine Inseln mit traumhaften, weißsandigen Stränden, zum Beispiel Guyam, Daco, Lajanosa, Anahawan, Mamon und Antokon.
Lajanosa ist bewohnt; neben dem gleichnamigen Barrio im Nordosten der Insel

befindet sich an der Westküste noch das Fischerdorf Suyangan in dem man privat übernachten kann. Im Süden dieser Insel gibt es einen schönen Strand und ein prächtiges Korallenriff, das sich bis nach Mamon Island, der nächsten Insel, erstreckt. An der Südwestseite von Mamon könnte inzwischen ein kleines Resort in Betrieb genommen worden sein, das ein Australier dort bauen wollte.

Butuan

Butuan liegt am Agusan River und besitzt einen Hafen mit zahlreichen Verbindungen nach Inseln der Visayas. Mehrere philippinische Historiker sind davon überzeugt, daß Butuan die älteste Ansiedlung des Landes ist. Nach der Entdeckung eines vermutlich über 1.000 Jahre alten *balanghai* - ein großes, seetüchtiges Auslegerboot - etwas außerhalb von Butuan im Jahre 1976, scheinen jüngste Funde diese Theorie zu bestätigen. So wurden 1984 nicht weit vom Agusan River entfernt neben Porzellan, Töpferwaren und Schmuck auch menschliche Gebeine, Schädel und Totenmasken ausgegraben, deren Alter eine frühere Urbanisierung Butuans vermuten läßt als bisher angenommen. Das alte Auslegerboot wurde in einem speziell angefertigten Glasbehälter konserviert und kann außerhalb der Stadt beim Fundort besichtigt werden (auf halber Strecke zwischen Butuan und Bancasi Airport, rund 1,2 Kilometer von der Hauptstraße entfernt). Die 1984 ausgegrabenen Funde sind dagegen in einem Museum bei der City Hall ausgestellt.

Übernachten

Hensonly Plaza Inn, San Francisco Street, Tel. & Fax: 2251340. EZ/fan 85 P, EZ/fan/Bad 150 P, DZ/fan/Bad 200 P, EZ/ac/Bad 250 P, DZ/ac/Bad 350 P. Einfache, aber ordentliche Zimmer; die

Balanghai

billigen haben jedoch keine Fenster. Restaurant. Disco.

Imperial Hotel, San Francisco Street, Tel. 2199. EZ/fan 100 P, EZ/fan/Bad 150 P, EZ/ac/Bad 200 und 275 P, DZ/ac/Bad 275 und 350 P. Relativ gut.

Embassy Hotel, Montilla Boulevard, Tel. 3737. EZ/ac/Bad 320 P, DZ/ac/Bad 450 P. Ordentliche Zimmer. Freundlicher Service. Ruhige Lage. Restaurant.

Emerald Villa Hotel, Villanueva Street. EZ/DZ/fan/Bad 320/450 P, EZ/DZ/ac/Bad 450/550 P (mit TV). Gut geführtes Hotel mit tadellosen Zimmern. Gutes Restaurant.

Almont Hotel, San Jose Street, Tel. & Fax: 415010. EZ/ac/Bad 650 und 1.400 P, DZ/ac/Bad 775 und 1.550 P. Annehmbare Zimmer mit TV, die teuren auch mit Kühlschrank. Restaurant. Zentrale Lage am kleinen Rizal Park.

Essen und Trinken

Rund um die Uhr geöffnet ist das preiswerte ***Embassy Hotel Restaurant*** am Montilla Boulevard. Internationale Gerichte sind im ***Punta Engaño Restaurant*** im Almont Hotel, San Jose Street, erhältlich. Nicht weit davon entfernt befindet sich das recht gute ***Nicolite Restaurant & Bar***. Das ***Golden Dragon Restaurant*** in der Concepcion Street ist bekannt für ordentliche chinesische Gerichte. Auf Seafood spezialisiert haben sich die beiden klimatisierten Restaurants ***New Mansion House***, Concepcion Street, und ***Jet's Sinugba*** im Jet's Hotel, Villanueva Street.

Adressen/Verschiedenes
Vorwahl: 08521 oder 08522.

Anreise/Weiterreise
Mit dem Flugzeug: Etwa 200 Meter vom Bancasi Airport entfernt verläuft die Straße von Butuan nach Cagayan de Oro. Links ab geht es nach Butuan, rechts ab nach Balingoan (2:30 Std.; Schiffe nach Camiguin) und Cagayan de Oro. Die Busse fahren dort vorbei. Ein Taxi vom Airport nach Butuan kostet etwa 60 P. Mit dem Jeepney bezahlt man 2 P.
Philippine Airlines, Airport Office, Tel. 415144.

Mit dem Schiff: Nicht alle Schiffe von anderen Inseln legen am Flußhafen von Butuan an. Schiffe der Trans-Asia Shipping Lines von und nach Bohol benutzen zum Beispiel den Seehafen in Nasipit/Lumbacan. Zwischen Lumbacan und Butuan verkehren Jeepneys. Fahrzeit: 30 Min. Abfahrt der Jeepneys von Butuan nach Lumbacan bei den Shipping Agencies in der R.D. Calo Street.

Surigao
Bus: Von Surigao nach Butuan fahren täglich mehrere Busse der Companies Philtranco und Bachelor Bus Liner, entweder direkt oder mit Ziel Davao, Cagayan de Oro oder Iligan. Fahrzeit: 2 Std. Letzte Abfahrt möglicherweise um 18.00 Uhr.

Davao
Bus: Von Davao nach Butuan fahren täglich mehrere Busse der Companies Bachelor Bus Liner und Ceres Liner. Der letzte Bus könnte um etwa 13.30 Uhr abfahren. Fahrzeit: 6:30 Std.

Anreise/Weiterreise
1 Shipping Agencies
2 Anleger
3 Busterminal
20 Airport

Übernachten
5 Imperial Hotel
6 Jet's Hotel
7 Emerald Villa Hotel
8 Hensonly Plaza Hotel
10 A & Z Lowcost Lodging House
12 Almont Hotel
Luciana Inn
23 Embassy Hotel

Essen und Trinken
6 Jet's Sinugba Restaurant
9 New Mansion House Restaurant
11 Golden Dragon Restaurant

Verschiedenes
3 Langihan Market
4 Post Office
13 Kleiner Markt
14 Rizal Park
15 St. Joseph Cathedral
16 Urios College
17 Crown und Empress Kino
18 Crown Thrift Market
19 Otis Department Store
21 M.J. Santos Hospital
22 Police Station
23 Philippine National Bank (PNB)

Aircon-Busse der Philtranco Company fahren von Davao nach Butuan und weiter über Surigao nach Tacloban und Manila.

Cagayan de Oro
Bus: Von Cagayan de Oro nach Butuan fahren täglich mehrere Busse der Bachelor Bus Liner Company. Fahrzeit: 3:30 Std.

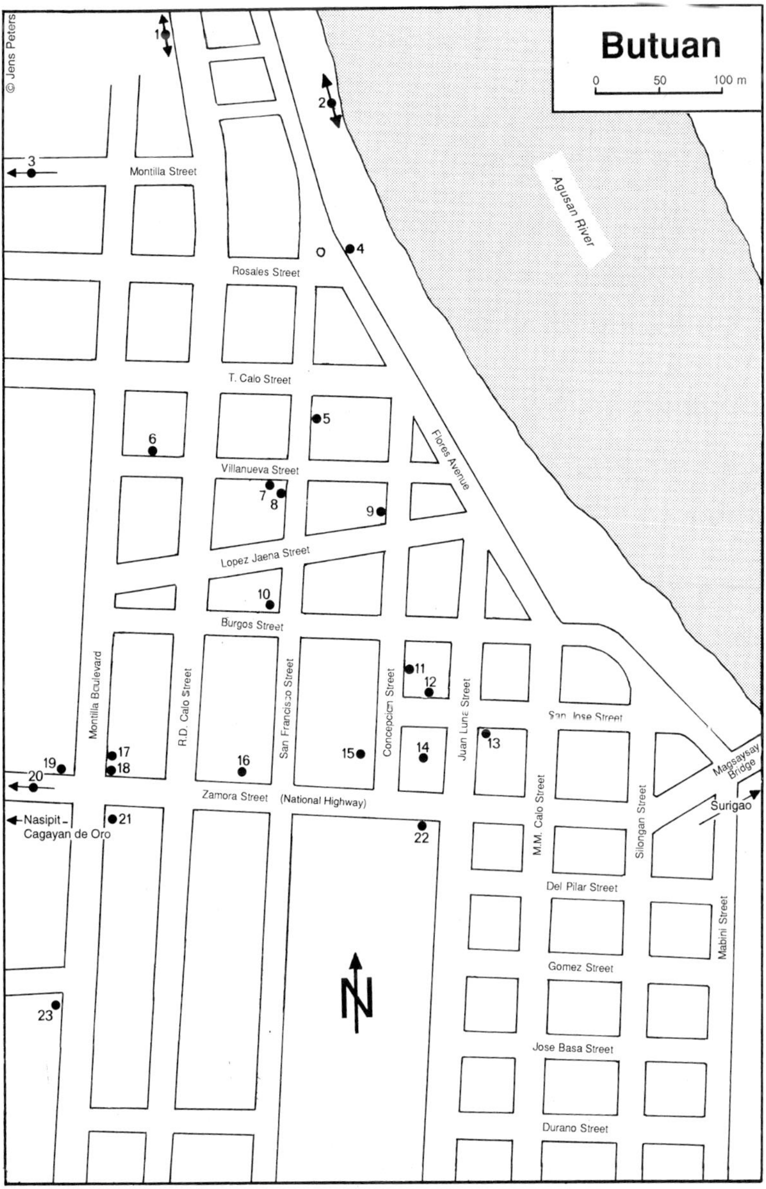

Butuan
0
50
100 m
© Jens Peters
Agusan River
Montilla Street
Rosales Street
T. Calo Street
Villanueva Street
Lopez Jaena Street
Burgos Street
Flores Avenue
Montilla Boulevard
R.D. Calo Street
San Francisco Street
Concepcion Street
Juan Luna Street
San Jose Street
M.M. Calo Street
Silongan Street
Mabini Street
Magsaysay Bridge
Surigao
Zamora Street
(National Highway)
Nasipit - Cagayan de Oro
Del Pilar Street
Gomez Street
Jose Basa Street
Durano Street
N

Balingoan

Balingoan ist ein kleiner Küstenort an der Straße von Butuan nach Cagayan de Oro. Von dort fahren Schiffe zur vorgelagerten Insel Camiguin. Siehe auch »Mindanao« *Weiterreise*.

Übernachten

Balingoan Pension House. EZ/DZ 50/100 P. Sehr einfach.
Ligaya's Restaurant & Cold Spot. EZ/DZ/fan 50/100 P. Einfach.
Balingoan Hotel. EZ/DZ 50/100 P. Einfach.

Cagayan de Oro

Cagayan de Oro hat etwa 500.000 Einwohner und ist eine saubere, freundliche Universitätsstadt mit zahlreichen Schulen. Etwas Kultur bietet das Xavier University Folk Museum (Museo de Oro; montags geschlossen) in der Corrales Avenue. Im Zentrum der Stadt befindet sich der Golden Friendship Park, auch Divisoria genannt.
Wie aus einer alten Legende hervorgeht, leitet sich der Name Cagayan von dem Wort *kagayha-an* ab, das Schande bedeutet. Diese Legende berichtet davon, daß ein Manobo-Stamm von einem anderen Stamm angegriffen wurde. Die unterlegenen Stammesmitglieder planten daraufhin eine Vergeltungsattacke. Doch bevor es zu einer erneuten Schlacht kam, verliebte sich ihr Häuptling in die Häuptlingstochter des verfeindeten Stammes und heiratete sie. Seine Leute waren davon so angewidert, daß sie den Ort des Geschehens fortan als Platz der Schande bezeichneten: Kagayha-an. Die Spanier änderten den Namen später in Cagayan, der für sie leichter auszusprechen war. Als sie dann in dem Fluß, der den Ort durchquert, Gold fanden, ergänzten sie den Ortsnamen zu dem noch heute gültigen Cagayan de Oro.

Tagestrips ab Cagayan de Oro

Etwa 14 Kilometer südlich von Cagayan befindet sich die Makahambus Cave. Sie ist mit Jeepneys in Richtung Talacag zu erreichen. Zum Ausleuchten der Höhle benötigt man eine starke Taschenlampe.
Interessant nicht nur für Agronomen ist die Besichtigung der riesigen Ananasfelder bei Camp Phillips, 34 Kilometer südöstlich von Cagayan de Oro. Jeepneys mit der Aufschrift »Phillips« fahren hin (Fahrzeit: 1 Std. Fahrpreis: 5 P). Mit etwas Glück kann man an einer Besichtigung der Plantage teilnehmen. Mittwochs und samstags fahren Jeepneys von Camp Phillips zum etwa fünf Kilometer entfernten Del Monte Club House. Im Golf Club kann man gut essen (zarte Steaks aus eigener Rinderzucht). Die Del Monte-Konservenfabrik befindet sich in Bugo, rund 15 Kilometer östlich von Cagayan de Oro, wo die verkaufsfertigen Produkte auch verschifft werden.
Die Strände um Cagayan sind nicht besonders gut. Raagas Beach bei Bonbon und San Pedro Beach in Opol (sieben Kilometer westlich) sind aber für ein paar Stunden am Wasser akzeptabel.
Etwa auf halber Strecke zwischen Cagayan und Iligan befinden sich die Timoga Springs, ein erfrischendes Plätzchen am Meer mit mehreren Swimmingpools.

Übernachten

Einfache Hotels und Pensionen

Sampaguita Inn, Borja Street, Tel. 722640. EZ/fan/Bad 240 P, DZ/fan/Bad 300 P, EZ/DZ/ac/Bad 400 P. Einfache, preislich akzeptable Zimmer.
Bonair Inn, Don Sergio Osmeña Street, Tel. 725431. EZ/fan/Bad 175 P, EZ/ac/Bad 280 P, DZ/ac/Bad 380 P, Suite 480 und 550 P. Passable Zimmer.

Park View Lodge, Tirso Neri Street, Tel. 723223, Fax: 726656. EZ/DZ/fan 210/270 P, EZ/DZ/fan/Bad 360 P, EZ/DZ/ac/Bad ab 480 P. Recht ordentliche Unterkunft, teilweise mit kleinen Zimmern. Restaurant. Coffee Shop. Ruhige Lage am Golden Friendship Park.
Nature's Pensionne, T. Chavez Street, Tel. 723718, Fax: 726033. EZ/DZ/ac/Bad 500 bis 850 P. Mit TV. Annehmbare, passable Zimmer. Breite Betten. Restaurant.

Mittelklassehotels

Casa Crystalla, Pabayo Street/Ecke T. Chavez Street, Tel. 722465, Fax: 722480. EZ/ac/Bad 560 bis 1.000 P, DZ/ac/Bad 650 bis 1.000 P. Mit TV. Tadellose Zimmer. Beliebtes Hotel in dieser Preisklasse. Restaurant
Philtown Hotel, Makahambus Street/Ecke Velez Street, Tel. 726295, Fax: 723104. EZ/DZ/ac/Bad 870 bis 1.170 P. Mit TV. Gutes Hotel mit recht komfortablen Zimmern. Restaurant. Disco.
VIP Hotel, Velez Street/Ecke Borja Street, Tel. 726080, Fax: 726441. EZ/ac/Bad 800 bis 1.420 P, DZ/ac/Bad 1.050 bis 1.170 P, Suite 1.420 bis 2.800 P. Meist ordentliche Zimmer, die teuren mit Kühlschrank und TV. Dieses Hotel ist ein wenig in die Jahre gekommen. Restaurant.
Grand City Hotel Cagayan, Velez Street, Tel. 723551, Fax: 723658. EZ/DZ/ac/Bad 775 bis 1.170 P. Mit TV. Einige Zimmer haben jedoch kein Fenster. Komfortables, angenehmes Hotel im Zentrum der Stadt. Restaurant.
Lauremar Beach Hotel, Opol, Tel. 735411, Fax: 735563. DZ/ac/Bad 1.050 P. Mit TV. Gepflegte Zimmer mit Balkon und Blick auf den Swimmingpool. Attraktiv gestaltetes Restaurant (24 Std.) mit Sonnenterrasse zum Meer. Alles in allem ein ansprechendes Hotel am Strand von Opol, etwa sieben Kilometer westlich von Cagayan de Oro. Ein Taxi dorthin kostet 80 bis 100 P, mit dem Jeepney bezahlt man 5 P.

First-Class-Hotels

The Dynasty Court Hotel, Tiano Brothers Street/Ecke Hayes Street, Tel. 724516, Fax: 727825. EZ/DZ/ac/Bad 1.050 bis 1.500 P, Suite 1.800 bis 2.250 P. Mit TV, die teuren Zimmer und Suites auch mit Kühlschrank. Sehr gutes, komfortables Hotel in Downtown. Restaurant. Coffee Shop.
Pryce Plaza, Carmen Hill, Tel. 722791 bis 93, Fax: 726689. EZ/ac/Bad 2.100 P, DZ/ac/Bad 2.500 P, Suite 3.750 P. Ausgezeichnetes Hotel, allerdings mit nur wenig Betrieb. Restaurant. Swimmingpool. Liegt auf einer Anhöhe etwa vier Kilometer außerhalb; schöne Aussicht auf die Stadt und die Mindanao Sea.

Essen und Trinken

Das ***Kagay-Anon*** ist in Cagayan de Oro wahrscheinlich das beste Restaurant für philippinische Gerichte, die dazu noch überraschend preiswert sind. Es befindet sich im Stadtteil Lapasan, etwas nordöstlich vom Zentrum. Gute, reichliche und preiswerte Gerichte gibt es im einfachen, aber empfehlenswerten ***Bagong Lipunan Restaurant*** in der Velez Street zwischen VIP Hotel und Hotel Excelsior. Etwa 100 Meter südlich davon befindet sich das preiswerte Selbstbedienungsrestaurant ***Persimmon Fastfoods & Bakeshoppe*** mit Sandwiches und guten philippinischen Standardgerichten wie Caldereta, Kare-Kare und Sinigang.
Wer die chinesische Küche bevorzugt, kann zwischen zwei guten Restaurants wählen: ***Sea King Garden*** im Grand City Hotel, und ***The Dynasty Court Restaurant*** im gleichnamigen Hotel.
In der nördlichen Velez Street liegt das klimatisierte ***Gourmet D'Oro Restaurant***, das für seine guten Steaks bekannt

Anreise/Weiterreise	18 Sunflower Disco
1 Anleger (Macabalan Wharf)	20 Love City Disco
2 Busterminal	21 McDonald's
19 Avis	28 Hotfoods Plaza
22 Philippine Airlines	30 Blueberry Coffee Shop
33 Philippine Airlines	34 Consuelo Restaurant
37 Airport (10 km)	35 Paolo's Ristorante
Übernachten	***Verschiedenes***
5 Philtown Hotel	2 Agora Market
7 Bonair Inn (1 km)	Catanico Falls
8 Mabini Lodge	Malasag Tourist Point
10 Excelsior Hotel	3 Provincial Capitol
13 VIP Hotel	6 Pelaez Sports Complex
16 Sampaguita Inn	Tourist Office
23 Park View Lodge	11 Cogon Market (500 m)
27 Grand City Hotel	14 Equitable Bank
28 Nature's Pensionne	17 Cogon Market (500 m)
29 Casa Crystalla	Ororama Shopping Center (100 m)
32 The Dynasty Court Hotel	24 Golden Friendship Park (Divisoria)
37 Pryce Plaza Hotel	25 Philippine National Bank (PNB)
	26 Xavier University Folk Museum
Essen und Trinken; Unterhaltung	31 Post Office
2 Kagay-Anon Restaurant	36 City Hall
4 Gourmet D'Oro Restaurant	37 Carmen Market
9 The Bungalow Restaurant	Makahambus Caves
12 Bagong Lipunan Restaurant	38 Riverside Park
15 Persimmon Fastfoods &	39 Gaston Park
Bakeshoppe	40 San Agustin Cathedral

ist. ***Paolo's Ristorante***, Velez Street/ Ecke Gaerlan Street, ist ein beliebtes Gartenrestaurant mit einer guten Auswahl an Pizzas und Nudelgerichten, aber auch spanische und japanische Gerichte sowie Seafood, Steaks und Sandwiches sind zu haben. Drinnen im Lokal erwarten den Gast eine angenehme, romantische Atmosphäre mit Kerzenlicht und Klaviermusik. Steaks und Sizzling Spaghetti sind die Spezialitäten des empfehlenswerten, stilvollen ***Consuelo Restaurant***, Tiano Brothers Street/Ecke Gaerlan Street.
Wer süße Sachen mag, dem sei das ***Blueberry*** in der Velez Street/Ecke Chavez Street empfohlen. Dort hat man sich auf Kaffee und Kuchen spezialisiert und bietet Köstlichkeiten an von der Blaubeertorte bis zum Cappuccino.

Adressen/Verschiedenes

Autoverleih: Avis, Velez Street/Ecke Gaerlan Street, Tel. 724695, 725889.
Geldwechseln: Visa cash advance bei Equitable Bank, Borja Street/Ecke Tiano Brothers Street.
Die Philippine National Bank, Corrales Avenue/Ecke Tirso Neri Street, wechselt Travellers Cheques.
Tourist Office, Pelaez Sports Complex, Velez Street, Tel. 726394.

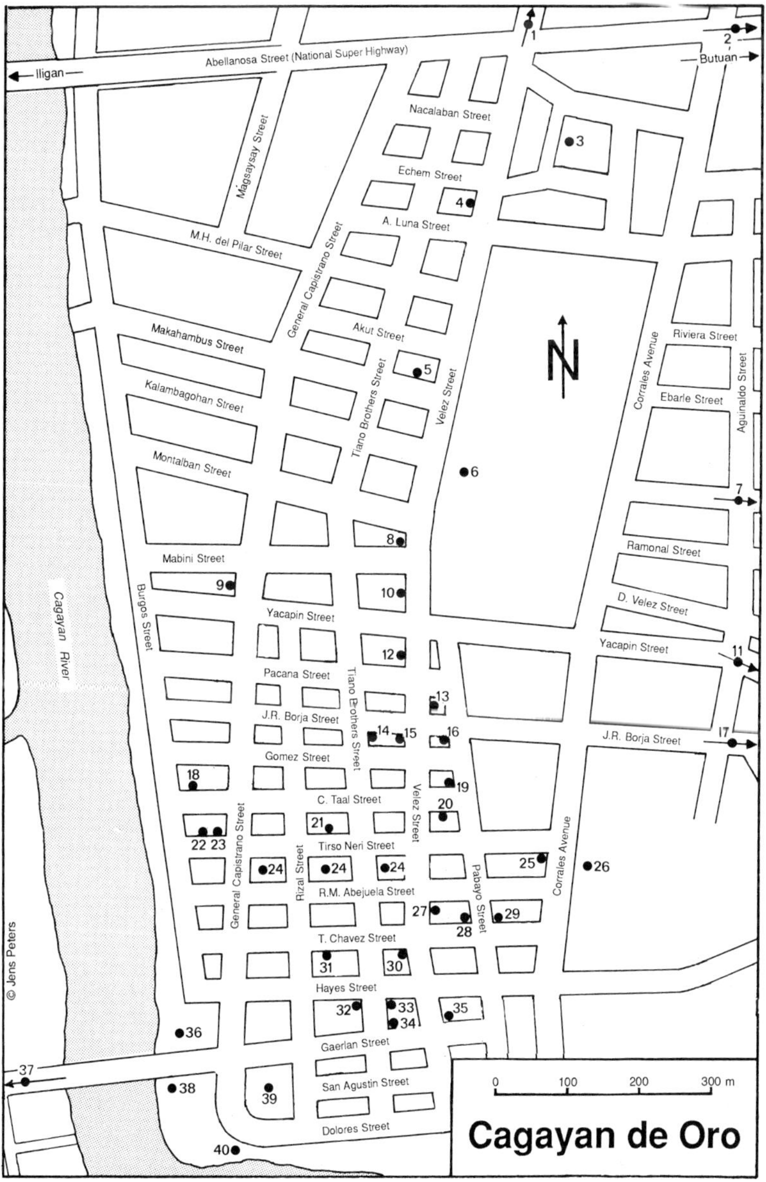
Abellanosa Street (National Super Highway)
Iligan
Butuan
Nacalaban Street
Echem Street
A. Luna Street
Magsaysay Street
M.H. del Pilar Street
General Capistrano Street
Akut Street
Makahambus Street
Kalambagohan Street
Montalban Street
Tiano Brothers Street
Velez Street
Corrales Avenue
Riviera Street
Ebarle Street
Aguinaldo Street
N
Ramonal Street
D. Velez Street
Yacapin Street
Mabini Street
Burgos Street
Cagayan River
Pacana Street
J.R. Borja Street
Gomez Street
C. Taal Street
Tirso Neri Street
Rizal Street
R.M. Abejuela Street
Pabayo Street
T. Chavez Street
Hayes Street
Gaerlan Street
San Agustin Street
Dolores Street
© Jens Peters
0 100 200 300 m
Cagayan de Oro

Ananas *(Ananas comosus)*
In der Produktion von Ananas stehen die Philippinen weltweit an vierter Stelle

Swimmingpool: Großer öffentlicher Swimmingpool im Pelaez Sports Complex, Velez Street. Ebenfalls öffentlich ist der Swimmingpool vom Philtown Hotel.
Vorwahl: 08822.

Anreise/Weiterreise

Mit dem Bus: Der Busterminal befindet sich am nordöstlichen Stadtrand beim Agora Market. Zum drei Kilometer entfernten Zentrum fahren Jeepneys mit der Bezeichnung »Cogon - Carmen«. Von der Stadt zum Busterminal fahren Jeepneys mit der Zielangabe »Agora«. Ein Taxi kostet etwa 40 P. Jeepneys vom Busterminal zum nicht weit davon entfernten Anleger (Macabalan Wharf) kosten 2 P.

Achtung: Vom Busterminal zur Stadt fahren in Jeepneys gelegentlich Taschenschlitzer und Trickdiebe mit. Sie steigen meistens zu zweit ein und wechseln mehrere Male ihre Plätze, um so möglichst unauffällig ihr Handwerk ausüben zu können.

Mit dem Flugzeug: Der Lumbia Airport liegt auf einem 185 Meter hohen Plateau etwa elf Kilometer vom Stadtzentrum entfernt. Von den PU-Taxis werden bis zu 200 P verlangt, die Fahrt sollte jedoch für 100 P möglich sein.
Cebu Pacific, Summit World, 204 Velez Street, Tel. 727490.
Mindanao Express, Shanghai Building, C. Taal Street/Ecke General Capistrano Street, Tel. 728207.
Philippine Airlines, 21 Tirso Neri Street, Tel. 726216. Ein weiteres Office wurde gegenüber vom Dynasty Court Hotel eröffnet.
- Airport Office: Tel. 725592.

Mit dem Schiff: Der Anleger (Macabalan Wharf) befindet sich vier Kilometer vom Stadtzentrum entfernt. Es besteht eine Verbindung mit Jeepneys, von denen die meisten auch direkt zum Busterminal fahren; die Fahrt mit einem Taxi sollte nicht mehr als 50 P kosten.
Philippines Shipping Corporation, Vicky Tan Building, Port Area, Tel. 723114. (Schiff nach Camiguin).

Butuan - Balingoan
Bus: Von Butuan nach Cagayan de Oro fährt täglich etwa stündlich von 4.30 bis 11.30 Uhr ein Bus der Bachelor Bus Liner Company, danach möglicherweise in größeren Abständen. Die Busse fahren über Balingoan, wo sich der Anleger für Schiffe von und nach Camiguin befindet. Fahrzeit: von Butuan 3:30 Std.; von Balingoan 1:30 Std.

Cotabato
Flug: Philippine Airlines fliegt Di, Do u. Sa von Cotabato nach Cagayan de Oro und zurück. Mindanao Express fliegt Di, Do u. Fr. Flugzeit: 45 Min.

Davao
Bus: Von Davao nach Cagayan de Oro fahren täglich mehrere Aircon-Busse

der Companies Bachelor Bus Liner und Ceres Liner. Abfahrt von 4.00 bis 9.00 Uhr und um 20.00 und 22.00 Uhr. Fahrzeit: 10 Std.

Flug: Philippine Airlines fliegt Mo, Mi u. Sa von Davao nach Cagayan de Oro und zurück. Flugzeit: 35 Min.

General Santos
Flug: Mindanao Express fliegt Di, Do u. Fr. Flugzeit: 50 Min.

Iligan
Bus/Jeepney: Von Iligan nach Cagayan de Oro fahren täglich mehrere Busse der Companies Bachelor Bus Liner und Fortune Liner. Fahrzeit: 1:30 Std. Es fahren auch Jeepneys und Minibusse.

Pagadian
Bus: Von Pagadian nach Cagayan de Oro fahren täglich etwa stündlich von 4.30 bis 13.00 Uhr Busse der Companies Bachelor Bus Liner und Fortune Liner. Fahrzeit: 4:30 Std.

Zamboanga
Bus: Von Zamboanga nach Cagayan de Oro fahren täglich etwa um Mitternacht zwei Busse der Companies Fortune Liner und Almirante. Sobald sie voll sind, geht's los. Daher rechtzeitig am Busterminal sein. Fahrzeit: 15 Std.

Malaybalay

Malaybalay ist die Hauptstadt von Bukidnon, der größten Provinz in der Region Northern Mindanao. Sie liegt umgeben von Bergketten in einem Tal an einem Nebenfluß des Pulangi River. Dort findet einmal im Jahr das Kaamulan Festival statt, entweder im Mai oder September. Dann kommen Angehörige verschiedener kultureller Minderheiten aus der Umgebung zum Pines View Park, wo sie, traditionell gekleidet musizieren, tanzen und Rituale vorführen.

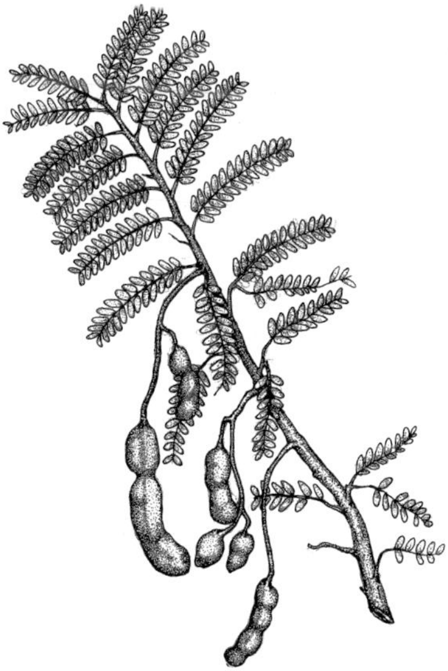

Tamarinde *(Tamarindus indica)*
Die hellbraunen, bis zu 20 Zentimeter langen Hülsen des Tamarindenbaumes enthalten außer ein paar Samen ein erfrischendes, säuerlich schmeckendes Fruchtmark

Übernachten
Haus Malibu, Bonifacio Drive/Ecke Comisio Street, Tel. 5714. EZ/DZ 200/300 P, EZ/fan/Bad 350 P, DZ/fan/Bad 450 P. Europäischer Komfort. Coffee Shop.

Anreise/Weiterreise
Bus: Von Cagayan de Oro nach Malaybalay fahren täglich etwa stündlich Busse der Companies Bachelor Bus Liner und Ceres Liner. Fahrzeit: 2 Std.

Iligan

Iligan ist eine Industriestadt. Bekannt sind die etwa 30 Kilometer südlich gelegenen Maria Cristina Falls, die bei voller Leistung für die Stromversor-

gung bis hinunter nach Zamboanga zuständig sind. Wegen des Kraftwerks dürfte ein Trip dorthin für fachlich interessierte Ingenieure von größerer Bedeutung sein als für Naturliebhaber. Allerdings sind die Wasserfälle nur sonntags vormittags öffentlich zugänglich. Hinkommen mit einem Jeepney ab Pier-Terminal bis zur Agus Bridge (etwa sieben Kilometer). Hinter der Brücke links hochsteigen. Der Fußmarsch dauert etwa 30 Minuten. Schwimmen im Pool oder im reißenden Fluß ist nicht möglich. Interessant ist es, sich die Maria Cristina Falls von oben anzusehen. Dazu geht man von der Agus Bridge etwa 200 Meter zurück in Richtung Iligan. Von dort führen ein Weg und betonierte Stufen direkt zum Kopf der Wasserfälle.
In herrlicher Natur eingebettet sind die Tinago Falls, die sicher zu den schönsten Wasserfällen Mindanaos gehören. Im großen, natürlichen Pool kann man herrlich baden. Am Eingang zu den Tinago Falls befindet sich das Tinago Residence Inn, ein Resort mit kleinem Zoo, Kinderspielplatz und guter Übernachtungsmöglichkeit, unter anderem in Baumhäusern. Eintritt: 20 P, inklusive einem Softdrink. Vom Resort führen Stufen hinunter zum Pool. Am einfachsten sind die Tinago Falls mit einem Taxi zu erreichen oder aber mit dem oben genannten Jeepney, dann allerdings nicht an der Agus Bridge aussteigen, sondern etwa zwei Kilometer weiter am ausgeschilderten Abzweig, von dem aus es zu Fuß weitergeht (etwa zwei Kilometer).

Anreise/Weiterreise
2 New Wharf
3 North Wharf
4 South Wharf
5 WG & A
6 George & Peter Lines
7 Busterminal

Übernachten
1 MC Tourist Inn
11 Iligan Star Inn
12 Iligan Day Inn Plaza
Iligan Village Hotel
22 Maria Cristina Hotel

Essen und Trinken; Unterhaltung
8 S.K. Disco
10 Big Dipper Restaurant
14 Canton Restaurant
15 Enrico's Restaurant
16 Bar-B-Q Inn
Maharaja Restaurant
19 Iceberg Café & Restaurant
Bahayan Restaurant
20 Jelo's Ice Cream House
23 Niga Restaurant
27 Patio Alejandra Restaurant

Verschiedenes
9 Kirche
12 City Hall
Iligan Medical Center
13 Gaisano Department Store
17 Police Station
18 Plaza
21 J & L Supermart
24 Market
25 Philippine National Bank (PNB)
26 Post Office

Übernachten

Iligan Star Inn, Quezon Avenue, Tel. 8815272, Fax: 8815269. EZ/fan/Bad 200 P, DZ/fan/Bad 225 P, EZ/ac/Bad 325 P, DZ/ac/Bad 375 P. Einfache, etwas heruntergekommene Unterkunft. Die Zimmer zur Quezon Avenue sind ziemlich laut. Restaurant.

MC Tourist Inn, Tibanga Highway, Tel. 5194. EZ/fan 180 P, EZ/DZ/fan/Bad 300 P, EZ/DZ/ac/Bad 400 P. Einfache, ordentliche Unterkunft. Liegt etwas außerhalb vom Stadtzentrum am Baslayan Creek.

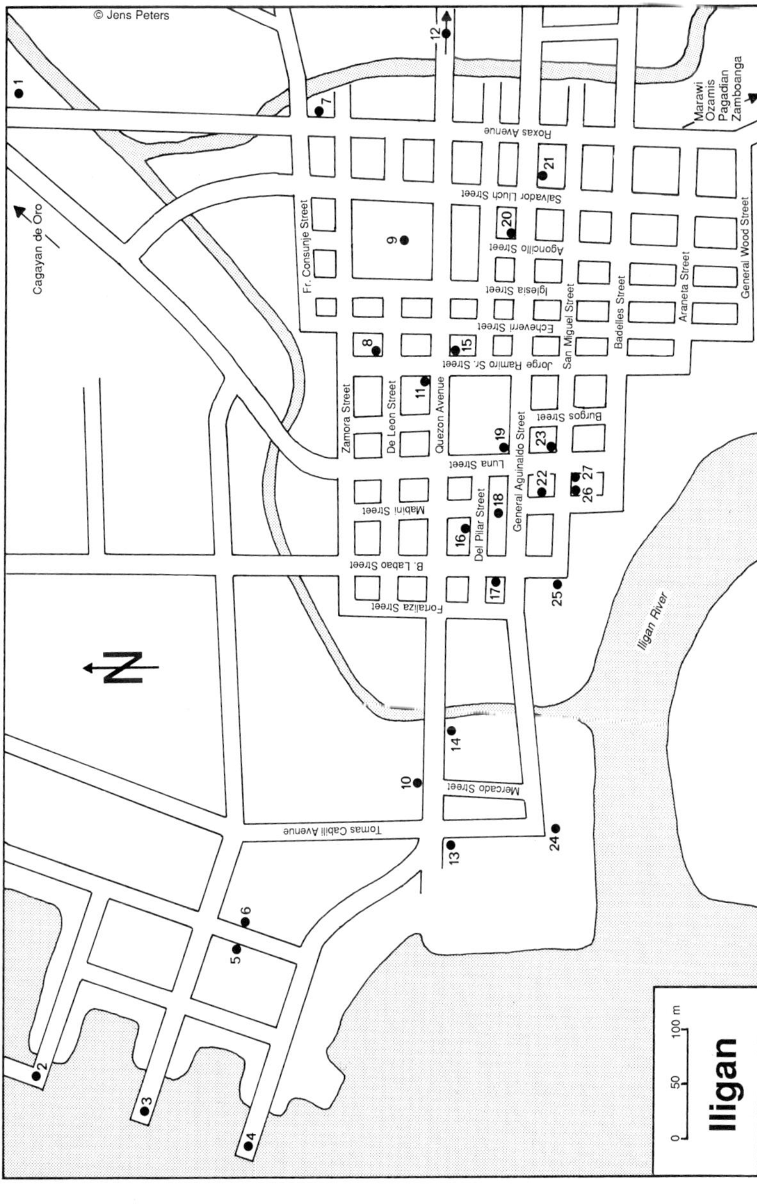
© Jens Peters
Cagayan de Oro
Marawi
Ozamis
Pagadian
Zamboanga
Roxas Avenue
Salvador Lluch Street
Fr. Consunje Street
Agoncillo Street
Iglesia Street
Echeverri Street
Jorge Ramiro Sr. Street
San Miguel Street
Badelles Street
Araneta Street
General Wood Street
Zamora Street
De Leon Street
Quezon Avenue
Burgos Street
Luna Street
General Aguinaldo Street
Mabini Street
Del Pilar Street
B. Labao Street
Fortaliza Street
Mercado Street
Tomas Cabili Avenue
Iligan River
N
Iligan
0
50
100 m
1
2
3
4
5
6
7
8
9
10
11
12
13
14
15
16
17
18
19
20
21
22
23
24
25
26
27

Maria Cristina Hotel, Aguinaldo Street/Ecke Mabini Street, Tel. 20645, 21082. EZ/ac/Bad 600 P, DZ/ac/Bad 750 P, Suite 1.400 P. Passable Zimmer. Bestes Hotel im Stadtzentrum. Restaurant.
Iligan Village Hotel, Pala-o, Tel. 21752. EZ/ac/Bad 750 P, DZ/ac/Bad 950 P, Suite 1.500 P. Recht komfortabel. Mit Fischteich und Orchideengarten. Restaurant. Etwas außerhalb gelegen.
Iligan Day Inn Plaza, Quezon Avenue/ Ecke B.S. Ong Street, Pala-o, Tel. 8813855, Fax: 8813491. EZ/ac/Bad 790 und 985 P, DZ/ac/Bad 1.310 P, Suite 1.970 P. Freundliche Zimmer mit TV. Preise inklusive Frühstück. Restaurant. Autovermietung.
Tinago Residence Inn. Baumhaus 150 bis 350 P, EZ/DZ/ac/Bad 1.000 bis 2.000 P, Suite 2.800 P. Restaurant. Liegt außerhalb von Iligan, bei den Tinago Falls.

Essen und Trinken

Neben zahlreichen Bäckereien überrascht Iligan mit vielen Restaurants, von denen die meisten allerdings schon um 21.00 Uhr schließen. Gute und preiswerte chinesische Gerichte gibt es in der Quezon Avenue im ***Big Dipper Restaurant*** und im ***Canton Restaurant***. Empfehlenswert ist auch das saubere ***Enrico's***: vorzügliches Essen und freundlicher Service. Gemütlich ist es abends beim Barbecue am Plaza, wo sich auch das ***Bar-B-Q Inn*** befindet. In die mittlere Preisklasse fallen ***Iceberg Café & Restaurant*** und ***Bahayan Restaurant***, beide mit philippinischer Küche. Im gut geführten ***Patio Alejandra***, San Miguel Street/Ecke Luna Street, haben die Gäste die angenehme Qual der Wahl aus einer breiten Palette ausgezeichneter Gerichte verschiedener Küchen; empfehlenswert: Seafood Festival. Sehr schön sitzen kann man im relativ preiswerten, halboffenen ***Terrace Garden Restaurant*** am Fischteich vom Iligan Village Hotel. Für das Nachtleben ist unter anderem die ***S.K. Disco*** zuständig.

Adressen/Verschiedenes

Vorwahl: 063.

Anreise/Weiterreise

Cagayan de Oro
Bus: Von Cagayan de Oro nach Iligan fahren täglich mehrere Busse der Companies Bachelor Bus Liner und Fortune Liner. Fahrzeit: 1:30 Std. Es fahren auch Jeepneys und Minibusse.

Pagadian
Bus: Von Pagadian nach Iligan fahren täglich mehrere Busse der Companies Bachelor Bus Liner und Fortune Liner. Fahrzeit: 3 Std. Letzte Abfahrt möglicherweise am frühen Nachmittag.

Zamboanga
Bus: Von Zamboanga nach Iligan fahren täglich etwa um Mitternacht zwei Busse der Companies Fortune Liner und Almirante, und zwar mit Ziel Cagayan de Oro. Siehe auch »Cagayan de Oro«: *Anreise/Weiterreise*.

Marawi und Lake Lanao

Marawi liegt am Lake Lanao und ist das geistige und kulturelle Zentrum der philippinischen Moslems (siehe auch Kapitel »Land und Leute«: *Kulturelle Minderheiten - Maranao*). Dort befinden sich unter anderem die Mindanao State University (kurz: MSU; sprich etwa: Misju) und das RP-Libya Hospital, das wohl modernste und größte Krankenhaus Mindanaos. Von Marawi zur MSU fahren Jeepneys. Im Ford Guest House Nr. 2 der MSU ist ein Tourist Office untergebracht. Sehenswert ist das sich auf dem Campus befindende kleine, aber interessante Aga

Khan Museum, das vieles über die Kultur der Moslems von Mindanao zeigt. Geöffnet: Mo-Do 9.00-11.30 Uhr u. 13.30-17.00 Uhr, Fr 9.00-10.30 Uhr u. 13.30-17.00 Uhr. An Feiertagen ist es geschlossen.

Wer in Marawi einen geheimnisvollen orientalischen Basar erwartet, wird sicherlich enttäuscht sein. Es gibt aber einen großen Markt in Richtung See, auf dem unter anderem Messingprodukte, mit Perlmutt eingelegte Truhen, Webwaren und indonesische Stoffe verkauft werden. Gute handgemachte Webarbeiten werden zu Festpreisen im Art Shop des Dansalan College der MSU verkauft.

In Marawi Moslem-Frauen zu fotografieren, ohne vorher um Erlaubnis zu fragen, wird Ärger geben. Ausnahme: gutes Tele!

Der Lake Lanao ist der zweitgrößte Binnensee der Philippinen. Bei normalem Wasserstand ist er 112 Meter tief, doch der wird in jüngster Zeit immer häufiger kritisch unterschritten. Mehr als 500.000 Maranao, die in rund 30 Orten am oder in der Nähe vom See leben und von ihm abhängig sind, fühlen sich dann auch erheblich in ihrer Existenz bedroht. Schuld an dieser mißlichen Lage dürfte die mächtige National Power Corporation (NPC) haben, die südlich von Marawi sechs Kraftwerke betreibt und das Wasser des 700 Meter über dem Meeresspiegel liegenden Sees zur Stromerzeugung braucht. Die Kraftwerke liegen entlang des Agus River, des natürlichen Abflusses des Lake Lanao. Sie nutzen das Gefälle und würden bei einem Stau des Sees weniger Strom liefern. Ebenfalls verantwortlich für das geringe Wasserangebot sind Brandrodung und illegales Abholzen im gesamten Regeneinzugsgebiet rings um den See.

Hinweis: Marawi und die Gegend um den Lake Lanao ist ein Krisengebiet. Ein Abstecher dorthin ist unter Umständen absolut nicht empfehlenswert. Aktuelles zur Situation bitte in Iligan erfragen. Auch über Ausflüge von Marawi zur Messinggießerstadt Tugaya oder Bootsfahrten zu den kleinen Inseln Nusa-Nusa und Silangan sollte erst kurzfristig vor Ort entschieden werden.

Übernachten

Marawi Resort Hotel, MSU Campus, Tel. 520981. EZ/DZ/fan/Bad 750/850 P. Nett eingerichtete Zimmer und Cottages, jedoch nicht mehr im besten Zustand. Weitläufige, parkähnliche Anlage. Restaurant. Swimmingpool. Tenniscourt. Das Hotel liegt auf einer Anhöhe außerhalb von Marawi mit schönem Blick auf den Lake Lanao.

Adressen/Verschiedenes

Vorwahl: 063.

Anreise/Weiterreise

Bus: Von Iligan nach Marawi fahren täglich mehrere Busse ab Busterminal. Fahrzeit: 1 Std.

Ozamis

Touristisch gesehen ist Ozamis eine wenig attraktive Hafenstadt im Südosten der Provinz Misamis Occidental. Von dort fahren unter anderem Schiffe nach Cebu.

Übernachten

Soriano Pension House, Mabini Street Extension, Tel. 21114. EZ/fan/Bad 100 P, DZ/fan/Bad 150 P, EZ/ac/Bad 225 P, DZ/ac/Bad 300 P. Ruhige Unterkunft, preislich in Ordnung.

Grand Hotel, 55 Abanil Street/Ecke Ledesma Street. EZ/DZ/fan 125/150 P, EZ/fan/Bad 180 P, DZ/fan/Bad 240 P. Einfach und relativ gut. Liegt gegenüber dem Post Office.

Country Lodge, Ledesma Street Extension. EZ/DZ/fan/Bad 200/250 P, EZ/

ac/Bad 300 P, DZ/ac/Bad 360 P. Passable, ruhige Zimmer. Liegt nahe Lilian Liner Busterminal.
Holiday Tourist Inn, Blumentritt Street, Tel. 20073. EZ/fan/Bad 200 P, DZ/fan/Bad 250 P, EZ/ac/Bad 350 P, DZ/ac/Bad 400 P. Recht ordentliches Hotel.

Adressen/Verschiedenes

Vorwahl: 088.

Anreise/Weiterreise

Dipolog - Oroquieta
Bus: Von Dipolog nach Ozamis über Oroquieta fahren täglich etwa stündlich Busse der Lilian Liner Company. Fahrzeit: von Dipolog 2:30 Std.; von Oroquieta 1 Std.

Iligan - Kolambugan
Bus: Von Iligan nach Kolambugan fahren täglich mehrere Busse der Companies Bachelor Bus Liner und Fortune Liner, entweder direkt oder mit Ziel Pagadian. Fahrzeit: 1 Std.

Schiff: Zwischen Kolambugan und Ozamis besteht etwa stündlich von 7.00 bis 17.00 Uhr ein Fährdienst.
Die MV *Water Jet 2*, Water Jet Shipping Corporation, fährt Mo, Mi u. Fr um 13.00 Uhr von Iligan nach Ozamis. Fahrzeit: 45 Min.

Pagadian
Bus: Von Pagadian nach Ozamis fahren täglich mehrere Busse der Lilian Liner Company. Fahrzeit: 2:15 Std. Letzte Abfahrt möglicherweise am frühen Nachmittag.

Oroquieta

Oroquieta ist die Hauptstadt der Provinz Misamis Occidental und liegt an der Iligan Bay im Nordosten der Zamboanga Peninsula. Das Handels- und Wirtschaftszentrum dieser Provinz befindet sich allerdings weiter südlich in Ozamis.

Übernachten

Sheena's Hotel, Barrientos Street/Ecke G. del Pilar Street, Tel. 31158. EZ/DZ/fan 170 P, EZ/fan/Bad 200 P, DZ/fan/Bad 300 P, EZ/DZ/ac/Bad ab 600/700 P. Gepflegte, ordentliche Zimmer. Restaurant. Netter Garten. Liegt am Fluß, direkt neben dem Krankenhaus.
Beach Resort Elvira, Orbita Street, Plaridel. Dorm 120 P, EZ/DZ/fan 300 P. Passable Unterkunft. Die Küche kann benutzt werden. Liegt am Strand von Plaridel, etwa 20 Kilometer nördlich von Oroquieta.

Adressen/Verschiedenes

Vorwahl: 088.

Anreise/Weiterreise

Dipolog
Bus: Von Dipolog nach Oroquieta fahren täglich mehrere Busse der Lilian Liner Company, entweder direkt oder mit Ziel Ozamis. Fahrzeit: 1:30 Std.

Ozamis
Bus: Von Ozamis nach Oroquieta fahren täglich mehrere Busse der Lilian Liner Company, entweder direkt oder mit Ziel Dipolog. Fahrzeit: 1 Std.

Dipolog

Dipolog ist die Hauptstadt der Provinz Zamboanga del Norte und macht einen sauberen und netten Eindruck. Zur vorgelagerten Aliguay Island mit ihren weißen Stränden und weitgehend intakten Korallenriffen, die gute Möglichkeiten zum Schnorcheln und Tauchen bieten, benötigt man mit einem Auslegerboot ungefähr 45 Minuten. Von der Insel kommen täglich Boote nach Dipolog und Dapitan, um Trinkwasser zu holen - Mitfahrgelegenheit!

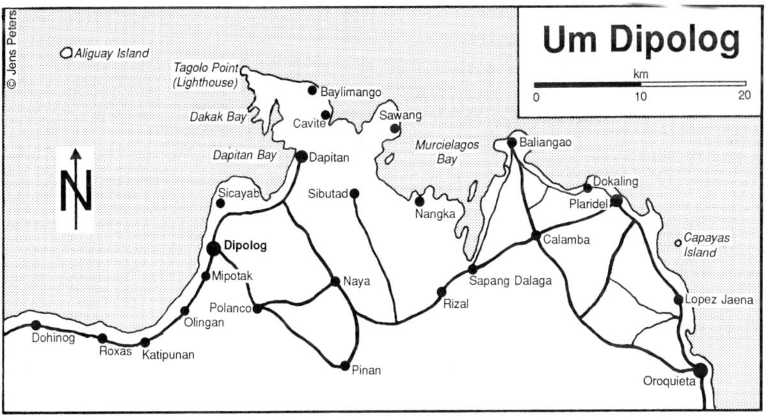

Übernachten

Ranillo Pension House, Bonifacio Street, Dipolog, Tel. 4153536, Fax: 4154712. EZ/DZ/fan 100/120 P, EZ/DZ/fan/Bad 200/250 P, EZ/DZ/ac/Bad 300/350 P. Einfache Unterkunft mit akzeptablen Zimmern.

Ramos Hotel, Magsaysay Street, Dipolog. EZ/fan 150 P, DZ/fan 270 P, EZ/fan/Bad 300 P, DZ/fan/Bad 350 P, EZ/DZ/ac/Bad 400/600 P.

CL Inn, Rizal Avenue, Dipolog. EZ/ac/Bad 400 P, DZ/ac/Bad 650 P, Suite mit Kühlschrank und TV 850 P. Recht komfortable, geräumige Zimmer. Das beste Hotel im Zentrum von Dipolog.

Hotel Arocha, Quezon Avenue/Ecke Malvar Street, Dipolog, Tel. 4152656. EZ/DZ/fan/Bad 445 bis 585 P, EZ/DZ/ac/Bad 560 bis 750 P. Relativ gut, die meisten Zimmer sind allerdings etwas laut, etliche haben keine Fenster.

Village Hotel, Sicayab, Tel. 4152338. EZ/DZ/fan/Bad 300 P, EZ/DZ/ac/Bad 400 P. Einfache, aber gepflegte Zimmer unterschiedlicher Größe. Zusätzlich Cottage mit zwei DZ am Strand. Restaurant am Meer. Ruhige Lage etwa drei Kilometer außerhalb von Dipolog in Richtung Dapitan (kurz hinter dem Airport). Ein Tricycle zur Stadt kostet 3 P. Vom Hotel zum relativ sauberen, langen Strand sind es nur ein paar Minuten zu Fuß.

Adressen/Verschiedenes

Geldwechseln: Zu einem günstigen Kurs wechseln kann man im Geschäft Metro Shoppers in der Rizal Street.

Vorwahl: 065.

Anreise/Weiterreise

Mit dem Schiff: Der Hafen für Dipolog und Dapitan heißt Dapitan Port und liegt zwischen beiden Städten; ein Tricycle dorthin kostet etwa 30 P.

Mit dem Flugzeug: Der Dipolog Airport liegt in Sicayab, drei Kilometer nördlich der Stadt. Ein Tricycle dorthin kostet 20 P, innerhalb der Stadt bezahlt man 3 P pro Person.

Philippine Airlines, Airport Office: Tel. 4152360.

Cagayan de Oro

Schiff: Die MV *St. Raphael*, ein Schnellboot der Reederei Negros Navigation,

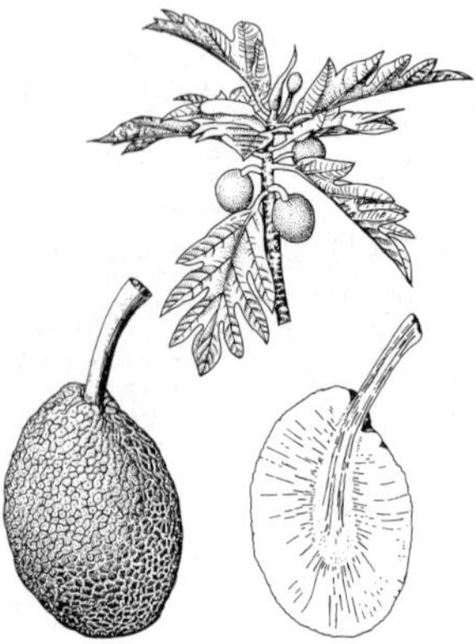

Brotfrucht *(Artocarpus altilis)*
Der in den Tropen weit verbreitete Brotfruchtbaum ist auch auf den Philippinen anzutreffen. Gekocht, gebacken oder gebraten lassen sich aus seinen stärkehaltigen Früchten einfache, aber nahrhafte Speisen zubereiten

fährt täglich um 6.00 Uhr von Cagayan de Oro nach Dapitan/Dipolog. Fahrzeit: 3 Std.

Pagadian - Ozamis - Oroquieta
Bus: Von Pagadian nach Dipolog über Ozamis und Oroquieta fahren täglich mehrere Busse der Lilian Liner Company. Fahrzeit: von Pagadian 5 Std.; von Ozamis 1:30 Std.; von Oroquieta 1 Std.

Zamboanga
Bus: Von Zamboanga nach Dipolog fahren täglich wenige Busse der Companies Fortune Liner oder Almirante. Sie fahren über Ipil oder Pagadian. Eventuell muß man in Pagadian in einen Bus der Lilian Company umsteigen. Fahrzeit: 13 Std.

Flug: Philippine Airlines fliegt Di, Fr u. So von Zamboanga nach Dipolog und zurück. Flugzeit: 50 Min.

Dapitan

Etwa 15 Kilometer nordöstlich von Dipolog liegt Dapitan, ein ruhiger, gepflegter Ort, in dem der Nationalheld Jose Rizal von 1892 bis 1896 in der Verbannung lebte. Das große Mindanao-Relief, das die Town Plaza bei der St. James Church schmückt, wurde von ihm angelegt.
Von Dapitan aus gelangt man mit einem Boot ab Flußbrücke auf dem Weg zum Rizal Park in etwa 20 Minuten an die traumhafte Dakak Bay mit ihrem weißen Strand und dem sehr schön angelegten, luxuriösen Dakak Park Beach Resort. Es führt auch eine Straße von Dapitan zur Bucht, über die man für 100 P mit einem Motorrad-Taxi zu dem Beach Resort gelangt. Für Hotelgäste wurde ein Service mit Kleinbussen eingerichtet.

Übernachten

Dapitan Resort Hotel, Sunset Boulevard. EZ/DZ/ac/Bad 1.000 P. Komfortable Zimmer in einem angenehmen kleinen Hotel direkt an der Dapitan Bay - schöner Blick auf Meer und Sonnenuntergang. Restaurant. Swimmingpool.
Dakak Park Beach Resort, Dakak Bay. EZ/DZ/ac/Bad 6.000 P. Geschmackvoll eingerichtete Cottages. Restaurant. Freiluft-Bar. Swimmingpool. Whirlpool. Sauna. Tenniscourt. Tauchen. Reiten. Airport Service kostet 750 P (hin und zurück). Eintritt für Tagesgäste: 200 P (ohne Verzehr). Insgesamt eine ansprechend gestaltete Anlage, allerdings ist fraglich, ob sich in Zukunft überhaupt noch ein vernünftiger Gast dorthin begeben wird, denn der Besitzer wurde wegen Vergewaltigung einer Minderjährigen verhaftet.

Anreise/Weiterreise

Jeepney: Zwischen Dipolog und Dapitan verkehren täglich mehrere Jeepneys und Minibusse. Fahrzeit: 30 Min.

Pagadian

Pagadian und Umgebung soll nach Vorstellungen des Department of Tourism als »land of lakes, caves and waterfalls« in das touristische Konzept der Provinz Zamboanga del Sur eingebunden werden - Zukunftsmusik. Sehenswert in der Stadt selbst ist der große Public Market unweit vom Anleger.
Interessant dürfte für manche der etwa 40 Kilometer von Pagadian entfernte Ort Lapuian sein, wo, wie auch in anderen Teilen der beiden Zamboanga-Provinzen, Subanon leben. Protestantische amerikanische Missionare haben dort in der abgeschiedenen Bergwelt Mindanaos dieser kulturellen Minderheit das Christentum und die englische Sprache nahegebracht! Subanon bedeutet Flußmenschen (*suba* = Fluß). Inzwischen sind die Gottesmänner allerdings nicht mehr anzutreffen. Die Fahrt mit einem Jeepney nach Lapuian dauert 2:30 Std. Letzte Rückfahrt um 13.30 Uhr!

Subanon-Mädchen von Lapuyan

Übernachten

Zamboanga Hotel, Jamisola Street, Tel. 214437. EZ/fan/Bad 160 P, DZ/fan/Bad 220 P, EZ/ac/Bad 290 P, DZ/ac/Bad 375 P. Relativ gute, akzeptable Zimmer. Familiäres Hotel.
Peninsula Hotel, Jamisola Street, Tel. 52115. EZ/DZ 175/225 P, EZ/fan/Bad 250 P, DZ/fan/Bad 300 P, EZ/ac/Bad 400 P, DZ/ac/Bad 500 P. Passable Zimmer, preislich vertretbar.
Pagadian City Hotel, Rizal Avenue, Tel. 214285. EZ/ac/Bad 400 P, DZ/ac/Bad 500 P. Recht ordentliches Hotel mit annehmbaren Zimmern.
Guillermo Hotel, Rizal Avenue, Tel. 42062. EZ/DZ/ac 650/750 P, EZ/ac/Bad 950 P, DZ/ac/Bad 1.100 P. Komfortable Zimmer mit Kühlschrank und TV. Restaurant.
Hotel Camila, Bonifacio Drive, Tel. 2142934. EZ/DZ/ac/Bad 750 bis 1.350 P. Ansprechende Zimmer mit TV. Das beste Hotel in Pagadian. Restaurant.

Adressen/Verschiedenes

Vorwahl: 062.

Anreise/Weiterreise

Mit dem Flugzeug: Der Pagadian Airport liegt am östlichen Stadtrand, zwei Kilometer vom Zentrum entfernt.
Philippine Airlines, Peninsula Hotel, Jamisola Street, Tel. 52114.

Cotabato
Bus: Die Überlandstrecke von Cotabato nach Pagadian führt durch Krisengebiet und könnte durch zerstörte Brükken unpassierbar sein. Die Fahrt mit dem Bus ist daher nicht zu empfehlen - sofern überhaupt einer führt.

Schiff: Von Cotabato nach Pagadian fährt täglich um etwa 18.00 Uhr ein Schiff. Fahrzeit: 8 Std.

Iligan
Bus: Von Iligan nach Pagadian fahren täglich mehrere Busse der Companies Bachelor Bus Liner und Fortune Liner. Fahrzeit: 3 Std. Letzte Abfahrt möglicherweise um 14.00 Uhr.

Ozamis
Bus: Von Ozamis nach Pagadian fahren täglich mehrere Busse der Lilian Liner Company. Fahrzeit: 2:15 Std.

Zamboanga
Bus: Von Zamboanga nach Pagadian fahren täglich etwa stündlich von 5.00 bis 10.00 Uhr Busse der Companies Almirante und Fortune Liner. Fahrzeit: 8 Std.

Flug: Philippine Airlines fliegt Mo, Di, Do, Fr u. So von Zamboanga nach Pagadian und zurück. Flugzeit: 40 Min.

Schiff: Drei Schiffe der SKT Shipping Lines fahren von Zamboanga nach Pagadian. Abfahrt: MV *Lady Helen* Mo 18.00 Uhr; MV *Doña Isabel II* Do 18.00 Uhr; MV *Lady Ruth* Sa 19.00 Uhr. Fahrzeit: 12 Std.

Zamboanga

Warum Zamboanga als »exotische Perle im Süden der Philippinen« angepriesen wird, ist mir nie ganz klar geworden. Einige Moslems in einer ansonsten typisch philippinischen Stadt decken sich jedenfalls nicht mit meiner Vorstellung von Exotik. Und die bunten Segel der Vintas bekommt man auch nur zu sehen, wenn man eines dieser Boote chartert oder wenn ein Fest gefeiert wird. Für den Normalbetrieb werden nämlich einfarbige Segel benutzt.

Die gegenwärtig gern gebrauchte Bezeichnung »City of Flowers« hat ihren Ursprung in dem malaiischen Wort *jambangan*. Das bedeutet »Land der Blumen« und soll der Name von Zamboanga gewesen sein, als sich die ersten Malaien ansiedelten. Ob aus Jambangan im Laufe der Zeit Zamboanga wurde, ist nicht eindeutig geklärt. Eher wahrscheinlich dürfte die Ableitung von *samboangan* sein, einem Wortgefüge aus *samboang* (Stange zum Vertäuen von Booten) und *an* (Platz). So nennen die seefahrenden Tausug, Samal und Badjao der Sulu-Inseln Zamboanga heute noch.
Neben Englisch, Cebuano, Tagalog, Tausug und Samal wird in Zamboanga Chavacano gesprochen, ein Gemisch vornehmlich aus Spanisch und philippinischen Sprachen, spöttisch auch »Bamboo-Spanish« genannt.

Fort Pilar und Rio Hondo

Am östlichen Stadtrand von Zamboanga liegen das Fort Pilar und das Moslem-Wasserdorf Rio Hondo. Das Fort Pilar wurde 1635 unter der Leitung eines Jesuiten-Priesters zum Schutz vor Übergriffen der Moslems, Holländer, Portugiesen und Briten errichtet. Es hieß damals Real Fuerza de San Jose, wurde aber nach der Eroberung durch die Amerikaner Ende des vorigen Jahrhunderts in Fort Pilar umbenannt. Über viele Jahre hinweg war von der Ruine eigentlich nur der Altar an der Außenseite sehenswert, bis im Jahr 1986 damit begonnen wurde, das Gebäude zu entschutten, zu restaurieren und kulturell nutzbar zu machen.
Heute lohnt sich der Besuch des sehr instruktiven Marine Life Museum; ebenfalls eingerichtet sind eine botanische, eine archäologische, eine anthropologische und eine historische Abteilung. Geöffnet: So-Fr 9.00-12.00 Uhr u. 14.00-17.00 Uhr.

Etwa 200 Meter östlich vom Fort Pilar entfernt, vorbei an einer silbern glänzenden Moschee, führt eine Brücke zu einem auf Pfählen in einer Flußmündung errichteten Dorf, das als Rio Hondo bekannt ist. Die Häuser sind mit Stegen verbunden, von denen manche nicht gerade den stabilsten Eindruck machen. Die dort lebenden Menschen sind sehr freundlich, jedoch sollte Rio Hondo aus Sicherheitsgründen nicht alleine und nicht unbedingt nach Einbruch der Dunkelheit besucht werden.

Märkte und Läden

Preiswert einkaufen kann man auf dem Markt im Alta Mall Building, Governor Alvarez Avenue Extension, im Stadtteil Tetuan. Unter anderem wird in Mindanao hergestellte Batik angeboten, die allerdings nicht an die Schönheit und Qualität indonesischer Arbeiten heranreicht. Die Kassenzettel werden möglicherweise am Ausgang kontrolliert!
Buntes Treiben herrscht spätnachmittags auf dem sehenswerten, farbigen Fish Market am Anleger. In den Gassen des angrenzenden Public Market, zwischen Fischmarkt und J.S. Alano Street, gibt es zahlreiche kleine Läden mit Flohmarktcharakter.

Übernachten

Einfache Hotels und Pensionen

Imperial Hotel, Campaner Street, Tel. 9911648. EZ/DZ/fan 100/140 P, EZ/DZ/fan/Bad 180/220 P, EZ/DZ/ac/Bad 250/340 P. Einfach, aber relativ sauber.
Atilano's Pension House, Mayor Jaldon Street, Tel. 9910784. EZ/DZ/fan 140/170 P, EZ/fan/Bad 180 P, DZ/fan/Bad 200 P, EZ/ac/Bad 300 P, DZ/ac/Bad 350 P. Große Zimmer, einige etwas abgewohnt. Alles in allem in Ordnung für den Preis. Weitläufige Anlage.
L'Mirage Pension House, Mayor Jaldon Street, Tel. 9913962. EZ/DZ/fan 175/225 P, EZ/fan/Bad 225 P, DZ/fan/Bad 275 P, EZ/ac/Bad 350 P, DZ/ac/Bad 385 P. Tadellose Unterkunft. Sehr guter Gegenwert.
Mag-V Royal Hotel, San Jose Road/Ecke Don Basilio Navarro Street, Tel. 9913054. EZ/fan 120 P, EZ/fan/Bad 180 P, DZ/fan/Bad 220 P, EZ/ac/Bad 300 P, DZ/ac/Bad 400 P. Ordentliche, geräumige Zimmer mit und ohne Fenster. Allerdings läuten um 6.00 Uhr lärmende Jeepneys den Tag ein! Restaurant. Liegt etwas außerhalb vom Stadtzentrum.
New Pasonanca Hotel, Almonte Street/Ecke Tomas Claudio Street, Tel. 9915929. EZ/fan/Bad 220 P, EZ/ac/Bad 300 P, DZ/ac/Bad 450 P. Kleine, passable Zimmer. Restaurant. Disco.
Hotel Paradise, R. Reyes Street, Tel. 9912026. EZ/ac/Bad 400 P, DZ/ac/Bad 500 P. Restaurant. Gepflegte Zimmer. Guter Gegenwert. Freundlicher Service. Zentrale Lage.

Mittelklassehotels - untere Kategorie

Paradise Pension House, Barcelona Street/Ecke Tomas Claudio Street, Tel. 9911054, Fax: 9913465. EZ/DZ/ac/Bad 550 P. Ordentliche, akzeptable Zimmer. Restaurant. Zentrale Lage.
Zamboanga Hermosa Hotel, Mayor Jaldon Street, Tel. 9912040. EZ/DZ/fan/Bad 250/300 P. EZ/ac/Bad 400 P, DZ/ac/Bad 500 P. Älteres Hotel mit annehmbaren Zimmern. Restaurant.
Marcian Garden Hotel, Governor Camins Avenue, Tel. 9912519 bis 21, Fax: 9911874. EZ/DZ/ac/Bad 560 bis 800 P. Guter Gegenwert. Restaurant. Nahe Airport gelegen.
Platinum 21 Pension House, Barcelona Street, Tel. 9912514, Fax: 9912709. EZ/DZ/ac/Bad 620 und 690 P. Einigermaßen komfortabel. Mit TV, die teuren

Anreise/Weiterreise
3 Busterminal
27 Sulpicio Lines
28 Sampaguita Shipping Corporation
29 SKT Shipping Lines
32 Busse nach San Ramon
37 Basilan Shipping Lines
36 George & Peter Lines
42 Jeepneys zum Pasonanca Park und nach Taluksangay
45 Anleger (Wharf)

Übernachten
10 Hotel Marcian Garden
11 Hotel Orchid Garden
12 Atilano's Pension House
13 L'Mirage Pension House
15 Zamboanga Hermosa Hotel
16 Hotel Preciosa
18 New Astoria Hotel
19 New Pasonanca Hotel
20 Imperial Hotel
22 Platinum 21 Pension House
23 Paradise Pension House
24 Mag-V Royal Hotel
25 Hotel Paradise
37 Lantaka Hotel

Essen und Trinken; Unterhaltung
1 Aldea Pasonanca Restaurant
2 Quostaw Restaurant
5 Lutong Pinoy
Lutong Pinoy Airlanes Disco
6 Latin Quarter Disco
7 Yagbulls Disco
8 Love City Disco
11 Village Zamboanga
16 Savoury Restaurant
17 Abalone Restaurant
21 Sunburst Fried Chicken
22 Café Blanca
25 Food Paradise
26 Dunkin' Donuts
Shakey's Pizza
39 Boulevard Restaurant by the Sea
40 Alavar's House of Seafood

Verschiedenes
1 Climaco Freedom Park
Pasonanca Park
4 Santa Cruz Market
9 Alta Mall Building
14 Zamboanga General Hospital
30 Moschee und Rio Hondo
31 Immigration Office
33 Athletic Field
34 Philippine National Bank (PNB)
35 City Hall
37 Tourist Office
38 Fort Pilar
41 Public Market
43 Post Office
44 Fish Market

Zimmer auch mit Kühlschrank. Preislich in Ordnung. Restaurant (24 Std.).
Hotel Preciosa, Mayor Jaldon Street, Tel. 9912020, Fax: 9930055. EZ/DZ/ac/Bad 560 und 770 P, Suite 900 P. Mit TV; Suites auch mit Kühlschrank. Recht komfortabel. Restaurant.

Mittelklassehotels - obere Kategorie

Grand Astoria Hotel, Mayor Jaldon Street, Tel. 9912510, Fax: 9912533. EZ/DZ/ac/Bad 850 P. Suite 1.600 und 4.000 P. Gutes Hotel mit komfortablen Zimmern. Restaurant.
Lantaka Hotel, Valderroza Street, Tel. 9912033 bis 36, Fax: 9911626. EZ/ac/Bad 1.000 P, DZ/ac/Bad 1.400 P. Suite 1.800 und 2.200 P. Große Zimmer mit Balkon und herrlichem Blick über Meer und Hafen. Beliebtes Hotel, gepflegte gartenähnliche Anlage; die Nummer Eins in Zamboanga. Restaurant. Swimmingpool. Schöne Lage am Wasser.

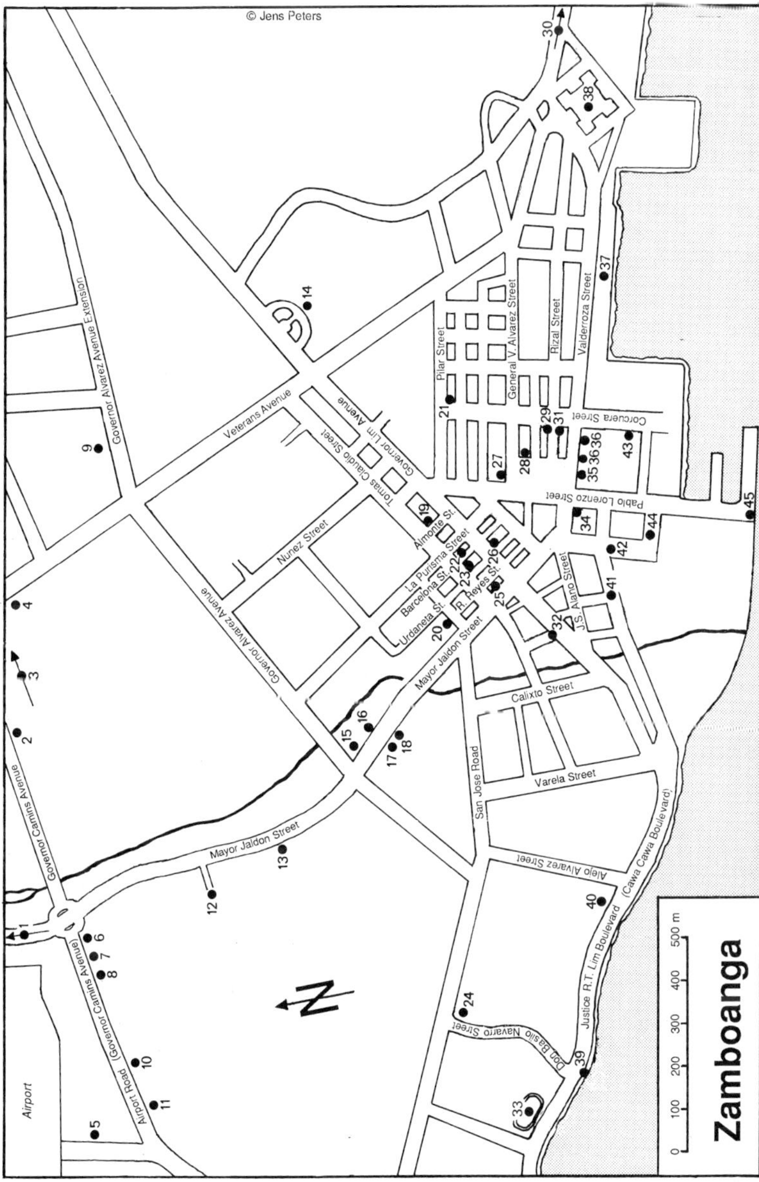
© Jens Peters
Zamboanga
0 100 200 300 400 500 m
Airport
Airport Road (Governor Camins Avenue)
Governor Camins Avenue
Mayor Jaldon Street
Governor Alvarez Avenue
Governor Alvarez Avenue Extension
Veterans Avenue
Tomas Claudio Street
Governor Lim Avenue
Nunez Street
Almonte St.
La Purisma Street
Barcelona St.
Urdaneta St.
R. Reyes St.
Pilar Street
General V. Alvarez Street
Rizal Street
Valderroza Street
Corcuera Street
Pablo Lorenzo Street
J.S. Alano Street
Calixto Street
San Jose Road
Varela Street
Alejo Alvarez Street
(Cawa Cawa Boulevard)
Justice R.T. Lim Boulevard
Don Basilio Navarro Street
N

Garden Orchid Hotel, Governor Camins Avenue, Tel. 9910031 bis 34, Fax: 9910035. EZ/ac/Bad 1.400 P, DZ/ac/Bad 1.800 P. Ansprechende, komfortable Zimmer. Restaurant. Disco. Swimmingpool. Fitnessraum. Nahe Airport gelegen.

Essen und Trinken

Das etwas teure ***Alavar's House of Seafood*** ist bekannt für gute philippinische und chinesische Gerichte, vornehmlich Seafood. Ebenfalls gut sind die Seafoodgerichte der mittleren Preiskategorie im ***Abalone Restaurant*** gleich neben dem Grand Astoria Hotel, Mayor Jaldon Street. Das ***Café Blanca*** unten im Platinum 21 Pension House in der Barcelona Street ist Tag und Nacht geöffnet und bietet recht gute philippinische und internationale Gerichte zu akzeptablen Preisen.

Etwas stadtauswärts, im ***Boulevard Restaurant by the Sea***, sitzt man direkt am Wasser: Ein schönes Plätzchen für Sunset-Freaks, wie auch die zahlreichen ***Food Stalls*** ab dem späten Nachmittag entlang des Justice Lim Boulevard. Ebenfalls draußen am Wasser sitzen kann man im ***Lantaka Hotel Restaurant***, abends bei Fackelbeleuchtung, wo des öfteren ein relativ preiswertes Dinner Buffet angeboten wird. Dort läßt es sich auch recht angenehm frühstücken.

Originell ist das ***Aldea Pasonanca Restaurant*** am Pasonanca Park, das aus Eisenbahnwaggons besteht und in dem ausgezeichnete philippinische Gerichte serviert werden.

Im guten, sehr preiswerten und daher stets gut besuchten ***Food Paradise*** in der Mayor Jaldon Street trifft sich Zamboangas Jugend: Fast-Food und Milk-Shakes im Parterre; chinesisches Restaurant im ersten Stock. Nicht weit davon entfernt, im Plaza Mall Building, sind im ***Dunkin' Donuts*** rund um die Uhr süße Sachen erhältlich. Gleich nebenan befindet sich ***Shakey's Pizza***. Auf Hähnchengerichte spezialisiert ist das ***Sunburst Fried Chicken*** in der Corcuera Street/Ecke Pilar Street.

Unterhaltung

Wie in den meisten philippinischen Städten findet auch in Zamboanga das Nachtleben nur zum Teil im Stadtzentrum statt. Die beliebtesten und besseren Nightclubs liegen vornehmlich in Randbezirken, in Zamboanga unter anderem in der Nähe des Airports. Tricycles, die tagsüber dorthin je nach Entfernung 5 P oder 10 P kosten, verlangen nachts doppelt soviel. Eintritt (Cover Charge) in den meisten Clubs: 30 bis 40 P; häufig inklusive einem Getränk.

Eine hervorragende Stimmung herrscht abends im Freiluft-Restaurant ***Lutong Pinoy*** mit Bar und Live-Music. Nebenan befindet sich die ***Lutong Pinoy Airlanes Disco***. Ebenfalls am Airport liegt das ***Village Zamboanga***, ein Beer Garden mit Fast Food für die Freunde der späten Nacht. 500 Meter östlich davon sorgen ***Love City Disco***, ***Yagbulls Disco*** und ***Latin Quarter Disco*** für abendliche Unterhaltung. Weiter in Richtung Santa Cruz Market ergänzen ***Quostaw Restaurant*** und ***Kiss me Disco*** das Entertainment-Angebot.

Und wem das alles zu aufreibend ist, der wird die angenehme Atmosphäre der open-air ***Talisay Bar*** an der Wasserseite vom Lantaka Hotel zu schätzen wissen, besonders zum Sonnenuntergang.

Adressen/Verschiedenes

Tourist Office, Lantaka Hotel, Valderroza Street, Tel. 9910218, Fax: 9910217.
Vorwahl: 062.

Anreise/Weiterreise

Mit dem Bus: Der Busterminal für Verbindungen von und nach Cagayan de Oro, Dipolog, Iligan und Pagadian befindet sich am National Highway im Stadtteil Guiwan, etwa vier Kilometer nördlich vom Stadtzentrum. Ein Tricycle dorthin kostet 20 P.

Mit dem Flugzeug: Der Airport liegt knapp zwei Kilometer vom Stadtzentrum entfernt. Der Fahrpreis für den Jeepney (Beschriftung: »Canelar - Airport« oder »ZCPM«) beträgt 2 P, für das Tricycle 10 P (gefordert werden bis 40 P, also sollten 20 P reichen). Taxifahrer, die vermutlich keine Lizenz besitzen, verlangen bis zu 60 P.
Philippine Airlines, Zamboanga Airport, Tel. 9932957.

Cagayan de Oro - Iligan
Bus: Von Cagayan de Oro nach Zamboanga über Iligan fahren täglich von etwa 4.30 bis 7.00 Uhr zwei Busse. Fahrzeit: von Cagayan de Oro 15 Std.; von Iligan 13 Std.

Cotabato
Flug: Philippine Airlines fliegt Di, Fr u. So von Cotabato nach Zamboanga und zurück. Mindanao Express fliegt täglich außer So. Flugzeit: 40 Min.

Schiff: Von Cotabato nach Zamboanga: MV *Cotabato Princess*; Sulpicio Lines. Abfahrt: Di 20.00 Uhr. Fahrzeit: 8 Std. MV *Superferry 3*, WG & A. Abfahrt: So 21.00 Uhr. Fahrzeit: 9 Std.

Davao
Flug: Philippine Airlines fliegt Mo, Mi u. Sa von Davao nach Zamboanga und zurück. Flugzeit: 50 Min.

Dipolog
Bus: Von Dipolog nach Zamboanga über Ipil fährt täglich frühmorgens ein Bus. Fahrzeit: 15 Std.

Flug: Philippine Airlines fliegt Di, Fr u. So von Dipolog nach Zamboanga und zurück. Flugzeit: 50 Min.

General Santos
Flug: Mindanao Express fliegt Mo, Mi u. Sa von General Santos nach Zamboanga und zurück. Flugzeit: 1 Std.

Schiff: Von General Santos nach Zamboanga: MV *Doña Virginia*; WG & A. Abfahrt: Do 18.00 Uhr. Fahrzeit: 12 Std. MV *Princess of the Pacific*; Sulpicio Lines. Abfahrt: Fr 18.00 Uhr. Fahrzeit: 12 Std.

Pagadian
Bus: Von Pagadian nach Zamboanga fährt täglich von 4.30 bis 10.00 Uhr etwa stündlich ein Bus. Fahrzeit: 8 Std.

Flug: Philippine Airlines fliegt Mo, Di, Do, Fr u. So von Pagadian nach Zamboanga und zurück. Flugzeit: 40 Min.

Schiff: Drei Schiffe der SKT Shipping Lines fahren von Pagadian nach Zamboanga. Abfahrt: MV *Lady Helen* Di 18.00 Uhr; MV *Doña Isabel II* Fr 18.00 Uhr; MV *Lady Ruth* So 19.00 Uhr. Fahrzeit: 12 Std.

Um Zamboanga

Pasonanca Park

Waren die Häuser der ersten Siedler möglicherweise von einer vielfältigen Blumenpracht umgeben, so kann sich der erwartungsweckende Beiname »City of Flowers« heute hauptsächlich wohl nur auf den Pasonanca Park beziehen, der sich etwa sieben Kilometer oder 15 Minuten mit dem Jeepney nördlich vom Stadtzentrum befindet. Auf dem Weg dorthin gibt es ein paar liebevoll angelegte, sogar preisgekrönte Gärten zu bewundern. In dem 58 Hektar großen Park selbst befinden sich drei Swimmingpools, ein Amphitheater und ein Baumhaus, in dem vorzugsweise Flitterwöchler kostenlos eine Nacht verbringen können. Da der Andrang je-

doch nicht allzu groß ist, können auch schon einmal Touristen darin übernachten - mit Besuchern muß allerdings gerechnet werden. Das Baumhaus ist komplett mit zwei Betten, Stereoanlage, Kühlschrank, Fan, Bad und Telefon eingerichtet. Anmelden muß man sein luftiges Vorhaben im City Mayor's Office.
Nicht sehr weit vom Pasonanca Park entfernt liegt der Climaco Freedom Park, der früher Abong-Abong Park hieß. Er trägt seinen gegenwärtigen Namen zur Erinnerung an den von politischen Gegnern während der Marcos-Diktatur ermordeten, sehr populären Bürgermeister Cesar Climaco. Vom Holy Hill, auf dem ein großes Kreuz errichtet wurde, bietet sich eine herrliche Aussicht auf Zamboanga und die Basilan Strait.
Am Pasonanca Park liegt auch das früher sehr beliebte größte Hotel der Stadt, das Zamboanga Plaza Hotel & Casino. Es war im Besitz der Marcos-Familie und wurde 1986 von der Aquino-Regierung beschlagnahmt und geschlossen.
Jeepneys zum Pasonanca Park fahren ab Fish Market nahe Anleger; 2 P.

Santa Cruz Island

Die Insel hat einen hellen Sandstrand, der mit feinen roten Korallenstücken durchsetzt ist. Besonders beeindruckend ist er allerdings nicht. Getränke sind an einem kleinen Verkaufsstand erhältlich. An einer Mangrovenlagune befindet sich ein Moslem-Pfahldorf. Nicht weit entfernt vom Hauptstrand liegt versteckt in den Büschen ein kleiner Samal-Friedhof. Die nahe gelegene Little Santa Cruz Island ist für Besucher »offiziell« gesperrt. Auf dieser Insel sind ein paar Soldaten stationiert; ein Guest House der Philippine Army ist vorhanden.
An der Wasserseite des Lantaka Hotels versuchen Seezigeuner von ihren Booten aus, den Touristen Muscheln und Korallen zu verkaufen. Dort können auch Boote gemietet werden, um nach Great Santa Cruz Island hinüberzufahren. Die Fahrt dauert 15 Minuten und kostet hin und zurück 200 P pro Boot. Hinzu kommt eine Landungsgebühr von 5 P pro Person!

San Ramon und Yakan Weaving Village

Etwa 20 Kilometer westlich von Zamboanga befindet sich das große Gefängnis von San Ramon (San Ramon Prison & Penal Farm), wo von den Gefangenen hergestellte Handarbeiten verkauft werden.
Bei Pulanlupa, acht Kilometer nordwestlich von San Ramon, soll es ein prächtiges Korallenriff geben. Empfehlenswert zum Tauchen ist dieses Gewässer jedoch nur von März bis Juni, da in der anderen Zeit die Sicht durch starken Seegang getrübt ist.
Auf dem Weg nach San Ramon liegt etwa sieben Kilometer außerhalb von Zamboanga an der rechten Straßenseite das Yakan Weaving Village. Sieben Familien halten hier die alte Webtradition der Yakan aufrecht. Man kann den Weberinnen bei der Arbeit an den Webstühlen zusehen und ihnen eventuell ein Teil abkaufen, worüber sie sich offensichtlich freuen.
Von Zamboanga nach San Ramon fahren Busse ab Governor Lim Avenue, nahe Ecke Mayor Jaldon Street.

Taluksangay

Etwa 19 Kilometer nordöstlich von Zamboanga liegt das Moslem-Dorf Taluksangay, das sich vom Küstenstreifen bis ins Wasser erstreckt. In den im Wasser stehenden Pfahlhäusern leben Badjao. An Land, wo eine Moschee mit ihren Minaretts den Mittelpunkt des

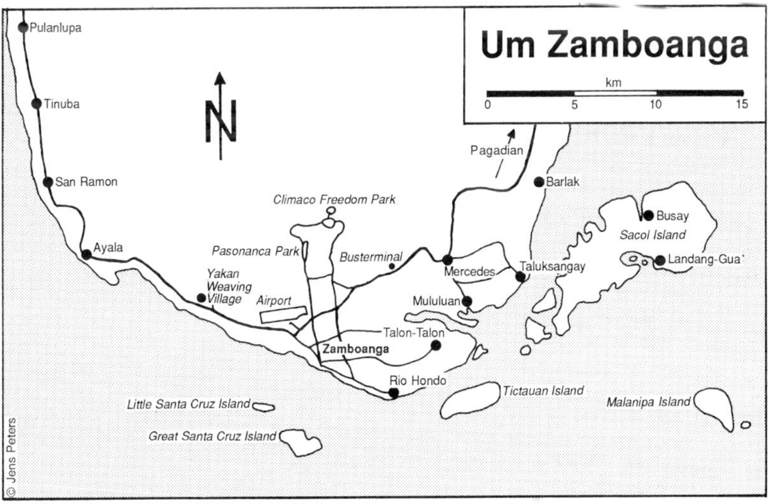

Dorfes bildet, haben sich Samal angesiedelt. Ihr bescheidenes Einkommen bestreiten die Menschen durch Fischfang und Sammeln von Feuerholz. Aufgepaßt: Die Kinder von Taluksangay können recht aggressiv werden, wenn ihre Bettelei nicht zum Erfolg führt.

Jeepneys von Zamboanga nach Taluksangay fahren ab Public Market. Die letzte Rückfahrt könnte vor Einbruch der Dunkelheit sein, vermutlich um 17.00 Uhr.

Süd-Mindanao

Davao

Davao ist neben Manila die am schnellsten wachsende Stadt der Philippinen. Platz für weitere Zuwanderer ist reichlich vorhanden, denn mit 244.000 Hektar gehört Davao City flächenmäßig zu den größten Städten der Welt. Etwa 900.000 Menschen leben in diesem Großraum. Der chinesische Einfluß ist nicht zu übersehen. Insbesondere in dem Viertel westlich vom Anleger betreiben zahlreiche Händler kleine Läden. Ebenfalls nicht weit vom Anleger und dem angrenzenden Magsaysay Park entfernt haben sich im sogenannten Muslim Fishing Village Moslems angesiedelt, zu dem eine Fußgängerbrücke hinüberführt.

Davao besitzt ein paar recht attraktive Märkte und gutsortierte Einkaufszentren. Obst, Gemüse, Fleisch und Fisch werden auf dem Bankerohan Market nahe der Generoso Bridge und auf dem Agdao Market in der Lapu-Lapu Street angeboten. Eine breite Palette tropischer Früchte füllen die Stände des Madrazo Fruit Centers in der Bangoy Street, darunter selbstverständlich auch die Durian, eine Spezialität Davaos, der im Magsaysay Park sogar ein Denkmal gesetzt wurde. Die stachelige Frucht, die »höllisch stinkt und himmlisch schmeckt«, hat wegen ihres Geruchs in den meisten Hotels Zimmerverbot. Auch Philippine Airlines läßt sie wis-

Anreise/Weiterreise

1 Airport
4 Anleger (Wharf)
5 WG & A
6 Sulpicio Lines
7 Cebu Pacific
Malaysian Airlines
18 Philippine Airlines
47 Busterminal

Übernachten

1 Insular Hotel Davao
7 Durian Hotel
8 Villa Margarita
12 B.S. Inn
16 Trader's Inn
18 Fortune Inn
23 Apo View Hotel
27 Royale House
29 El Mimar Tourist Lodge
33 Le Mirage Family Lodge
35 Hotel Maguindanao
39 Manor Pension House
40 Pension Felisa
41 Grand Men Seng Hotel
44 El Gusto Family Lodge

Essen und Trinken; Unterhaltung

1 Square Circle Disco
11 Bistro Rosario
Harana Restaurant
Mongolian Garden
Peter Pan Bake Shop
Sarung Banggi Restaurant
14 Eateries
17 Shanghai Restaurant
24 Davao Majestic Restaurant
25 Dencia's Kitchenette
26 Molave Restaurant
28 Bronco Disco
30 Tsuru Japanese Restaurant
31 Kusina Dabaw
New Sunya Restaurant
32 Merco Restaurant
37 Coo-Long Restaurant
Hang Out
Stag Club
38 Sunburst Fried Chicken
46 Down Under
Jimm's Club

Verschiedenes

1 Dabaw Museum
Etnika Dabaw
Lon Wa Temple
Taoist Temple
2 Agdao Market
3 University of Southeastern Philippines
7 Victoria Plaza Shopping Center
8 Casino
9 Immigration Office
Tourist Office
10 Equitable Bank
13 NCCC Department Store
15 Muslim Fishing Village
19 Post Office
20 Madroza Fruit Center
21 Aldevinco Shopping Center
22 Equitable Bank
34 St. Peter's Cathedral
36 Philippine National Bank (PNB)
42 City Hall
43 Bankerohan Market
45 Welink Internet Café
46 GAP Farming Orchid Resort
Shrine of the Holy Infant Jesus of Prague

sentlich nicht in ihre Flugzeuge hinein. Das führende Kaufhaus von Davao ist der NCCC Department Store - besser und preiswerter als Gaisano. Kunsthandwerk, Antiquitäten, Erzeugnisse kultureller Minderheiten, Batik und vieles mehr gibt es im Aldevinco Shopping Center in der Claro M. Recto Avenue.

© Jens Peters
N. Torres Street
C. Cervantes Street
G. Porras Street
Arsenio Lacson Street
Wenceslao Vinzon Street
Ignacio Villamar Street
Gregorio Del Pilar Street
Lakandula Street
Lapu-Lapu Street
Soliman Street
Governor Sobrecarey Street
Lapanday
Leon Garcia Street
Santa Ana Avenue
C. Lizada Street
Bangoy Street
Gempesaw Street
Sales Street
Magsaysay Avenue
T. Monteverde Street
S. Suazo Street
C. Chavez Street
M. Quezon Boulevard
J.P. Laurel Avenue
Florentino Torres Street
Manuel Araullo Street
Vicente Mapa Street
C. Arellano Street
Villa Abrille Street
Guerrero Street
D. Ponce Street
V. Tionko Avenue
Emilio Jacinto Street
Burgos Street
Padre Zamora Street
Padre Gomez Street
Padre Faura Street
M. Roxas Avenue
Mabini Street
J. Abad Santos Street
E. Quirino Street
Bangoy Street
Claro M. Recto Avenue
A. Quezon Street
M. Quezon Boulevard
J. Camus Street
Palma Gil Street
A. Bonifacio Street
Legaspi Street
Anda Street
J. Rizal Street
San Pedro Street
A. Pichon Street (Magallanes Street)
Generoso Bridge
Davao River
Bolton Street
0 100 200 m
Davao
Mindanao & Sulu

Dabaw Museum und Etnika Dabaw

Beim Insular Century Hotel Davao, nahe dem Airport, befindet sich das Dabaw Museum, das über die kulturellen Minderheiten Süd-Mindanaos informiert, unter anderem über die Bagobo und Mansaka. Geöffnet: Di-So 9.00-17.00 Uhr. Gleich hinter dem Hotel demonstrieren Mandaya im Etnika Dabaw ihr traditionelles Handwerk wie das Färben von Abaca-Fasern, das Weben von Stoffen und das anschließende Verzieren der Textilien.

Lon Wa Temple und Taoist Temple

Der sehenswerte, mit einigen Buddhastatuen und Holzschnitzereien ausgestattete Lon Wa Temple (auch: Long Hua Temple) in der Cabaguio Avenue (Verlängerung der Leon Garcia Street), etwa drei Kilometer in Richtung Airport, ist der größte buddhistische Tempel Mindanaos. Er wird von Mönchen und Nonnen bewohnt und ist zugleich Sitz der Philippine Academy of Shakya (eine Glaubensrichtung des Buddhismus). Etwa 300 Meter südlich davon steht in einer Seitenstraße der Cabaguio Avenue der Taoist Temple mit schöner Pagode. Hinkommen mit einem Jeepney mit Zielangabe »Sasa«.

Orchideenfarmen und Bananenplantagen

Bestens mit einem Tempelbesuch verbinden ließe sich die Besichtigung der gepflegten Puentespina Orchid Gardens, etwa einen Kilometer südlich vom Lon Wa Temple an der Cabaguio Avenue gelegen (Hinweisschild in der Nebenstraße Bolcan Street). Weitere Orchideenfarmen und auch Bananenplantagen, die zur Öffentlichkeit zugänglich sind, liegen außerhalb von Davao City, zum Beispiel die Lapanday Banana Plantation bei Buhangin, 14 Kilometer nordwestlich, und die World-

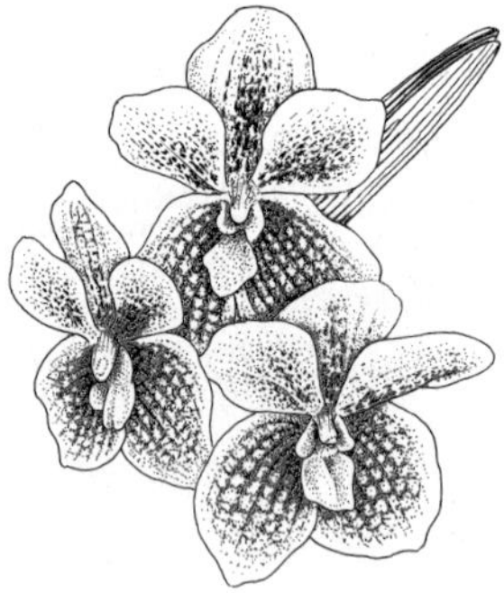

Vanda sanderiana
Die Orchidee *waling-waling* ist um Davao verbreitet

wide Derling Orchids Farm bei Toril, zwölf Kilometer südwestlich.
In Ma-a befindet sich das GAP Farming Orchid Resort. Diese Parkanlage mit Swimmingpool ist ein beliebtes Ausflugsziel. Eintritt: 12 P; Swimmingpool 25 P. Ab Matina Crossing fahren Jeepneys nach Ma-a, von dort weiter mit einem Tricycle oder zu Fuß (10 Min.).

Shrine of the Holy Infant Jesus of Prague

Vom Shrine of the Holy Infant Jesus of Prague hat man einen guten Ausblick auf die Stadt und auf den Davao Gulf. Dieser kleine Schrein liegt im Vorort Matina, etwa sechs Kilometer westlich von Davao, auf einer Anhöhe hinter dem Davao Memorial Park, zu der vom MacArthur Highway aus eine Straße abzweigt. Jeepneys fahren ab NCCC Department Store, Magsaysay Avenue, zum Bankerohan Market, dort umsteigen in einen Jeepney mit Ziel Matina. Der Abzweig zum Schrein ist leicht zu übersehen. Besser orientiert man sich am Sports Complex (Hahnenkampfarena Matina Cockpit) an der linken Seite. Die Fahrt mit einem Tricycle hinauf zum Schrein kostet 2 P.

Strände

Talomo Beach und Times Beach sind zwei schwarze Strände südwestlich von Davao, die ziemlich verschmutzt und daher nicht zu empfehlen sind. Wesentlich besser ist der weiße Paradise Island Beach auf Samal Island - ein lohnender Tagestrip ab Davao, wie auch nach Talikud Island.

Übernachten

Einfache Hotels und Pensionen

Le Mirage Family Lodge, San Pedro Street, Tel. 84334. EZ/fan 120 P, EZ/DZ/fan/Bad 200 P, EZ/ac/Bad 330 P, DZ/ac/Bad 400 P. In Ordnung für den Preis. Coffee Shop.
El Gusto Family Lodge, 51 A. Pichon Street, Tel. 73662. EZ/fan 100 P, DZ/fan 200 P, EZ/DZ/fan/Bad 140/250 P, EZ/DZ/ac/Bad 250/350 P. Einfache, akzeptable Zimmer, manche sind jedoch etwas stickig. Recht guter Gegenwert. Schöner, ruhiger Innenhof. Kleines Restaurant.
Trader's Inn, Juan Dela Cruz Street, Tel. 2214071, Fax: 64976. EZ/fan/Bad 240 P, EZ/ac/Bad 310 P, DZ/ac/Bad 420 P. Passable Zimmer.
Royale House, 34 Claro M. Recto Avenue, Tel. 73630, Fax: 2218106. EZ/fan 160 P, DZ/fan 250 P, EZ/fan/Bad 200 P, DZ/fan/Bad 350 P, EZ/ac/Bad 490 und 580 P, DZ/ac/Bad 680 und 790 P. Relativ gute Zimmer, die mit Aircon sind jedoch etwas überteuert. Restaurant.

Mittelklassehotels

B. S. Inn, Monteverde Street/Ecke Gempesaw Street, Tel. 2213980 bis 89, Fax: 2210740. EZ/ac/Bad 550 P, DZ/ac/Bad 750 P. Ordentliche, unterschiedlich große Zimmer, die ihr Geld wert sind. Geschmackvoll eingerichteter Coffee Shop. Dachterrassen-Restaurant.
The Manor Pension House, A. Pichon Street, Tel. 2212511, Fax: 2212514. EZ/ac/Bad 650 P, DZ/ac/Bad 780 P. Nett eingerichtete Zimmer mit TV. Freundlicher Service. Restaurant. Ruhig gelegen in einer kleinen Stichstraße, die von der A. Pichon Street abgeht.
Villa Margarita, J.P. Laurel Avenue, Tel. 2275726, Fax: 62968. EZ/ ac/Bad 880 bis 1.160 P, DZ/ac/Bad 950 bis 1.350 P, Suite 1.480 und 1.700 P. Mit TV. Einladendes Hotel mit gepflegten Zimmern. Restaurant. Swimmingpool. Kostenloser Airport-Service.
Hotel Maguindanao, 86 Claro M. Recto Avenue, Tel. 2212894, Fax: 2218121. EZ/ac/Bad 1.100 P, DZ/ac/Bad 1.330 und 1.620 P, Suite 2.940 P. Tadellose Zimmer. DZ und Suites mit TV. Restaurant. Liegt gegenüber der Kathedrale.

First-Class-Hotels

Apo View Hotel, J. Camus Street, Tel. 2216430 bis 40, Fax: 2212281. EZ/ac/Bad ab 1.450 P, DZ/ac/Bad ab 1.700 P. Recht komfortable Zimmer in einem älteren Hotel. Restaurant. Disco. Swimmingpool.
Durian Hotel, J.P. Laurel Avenue, Tel. 2220600, Fax: 2211835. EZ/ac/Bad 1.550 bis 1.870 P, DZ/ac/Bad 2.050 bis 2.600 P. Einwandfreie Zimmer mit Kühlschrank und TV. Restaurant. Liegt nicht direkt im Zentrum, jedoch sehr verkehrsgünstig (zahlreiche Jeepneys).
Grand Men Seng Hotel, A. Pichon Street/Ecke Anda Street, Tel. 2219040, Fax: 2212431. EZ/ac/Bad 1.850 P, DZ/ac/Bad 2.150 P, Suite 3.500 P. Mit Kühlschrank und TV. Neues Hotel mit tadellosen Zimmern. Restaurant. Swimmingpool. Fitnessraum.
Insular Century Hotel Davao, Lanang, Tel. 2343050, Fax: 2350915. EZ/ac/Bad ab 3.000 und 4.000 P, DZ/ac/

Bad 3.500 und 4.500 P. Suite 7.000 bis 17.000 P. Komfortable Zimmer. Ansprechende Anlage; das beste Hotel der Stadt. Restaurant. Swimmingpool. Tenniscourt. Golf. Tauchen. Liegt etwas außerhalb in Richtung Airport.

Essen und Trinken

Gute und preiswerte chinesische Gerichte gibt es in ***Dencia's Kitchenette***, Legaspi Street, im ***Shanghai Restaurant***, Magsaysay Avenue, das allerdings schon um 20.00 Uhr schließt, und im sauberen ***Coo-Long Restaurant*** in der San Pedro Street. Weitere gute Restaurants in der San Pedro Street sind das ***Kusina Dabaw*** mit preiswerten chinesischen und philippinischen Gerichten, das stets gut besuchte ***New Sunya Restaurant*** und das ***Merco Restaurant***, in dem es unter anderem gute Eiscremes gibt. Sehr beliebt ist auch die chinesische Küche vom ***Davao Majestic Restaurant***, Bonifacio Street.

Wem nach Brathähnchen ist, könnte das ***Sunburst Fried Chicken*** in der Anda Street aufsuchen oder aber das nette kleine ***Molave Restaurant*** in der Bangoy Street/Ecke J. Rizal Street, in dem fettfrei zubereitete Hähnchen die Spezialität des Hauses sind.

Empfehlenswert ist ein Abstecher in die Florentino Torres Street, wo sich nahe Ecke J.P. Laurel Avenue eine ganze Reihe verschiedener Restaurants angesiedelt hat, darunter das ***Harana*** mit guten Barbecues und philippinischen Gerichten, das ***Sarung Banggi***, bekannt für gute Steaks, Garnelen und Salate, der ***Mongolian Garden***, spezialisiert auf Mongolian Barbecue und Spare Ribs, das ***Bistro Rosario*** mit ausgezeichneten Steaks und der ***Peter Pan Bake Shop***, in dem es köstliche Kuchen gibt. Kräftig gegrillt wird auch in den ***Eateries*** beim Muslim Fishing Village nahe Magsaysay Park. Allerdings kein Fleisch, sondern das, was im Meer schwimmt, hauptsächlich Tintenfisch und Thunfisch. Ein lohnendes Plätzchen für Leute, die eine rustikal-romantische Atmosphäre zu genießen wissen.

Ein Tip für Liebhaber der japanischen Küche: ausgezeichnete und überraschend preiswerte Gerichte gibt es im ***Tsuru Restaurant*** (mit Sushi Bar) in der Legaspi Street.

Fast Food-Freunde finden ***McDonald's*** und andere Vertreter dieser Kategorie im Victoria Plaza Shopping Center neben dem Durian Hotel in der J.P. Laurel Avenue.

Unterhaltung

Ein relativ guter und nicht sehr teurer Filipino-Nightclub mit Live-Music und Show ist ***Jimm's Club***, der sich etwas außerhalb des Stadtzentrums am MacArthur Highway befindet. Ebenfalls etwas außerhalb, und zwar in Richtung Airport, noch vor dem Taoist Temple etwa 300 Meter rechts in einer Seitengasse, bietet die ***Square Circle Disco*** beste Gelegenheit zum Tanzen, auch für Go-Go Dancer. Beliebt ist auch der ***Needle Point Nightclub*** (200 P Eintritt), gleich nebenan.

Live-Music und Disco gibt's auch im ***Bronco*** in der Rizal Street. Gut und ausgelassen ist die Stimmung an Wochenenden in der etwas teuren ***Spam's Disco*** im Apo View Hotel - Eingang an der Rückseite. Im Vergleich dazu ist der ***Stag Club*** in der San Pedro Street recht einfach, wie auch das ***Hang Out*** gleich nebenan.

Gezockt wird jeden Abend im ***Casino Filipino*** in der Laurel Street am nordwestlichen Stadtrand. Eine besonders bei ansässigen Ausländern beliebte Kneipe ist ***Down Under***, etwa 150 Meter südlich der Generoso Bridge.

Adressen/Verschiedenes

Autoverleih: Avis, Insular Century Hotel Davao, Lanang. Tel. 2342336.

Geldwechseln: Visa cash advance bei der Equitable Bank, T. Monteverde Street und Claro M. Recto Avenue.
Online: Web Link Internet Café, Bemecho Building, Pichon Street.
Tourist Office, Magsaysay Park Complex, Tel. 2216955, 2216798, Fax: 2210070.
Vorwahl: 082.

Anreise/Weiterreise

Mit dem Bus: Der Busterminal für Verbindungen von und nach Butuan, Cagayan de Oro, Cotabato, General Santos, Manila und Surigao befindet sich im Stadtteil Ecoland, etwa zwei Kilometer südlich vom Zentrum. Taxis verlangen 50 P, Jeepneys kosten etwa 5 P.
Mit dem Flugzeug: Der Bangoy Airport liegt zwölf Kilometer nordöstlich von Davao, etwa zwischen den Orten Lanang und Panacan. Ein Taxi zur Stadt kostet 50 bis 70 P. Billiger geht's mit einem Jeepney für 6 P oder zunächst mit einem Tricycle für 2 P die 1,5 Kilometer lange Airport Road zur Hauptstraße und von dort dann mit einem Jeepney für 4 P nach Davao (Zielangabe: »San Pedro« oder »Bajada«); eventuell ein paar Minuten warten. Zielangabe in umgekehrter Richtung: »Sasa«.
Flughafengebühr: Bei internationalen Flügen wird eine Airport Tax von 220 P erhoben, bei Inlandsflügen 12 P!
Cebu Pacific, Summit World, Victoria Plaza Mall, J.P. Laurel Avenue, Tel. 2240960.
Grand Air, University Mall, Claro M. Recto Avenue, Tel. 2218101.
Malaysia Airlines, Durian Hotel, J.P. Laurel Avenue, Tel. 2241843, 2241897.
Mindanao Express, Genharco Building, Alvarez Street, Tel. 2250588.
Philippine Airlines, Villa-Abrille Building, Banyoy Street, Tel. 2215501, 2215313.
- Airport Office: Tel. 2340073, 2346434.

Mit dem Schiff: Zwei Anleger kommen in Frage: Santa Ana Wharf beim Magsaysay Park und Sasa Pier, ein paar Kilometer außerhalb. Ein Jeepney vom Sasa Pier zum Zentrum kostet 4 P.

Butuan
Bus: Von Butuan nach Davao fahren täglich mehrere Busse der Companies Bachelor Bus Liner und Ceres Liner. Fahrzeit: 6:30 Std. Letzte Abfahrt möglicherweise um 12.00 Uhr.

Cagayan de Oro
Bus: Von Cagayan de Oro nach Davao fahren täglich mehrere Busse der Companies Bachelor Bus Liner und Ceres Liner. Fahrzeit 10 Std. Letzte Abfahrt möglicherweise bereits am frühen Vormittag.

Flug: Philippine Airlines fliegt Mo, Mi u. Sa von Cagayan de Oro nach Davao und zurück. Flugzeit: 35 Min.

Cotabato
Bus: Von Cotabato nach Davao fahren täglich zahlreiche Busse der Companies Mintranco oder Weena Express. Fahrzeit: 6 Std.

General Santos
Bus: Von General Santos nach Davao fahren täglich zahlreiche Busse der Yellow Bus Line Company. Fahrzeit: 4 Std. Letzte Abfahrt möglicherweise um 15.00 Uhr.

Flug: Mindanao Express fliegt täglich außer So von General Santos nach Davao und zurück. Flugzeit: 25 Min.

Schiff: Die MV *Superferry 1*, WG & A, fährt Mo 10.00 Uhr von General Santos nach Davao. Fahrzeit: 11 Std.

Surigao
Bus: Von Surigao nach Davao fahren täglich zwischen 4.00 und 9.00 Uhr

vier Busse der Company Bachelor Bus Liner. Fahrzeit: 8:30 Std.

Schiff: Von Surigao nach Davao: MV *Filipina Princess*; Sulpicio Lines. Abfahrt: Mo 21.00 Uhr. Fahrzeit: 17 Std. MV *Superferry 6*; WG & A. Abfahrt: Mi 12.00 Uhr. Fahrzeit: 18 Std.

Zamboanga
Flug: Philippine Airlines fliegt Mo, Mi u. Sa von Zamboanga nach Davao und zurück. Flugzeit: 50 Min.

Um Davao

Samal Island

Eine romantische Perlentaucher-Atmosphäre sollte man auf Samal Island nicht mehr erwarten: die wirtschaftlich lukrativen Zeiten der Aguinaldo Pearl Farm sind vorbei. Heute erstreckt sich eine erstklassige Hotelanlage in der romantischen Bucht, in der vor wenigen Jahren noch Tausende von Austern begehrte Zuchtperlen produzierten, das Pearl Farm Beach Resort. Unangemeldete Tagesgäste haben allerdings kaum eine Chance, dieses exklusive Getto auch nur einen Fußbreit zu betreten.
Der weiße Paradise Island Beach an der Nordwestküste ist der beste Strand auf Samal. Nördlich vom Paradise Island Park & Beach Resort stehen die Cottages vom Coral Reef Beach Resort, südlich befindet sich, etwas abgelegen, das Costa Marina Beach Resort.
Gut zum Tauchen sollen die Gewässer um Big Cruz Island und Little Cruz Island sein. Diese beiden Inseln vor der Nordostküste von Samal Island werden auch Ligid Islands genannt. Ein weiteres gutes Tauchgebiet befindet sich in der Nähe des Pearl Farm Beach Resort bei Malipano Island, wo in etwa 30 Meter Tiefe die Wracks von zwei Kriegsschiffen aus dem Zweiten Weltkrieg liegen.

Übernachten
Paradise Island Park & Beach Resort. Cottage/fan 550 P, Cottage/fan/Bad 700 P, Cottage/ac/Bad 1.300 P. Angenehme, gepflegte Anlage mit attraktiven Cottages. Äußerst freundlicher Service. Gutes, preiswertes Restaurant. An Wochentagen recht ruhig, an Wochenenden dagegen ein beliebtes Ausflugsziel. Eintritt für Tagesgäste: 30 P.
Pearl Farm Beach Resort, Tel. 2219970, Fax: 2219979. EZ/DZ/ac/Bad 2.400 P, Samal House 3.600 P, Suite 6.300 P. Mit Kühlschrank. Gemütlich eingerichtete Zimmer und sehr geräumige Suites. Die Samal Houses sind auf Pfählen ins Meer gebaut. Teures Restaurant. Swimmingpool. Tenniscourt. Wasserski. Windsurfen. Tauchen. Weitläufige Anlage. Kostenloser Airport-Service für Gäste. Reservierung auch im Manila Sales Office, Bayview Park Hotel, Roxas Boulevard, Ermita, Tel. 5264483, Fax: 5264484.

Anreise/Weiterreise
Jeepney/Boot: Von Davao zum Paradise Island Beach Resort mit einem Jeepney in Richtung Airport mit Fahrtziel »Sasa« (4 P). Den Fahrer bitten, beim Sasa Pier bei den Caltex Tanks zu stoppen. Nach kurzem Fußweg dann mit einem Boot zum Paradise Island Beach übersetzen lassen; 5 P pro Person oder 50 P fürs Boot. Boote fahren von 5.30 bis 17.00 Uhr.
Ab Santa Ana Wharf fahren Boote nach Peñaplata auf Samal Island. Fahrzeit: 45 Min. Fahrpreis: 20 P. Vom Anleger in Peñaplata kann man sich für etwa 80 P mit einem Motorrad über eine Piste zum Paradise Island Beach Resort fahren lassen.

Talikud Island

Auf Talikud Island, das ist die Insel südwestlich von Samal Island, gibt es ein paar schöne Strände. Übernachtungs-

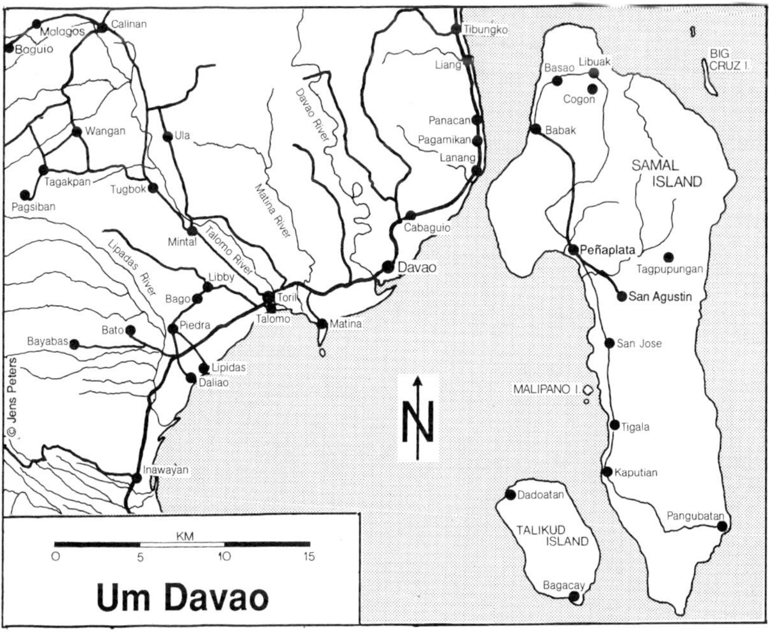

möglichkeiten gibt es am Isla Resta Beach (Eintritt: 10 P) und am Isla Cristina Beach (Eintritt: 50 P). Eine touristische Entwicklung von größerem Ausmaß scheint der Insel in den nächsten Jahren bevorzustehen.

Anreise/Weiterreise

Boot: Von Davao zur Talikud Island mit einem Boot ab Santa Ana Wharf, linke Seite. Abfahrt täglich um etwa 10.00 Uhr, eventuell auch erst um 14.00 Uhr. Zurück nach Davao möglicherweise erst am nächsten Tag. Abfahrtszeiten nicht sehr verbindlich; viel Fragerei!

Eagle Camp

Das Eagle Camp (auch: Philippine Eagle Nature Center) befindet sich bei Malagos im Distrikt Baguio nahe Calinan, etwa 36 Straßenkilometer nordwestlich von Davao. Ein Besuch dieser sehenswerten Einrichtung der Philippine Eagle Foundation Inc. (PEFI) ist ein lohnenswerter Tagestrip, nicht nur für Ornithologen. Das Gelände ist sehr gepflegt und wie ein botanischer Garten angelegt. Darüber hinaus sind in einem kleinen Zoo einige typisch philippinische Tiere zu sehen, vor allem aber die ganze Palette der im Land vorkommenden Adler. Eintritt: 24 P.

Von den landesweit nur 77 nachgewiesenen Exemplaren des Philippinischen Adlers leben allein 16 im Eagle Camp. Zwei von ihnen schlüpften 1992 in Brutkästen und die Jungen konnten mit Erfolg großgezogen werden. Es besteht also eine kleine Hoffnung, daß »the air's noblest flier«, wie der berühmte

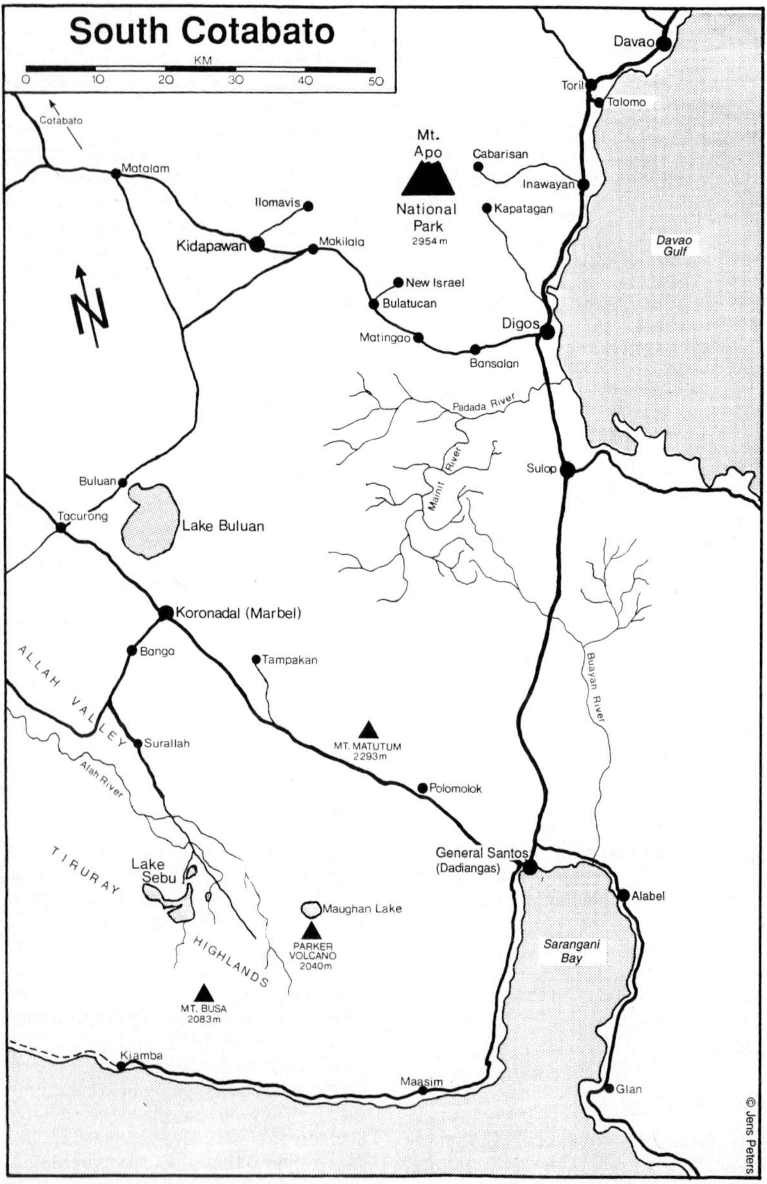

Mindanao & Sulu

Charles Lindbergh den philippinischen Nationalvogel in einer Kampagne zur Rettung dieser Spezies in den sechziger Jahren bezeichnete, nicht aussterben muß.
Die Leute vom Eagle Camp, die die Horste der Adler observieren, sind überaus nett und können fundierte Informationen über die Vögel geben. Es besteht eventuell die Möglichkeit, gegen eine Spende bei ihnen zu übernachten und von dort aus Treks in die landschaftlich schöne Umgebung wie zum Beispiel den Mount Apo National Park zu unternehmen. Dann sollten jedoch Schlafzeug und Verpflegung mitgenommen werden. Ebenso warme Kleidung, denn am Mount Apo ist es wesentlich kühler als unten in Davao.
Zwei Kilometer südlich vom Eagle Camp liegt das Malagos Garden Resort mit nett gestaltetem Restaurant, Orchideengarten und Swimmingpool. Geöffnet: 9.00-17.00 Uhr.

Anreise/Weiterreise

Jeepney/Tricycle: Von Davao nach Calinan mit einem Jeepney ab Agdao Market (man kann auch in der San Pedro Street oder am Bankerohan Market zusteigen). Fahrpreis: 10 P. Die restlichen etwa fünf Kilometer von Calinan nach Malagos zum Campeingang mit einem Tricycle (40 P).
Letzte Abfahrt des Jeepneys von Calinan nach Davao (Fahrtziel: »Agdao«) um etwa 18.00 Uhr.

Taxi: Ein Taxi von Davao zum Eagle Camp und zurück kostet 600 P (aushandeln), inklusive Wartezeit (insgesamt etwa 5 Std.).

Mount Apo

Das Tourist Office in Davao stellt Interessierten detailliertes Material über den Mount Apo National Park, die verschiedenen Routen und die empfohlene Ausrüstung zur Verfügung. Das kompetente Personal sollte auch Auskunft darüber geben können, ob der Aufstieg aus Sicherheitsgründen überhaupt zu verantworten und durchführbar ist. Als nämlich im April 1989 rund 300 Kletterer aus dem In- und Ausland am jährlich stattfindenden, organisierten gemeinschaftlichen Aufstieg teilnahmen, machten Mitglieder der NPA der Öffentlichkeit äußerst eindrucksvoll klar, wer in der Bergwelt das Sagen hat, indem sie im Handstreich die gesamte Gruppe entführte, sie aber kurze Zeit später wieder freiließ. Zusätzliche Informationen über Aufstieg und aktuelle Sicherheitslage sind in Digos im Office der Digos Times erhältlich (Mount Apo Climber Association). Führer und Träger können in Kidapawan angeheuert werden; sie kosten mindestens 250 P pro Mann/Tag. Wasserflasche und Stiefel gehören unbedingt zur Ausrüstung. Wichtig sind auch warme Sachen, denn nachts wird es oben empfindlich kühl - Temperaturen um den Gefrierpunkt sind nicht ungewöhnlich. Verpflegung muß mitgenommen werden (Salz nicht vergessen!). Der Aufstieg ist nicht einfach. Zwar wurde der Berg von Schnellkletterern bereits an einem Tag »gemacht«, fünf oder sechs Tage sind jedoch realistischer und weitaus angenehmer.

Kapatagan-Route

Die Kapatagan-Route, auch Davao del Sur-Route genannt, ist in drei Tagen zu bewältigen (vier wären gemütlicher), inklusive An- und Abreise von und nach Davao.
1. Tag: Von Davao nach Digos mit einem Bus der Companies Yellow Bus Line, Mintranco oder Weena ab Busterminal in Ecoland, entweder direkt oder mit Ziel Cotabato oder General Santos. Fahrzeit: 1 Std. Vom Digos Busterminal (Markt) mit einem Tricycle zur Jeepneystation Quezon Street/

Ecke Rizal Avenue und mit einem Jeepney hinauf nach Kapatagan (30 km). Fahrzeit: 1:30 Std. Für 120 P kann man sich auch mit einem Motorrad hinbringen lassen (45 Min.).
In Kapatagan mit Guides Kontakt aufnehmen, z.B. über Guillermo Franco, Sampaguita Chapter. Briefliche Voranmeldung wäre ratsam: 8002 Kapatagan, Davao del Sur.
Das Eindecken mit Proviant ist in Kapatagan sicherlich etwas günstiger als in Digos oder Davao, allerdings ist die Auswahl an Konserven dort nicht sehr groß.
Mittags Aufbruch zum Dorf Sabuag; Dauer: 4 Std. Übernachtung in der Hütte. Schlafsack und Verpflegung deponieren.
2. Tag: Bei Sonnenaufgang mit Tagesgepäck losmarschieren. Der erste Teil der Strecke führt durch tropischen Bergregenwald, die Hänge sind ausgesprochen steil. Im zweiten Abschnitt geht's zunächst durch eine felsige Schlucht und danach durch Lavafelsbrocken bis zum Gipfel. Dauer: 5 Std.
Nach einer ausgiebigen Mittagspause auf dem Gipfel Abstieg zum Dorf. Dauer: 3 Std. Übernachtung in der Hütte.
3. Tag: Morgens in drei Stunden zurück nach Kapatagan. Rückfahrt über Digos nach Davao. Der letzte Bus von Digos nach Davao fährt um etwa 19.00 Uhr. Übernachtungsmöglichkeit in Digos in der Digos Travel Lodge, Rizal Avenue (EZ/DZ/fan/Bad 250 bis 400 P) oder im besseren Hotel Ynciert's, 4440 Juan Luna Street (EZ/DZ/ac/Bad 500 bis 800 P).

Kidapawan-Route

Der nachfolgende Vorschlag gibt knapp den Verlauf eines viertägigen Auf- und Abstiegs wieder, inklusive An- und Abreise von und nach Davao.
1. Tag: Von Davao nach Kidapawan mit einem Bus der Mintranco Company, entweder direkt oder mit Ziel Cotabato. Fahrzeit: 2:30 Std. Früh genug losfahren, denn nach 15.00 Uhr führt sehr wahrscheinlich kein Jeepney mehr von Kidapawan über Ilomavis zum Lake Agco. Von dort geht es in gut drei Stunden zu Fuß bergauf zum Marbel River Campsite. Schlafen im Shelter.
2. Tag: Sechs bis acht Stunden hart steigen; bis zum Lake Venado sind es etwa fünf Stunden. Draußen schlafen; bei Regen unangenehm. Plastikplane ist sinnvoll, besser ist ein Kleinzelt.
3. Tag: In zwei Stunden hinauf zum Gipfel und Abstieg zum Lake Venado oder zum Marbel River Campsite.
4. Tag: Zurück nach Kidapawan bzw. Davao.

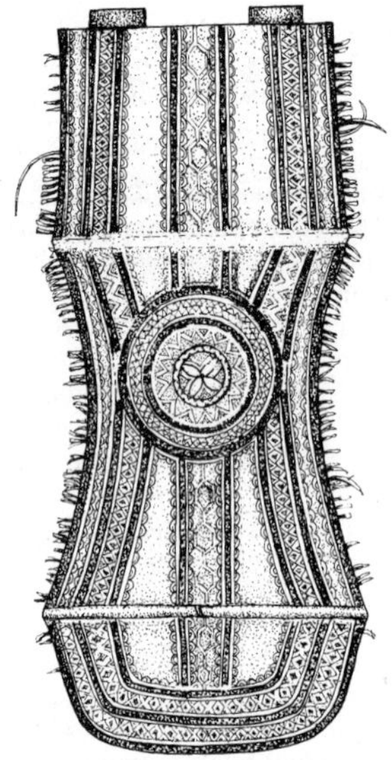

Bagobo-Schild
Die im Hochland nordwestlich von Davao lebenden Bagobo sind als stolzes und kriegerisches Volk bekannt. Auch heute noch steigern sich Ruhm und Ansehen eines Bagobo mit der Zahl der von ihm getöteten Feinde

General Santos

In General Santos (Dadiangas) lebten noch am Anfang dieses Jahrhunderts nur Maguindanao (Moslems) und B'laan. Die ersten Siedler kamen erst 1914 und 1915 sowie verstärkt in den dreißiger Jahren. 1939 erreichten Pioniere von Luzon und den Visayas unter der Führung von General Paulino Santos die Ansiedlung am Silway River an der Sarangani Bucht. Nach ihm wurde Dadiangas 1965 in General Santos umbenannt. Der alte Name ist jedoch auch heute noch sehr gebräuchlich. Haupterwerbszweige sind der Anbau von Ananas (Dole Pineapple Plantation), Bananen (Stanfilco Banana Plantation) und die Viehzucht (Sarangani Cattle Company).

Südlich von General Santos (kurz: »Gen San«) liegen der Küste Mindanaos vorgelagert die beiden Inseln Balut und Sarangani, die noch zu den Philippinen gehören. Nur wenige Meilen weiter beginnt das Hoheitsgebiet Indonesiens. Zwischen Balut Island und Manado im Norden von Sulawesi/Indonesien besteht eine Schiffsverbindung. Allerdings werden nur Filipinos und Indonesier als Passagiere akzeptiert. Andere Nationalitäten dürfen nicht an Bord, auch nicht mit gültigem indonesischem Visum. Die auf Balut Island kontrollierenden indonesischen Grenzbeamten nehmen die Bestimmungen sehr genau. Das Auslegerboot von General Santos nach Balut Island fährt nachts und es kann feucht und kalt werden. Fahrzeit: 7 Std.

Übernachten

Concrete Lodge, Pioneer Avenue, Tel. 5524876. EZ/fan/Bad 135 P, DZ/fan/Bad 210 P, EZ/DZ/ac/Bad 300 P. Einfach, aber akzeptabel.

South Sea Lodge I, Pioneer Avenue, Tel. 5522086. EZ/fan 150 P, DZ/fan 200 P, EZ/fan/Bad 200 P, DZ/fan/Bad 250 P, EZ/ac/Bad 350 P, DZ/ac/Bad 400 P. Relativ gut. Restaurant. Die *South Sea Lodge II* befindet sich in der Salazar Street/Ecke Magsaysay Avenue.

La Azotea Inn, Salazar Street, Tel. 5523729. EZ/fan 200 P, EZ/DZ/ac 300/350 P. Ordentliche Zimmer in einem angenehmen Haus mit freundlicher, familiärer Atmosphäre. Coffee Shop (nur Frühstück).

Matutum Hotel, P. Acharon Boulevard, Tel. 5522711, Fax: 5524901. EZ/fan/Bad 200 P, EZ/ac/Bad 355 und 430 P, DZ/ac/Bad 520 und 700 P. Akzeptable, ruhige Zimmer. Restaurant. Disco. Zentrale Lage.

Pietro's Hotel, National Highway, Tel. 5524831. EZ/fan/Bad 250 P, DZ/fan/Bad 380 P, EZ/ac/Bad 400 P, DZ/ac/Bad 500 P, Suite 800 P. Recht ordentliche Zimmer. Restaurant. Disco. Auch Stundenhotel.

Bananenstaude *(Musa paradisiaca)*
Nach Brasilien und Indien liegen die Philippinen in der Produktion von Bananen weltweit an dritter Stelle

Hotel Sansu, Pioneer Avenue, Tel. 5527219, Fax; 5527221. EZ/ac/Bad 460 P, DZ/ac/Bad 580 bis 800 P. Preislich in Ordnung. Die teuren Zimmer mit Kühlschrank und TV. Restaurant.
Phela Grande Hotel, Magsaysay Avenue, Tel. 5524925, Fax: 5522990. EZ/ac/Bad 600 P, DZ/ac/Bad 800 P, Suite 1.600 P. Recht gute, annehmbare Zimmer. Restaurant. Coffee Shop.
T'Boli Hotel, National Highway, Tel. 5523042. EZ/ac/Bad 600 P, DZ/ac/Bad 800 P, Suite 1.000 bis 1.800 P. Komfortable Zimmer. Restaurant. Music Lounge. Liegt am Stadtrand.

Essen und Trinken

Eine große Auswahl an chinesischen Gerichten gibt es im ***Wok 'n' Chow Restaurant*** im Hotel Sansu. Gut philippinisch essen kann man im ***Matutum Hotel Restaurant***. Sehr preiswert ist das unscheinbare ***Flor's Restaurant*** in der Atis Street/Ecke Lucban Street, in dem der Gast aus mehr als 20 mit Fisch, Fleisch und Gemüse gefüllten Töpfen sein Essen zusammenstellen kann.

Adressen/Verschiedenes

Autoverleih: Avis, Angkallan Building, National Highway. Tel. 5526225.
Vorwahl: 083.

Anreise/Weiterreise

Mit dem Flugzeug: Der neue General Santos International Airport liegt ungefähr zehn Kilometer südwestlich der Stadt. Ein Taxi zum Zentrum kostet 70 P. Der alte Buayan Airport liegt drei Kilometer östlich vom Stadtzentrum.
Mindanao Express, Halieus Mall, Daprosa Street/Ecke Recto Street, Tel. 5535801.
Philippine Airlines, Angkalian Building, National Highway, Tel. 5525905. - Airport Office: Tel. (065) 4152360.

Mit dem Schiff: Der Anleger (Makar Wharf) befindet sich vier Kilometer südwestlich vom Stadtzentrum. Ein Taxi kostet 50 bis 100 P.

Anreise/Weiterreise
1 Buayan Airport
2 Philippine Airlines
3 Busterminal
8 Yellow Bus Line Busterminal
26 Anleger (Makar Wharf)
General Santos International Airport

Übernachten
9 T'Boli Hotel
11 Matutum Hotel
15 La Azotea Inn
16 South Sea Lodge II
17 Concrete Lodge
20 South Sea Lodge I
21 Hotel Sansu
23 Phela Grande Hotel
25 Pietro's Hotel

Essen und Trinken
21 Wok 'n' Chow Restaurant
24 Flor's Restaurant

Verschiedenes
4 St. Elizabeth Hospital
5 Market
6 Doctor's Hospital
7 Fish Market
10 Magsaysay Park
12 Immigration Office
13 Post Office
14 Philippine National Bank (PNB)
18 Police Station
19 City Hall
22 Mindanao State University

Davao

Bus: Von Davao nach General Santos fahren täglich zahlreiche Busse der Yellow Bus Line Company. Fahrzeit: 4 Std. Letzte Abfahrt möglicherweise um 15.00/15.30 Uhr.

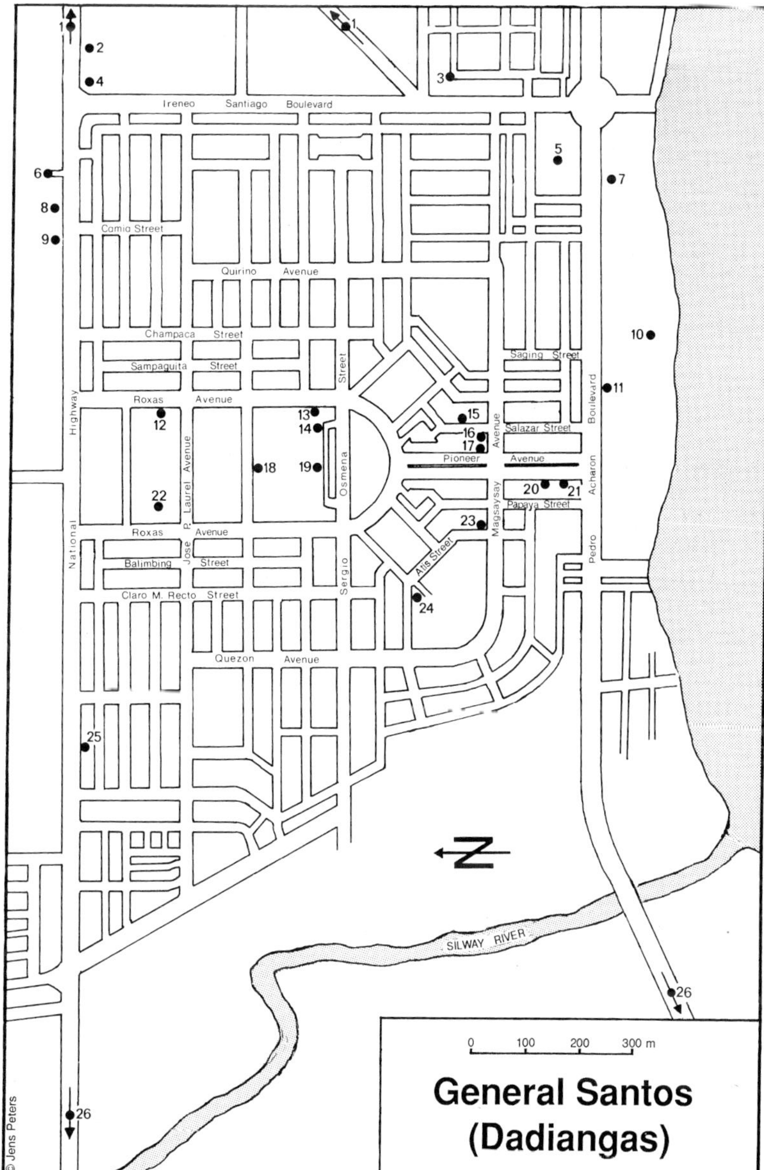

Mindanao & Sulu

Flug: Mindanao Express fliegt täglich außer So von Davao nach General Santos und zurück. Flugzeit: 25 Min.

Schiff: Die MV *Superferry 1*, WG & A, fährt Mo 24.00 Uhr von Davao nach General Santos. Fahrzeit: 12 Std.

Koronadel
Bus: Von Koronadel (Marbel) nach General Santos fahren täglich zahlreiche Busse der Yellow Bus Line Company, entweder direkt oder mit Ziel Davao. Fahrzeit: 1 Std. Letzte Abfahrt nach General Santos um etwa 19.00 Uhr. Es fahren auch Minibusse.

Surallah
Bus: Von Surallah nach General Santos fahren täglich mehrere Busse der Yellow Bus Line Company. Eventuell muß man in Koronadel umsteigen. Fahrzeit: 2 Std.

Zamboanga
Schiff: Von Zamboanga nach General Santos: MV *Doña Virginia*; WG & A. Abfahrt: Mi 19.00 Uhr. Fahrzeit: 12 Std. MV *Princess of the Pacific*; Sulpicio Lines. Abfahrt: Do 17.00 Uhr. Fahrzeit: 12 Std.

Koronadel

Koronadel, auch Marbel genannt, ist die Hauptstadt der Provinz South Cotabato. Neben Zuwanderern aus anderen Teilen der Philippinen leben dort hauptsächlich Maguindanao und B'laan, Angehörige der beiden ursprünglich in dieser Gegend ansässigen Volksgruppen. Für die Maguindanao heißt diese Stadt Koronadel, die B'laan dagegen bezeichnen sie mit Marbel. Lohnenswert ist ein Abstecher zum Lake Sebu.

Übernachten

Alabado's Home, Alunan Street/Ecke Rizal Street. EZ/fan/Bad 120 P, DZ/fan/Bad 220 P, EZ/ac/Bad 280 P, DZ/ac/Bad 330 P. Relativ gute, preislich akzeptable Zimmer. Möglicherweise jedoch nur noch eine kleine Auswahl, da einige Zimmer jetzt als Büros genutzt werden.
Ramona Plaza Hotel, General Santos Drive, Tel. 83284. EZ/ac/Bad 450 und 550 P, DZ/ac/Bad 600 und 750 P, Suite 1.200 P. Angenehmes, freundliches Hotel. Restaurant.
Marvella Plaza Hotel, General Santos Drive, Tel. 83227. EZ/ac/Bad 620 bis 990 P, DZ/ac/Bad 800 bis 1.250 P, Suite 1.500 und 1.750 P. Einwandfreie Zimmer mit TV, die Suites auch mit Kühlschrank. Restaurant. Disco.

Essen und Trinken

Preiswert chinesisch essen kann man im ***Capitol Restaurant*** in der Roxas Street. Im ***D'Breeze Restaurant***, ein paar Schritte weiter, gibt es gute chinesische und philippinische Gerichte, ebenso im ***Café Loreta*** im Marvella Plaza Hotel, in dem man auch ein ordentliches Frühstück bekommt.
Empfehlenswert ist das Self-Service-Restaurant ***Casa Illonga*** im Ramona Plaza Hotel mit preiswertem philippinischen Essen und angeschlossener Bäckerei (The Fresh Baker).

Adressen/Verschiedenes

Vorwahl: 08346.

Anreise/Weiterreise

Davao - General Santos
Bus: Von Davao nach Koronadel über General Santos fahren täglich zahlreiche Busse der Yellow Bus Line Company, entweder direkt oder mit Ziel Tacurong. Fahrzeit: von Davao 4 Std.; von General Santos 1 Std. Von General Santos nach Koronadel fahren auch Minibusse.

Lake Sebu - Surallah
Bus: Vom Lake Sebu nach Koronadel über Surallah fährt man zuerst mit einem Jeepney nach Surallah, von dort dann mit einem Bus der Yellow Bus Line Company mit Ziel General Santos nach Koronadel. Fahrzeit: 2 Std.

Surallah

Surallah ist eine kleine Stadt im südlichen Abschnitt vom Allah Valley. Von dort aus gelangt man zum Lake Sebu, einem der schönsten Binnenseen der Philippinen.
Etwa 15 Kilometer südlich von Surallah befinden sich die Seven Falls, imposante Wasserfälle umgeben von tropischem Regenwald. Über einen gut passierbaren Pfad, der an der Straße von Surallah zum Lake Sebu beginnt und durch urwüchsigen Dschungel führt, erreicht man in weniger als einer Stunde Marsch die tosenden Fälle.
Weiterhin lohnen sich ab Surallah folgende Tagestrips: Nach Buluan und von dort zum Lake Buluan mit seinen insbesondere für Ornithologen interessanten Sumpfgebieten; zu den Goldminen von Kimato in den Bergen der Tiruray Highlands (sofern noch möglich; das Gelände ist möglicherweise abgesperrt).

Übernachten

Bonns Haus. EZ/DZ 50/100 P. Einfach. Höhere Preise nach erfolgter, geplanter Renovierung.
V.I.P. Trading, Camia Street. EZ/DZ/fan/Bad 200/250 P. Recht ordentliche, familiäre Unterkunft. Verpflegung nach Vereinbarung. Die Besitzerin Ruth Lagamayo stellt für ihre Gäste gern den Kontakt zur Familie Fernandez her, die auf Wunsch Fahrten mit ihrem Jeep zum Lake Buluan und nach Kimato unternimmt und sogar mehrtägige Touren mit Pferden durch Berge und Regenwald organisiert.

Lake Sebu

Der fischreiche Lake Sebu und die beiden kleineren Nachbarseen Lake Sultan und Lake Lahit liegen in den südlichen Tiruray Highlands auf einer Höhe von annähernd 300 Metern.
In der Gegend um den See ist eine kulturelle Minderheit ansässig, die sich T'boli (sprich: Tiboli) nennt. Traditionsgemäß leben die Mitglieder in Abgeschiedenheit, sofern dies überhaupt noch möglich ist. Die wichtigsten landwirtschaftlichen Erzeugnisse der T'boli sind Reis, Mais und Zuckerrohr. Bekannt ist die gute Qualität ihrer Messingarbeiten und Weberzeugnisse (siehe auch Kapitel »Land und Leute«: *Kulturelle Minderheiten*). Man sollte nach Möglichkeit versuchen, seinen Aufenthalt so einzurichten, daß der samstags stattfindende, sehenswerte, farbige Markt miterlebt werden kann. Noch besser dürfte sicherlich ein rechtzeitiges Eintreffen zum großen Lem-Lunay T'boli Festival sein, das jedes Jahr am zweiten Freitag im November beginnt, und am darauffolgenden Sonntag in wilden Pferdekämpfen einen Höhepunkt findet.
Ein Abstecher zum Lake Sebu dürfte sich nur für Leute lohnen, die ein ehrliches Interesse an der einfachen, traditionellen Lebensweise der T'Boli haben. Wer auf abendliche Unterhaltung wie Discos und dergleichen nicht verzichten kann, wird sich sehr schnell langweilen und auch keinen Zugang zu den Einheimischen finden. Auch sollte man keine allzu großen Erwartungen haben, auf eine tagaus, tagein folkloristisch prächtig herausgeputzte Volksgruppe zu treffen. Auch bei den T'boli ist die Zeit nicht stehengeblieben und sie wissen die Vorzüge von Jeans und T-Shirts ebenfalls sehr wohl zu schätzen.

Hinweis: Die Gegend um den Lake Sebu war 1996 äußerst gefährlich. Innerhalb weniger Wochen wurden über 20 Ausländer von moslemischen Extremisten zwecks Lösegeldforderungen entführt. Nachdem das Militär eine zusätzliche Kompanie kampferprobter Soldaten in das Gebiet entsandte, normalisierte sich die Lage jedoch erst einmal wieder. Trotzdem ist es ratsam, sich vor der Anreise z.B. in General Santos oder Koronadel über die aktuelle Situation am Lake Sebu zu informieren.

Übernachten

Lakeview Tourist Lodge. Cottage 40 P, EZ/DZ 50/100 P. Einfache Unterkunft nahe dem Markt. Die Besitzer Carlos und Irene Legaste betreiben auch einen Souvenirladen, in dem sie T'Boli-Kunsthandwerk anbieten.

Hillside View Park & Lodge. EZ/DZ 50/100 P. Einfache, ordentliche Unterkunft mit großen Zimmern. Gutes Restaurant.

Punta Isla Lake Resort. Dorm 50 P, EZ/DZ/fan/Bad 250 P. Freundliche Zimmer in einer behaglichen Unterkunft auf einer kleinen Anhöhe mit schönem Blick auf den See. Spezialität des Restaurants ist frischgefangener Tilapia-Fisch, beliebig zubereitet.

Bao Ba-ay Village Inn. EZ/DZ 125/150 P, Cottage 350 P. Einfache, familiäre Unterkunft, idyllisch am Seeufer gelegen. Der Besitzer Bao Ba-ay ist T'Boli und Friedensrichter. Er kann einiges über die Kultur seines Volkes erzählen. Gegen eine akzeptable Leihgebühr vermittelt er Boote und Pferde und ist auch sonst sehr hilfsbereit, ebenso wie seine Frau Alma, eine Ilokana, die für das leibliche Wohl sorgt. Beide betreiben neben dem Gästehaus noch eine eigene Fischzucht.

Anreise/Weiterreise

Jeepney: Von Surallah zum Lake Sebu fahren täglich bis etwa 17.00 Uhr mehrere Jeepneys ab Market. Fahrzeit: 1 Std. Fahrpreis: 12 P.

Der letzte Jeepney von Surallah nach Koronadel (Marbel) fährt um etwa 15.00 Uhr.

Cotabato

Cotabato liegt am Rio Grande de Mindanao. Die Bevölkerung dieser eher moslemisch anmutenden Stadt setzt sich laut Zahlenmaterial aus etwa 60 Prozent Christen und nur knapp 40 Prozent Moslems zusammen. Die dort lebenden Menschen werden auch Maguindanao genannt, nach der gleichnamigen Provinz um Cotabato. Der Islam kam bereits 1371 mit dem Araber Sharif Muhammad Kabungsuwan, der auch als Gründer von Cotabato gilt, an den zweitlängsten Fluß der Philippinen. Erst 1872 begannen Jesuiten in Tamontaka, sieben Kilometer südwestlich von Cotabato, mit dem Bau einer Kirche und etablierten damit das Christentum in diesem Gebiet.

Übernachten

Padama Pension House, 72 Quezon Avenue, Tel. 4212625. EZ/DZ/fan 140/200 P, EZ/fan/Bad 160 P, DZ/fan/Bad 250 P. Einfach. Laute Zimmer zur Straße. Liegt nahe Busterminal.

Hotel Filipino, Sinsuat Avenue/Ecke Pendatun Avenue. Tel. 4212307. EZ/fan 200 P, DZ/fan 230 P, EZ/fan/Bad 300 P, DZ/fan/Bad 350 P, EZ/ac/Bad ab 390 P, DZ/ac/Bad ab 550 P. Einfach und relativ gut. Manche Zimmer mit Ausblick auf die Stadt und City Plaza.

El Corazon Inn, Makakua Street, Tel. 4213035. EZ/fan/Bad 350 P, DZ/fan/Bad 390 P, EZ/ac/Bad 450 P, DZ/ac/Bad 550 P, Suite 750 P. Ordentliche Zimmer.

Essen und Trinken

Gut und preiswert sind die großen Portionen in ***Jay Pee's Dan Restaurant & Snack House*** in der Don Rufino Alonso Street.

Adressen/Verschiedenes

Tourist Office: Elizabeth Tan Building, De Mazenod Avenue, Tel. 4211110, 4217868.
Vorwahl: 064.

Anreise/Weiterreise

Cagayan de Oro
Flug: Philippine Airlines fliegt Di, Do u. Sa von Cagayan de Oro nach Cotabato und zurück. Mindanao Express fliegt Di, Do u. Fr. Flugzeit: 45 Min.

Davao
Bus: Von Davao nach Cotabato fahren täglich zahlreiche Busse der Companies Mintranco oder Weena Express. Fahrzeit: 5:30 Std.

Koronadel
Bus: Von Koronadel nach Cotabato fahren täglich mehrere Busse der Companies Maguindanao Express und J.D. Express. Fahrzeit: 3 Std. Busse der Yellow Bus Line Company fahren zumindest bis Tacurong, von wo aus Jeepneys nach Cotabato fahren.

Pagadian
Bus: Die Überlandstrecke von Pagadian nach Cotabato führt durch ein Krisengebiet und könnte durch zerstörte Brücken unpassierbar sein. Die Fahrt mit dem Bus ist daher nicht zu empfehlen, sofern überhaupt einer fährt.

Schiff: Von Pagadian nach Cotabato fährt täglich um etwa 17.00 Uhr ein Schiff. Fahrzeit: 8 Std.

Zamboanga
Flug: Philippine Airlines fliegt Do, Fr u. So von Zamboanga nach Cotabato und zurück. Mindanao Express fliegt täglich außer So. Flugzeit: 40 Std.

Schiff: Von Zamboanga nach Cotabato: MV *Cotabato Princess*; Sulpicio Lines. Abfahrt: Mo 20.00 Uhr. Fahrzeit: 8 Std. MV *Superferry 3*; WG & A. Abfahrt: So 7.00 Uhr. Fahrzeit: 9 Std.

Basilan

Basilan schließt im Süden an das nordöstliche Ende der Sulu-Inseln an und wird im Norden durch die Basilan Strait vom südwestlichen Zipfel Mindanaos getrennt. Seit 1973 ist Basilan eine eigenständige Provinz, zu der neben der Hauptinsel noch zahlreiche kleinere Inseln gehören. Schätzungsweise 230.000 Menschen leben dort. Etwa ein Drittel davon sind Yakan, eine kulturelle Minderheit, die es bis auf wenige Ausnahmen nur auf Basilan gibt. Bei ihnen handelt es sich um friedliebende Moslems, die Ackerbau und Viehzucht betreiben. Bekannt sind ihre Gastfreundlichkeit Weißen gegenüber und die farbenprächtigen, ausgedehnten und detaillierten Zeremonien und Feste, z.B. Hochzeiten. Außer den Yakan leben auf Basilan auch noch Samal, Tausug und einige wenige Badjao, ebenso Angehörige der Gruppen der Chavacano und Visayan.

Basilan ist gebirgig, schroff und im Zentrum relativ unerschlossen. Das Klima im Nordteil der Insel ist ziemlich ausgeglichen, das heißt, es gibt keine ausgeprägte Trocken- oder Regenzeit. Niederschläge sind das ganze Jahr über möglich. Im Südteil dagegen ist es von November bis April relativ trocken. Bedeutendster Erwerbszweig ist die Gummigewinnung aus Kautschuk. Gummi aus Basilan soll zum qualitativ besten der Welt gehören - internationale Konzerne sind an den Plantagen beteiligt. Weitere landwirtschaftliche Erzeugnisse sind Kaffee, Kakao, Pfeffer, Apfelsinen, African Oil (pflanzliches Öl aus Datteln, Dattelpalme = African Palm Tree), Abaca und Kopra. Die fisch-, muschel- und tangreichen Gewässer um Basilan haben diese Provinz neben Zamboanga del Sur zu einem der wichtigsten Lieferanten von marinen Produkten der südlichen Philippinen werden lassen.

Hinweis: Von 1993 bis 1995 machte Basilan des öfteren Schlagzeilen in der philippinischen Presse, und zwar wegen Entführungen und anderer Gewalttätigkeiten. Schießereien zwischen Militärs und Mitgliedern der moslemischen MNLF, die in den Bergen Basilans Camps errichteten, forderten zahlreiche Todesopfer. Dann verstummten die schlechten Nachrichten, was jedoch nicht bedeuten muß, daß auf Basilan auf einmal friedliche Zustände herrschen. Eine Reise nach Basilan sollte daher aus Sicherheitsgründen wohl überlegt sein.

Anreise

Anreisen kann man von Mindanao und wahrscheinlich auch von Sulu. Siehe auch »Weiterreise« im jeweiligen Inselkapitel.

Weiterreise

Nach Mindanao

Schiff
Von Isabela nach Zamboanga
MV *Doña Lenora*; Basilan Shipping

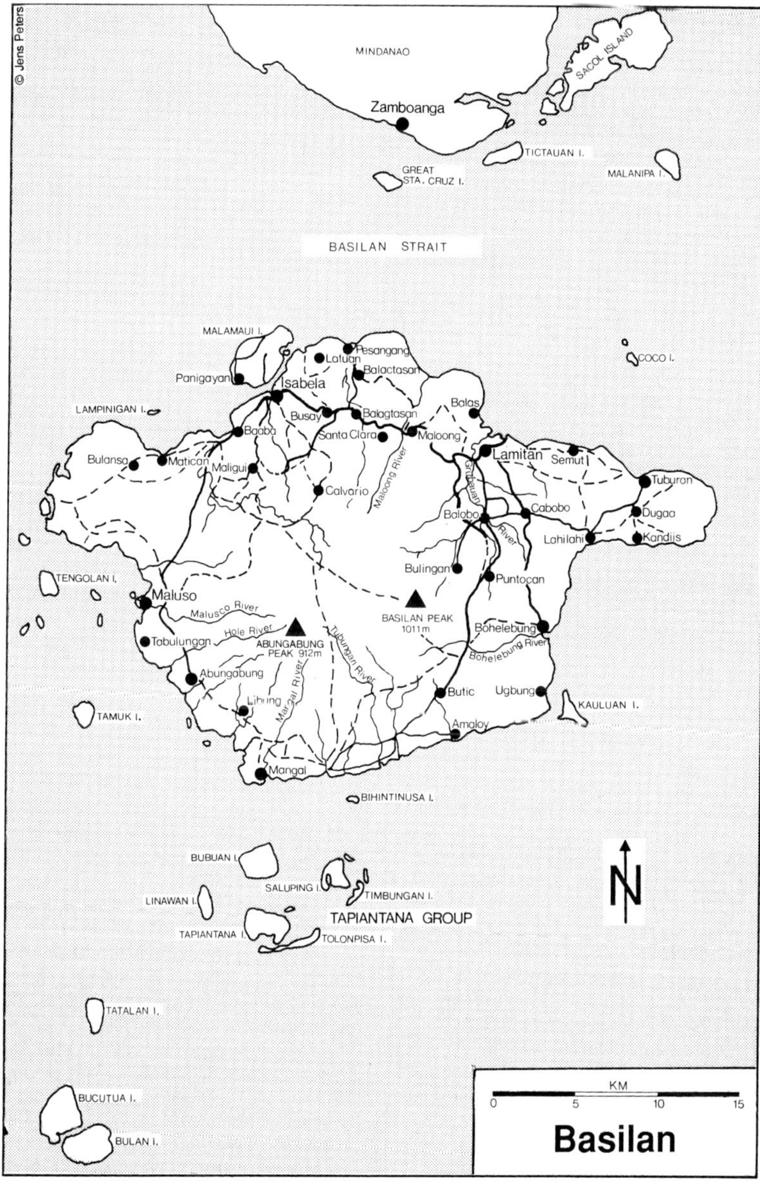
© Jens Peters
MINDANAO
Zamboanga
SACOL ISLAND
TICTAUAN I.
GREAT STA. CRUZ I.
MALANIPA I.
BASILAN STRAIT
MALAMAUI I.
Panigayan
Latuan
Pesangang
Balactasan
Isabela
COCO I.
LAMPINIGAN I.
Busay
Balagtasan
Balas
Baaba
Santa Clara
Maloong
Lamitan
Semut
Bulansa
Matican
Maligui
Maloong River
Grubauan
Tuburan
Calvario
Balobo
Cabobo
Dugaa
River
Lahilahi
Kandiis
Bulingan
TENGOLAN I.
Puntocan
Maluso
Malusco River
BASILAN PEAK 1011 m
Hole River
Tubungan River
Bohelebung
Tabulungan
ABUNGABUNG PEAK 912m
Bohelebung River
Abungabung
Mangal River
Butic
Ugbung
KAULUAN I.
Lihung
TAMUK I.
Amaloy
Mangal
BIHINTINUSA I.
BUBUAN I.
SALUPING I.
TIMBUNGAN I.
LINAWAN I.
TAPIANTANA GROUP
TAPIANTANA I.
TOLONPISA I.
N
TATALAN I.
KM
0
5
10
15
BUCUTUA I.
BULAN I.
Basilan

Lines. Abfahrt: täglich 7.00 und 13.00 Uhr. Fahrzeit: 1:15 Std.

Von Lamitan nach Zamboanga
MV *Doña Ramona*; Basilan Shipping Lines. Abfahrt: täglich 7.30 Uhr. Fahrzeit: 1:15 Std.
MV *Don Julio*; Basilan Shipping Lines. Abfahrt: täglich 10.00 und 16.00 Uhr. Fahrzeit: 1:30 Std.
Der Anleger von Lamitan befindet sich außerhalb der Stadt.

Nach Sulu

Schiff
Verbindungen nach den Inseln des Sulu-Archipels sind unregelmäßig. Es dürfte sinnvoller sein, zuerst nach Zamboanga zu fahren und von dort weiterzureisen.

Isabela

Isabela ist die Hauptstadt der Basilan Province. Sie ist ein relativ kleiner Ort ohne nennenswerte Sehenswürdigkeiten. Mit einem Auslegerboot ab Hafen ist man in nur wenigen Minuten auf Malamaui Island, wo einige Badjao in Pfahlhäusern leben. Der schöne White Beach mit seinem kristallklaren Wasser ist der bekannteste Strand der Insel. Trotzdem ist er so gut wie menschenleer. Vom Anleger bis zum Strand geht man etwa eine Stunde. Es fahren aber auch Tricycles, jedoch besteht keine geregelte Rückfahrmöglichkeit. Daher das Tricycle warten lassen, zu einer bestimmten Uhrzeit bestellen oder zu Fuß gehen. Gegen 16.00 Uhr fährt das letzte Boot zurück nach Isabela.
Ebenfalls nur wenige Kilometer von Isabela entfernt liegen die Apfelsinen-, Kautschuk-, Kaffee-, Pfeffer- und Dattelplantagen der ehemals schweizerischen Menzi Family. Auf dem Weg dorthin befindet sich die Menzi-Verarbeitungsstation, wo der Prozeß der Gummigewinnung aus Kautschuk zu sehen ist. Kaffeebohnen werden dort in der Sonne unter freiem Himmel getrocknet. Samstags und sonntags ist eine Besichtigung nicht möglich. Noch vor dem Verarbeitungsbetrieb steht das Prachthaus der recht wohlhabenden Allano Family, die unter anderem auch das Elektrizitätswerk und Schiffahrtslinien besitzen soll.

Übernachten
New Basilan Hotel, J.S. Alano Street. EZ/DZ/fan 100/200 P, EZ/DZ/fan/Bad 150/300 P. Liegt nicht weit entfernt vom Anleger. Es ist besser als das nahegelegene *Selecta Hotel*.

Essen und Trinken
Recht ordentlich essen kann man im ***New International Restaurant*** (General Merchant). Nicht gerade billig sind die Speisen in ***Awin's Ice Cream House*** in der Valderozza Street. Dafür ist das Bier hier nicht teuer.

Lamitan

Lamitan liegt etwas landeinwärts, hat aber durch einen Flußarm Verbindung zum Meer. Jeden Donnerstag und Sonntag findet dort von 6.00 bis etwa 11.00 Uhr ein großer Markt statt. Dann kommen ärmlich gekleidete Badjao mit ihren Booten und bieten Meeresfrüchte an, Yakan - vereinzelt in traditioneller und farbenprächtiger Kleidung - bringen aus ihren Bergdörfern Feldfrüchte und Kleinvieh, und chinesische Händler sowie ansässige Chavacano und Visayan versuchen, Haushaltswaren und Textilien zu verkaufen.
Im März 1983 wurde erstmals das Lami-Lamihan-Festival durchgeführt. Es war ein fast reines Yakan-Volksfest,

Yakan- Hochzeitstanz

zu dem die Yakan auch aus den entlegenen Bergregionen anreisten und mit ihren dekorativen Trachten für prächtige Farbtupfer sorgten. Das Lami-Lamihan-Festival findet jetzt jedes Jahr Ende März/Anfang April statt.
Zwölf Kilometer von Lamitan entfernt befinden sich etwas abseits der Hauptstraße die Bulingan Falls mit einem großen, tiefen, natürlichen Pool - herrlich zum Schwimmen.

Übernachten

Traveller's Inn, EZ/DZ 100/200 P. Einfache Unterkunft.

Anreise/Weiterreise

Bus: Von Isabela nach Lamitan fahren täglich ab 5.00 Uhr mehrere Busse ab Market. Fahrzeit: 45 Min. Es gibt auch einen weißen Non-Stop-Bus, der für die 27 Kilometer lange Strecke nur etwa 20 Min. benötigt.

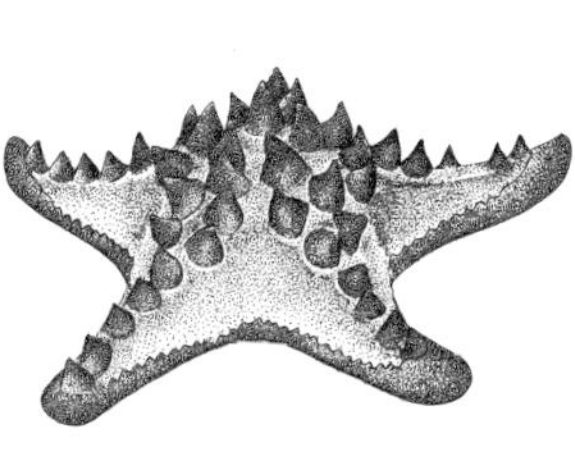

Sulu Islands

Der Sulu-Archipel ist der südlichste Teil der Philippinen. Er erstreckt sich in einer Länge von etwa 300 Kilometern von Basilan bis nach Borneo und trennt die Sulu-See von der Celebes-See. Ein berüchtigtes Gewässer, das bereits mehrere Yachten zum Verhängnis wurde. Wissende Weltumsegler meiden nach Möglichkeit diese piratenverseuchte Passage. Aber auch Handelsschiffe werden dort bisweilen ausgeplündert und die Besatzungen getötet. Darüber hinaus kommt es in diesem Gebiet oft zu blutigen Gefechten zwischen Piraten und Schmugglern sowie der philippinischen Küstenwache.
Unterteilt werden die insgesamt knapp 500 Sulu-Inseln in die Gruppen Jolo (sprich: Holo), Samales, Pangutaran, Tapul, Tawi-Tawi, Sibutu und Cagayan de Tawi-Tawi (Cagayan Sulu). Es gibt zwei Provinzen, nämlich Sulu mit der Hauptstadt Jolo und Tawi-Tawi mit der Hauptstadt Bongao. Die Versuche der Spanier, dort Fuß zu fassen, scheiterten ebenso wie die der Amerikaner. Gegenwärtig versuchen Regierungstruppen die MNLF (Moro National Liberation Front) daran zu hindern, ihr Ziel, die politische Selbstbestimmung, zu verwirklichen.

Zu den bedeutendsten Minderheiten des Archipels gehören die Samal und die Badjao. Beide Gruppen gelten als sehr sanftmütig und friedliebend. Die Hauptinseln der Samal sind Siasi, Tawi-Tawi und Sibutu. Samal sind Moslems und leben bescheiden von Fischfang, Ackerbau und Kleinhandel. Ihre Häuser stehen fast immer in Ufernähe, häufig auf Pfählen im Wasser. Badjao leben auf Booten verstreut im ganzen Archipel, schwerpunktmäßig jedoch um Tawi-Tawi und Sibutu. Sie sind Seezigeuner und werden gerne als Animisten klassifiziert. Viele von ihnen, besonders diejenigen, die das Nomadendasein aufgegeben haben und sich wie die Samal in Pfahldörfern in Landnähe ansiedeln, haben sich jedoch der neuen Umwelt angepaßt und sind Moslems geworden. Badjao stehen auf der untersten Sprosse der sozialen Leiter aller Bewohner der Sulu-Inseln. Wie die Samal fühlen auch sie sich von den Tausug, dem zahlenmäßig, wirtschaftlich und politisch dominierenden Bevölkerungsteil unterdrückt. Die Tausug sind Moslems und gelten als herrisch, kämpferisch und freiheitsliebend. Ihre Einstellung zur Piraterie ist überaus positiv. Schon mehrere Generationen lebten von Beutezügen, Sklavenhandel und Schmuggel. Die Buranun waren die Ureinwohner der Sulu-Inseln und sollen die Vorfahren der Tausug sein. Sie waren an der Einführung des Islams beteiligt, der bis in die Gegenwart das verbindende Glied der meisten Bewohner des Archipels geblieben ist (außer den Seezigeunern leben noch katholische und buddhistische Minderheiten auf den Inseln).
Touristen stehen die Sulu-Inseln erst seit Ende 1981 wieder bedingt offen. Bis zu diesem Zeitpunkt waren sie seit

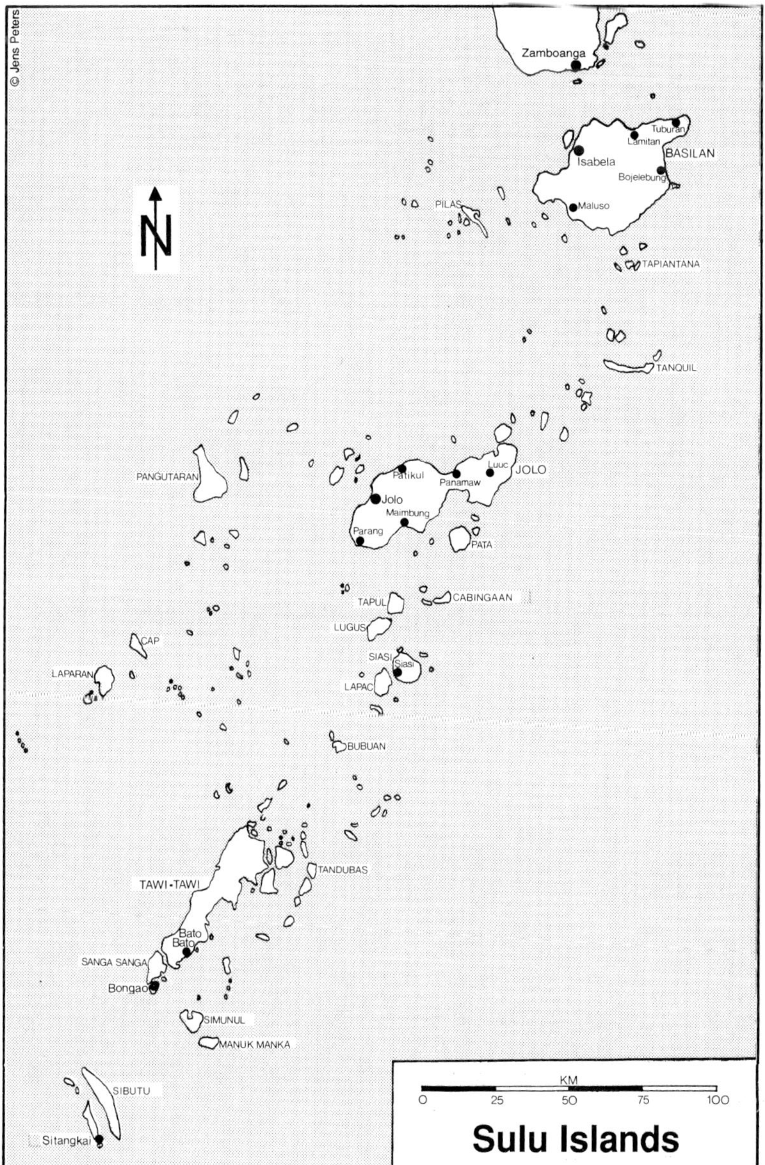
© Jens Peters
N
Zamboanga
Tuburan
Lamitan
BASILAN
Isabela
Bojelebung
Maluso
PILAS
TAPIANTANA
TANQUIL
PANGUTARAN
Patikul
Panamaw
Luuc
JOLO
Jolo
Maimbung
Parang
PATA
TAPUL
CABINGAAN
LUGUS
SIASI
Siasi
LAPAC
CAP
LAPARAN
BUBUAN
TANDUBAS
TAWI-TAWI
Bato Bato
SANGA SANGA
Bongao
SIMUNUL
MANUK MANKA
SIBUTU
Sitangkai
KM
0
25
50
75
100
Sulu Islands

Reisen im Sulu-Archipel

Schiffe verschiedener Companies verkehren mehr oder weniger regelmäßig zwischen den Inseln. Die Route von Zamboanga über Jolo, Siasi, und Bongao nach Sitangkai und zurück wird von Schiffen verschiedener Reedereien befahren. Nachfolgend die Fahrpläne der Schiffe der SKT Shipping Lines und der Sampaguita Shipping Corporation:

MV *Lady Ruth*
SKT Shipping Lines

Hafen	Ankunft	Abfahrt
Zamboanga	Sa 17.00	Di 18.00
Jolo	Mi 4.00	Mi 12.00
Siasi	Mi 16.00	Mi 22.00
Bongao	Do 6.00	Do 11.00
Sitangkai	Do 15.00	Do 24.00
Bongao	Fr 4.00	Fr 18.00
Jolo	Sa 6.00	Sa 9.00

MV *Sampaguita Grandeur*
Sampaguita Shipping Corporation

Hafen	Ankunft	Abfahrt
Zamboanga	Fr 18.00	Mo 20.00
Jolo	Di 5.00	Di 10.00
Siasi	Di 14.00	Di 18.00
Bongao	Mi 3.00	Mi 10.00
Sitangkai	Mi 14.00	Mi 20.00
Bongao	Mi 24.00	Do 19.00
Jolo	Fr 6.00	Fr 9.00

MV *Lady Helen*
SKT Shipping Lines

Hafen	Ankunft	Abfahrt
Zamboanga	Mo 5.00	Mi 18.00
Jolo	Do 4.00	Do 12.00
Siasi	Do 17.00	Do 20.00
Bongao	Fr 5.00	Fr 10.00
Sitangkai	Fr 14.00	Fr 24.00
Bongao	Sa 4.00	Sa 18.00
Siasi	So 2.00	So 13.00
Jolo	So 17.00	So 21.00

MV *Sampaguita Lei*
Sampaguita Shipping Corporation

Hafen	Ankunft	Abfahrt
Zamboanga	Mo 18.00	Do 20.00
Jolo	Fr 5.00	Fr 10.00
Siasi	Fr 14.00	Fr 18.00
Bongao	Sa 3.00	Sa 10.00
Sitangkai	Sa 14.00	Sa 20.00
Bongao	So 12.00	So 19.00
Jolo	Mo 6.00	Mo 9.00

MV *Isabel II*
SKT Shipping Lines

Hafen	Ankunft	Abfahrt
Zamboanga	Do 4.00	Sa 18.00
Jolo	So 2.00	So 12.00
Siasi	So 16.00	So 18.00
Bongao	Mo 4.00	Mo 11.00
Sitangkai	Mo 15.00	Di 1.00
Bongao	Di 5.00	Di 18.00
Siasi	Mi 2.00	Mi 14.00
Jolo	Mi 18.00	Mi 20.00

MV *Sampaguita Blossom*
Sampaguita Shipping Corporation

Hafen	Ankunft	Abfahrt
Zamboanga	Do 22.00	So 19.00
Jolo	Mo 7.00	Mo 11.00
Siasi	Mo 16.00	Mo 18.00
Bongao	Di 6.00	Di 11.00
Sitangkai	Di 16.00	Di 20.00
Bongao	Mi 3.00	Mi 19.00
Jolo	Do 7.00	Do 10.00

1974 für Ausländer fast ausnahmslos tabu. Zwar konnte man von Zamboanga aus mit jedem Schiff anreisen, wurde aber ohne Permit nicht von Bord gelassen. Jetzt kann der Sulu-Archipel ohne Genehmigung bereist werden. Das hört sich natürlich gut an, stimmt aber mit der Realität nicht überein. Viele Inseln oder Teile von ihnen sind wegen der immer noch bestehenden Spannungen nicht zu bereisen (z.B. Jolo und Tawi-Tawi). Zu anderen, bisweilen greifbar nahen Trauminseln traut sich wegen den »garantiert aufkreuzenden Piraten« oder den verhaßten und gefürchteten Bewohnern keiner hinzufahren (z.B. Laa bei Simunul und Sipangkot bei Tumindao). Warnungen sollten unbedingt ernstgenommen werden. Als ich von Bongao nach Bilatan hinüber wollte, antworteten die Bootsleute nur mit einem vertröstenden »maybe tomorrow«. Am Abend gab es dann eine ganz nette Schießerei auf Bilatan. Wenige Tage zuvor hatte man mir eine Überfahrt von Bongao nach Laa aus Furcht vor einem Überfall verweigert. In der darauffolgenden Nacht war ein lang andauernder Schußwechsel vom Meer her nicht zu überhören. Und daß unserem Dampfer auf der Fahrt von Sitangkai nach Bongao Begleitschutz der Marine gewährt wurde, hatte sicherlich auch seinen guten Grund...
Daneben erschweren noch Umstände wie Hotel- und Wassermangel die Reiserei doch erheblich. So gibt es nur in Jolo und Bongao einfache kommerzielle Übernachtungsmöglichkeiten. Ansonsten muß man sich um eine private Unterkunft bemühen, für die selbstverständlich immer ein angemessener Betrag bezahlt werden sollte. Auf den südlichen Inseln wie Bongao, Sibutu, Tumindao und Sitangkai herrscht anscheinend ein chronischer Mangel an Trinkwasser. Schon beim Zähneputzen bekommt man ein schlechtes Gewissen. Zum Abwaschen von Geschirr wird das in den Pfahldörfern durch Abfälle und Fäkalien bisweilen doch recht stark verschmutzte Meereswasser benutzt. Da hört man die Hepatitis förmlich an die Leber klopfen.
Trotzdem muß gesagt werden, daß ein Trip durch den Sulu-Archipel ein völlig neues Philippinengefühl vermittelt. Die gewonnenen Eindrücke sind zahlreich und nachhaltig und entschädigen für manche Strapaze.

Hinweis: Wegen der unbeständigen politischen Lage auf den Sulu Islands, insbesondere auf Jolo und Tawi-Tawi, ist es ratsam, sich vor einer Reise über die derzeitige Situation in eventuellen Krisengebieten zu erkundigen, z.B in Zamboanga beim Tourist Office und beim Southern Command Headquarters.

Anreise

Anreisen kann man von Mindanao und wahrscheinlich auch von Basilan. Siehe auch »Weiterreise« im Kapitel »Mindanao«.

Weiterreise

Nach Basilan

Schiff
Von Jolo nach Isabela
Schiffsverbindungen von den Sulu Islands nach Basilan sind unregelmäßig. Es dürften aber des öfteren Frachtschiffe von Jolo nach Isabela fahren, die auch Passagiere mitnehmen.

Nach Mindanao

Flug
Von Jolo nach Zamboanga
Philippine Airlines fliegt täglich.

Von Tawi-Tawi nach Zamboanga
Philippine Airlines fliegt Mo, Di, Do, Fr u. So.

Schiff
Siehe Fahrpläne unter »Reisen im Sulu-Archipel« in diesem Kapitel.

Nach Palawan

Schiff
Wer Zeit hat, könnte folgende Route versuchen: Von Jolo nach Pangutaran Island; von dort weiter nach Cagayan de Tawi-Tawi, wo sich gelegentlich eine Mitfahrgelegenheit mit Frachtschiffen nach Rio Tuba oder Brooke's Point in Süd-Palawan bietet.

Jolo

Jolo ist die Hauptstadt der gleichnamigen Insel sowie der Provinz Sulu. Es ist der einzige Ort im Sulu-Archipel, wo die Spanier nach mehreren vergeblichen Anläufen am Ende des 19. Jahrhunderts, also rund 300 Jahre nach ihrer ersten Landung auf den Philippinen, für die relativ kurze Zeit von etwa 20 Jahren Fuß fassen konnten und eine Festung errichteten.
Im Februar 1974 wurde Jolo bei Kämpfen zwischen Moslems und Regierungstruppen erheblich zerstört. Auch heute ist das Militär noch präsent. Seine Genehmigung benötigt man eventuell immer noch, will man als Ausländer die vulkanische Insel bereisen. In der Stadt selbst ist ein Aufenthalt gestattet. Auffallend sind dort die vielen Trishaws, die für den Nahverkehr rund um die große Moschee zuständig sind.
Sehenswert sind der bunte Fischmarkt und der Barter Trade Market in den Hallen gleich neben dem Hafen, wo überwiegend Waren angeboten werden, die über Borneo ins Land kamen.
Etwa drei Kilometer nordöstlich von Jolo befindet sich der schöne, feinsandige Quezon Beach, der mit einem Jeepney zu erreichen ist; man muß vor Patikul aussteigen. (Es könnte allerdings sein, daß dieser Strand aus Sicherheitsgründen nicht für die Öffentlichkeit zugänglich ist). Etwas weiter östlich, in Taglibi, gibt es einen weiteren guten Strand mit feinstem Sand. Auch dort ist das Wasser kristallklar.
Möglicherweise ist auf Jolo ab 19.00 Uhr Ausgangssperre, die es dann unbedingt zu beachten gilt.

Übernachten

Helen's Lodge, Buyon Street, Tel. 2278. EZ/DZ/fan 100/160 P, EZ/fan/Bad 150 P, DZ/fan/Bad 250 P, EZ/DZ/ac/Bad 450 P. Einfach und relativ sauber. Restaurant. Durchreisende können die sanitären Anlagen gegen ein geringes Entgelt benutzen.

Essen und Trinken

Wer von Zamboanga angereist ist, macht in Jolo zum ersten Mal mit den für die Sulu-Inseln typischen ***Coffee Shops*** Bekanntschaft. Egal, ob man Kaffee oder Sprite bestellt: immer wird einem zusätzlich ein großes Tablett voll mit verschiedenen Kuchensorten zum Verzehr hingestellt. Gute Restaurants sind das ***Bee Gees*** in der Sanches Street, die ***Plaza Panciteria*** in der Sevantes Street, in der es unter anderem gute Milkshakes gibt, und das ***Plaza Restaurant***, das mit einer recht passablen Toilette ausgestattet ist.

Siasi

Siasi ist nach Aussagen von Einheimischen eine »kritische« Insel. Tatsächlich machte die gleichnamige kleine Hafenstadt keinen sehr einladenden Eindruck auf mich: Zahlreiche beschädigte oder total niedergebrannte Häuser, ein mit Brettern zugenageltes Hotel, starke Militärpräsenz und eine sich ziemlich distanziert verhaltende Bevölkerung ließen die Entscheidung zur Weiterreise nicht schwerfallen. Obendrein ist es dort etwas schwierig, sich auf Englisch zu verständigen.

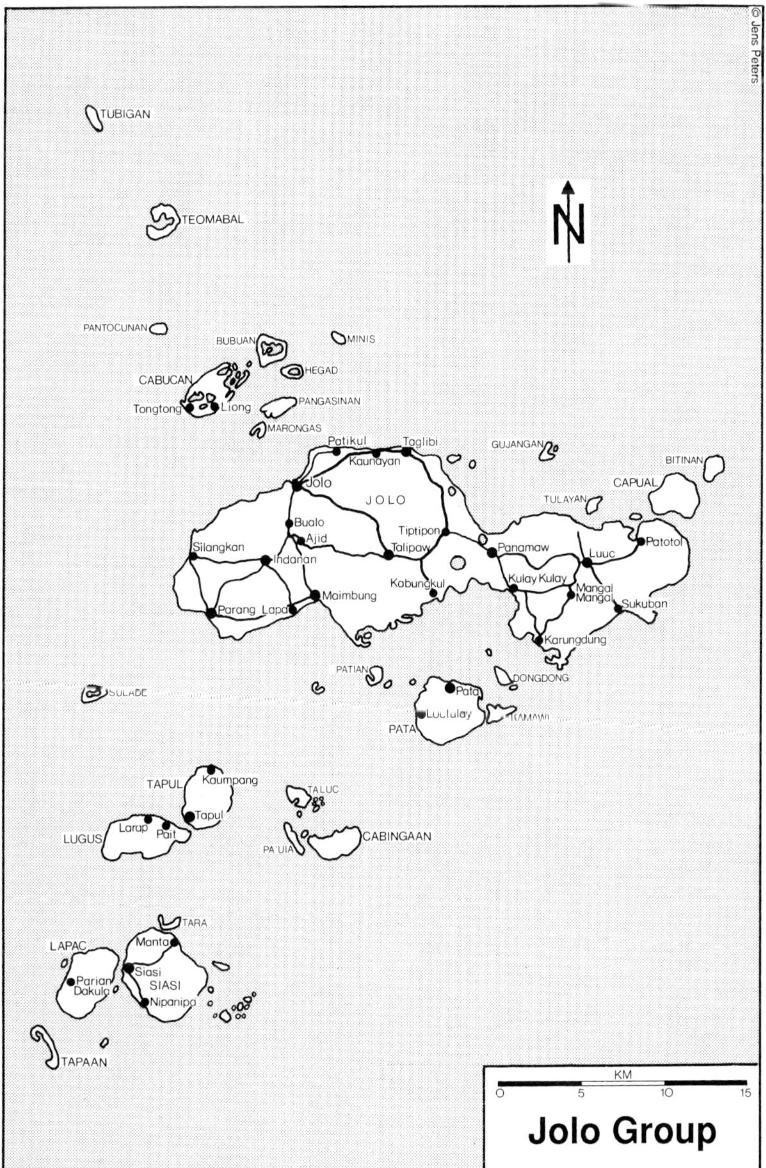
© Jens Peters
TUBIGAN
TEOMABAL
N
PANTOCUNAN
BUBUAN
MINIS
HEGAD
CABUCAN
Tongtong
Liong
PANGASINAN
MARONGAS
Patikul
Taglibi
Kaunayan
GUJANGAN
BITINAN
CAPUAL
Jolo
JOLO
TULAYAN
Bualo
Ajid
Tiptipon
Talipaw
Silangkan
Indanan
Panamaw
Luuc
Patotol
Kabungkul
Kulay Kulay
Mangal Mangal
Maimbung
Parang
Lapa
Sukuban
Karungdung
PATIAN
DONGDONG
SULABE
Pata
Luctulay
PATA
TAPUL
Kaumpang
TALUC
Tapul
Larap
Pait
LUGUS
CABINGAAN
PA'UIA
TARA
LAPAC
Manta
Siasi
SIASI
Parian
Dakula
Nipanipa
TAPAAN
KM
0
5
10
15
Jolo Group

Bongao

Bongao liegt auf der Insel Bongao und ist die bedeutendste Stadt der Tawi-Tawi Group. Sie ist größer als Siasi und kleiner als Jolo, hat zwei Häfen, zwei Kinos, einen Markt und eine Hauptstraße mit mehreren Nebenstraßen. Das Provincial Capitol, das aussieht wie eine Moschee, klebt an einem Berghang hoch über der Stadt.
Das in älterer Reiseliteratur beschriebene Badjao-Dorf Tungkalang am Südwestzipfel von Sanga Sanga existiert nicht mehr. Die Seezigeuner sind in die Bucht von Bongao nahe dem Hospital und dem Notre Dame College umgesiedelt. Ein »Americano« ist für diese freundlichen Menschen kein »Joe«, sondern ein »Milikan«.
Ebenfalls am Stadtrand befindet sich das Camp mit Militär, PNB und PAL. Hat man es passiert, kommt man zu einer ganz guten Badestelle (wo die Straße an das Ufer stößt). Bei Niedrigwasser kann man dort zu einer Sandbank hinüberlaufen; gut zum Schnorcheln.
Fünf Kilometer außerhalb von Bongao liegt die kleine Ortschaft Pasiagan, wo der Trail zum 314 Meter hohen Mount Bongao beginnt, einem heiligen Berg sowohl für Christen als auch für Moslems. Auf dem Gipfel befindet sich das Grab Anjaotals, eines Angehörigen einer alten königlichen Familie. Gebete in dem 4 x 4 Meter großen, gemauerten Quadrat mit weißen Tüchern drumherum (Schuhe ausziehen) sollen heilsamer sein als jede Medizin. Folgt man den Wegen, die links und rechts vom Grab abgehen, gelangt man zu baumfreien Aussichtspunkten. Der Aufstieg dauert etwa eine Stunde und ist mühsam und ziemlich schweißtreibend (lach nicht, Messner!). Folgendes ist zu beachten: Scheißen, pissen, spucken und schlechte Worte auszusprechen, ist nicht gestattet. Wer einen Affen berührt, wird bald sterben oder den Verstand verlieren! Wohl aber sollten Bananen für diese vorwitzigen Tiere mitgebracht werden. Es gibt zahlreiche unscheinbare Schlangen, daher nicht blindlings jeden Baum oder jede Liane anfassen. Anfang Oktober, wenn in Bongao Town Fiesta gefeiert wird, ist auf dem Berg Hochbetrieb.
Von Bongao fahren kleinere Boote unter anderem zu den Inseln Bilatan, Simunul und Manuk Mankaw. Bunabunaan, die Begräbnisinsel der Badjao, ist nur mit einem Special Ride zu erreichen. Von einem Besuch Tawi-Tawis wurde während meines Aufenthalts in Bongao immer wieder abgeraten.

Übernachten

Peping Cuarema's Residence, Muslimin Street. EZ/DZ 85/170 P. Die Zimmer sind einfach, aber sauber. Freundliche Privatunterkunft.
The Southern Inn, Datu Halun Street. EZ/DZ 250 P, DZ/fan/Bad 350 P. Einfaches Hotel mit zwei schönen Balkonen. Alles in allem aber ziemlich abgewohnt und preislich etwas überzogen. Liegt gegenüber der Moschee.
Stonehills Hotel, Nalil, Cellular Tel. 0918-4160659. EZ/DZ/fan/Bad 400/550 P, EZ/DZ/ac/Bad 750/900 P. Ein schönes, großes Haus etwa zwei Kilometer außerhalb der Stadt. Restaurant.
Es ist möglich, in Bongao für rund 250 P eine recht komfortable Privatunterkunft inklusive drei Mahlzeiten zu finden.

Anreise/Weiterreise

Mit dem Flugzeug: Der Tawi-Tawi Airport befindet sich auf der Insel Sanga Sanga, nördlich von Bongao. Die Fahrt mit einem Jeepney zur Stadt kostet 20 P, mit einem Tricycle 50 P.

Sitangkai

Sitangkai wird auch das »Venedig des Fernen Ostens« genannt. In den auf das

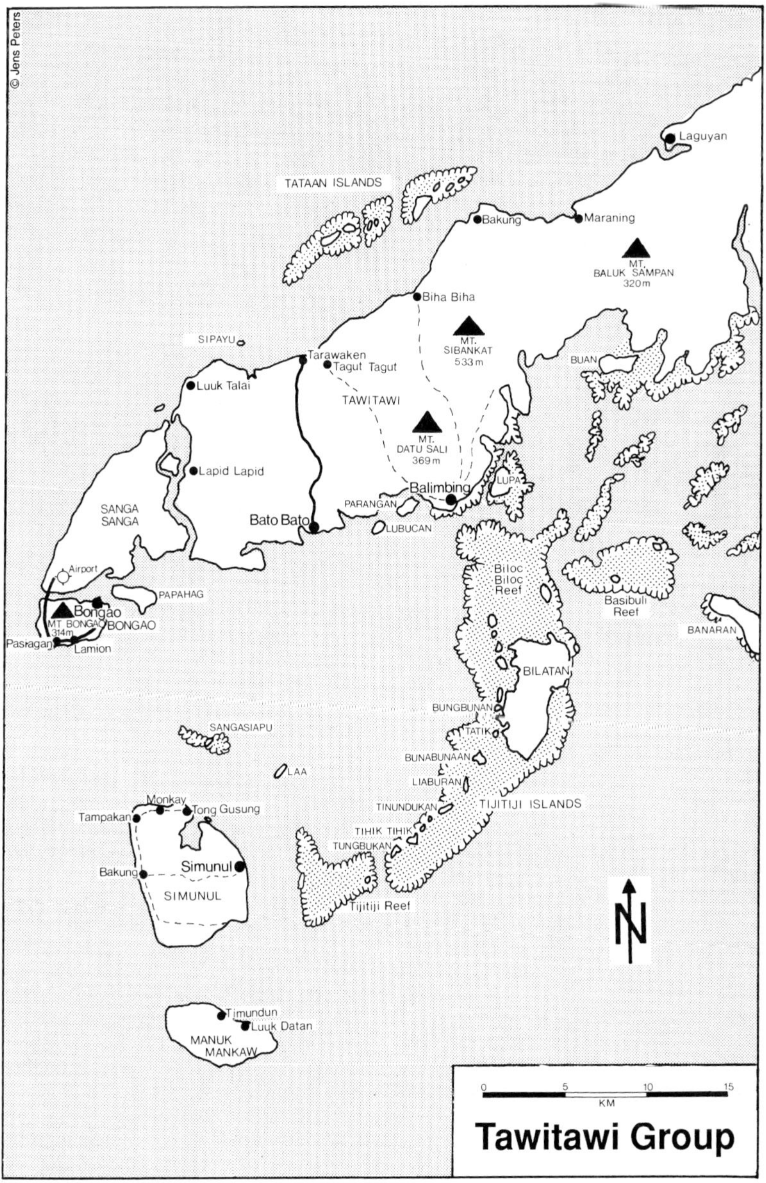

Mindanao & Sulu

Sitangkai ist das »Venedig des Fernen Ostens«

riesige Riff gebauten Pfahlhäusern sollen mehr als 6.000 Menschen leben. Das Riff liegt so hoch, daß große Schiffe knapp drei Kilometer außerhalb im Tumindao Channel ankern und Fracht und Passagiere mit kleinen Booten weiterbefördert werden müssen.

Westlich von Sitangkai gibt es weit verstreut mehrere Badjao-Pfahldörfer. Das am weitesten entfernte und mit etwa 50 Häusern auch wohl größte Dorf heißt Tong Tong und liegt nicht weit vom 50 bis 100 Meter tiefen Meridian Channel. Wie auch an anderen Stellen haben die Badjao dort unter Wasser Algen- und Tangfelder angelegt. Seegurken sind eine weitere Erwerbsquelle. Ein Tagestrip mit einem Boot dorthin läßt sich für etwa 500 P arrangieren.

Von Sitangkai fahren kleinere Boote zu den Dörfern der beiden größeren Inseln Tumindao und Sibutu.

Da die Schiffverbindungen zwischen Sitangkai und Bongao bisweilen etwas unregelmäßig sind, kann sich der geplante Aufenthalt um ein paar Tage verlängern.

Es gibt in Sitangkai weder eine Bank noch einen Geldwechsler. Deshalb genügend Peso mitnehmen.

Hinweis: Wegen häufig praktizierter illegaler Ausreise mit Schmugglerbooten von Sitangkai nach Sempora auf Borneo (Sabah/Ost-Malaysia) war es mehrere Jahre üblich, Touristen in Sitangkai nur nach Vorlage ihres Reisepasses mit gültigem Visum und eines Permits der Tawi-Tawi Task Force von Bord zu lassen! Das TTTF-Permit wurde von der entsprechenden Behörde in Bongao ausgestellt, wobei das Vorzeigen eines Rückreisetickets (z.B. Zamboanga-Manila) die Fragerei erheblich verkürzte. Diese Kontrollen sind inzwischen eingestellt worden. Es könnte trotzdem nicht schaden, sich in Bongao danach zu erkundigen, ob die An-

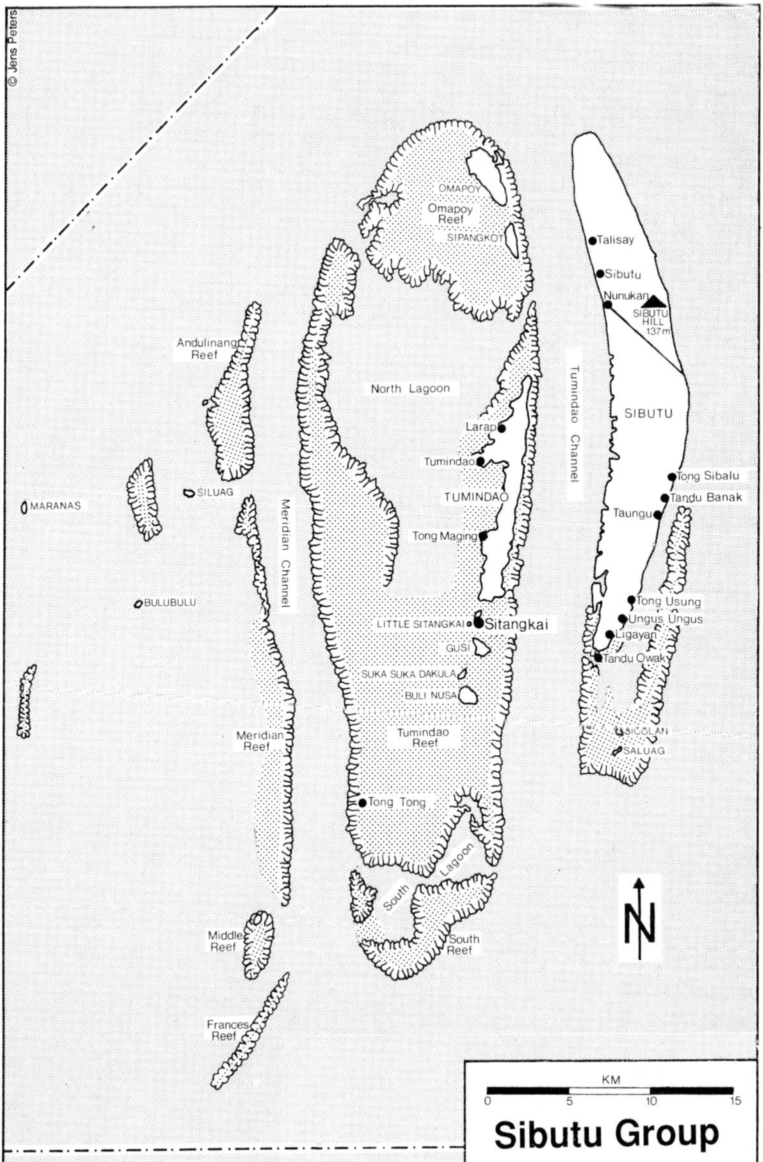
© Jens Peters
OMAPOY
Omapoy Reef
SIPANGKOT
Talisay
Sibutu
Nunukan
SIBUTU HILL 137m
Andulinang Reef
North Lagoon
Tumindao Channel
SIBUTU
Larap
Tumindao
TUMINDAO
Tong Sibalu
Tandu Banak
Taungu
MARANAS
SILUAG
Meridian Channel
Tong Maging
Tong Usung
Ungus Ungus
BULUBULU
LITTLE SITANGKAI
Sitangkai
Ligayan
GUSI
Tandu Owak
SUKA SUKA DAKULA
BULI NUSA
SICOLAN
SALUAG
Meridian Reef
Tumindao Reef
Tong Tong
South Lagoon
N
Middle Reef
South Reef
Frances Reef
KM
0 5 10 15
Sibutu Group

reise nach Sitangkai tatsächlich ohne Papierkram erfolgen kann.

Übernachten

In Sitangkai muß man sich nach einer Privatunterkunft umsehen. Wer die Möglichkeit hat, ein paar Tage mit Badjao zusammenleben zu können, sollte die Gelegenheit wahrnehmen, sich jedoch nicht zu kleinlich am täglichen Lebensunterhalt beteiligen. Die lieben Leute haben nicht viel.

Hadji Musa Malabong, der Lehrer von Sitangkai, und sein Bruder Hadji Yusof Abdulganih können Privatunterkünfte für etwa 250 P pro Person (inklusive drei Mahlzeiten) arrangieren. Yusof organisiert auch gerne ein Boot, um die verstreut liegenden Badjao-Dörfer zu besuchen und vermittelt auf Wunsch dort sogar Unterkünfte.

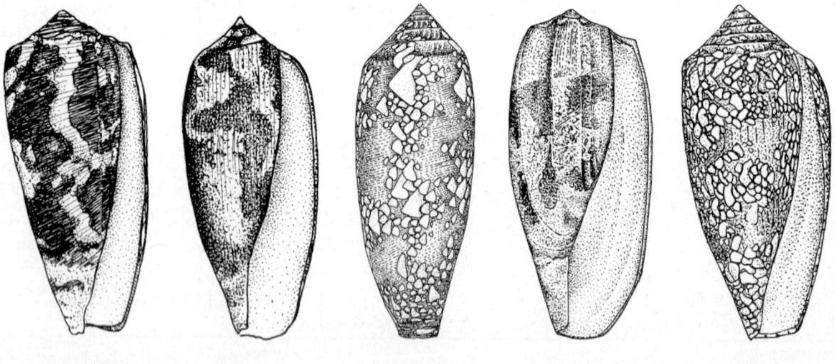

Palawan

Im Südwesten der Philippinen gelegen, trennt diese etwa 400 Kilometer lange, aber nur 40 Kilometer breite Insel die Sulu-See und das Südchinesische Meer. Neben der Hauptinsel gehören 1.768 weitere Inseln zur Provinz Palawan. Die größten davon sind Busuanga, Culion, Coron, Cuyo, Dumaran, Bugsuk und Balabac.

Palawan besteht überwiegend aus gebirgigem Dschungel. Mount Mantalingajan ist mit 2.086 Metern der höchste Berg. Nur einige Küstenregionen können landwirtschaftlich genutzt werden.

In den Klippen von El Nido und in den Kalksteinhöhlen von Coron Island und den Pabellones Islands vor Taytay kleben unzählige Schwalbennester. Hotels und China-Restaurants des ganzen Landes beziehen sie von dort und bereiten daraus die von Feinschmeckern so begehrte *bird's nest soup* zu.

Wer gerne Fisch ißt, findet auf Palawan sein Paradies - Meeresfrüchte gibt es in Hülle und Fülle. Man könnte jeden Tag ein anderes Fischgericht probieren. Oder Lobster, Krebse, Muscheln und sogar Seeigel.

In den Dschungeln gibt es Pflanzen und Tiere, die sonst nirgendwo auf den Philippinen vorkommen, darunter der sogenannte Eisenbaum, das *mouse deer*, die Königskobra, seltene Schmetterlinge und Papageien.

Mit Ausnahme des Underground River und der Tabon Caves hat Palawan keine nennenswerten Sehenswürdigkeiten zu bieten. Was dagegen die Insel so attraktiv und angenehm macht, sind die freundlichen Menschen, die urwüchsige Natur und die herrlichen, einsamen Strände. Dazu ein hohes Abenteuerpotential: Zu den auf Palawan möglichen Aktivitäten gehören unter anderem Dschungelexpeditionen, Goldsuche, Höhlenforschen, Robinsonaden, Tauchen, Trekking und Wrackexplorationen.

Menschen auf Palawan

Palawan ist relativ dünn besiedelt. Ein Großteil der Bevölkerung stammt von verschiedenen Inseln der Visayas. Batak und Pala'wan zählen zu den Ureinwohnern Palawans. Die im Norden sind Negritos und somit Nomaden, die von der Jagd leben. Versuche, ihnen die Vorzüge des Ackerbaus beizubringen und sie seßhaft zu machen, sind fast immer gescheitert. Einige von ihnen gehen zwar zur Schule, tauchen aber zwischendurch immer wieder im Dschungel unter. Die Batak sind sehr scheu. Wer sie ausfindig machen und in ihre Dörfer gehen will, braucht viel Zeit und einen kundigen Führer. Ganz im Norden von Palawan leben die Tagbanua, ein seefahrendes Volk, das sich meist nur kurzzeitig ansiedelt. Die Tagbanua, die in Küstennähe und an Flüssen in Zentral-Palawan anzutreffen sind, leben dagegen in beständigen Dorfgemeinschaften. Bemerkenswert ist, daß sie wie die Hanunoo auf Mindoro eine eigene Silbenschrift kennen und anwenden. Im Süden von Palawan wurden erst 1978 die Tau't Batu entdeckt, die noch heute wie vor schätzungsweise 20.000 Jahren in Höhlen im Singnapan Basin einige Kilometer östlich von Ransang leben. Diese Gegend wurde zum Schutzgebiet erklärt und ist absolut *off limits*, was selbstverständlich respektiert werden sollte.

Wirtschaft

Angebaut werden Reis, Kokosnüsse, Bananen, Erdnüsse und Cashewnüsse. Führender Wirtschaftszweig jedoch ist der Fischfang. Die reichsten Fischgründe der Philippinen liegen vor den Küsten Nord-Palawans. In dem Gebiet zwischen Coron Island, Cuyo Island und Dumaran Island, insbesondere aber in der Taytay Bay, werden etwa 60 Prozent der für die in Manila lebenden Filipinos so wichtigen Grundnahrung gefangen.
Vielversprechend schien sich das Ölgeschäft zu entwickeln, nachdem Bohrtrupps vor der Nordwestküste bei Linapacan Island fündig geworden waren.

Ökologie

Bis zum Erlaß des Abholzungsverbots *(logging ban)* Anfang 1989 durch die Aquino-Regierung verlor Palawan seit 1979 jährlich etwa 20.000 Hektar Wald. Das entsprach 2,5 Prozent des Gesamtbestandes dieser floristischen und faunistischen Schatzinsel. Da auf den Philippinen niedergeschriebener guter Wille und praktizierte Realität oftmals zwei verschiedene Paar Schuhe sind, wurde auch auf Palawan das Gesetz zunächst nur lasch befolgt - wenn überhaupt. Doch seit etwa Mitte der neunziger Jahre ist Schluß mit Brandrodung und illegaler Holzfällerei. Behörden und Bevölkerung scheinen die Zeichen der Zeit erkannt zu haben und sind mit ihrem neuen Umweltbewußtsein der endgültigen Plünderung Palawans zuvorgekommen. Auch den Dynamit- und Cyanidfischern wird jetzt unverzüglich der Prozeß gemacht.

Gesundheit

Die ärztliche Versorgung außerhalb der Hauptstadt ist unzureichend. Und wenn es schon einen Arzt gibt, dann fehlt meistens eine Apotheke, die die notwendigen Medikamente vorrätig hat. Deshalb bei Krankheiten am besten gleich nach Puerto Princesa fahren.
Malaria ist auf Palawan stark verbreitet. Eine Prophylaxe ist daher angeraten (siehe Kapitel »Reisevorbereitung«: *Gesundheit*). Bei hohem Fieber sofort an Malaria denken und am besten nach Puerto Princesa fahren. Die Ärzte dort sollen diesbezüglich besser Bescheid wissen als die in Manila. Zur Beruhigung ist es gut zu wissen, daß man während der Trockenzeit - und das ist ja wohl für die meisten auch die Reisezeit - in weiten Bereichen Palawans überhaupt nicht von Moskitos belästigt wird. Die Plage beginnt generell erst mit der Regenzeit, insbesondere im Süden.
Während der Sommermonate können in allen Küstengewässern lebensbedrohende Quallenarten *(salabay)* auftreten. Für Interessierte: Gefahren tropischer Meere werden ausführlich in *Das Tropenbuch* beschrieben (siehe Anzeige hinten im Buch).

Leider fühlen sich an vielen Stränden Palawans auch Nik-Niks wohl: winzig kleine Sandfliegen, die von Zeit zu Zeit leichtbekleideten Sonnenanbetern stechend zu Leibe rükken. Ein wirksames Einreibemittel gegen Attacken dieser lästigen Ungeziefer besteht aus Kokosöl mit einem Spritzer Autan oder Off.

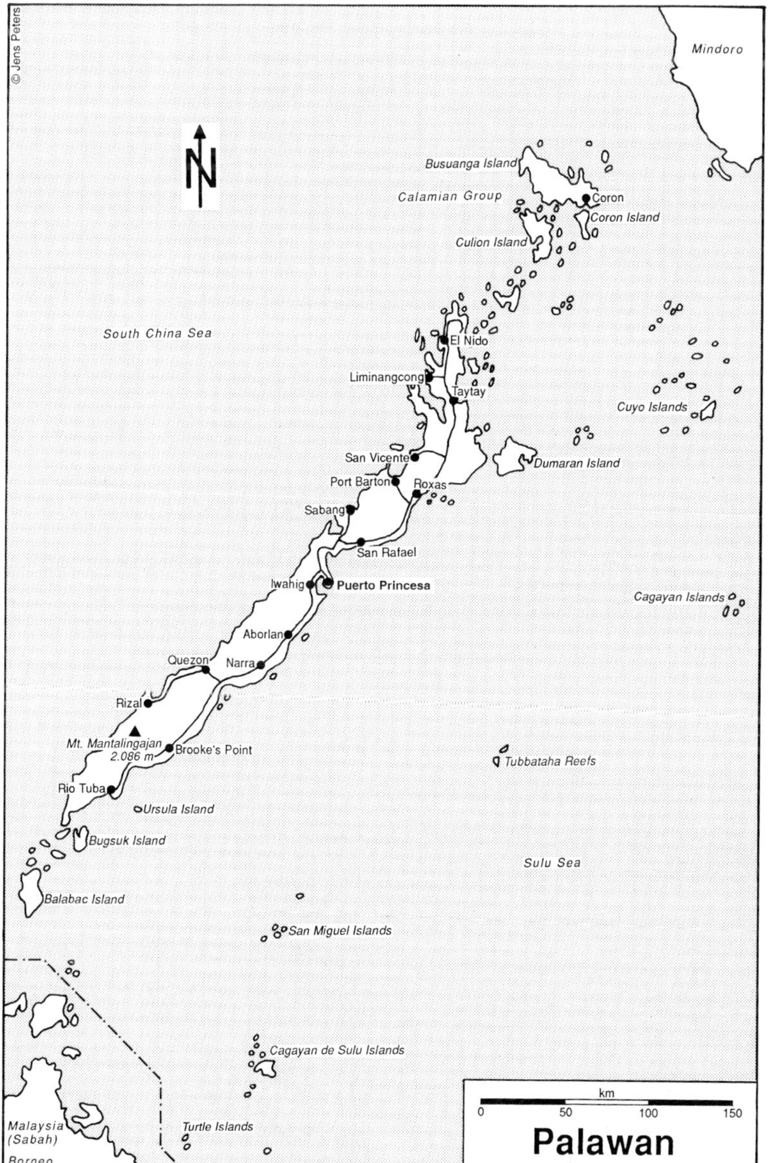
© Jens Peters
Mindoro
Busuanga Island
Calamian Group
Coron
Coron Island
Culion Island
South China Sea
El Nido
Liminangcong
Taytay
Cuyo Islands
San Vicente
Dumaran Island
Port Barton
Roxas
Sabang
San Rafael
Iwahig
Puerto Princesa
Cagayan Islands
Aborlan
Quezon
Narra
Rizal
Mt. Mantalingajan
2.086 m
Brooke's Point
Tubbataha Reefs
Rio Tuba
Ursula Island
Bugsuk Island
Sulu Sea
Balabac Island
San Miguel Islands
Cagayan de Sulu Islands
Malaysia
(Sabah)
Borneo
Turtle Islands
km
0
50
100
150
Palawan

Anreise

Anreisen kann man von Cebu, Luzon, Negros und Panay. Siehe auch »Weiterreise« im jeweiligen Inselkapitel.

Weiterreise

Nach Cebu

Flug
Von Puerto Princesa nach Cebu City
Philippine Airlines fliegt Do u. So; über Iloilo City/Panay.

Nach Luzon

Flug
Von Busuanga nach Manila
Air Ads, Asian Spirit, Pacific Airways und Seair fliegen täglich.

Von Cuyo nach Manila
Pacific Airways fliegt Mo, Mi u. Fr.

Von El Nido nach Manila
Soriano Aviation fliegt täglich.

Von Puerto Princesa nach Manila
Air Philippines und Philippine Airlines fliegen täglich.
Grand Air fliegt täglich außer So.

Von Sandoval/Taytay nach Manila
Asian Spirit und Seair fliegen täglich.

Schiff
Von Coron nach Batangas
MV *Viva Peñafrancia IX*; Viva Shipping Lines. Abfahrt: Mo 12.00 Uhr. Fahrzeit: 18 Std.
MV *Maria Socorro*; Viva Shipping Lines. Abfahrt: Mi 12.00 Uhr. Fahrzeit: 18 Std.
MV *Viva Santa Ana*; Viva Shipping Lines. Abfahrt: Fr 12.00 Uhr. Fahrzeit: 18 Std.

Von Coron nach Manila
MV *Salve Juliana*; MBRS Lines. Abfahrt: Mi 16.00 Uhr. Fahrzeit: 17 Std. Das Schiff kommt von Liminangcong, Abfahrt dort um 6.00 Uhr.
MV *Asuncion XI*; Asuncion Shipping Lines. Abfahrt: Mi 16.00 Uhr. Fahrzeit: 22 Std. Das Schiff kommt von Culion, Abfahrt dort um 6.00 Uhr.
MV *Catalyn A*; Asuncion Shipping Lines. Abfahrt: Sa 16.00 Uhr. Fahrzeit: 22 Std. Das Schiff kommt von Culion, Abfahrt dort um 6.00 Uhr.
MV *Asuncion X*; Asuncion Shipping Lines. Abfahrt: So 16.00 Uhr. Fahrzeit: 22 Std.

Hinweis: Die Verbindungen mit Asuncion Shipping Lines sind nicht sehr zuverlässig.

Von El Nido nach Manila
MV *Asuncion IV*; Asuncion Shipping Lines. Abfahrt: Do 15.00 Uhr. Fahrzeit: 28 Std.
Hinweis: Diese Verbindung ist unregelmäßig.

Von Puerto Princesa nach Manila
MV *Iloilo Princess*; Sulpicio Lines. Abfahrt: Di 10.00 Uhr u. Fr 20.00 Uhr. Fahrzeit: 24 Std.
MV *Superferry 3*; WG & A. Abfahrt: Do 12.00 Uhr. Fahrzeit: 24 Std.
MV *Saint Francis of Assisi*; Negros Navigation. Abfahrt: Sa 12.00 Uhr. Fahrzeit: 24 Std.

Nach Negros

Schiff
Von Puerto Princesa nach Bacolod
MV *Don Julio*; Negros Navigation. Abfahrt: Di 10.00 Uhr. Fahrzeit: 17 Std.

Nach Panay

Flug
Von Puerto Princesa nach Iloilo City
Philippine Airlines fliegt Do u. So.

Schiff

Von Cuyo nach Iloilo City

MV *Milagrosa-J-Dos*; Milagrosa Shipping Lines. Abfahrt: dreimal monatlich, jeweils am 2., 12. und 22. um 6.00 Uhr. Fahrzeit: 12 Std.
MV *Milagrosa-J-Tres*; Milagrosa Shipping Lines. Abfahrt: dreimal monatlich, jeweils am 8., 18. u. 28. um 10.00 Uhr.

Von Puerto Princesa nach Iloilo City

MV *Don Julio*; Negros Navigation. Abfahrt: Di 10.00 Uhr. Fahrzeit: 19 Std.; über Bacolod/Negros.
MV *Milagrosa-J-Dos*; Milagrosa Shipping Lines. Abfahrt: dreimal monatlich, jeweils am 1., 11. u. 21. um 12.00 Uhr. Fahrzeit: 38 Std.; über Cuyo (dort 8 Std. Aufenthalt).
MV *Milagrosa-J-Tres*; Milagrosa Shipping Lines. Abfahrt: dreimal monatlich, jeweils am 7., 17. u. 27. um 16.00 Uhr; über Cuyo.

Reisen auf Palawan

Bootstouren

Ausgedehnte Bootstouren zu Palawans interessanten Orten und Inseln finden bei immer mehr Reisenden großen Anklang. So überrascht es auch nicht, daß fleißig an großen Booten gezimmert wird. Der Verlauf einer zehntägigen Tour könnte folgendermaßen aussehen: Puerto Princesa - Coco-Loco Island - Elephant Island - Flowers Island - El Nido - Port Barton - Underground River. Der Tagessatz liegt zur Zeit bei rund 1.300 P pro Person, inklusive Verpflegung.
Der Schweizer Mark Bratschi bietet von Dezember bis April unter anderem solche Touren mit seiner MY *Moonshadow* an. Von April bis Juni stehen mehrere Fahrten zum Tubbataha-Riff auf seinem Programm. Das solide Holzboot ist 20 Meter lang und fünf Meter breit, ausgestattet mit fünf Kabinen für insgesamt acht bis zehn Passagiere. Kontaktadresse: Trattoria Inn, 353 Rizal Avenue, 5300 Puerto Princesa.
Von Dezember bis März sind längere Bootstouren auch mit der MY *Jinn Sulu* der Tauchschule Queen Ann Divers möglich. Nähere Infos dazu im Trattoria Inn in Puerto Princesa. Siehe auch Puerto Princesa: *Adressen/Verschiedenes - Tauchen*.
Das Cruise & Hotel Center, Shangri-La Hotel, Ayala Avenue, Makati, Tel. 8154525, bietet vier- und siebenstägige Touren mit dem Katamaran MV *Lagoon Explorer* an. Das bestens ausgerüstete Schiff (mit zehn Aircon-Kabinen für insgesamt 36 Passagiere) fährt von Coron nach El Nido und zurück, wobei des öfteren geankert wird. Flüge Manila-El Nido und Manila-Busuanga (und umgekehrt) können mitgebucht werden. Inklusive Hin- und Rückflug und Verpflegung kostet ein Viertages-Trip pro Person in einer Doppelkabine 640 US$.

Transport

Reisen gestaltet sich auf Palawan etwas schwierig, denn die Verbindungen zwischen den Dörfern sind bisher nur streckenweise akzeptabel. Sie werden jedoch mit Fortschreiten der Straßenbauarbeiten besser. Bisher gibt es nur einen teilweise asphaltierten »Highway«, der von Brooke's Point über Puerto Princesa, Roxas und Taytay nach El Nido führt. Um auf Nebenstraßen vorwärtszukommen, muß man relativ viel Zeit oder viel Geld investieren. Obwohl Jeepneys oder Boote fahren, wird immer wieder versucht, einen Special Ride zu verkaufen. Wer nicht warten kann und einwilligt, zahlt garantiert für alle anderen Passagiere mit. Denn die steigen selbstverständlich zu und freuen sich diebisch, daß sie Zeit und Fahrgeld sparen konnten.
In der Regenzeit kann das Reisen etwas problematisch werden, da nach ei-

nigen Regentagen manche Strecken kurzzeitig nicht befahrbar sind. Ist man dann auf Boote angewiesen, muß tief in die Tasche gegriffen werden: Abhängigkeit und hoher Wellengang fordern ihren Preis.
Die relativ neuen Bootsverbindungen zwischen Coron und Taytay sowie Coron und Liminangcong stellen eine wesentliche Verbesserung der Reisemöglichkeiten in Nord-Palawan dar. Ergänzt durch tägliche Flugverbindungen zwischen Manila und Busuanga sowie Manila und El Nido lassen sich jetzt dort problemlos Rundreisen durchführen, wo bis vor kurzer Zeit fast jeder Trip in einer Sackgasse endete.

Zentral-Palawan

Puerto Princesa

Puerto Princesa ist mit 210.670 Hektar nach Davao flächenmäßig die zweitgrößte Stadt der Philippinen. Sogar das ländliche Sabang und der St. Paul Subterranean National Park, 50 Kilometer nördlich des eigentlichen Stadtkerns, gehören noch zum Stadtgebiet, in dem insgesamt etwa 120.000 Menschen leben. Das urbane Puerto Princesa selbst hat etwa 60.000 Einwohner. Obwohl in dieser relativ jungen Stadt immer mehr neue Häuser gebaut werden, kann man noch auffallend schöne im alten Stil entdecken. Dominierende Gebäude sind die Kathedrale und das Provincial Capitol. Am Meer stehen Fischerhütten, die bis ins Wasser gebaut sind.
Bemerkenswert ist die Sauberkeit Puertos, die dem Bürgermeister Edwin Hagedorn bereits viel Lob zuteil werden ließ. Er verstand es vorbildlich, die Einwohner dafür zu begeistern, ihre Stadt sauber zu halten. Müllabfuhr und Straßenreinigung funktionieren tadellos, in einigen Tricycles ist sogar ein Aschenbecher angebracht (das Wegwerfen von Zigarettenkippen auf die Straße wird mit einem Bußgeld in Höhe von 200 P bestraft!). Jüngste Auszeichnungen für Puerto Princesa: 1993 Earth Day Award; 1994 Macliing Dulag Environment Award.
Das Palawan Museum am Mendoza Park vermittelt einen recht guten Überblick über die Geschichte, Kunst und Kultur Palawans, über die Menschen der Insel und ihre Mythologie. Geöffnet: Mo, Di, Do u. Fr 9.00-12.00 Uhr u. 14.00-17.00 Uhr. Eintritt: 5 P.
Angenehm ist die Atmosphäre bei Sonnenuntergang am Anleger. In der Puerto Princesa Bay soll es ein paar interessante Plätze für Taucher geben. Für etwa 300 P kann man für ein paar Stunden ein Auslegerboot chartern und in der Bucht herumschippern, schwimmen, schnorcheln und fischen (Preis pro Tag: 800 P).
Der Nasin-Aw White Beach liegt am östlichen Stadtrand; Eintritt: 5 P. Beim Baden auf Seeigel aufpassen; am besten Schuhe anziehen. Schnorcheln in Strandnähe ist großartig. Der Nasin-Aw White Beach ist mit einem Tricycle zu erreichen.
Jedes Jahr ab 7. Dezember wird in Puerto Princesa eine Woche lang gefeiert (Konzerte im Mendoza Park, Caracol-Bootsprozession, Wahl der Miss United Way, Motocross, Quiz, Wettbewerbe usw.).

Übernachten

Einfache Hotels und Pensionen

Duchess Pension House, 107 Valencia Street, Tel. 4332873. EZ/DZ/fan 100/200 P, DZ/fan/Bad 250 P, EZ/DZ/ac/Bad 550 P. Beliebte Unterkunft. Nette Leute. Angenehme Atmosphäre. Kleines Restaurant (Frühstück, Snacks).
Princesa Inn, 169 Malvar Street, Tel. 4332618. EZ/fan 135 P, DZ/fan 150 P, EZ/fan/Bad 250 P, DZ/fan/Bad 400 P,

EZ/DZ/ac/Bad 600 P (mit TV). Ordentliche Fan-Zimmer im Hintergebäude, die vorderen Aircon-Zimmer sind ziemlich klein. Nette, ruhige Pension in der Nähe des Marktes. Restaurant.

Abelardo's Pension, 63 Manga Street, Tel. 4332049. EZ/fan 150 P, DZ/fan 200 P, DZ/fan/Bad 300 P, DZ/ac/Bad 450 P. Zweckmäßige, aber recht ordentliche Zimmer. Gutes Frühstück. Hilfsbereite Besitzer mit vielen Tips über Palawan.

Airport View Inn, Rizal Avenue, Tel. 4336953, Fax: 4336954. EZ/fan/Bad 150 P, DZ/fan/Bad 200 P, EZ/DZ/ac/Bad 300 und 400 P. Kleine Zimmer mit Veranda in einem Bambushaus im ruhigen Garten hinter dem Gebäude an der Straße.

Swissippini International Guest House, 263 Manalo Street Extension, Tel. 4332540, Fax: 4334757. EZ/DZ/fan 150 P, DZ/fan/Bad 180 P. Ein Bad für zwei Zimmer. Freundliche, familiäre Atmosphäre.

Sonne Gasthaus, 366 Manalo Extension, Tel. 4334638. EZ/DZ/fan 170/200 P, Cottage/fan 150 P, Cottage/fan/Bad 310 P. Einfache Zimmer. Restaurant. Ruhige Lage am Stadtrand (Cottage an der Straße allerdings etwas laut).

Puerto Pension, 35 Malvar Street, Tel. 4332969, Fax: 4334148. EZ/fan 175 P, DZ/fan 250 P (jeweils zwei Zimmer teilen sich ein gemeinsames Bad), DZ/fan/Bad 325 P DZ/ac/Bad 540 P. Geschmackvoll mit Naturmaterialien gestaltetes Haus. Restaurant. Dachterrasse mit Aussicht auf die Puerto Princesa Bay.

Trattoria Inn, 353 Rizal Avenue, Tel 4332719, Fax: 4334580. EZ/fan 220 P, DZ/fan 290 P, EZ/DZ/ac/Bad 590/690 P (mit TV). Angenehme, freundliche Unterkunft mit recht ordentlichen, preislich durchaus akzeptablen Zimmern. Kleiner Garten. BeliebterTreffpunkt. Restaurant.

Mittelklassehotels

Badjao Inn, 350 Rizal Avenue, Tel. 4332380, Fax: 4332180. EZ/fan/Bad 230 P, DZ/fan/Bad 330 P, EZ/ac/Bad 530 und 650 P, DZ/ac/Bad 600 und 700 P. Passable Aircon-Zimmer; die teuren mit Kühlschrank und TV. Gepflegter großer Garten mit Restaurant.

Casa Linda, Trinidad Road, Tel. 4332606. EZ/DZ/fan/Bad 300/375 P, EZ/DZ/ac/Bad 550/650 P. Sehr ansprechende Anlage mit netten, geschmackvoll eingerichteten Zimmern und gepflegtem Garten. Freundlicher Service. Restaurant. Ein gut geführtes Haus in ruhiger Lage etwa 80 Meter abseits der Rizal Avenue.

Palawan Hotel, Rizal Avenue, Tel. 4332326, Fax: 4334961. EZ/ac/Bad 460 P, DZ/ac/Bad 540 P. Passable Zimmer. Nette Atmosphäre. Restaurant. Liegt in der Nähe vom Airport.

Airport Hotel, 442 Rizal Avenue, Tel. 4332177. EZ/ac/Bad 650 P, DZ/ac/Bad 750 P, Suite 1.400 und 1.600 P. Gemütliche Zimmer und komfortable Suiten mit Kühlschrank und TV. Restaurant. Coffee Shop. Kleiner Swimmingpool. Günstige Lage zum Airport.

Asiaworld Resort Hotel Palawan, National Road. Tel. 4332214, Fax: 4332111. EZ/ac/Bad ab 2.750 P, DZ/ac/Bad ab 2.900 P, Suite 6.500 bis 19.500 P. Recht gute Zimmer, jedoch wohl etwas zu teuer. Restaurant. Swimmingpool. Sauna. Disco. Das beste und größte Hotel der Stadt.

Essen und Trinken

Neben verschiedenen Restaurants in Seitenstraßen spiegelt sich besonders in der Auswahl der Restaurants entlang der Rizal Avenue die Internationalität der Gäste von Puerto Princesa und Palawan wider.

Dezent ist die Atmosphäre im ***Café Puerto*** des Engländers Andrew, der exzellente französische und internationale

Anreise/Weiterreise; Transport
6 Jeepneyterminal
8 Charing Bus Lines
Puerto Royale Bus Lines
10 Anleger (Wharf)
Milagrosa Shipping Lines
13 Pacific Airways
14 Philippine Airlines
15 Jeepneys nach Iwahig
24 Princess Transport Bus Stop
26 Go Palawan Travel & Tours
27 WG & A
33 Sulpicio Lines
45 Grand Air
50 Air Philippines
Grand Discovery Tour
Princesa Tours
54 Floral World Travel & Tours

Übernachten
2 Hillside Pension
3 Emerald Hotel
4 Asiaworld Resort Hotel Palawan
9 Puerto Pension
22 Garcellano Tourist Inn
26 Trattoria Inn
35 Lola Itang Pension
36 Abelardo's Pension
38 Circon Lodge
47 Badjao Inn
48 Casa Linda
49 Palawan Hotel
50 Amelia Pensionne
51 Airport Hotel
52 Airport View Inn
54 Swissippini International Guest House
55 Duchess Pension House
58 Payuyo Pension
59 Sonne Gasthaus

Essen und Trinken; Unterhaltung
1 Nightclubs
11 Ignacio Restaurant
16 Pink Lace Restaurant
17 Roadside Pizza Inn & Folkhouse
19 Edwin's Food Palace & Disco
22 Zum Kleinen Anker
23 Café Puerto
26 Swiss Bistro Garden
27 King's Court Restaurant
28 Ka Lui Restaurant
29 Crystal Forest Grill Park & Disco
30 Waltzing Matilda
31 Pho Vietnamese Restaurant (2 km)
35 Lola Itang Restaurant
38 Bang-Bang Disco
40 Pho Vietnamese Restaurant
43 Kamayan Folkhouse & Restaurant
46 Kubo Restaurant
53 Café Kamarikutan
56 Backpackers Café

Verschiedenes
2 Cockpit (150 m)
Palawan Adventist Hospital (1,5 km)
City Hall (4 km)
Police Station (4 km)
5 Provincial Hospital
12 Market
13 Caparii Dive Camp Office
City Tourist Office
Palawan Treasures & Gift Shop
18 Philippine National Bank (PNB)
19 Metrobank
20 PTT Office
21 RPCI (Long Distance Calls)
22 PCI Bank
28 Island Divers
29 Coco-Loco Office
32 Cathedral
34 Piltel (Long Distance Calls)
37 Post Office
39 Swissfood & Wines
41 Museum
42 NCCC
44 A.S. Money Changer
Culture Shack
46 Provincial Capitol
Provincial Tourist Office
47 Gold Mine Spirituosen
57 St. Paul Subterranean River National Park Office
60 Nasin-Aw White Beach (1 km)

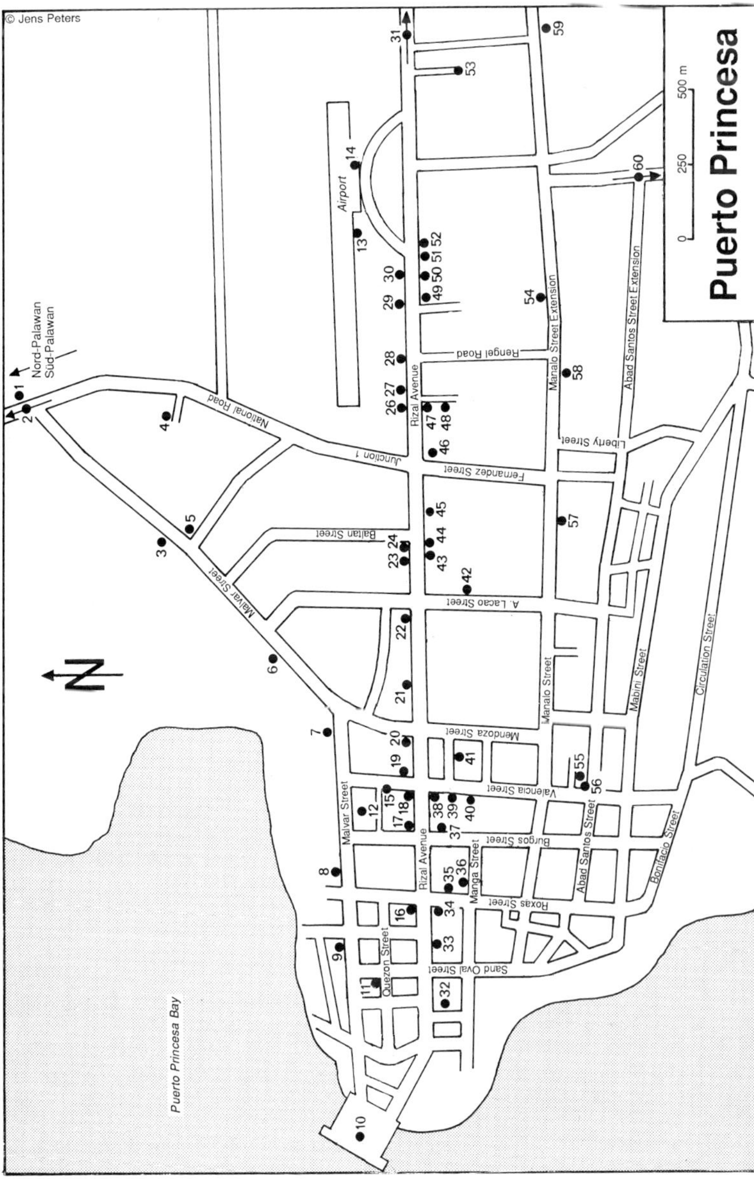
Puerto Princesa
© Jens Peters
0
250
500 m
Nord-Palawan
Süd-Palawan
Airport
Puerto Princesa Bay
National Road
Junction 1
Malvar Street
Baltan Street
Rizal Avenue
Fernandez Street
A. Lacao Street
Mendoza Street
Valencia Street
Burgos Street
Roxas Street
Sand Oval Street
Quezon Street
Manga Street
Rengel Road
Manalo Street
Manalo Street Extension
Abad Santos Street
Abad Santos Street Extension
Liberty Street
Mabini Street
Circulation Street
Bonifacio Street
1
2
3
4
5
6
7
8
9
10
11
12
13
14
15
16
17
18
19
20
21
22
23
24
26
27
28
29
30
31
32
33
34
35
36
37
38
39
40
41
42
43
44
45
46
47
48
49
50
51
52
53
54
55
56
57
58
59
60

Gerichte zubereitet; geöffnet: täglich von 11.30 bis 14.00 Uhr und 17.30 bis 24.00 Uhr. Italienische Gerichte gibt es im ***Roadside Pizza Inn & Folkhouse***. Sehr gut sind die philippinischen Gerichte im ***Kamayan Folkhouse & Restaurant***, wo man auf einer großen Terrasse oder im Treehouse speist. Im netten Filipino-Restaurant ***Lola Itang*** in der Roxas Street legt man besonderen Wert auf die traditionelle Zubereitung der Speisen. Gute und preiswerte philippinische Gerichte werden auch im etwas unscheinbaren ***Ignacio Restaurant*** in der Quezon Street serviert. Ständig viel Betrieb herrscht im ***NCCC Fastfood Restaurant*** unten im gleichnamigen Einkaufszentrum in der A. Lacao Street, wo sehr günstig eine große Auswahl an philippinischen Gerichten angeboten wird (Selbstbedienung). Deutsches und philippinisches Essen gibt es bei Achim und Honey in der rustikalen Kellerkneipe ***Zum Kleinen Anker*** in der Rizal Avenue. Ausgesprochen gut ist die Küche im beliebten ***Swiss Bistro*** im Garten vom Trattoria Inn, Rizal Avenue, mit Steaks, Nudelgerichten, Pizza- und Grillspezialitäten. Das freundliche kleine ***Backpackers Café*** neben dem Duchess Inn in der Valencia Street bietet ein täglich wechselndes, preiswertes Menü an, außerdem etliche Thai-Gerichte und Vegetarisches.

Im angenehmen ***Kubo Restaurant*** im grünen Innenhof vom Badjao Inn, Rizal Avenue, gibt es unter anderem ein preiswertes Sashimi. Etwa 100 Meter weiter in Richtung Airport, direkt neben Island Divers, befindet sich das charmant-rustikale ***Ka Lui Restaurant***, zu dessen origineller Inneneinrichtung ein Bereich gehört, in dem Gäste lesen und sich entspannen können. Es ist täglich außer sonntags von 11.00 bis 14.00 Uhr und 17.30 bis 23.00 Uhr geöffnet. Eine Speisekarte gibt es nicht. Angeboten wird ein stets vorzügliches Tagesgericht in zwei unterschiedlich großen Portionen, und zwar Seafood je nach Fang, dazu Gemüse und Reis.

Architektonisch überaus reizvoll ist das ***Café Kamarikutan***, ein luftiges, vollständig aus Bambus gebautes, großes, dekoratives Haus mit entspannter, fast meditativer Atmosphäre. Es befindet sich etwas stadtauswärts hinterm Airport in der Rizal Avenue Extension, ein paar Meter abseits der Straße in einem Garten mit vielen Pflanzen. Zu haben sind ein paar vegetarische Gerichte, fünf verschiedene Frühstücke und zehn Sorten frisch gebrühter Bohnenkaffee, ebenso Espresso und Cappuccino. Zwei Kilometer weiter stadtauswärts, in der Nähe des Eingangs zum ehemaligen Vietnamese Refugee Camp, befindet sich das beliebte ***Pho Vietnamese Restaurant***, in dem man gut, wenn auch nicht gerade preiswert vietnamesisch essen kann. Eine Filiale dieses populären Restaurants gibt es in der Valencia Street nahe dem Mendoza Park.

Tip für Selbstversorger mit Lust auf heimatliche Kost: In Bruno's ***Swissfood & Wines*** in der Valencia Street stehen verschiedene Delikatessen zur Auswahl.

Unterhaltung

In ***Edwin's Food Palace & Disco*** werden ab 17.00 Uhr auf großer Leinwand Spielfilme gezeigt. Um etwa 21.00 Uhr wird dieses große chinesische Restaurant zu einer Disco umfunktioniert, in der die Gäste dann bis Mitternacht mit einer Mischung von Sweet Music bis Techno beschallt werden. Im beliebten ***Bang-Bang*** auf der anderen Straßenseite vergnügt man sich noch drei Stunden länger, und zwar zu Live-Music. Zu den populärsten Wochenend-Tanzlokalen gehört auch die ***Obsession Disco*** im Asiaworld Resort Hotel Palawan.

Während im ***Kamayan Folkhouse & Restaurant*** Sängerinnen und Sänger

Folksongs vortragen, gibt's im ***Swiss Bistro*** abends erstklassige Musik aus der Konserve - die wohl beste der Stadt. Mehrere rustikale ***Nightclubs*** befinden sich am nördlichen Stadtrand.

Adressen/Verschiedenes

Bücher- und Fahrradverleih: Backpackers Café & Bookshop, Valencia Street, verleiht Mountainbikes für 20 P/ Std. bzw. 100 P/Tag und Bücher (viele englische und deutsche Titel).

Geldwechseln: Die Philippine National Bank wechselt Travellers Cheques, allerdings nur bis zu US$ 300 pro Tag (Gebühren: 100 P pro US$ 100!). Der A.S. Money Changer in der Rizal Avenue (schräg gegenüber von Café Puerto) wechselt American Express Travellers Cheques und Bargeld. Eventuell wechselt auch Philippine Airlines Travellers Cheques.

Hinweis: Außerhalb von Puerto Princesa gibt es auf Palawan so gut wie keine Wechselmöglichkeiten. Das gilt insbesondere für El Nido, wo schon mehrere Reisende mangels ausreichendem Bargeld vorzeitig abreisen mußten.

Informationen: Die monatlich von Umweltschützern herausgegebene Zeitung *Bandillo ng Palawan* enthält interessante Beiträge zu Ökotourismus und Naturschutz auf Palawan. Sie kostet 5 P und ist erhältlich im Ka Lui Restaurant und im Culture Shack, beide in der Rizal Avenue.

Krankenhaus: Behandlung, Betreuung und Medikamente sollen im Palawan Adventist Hospital weitaus besser sein, als im Provincial Hospital.

Motorradverleih: Über das Reisebüro Go Palawan in der Rizal Avennue neben dem Trattoria Inn kann man für 600 bis 800 P pro Tag geländetaugliche Motorräder mieten. Hinweis: In Puerto Princesa besteht Helmpflicht.

Reisebüros: Die Reisebüros Finest Travel, Princesa Tours und Go Palawan Travel & Tours, Tel. 4334570, Fax: 4334580, alle in der Rizal Avenue, sowie Floral World Travel & Tours, 263 Manalo Extension, Tel. 4334757, Fax: 4332540, bieten verschiedene Tagestouren an, z.B. Island Hopping in der Honda Bay (650 P) und zum Underground River (1.100 P). Go Palawan Travel & Tours erledigt auch Flugbestätigungen und Visaverlängerungen.

Souvenirs: Für Palawan typisches Kunsthandwerk ist erhältlich im kleinen Laden Culture Shack in der Rizal Avenue. Ebenfalls im Angebot: T-Shirts mit Palawanmotiven und die Cassette *Palawan: At Peace with Nature* von Sinika, einer Gruppe, die fast ausschließlich mit einfachen einheimischen Instrumenten musiziert. Ein weiteres Geschäft mit einem breiten Angebot an Souvenirs ist Palawan Treasures & Gift Shop neben dem City Tourist Office am Airport.

Tauchen: Die Tauchschule Queen Ann Divers besitzt das 16 Meter lange Tauchboot MY *Jinn Sulu*, ausgestattet mit einer Vierer- und drei Zweierkabinen. An Bord sind zehn komplette Tauchausrüstungen. Angeboten werden Tauchkurse sowie ein- oder mehrtägige Tauchtrips mit täglich zwei Tauchgängen für US$ 60/Tag pro Person, inklusive Ausrüstung und Lunch. In den Monaten April, Mai und Juni fünftägige Tauchfahrten zum Tubbataha-Riff für US$ 660. Für Juli, September und Oktober stehen fünftägige Tauchfahrten nach Panglima, Costancia oder Dumaran auf dem Programm (US$ 580). Boot-Charter ohne Tauchen auf Anfrage möglich. Anschrift: Martin Gugi und Urs Rechsteiner, c/o Trattoria Inn, 353 Rizal Avenue, 5300 Puerto Princesa, Palawan.

Die Palawan Diving Corporation bietet mit ihrem 20 Meter langen Tauchboot ML *Vicky* ein- und mehrtägige Tauchtrips an, auf Wunsch auch Touren bis zu drei Wochen. Das Boot hat drei Vie-

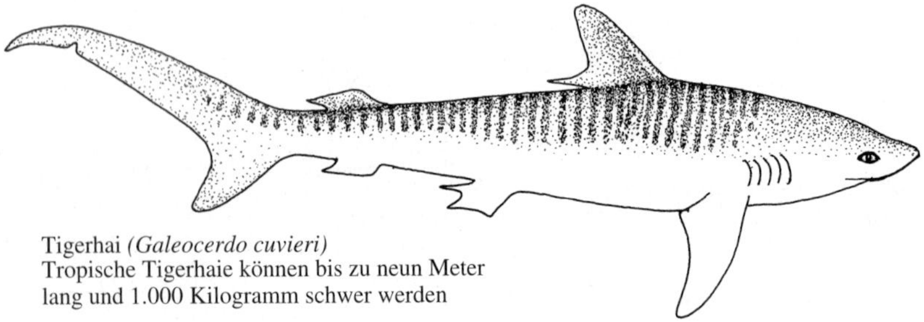

Tigerhai *(Galeocerdo cuvieri)*
Tropische Tigerhaie können bis zu neun Meter lang und 1.000 Kilogramm schwer werden

rerkabinen, Dusche und WC. An Bord befinden sich Tauchausrüstungen für 15 Personen. Im Preis von US$ 60/Tag pro Person sind enthalten: täglich zwei Tauchgänge (Nachttauchen möglich), Ausrüstung und Verpflegung. Von Juli bis Oktober reduziert sich der Preis auf US$ 35. Anschrift: Bernd Henke, c/o Zum Kleinen Anker, Rizal Avenue.
Die MY *Moonshadow* hat ebenfalls Tauchausrüstungen an Bord. Von April bis Juni stehen mehrere Fahrten zum Tubbataha-Riff auf dem Programm (siehe auch »Bootstouren« weiter vorne).
Informationen über gute Tauchmöglichkeiten kann unter anderem auch Norman Songco von den Island Divers in der 371 Rizal Avenue geben. Tauchtrips mit täglich zwei Tauchgängen kosten ab zwei Tauchern 1.500 P/Tag pro Person, inklusive Taucherausrüstung und Verpflegung. Nur das Ausleihen einer kompletten Tauchausrüstung kostet pro Tag 750 P; Brille und Schnorchel werden für 125 P pro Tag verliehen. Ein einwöchiger Tauchkurs kann für 7.500 P absolviert werden.
Telefonieren: Internationale Gespräche können geführt werden bei Piltel, Roxas Street, und RCPI, Rizal Avenue.
Tourist Office: Es gibt ein City Tourist Office, Tel. 4332983, am Airport, das hauptsächlich Auskünfte über Puerto Princesa und Verbindungen ab dort erteilt, und ein Provincial Tourist Office im Provincial Capitol, Rizal Avenue/Ecke Fernandez Street, das für die Provinz Palawan zuständig ist.
Underground River: Das St. Paul Subterranean River National Park Office, Manalo Street, stellt für 150 P Permits (Besuchserlaubnis) für den Underground River aus.
Vorwahl: 048.

Transport in Puerto Princesa

Die Fahrt mit einem Tricycle innerhalb der Stadt kostet für eine kurze Distanz 2 P pro Person. Ein Tricycle zu chartern, sollte für maximal 80 P pro Stunde möglich sein.

Anreise/Weiterreise

Mit dem Fluzeug: Es empfiehlt sich, gleich nach Ankunft den Rück- bzw. Weiterflug bestätigen zu lassen.
Der Airport liegt am östlichen Stadtrand, etwa drei Kilometer vom Zentrum entfernt. Ein Tricycle zur Stadt kostet 5 P pro Person bzw. 15 bis 20 P fürs Tricycle.
Air Philippines, Rizal Avenue (nahe Airport), Tel. 4337003.
Grand Air, Rizal Avenue (nahe Provincial Capitol).
Pacific Airways, Airport Compound, Tel. 4334872, verchartert eine sechssitzige Cessna für 7.000 P pro Stunde. Die Abwicklung ist jedoch nicht gerade zuverlässig. So kann es passieren, daß die bereits gebuchte Maschine kurzfristig anderweitig verchartert wurde oder ein gebuchter Platz einfach einem

anderen Passagier zugeteilt wird. Flugpreise pro Passagier für (unregelmäßige) Flüge von Puerto Princesa nach El Nido: 1.500 P; nach Coron/Busuanga: 2.050 P; nach Cuyo 2.050 P.
Philippine Airlines: Airport Office, Tel. 4334565.

Mit dem Schiff: Der reguläre Preis mit einem Tricycle vom Anleger zu einem Hotel im Stadtzentrum beträgt 5 P; verlangt werden 10 P.
Milagrosa Shipping Lines, Port Area (Eingang zum Anleger), Tel. 4334860.
Negros Navigation, Roxas Street (gegenüber Piltel), Tel. 4337204.
Sulpicio Lines, Rizal Avenue (nahe Kathedrale), Tel. 4332641.
WG & A, Rizal Avenue (neben Trattoria Inn), Tel. 4334875.

Irawan

In Irawan, auf halber Strecke zwischen Puerto Princesa und Iwahig, liegt das 1987 gegründete Irawan Crocodile Farming Institute. Aufgabe des von Japan finanzierten Projekts soll sein, bedrohte Arten philippinischer Großechsen vor dem Aussterben zu bewahren. Eine im Grunde lobenswerte Idee. Bleibt nur zu hoffen, daß sie nicht irgendwann völlig dem eigentlichen Zweck der Einrichtung, nämlich der wirtschaftlichen Nutzung preisgegeben wird. Vorerst gilt jedoch: Ein Besuch der zehn Hektar großen Farm vermittelt einen guten Eindruck von den Eigenschaften der Krokodile. Bis zu fünf Meter lange Exemplare und Jungtiere verschiedener Arten sind zu sehen, ebenso ein paar beachtliche Skelette. Darüber hinaus informieren zahlreiche Schautafeln über die Biologie und das Wesen der gehaltenen Crocs. Neben den Krokodilställen und Freigehegen verfügt die Farm auch über einen kleinen Zoo unter anderem mit Tieren, die nur auf Palawan vorkommen.

Geöffnet: Mo-Fr u. an Feiertagen 13.00-16.00 Uhr, Sa 8.00-17.00 Uhr, So geschlossen. Stündlich stattfindende Führungen. Eintritt: frei.

Anreise/Weiterreise
Bus/Jeepney: Busse und Jeepneys in Richtung Süd-Palawan fahren über Irawan (5 P).

Tricycle: Ein Tricycle von Puerto Princesa nach Irawan kostet etwa 50 P.

Balsahan

In Balsahan gibt es am Fluß ein Resort, das als Tagesausflug gerne von erholungsbedürftigen Einwohnern Puertos aufgesucht wird und in dem bisweilen auch Familienfeste gefeiert werden.

Anreise/Weiterreise

Jeepney: Von Puerto Princesa nach Balsahan besteht keine direkte Verbindung. Um etwa 9.30 Uhr fährt ein Jeepney ab Valencia Street nahe Market nach Iwahig, der eventuell für ein paar Peso extra den Abstecher vom Highway nach Balsahan macht und auf der Rückfahrt um etwa 13.30 Uhr nach Absprache wieder vorbeikommt.

Iwahig

Die Iwahig Penal Colony liegt 23 Kilometer südlich von Puerto Princesa. Strafgefangene leben dort frei wie in einem ganz normalen Dorf. Sie fischen, bauen Reis an usw.; Zäune gibt es nicht. Die Aufseher und Verwalter lassen es sich gutgehen; Personalsorgen haben sie jedenfalls nicht. Fremde sind willkommen. Nicht nur, weil im Souvenirshop Handarbeiten der Gefangenen verkauft werden. Die Iwahig Strafkolonie ist nämlich auch ein Aushängeschild der Regierung. Moderner und liberaler Strafvollzug sollen demonstriert

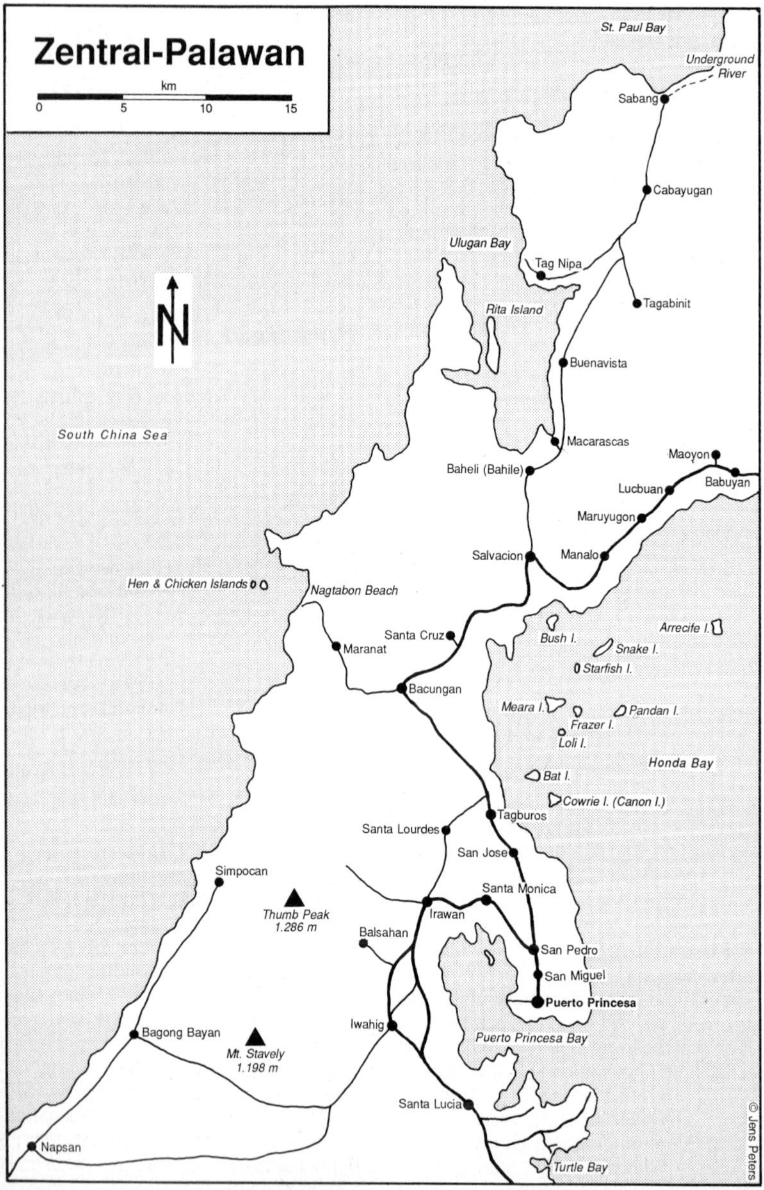
Zentral-Palawan
km
0
5
10
15
N
St. Paul Bay
Underground River
Sabang
Cabayugan
Ulugan Bay
Tag Nipa
Tagabinit
Rita Island
Buenavista
South China Sea
Macarascas
Maoyon
Baheli (Bahile)
Babuyan
Lucbuan
Maruyugon
Salvacion
Manalo
Hen & Chicken Islands
Nagtabon Beach
Santa Cruz
Bush I.
Arrecife I.
Snake I.
Maranat
Starfish I.
Bacungan
Meara I.
Pandan I.
Frazer I.
Loli I.
Honda Bay
Bat I.
Cowrie I. (Canon I.)
Tagburos
Santa Lourdes
San Jose
Simpocan
Santa Monica
Thumb Peak
1.286 m
Irawan
Balsahan
San Pedro
San Miguel
Puerto Princesa
Iwahig
Bagong Bayan
Mt. Stavely
1.198 m
Puerto Princesa Bay
Santa Lucia
Napsan
Turtle Bay
© Jens Peters

werden. Zur Zeit leben dort rund 1.700 Häftlinge, Kolonisten genannt, von denen viele ihre Familien dabeihaben. Diese Strafkolonie trägt sich selbst, so daß staatliche Zuschüsse nicht angefordert werden müssen. Die Rückfallquote der Entlassenen soll erheblich niedriger sein als nach herkömmlicher Haft.

Anreise/Weiterreise

Jeepney: Von Puerto Princesa zur Iwahig Penal Colony fährt morgens um etwa 9.30 Uhr ein Jeepney ab Valencia Street nahe Market; um 13.30 Uhr fährt einer zurück (8 P). Wer später zurückfahren will, kann zum Highway laufen und dort auf einen Bus oder Jeepney warten, der vom Süden kommt.

Tricycle: Für den etwa halbtägigen Trip zur Iwahig Penal Colony, zum Resort in Balsahan und zur Krokodilfarm bietet sich ein Tricycle an, das für diese Rundfahrt nicht mehr als 250 bis 300 P kosten sollte.

Santa Lucia

Santa Lucia ist eine Subkolonie von Iwahig. dort gibt es eine heiße Quelle mit Swimmingpool (man muß allerdings noch etwa sieben Kilometer gehen, auch zurück!). Beliebtes Ausflugsziel am Wochenende; montags wird dann der Pool gereinigt. Ein Besuch dieser Quelle ist jedoch nicht unbedingt ein »Muß«.

Anreise/Weiterreise

Boot: Von Puerto Princesa nach Santa Lucia fahren je nach Bedarf täglich mehrere Boote ab Hafen.

Turtle Bay

Sieben Kilometer Luftlinie südlich von Puerto Princesa, etwa auf der Höhe von Santa Lucia, betreiben der Deutsche Albin und seine philippinische Frau Mercedes ein kleines Resort. Es befindet sich nahe dem flachen Ausgang der abgelegenen und über Land etwas schwer zugänglichen Turtle Bay. Voraussichtlich Anfang 1998 soll an der Turtle Bay von Sail & Fun Palawan Watersports Inc. ein kleines Wassersportzentrum (Windsurfen, Segeln usw.) ins Leben gerufen werden.

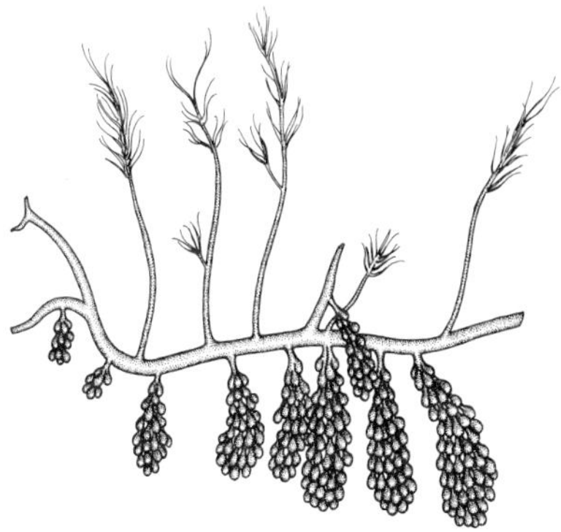

Beerentang *(Caulerpa racemosa)*
Zu den schmackhaftesten eßbaren Pflanzen des Meeres gehören die knackigen, grünen Beerentange *(lato)*, die als Salat angemacht Bestandteil maritimer Vegetarierkost sind

Übernachten

Turtle Bay Beach Resort, Mangingisda. EZ/DZ 190 bis 300 P, EZ/DZ/Bad 310 und 370 P, Cottage/Bad 490 P. Passable, rustikale Anlage. Ein geeigneter Platz für Leute, die sich für ein paar Tage zurückziehen möchten. Nähere Informationen im Trattoria Inn und im Zum Kleinen Anker in Puerto Princesa.

Anreise/Weiterreise

Jeepney: Von Puerto Princesa nach Mangingisda fahren täglich von 6.00 bis 17.00 Uhr mehrere Jeepneys ab Burgos Street/Ecke Malvar Street. Fahrzeit: 1 Std. Fahrpreis: 15 P.

Napsan

Rund 70 Kilometer südwestlich von Puerto Princesa gibt es in Labtay nahe Napsan am Südchinesischen Meer einen herrlichen langen Strand, leider mit lästigen Sandfliegen. Die etwas abenteuerliche Anreise dorthin erfolgt quer durch Palawan, wobei auf der zweiten Hälfte der Strecke von dichtem Dschungel überzogene Berge zu überwinden sind.

Übernachten

Kiao Sea Lodge. Cottage/Bad 600 P pro Person, inklusive Mahlzeiten. Recht komfortabel. Gutes Restaurant.

Anreise/Weiterreise

Jeepney: Von Puerto Princesa nach Labtay/Napsan fahren täglich zwischen 7.00 und 9.00 Uhr zwei oder drei Jeepneys ab Jeepneyterminal. Fahrzeit: 3:30 Std. Fahrpreis: 35 P.
Abfahrt der Jeepneys von Laptay nach Puerto Princesa zwischen 10.00 und 13.00 Uhr.

Honda Bay

Die Inseln der Honda Bay bieten sich als Tagesausflug von Puerto Princesa aus an. Die von zahlreichen Fischern bewohnte Pandan Island zählt zu den bekanntesten Inseln der Honda Bay, sie wird jedoch kaum besucht. Auf ihr befindet sich auch ein Stützpunkt der Coast Guard. Zwischen Pandan Island und Cowrie Island (Canon Island) erstreckt sich ein noch weitgehend intaktes Korallenriff. Überhaupt sind die Schnorchel- und Tauchbedingungen in der Honda Bay wegen der strengen Fischereikontrolle besser als in manch anderem Gewässer um Palawan.
Snake Island ist sandig und hat zur Landseite ein farbenprächtiges, nicht sehr tiefes Korallenriff - ideal zum Schnorcheln. Wer auf dieser schattenlosen Insel ein paar Tage zelten will, muß Trinkwasser und Lebensmittel mitbringen.
Etwas südwestlich von Snake Island liegt die kleine Starfish Island, auf der sich das Starfish Sandbar Resort befindet; Eintritt 20 P. Wahrlich keine Trauminsel, sondern eine flache, baumlose Sandbank mit ein paar simplen Hütten, einem bescheidenen Restaurant (ausgezeichneter Fisch!) und Liegestühlen für Gäste. Boot, Schnorchel und Brille können ausgeliehen werden. Am Ende der Insel gibt es ein kleines Korallenriff zum Schorcheln.
Von Bat Island fliegen am späten Nachmittag scharenweise Fledermäuse zum Festland.

Übernachten

Starfish Sandbar Resort, Starfish Island. Cottage/Bad 500 bis 800 P. Einfache Hütte mit Platz für vier Personen. Alles andere als ein idyllisches Resort.

Meara Marina Island Resort, Meara Island, Tel. 4332575. DZ 500 P, Cottage/Bad 730 P. Restaurant. Tauchen, auch Kurse. Wasserski. Ultralight-Flüge (800 P/15 Min.). Österreichisches Management. Postanschrift: Franz und Jane Urbanek, P.O. Box 04, 5300 Puerto Princesa.

Anreise/Weiterreise

Bus/Jeepney/Boot: Von Puerto Princesa nach Santa Lourdes Pier (am Highway nördlich von Tagburos) mit einem Jeepney (10 P) oder Bus ab Jeepneyterminal oder Market in Richtung Norden. Beim großen Caltex-Tank aussteigen und in Richtung Wasser gehen, wo Boote gemietet werden können. Preis. 300 bis 600 P, je nach Anzahl und Entfernung der Inseln, die angefahren werden sollen. Jollibee Boat Hire verfügt über tadellose Bancas mit ausreichendem Sonnenschutz und gekühlten Getränken an Bord.

Palawan Peacock Pheasant
Der im dichten Unterholz tief im Wald lebende Palawan Pfauenfasan *(tadikan)* ist sehr scheu und wagt sich nur selten auf offenes Gelände

Tricycle: Ein Tricycle von Puerto Princesa nach Santa Lourdes Pier kostet etwa 50 P.

Nagtabon Beach

Der palmenbestandene, weiße Nagtabon Beach (Nik Niks lieben ihn!) liegt in einer langgestreckten, ruhigen, wunderschönen Bucht an der Westküste Palawans mit Blick auf die vorgelagerten Hen & Chicken Islands.

Übernachten

Pablico's Beach Resort. Cottage/Bad 200 und 250 P. Ehemals eine freundliche Anlage mit angenehmer Atmosphäre, jetzt leider ziemlich heruntergekommen.

Georg's Place. EZ/DZ 150/280 P, Cottage/Bad 400 P. Passable Unterkunft. Gutes Restaurant mit europäischer und philippinischer Küche. Georg und Lucy Bauer sind ein deutsch-philippinisches Ehepaar. Postanschrift: P.O. Box 136, 5300 Puerto Princesa. Reservierung und Abholservice in Puerto Princesa: Tel. 4335773.

Anreise/Weiterreise

Jeepney: Von Puerto Princesa zum Nagtabon Beach fahren zwischen 12.00 und 14.00 Uhr zwei bis drei Jeepneys, allerdings ist diese Verbindung nicht immer zuverlässig. Fahrzeit: 1 Std. Fahrpreis: 50 P (mit Gepäck).

Vom Nagtabon Beach nach Puerto Princesa sollen täglich zwischen 6.00 und 7.00 Uhr zwei bis drei Jeepneys fahren. Eventuell fährt auch nur einer um 5.00 Uhr!

Ein Special Ride von Puerto Princesa zum Nagtabon Beach kostet ungefähr 800 P.

Underground River

Der Underground River, mit offiziellem Namen St. Paul Cave, gilt als Palawans faszinierendster Höhlenkomplex. Über eine Länge von etwas mehr als acht Kilometern windet sich die von einem unterirdischen Fluß eingenommene Höhle bis tief ins Erdinnere, abwechslungsreich ausgestattet mit enormen Stalaktiten, zerbrechlich erscheinenden Säulen, glattwandigen Röhren, gezackten Kavernen und imposanten Hallen. Ihr Eingang liegt in einer malerischen Lagune an der Westküste von Zentral Palawan im St. Paul Subterranean National Park. Er ist eine eher unscheinbare, zerklüftete, maulartige Öffnung in einer grauen Kalksteinwand, durch die man mit kleinen Paddelbancas in den dunklen Schlund gelangt. Im Schein der Lampe sind unzählige Fledermäuse zu erkennen. Zum Fotografieren ist ein kräftiges Blitzlicht erforderlich.

Anreise/Weiterreise

Boot: Am einfachsten läßt sich ein Abstecher zum Underground River ab Sabang durchführen. Die Bootsfahrt bis zum Eingang der Höhle dauert etwa 20 Minuten und kostet hin und zurück 300 P (fürs Boot). Ab Baheli dauert die Bootsfahrt drei Stunden und kostet

1.200 P. Allerdings kann der Trip von dort in der zum Teil recht stürmischen Zeit des Südwest-Monsuns von Juni bis November nicht durchgeführt werden, da die Wellen des Südchinesischen Meeres für Auslegerboote dann einfach zu hoch sind.

Hinweis: Wer von Puerto Princesa aus einen Tagestrip zum Underground River unternehmen möchte, sollte entweder die Tour von einem Reisebüro organisieren lassen, z.B. für 1.100 P bei Go Palawan, oder einen Jeepney chartern (etwa 2.500 P). Mit einem regulären Jeepney geht zuviel Zeit verloren, falls sie überhaupt reicht, denn der letzte Jeepney fährt bereits um spätestens 14.00 Uhr zurück.
Tagesfahrten mit Auslegerbooten sind auch ab Port Barton und San Vicente möglich.

Sabang

Mit Einrichtung einer regulären Jeepneyverbindung ab Puerto Princesa wurde der kleine Ort Sabang aus seinem Dornröschenschlaf geweckt. Er liegt an einer langgestreckten Bucht am Rande des vom World Wildlife Fund unterstützten St. Paul Subterranean National Park, einem herrlichen, dschungelbewachsenen Stück Natur um den 1.028 Meter hohen Mount St. Paul. Bemerkenswert ist die Vielfalt der Bäume; etwa 100 Arten sind im Bereich der Central Ranger Station und entlang des Monkey Trails gekennzeichnet. Aufmerksame Beobachter können überdies eine reiche, lautstarke Vogelwelt, etliche Affen und ein paar stattliche, bis zu 1,5 Meter lange Monitor-Warane ausmachen. Sehenswert sind auch die markanten Erosionsformen der senkrecht geriffelten Kalksteinfelsen. Die eigentliche Attraktion dieses sehr gepflegten Nationalparks aber verläuft unterirdisch: der Underground River.

Makake

Eine weitere, erst vor kurzer Zeit entdeckte und noch weitgehend unbekannte Höhle mit eindrucksvollen Tropfsteinen heißt Ren-Pat Cave und ist von Sabang aus bei ruhiger See mit einem Auslegerboot zu erreichen.
Etwa 45 Minuten dauert der Marsch von Sabang am Strand entlang in westlicher Richtung bis zu einem reizvollen Wasserfall, der aus etwa zehn Metern ins Meer stürzt. Feste Schuhe sind angeraten, da auf dieser Seite der Strand recht steinig ist.
Ein weiterer reizvoller Trip von Sabang aus ist die Fahrt mit einem Boot den kleinen Puyoy-Puyoy River hinauf (sofern nicht durch Baumstämme blokkiert), der nahe dem National Park mündet.

Von Sabang zum Underground River
Es lohnt sich, eine Strecke durch den Dschungel zu gehen. Vom Underground River zurück nach Sabang fahren tagsüber mehrere Boote.
Geht man von Sabang zuerst am langen, palmenbestandenen Strand entlang nach rechts in Richtung Osten, danach durch Dschungel und über einen kleinen Berg, erreicht man nach insgesamt knapp zwei Kilometern bzw. einer Stunde die Central Ranger Station des Parks. Von der Central Ranger Station bis zum Höhleneingang sind es

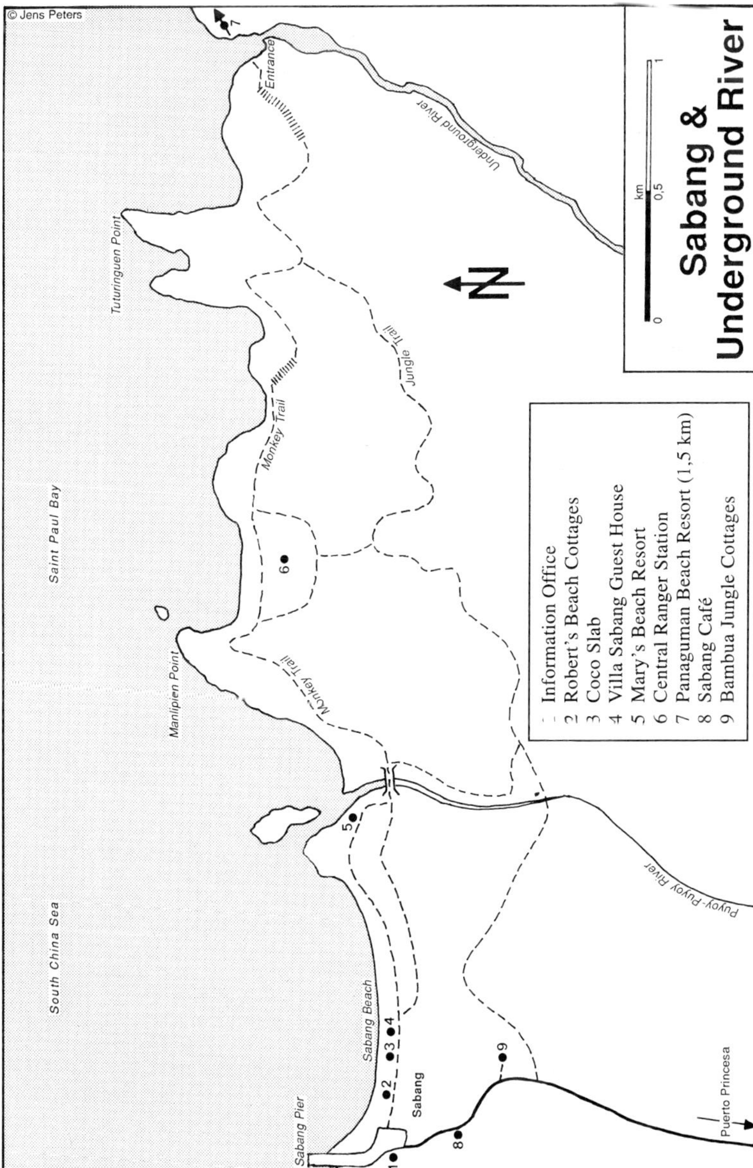
© Jens Peters
Sabang &
Underground River
km
0
0,5
1
South China Sea
Saint Paul Bay
Tuturinguen Point
Manlipien Point
Sabang Pier
Sabang Beach
Sabang
Entrance
Underground River
Monkey Trail
Jungle Trail
Monkey Trail
Puyoy-Puyoy River
Puerto Princesa
1 Information Office
2 Robert's Beach Cottages
3 Coco Slab
4 Villa Sabang Guest House
5 Mary's Beach Resort
6 Central Ranger Station
7 Panaguman Beach Resort (1,5 km)
8 Sabang Café
9 Bambua Jungle Cottages

Flughörnchen *(Glaucomys volans)*
Dieses in Südost-Asien seltene Säugetier, das etwa 30 Zentimeter lang wird, lebt in philippinischen Wäldern

dann noch einmal etwa zwei Kilometer bzw. eine knappe Stunde Fußmarsch (feste Schuhe sind angeraten) entweder über den naturgerecht ausgebauten Monkey Trail (teilweise über steile Treppenkonstruktionen aus Holz) oder den etwas längeren, stellenweise ziemlich verwilderten Jungle Trail. Am Eingang wird dem Besucher die Erlaubnis (Permit) zur Flußfahrt erteilt. Allerdings bevorzugen es die Ranger, wenn sich Besucher dieses Papier zuvor im Information Office in Sabang besorgen. Die Gebühr beträgt 150 P, damit ist auch der Trip mit einem Paddelbanca auf dem Underground River bezahlt. Eine Flußfahrt dauert etwa 45 Minuten und führt bis zur über 60 Meter hohen »Kathedrale« (km 0,5). Durchgeführt werden diese Flußfahrten normalerweise von 8.00 bis 12.00 Uhr und von 13.00 bis etwa 16.00 Uhr. Bisweilen machen die Bootsleute aber schon am frühen Nachmittag Feierabend, daher am besten bis 13.00 Uhr erscheinen.

Übernachten

Sabang
Robert's Beach Cottages. Cottage 175 P, Cottage/Bad 200 und 250 P. Einfache, ältere Cottages und neuere, die etwas besser sind. Das Restaurant ist vergleichsweise teuer (kleine Portionen).
Coco Slab. Cottage/Bad 250 und 300 P. Passable, unterschiedlich große Cottages, teilweise im A-Frame-Stil.
Villa Sabang Guest House. Dorm 90 P, Cottage/Bad 160 und 190 P. Einfach, aber preislich akzeptabel. Die Anlage gehört einem Italiener, wird aber von sehr freundlichen Filipinos geführt.
Mary's Beach Resort. Cottage 150 P, Cottage/Bad 200 und 250 P. Die wohl beste Anlage in Sabang mit tadellosen, unterschiedlich großen Cottages, die teuersten stehen in der ersten Reihe zum Strand. An einer kleinen Bucht am östlichen Sabang Beach gelegen, kurz vor dem Eingang zum National Park. Am Strand steht ein schattiger, großer, prächtiger Baum mit weitausladenden, knorrigen Ästen, an denen Hängematten befestigt sind.

Außerhalb von Sabang
Central Ranger Station. Wer die urwüchsige Landschaft des Nationalparks intensiver genießen möchte, kann bei der Ranger Station für 40 P im eigenen bzw. 50 P in einem Leihzelt übernachten. Ein Bett in einem einfachen, aber sauberen Vierbett-Zimmer kostet 75 P. Verpflegung sollte mitgebracht werden.
Panaguman Beach Resort. EZ/DZ 200 P, Cottage/Bad 300 P. Nettes, gepflegtes Resort mit einem guten, großen Restaurant. Betrieben wird diese Anlage vom Kanadier Peter und seiner philippinischen Frau Pia, die auch Bootstrips zum Underground River und Dschungeltreks mit Guides anbieten. Lage: Am weißen Palmenstrand am

nördlichen Ende der langgezogenen Panaguman Bay, etwa 1,5 Kilometer nordöstlich der Mündung des Underground River, gleich außerhalb des Nationalparks. Hinkommen mit dem Resort-Boot täglich um 13.00 Uhr ab Sabang Pier. Oder zur Central Ranger Station gehen und dort per Funk ein Boot zur Abholung anfordern.
Bambua Jungle Cottages. Cottage/Bad 250 bis 400 P. Geschmackvoll gestaltete, angenehm weit auseinanderstehende Cottages. Ausgezeichnetes Restaurant mit sehr schöner Aussicht. Etwa 20 Gehminuten südlich von Sabang traumhaft am Fuß eines Berges mit angrenzendem Urwald gelegene kleine Anlage mit etlichen Tieren und Nutzpflanzen. Wird von André und Rosalie, einem deutsch-philippinischen Pärchen betrieben.

Essen und Trinken

Preiswert sind die philippinischen Gerichte in der ***Coco Grove Canteen***. Wem nach italienischer Küche ist, findet im ***Villa Sabang Restaurant*** für wenig Geld eine typische kleine Auswahl (Pasta, Pizza, Spaghetti). In entgegengesetzter Richtung, ein paar Meter westlich vom Sabang Pier, bietet das beliebte ***Silayan Restaurant*** nicht nur ausgezeichnete, günstige Gerichte, insbesondere Seafood und Frühstück, sondern auch eine schöne Aussicht auf die Bucht (Küche schließt bereits um 20.00 Uhr). Ebenfalls gut frühstücken (selbstgebackenes Brot) kann man im ***Café Sabang*** etwas außerhalb von Sabang an der Straße nach Puerto Princesa. Abends gibt's dort unter anderem vorzügliche Pizzas.

Anreise/Weiterreise

Bus/Jeepney: Von Puerto Princesa nach Sabang über Baheli, Macarascas und Cabayugan fahren täglich um 8.00, 8.30, 9.00 und 15.00 Uhr Jeepneys. Staubige Strecke! Fahrzeit: 3:30 Std., unter Umständen sogar bis zu 6 Std. Fahrpreis: 65 P; von Touristen werden noch gerne ein paar zusätzliche Peso fürs Gepäck (»luggage fee«) verlangt! Abfahrt von Sabang nach Puerto Princesa zwischen 6.30 und 8.30, 12.30 und eventuell 14.00 Uhr.
Täglich außer montags fährt um 7.30 Uhr ein Aircon-Minibus ab Go Palawan Travel & Tours beim Trattoria Inn von Puerto Princesa nach Sabang. Fahrzeit: 3:30 Std. Fahrpreis: 250 P (inklusive Getränk). Abfahrt von Sabang nach Puerto Princesa um 15.30 Uhr.
Wegen der widrigen Beschaffenheit der Piste könnte diese Verbindung während der Regenzeit allerdings problematisch sein.

Palawan Bear Cat *(Arctictis whitei)*
Die seltene Palawan Bärenkatze *(binturog)* ist endemisch und neben dem Wildschwein das größte Säugetier palawensischer Wälder

Boot: Angeboten werden Special Rides von Sabang nach Port Barton (Fahrzeit: 4 Std.; Fahrpreis: 1.500 bis 2.000 P) und El Nido (Fahrzeit: 7 Std.; Fahrpreis: 4.000 bis 4.500 P). Kann eine ziemlich feuchte Angelegenheit sein. Unbedingt auf eine Abdeckplane fürs Gepäck bestehen.

San Rafael

San Rafael besteht nur aus wenigen Hütten, die entlang des Highways stehen, einer Schule und zwei kleinen Shops. Viel zu kaufen gibt es allerdings nicht. Von San Rafael aus können mit einem Führer Batak besucht werden. Ob eine Exkursion zu den Batak notwendig ist, sollte jeder für sich selbst entscheiden. Für die wenigen noch existierenden kleinen Gruppen dieses nomadisierenden Volkes ist der Kontakt mit Touristen in keiner Weise wichtig.
Duchess Beachside Cottages mit der gegenüberliegenden Coral Island ist ein empfehlenswerter Platz für Ruhesuchende und ein guter Ausgangspunkt für längere Treks, z.B. quer durch Palawan nach Sabang zum St. Paul Subterranean National Park mit dem Underground River (zwei bis drei Tage; Guide 300 P/Tag plus Verpflegung).

Übernachten

Duchess Beachside Cottages. Cottage/fan 200 P. Einfache Cottages, die in einer Reihe am Strand entlang stehen. Gepflegte Anlage etwa 500 Meter von der Straße entfernt. Gutes Restaurant.

Anreise/Weiterreise

Bus: Von Puerto Princesa nach San Rafael fahren täglich zwischen 6.00 und 9.00 Uhr und um 13.00 Uhr Busse der Company Puerto Royale ab Market, und zwar die mit Ziel Roxas oder Taytay. Fahrzeit: 2 Std.

Jeepney: Morgens und vormittags fahren mehrere Jeepneys ab Market oder Jeepneyterminal in Puerto Princesa.

Süd-Palawan

Aborlan

Zehn Kilometer südwestlich von Aborlan gibt es in der Nähe des Fischerdorfes Tigman einen herrlichen, annähernd zwei Kilometer langen, von unzähligen Palmen bestandenen Badestrand.

Übernachten

Villa Christine Beach Resort, Tigman. Cottage/fan/Bad 775 P pro Person, inklusive zwei Mahlzeiten. Ansprechende Anlage unter österreichischer Leitung. Restaurant mit philippinischer und internationaler Küche. Windsurfing. Wasserski. Liegt am einsamen Tigman Beach etwa fünf Kilometer von der Hauptstraße entfernt. Bis zum Dorf Tigman sind es 1,5 Kilometer (am Strand entlang und über Fußgängerbrücke).
Camille Del Sol, Tigman. Cottage/fan/Bad 350, 500 und 600 P, je nach Größe. Angenehmes philippinisch-amerikanisch geführtes Beach Resort etwa 300 Meter vom Dorf Tigman entfernt. Ruhige Lage. Sehr gutes Restaurant. Hobie Cat. Kajaks. Windsurfing. Verleih von Motorrädern und Mountainbikes. Reservierung in Puerto Princesa: Tel. & Fax: 4336526.
Princesa Holiday Resort, Tigman. Cottage/fan/Bad 950, 1.350 und 2.500 P. Größere Anlage mit sehr geräumigen, komfortabel eingerichteten Cottages. Restaurant. Beach Bar. Motorradverleih. Philippinisch-belgisches Management.

Anreise/Weiterreise

Bus/Jeepney: Von Puerto Princesa mit einem Bus oder Jeepney in Richtung Narra, aussteigen an der Tigman-Junction in Plaridel, etwas südlich von Aborlan. Fahrzeit: 1:30 Std. Von dort für 50 P mit einem Tricycle zum Strand.

© Jens Peters
Puerto Princesa
Napsan
Anepahan
ANEPAHAN PEAK 1341m
Apurawan
Isaub
PUNTOG I.
Aborlan
MALANAO I.
PEAKED I.
SOUTH CHINA SEA
Plaridel
SOMBRERO I.
Tigman
Berong
THE TEETH 1798m
VICTORIA PEAK 1726m
Panacan
TIDEPOLE I.
Maasin
END PEAK 1375 m
Narra
ARENA I.
RASA I.
TRIPLE CIMA I.
Quezon
MALAPACKUN I.
Malatgao
Aboabo
Tagusao
TEMPLE I.
PAGASINAN I.
Calumpang
Kinlogan
POLUTE RANGE 915m
Panitian
ARRECIFE I.
Bunog
Labog
PARADISE I.
Gilingan
Punang
MT. GANTUNG 1780m
Karasonan
Campong Ulay
Rizal
Pulot
Ransang
MT. LANDARGUN 1655m
Mambalot
Candawaga
Culasian
MT. MANTALINGAJAN 2086 m
Brooke's Point
Buligay
Panalinga-an
SULU SEA
Males
Tagbita
Bataraza
Bonobono
Malihod
Latud
Culandanum
Sandoval
BULAJAO RANGE 1058m
Ukayan
Canipaan
Rio Tuba
Sumbiling
Tagamaya
Malitop
ARRECIFE I.
CAPAYOS I.
Tagnato
URSULA I.
Puring
BOWEN I.
Bulíluyan
PANDANAN I.
BUGSUK I.
BANCALAN I.
SECAM I.
MANTANGULE I.
CANABUNGAN I.
RAMOS I.
CANDARAMAN I.
NASUBATA I.
ROUGHTON I.
MANGSEE IS.
Balabac
CUMIRON I.
BALABAC I.
LUMBUCAN I.
KM
0 10 20 30 40 50
Süd-Palawan

Narra

Narra bietet sich als Zwischenstation auf dem Weg nach Süd-Palawan an. Sechs Kilometer nördlich, am Fuß des Victoria Peak, befinden sich die Estrella Wasserfälle; Eintritt: 5 P. Zu erreichen mit einem Tricycle ab Narra Market zum Estrella Village.

Übernachten

Tiosin Lodging House, Panacan Road. EZ/DZ/fan 60/120 P. Einfache, akzeptable Unterkunft. Restaurant (gutes, preiswertes Essen).
Gardeña Boarding House, Panacan Road. EZ/DZ/fan 80/160 P. Einfach und relativ sauber.
Victoria Peak Inn, National Highway. EZ/DZ/fan 75/150 P. Einfache Zimmer, angemessen im Preis.

Anreise/Weiterreise

Bus/Jeepney: Von Puerto Princesa nach Narra fahren täglich zahlreiche Jeepneys sowie mehrere Busse, entweder direkt oder mit Ziel Quezon und Brooke's Point. Fahrzeit: 2 Std.
Aircon-Busse der Princess Transport Company fahren um 7.30 und 13.00 Uhr ab Rizal Avenue/Ecke Baltan Street. Fahrzeit: 2 Std. Aircon-Busse um 8.00 und 13.30 Uhr mit Ziel Brooke's Point fahren ebenfalls durch Narra.
Von Narra nach Puerto Princesa fahren Aircon-Busse der Princess Transport Company um 8.30 und 16.00 Uhr.

Quezon

Quezon ist ein kleiner Fischerort an der Malanut Bay und Ausgangspunkt zu den Tabon Caves, deren Haupteingang an der nordwestlichen Seite vom Lipuun Point liegt. Die Fahrt mit dem Boot zu den Höhlen dauert etwa 30 Minuten und sollte nicht mehr als 250 P kosten. Insgesamt besteht der riesige Komplex aus 200 Höhlen, von denen aber erst 29 erforscht und nur sieben zur Besichtigung freigegeben sind. Die Tabon Cave ist die größte und die Diwata Cave die schönste und mit ungefähr 30 Meter über dem Meeresspiegel am höchsten gelegene Höhle. Aufgrund prähistorischer Funde haben die Tabon Caves musealen Charakter. Da in ihnen menschliche Knochen aus der Steinzeit gefunden wurden, nimmt man an, daß sie den Ureinwohnern (Pala'wan) als Grabstätten dienten.
Für die Besichtigung der Tabon Caves kann von der kleinen Außenstelle des Nationalmuseums in Quezon ein sachkundiger Führer empfohlen werden. Allerdings sollte keine geheimnisvolle Präsentation des Erdinneren erwartet werden. Was man zu sehen bekommt, sind mehr oder weniger große Löcher in der hoch oben in der Felswand, die allein zu besichtigen nach meiner Meinung den Trip nicht rechtfertigen.
Nach der Höhlenkletterei bieten sich die vorgelagerten Inseln mit ihren weißen Stränden zum Island Hopping an, z.B. Sidanao Island und Tataran Island, von der eine lange Sandbank ausgeht.
Weit draußen auf der wunderschönen Tamlagun Island führte der Deutsche Frederick bis zu seinem Tod im Mai 1994 zusammen mit allerlei Getier viele Jahre ein friedliches Robinson-Leben. Was letztendlich aus seinem tropischen Garten Eden wird, bleibt abzuwarten. Zur Zeit lebt eine philippinische Familie auf der Insel. Besucher sind willkommen, allerdings sollte Verpflegung mitgebracht werden. Zwar dürften die Häuser, die Frederick für Gäste erbaut hatte, schon bald schlappmachen, aber unterm Moskitonetz im 1000-Sterne-Hotel am Strand ist immer ein Plätzchen frei. Ein Auslegerboot von Quezon nach Tamlagun Island kostet 500 P (hin und zurück).
Vier Kilometer nordöstlich von Quezon betreibt der Belgier Theo am Tabon

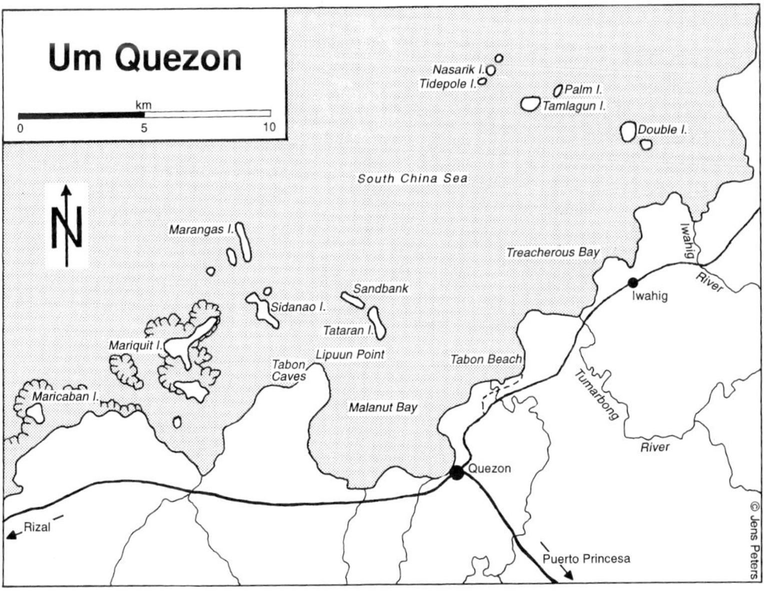

Beach das Tabon Village Resort. Von dort aus dauert der Marsch zum malerisch gelegenen Tumarbong Wasserfall etwa eine Stunde. Oder man fährt für etwa 300 P mit einem Boot den durch dichten Dschungel führenden Tumarbong River hinauf. Dann dauert's 45 Minuten bis zur Mündung des Flusses und weitere 30 Minuten bis zum Wasserfall.

Auf der 20 Kilometer östlich von Quezon gelegenen Malapackun Island hat Theo ein Cottage mit vier Zimmern errichtet; 150/200 P pro Zimmer. Wer sich dorthin zurückziehen möchte, sollte Wasser und ein paar Lebensmittel mitnehmen. Fisch kann man günstig von Fischern kaufen. Kochgelegenheit ist vorhanden. Die Bootsfahrt ab Quezon dauert 1:30 Stunden und kostet 400 P. Nähere Informationen im Tabon Village Resort.

Übernachten

New Bayside Lodging House. EZ/DZ/fan 100 P, EZ/DZ/fan/Bad 120 P. Einfache, kleine Zimmer. Freundliche Unterkunft nahe Anleger und Busterminal. Auf Wunsch wird für die Gäste gekocht. Informationen über Boote zu den Tabon Caves, den vorgelagerten Inseln und für weitere Trips entlang der Südwestküste Palawans.

Villa Esperanza. EZ/DZ/fan 80/160 P, Cottage/fan/Bad 350 P. Einfache Zimmer und bescheidene Cottages, die wohl etwas zu teuer sind. Restaurant (keine alkoholischen Getränke). Gepflegte Anlage etwa 300 Meter vom Busterminal in Richtung Tabon Beach.

Tabon Village Resort. EZ/DZ 120/150 P, Cottage/Bad 275/385 P. Einfache Zimmer und relativ gute, geräumige Cottages. Restaurant. Nett angelegtes Resort an einer attraktiven Bucht etwa vier Kilometer nordöstlich von Quezon. Leider ist das Schwimmen vom Tabon Beach aus unmöglich, da das Wasser dort schlammig und von etlichen Felsen durchsetzt ist. Ein Tricycle von Quezon zum Resort kostet 15 P bzw. 5 P pro Person.

Essen und Trinken

Etwas teuer, aber sehr gut sind die Gerichte im geschmackvoll gebauten und eingerichteten Restaurant ***Mutya ng Dagak*** (Perle des Meeres), das zum Tabon Village Resort gehört und sich auf einer kleinen künstlichen Insel befindet, die über eine kleine Brücke vom Strand aus zu erreichen ist.

Anreise/Weiterreise

Bus: Von Puerto Princesa nach Quezon fahren täglich etwa stündlich von 7.00 bis 15.00 Uhr Busse der Charing Bus Lines ab Malvar Street. Fahrzeit: 3:30 Std. Manche Busse fahren von Quezon weiter bis nach Rizal.
Abfahrt der Busse von Quezon nach Puerto Princesa von 5.00 bis 15.00 Uhr.

Jeepney: Frühmorgens fahren mehrere Jeepneys in beide Richtungen.

Brooke's Point

Es war der Brite James Brooke, der, um den Piraten der Sulu-See Paroli zu bieten, Mitte des vorigen Jahrhunderts hier im Süden von Palawan einen markanten Wachtturm errichten ließ. Ein paar Jahre zuvor hatte den ehemaligen Soldaten der britischen East India Company die Abenteuerlust gepackt und er war von England aus nach Borneo aufgebrochen, wo er mit einer kleinen Privatarmee dem Sultan von Brunei maßgeblich zur Seite stand, eine Revolte niederzuschlagen. Als Dank für seine erfolgreiche Unterstützung ernannte ihn der Sultan 1841 zum Rajah von Sarawak. Ausgestattet mit beachtlicher Autorität versuchte »der weiße Rajah«, als der Brooke bekannt wurde, in den darauffolgenden Jahren unter anderem, die Sulu-See für Handelsschiffe sicherer zu machen.
Heute ist der Sir James Brooke Point mit seinem Leuchtfeuer in Seekarten und Seehandbüchern als wichtige Navigationshilfe aufgeführt. Die an diesem Kap am nördlichen Ende der Ipolote Bay liegende Ortschaft Brooke's Point ist dagegen eher für den wachsenden Handel von Bedeutung.
Wenige Kilometer landeinwärts erstreckt sich eine bewaldete Bergkette mit Gipfeln um 1.500 Meter. Mount Mantalingajan, mit 2.086 Metern der höchste Berg Palawans, liegt rund 25 Kilometer westlich.
Bei Mainit, etwa zehn Kilometer nordwestlich von Brooke's Point, gibt es einen kleinen Wasserfall und eine heiße Schwefelquelle, die jedoch beide kaum einen Besuch wert sind. Tricycles fahren hin (50 P bzw. 120 P/Tag).

Übernachten

Sunset Greenland Garden Lodge. EZ/DZ 75/150 P, EZ/DZ/fan/Bad 200 und 350 P, EZ/DZ/ac/Bad 400 und 550 P. Einfache, akzeptable Zimmer. Ziemlich weitläufige Anlage am Wasser. Restaurant. Disco.
Silayan Lodge. EZ/DZ/fan 60/120 P, EZ/DZ/ac/Bad 180/360 P. Einfach ausgestattete, aber saubere Zimmer.
Cristina Beach Resort, Tagusao Shore. EZ/DZ 120/250 P, Cottage/fan/Bad 300/400 P. Ansprechende, großzügige Anlage am grauen Strand sieben Kilometer nordöstlich von Brooke's Point (1,5 Kilometer von der Hauptstraße entfernt). Die Cottages sind allerdings nicht mehr im besten Zustand. Relativ teures Restaurant.

Essen und Trinken

Die meisten der wenigen Restaurants von Brooke's Point schließen bereits früh am Abend, ausgenommen das nette, halboffene ***Islander*** an der Hauptstraße, das bis etwa 22.00 Uhr philippinische Gerichte serviert. Gut und preiswert sind die Gerichte in der einfachen, sauberen ***Panciteria***.

Anreise/Weiterreise

Puerto Princesa
Bus: Von Puerto Princesa nach Brooke's Point fahren morgens wenige Busse der Company Puerto Royale sowie ein Aircon-Bus der Company Mic Mac Trail ab Market. Letzte Abfahrt: 13.00 Uhr. Aircon-Busse der Princess Transport Company fahren um 8.00 und 13.30 Uhr ab Rizal Avenue/Ecke Baltan Street. Fahrzeit: 4:30 Std.
Abfahrt der Aircon-Busse der Princess Transport Company von Brooke's Point nach Puerto Princesa um 6.30 und 13.30 Uhr.

Jeepney: Zwischen Puerto Princesa und Brooke's Point verkehren auch Jeepneys; mehrere Abfahrten morgens und vormittags. Fahrzeit: 5 Std.

Rio Tuba

Von Rio Tuba sollen gelegentlich Frachtschiffe nach Cagayan de Tawi-Tawi Island (Cagayan Sulu Island) fahren, wo wiederum sporadische Weiterreisemöglichkeiten über Pangutaran Island nach Jolo oder Zamboanga bestehen.
Übernachten kann man in Rio Tuba in einfachen Herbergen am Pier. Preis ist Verhandlungssache.

Anreise/Weiterreise

Brooke's Point
Bus: Busse der Company Puerto Royale, die von Puerto Princesa kommen, fahren möglicherweise von Brooke's Point weiter bis nach Rio Tuba.

Jeepney: Von Brooke's Point über Bataraza nach Rio Tuba fahren zwischen 6.00 und 13.00 Uhr vier Jeepneys. Fahrzeit: 2 Std.

Balabac
Boot: Zwischen Rio Tuba und Balabac auf Balabac Island besteht eine Verbindung mit Auslegerbooten.

Ursula Island

Auf der schönen, kleinen Ursula Island, etwa 20 Kilometer südwestlich von Rio Tuba gelegen, hatten bis vor wenigen Jahren Tausende von Vögeln ihre Nester. Abends kamen sie scharenweise von der Nahrungssuche auf anderen Inseln zurück. Zu viele Wilderer machten dem leider ein Ende, und Ursula Island kann man jetzt als Vogelinsel vergessen. Fast alle Vögel haben ihre Nistplätze inzwischen verlegt, hauptsächlich zum weit entfernten Tubbataha Reef. Ursula Island ist unbewohnt; es gibt kein Trinkwasser.

Anreise/Weiterreise

Boot: Ein Special Ride mit einem Auslegerboot von Bataraza oder Rio Tuba nach Ursula Island kostet 2.000 P, eventuell auch etwas weniger.

Nord-Palawan

Roxas und Coco-Loco Island

Roxas ist ein ruhiger, kleiner Ort direkt am Meer. Auf dem relativ großen Markt am Anleger werden unter anderem preiswert Fische und Früchte angeboten. Wer beabsichtigt, sich im Norden von Palawan auf eine einsame Insel absetzen zu lassen und dazu noch Ausrüstungsgegenstände benötigt, sollte diese spätestens in Roxas einkaufen. Kani-

ster und Eimer sind zwar auch in abgelegenen Orten wie El Nido erhältlich, nicht aber außergewöhnliche Geräte wie z.B. ein Kocher. Vom Bus- und Jeepneyterminal bis zum Markt und Anleger sind es etwa 200 Meter.
In der langgestreckten Bucht vor Roxas liegen mehrere kleine Inseln, darunter auch die schöne, palmenbestandene Coco-Loco Island (Reef Island) mit weißem Strand und vorgelagertem Korallenriff.

Übernachten
Gemalain's Inn. EZ/DZ 100/150 P. Einfache Unterkunft am Markt.
Rover Pension House. EZ/DZ/Bad 200 P. Einfache, aber annehmbare Zimmer. Bis zum Bus- und Jeepneyterminal sind es nur ein paar Schritte.
Retac Garden Beach Resort. EZ/DZ/fan/Bad 295 P, Cottage/fan/Bad 400 und 500 P. Restaurant. Floating Bar. Recht komfortable Unterkunft etwa drei Kilometer nördlich von Roxas. Ein Tricycle dorthin kostet 10 P.
Coco-Loco Island Resort. Cottage 250 und 400 P, Cottage/fan/Bad 600 P. Die einzige Anlage auf der Insel mit zahlreichen Cottages. Billard. Bootstouren (mehrtägig, mit Zelten). Paddelbancas. Squash. Tauchen (Tarawis Dive Shop; Tauchgang 750 P, dreitägiger Tauchkurs 9.000 P). Tischtennis. Wasserski. Nettes, wenn auch relativ teures Restaurant mit liebevoll gestalteter Speisekarte (einfaches Frühstück ohne Kaffee ab 100 P, Dinner 130 bis 270 P). Informationen in Puerto Princesa im Coco-Loco Office in der Rizal Avenue (gegenüber Palawan Hotel), Tel. & Fax: 4333877.

Essen und Trinken
Am Bus- und Jeepneyterminal gibt es ein paar ***einfache Restaurants*** mit einer dürftigen Auswahl simpler Gerichte. Etwas besser ist das ***Tia-Ver Restaurant*** neben dem Rover Pension House; es schließt jedoch bereits um 21.00 Uhr.

Adressen/Verschiedenes
Telefon & Fax: Das kleine Business Center (Agent von Globe Telecom) in der Roxas Street/Ecke Sandoval Street ist von 8.00 bis 21.00 Uhr geöffnet.

Anreise/Weiterreise

Puerto Princesa
Bus: Von Puerto Princesa nach Roxas fahren täglich zwischen 6.00 und 9.00 Uhr und um 13.00 Uhr Busse der Company Puerto Royale ab Malvar Street. Fahrzeit: 4:30 Std.

Jeepney: Jeepneys fahren um 6.00 und 12.00 Uhr (staubig), eventuell auch um 10.00 Uhr. Fahrzeit: 5 Std.

Coco-Loco Island
Boot: Von Roxas zum Coco-Loco Island Resort fährt täglich zwischen 16.00 und 18.00 Uhr das Versorgungsboot des Resorts nach Einkauf in Roxas zurück zur Insel (45 Min.).
Von Dezember bis Juni möglicherweise eine zusätzliche Abfahrt. Mitfahrgelegenheit für 95 P pro Person; ein Special Ride sollte nicht mehr als 600 P kosten.
Abfahrt von Coco-Loco Island nach Roxas um 7.00 Uhr.

Port Barton
Port Barton ist ein kleiner Ort an der malerischen Pagdanan Bucht mit einem langen Sandstrand. Er hat sich zu einem populären, kleinen Treffpunkt im Norden von Palawan entwickelt.
In der landschaftlich schönen Umgebung von Port Barton gibt es mehrere Wasserfälle, darunter der von Pamoayan. Er ist in weniger als zwei Stunden zu Fuß zu erreichen: Von Port Barton zunächst in nördlicher Richtung gehen,

RETAC GARDEN
Beach Resort
Sie suchen eine angenehme Unterbrechung
auf dem langen Weg von und nach El Nido ?
Dann schauen Sie doch mal bei uns rein!
(Nur 5 Minuten vom Roxas Jeepney Terminal)
Sie sind
Herzlich Willkommen!
Das dürfen Sie erwarten
Großzügige, saubere Bungalows in einem tropischen Garten
Eine freundliche Bedienung, die auf Ihre Wünsche eingeht
Ein Restaurant mit preiswerten Gerichten zum Sattessen
Erholsame Stunden in unserer schwimmenden Bar
Alle Bungalows mit Ventilator, WC und Dusche
24 Stunden Elektrizität und fließend Wasser
El Nido
Taytay
Roxas
Puerto Princesa
Das bieten wir demnächst :
Robinsonausflüge mit dem Boot nach
Taytay zum Calabadian Island zum
Baden, Schnorcheln, Barbecue
Übernachten in Zelten.
Das sind unsere Preise
Economy Bungalows P 295
Standard Bungalows P 400
Seaside Bungalows P 500
Island hopping P 500
Paddelbanka P 175
Schnorchelausrüstung P 75
Retac Beach Resort ☺ Roxas, Palawan 5308 ☺ Fax 00632. 804 0331
Bei Faxzuschriften bitte die vollständige Anschrift angeben

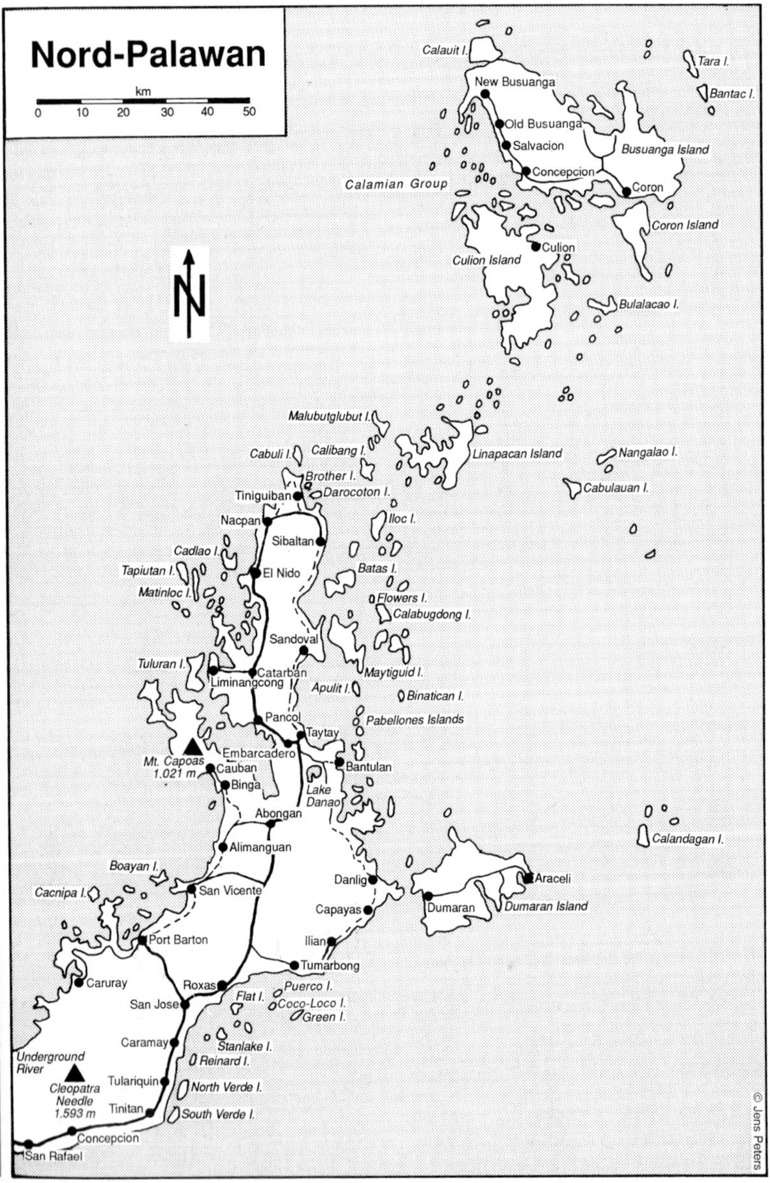
Nord-Palawan
km
0 10 20 30 40 50
Calauit I.
New Busuanga
Tara I.
Bantac I.
Old Busuanga
Salvacion
Busuanga Island
Concepcion
Calamian Group
Coron
Coron Island
Culion
Culion Island
Bulalacao I.
Malubutglubut I.
Cabuli I.
Calibang I.
Linapacan Island
Nangalao I.
Brother I.
Tiniguiban
Darocoton I.
Cabulauan I.
Nacpan
Iloc I.
Sibaltan
Cadlao I.
Tapiutan I.
El Nido
Batas I.
Matinloc I.
Flowers I.
Calabugdong I.
Sandoval
Tuluran I.
Catarban
Liminangcong
Maytiguid I.
Apulit I.
Binatican I.
Pancol
Pabellones Islands
Taytay
Embarcadero
Mt. Capoas
1.021 m
Cauban
Bantulan
Binga
Lake
Danao
Abongan
Calandagan I.
Alimanguan
Boayan I.
Danlig
Araceli
Cacnipa I.
San Vicente
Dumaran
Dumaran Island
Capayas
Port Barton
Ilian
Tumarbong
Caruray
Roxas
Puerco I.
Flat I.
San Jose
Coco-Loco I.
Green I.
Caramay
Stanlake I.
Underground
River
Reinard I.
Cleopatra
Needle
1.593 m
Tulariquin
North Verde I.
Tinitan
South Verde I.
Concepcion
San Rafael
© Jens Peters

auf etwa halber Strecke nach Pamoayan zweigt rechts ein Weg ab und führt zu einem Fluß, der zu durchwaten ist. Dann immer in Flußnähe halten, bis man zum ersten Wasserfall kommt; etwas höher gibt es einen zweiten Wasserfall.
In Port Barton kann man Auslegerboote mieten und zu den vorgelagerten Inseln mit ihren zum Teil sehr schönen, weißen Stränden fahren. Gute Schnorchelmöglichkeiten bestehen unter anderem vor Inadawan Island (früher: Tomas Tan Island) und im sogenannten »Aquarium«. Die einstmals lebendigen, farbenprächtigen Korallenriffe vor Exotica Island und Albaguin Island wurden durch illegale Dynamit- und Cyanidfischerei bedauerlicherweise erheblich zerstört. Man darf jedoch hoffen, daß derartiger Umweltfrevel der Vergangenheit angehört, denn die Verantwortlichen von Port Barton haben zugesichert, von nun an rigoros gegen die Gesetzesbrecher vorzugehen.

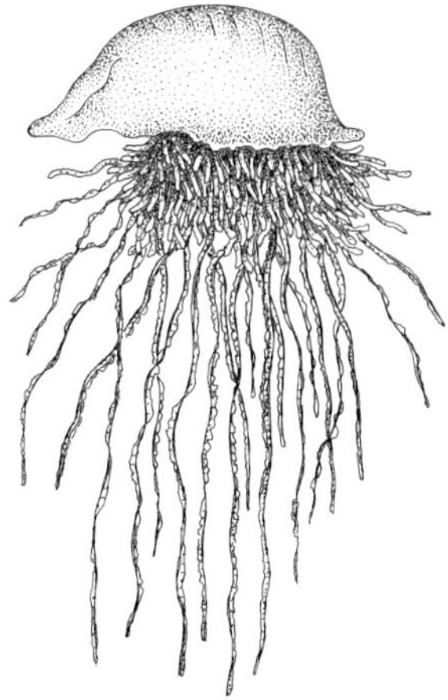

Die Portugiesische Galeere gehört zu den Quallen, deren Nesselfäden bei Kontakt einen brennenden Schmerz verursachen. Betroffene Stellen umgehend gründlich mit Essig oder Zitronensaft waschen

Übernachten

In Port Barton

Shangri-La of Scandinavian Beach Resort. Cottage/Bad 150 und 200. Kleine, etwas in die Jahre gekommene Cottages. Abseits und ruhig am nordöstlichen Rand der Bucht gelegen. Zu erreichen über eine schmale Holzbrücke.
Summer Homes. EZ/DZ 100 P, Cottage/Bad 150 P. Kleine, familiäre Anlage mit drei Cottages direkt am Strand und im Garten dahinter ein Haus mit zwei Zimmern.
Elsa's Beach Cottages. Cottage/Bad 250 P. Ansprechende kleine Cottages. Restaurant. Angenehme Unterkunft.
El Busero Inn. EZ/DZ 100/150 P. Cottage/Bad 300 P. Einfache Unterkunft. Tauchen (El Busero Diving).
San Isidro Beach Resort. EZ/DZ 200 und 350 P, Cottage/Bad 500 P. Kleine Anlage im Südwesten der Bucht.
Swissippini Lodge & Resort. Cottage/Bad 380 bis 600 P, je nach Ausstattung und Größe. Gut geführte, größere Anlage mit etlichen Pflanzen. Angenehmes, gutes Restaurant. Billard. Tauchen. Bootsfahrten (siehe unten).

Außerhalb von Port Barton

Coconut Garden Island Resort, Cacnipa Island. EZ/DZ 210/260 P, Cottage 320 P, Cottage/Bad 390 und 500 P. Ein langes Haus mit mehreren Zimmern sowie mehreren unterschiedlich großen und ausgestatteten Cottages. Zelte stehen ebenfalls zur Verfügung (170 P; zwei Personen). Eine ansprechende, weitläufige Anlage mit Platz für weitere Cottages. Sie befindet sich an einem weißen Palmenstrand im Südosten der Insel.
Jeden Dienstag und Freitag um 9.00 Uhr fährt das Serviceboot MS *Sahra* von Port Barton nach Cacnipa Island; am Samstag nach Eintreffen des Jeep-

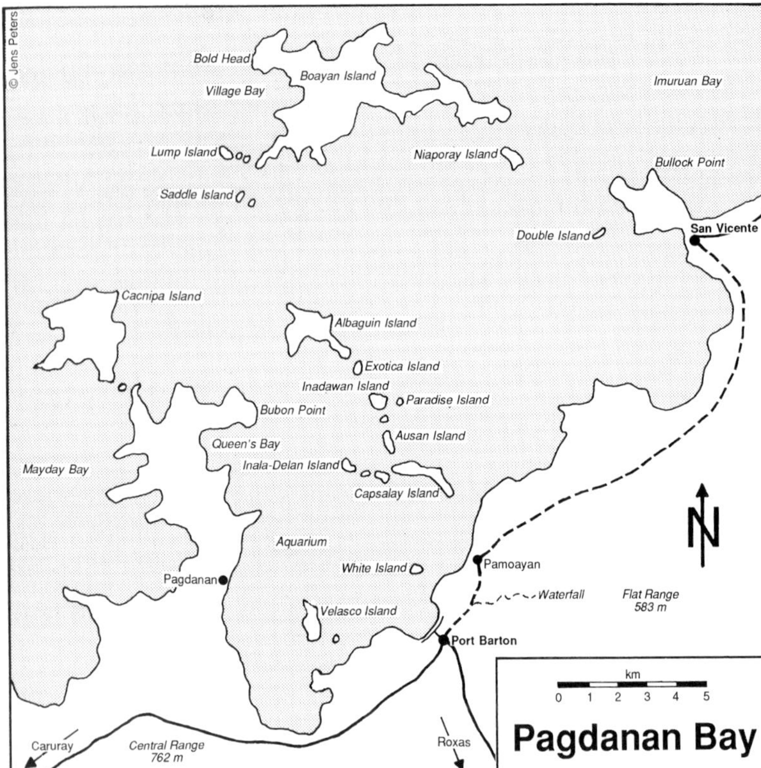

neys aus Puerto Princesa. Fahrzeit: 45 Min.; Fahrpreis: 95 P pro Person; ein Special Ride sollte nicht mehr als 400 P kosten. Ein Special Ride von und nach Sabang (Underground River) sollte für 1.200 P möglich sein.

Manta Ray Resort, Capsalay Island. Cottage 1.700 P pro Person, inklusive Mahlzeiten. Von Mitte Dezember bis Mitte Januar etwa 300 P Saisonzuschlag. Drei geschmackvoll gestaltete Cottages in einer attraktiven Anlage mit gepflegtem Garten. Das Resort wird von der Italienerin Paola geführt.

Essen und Trinken

Gut sind die reichhaltigen Gerichte in den oben genannten Unterkünften - Vorbestellungen sind erwünscht. Im Ort selbst befindet sich in der Rizal Street gegenüber der Petron-Tankstelle das kleine, preiswerte ***Villa Evergreen Restaurant***; geöffnet von 7.00 bis 21.00 Uhr.

Bootsfahrten

Folgende Preise wurden 1997 verlangt: Island Hopping 500 P; San Vicente, Boayan und Albaguin 700 P; Baheli

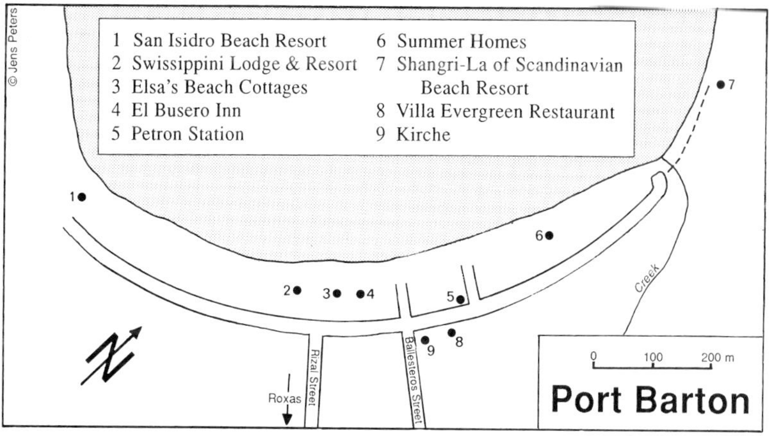

2.000 P; El Nido 2.500 P; Underground River 1.500 P.
Wartezeiten werden pro Tag mit 600 P berechnet.
Die Bootsfahrt von Port Barton zum Underground River dauert mindestens drei Stunden. Es ist daher wichtig, früh aufzubrechen. Ansonsten bleibt für die Fahrt in den Höhlenfluß kaum Zeit.
Swissippini Lodge & Resort bietet viermal monatlich fünftägige Fahrten mit dem Auslegerboot MB *Survival* an. Auf dem Programm stehen unter anderem Inseln in der Pagdanan Bay und im Bacuit-Archipel, El Nido, Sabang und der Underground River. Übernachtet wird in Zelten. Preis pro Person: 650 P/ Tag; inklusive Verpflegung.

Anreise/Weiterreise

Puerto Princesa
Jeepney: Von Puerto Princesa nach Port Barton fahren täglich von 7.00 bis 9.00 Uhr mehrere Jeepneys ab Jeepneyterminal. Fahrzeit: 6 Std. Gelegentlich fahren auch schnellere Jeepneys mit relativ wenig Fahrgästen und ausreichend Platz für Gepäck, dafür jedoch zum doppelten Fahrpreis. Man kann auch mit einem Bus oder Jeepney zuerst nach Roxas fahren und dort dann in einen Jeepney nach Port Barton umsteigen.
Von Port Barton nach Puerto Princesa fährt täglich um 5.00 Uhr ein Jeepney. Ein Special Ride kostet 2.500 P.

Roxas
Jeepney: Von Roxas nach Port Barton fahren täglich zwei oder drei Jeepneys. Erste Abfahrt: 9.00 Uhr. Fahrzeit: 1:30 Std.
Abfahrt von Port Barton nach Roxas um 6.00 Uhr.

San Vicente

San Vicente liegt an einer Landzunge etwa 18 Kilometer nordöstlich von Port Barton. Auf der anderen Seite dieser Landzunge beginnt die Imuruan Bay mit einem rund 15 Kilometer langen Strand, der sich mit nur einer kleinen Unterbrechung (Bokbok Point) bis Alimanguan hinzieht. Wer die Einsamkeit liebt und neugierigen Leuten gern aus dem Weg geht, dürfte sich dort wohlfühlen. Als Tagesausflug bietet sich ein Marsch zum etwa sechs Kilometer landeinwärts von San Vicente gelegenen Little Baguio Waterfall an.

Übernachten

Caparii Dive Camp. EZ/DZ/fan/Bad 520 P, EZ/ac/Bad 800 P, DZ/ac/Bad 920 P. Komfortable Doppel-Cottages. Restaurant. Bootsfahrten, auch zum Underground River. Fahrradverleih. Windsurfen (125 P/Std.). Tauchen; auch Tauchkurse. Gut geführtes Resort an einer kleinen Bucht zwei Kilometer nordwestlich von San Vicente. Booking Office am Airport in Puerto Princesa.

Anreise/Weiterreise

Port Barton

Boot: Nachdem die Straße von Port Barton nach San Vicente voraussichtlich für längere Zeit unbefahrbar ist, bleibt nur die Verbindung mit einem Auslegerboot. Fahrzeit: 1 Std. Fahrpreis: 150 P pro Person bzw. 500 P fürs Boot.

Roxas

Jeepney: Von Roxas nach San Vicente fährt zwei- bis dreimal täglich ein Jeepney. Fahrzeit: 2:30 Std. Auf Wunsch werden Passagiere bis zum Caparii Dive Camp gefahren.

Taytay und Embarcadero

Taytay ist die ehemalige Hauptstadt Palawans. Das 1667 von den Spaniern erbaute Fort ist als Ruine noch zu besichtigen. Die Kirche ist rund 300 Jahre alt. Es gibt ein Krankenhaus und zahlreiche Geschäfte, in denen man erstaunlich gut einkaufen kann.

Nur wenige Kilometer südlich von Taytay liegt der 62 Hektar große Binnensee Lake Danao mit kleinen Inseln mittendrin und ursprünglichem Wald drumherum.

Etwa eine Stunde dauert die Fahrt mit einem Auslegerboot von Taytay nach den vorgelagerten Pabellones Islands, drei kleinen Inseln mit schroffen Kalksteinfelsen. Aus den vielen Höhlen und Spalten werden Vogelnester für die Weiterverarbeitung zur *bird's nest soup* »geerntet«. Auf Elephant Island befindet sich eine Lagune; gute Schnorchelmöglichkeiten. Bootspreis: etwa 500 P.

In Sandoval, am nördlichen Ende der Taytay Bay, liegt der neue Sandoval Domestic Airport, durch die gesamte Inselwelt im Nordosten von Palawan vermutlich einen enormen touristischen Boom erleben wird. Die Gäste vom Club Noah Isabelle auf Apulit Island werden bereits von Manila aus über Sandoval eingeflogen.

Embarcadero liegt etwa sechs Kilometer westlich von Taytay. Fast täglich, mindestens aber zweimal wöchentlich, fahren Auslegerboote von dort den Mangrovenfluß hinunter zum Malampaya Sound und weiter nach Liminangcong. Zwischen Embarcadero und Taytay verkehren Tricycles für 15 P pro Person bzw. 60 P fürs Tricycle; bisweilen fahren auch Jeepneys.

Übernachten

Publico's International Guest House. EZ/DZ 60/120 P, EZ/DZ/Bad 150 P. Einfache Zimmer; preislich in Ordnung. Freundlicher, begrünter Innenhof. Essen auf Vorbestellung. Hilfsbereiter Besitzer. Liegt nahe Markt.

Pem's Pension House. EZ/DZ/fan 75/120 P, Cottage/fan/Bad 250 und 500 P. Einfache Zimmer und passable Cottages, die teuren sind geräumiger und besser ausgestattet. Gutes Restaurant. Liegt an der Taytay Bay nahe dem Fort.

Essen und Trinken

Auf dem Taytay Public Market gibt es mehrere kleine Restaurants und Eßstände, die preiswert philippinisches Essen anbieten.

Anreise/Weiterreise

Coron
Boot: Von Coron nach Taytay fährt Mo und Fr um 8.00 Uhr die MB *Dioniemer*, ein großes Auslegerboot. Fahrzeit: 8 Std. Fahrpreis: 350 P. Bei starker See wird die Fahrt in San Miguel auf Linapacan Island unterbrochen und am nächsten Morgen fortgesetzt.
Abfahrt in Taytay: Mi und Sa um 8.00 Uhr.

El Nido
Boot: Von El Nido nach Embarcadero/Taytay kostet die Fahrt mit einem Auslegerboot 170 P pro Person bzw. 1.700 P für einen Special Ride. Fahrzeit: 4:30 Std.

Jeepney: Von El Nido nach Taytay fahren - zumindest in der Trockenzeit - täglich mehrere Jeepneys, meist morgens. Fahrzeit: 3 Std. Fahrpreis: 130 P.

Puerto Princesa
Bus: Von Puerto Princesa nach Taytay fahren täglich zwischen 6.00 und 9.00 Uhr und um 13.00 Uhr Busse der Company Puerto Royale ab Malvar Street. Fahrzeit: 9 Std.
Abfahrt der Busse von Taytay nach Puerto Princesa um 3.30 Uhr, 12.00 und 19.00 Uhr.
Morgens oder abends fährt zusätzlich ein Jeepney.

Roxas
Bus: Von Roxas nach Taytay fährt zweimal täglich ein Bus der Company Puerto Royale. Fahrzeit: 4 Std. Eventuell fährt mittags zusätzlich ein Jeepney.

Apulit Island

Mitten in der Taytay Bay, knapp zwölf Seemeilen nordöstlich von Taytay, liegt Apulit Island. Eine bezaubernde Insel, wie aus der Kulisse eines übertrieben schönen Südseefilms. Mit einer Länge von nur 1,5 Kilometern ist sie im südlichen Teil sehr schmal und nicht besonders hoch, während ein scharfer, bis zu 175 Meter hoher Grat sich mitten durch den breiteren nördlichen Teil der »Dracheninsel« zieht. Ausgestattet mit einem exklusiven Resort, weißen Stränden, einem Hausriff und dem Royalist Reef nur eine halbe Seemeile östlich, ist Apulit Island das Ziel von betuchten Urlaubern und Tauchern.

Übernachten

Club Noah Isabelle. Cottage/ac/Bad US$ 170 pro Person. Komfortable, auf Pfählen ins Meer gebaute Cottages. Vollpension; außerdem im Preis inbegriffen: Bootstransfer, Windsurfen, Wasserski und zwei Tauchgänge pro Tag. Der Club hat für die Insel und die Gewässer drumherum strenge umweltfreundliche Richtlinien erlassen. Reservierung in Manila bei: Noah's Century Inc., Basic Petroleum Building, Carlos Palanca Jr. Street, Legaspi Village, Makati, Tel. 8107241, Fax: 8182640.

Flowers Island

Flowers Island ist eine traumhafte, nur 15 Hektar große Insel mit weißem Strand und intaktem Saumriff. Sie liegt rund 50 Kilometer nordöstlich von Taytay. Auf ihr betreibt ein Franzose mit seiner philippinischen Frau ein angenehmes Beach Resort mit nur wenigen Cottages. Informationen über die Belegung sind in Pem's Pension House in Taytay erhältlich.

Übernachten

Flowers Island Beach Resort. Cottage 800 P pro Person, Cottage/Bad 1.000 P pro Person; Vollpension. Geräumige, nett dekorierte Cottages. Restaurant. Paddelboot.

Anreise/Weiterreise

Boot: Von Taytay nach Flowers Island kostet ein Auslegerboot 800 bis 1.000 P bzw. 200 P pro Person. Fahrzeit: 3 Std.
Von Sandoval (Airport) nach Flowers Island dauert die Fahrt mit dem Boot etwa 45 Min.

Liminangcong

Liminangcong ist während des Nordost-Monsuns ein Zentrum des Fischfangs. Die Menschen dort sind freundlich und hilfsbereit. Der Ort selbst überrascht durch seine relative Ruhe - es gibt so gut wie keine Kraftfahrzeuge. Auch nach Fertigstellung der 22 Kilometer langen Zufahrtsstraße dürfte mit Ausnahme von ein paar Jeepneys kaum ein größeres Verkehrsaufkommen zu erwarten sein. Etliche der gepflegten Häuser haben kleine Vorgärten, auffällig begrenzt durch lustige, aus halben Kokosnußschalen angefertigte rote Pilze.
Von Liminangcong aus gelangt man unter anderem zu den vorgelagerten kleinen Saddle Island und Camago Island. Es fahren auch Boote nach weiter nördlich gelegenen Inseln. Darüber hinaus bestehen ständige, wenn auch unregelmäßige Schiffsverbindungen nach Manila. Die Inhaber der Geschäfte wissen über Abfahrten oft besser Bescheid als der Coast Guard.

Übernachten

Kaver's Inn. EZ/DZ 200 P. Akzeptable Zimmer in einem soliden Gebäude. Überraschend die Ausstattung des Gemeinschaftsbads mit dunkelblauer Badewanne. Restaurant.

Essen und Trinken

Das große, zweistöckige ***Puerto Paraiso Restaurant*** gegenüber der Lady Bug Disco bietet gute philippinische Küche. Ein angenehmer Platz am Wasser mit schöner Aussicht auf die vorgelagerten Inseln.

Anreise/Weiterreise

Coron
Schiff: Von Coron nach Liminangcong fährt Di 6.00 Uhr die MV *Salve Juliana*, MBRS Lines. Fahrzeit: 7 Std. Das Schiff kommt von Manila.

El Nido
Boot: Von Liminangcong nach El Nido fahren wöchentlich mehrere Auslegerboote. Fahrpreis: 80 P. Ein Special Ride kostet etwa 600 P.

Embarcadero
Boot: Von Embarcadero nach Liminangcong fahren wöchentlich mehrere Auslegerboote. Fahrpreis: 100 P. Ein Special Ride kostet etwa 800 P.

Taytay
Jeepney: Eine Jeepneyverbindung zwischen Taytay und Liminangcong sollte es demnächst geben.

El Nido und der Bacuit-Archipel

El Nido liegt malerisch von schroffen, steilen Kalksteinfelsen umrahmt an einem sehr attraktiven Küstenabschnitt. Die Häuser und Straßen sind sauber und gepflegt; Kraftfahrzeuge gibt es kaum. Nach Verbesserung der Verkehrsverbindungen zieht es nun immer mehr Reisende in diesen schönen, kleinen Ort im Norden von »Last Frontier«, wie Palawan auch gerne genannt wird. Einige davon sicherlich mit zu hohen Erwartungen, denn Transport und Unterkünfte verlangen nicht nur etwas Flexibilität, sondern auch die Bereitschaft, keine großen Ansprüche zu stellen.
Von El Nido aus kann man faszinierende Trips zu den vorgelagerten Inseln

des Bacuit-Archipels unternehmen, die fast alle steil und felsgrau aus dem kristallklaren Wasser aufragen und kleine, sandige Buchten haben. Wem es zu teuer ist, sich für einen oder mehrere Tage ein Boot zu mieten oder sich einer Ausflugsgruppe anzuschließen, aber trotzdem zum Schnorcheln und zu den Stränden abseits von El Nido möchte, geht am besten zur Corong-Corong Bay (tolle Sonnenuntergänge!), etwa zwei Kilometer in südlicher Richtung. Von dort kann man sich für ein paar Peso von Fischern an kleinen Sandstränden an der Südwestküste der Halbinsel absetzen lassen, z.B. am Seven Commandos oder am Lapus-Lapus Beach Beach.

Darüber hinaus besteht die Möglichkeit, sich von El Nido aus mit einem Boot zu einem bestimmten Strand oder einer nahegelegenen Insel bringen zu lassen (Abholzeit vereinbaren!), z.B. Bocal Island (150 P), Paradise Beach (150 P), Pasandigan Cove (250 P; gut zum Schnorcheln), Dilumacad (Helicopter) Island (350 P), Ipil Beach (150 P), Seven Commandos Beach (250 P; vorzüglich zum Schnorcheln) und Lapus-Lapus Beach (250 P). Näheres zu diesem Service bei der Schweizerin Judith in der El Nido Boutique.

Ein paar Inseln des Bacuit-Archipels

Cadlao Island ist die größte und mit etwas mehr als 600 Metern auch die höchste Insel des Bacuit-Archipels. Das gewaltige, stellenweise mit dichtem Grün bewachsene Felsmassiv ist von etlichen Höhlen und Spalten durchzogen.

Miniloc Island liegt südwestlich von El Nido. Auf ihr befindet sich das Resort Club Noah El Nido. Der tiefe Einschnitt etwas nördlich dieser Anlage führt zu einer herrlichen Lagune im Innern der Insel, die nur mit einem Boot zu erreichen ist. Im tieferen Mittelteil der Lagune soll es Barrakudas geben, die unter Umständen Schnorchlern gefährlich werden könnten. Darüber hinaus halten sich dort zeitweise auch Schildkröten auf.

El Nidos wesentliches touristisches Kapital sind die lebendigen Korallenriffe und die farbenprächtigen Fische des Bacuit-Archipels. Sollte es daher nicht gelingen, den verantwortungslosen Fischern, die mit Dynamitstangen bereits erhebliche Bereiche der Unterwasserwelt kaputtsprengten, ihr zerstörerisches Handwerk zu legen, wird es zwangsläufig für den Tourismus in El Nido keine Zukunft mehr geben! Es sind übrigens keine Boote von El Nido, die Dynamit einsetzen, sondern welche von entfernten Orten, die rücksichtslos in fremden Gewässern fischen.

Matinloc Island hat an der langgestreckten Küste etliche kleine Buchten mit Sandstränden und sehenswerten Korallen, darunter die Calmung Bay an der mittleren Ostseite.

Tapiutan Island verläuft etwa zur Hälfte fast parallel und ziemlich nah zu Matinloc Island. In der Passage gibt es einen recht reizvoll gelegenen Strand und ein bestens zum Schnorcheln geeignetes Riff. Die äußerst attraktive Binangculan Bay im Nordwesten der Insel hat einen Strand mit etwas Vegetation. Sie wird gelegentlich von Seglern als Ankerplatz aufgesucht. Die Felsnase südlich der Bucht markiert eines der besten Tauchreviere in den Gewässern von El Nido. Dort gibt es mehrere durchtauchbare Tunnel, Tore und Spalten; Schildkröten, Barsche und Barrakudas sind keine Seltenheit.

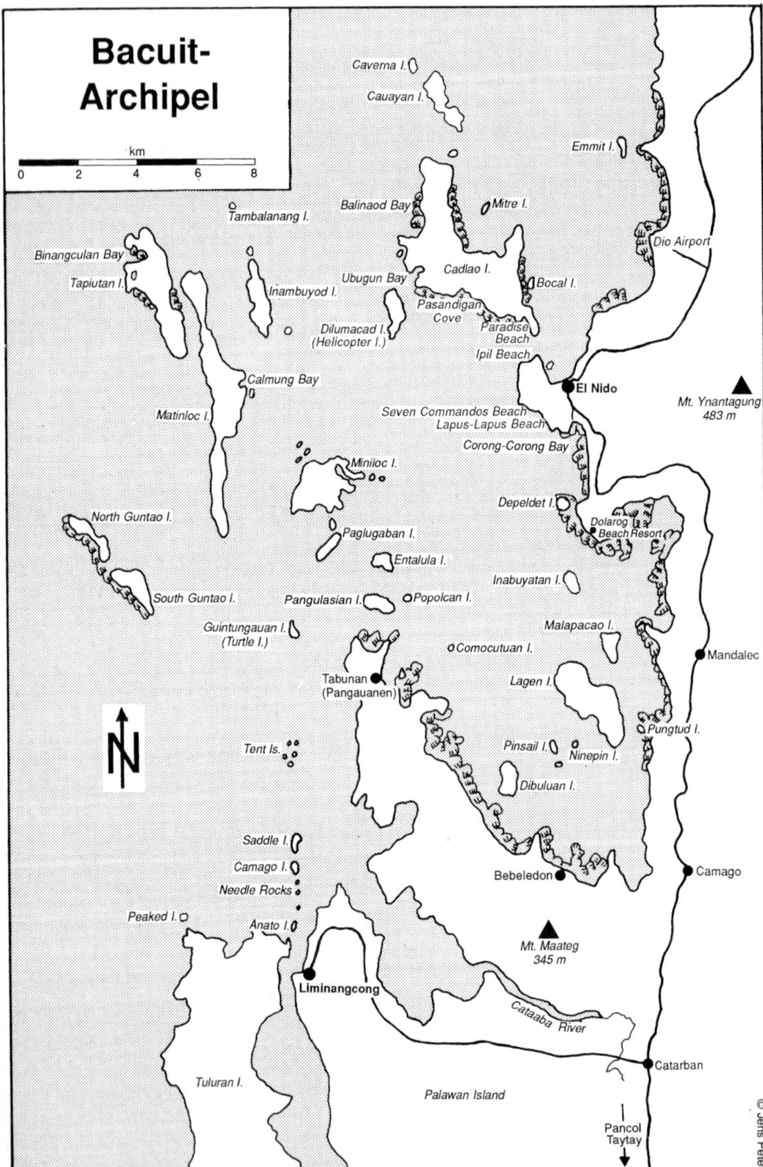
Bacuit-Archipel
km
0 2 4 6 8
Caverna I.
Cauayan I.
Emmit I.
Balinaod Bay
Mitre I.
Tambalanang I.
Dio Airport
Binangculan Bay
Tapiutan I.
Cadlao I.
Ubugun Bay
Bocal I.
Inambuyod I.
Pasandigan Cove
Dilumacad I. (Helicopter I.)
Paradise Beach
Ipil Beach
Calmung Bay
El Nido
Mt. Ynantagung 483 m
Matinloc I.
Seven Commandos Beach
Lapus-Lapus Beach
Corong-Corong Bay
Miniloc I.
Depeldet I.
North Guntao I.
Dolarog Beach Resort
Paglugaban I.
Entalula I.
Inabuyatan I.
South Guntao I.
Pangulasian I.
Popolcan I.
Guintungauan I. (Turtle I.)
Malapacao I.
Comocutuan I.
Mandalec
Tabunan (Pangauanen)
Lagen I.
Pungtud I.
Tent Is.
Pinsail I.
Ninepin I.
Dibuluan I.
Saddle I.
Camago I.
Camago
Needle Rocks
Bebeledon
Peaked I.
Anato I.
Mt. Maateg 345 m
Liminangcong
Cataaba River
Catarban
Tuluran I.
Palawan Island
Pancol Taytay
© Jens Peters

North Guntao Island ist die westlichste Insel des Archipels. Wer sie erklettert, wird mit einem großartigen Panorama belohnt. Die kleinen Strände an der Westküste und Südspitze bieten sich für Stopps zum Schnorcheln an.

Pangulasian Island besitzt einen langen, weißen Palmenstrand und ist, im Gegensatz zu den meisten Inseln des Archipels, teilweise abgeflacht und üppig bewachsen. Auf dieser Insel steht das exklusive Pangulasian Resort. Exklusiv deswegen, weil Tagesgäste ganz und gar unerwünscht sind. Sobald ein fremdes Boot auch nur den Versuch unternimmt, am Strand zu landen, erscheinen Wächter um es kurzerhand zurückzuweisen.

Malapacao Island liegt nahe der Küste von Palawan im Südosten des Bacuit-Archipels und zählt sicher zu den kleinen Paradiesen dieser Inselwelt. Gut zu erkennen ist dieses Eiland an zwei markanten Felshöckern, die einen flachen, mit Palmen und anderen tropischen Pflanzen bewachsenen Abschnitt begrenzen, an dem ein herrlicher Strand verläuft. Im kleinen Resort Malapacao Island Retreat finden Erholungssuchende Ruhe in einer freundlichen, familiären Atmosphäre. Das wunderschöne Resort Marina del Nido an der Ostseite der Insel bietet Seglern einen sicheren Ankerplatz.

Inabuyatan Island, am Südzipfel vor steiler Felswand mit einem weißem Strand ausgestattet und mit Palmen bewachsen, gehört ebenfalls zu den Südseeträumen des Archipels.

Pinsail Island sieht von weitem wie ein unscheinbarer Felsbrocken aus, aber durch eine Öffnung gelangt man in eine kathedralenartige Höhle, in die von oben wirkungsvoll das Sonnenlicht einfällt.

Übernachten

In El Nido

Austria's Guesthouse. EZ/DZ 50/100 P, EZ/DZ/fan 150/200 P. Einfache Zimmer, aber für den Preis in Ordnung. Familiäre Unterkunft mit Garten. Zwei Straßen vom Meer entfernt gelegen.

Marina Garden Beach Cottages. EZ/DZ 100/150 P, Cottage/Bad 250, 300 und 450 P. Tadellose, gepflegte Anlage. Freundliche, familiäre Atmosphäre.

Gloria's Beach Cottages. EZ/DZ 120, 150 und 200 P, DZ/Bad 250 P, Cottage/Bad 450 und 500 P. Mehrere verschiedene Zimmer zur Auswahl; die zum Meer haben eine große Veranda.

Tandikan Cottages. EZ/DZ 100 P, EZ/DZ/Bad 200 P, Cottage/Bad 350 und 400 P. Angenehme kleine Anlage mit ordentlichen Zimmern und unterschiedlich großen Cottages.

Lally & Abet Beach Cottages. EZ/DZ 300 P, Cottage/Bad 400 und 500 P. Größere Anlage am ruhigen östlichen Ende der Bucht. Restaurant.

Cliffside Cottages. Cottage/Bad 200 P. Einwandfreie Cottages am südlichen Ortsrand am Fuß des Felsmassivs.

Lualhati Cottage. EZ/DZ 100/150 P. Ruhige, freundliche Unterkunft mit Garten. Guter Gegenwert. Am südlichen Ortsrand in Richtung Corong-Corong gelegen. Mandy, der Besitzer, gibt Massagen für 100 P (30 Min.).

Außerhalb von El Nido

Magos Cottage, Corong-Corong. EZ/DZ 100/200 P. Nette, familiäre Unterkunft mit einwandfreien Zimmern. Guter Gegenwert. Essen auf Bestellung. Paddelboot (10 P/Std.). Südlich von El Nido gelegen, am nördlichen Ende der Corong-Corong Bay.

Dolarog Beach Resort. Cottage/Bad 700 P. Geräumige, ansprechend eingerichtete Cottages mit großer Veranda und schönem Blick auf die vorgelager-

Anreise/Weiterreise
1 Tankstelle
19 Lio Airport
20 »Virgin Chaser«-Jeepney nach Taytay
21 Don Illoh Terminal Jeepney nach Taytay
29 Ten Knots Office (White House)

Übernachten
8 Marina Garden Beach Cottages
12 Lucelle's Cottages
13 L & M Pe Sea Lodge
14 Gloria's Beach Cottages
15 Dara Fernandez Cottages
16 Tandikan Cottage
18 Lally & Abet Beach Cottages
22 Austria's Guesthouse
35 Cliffside Cottages
37 Lualhati Cottage

Essen und Trinken; Unterhaltung
2 JND's Foodhouse
4 Shipwrecked
5 Lucing's Restaurant
6 Vicenta's Eatery
7 Blue Karrot Restaurant
9 Roof-Top Disco
10 Ric Sons Restaurant
22 Austria's Restaurant
23 Prinz-Kat Café & Restaurant
26 Virgie's Eatery
27 Mac Mac Restaurant
34 Elm St. Café & Restaurant

Verschiedenes
3 El Nido Boutique
5 Bacuit Divers
11 Supermarkt
17 El Nido Market
24 Saint Francis Bakery
25 Lim's Store
28 Bayantel Office
30 Saint Francis of Assisi Church
31 El Nido Tourist Office Post Office Telephone Office
32 Police Station Town Hall
33 Schule
34 Tribal Crafts
36 Cockpit

ten Inseln und den grandiosen Sonnenuntergang. Freundliche, familiäre Atmosphäre. Gutes Restaurant mit reichhaltigem und abwechslungsreichem Essen (selbstgebackenes Brot, auch italienische Küche). Der Strand ist hier eher zweitklassig, aber es gibt schöne Badestellen. Diese ruhige Anlage des Italieners Edo und seine philippinischen Frau Elena befindet sich knapp fünf Kilometer südlich von El Nido; etwa 2 Std. zu Fuß (entlang am Strand der Corong-Corong Bay) oder 30 Min. mit dem Boot (250 P).

Malapacao Island Retreat, Malapacao Island. Dorm 600 P, EZ/DZ 700/1.200 P und 900/1.450 P (mit Balkon), Cottage/Bad 1.150/1.600 P, inklusive drei Mahlzeiten. Originelle Cottages und einfache, aber ausreichende Zimmer mit zauberhafter Aussicht direkt am weißen Strand. Insgesamt vielleicht etwas zu teuer, aber der attraktive Platz entschädigt allemal. Die Australierin Lee Ann betreibt dieses liebevoll gestaltete kleine Resort im Sinne des sanften Tourismus und freut sich über Gäste (vorzugsweise Nichtraucher), die ebenfalls naturverbunden sind. Freunde lauter Musik und Trinkgelage sind absolut unerwünscht. Die göttliche Ruhe wird dank sauberer Solar-Energie auch nicht durch knatternde Generatoren gestört. Restaurant. Schnorchelausrüstung (Maske und Schnorchel 140 P/Tag; Flossen 60 P/Tag). Paddelboot (100 P/ Tag). Bootstrips. Informationen in El Nido im JND's Foodhouse am Anleger.

El Nido
© Jens Peters
Bacuit Bay
Pasadena
Corong-Corong
Taytay
Palmera Street
Calle Hama
Calle Real
Tambon Street
Tabangka Street
Pakata Street
Abdulla Street
Lisang Street
Amboy Street
Rizal Street
Balinsasayaw Road
0
100
200 m
1
2
3
4
5
6
7
8
9
10
11
12
13
14
15
16
17
18
19
20
21
22
23
24
25
26
27
28
29
30
31
32
33
34
35
36
37

Marina del Nido, Malapacao Island. Cottage/fan/Bad US$ 125. Großzügige, stilvolle, runde Cottages in einer weitläufigen, gepflegten Anlage mit vielen Pflanzen. Restaurant (drei Mahlzeiten am Tag für 1.000 P). Yacht Charter. Dieses Resort verfolgt ein umweltschonendes Konzept. Unter anderem werden die Gäste aufgefordert, ihre gebrauchten Feuerzeuge, Batterien usw. wieder mitzunehmen. Außerdem muß jeder Gast 400 P in den Umweltschutzfonds des Resorts einzahlen. Reservierung in Manila bei: Marina del Nido, 2688 Park Avenue, Pasay City, Tel. 8311487, Fax: 8319816.
Pangulasian Resort, Pangulasian Island. Cottage/ac/Bad US$ 110/135. Restaurant. Tauchen. Zugang nur für Gäste des Resorts.
Club Noah El Nido, Miniloc Island. Cottage US$ 190/300, inklusive Mahlzeiten, Tauchausrüstung und Tauchgänge, Wasserski und Windsurfen. Kleiner, ziemlich zugebauter Strand. Zugang nur für Gäste des Resorts.

Essen und Trinken

El Nido überrascht mit einigen ausgezeichneten Restaurants, auch wenn der äußere Rahmen bisweilen etwas anderes vermuten ließe. Gut, reichhaltig und preiswert sind die vorzüglichen Gerichte in der etwas unscheinbaren ***Vicenta's Eatery***. Es ist ratsam, bereits mittags das Abendessen vorzubestellen. Ebenfalls empfehlenswert ist das unauffällige ***JND's Foodhouse*** in der Nähe des Anlegers, das gleichzeitig das Wohnzimmer der Familie ist. Die Wirtin Nelda kocht ausgezeichnet, auf Wunsch auch europäisch. Auch hier sollte man rechtzeitig vorbestellen. In der rustikalen kleinen ***Virgies's Eatery*** werden jeden Tag ein paar große Töpfe mit schmackhaften philippinischen Gerichten zubereitet, außerdem gibt's ab 8.00 Uhr gutes Frühstück.
Ganz bestimmt erwähnenswert ist auch ***Austria's Restaurant*** mit leckeren Gerichten vom Banana Pancake bis zum Lobster. Es gehört Mr. Austria, dem redseligen »Einzelkämpfer« längst vergangener Weltkriegsjahre, der die unglaublichsten Geschichten zu erzählen weiß.
Des weiteren beliebt sind ***Elm St. Café & Restaurant***, ein nett angelegtes Gartenrestaurant, das unter anderem ein gutes, täglich wechselndes Menü anbietet, und ***Ric Sons Restaurant***, von dem man einen schönen Ausblick auf die Bucht hat. Im ***Mac Mac Restaurant*** gibt es nicht nur gängige europäische Gerichte wie Wiener Schnitzel, sondern auch vorzüglichen Fisch (vorbestellen). Nach dem Dinner zieht es zahlreiche Gäste in die geschmackvoll gestaltete ***Shipwrecked Bar*** mit ihrer guten Musik und einer erstaunlichen Auswahl an Cocktails.

Adressen/Verschiedenes

Bootsfahrten: Ein Boot zu mieten (inklusive Sprit), kostet 700 P pro Tag für bis zu sieben Personen, jede weitere Person bezahlt 100 P, z.B. bei Bacuit Diver, El Nido Boutique oder Blue Karrot Restaurant. Ein kleines Paddelboot kostet 10 P/Std., z. B. bei Lally & Abet.
Geldwechseln: Es gibt weder eine Bank noch einen Money Changer in El Nido. Bestenfalls werden US-Dollar cash (El Nido Boutique) und Travellers Cheques zu einem ungünstigen Kurs gewechselt (Tankstelle, Lim's Store). Also: ausreichend Peso mitbringen!
Post Office: Das kleine Postamt in der Calle Real, gleich um die Ecke von Town Hall und Police Station, ist nur unregelmäßig geöffnet.
Tauchen: Schnorchel- und Tauchausrüstungen können im Dive Shop *Bacuit Divers* ausgeliehen werden (Brille und Schnorchel 75 P, Flossen 75 P). Ein fünftägiger Tauchkurs kostet 7.000 P; für einen Tauchtrip werden 1.600 P berechnet (zwei Tauchgänge).

Telefonieren und Faxen: Im Bayantel Office in der Tabangka Street. Des weiteren internationale Gespräche Mo-Sa 8.30-21.00 Uhr neben dem Post Office.
Tourist Office: Im kleinen El Nido Tourist Office (neben dem Post Office) liegen Alben mit Bildern von verschiedenen Resorts aus.

Anreise/Weiterreise

Mit dem Flugzeug: Der kleine Dio Airport liegt etwa vier Kilometer nördlich von El Nido direkt an der Küste. Nach Ankunft einer planmäßigen Maschine fahren Jeepneys zum Ort. Fahrzeit: 15 Min. Fahrpreis: 50 P; Einheimische bezahlen etwa 20 P. Gelegentlich fahren auch Boote. Ein Special Ride mit einem Boot von El Nido zum Airport kostet 200 P.
Wer mit einer gecharterten Maschine gelandet ist, kann per Funk einen Jeepney aus El Nido anfordern. Dieser Special Ride sollte nicht mehr als 200 P kosten; verlangt werden 350 P.
Den Weg vom Airport am Strand entlang nach El Nido zu gehen, ist nur bei Niedrigwasser möglich und außerdem mit schwerem Gepäck nicht zu empfehlen.
Soriano Aviation: Im Ten Knots Office (»White House«) in El Nido kann man Flüge nach Manila buchen.

Port Barton
Boot: Von Port Barton nach El Nido fahren Auslegerboote für 2.500 P (maximal fünf Passagiere). Fahrzeit: 5 Std.

Puerto Princesa
Bus: Busse der Company Puerto Royale fahren täglich zwischen 6.00 und 9.00 Uhr und um 13.00 Uhr ab Malvar Street nach Taytay. Fahrzeit: 9 Std. Fahrpreis: 300 P. Weiter von Taytay nach El Nido mit einem Jeepney.

Jeepney: Von Puerto Princesa nach El Nido fährt täglich frühmorgens oder

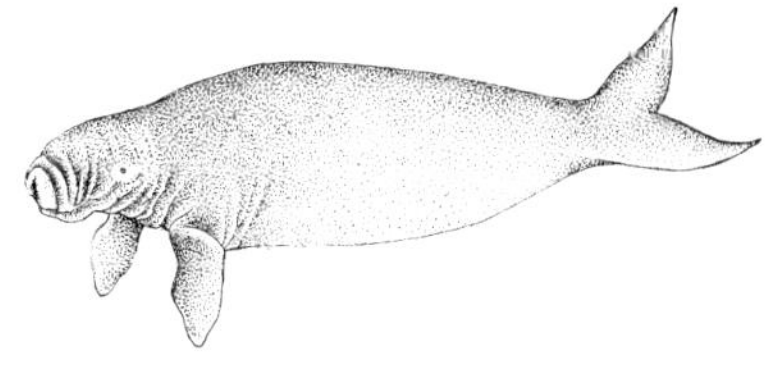

Seekuh *(Dugong dugon)*

nachmittags mindestens ein Jeepney. Fahrzeit: 10 bis 14 Std. Fahrpreis: 250 P.

Hinweis: In der Regenzeit endet die Überlandverbindung eventuell in Taytay.

Taytay
Jeepney: Von Taytay nach El Nido fahren - zumindest in der Trockenzeit - täglich mehrere Jeepneys, meist morgens. Fahrzeit: 3 Std. Fahrpreis: 130 P.

Boot: Ein Auslegerboot von Embarcadero bei Taytay nach El Nido kostet 1.700 P bzw. 170 P pro Person. Fahrzeit: 4:30 Std.

Brother Island

Etwa einen Kilometer vor der nordöstlichen Spitze Palawans, unweit der Ortschaft Tiniguiban, liegt die zwei Hektar große Brother Island, örtlich auch als Small Darocoton Island bekannt. Ausgestattet mit einem weißen Strand, einem Berg und umsäumt von einem lebendigen Korallenriff eignet sich diese Insel bestens für Leute, die ein paar Tage oder auch länger weit weg von der Zivilisation verbringen möchten. Am Strandende steht ein solides, im lokalen Stil gebautes Haus, in dem bis zu zwölf Gäste Platz haben.
Brother Island ist eine Privatinsel, die man exklusiv mieten kann. Nähere Informationen dazu über: Alfred Hofer, Lerchenfelder Straße 67/41, A-1070 Wien, Österreich, Tel. 5232539, Fax: 5233215.

Anreise/Weiterreise

Boot: Ab El Nido mit Auslegerboot in einer Stunde zu erreichen. Kontakt: Mr. Morales von Lucing's Eatery.

Calamian Group

Die Calamian Group mit den Hauptinseln Busuanga, Culion und Coron bildet den nördlichsten Teil von Palawan. Mit Verbesserung der Verkehrsverbindungen zu anderen Inseln und Städten und der Erweiterung des Übernachtungsangebots setzte in dieser schönen Inselwelt auch eine bescheidene touristische Entwicklung ein. Doch noch leben die Menschen hauptsächlich vom Fischfang und vom Verkauf von Cashewnüssen *(kasoy)*, die vornehmlich auf Busuanga und Culion geerntet werden.

Etwas verwirrend sind anfangs sicherlich die identischen Namen einiger Orte und Inseln. Da gibt es die Insel Busuanga mit den Orten Old Busuanga, New Busuanga und Coron. Auf Sichtweite südlich vom Ort Coron liegt im Osten der Coron Bay die Insel Coron. Westlich der Insel Coron liegt die Insel Culion mit dem Ort Culion. Alles klar?

Busuanga Island

Busuanga Island ist die größte Insel der Calamian Group. Eine halbwegs befestigte Straße führt von Coron über Concepcion, Salvacion und Old Busuanga nach New Busuanga. Der Straßenverkehr ist minimal: Nur vormittags fahren zwei klapprige Busse von Coron nach Salvacion, dazu ein paar Jeepneys; am nächsten Morgen fahren sie zurück. Eine ideale Insel also für Naturfreunde und Wanderer.

Im Innern von Busuanga Island befindet sich die Yulo King Ranch, eine der größten Rinderfarmen Asiens, und der YKR Airport.

Anreise/Weiterreise

Mit dem Flugzeug: Der kleine YKR Airport liegt südlich von Decalachao im Norden der Insel. Dort starten und landen die Maschinen von Air Ads, Pacific Airways und Seair. Mehrere Resorts holen ihre Gäste mit eigenen Fahrzeugen ab, z.B. Club Paradise, ansonsten fahren alle Jeepneys nach Coron. Fahrzeit: 45 Min. bis 1:30 Std., je nach Jahreszeit. Fahrpreis: 75 P. Ein Platz auf dem Dach garantiert freie Sicht auf die großartige Landschaft.

Direkt in Coron, und zwar auf einem Airstrip hinter dem Hospital, sollen demnächst die Maschinen von Pacific Airways starten und landen. Von dort bis zum Markt im Ortszentrum ist es nur ein knapper Kilometer. Ein Tricycle kostet 5 P.

Ein weiterer Airstrip steht bei Old Busuanga im Nordwesten der Insel zur Verfügung. Dort werden gelegentlich Charterflüge abgefertigt.

Mit dem Schiff: Der Anleger befindet sich in Tagumpay, einem Ortsteil von Coron. Zu Fuß ab Markt sind es bis dorthin etwa 20 Minuten. Es fahren aber auch Tricycles; 3 P pro Person.

Coron

Coron ist eine Kleinstadt mit etwa 35.000 Einwohnern. Sie ist das Fischerei- und Handelszentrum der Calamian Group, hat unter anderem einen Markt, eine Fischereischule, ein Krankenhaus, zwei Discos, zwei Kinos und mehrere Geschäfte. Viele Häuser sind auf Pfählen ins Meer gebaut. Ein paar weitere Läden sowie einfache Restaurants gibt es am Anleger in Tagumpay.

Ein kleiner Ausflug von Coron zur Makinit Hot Spring führt zunächst am Anleger vorbei bis zur Ice Plant. Anschließend in Richtung Wasser gehen, nicht am Bach entlang. Der Weg führt dann wieder vom Wasser weg durch

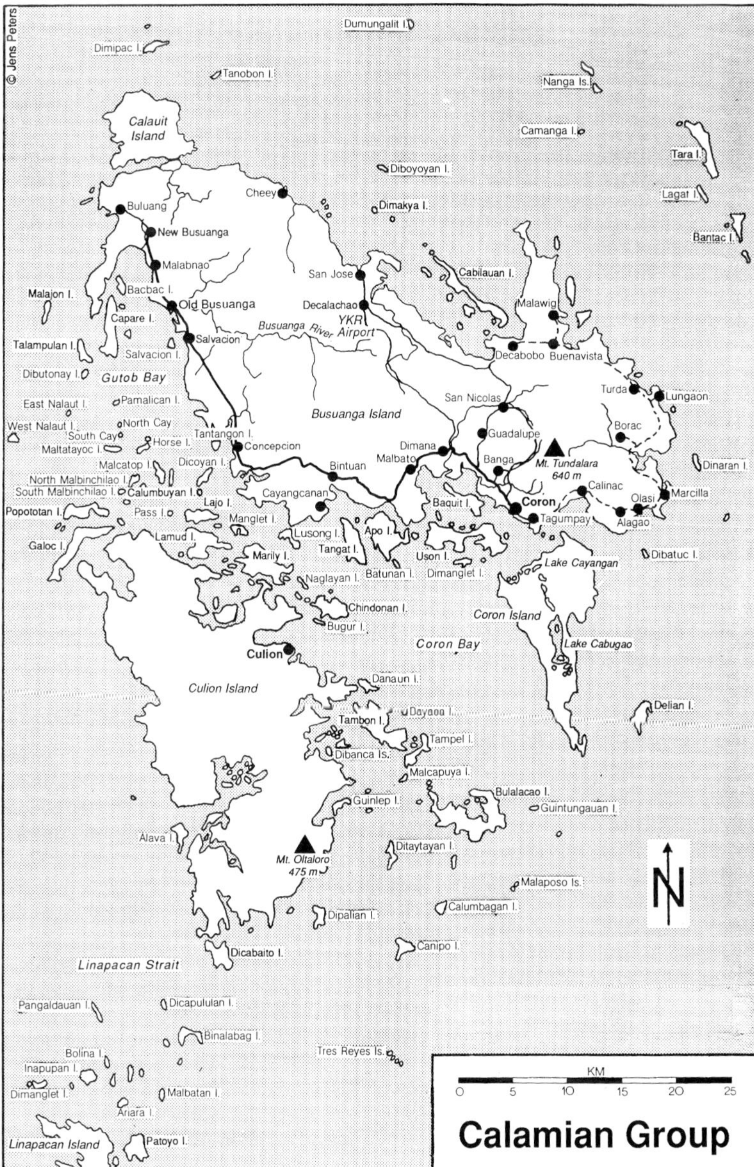
© Jens Peters
Dumungalit I.
Dimipac I.
Tanobon I.
Nanga Is.
Calauit Island
Camanga I.
Tara I.
Diboyoyan I.
Lagat I.
Cheey
Buluang
Dimakya I.
Bantac I.
New Busuanga
Malabnao
San Jose
Cabilauan I.
Bacbac I.
Malajon I.
Old Busuanga
Decalachao
Malawig
Capare I.
YKR Airport
Busuanga River
Salvacion
Talampulan I.
Salvacion I.
Decabobo
Buenavista
Dibutonay I.
Gutob Bay
Turda
Lungaon
East Nalaut I.
Pamalican I.
San Nicolas
North Cay
Busuanga Island
West Nalaut I.
South Cay
Tantangon I.
Guadalupe
Borac
Maltatayoc I.
Horse I.
Concepcion
Dimana
Mt. Tundalara 640 m
Malcatop I.
Dicoyan I.
Malbato
Banga
Dinaran I.
North Malbinchilao I.
Bintuan
South Malbinchilao I.
Calumbuyan I.
Cayangcanan
Calinac
Marcilla
Lajo I.
Coron
Olasi
Popototan I.
Pass I.
Baquit I.
Manglet I.
Tagumpay
Alagao
Lamud I.
Lusong I.
Apo I.
Galoc I.
Tangat I.
Marily I.
Uson I.
Dibatuc I.
Lake Cayangan
Batunan I.
Dimanglet I.
Naglayan I.
Chindonan I.
Coron Island
Bugur I.
Coron Bay
Lake Cabugao
Culion
Danaun I.
Culion Island
Delian I.
Dayaoa I.
Tambon I.
Tampel I.
Dibanca Is.
Malcapuya I.
Bulalacao I.
Guinlep I.
Guintungauan I.
Alava I.
Ditaytayan I.
Mt. Oltaloro 475 m
Malaposo Is.
N
Calumbagan I.
Dipalian I.
Canipo I.
Dicabaito I.
Linapacan Strait
Pangaldauan I.
Dicapululan I.
Binalabag I.
Tres Reyes Is.
Bolina I.
Inapupan I.
KM
0 5 10 15 20 25
Dimanglet I.
Malbatan I.
Ariara I.
Calamian Group
Linapacan Island
Patoyo I.

eine Cashew Nuts-Plantage zu einem schmalen Strand; dort nach links gehen.
Hinter dem Hospital von Coron gibt es einen Hügel, vom dem man einen herrlichen Ausblick auf die Coron Bay hat. Um einiges schwieriger gestaltet sich der Aufstieg auf den 640 Meter hohen Mount Tundalara. Wer da hinaufklettern will, benötigt eine gute Kondition. Ein Pfad hinter dem Kokosnuss Garden Resort führt zum Gipfel.

Übernachten

Sea Coral Lodge. EZ/DZ/fan 50/100 und 100/200 P. Einfache Unterkunft.
Sea Breeze Lodging House. EZ/DZ/fan 100/175 P, EZ/DZ/fan/Bad 250/300. Einfache Zimmer, die besseren davon mit eigener kleiner Veranda. Restaurant. Tauchen. Angenehme, familiäre Unterkunft in einem auf Pfählen ins Meer gebauten Holzhaus.
L & M Pe Lodge. EZ/DZ 100/200 P, EZ/fan/Bad 250 P. Einfache, sehr kleine Zimmer in einem attraktiven, auf Pfählen über dem Wasser errichteten Haus mit gemütlicher Veranda. Liegt am Markt. Essen auf Vorbestellung.
Bayside Divers Lodge. EZ/DZ/fan 350 P, EZ/DZ/fan/Bad 400 P. Einfache, annehmbare Zimmer. Gutes Restaurant. Große Terrasse mit Blick aufs Meer. Tauchen. Liegt am Markt. Reservierung in Manila bei: Swagman Travel, 1133 L. Guerrero Street, Ermita, Manila, Tel. 5223650, Fax: 5223663.
Kokosnuss Garden Resort. Dorm/fan 120 P, Cottage/fan 300 bis 500 P, Cottage/fan/Bad 800 P. Komfortable, nett eingerichtete Cottages in einer ruhigen Anlage mit großem Garten. Restaurant; Vollpension möglich. Liegt neben dem Hospital, nur etwa 15 Minuten zu Fuß vom Ortskern entfernt in Richtung Airport. Die beste Unterkunft in Coron. Deutsches Management. Rudolf und seine philippinische Frau Fe organisieren unter anderem auch Bootstrips.

Adressen/Verschiedenes

Geldwechseln: Am besten so viele Peso wie nötig mitbringen. Notfalls tauscht jedoch der Laden PYY Hardware US-Dollar cash und Travellers Cheques, allerdings etwa einen Peso unter dem aktuellen Bankkurs.
Tauchen: Der Anreisegrund nach Busuanga für viele schlechthin; die Gewässer zwischen Busuanga und Culion sind ein Eldorado für Wracktaucher. In Coron werden für einen Tauchgang etwa 700 P berechnet; angeboten werden Tagestrips (mit zwei Tauchgängen) und Tauchkurse: Discovery Divers (Günter Bernert), Lapu-Lapu Diving Center und Sea Diving.
Tartaruge Divingsafari unternimmt mit der MY *Maribeth* Tauchfahrten in der Inselwelt der Calamian Group. Das solide Holzboot bietet bis zu acht Tauchern Platz. Tauchkurse sind möglich. Kontaktadresse in Coron: Bayside Divers Lodge (nach Vera und Heinz fragen).

Anreise/Weiterreise

Culion
Schiff: Vier Schiffe verkehren zwischen Coron und Culion. Fahrzeit: 1:30 Std.
MV *Asuncion XI*; Asuncion Shipping Lines. Abfahrt: in Coron Mo 12.00 Uhr; in Culion Mi 6.00 Uhr.
MV *Viva Peñafrancia*; Viva Shipping Lines. Abfahrt: in Coron Mi 10.00 Uhr; in Culion Do 15.00 Uhr.
MV *Catalyn A*; Abfahrt: Asuncion Shipping Lines in Coron Fr 12.00 Uhr; in Culion Sa 6.00 Uhr.
MV *Maria Socorro II*; Viva Shipping Lines. Abfahrt: in Coron Sa 11.00 Uhr; in Culion So 11.00 Uhr.

Liminangcong
Schiff: Von Liminangcong nach Coron fährt Mi 6.00 Uhr die MV *Salve Juliana*, MBRS Lines. Fahrzeit: 7 Std. Das Schiff fährt weiter nach Manila.

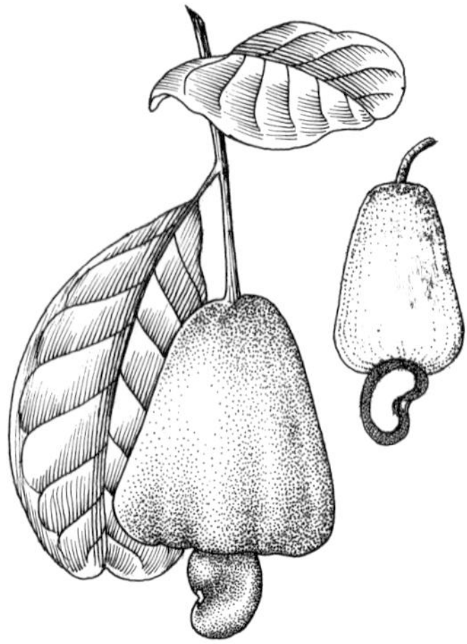

Cashewnuß *(Anacardium occidentale)* Die nierenförmige Cashewnuß *(kasoy)* wächst am vordersten Ende des dicken, fleischigen Fruchtstiels, der sehr saftig ist und als Obst gegessen werden kann. Aber aufgepaßt: der erfrischende Saft hinterläßt hartnäckige Flecken in der Bekleidung. Cashewnüsse werden vor dem Verzehr geröstet. Aus ihnen läßt sich durch Pressen Speiseöl gewinnen

Taytay

Boot: Von Taytay nach Coron fährt Mi und Sa um 8.00 Uhr die MB *Dioniemer*, ein großes Auslegerboot. Fahrzeit: 8 Std. Fahrpreis: 350 P. Bei starker See wird die Fahrt in San Miguel auf Linapacan Island unterbrochen und am nächsten Morgen fortgesetzt.
Abfahrt in Coron: Mo und Fr um 8.00 Uhr.

Concepcion

Dieser beschauliche Ort mit nur wenigen Häusern an einer mangrovenbestandenen Bucht ist ein guter Ausgangspunkt für Bootstrips zu den vorgelagerten Inseln der Gutob Bay. Am Ortsausgang in Richtung Salvacion gibt es etwas abseits der Straße einen kleinen Wasserfall mit natürlichem Pool, in dem man ein wohltuendes Bad nehmen kann.

Übernachten

Sea Side Highway Lodging House. EZ/DZ 60/120 P. Einfach, aber sauber. Essen auf Vorbestellung; gute Küche. Ein Tag Island Hopping kostet 600 P/ Boot.
Pier House. EZ/DZ 150/300 P. Nette, ruhige Unterkunft am Pier, die vom Schweden Michael geführt wird.
Concepcion Divers & Pier Cottages. Cottage/fan 400 P. Ebenfalls am Pier gelegen. Gehört dem Engländer Andy. Gemütliches *Happy Edith Restaurant.* Bootsfahrten (400 bis 800 P). Tauchen (Tauchgang 600 P).

Anreise/Weiterreise

Bus: Von Coron nach Concepcion fahren um etwa 10.00 Uhr zwei Busse ab Kino. Fahrzeit: 2 Std.
Abfahrt der Busse von Concepcion nach Coron morgens zwischen 4.00 und 5.00 Uhr, eventuell sogar noch früher.

Jeepney: Tagsüber verkehren zwischen Coron und Concepcion auch Jeepneys, allerdings nur sehr wenige.
Abfahrt der Jeepneys von Concepcion nach Coron morgens zwischen 4.00 und 5.00 Uhr, eventuell sogar noch früher.

Motorrad: Mit einem Motorrad kostet die Fahrt von Coron nach Concepcion rund 300 P.

Old Busuanga

Das Dorf Old Busuanga liegt an der Mündung des Busuanga River im Nordwesten von Busuanga Island. Südlich der Flußmündung erstreckt sich ein

Afrikanisches Großwild auf Calauit Island

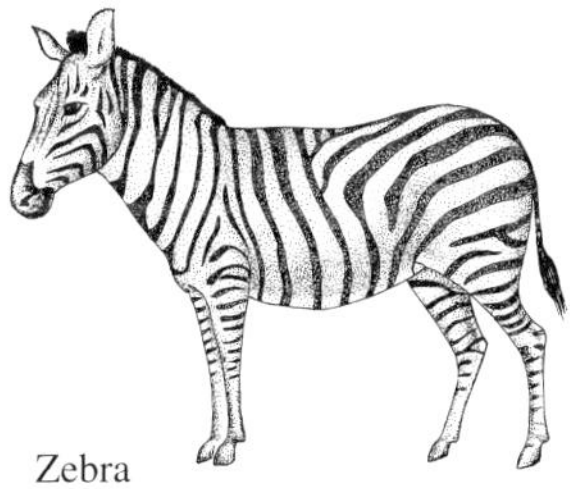

Zebra

Impala-Antilope

Giraffe

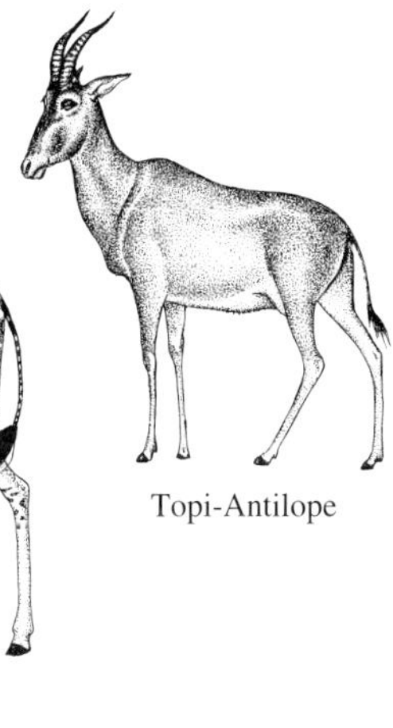

Topi-Antilope

Gazelle

Elen-Antilope

Sumpfbock

langer Strand, an dem sich das Las Hamacas Resort befindet. Eine Fahrt mit einem Auslegerboot den Fluß hinauf ist ein herrliches Naturerlebnis und bei einem Aufenthalt in dieser Gegend zu empfehlen. Old Busuanga bietet sich außerdem als Ausgangspunkt für einen Abstecher zur Calauit Island an.

Übernachten

Las Hamacas Resort. EZ/fan/Bad 1.850 P, DZ/fan/Bad 3.150 P, inklusive Mahlzeiten. Komfortable Doppel-Cottages. Die angenehme Anlage gehört dem Franzosen Daniel und seiner philippinischen Frau Belen. Restaurant. Bootsfahrten.

Anreise/Weiterreise

Bus/Boot: Von Coron nach Old Busuanga zuerst mit einem Bus oder Jeepney nach Salvacion, von dort mit einem Auslegerboot in wenigen Minuten zum Las Hamacas Resort. Abfahrt der Busse in Coron um etwa 10.00 Uhr.
Abfahrt der Busse von Salvacion nach Coron zwischen 3.30 und 4.30 Uhr.

Calauit Island

Afrikanische Großtiere werden auf Calauit Island gehegt. Das Experiment, das 1977 mit der Ansiedlung acht afrikanischer Spezies begann und zehn Jahre sehr strikt ohne neugierige Besucher durchgezogen wurde, kann als gelungen bezeichnet werden. In Gemeinschaft mit selten gewordenen philippinischen Tieren wie Mouse Deer, Bear Cat und Philippine Crocodile leben heute annähernd 500 afrikanische Tiere in dem 3.700 Hektar großen Calauit Island Wildlife Sanctuary, darunter Giraffen, Zebras und Gazellen.
Besucher sind willkommen. Sie werden gegen eine geringe Gebühr (100 P pro Person) im Jeep des Verwalters durch den Nationalpark gefahren. Eintritt: 300 P.

Dimakya Island

Nördlich von Busuanga Island liegen ein paar wunderschöne, kleine, felsige Inseln, die zum Teil von einer gemischten Vegetation überzogen sind. Mit schlanken Palmen bewachsen, wären es wahre Schatzinseln. Eine davon ist Dimakya Island. Sie ist umgeben von einem prächtigen Korallenriff und mit einem blendend weißen Strand ausgestattet, der einen verlockenden Kontrast zum türkisfarbenen, kristallklaren Wasser bildet. Auf diesem Eiland befindet sich der exklusive Club Paradise, der unter anderem Fahrten zur Calauit Island und Tauchtrips anbietet.

Übernachten

Club Paradise. Cottage/fan/Bad US$ 100/180, Cottage/ac/Bad US$ 150/240. Gemütlich eingerichtete, komfortable Cottages. Vollpension; außerdem im Preis inbegriffen: Busuanga Airport-Service, Hobie Cat Sailing, Windsurfen, Tauchunterricht (1 Std.), Inselrundfahrt mit Speedboot. Deutsches Management. Reservierung in Manila bei: Club Paradise, Tel. 8166871, Fax: 8182894.

Coron Bay

Die Inseln der Coron Bay lassen sich am besten von Coron und Culion aus erkunden. Die winzige Cagbatan Island, besser bekannt als CYC Island, bietet sich vorzüglich zum Picknicken an, ebenso die etwas größere Dimanglet Island, beide nahe Coron Island. Von den östlich von Culion Island liegenden Inseln hat mir ganz besonders gut die kleine Malcapuya Island gefallen, die jetzt einem Anwalt aus Manila gehört, der sich dort eine Wochenend-Residenz errichtet hat.
In der nordwestlichen Coron Bay wurde 1944 ein Verband von zwölf japanischen Kriegs- und Handelsschiffen ver-

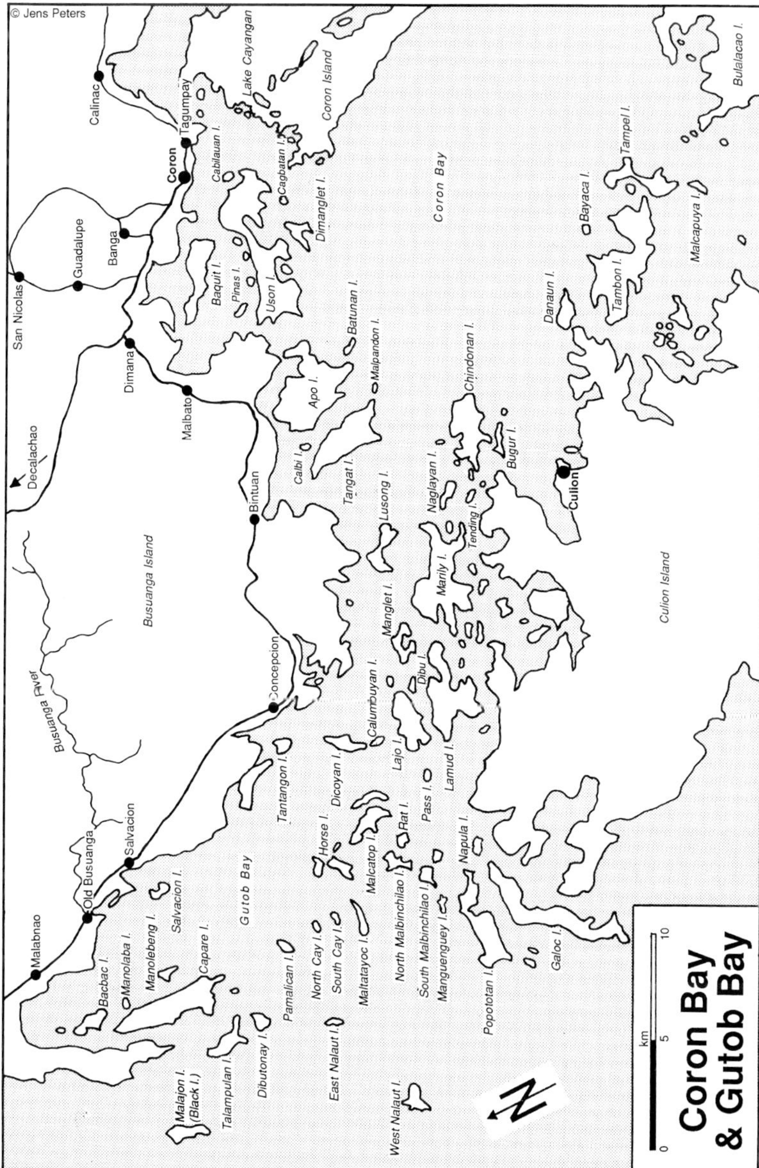
© Jens Peters
Coron Bay
& Gutob Bay
km
0
5
10
Calinac
Coron
Tagumpay
Banga
Guadalupe
San Nicolas
Dimana
Malbato
Decalachao
Bintuan
Busuanga Island
Busuanga River
Concepcion
Salvacion
Old Busuanga
Malabnao
Cabilauan I.
Lake Cayangan
Coron Island
Cagbatan I.
Dimanglet I.
Baquit I.
Pinas I.
Uson I.
Coron Bay
Batunan I.
Malpandon I.
Apo I.
Calbi I.
Tangat I.
Lusong I.
Chindonan I.
Naglayan I.
Bugur I.
Tending I.
Culion
Danaun I.
Bayaca I.
Tambon I.
Tampel I.
Malcapuya I.
Bulalacao I.
Marily I.
Manglet I.
Dibu I.
Calumbuyan I.
Culion Island
Lajo I.
Lamud I.
Pass I.
Rat I.
Tantangon I.
Dicoyan I.
Horse I.
Malcatop I.
Napula I.
North Malbinchilao I.
South Malbinchilao I.
Manguenguey I.
Popototan I.
Galoc I.
Gutob Bay
Salvacion I.
Manolebeng I.
Capare I.
Manolaba I.
Bacbac I.
Pamalican I.
North Cay I.
South Cay I.
Maltatayoc I.
East Nalaut I.
West Nalaut I.
Dibutonay I.
Talampulan I.
Malajon I.
(Black I.)

senkt, die meisten davon in den Gewässern zwischen Lusong Island und Tangat Island, wo insgesamt sieben Wracks in rund 30 Metern Tiefe liegen.

Coron Island

Die keilförmige, nahezu unbewohnte Coron Island ist mit einem Boot ab Coron in etwa 30 Minuten zu erreichen. Sie besteht aus steilaufragenden Kalksteinfelsen mit vielen Höhlen und hat zahlreiche einsame Sandbuchten, in denen mitunter Tagbanua - Halbnomaden mit Negritosblut - anzutreffen sind. Im Innern liegen mehrere versteckte Bergseen wie der wunderschöne türkisfarbene Lake Cayangan (Barracuda Lake) und der große Lake Cabugao mit seinen zwei Inseln. Wer länger als nur ein paar Stunden auf Coron verweilen möchte, denke daran, genügend Trinkwasser mitnehmen. Bei einer Erkundung der Insel sollte allerdings auf einen Abstecher zum Lake Cabugao verzichtet werden. Er liegt im Schutzgebiet der Tagbanua, und das ist streng *off-limits*. Bitte unbedingt respektieren! Sowieso sind die Tagbanua nicht gerade erpicht darauf, unangemeldete Besucher in ihren kleinen Ansiedlungen an der Ostküste zu empfangen. Am besten läßt man sie gänzlich in Ruhe.

Tangat Island

Die etwa vier Kilometer lange Tangat Island (örtlich: Sangat Island) liegt gleich unterhalb von Busuanga und ragt ziemlich steil aus dem Meer. Im südlichen Teil erreicht sie Höhen von bis zu 460 Metern. Vereinzelt leuchten in kleinen Buchten weiße Strände. Entlang der mittleren Westküste zieht sich ein schmaler Mangrovenstreifen, dem ein Korallenriff vorgelagert ist.
Auf der Insel gibt es eine recht lebhafte Tierwelt, einschließlich Affen, Monitor-Warane und seltene Vögel.

Übernachten

Sangat Island Reserve. Cottage/Bad 500 P. Restaurant. Küchenbenutzung möglich. Tauchen. Diese angenehme kleine Anlage mit vier Cottages gehört dem Engländer Andy, der in Concepcion auch die Pier Cottages betreibt.
Hinkommen: Von Coron mit einem Boot in einer knappen Stunde. Das Resort liegt im Süden der Insel. Reservierung in Manila bei: Swagman Travel, 411 A. Flores Street, Ermita, Tel. 5261295, Fax: 5223663.

Tending Island

Diese kleine Insel liegt eingebettet zwischen Marily Island und Chindonan Island. Sie wird auch Isla Migrosa genannt. Der grobsandige Strand ist nur von mäßiger Qualität, eignet sich aber gut zum Schnorcheln.

Übernachten

Isla Migrosa Cottages. Cottage/Bad 300 und 500 P. Relativ einfache Cottages, weit auseinander am Hang gelegen, mit schöner Aussicht. Restaurant. Etwas für Menschen, die gerne alleine sind.

Gutob Bay

In der Gutob Bay zwischen Culion und Busuanga liegen zahlreiche einsame Inseln. Dibutonay Island, Maltatayoc Island und Horse Island sind nur drei idyllische Plätzchen aus einer weitaus größeren Auswahl. Das totale Gegenteil dazu ist die etwas größere Talampulan Island. In dem langgezogenen Dorf an der Ostküste leben etwa 2.000 Menschen. Es gibt zwei Kinos und häufig liegen große Schiffe vor Anker.
Talampulan ist ein Fischereizentrum. Dort werden die Fänge gesammelt und zwei- bis dreimal wöchentlich nach Manila verschifft - Mitfahrgelegenheit!

Hinweis: Nach Tagen und Wochen auf See läßt mancher Fischer den Alkohol im Übermaß fließen. Am späten Nachmittag und abends kann es daher für Außenstehende im Dorf etwas ungemütlich werden.

Calumbuyan Island

Calumbuyan Island ist mit einem Boot in etwa 30 Minuten von Concepcion auf Busuanga Island zu erreichen (150 P). In der Nähe dieser Insel gibt es eine Perlenfarm, die Dynamitfischerei in diesem Gebiet nie duldete. Somit blieb das Hausriff der Insel völlig unbeschädigt.

Culion Island

Culion Island ist die zweitgrößte Insel der Calamian Group. Auf den Philippinen ist sie als Lepra-Insel bekannt. Die Station befindet sich in Culion, wo rund 600 Lepröse zusammen mit ihren Angehörigen leben.
Die meisten der zahlreichen, zum Teil tiefen Buchten der Insel sind mangrovenbestanden und bei näherer Betrachtung nicht sehr verlockend.

Culion

Culion ist ein gepflegter, malerisch an einem Berghang gelegener Ort mit einem kleinen Hafen. Von dort fahren Schiffe über Coron nach Manila.

Übernachten

New Luncheonette Lodge. EZ/DZ 100 P. Einfach. Restaurant. Zwei luftige Terrassen zur Wasserseite. Auf der größeren wird an Wochenenden Live-Music gespielt: Disco-time. Es ist das zweite Haus rechts vom Anleger.

Anreise/Weiterreise

Schiff: Siehe »Coron«: *Anreise/Weiterreise.*

Cuyo Islands

Etwas abseits der großen palawensischen Hauptinseln liegt in der nördlichen Sulu Sea der ebenfalls zur Provinz gehörende Cuyo-Archipel. Unterteilt werden die insgesamt etwa 40 Inseln in die Cuyo Group im Süden und die Quiniluban Group im Norden. Insbesondere Tauchern und Schnorchlern bietet diese touristisch kaum frequentierte Inselwelt einige erstklassige Reviere, wobei die Riffe der abgelegenen Manamoc Island, Pamalican Island und Tinituan Island besonders hervorzuheben sind. Eindrucksvoll sind auch die Tauchgründe der Inseln Alcisiras und Quiniluban sowie von Agutaya Island und Oco Island.

Island Hopping

Die Verbindungen zwischen den Inseln sind leider recht ungünstig, und man wird meistens nicht umhin können, ein Boot zu chartern. Einigermaßen zuverlässig sind nur die regulären Abfahrten vom Hauptort Cuyo auf Cuyo Island nach Bisucay Island, Cocoro Island und Agutaya Island.
Problematisch ist dagegen die direkte Verbindung von Cuyo zur Quiniluban Group, insbesondere in der Zeit von Dezember bis März, wenn die See ziemlich ungemütlich sein kann. Zum Island Hopping, z.B. von Agutaya Island über Dit Island nach Tinituan Island (Concepcion), empfiehlt sich die Mitnahme einer eigenen Schwimmweste. Von Manamoc Island, Tinituan Island und Quiniluban Island fahren unregelmäßig Schiffe nach San Jose, Mindoro Occidental.

Cuyo

In der gemütlichen Kleinstadt Cuyo mit ihren sauberen Straßen, einigen schönen, alten Häusern und der 1677 von den Spaniern zum Schutz gegen Moro-

Piraten errichteten Festungskirche leben etwa 30.000 Menschen. Wichtigste Einkommensquellen sind Trockenfisch, Kopra und Cashewnüsse *(kasoy)*. Viele Cuyonos siedeln aus wirtschaftlichen Gründen nach Palawan über und stellen dort bereits die größte Gruppe der Zuwanderer. Ihr wirtschaftlicher, kultureller, sozialer und politischer Einfluß in der gesamten Provinz ist nicht unerheblich und begründet Cuyos guten Ruf als ein traditionelles philippinisches Kulturzentrum.
Der Tabunan Beach, zwischen Cuyo und Suba, ist der wahrscheinlich beste Strand auf Cuyo Island.

Übernachten

Ireen's Lodge. EZ/DZ/fan 75/150 P. Einfache, anspruchslose Unterkunft. Mit einer lauten Music-Box in dazugehörender Kneipe.
Suba Resort. Cottage 150 P. Sehr ruhige Anlage am Tabunan Beach. Anfragen bei Mr. Milo Agustin vom Elda Store in Cuyo. Ein Tricycle dorthin kostet 10 P pro Person.

Anreise/Weiterreise

Schiff: MV *Milagrosa-J-Dos*; Milagrosa Shipping Lines. Abfahrt: dreimal monatlich, jeweils am 1., 11. und 21. um 12.00 Uhr von Puerto Princesa nach Cuyo. Fahrzeit: 18 Std.
MV *Milagrosa-J-Tres*; Milagrosa Shipping Lines. Abfahrt: dreimal monatlich, jeweils am 7., 17. und 27. um 16.00 Uhr von Puerto Princesa nach Cuyo. Fahrzeit: 18 Std.
Abfahrt von Cuyo nach Puerto Princesa am 3., 7., 13., 17., 23. und 27. um etwa 14.00 Uhr.

Manamoc Island

Eine große, flache Lagune liegt im Südwesten dieser freundlichen Insel, auf der naturverbundene Gäste herzlich willkommen sind. Der Mount English stellt mit 220 Metern die höchste Erhebung dar; eine kleine Herausforderung für Kletterer. Das Korallenriff, das die Insel umgibt, eignet sich gut zum Schnorcheln. Es verläuft allerdings etwas weit vom Strand entfernt, so daß ein Boot erforderlich ist, um dorthin zu gelangen.

Pamalican Island

Diese bezaubernde kleine Insel sechs Kilometer nordöstlich von Manamoc Island befindet sich im Besitz der Soriano Group (San Miguel Corporation), die nun auch ins Tourismusgeschäft eingestiegen ist. Die Gewässer im weiten Umkreis um die Insel wurden zum Schutzgebiet erklärt. Fischen und Ankern sind in diesem Marine Sanctuary strengstens untersagt.

Übernachten

Amanpulo Resort. Cottage/ac/Bad US$ 400 und 530. Superb eingerichtete Häuser mit Living Room und Terrasse, Satelliten-TV, CD und anderen luxuriösen Annehmlichkeiten. Restaurant. Swimmingpool. Tenniscourt. Tauchen. Hobie Cats. Windsurfen. Das wohl exklusivste Beach Resort der Philippinen verfügt außerdem über einen eigenen kleinen Airport. Reservierung in Manila: Amanpulo Resort, Tel. 8315876, Fax: 8327964. Buchung eines Fliegers bei: Soriano Aviation, Tel. 8040760 bis 65.

Tinituan Island

Diese Insel ist eine der nördlichsten im Cuyo-Archipel. Besser bekannt ist sie unter dem Namen Concepcion, nach dem Barangay Concepcion, dem Hauptort der Insel an der südlichen Ostküste. Viele der Bewohner leben vom Seaweed Farming. Der Seetang wächst auf Feldern unter Wasser auf den umliegenden, weit ausladenden Korallenrif-

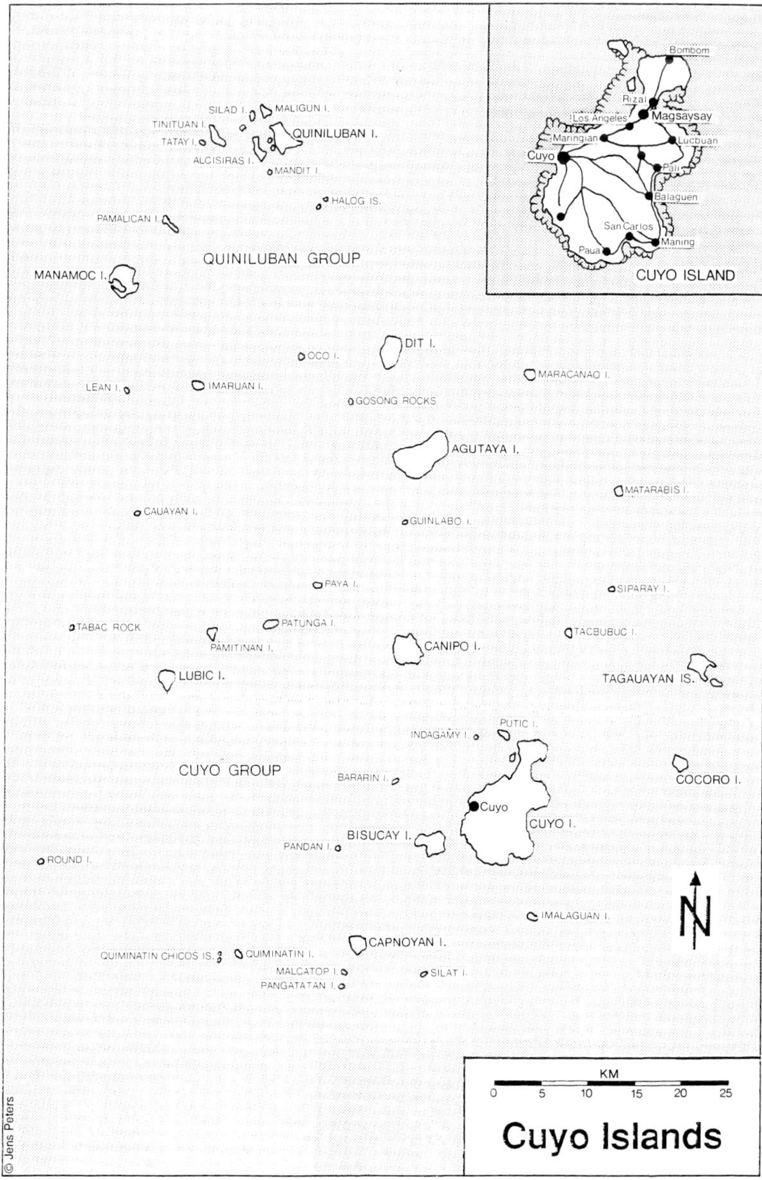
Bombom
Rizal
Magsaysay
Los Angeles
Maringian
Lucbuan
Cuyo
Pali
Balaguen
San Carlos
Maning
Paua
CUYO ISLAND
SILAD I.
MALIGUN I.
TINITUAN I.
QUINILUBAN I.
TATAY I.
ALCISIRAS I.
MANDIT I.
HALOG IS.
PAMALICAN I.
QUINILUBAN GROUP
MANAMOC I.
DIT I.
OCO I.
MARACANAO I.
LEAN I.
IMARUAN I.
GOSONG ROCKS
AGUTAYA I.
MATARABIS I.
CAUAYAN I.
GUINLABO I.
PAYA I.
SIPARAY I.
TABAC ROCK
PATUNGA I.
TACBUBUC I.
PAMITINAN I.
CANIPO I.
LUBIC I.
TAGAUAYAN IS.
PUTIC I.
INDAGAMY I.
CUYO GROUP
BARARIN I.
Cuyo
COCORO I.
CUYO I.
BISUCAY I.
PANDAN I.
ROUND I.
N
IMALAGUAN I.
CAPNOYAN I.
QUIMINATIN CHICOS IS.
QUIMINATIN I.
MALCATOP I.
SILAT I.
PANGATATAN I.
KM
0
5
10
15
20
25
Cuyo Islands
© Jens Peters

Palawan

fen heran. Zum Schutz dieser einträglichen Pflanzen wird das Fischen mit Dynamit und Gift in den Gewässern um Tinituan Island nicht geduldet. Die Unterwasserwelt präsentiert sich daher in einer vorzüglichen Verfassung; insbesondere Schnorchler finden erstklassige Bedingungen vor. Wer ein paar Tage auf der etwas westlich von Tinituan liegenden kleinen Tatay Island mit ihren blendend weißen Stränden verbringen möchte, sollte vorher Mr. Tony de los Angeles, dem die Insel gehört, um Erlaubnis bitten.

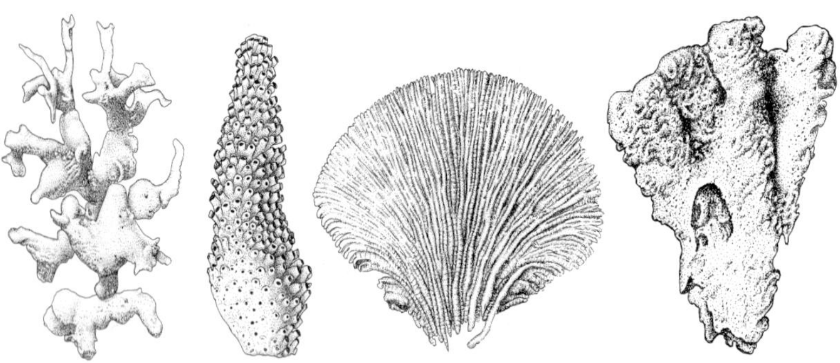

Literatur

Geschichte und Gegenwart

Aktionsgruppe Philippinen (Hrsg.): *Die Philippinen zwischen Unterdrückung und Befreiung*. Aktionsgruppe Philippinen, Polch 1982

Aktionsgruppe Philippinen: *Philippinen & Programm der NDF*. Albatros Verlag, Frankfurt/M. 1980

Aluit, Alfonso J.: *Corregidor*. Galleon Publications, Manila 1980

Angoncillo, Teodore: *A Short History of the Philippines*. Mentor Pocketbook, Manila 1969, 1975

Bacareza, Hermogenes E.: *A History of Philippine-German Relations*. National Economic and Development Authority - APO Productions, Quezon City 1980

Domingo, Benjamin B.: *The Philippines and Germany* (3 Bände). Foreign Service Institute, Manila 1983

Driesch, Wilhelm von den: *Grundlagen einer Sozialgeschichte der Philippinen unter spanischer Herrschaft*. Verlag Peter Lang, Frankfurt/M, Bern, New York 1984

Karnow, Stanley: *In Our Image - America's Empire in the Philippines*. Ramdom House, Inc., New York 1988

Kotte, Heinz: *Das Parlament der Straße*. Fischer Taschenbuch Verlag, Frankfurt/M 1988

Kuschnerus, Tim u. Werning, Rainer: *Die Philippinen unter Aquino - Facetten eines Machtwechsels*. isp-Verlag, Frankfurt/M 1987

Löhrke, Multhaup, Pränger: *Die stille Kraft des Bambus*. Verlag Simon und Magiera, München 1980

Malina, Antonio M.: *The Philippines Through the Centuries* - VOL. I & II. U.S.T. Cooperative, Manila

Marcos, Ferdinand E.: *Notes of the New Society of the Philippines*. Marcos Foundation Inc., Manila 1973

National Media Production Center: *The Philippines - A Nation Reborn*. Manila 1974

Reihe: Geistige Begegnung, Band 12: *Philippinen*. Erdmann Verlag, Herrenalb 1965

Sander,Bernd u. Kubiczek, Wolfgang: *Die Philippinen - Geschichte und Gegenwart*. VEB Deutscher Verlag der Wissenschaften, Berlin 1981

Seagrave, Sterling: *The Marcos Dynasty*. Harper & Row, Publishers, New York 1988

Sichrovsky, Harry: *Der Revolutionär von Leimeritz - Ferdinand Blumentritt und der philippinische Freiheitskampf*. Österreichischer Bundesverlag, Wien 1983

Siebert, Rüdiger: *Tod auf Mactan - Spurensuche im Fall Magellan gegen Lapu-Lapu*. Arena Verlag, Würzburg 1982

Sieg: *Philippinen - Diktatur des Westens*. ro ro ro 4720

Siemers, Günter: *Von Marcos zu Aquino - Der Machtwechsel in den Philippinen und seine Folgen*. Vistas Verlag, Berlin 1988

Sison, Jose Maria u. Werning, Rainer: *Das Projekt Befreiung -Widerstand auf den Philippinen*. Pahl-Rugenstein Verlag, Köln 1988

Task Force Detainees of the Philippines: *Risse im Paradies*. Peter Hammer Verlag, Wuppertal 1984

Werning, Rainer: *US-Imperialismus auf den Philippinen - Der Mindanao-Konflikt*. Wurf Verlag, Münster 1983

Wynne, Alison: *Keine Zeit für Tränen*. Albatros Verlag, Frankfurt 1980

Landeskunde und Gesellschaft

Andres, Tomas D.: *Understanding Filipino Values*. New Day Publishers, Quezon City 1981

Andres, Tomas D: *Negotiating by Filipino Values*. Divine Word Publications, Manila 1988

Arquiza, Yasmin u. White, Alan: *Tales From Tubbataha*. Bandillo ng Palawan Foundation Inc., Puerto Princesa 1994

Belmonte, Betty Go: *Philippines Yearbook*. The Fookien Times Yearbook Publishing Company, Manila 1986

Brevern, Marilies von: *Faces of Manila - Thirty Authentic Filipino Lifestories*. Manila 1985

Castelo, Lea T.: *This is the Philippines*. Melencio M. Castelo, Quezon City 1977

Cordero-Fernando, Gilda: *Philippine Food & Life*. Anvil Publishing, Manila 1992

Daigler, Geraldine M.: *Living in the Philippines*. The American Chamber of Commerce of the Philippines, Makati 1995

Daus, Ronald: *Manila - Essay über die Karriere einer Weltstadt*. Ursula Opitz Verlag, Berlin 1987

Engel, Frances H.: *Pearls and Coconuts*. Manila 1980

Galende, Pedro, G.: *Great Churches of the Philippines*. Bookmar, Inc. Manila 1993

Garraf, Colin: *Iron Dinosaurs - Last Steam Locomotives of the World: South East Asia*. Blandford Press, Poole Dorset 1976

Hanisch, Rolf: *Philippinen*. Verlag C.H. Beck, München 1989

Hargrove, Thomas R.: *The Mysteries of Taal*. Bookmark, Inc. Manila 1991

Huke, Robert E.: *Shadows on the Land*. The Bookmark, Manila 1963

Joaquin, Nick: *Manila: Sin City?* National Bookstore, Manila 1980

Kolb, Albert: *Hamburger Geographische Schriften*, Heft 34. Verlag Ferdinand Hirt, 1978

Lancion, Conrado M. Jr.: *Fast Facts about Philippine Provinces*, Tanahan Books, Manila 1995

Luning, Ira u. Medina, Isagani: *The Streets of Manila*. GCF Books, Manila 1977

Madulid, Domingo A.: *A Pictorial Cyclopedia of Philippine Ornamental Plants*. Bookmark, Inc. Manila 1995

Makabenta, Yen: *Book of the Philippines 1976*. Aardvark Associations Inc., Manila 1976

Merian 4/82: *Philippinen*. Hoffmann und Campe, Hamburg

Müller, Claudius (Hrsg.): *Die Philippinen - Perle im östlichen Meer*. Verlag Karl M. Lipp, München 1985

National Media Production Center: *Region I*. Manila 1977

Niesner, Elvira: *Prostitution auf den Philippinen*. EXpress Edition, Berlin 1988

Quirino, Carlos: *Who's Who In Philippine History*. Tahanan Books, Manila 1995

Ramirez, Mina: *Understanding Philippine Social Realities through the Filipino Family*. Asian Social Institute, Manila/Malate 1984

Regenhardt, Katharina (Hrsg.): *Frauen auf den Philippinen -Erzählungen, Gedichte und Berichte*. Deutscher Taschenbuch Verlag 1987

Roces, Alfredo R. (Hrsg.): *Filipino Heritage - The Making of a Nation*. Felta Book Sales Inc., Manila

Roces, Alfredo u. Grace: *Kultur-Knigge Philippinen*. Verlag Simon & Magiera, Nördlingen 1987

Segovia, Raul E.: *A Dictionary of the Crisis in the Philippine Ecosystems*. Philippine Environmental Action Network, Quezon City 1995

Semper, Carl: *Die Philippinen und ihre Bewohner*. Stuber's Buchhandlung, Würzburg 1869

Severino, Howie G.: *The Green Guide: A Sourcebook on the Philippine Environment*. Philippine Center for Investgative Journalism, Manila 1994

Shahani, Leticia Ramon: *The Philippines: The Land and the People*. National Bookstore, Manila 1970

Siebert, Rüdiger: *3mal Philippinen*. Serie Piper Panoramen der Welt, München 1989

Tan, Jose Ma. Lorenzo: *A Field Guide to Whales and Dolphins in the Philippines*. Bookmar, Inc. 1995

Tannert, Carl Arthur: *Ultramar*. Wilhelm & Brasch, Berlin 1893

Toussaint, Rafael u. Siebert, Rüdiger: *Philippinen*. Verlag C.J. Bucher, München und Luzern 1985

Vitug, Marites Dañguilan: *Power from the Forest - The Politics of Logging*. Philippine Center for Investgative Journalism, Manila 1993

Wernstedt u. Spencer: *The Philippine Island World*. University of California Press, Berkeley 1967

Kunst und Kultur

Alejandro, Reynaldo: *Philippine Dance*. Vera Reyes Inc., Quezon City

Capino, Dosdado: *Rizal's Life Works & Writings*. JMC Press Inc. Manila 1977

Casal, Gabriel S.: *T'boli Art*. Filipinas Foundation Inc., Makati 1978

Casino, Eric: *Ethnographic Art of the Philippines*. Casalinda, Manila 1973

Genzor, Josef: *Philippinische Märchen*. Verlag Werner Dausien, Hanau/Main 1978

Lopez, Mellie Leandicho: *A Study of Philippine Games*. University of the Philippines Press, Quezon City 1980

Reyes, Roberto: *Traditional Handicraft Art of the Philippines*. Casalinda, Manila 1975

Zabilka, Glady: *Customs and Culture of the Philippines*. Charles E. Tuttle Co., Tokyo 1974

Ethnische Minderheiten

Anima, Nid: *Courtship and Marriage Practices Among Philippine Tribes*. Omar Publications, Quezon City 1975

Anima, Nid: *Death Of A Culture: Tinguian*. Omar Publications, Quezon City 1982

Anima, Nid: *The Mountain Province Tribes*. Omar Publications, Quezon City 1977

Duhaylungsod, Levita u. Hyndman, David: *Where T'boli Bells Toll*. IWGIA Document No 73, Copenhagen 1993

Fry, Howard T.: *A History of the Mountain Province*. New Day Publishers, Quezon City 1985

Gagelonia, Pedro: *The Filipinos of Yesteryears*. National Bookstore, Manila 1973

Kohnen, Norbert: *Igorot*. Triltsch Verlag, Düsseldorf 1986

Lopez, Violeta B.: *The Mangyan of Mindoro*. University of the Philip pines Press, Quezon City 1976

Madale, Abdullah: *The Remarkable Maranaw*. Omar Publications, Quezon City 1976

Nance, John: *Tasaday - Steinzeitmenschen im philippinischen Regenwald*. List Verlag, München 1977 (auch als Fischer-Taschenbuch 1979)

Postma, Antoon: *Treasure of a Minority*. Arnoldus Press, Manila 1972

Saber, Mamitua u. Madale, Abdullah T.: *The Maranao*. Solidaridad Publishing House, Manila 1975

Schlegel, Stuart A.: *Children of Tulus - Essays on the Tiruray*. Giraffe Books, Quezon City 1994

Scott, William Henry: *The Discovery of the Igorots*. New Day Publishers, Quezon City 1974

Sherfan, Andrew D.: *The Yakans of Basilan Island*. Fotomatic Inc., Cebu City 1976

Geistheiler

Aubeck, Heinz-Hürgen: *Die Wunderheiler auf den Philippinen*. Verlag Rolf Gremer, Ebelsbach 1984

Chesi, Gert: *Geistheiler auf den Philippinen*. Perlinger Verlag, Wörgl 1982

Faehndrich, Waltraud A. u. Jurkei, Rolf: *Die Philippinischen Heiler - Eine kritische Würdigung des Phänomens*. Panorama Verlag, Altstätten 1987

Licauco, Jaime T.: *The Truth behind Faith Healing in the Philippines*. National Bookstore, Manila 1981

Naegeli-Osjord, Hans: *Die Logurgie in den Philippinen*. Otto Reichl Verlag, Remagen 1977
Stelter, Alfred: *PSI-Heilung. Parapsychologie und Medizin*. Goldmann Sachbuch Nr. 11 107, München 1977

Reiseführer

Dusik, Roland: *Philippinen*. DuMont Buchverlag, Köln 1986, 1989
Gale de Villa, Jill: *Luzon by Car*. Devcon I.P. Inc. Manila 1985
Gale de Villa, Jill: *Manila: The Traveler's Companion*. Devcon I.P. Inc. Manila 1987
Gale de Villa, Jill: *Philippine Vacations & Explorations*. Devcon I.P. Inc. Manila 1997
Hanewald, Roland: *Philippinen Abenteuer-Handbuch*. Jens Peters Publikationen, Berlin 1996
Harper, Peter u. Peplow, Evelyn: *Philippines Handbook*. Moon Publications, Chico 1993
Harting, Wolf Leo: *Philippinen*. Mai's Weltführer, Buchenhain 1976
Hildebrand's Urlaubsführer: *Philippinen*. K + G Verlagsgesellschaft, Frankfurt/M. 1984
Höfer, Hans (Hrsg.): *Philippinen*. Apa Guides, Nelles Verlag, München 1985
Hooser, Mike: *Party in the Philippines*. Go-See-Do Publications, Manila 1975
Juanico, Meliton B.: *Metro-Manila*. M.J. Editorial Consultants, Quezon City 1983
Klein, Jacques: *Philippines*. Un Department Tourism Consulting Group, Paris
Lockhart, Paul: *Philippines*. CFW Publications Ltd., Hong Kong 1981
Marshall, Mary u. Evans, Wendy: *Philippines - Luzon and Mindoro*. Raya Books, Manila 1978
Nelles, Günter (Hrsg.): *Philippinen*. Nelles Verlag, München 1995
Peters, Jens: *Philippines*. Lonely Planet Publications, Hawthorn 1997
Schäfer, Albrecht: *Philippinen*. Polyglott-Verlag, München 1996

Reiseberichte

Eder, Sepp: *Abenteuer in der Sulu-See*. Andreas Verlag, Salzburg 1984
Freundeskreis (Hrsg.): *Im Reich der 7000 Inseln*. Verlag Missionsdruckerei St. Gabriel, Wien-Mödling
Gironnière, Paul P. de la: *Adventures of a Frenchman in the Philippines*. 1853; überarbeitete 9. Auflage, Casalinda, Manila 1972
Guerrero, Amadis Ma.: *A Journey through the Enchanted Isles*. Anvil Publishing, Inc. Manila 1995
Guerrero, Amadis Ma.: *Traveler's Choice: From North to South*. Anvil Publishing, Inc. Manila 1993
Jagor, Fedor: *Reisen in den Philippinen*. 1873; gekürzte Neuerscheinung Jens Peters Publikationen, Berlin 1982
Kirchner, Georg: *Meine Freunde die Kopfjäger*. Franz Schneider Verlag, München - Wien 1980
Rinne, F.: *Zwischen Filipinos und Amerikanern auf Luzon*. Verlag von Gebrüder Jänecke, Hannover 1901
Schäfer, Albrecht: *Sarimanok*. Frederking & Thaler, München 1991
Tichy, Herbert: *Tau Tau. Bei Göttern und Nomaden der Sulu-See*. Molden Taschenbuch Verlag, Wien - München 1977
Titze, Kurt: *Bali, Timor, Philippinen*. Schnell & Steiner Verlag, München - Zürich 1978

Tauchen

Jackson, Jack: *The Dive Sites of The Philippines*. New Holland Publishers, London 1995.
Hutchinson, Gretchen u. Ventura, E: *Asian Diver Scuba Guide Philippines*. Asian Diver Magazine, Singapore 1993
Smith, David u. Westlake, Michael: *The Diver's Guide to the Philippines*. Unicorn Book Limited, Hong Kong 1982
White, Alan: *Philippine Coral Reefs*. New Day Publishers, Quezon City 1987

Sprache

Aspillera, Paraluman S.: *Basic Tagalog*. M & L Licudine Enterprises, Manila 1981

Flores, Edith T. u. Wolff, Hans-Juergen: *Einführung in die Struktur des Tagalog (Filipino)*. Learning Research Centre, Manila/Ermita 1988

Guzman, Maria Odulio de: *The New Dictionary*. National Bookstore 1968

Hanewald, Flor u. Roland: *Tagalog für Globetrotter*. Peter-Rump-Verlag, Bielefeld 1988

Kelz, Heinrich P.: *Mabuhay - Einführung ins Filipino*. Ferd. Dümmlers Verlag, Bonn 1983 (mit Sprachcassette)

Latorre, Luis Esteban: *Philippine Travel Phrase Book*. Tahanan Pacific, Inc. Manila 1993.

Index

Ortsregister

Sachwortverzeichnis

Roland Hanewald

Das Tropenbuch

ISBN 3-923821-13-1

348 Seiten
150 Illustrationen
8 Kartenskizzen

27,80 DM

Das Buch, das jeder Tropenreisende kennen sollte

Und das steht drin:

Kleine Tropenkunde Wir und die Dritte Welt. Afrika. Lateinamerika. Asien... **Unterwegs zwischen den Wendekreisen** Verhaltensweisen. Ärger in einer fremden Welt... **Erhaltung und Pflege der Gesundheit** Ärztliche Versorgung. Akklimatisierung. Bekleidung. Kinderpflege... **Richtig essen und trinken im heißen Klima** Vitamine und Mineralstoffe. Wo und was essen... **Tropische Krankheiten** Früherkennung. Selbstdiagnose... **Erste Hilfe unter primitiven Bedingungen** Biß- und Stichwunden. Verbrennungen. Vergiftungen. Zahnschmerzen... **Sicher baden, schwimmen, tauchen in tropischen Gewässern** Tügerische Tiefen. Strömungen und Gezeiten. Zehn Gebote für Gerätetaucher... **Gefahren tropischer Meere** Haie. Barrakudas. Muränen. Kraken. Seewasserkrokodile. Schlangen... **Leben wie Robinson** Survivalnahrung. Unterwasserjagd. Fang- und Zubereitungsmethoden... **Feindliche Umwelt Dschungel** Nahrungssuche. Verirrt. Notlager... **Eßbare und giftige Pflanzenarten der tropischen Wildnis** Farne. Palmen. Guava. Brotfrucht. Yams... **Tropische Plagegeister** Hunde. Ratten. Insekten und anderes Kleingetier... **Survivalpraktiken** Orientierung im Gelände und auf See. Fallenstellen. Notsignale... **Richtiges Verhalten bei Naturkatastrophen** Erdbeben. Vulkane. Orkane. Brände. Blitze und Donner...

JENS PETERS PUBLIKATIONEN

INFORMATIONEN AUS ERSTER HAND

TRAVEL
OVERLAND
Billigflüge weltweit!
-wer mehr zahlt, zahlt zuviel!-
Preisvergleich lohnt sich!
TRAVEL OVERLAND
Barerstr.73 · 80799 München
Tel. 0 89 / 27 27 60
TRAVELFAX 089 / 272 55 09

Update 1999

Letzte Neuigkeiten (bitte im vorderen Text ergänzen, korrigieren oder vermerken).

Reisevorbereitung

Botschaften u. Konsulate (S. 114)
Neue Adressen: Philippinisches Konsulat, Lange Reihe 2-8, 04299 Leipzig, Tel. 0341/8682715. Geöffnet: Mo-Fr 9.00-12.00 Uhr.
Philippinische Botschaft, Laurenzer Berg 2/B5, 1010 Wien, Tel. 0222/533240112.
Philippinische Botschaft, Brunnmattstr. 24, 3007 Bern, Tel. 031/3982266.

Geld (S. 116 ff.)
Wechselkurse
Juli 1999; (1 US$ = 1,90 DM)
1 US$ = 38,20 P
1 DM = 20,00 P

ATM-Karten
Mit der Visa Card und MasterCard an Geldautomaten der PNB viermal täglich jeweils bis zu 10.000 P.

Reisetips

Übernachten (S. 131)
Die Übernachtungspreise sind allgemein um bis zu 20 Prozent gestiegen.

Flugzeug (S. 160 ff.)
Neben vielen internationalen Flügen hat Philippine Airlines auch etliche Inlandsflüge eingestellt. Dafür fliegen auf manchen Routen jetzt Air Philippines, Asian Spirit, Cebu Pacific, Laoag International Airlines (neu) und/oder Mindanao Express.

Manila

Übernachten (S. 188 ff.)
Geschlossen sind ***La Petite Auberge*** und ***Shoshana Tourist Inn***. Die einst beliebte ***Mabini Pension*** kann nicht mehr uneingeschränkt empfohlen werden (mehrere Beschwerden enttäuschter Gäste). Neue Unterkünfte:
Jurassic Inn, 1207 M.H. del Pilar Street, Ermita, Tel. 5233995, Fax: 5211998. EZ/fan/Bad 350 P, DZ/ac/Bad 800 und 950 P, Penthouse (zwei Zimmer) 1.400 P. Tadellose Zimmer, alle mit Kühlschrank und TV. Gutes Preis-Leistungs-Verhältnis; oft ausgebucht. Restaurant. Airport-Service. Liegt schräg gegenüber vom Hotel La Corona.
Citystate Tower Hotel, 1315 Mabini Street, Ermita, Tel. 5262732, Fax: 5262758. EZ/D/ac/Bad 1.380 bis 1.860 P, Suite 2.850 P. Einwandfreie Zimmer mit Kühlschrank und TV. Restaurant. Liegt nahe Ecke Padre Faura, gegenüber vom Haus München Restaurant.
Hotel Frendy, 1548 Mabini Street, Ermita, Tel. & Fax: 5264211. EZ/DZ/ac/Bad 1.500 P, inklusive Frühstück. Geräumige, modern ausgestattete Zimmer mit Kühlschrank und TV. Restaurant. Liegt gegenüber vom Ermita Tourist Inn.

Essen und Trinken (S. 199 ff.)
Alle ***Josephine's*** Restaurants sind geschlossen.
Preisgünstige Tagesgerichte gibt es im neuen ***Isola Restaurant***, Adriatico Street/Ecke Gen. Malvar Street, Malate (im Appartement-Hotel Dakota Mansion).

Transport (S. 216 ff.)
Jeepney: Zusätzlich zu den Jeepneys verkehren auf etlichen festgelegten Routen sogenannte Mega-Taxis (FX-Taxis). Sie sind bequemer und schneller als Jeepneys, klimatisiert und befördern bis zu zehn Passagiere. Fahrpreis: 10 bzw. 20 P (je nach Entfernung).

Anreise/Weiterreise (S. 219 ff.)
Flughafengebühr: Die Airport Tax beträgt bei internationalen Flügen jetzt 550 P.

Internationale Airlines: Neue Tel. Nr. bzw. Adresse:
Alitalia 8939761 (umgezogen: Don Jacinto Building, Salcedo Street/Ecke Deal Rosa Street, Makati);
Canadian Airlines 8934889 (umgezogen: Golden Rock Building, 168 Salcedo Street, Legaspi Village, Makati);
Pakistan International Airlines 8183711 bis 14;
Thai Airways International 8124744.

Weiterreise ab Luzon (S. 232 ff.)
Flug: Neue Fluggesellschaft: Laoag International Airlines (LIA) mit Flügen von Manila via Laoag bzw. Tuguegarao nach Basco/Batanes. Manila Domestic Airport Office: Tel. 5519729.

Schiff: Aktuelle Schiffsverbindungen ab Manila stehen in der Tageszeitung *Manila Bulletin* unter »Interisland Shipping Schedules«.

Zentral-Luzon

Talisay (S. 244 ff.)
Übernachten: Das ***Milo's Paradise*** ist geschlossen.

Angeles (S. 259 ff.)
Übernachten: Das ***Endevaour Lord Hotel*** ist (vorübergehend?) geschlossen. Das ***Capt. Cook Hotel*** heißt jetzt ***Lafayette Hotel***. Hinzugekommen ist das ***Europhil International Hotel***, Don Juico Avenue, Tel. 3222470. EZ/DZ/ac/Bad 600/700 P bis 1.000/1.200 P. Gute Zimmer mit TV, die teuren auch mit Kühlschrank. Restaurant. Swimmingpool. Liegt direkt neben dem America Hotel.

Essen und Trinken: Geschlossen sind ***The Manhattan Transfer Restaurant***, ***Fil-Thai Restaurant*** und das ***Zick & Zack***. Schmackhaftes Essen für etwa

75 P gibt es in ***Jerry's Cafe*** (zwischen den Punkten 17 und 18 in der Karte Seite 260/261). Preiswert sind die Gerichte im kleinen ***Mabuhay Niken's Diner*** direkt neben der Sunshine Laundry in der Don Juico Avenue, z.B. American Breakfast für 45 P.

Olongapo (S. 272 ff.)
Anreise/Weiterreise: Die Flugverbindung zwischen Manila und Olongapo gibt's nicht mehr.

Barrio Barretto u. Subic (S. 274 ff.)
Adressen/Verschiedenes: Die Tauchschule ***Johan's Adventure Dive Centre***, Baloy Beach, Tel. 2248915, bietet Wracktauchen in der Subic Bay an, außerdem Tauchunterricht in Angeles (in dortigen Hotel-Swimmingpools).

Nord-Luzon

San Antonio, Pundaquit und San Miguel (S. 280 ff.)
Übernachten: Empfehlenswert ist das ***San Miguel Beach Garden Resort*** in San Miguel. EZ/DZ/fan 250 P, EZ/DZ/fan/Bad 350 bis 400 P. Preisnachlaß bei mehr als vier Übernachtungen und in der Regenzeit. Freundliche Anlage mit ordentlichen Zimmern und sehr schönem Garten. Gutes Preis-Leistungs-Verhältnis. Restaurant. Etwa 100 Meter bis zum Strand. Fünf Kilometer außerhalb von San Antonio; 12 P mit dem Tricycle.
Das ***San Miguel Hotel*** und das ***Big Foot Resthouse***, beide in San Miguel, sind geschlossen bzw. nicht mehr zu empfehlen.

Iba (S. 282 ff.)
Übernachten: Das ***Vicar Beach Resort*** kann nicht mehr empfohlen werden.

Bolinao (S. 288 ff.)
Übernachten: Das ***A & E Garden Inn*** ist ziemlich heruntergekommen und nicht mehr zu empfehlen.
Das ***Dutch Beach Resort*** liegt genau 13 Kilometer von Bolinao entfernt (Tricycle: 100 P).

San Fernando (La Union) (S. 298 ff.)
Anreise/Weiterreise: Das Office von Philippine Airlines ist geschlossen.
Die Busse der Eso-Nice Transport Company nach Baguio fahren jetzt ab Gov. Luna Street/Ecke Quezon Avenue (Town Plaza).

Baguio (S. 309 ff.)
Essen und Trinken: Das Restaurant ***Mario's*** ist abgebrannt.

Club John Hay: Wegen der Auseinandersetzung um geplante Großbauprojekte, die Umweltschützer zu verhindern suchen, ist das Gelände des Club John Hay voraussichtlich noch bis zum Jahr 2002 nicht mehr öffentlich zugänglich.

Vigan (S. 337 ff.)
Übernachten: Neues Hotel: ***Gordion Inn***, Salcedo Street/Ecke Ventura de los Reyes Street, Tel. 7222526, Fax: 7222840. Dorm/ac 250 P, EZ/DZ/ac/Bad 880 (TV) und 2.000 P (TV, Kühlschrank); inklusive Frühstück. Gepflegte Zimmer. Nette Atmosphäre.

Essen und Trinken: Das Restaurant ***Cool Spot*** ist inzwischen leider etwas überteuert. Empfehlenswert dagegen sind ***Café Leona*** in der Mena Crisologo Street (Plaza Burgos) und ***Giacominos*** in der Quezon Avenue.

Laoag (S. 344 ff.)
Übernachten: Das ***City Lodging House*** ist geschlossen; die ***Casa Llanes Pension*** ist nicht mehr zu empfehlen. Gute neue Hotels sind:
Hotel Tiffany, Gen. Segundo Avenue/Ecke M.H. del Pilar Street, Tel.

7703550. EZ/ac/Bad 400 und 480 P (TV), DZ/ac/Bad 600 bis 730 P (TV) und 1.000 P (TV, Kühlschrank). Tadellose Zimmer, alle konsequent in Bonbonfarben durchgestylt.
La Elliana Hotel, Jose Rizal Street/ Ecke Ablan Street, Tel. & Fax: 7714876. EZ/DZ/ac/Bad 600 und 650 P. Einwandfreie Zimmer mit TV. Guter Gegenwert. Restaurant. Liegt etwa 300 Meter westlich vom Texicano Hotel.

Essen und Trinken: Geschlossen sind ***Barrio Fiesta Restaurant*** und ***Concorde Restaurant***. Sehr zu empfehlen ist das freundlich eingerichtete, klimatisierte ***La Presiosa Restaurant*** in der Jose Rizal Street (einen Block westlich vom Texicano Hotel) mit vorzüglichen Gerichten der örtlichen Ilocano-Küche.

Tuguegarao (S. 351 ff.)
Übernachten: Neue, empfehlenswerte Hotels: ***Pension Angelina***, Aguinaldo Street, Tel. 8440838. EZ/DZ/fan/Bad 250/300 P, EZ/ac/Bad 380 P, DZ/ac/ Bad 420 und 480 P. Gepflegte Unterkunft mit einwandfreien Zimmern, alle mit TV (kleine Fan-Zimmer).
Hotel Candice, Blumentritt Street, Tel. 8442001, Fax: 8442003. EZ/ac/Bad 380 P, DZ/ac/Bad 550 P (im Annex, kaltes Wasser), EZ/DZ/ac/Bad 600/ 650 P und 850/1.000 P. Tadellose, geräumige, ruhige Zimmer mit TV, die teuren auch mit Kühlschrank.

Essen und Trinken: Das klimatisierte zweistöckige ***Griselda's Snack House***, Rizal Street/Ecke Gomez Street, ist rund um die Uhr geöffnet (die meisten anderen Restaurants schließen bereits um 20.00/21.00 Uhr).

Süd-Luzon

Legaspi (S. 364 ff.)
Übernachten: Das ***Legaspi Plaza Hotel*** ist geschlossen. Etwa 100 Meter südlich davon gibt es preiswerte Zimmer im ***Sampaguita Tourist Inn***, Rizal Street. EZ/fan 100 P, EZ/fan/Bad 175 P, DZ/fan/Bad 275 P, EZ/ac/Bad 350 P, DZ/ac/Bad 450 P (mit TV).

Adressen/Verschiedenes: Das ***Tourist Office*** ist in den Vorort Rawis am nördlichen Stadtrand umgezogen; Tel. (052) 4820712, Fax: 4820811.

Mayon Volcano (S. 370)
Besteigung: Eine vom Tourist Office organisierte Besteigung kostet inzwischen beachtliche 4.500 P (bis zu zwei Personen; jede weitere Person bezahlt 1.500 P). Dieser Betrag schließt ein: Guide, Träger, Verpflegung für zwei Tage, Zelt und Transport.

Sorsogon (S. 375)
Übernachten: Die ***Dalisay Lodge*** ist nicht mehr zu empfehlen. Besser ist das ***Fernando's Hotel***, Pareja Street, Tel. 2111573, Fax: 2111357. EZ/DZ/ ac/Bad 950 P. Einwandfreie Zimmer. Gutes Restaurant.

Batanes

Anreise/Weiterreise (S. 380)
Flug: Anstatt Philippine Airlines fliegt jetzt Laoag International Airlines dreimal wöchentlich (Mo, Mi, Fr), und zwar Manila-Tuguegarao-Basco und Manila-Laoag-Basco.

Basco (S. 382)
Übernachten: Es gibt jetzt ein paar zusätzliche Übernachtungsmöglichkeiten: ***Troy Lodge***. EZ/DZ/fan 100/200 P. Beliebte, saubere Unterkunft nahe Airport. Gemeinschaftsraum mit Kabelfernsehen. Kein Restaurant, aber Kaffee und Snacks sind erhältlich.
Ivatan Lodge. Dorm/fan 100 P, DZ/ fan/Bad 400 P. Einfache Unterkunft nahe Hafen (schöne Aussicht). Restaurant.

Batanes Resort. EZ/DZ/fan/Bad 550/ 670 P. Freundliche Zimmer mit TV in inseltypischen Steinhäusern am Fuße eines Hügels etwa einen Kilometer südlich von Basco.

Catanduanes

Virac (S. 386)

Übernachten: Das ***Bosdok Beach Resort*** in Magnesia ist (vorübergehend?) geschlossen.

Marinduque

Anreise/Weiterreise (S. 393)

Flug: Anstatt Philippine Airlines fliegt jetzt Asian Spirit viermal wöchentlich von Manila nach Boac (Mo, Mi, Fr, So).

Torrijos (S. 396)

Übernachten: Die beste Unterkunft ist ***Marilou's Private Beachhouse*** am White Beach im Barrio Poctoy. EZ/ DZ/fan/Bad 400 P. Freundliche, geräumige Zimmer. Kostenlose Benutzung von Fahrrad und Paddelboot. Gäste müssen sich selbst versorgen (Küche und Kühlschrank stehen zur Verfügung). Gastgeber sind der Schweizer Hanspeter und seine philippinische Frau Marilou, die zudem landwirtschaftlich tätig sind (Rinderzucht).

Gasan (S. 398)

Übernachten: Neu ist das ***Kabala Beach Resort*** nördlich von Gasan mit Blick auf Tres Reyes Islands. EZ/DZ/ ac/Bad 600 P. Gute Zimmer. Restaurant. Österreichisches Management.

Mindoro

Anreise/Weiterreise (S. 402 ff.)

Luzon/Schiff: Abfahrt von Batangas nach Sablayan Mo, Mi u. Sa 19.00 Uhr; von Sablayan nach Batangas Di, Do u. So 19.00 Uhr.

Puerto Galera (S. 405 ff.)

Übernachten: Die ***Tanawin Lodge*** heißt jetzt ***Tanawin Bay Resort***, Cellular Tel. & Fax: 0973-859821. Eine angenehme, gut geführte Unterkunft am Big La Laguna Beach ist das ***Starfish Inn***, Cellular Tel. 0917-5620016. Cottage/fan/Bad 500 und 800 P, je nach Ausstattung. Geräumige Zimmer mit breiten Betten. Restaurant.

Adressen/Verschiedenes: Geschlossen ist ***Matthias Hard Rock Gym*** am Small La Laguna Beach.
Der Deutsche Ralf Hermann und seine philippinische Frau Lisa veranstalten ab Sabang ***Trekking- und Kajaktouren*** (kleine Gruppen).

Calapan (S. 418)

Übernachten: Geschlossen sind ***The Travellers Inn*** und ***Riceland Inn I***. Das beste Hotel der Stadt ist das ***Hotel Ma-Yi***, J.P. Rizal Street, Tel. 2884437. EZ/DZ/fan 250 P, EZ/DZ/ fan/Bad 400 P, EZ/DZ/ac/Bad 550 bis 850 P, mit TV. Kleine, passable Zimmer. Restaurant. Karaoke-Bar. Dachgarten.

San Jose (S. 419 ff.)

Essen und Trinken: Empfehlenswert ist das ***Kusina ni Lea Restaurant*** gegenüber vom Sikatuna Town Hotel.

Bohol

Tagbilaran (S. 436 ff.)

Übernachten: Das ***Slim Pension House*** kann nicht mehr empfohlen werden (ungepflegt). Zwei neue Hotels:
Chriscent Ville Pension House, Gallares Street (gegenüber Punkt 34 im Stadtplan auf Seite 438), Tel. 4114029, Fax: 4114028. EZ/DZ/ac/Bad 550/650 bis 950/1.200 P. Angenehme, gut ausgestattete Zimmer. Restaurant.
Metro Centre Hotel, Carlos P. Garcia Avenue (bei Punkt 10 im Stadtplan),

Tel. 4112599, Fax: 4115866. EZ/DZ/ac/Bad 1.100 bis 1.750 P, Suite 3.850 und 5.500 P. Komfortable Zimmer mit Kühlschrank und TV. Das beste Hotel der Stadt. Zentrale Lage. Restaurant. Disco. Autoverleih. Airport-Service.

Essen und Trinken: Das ***Sayas Restaurant*** ist geschlossen. Neu ist das saubere ***McJAC on the Green*** (vormals BQ Garden Restaurant) in der südlichen Gallares Street mit etlichen kleinen Restaurants. In der nördlichen Carlos P. Garcia Avenue befindet sich das gemütliche ***Peprocini's Restaurant*** des Schweizers Urs und seiner philippinischen Frau Geraldine. Serviert werden unter anderem Pasta, europäische Gerichte und verschiedene Weine.

Panglao Island (S. 444 ff.)
Übernachten: Wiedereröffnet wurde das nette ***Swiss Bamboo House*** am Alona Beach (zwischenzeitlich geführt von Sunshine Divers). EZ/DZ/fan/Bad 400 bis 900 P. Restaurant. Tauchen.
Empfehlenswert ist das ***Bagobo Beach Resort***, Libaong. Cottage/fan/Bad 550 P, Apt./ac 950 und 1.050 P. Ruhige, gepflegte, familiäre Unterkunft. Restaurant. Fahrrad-, Motorrad- und Autoverleih. Bootsfahrten.

Jao Island (S. 458)
Übernachten: Das ***Laguna Escondido Resort & Yacht Haven*** ist geschlossen.

Cebu

Cebu City (S. 466 ff.)
Übernachten: Die ***Ascona Pension*** existiert nicht mehr. In Uptown gibt es einige gute neue Hotels der mittleren Preisklasse (einwandfreie Zimmer, fast immer mit TV), z.B.:
Pacific Pensionne, 313-A Osmeña Boulevard (hinter Arbel's Pension House; Punkt 62 im Stadtplan Seite 470), Tel. 2535271. EZ/ac/Bad 448 P, DZ/ac/Bad 504 und 650 P.
C'est La Vie Pension, Juana Osmeña Street, Tel. 2535266. EZ/DZ/ac/Bad 450 /480 P.
NS Royal Pension, Juana Osmeña Street, Tel. 2545358, Fax: 2551556. EZ/DZ/ac/Bad 450/480 P. EZ/DZ/ac/Bad 800 bis 1.400 P.
Eddie's Hotel, Manalo Street/Ecke Queens Road (nahe Iglesia Ni Cristo-Kirche), Tel. 2548570, Fax: 2548578. EZ/DZ/ac/Bad 799 bis 999 P.
Hotel Asia, Don Jose Avila Street, Tel. 2558536, Fax: 2533805. EZ/DZ/ac/Bad 750/900 P.

Essen und Trinken: Geschlossen sind ***Govinda's*** und ***Swiss Restaurant***. Letzteres wurde im Richmond Plaza Hotel, F. Sotto Drive/Ecke Gorordo Avenue, sowie außerhalb der Stadt (nahe Tops) neueröffnet. Sehr beliebt im Einkaufszentrum SM City ist ***The French Baker***, wo es unter anderem auch leckere Sandwiches und gebrauten Tschibo-Kaffee gibt (20 P/Tasse).

Adressen/Verschiedenes: Das ***Immigration Office*** befindet sich jetzt gegenüber der City Hall (Punkt 99 im Stadtplan Seite 470) im Gatiaco Building (3. Stock), Briones Street. Allerdings soll es schon bald erneut umziehen, und zwar nach Mandaue.
Das ***Tourist Office*** ist umgezogen in die Legaspi Street/Ecke Cuenco Avenue (an der Plaza Independencia; unweit des alten Standortes).

Mactan Island (S. 482 ff.)
Übernachten: Das ***HR Tourist Hotel*** ist nicht mehr im besten Zustand. ***Cesar's Mansion*** ist geschlossen, es wurde jedoch gegenüber, 250 Meter südlich der neuen Brücke, als ***Hotel Cesario*** neueröffnet: EZ/DZ/ac/Bad 850 bis 1.150 P, mit TV und inklusive Frühstück. Gleich nebenan befindet sich das

Bellavista Hotel, Tel. 3407821, Fax: 3407823. EZ/DZ/ac/Bad ab 4.600 P; inklusive Frühstück. Komfortable, geräumige Zimmer mit Kühlschrank und TV. Für den Sonderpreis (Promo Rate; fragen!) von 1.500 P sehr guter Gegenwert. Restaurant. Swimmingpool.

Essen und Trinken: Das ***Swiss Chalet Restaurant*** ist geschlossen.

Adressen/Verschiedenes: Der ***Crash-Pub***, Lapu-Lapu (nahe Mactan Bridge), Tel. 3401829, verleiht Motorräder (125 cc) für 600 P/Tag. Mindestdauer: 3 Tage. Geöffnet: tägl. 9.00-17.00 Uhr.

Camotes Islands (S. 489)
Übernachten: In San Francisco (»San Fran«) verfügt die ***Multi-Purpose Cooperative*** (Coop) am Markt über ein paar einfache Zimmer mit doppelstöckigen Betten; 75 P pro Person.
In Pilar auf Ponson Island befindet sich wenige Minuten vom Anleger entfernt das kleine ***Rosita Pension House*** mit EZ/DZ/fan/Bad für 100 P pro Person.

Bantayan Island (S. 492 ff.)
Übernachten: Der Service im ***Budyong Beach Resort*** soll nicht mehr zuvorkommend sein (mehrere Beschwerden). Das ***Kota Beach Resort*** in Santa Fe bietet keine Möglichkeit zum Tauchen mehr an.

Malapascua Island (S. 495 ff.)
Übernachten: Von 17.30 bis 23.00 Uhr gibt's jetzt Strom. Außerdem sind ein paar Resorts hinzugekommen: ***Tropical Beach Resort*** (300 P), ***Loida's Beach Club***, Cellular Tel. 0918-8920291 (600 P) und ***Malapascua Island Beach Resort*** (450/550 P).

Moalboal (S. 497 ff.)
Übernachten: Der ***Serena Beach Club*** am White Beach ist geschlossen. Neu sind dort das großzügig angelegte ***Ravenall Beach Resort*** (1.500 bis 2.000 P) und, am südlichen Strandende, das ***Dolphin House*** (600 und 800 P).

Badian u. Badian Island (S. 504)
Übernachten: Geschlossen sind ***Stockli Beachhouses*** und ***Lambug Beach Resort***.

Negros

Bacolod (S. 533 ff.)
Übernachten: Das ***Palm Inn Hotel*** ist geschlossen.

Lakawon Island (S. 541)
Etliche Gäste waren unzufrieden mit dem Service und den relativ hohen Preisen. Auf einen Abstecher dorthin könnte man daher offenbar gut und gerne verzichten.

Sipalay (Neu; S. 554)
Die freundliche Kleinstadt Sipalay liegt an der Südwestküste von Negros, etwa 20 Kilometer nördlich von Hinoba-an. Ganz in der Nähe gibt es ein paar wunderschöne weiße Strände, deren touristische Erschließung unmittelbar bevorsteht. Zu den ersten Anlagen in Punta Ballo gehören ***A-Rock Beach Resort*** (400 bis 800 P) und die Tauchschule ***Artistic Diving***, Cellular Tel. 0918-6732322, des Schweizers Arthur Müller.

Dumaguete (S. 543 ff.)
Übernachten: Das ***Casa Lona Hotel*** ist jetzt offensichtlich ein Stundenhotel. Bei ***Insular Flintlock Hotel*** und ***Hotel El Oriente*** stimmt das Preis-Leistungs-Verhältnis nicht mehr. Das ***Al Mar Hotel*** wurde stilvoll renoviert und heißt jetzt ***La Residencia Al Mar***; Preise: 800 bis 1.500 P.

Essen und Trinken: Das Dachgartenrestaurant ***Aldea*** in der Percides Street/

Ecke San Juan Street gibt es nicht mehr.

Adressen/Verschiedenes: Die ***Equitable Bank*** ist in die Colon Street umgezogen.

Dauin (S. 549 ff.)
Übernachten: Neu ist das ansprechende ***Aquavit Resort***, Cellular Tel. 0918-7400560, des Deutschen Bernd Scheuer. EZ/DZ/ac/Bad 950 P. Geräumige Zimmer in attraktiven, zweistöckigen Häusern. Restaurant. (Geplant: Swimmingpool, Tauchschule).

Tambubo Bay (S. 552)
Übernachten: Der ***Tambubo Beach Club*** ist geschlossen. Neu ist das ***Tongo Beach Resort*** des Schweizers Beat und seiner philippinischen Frau Ana.

Panay

Iloilo City (S. 561 ff.)
Essen und Trinken: Geschlossen sind ***King Ramen Restaurant***, ***Mansion House Restaurant***, ***Aldous Snack Bar*** und ***Oak Barrel***. Ausgezeichnet ist das Essen im ***The Summer House*** im Iloilo Midtown Hotel. Bayrische und schweizerische Gerichte sowie Weißbier gibt es im rustikal-gemütlichen ***Bavaria*** in der Seminario Street im Stadtteil Jaro (gehört zum Nagarao Pension House).

Anreise/Weiterreise: Ticketschalter verschiedener Airlines und Reedereien befinden sich im 1. Stock vom Atrium (Nr. 32 im Stadtplan Seite 562).

Boracay (S. 579 ff.)
Übernachten: Das ***Mistral Resort*** heißt jetzt ***Frendz Resort***. Geschlossen sind ***Highland Spring*** und ***Sanders White***.

Anreise/Weiterreise: Die Fluggesellschaft Asian Spirit hat ein Office in Angol (Nr. 85 in der Karte Seite 582).

Romblon

Romblon (S. 594 ff.)
Übernachten: Das ***Marble Hotel***, das in ***Felmar Pension House*** umbenannt wurde, ist nicht mehr im besten Zustand. Besser sind:
Bay View Mansion, Tel. 2408. EZ/DZ/ac/Bad 500 und 600 P; inklusive Frühstück. Tadellose Zimmer, einige mit Blick auf den Hafen. Im Erdgeschoß Frühstücksraum mit Kühlschrank und Kochgelegenheit sowie eine kleine Bar mit TV. 24-Std.-Service. Das Hotel gehört einem französisch-philippinischen Ehepaar.
Cabanbanan Dive & Beach Resort, Agtongo. EZ/DZ/fan/Bad 200 bis 600 P. Attraktives, an einem Hang gelegenes Resort. Restaurant (deutsche und philippinische Küche). Tauchen (vorgelagertes Korallenriff). Diese geschmackvoll gestaltete Anlage des Schweizers Josef Mazenauer und seiner philippinischen Frau Vilma liegt im Norden von Romblon Island, etwa 20 Bootsminuten ab Hafen (150 P).

Essen und Trinken: Geschlossen sind ***Kawilihan Food House***, ***Tica Inn*** und ***Marble Dust Restaurant***. Neu ist ***Jak's Restaurant & Bar*** hinter dem Romblon Shopping Centre, das beste Restaurant am Ort, das von David und Tess Kerchan, einem netten britisch-philippinischen Ehepaar geführt wird.

Cobrador Island (S. 597)
Übernachten: Das ***Cobrador Beach Resort*** ist verlassen und leider im Verfall begriffen.

Siquijor

San Juan (S. 613)
Übernachten: Neu ist das attraktive ***Coral Cay Resort***, Cellular Tel. 0918-7705578, des Amerikaners David und seiner philippinischen Frau Helen. EZ/

DZ/fan/Bad 450 bis 800 P, EZ/DZ/ac/Bad 1.500 P. Restaurant. Kajakverleih. Tauchen.

Camiguin

Mambajao (S. 617)

Übernachten: In Balbagon, etwa zwei Kilometer südöstlich von Mambajao, befindet sich die attraktive Anlage ***Bahay-Bakasyonan***, Tel. 870027. Cottage/ac/Bad 1.300 P, mit TV. Restaurant. Swimmingpool.

Yumbing (S. 620)

Übernachten: Empfehlenswerte neue, ruhige Unterkünfte sind ***Secret Cove Resort*** mit geräumigen Cottages/fan/Bad von 600 bis 1.000 P und ***Camiguin Beach Club*** mit EZ/DZ/ac/Bad für 1.400 P (mit TV).

Mindanao

Surigao (S. 630 ff.)

Übernachten: Empfehlenswert ist ***Metro Pension Plaza***, Navarro Street, Tel. 2326726. EZ/ac/Bad 300 P, DZ/ac/Bad 400 P, Suite 600 P. Tadellose Zimmer. Freundliches Management.

Siargao Island (S. 633 ff.)

Anreise/Weiterreise: Die MV *Aska Queen* fährt täglich um 6.15 und 13.00 Uhr von Surigao nach Dapa. Fahrzeit: 1:30 Std. Fahrpreis: 100 P. Abfahrt von Dapa nach Surigao: 8.30 und 15.15 Uhr.

Die MV *Fortune* fährt täglich um 11.00 Uhr von Surigao nach Dapa. Fahrzeit: 2:30 Std. Fahrpreis: 50 bis 100 P (drei Klassen). Abfahrt von Dapa nach Surigao: 6.00 Uhr.

Dipolog (S. 650 ff.)

Übernachten: Das ***Ramos Hotel*** ist abgewirtschaftet. Gut ist das neue ***Top Plaza Hotel***, Echaves Street/Ecke Quezon Avenue. EZ/DZ/ac/Bad 850 bis 1.550 P. Ordentliche Zimmer mit TV, die teuren auch mit Kühlschrank. Restaurant.

Zamboanga (S. 654 ff.)

Essen und Trinken: Das ***Alavar's House of Seafood*** ist in die Don Alfarao Street im Stadtteil Tetuan umgezogen. Das ***Aldea Pasonanca Restaurant*** ist geschlossen.

Anreise/Weiterreise: Die beste Verbindung zwischen Dipolog und Zamboanga funktioniert wie folgt: Von Dipolog mit einem Aircon-Bus (Shuttle-Bus, Rizal Avenue, Tel. 2126381) nach Ipil (3:30 Std., 110 P), weiter von Ipil nach Zamboanga mit einem schnellen Passagierboot (SRN Fast Seacrafts, 2:20 Std., 220 P). Abfahrt in Ipil: 12.20 Uhr; Abfahrt in Zamboanga: 9.00 Uhr.

Davao (S. 661 ff.)

Übernachten: Weitere empfehlenswerte, zentral gelegene Mittelklassehotels (komfortable EZ/DZ/ac/Bad 500 bis 1.000 P, mit TV, zum Teil auch mit Kühlschrank) sind ***Imperial Hotel***, Claro M. Recto Avenue, Tel. 2224930, Fax: 2212127; ***Avefloor Inn***, Claro M. Recto Avenue, Tel. 2278152; und ***Mandaya Hotel***, Palma Gil Street, Tel. 2213030, Fax: 2213430.

Palawan

Puerto Princesa (S. 700 ff.)

Übernachten: Das ***Swissippini International Guest House*** ist geschlossen. Gute Alternativen:

Backpackers Café, Valencia Street (Punkt 56 im Stadtplan Seite 703). Dorm/fan 100 P, EZ/fan 220 P, DZ/fan 220 P. Einfache, saubere Zimmer.

Rendez-Vous, Macasaet Street, Tel. 4343136. Dorm/fan 120 P, EZ/fan ab 150 P, DZ/fan ab 200 P. Freundliche, ruhige Unterkunft. Gutes Restaurant.

Liegt etwa 250 Meter östlich vom Backpackers Café.
Neues Hotel der gehobenen Klasse: ***Asturias Hotel***, National Highway, Tel 4343851, Fax: 4343747. EZ/ac/Bad 2.000 P, DZ/ac/Bad ab 3.500 P. Komfortable Zimmer, wenn auch wohl etwas überteuert. Attraktives Gebäude im spanischen Stil. Restaurant. Swimmingpool.

Nagtabon Beach (S. 711)
Übernachten: Das ***Pablico's Beach Resort*** wurde renoviert und ist nun die beste, gepflegteste Anlage am Strand. Angenehme Atmosphäre. Sehr gute Küche. Geräumiges Cottage/Bad 400 P.

Sabang (S. 712 ff.)
Übernachten: ***Mary's Beach Resort*** ist ziemlich vernachlässigt und kann nicht mehr uneingeschränkt empfohlen werden. Das ***Villa Sabang Guest House*** ist geschlossen und ***Robert's Beach Cottages*** wurde umbenannt in ***Sabang Beach Resort***. Neu und gut ist ***Apuerto Escapade*** am Anleger; Cottage/Bad 250 P.

Essen und Trinken: Empfehlenswert ist die ausgezeichnete Küche des geschmackvoll eingerichteten ***Dap Dap Restaurant*** etwa 300 Meter vom Anleger, das von dem deutsch-philippinischen Ehepaar Manja und Dante betrieben wird.

Anreise/Weiterreise: Neue Verbindung: Von Sabang nach El Nido mit einem großen Auslegerboot Do und So um 7.00 Uhr. Fahrzeit: 6 Std. Fahrpreis: 850 P.

San Rafael (S. 716)
Übernachten: Neu ist das ***San Rafael Beach Resort*** etwa sieben Kilometer südlich von San Rafael. Geräumiges Cottage/Bad 200 P pro Person. Restaurant.

Aborlan (S. 716)
Übernachten: Das ***Villa Christine Beach Resort*** ist geschlossen.

Quezon (S. 718 ff.)
Übernachten: Empfehlenswert für Naturliebhaber: ***Tumarbong Falls Café Lodge***. EZ/DZ 90/180 P. Einfache, rustikale Unterkunft beim Tumarbong-Wasserfall. Sehr schön gelegen. Ein idyllischer Platz, ideal zum Relaxen.

Taytay (S. 728)
Übernachten: Neu an der Taytay Bay (etwa 30 Bootsminuten ab Taytay) ist das ***Garden Eden Beach Resort*** des deutsch-philippinischen Ehepaars Helmut und Eden. Cottage/Bad 250 und 500 P. Angenehme ruhige kleine Anlage (Solar-Energie) unter Palmen am weißen Strand mit Blick auf die vorgelagerten Pabellones Islands. Restaurant (philippinische und europäische Küche).

Essen und Trinken: Meeresfrüchte und Pizzas gibt es im ***Casa Rosa Restaurant***; schöne Lage am Hang mit Blick auf Fort und Bucht.

El Nido (S. 730 ff.)
Übernachten: Das attraktive Resort ***Marina del Nido*** auf Malapacao Island hat den Cottage-Preis auf 1.000 P gesenkt. Dinner kostet 300 P. Im ***Malapacao Island Retreat***, auf der anderen Seite der Insel, werden dagegen die Zimmer immer teurer und die Vorschriften immer strenger: Absolutes Rauchverbot, kein Alkohol, keine Kinder.

Anreise/Weiterreise: Von El Nido nach Sabang mit einem großen Auslegerboot Mi und Sa um 7.00 Uhr. Fahrzeit: 6 Std. Fahrpreis: 850 P.
Von El Nido nach Coron mit einem großen Auslegerboot Fr um 6.30 Uhr. Fahrzeit: 6 Std. Fahrzeit: 8 Std. Fahrpreis: 950 P. Abfahrt von Coron nach El Nido Sa um 6.30 Uhr.